THE ROAD TO
BERLIN
通往柏林之路

（上卷）

"东线文库"总策划 王鼎杰

［英］约翰·埃里克森 著 ／ 小小冰人 译

台海出版社

版贸核渝字（2014）第 111 号

图书在版编目（CIP）数据

通往柏林之路 / (英) 约翰·埃里克森著；小小冰
人译. -- 北京：台海出版社, 2018.10
　书名原文: The Road To The Berlin by John
Erickson
　ISBN 978-7-5168-2128-2

Ⅰ.①通… Ⅱ.①约… ②小… Ⅲ.①斯大林格勒保
卫战(1942-1943)－通俗读物 Ⅳ.①E512.9-49

中国版本图书馆CIP数据核字(2018)第224067号

通往柏林之路

著　　者：[英] 约翰·埃里克森　　　　译　　者：小小冰人

责任编辑：刘　峰　　　　　　　　　　策划制作：指文文化
装帧设计：周　杰　　　　　　　　　　责任印制：蔡　旭

出版发行：台海出版社
地　　址：北京市朝阳区劲松南路1号　　　邮政编码：100021
电　　话：010－64041652（发行，邮购）
传　　真：010－84045799（总编室）
网　　址：www.taimeng.org.cn/thcbs/default.htm
E－mail：thcbs@126.com

经　　销：全国各地新华书店
印　　刷：重庆长虹印务有限公司
本书如有破损、缺页、装订错误，请与本社联系调换

开　　本：787mm×1092mm　　　　1/16
字　　数：1100千字　　　　　　　　印　　张：67
版　　次：2019年1月第1版　　　　　印　　次：2019年1月第1次印刷
书　　号：ISBN 978-7-5168-2128-2

定　　价：299.80元（全2卷）

"东线文库"总序

　　泛舟漫长的人类战争史长河，极目四望，迄今为止，尚未有哪场陆战能在规模上超过二战时期的苏德战争。这场战争挟装甲革命与重工业革命之双重风潮，以德、苏两大军事体系二十年军改成果为孤注，以二战东线战场名扬后世。强强相撞，伏尸千里；猛士名将，层出不穷。在核恐怖强行关闭大国全面战争之门七十年后的今天，回首望去，后人难免惊为绝唱。在面对那一串串数字和一页页档案时，甚至不免有传说时代巨灵互斫之苍茫。其与今人之距离，似有千年之遥，而非短短的七十春秋。

　　但是，如果我们记得，即便是在核武器称雄的时代，热战也并未绝迹，常规军事力量依然是大国达成政治诉求的重要手段；而苏德战争的胜利者苏联，又正是冷战的主角之一，直到今天，苏系武器和苏式战法的影响仍具有全球意义。我们就会发现，这场战争又距离我们是如此之近。

　　要知道这场战争究竟离我们有多近，恰恰要先能望远——通过对战争史和军事学说发展史的长程回顾，来看清苏德战争的重大意义。

　　正如俾斯麦所言："愚人执着于自己的体验，我则师法他者的经验。"任何一个人、一个组织的直接性体验总是有限的，但如能将别人的间接经验转化为自己的直接体验，方是智者之所为。更高明的智者又不仅仅满足于经验的积累，而是能够突破经验主义的局限，通过学说创新形成理论体系，从而在经验和逻辑、事实与推理之间建立强互动，实现真正的以史为鉴和鉴往知来。

　　无怪乎杜普伊会说："军事历史之所以对军事科学的发展至关重要，是因为军事科学不像大多数其他学科那样，可在实验室里验证它们的理论和假说。军事试验的种种形式，如野战演习、对抗演习和实兵检验等，都永远不会再现战争的基本成分：致命环境下对死亡的恐惧感。此类种种试验无疑是非常有益的，但是，这种益处也只能是在一定程度上的。"[1]但这绝不等于说战争无法研究，只能在战争中学战争。突破的关键即在于如何发挥好战争史研究的作用。所以杜普伊接着强调："像天文学一样，军事科学也是一门观测科学。正如天文学家把天体作为实验室（研究对象），而军人的真正的实验室则永远是军事历史。"[2]

从这个角度上讲，苏德战争无疑是一个巨型实验室，而且是一个直接当下，具有重大特殊意义的实验室。

回顾战争史册，不难发现，受技术手段的局限，战场的范围长期局限在指挥官的目力范围之内。故而，在这个时期，战争行为大致可以简化为两个层级，一为战略（strategy），一为战术（tactic）。

战术是赢得战斗的方法，战略则是赢得战争的方法。战之术可以直接构成战之略的实施手段。一般而言，战争规模越有限，战争结局越由战斗决定，战略与战术的边界便越模糊。甚至可以出现"一战定乾坤"的戏剧性结局。这又进一步引发出战局和会战两个概念。

所谓战局，就是英语中的Campaign，俄语的кампания，德语的Feldzug。Campaign的词源是campus，也就是营地。因为在罗马时代，受当时的技术条件限制，军队每年会有一个固定的季节性休战期，是为宿营时期。这样就可以很清晰地划分出以年度为单位的"战局"。相对不同的是德语Feldzug的词根有拖、拉、移动的意思，对弈中指移动棋子。已隐约可见机动战的独特传统。但三方对战局的理解、使用并无本质不同。

而会战（英语中的Battle，俄语的Битва，德语的Schlacht）则是战斗的放大。换言之，在早期西方军事学说体系中，战略对应战局，战术对应战斗，而"会战"则是战略与战术的交汇地带，战局与战斗的中间产物。在早期冷兵器战争时代，会战较为简单，很多时候就是一个放大的战术行动和缩小的战略行动。但是，随着技术的变革，社会结构、动员体系、战争规模的巨变，会战组织越来越复杂，越来越专业，逐渐成为一个独立于战略和战术之外的层级。拿破仑的战争艺术，归根结底其实就是会战的艺术。

但是，拿破仑并未发展出一套会战学说，也没有形成与之相表里的军事制度和军事教育体系，反而过于依赖自己的个人天赋，从而最终走向不归路。得风气之先的是普鲁士军队的改革派三杰（沙恩霍斯特、格奈瑟瑙、克劳塞维茨），收功者则是促成德意志统一的老毛奇。普德军事体系的发展壮大，正是研究透彻了拿破仑又超越了拿破仑，在战略和战术之间增加了一个新层级——Operation，从根本上改变了军事指挥和军事学术研究范式。所谓"Operation"，本有操作、经营、（外科）手术等多层含义，其实就是战略实施中的落实性操作。是因为战术已经无法直接构成战略的实施手段而增加的新环节。换言之，在德军军事体系中，Operation是一个独立的、高度专业化的军事行动层级。

与之相表里，普德军事系统又形成了现代参谋制度，重新定义了参谋，并形成了以参谋军官为核心的现代军官团，和以参谋教育为核心的现代军校体系。参谋总部其实是一个集研究、教育、指挥为一体的复合结构。参谋总长管理陆军大学，而陆军大学的核心课程即为战争史研究，同时负责将相关研究兵棋化、实战化、条令化。这种新式参谋主要解决的就是Operation Level的问题，这与高级统帅思考战略问题，基层军官、士官思考战术问题正相等同。

普法战争后，普鲁士式参谋总部制度迅速在全球范围内扩散，举凡英法俄美意日等列强俱乐部成员国，无不效法。但是，这个制度的深层驱动力——Operation Level的形成和相应学说创新，则长期为德军秘而不宣，即便是其亲传弟子，如保加利亚、如土耳其、如日本，均未得其门径窍奥，其敌手如法、如英、如俄、如美，亦均茫然不知其所以然。

最早领悟到德军作战层级独创性和重要性的军队，正是一战后涅槃重生的苏联红军。

苏军对德语的Operation进行了音译，是为Операция，也就是日后中苏合作时期经苏联顾问之手传给我军的"战役"概念。换言之，所谓战役学，其实就是苏军版的Operation学说。而美军要到冷战期间才明白这一点，并正式修改其军事学说，在Strategy和Tactic之间增设Operation这个新层级。

与此同时，英美体系虽然在战役学层次反应迟钝，却看到了德、苏没有看到的另一个层次的变化——战争的巨变不仅发生在传统的战略、战术之间，更发生在战略之上。

随着战争本身的专业性日趋强化，军人集团在战争中的发言权无形中也被强化，而文官和文人战略家对战争的介入和管控力逐渐弱化。但正如克劳塞维茨强调指出的那样，战争是政治的延续[3]。因而，战争只是手段，不是目的。无论军事技术如何变化，这一个根本点不会变化。但现代战争的发展却导致了手段高于目的的客观现实，终于在一战中造成了莫大的灾难。战争的胜利不等于政治的胜利这一基本事实，迫使战争的胜利者开始反思固有战争理论的局限性，逐渐形成了"大战略"（Grand Strategy）的观念，这就在英美体系中形成了大战略（又称国家战略、总体战略、高级战略）、分类战略（包括军事战略、经济战略、外交战略、文化战略等等）、战术的三级划分。大战略不再像传统战略那样执着于打赢战争，而是追求战争背后的终极目标——政治目的。因为此种战略在国家最高决策层面运作，所以美国学界又将大战略称为国家战略。用美国国防部的定义来说明，即："国家战略是平时和战时在使用武装力量的同时，发展和运用国家的政治、经济和心理力量，以实现国家目标的艺术和科学。"

冷战初期，美国以中央情报局、国家安全委员会、民营战略智库（如兰德公司）、常青藤联盟高校人才库相呼应的制度创新，其实就是建立在大战略学说领先基础上的国家安全体系创新[4]。而德军和苏军受传统"战略-战局"概念的束缚，均未看清这一层变化，故而在宏观战略指导上屡屡失误，只能仰赖希特勒、斯大林这样的战略怪才，以杰出个体的天赋弥补学说和制度的不足，等于又回到了拿破仑困境之中。

从这个角度上看二战，苏德战争可以说是两个走在战役学说创新前列的军事体系之间的超级碰撞。同为一战失败者的德、苏，都面对一战式的堑壕难题，且都嗅到了新时代的空气。德国的闪电战与苏军的大纵深战役，其实是两国改革派精英在同一场技术革命面前，对同一个问题所做出的不同解答。正是这种军事学说的得风气之先，令两国陆军在军改道路上走在列强前列。二战期间两国彗星撞地球般的碰撞，更进一步强化了胜利者的兼容并蓄。冷战期间，苏军的陆战体系建设，始终以这个伟大胜利为基石，不断深化。

在这个基础上再看冷战，就会发现，其对抗实质是美式三级体系（大战略、战略、战术）与苏式三级体系（战略、战役、战术）的对抗。胜负关键在于谁能先吸取对方之所长，弥补己方之所短。结果，苏联未能实现大战略的突破，建立独立自主的大战略学说、制度、教育体系。美国却在学科化的战略学、国际政治学和战争史研究的基础上，建立了自己的Operation Level，并借力新一轮技术变革，对苏军进行创造性的再反制。这个连环反制竞争链条，一直延续到今天。虽然俄军已暂时被清扫出局，但这种反制的殷鉴得失却不会消失，值得所有国家的军人和战史研究者注目。而美国借助遏制、接触战略，最终兵不血刃地从内部搞垮苏联，亦非偶然。

正是这种独特的历史地位，决定了东线史的独特重要性，东线研究本身也因而成为另一部波澜壮阔的历史。

可以说，苏军对苏德战争最具切肤之痛，在战争期间就不断总结经验教训。二战后，这个传统被继承下来，形成了独特的苏军式研究。与此同时，美国在二战刚刚结束之际就开始利用其掌握的资料和德军将领，进行针对苏军的研究。众多德军名将被要求撰写关于东线作战的报告[5]。但是，无论是苏军的研究还是美军的研究，都是内部进行的闭门式研究。这些成果，要到很久之后，才能公之于世。而世人能够看到的苏德战争著述，则是另一个景象。

二战结束后的最初十五年，是宣传品与回忆录互争雄长的十五年。作为胜利者的苏联，以君临天下的优越感，刊行了一大批带有鲜明宣传色彩的出版物[6]。与之相对应，以古德里安、曼施坦因等亲身参与东线鏖战的德国军人为代表的另一个群体，则以回忆录的形式展开反击[7]。这些书籍因为是失败者痛定思痛的作品，著述者本人的军事素养和文笔俱佳，故而产生了远胜过苏联宣传史书的影响力，以至于很多世人竟将之视为信史。直到德国档案资料的不断披露，才逐渐让后人意识到，这些名将回忆录因成书年代的特殊性，几乎只能依赖回忆者的主观记忆，而无法与精密的战史资料互相印证。同时，受大环境的影响，这些身为楚囚的德军将领大多谋求：一、尽量撇清自己的战争责任；二、推卸战败责任（最常用的手法就是将所有重大军事行动的败因统统归纳为希特勒的瞎指挥）；三、宣传自身价值（难免因之贬低苏联和苏军）。而这几个私心又迎合了美国的需求：一、尽快将西德纳入美国领导的反苏防务体系之中，故而必须让希特勒充分地去当替罪羊，以尽快假释相关军事人才；二、要尽量抹黑苏联和苏军，以治疗当时弥漫在北约体系内的苏联陆军恐惧症；三、通过揭批纳粹政体的危害性，间接突显美国制度的优越性。

此后朱可夫等苏军将领在后斯大林时代刊行的回忆录，一方面固然是苏联内部政治生态变化的产物，但另一方面也未尝不可说是对前述德系著述的回击。然而，德系回忆录的问题同样存在于苏系回忆录之中。两相对比，虽有互相校正之效，但分歧、疑问更多，几乎可以说是此亦一是非、彼亦一是非，俨然是在讲两场时空悬隔的战争。

结果就是，苏德战争的早期成果，因其严重的时代局限性，而未能形成真正的学术性突破，反而为后人的研究设置了大量障碍。

进入六十年代后，虽然各国关于东线的研究越来越多，出版物汗牛充栋，但摘取桂冠的仍然是当年的当事人一方。幸存的纳粹党要员保罗·卡尔·施密特（Paul Karl Schmidt）化名保罗·卡雷尔（Paul Carell），在已有研究的基础上，大量使用德方资料，并对苏联出版物进行了尽量全面的搜集使用，更对德国方面的幸存当事人进行了广泛的口述历史采访，在1964年、1970年相继刊行了德军视角下的重量级东线战史力作——《东进：苏德战争1941—1943》和《焦土：苏德战争1943—1944》[8]。

进入七十年代后，研究趋势开始发生分化。北约方面可以获得的德方档案资料越来越多，苏方亦可通过若干渠道获得相关资料。但是，苏联在公布己方史料时却依然如故，仅对内进行有限度的档案资料公布。换言之，苏联的研究者较之于北约各国的研究者，掌握的史料更为全面。但是，苏联方面却没有产生重量级的作品，已经开始出现军事学说的滞后与体制限制的短板。

结果，在这个十年内，最优秀的苏德战争著作之名被英国军人学者西顿（Albert Seaton）的《苏德战争》摘取[9]。此时西方阵营的二战研究、希特勒研究和德军研究均取得重大突破，在这个整体水涨的背景下，苏德战争研究自然随之船高。而西顿作为英军中公认的苏军及德军研究权威，本身即带有知己知彼的学术优势，同时又大力挖掘了德国方面的档案史料，从而得以对整个苏德战争进行全新的考订与解读。

继之而起者则有英国学者约翰·埃里克森（John Ericsson）与美国学者厄尔·齐姆克（Earl F. Ziemke）。

和西顿一样，埃里克森（1929年4月17日—2002年2月10日）也曾在英军中服役。不同之处则在于：

其一，埃里克森的研究主要是在退役后完成。他先是进入剑桥大学圣约翰学院深造，1956年苏伊士运河危机爆发后作为苏格兰边民团的一名预备军官被重新征召入役。危机结束后，埃里克森重启研究工作，1958年进入圣安德鲁大学担任讲师，开始研究苏联武装力量。1962年，埃里克森首部著作《苏军总部：1918—1941年》出版，同年在曼彻斯特大学出任高级讲师。1967年进入爱丁堡大学高级防务研究所任职，1969年成为教授，研究重心逐渐转向苏德战争。

其二，埃里克森得益于两大阵营关系的缓和，能够初步接触苏军资料，并借助和苏联同行的交流，校正之前过度依赖德方档案导致的缺失。而苏联方面的战史研究也取得了较大的进展，足以为这种校正提供参照系，而不像五六十年代时那样只能提供半宣传品性质的承旨之作。同时，埃里克森对轴心国阵营的史料挖掘也更全面、细致，远远超过了之前的同行。关于这一点，只要看一看其著述后面所附录的史料列目，即可看出苏德战争研究的史料学演进轨迹。

埃里克森为研究苏德战争，还曾专程前往波兰，拜会了苏军元帅罗科索夫斯基。这个非同凡响的努力成果，就是名动天下的"两条路"。

所谓"两条路"，就是1975年刊行的《通往斯大林格勒之路》与1982年刊行的《通往柏林之路》[10]。正是靠了这两部力作，以及大量苏军研究专著[11]，埃里克森在1988—1996年间成为爱丁堡大学防务研究中心主任。

厄尔·齐姆克（1922年12月16日—2007年10月15日）则兼有西顿和埃里克森的身影。出生于威斯康星州的齐姆克虽然在二战中参加的是对日作战，受的也是日语训练，却在冷战期间华丽转型，成为响当当的德军和苏军研究权威。曾在硫磺岛作战中因伤获得紫心勋章的齐姆克，战后先是在天津驻扎，随后复员回国，通过军人权利法案接受高等教育，1951年在威斯康星大学获得学位。1951—1955年，他在哥伦比亚的应用社会研究所工作，1955—1967年进入美国陆军军史局成为一名官方历史学家，1967—1977年在佐治亚大学担任全职教授。其所著《柏林战役》、《苏维埃压路机》、《从斯大林格勒到柏林：德国在东线的失败》、《从莫斯科到斯大林格勒：东线的抉择》、《德军东线北方战区作战报告，1940—1945年》、《红军，

1918—1941年：从世界革命的先锋到美国的盟友》等书[12]，对苏德战争、德军研究和苏军研究均做出了里程碑般的贡献，与埃里克森堪称双峰并峙、二水分流。

当《通往柏林之路》刊行之时，全球苏德战争研究界人士无人敢想，仅仅数年之后，苏联和华约集团便不复存在。苏联档案开始爆炸性公布，苏德战争研究也开始进入一个前人无法想象的加速发展时代，甚至可以说是一个在剧烈地震、风暴中震荡前行的时代。在海量苏联史料的冲击下，传统研究纷纷土崩瓦解，军事界和史学界的诸多铁案、定论也纷纷根基动摇。埃里克森与齐姆克的著作虽然经受住了新史料的检验，但却未能再进一步形成新方法的再突破。更多的学者则汲汲于立足新史料，急求转型。连保罗·卡雷尔也奋余勇，在去世三年前的1993年刊行了《斯大林格勒，第6集团军的覆灭》。奈何宝刀已老，时过境迁，已难以再掀起新的时代波澜了。

事实证明，机遇永远只向有准备、有行动力的人微笑，一如胜利天秤总是倾斜于能率先看到明天的一方。风起云涌之间，新的王者在震荡中登顶，这位王者就是美国著名苏军研究权威——戴维·格兰茨（David Glantz）。

作为一名参加过越战的美军基层军官，格兰茨堪称兼具实战经验和学术积淀。1965年，格兰茨以少尉军衔进入美国陆军野战炮兵服役，并被部署到越南平隆省的美国陆军第2军的"火力支援与协调单元"（Fire Support Coordination Element，FSCE，相当于军属野战炮兵的指挥机构）。1969年，格兰茨返回美国，在陆军军事学院教授战争史课程。1973年7月1日，美军在陆军训练与条令司令部下开设陆军战斗研究中心（Combat Studies Institute，CSI），格兰茨开始参与该中心的苏军研究项目。1977—1979年他出任美国驻欧陆军司令部情报参谋办公室主任。1979年成为美国陆军战斗研究所首席研究员。1983年接掌美国陆军战争学院（ United States Army War College）陆战中心苏联陆军作战研究处（Office of Soviet Army Operations at the Center for Land Warfare）。1986年，格兰茨返回利文沃思堡，组建并领导外国军事研究办公室（Foreign Military Studies Office，FMSO）。在这漫长的研究过程中，格兰茨不仅与美军的苏军研究同步前进，而且组织翻译了大量苏军史料和苏方战役研究成果[13]。

1993年，年过半百的格兰茨以上校军衔退役。两年后，格兰茨刊行了里程碑著作《巨人的碰撞》[14]。这部苏德战争新史，系格兰茨与另一位美国军人学者乔纳森·M. 豪斯（Jonathan M. House）合著，以美军的苏军研究为基石，兼顾苏方新史料，气势恢宏地重构了苏德战争的宏观景象。就在很多人将这本书看作格兰茨一生事功的收山之作的时候，格兰茨却老当益壮，让全球同行惊讶地发现，这本书根本不是终点线，而是格兰茨真正开始斩将搴旗、攻城略地的起跑线：

1998年刊行《蹒跚的巨人：大战前夜的苏联军队》[15]、《哈尔科夫：1942年东线军事灾难的剖析》[16]。

1999年刊行《朱可夫的最大失败：1942年火星作战的灾难》[17]、《库尔斯克会战》[18]。

2001年刊行《巴巴罗萨：1941年希特勒入侵俄罗斯》[19]、《列宁格勒之围1941—1944，900天的恐怖》[20]。

2002年刊行《列宁格勒之战1941—1944》[21]。

2003年刊行《斯大林格勒会战之前：巴巴罗萨，希特勒对俄罗斯的入侵》[22]、《八月风暴：苏军在满洲的战略攻势》[23]、《八月风暴：苏联在满洲的作战与战术行动》[24]。

2004年与马克·里克曼斯波尔（Marc J. Rikmenspoel）刊行《屠戮之屋：东线战场手册》[25]。

2005年刊行《巨人重生：大战中的苏联军队1941—1943》[26]。

2006年刊行《席卷巴尔干的红色风暴：1944年春苏军对罗马尼亚的攻势》[27]。

2009年开始刊行《斯大林格勒三部曲第一部：兵临城下（1942.4—1942.8）》[28]和《斯大林格勒三部曲第二部：决战（1942.9—1942.11）》[29]。

2010年刊行四卷本《巴巴罗萨脱轨：斯摩棱斯克之战·第一卷·1941年7月10日—9月10日》[30]。

2011年刊行《斯大林格勒之后：红军的冬季攻势》[31]。

2012年刊行《巴巴罗萨脱轨：斯摩棱斯克之战·第二卷·1941年7月10日—9月10日》[32]。

2014年刊行《巴巴罗萨脱轨：斯摩棱斯克之战·第三卷·1941年7月10日—9月10日》[33]、《斯大林格勒三部曲第三部：最后的较量（1942.12—1943.2）》[34]。

2015年刊行《巴巴罗萨脱轨：斯摩棱斯克之战·第四卷·地图集》[35]。

2016年刊行《白俄罗斯之战：红军被遗忘的战役1943年10月—1944年4月》[36]。

这一连串著述列表，不仅数量惊人，质量亦惊人。盖格兰茨之苏德战史研究，除前述立足美军对苏研究成果、充分吸收新史料及前人研究成果这两大优势之外[37]，还有第三个重要优势，即立足战役层级，竭力从德军和苏军双方的军事学说视角，双管齐下，珠联璧合地对苏德战争中的重大战役进行深度还原。

其中，《蹒跚的巨人》与《巨人重生》二书尤其值得国人注目。因为这两部著作不仅正本清源地再现了苏联红军的发展历程，而且将这个历程放在学说构造、国家建设、军事转型的大框架内进行了深入检讨，对我国今日的军事改革和军事转型研究均具有无可替代的重大意义。

严谨的史学研究和实战导向的军事研究在这里实现了完美结合。观其书，不仅可以重新认识那段历史，而且可以对美军专家眼中的苏军和东线战史背后的美军学术思想进行双向感悟。而格兰茨旋风业已在多个国家掀起重重波澜。闻风而起者越来越多，整个苏德战争研究正在进入新一轮的水涨阶段。

如道格拉斯·纳什（Douglas Nash）的《地狱之门：切卡瑟口袋之战》（2002）[38]，小乔治·尼普（George Nipe Jr.）的《在乌克兰的抉择：1943年夏季东线德国装甲作战》（1996）[39]、《最后的胜利》（2000）[40]、《鲜血·钢铁·神话：党卫军第2装甲军与通往普罗霍罗夫卡之路》（2013）[41]，均深得作战研究之精髓，且能兼顾史学研究之严谨，从而将老话题写出新境界。

此外，旅居柏林多年的新西兰青年学者戴维·斯塔勒（David Stahel）于2009年刊行的《"巴巴罗萨"与德国在东线的失败》[42]，以及美国杜普伊研究所所长、阿登战役与库尔斯克战役模拟数据库的项目负责人克里斯托弗·劳伦斯（Christopher A. Lawrence）2015年刊行的《库尔斯克：普罗霍罗夫卡之战》[43]，均堪称卓尔不群，又开新径。前者在格兰茨等人研究的基础上，重新回到德国视角，探讨了巴巴罗萨作战的复杂决策过程。整书约40%的内容是围绕决策与部署写作的，揭示了德国最高统帅部与参谋本部等各部门的战略、作战观念差异，以及战前一系列战术、技术、后勤条件对实战的影响，对"巴巴罗萨"作战——这一人类历史上最宏大的地面作战行动进行了精密的手术解剖。后者则将杜普伊父子的定量分析战史法这一独门秘籍发扬到极致，以1662页的篇幅和大量清晰、独特的态势图，深入厘清了普罗霍罗夫卡之战的地理、兵力、技战术和战役部署，堪称兼顾宏观、中观、微观的全景式经典研究。曾在英军中服役的高级军医普里特·巴塔（Prit Buttar）同样以半百之年作老当益壮之后发先至，近年来异军突起，先后刊行了《普鲁士之战：苏德战争1944—1945》（2010）、《巨人之间：第二次世界大战中的波罗的海战事》（2013）、《帝国的碰撞：1914年东线战争》（2014）、《俄国的最后一搏：1915年东线战场》（2015）、《俄罗斯的残息：1916—1917年的东线战场》（2016）[44]。这一系列著作兼顾了战争的中观与微观层面，既有战役层级的专业剖析，又能兼顾具体人、事、物的栩栩如生。且从二战东线研究追溯到一战东线研究，溯本追源，深入浅出，是近年来不可多得的佳作。

行文及此，不得不再特别指明一点：现代学术著述，重在"详人之所略，略人之所详"。绝不可因为看了后出杰作，就将之前的里程碑著作废书不观。尤其对中国这样的后发国家而言，更不能限在"第六个包子"的思维误区中。所谓后发优势，无外乎是能更好地以史为鉴，以别人的筚路蓝缕为我们的经验教训。故而，发展是可以超越性布局的，研究却不能偷懒。最多是随着研究的深入，可以实现阅读、写作的加速度，这是可取的。但怀着投机取巧的心态，误以为后出者为胜，从而满足于只吃最后一个包子，结果必然是欲速不达，求新而不得新。

反观我国的苏德战史研究，恰处于此种状态之中。不仅新方法使用不多，新史料译介有限，即便是经典著述，亦乏人问津。更值得忧虑之处在于，基础学科不被重视，军事学说研究和严肃的战争史研究长期得不到非军事院校的重视，以至连很多基本概念都没有弄清。

以前述战局、战役、会战为例：

汉语	战局	战役	会战
英语	Campaign	Operation	Battle
俄语	кампания	Операция	Битва
德语	Feldzug	Operation	Schlacht

比如科贝特的经典著作 *The Campaign of Trafalgar*[45]，就用了"Campaign"而非"Battle"，原因就在于这本书包含了战略层级的博弈，而且占据了相当重要的篇幅。这其实也正是科贝特极其自负的一点，即真正超越了具体海战的束缚，居高临下又细致入微地再现了特拉法尔加之战的前因后果，波澜壮阔。故而，严格来说，这本书应该译作"特拉法尔加战局"。

我国军事学术界自晚清以来就不甚重视严肃的战争史研究和精准的学说体系建立。国民党军队及其后身——今日的台军，长期只有一个"会战"概念，后来虽然引入了Operation层级，但真正能领悟其实质者甚少[46]，而且翻译为"作战"，过于具象，又易于引发误解。相反，大陆方面的军事学术界用"战役"来翻译苏军的Операция，胜于台军用"作战"翻译Operation。因为战役的"役"也正如战略、战术之"略"与"术"，带有抽象性，不会造成过于具象的刻板误解，而且战略、战役、战术的表述也更贯通流畅。但是，在对"战役"进行定义时，却长期没有立足战争史演变的实践，甚至形成如下翻译：

汉语	作战、行动	战役	会战
英语	Operation	Campaign Operation Battle	Battle Operation
俄语	—	Операция кампания	Битва
德语	Operation	Feldzug Operation	Schlacht Operation

但是，所谓"会战"是一个仅存在于国-台军的正规军语中的概念。在我军的严格军事学术用语中，并无此一概念。所以才会有"淮海战役"与"徐蚌会战"的不同表述。实质是长期以来用"战役"一词涵盖

了Campaign、Operation和Battle三个概念，又没有认清苏俄军事体系中的Операция和英德军语中的Operation实为同一概念。其中虽有小异，实具大同。而且，这个概念虽然包含具体行动，却并非局限于此，而是一个抽象军事学说体系中的层级概念。而这个问题的校正、解决又绝非一个语言问题、翻译问题，而是一个思维问题、学说体系建设问题。

正因为国内对苏德战争的理解长期满足于宣传品、回忆录层级的此亦一是非、彼亦一是非，各种对苏军（其实也包括了对德军）的盲目崇拜和无知攻击才会同时并进、甚嚣尘上。

因此之故，近数年来，我多次向多个出版大社建议，出版一套"东线文库"，遴选经典，集中推出，以助力于中国战史研究发展和军事学术范式转型。其意义当不限于苏德战史研究和二战史研究范畴。然应之者众，行之者寡。直到今年六月中旬，因缘巧合认识了指文公司的罗应中，始知指文公司继推出卡雷尔的《东进：苏德战争1941—1943》、《焦土：苏德战争1943—1944》，巴塔的《普鲁士之战：苏德战争1944—1945》和劳斯、霍特的回忆录《装甲司令：艾哈德·劳斯大将东线回忆录》、《装甲作战：赫尔曼·霍特大将战争回忆录》之后，在其组织下，小小冰人等国内二战史资深翻译名家们，已经开始紧锣密鼓地翻译埃里克森的"两条路"，并以众筹方式推进格兰茨《斯大林格勒三部曲》之翻译。经过一番沟通，罗先生对"东线文库"提案深以为然，乃断然调整部署，决定启动这一经典战史译介计划，并与我方团队强强联合，以鄙人为总策划，共促盛举，以飨华语读者。罗先生并嘱我撰一总序，以为这一系列的译介工作开宗明义。对此，本人自责无旁贷，且深感与有荣焉。

是为序。

王鼎杰[*]

*王鼎杰，知名战略、战史学者，主张从世界史的角度看中国，从大战略的视野看历史。著有《复盘甲午：重走近代中日对抗十五局》、《李鸿章时代》、《当天朝遭遇帝国：大战略视野下的鸦片战争》。现居北京，从事智库工作，致力于战略思维传播和战争史研究范式革新。

1. ［美］T. N. 杜普伊，《把握战争——军事历史与作战理论》，北京：军事科学出版社，2001。第2页。

2. 同上。

3. ［德］克劳塞维茨，《战争论》，第1册，北京：商务印书馆，1995。第43—44页。

4. 这就是为什么很多优秀制度被一些后发国家移植后往往不见成效，甚至有反作用的根源。其原因并非文化的水土不服，而是忽视了制度背后的学说创新。

5. 战争结束后美国陆军战史部（Historical Division of the U. S. Army）即成立德国作战史分部［Operational History（German）Section］，监督被俘德军将领，包括蔡茨勒、劳斯、霍特等人，撰写东线作战的回忆录，劳斯与霍特将军均以"装甲作战"（Panzer Operation）为主标题的回忆录即诞生于这一时期。可参见：［奥］艾哈德·劳斯著，［美］史蒂文·H. 牛顿编译，邓敏译、赵国星审校，《装甲司令：艾哈德·劳斯大将东线回忆录》，西安：中国长安出版社，2015年11月第一版。［德］赫尔曼·霍特著，赵国星译，《装甲作战:赫尔曼·霍特大将战争回忆录》，西安：中国长安出版社，2016年3月第一版。

6. 如国内在五六十年代译介的《苏联伟大卫国战争史》、《苏联伟大卫国战争简史》、《斯大林的军事科学与苏联伟大卫国战争》、《苏军在伟大卫国战争中的辉煌胜利》等等。

7. 此类著作包括古德里安的自传《闪击英雄》、曼施坦因的自传《失去的胜利》、梅林津所写的《坦克战》、蒂佩尔斯基希的《第二次世界大战史》等等。

8. Paul Carell, Hitler Moves East, 1941−1943, New York: Little, Brown; First Edition edition, 1964; Paul Carell, Scorched Earth, London: Harrap; First Edition edition, 1970.

9. Albert Seaton, The Russo−German War 1941−1945, Praeger Publishers; First Edition edition, 1971.

10. John Ericsson, The Road to Stalingrad: Stalin's war with Germany (Harper&Row,1975); John Ericsson, The Road to Berlin: Continuing the History of Stalin's War With Germany (Westview,1983).

11. John Ericsson,The Soviet High Command 1918−1941: A Military−Political History (Macmillan,1962); Panslavism (Historical Association, 1964); The Military−Technical Revolution (Pall Mall, 1966); Soviet Military Power (Royal United Services Institute, 1976); Soviet Military Power and Performance (Archon, 1979); The Soviet Ground Forces: An Operational Assessment (Westview Pr, 1986); Barbarossa: The Axis and the Allies (Edinburgh, 1994); The Eastern Front in Photographs: From Barbarossa to Stalingrad and Berlin (Carlton, 2001).

12. Earl F. Ziemke, Battle for Berlin: End of the Third Reich (Ballantine Books, 1972); The Soviet Juggernaut (Time Life, 1980); Stalingrad to Berlin: The German Defeat in the East (Military Bookshop, 1986); Moscow to Stalingrad: Decision in the East (Hippocrene, 1989); German Northern Theatre Of Operations 1940−45 (Naval & Military, 2003); The Red Army, 1918−1941: From Vanguard of World Revolution to US Ally (Frank Cass, 2004).

13. 这些翻译成果包括：Soviet Documents on the Use of War Experience, Ⅰ, Ⅱ, Ⅲ (Routledge,1997); The Battle for Kursk 1943: The Soviet General Staff Study (Frank Cass,1999); Belorussia 1944: TheSoviet General Staff Study (Routledge, 2004); The Battle for L'vov: The Soviet General Staff Study (Routledge,2007); Battle for the Ukraine: The Korsun'−Shevchenkovskii Operation (Routledge, 2007).

14. David M. Glantz &Jonathan M. House, When Titans Clashed: How the Red Army Stopped Hitler, University Press of Kansas; First Edition edition, 1995.

15. David M. Glantz, Stumbling Colossus: The Red Army on the Eve of World War (Kansas, 1998).

16. David M. Glantz, Kharkov 1942: Anatomy of a Military Disaster (Sarpedon, 1998).

17. David M. Glantz, Zhukov's Greatest Defeat: The Red Army's Epic Disaster in Operation Mars (Kansas, 1999).

18. David M. Glantz & Jonathan M House, The Battle of Kursk (Kansas, 1999).

19. David M. Glantz, Barbarossa: Hitler's Invasion of Russia 1941 (Stroud, 2001).

20. David M. Glantz, The Siege of Leningrad, 1941−1944: 900 Days of Terror (Brown, 2001).

21. David M. Glantz, The Battle for Leningrad, 1941−1944 (Kansas, 2002).

22. David M. Glantz, Before Stalingrad: Barbarossa, Hitler's Invasion of Russia 1941 (Tempus, 2003).

23. David M. Glantz, The Soviet Strategic Offensive in Manchuria, 1945: August Storm (Routledge, 2003).

24. David M. Glantz, The Soviet Operational and Tactical Combat in Manchuria, 1945: August Storm (Routledge, 2003).

25. David M. Glantz & Marc J. Rikmenspoel, Slaughterhouse: The Handbook of the Eastern Front (Aberjona, 2004).

26. David M. Glantz, Colossus Reborn: The Red Army at War, 1941−1943 (Kansas, 2005).

27. David M. Glantz, Red Storm Over the Balkans: The Failed Soviet Invasion of Romania, Spring 1944 (Kansas, 2006).

28. David M. Glantz &Jonathan M. House, To the Gates of Stalingrad: Soviet−German Combat Operations, April−August 1942 (Kansas, 2009).

29. David M. Glantz &Jonathan M. House, Armageddon in Stalingrad: September−November 1942 (Kansas, 2009).

30. David M. Glantz, Barbarossa Derailed: The Battle for Smolensk,Volume 1, 10 July−10 September 1941 (Helion&Company, 2010).

31. David M. Glantz, After Stalingrad: The Red Army's Winter Offensive 1942−1943 (Helion&Company, 2011).

32. David M. Glantz, Barbarossa Derailed: The Battle for Smolensk,Volume 2, 10 July−10 September 1941 (Helion&Company, 2012).

33. David M. Glantz, Barbarossa Derailed: The Battle for Smolensk,Volume 3, 10 July−10 September 1941 (Helion&Company, 2014).

34. David M. Glantz&Jonathan M. House, Endgame at Stalingrad: December 1942−February 1943 (Kansas, 2014).

35. David M. Glantz, Barbarossa Derailed: The Battle for Smolensk,Volume 4, Atlas (Helion&Company, 2015).

36. David M. Glantz&Mary Elizabeth Glantz, The Battle for Belorussia: The Red Army's Forgotten Campaign of October 1943− April 1944 (Kansas, 2016).

37. 格兰茨的研究基石中，很重要的一块就是马尔科姆·马金托什（Malcolm Mackintosh）的研究成果。之所以正文中未将之与西顿等人并列，是因为马金托什主要研究苏军和苏联政策、外交，而没有进行专门的苏德战争研究。但其学术地位及对格兰茨的影响是不容忽视的。

38. Douglas Nash, Hell's Gate: The Battle of the Cherkassy Pocket, January−February 1944 (RZM, 2002).

39. George Nipe Jr. , Decision in the Ukraine: German Panzer Operations on the Eastern Front, Summer 1943 (Stackpole, 1996).

40. George Nipe Jr. , Last Victory in Russia: The SS-Panzerkorps and Manstein's Kharkov Counteroffensive, February-March 1943 (Schiffer, 2000).

41. George Nipe Jr. , Blood, Steel, and Myth: The Ⅱ. SS-Panzer-Korps and the Road to Prochorowka (RZM, 2013).

42. David Stahel, Operation Barbarossa and Germany's Defeat in the East (Cambridge, 2009).

43. Christopher A. Lawrence, Kursk: The Battle of Prokhorovka (Aberdeen, 2015).

44. 普里特·巴塔先生的主要作品包括：Prit Buttar, Battleground Prussia: The Assault on Germany's Eastern Front 1944-45 (Ospery, 2010); Between Giants: The Battle of the Baltics in World WarⅡ (Ospery, 2013); Collision of Empires: The War on the Eastern Front in 1914 (Ospery, 2014); Germany Ascendant: The Eastern Front 1915 (Ospery, 2015); Russia's Last Gasp, The Eastern Front, 1916-1917 (Ospery, 2016).

45. Julian Stafford Corbett, The Campaign of Trafalgar (Ulan Press, 2012).

46. 参阅：滕昕云，《闪击战——迷思与真相》，台北：老战友工作室/军事文粹部，2003。该书算是华语著作中第一部从德军视角强调"作战层级"重要性的著作。

前言

不久前，一位苏联同仁评论拙著《通往斯大林格勒之路》时，朝我晃动着警告的手指，对关于"斯大林对德战争"的一切说法表示谴责和蔑视。他说，"伟大卫国战争"从1941年6月22日至1945年5月9日，持续了1418天，不能也不应该被如此个人化。相反，这是苏联人民的一段传奇，是苏联适应力的一个强有力的证明，也是付出牺牲和获得成就的一份记录，其中当然也包括共产党付出的努力，凭借这一切，这场有史以来最为艰巨的战争最终赢得了胜利。数据说明了一切。1320天有效军事行动期间（约占整个战争时期的93%），红军在东线歼灭或打垮了506.5个德军师，倒霉的德国仆从国也在这场对苏战争中损失了100多个师。德国共计1360万人阵亡、负伤、失踪或被俘，苏联军事统计学家们估计，在东线丧生者不下1000万。

可怕的杀戮也伴随着战争机器的剧烈冲撞，苏联红军声称，他们在战场上摧毁了敌人48000辆坦克、167000门大炮和77000架飞机，而苏联的军事工业被迫完成了历史上最庞大的迁移，并为前线提供了78000辆坦克、16000辆自行火炮、108028架作战飞机、1200万支步枪和卡宾枪、600万支冲锋枪、近98000门大炮和110000辆卡车。无论以何种标准判断，这些数据都足以说明苏联在击败"法西斯集团"的过程中发挥了决定性作用。最终获得对敌优势靠的并不仅仅是这些数字，真正的优势依靠的是苏联的经济表现、苏联的政治体制以及社会主义社会的意识形态，作为"领导者、组织者和鼓舞者"，苏联共产党发挥了至关重要的作用。这就是苏联的观点。

谁都不能否认苏联付出的巨大努力，谁也无法掩盖强加给这个国家的严重创伤，这种创伤令兽行、破坏、困苦和无数个人不幸相形见绌。不过，在这场最为血腥的冲突中，这些看似冷酷的数据，就算提及斯大林的名字，使用得也相当谨慎。具有讽刺意味的是，对一种个人化形式的压制，"斯大林的战争"在很大程度上被操纵、被利用，以迎合其他虚荣者或吹捧另一些自负者，从而产生了"赫鲁晓夫的战争"，随后又是"勃列日涅夫的战争"，此后，各种回忆录的出版如火如荼，对历史叙述的可疑调整轰轰烈烈。列昂尼德·勃列日涅夫去世后，我们也许会等来更多的版本，尽管"安德罗波夫的战争"似乎不大可能出现。

虽然历史遭到篡改，但在对伟大卫国战争，乃至整个第二次世界大战的评价中，斯大林作为一位军事统帅的重要性无法轻易抹杀。无论是党自我夸耀为全民团结的中心（斯大林本人几乎在一开始就承认，俄国人民不是"为我们"而战，而是为了俄罗斯祖国），还是军方将功劳据为己有，在各种回顾荣誉的盛会中，他的贡献都被迫像鬼魂般游荡，然后，其荣誉和一切个人作用遭到篡夺。对作为军事统帅的斯大林的一切评价，要么是为之赞颂，要么是为之辩解，这一点似乎不可避免，但艾夫里尔·哈里曼最近出版的著作《斯大林主义》成功突破了这个瓶颈；书中只有历史事实，既回避了戏剧性事件，也没有依赖于伪心理学解释。

我不认为正式承认斯大林作为军事统帅的重要作用会降低集体成果或否定个人牺牲。相反，斯大林独特的指挥风格（很大程度上是在他自己的要求下形成的）往往在许多方面扩展了苏联在前线和后方的表现。尤为重要的是，整个战争机器的"指挥与控制"以及战略问题的决策，经常因为斯大林令人心寒的冷淡、特有的粗暴干预而被削弱或扭曲，这源于伦纳德·夏皮罗教授所说的"过度的疑心"，无论是对人、计划还是建议。但当斯大林发出"我需要更多，这是我最后的警告"这种可怕的威胁后，战场上或生产车间里就会展开行动，哪怕这种行动几乎没有获得成功的希望。"更多"通常会得到实现。

人的特性和体制的表现（二者都在最大应力下运行）这个问题，是我试图在本书中研究的对象。当然，必须优先考虑对作战行动的描述，但我认为这种优先并未彻底掩盖战时事件的其他特点，这些特点也许可以被称为"社会维度"（目前已引起苏联历史学家们更多的关注——人们可以推测，这与"战后复苏"有关，这种语言被现代战略研究所使用）。这其中肯定存在着大量悖论，最复杂的一个问题是，战场上和工厂里集权控制（实际上是超级集权）与即兴发挥之间的关系。作战指挥系统在许多方面是即兴的，经历了一个绝望磨炼和严重错误的阶段后，今天的苏联军事规划者不会忘记这个教训，他们对战略方向集中与战场管理分散相结合的问题保持着关注。另外，苏联的作战风格，无论是好还是坏，都无法排除于这些极为紧迫的探索和讨论之外，这种独特的风格也以其自身方式开启了人（或人们）与体制之间的关系。

过去与现在的这种联系，再加上各个时代特定版本的多样性，促使我实际上编撰了两部著作，前半部叙述的是军事政治，后半部（被纳入"资料及出处"）则是对资料进行评述。在后半部的评论汇编中，我试图跨越过去和现在，使用了苏联出版物、非苏联出版物、缴获的德国军事文件（并由已出版的战时日记加以补充）以及相应的东欧文献。特别需要指出的是，对于苏联方面的资料来源，令我焦虑的不仅仅是鉴定某一页内容，而是完整的背景描述，也就是说，是一整章，是一篇文章的结构，或是对一个主题或话题的广泛探讨。但在另一方面，尽管对我来说并不太重要，但我想告诉那些因为语言或资料来源问题而对苏联出版物不太熟悉的读者，本书的许多章节会令你们感到困惑。不过，苏联的出版物多得令人望而生畏，描述"伟大卫国战争"的书籍超过15000本，还不包括那些综合性著作。我所能做的只是采用那些明确、公认的正式参考书目。

冒着解释过于烦琐的风险，我应该提一提与度量衡、时间以及正确的人名有关的一些问题。英里和公里、码和米的混用显得混乱而又不便，但这一点似乎无法避免；这并非出于我的随意或疏忽，完全是因为我不愿破坏原始文件。翻译时，我保留了原始文件使用的公制度量，反之亦然。在任何情况下，统一采用任何一种度量方式都意味着将对盟军内部交流记录做出更改，在这些记录中，各方都喜欢使用自己的度量单位，因此，我保留了他们各自的说法（或记录）。至于时间，苏联军事文件、报告和叙述采用的是24小时制（例如0630这种），这一点我也予以保留，在其他方面则恢复为常规、会话模式。人名也有困难之处，这使我违反了自己使用原始文件的迂腐规则，给语言纯正癖者增添了更多的烦恼。例如，翻译苏联文件时，我的规则是将SubaSic或Benes写为"Shubashich"和"Benesh"，Winston Churchill写为"Uinston-

Cherchill"（配以软音符）；的确，音标符点的规则并未总是被遵守，因此，我将人名的完整拼写列入人名索引中（译注：此章没有翻译），以此为妥协。与所有妥协一样，这是个不完美的解决方案。

本书的初稿和必然的修改导致写作时间大幅度延长，也使我受惠于个人和相关机构的程度相应增加。显而易见的是，我从过去出版的一系列描绘东线战事的著作中得到了指导意见和洞察力，首先是厄尔·F. 齐姆科教授的出色著作，尤其是他那本《从斯大林格勒到柏林：德国在东线的败亡》，还有阿尔伯特·西顿上校在《苏德战争1941–1945》中的综合分析以及他对斯大林作为一名军事统帅的研究，还有约翰·A. 阿姆斯特朗教授主编的《二战中的苏联游击队》（由威斯康星大学出版社出版），另外还有A. 达林教授《德国在俄国的统治》这一宝贵著作的修订版。从达林教授那里我第一次学到了该如何找到并利用缴获的德国纪录，这种补习得到了对待德国资料时必要的严谨态度的补充，这一点也体现在戴维·欧文的《希特勒的战争》一书中。不能不提的是，我还从卢埃林·伍德沃德爵士出色的五卷本《英国外交政策史》中获得了关于战时外交方面的有益指导，该书由H. M. 文书局出版。涉及最令人痛心的波兰问题时，多亏了爱德华·J. 罗泽克教授及其著作《盟国战时外交：波兰模式》的帮助，以及他对关键性文件的个人阐述。

能与已故的亚历山大·沃思和已故的科尼利厄斯·瑞恩一同工作，我觉得自己无比幸运，这不仅让我接触到了优秀的作家，还让我接触到了他们的大量资料。帮助亚历山大·沃思编辑他的著作《战争中的俄国》是一次独特的经历，这位极具天赋的观察者所见到的战时俄国对我大有裨益，一位无私、慷慨的女性提供了进一步的补充，她将一套完整收集的苏联战时新闻提供给我使用。至于对出版物和正式文件的进一步阐述，我只能记录下苏军高级指挥员、苏联军事历史学家和苏军士兵们提供的广泛而又充足的帮助，他们毫不吝惜地腾出时间，耐心评价那些差异巨大的回忆录或对书面记录做出评估。我认为，没有谁会拒绝对苏联科学院院士A. M. 萨姆索诺夫做出的重大贡献表示敬意，作为一名作者和编辑，没有哪位历史学家（苏联或非苏联）会忽视他的著作。

慷慨的帮助也来自其他许多方面。例如，戴维·费舍尔和安东尼·里德提供了他们探寻的"露西"的本质以及他们的研究成果。印第安纳大学的迈克尔·帕里什是正在对苏联军事书籍进行一项庞大编目工作的作者,通过交流,我了解到了许多重要出版物,获得这些资料多亏了基拉·A.卡亚法夫人,对她的建议和专业知识,我深表感谢。获得书籍资料不过是撰写一本书的一个方面,撰写本书的过程中,我还得到了苏珊·洛登、罗伯特·鲍多克博士以及韦登费尔德&尼克尔森出版社的本杰明·巴肯的大力帮助。但最艰苦的工作落在爱丁堡大学防务研究中心的K.U.布朗小姐身上,她以娴熟的技巧处理了每一阶段的手稿,从而使她的文秘专业知识和管理能力成为完成本书不可或缺的因素。

过去几年里,我在很大程度上穿越了两条道路,一条通向斯大林格勒,另一条通往柏林。这既是一场学术的也是一场个人的跋涉,我的妻子柳比卡首先为我指明了这一方向,并在这场旅程中与我一同经历了许多艰难困苦。最后需要指出的是,路线选择的错误、对路标的误读,甚至是不经意间对上级或下级(他们绘制或踏过了那些可怕的道路)的行动和目的产生的误判,一切责任全在于我。

约翰·埃里克森

爱丁堡大学

1982年

CONTENTS
目录

第一章
"不许投降"：斯大林格勒的结局

1942年11月19日—23日，短短几天，东线发生了不可能发生，也无法想象的事情。弗雷德里希·冯·保卢斯将军指挥的强大的德国第6集团军，被苏军围困在了斯大林格勒西部一个庞大的包围圈内。

两支强大的苏军坦克部队分别从城市北部的克列茨卡亚（Kletskaya）、南部的"别克托夫卡（Beketovka）钟形地带"发起突击，迅速打垮掩护德军侧翼的罗马尼亚部队，11月22日在卡拉奇（Kalach）东南方十几英里处的苏维埃茨基（Sovetskii）取得会合。苏军这场反击造成的震动似乎令元首变得迟钝麻木，他对此极为紧张，他的总部没有做出坚定的领导或指示；就算有，也只是混乱和矛盾的命令——B集团军群司令冯·魏克斯大将先是获准独立行事，这道指令随后又被撤销。11月21日中午，在冯·保卢斯看来，这场灾难的严重性已非常明确，苏军坦克在距离第6集团军设于戈卢宾斯卡亚（Golubinskaya）的司令部不远处达成突破，司令部不得不匆匆转移到斯大林格勒西面的古姆拉克（Gumrak）火车站。

鉴于事态在11月21日发生了噩梦般的变化，冯·保卢斯从他设在奇尔河（Chir）河口的临时指挥部与B集团军群取得联系，建议将受到严重威胁的第6集团军后撤至顿河与奇尔河之间，冯·魏克斯显然批准了这个建议。可是，元首当晚发来电报，命令不惜一切代价守住斯大林格勒和伏尔加河防线，要求冯·保卢斯及其参谋人员立即返回斯大林格勒，并让第6集团军设立起环形防御圈。"后续指令"随后就将下达。但对冯·保卢斯来说，时间已所剩无几，11月22日，包围圈的形状变得更加清晰。从克列茨卡亚和别克托夫卡出发的苏军坦克推进了150英里，他们身后的7个集团军、60个步兵师已将德国第6集团军团团围住，该集团军的地面交通几乎被彻底切断，辖下各个师被包围在斯大林格勒西部和南部。

斯大林格勒包围圈由东向西延伸35英里，由北向南延伸20英里，包围线勾勒出一个扁平颅骨般不祥而又可怕的形状，它的"鼻子"伸向西南方。5个德军军部（第4、第8、第11、第51军和第14装甲军）驻守在光秃秃的草原上，和他们麾下的20个德军师（还有2个罗马尼亚师的部分部队）一起，与德军主力相隔绝，最靠近的友邻部队是霍特将军的第4装甲集团军，但苏军的南路突击已将霍特的部队隔开。冯·保卢斯匆匆赶至古姆拉克的司令部时，各个疲惫不堪的德军师正沿防线挖掘战壕。斯大林格勒废墟遍地的城内，经历了数周没日没夜的艰苦白刃战后，6个德军战斗群不顾疲劳，继续坚守着他们夺取的地窖、房屋和只剩下残垣断壁的工厂。大约24万名士兵（尽管不是德军最高统帅部最初担心的40万人）、100辆坦克、1800门大炮和10000部各种车辆遭到围困，他们焦头烂额，但还保持着良好的秩序。面对困境依然顽强的德军士兵自嘲为"鼠笼中的老鼠"，焦急地等待着获得解救，并满不在乎地回想起，这并非出现在东线的第一个包围圈。

11月22日下午2点，冯·保卢斯和他的参谋长施密特少将飞入包围圈，来到古姆拉克的集团军司令部，这个司令部就设在第51军军部旁。遭受包围似乎已迫在眉睫，当晚冯·保卢斯就证实了这一点。尽管第6集团军不得不设法免遭分割，并避免后方受到更大的威胁，但冯·保卢斯和他的五位军长一致同意必须尽快突围，第51军军长冯·赛德利茨–库尔茨巴赫将率领这场行动，向西南方突围。18点（11月22日），冯·保卢斯给B集团军群发去电报，总结了自己目前的状况：包围圈已成事实，第6集团军试图构建防线；但燃料即将耗尽，弹药严重短缺，食物只够支撑六天；第6集团军将努力守住伏尔加河与顿河之间的地带，但这取决于能否堵住罗马尼亚人在南面被撕开的缺口，以及第

6集团军能否获得空中补给。如果做不到这些，第6集团军只能被迫放弃斯大林格勒及其北部地区，集中全力向南部防线发起进攻，与第4装甲集团军重新建立联系。向西突围只会招致一场灾难。

冯·保卢斯等待着、思考着、盘算着。冯·赛德利茨–库尔茨巴赫则采取了行动，他决定趁时机未晚强行实施突围。按照他的命令，第51军的部队11月23日炸毁或烧毁了突围行动不需要的一切物品，并从叶尔佐夫卡（Yersovka）地区向斯大林格勒北部边缘后撤了5英里。伴随着壮观、剧烈的爆炸，德国军队离开了他们深邃的冬季掩体，结果在开阔地被崔可夫的第62集团军追上，该集团军一直坚守在斯大林格勒城内。经过一番激战，德军第94步兵师被歼灭。第94师为数不多的幸存者最终逃入第16和第24装甲师防区，但一整个师的牺牲也没能打开向西南方突围的路径，而冯·赛德利茨认为那是第6集团军唯一的逃生通道。

形势的严重性，再加上冯·保卢斯再次要求获得自主行事权，总算让B集团军群的冯·魏克斯大将行动起来。11月23日晚，在发给德军最高统帅部的一份长电中，冯·魏克斯完全支持第6集团军的突围计划，因为空军无法为该集团军提供有效补给（天气条件和运输机的缺乏导致空运只能提供所需补给量的十分之一），而从包围圈外突击至第6集团军身边的一切尝试必定会延误很久，到那时第6集团军必定早已弹尽粮绝，无论技术装备遭受怎样的损失，第6集团军必须立即向西南方突围，否则整支大军将被饿死。获得冯·魏克斯的明确批准后，冯·保卢斯给元首发去电报，强调指出，西面和西南面的缺口已无法封闭，燃料和弹药也所剩无几，大炮已将剩余的炮弹发射一空——第6集团军很快将全军覆没，除非朝西南方杀开一条血路，这个计划已得到第6集团军所有军长的一致赞同。

11月22日晚，希特勒离开上萨尔茨堡，于次日抵达位于东普鲁士的"狼穴"。电传打字机发出疯狂的咯咯声，无线电信号嗡嗡作响，决定第6集团军命运的决定尚未做出，此刻，包围圈北部和南部的战斗愈演愈烈。当晚在"狼穴"召开的军事会议上，陆军总参谋长蔡茨勒将军似乎已说服元首批准第6集团军突围；蔡茨勒甚至提醒B集团军群，相关命令很快就将下达。可是，希特勒的顽固和他最深层次的本能却要求不惜一切代价死守斯大林格勒，就此束缚住第6集团军的手脚。另外，他还对冯·赛德利茨擅自后撤的消息做出了反应。具有讽刺意味而又令人难以置信的是，冯·保卢斯成了不愿坚守阵地的嫌疑人，于是希特勒将第51军调离第6集团军，授权冯·赛德利茨负责包围圈东北部的防务，亲自对元首负责。这道命令并未决定第6集团军的命运，但11月24日早晨的决定和帝国元帅戈林的干预（他保证空军能为被围部队提供补给）起到了关键性作用。德军将坚守"斯大林格勒要塞"。

戈林的承诺直接违背了他手下那些空军指挥官的意见，用曼施泰因的话来说就是"轻率"。曼施泰因刚刚被希特勒招来出任新组建的"顿河"集团军群司令，该集团军群由第6集团军、第4装甲集团军和2个罗马尼亚集团军组成。新组建的集团军群将阻止苏军继续向西推进，并发起一场反击，完成对斯大林格勒的救援。第6集团军的电报中指出，为了维持部队的运作，该集团军每天需要750吨补给物资（380吨食物、250吨弹药和120吨燃料）；德国空军运输部门认为，尽管空运行动依赖于可用的飞机数量、包围圈外充分的地面组织以及包围圈内的四个机场，但每天运送350吨物资是可以做到的。事实上，第4航空队只拼凑到298架飞机（这个数字不到空运任务所需飞机数量的一半），但戈林还是答应每天运送500吨，显然他指望从其他战区抽调运输机。至于俄国的冬季气候以及苏联空中力量的有力存在，他没有考虑过。

第6集团军的将士们紧张不安地期待着突围令的到来，11月24日，他们收到元首的命令，要求他们以服从、骄傲和坚忍克己的精神坚守"临时包围圈"。希特勒命令保卢斯，第6集团军不仅应留在伏尔加河，还应确定各个被围师据守的准确位置；补给物资将提供给他们，在适当的时候也会对该集团军实施救援。突围计划取消后，各个师尽快实施重组，并在包围圈内重新部署。第24和第16装甲师守卫距离伏尔加河最近的北部防线；第113步兵师和第60摩托化步兵师位于其左侧；3个师（第76、第384和第44步兵师）坚守西北部地区；第3摩托化步兵师驻守在西南方的"鼻子"处；南部地区则由第29摩托化步兵师、第297和第371步兵师（外加罗马尼亚第20步兵师的残部）据守。另外2个师，第14装甲师和第9高射炮师构成一支机动预备队；德军第71、第295、第100、第79、第305和第389步兵师守卫东部地区以及斯大林格勒市内阵地。离第6集团军最近的德国部队目前位于25英里外。

11月25日，面对不断恶化的天气和稳步增加的苏军歼击机力量，德国空军的运输机飞往皮托姆尼克（Pitomnik）机场。运输机上搭载的物资远远少于第6集团军的最低需求。包围圈内，德军士兵对冰冻的地面展开"攻击"，严格执行着挖掘武器阵地和炸出战壕的任务，多数情况下，堑壕替代了那些未被俄国人占领的牢固掩体。在遥远的东普鲁士，元首并未感受到这一冲击，11月25日，他仍对"第6集团军的阵地深具信心"——"Der Führer ist hinsichtlich der Lage der 6. Armee zuversichtlich"。就这样，耽搁和自欺欺人的第一颗钉子钉入了即将埋葬第6集团军的棺材上。

如果说希特勒的信心是个危险的早产儿和可悲的错误，那么，斯大林却已明智地预料到态势的发展和可观的收益。将敌人包围在"斯大林格勒方向"的"天王星"行动，只是苏军一系列"星座"行动中的一个阶段，他们的目标是东线德军的整个南翼。紧随"天王星"而来的是"土星"行动，一场庞大的外围突击将直扑顿河上的罗斯托夫（Rostov-on-Don），从而堵住奋战在高加索地区的德国A集团军群。一旦粉碎德军南翼，苏联红军就将迎来灿烂的前景，预示着他们已获得决定性战略胜利。通往第聂伯河的道路将被打开，顿巴斯[1]和乌克兰东部的煤矿和发电站将重新回到他们手中。

苏联的军事工业急需更多的煤和更多的电力供应。尽管新的工业基地已在西伯利亚和乌拉尔地区建立，但那些工厂饱受燃料、电力和金属严重短缺之苦：1942年11月，沃兹涅先斯基[2]在写给中央委员会的报告中强调指出，目前可用的燃料资源总量只有1941年的一半，特别是车里雅宾斯克（Chelyabinsk）各个重要的坦克生产厂，严重缺乏燃料、电力和原材料。随着北高加索地区的解放，至少能夺回一部分产粮区，石油资源也将获得补充。但斯大林的注意力并未仅仅停留在南部战区。列宁格勒在可怕的围困中遭受了巨大的痛苦，戈沃罗夫[3]提交了在施吕瑟尔堡（Schlusselburg）和乌里茨克（Uritsk）发起两场攻势的计划，旨在"打破敌人对列宁格勒的封锁，确保沿拉多加运河的铁路交通，从而在列宁格勒与全国其他地区之间建立起正常的交通"。这些计划11月17日至22日间送至苏军最高统帅部，12月2日，列宁格勒方面军和沃尔霍夫方面军指挥员接到了以"施吕瑟尔堡行动"打破德军封锁的命令，时间定于1943年1月1日，行动代号"火花"。

"天王星"刚刚进入最后阶段，华西列夫斯基便按照斯大林的指示火速赶往北方，准备与沃罗涅日方面军和西南方面军指挥员共同完成"土星"行动。离开谢拉菲莫维奇（Serafimovich）前，华西列夫斯基同西南方面军司令员瓦图京就即将到来的进攻进行了一系列初步商讨。11月25日，苏军最高统帅部人员不顾旅途的危险，离开戈利科夫的沃罗涅日方面军司令部，搭乘卡车赶往苏军第6集团军防区，指挥该集团军的是哈里托诺夫。和沃利斯基一样[4]，哈里托诺夫也是华西列夫斯基的亲信；1942年5月，担任第9集团军司令员的哈里托诺夫在哈尔科夫攻势中惨败，斯大林随即解除了他的职务，并打算把他送交军事法庭审判，确切地说，他成了倒霉蛋和替罪羊。在华西列夫斯基的干预下，斯大林放弃了对哈里托诺夫的惩罚，又给了他一次机会，这次是指挥第6集团军。

研究了地形，并对哈里托诺夫中将第6集团军当面之敌的部署进行调查后，最高统帅部人员离开，11月26日同瓦图京做进一步研究。第二天，他们对作战地区进行了最后的调查。当晚，华西列夫斯基向斯大林提交了自己对发起"土星"行动的建议：

> 为了在即将到来的行动中便于指挥西南方面军的部队，建议尽快将近卫第1集团军的各部队（这些部队目前隶属于V. I. 库兹涅佐夫中将的战役集群）重新改编为近卫第1集团军，任命库兹涅佐夫为集团军司令员，并建立起相应的指挥机构。近卫第1集团军里的其他部队目前在顿河、克里瓦亚河（Drivaya）和奇尔河一线作战，最远达车尔尼雪夫斯卡亚（Chernyshevskaya），应将这些部队组成一个独立（集团军）——近卫第3集团军，由D. D. 列柳申科中将指挥（实际上，目前他正在指挥这些部队）。从车尔尼雪夫斯卡亚到奇尔河河口，再到与斯大林格勒方面军结合部的这段防线，主要交由坦克第5集团军的部队负责。

此次战役最直接的目标是歼灭意大利第8集团军和德国"霍利特"战役集群，为此，西南方面军将组建两个突击集群：一个位于近卫第1集团军右翼（由6个步兵师、1个坦克军[5]和其他加强部队组成），从上马蒙（Verkhnyi Mamon）南面的登陆场向南实施突击，直奔米列罗沃（Millerovo）；另一个突击集群（由5个步兵师和1个机械化军组成）部署于近卫第3集团军前方至博科夫斯卡亚（Bokovskaya）以东地区，由东向西同时对米列罗沃发起突击，以便收紧包围圈。歼灭意大利第8集团军后，这支快速部队前出至北顿涅茨河，夺取利哈亚（Likhaya）车站地区的渡口，从而为进攻罗斯托夫创造有利的态势。

为了从西北和西面确保此次战役的胜利，沃罗涅日方面军第6集团军的一个突击集群（由5个步兵师和2个坦克军[6]组成）必须从上马蒙西南方地区向坎捷米罗夫卡（Kantemirovka）—沃洛希诺（Voloshino）实施突击。

各部队做好12月10日发起这场战役的准备。在此之前，最高统帅部增派给西南方面军的援兵必须完成调动工作，计5个步兵师、3个坦克军、1个机械化军、6个独立坦克团、16个炮兵和迫击炮团；沃罗涅日方面军的第6集团军也将获得3个步兵师、1个坦克军、7个炮兵和迫击炮团。

坦克第5集团军必须在近期内歼灭车尔尼雪夫斯卡亚—托尔莫辛（Tormosin）—莫罗佐夫斯克（Morozovsk）地区之敌，以便从西南面更稳固地孤立被包围在斯大林格勒的敌军，其目的是将这场攻势进一步延伸至塔钦斯卡亚（Tatsinskaya），从而进入北顿涅茨河一线。［VIZ[7]，1966（1），第19页］

斯大林同意了这些建议。瓦图京和戈利科夫立即着手拟定详细的作战计划，就这样，所有计划在12月初提交、审议并获得批准。援兵即将赶到，苏军总参谋部将分别汇报这些部队的动向。为了让瓦图京腾出手来执行"土星"行动，奇斯佳科夫的第21集团军以及坦克第26和第4军将转隶顿河方面军，执行对内包围圈的作战行动。更为重要的是，华西列夫斯基将从"土星"行动中脱出身来，全力以赴地执行消灭"指环"的任务[8]，对此，斯大林强调指出：

被包围在斯大林格勒的敌军必须予以歼灭……这是最为重要的任务……米哈伊洛夫（华西列夫斯基）必须全力以赴地完成这一任务。至于"土星"行动的准备工作，让瓦图京和库兹涅佐夫去做，莫斯科会帮助他们。［IVOVSS[9]，（3），第43页］

此时，斯大林最大的希望是歼灭整个德军南翼，取得决定性战略胜利，但一切都取决于能否尽快消灭被围的第6集团军，从而腾出作战力量，投入到新的攻势中。斯大林一次次敦促最高统帅部人员和各方面军司令员迅速"歼敌"，12月初，他对这个问题已变得苛求不已。与此同时，他组建了一支极为强大的特别预备队，显然打算在态势变得对他有利时，以这股力量进攻罗斯托夫，这支预备队就是近卫第2集团军，按照最高统帅部11月23日的命令，以后备第1集团军在坦波夫（Tambov）—莫尔尚斯克（Morshansk）地区组建而成。这支部队是苏联红军中最强大的力量之一，现在，他们奉命火速赶往斯大林格勒地区；曾任沃罗涅日方面军副司令员的马利诺夫斯基接替克列伊泽尔出任集团军司令员（克列伊泽尔担任副司令员），第48集团军的比留佐夫在两小时内接到通知，被调来担任集团军参谋长。但很快，近卫第2集团军便面临着一个巨大的两难问题：先消灭哪股敌军，是构成"刺猬"阵地的保卢斯，还是率领解围部队的曼施泰因？

11月21日，曼施泰因奉命从维捷布斯克（Vitebsk）赶往南方接掌"顿河"集团军群，该集团军群辖第4装甲集团军、第6集团军和罗马尼亚第3、第4集团军；B集团军群所辖的是意大利第8集团军、匈牙利第2集团军和德国第2集团军。月底时，"顿河"集团军群伫立在B集团军群与A集团军群之间，接掌了顿河—伏尔加河地区，形势看上去很糟糕，尽管曼施坦因出任集团军群司令时已变得较为平静。顿河与奇尔河之间的态势暂时稳定下来，目前据守防线的是"霍利特"集团军级支队，该支队是用奇尔河上搜罗到的部队拼凑而成的。遭到苏军首轮突袭后，缺乏士兵的温克上校从路边和指挥部召集人手，组织起临时部队，构成了一些"屏障"。利用温克和霍利特的部队，曼施泰因堵住了顿河—奇尔河前线上的道路，以防苏军向罗斯托夫发起进攻。他还打算使用霍利特将军的集团军级支队对卡拉奇发起进攻，冲入斯大林的"指环"中；另外，在南面，辖第47装甲军[10]的"霍特"集团军级集群[11]将从科捷利尼科沃（Kotelnikovo）向斯大林格勒"指环"发起进攻，杀至苏军包围圈的西面或南面。结果，"霍特"集团军级集群以232辆坦克从南面发起"冬季风暴"行动；"霍利特"集团军级支队也对斯大林格勒展开攻击，但不断受到苏军进攻行动的牵制。12月2日，曼施泰因和霍特确定了从南面突入包围圈的最终方案，夺取阿克赛河（Aksai）一线后，将在科捷利尼科沃—苏托沃（Shutovo）—阿布加涅罗沃（Abganerovo）铁路线以西地区发起一场进攻；歼灭阿克赛河与梅什科瓦河（Myshovka）之间的敌军后，他们将向东北方推进，从而与通多特沃（Tundotov）火车站西南面的第6集团军取得会合。这场进攻暂定于12月8日发起，但由于降雨导致行进困难，德军解围部队的各装甲师尚未到达指定地点。不过，霍特大将最终决定，无论第17装甲师能否及时赶到并加入第57装甲军，进攻都将在12月12日发起。

12月初，德军统帅部已设法让被围的第6集团军建立起一个强大的环形防御圈，暂时将苏军阻挡在包围圈外；半数以上的苏军有生力量被牵制于围困第6集团军的对内包围圈。歼灭第6集团军的任务主要交给顿河方面军以及斯大林格勒方面军辖下的第62、第64和第57集团军。11月27日，第21集团军及其配属的坦克军被划拨给顿河方面军，斯大林命令华西列夫斯基上将监督歼灭"包围圈"的行动。11月30日，华西列夫斯基对先前的命令进行修改后下达，以消灭第6集团军的"刺猬"阵地——顿河方面军和斯大林格勒方面军将从南面、西面和东北面发起进攻，再次分割包围圈，并在古姆拉克会合；主攻将由西向东发起。顿河方面军将于12月2日以第21、第6[12]和第24集团军沿罗索什卡河（Rossoshka）—鲍罗丁（Borodin）一线发起进攻，在阿列克谢耶夫卡（Alekseyevka）取得会合；斯大林格勒方面军将从南面掩护此次攻势，从而分割位于马里诺夫卡（Marinovka）—卡尔波夫卡（Karpovka）—大罗索什卡（Bolshaya Rossoshka）—古姆拉克地区的敌军主力。叶廖缅科选定阿列克谢耶夫卡作为主攻中心，这场进攻行动由第62和第64集团军执行。12月2日，他正式发起进攻，两天后，罗科索夫斯基也展开攻击，但经过五天激战，包围圈并未出现破裂的迹象。斯大林和最高统帅部人员这才意识到被围德军的实力和顽强，这个硬核桃必须用大锤砸开——例如近卫第2集团军。

12月4日，华西列夫斯基上将从顿河方面军设在扎瓦雷金（Zavarykin）的司令部向斯大林报告，对内包围圈需要大幅度加强，这样才能击败第6集团军的顽抗。斯大林随即命令华西列夫斯基、罗科索夫斯基和叶廖缅科准备发起一场新的进攻，不得迟于12月18日。为加强此次突击，马利诺夫斯基的近卫第2集团军将调拨给顿河方面军，而斯大林格勒方面军与西南方面军之间的接合部由一个新组建的集团军来加强，这就是突击第5集团军，该集团军在坦克第5集团军和第51集团军之间展开。突击第5集团军由后备第10集团军改编而成，辖坦克第7军（从最高统帅部预备队抽调），步兵第300、第315和第87师以及机械化第4军（从叶廖缅科的方面军抽调）、近卫步兵第4和第258师，外加近卫骑兵第3军（从瓦图京的方面军抽调），集团军司令员由叶廖缅科的副手M. M. 波波夫中将担任。马利诺夫斯基的近卫第2集团军尤为强大，辖3个军（近卫步兵第1军、步兵第13军和近卫机械化第2军），每个步兵军辖3个师，机械化军辖3个机械化旅，主要由作战经验丰富的近卫军士兵组成。马利诺夫斯基带着参谋人员从后方飞赴顿河方面军，而近卫第2集团军的人员和装备由165列火车运往斯大林格勒西北部。12月10日，第一批部队到达，并赶往位于韦尔佳奇（Vertyachii）—佩斯卡托夫卡（Peskatovka）的集结区，顽强的西伯利亚士兵和远东军区训练有素的部队现在已加入到近卫第2集团军辖内。12月4日—5日夜间，叶廖缅科和罗科索夫斯基都接到了华西列夫斯基的电话，获知用于加强对内包围圈的新锐部队已经赶到，两位方面军司令员奉命拟定将近卫第2集团军纳入作战行动的新计划。马利诺夫斯基参加了顿河方面军12月8日召开的军事会议，以决定新锐部队的部署问题，第二天，修改后的作战计划提交给斯大林审核。

新计划设计了一个分为三个阶段的作战行动，以此来分割、歼灭德国第6集团军：第一阶段将使用顿河方面军的部队（主要是近卫第2集团军），以歼灭罗索什河以西的4个德军步兵师；第二阶段将以顿河方面军的部队发起突击，朝东南方冲向沃罗波诺沃（Voroponovo），对此，斯大林格勒方面军的第64集团军也将展开进攻，孤立并消灭包围圈南段；第三阶段，顿河方面军和斯大林格勒方面军辖下所有承担对内包围圈作战任务的集团军共同发起突击，直扑古姆拉克。12月9日早上，作战计划提交到最高统帅部，随后，华西列夫斯基赶去视察对外包围圈上坦克第5集团军和第51集团军的防线，那里的形势很危急，越来越多的报告表明德军正在集结兵力，意图发起一场突破，救援被围的第6集团军。至于消灭包围圈的"指环"行动，斯大林只做了少许改动，主要是将前两个阶段合而为一，12月11日，修改后的计划发给了华西列夫斯基［*VIZ*，1966（1），第25页］：

米哈伊洛夫同志 绝密

1. "指环"行动将分为两个阶段实施。

2. 第一阶段——突破至巴萨尔基诺（Basargino）—沃罗波诺沃地区，歼灭西面和南面的敌军。

3. 第二阶段——两个方面军的所有集团军发起突击，歼灭斯大林格勒西面和西北面的敌军主力。

4. 第一阶段行动的发起时间不得迟于瓦西里耶夫（斯大林）与米哈伊洛夫（华西列夫斯基）在电话交谈中确定的日期。

5. 第一阶段行动的结束日期不得迟于12月23日。

1942年12月11日，0200点 瓦西里耶夫（斯大林）

但曼施泰因突然发起的解围进攻打乱了这个计划，12月12日夜幕降临时，"霍特"集团军级集群对科捷利尼科沃发起进攻，"指环"和"土星"计划必须做出重大修改。

德军和苏军指挥官都在跟时间赛跑。苏军一方，尽管瓦图京和戈利科夫已于11月底前提交了"土星"行动方案，并在12月2日获得最高统帅部的批准，但沃罗诺夫上将（他在这两个方面军中担任最高统帅部代表，协调进攻罗斯托夫的行动）不得不推迟原定12月10日发起的进攻。为腾出时间进行最后的准备并调集部队，"土星"行动将于12月16日发起。这个推延是斯大林与华西列夫斯基在11月7日会谈中确定的"计划时间表"的第一个重大变化，第二个变化是罗曼年科的坦克第5集团军未能肃清下奇尔河地区的德军，德军这个突出部伸向斯大林格勒，将苏军对内、对外包围圈之间的距离缩短至不到20公里。夺取托尔莫辛和莫罗佐夫斯克是"土星"行动的一个前奏，从而将保卢斯与东南方彻底隔断，并建立起良好的出发阵地，以便向塔钦斯卡亚、利哈亚车站、罗斯托夫推进。一旦到达利哈亚车站，苏联红军就将掌握对"顿河"集团军群而言至关重要的一个铁路交通中心；在罗斯托夫，陷阱将被关闭，A集团军群的100多万名士兵将被困在高加索地区。消灭奇尔河突出部内的德国军队也会对内环包围圈产生影响，因为对保卢斯的"隔离"会变得更加彻底——至少苏军统帅部是这样认为的。

11月30日，在奥布利夫斯卡亚（Oblivskaya）—雷奇科沃斯基（Rychkovskii）地区，罗曼年科以50000名士兵、900门大炮和迫击炮外加72辆坦克的兵力，沿一条30英里宽的战线发起进攻。他的目标是在12月5日前到达莫罗佐夫斯克至洛兹诺伊（Loznoi，位于莫罗佐夫斯克东南方25英里处）一线。为加强坦克第5集团军，苏军已从对内包围圈的第21和第65集团军抽调了4个步兵师。沿着进攻地带，罗曼年科部署了6个步兵师、2个骑兵军、1个坦克军、1个坦克旅和8个炮兵团。12月2日清晨，30分钟的炮火准备后，坦克第5集团军发起进攻。整整一周的激战就此拉开帷幕，给曼施泰因造成了严重的危机，他意识到，必须不惜一切代价守住下奇尔河地区以及位于上奇尔斯卡亚（Verkhne-Chirskaya）顿河上的一座桥梁。除了投入第48装甲军守住防线外，没有别的办法。

苏军对此的应对是组建突击第5集团军增援坦克第5集团军，加强奇尔河防线的抵抗；波波夫的突击集团军，辖内的各个师来自西南方面军和斯大林格勒方面军，外加调自最高统帅部预备队、由罗特米斯特罗夫少将指挥的坦克第7军，共计71000人、252辆坦克和814门大炮（5个步兵师、1个坦克军、1个机械化军和1个骑兵军）。位于叶廖缅科对外包围圈边缘的是第51集团军，拥有34000名士兵和77辆坦克，辖3个步兵师（步兵第302、第96和第126师），外加坦克第13军、骑兵第4军和第76筑垒地域。（南面部署着拥有44000名士兵、40辆坦克、707门大炮和迫击炮的第28集团军。）对西南方面军与斯大林格勒方面军的结合部进行视察后，华西列夫斯基立即设法确定突击第5集团军辖下各师（步兵第87、第300和第315师）以及坦克第7军的具体展开地点。12月10日这一整天，他都在视察第51集团军、突击第5集团军以及坦克第5集团军的左翼部队，对苏军的能力做出评估，并收集关于德军实力和动向的情报。"顿河"集团军群的兵力为30个师，其中的17个师与西南方面军以及斯大林格勒方面军的第13集团军、突击第5集团军和第51集团军对峙；位于突击第5集团军对面的是德国第48装甲军（据俘房交代，德军第17装甲师在托尔莫辛充当预备队），另外10个师（其中6个是罗马尼亚师）位于第51集团军前方。

就在华西列夫斯基上将调查德军在托尔莫辛的集结情况时，叶廖缅科上将怀疑科捷利尼科沃有一支庞大的德军装甲部队；他已于11月底派出两个骑兵师赶往科捷利尼科沃，12月初，这两个师遭到重创[13]。但他至少发现了德军第6装甲师已进入该地区，这个师的坦克在莫罗佐夫斯克卸载。叶廖缅科将这些不祥的迹象及时汇报给斯大林，要求为自己增派坦克部队。斯大林回复说，"在条件许可的情况下"会为他提供增援（这就向叶廖缅科表明斯大林已做好敌人从托尔莫辛地区发起进攻的准备）。华西列夫斯基仍在对外包围圈上，12月11日，他在罗特米斯特罗夫的坦克第7军军部与突击第5集团军司令员波波夫、近卫骑兵第3军军长普利耶夫召开了一次特别会议。几位指挥员决定发起一场新的进攻，切断"科捷利尼科沃"和"下奇尔斯卡亚"（Nizhne-Chirskaya）的敌军集团，为此，他们将投入坦克第7军和2个步兵师，对雷奇科沃斯基的德军登陆场发起突然袭击。叶廖缅科与参谋长瓦连尼科夫以及情报官协商后，决定将机械化第4军和坦克第13军调入预备队，同时给第58集团军[14]的托尔布欣下达命令，要求他坚守对内包围圈的阵地，严防德国第6集团军发起突围，与德军救援部队取得会合。特鲁法诺夫的第51集团军掩护着科捷利尼科沃，尽管叶廖缅科和华西列夫斯基都知道该集团军的实力较弱，位置也比较分散。

12月12日清晨，经过短暂的炮火准备，"霍特"集团军级集群辖内的第57装甲军从科捷利尼科沃地区发起进攻，他们向东北方推进，试图前进60英里，从而突破苏军的封锁，与第6集团军取得会合。劳斯将军的第6装甲师刚刚从法国调来，取得了一个极为成功的开端，第23装甲师在阿克赛河南岸夺得一个登陆场。为强化这支装甲铁拳，他们得到了一个虎式装甲营[15]，这种重达56吨的新式坦克配有88毫米主炮，其中一些已在东线战场接受过测试。希特勒对他的虎式坦克寄予厚望。霍特装甲部队的推进立刻引起了叶廖缅科的担心，他害怕第57集团军的后方会迅速暴露给敌人。确定这就是德国人的主攻后，叶廖缅科打电话给斯大林，描述了态势，并强调了存在的危险。斯大林的回复非常简洁："守住，我们会给您派来援兵。"但在此期间，叶廖缅科不得不尽快用战场上的部队以及他所能调集的预备队做点什么。他的第一个应对是让他的副司令员扎哈罗夫将军负责指挥在草原上临时组建的一个战斗群，调来坦克第13军加强第51集团军，以挡住德军第23装甲师，另外又从突击第5集团军调来机械化第4军，拦截已冲过阿克赛河的德军第6装甲师。12月12日—13日夜间，沃利斯基的机械化第4军只剩下5600人和70辆坦克（32辆T-34，38辆T-70），在阿克赛河北面据守着上库姆斯基（Verkhne-Kumskii）的主阵地。德军发起进攻的第一天，华西列夫斯基便与斯大林格勒方面军军事委员会委员赫鲁晓夫从位于上察里津斯基（Verkhne-Tsartsynskii）的第57集团军司令部赶到了阿克赛河；随后，华西列夫斯基火速返回顿河方面军司令部，将霍特发起进攻所产生的影响通知给罗科索夫斯基和马利诺夫斯基。更为重要的是，他建议马利诺夫斯基立即着手准备将部队调往斯大林格勒方面军，以托尔布欣第57集团军司令部为前进基地，从那里指挥作战行动——但由于无法联系上斯大林，华西列夫斯基无权调动近卫第2集团军。这一切都是预防措施。

12月12日晚些时候，华西列夫斯基终于联系到了斯大林。他要求斯大林批准将近卫第2集团军划拨给斯大林格勒方面军指挥，并建议推迟"指环"行动（如果把马利诺夫斯基的部队调走，这一推迟则无可避免）。斯大林发怒了，他指责华西列夫斯基想从最高统帅部"敲诈"到更多的预备队，从而把这些部队派到华西列夫斯基本人负责的作战地域（斯大林曾在11月27日晚命令华西列夫斯基专门负责对内包围圈的作战事宜，因此他的这番斥责毫无道理）。对于调动近卫第2集团军阻截曼施泰因的建议，斯大林没有立即做出答复。令华西列夫斯基感到满意的是，这个问题将由国防委员会进行讨论，而斯大林本人就是委员会主席。

当晚，华西列夫斯基在扎瓦雷金焦急地等待着斯大林的最后答复，草原上的雨水落在苏军和德军坦克兵身上，所有人都将注意力集中在阿克赛河北面的高地上，苏军"斯大林格勒—罗斯托夫"战役下一阶段的计划被霍特解救第6集团军的进攻打乱——重新拟定战略计划的36小时对"指环"和"土星"行动产生了严重影响。12月13日清晨5点，斯大林批准华西列夫斯基将近卫第2集团军从顿河方面军调至斯大林格勒方面军，12月15日开始执行，华西列夫斯基亲自为"科捷利尼科沃方向"上的行动提供指导。一份作战计划毫无拖延地提交给了最高统帅部。12月14日22点50分，叶廖缅科和罗科索夫斯基接到了推迟"指环"行动的正式命令：

顿佐夫（罗科索夫斯基）和伊万诺夫（叶廖缅科）必须以空中和地面进攻继续对被围敌军实施不间断骚扰，无论白天还是夜晚，都不给敌人以喘息之机，进一步缩小包围圈，并消灭被围之敌突出包围圈的一切企图……我们南面部队的主要任务是，用特鲁法诺夫（第51集团军）和雅科夫列夫（马利诺夫斯基的近卫第2集团军）的部队击败科捷利尼科沃的敌军集群，在近期内夺取科捷利尼科沃，并固守在那里。〔*VIZ*，1966（3），第28—29页〕

坦克部队赶往两翼时，特鲁法诺夫已奉命以他的步兵师挡住霍特的进攻；突击第5集团军将直接对下奇尔斯卡亚的德军登陆场展开进攻，12月14日清晨，罗特米斯特罗夫的坦克第7军发起了这场攻击。第二天，德军终于被迫放弃这个重要的登陆场，向后退去，并将身后的顿河大桥炸毁。

12月14日晚，沃罗涅日方面军司令员戈利科夫和西南方面军司令员瓦图京（他们受最高统帅部协调员沃罗诺夫的节制）收到了斯大林关于"土星"行动的新命令：进攻方向调整至东南方，而不是南方，"大土星"改为"小土星"行动，目标是试图为斯大林格勒解围的曼施泰因部队的后方。新指令（12月13日签发）列出了修改后的主要内容〔*VIZ*，1966（3），第29—30页〕：

致：沃罗诺夫、戈利科夫和瓦图京同志

第一点：对卡缅斯克（Kamensk）—罗斯托夫发起进攻的"土星"行动是在整体态势对我们有利时拟定的，当时，敌人在博科夫斯克（Bokovsk）—莫罗佐夫斯克—下奇尔斯卡亚地区已没有更多的预备队，坦克第5集团军也已朝莫罗佐夫斯克方向发起成功的进攻，而从北面发起一场进攻将获得同时从东面发起一场向利哈亚车站的攻势的支援。在这种情况下出现了相应的建议，近卫第2集团军应进入卡拉奇地区，进而发展起一场向罗斯托夫—塔甘罗格（Taganrog）的成功推进。

第二点：可是，近期态势的发展对我们并不有利。罗曼年科（坦克第5集团军）和列柳申科（近卫第3集团军）正处在防御状态，无法前进，敌人从西面调来一大批步兵师和坦克部队，阻挡住苏军的前进。因此，从北面发起的进攻无法获得东面罗曼年科的直接支援，其结果是，向罗斯托夫—塔甘罗格的进攻不会获得成功。我不得不指出，近卫第2集团军不能再被用于"土星"行动，因为它已在另一个方面军中作战。

第三点：鉴于这一切，必须对"土星"行动计划进行修改。改变之处在于，主要突击不再向南，而是向东南方，朝下阿斯塔霍夫（Nizhnyi Astakhov）方向实施，前出至莫罗佐夫斯克，以一个钳形攻势夹击位于博科夫斯克—莫罗佐夫斯克的敌军，进入其后方，并由罗曼年科和列柳申科的部队从东面、库兹涅佐夫的部队以及配属给他的快速部队从西北面同时发起的进攻将其歼灭。菲利波夫（戈利科夫，沃罗涅日方面军）的任务是帮助库兹涅佐夫消灭意大利军队（第8集团军），前出至克列缅科夫（Kramenkov）地区的博古恰尔河（Boguchar），建立一支强有力的掩护部队，防止敌人有可能从西面发起的进攻。

第四点：突破将在"土星"行动计划预想的地区实施。达成突破后，后续突击将转向东南，朝下阿斯塔霍夫—莫罗佐夫斯克方向推进，突入罗曼年科和列柳申科对面之敌的后方。这场行动将于12月16日发起，行动代号"小土星"。

第五点：现在，你们必须在没有机械化第6军的前提下作战，调给你们的一些坦克团正在路上。这是因为机械化第6军已被划拨给斯大林格勒方面军，他们将用该军对付集结于科捷利尼科沃的敌人。作为替代，你们将从菲利波夫处得到一个坦克军，（坦克）第25军或第17军。

瓦西里耶夫（斯大林）

戈利科夫毫无怨言地接受了这些新命令。但西南方面军司令员瓦图京却拒不让步，并想方设法挽救"大土星"行动——这个行动将直奔亚速海。他坚持认为，第6集团军应该像他所构想的那样朝马尔科夫卡（Markovka）—切尔特科沃（Chetkova）攻击前进，坦克第17军则应赶往米列罗沃西面的沃洛希诺；因此，瓦图京要求将坦克第17军纳入自己的方面军。12月14日夜间，沃罗诺夫、戈利科夫和瓦图京会面，试图就作战行动达成一致，但瓦图京坚持要求实施更大规模的行动。12月14日这一整天，两位司令员各执己见，互不让步，最后，总参谋部插手干预，以最高统帅部的名义命令他们执行"小土星"行动计划。

就在他们争论是否应该对德国B集团军群与"顿河"集团军群的结合部发起进攻之际，马利诺夫斯基的近卫第2集团军（该集团军辖下的近卫步兵第1军已集结完毕）开始赶往斯大林格勒方面军处，他们要以强行军完成125英里的跋涉，肆虐的暴风雪中，每天要在草原上前进30英里，队伍最前方的步兵们扛着反坦克枪，做好了直接投入战斗的准备。用了整整四天，近卫第2集团军才进入梅什科瓦河后方，这是斯大林格勒前方的最后一道屏障。尽管机械化第4军和坦克第13军在库姆斯基附近发起了猛烈反击，但叶廖缅科非常担心阿克赛河前方的形势，因为霍特的快速部队已嘎吱嘎吱地推进了半数里程，他们身后的卡车满载燃料和弹药，另外还有运送伤员的大巴车以及为第6集团军装甲部队准备的拖车，这些部队即将从包围圈内突出。12月15日早上，叶廖缅科发报给最高统帅部，强调了面临的危险：

……鉴于方面军所有的预备队（步兵第300、第315和第87师）先前已被派往西南方，并集结于普洛多维托耶（Plodovitoe）和泽蒂（Zety）地区，接受不同的任务……无法有效确保科捷利尼科沃——阿布加涅罗沃铁路线这一方向。因此，这一线必须予以加强。（叶廖缅科，《斯大林格勒》，第403页）

由于方面军预备队已被投入，形势很危急：

伊万诺夫卡（Ivanovka，位于梅什科瓦河上）——阿克赛河一线以东地区无兵据守。如果敌人沿通往阿布加涅罗沃的铁路线以及齐边科（Tsybenko）地区至泽蒂一线发动进攻，将使我方面军部队处于极其危急的状态下。（同上）

两支坦克部队（机械化第4军和坦克第13军）都已投入战斗，但都遭受到了惨重损失；骑兵第4军也被打得头破血流。一连48个小时，机械化第4军与德国第6装甲师在寒冷刺骨的冰天雪地里拼杀着。尽管德军第65装甲营配备了新式武器——虎1式坦克，但苏军现代化的57毫米和76毫米反坦克炮被证明极为有效。双方迅速赶往梅什科瓦河一线。12月17日，德军第17装甲师终于赶到战场，并于次日投入战斗，但苏军近卫第2集团军（其前进指挥部设在科尔帕齐基）辖下的2个步兵师和近卫机械化第2军也到达了梅什科瓦河。12月17日24点，叶廖缅科将步兵第87师、骑兵第4军和机械化第4军交给马利诺夫斯基指挥，并在近卫第2集团军、第51集团军和突击第5集团军之间设立了分界线。

苏军统帅部付出了极大的努力，慢慢将自己从斯大林格勒西南方的危险状况中解救出来；但与时间的赛跑尚未全力展开。12月19日，德军第6装甲师通过强行军成功到达梅什科瓦河，并在夜间渡过该河，距离保卢斯第6集团军据守的防线已不到50公里。从理论上说，收到"霹雳"的代号后，第6集团军就应该发起突围行动。现在，关键的96个小时到来了。结束跋涉的近卫第2集团军将其部队直接投入梅什科瓦河后方的战斗时，华西列夫斯基签发了一份新的作战计划，这份计划12月18日15点30分送抵莫斯科〔*VIZ*，1966（3），第32—33页〕：

第42—47号报告：雅科夫列夫（马利诺夫斯基）的集团军继续集结于上察里津斯基—巴拉季斯基索夫克霍茨（农场）、克列普（Krep）、尤尔金（Yurkin）和泽蒂地区。从12月17日24时起，沃利斯基的军（机械化第4军）、步兵第300师和第87师、骑兵第4军从特鲁法诺夫处调离，划归雅科夫列夫指挥，掩护该集团军的展开。

除1个步兵师、3个独立坦克团和预备队外，雅科夫列夫集团军的集结将于12月21日夜间完成。

请批准如下计划，以便雅科夫列夫实施下一步作战行动：

12月21日—22日夜间，雅科夫列夫集团军位于梅什科瓦河的各近卫步兵军沿下库姆斯基（Nizhne Kumskii）—卡普金斯基（Kapkinskii）一线展开，并将近卫机械化第2军集结于佩列格鲁兹内伊（Peregruznyii）、阿克赛河和舍列斯托夫（Shelestov）地区，12月22日清晨起转入积极的行动。

12月22日，各近卫步兵军沿格罗莫斯拉夫卡（Gromoslavka）、舍斯塔科夫（Shestakov）方向发起主攻，进而沿通向科捷利尼科沃的铁路线推进，与沃利斯基的军一起，最终歼灭上库姆斯基地域之敌，肃清阿克赛河北岸，前出至阿克赛河南岸并据守。

阿克赛地区的近卫机械化第2军，经达尔加诺夫（Darganov）对敌侧翼和后方发起打击，以强大的先遣部队夺取科捷利尼科沃后，必须在12月22日夜晚前将主力投入皮缅-切尔臣（Pimen-Cherchen）、格列米亚恰亚（Gremyschii）地区，从而进入到活动于科捷利尼科沃北部之敌的后方。

12月23日，随着近卫机械化第2军对杜博夫斯科耶（Dubovskoe）方向做出强有力的掩护，各近卫步兵军于夜晚前向上雅布洛奇内（Verkhne-Yablochnyi）、皮缅-切尔尼（Pimen-Cherni）和达尔加诺夫一线推进，歼灭科捷利尼科沃东北方的敌人。

12月24日，各近卫步兵军前出至马约尔斯基（Maiorskii）、科捷利尼科沃和波佩列奇内（Poperchernyi）一线，将近卫机械化第2军和沃利斯基的军调至萨尔河，切断铁路线。

为确保雅科夫列夫的这些行动，特鲁法诺夫的集团军应从东面予以配合（该集团军辖步兵第38、第302、第126和第91师，2个坦克旅，另外还有沙普金的骑兵第4军，该军即将进入普洛多维托耶地区）。

波波夫（突击第5集团军）奉命于12月20日从西北方发起进攻，夺取下奇尔斯卡亚，然后与罗曼年科（坦克第5集团军）相配合，赶往托尔莫辛，并于12月24日前到达齐姆拉河（Tsymla）。

对于新近赶到的两个坦克军，我认为急需将其中的一个调拨给波波夫，如果雅科夫列夫的行动顺利的话，另一个坦克军和其他机械化军可用于歼灭斯大林格勒的被围之敌。

请求您的批准。

米哈伊洛夫（华西列夫斯基）

12月19日5点30分，斯大林做出了回复（资料来源同上）：

特急：米哈伊洛夫同志，最高统帅部同意您的第42号作战计划。

瓦西里耶夫（斯大林）

从位于梅什科瓦河登陆场的前沿阵地，德国第6装甲师的坦克兵们此刻已能看见斯大林格勒外围腾起的照明弹，这座城市在寒冷、晴朗的夜间闪闪发亮。

可是，三天前，沃罗涅日方面军和西南方面军在顿河上游对"顿河"集团军群的北翼和B集团军群的右翼发起了"小土星"行动；"小土星"行动专门针对试图冲入斯大林格勒的德军解围部队的后方。瓦图京最终被迫接受了修改后的计划，按照该计划，他的西南方面军的主要任务是使用近卫第1、第3集团军，与沃罗涅日方面军相配合，包围并歼灭意大利第8集团军，然后穿过下阿斯塔霍夫，朝莫罗佐夫斯克攻击前进。V. I. 库兹涅佐夫的近卫第1集团军将以5个步兵师和3个坦克军攻击穿越马尼科沃-卡利特文斯卡亚（Mankovo-Kalitvenskaya）、杰格捷沃（Degtevo）、塔钦斯卡亚、莫罗佐夫斯克，从而歼灭意大利第8集团军和"霍利特"集团〔步兵部队将进抵马尔科夫卡—尼科利斯卡亚（Nikolskaya）—切尔特科沃，坦克军将进抵塔钦斯卡亚—莫罗佐夫斯克〕；而列柳申科的近卫第3集团军将在博科夫斯卡亚突破敌人的防御，并沿博科夫斯卡亚—上奇尔斯卡亚和博科夫斯卡亚—下阿斯塔霍夫—卡沙雷（Kashara）两条路线攻击前进，与近卫第1集团军取得会合。罗曼年科的坦克第5集团军将歼灭位于下奇尔斯卡亚和托尔莫辛地区的敌军，"在任何情况下"都不允许敌人达成突破，从这里赶往其他被围部队处。哈里托诺夫第6集团军（隶属于沃罗涅日方面军）的任务是，在新卡利特瓦（Novaya Kalitva）—杰列佐夫卡（Derezovka）地区突破敌军防御后，对坎捷米罗夫卡发起进攻，并于行动发起的第五天到达戈卢巴亚河（Golubaya）—克里尼察（Krinitsa）—帕斯尤克夫（Pasyukov）—克列诺维（Klenovy）—尼科利斯卡亚一线。3个坦克军将在沃罗涅日方面军和西南方面军发起行动的首日投入战斗；近卫第1和第3集团军将于次日包围意大利第8集团军，并在第四日傍晚前将其歼灭，到第六天，主力部队必须前出至瓦连京诺夫卡（Valentinovka）—马尔科夫卡—切尔特科沃—伊利因卡（Ilinka）—塔钦斯卡亚—莫罗佐夫斯克—切尔内什科夫斯基（Chernyshkovskii）一线。至于援兵，苏军最高统帅部已将3个步兵师（步兵第267、第172和第350师）、1个步兵旅（步兵第106旅）、坦克第17军和7个炮兵团调拨给第6集团军，另外还有4个近卫步兵师（近卫步兵第35、第41、第38和第54师）、步兵第159师、3个坦克军（坦克第

18、第24和第25军）、1个机械化军（近卫机械化第1军）、6个独立坦克团和16个炮兵团，但坦克和炮兵部队仍在源源不断地加入到瓦图京的方面军。尽管如此，到12月12日，苏军预备队的主力已向前移动，两个方面军实施了重组。工兵们在顿河上搭设起载重量6吨、16吨、40吨和60吨的桥梁，12月16日夜间，坦克赶往距离前线3—5英里的出发线。沿着从北面的新卡利特瓦（第6集团军）到下奇尔斯卡亚（坦克第5集团军）的一条200多英里长的战线，36个步兵师、425476名士兵、1030辆坦克、近5000门大炮和迫击炮（81毫米或更大口径）等待着12月16日夜晚的结束。

12月16日清晨8点，苏军炮兵实施炮击，"小土星"行动在浓浓的晨雾中拉开帷幕。但一些地段的能见度太差，无法准时发起行动，苏军战机只能停在前进机场上。库兹涅佐夫的近卫第1集团军和哈里托诺夫的第6集团军跨过顿河河面上的冰层，残酷的战斗随即在前沿阵地爆发开来。中午前不久，瓦图京命令坦克军（坦克第25和第18军为首，第17军尾随在后）投入战斗，结果先头部队不慎进入到未被探明的地雷区，苏军立即遭受到损失，进攻瓦解了。第一天的行动中，列柳申科的近卫第3集团军同样没能取得成功。夜间，苏军部队实施重组，炮兵前移，并在雷区清理出一条条通道。12月17日，苏军重新发起进攻，4个坦克军（坦克第25、第18、第17和第24军）分为两股梯队向前推进，坦克旅冲在前方，摩托化步兵紧随其后。列柳申科的近卫第3集团军发起初次攻击时，燃料和弹药并不充裕，获得补给后，于次日恢复了进攻。

72小时后，意大利人逃之夭夭，德国人的大炮也沉默下来，第6集团军和近卫第1集团军在敌人的防线上撕开一个30英里宽的缺口，纵深达20英里，列柳申科向前渗透了10英里。12月19日夜间，苏军最高统帅部将第6集团军划拨给瓦图京指挥，并同意了他的建议，将"小土星"行动扩大为西南方面军转入全面追击。所有坦克部队（坦克第17、第18、第24、第25军和近卫机械化第1军）向东南方攻击前进，给他们下达的命令是：12月23日前到达塔钦斯卡亚（坦克第24军），12月22日前到达莫罗佐夫斯克（坦克第25军和近卫机械化第1军），12月24日傍晚前夺取米列罗沃（坦克第17和第18军）。

12月19日中午，P. P. 波卢博亚罗夫少将的坦克第17军冲入坎捷米罗夫卡（这是沃罗涅日与顿河上的罗斯托夫之间一个重要的交通枢纽），他们发现一列列火车满载着弹药和补给物资，街道上散落着燃烧的车辆和遗弃的大炮。波卢博亚罗夫的胜利确保了近卫第1集团军的右翼，也掩护了第6集团军。坦克第17军转身向南赶往沃洛希诺，而巴达诺夫少将的坦克第24军穿过被打得七零八落的意大利师，一路向南挺进。第6集团军的主力也转向东南方，近卫第1和第3集团军同样如此，他们把2个坦克军（坦克第24和第25军）置于外侧，另外2个军（坦克第18军和近卫机械化第1军）置于内侧配合步兵部队，肃清意大利人的残部，并将"霍利特"集群打散。

尽管12月20日前的态势发展晦涩不明，但"顿河"集团军群的曼施泰因意识到情况极其严峻，他给OKH（陆军总司令部）发去电报，强调指出，意大利军队被消灭后，苏军的决定性行动将对罗斯托夫构成巨大威胁（进而波及A集团军群）。没过几个小时，这个可怕的预言得到证实，德军情报人员审问了近卫第3集团军副司令员克鲁片尼科夫少将，列柳申科病倒后，由他接掌近卫第3集团军；实际上，I. P. 克鲁片尼科夫是参谋长，12月20日被俘（他的职务由赫塔古罗夫少将接替）。德军情报官从克鲁片尼科夫嘴里获知了第6集团军、近卫第1和第3集团军的作战任务，审讯结果证明，苏军这场攻势的目标是罗斯托夫。两天后，P. P. 普里瓦洛夫少将（步兵第15军军长）和他的炮兵指挥官柳比诺夫上校在坎捷米罗夫卡—斯米亚戈列夫斯克（Smyaglevsk）公路上被俘。44岁的普里瓦洛夫已婚，有几个孩子（他们的命运不得而知，因为他们居住在喀尔巴阡山地区），1941—1942年间，他曾在季赫温（Tikhvin）指挥过一个突击集群；接受参谋工作培训后，他受到留曼采夫（负责人事管理）的接见，并被分配到步兵第15军。现在，头部被手榴弹弹片炸伤的他成了俘虏，德军情报人员从他这里获知了关于他这个军、第6集团军以及沃罗涅日方面军作战行动的更多情报（普里瓦洛夫还告诉德军审讯人员，从1月1日起，作为军衔标志的肩章将重新出现在红军部队中——普里瓦洛夫认为，一年前就该这样做，以便强化军队的纪律）。除了通过审讯掌握的情况，德军情报部门还利用空中侦察和无线电监听对相关信息进行了补充（德国人在近卫第3集团军发起进攻前便通过无线电监听准确判明了这支部队）。

德军据守着奇尔河下游防线，这使坦克第5集团军12月22日发起的进攻受到了阻碍，但也让德军第48装甲军卷入到这场激战中，无法腾出兵力救援斯大林格勒。与此同时，巴达诺夫少将的坦克第24军发起深达120英里的突袭，深深插入到德军后方：12月22日，坦克第24军在博利申卡（Bolshinka）—伊利因卡地区作战，并朝塔钦斯卡亚冲去。塔钦斯卡亚是德军为斯大林格勒提供空运的一个主要空军基地，同时，作为利哈亚—斯大林格勒铁路线上重要的交通枢纽，那里堆满了补给物资和武器装备。此时，巴达诺夫与他的补给基地已相隔150英里，其先头部队绕过斯科瑟尔斯卡亚（Skosyrskaya）赶往塔钦斯卡亚北部时，坦克第24军的燃料和弹药都已不足。12月24日清晨，在浓雾的掩护下，巴达诺夫麾下的坦克第130、第54旅和近卫坦克第4旅占据了阵地，准备对塔钦斯卡亚的火车站、村庄和机场发起进攻。清晨7点30分，一轮火箭弹齐射标志着这场攻击的开始，苏军冲向火车站，冲向机场。前进中的T-34开炮射击，机场上的德军飞机竭力试图起飞逃离。一辆苏军坦克与一架滑行着的Ju-52迎头相撞，伴随着一声剧烈的爆炸声，它们消失在一团火焰中。随着机场被炸成碎片，枢纽站的货运列车上，新飞机、武器和补给物资也被摧毁。巴达诺夫18点30分发报给方面军和近卫第1集团军司令部，说他已完成自己的任务。但在坦克第24军身后，德军占领了塔钦斯卡亚北面的阵地以及莫罗佐夫斯克火车站，从而堵住了西南方面军的进一步推进，并包围了巴达诺夫的部队。

苏军和德军都关注着坦克第24军的命运，密切留意着该军发出的电报。1942年圣诞节那天，巴达诺夫报告说，他只剩下58辆坦克（39辆T-34和19辆T-70），燃料和弹药严重短缺。12月26日清晨5点，5辆油罐车和6辆弹药车组成的补给车队在5辆T-34的护送下，赶至位于最前方的旅身边，一个小时后，机械化步兵第24旅进入塔钦斯卡亚，但德军突然封闭了油罐车和车载步兵身后的几条通道。油罐车到达的那天早上，巴达诺夫通过电台获悉，坦克第24军获得了"近卫军"称号——改为近卫坦克第2军，而他本人成为新设立的苏沃洛夫勋章的第一个获得者[16]。当天下午，该军遭到猛烈进攻，巴达诺夫发电报给瓦图京和库兹涅佐夫（萨姆索诺夫，《斯大林格勒保卫战》，第483页）：

全军严重缺乏弹药。柴油替代品已耗尽。请你们从空中掩护我军的行动，并加紧投入集团军内的其他部队，以确保我军各单位的作战行动。请求空投弹药。

巴达诺夫

12月27日夜间，德军封闭了坦克第24军的退路，并对该军攻击了一整天。18点，巴达诺夫给瓦图京发去急电（资料来源同上）：

情况严重。没有炮弹。没有坦克。人员遭受到严重损失。已无法继续坚守塔钦斯卡亚。请求批准突出包围圈。机场上的敌机已被消灭。

巴达诺夫

瓦图京命令巴达诺夫坚守塔钦斯卡亚，但"如果发生最糟糕的情况"，他可以自行做出决定，设法突出包围圈。当晚22点，巴达诺夫决定继续坚守，一个小时后，苏军飞机将弹药空投到他的防线上。这时，斯大林也亲自介入了。向最高统帅汇报时，瓦图京概述了情况：

巴达诺夫今天给我发来八封电报。他在塔钦斯卡亚设立起一个环形防御圈，目前仍在战斗。该军尚有39辆T-34和15辆T-70。现在，我们的夜间飞机正在塔钦斯卡亚地区作战，拂晓后，方面军辖内的所有飞机将把敌人歼灭在塔钦斯卡亚—斯科瑟尔斯卡亚地区。我已命令巴达诺夫坚守塔钦斯卡亚，但我也告诉他，如果发生最糟糕的情况，他可以做出其他决定。[IVOVSS，（3），第49页]

瓦图京还提交了一份冗长的报告，大力称赞方面军取得的进展，并对敌人的意图做出估测：

原先在方面军当面的敌军，约17个师，现在可以说已被彻底歼灭，他们的物资储备也被我们缴获。被俘6万人，击毙亦不少于此数。因此，现在少得可怜的残敌，除少数例外，几乎已不作抵抗。

我方面军前方，敌人沿奥布利夫斯卡亚—上奇尔斯卡亚一线继续实施顽强抵抗。在莫罗佐夫斯克地域，今天已抓获原先在罗曼年科集团军当面的敌第11装甲师和第8空军野战师的俘虏。对列柳申科集团军和快速部队抵抗最猛烈的是切尔内什科夫斯基—斯科瑟尔斯卡亚—塔钦斯卡亚一线的敌人。这股敌军试图守住防线，阻止我快速部队继续进攻，并以此来确保其部队有撤退的可能。在有利的条件下，敌人可能会坚守这个突出部，以便将来通过这里援救其遭到合围的部队。但敌人不会得逞，所有苏军部队都将致力于消灭这个突出部。［朱可夫，$Vosp^{17}$（2），第124—125页］

瓦图京报告，敌人将在北顿涅茨河实施防御：

逐日实施的空中侦察报告说，在以下地区发现敌人有所动作：罗索什（Rossosh）、旧别利斯克（Starobelsk）、伏罗希洛夫格勒（Voroshilovgrad）、切博托夫卡（Chebotovka）、卡缅斯克、利哈亚、兹韦列沃（Zverevo）。敌人的意图难以判断，但他们显然打算沿北顿涅茨河建立起基本防线。敌人首先必须封闭我军造成的宽达350公里的缺口。最好能不作特别间歇地打击敌人，但为此应向这里调拨援军，因为现有的部队要用于完成"小土星"战役计划，实施"大土星"战役计划则需要额外的力量。（资料来源同上）

朱可夫和斯大林共同研究了瓦图京发来的电报，并立即给他下达了指示：

您的首要任务是不得让敌人粉碎巴达诺夫的部队，应尽快派帕夫洛夫和鲁西亚诺夫的部队去援助他。在最危急的时刻允许巴达诺夫放弃塔钦斯卡亚，您做得对。你们以骑兵第8军对托尔莫辛发起突击，最好再加强以某个步兵部队。至于经苏沃罗夫斯基（Suvorovskii）向托尔莫辛调派近卫骑兵第3军和1个步兵师，这是个非常及时的举措。为了让"小土星"变为"大土星"，我们已经给您调拨了坦克第2和第23军。接下来的一周里，您还将得到两个坦克军和三四个步兵师。

您想把坦克第18军派往斯科瑟尔斯卡亚，我们对此持不同的看法：最好让它和坦克第17军一同留在米列罗沃—上塔拉索夫斯科耶（Verkhne

Tarasovskii）地区。总之，您必须记住，将坦克军派往较远处时，最好两个军同时派出，而不要让一个军单独行动，以免陷入巴达诺夫的境地。（资料来源同上，第125页）

但坦克第18军目前在哪里？朱可夫立即向瓦图京询问该军所处的位置。瓦图京回答说，坦克第18军在米列罗沃正东面，"不会被孤立"。最后，斯大林再次向瓦图京重复道：

记住巴达诺夫，不要忘记巴达诺夫，不惜一切代价救他出来。

瓦图京保证道：

我们将采取一切可能的措施，我们会救出巴达诺夫。（资料来源同上，第126页）

12月29日凌晨1点30分，瓦图京给巴达诺夫下达了"自行突围"的命令。除此之外，别无他途。帕夫洛夫少将的坦克第25军和I. N. 鲁西亚诺夫中将的近卫机械化第1军在塔钦斯卡亚—莫罗佐夫斯克地区作战，就在巴达诺夫的左侧，但他们无法同坦克第24军取得会合。半小时后，巴达诺夫下达了突出包围圈的命令。他们将德国人的燃料和航空汽油相混合，放入铁罐加热，再把这种混合物灌入剩余的T-34和T-70坦克的油箱，这才使燃料短缺这一关键问题得到部分解决。该军打算构成"一根长钉"，刺破据守包围圈的德军部队。在夜色的掩护下，坦克第24军突然发起冲锋，在德军阵地上闯开一个缺口，随即转向左右两侧，赶往该军设在伊利因卡的"基地"。这些坦克仍有弹药，可以为军部成员、炊事人员、轮式车辆的突围提供火力掩护，他们先退向纳杰日夫卡（Nadezhevka）村，随后再撤往伊利因卡。德军飞机试图消灭这股苏军坦克部队，一支德军部队在远距离上开火射击，可一旦进入纳杰日夫卡—米哈伊罗夫卡（Mikhailovka）地区，巴达诺夫的坦克便逃离了包围圈。巴达诺夫命令军后勤主任利用伊利因卡的物资为坦克补充弹药，并派参谋长寻找军里的其他单位。12月29日这一整天，苏军和德军坦克兵沿着纳杰日夫卡—米哈伊罗夫卡一线进行了长时间的较量，夜里，德军坦克退回塔钦斯卡亚，设在火车站的补给仓库被撤离的苏军付之一炬，此刻仍在熊熊燃烧。12月30日，在科斯季诺（Kostino）地区，巴达诺夫与坦克第25军、近卫机械化第1军取得会合，遵照热尔托夫[18]的命令，他负责指挥这三支快速部队组成的"坦克集群"。这场毙伤12000名德军士兵，俘虏4769人，摧毁84辆坦克、106门大炮和431架飞机的突袭就此结束。

12月23日下午，曼施泰因已无法忽视在他左翼形成的危急态势，那里的三支苏军坦克部队几乎在肆意闯荡：奇尔河下游，罗马尼亚第3集团军奉命腾出德军第11装甲师（该师去追赶巴达诺夫的坦克部队），而第6装甲师也从霍特的突击部队中被抽调出来，以加强奇尔河下游的防御。12月23日—24日夜间，霍特要求撤销抽调第6装甲师的命令——该师即将发起最后的突击，第57装甲军很快就能逼近斯大林格勒周边地带，以便让保卢斯发起突围；"顿河"集团军群在此关键时刻抽调霍特麾下一个至关重要的装甲师，会导致第6集团军再也无法及时发起突围（"霹雳"行动）。"冬季风暴"和"霹雳"行动成了一纸空文。苏军在德国B集团军群与"顿河"集团军群之间驰骋，并在梅什科瓦河后方集结机动部队之际，德国第6集团军的整个体系开始在废墟中发生坍塌。霍特发起攻击的"科捷利尼科沃方向"上，苏军共调集起19.5个师（149000人）、635辆坦克和1500多门大炮。华西列夫斯基12月18日提交给斯大林的计划打算在四天后（12月22日）发动进攻，但必要的重组没能及时完成。罗特米斯特罗夫的坦克第7军与突击第5集团军仍在与德军激战，作为最高统帅部预备队的机械化第6军（波格丹诺夫）尚未赶到，而沃利斯基的机械化第4军（12月18日该军获得"近卫军"称号，改为近卫机械化第3军）已调入预备队，正在补充人员和装备。华西列夫斯基将这一延误报告给斯大林，但并未建议对作战计划做出任何实质性修改（尽管对坦克部队的加强提供了数种可能性）。（近卫第2集团军的）各近卫步兵军将与第51集团军的右翼部队共同发起进攻，歼灭梅什科瓦河与阿克赛河之间的敌军，主要突击由近卫步兵第1军和坦克第7军在切尔诺莫罗夫（Chernomorov）与格罗莫斯拉夫卡之间的右翼发起；近卫机械化第2军和机械化第6军应于12月24日傍晚前到达阿克赛—佩列格鲁兹内伊地区，对掩护德国第57装甲军侧翼的罗马尼亚部队发起打击。

　　12月23日，华西列夫斯基、叶廖缅科、马利诺夫斯基在上察里津斯基会面，以完成进攻计划。第二天早上8点，10分钟的炮火准备表明苏军拉开了梅什科瓦河攻势的帷幕，中午时，马利诺夫斯基估计，现在立即投入坦克第7军和近卫机械化第2军，他便能直扑德军第17和第23装甲师的侧翼。当天下午，G. F. 扎哈罗夫中将给近卫机械化第3军军长沃利斯基发去贺电（萨姆索诺夫，《从伏尔加河到波罗的海：近卫机械化第3军战史》，第92页）：

瓦西里·季莫费耶维奇（沃利斯基）
　　近卫机械化第3军完成了多少任务，现在已非常明确：
　　1. 近卫第2集团军——已彻底完成集结。
　　2. 今天，1942年12月24日，我们发起了总攻，而此刻，16点20分，我们的先头部队已将上库姆斯基和146.9高地夺下。
　　3. 德军第6步兵师和第23装甲师被歼灭。党和国家不会忘记这段历史……在为我们的祖国、为机械化第4军而战的关键时刻，我很荣幸能与您并肩奋战。我相信，近卫机械化第3军将到达北高加索地区。

G. 扎哈罗夫

　　72小时内，从萨多沃耶（Sadovoe）—乌曼采沃（Umantsevo）地区发起进攻的近卫机械化第3军和第51集团军辖下的坦克第13军已将罗马尼亚人脆弱的阵地粉碎，并从南面对整个德军"科捷利尼科沃集团"构成了深远包围的威胁。"霍特"集团军级集群被迫向西南方后退，离开近在咫尺的第6集团军，陷入困境的第6集团军丧失了获救的希望。尽管这种希望已在1942年平安夜彻底破灭，尽管顿河东面和西面的主动权现已牢牢掌握在苏军手中，但被困于斯大林格勒包围圈内近30万名德军将士的命运，与A、B、"顿河"集团军群遭遇到的巨大威胁相比不值一提。为拯救第6集团军，曼施泰因也许会容忍一个集团军群受损，但绝不能是三个。

斯大林决不允许第6集团军从他手中溜走。12月19日早上，他打电话给沃罗诺夫上将，沃罗诺夫是最高统帅部派驻西南方面军和沃罗涅日方面军的协调员，这两个方面军刚刚开始扩大在顿河中游打击意大利军队所取得的初步胜利。电话接通后，和以往一样，斯大林提出了令人摸不着头脑的第一个问题："前线的情况怎样？"对此，沃罗诺夫正式做出汇报。但接下来发生的事情是沃罗诺夫没有料到的。斯大林问他，能否结束在西南方面军的工作并调至对内包围圈，这个提议令沃罗诺夫沉默下来，结果引起了斯大林的不满：

> 您没有回答我提出的问题。在我看来，您不愿意去……显然，您和其他人一样，低估了歼灭被围敌军对我们是多么重要。对于这个问题，您最好仔细想想。［*VIZ*，1962（5），第74页］

沃罗诺夫"仔细想想这个问题"（在瓦图京和戈利科夫发起行动的关键阶段，放弃他的"协调"工作，这不是一件小事）的希望被粗暴地粉碎了，他很快就收到了最高统帅部下达的正式命令（抄送华西列夫斯基、瓦图京、罗科索夫斯基和叶廖缅科）：

> （1）最高统帅部认为，沃罗诺夫同志以一种彻底令人满意的方式执行了协调西南方面军和沃罗涅日方面军的行动的任务，另外，由于第6集团军（沃罗涅日方面军）已转隶西南方面军，可以认为沃罗诺夫同志的任务已经结束。
> （2）将沃罗诺夫同志以华西列夫斯基同志在消灭被围敌军一事上的副手身份派往顿河方面军和斯大林格勒方面军地域。
> （3）委托作为最高统帅部代表和华西列夫斯基副手的沃罗诺夫同志，最迟在12月21日向最高统帅部提交5—6天内歼灭被围敌军的计划。（资料来源同上，第74页的注解）

第二天，12月20日，带着两名高级炮兵将领（韦利科夫和西夫科夫）和三名军官，沃罗诺夫飞至扎瓦雷金，那是顿河方面军司令员罗科索夫斯基的"住处"。没用两天，一份新的作战计划就拟定了出来，没有浪费一点时间，尽管在赶去监督梅什科瓦河进攻行动（这场进攻计划于12月22日发起）的准备工作前，沃罗诺夫有足够的时间与华西列夫斯基进行一场短暂的磋商。

制订任何一个作战计划前的第一个工作，都是对敌人的力量做出判断。顿河方面军情报官维诺格拉多夫上校提交了一份报告，估计被包围的敌军人数"在8万至9万之间"，被要求"具体些"时，他指出被围德军人数为86000人——5个步兵师、2个机械化师、3个装甲师和3个"战斗群"。方面军情报部门认为，德军后勤单位可以弥补第6集团军在斯大林格勒的战斗中遭受的损失，但不会使其得到明显加强。与此同时，德军运输机送来了补给物资，运走了伤员和参谋人员。（起初，德国人的空运行动没有引起苏军指挥部门太大的关注，但在12月初，斯大林下令以飞机起降地面监测系统和常规歼击机拦截的方式实施"空中封锁"；波德戈尔内上校的歼击航空兵第235师负责执行拦截任务，特别是对德军的运输机，尽管天气给德军飞机造成的损失远远超过苏军歼击机和高射炮的战果。）斯大林格勒将再次遭到冲击，但这场冲击只能缓慢地穿过苏军构成的铜墙铁壁，一支强大的德军部队已被红军牢牢困住。一架德军运输机飞离斯大林格勒包围圈时，被迫降落在苏军防线后，机上携带着德军士兵书写的1200封信件。查阅这些信件并核实部队的番号后，沃罗诺夫终于弄清楚了，方面军情报部门提及的"保安部队"，完全是满编的德军步兵师。

沃罗诺夫、罗科索夫斯基和马利宁[19]一致认为应由顿河方面军承担主攻任务。沃罗诺夫本人倾向于将包围圈上的苏军部队统一起来，交给顿河方面军司令部指挥，他觉得最高统帅部对此不会太过反对。与此同时，对敌人的防御阵地进行一番侦察（这些阵地最初由红军建立，目前掌握在德军手中），并核实了各苏军师的实力后，斯大林提出的"在5—6天内"歼灭第6集团军的规定便显得完全不切实际了。12月27日前准备完毕的"指环"计划，建议从西向东发起一场主攻，将包围圈切为两段：顿河方面军的第65、第21和第24集团军将沿巴布尔金（Baburkin）—红十月镇（Krasnyi Oktyabr）—古姆拉克—阿列克谢耶夫卡的工人新村这一方向发起进攻。鉴于各苏军师的实力不到编制的半数，沃罗诺夫打算大规模使用火炮，为步兵们炸开通道。12月27日，一架飞机将拟定的"指环"计划送往莫斯科。沃罗诺夫等待着最高统帅的批准，在他看来，这份计划被大幅度修改的可能性不大，因为在一连串电话交谈中，总参谋部大致认同他的观点。

可是，沃罗诺夫的计划遭到了最高统帅部的粗暴对待，在12月28日的电报中，最高统帅部直言不讳地指出：

沃罗诺夫同志：

您提交的"指环"计划的主要缺点是，主要突击和辅助突击朝不同方向实施，对战役的胜利有可能造成损害，这种疑虑无法消除。

最高统帅部认为，行动的第一阶段，您的主要任务应当是在克拉夫佐夫（Kravtsov）—巴布尔金—马里诺夫卡—卡尔波夫卡地区切断并歼灭被围敌军的西部集团，以便我军从德米特罗夫卡（Dmitrovka）—巴布尔金地区发起的主要突击向南转入卡尔波夫卡火车站地区，第57集团军直接从克拉夫佐夫—斯克利亚罗夫（Sklyarov）地区发起一场辅助突击，并在卡尔波夫卡火车站地区与主要突击部队取得会合。

此外，应组织第66集团军经奥尔洛夫卡（Orlovka）向红十月镇方向实施突击，同时，第62集团军也应发起一场突击，这样一来，这两股突击便能取得会合，从而将工厂区与敌主力切断。

最高统帅部命令您根据上述意见修改您的计划。最高统帅部批准您在第一个计划中提出的行动发起时间（1943年1月6日）。战役第一阶段应于行动发起后的5—6天内结束。战役第二阶段的计划应于1月9日前经总参谋部送呈，计划中应考虑对第一阶段的战果加以利用。〔VIZ，1962（5），第77页的注释〕

尽管如此，沃罗诺夫还是得到了一些东西：最高统帅部同意了统一指挥，决定加强战役所需要的炮兵力量，并派出20000名步兵作为增援。1943年1月1日，第62、第64和第57集团军纳入顿河方面军辖下，这使沃罗诺夫和罗科索夫斯基手上拥有了39个步兵师、10个步兵旅、38个最高统帅部炮兵预备团、10个近卫迫击炮团（喀秋莎）、5个坦克旅、13个坦克团、3辆装甲列车、17个高射炮团、6个筑垒地域和14个火焰喷射器连。对内包围圈的整体实力为47个师（218000人）、5610门大炮和迫击炮、169辆坦克、300架飞机。这就难怪斯大林希望尽快腾出这股力量，以便将其用于其他作战行动了。

1月3日上午，沃罗诺夫、罗科索夫斯基和马利宁召开会议，审查三天后发起进攻的准备工作。他们几乎没有得到乐观的鼓励。尽管沃罗诺夫一再催促赫鲁廖夫加快速度[20]，但援兵和物资仍在铁路线上，此时尚未到达。按时发起进攻将是一场冒险，要求推迟行动则意味着激怒斯大林。可是，由于援兵和弹药的延误，除了再要求推延四天外，没有别的办法，沃罗诺夫在发给最高统帅部的电报中陈述了理由：

由于增援部队以及运送援兵和弹药的火车延误了四五天，按时发起您批准的"指环"行动似乎不太可能。

为加快他们的行动，我们同意在距离计划规定地点相对较远处卸载火车和运输车队——这项措施将耗费大量时间——然后再将部队、援兵和弹药运送至前线。

计划外的火车运行和运输至瓦图京同志的左翼，使我们合理安排的计划被打乱了。罗科索夫斯基同志要求行动发起日期再延后四天。我已亲自核查了所有的计算。

这一切都促使我们向您提出请求，批准"指环"行动的开始日期延后四天。［*VIZ*，1962（5），第81页］

斯大林立即打来电话，想弄明白沃罗诺夫所说的"延后四天"是什么意思。随之而来的便是一顿严厉的训斥：

你们呆坐在那里，非要德国人把您（沃罗诺夫）和罗科索夫斯基捉了去。你们不考虑可以做什么，只考虑不能做什么。我们需要尽快结束那里的战斗，可你们在故意耽误。（资料来源同上）

斯大林勉强同意再给沃罗诺夫四天时间。"指环"行动将于1月10日打响。

关于迅速投入所需力量的问题，斯大林对沃罗诺夫的拖延表现出强烈的不耐烦其实是有理由的。1942年12月的最后十天，最高统帅部一直在疯狂地忙碌着，以便完成一场大规模反击战的计划，该计划旨在席卷德军的整个南翼，歼灭A集团军群、"顿河"集团军群和B集团军群。在苏德战场的北端，列宁格勒方面军和沃尔霍夫方面军司令部收到了最高统帅部12月8日下达的指令，继续进行打破列宁格勒包围圈的行动。列宁格勒获救，被困在斯大林格勒的德国第6集团军被歼，苏军的攻势进入顿巴斯东部，朝库尔斯克和哈尔科夫方向发起一场攻击，再把A集团军群困在高加索地区，这是将德国军队全面逐出苏联领土的信号，歼灭德军的整个南翼将提供一场决定性战略胜利。1942年底，苏军统帅部估计，南翼德军力量的25%已被歼灭：第6集团军是德国国防军中实力最为强大的部队之一，现在已被包围，德国人派去救援该集团军的部队也被击败；第4装甲集团军遭到重创；罗马尼亚第3和第4集团军被打得支离破碎，而意大利第8集团军实际上已全军覆没。斯大林格勒对内和对外包围圈之间的距离目前约为65英里，保卢斯和他的部下已难逃全军覆没的厄运。苏军的对外包围圈从北面的新卡利特瓦（沃罗涅日方面军）开始，穿过米列罗沃，直至托尔莫辛西面和济莫夫尼基（Zimovniki）东面。在南方对三个德国集团军群发起一场联合进攻的时机已经到来。

12月22日凌晨，沃罗涅日方面军司令员戈利科夫出席了最高统帅部召开的会议，会上商讨了对顿河中游地区发起第二次打击的作战计划，目标是匈牙利第2集团军和意大利第8集团军的残部。这场攻势将把敌人逐出奥斯特罗戈日斯克（Ostrogorzhsk）—卡缅卡（Kamenka）—罗索什地区（位于坎捷米罗夫卡与沃罗涅日之间），这是苏军攻势向库尔斯克和哈尔科夫推进的一个不可或缺的前奏。与此同时，西南方面军将朝伏罗希洛夫格勒方向攻击前进。戈利科夫的新攻势将使他的部队前出至顿河与奥斯科尔河（Oskol）之间的沃罗涅日州西南部地区，这是进入库尔斯克和哈尔科夫最短的路径，也是一片至关重要的铁路交通网。按照斯大林的计划，解放哈尔科夫工业区、顿巴斯和高加索北部地区，那些铁路线可以发挥重要的作用；由于缺乏铁路设施，沃罗涅日方面军和西南方面军受到了严重限制。（斯大林格勒的风暴也将重新打开与北高加索地区的铁路连接。）戈利科夫接到的命令非常明确：从他的中央和左侧发起进攻，歼灭沃罗涅日与坎捷米罗夫卡之间的敌军，夺取利斯卡亚（Liskaya）

至坎捷米罗夫卡的铁路线（这样一来，沃罗涅日方面军和西南方面军便能以此为基础，对哈尔科夫和顿巴斯发起进攻）。为了从南面掩护沃罗涅日方面军的行动，瓦图京将投入他的第6集团军，发起一场"大致方向为波克罗夫斯科耶（Pokrovskoe）"的进攻。这场攻势定于1月中旬发起，由朱可夫大将和华西列夫斯基上将协调。

外高加索方面军司令员秋列涅夫大将提交了旨在解放迈科普（Maikop）的作战计划：他的方面军由两部分组成，右翼据守着卡亚苏拉（Kayasula）—莫兹多克（Mozdok）—巴坎（Bakhan）一线，左翼防线沿海岸线延伸，由彼得罗夫的"黑海集群"守卫。而在德军战线上，据守左翼的是第1装甲集团军，位于右翼的是第17集团军。11月时，秋列涅夫下令以部队和大炮加强彼得罗夫的"黑海集群"，这使方面军司令部卷入到修建道路和架设桥梁这种庞大的建造工作中。与此同时，秋列涅夫将大批部队（近卫步兵第10军、步兵第3军和2个步兵师）留在右翼，作为他的"北方集群"，尽管最高统帅部坚持认为这些部队应该调拨给彼得罗夫。

12月29日，秋列涅夫被告知，必须放弃进攻迈科普的计划，为一场全新的作战行动做好准备。苏军将以两个突击完成对德国A集团军群的包围，一个突击由"黑海集群"（外高加索方面军）执行，向克拉斯诺达尔（Krasnodar）—季霍列茨克（Tikhoretsk）攻击前进，另一个突击由南方面军（1943年1月1日起，由斯大林格勒方面军改编而成）完成，朝罗斯托夫发起一场联合推进后，投入第51和第28集团军向萨利斯克（Salsk）—季霍列茨克挺进。另外，"黑海集群"将在新罗西斯克（Novorossiisk）地区对德国第17集团军的右翼发动进攻，并夺取塔曼（Taman）半岛，那是德军逃入克里木的通道。最高统帅部为外高加索方面军设计的这个方案，彼得罗夫和秋列涅夫都不太满意。在冬季气候最糟糕的时候让部队穿越山区，或用火车把他们从弗拉季高加索（Vladikavkaz）运至波季（Poti），再从那里经海路赶往彼得罗夫沿海部队的北部地区，这两种选择的前景都不容乐观。与彼得罗夫商讨了这个问题后，秋列涅夫致电斯大林，竭力试图重新恢复"迈科普行动"。斯大林拒绝批准：克拉斯诺达尔行动计划不变，秋列涅夫必须以"黑海集群"发起进攻，为切断德国A集团军群，外高加索方面军将赶往巴泰斯克（Bataisk）和季霍列茨

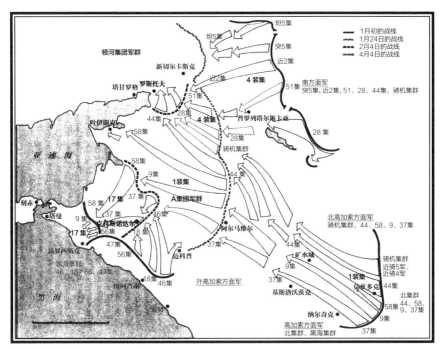

1943年1—4月，北高加索地区的作战行动

克，在罗斯托夫和叶伊斯克（Eisk）切断敌人的逃生通道。曾守卫过塞瓦斯托波尔的彼得罗夫不满地告诉秋列涅夫，这是个难啃的"硬核桃"。

为粉碎这个"硬核桃"，秋列涅夫和彼得罗夫建议发起两个行动，"山丘"行动将在戈里亚奇克柳奇（Goryachiy Klutch）突破德国第17集团军的防御，然后冲向库班河（Kuban）和克拉斯诺达尔；"大海"行动将投入第47集团军的左翼部队，并在南奥泽列伊卡（Yuzhnaya Ozereika）实施一场海上登陆，将新罗西斯克的德军肃清。斯大林批准了这个计划，但他向秋列涅夫强调指出，德国第1装甲集团军正在撤出北高加索地区，他们把必要的装备用船运走，炸毁了仓库和道路。彼得罗夫必须赶至季霍列茨克地区，拦住敌人正向西运送的物资。最高统帅部1月4日下达正式指令，对主要任务的描述是：以"黑海集群"构成一支强有力的部队，向巴泰斯克—亚速（Azov）攻击前进，从东面"潜入"罗斯托夫，将A集团军群切断。斯大林亲自给秋列涅夫下达了命令：

告诉彼得罗夫，按时发起进攻，哪怕是一个小时都不要耽误，不必等待预备力量赶到。（秋列涅夫，《三次战争经历》，第250页）

秋列涅夫指出彼得罗夫没有突破战的经验，斯大林让秋列涅夫亲自去"黑海集群"，督促这些命令的执行。德国第1装甲集团军开始撤往库马河（Kuma）之际，指挥"北方集群"（第44、第58、第9、第37集团军，库班骑兵第4军和顿河骑兵第5军）的马斯连尼科夫却没能抓住这个机会，这种情况与他在10月份实施的拙劣防御非常相似。他仍担心德军会对格罗兹尼（Groznyi）和奥尔忠尼启则（Ordzhonikidze）发起进攻，因而将部队集中在左翼和中央，这就严重削弱了右翼急需的部队。随着通讯信号变得杂乱无章，他与试图攻击德国第1装甲集团军的苏军部队失去了联系。为加快进攻行动，华西列夫斯基不得不在1月7日介入；按照他的命令，库班骑兵第4军、顿河骑兵第5军和一些坦克单位被纳入一个"骑兵–机械化"集群，由N. Ya. 基里琴科中将指挥。基里琴科得到的指令是向西北方的阿尔马维尔（Armavir）或涅温诺梅斯克（Nevinnomysska）攻击前进，设法困住这一方向上的德国军队。马斯连尼科夫被告知在左翼只保留少量部队；而基里琴科的快速部队赶往阿尔马维尔时，第44集团军将朝斯塔夫罗波尔（Stavropol）方向攻击前进。1月7日，彼得罗夫不得不向最高统帅部报告："（在我看来）彻底集中起分配给主要突击的兵力不太可能。"冬季大风严重妨碍了海路补给任务，自1月5日起，暴雨冲毁了道路，引发的洪水卷走了桥梁，重型火炮困在山口。彼得罗夫的进攻推延四天，将于1月16日发起。

能否包围德国第1装甲集团军取决于南方面军与外高加索方面军辖下的两个集群（北方集群和黑海集群）之间的密切配合。就在彼得罗夫为了对克拉斯诺达尔发起进攻，然后冲向季霍列茨克而努力集结"黑海集群"之际，南方面军接到了朝两个方向发起突击的命令，其右翼沿顿河下游赶往罗斯托夫，左翼冲向萨利斯克和季霍列茨克。苏军坦克部队已在科捷利尼科沃的战斗中遭受到严重损失，现在，他们艰难地穿过雪地，每前进一个小时便离他们的补给基地更远了些，近卫机械化第3军和机械化第13军需要更多的坦克和补给物资。方面军司令部要求调拨300辆新坦克。最高统帅部1月4日答应提供150辆，并建议从当地机械维修站弄到其他的坦克。特鲁法诺夫的第51集团军和格拉西缅科的第28集团军在济莫夫尼基遭遇到顽强抵抗，直到1月7日才将敌军肃清；这留下一个敞开的侧翼，近卫第2集团军的坦克部队赶至济莫夫尼基，以便投入顿河与萨尔河（Sal）之间的战斗，这才封闭了这个缺口。南方面军右翼，波波夫突击第5集团军和近卫第2集团军的部分部队（由集团军副司令员克列伊泽尔指挥）全力压向卡加利尼克河（Kagalnik）。截至1月11日，马利诺夫斯基的近卫第2集团军和特鲁法诺夫的第51集团军已在马内奇河（Manych）河口与普罗列塔尔斯卡亚（Proletarskaya）火车站之间进抵马内奇河；罗特米斯特罗夫（他的坦克第7军已更名为近卫坦克第3军）指挥着一个机械化集群，该集群由他自己的军（近卫坦克第3军）和机械化第2、第6军以及步兵第98师组成，马利诺夫斯基希望以这股力量发起一场快速推进，夺取罗斯托夫和巴泰斯克。马利诺夫斯基给罗特米斯特罗夫下达命令，要求他在1月17日清晨前夺取马内奇河南岸渡口，然后赶往巴泰斯克和罗斯托夫。

尽管遭到来自顿河南面的压力，尽管波波夫突击第5集团军沿顿河下游发起的进攻穿过康斯坦丁诺夫斯基（Konstantinovskii），但罗斯托夫不会这么快被封闭。南方面军倾尽全力也没能突破至季霍列茨克。1月中旬后，德国第1装甲集团军加速撤离的迹象非常明显，他们与第4装甲集团军"协同行动"。尽管第1装甲集团军的生存并无太大的风险，但罗斯托夫必须守住，以确保交通线。与此同时，彼得罗夫的"黑海集群"冲向克拉斯诺达尔—季霍列茨克，进展缓慢但却稳定，不过，现在也不得不停顿下来。在洪水和冬季泥泞中挣扎的彼得罗夫只能发起阶段性进攻；1月11日，列谢利泽中将的第4集团军[21]和雷若夫少将的第18集团军开始对迈科普和别洛列琴斯卡亚（Belorechenskaya）发起牵制性进攻，但没过24小时，裹着雪花的瓢泼大雨便给运输车队造成了一场浩劫。雷若夫的部队在山峰上战斗，辗转于一个个雪堆之间。卡姆科夫中将的第47集团军（这是"山丘"行动的主要力量）于1月16日在左翼发起牵制性进攻，身处林木茂密的山区，他们同样面临着令人震惊的作战条件。道路被洪水淹没，溪流变成了小河，尽管动用人工竭尽全力推动大炮，但它们在泥泞中越陷越深，空运成了提供补给的唯一办法，冲向克拉斯诺达尔的格列奇科[22]只能获得异常缓慢的进展。1月20日，彼得罗夫向华西列夫斯基报告，坦克部队已无法实施任何行动。四天后，格列奇科在克拉斯诺达尔南面接近地停顿下来，冲向季霍列茨克的希望彻底消失了。

1月24日，赶往罗斯托夫东北方的瓦图京西南方面军和位于南方面军北翼的突击第5集团军到达艾达尔河（Aidar）和北顿涅茨河。东面和东南面，苏军的推进战线沿顿河下游和马内奇河一直延伸至白格利纳（Belaya Glina）、阿尔马维尔和拉宾斯卡亚（Labinskaya）。最高统帅部决定迅速更改计划，切断德军逃生路线。南方面军的3个集团军（近卫第2集团军、第51和第28集团军）正在顿河以南地区作战，他们将与外高加索方面军"北方集群"的右翼集团军（第44和第58集团军，外加"骑兵-机械化"集群）相配合，对巴泰斯克发起一场进攻，从南面切断罗斯托夫，然后沿亚速海海岸线前进。夺取巴泰斯克将阻止德国军队穿过罗斯托夫进入顿巴斯（从而使对方无法设立新防线）。为困住德国第17集团军，"北方集群"的左翼集团军（第9和第37集团军）将与彼得罗夫的"黑海集群"相配合；彼得罗夫将把他的主力集结于新罗西斯克东北方，以便在克里木斯卡亚（Krimskaya）达成突破，从而阻止敌人逃入塔曼半岛。最后，秋列涅夫麾下的"北方集群"被改编为一个独立方面军——北高加索方面军。同一天，希特勒终于批准第1装甲集团军（其南翼仍在阿尔马维尔）穿过罗斯托夫后撤；因此，第4装甲集团军不得不守住顿河南部地带。

可是，由于顿河上游接连不断的灾难，曼施泰因对顿河下游的控制已变得岌岌可危，这是因为戈利利科夫1月12日发起了对匈牙利第2集团军的打击——奥斯特罗戈日斯克—罗索什进攻战役。从沃罗涅日南面到伏罗希洛夫格勒，德军防线被撕开一个巨大的缺口，通往顿涅茨河、第聂伯河渡口或亚速海的道路敞开了，据守顿巴斯的德国军队出现了危险的松动。戈利科夫的作战计划要求他的方面军同时发起三场突击，在方式的选择上必须确保出其不意，并压制敌人的预备力量。"北部集团"（莫斯卡连科中将的第40集团军）的目标是阿列克谢耶夫卡，在那里，他们将与从坎捷米罗夫卡西北面冲出的"南部集团"（雷巴尔科少将的坦克第3集团军）取得会合；与此同时，"中央集团"（济科夫少将的独立步兵第18军）将向西、西南和南面推进。为从南面掩护方面军的此次战役，索科洛夫少将的骑兵第7军将对瓦卢伊基（Valuiki）发起进攻，而坦克第4军将从北面掩护莫斯卡连科的外翼（这是为了防备德国人从沃罗涅日—卡斯托尔诺耶方向发起进攻）。针对这场即将发起的战役，苏军最高统帅部大力加强了沃罗涅日方面军：雷巴尔科的坦克第3集团军（其司令部设在图拉地区）带着2个坦克军（坦克第12和第15军）、4个步兵师（步兵第48、第184、第180和第111师）、1个独立步兵旅（步兵第87旅）和2个炮兵单位赶到了。第二股援兵使戈利科夫又得到3个步兵师、1个坦克旅和1个滑雪旅。

莫斯卡连科12月25日完成了作战计划（第40集团军早在12月21日前便准备了一个应急计划），但方面军的作战计划由朱可夫大将和华西列夫斯基上将指导，总参作战部的V. D.伊万诺夫少将参与其中。红军总通信部部长佩列瑟普金也投入到策划和准备工作中。自1943年1月3日起，朱可夫和华西列夫斯基作为最高统帅部代表，直接掌握方面军的准备工作，但朱可夫似乎并未全身心投入到这项工作中。尽管如此，这份进攻计划非常注重细节，充分体现出朱可夫缜密、审查严格的特点；他为一起涉嫌泄密事件大发雷霆（尽管实际上什么事情也没发生，这场进攻也实现了出其不意）。敌人的空中侦察没能发现苏军的准备工作，匈牙利军队的各级指挥官也没有上报任何麻烦事。苏军在夜间调动部队，尽管积雪覆盖的道路给他们的行进造成了很大的困难。"北部集团"内的坦克第4军进度落后于计划时间，最后，戈利科夫不得不请求斯大林批准将进攻发起时间推迟至1月14日。斯大林同意了。

进攻发起的两天前，1月12日，莫斯卡连科开始实施武力侦察。次日，匈牙利第7师逃之夭夭，莫斯卡连科决定投入自己的主力，突破敌人的防御地带，渗透深度达3英里左右。1月14日，雷巴尔科的坦克第3集团军冒着浓雾发起进攻，傍晚前，他的两个坦克军已深入敌军阵地12英里，科普佐夫少将的坦克第15军打垮了德军第24装甲军军部。苏军骑兵对瓦卢伊基的突击非常成功，1月19日苍白的冬日阳光下，身披黑色斗篷、戴着风帽的骑兵冲向倒霉的意大利人，意大利第5步兵师的官兵们饥寒交迫、惊慌失措，被打死打伤1000多人后，这场短暂的抵抗宣告结束。此时，已有13个敌军师被困，56000人成了俘虏（据估算，被击毙的人数与之大致相同），苏军缴获了1700辆坦克[23]、2800挺机枪、55000支步枪、数以千计的卡车和马匹以及完整的弹药库。几天后，布达佩斯街头传言四起："匈牙利部队已全军覆没。"歼灭被围敌军的行动一直持续到月底，被俘人数上升到86900人；海军上将霍尔蒂在写给希特勒的信中指出，有80000名官兵阵亡，63000人负伤。匈牙利第2集团军、意大利第8集团军的残部、意大利阿尔卑斯军和德国第24装甲军已从德军作战序列中抹去。沃罗涅日与坎捷米罗夫卡之间的德军防线被打开一个120英里宽的缺口。

1月18日夜间，苏军的铁钳落在匈牙利人和意大利人头上时，负责监督当前作战行动的华西列夫斯基向斯大林提出发起下一场攻势的建议。这场进攻针对德国第2集团军，进而彻底歼灭B集团军群："沃罗涅日—卡斯托尔诺耶进攻战役"的打击目标是德国第2集团军暴露在外的北翼和南翼，该集团军目前被困在一个突出部内，位于其北面的是布良斯克方面军，南面的是沃罗涅日方面军。消灭敌人这12个师（125000多人），将为苏军进攻库尔斯克创造有利条件（还能获得更多的南北向铁路线）。布良斯克方面军和沃罗涅日方面军将密切配合，完成沃罗涅日—卡斯托尔诺耶包围圈。列伊捷尔中将的布良斯克方面军辖内，N. P. 普霍夫少将的第13集团军（该集团军曾在1941年遭遇过惨败）将从卡斯托尔诺耶北面发起进攻，与此同时，戈利科夫的右翼和中央，莫斯卡连科的第40集团军、切尔尼亚霍夫斯基少将的第60集团军和奇比索夫中将的第38集团军将从东南方（第40和第60集团军）和西北方（第38集团军）发起进攻。最高统帅部批准使用列伊捷尔的左翼部队，但没有提供其他援兵。战役发起日期暂定于1月24日—26日。1月24日，莫斯卡连科冒着恶劣的寒冬气候发起进攻——除了浓雾，一场暴风雪从拂晓起一直在肆虐，温度跌至零下20摄氏度；中午过后不久，克拉夫钦科的坦克第4军（最近在斯大林格勒参战）向前推进，在湿滑的道路上行进，拖曳抛锚的车辆，这使他们消耗了大量燃料。傍晚前，苏军飞机为他们空投了装满柴油的油罐。德国军队已开始撤离沃罗涅日和顿河，但苏军的3个集团军——第60、第38集团军和普霍夫第13集团军，现在已投入进攻。1月28日早晨，布良斯克方面军的坦克部队从北面和西面向前推进，而沃罗涅日方面军的坦克部队则从南面和东面出击，他们在卡斯托尔诺耶会合，那里的战斗一直持续到1月29日凌晨。

尽管陷阱并未彻底关闭，但德国第2集团军辖下的3个军中，2个遭到了合围。B集团军群与"顿河"集团军群之间的联系被切断，作为一个有效的指挥部已被摧毁。在一个150英里宽的防区内，沿着从库尔斯克—卡斯托尔诺耶向南延伸至库皮扬斯克（Kupyansk）的铁路线，只据守着5个德军师，哈尔科夫也只有3个师的预备队。在这种情况下，苏军最好能抢在德军将预备力量集中到哈尔科夫前，率先发起对库尔斯克和哈尔科夫的打击。1月21日，在一份顿河上游达成突破后产生的可能性的综述中，华西列夫斯基和戈利科夫将这个观点提交给了斯大林。待沃罗涅日—卡斯托尔诺耶进攻战役结束后，沃罗涅日方面军就将其有生力量集结于奥斯科尔河一线（从旧奥斯科尔至乌拉佐沃），从那里对哈尔科夫发起一场"三管齐下"的进攻。斯大林原则上批准了这个构想，他命令戈利科夫为这场攻势做好准备，战役发起日期不得迟于2月1日—2日，行动代号为"星"。

对卡斯托尔诺耶发起进攻的前夕，戈利科夫将后续战役的情况告知了切尔尼亚霍夫斯基和奇比索夫，并答应把进攻哈尔科夫的任务交给第一个解放卡斯托尔诺耶的集团军。1月28日，苏军坦克部队冲入这个重要的铁路枢纽时，戈利科夫下达了与"库尔斯克—哈尔科夫进攻战役"相关的第一批指令：德国第2集团军即将被彻底歼灭，位于右翼的各集团军赶至季姆河（Tim）和奥斯科尔河一线，对库尔斯克—哈尔科夫的进攻将从那里发起。但是，沃罗涅日方面军的行动只是一个更大的作战任务中的组成部分，苏军在整个南线发起的战略反攻还涉及西南方面军和南方面军，目的是解放乌克兰和顿巴斯，并沿亚速海海岸一路向前推进。最高统帅部的指令正在拟定中，几天内就将发给各方面军司令员，命令中规定，春季化冻到来前，这场推进的终止线为切尔尼戈夫（Chernigov）—赫尔松（Kherson）。

斯大林格勒包围圈内，"指环"行动已于1月10日拉开帷幕，上午9点，伴随着一场猛烈的炮击，坦克和步兵发起了进攻。1月31日，保卢斯在位于百货公司的司令部内投降。在这个屈辱者身后，留下了惨不忍睹的痛苦和第6集团军成千上万名饱受磨难的将士，攻占低地国家、南斯拉夫、希腊和乌克兰的过程中，该集团军也曾给那些地方造成过巨大的灾难。发起进攻前，沃罗诺夫在1月4日—5日考虑过给第6集团军下达最后通牒的事宜：要么投降，要么被消灭。最高统帅部批准了沃罗诺夫提交的最后通牒文本，1月7日，苏军通过电台与德国第6集团军司令部取得联系，为斯梅斯洛夫少校和佳特连科大尉两位军使安排了通道。第一次递交最后通牒的尝试失败了。苏军最高统帅部命令放弃这种尝试，但1月9日上午，两名蒙住眼睛的苏军军官（这两人事先已准备好蒙眼的绷带，就放在他们的口袋里）被带至德军的一个指挥所。保卢斯拒绝会见军使，两位苏军军官被告知，第6集团军司令官已通过苏军电台获知了最后通牒的内容。

德国人拒绝接受投降条款，苏军最高统帅部问沃罗诺夫："接下来您有什么建议？"沃罗诺夫回复，"指环"行动将按计划发起。1月10日拂晓刚过，罗科索夫斯基和沃罗诺夫来到第65集团军司令员巴托夫的指挥所。8点05分，信号弹沿着包围圈周边阵地闪烁起来，集结完毕的苏军炮兵（7000多门大炮、榴弹炮和大口径迫击炮）透过涌动的冬雾开炮射击，这是战争到目前为止苏军发起的最猛烈的炮火准备。这场凶猛的炮击覆盖了德军的防御，红军沿着50英里的对内包围圈，从西面、西北面、东北面和南面发起进攻。夜间，空军第16集团军的轰炸机袭击了德军设在包围圈边缘和纵深的防御阵地；尽管早上已进行过炮击，但在歼击机的掩护下，大批轰炸机和强击机对敌人的阵地再次发起打击，并密切监视德军机场。苏军炮兵观测员修正着炮火，透过薄雾，他们看见"一片火海"，一股股烟柱从德军阵地上腾起。经过55分钟的炮火准备，一轮火箭弹齐射标志着步兵发起了进攻：苏军步兵骑在坦克上，在他们身后，更多的步兵穿过厚厚的积雪，冲入硝烟弥漫的德军防线，这里已成为一片废墟，倒在地上的尸体、被炸毁的大炮和坍塌的碉堡随处可见。这场猛烈的攻击令德国人心惊胆寒（他们曾预料苏军的进攻会在晚些时候发起），但德军的顽强抵抗给俄国人造成了不小的麻烦。在包围圈边缘，面对德军短促、凶猛的反击，苏军坦克碾过炮位和掩体，将那些射出所剩无几的炮弹的大炮压扁。战斗的第一天，苏军在某些地段前进了5英里。战役过程中，沃罗诺夫开始向最高统帅部做首次日常汇报。

经过三天激战，包围圈西端的"马里诺夫卡鼻子"在1月12日被削掉，顿河方面军付出的代价是伤亡26000人，损失135辆坦克（截至1月12日夜间，坦克部队的257辆坦克只剩下122辆）。四天后，东南方地区〔齐边科—埃利希（Elkhi）—佩先基（Peschanki）—阿列克谢耶夫卡〕被攻克，第65和第21集团军冲入包围圈中部。德军的主要补给机场，皮托姆尼克，已落入苏军手中；

通往皮托姆尼克的道路上倒毙着大批可怕的尸体，数千名伤员强忍着剧烈的疼痛，朝德军运输机踯躅而行。苏军逼近时，疯狂的德军士兵争先恐后地挤上Ju–52，在他们身后，大堆死者已被冻得坚硬易碎。在另一些地方，德军的营、连级部队抵抗至最后一颗子弹，在最后时刻，各个师长和军长带着他们的参谋人员，作为所辖部队中最后的步兵力量坚守着他们的阵地。向东逃窜的德军士兵越来越多，这些衣衫褴褛、饥肠辘辘的人逃入城市可怕的废墟中，为他们提供的补给物资和弹药终于消失了，过去几周里，他们甚至什么也没得到。

德军痛苦而又顽强的抵抗令沃罗诺夫产生了两点困惑：他们为何不投降？这种力量源自何处？截获的德军命令提供了一个答案，那就是禁止投降。而对战俘的审讯表明，德国军官强化了守军的力量，只要有可能，他们就会多坚持哪怕是一分钟。最令人震惊的消息来自对第6集团军军需官冯·科诺夫斯基上校的审讯。苏军指挥部现在了解到，截至11月22日，被包围的德军士兵多达250000人，到1月10日，包围圈内仍有215000人；截至当日的损失

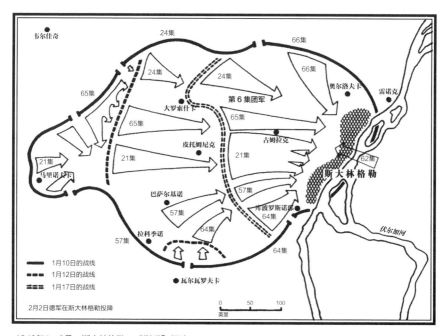

1943年1—2月，斯大林格勒，"指环"行动

是，10000人阵亡，25000人负伤（10000名伤员已被运输机带走）。自苏军发起进攻以来，只有1200名伤员从空中疏散；援兵不再运抵斯大林格勒，这让结束休假的500人死里逃生。德国军队现在依靠他们的马匹为生，已经吃掉了其中的39000匹。

1月17日上午，苏军各集团军司令员召开了一次会议，沃罗诺夫和罗科索夫斯基姗姗来迟。这些司令员希望将战役暂停2—3天，以便重组各自的部队；红军抓获的俘虏很少（只有6896人），而自身的伤亡却很高，这足以证明战斗的残酷程度。可是，进攻必须继续，而不是像集团军司令员们建议的那样"暂停"。古姆拉克是守军仅存的一座机场，此刻只剩下一条临时跑道，运输机载着最后的伤员从这里飞离包围圈。1月18日，四架飞机降落在古姆拉克，但这条狭窄的跑道上满是被炸毁的补给物资和飞机残骸，只能为斯大林格勒"要塞"提供最微小的援助，包围圈的深度和宽度只剩下10英里和5英里。1月22日，苏军发起最后的突击，各个德军师已丧失了三分之二的实力。经过一场激战，古姆拉克于当日失守，苏军坦克沿铁路线向东推进。同一天，第21集团军的先头部队在红十月镇与崔可夫第62集团军辖下罗季姆采夫的近卫步兵第13师会合，终于将整个包围圈切为两半。冬日七个小时的白昼中，苏军火炮尽可能快速地轰击着他们的目标，坦克碾过一段段区域，消灭敌人的武器阵地和掩体，或是干脆将守军碾压进地面上的散兵坑。冒着狂风和雨点般落下的炮弹，各德军师的幸存者，从普通士兵到将军，在这场最后的战斗中集结起来，准备抵抗至最后一颗子弹；地面下是可怕的地窖，最大的一些位于市中心，这些冰冷、潮湿的洞穴中挤满死者和垂死者，更多的是伤员。

1月31日晚，摩托化步兵第38旅的部队和工兵第329营封锁了百货公司，那是德国第6集团军司令部所在地。所有电话线都已被切断。当天上午，伊利琴科上尉和梅日尔科中尉带着几名冲锋枪手来到这座建筑的废墟，他们走入地下室，向德国人递交了苏军的最后通牒，要求对方立即投降。中午，陆军元帅保卢斯被带上一辆汽车，他先被送至舒米洛夫[24]的司令部，然后又来到顿河方面军司令部所在地扎瓦雷金，沃罗诺夫和罗科索夫斯基正在那里等着对他进行审问。尽管全面投降已然开始，但包围圈北部地区的德国守军仍在顽抗。2月1日，苏军集中数千门大炮（每公里300门，这一密度是战役开始时的5倍），以

15分钟的密集炮击对这股德军展开猛轰。1943年2月2日16点，斯大林格勒的战斗正式结束。

剩下的任务只是抓捕俘虏和埋葬死者。据苏联方面统计，共歼灭22个敌军师，外加160个后勤和增援单位。顿河方面军的缴获清单上密密麻麻——5762门大炮、1312门迫击炮、156987支步枪、10722支自动武器、10679辆摩托车、240辆拖车、3569辆自行车、933部电话、397公里电话线……2月4日，沃罗诺夫和罗科索夫斯基飞赴莫斯科。顿河方面军被改组，所辖部队编入中央方面军，他们赶往沃罗涅日方面军与布良斯克方面军之间，面对着库尔斯克。在莫斯科逗留期间，罗科索夫斯基获知自己将去指挥一个新的方面军，该方面军的任务是朝戈梅利（Gomel）—莫吉廖夫（Moghilev）—奥尔沙（Orsha）方向和斯摩棱斯克（Smolensk）发起侧翼纵深打击，这是一场庞大的迂回，目标是德国中央集团军群的侧翼和后方。

一支全新的、闪耀夺目的红军，装点着勋章，满载着荣誉，佩戴着军衔穗带，在斯大林格勒胜利的鲜血和污垢中迅速出现。首先到来的是新晋升的元帅，斯大林本人很快将在他们当中脱颖而出[25]。1943年1月18日，列宁格勒包围圈被列宁格勒方面军与沃尔霍夫方面军取得的会合所打破，就在前一天，苏联发表了在斯大林格勒打破德军防御的公报，朱可夫大将被授予苏联元帅军衔，沃罗诺夫上将也被擢升为炮兵元帅（最高苏维埃主席团在两天前正式批准为苏联武装力量设立全新的"炮兵元帅"、"坦克兵元帅"和"空军元帅"）。诺维科夫（在斯大林格勒战役期间指挥空军部队）和费多连科都晋升为上将[26]。苏联空军在诺维科夫这位强人的率领下摆脱了1941年令人震惊的混乱，没过两个月，他成为苏联第一位空军元帅（后来又晋升为空军主帅）。华西列夫斯基1月18日晋升为大将，一个月后，随着哈尔科夫的解放，他也成为苏联元帅。没用20个月，华西列夫斯基从少将被擢升为元帅，这是一个了不起的升迁速度。各战地指挥员也得到了相应的晋升，但没有一个获得元帅的金星：罗科索夫斯基晋升为上将（当年4月晋升大将），列宁格勒的戈沃罗夫也升为上将[27]。各级指挥员都获得了相应的晋升。同样重要的是勋章，苏联红军引入了一整套勋章，都具有能够激发人们热情的特殊性，例如苏沃洛夫勋章（分为三级），率领坦克第25军发起突袭的巴达诺夫成了第一个获得者。

斯大林迅速采取行动，巧妙地进入到这个新组建的军事精英团队中。到目前为止，他享受着"最高统帅"的称谓，尽管这不是一个正式军衔；2月中旬，哈尔科夫解放后，在第一个真正带有胜利意味的红军节（2月23日）上，斯大林接受了苏联元帅的称号[28]，这是他向中央政治局集体要求"让步"的结果。但是，与其他元帅相比，他的"元帅星"上饰有更多的黄金和钻石，还有军队对他的狂热崇拜。正如斯大林在2月23日的训令中指出的那样，他对军衔的构想产生于"战争的决定性时刻"；同时，苏联的军事行动首次公开确认了"斯大林主义战略"和"斯大林主义军事思想"（最初的暗示出现在一年前的第55号训令中，将五个"固定不变的作战要素"——后方的稳固、军队的士气、师的数量和质量、武器的提供、指挥员的能力——置于"突然袭击"这些"暂时性"要素之上）。随后，战争初期遭受的惨败被奇怪地美化为"有计划的后撤"，但斯大林所作的辩解尚未形成一整套习惯用语。

斯大林还宣布将苏联红军改造成一支专业化正规力量，军队里的干部获得了军事专业主义的一切外在标志——晋升、授勋，现在又引入了标明军衔等级的肩章，而在1917年，俄国士兵曾愤怒地撕去沙皇军官们佩戴的肩章。讨论新军衔时，布琼尼元帅提醒参与商讨的人员，不要忘记"打倒金色肩章！"这个革命口号问题。正式军衔徽标（而不是几何菱形和钻石形的领章）的问题出现在1942年初，当时需要对近卫团和近卫师做出区分：近卫部队的官兵们佩戴着特殊标志，因而建议为他们配发近卫军专用军装和肩章。但正如一些军官指出的那样，给精锐部队配发肩章，忽略其他部队，这是在"制造两支军队"。斯大林三次拒绝做出最终决定，尽管他已看过为"士兵、士官、军官和将领们"设计的所有军装和肩章。1942年10月，斯大林终于决定为红军中的每个人配发肩章。各方面军和部队指挥员一致赞同这个决定，认为这可以区分"军官和士兵"，并增添"指挥员的权威"。

10月初，最高统帅部的一次会议（商讨在斯大林格勒发起攻势）结束时，斯大林征询朱可夫和华西列夫斯基对肩章制的看法。斯大林告诉他们，国防委员会决定继续"加强纪律"，采取的第一个步骤就是消除"双重领导"并实施"一长制"（10月9日正式颁布了命令），然后将正规化军衔引入苏联武装部队。赫鲁廖夫随后向朱可夫和华西列夫斯基展示了拟议中的新军装和肩章。在克里姆林宫召开的最后一次会议上，所有与会者一致投票赞同新引入的肩章——其中包括部队组建和补充总部部长夏坚科，他一直是肩章制的反对者，现在也高举双手表示赞同，这让在场人员深感惊讶。1月初，赫鲁廖夫找斯大林询问对肩章制的最终决定，这让斯大林恼怒不已，他斥责赫鲁廖夫"仍对此念念不忘"；可几分钟后，军需部长德拉切夫上将被召至克里姆林宫，斯大林、加里宁和赫鲁廖夫正在那里看肩章的设计。加里宁对此完全赞同，斯大林开玩笑说，赫鲁廖夫的建议"把我们带回到旧政权"。1943年1月6日，最高苏维埃签署了引入肩章制的法令，将于2月份上半月实施。（莫斯科的一个特设工厂不得不加紧制造这些新徽标；苏联向英国采购金质穗带的订单激怒了英国官员，宝贵的船运被用于运送这些在他们看来纯属是满足虚荣心的东西，这让他们大为恼火。但这些东西不单纯是一种装饰物，它有形而又明显地标志着苏联红军的一个重大转变。）

最后，向军事正统的过渡不可避免地意味着远不止金质穗带这么简单。几个月后，1943年7月24日，下士到中校的军衔正式确定，如果说肩章将红军与沙皇军官团的传统联系了起来的话，那么，恢复使用"军官"这个曾经最令人仇恨的词汇（也是一个严格的阶级禁忌）就彻底封闭了这个圈子。不过，与特权同时出现的也包括惩罚。1942年秋季，惩戒营和特别军官惩戒营被引入红军部队。纪律要求越来越严；政委被军事化；对"社会主义"的义务降低了，更大的职责是纯粹的职业化和严格的军事正统。与此同时，军队里的党组织进行了改组，以弥补直接影响力的损失：营党部成为党组织活动的基本单位（过去设在团一级），其目的是最大限度地将"军官、士官和士兵"纳入到党的影响圈内。中央委员会在5月24日的公告里授予了营党部"基层党组织"地位。此番整顿还有防范和弥补方面的问题，因为军官们现在希望充分发挥他们的军事才能，1943年2月份前，军队与党过去存在的某些紧张关系已再次出现。军队内部的不满主要针对的是"军事委员会"制度（以其独立性代表着政治机构），高级军官们试图将其撤销。

尽管这番整改意义深远，但关键性的变化已使"最高统帅—最高副统帅—最高统帅部"范畴内的指挥工作稳定在一个极高的水准上。1942年8月，朱可夫担任斯大林的副手，这个职务的正式名称是"最高副统帅"，而华西列夫斯基此刻刚刚接掌总参谋部。华西列夫斯基迅速把大量时间用在远离莫斯科的地区，参与拟定斯大林格勒作战行动的计划。这样一来，巨大的压力落在了总参谋部特别是作战部的头上，那里的人事变动非常频繁。1942年6月—7月，在这个岗位上的是A. I. 博金（他后来在外高加索方面军参谋长任上阵亡），然后是A. N. 博戈柳博夫、V. D. 伊万诺夫（1943年1月在沃罗涅日方面军身负重伤），另外还有P. G. 季霍米罗夫、P. P. 韦奇尼和Sh. N. 格尼阿图林。总参谋部一度也派设了政委，F. E. 博科夫少将曾接掌总参谋长的职务，但就他的和蔼可亲和作为一名党的官员的职业履历而言，这个职务远远超出了他的能力。而在前线，华西列夫斯基通过跟随他一同行动的总参通讯组与方面军司令员们保持联系。中午，他向斯大林汇报前一天晚上发生的事情，21—22点，他再次汇报当日发生的情况。对于紧急事项，他会立即发报请示。华西列夫斯基的报告基于从作战部接收到的消息，每一段"防区"或"方向"的数据都由那里的一名工作人员负责收集。远离莫斯科期间，华西列夫斯基将他的基本报告局限在他负责协调的作战行动上，但他发现，如果斯大林没有问及其他方面或提出对调动预备力量的疑问，那将是"难得的一天"。最高统帅部就是一个为斯大林这位最高统帅服务的私人参谋，而作为作战策划组的总参谋部又效力于最高统帅部。出于这个原因，作战部、总参其他部门（运输、通讯、情报）和国防委员会的负责人发挥了重要作用。作战部部长和各部门负责人总是确保负责各个战区和各段战线的专业人士随叫随到；这些军官聚集在他们所说的"更衣室"里，在那里工作或休息，随时准备接受斯大林的召唤（他在克里姆林宫的作战室内与最高统帅部召开会议）。他们要么为上级提供必要的信息，要么亲自参加最高统帅部会议，以便呈交详细的态势报告。

　　1942年12月，外高加索方面军参谋长A. I. 安东诺夫中将将成为作战部部长的消息令人惊诧不已，有人指出，他在任的时间可能会跟其他人一样——去了最高统帅部两三次后，便被斯大林的一纸命令打发离开，那里的人事变动非常频繁。46岁的安东诺夫战前曾在总参军事学院深造过，被公认为一名深具才华的参谋人员。1941年6月，他在基辅军区担任参谋长，当年8月出任南方面军参谋长，随后又被调至高加索地区。1942年12月，华西列夫斯基推荐他出任总参作战部部长时，安东诺夫在斯大林和最高统帅部常任成员那里已颇具声誉。与他的前任们不同，安东诺夫并不急于在最高统帅部的会议上露面，他忙碌了整整一周，熟悉总体态势后才出现在会议上。那些批评者和怀疑者相信，安东诺夫会和其他人一样，"参加几次会议，然后——出局"，可事实令他们大跌眼镜。最高统帅部最初几次会议的出席非常顺利，安东诺夫迅速结束了在更衣室里"守夜"的待遇，此前有许多军官在那里被赶了出去。

安东诺夫的表现非常出色，没过一个月，斯大林便任命他为最高统帅部代表，把他派至沃罗涅日方面军，他在1月10日到达那里，首先是协助华西列夫斯基，然后要代表最高统帅部就后续作战事宜提出建议。但这种建议绝不能对斯大林的指挥控制有任何侵犯，它要求绝对服从，如果破坏了"规则"，就会遭到无情的处分。消灭斯大林格勒包围圈期间，沃罗诺夫没有获准发起第二阶段的行动，因为必须先夺取卡尔波夫卡；实际上，沃罗诺夫已经发起第二阶段攻势，但斯大林要求沃罗诺夫就夺取卡尔波夫卡的情况做出"专门"汇报。更早些时候，在科捷利尼科沃关键性的战斗中，斯大林拒绝接受华西列夫斯基从对内包围圈调动近卫第2集团军的建议。如果说斯大林没能很好地获知情况，那么，他现在至少得到了更好的建议；在安东诺夫新的管理制度下，斯大林衡量方面军司令员们的报告时，通常会问问"总参谋部对此的评价"。安东诺夫把呈交给斯大林的材料分成三类，红色代表紧急事项（指令和命令草案），蓝色代表低优先级问题，最后是涉及晋升和任命的绿色文件（此类文件的呈交时机必须谨慎选择）。

在各条战线上，斯大林有两套代理人：他派去的最高统帅部代表和作为党组成员加入军事委员会的平民监督者（除了司令员和参谋长）。对于至关重要的作战行动，最高统帅部代表会到场，或监督准备工作，或协调执行事宜，或二者兼顾。朱可夫元帅曾监督沃罗涅日方面军对顿河中游发起进攻的准备事宜，随后他又被调往西北方，尽管华西列夫斯基元帅已被斯大林任命为最高统帅部代表派往列宁格勒地区。铁木辛哥元帅也曾接掌西北方面军，但这并不影响朱可夫和沃罗诺夫的协调工作。华西列夫斯基和安东诺夫留在沃罗涅日方面军和布良斯克方面军，密切关注着这些部队从南面进入乌克兰北部的行动。斯大林还从中央政治局或国防委员会（GKO）派出他的代表；斯大林格勒保卫战最关键的时刻，GKO的马林科夫去那里进行了一番简短的视察。1942年5月被降为军政委（中将）的梅赫利斯重新回到前线，在沃尔霍夫方面军担任军事委员会委员；布尔加宁中将加入布良斯克方面军军事委员会；日丹诺夫（1943年初，他被授予中将军衔，1944年晋升为上将后，他的声望扶摇直上）在戈沃罗夫的列宁格勒方面军军事委员会担任三号人物；赫鲁晓夫中将作为政委留在南方面军内。

斯大林格勒的胜利迅速而又明确地决定了苏联能否生存下去的问题。希特勒曾宣称德国1942年在东线取得决定性战果是必然的，并邀请其盟友加入到这场毁灭性打击中。打击落了下去，可没能获得决定性战果——而且，这种希望彻底破灭了。从军事角度看，苏军这场胜利的规模给人留下了深刻的印象——德国国防军的一个精锐集团军灰飞烟灭，东线德军的一整段被歼灭，德国空军损失惨重，大批仆从国军队也遭遇没顶之灾，其中包括意大利人、匈牙利人和罗马尼亚人（他们对德国人并不太卖力）——尽管他们并未像苏军统帅部倾向于相信的那样遭遇到德国军队所遭遇的灾难性短期影响。从政治上看，斯大林格勒是一场充满长期效应的胜利，就像一根缓慢燃烧的导火索，贯穿了包括东线和整场战事在内的后续战争史。如果说1709年的波尔塔瓦战役使俄国成为欧洲强国的话，那么，斯大林格勒战役就让苏联走上了成为世界强国的道路。斯大林格勒给德国人造成了巨大的心理打击，这成了战败的一个征兆。墨索里尼立即产生了动摇。1943年，德国请日本发起一场直接行动，因为苏联没有受到日本的任何威胁，正把远东的部队调至欧洲战区，但日本没有做出积极回应。就连土耳其现在也认为苏联有可能成为胜利者。

斯大林格勒战役以其持续时间和激烈程度成为现代战争史上最可怕的战役之一，苏联红军彻底歼灭了德国的一个精锐集团军。现在，斯大林开始利用德国人遭遇的灾难，获取决定性战略胜利。斯大林格勒弥漫着强烈的乐观情绪——德军情报部门在报告中强调指出，斗志昂扬的苏军部队正赶往前线——但苏军统帅部目前尚不能准确区分自信、过度自信和误判之间的不同。1月底，大大高估红军当前作战能力并严重低估德国军队恢复能力的斯大林准备发起一场庞大、多正面的反击，这场反击将沿三个战略方向发起：西南方、西方和西北方。就在一年前，1942年初的冬季战役中，他曾试图对德国的三个集团军群同时发起进攻，结果却遭遇到惨败。现在，他即将重复这个战略，其错误（这种错误即便对红军来说代价也太过高昂）在于没有将力量果断地集中到明确规定的目标上——要么歼灭盘踞在该地区的敌人，要么收复失地（及其重要的燃油供应、人力和原材料的来源）。斯大林希望二者兼得。因此，苏军的主要突击将以数场交错的攻势横跨整个东线。

---

1. 译注：顿巴斯并不是一个地名，而是"顿涅茨煤田区"俄文缩写的称谓。

2. 译注：沃兹涅先斯基是苏联著名的经济学家，也是苏联战时经济的最高管理者，因卷入"列宁格勒"案件于1950年被处决。

3. 译注：戈沃罗夫中将时任列宁格勒方面军司令员。

4. 译注：这里的沃利斯基指的是时任机械化第4军军长的瓦西里·季莫费耶维奇·沃利斯基。

5. 译注：华西列夫斯基回忆录中称3个坦克军。

6. 译注：华西列夫斯基回忆录中称1个坦克军。

7. 译注：VIZ是Voenno-Istoricheskii Zhurnal的简称，指《军事历史》杂志。

8. 译注：斯大林将歼灭德国第6集团军的行动命名为"指环"战役。

9. 译注：IVOVSS是*Istoriya Velikoi Otechestvennoi Voiny Sovetskovo Soyuza*的简称，意思是"苏联伟大卫国战争史"。

10. 译注：应为第57装甲军。

11. 译注：除了第4装甲集团军，霍特还指挥罗马尼亚第4集团军，故此改称"霍特"集团军级集群。

12. 译注：应为第65集团军。

13. 译注：即骑兵第4军12月3日、4日与第6装甲师的战斗，但是该军的两个骑兵师中只有一个（骑兵第81师）加入战斗并遭受重创，骑兵第61师被部署到了别的方向，虽然也曾向科捷利尼科沃推进，但是并未参与战斗。

14. 译注：应为第57集团军。

15. 译注：即为后文提到的"第65装甲营"，但第65装甲营原属于第6装甲师，已经于1942年撤编，从未装备过虎式坦克。南线的第一个虎式装甲营是503重装甲营，1月初才赶到战场，并未赶上"冬季风暴"行动。

16. 译注：巴达诺夫是二级苏沃洛夫勋章的第一个荣获者，一级苏沃洛夫勋章的第一个获得者是朱可夫。

17. 译注：*Vosp*指的是朱可夫的回忆录*Vospominaniya i razmyshleniya*（《回忆与思考》）。

18. 译注：热尔托夫是西南方面军军事委员会委员。

19. 译注：马利宁是顿河方面军参谋长。

20. 译注：赫鲁廖夫是苏联红军总后勤部长。

21. 译注：应为第46集团军。

22. 译注：格列奇科是第56集团军司令员。

23. 译注：应为170辆。

24. 译注：舒米洛夫是第64集团军司令员。

25. 译注：1945年6月，斯大林成为苏联大元帅。

26. 译注：诺维科夫时任苏联空军第一副司令员；费多连科时任装甲坦克和机械化兵司令。

27. 译注：戈沃罗夫时任列宁格勒方面军司令员。

28. 译注：斯大林获得苏联元帅军衔是在1943年3月6日。

第二章
决战于南方：1943.2–1943.3

从沃罗涅日到高加索山麓，德军防线被撕开一个大口子，加之深信战略主动权已落入红军手中，苏军统帅部遂计划歼灭位于乌克兰的75个德军师。最高统帅部把解放乌克兰的任务交给三个方面军——沃罗涅日方面军、西南方面军和南方面军，乌克兰是苏联第二大政治单位，仅次于俄罗斯苏维埃联邦社会主义共和国。沃罗涅日方面军将夺取乌克兰东北部，包括哈尔科夫，其左翼部队（第40、第69集团军和坦克第3集团军）的目标是哈尔科夫，右翼部队（第60和第38集团军）分别指向库尔斯克和奥博扬（Oboyan）；方面军的最终目标是雷利斯克（Rylsk）至列别金（Lebedin）再至波尔塔瓦（Poltava）一线。乌克兰东部，包括顿巴斯在内，由西南方面军和南方面军解放。瓦图京的西南方面军司令部将发挥主要作用，投入第6集团军和近卫第1集团军，以"快速集群"从旧别利斯克（Starobelsk）出击，穿过斯拉维扬斯克（Slavyansk）赶往马里乌波尔（Mariupol），从西面对盘踞在顿巴斯的德军实施侧翼迂回，并将其牵制在亚速海，与此同时，南方面军将沿海岸线向西推进，直奔马里乌波尔。接下来便轮到德国"中央"集团军群，歼灭该集团军群的计划已于1月底完成，苏军将投入五个方面军，发起一场规模庞大的攻势。该计划的基本思想是以布良斯克方面军和西方面军的左翼部队消灭奥廖尔（Orel）地区的德国第2装甲集团军。待中央方面军（由罗科索夫斯基调离斯大林格勒的师组建而成）发起进攻后，获得预备力量加强的苏军新锐部队就将穿过布良斯克，赶往斯摩棱斯克，突入德军后方，然后，加里宁方面军和西方面军就将包围德国"中央"集团军群主力，再将其消灭。与此同时，在北面，西北方面军的部队将歼灭盘踞在杰米扬斯克（Demyansk）地区的敌人，确保强有力的快速部队进入正在抗击列宁格勒方面军和沃尔霍夫方面军的德国部队的后方。1943年2月初，各方面军司令员都已了解计划的大致情形，遵照所接到的命令，他们开始进行作战准备。

南方的这场战役被认为是一场追击，旨在调集沃罗涅日方面军、西南方面军和南方面军的部队，抢在春季化冻到来前抵达第聂伯河（切尔尼戈夫至赫尔松一线）。最高统帅部2月6日的指令中，将沃罗涅日方面军的战略目标设定为利戈夫（Lgov）—格卢霍夫（Glukhov）—切尔尼戈夫（Chernigov）一线（右翼）和波尔塔瓦—克列缅丘格（Kremenchug）一线（左翼），瓦图京得到的指示是"防止敌人撤往第聂伯罗彼得罗夫斯克（Dnepropetrovsk）和扎波罗热（Zaporozhe）"，同时，"将敌人的顿涅茨集团赶入克里木，封闭彼列科普（Perekop）和锡瓦什湖（Sivash）接近地，从而将（敌人的）顿涅茨集团与敌人在乌克兰的残部隔开"。肃清顿巴斯后，西南方面军将进抵克列缅丘格至尼科波尔（Nikopol）一线的第聂伯河，而南方面军的部队将投入该河下游地区。南面，德军顽强奋战以确保畅通的"罗斯托夫山口"正被缓慢而又稳定地封闭。尽管如此，德国第1装甲集团军还是全身而退，进入"顿河"集团军群辖内，而A集团军群撤往库班，进入塔曼半岛，40万人马（包括第1装甲集团军辖下的第50步兵师和第13装甲师）与主战场相隔离，尽管他们对苏军后方构成了一定的威胁，同时也确保了克里木半岛的防御。基于这些因素，苏军统帅部在1月底准备对新罗西斯克和克拉斯诺达尔展开进攻，战役发起时间定在2月初。

瓦图京的西南方面军和戈利科夫的沃罗涅日方面军在数日内分别发起了大规模攻势：瓦图京在1月29日，戈利科夫则在2月2日。西南方面军发起顿巴斯战役，从西面对德国"顿河"集团军群展开侧翼纵深迂回，方面军辖4个集团军（由北至南：第6集团军、近卫第1集团军、近卫第3集团军和坦克第5集团军）和1个空军集团军（空军第17集团军，约300架飞机），外加M. M. 波波夫中将指挥的"方面军快速集群"（4个坦克军、3个步兵师、2个独立坦克旅和一些滑雪单位，共计137辆坦克），共29个步兵、6个坦克军、1个机械化军、1个骑兵军和3个独立坦克旅。1月29日早上，哈里托诺夫的第6集团军从旧别利斯克西北方发起进攻，直扑巴拉克列亚（Balakleya）；次日，列柳申科的近卫第1集团军[1]从西南方冲向红利曼（Krasnyi Liman），没过几个小时，波波夫的快速集群便从第6集团军与近卫第1集团军之间投入战斗，他们朝西南方而去，目标直指红军城（Krasnoarmiesk）—沃尔诺瓦哈（Volnovakha）—马里乌波尔，意图切断德军逃离顿巴斯的通道。2月2日，V. I. 库兹涅佐夫[2]的近卫第3集团军在伏罗希洛夫格勒以东跨过顿涅茨河。当日清晨6点，沃罗涅日与伏罗希洛夫格勒之间，德军防线被撕开的大缺口上，戈利科夫的左翼部队（第40、第69集团军和坦克第3集团军）发起"星"行动的第一阶段攻势，目标直指库尔斯克—别尔哥罗德—哈尔科夫。第40集团军将朝"别尔哥罗德—哈尔科夫"这个大方向攻击前进，从西北方迂回哈尔科夫，第69集团军将穿过沃尔昌斯克（Volchansk），直接进攻哈尔科夫，坦克第3集团军（哈里托诺夫的第6集团军位于其左侧）将从西南方对哈尔科夫实施侧翼迂回。第69集团军是在独立步兵第18军基础上新组建的部队，司令员是M. I. 卡扎科夫，济科夫少将（独立步兵第18军军长）担任副司令员。与其他苏军部队一样，上个月遭受的损失给该集团军造成了影响，士兵们疲惫不堪，部队实力"耗损严重"，弹药和补给不足。

就在戈利科夫的左翼和中央部队从旧奥斯科尔（Staryi Oskol）—瓦卢伊基（Valyuiki）地区发起攻击，直奔哈尔科夫之际，I. D. 切尔尼亚霍夫斯基少将的第60集团军沿卡斯托尔诺耶—库尔斯克铁路线向左突击，他的目标是库尔斯克。切尔尼亚霍夫斯基把他的集团军分成两个突击群，其中的一个辖2个步兵师和1个坦克旅，从北面包抄库尔斯克，另一个只辖1个步兵师，从南面实施侧翼迂回。莫斯卡连科的第40集团军奉命在2月1日前做好准备，以便对别尔哥罗德发起进攻并冲向哈尔科夫，但2月3日清晨，只有第一梯队集结在进攻出发线上，包括坦克第4军在内的其他部队仍在实施重组。截至2月5日，冲向库尔斯克的切尔尼亚霍夫斯基进展顺利。2月3日上午9点，莫斯卡连科把已经集结起来的师投入进攻，但克拉夫钦科的坦克第4军与前进路线上被围的德军部队纠缠在了一起，坦克燃料和弹药的耗尽又使他们的进攻进一步放缓。戈利科夫把主要突击力量集中于左侧，华西列夫斯基在那里监督着对哈尔科夫发起的进攻，2月4日，雷巴尔科的先头坦克部队已到达顿涅茨河，但武装党卫队"阿道夫·希特勒警卫旗队"装甲师的存在使他们无法从行进中立即转入渡河行动。雷巴尔科不得不在佩切涅吉（Pechengi）—丘古耶夫（Chuguev）地域实施强渡，高耸的西岸牢牢控制在德国人手中。正面进攻只造成了人员和坦克的严重损失，数量有限的弹药也被白白消耗。直到2月10日科普斯托夫少将的坦克第15军和津科维奇少将的坦克第12军夺取佩切涅吉和丘古耶夫，雷巴尔科这才粉碎了正面德军的抵抗，尽管苏军从东北方和西南方的侧翼迂回已对哈尔科夫构成严重威胁。莫斯卡连科的第40集团军2月9日抵达别尔哥罗德，卡扎科夫的第69集团军也穿过了沃尔昌斯克；他们随后冲过北顿涅茨河冰面，没用24小时便到达掩护着哈尔科夫的内环防线，而在西南方，位于雷巴尔科侧翼的骑兵部队已穿过安德烈耶夫卡（Andreyevka），正向梅列法（Merefa）逼近。

哈尔科夫是个大奖，这是乌克兰第二大城市，也是苏联第四大城市，苏军全速向其逼近，不仅让党卫队装甲军和"兰茨"集团军级支队处在危险中，甚至还造成了更严重的威胁，这一次，他们正在德军南翼部队与"中央"集团军群之间的防线上撕开一个更大的缺口。到2月15日中午，苏军已从三个方向（西面、北面和东南面）包围了哈尔科夫。当天晚上，他们冲入城内。尽管兰茨将军下达了禁令，但党卫队装甲军还是撤离哈尔科夫，逃出了即将合拢的包围圈。2月16日，哈尔科夫落入苏军手中，B集团军群与"顿河"集团军群（该集团军群随后更名为"南方"集团军群，接掌了被打得支离破碎的B集团军群，从而与"中央"集团军群相毗邻）之间被撕开一个100英里的缺口。

2月份的整个上半月，瓦图京一直在稳步扩大右翼部队的作战范围，他们跨过利西昌斯克（Lisichansk）—斯拉维扬斯克（Slavyansk）一线，向西面和南面散开，瞄准了第聂伯河上的渡口。两周内，从旧别利斯克发起进攻的右翼部队（第6集团军、近卫第1集团军和波波夫的"快速集群"，共计14个步兵师、2个步兵旅、4个坦克军和3个坦克旅）已逼近第聂伯罗彼得罗夫斯克和红军城地区。位于左翼的近卫第3集团军和坦克第5集团军正在伏罗希洛夫格勒西面，沿下戈尔斯科耶（Nizhne Gorskoe）—阿斯塔霍沃（Astakhovo）地区作战。南面，南方面军终于把顿河上的罗斯托夫拿下，从而堵住了"罗斯托夫山口"，目前正在追击撤往米乌斯河（Mius）防线的"霍利特"集团军级支队。在苏军的作战序列表上，德国"顿河"集团军群的18个师被确认，他们沿斯拉维扬斯克—塔甘罗格（Taganrog）一线排列，抗击着瓦图京的左翼和南方面军，但从哈尔科夫南面的兹米耶夫（Zmiev）到斯拉维扬斯克，"兰茨"集团军级支队与第1装甲集团军之间存在一个宽达200英里的缺口，防御力量极其薄弱。

　　堵住第聂伯河渡口，从而切断德军南翼部队，这一前景看上去令人眼花缭乱。北面，在哈尔科夫，戈利科夫2月17日正式下达命令，以雷巴尔科的坦克第3集团军为先锋，向波尔塔瓦推进。总参谋部已向戈利科夫介绍了左翼瓦图京部队的进展情况（他的目标是第聂伯罗彼得罗夫斯克），并问戈利科夫能为此提供怎样的支援。戈利科夫回答说，沃罗涅日方面军将全速发起对波尔塔瓦和克列缅丘格的进攻，以此来支援西南方面军。至于瓦图京，他决定以第6集团军来加强进攻的力度，该集团军先赶往扎波罗热，然后再冲向梅利托波尔（Melitopol）。哈里托诺夫的第6集团军目前由2个步兵军（步兵第15军和近卫步兵第4军）组成，另外还配属了一个"快速集群"，该集群在洛佐瓦亚（Lozovaya）以2个坦克军（坦克第25军和近卫坦克第1军）和1个骑兵军（近卫骑兵第1军）组建而成，共计150辆坦克。波波夫的"方面军快速集群"下辖4个军（坦克第3、第10、第18军和近卫坦克第4军），目前的实力只剩下13000人和53辆可投入战斗的坦克。由于战斗损失和机械故障，西南方面军的半数坦克力量已无法使用，方面军坦克预备队的267辆坦克也在其中。波波夫的"快速集群"在两天内损失了90辆坦克，现在将对两个方向发起突击——先冲向斯大林诺（Stalino），然后赶往马里乌波尔。与此同时，库兹涅佐夫的近卫第1集团军将部分部队调拨给哈里托诺夫和波波夫，并以剩下的部队控制斯拉维扬斯克—下戈尔斯科耶一线；近卫第3集团军和坦克第5集团军向西赶往斯大林诺，而南方面军的部队也将从东南方发起进攻。这是一场与时间的赛跑，与天气的赛跑，与枯竭的力量和德军顽强抵抗的赛跑，这场迅猛的冲刺将缝合顿巴斯"口袋"，并在第聂伯河将袋口扎紧。

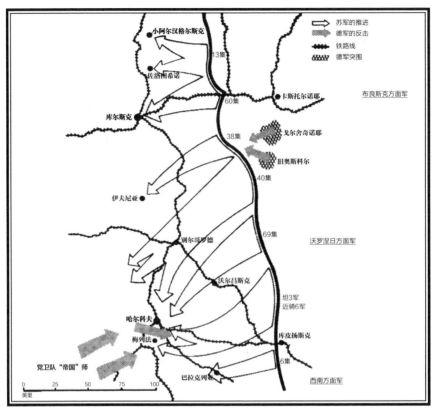

图例：
- 苏军的推进
- 德军的反击
- 铁路线
- 德军突围

布良斯克方面军

沃罗涅日方面军

西南方面军

小阿尔汉格尔斯克
佐洛图希诺
库尔斯克
13集
60集
卡斯托尔诺耶
戈尔舍奇诺耶
38集
旧奥斯科尔
40集
伊夫尼亚
别尔哥罗德
69集
沃尔昌斯克
哈尔科夫
梅列法
坦3军
近骑6军
库皮扬斯克
6集
党卫队"帝国"师
巴拉克列亚

0 25 50 75 100
英里

1943年2月，苏军冲向哈尔科夫

　　瓦图京已于2月12日决定扩大他的攻势。戈利科夫也把目光投向第聂伯河，尽管他麾下的许多师只剩下1000人，大炮寥寥无几，也许还有50门迫击炮，各级指挥员纷纷要求暂停进攻。沃罗涅日方面军和西南方面军经历了一些庞大的战斗，收复了大量失地，所遇到的不过是敌人的一连串破坏，后撤中的德军炸毁了桥梁、建筑和机场，并尽可能地破坏铁路和公路线。但是，基于三个因素，瓦图京和戈利科夫决定扩大他们的攻势：对自身能力估计过高，对德军动向做出完全错误的解读，最高统帅部的批准。瓦图京早已投入他的预备力量。戈利科夫麾下的指挥员们指出目前面临的严重短缺问题，例如坦克第3集团军的2个坦克旅（坦克第88和第113旅）只剩下6辆坦克，但戈利科夫未加理会。两位方面军司令员认为，他们的主要任务是追击后撤中的敌人，直至第聂伯河，对此，他们目前的兵力已经足够。

苏军的确已发现德军装甲和机械化部队有所动作，但并未引起太大的恐慌。2月10日—26日期间，西南方面军由参谋长S. P. 伊万诺夫中将和高级情报官罗戈夫少将会签的情报报告记录下德军在2月17日后集结于克拉斯诺达尔和红军城地域，但苏军对此得出的结论是，德国人试图清理路线，以便"将部队从顿巴斯撤往第聂伯河"。瓦图京本人赞同这个判断，但他用这个观点来证明进一步扩大进攻行动的合理性时，波波夫（方面军副司令员）和库兹涅佐夫（近卫第1集团军司令员）却提出强烈反对。沃罗涅日方面军的戈利科夫也上当受骗了，逃离哈尔科夫的敌军同样集中在波尔塔瓦东南方的克拉斯诺格勒（Krasnograd），肯定正撤往波尔塔瓦，也许是为了守住沃尔斯克拉河（Vorskla）防线。波尔塔瓦未发现大股敌军，也没有发现通过公路和铁路从西面而来的敌人。游击队和特工人员发来的情报与之相符。2月21日，斯大林命令总参作战部副部长A. N. 博戈柳博夫中将弄清楚顿巴斯究竟发生了什么事情。沃罗涅日方面军和西南方面军的参谋人员，以及总参谋部的情报人员，都持相同的观点（因为他们得到的是同样的情报），都认为德军正撤往第聂伯河。博戈柳博夫从南方面军参谋长瓦连尼科夫少将处获悉："据可靠情报表明，昨日（2月20日），源源不断的敌军队伍正撤离顿巴斯。"

苏军的三个方面军都已获得德军动向的重要情报。2月19日下午和2月20日拂晓，苏军侦察机报告，大批德军装甲部队集结在克拉斯诺格勒地区，敌人在第聂伯罗彼得罗夫斯克也有所动作，看上去似乎是敌装甲部队在红军城东南方重组。集结的德军恰好横跨在瓦图京右翼部队的前进路线上，但这些行动却被方面军司令部解读为德军装甲部队意图掩护其主力撤出顿巴斯。2月20日16点，瓦图京的参谋长S. P. 伊万诺夫中将签署了一份态势评估，断言德军装甲部队的调动（苏军侦察机已发现德军第48装甲军辖下的各个师位于波克罗夫斯科耶与斯大林诺之间70英里的地段上）是敌人继续撤离顿巴斯并逃向扎波罗热的铁证。有什么样的愿望就有什么样的想法。出于这个原因，哈里托诺夫继续前进的命令在2月20日保持不变，而在一天前，瓦图京已明令波波夫和他的"快速集群"全速前进，尽管波波夫的坦克力量日益萎缩，获得的补给也为数寥寥。

德军装甲部队的确在行动，但不是什么掩护后撤。发起反击的计划已于2月19日确定，这些装甲师将投入到进攻中，时间定在第二天。对似乎正将德军南翼砍为碎片的苏军部队而言，这显然是一场生死攸关的危机；但曼施泰因这场反击战的目的是斩断苏军向第聂伯河渡口的推进，恢复第聂伯河与顿涅茨河之间的态势，然后（视情况而定）再收复哈尔科夫。曼施泰因已将第4装甲集团军司令部移至第聂伯罗彼得罗夫斯克，从而"对准了"第1装甲集团军与"肯普夫"集团军级支队（原"兰茨"集团军级支队）之间的缺口；第4装甲集团军分为两个突击群，一个位于克拉斯诺格勒附近，由党卫队装甲军构成，另一个位于红军城西面，由第48装甲军辖下的2个师组成，而第1装甲集团军则把第40装甲军集结在南面。与此同时，已在三处被刺穿的米乌斯河防线，必须尽一切可能顽强据守。

2月20日清晨，曼施泰因的装甲"铁剪"投入行动。武装党卫队装甲部队从克拉斯诺格勒发起对哈里托诺夫第6集团军右翼的打击，与此同时，第40装甲军向北冲去，对波波夫"快速集群"展开攻击。瓦图京曾下令将该集群配属给哈里托诺夫的第6集团军，德军轰炸机对其实施轰炸时，这个"快速集群"仍集结在巴甫洛格勒（Pavlograd）地区。德军装甲部队近在咫尺，波波夫却发现自己身处窘境，他这个"方面军快速集群"下辖3个坦克军，却只能拼凑出25辆坦克。2月21日夜间，波波夫向瓦图京发出紧急呼吁，请求批准他把部队撤至红军城北面20英里后的一道防线上，但瓦图京没有批准他的要求，因为"这与分配给快速集群的任务以及该集群所面临的态势截然相反，敌人正尽一切可能加快撤离顿巴斯并逃向第聂伯河"。瓦图京断然禁止后撤，并坚持要求完成"进攻任务"，从而切断敌人向西逃窜的道路。哈里托诺夫的右翼遭到党卫队装甲师的攻击，情况并不比波波夫更好，但他接到的命令是于2月21日—22日夜间赶至第聂伯河西北面15英里处的第聂伯罗捷尔任斯克（Dneprodzerzhinsk），夺取该镇和第聂伯罗彼得罗夫斯克，并控制住一座登陆场；与此同时，快速部队将赶至扎波罗热，做好对梅利托波尔发起进攻的准备。2月21日晚，在哈里托诺夫与瓦图京的交流中，这些命令再次被确认。哈里托诺夫正准备执行自己所接到的命令，他的先头部队却遭遇到了厄运。坦克第25军的一个师赶往扎波罗热，由于缺乏燃料，只能停滞在距离该镇不到10英里处，而坦克第25军的主力也在离第6集团军主力部队50英里处停了下来，燃料和弹药都出现严重短缺，就在这时，德军第48装甲军从东面冲向巴甫洛格勒，切断了该城脆弱的交通线。

态势的变化并未对苏军指挥部门产生影响。瓦图京命令他的部队在这场最终攻势中继续前进，尽管这些部队很快便耗尽了力量并迅速落入到危险中。2月21日，总参谋部的博戈柳博夫命令南方面军的马利诺夫斯基加快速度——"瓦图京的部队正以飞快的步伐全速前进：他的右翼越过了巴甫洛格勒，左翼的停顿是因为您的方面军没有采取积极行动"——近卫机械化第3军已突破米乌斯河，却发现自己在马特韦耶夫库尔干（Matveyev Kurgan）落入到危险的境地，最终遭到包围。2月22日，德军第48装甲军投入战斗，从红军城西面25英里处朝巴甫洛格勒方向发起攻击，瓦图京右翼的态势变得岌岌可危。哈里托诺夫的一些部队，例如步兵第106旅和步兵第267师，已在包围圈中苦战。哈里托诺夫的4个军落入陷阱：近卫坦克第1军和近卫步兵第4军向东后撤，坦克第25军分散在通往扎波罗热的道路上，波波夫带着他的"快速集群"拼死奋战，设法拖缓德军第40装甲军的前进步伐并向西北方后撤，这支"方面军快速集群"的残部竭力阻挡着通往巴尔文科沃（Barvenkovo）的道路。

2月21日夜间，戈利科夫主动命令卡扎科夫的第69集团军和雷巴尔科的坦克第3集团军（目前正向西赶往第聂伯河）做好转身向南的准备，以便将他们投入到正在哈尔科夫南面对哈里托诺夫发起打击的德军装甲部队的侧翼；卡扎科夫的第69集团军将从博戈杜霍夫（Bogodukhov）以南向克拉斯诺格勒发起进攻，雷巴尔科也将展开攻击，穿过梅列法以西地区赶往这里。苏军这两个集团军辖下的部队转身向南，沿着平行的道路行进，但速度非常缓慢，他们没有任何坦克力量的支援，缺乏弹药和加强，就连训练有素的士兵也很少，有的只是从当地征召来的新兵——这些新兵仍穿着农民的服装。没过48小时，卡扎科夫和雷巴尔科的部队遭遇到德军"大德意志"师的几个团，苏军这场反扑才停顿下来，戈利科夫下达了重新向西推进的命令，曼施泰因对此不太关心，因为他已阻止了苏军大多数危险的推进。2月23日—24日夜间，瓦图京在提交给最高统帅部的报告中承认，他的右翼出现了危险的态势——3

个德军师以400辆坦克对巴甫洛格勒发起进攻，他们还从克拉斯诺格勒地区展开攻击，目标似乎是洛佐瓦亚。尽管如此，瓦图京仍提及"敌顿巴斯集团正在前线的中央地段不断后撤"。为完成这场攻势的最后阶段，方面军已组建起突击部队，但目前严重缺乏反坦克预备力量，瓦图京不得不命令近卫第1集团军的库兹涅佐夫将近卫步兵第6军从斯拉维扬斯克调至巴尔文科沃—洛佐瓦亚地域，阻挡德军的推进。

随着时间的推移，态势愈发恶化。2月24日，哈里托诺夫第6集团军辖内的数支部队在包围圈内苦战，但只有坦克第25军（由于缺乏燃料，大多数坦克已无法开动）接到了向北撤退的命令。波波夫的"快速集群"退往巴尔文科沃，与近卫步兵第6军（隶属于近卫第1集团军）的两个师会合，坚守洛佐瓦亚—斯拉维扬斯克防线，尽管这个"快速集群"最近获得了补充，但实力已大不如前，只剩下35辆T-34和15辆T-70轻型坦克。继续进攻的一切希望荡然无存，可直到2月25日，瓦图京才命令他的右翼部队转入防御，并向最高统帅部提交了一份透露实情的报告。由于遭受到严重损失，迫切需要获得援兵，所以必须向最高统帅部坦承实情，这一点无可避免。尤为重要的是，坦克部队急需增加维修设施；方面军所有维修单位都已跟随各坦克军一同行动，因此完全无法对后方的坦克进行修理，部分原因是答应提供给方面军的两个机动坦克维修车间没能到来。

在巴尔文科沃，杂乱无章的苏军部队（都是右翼的残部）试图挡住正朝西北方攻击前进、冲向北顿涅茨河的德国第40装甲军；波波夫集群的残部和被严重削弱的近卫第1集团军——近卫坦克第13旅和近卫坦克第4军（共计50辆坦克，由于缺乏燃料，大多数坦克很快便停顿下来）、坦克第10和第18军的残部、坦克第3军的2个旅、3个步兵师的部分部队以及2个滑雪营——坚守到2月28日下午，德军坦克终于突破至顿涅茨河。当晚，苏军最高统帅部从戈利科夫左翼抽调出雷巴尔科的坦克第3集团军，将其交给瓦图京指挥，以便对猛攻第6集团军的德军装甲部队发起反击。这个计划几乎从一开始就失败了。雷巴尔科试图发起这场反击时，被德国人的轰炸机和坦克逮住，已遭到削弱的坦克第3集团军损失惨重。截至3月2日夜间，奉命发起进攻的苏军部队陷入了包围圈，只有近卫骑兵第6军设法突出重围，但也付出了高昂的代价。3月4日前，雷巴尔科的坦克集团军只剩下50辆坦克，几乎被彻底包围。他们绝望地朝着哈尔科夫西南方突围，但在后撤过程中，坦克第3集团军暴露出了第69集团军的侧翼。一直以来，第6集团军和近卫第1集团军不断遭到德军进攻的重创，撤到了安德烈耶夫卡（伊久姆西北方）与红利曼（伊久姆东南方）之间的顿涅茨河，冰冻的河面使苏军部队得以退到相对安全的地方，但他们的损失相当严重——第6集团军遭到重创，近卫第1集团军被严重削弱，4个坦克军（坦克第25、第3、第10军和近卫坦克第4军）几乎全军覆没，数个坦克旅和步兵部队在人员和装备上严重受损。

德军这场反击的第二阶段是向北冲向戈利科夫的左翼和哈尔科夫，正在全速行进中，他们不仅要跟俄国人，还要跟春季化冻赛跑。3月7日，德国第4装甲集团军从克拉斯诺格勒地区向北发起进攻，3月8日—9日，他们在苏军第69集团军与坦克第3集团军之间冲开一个20英里的缺口，苏军步兵师拼死奋战，阻挡着德军的推进。捷克斯洛伐克独立第1营配属给雷巴尔科的集团军，该营有979人，1942年2月组建于奥伦堡州的布祖卢克（Buzuluk），由卢德维克·斯沃博达指挥。斯沃博达的部下在苏军近卫步兵第62和第25师之间进入哈尔科夫西南方的阵地。武装党卫队"骷髅"师和"阿道夫·希特勒警卫旗队"师为了洗去先前在哈尔科夫遭遇失败的耻辱，打算从南面冲入这座城市，这是最直接的路径。但是，哈尔科夫西面，通往阿赫特尔卡（Akhtyrka）和波尔塔瓦的道路上，排列着过度延伸其攻势的苏军师，曼施泰因希望将这些苏军部队一网打尽，尽管戈利科夫已于3月2日将这些师收拢，命令他们向东撤退。3月10日，德军进入哈尔科夫北郊，武装党卫队装甲军转向城市东面，横跨在通往顿涅茨河的逃生通道上。3月12日，德军夺取罗根（Rogan），有效地切断了苏军坦克第3集团军，而"大德意志"师的部队穿过苏军第69集团军与坦克第3集团军之间30英里的缺口，朝东北方的别尔哥罗德（Belgorod）冲去，从而使库尔斯克处在威胁下，并制造出德军突入苏军中央方面军后方的威胁，另外，如果奥廖尔地区的德军也杀出的话，库尔斯克西面的苏军部队很有可能遭到包围。

德军冲向别尔哥罗德，这使增援沃罗涅日方面军成了一个极为迫切的问题。中央方面军的罗科索夫斯基奉命将第21集团军调至库尔斯克南面，"不得迟于3月13日"；第64集团军奉命调离斯大林格勒地区，而卡图科夫的坦克第1集团军接到了堵住德军攻势的命令。眼下，卡扎科夫的第69集团军不得不挡住党卫队的推进，他们正试图将第69集团军与莫斯卡连科的第40集团军分隔开。但卡扎科夫心有余而力不足，他辖下的部队，每个师的兵力已不到1000人，有一个师（步兵第340师）只剩下275人；第69集团军没有坦克，大炮也不足100门。为守住第69集团军与第40集团军之间的结合部，戈利科夫抽调两个坦克军（坦克第3军和近卫坦克第2军），投入第69集团军所在区域，后一个军拥有170多辆坦克。3月18日，在夜色的掩护下，卡扎科夫的部队撤出别尔哥罗德，但令卡扎科夫恼火的是，近卫坦克第2军并未抓住机会从侧翼对武装党卫队装甲部队发起攻击，该军军部留在顿涅茨河东岸，通过电台指挥辖下的各个旅，没有利用好眼前的机会。随着第69集团军退过顿涅茨河，第21集团军转至别尔哥罗德北面，坦克第1集团军集结在奥博扬，第64集团军转移至顿涅茨河防线，就此构成"库尔斯克突出部"的南部防御。一周内，战线稳定在了别尔哥罗德至丘古耶夫之间的顿涅茨河上，也稳定在了从顿涅茨河进一步下降至米乌斯河的西南方面军防线上。

这场事关德军整个南翼集团生死的赛跑已临近尾声。从曼施泰因的角度看，苏军向第聂伯河渡口的推进在千钧一发之际被截断，如果那些渡口落入苏军手中，他的集团军群很快会因为缺乏燃料而全军覆没。从苏军一方看，他们试图肃清顿巴斯地域，并以经历过激战后严重受损的部队赶至第聂伯河，但2月中旬后，他们对一系列侦察报告的严重误读导致这番冒险沦为一场灾难，戈利科夫和瓦图京马不停蹄地冲向西面和西南面。2月下旬，甚至在德军对哈里托诺夫和波波夫发起打击之际，戈利科夫还通知第69集团军的卡扎科夫："距离第聂伯河还有200—230英里，春季化冻再有30—35天就将到来。您可以由此得出自己的结论并做出估测。"卡扎科夫得出的结论和原先一样，解放哈尔科夫后，应该暂时停止作战行动。更加重要的是，斯大林格勒地区的敌军被歼灭后，腾出的苏军部队为执行新任务所进行的重新部署；罗科索夫斯基的顿河方面军被调至沃罗涅日西北面，构成了中央方面军的基础力量，被部署在沃罗涅日方面军与布良斯克方面军之间，如果把这股力量部署至戈利科夫与瓦图京方面军之间，就能为苏军冲向第聂伯河的行动提供更加强大的实力，而这场行动主要由瓦图京的右翼部队承担。

从地图上看，截至1943年3月，德国人恢复了顿涅茨河—米乌斯河防线，但态势已发生重大（如果不能说彻底的话）变化。5个集团军（4个盟国集团军和强大的第6集团军）已从德军作战序列中被抹去。这是一场重创。3月下旬，卡扎科夫、雷巴尔科、波波夫和库兹涅佐夫最终杀开血路逃离德军的攻击后，双方的战线稳定在顿涅茨河和米乌斯河上，苏军控制着几座登陆场，在戈利科夫的防区，其南面最终形成了库尔斯克突出部。在春季化冻的泥泞中，苏军牢牢地据守着这个突出部。

"真正的斗争刚刚开始……"2月23日，斯大林在红军日下达的训令中发出这一提醒，但在其他方面，他对红军的冬季攻势做出了热情洋溢的赞扬，根据斯大林的统计，这场攻势给德国及其仆从国军队造成近百万人的伤亡，其技术装备的损失也令人咋舌。苏联红军已成为一支基干军队，部队技艺娴熟，作战经验丰富，指挥员掌握了"现代军事艺术"。德国国防军被东线的激烈战事打得焦头烂额，已然丧失他们在1941年拥有的质量，可这并不意味着他们就此完结。尽管敌人遭到重创，但控制在他们手中的苏联领土必须夺回，不经过一场斗争，他们绝不会放弃他们的既得利益。

尽管如此，随着苏联军队向西突击并前伸了150多英里，毫无疑问，"对敌人的大举驱逐"现在已经开始。后方，苏联的工厂正将大批武器装备和弹药运送给前线部队。可对于盟国的援助（或盟军在西部沙漠和北非取得的胜利），苏联方面只字未提。相反，斯大林抛出了措辞生硬的声明，指出苏联单独承担了战争的重负。这一切并不仅仅是为了让斯大林格勒的胜利显得更加辉煌。1942年12月，斯大林再次提出第二战场的问题，他施加压力，要求在"1943年春季予以开辟"。1943年1月26日，卡萨布兰卡会议的决定传达给斯大林，并未满足他明确"在欧洲开辟第二战场"问题的要求，这个行动意味着跨越海峡、对法国北部发起一场大规模海上入侵。1月26日，斯大林通过电报获知，强大的盟军部队正在集结，会"尽快重新进入欧洲大陆"。1月30日，在发给英国首相和美国总统的电报中，斯大林问及"具体的行动计划及发起时间"，并宣布苏联红军将"结束我们的冬季战役，情况允许的话，会是在2月份上半月"，尽管命令刚刚下达，苏军将于2月中旬发起一场庞大的攻势。2月9日，丘吉尔给斯大林发去电报，回答了"具体作战行动"的问题——突尼斯东部、西西里岛、地中海东部的进一步作战行动以及"为8月份发起跨海峡进攻"所做的准备。一周后（2月16日），斯大林做出回复，尽管措辞平和，却带有一丝谴责和抱怨：12月底，"出于某种原因"，英美军队在突尼斯的作战行动"暂停下来"，致使27个德军师（包括5个装甲师）被调至东线；"换句话说，苏联没有得到援助……我们得到的是，希特勒松了口气，由于英美军队在突尼斯放缓了行动，他得以抽调更多的部队来对付苏联"。电报结尾处，斯大林炫耀地宣布了苏联取得的一场重大胜利："今天早上，我们的军队收复了哈尔科夫。"

就斯大林继续进攻的声明而言，苏联的五个方面军——西北方面军、加里宁方面军、西方面军、布良斯克方面军和中央方面军——即将发起一场庞大的新攻势，相关指令正在拟定，斯大林思考电报措辞时，命令已被下达。苏军的目标雄心勃勃，其本质是对1942年进攻模式的重复：在奥廖尔地区歼灭德国第2集团军；包围德国"中央"集团军群；歼灭盘踞在杰米扬斯克的德军；将一支强有力的快速部队投入"北方"集团军群后方。沃罗涅日方面军朝西南方冲向库尔斯克和哈尔科夫，布良斯克方面军奔向奥廖尔之际，两个方面军侧翼之间的缺口由罗科索夫斯基的中央方面军加以封闭，斯大林格勒的德军投降后，他立即飞赴莫斯科，接受关于他这个新组建的方面军下一步作战行动的指示。中央方面军在顿河方面军的基础上组建而成，包括第21、第65集团军和空军第16集团军（原顿河方面军所属部队），外加从最高统帅部预备队抽调的第70集团军和坦克第2集团军。A. G. 罗金中将指挥的坦克第2集团军是一支新部队，1943年1月15日遵照最高统帅部的命令组建而成，该集团军辖2个坦克军（帕韦尔金少将的坦克第16军和拉扎列夫少将的坦克第11军）和一些支援部队。罗科索夫斯基的部队必须做好2月15日发起进攻的准备，朝"戈梅利—斯摩棱斯克"方向对德国第2集团军发起纵深迂回行动；但各部队的调动只得到10天时间，这被证明远远不够，因为只有一条公路和一条铁路线可用。卡车和马匹的短缺意味着苏军步兵只能用自己的肩膀扛运他们的重机枪和反坦克武器甚至是迫击炮，通常情况下，他们的弹药由当地居民从一个村子搬运至下一个村子。大炮和人员分头而行，拖车和火炮牵引车与大炮相脱离，在斯大林格勒地域，150多个后勤或补给单位等待着姗姗来迟的火车，而火车只能把他们送至方面军辖区内的希格雷（Shchigry）。罗金坦克第2集团军的部署区域位于法捷日（Fatezh），必须行进150英里，队伍穿行在积雪和暴风雪中，为了保持对部队的控制，罗金派出轻型飞机实施空中观察，并以这种方式指引坦克前进。2月12日夜间，为首的坦克驶离了方面军辖区，可直到2月24日，第65集团军、坦克第2集团军和近卫骑兵第2军才完成集结，而第21和第70集团军此刻仍在路上。

列伊捷尔的布良斯克方面军已于2月12日以第13和第48集团军发起进攻，左翼部队试图从南面和东南面对奥廖尔实施侧翼迂回。经过12天的苦战，这两个集团军前进了大约15英里，到达诺沃西利（Novosil）—小阿尔汉格尔斯克（Maloarkhangelsk）—罗日杰斯特文诺耶（Rozhdestvennoe）一线，从而使进攻正面朝向北方，此刻，索科洛夫斯基西方面军辖下的巴格拉米扬第16集团军也已发起进攻。从北面对奥廖尔—布良斯克展开的攻击突破德军第一道防线后，巴格拉米扬的部队进展甚微，第16集团军推进了大约7英里后遭到2个德军师的阻击，很快便停顿下来。对于这一结果，巴格拉米扬后来将责任归咎于索科洛夫斯基，说他没能为这场行动提供必要的兵力。列伊捷尔的布良斯克方面军从南面发起进攻，到目前为止也只取得了15英里的进展，而且遭遇到了德军援兵的抵抗，这些援兵从维亚济马（Vyazma）和勒热夫（Rzhev）被调至奥廖尔；据苏联方面统计，7个新调来的德军师部署在奥廖尔以南。

在这个结合部，罗科索夫斯基中央方面军辖下的部队进行着准备工作，尽可能地向库尔斯克北面部署。最初的计划时间表要求罗科索夫斯基2月15日发起进攻，现在修改为2月25日。按照原先的计划，中央方面军应该穿过布良斯克直奔斯摩棱斯克，然后与西方面军和加里宁方面军相配合，歼灭被包围的德国"中央"集团军群主力。根据斯大林的指示，布良斯克方面军被解除了夺取布良斯克的任务（这个任务移交给中央方面军）：列伊捷尔必须集中力量解放奥廖尔，并歼灭德国第2装甲集团军的侧翼部队。2月26日早上，罗科索夫斯基的第65集团军和坦克第2集团军与一个"骑兵—步兵"集群（主要由近卫骑兵第2军组成，由V. V. 克留科夫少将指挥）朝布良斯克方向发起进攻。罗金的坦克集团军（获得3个步兵师和1个步兵旅的加强）将在斯瓦帕河（Svap）突破德军防御，坦克部队冲入德军"中央"与"奥廖尔"集团之间的缺口，然后赶往布良斯克东南方的波切普（Pochep）—乌涅恰（Unech），以便与从北面而来的西方面军部队相配合，包围盘踞在奥廖尔的德国军队。巴托夫的第65集团军将以辖内的6个师从右侧发起攻击。与巴托夫相邻的是新组建的第70集团军，集团军司令员是年轻、缺乏经验的塔拉索夫少将，他这个集团军主要由前边防战士组建而成。由于缺乏弹药和食物补给，该集团军经历了一番困苦才赶至前线，许多士兵已忍饥挨饿了一段时间，塔拉索夫赶至巴托夫的司令部，请求第65集团军尽可能提供帮助。塔拉索夫接到的命令是2月26日8点发起进攻。罗科索夫斯基还有一些坏消息要告诉巴托夫：由于德军在南面发起反击，第21集团军被抽调，无法跟随巴托夫一同投入进攻。为支援沃罗涅日方面军和西南方面军，中央方面军的大批空军力量也被调往南面。正如罗科索夫斯基所指出的那样，"他们把'顿河的小伙子们'撒得到处都是"。

左翼，罗科索夫斯基展开的攻势起初非常顺利，桑科夫斯基上校的旅突破了德军的防御。先是摩托化步兵和骑兵，然后是罗金坦克第2集团军的主力，他们穿过这个缺口，迅速推进了大约30英里。罗金和克留科夫对德军一个未获得加强的区域充分加以利用，可没过几天，随着新锐援兵的到达，德国人的抵抗明显变得顽强起来；3月7日，坦克第2集团军接到命令，将其进攻方向和右翼部队转向东北方，布良斯克西南面的卡拉切夫（Karachev）方向，而此刻，苏军坦克已耗尽燃料和弹药，并急需大修。没过48小时，罗金的坦克部队便与德军第45和第72步兵师展开激战。克留科夫率领他的"骑兵–步兵"集群赶往西北方，3月10日在诺夫哥罗德谢韦尔斯基（Novgorod-Severskii）地域抵达杰斯纳河（Desna），这场渗透深达60英里，形成了一个相当大的突出部。但苏军指挥部所希望的情况没有发生，德军并未撤离奥廖尔地区。相反，强大的德军部队（据苏军估计多达6个师）对克留科夫的快速集群发起反击。

其他地区的形势也发生了危险的恶化。最高统帅部调整了发给罗科索夫斯基的指令，要求中央方面军与布良斯克方面军左翼部队相配合，对奥廖尔发起进攻（罗科索夫斯基直言不讳地告诉斯大林，他的方面军无法执行原命令中如此庞大的攻势行动），但派去进攻奥廖尔的部队，第21集团军，被匆匆调至奥博扬，置于沃罗涅日方面军辖下。3月12日，为加强"奥廖尔—布良斯克"地区的作战指挥，最高统帅部撤销了布良斯克方面军，除第61集团军转隶西方面军外，布良斯克方面军辖下的部队大多调拨给了罗科索夫斯基。可是，一切都太晚了。克留科夫和桑科夫斯基的部队遭到德军从南北两面发起的猛烈攻击，被迫撤向谢夫河（Sev），克留科夫带着最后一批后卫部队转移至东岸。克留科夫慨叹他的部队耗尽了燃料、弹药和粮草；桑科夫斯基则对他的旅太过分散恼怒不已，他麾下的几个营散布在一个宽大的正面上。坦克第2集团军军事委员会调查了从杰斯纳河后撤的原因——克留科夫和桑科夫斯基"自愿退役"。由于后者在作战行动中隶属巴托夫的第65集团军，这起事件必须由代表方面军军事委员会的调查委员会审查，军事调查法庭正式设立，其结论是：这场后撤不可避免。罗科索夫斯基对此表示支持，并特地书写了报告："同意该结论。没有将此事移交战地军事法庭的依据。"截至3月21日，中央方面军已转入防御，其防线从姆岑斯克（Mtsensk）延伸，穿过诺沃西利直至布良采沃（Bryantsevo）、谢夫斯克（Sevsk）和雷利斯克（Rylsk）——这是库尔斯克突出部的北面。

2月下旬，盖伦（东线外军处）完成了东线一项重要的情报调查，报告中指出，俄国人当前的目标是消灭德国第17集团军（库班）、第1装甲集团军和"霍利特"集团军级支队（顿巴斯），还想在拉多加湖南部的战役中赢得胜利。对"中央"集团军群发起一场大规模攻势显然也是苏军意图的一部分，但在德军两翼都达成突破是没有希望的。刺穿德军中央防线的尝试遭到失败，苏军未能实现任何决定性突破，尽管他们在"奥廖尔—布良斯克"地区发起了持续进攻，不仅使第2装甲集团军无法与第4装甲集团军协同作战，还迫使德军指挥部从维亚济马—勒热夫抽调援兵，迄今为止，据守该地区的德国军队一直是一柄直指苏联心脏的匕首。16个德军师被调离维亚济马—勒热夫，投入到奥廖尔和库尔斯克。2月27日，为避免遭到苏军从南面而来的侧翼包抄，并尽量降低被合围的危险，德国第9集团军奉命向西撤退，加里宁方面军和西方面军的部队紧追不舍。3月3日，苏联红军收复勒热夫，却发现这座城市已被战火和德国人无情的爆破夷为平地，德军在身后留下的是一片废墟、大规模屠杀和被裹挟出境的劳工。一个个村庄被焚毁，一座座建筑被炸平，一段段铁轨被铁路专用破坏设备系统性拆除。三周来，苏联红军跨过了厚厚的淤泥，穿过了被破坏地区，越过了堆积起来阻挠他们前进的障碍物；3月12日，又一座可怕的废墟——维亚济马——获得了解放。10天后，战线稳定在里布舍沃（Ribshevo，斯摩棱斯克北面30英里处）—萨福诺沃（Safonovo，亚尔采沃东面20英里处）—米利亚季诺（Milyatino，尤赫诺夫西南方30英里处）。战线朝西面的斯摩棱斯克方向前伸了50英里，并缩短了100多英里，这使苏军得以将2个集团军和1个机械化军转入预备队，并用腾出来的师在西方面军和加里宁方面军组建起第二梯队。

北面的态势也大为缓解。"火花"战役打破了列宁格勒包围圈，该战役最终获得胜利，列宁格勒方面军与沃尔霍夫方面军连接起来，在德军封锁线上打开了一条7英里的通道。1943年1月12日9点30分，M. P. 杜哈诺夫少将的第67集团军从包围圈内发起进攻，这场突击由西向东；强渡涅瓦河（Neva）后，第67集团军将在莫斯科夫斯卡亚（Moskovskaya）—杜布罗夫斯卡亚（Dubrovskaya）—施吕瑟尔堡（Schlusselburg）地域突破德军防御，然后向东攻击前进，与沃尔霍夫方面军向西发起进攻的V. Z. 罗曼诺夫斯基中将的突击第2集团军取得会合。1942年12月的整个下半月，杜哈诺夫的第67集团军都在进行强化训练，以执行跨过涅瓦河冰面，冲入德军固定防御阵地的艰巨任务。12月25日，指挥员们召开会议（出席会议的包括日丹诺夫、列宁格勒方面军司令员戈沃罗夫以及最高统帅部协调员华西列夫斯基上将），研讨突击演习中出现的问题。直到1943年1月份第一周，各个团才开始在托克索夫斯基训练场（Toksovskii grounds）接受特别训练，学习如何穿越苏军炮兵投掷下的"火墙"。第67集团军没有实战经验，但他们接受的任务却是一场攻坚战，因此训练是必不可少的。1月11日晚，突击部队与步兵第11旅交换阵地，进入了出发线；1月12日夜间，第67集团军第一梯队的余部进入阵地，清晨8点，突击群列队，做好了出发的准备。9点30分，286门大炮轰鸣起来，这场炮击持续了140分钟，11点50分，喀秋莎火箭炮实施一轮齐射后，杜哈诺夫的突击部队冲上涅瓦河冰面。就在这个寒冷、清澈的早晨，罗曼诺夫斯基的突击第2集团军也从东面沃尔霍夫方面军的阵地上发起了进攻。

德国人的强化阵地布设在冰冻的沼泽和遍地积雪的树林中，经过六天激战，苏军终于在两个方面军之间冲开了一条通道。1月18日上午9点30分，施吕瑟尔堡东南方，列宁格勒方面军辖下的步兵第123旅在第一工人新村与沃尔霍夫方面军步兵第372师的先头部队取得会合。在稍南面的第五工人新村，列宁格勒方面军与沃尔霍夫方面军的部队也实现了会师；18日，施吕瑟尔堡的德军被肃清，傍晚前，据守在拉多加湖南岸的德国军队被清除。列宁格勒与苏联腹地的陆上交通得到恢复。他们立即开始修建一条18英里长的铁路，穿过这条通道，从施吕瑟尔堡直达波利亚内（Polyany）。2月6日，第一列火车吐着蒸汽出现在铁道上，不过，这条铁路线仍在德军炮火射程内，"通道"被证明是一条危险的路线，充满了死亡陷阱。火车运来了煤，煤意味着工厂获得了更多的动力，城市也将得到更多的电力供应。拉多加湖上的"冰道"（增加了一条燃油输送管），面对德国人的轰炸和布雷，继续运送着必要的补给物资，但随着新铁路线的建成，更多物资得以运入城内。围困造成的饥饿夺走了大批列宁格勒人的生命——男人、女人、老人和孩子，现在这种状况有所缓解，但苏军打算彻底解决这个问题，他们试图夺取姆加（Mga），从而打开列宁格勒至沃尔霍夫一线，可是，由于德军将预备力量集结在锡尼亚维诺（Sinyavino）地区，苏军的尝试失败了。拉多加湖南面的这条通道必须保持畅通，为此，苏军强化了村庄和暴露在外的区域，以此来抗击德军再次对列宁格勒实施全面封锁的一切企图。

再往南，利曼湖（limen）下方，斯摩棱斯克北面，"杰米扬斯克突出部"插入西北方面军战区内（该方面军目前由铁木辛哥元帅指挥）。1942年间，苏军试图歼灭被包围在杰米扬斯克的德军，但行动失败了；德军打开"拉穆舍沃（Ramushevo）通道"，与被困的守军取得会合。现在，苏军再次打算消灭杰米扬斯克突出部内德国第16集团军的几个师。苏军最高统帅部的构想是，以第27集团军和突击第1集团军切断"拉穆舍沃通道"，然后投入第11、第34和第53集团军消灭这个包围圈；同时，霍津中将指挥的一个新集群（包括重新组建的坦克第1集团军和第68集团军）将于1月底集结在奥斯塔什科夫（Ostashkov）地区，从那里穿过突击第1集团军打开的缺口，转向索利齐（Soltsy），冲向西北方的卢加河（Luga），进入包围列宁格勒的德国第18集团军的侧翼和后方。铁木辛哥的攻势应该在2月中旬发起，尽管第11和第53集团军2月15日就展开了进攻，但第27集团军和突击第1集团军发起的主要突击严重滞后。库罗奇金的加里宁方面军[3]在1月份时解放了大卢基（Velikie Luki），目前正以突击第3集团军向北攻击前进。

两天后，苏军对杰米扬斯克发起进攻，突出部内的16个德军师开始撤离，这必然导致大批部队集中在突出部"瓶颈"处，那里正是第27集团军和突击第1集团军希望切断的地方。第27集团军直到2月23日才发起突击，三天后，突击第1集团军投入战斗，利用这段时间，德军逃离了突出部；没过两天（2月28日），苏军抵达洛瓦季河（Lovat），杰米扬斯克突出部被消除。冲入德国第18集团军后方的构想不得不放弃。朱可夫元帅怒不可遏，但已无济于事。策划进攻行动期间，他以"最高统帅部代表"的身份，与炮兵元帅沃罗诺夫一同视察了特别令他愤怒的部队指挥员；这些指挥员坐在杰米扬斯克对面，就这样消耗了半年多时间，却对地形一无所知，除了从报纸上读到"据一名被俘的德军军士交代……"这样的消息外，他们对德军的部署情况毫无了解；司令部人员远离自己的部队，甚至没有跟位于德诺（Dno）的游击司令部保持联系，因而没有交流彼此掌握的情报；指挥员们总是将目光盯向后方（那里的确存在着很大的混乱和短缺，特别是坦克部队，短缺情况尤为严重）。霍津将军的"特别集群"和卡图科夫坦克第1集团军辖内的坦克刚刚到达出发阵地便陷入了满是积雪的沼泽中，几乎没有取得任何进展。在派出拖车将那些坦克拖曳出来的过程中，卡图科夫接到了放弃进攻的命令，没过一个小时，他又接到后续命令，让他把坦克运往铁路转运点。3月初，在奥斯塔什科夫与安德烈亚波尔（Andreapol）之间的各个火车站，卡图科夫的各个旅将他们的坦克送上平板货车，目的地不明，但相关指令要求他们"刻不容缓"。实际上，卡图科夫的坦克第1集团军正火速赶往库尔斯克。与此同时，西北方面军接到了修改后的任务——夺取旧鲁萨（Staraya Russa）并突破至波利斯季河（Polist）；3月4日，流产的进攻重新发起，苏军前进大约8英里后到达列季亚河（Redya），3月17日晚，这场进攻终于陷入了停顿。

随着三月份泥泞期的到来，苏军1942—1943年的冬季攻势也告一段落。从波罗的海到黑海，整个苏德战线已大幅度缩短：它看上去更像是一条直线，尽管在北方的列宁格勒和南方的顿涅茨河—米乌斯河一线出现了弯曲。最显著的特点是苏军占据的库尔斯克突出部，这个庞大的突出部伸向西面。德军放弃了他们在格扎茨克（Gzhatsk）—维亚济马—勒热夫的平台；杰米扬斯克突出部已被清空。苏军没能歼灭德军南翼，尽管就差一点点。如果罗科索夫斯基的顿河方面军在瓦图京身旁投入战斗，斯大林孜孜以求的决定性胜利可能已经获得。尽管如此，红军四个月的作战结果还是给人留下了深刻的印象：斯大林格勒地区德军庞大的打击力量被消灭；德国第6集团军遭到包围后全军覆没，德国第4装甲集团军、罗马尼亚第3和第4集团军、意大利第8集团军的部分部队也被歼灭，这改变了南翼的态势；德国A集团军群在高加索地区遭到重创，B集团军群被苏军的三个方面军（布良斯克方面军、沃罗涅日方面军和西南方面军）打得支离破碎；第2装甲集团军在奥廖尔地域损失惨重。苏联红军共粉碎了敌人的100余个师（约占东线敌军总兵力的43%）：68个德国师、19个罗马尼亚师、10个匈牙利师和10个意大利师被彻底歼灭。德军高级指挥官的损失陡增，在斯大林格勒，20多名将军被俘（其中包括一名元帅），另有17人阵亡。意大利损失了185000人，匈牙利的损失约为140000人，而阵亡、负伤、被俘和失踪的罗马尼亚人超过25万。俄国人声称，1942年12月至1943年3月，他们总共消灭了100万敌人；1943年3月1日，德国方面估算，他们在东线的兵力缺少47万人。北方，列宁格勒再次与其他地区建立起陆地连接；南方，与中央地带的主要铁路和水路交通已重新恢复。怀着斯大林格勒战役获胜的兴奋，苏联红军仓促投入到一场庞大的攻势中。1942年犯下的巨大错误——分散兵力——被再次重复（苏军统帅部为此付出的代价是顿巴斯），不过，尽管苏联各方面的资源已捉襟见肘，它仍令德国国防军及其仆从国军队遭受到了过去从未经历过的重创。

2月中旬，德军南翼面临前所未有的危机时，希特勒赶至"南方"集团军群司令部视察，借此机会，曼施泰因提醒元首不仅要关注军事救援这一当务之急，还要考虑东线即将发起的夏季战役。2月17日在扎波罗热"南方"集团军群司令部内开始的这场会谈一直持续到2月19日，当天，苏军坦克第25军的先头部队一路冲向第聂伯河，距离扎波罗热已不到50英里。当日下午，希特勒的专机飞离，曼施泰因这才长长地松了口气。考虑到下一步作战行动，曼施泰因和他的参谋人员已向希特勒提交了一份涵盖德军进攻行动的"构想"，他在这份构想中提出，要么先发制人，要么伺机对苏军的攻势进行打击。曼施泰因估计，俄国人会从南面和北面对顿巴斯发起进攻，他希望把部队撤至第聂伯河，将强大的装甲部队集结在哈尔科夫西面，先歼灭该地区的敌人，然后再冲向正赶往第聂伯河的苏军部队之侧翼。这样一场"拖刀计"将把苏军切断，牵制住他们，并将其歼灭在亚速海沿岸。但这个计划需要做出太多"后撤"，希特勒拒绝接受。第二个方案的目标是苏军盘踞的库尔斯克突出部，该突出部使红军占据了有利位置，他们可以对"中央"集团军群和"南方"集团军群的侧翼发起攻击。春季化冻结束后展开一场快速打击将使俄国人措手不及，从而切断这个突出部，歼灭重整中的苏军坦克部队。对库尔斯克突出部的这场大规模攻势最终形成了"堡垒"战役。

尽管曼施泰因希望扩大3月份的哈尔科夫反击战，突入沃罗涅日方面军和中央方面军后方，切断库尔斯克突出部，完成斯大林后来所说的"一场德国人的斯大林格勒"，但事实证明这是不可能做到的。"中央"集团军群宣称，他们无法从北面为任何一场大规模行动提供配合。3月份下半月，沃罗涅日方面军和中央方面军已转入防御，阻挡德军在别尔哥罗德和哈尔科夫东南方的推进。新锐部队从杰米扬斯克沼泽地调来，卡图科夫的坦克第1集团军集结在奥博扬地域；从最高统帅部预备队抽调出来的第64集团军排列在北顿涅茨河；第21集团军位于别尔哥罗德北面15英里处。再往南，雷巴尔科坦克第3集团军的三个战斗群已于3月17日前在哈尔科夫东南方突破德军包围圈，并在距离丘古耶夫不远处到达北顿涅茨河东岸，在那里，坦克第3集团军的残部被纳入西南方面军。就在德军坦克穿越泥泞之际，苏军已在别尔哥罗德—沃尔昌斯克—丘古耶夫地域布置好防御。

庞大的突出部（其面积相当于半个英国）既呈现出危险态势，也提供了机会。尽管苏军所处的位置能向南面和北面发起打击，但德国人控制的奥廖尔突出部（北面）和哈尔科夫—别尔哥罗德突出部（南面）也使沃罗涅日方面军和中央方面军处在危险中。3月底，苏军的情报数据强调了其危险性，据统计，德军在奥廖尔、别尔哥罗德和哈尔科夫地区拥有40个步兵师、20个装甲师、1个摩托化师和1个骑兵师，哈尔科夫地区驻有一个强大的突击集群——"大德意志"师、武装党卫队"警卫旗队"师、"骷髅"师和"帝国"师。这些德军师的部署——15—17个步兵师、7—8个装甲师面对着中央方面军，12—13个步兵师、4个装甲师在别尔哥罗德面对着沃罗涅日方面军，7—9个步兵师、9个装甲师（其中包括6个党卫队装甲师）面对着西南方面军——在苏联人看来是德军发起一场进攻的明确迹象。斯大林已为沃罗涅日方面军和中央方面军构思了一个庞大的计划；他的头一个想法是用这两个方面军对戈梅利和哈尔科夫发起进攻，强渡第聂伯河，从而为重新夺回顿巴斯和白俄罗斯奠定基础。可是，德军布设在突出部两侧的力量极其强大，这个计划根本无法以如此简单的方式实施。4月初，斯大林、最高统帅部、总参谋部和各方面军司令员不得不拟定新计划来解决这种令人不安、深具危险的态势。

重要的决定是让德国人先动手。尽管斯大林一直希望能先发制人，但这个危险的偏好受到劝阻，瓦图京强有力的观点似乎取得了胜利（而且深具影响力）。苏军针对库尔斯克以及与之相关的复杂作战行动所做的计划从三个前提着手：

1. 发起一场攻势破坏德军的进攻是毫无意义的。

2. 沃罗涅日方面军和中央方面军将严格保持防御状态，并在防御战中消耗敌人，但当敌人的进攻丧失威力时，他们应转入一场决定性的反击。

3. 布良斯克方面军和西方面军应做好对奥廖尔发起进攻的准备。

还有许多斯大林不得不为之深思的情报。1943年的整个春季，顶级间谍"露西"为他提供了德国国防军统帅部的每日决策（"中央"承认从这些情报中受惠，这些情报不仅包括1月份高加索地区的情况，还涉及从欧洲调往东线的德军师的详细状况），1942年冬季期间，苏联情报部门还派出一个由受过严格训练的正规情报人员组成的"特别小组"，进入到苏联南部的敌占区。N. I. 库兹涅佐夫也在这些人当中，他装扮成德军中尉库尔特·齐贝特，掌握了臭名昭著的科赫的秘密，科赫是纳粹派驻乌克兰的帝国专员，他的总部设在罗夫诺；毫无疑问，库兹涅佐夫向上级呈交了"堡垒"作战的情报（稍晚些时候，他无意中发现德国人正计划在年底的德黑兰会议上刺杀"三巨头"）。

尽管3月后的战场上出现了整个战争期间时间最长的一段"沉寂"，但双方都在为即将到来的一场决定性厮杀加紧准备。苏军的作战计划逐渐成形，各项信息被纳入到这幅庞大的"拼图"中。苏联最高统帅部被说服了，红军的确可以先发制人，但这一次苏军的意图是先化解德军的打击，然后再发起自己的攻势。夏秋季攻势的战略目标是将德军逼退至斯摩棱斯克到索日河（Sozh）再到第聂伯河中下游地区一线，粉碎德国人的"东墙"防御体系，歼灭盘踞在库班的德军；苏军的主要突击将朝西南方向发起，以解放乌克兰东部和顿巴斯工业区。第二场攻势将对准正西面，以解放白俄罗斯东部并歼灭德国"中央"集团军群。分析战场情报数据，可以对德军即将发起的行动做出一些预测。德军精锐装甲师的集结，几乎可以肯定是其进攻意图的一种迹象，德国人这次发起的攻势，不会是一场沿宽大正面展开的进攻，而是"沿一个方向发起的一场有限打击"。库尔斯克肯定是这场打击的核心。苏军打算在防御作战结束后朝西南方发起一场大规模进攻，有充分的理由将苏军部队集结在这片区域；在很短的时间里，红军近半数（40%）步兵部队，连同最高统帅部预备队，获得现有坦克力量加强后，进入到库尔斯克突出部。一年前，苏军总参谋部曾要求实施一场战略防御，斯大林原则上接受了，但在实践中又将其推翻。现在，最高统帅部严密防御的指令下达给沃罗涅日方面军和中央方面军后，骰子无可挽回地投了下去，人员、车辆、弹药、飞机、大炮、坦克、自行火炮和工兵源源不断地涌入突出部。连同各种配置在内的防御工事完成时，其长度相当于从莫斯科到伊尔库茨克（Irkutsk）的距离。4月初，沃罗涅日方面军和中央方面军都已获得第一批援兵：沃罗涅日方面军各部队的实力得以恢复，并获得了4个步兵师和坦克第1集团军的加强；中央方面军得到1个坦克军（坦克第2集团军被调入预备队）和6个步兵师。1943年4月1日，这两个方面军总共拥有1200辆坦克，两个月后，这个数字增加了两倍。随着苏联坦克和自行火炮的产量达到每个月2000余辆（飞机2500架），俄国人已赢得军工生产战。曼施泰因曾就此提醒过希特勒——推迟"堡垒"作战意味着会有60多个新近获得装备的苏军坦克旅出现在战线上。

4月初，朱可夫元帅对沃罗涅日方面军进行了广泛的巡视和仔细检查，瓦图京已被调到该方面军担任司令员。这番视察的一个直接结果是近卫步兵第52师得到了加强，朱可夫觉得这个师所处的位置尤为脆弱，但一项更大的任务正在进行中，中央方面军、沃罗涅日方面军和西南方面军共同展开了地面和空中侦察，以了解敌人的实力，并对其预备力量做出估测。华西列夫斯基元帅和总参谋部负责分析侦察结果，4月8日，朱可夫认为所掌握的情报足以向斯大林提交一份重要的战略评估，这是苏军策划作战行动过程中的一份关键性文件［朱可夫，*Vosp（2）*，第139—141页］：

瓦西里耶夫同志（斯大林）

1943年4月8日5时30分

谨就1943年春夏季敌人可能的行动和近期我军的防御作战问题提出我的看法和设想。

1. 敌人在1942年—1943年的冬季战役中遭受到惨重的损失，显然不可能在开春前建立起庞大的预备队，重新发起进攻以夺取高加索并前出至伏尔加河地域，以便深远迂回莫斯科。

由于预备队数量有限，1943年春季和夏初，敌人将不得不在较窄的正面展开进攻，并严格分阶段完成任务，1943年会战的基本目标是夺占莫斯科。

根据敌人在我中央方面军、沃罗涅日方面军和西南方面军当面的部署情况，我认为，敌人将对这三个方面军发起主攻，以粉碎该方向上的我军，从而获得沿最近的路线迂回莫斯科的机动自由。

2. 显然，敌人在第一阶段最大限度地集中其兵力后（其中包括13—15个坦克师），将在大量航空兵的支援下，以其奥廖尔—克罗梅集团从东北方迂回库尔斯克，以其别尔哥罗德—哈尔科夫集团从东南方迂回库尔斯克。

敌人为切断我方防线而实施的辅助突击，预计会从西面的沃罗巴地域（谢伊姆河和普肖尔河之间），从西南方冲向库尔斯克。敌人将企图以这次进攻粉碎并合围我第13、第70、第65、第60、第38、第40和第21集团军。

敌人在这个阶段的最终目标必定是前出至科罗恰河—科罗恰—季姆—季姆河—德罗斯科沃一线。

3. 在第二阶段，敌人会试图经瓦卢伊基—乌拉佐沃这一总方向前出至西南方面军的翼侧和后方。与此同时，敌人可能从利西昌斯克地域向北对斯瓦托沃、乌拉佐沃实施相向突击。

在其余地段，敌人会试图前出至利夫内、卡斯托尔诺耶、旧奥斯科尔和新奥斯科尔一线。

4. 在第三阶段，经重组后，敌人很可能力图前伸至利斯基、沃罗涅日、叶列茨一线，并依靠东南方向上的掩护，经拉年堡、里亚日斯克、梁赞组织从东南方对莫斯科的迂回突击。

5. 应当预计到，敌人今年的进攻行动将主要依靠其坦克师和航空兵，因为其步兵实施进攻行动的能力要比去年弱得多。

目前，在中央方面军和沃罗涅日方面军当面，敌人部署了大约12个坦克师，如果再从其他地段调来3—4个坦克师，那么，对我库尔斯克集团发起进攻的敌坦克师可能多达15—16个，坦克总数约为2500辆。

6. 为了在防御中挫败敌人，除加强中央方面军和沃罗涅日方面军对坦克防御的措施外，我们必须尽快从次要地段抽调30个反坦克炮兵团，作为最高统帅部预备队部署在受到严重威胁的方向上，并将所有自行火炮团集中在利夫内—卡斯托尔诺耶—旧奥斯科尔地段。最好现在就能将这些自行火炮团中的一部分加强给罗科索夫斯基和瓦图京，并尽量多集中一些航空兵在最高统帅部预备队中，以便用航空兵的密集突击配合坦克和步兵部队粉碎敌人的进攻，从而摧毁其进攻计划。

我不熟悉我方战役预备队的最新配置情况，但我认为最好将其配置在叶夫列莫夫、利夫内、卡斯托尔诺耶、新奥斯科尔、瓦卢伊基、罗索什、利斯基、沃罗涅日、叶列茨地域。

这将使预备队的主力进入到叶列茨、沃罗涅日地域。而纵深内的预备队则应配置在里亚日斯克、拉年堡、米丘林斯克、坦波夫地域。

在图拉、斯大林诺戈尔斯克地域，必须有1个预备队集团军。

我认为，我军为先发制人而于近期转入进攻是不妥当的。最好等到我们在防御中消耗了敌人并打掉敌人的坦克后，再投入新锐预备队，转入全面进攻，彻底粉碎敌人的主力。

不久后，华西列夫斯基来到沃罗涅日方面军司令部，两位元帅一同拟定了最高统帅部关于预备队配属和组建草原方面军的草案。

4月11日晚，朱可夫赶至莫斯科，准备参加最高统帅部12日晚召开的会议，对于这次会议，斯大林指示准备好所有作战态势图以及各种必要的计算和建议。从4月12日早上起，朱可夫元帅、华西列夫斯基元帅和安东诺夫将军便忙着准备斯大林要求的各种文件和地图。方面军司令员们也已提交了他们的评估和作战计划，中央方面军4月10日递交了参谋长马利宁中将的报告，沃罗涅日方面军的计划在4月12日当天呈交。对德军意图的这些估测在很大程度上符合朱可夫元帅最初的评估，但在莫斯科，三位苏军高级将领必须为斯大林制订出最终评估报告。朱可夫和华西列夫斯基所持的观点是，德军将对某个主要战略方向发起进攻，最危险的地域是库尔斯克。德军统帅部准备"不惜一切代价"达成突破，歼灭苏军中央方面军和沃罗涅日方面军，从而使整个战略态势再次变得有利于德军。

4月12日晚，斯大林会见了他的指挥员们，并以"前所未有"的认真态度听取了他们的报告和评估。德军的主要打击力量都围绕库尔斯克突出部集结，斯大林对此判断表示赞同，但最让他担心的仍是"莫斯科方向"。会议得出的结论是，为防范各种可能性，必须在各"主要方向"开始建立纵深梯次配置的防御体系，但首先是在库尔斯克地域。在这个决定的基础上，各方面军司令员接到了初步指令，总参谋部着手将最高统帅部战略预备队系统性地集结至遭受威胁的地域。因此，一个决定在4月中旬前做出：苏联红军将实施一场有计划的防御作战，随后再发起一场精心部署的攻势。方面军司令员瓦图京和罗科索夫斯基也提交了他们更加广泛的评估，他们俩都赞同后发制人。瓦图京在4月12日呈交的报告中阐述了他对德军意图的看法：

> 敌人的企图是从别尔哥罗德—鲍里索夫卡地域向东北方并从奥廖尔地域向东南方发起向心突击，目的是合围位于别尔哥罗德至库尔斯克一线以西的我军部队。

尔后，预计敌人将从东南方对我西南方面军的翼侧和后方实施突击，随后向北面攻击前进。但也不能排除这样一种可能，即在本年内敌人会放弃向东南方进攻的计划，而是在完成从别尔哥罗德和奥廖尔地域实施的向心突击后，再向东北方进攻，以迂回莫斯科。（IVOVSS，3，第246页）

敌人会严重依赖于大规模空中打击和坦克突袭，因此，策划空中行动粉碎德国人的机场并部署地面部队应对敌坦克的大举突袭是明智之举。待防御作战消耗了敌人，苏军将在"有利时刻"转入一场"旨在歼灭德军部队"的反击，消灭盘踞在乌克兰的敌人，从而打垮"德国军队中最为活跃的部分"。中央方面军司令员罗科索夫斯基在他的"sluzhebnaya zapiska"（备忘录）中也提出了类似看法——德国人的进攻将从别尔哥罗德—哈尔科夫及奥廖尔地域发起，如果德军取得成功，将对沃罗涅日方面军和中央方面军的后方造成严重威胁。苏联红军目前的主要任务必须是一场精心准备的防御作战；为了给防御提供有效的作战纵深，一支强有力的预备队（至少由2—3个集团军组成）必须部署在库尔斯克东面。

4月份临近结束时，遵循最高统帅部的初步指示，中央方面军和沃罗涅日方面军完成了实施防御作战的基本部署。但斯大林仍然惴惴不安，甚至对这场大规模防御战的结果持悲观态度。在最高统帅部5月8日的指令中，斯大林给中央方面、沃罗涅日方面军和西南方面军司令部下达了严格的命令，要求他们继续保持充分准备状态，以迎战德军的进攻，但他也在考虑发起一场破坏性进攻。尽管瓦图京坚持认为需要继续加强防御，但在一份报告中，他向斯大林提出建议，沃罗涅日方面军可以对别尔哥罗德—哈尔科夫的德军集结地发起破坏性进攻；朱可夫元帅、华西列夫斯基元帅和安东诺夫将军在提交给斯大林的联合意见中迅速否决了这个提议。但这并没能消除斯大林的疑虑，显然，他的思绪仍沉浸在1941年和1942年灾难性的防御作战中。

就在斯大林动摇不定之际，苏联红军正忙着掘壕据守。在中央方面军的防区内，罗科索夫斯基指出，最大的威胁会来自右翼，德国人将沿奥廖尔—库尔斯克方向发动进攻，扑向南面或东南面。德军对其他地域发起进攻都不会造成特别严重的威胁，因为苏军有足够的兵力对付其进攻，并能守住自己的防区。即便在最糟糕的情况下，一些苏军部队有可能被切断，但也不会被敌人歼灭。由于主要威胁肯定来自右侧的波内里（Ponyr）—佐洛图希诺（Zolomkhino）—库尔斯克方向，罗科索夫斯基提出将其主力沿一条50英里的防线部署在那里，3个集团军（第48、第13和第70集团军）充当第一梯队。普霍夫的第13集团军（第48集团军位于其右侧，第70集团军位于其左侧）据守着一段16英里长的防线，第一梯队是2个步兵军（步兵第29和第15军），前伸的4个步兵师（步兵第15、第81、第148和第8师）充当步兵军的第一梯队，另外2个步兵师（步兵第307和第74师）担任第二梯队。第13集团军的第二梯队由2个近卫步兵军（近卫步兵第17和第18军）、6个步兵师和1个坦克团组成。相邻的第48和第70集团军同样部署了两个梯队，另外，罗科索夫斯基还将罗金的坦克第2集团军部署在法捷日，担任预备梯队。中央方面军剩下的100英里防线（位于突出部的前端隆起处）上，部署了2个集团军（第65和第60集团军），方面军预备队由近卫步兵第18军、2个坦克军（坦克第9和第19军）和1个反坦克炮兵团构成。最高统帅部还提供了空军第16集团军作为空中支援。

沃罗涅日方面军司令员瓦图京报告说，三个方向最有可能遭到敌人的进攻：从别尔哥罗德以西地域至奥博扬，或至科罗恰（Korocha），或是再次从沃尔昌斯克以西地域至新奥斯科尔。为此，方面军主力将部署在中间和左翼，60英里长的防线由2个近卫集团军（近卫第6和第7集团军）据守。奇斯佳科夫的近卫第6集团军（原顿河方面军的第21集团军）负责掩护奥博扬，其防线约为30英里，第一梯队部署了4个步兵师（步兵第71、第67、第375师和近卫步兵第52师），并获得1个坦克旅和2个坦克团的加强；第二梯队由3个近卫步兵师（近卫步兵第90、第51和第89师）和1个坦克旅构成。位于其左侧的是另一支经历过斯大林格勒战役的部队——舒米洛夫的近卫第7集团军（原第64集团军），该集团军在25英里的防线上部署了4个近卫步兵师（近卫步兵第81、第78、第72和第36师）和1个坦克团作为第一梯队，充当第二梯队的是3个步兵师（步兵第73、第213师和近卫步兵第15师）、2个坦克旅和2个坦克团。部署在近卫第6、第7集团军身后的是卡图科夫的坦克第1集团军（辖坦克第31、第6军和机械化第3军），该集团军掩护着奥博扬—库尔斯克接近地，而第69集团军掩护着别尔哥罗德—科罗恰以及沃尔昌斯克—新奥斯科尔接近地。剩下的2个集团军（第40和第38集团军）据守方面军的正面和右翼。卡图科夫的坦克第1集团军（辖3个军）和第69集团军（5个师）构成了第二梯队，方面军预备队由3个军、近卫步兵第35军（辖3个师）和近卫坦克第5军组成。瓦图京手上共有35个师，其中18个师分配给第二梯队或集团军和方面军的预备队。中央方面军和沃罗涅日方面军身后，在罗科索夫斯基建议的防线上，集结了一支实力强大的战略预备队；草原军区已于4月15日组建，六周后，他们将被改编为草原方面军，草原军区的第一任司令员是指挥过西南方面军"快速集群"的波波夫将军。科涅夫上将随后接掌了实力不断扩充壮大的草原方面军，该方面军最终由4个步兵集团军（包括近卫第4和近卫第5集团军在内）、1个坦克集团军（罗特米斯特罗夫的近卫坦克第5集团军）、1个空军集团军（空军第5集团军）和6个预备队军（近卫坦克第4军、坦克第10军、近卫机械化第1军、近卫骑兵第5军、骑兵第7和第3军）构成。这是苏军最高统帅部在整个战争期间集结起来的最强大的战略预备力量。

遵照最高统帅部的命令，炮兵部队也源源不断地进入突出部内。八周后，中央方面军和沃罗涅日方面军得到了20000门大炮和迫击炮，6000多门反坦克炮和920个M-13喀秋莎火箭炮连也已就位。实际上，随着92个最高统帅部预备炮兵团被调入，该方面军总共加强了10000门大炮和迫击炮。普霍夫的第13集团军掩护着奥廖尔—库尔斯克铁路线，他们得到了大规模火力加强，炮兵第4军（700门大炮）被调拨给该集团军，半数预备炮兵团分配给中央方面军。至于高射炮，共计有9个高射炮师、40个团、17个营和5个连部署在整个突出部内，重机枪遍布各防御区域，以便对空中目标发起打击。地面上，苏军工兵埋设了40000枚地雷。空中，红军的3个空军集团军可以投入3500架飞机（2000架歼击机、800架强击机和700架轰炸机，有些是从"战略航空力量"中抽调的）；光是中央方面军的防区内便修建了11座机场，5月初之前，鲁坚科空军第16集团军的加强中队已趁着黄昏靠前部署，另外还建立了40个假机场和基地，以此来迷惑敌人的侦察。苏军歼击机中队在黄昏的掩护下，以300英尺的低空飞行三五成群地靠前部署；白天，只有轰炸机飞回位于后方的机场。

地面上依然保持着沉寂，但空中的战斗很快变得激烈起来，5月中旬前，德国空军集结起他们的战斗机，飞至库尔斯克、叶列茨、希格雷、卡斯托尔诺耶和其他铁路枢纽上空。随着这种渗透越来越向东，莫斯科的防空体系对德军轰炸机提高了警惕，高尔基（Gorkii）也引发了同样的震动。为了在前线地域抗击敌人的空袭，苏联空军的大批歼击机紧急升空。空军第16集团军竭力保卫着库尔斯克的天空，尽管俄国人欣慰地看见敌人的轰炸机将炸弹投向突出部内的假机场。但是，突出部内的空中防御和侦察行动仅仅是苏联空军在1943年初春执行的作战行动中的一部分；遵照最高统帅部的命令，数个空军集团军为争夺制空权投入到激战中，北高加索方面军辖内的2个空军集团军（空军第4和第5集团军）展开了一场空战，该方面军打算歼灭盘踞在库班的德军残部，并消灭塔曼登陆场。对于这场初期空中攻势，苏军最高统帅部投入了乌沙科夫少将的轰炸机第2军，图皮科夫少将的远程轰炸机（ADD）第6军也将加入其中，攻势将于4月底打响。苏联空军的各个中队配备了一些美制战机（"波士顿"轰炸机和"空中飞蛇"战斗机），还有些"喷火"式战机，但主要装备的还是苏制飞机，包括新型的雅克-7B和拉-5歼击机。协调空中行动、掩护地面作战的任务委托给了诺维科夫（负责南线空中作战行动的最高统帅部代表，现在已晋升为空军元帅）。交战双方投入的战机多达1000架，空战的速度渐渐加快。4月28日，在库班上空，德军轰炸机对苏军地面部队和目标发起打击，300架苏军歼击机迎战，激烈的空战一直持续到5月10日。

库尔斯克突出部内的老百姓被动员起来挖掘所有指挥员都认为必不可少的防御工事，4月份，105000人投入其中，几周后达到300000人。3月底，德军坦克部队冲来时，苏军士兵隐蔽到仓促修建的工事中，但在4月份，突出部内的工事已通过高度系统化的方式得到改建和发展。留在突出部内的百姓是个大问题——显然，这里即将成为一场重大战役的战场，是否应该对他们进行疏散？库尔斯克州党委向罗科索夫斯基提出建议，应该疏散平民百姓，其他一些有价值的东西也应该运走；中央方面军军事委员会决定不实施疏散，因为这种疏散可能会对部队的士气造成影响。百姓们待在原处，他们中的许多人参与了挖掘战壕和炮位的工作（尽管防御工事主体系的修建任务仍由部队完成）。突出部内的各步兵集团军都建立起了三个防御区，其中的两个（主要防御地带和第二防御地带）构成了战术防御区，纵深达10英里，第三个防御区被称为"集团军后方防御地带"。这种防御体系的基础是堑壕和交通壕。各方面军也设立起被称为"方面军防御阵地"的三道防线，防御纵深达30英里，在某些特定方向，防御纵深达到50英里。除了中央方面军和沃罗涅日方面军建设的工事，草原方面军也在当地居民的协助下修建了两道后方防线。总之，突出部内共有八道防线，梯次纵深达100多英里。最牢固的工事修建在主防线上，纵深约为3英里，由战壕体系相连接的两三处阵地反过来也与交通壕相连接，并配有火力点。

主防线前端布设了铁丝网、地雷、炸药和防坦克壕；在关键地段，每公里防线的地面上还埋有1500颗反坦克地雷和1700颗反步兵雷。火力营和支撑点以循环的方式排列，特别留意对各部队结合部的掩护。反坦克防御以"反坦克支撑点"（PTOP）为基础，以棋盘风格布设在突出部内，每隔半英里便有一处；每个PTOP配有5门反坦克炮、5支反坦克枪、一个工兵分队和一个班的冲锋枪手，有些地方还配备了坦克和自行火炮。在某些情况下，"反坦克地域"由团级防区的PTOP连接而成。整个反坦克防御还将获得"快速障碍设置队"的支援，这些支队由一个获得冲锋枪手加强的工兵营组成，是一个机械化单位，随时准备投入到敌坦克的必经之路上。对一些地段的防御设施进行强化，这取决于方面军司令部的作战计划。罗科索夫斯基选择了三个可能性（敌人有可能发起进攻的地段），瓦图京选择了四个。部队的调动、炮兵的部署以及空中力量的作战区域，都根据不同的可能性做出策划。（中央方面军第一阶段的防御作战根据2号可能性实施，各步兵部队指挥员对此非常了解，因为第48集团军的P. L. 罗曼年科中将、第13集团军的N. P. 普霍夫中将、第70集团军的I. V. 加拉宁中将都参与了作战计划的拟定工作。）

修建防御工事之际，各加强师的官兵投入到了一场大规模训练中，半数以上的课目用于夜间作战演练；各级指挥部人员也参加训练。步兵和炮兵们研究了德军虎式坦克的技术特点；各单位修建了靶场，训练炮手们打击坦克。部署在主要防御地带上的部队依次撤出，在后方相同的地形上接受训练。各步兵师举行任务简报，以便审查整个防御部署情况，简报由方面军军事委员会组织，集团军司令员通常会带着他的参谋人员出席。训练工作如火如荼地进行着，与此同时，苏军为确保后方的良好秩序付出了更多的努力。中央方面军和沃罗涅日方面军高度依赖沃罗涅日—卡斯托尔诺耶—库尔斯克和库尔斯克—叶列茨铁路线，这两条铁路线都在德军后撤期间遭到了大规模破坏；桥梁——尤其是顿河上的桥梁——已被炸毁，维修设施也遭到了破坏。50万节车皮运送着人员和物资进入突出部，铁路线已恢复正常，但必须确保它们不再受到空袭的进一步破坏，于是，高射炮连部署到桥梁旁，"勤务旅"带着备用钢轨和设备守在有可能遭受空袭的地方，而"机动高射炮伏击"单位沿铁路线部署，以阻击敌人的轰炸机。

可是，苏军在兵力方面得到的补充没能像新装备那么慷慨。许多进入突出部的增援部队由当地征召的新兵组成，因而急需训练；罗科索夫斯基麾下的各个师，平均人数为5000—6000人，只有一个军（近卫步兵第17军）辖内各师的平均兵力达到7000人。方面军和集团军战地医院将适合参加战斗的人员梳理出来，用他们加强各个师。战术区域的防御分配给分成两个梯队部署的步兵军（两个步兵师位于主要防御地带，一个师占据第二防御地带），但各步兵军战时编制的不足使他们无法做到全面部署。尽管独立坦克旅和自行火炮团拆散后被分配给各步兵师，为其提供支援或战术预备力量，但各步兵集团军获得坦克和反坦克炮兵预备队的情况很少见。这些分散部署的坦克使每公里防线上的坦克数量达到5—7辆。主力坦克部队正在接收装备或进行训练，他们获得了新型T–34、重型KV–85坦克以及SU–122和SU–152自行火炮。

为打好库尔斯克战役，斯大林集结起来的不仅仅是数量，还包括质量。为此次战役派出的"最高统帅部代表"是朱可夫和华西列夫斯基元帅；马林科夫担任国防委员会（GKO）代表，他的主要职责是与非作战区域保持联系，尽管调集资源的任务也很重要。库尔斯克突出部内的步兵集团军大多是久经沙场的部队，许多都参加过斯大林格勒战役，例如那些司令员——巴托夫、奇斯佳科夫、舒米洛夫、扎多夫。经验丰富的瓦图京已接替戈利科夫指挥沃罗涅日方面军；目前，波波夫上将指挥着预备队方面军，但5月份时，他被调至布良斯克方面军接替列伊捷尔上将，科涅夫上将终于接掌了草原方面军（原"预备队方面军"）的指挥权，该方面军6月份开始全面运作。科涅夫从最高统帅部得到明确指示，必须确保他的集团军、军、师指挥员不仅具有丰富的作战经验，还要有一些在和平时期训练军队的经历。由于前线继续保持沉寂，草原方面军便加紧训练，因为斯大林认为应该这样；指挥近卫坦克第5集团军的罗特米斯特罗夫中将（他在战前是斯大林机械化与摩托化军事学院的一名教员），负责训练科涅夫麾下的坦克部队。1943年的库尔斯克战役（以及复杂的相关行动）实际上代表着"36级学员"们的最终毕业，他们是1936年新成立的总参军事学院的第一期学员，首批毕业生中包括华西列夫斯基、安东诺夫、M. V. 扎哈罗夫、瓦图京、巴格拉米扬。人事任免非常重要，两个变化促使情况朝好的一面发生转变，一个是免去鲁缅采夫国防委员会人事部长的职务，另一个是免去夏坚科的训练部长职务，当初这两个灾难性的任命都给苏联红军造成过极大的损害。

由于安东诺夫在岁末年初实施的制度，此时的总参谋部也得以稳定下来。斯大林亲自确定了总参谋部的昼夜工作制，安东诺夫一昼夜要守在自己的岗位上17—18个小时，但可以从早上6点休息到12点，而什捷缅科（作战部长）可以从14点休息到18点。总参谋部每天向斯大林汇报三次，当面或通过电话。第一次是在上午10点至11点，通常由什捷缅科用电话汇报，第二次是在傍晚16点至17点，由安东诺夫汇报。夜间的汇报需要安东诺夫和什捷缅科在20万分之一比例尺的地图上标明每个方面军的情况，并将各个军、师——有时候也包括团——的态势标注清楚，接到电话后，他们就驱车赶至克里姆林宫作战室的最高统帅部或是斯大林的乡间别墅（离莫斯科不太远）。有一次在克里姆林宫，他们穿过一间小小的贴身警卫室，在斯大林的秘书波斯克列贝舍夫的带领下，走进斯大林的办公室：

> 斯大林办公室的左面放着一张长桌，我们把地图在桌子上摊开，分别汇报了各方面军的情况，从当时有重大战事发生的地方讲起。汇报时，我们不需要预先写好的笔记，因为各种情况都记在我们的脑中，而且都已标在地图上。桌子后方的角落处摆放着一个硕大的地球仪。（什捷缅科，《战争期间的苏军总参谋部》，第120—121页）

这是安东诺夫和什捷缅科经常遇到的场面；会议在凌晨3点左右结束，参加会议的通常包括沃罗诺夫元帅、装甲机械化部队司令员费多连科、总军械部部长雅科夫列夫、总后勤部部长赫鲁廖夫、空军司令员诺维科夫以及中央政治局委员们。

汇报结束后，接下来便是拟定最高统帅部的指令。斯大林的做法是，对于所有方面军、集团军、坦克和机械化军，用其指挥员的名字来称呼，而对各个师只称呼其番号；一旦返回总参谋部，所有命令必须重新整理成正规用语。斯大林会亲自口述最高统帅部的命令，由什捷缅科记录下来；然后，什捷缅科诵读一遍，修改个别地方后，这些命令便被直接送至不远处的通讯中心。

对于德军盘踞的奥廖尔突出部，斯大林倾向于发起先敌突击。4月份时，列伊捷尔的布良斯克方面军接到指示，要求他做好向奥廖尔发起进攻的准备，最高统帅部建议投入3个方面军（西方面军、布良斯克方面军和中央方面军）发起一场向心攻击，由布良斯克方面军担任主攻。西方面军使用其左翼的近卫第11集团军（原巴格拉米扬的第16集团军），罗科索夫斯基投入他的右翼部队。计划被正式制订出来，但很快便跟不上事态的变化了，直到6月份，费多连科上将还亲自过问此事，他审核了使用雷巴尔科坦克第3集团军发起进攻的提议。3月份时该集团军在哈尔科夫南面遭到重创，此时尚未彻底恢复——坦克组员都是刚刚分配来的，集团军辖内的3个军（坦克第12和第15军、机械化第2军）仍在重建中。费多连科建议修改计划，并将其呈交最高统帅部，他认为这份计划会得到批准。在此期间，M. M. 波波夫上将接掌了布良斯克方面军；沃尔霍夫方面军副司令员费久宁斯基，在1月份的战斗中腿部负伤，现在被派往南方，担任波波夫的副司令员；梅赫利斯（经历了在刻赤的糟糕表现后，他显然变得老练多了）担任军事委员会委员。波波夫发现这个方面军的"防御已经过时……他们将自己埋入到地下"，但会见各级指挥员时，他发现他们斗志高昂。

索科洛夫斯基西方面军的左翼，巴格拉米扬对部署给近卫第11集团军的进攻计划感到不太高兴。他这个集团军现在是一支实力强大的部队，拥有12个步兵师（3个军）、2个坦克军、4个坦克旅、4个最高统帅部预备队炮兵师，还有高射炮和工兵部队。巴格拉米扬相信，如果按照这个计划行事，近卫第11集团军的打击只会落到空处，应该分割包围奥廖尔突出部，但这意味着需要投入更多部队。巴格拉米扬的观点没能说服他的上级。5月初，索科洛夫斯基、列伊捷尔、巴格拉米扬和第61集团军司令员被召至最高统帅部，安东诺夫已将奥廖尔进攻计划提交上去。没有谁提出异议，斯大林问了几个无关痛痒的问题后，打算结束这场会晤，巴格拉米扬抓住机会提出反对意见。斯大林示意他继续说下去。令巴格拉米扬感到惊讶的是，他的不同观点被认为是修订作战计划的有效依据，索科洛夫斯基给他下达了新指示，要求近卫第11集团军在20天内做好发起进攻的准备。5月24日夜间，巴格拉米扬报告说近卫第11集团军已做好准备。可是，这场建议中的进攻被推迟了，因为斯大林正等着完成这样一种策略：先消耗德军的进攻，然后再发起自己的反击。反击的策划工作已完成，与库尔斯克防御战紧密相连，甚至比原先的计划更加庞大，两个方面军群将向两个方向实施突击，西方面军的左翼、布良斯克方面军和中央方面军将对奥廖尔发起打击，草原方面军和沃罗涅日方面军将对别尔哥罗德—库尔斯克展开进攻。华西列夫斯基和沃罗诺夫协调前者的行动，朱可夫负责后者。

　　整个5月春光明媚的日子里，苏军的计划和协调工作紧锣密鼓地进行着；身处库尔斯克突出部内的红军士兵，不是忙着参加频繁进行的战术演练，就是和当地居民一同修建战壕、火力点和掩体；步兵指挥员们针对各种不同可能性对地形进行侦察，坦克指挥官们进行着行动演练；炮兵和工兵们吃力地布设着各种复杂的装备。5月初，紧张的气氛骤然加剧。5月2日，斯大林发出德军即将发起进攻的警报，命令各部队立即进入全面戒备状态。尽管德国人的确打算在5月上旬发动进攻，但这场进攻并未到来。他们需要更多的时间，以便给各个装甲师配备更多的虎-2式坦克（68吨）、黑豹中型坦克和费迪南德88毫米自行火炮（"阿道夫·希特勒警卫旗队"师和"大德意志"师在哈尔科夫战役中已使用过虎式装甲营作战）。苏军在突出部内和后方集结起T-34和新式的KV-85坦克，越来越多的自行火炮（SU-76、SU-122和SU-152）提供了机动中型和重型炮火支援。战役打响后，随着双方的激战到达高潮，库尔斯克战役被证明是有史以来规模最为庞大的一场坦克战，钢铁怪兽的厮杀将大批人员和车辆消耗在一场令人震惊的、炽烈的噩梦中。战斗到来的前夕，突出部内的俄国人从未幻想过会以何种手段打击对方。

　　这场已进入第三年的战争，尽管它的可怕和痛苦并未衰减，但终于不再是一场原始的临时拼凑的战斗，也不再是斯大林为取得速胜而展开的猛冲，这两种打法都没能取得胜利。在2月份和五一劳动节的讲话中，斯大林强调指出，苏联红军正走向胜利，但评价目前所取得的成绩时（其中不乏对德军遭受的损失做出的标准性夸大），他坦率地承认，将德寇驱离苏联领土还需要更加激烈的战斗。库尔斯克战役即将到来时，俄国人完全不需要被提醒他们目前面对的是什么。战役打响前夕，红军总共拥有6442000名官兵，预备力量中还有93500名训练有素的指挥员。在装备方面，苏军拥有103085门大炮和迫击炮、9918辆坦克和自行火炮、8357架作战飞机——尽管半数以上的大炮和迫击炮仅为76和82毫米口径，三分之一的坦克部队由轻型坦克组成。一场巨大的努力带来了火力和机动性的大规模增加，人员方面略少些——这是一场赢得质量和数量优势的战斗。俄国人投入科学技术战是由他们的战场性质所决定的：英国的军事科研工作是想以先进的武器装备弥补兵力的不足，而与此不同，俄国人所做的努力是为了增加而不是替代纯粹的人力资源。

战争爆发的第二天，苏联科学院便投入到战时工作中；1941年7月，最高苏维埃主席团在全体会议上宣布，向战时工作的过渡基本上已获得成功。通讯院士P. M. 尼基福罗夫负责的地震研究所彻底投入到"防御工作"中，包括在乌拉尔地区从事庞大的探测工作，以寻找新的能源资源和原材料，研究莫斯科的防空体系和防空洞建设，同时发展"军事技术"，特别是飞机。一些科学家被派至各个工厂，为特殊项目提供咨询意见。院士格列本西科夫负责监督一座生产光学镜片的工厂的生产工作，并视察了被疏散的所有光学机械厂，指导其生产；科学院的物理、化学和技术研究所建议将工厂拆除，迁至东部后再重建。这些研究所的工作在他们自己的工厂内完成，但普通和无机化学研究所的分析试验室设在一个采用新方法生产铝的工厂内。1941年秋季，苏联发起了一项伟大的事业——科马罗夫的委员会"将动员乌拉尔地区的资源，将其用于国防目的"。国防委员会成立了一个由S. V. 卡夫塔诺夫主持的"科学技术委员会"，以解决化学工业的问题，部分问题交给苏联科学化学学会处理。在东部新建立和刚刚疏散来的工厂内，苏联科学家们努力研究着大量"军事技术问题"；在马格尼托哥尔斯克（Magnitogorsk），K. I. 布尔采夫和他的工程师们忙着改良坦克的装甲板；而野外的地质学家们扩大了勘察，成绩之一就是特罗菲穆克在巴什基尔（Bashkir）发现的大型油田。从1942年起，苏联的设计师们便不断地改进现有武器，同时还忙着设计新武器。Ya. I. 巴兰和A. I. 施莱科特改进了T-34坦克（1943年，这种坦克配备了85毫米主炮），工程师基普加特继续从事新式轻型坦克的设计工作，E. V. 西尼尔希科夫利用T-34坦克的底盘制造出SU-122自行火炮，N. N. 库兹涅佐夫设计出了威力更加强大的M-30喀秋莎火箭炮。德军步兵独享轻型自动武器的日子已一去不返。斯帕金设计出苏制"波波沙"，这种冲锋枪在苏军步兵中广泛配备，因此无论战场老兵还是初出茅庐的新兵，都成了一座行进中的军火库。杰格佳廖夫和托卡列夫继续推出一流步兵武器的改进型号。

　　尽管苏联在1942年下半年增加了飞机产量，但他们还需要更多的飞机，飞机的性能也需要改进。拉沃奇金的拉-5歼击机得到了改善，重量有所减轻；1943年，M-28-FN（FN指的是forsirovanie neposredstvennim，增压发动机）安装到拉-5歼击机上，以提高其性能，改进型战机作为拉-5FN投入服役。大批拉-5FN出现在库尔斯克战役中。拉-5FN进一步促成了拉-7的研发，这款战机配有3门20毫米机炮，飞行速度超过400英里/小时。雅科夫列夫的雅克-7歼击机（雅克-1的改进型）也在1942年经历了一番重大、迅速的改进，但现在，苏联国防委员会要求设计一款搭载37毫米大口径航空机炮的歼击机。于是，雅克-9以破纪录的速度应运而生，1943年5月投入量产；雅克-9还衍生出一款远程护航歼击机（去掉大口径机炮的雅克-9D），另外还有专门对付坦克的雅克-9T。在1942年一起空难中丧生的佩特利亚科夫早已推出他的双引擎轰炸机佩-2，尽管这是第一款无法执行俯冲轰炸任务的轰炸机；1943年下半年，这款飞机得到改进，飞行速度有所增加，并投入批量生产。图波列夫的双引擎轰炸机图-2，载弹量约为2吨，最大航程800英里，对原型机进行改进后也投入量产。遵照国防委员会的命令，伊柳辛着手改进伊尔-2这款著名的强击机，1943年2月，这款战机安装了AM-38f引擎和一门37毫米机炮。苏联航空发动机设计师们使发动机功率达到了2000匹马力（1943年后，他们超越了这个数据，只用了其他地方从事类似工作的一半时间便实现了增压技术）。雅科夫列夫的歼击机从V. N. 利西岑主管的153工厂源源不断地生产出来，伊柳辛的"坦克破坏者"从别尔扬斯基的18工厂下线，雅科夫列夫、伊柳辛和拉沃奇金的设计标志着苏联航空工业朝技术优势方向的大踏步前进。

地面上还有来自虎式和黑豹坦克的挑战。与飞机制造厂一样，苏联的坦克工厂内，大批坦克不断驶下生产线；车里雅宾斯克（Chelyabinsk）的基洛夫坦克工厂拥有64条生产线，T-34坦克上的炮塔是用金属冲压而成，而不是铸造的。T-34正在接受现代化改进，但在此期间，科廷的坦克设计组忙着研发一款新型重型坦克，这就是IS（约瑟夫·斯大林）坦克，1943年9月，这款坦克被制造出来。1942年10月，乌拉尔重型机械制造厂接到命令，要求他们在一个月内制造出一款自行火炮的原型车；1942年12月，国防委员会决定将其投入批量生产，这款自行火炮（SU-122）中的第一批于1943年1月交付前线。两个自行火炮团在沃尔霍夫方面军接受测试，最后，苏军共组建了30个自行火炮团。科罗夫工厂被要求在25天内制造出SU-152，1943年2月，这款自行火炮投入生产。总之，1943年共有21款新设计的坦克和自行火炮被制造出来，其中的6款（包括IS重型坦克）投入批量生产。库尔斯克战役打响时，苏军共有500辆自行火炮部署在新组建的团里（到年底时，这个数字还要增加两倍），这种武器更像是没有炮塔的坦克，其中最传统的是SU-76，这款自行火炮是在T-70底盘上安装了一门76.2毫米的火炮。

1942年夏季，国防委员会下令研发新型飞机、坦克和大炮的同时，也做出了一个重大决定，最终结果令其他的一切黯然失色——苏联科学家们将着手研发一枚原子弹。苏联科学家和科研机构的大疏散使基础研究工作难以为继；原子弹的研究以前一直集中在约费教授的镭学研究所，该研究所从列宁格勒整体迁到了喀山（Kazan）。战时的科研项目，等级最优先的是雷达，然后是舰船使用的反水雷设施，最后才是"铀弹"。1941年12月，格奥尔基·N. 弗廖罗夫来到喀山寻找库尔恰托夫教授，希望说服他重新开始核试验项目，但由于库尔恰托夫不在那里（他当时病倒了），弗廖罗夫留下一张纸条，恳请他重启核试验项目，并与苏联物理学家约费和彼得·卡皮察进行了交谈，试图促成此事。在此期间，库尔恰托夫离开喀山赶往摩尔曼斯克，继续为苏联海军研发水雷；即便他愿意重启核试验项目，但对这样一项事业来说，喀山的困难实在太大，其结果很成问题。与此同时，德国和美国都在从事"超级武器"研发的消息传到了莫斯科；科学院院士约费、卡皮察、维尔纳德斯基和赫洛平被召至莫斯科商讨新武器的问题，而弗廖罗夫已于1942年6月写信给国防委员会，谈到着手研发"铀弹"的紧迫性。国防委员会控制着"科学技术委员会"，于是，弗廖罗夫奉命向卡夫塔诺夫汇报，同时，院士们被要求提出苏联核弹研发项目的负责人人选，他们选中了库尔恰托夫。库尔恰托夫对这个庞大的任务表现出了可以理解的敬畏，对原子弹的效能也不太相信；这个项目将耗费庞大的资源，而此刻的前线什么都缺，什么都需要。

在极其恶劣的条件下，研发工作开始了。弗廖罗夫在喀山启动了铀试验项目，而列宁格勒的特殊设备和铀被搬迁一空。德军对斯大林格勒发起进攻时，仍有人认为这种极为深奥的工作没什么意义，但1942年底，库尔恰托夫被任命为原子研究的负责人，并奉命在莫斯科开始了这项工作，他的防水雷设施和装甲板的研发任务宣告结束。原子研究项目被列为最高优先级，库尔恰托夫被赋予全权；他需要的人员从前线或工厂调来，国防委员会提供了一个特别工作组，从而使这个项目成为现实。在地震研究所内，库尔恰托夫的科学家和工程师们开始设计新的回旋加速器，后又转入无机化学研究所。哈尔科夫最终获得彻底解放后，1943年7月，苏联科学家们在这座城市设立起"1号实验室"，而库尔恰托夫正在莫斯科为建立全新的"2号实验室"寻找地方。尽管存在严重的困难，特别是要在敌人造成的废墟瓦砾中组织起研究工作，但是1943年至1944年，"原子弹项目"继续进行着——西涅利尼科夫在哈尔科夫，库尔恰托夫在莫斯科。同时，卡皮察和库尔恰托夫还在莫斯科举办了重要的研讨会，其中包括一场关于核裂变和连锁反应的秘密研讨会。

就在科学家们为长远目标而努力之际，士兵们不得不以现有的武器在战场上奋战。1943年夏季前，苏联红军处在大规模重组的阵痛中。苏军步兵已变成一座行进中的军火库，对于反坦克作战，他们没有其他装备；到1943年6月，他们拥有了1450000支反坦克步枪和21000具小口径反坦克武器（这个数字比1942年底翻了一番）。RPG-43反坦克手雷能炸毁一辆中型坦克。200多个最高统帅部预备炮兵团配备的主要是76毫米火炮。苏制反坦克炮的口碑甚好，就连隆美尔也曾在西部沙漠用缴获的苏制反坦克炮发挥过重要作用。45毫米和57毫米火炮得到了改进，并成为反坦克武器。此时，郭留诺夫重机枪也取代了过时的马克西姆重机枪，这种拖曳式武器在早些时候的战斗中表现得非常出色。

步兵和炮兵的编制也做出了重大修改。步兵部队里，各个旅被改编成师，军级编制被更加广泛地使用，以便于组织大规模攻势。炮兵部队里，反坦克炮兵团被改编为旅；为实施突破行动，榴弹炮团（配有新型的152和203毫米大炮）也被改编为旅；1942年底，26个炮兵师中的16个被改编成"突破炮兵师"，他们配有356门大炮（而不是168门）。1943年4月，"突破炮兵军"这个编制也被引入。"近卫迫击炮旅"设立于1942年11月，配备着喀秋莎火箭炮；到年底时，共出现了4个喀秋莎火箭炮师，每个师可以射出重达230吨的3840发火箭弹。1943年7月，国防委员会下达命令，各步兵集团军必须拥有3个炮兵团和1个迫击炮团组成的炮兵力量。

1942年—1943年的攻势中，由于缺乏卡车，苏联红军一直受到严重的妨碍。截至1943年中期，租借法案提供了183000辆卡车和吉普（截至1944年，总数为430000辆），部分缓解了红军卡车不足的窘况。每一次战役，无论是准备还是实施阶段，都受到了卡车不足的影响；各坦克部队需要更多的卡车。由于缺乏汽车，铁路线被利用到不堪重负的程度，就连小火车（只拖曳几节车厢）也被用于各种各样的用途。马拉大车队被广泛使用。必要的"补给物资"由以下这些基本物品组成——弹药、燃料和食物，重要性以此为序。"后勤管理"首次出现是在1941年8月，现在按照国防委员会1943年6月12日颁发的0379号训令予以重建，这基本上是所有后勤部门（包括红军医疗机构）的一个合并，由总后勤部长掌握，赫鲁廖夫一直担任着这个职务，并且还将继续担任下去。

1943年间，斯大林给赫鲁廖夫的管辖范围增添了新的"总部"——总汽车管理部（Glavnoe Avtomobilnoe Upravlenie）和总军用道路管理部（Glavnoe Dorozhnoe Upravlenie）。汽车管理部负责汽车的供应和维修，而军用道路管理部负责补给道路维护和通过公路运送物资的事宜。此番重组使赫鲁廖夫的后勤部获得了铁路管理部门（军事运输局）、公路运输部门（汽车和军用道路管理部）、军需总局（负责食物和衣物）、燃料供应局、军医和兽医局的管辖权。在方面军和集团军层面，管理链靠"后勤主管"维持，并以类似的组织结构运行，负责将各种补给物资供应给方面军和集团军。赫鲁廖夫的部下们提供并运送除了弹药、武器和特种军用装备以外的一切。弹药、步兵武器和大炮由雅科夫列夫的总军械部负责，该部的组织结构通过炮兵指挥链下降到营一级；

费多连科的总装甲坦克部控制着坦克、装甲车辆的供应和维修；佩列瑟普金的总通信部负责通信设备的供应；各个部门就这样掌控着各自负责的事务。空军依靠他们自己的技术和后勤管理部门供应一切，但食物和常规补给物资仍由赫鲁廖夫的部门负责。

1943年，苏军后方人员的数量不到前线作战兵力的五分之一；截至1943年夏末，分配给总军用道路管理部的人员总计125000人，他们在86000公里的军用公路上忙碌着，各个"技术维修点"修理了185000辆汽车。在此期间，铁路上的人员增加了一倍。斯大林格勒大反攻的准备期间，固定的补给"定额"和弹药、燃料每日消耗量首次被提出，后来成为一种标准做法；各步兵师的弹药补给，各坦克部队的汽柴油补充，都按照定额配发。但这种"定额"并不总是能得到满足：当年2月，罗科索夫斯基为中央方面军的进攻行动做准备时获知了这一点——火车没能赶到，后方卸货点远离部队集结区，步兵们背负着沉重的武器和弹药长途跋涉，已无法携带更多的物资。除了带上自己的武器和弹药，苏军步兵往往还扛着炮弹进入前沿地带，马拉大车队则返回卸货点，运送师里的补给物资。卡车数量不足，铁路线的延伸不够，但面对地形、距离、遭到破坏和不够完善的交通线造成的巨大困难，苏军补给部门运送了数量惊人的物资，特别是在1943年夏季后发起的多重攻势中。在库尔斯克，苏军囤积了大批武器弹药，以击退德军的进攻。

在此期间，曾于1941—1942年间经受过战火洗礼，几乎损失殆尽的苏军坦克部队戏剧性地获得重生，并实现了规模化。1942年间，红军部队里一度再次出现过大规模坦克编队，但在南方庞大的战役中被打得支离破碎。随后，这种编制的命运一直悬而未决，但错的不是原则，而是他们的打法；1942年11月后，大规模编队得以保留，实力也获得增长。苏军坦克部队的一个重大缺陷是缺乏设备，这个问题正在解决，并得到了真正的发展。坦克内缺乏通讯电台（除了连长的战车，苏军连级部队的坦克里没有配备电台）使作战指挥成为一场噩梦，缺乏卡车也让苏军坦克师受到严重妨碍，在机械化部队里，由于运输工具不足，坦克无法与摩托化步兵协同作战。坦克"信徒"们沮丧不已，但他们并未气馁，而是找到费多连科这个盟友，尽管他过去持保留态度。作为总装甲坦克部部长，1942年，经历了夏季战役的惨败后，亲身参与过一个阶段战事的费多连科开始对红军坦克部队进行大规模重整。突然间引入大规模坦克部队（军级），就意味着必须找步兵指挥员（或是来自其他军种的指挥员）指挥这些部队，这种临时性举措导致了灾难性后果。费多连科的第一项改革是1942年10月16日下达的第305号令，订立了坦克作战的坚定原则，这些指令一直使用到1944年引入坦克和装甲部队作战条例为止。1942年秋季前，像罗特米斯特罗夫这种经验丰富的坦克军军长便认为"混编"部队（坦克和步兵）是错误的做法，必须组建全新的、完全由坦克构成的部队。费多连科并不赞同这种观点，但他却被其正确性说服。反过来，费多连科又在1942年底说服斯大林和国防委员会，应该组建单纯由坦克构成的"坦克集团军"（1—2个坦克军，外加1个机械化军）——与罗曼年科的坦克第5集团军不同，该集团军其实是配备了坦克的步兵集团军。相比之下，波波夫那种"方面军快速集群"更像是真正的坦克集群。而罗曼年科的"坦克集团军"是由2个坦克军、6个步兵师、1个骑兵军、1个独立坦克旅、1个摩托车团外加炮兵组成的。斯大林被说服了。1943年初，5个坦克集团军被组建起来，这是全新的坦克突击力量——卡图科夫的坦克第1集团军、罗金的坦克第2集团军、雷巴尔科的近卫坦克第3集团军、巴达诺夫的坦克第4集团军和罗特米斯特罗夫的近卫坦克第5集团军。当时，各方面军辖内的坦克共计8500辆（截至1943年1月），400辆留作最高统帅部预备队，非作战地区还有4300辆。

T-34中型坦克的设计和性能都很出色，一直到战争结束，这款坦克都没有做过重大修改（德国研发的新式坦克借鉴了T-34的一些特点，德国工程师们发现，直接仿制T-34无法获得成功），是坦克集团军的标准配备。现在，新式重型坦克也已列装。自1942年秋季起，老式的KV-1被改造为KV-1S（配有更厚的装甲、一门76毫米主炮和三挺机枪），1943年夏季前，KV-1S添加上更厚的装甲板，换装一门85毫米主炮，成为KV-85。KV-1S的底盘，外加一门152毫米榴弹炮，就构成了SU-152，这款自行火炮的绰号是"猎人"。KV-85被用于对付德国人的虎-1式坦克，但苏军的新式重型主战坦克是IS-1，它使用了KV坦克的底盘，但对车体前部进行修改并安装了一个硕大的炮塔，这款配有85毫米主炮的坦克重达44吨。IS-2的出现很快让IS-1黯然失色；IS-2配有一门122毫米主炮、三挺机枪和一挺大口径高射机枪，坚固的装甲，低矮的车身，45吨重量，IS-2将速度、防护、威力和相对较轻的重量结合在了一起。1943年，苏联只生产出102辆IS-2，但1944年，2250辆IS-2驶下了工厂的生产线。在此期间，苏军统帅部下令组建特种坦克部队。斯大林格勒战役中已出现过"近卫特种坦克突破团"，1943年，随着新式坦克的出现，不下18个"最高统帅部预备独立重型坦克突破团"迅速组建起来。

1943年，总装甲坦克部向米高扬抱怨说，他们没能通过租借法案获得"大量"坦克，目前交付的援助坦克中，中型坦克所占的比例不断下降，所以他们得到的主要是轻型坦克。1942年前，2000多辆美制坦克和2500多辆英制坦克运抵苏联；从1941年6月到1944年4月，苏联红军共获得3734辆美制坦克和4292辆英制坦克，以及1400辆从加拿大运来的坦克。这些坦克的性能并未给苏军统帅部留下深刻印象，特别是英制坦克，引来了一些苛刻的评论。苏联人使用的作战装备主要是他们自己工厂的产品。斯大林本人曾在1942年说过，与坦克相比，他更需要卡车。于是，卡车和吉普车源源不断地运抵苏联，以满足俄国人急切的需求。食物和石油制品也被大批交付，这为苏联的抵抗提供了支持。1943年中期前，美国人给苏联送去了90万吨钢铁、150万吨食物、13.8万辆卡车和吉普，另外还有军靴、工业设备和原材料——总之这是一份极为繁芜的军工购物清单，其中包括1.2万吨黄油，这是应苏联方面的要求专门运给正在军医院里疗伤的伤员的。援助物资交付的中断令斯大林深感愤怒，但不是针对坦克或飞机，而是针对食物和工业物资——金属（铝、钢坯、钢板、钢带、管材、铜和锌）、化学品和机床（截至1943年中期，运抵苏联的这些物资价值1.5亿美元）。

部队编制、武器的革新和现代化，证明苏军指挥员已学到许多东西（这不是简单的复制），他们寻求重大变化的强烈欲望也被激发了起来。实际上，苏军编制中出现了两支军队，一支以质量取胜，由精锐的坦克部队和近卫军组成，他们身后的另一支军队强调的是数量，构成了苏联红军的坚实队列。坦克部队终于从"支援步兵"这个任务的桎梏中解脱出来。新组建的坦克集团军，在新式坦克的鼓舞下，将成为红军的先头部队和打击力量，而无须理会"协同推进"——在"协同推进"这个学说看来，将快速机动部队与行动缓慢的步兵部队绑缚在一起是合情合理的。可是，另一些束缚还存在着，并已激恼一些高级将领，他们现在享受着"一人指挥制"（edinonachalie）的自由和胜利带来的威望，而斯大林则将这种威望小心翼翼地纳入到自己身上。军队被迫做出让步，大到那种"统一命令"，小到那些身穿标准军装、同样佩戴军衔的保卫官员。但仍有限制。斯大林希望他的军队"严格按照规矩行事"，现在正是这样做的。一些高级将领（戈尔多夫也在其中）开始从字面意义解读近期的趋势，他们认为现在应该把党的政治机构和隶属于这些机构的政工人员逐出军队。1943年6月，时任第33集团军司令员的戈尔多夫将军写信给斯大林和朱可夫，建议"取消各集团军内的军事委员会，这个机制已失去作用，并未带来任何好处"，政治部应该纳入军队人员中，取消他们与上级政治部门联系的权力，当地的军队报纸应由军方人员负责。这个建议似乎并未激怒斯大林；他已经亲自着手将党从军队中推开，尽管这符合他的目的，但仍显得粗暴蛮横，并一如既往地体现出他更喜欢使用内务人民委员会（NKVD）而不是党的机构来实施这种"控制"。1941年，一切似乎都将失去时，他把NKVD派至军队政委身后充当实际控制者，他一直使用秘密警察长期在大范围内监视指挥员和部队。集团军级的军事委员会（由司令员、参谋长和"政工人员"组成）并未像戈尔多夫建议的那样被正式取消，但正如一位被俘的苏军中将向德国审讯者交代的那样，军事委员会的运作越来越多地取决于指挥员本人的个性。这个机制看上去笨拙如初，但如果不将它真正地废弃，随着指挥员的权力不断增加，它也会变得灵活一些。不过，戈尔多夫在1943年6月所写的这封信依然是一份谜一般的文档，所露出的只是冰山一角。尽管这封信并未立即给他造成什么后果，但在1946年，他突然被撤销了职务[4]。1943年和随后的岁月里，戈尔多夫提交了更多的建议，他不仅主张将党逐出军队，甚至要求实现军队国家化，建立一支"俄罗斯"军队，以此来消除共产主义留给军队的印记——这是斯大林决不容许的举动。

苏联红军目前正准备发起大规模攻势。5月末，华西列夫斯基元帅向托尔布欣和比留佐夫[5]简单介绍了情况：很显然，德军已被削弱，苏联红军在"质量和数量上"均已超过敌人，苏军统帅部拥有发动大规模攻势的"可靠经验"，部队的纪律已得到加强，命令被执行，相应的组织已建立。军事机构和政党的衰落已成为历史。华西列夫斯基所说的基本正确，尽管稍有些过度乐观。从原子弹项目到东部轰鸣的工厂，以及对被解放地区的努力恢复，已使这个国家在经济上捉襟见肘，但她仍能制造出武器并提供补给物资。为此付出的代价骇人听闻，而且仍在不断上升，人员、武器和物资的损失极为巨大；这个国家的一部分毁于敌人可怕、贪婪的占领，另一部分由于战争而脱离了苏联当局。老人、妇女和青少年接替了那些已然消失的成年男子。在土地上（在那里，90%的卡车和三分之一的拖拉机被"动员"，用于运输和拖曳大炮），在工厂里，就连孩子每天也要从事几个小时的简单工作，以便让自己微薄的口粮得到少许增加。

1943年夏初，一个平衡点已然到达，交战双方都希望果断地将态势向有利于自己的一面扭转。俄国人现在不会输掉这场战争，而德国人几乎无法指望能获胜。前线之所以保持着相对的平静，是因为双方都在集结兵力，集中他们最先进的武器，具有深远意义的时刻正在到来。希特勒认为，对库尔斯克的进攻会带来一场胜利，会"像一座灯塔那样照亮全世界"，但他也向古德里安承认，这场重大攻势令他"恶心反胃"。最终，元首在6月16日决定，将于7月初发起"堡垒"作战。

---

1. 译注：此时的近卫第1集团军是第三次组建，司令员应为库兹涅佐夫中将。

2. 译注：应为列柳申科。

3. 译注：加里宁方面军司令员是普尔卡耶夫上将；库罗奇金曾在铁木辛哥之前、科涅夫之后担任过西北方面军司令员。

4. 译注：戈尔多夫不仅被撤职，还遭到了逮捕并被处决。但他倒霉的主要原因似乎是发牢骚说怪话；是否与他1943年的那些信件有关，正如埃里克森所写的那样，依然是个"谜"。

5. 译注：这两人分别是南方面军司令员和参谋长。

第三章
打破均衡：库尔斯克战役及其后果

　　1943年6月4日星期五，斯大林正式获知美国总统和英国首相做出的"某些战略决定"。原先提出1943年8月—9月发起的跨海峡进攻，现在被推迟到1944年春季。正如斯大林在6月11日复电中强调的那样，这个决定"给苏联造成了异常巨大的困难……使苏联军队几乎陷入孤身奋战的境地，他们不仅是为自己的国家而战，也是为了盟国……"；推迟开辟第二战场的决定会让苏联人民和苏联红军产生"一种令人沮丧的消极印象"。尽管这份电文措辞温和，但却充满了最为严肃的暗示，斯大林的最后一句话已对此加以强调；派驻莫斯科的英国大使阿奇博尔德·克拉克·克尔爵士提醒他的政府，无论如何不要对这种温和的措辞产生误解，这是对联盟的信心所产生的严重动摇。斯大林与丘吉尔之间的后续交流自然很尖刻。6月19日，英国首相丘吉尔在电报中提醒斯大林，他不会付出一场"毫无作用的流血牺牲"，这对苏联军队没什么帮助；将德军击败在北非的"地中海战略"和"对欧洲南部造成的后续威胁"已取得效果，这使希特勒推迟了在苏联发起一场大规模攻势的计划。斯大林曾抱怨过，这些决定没有征询他的意见：这是他没能在早些时候与丘吉尔和罗斯福当面会晤的后果，尽管所有人都理解斯大林无法从"一场庞大的、正在取得胜利的战役"中抽身哪怕一个星期。但现在必须举行一次"三巨头"会晤。五天后，斯大林做出回复，英国和美国应以契约精神兑现他们的"承诺"（包括1942年6月的备忘录），发起跨海峡进攻；斯大林并不想让"数十万人在一场灾难性的跨海峡进攻中"惨遭屠戮，因为他明白，"战役发起阶段，一百多万的盟军士兵"将投入其中。这不仅仅是"失望"，而是让苏联继续对其盟友保持信心的问题，这种信心正面临着"严峻的压力"。被占领的欧洲和苏联领土上的人民必须获得解放，"苏联军队的巨大牺牲"（与之相比，英美联军的损失可谓"微不足道"）必须得到缓解。

面对这些指责，丘吉尔本人在6月27日的电报中声称将"毫不动摇"；能做的一切都已经做了，英国本土目前只驻有一个美国师，登陆艇不足，对日战争亦提出了额外的需求。斯大林本人也将"地中海战略"描述为"在军事上是正确的"。到目前为止，德军在苏联的大规模攻势并未兑现，6月份行将结束，应该不会再兑现了，这就表明"地中海战略"不仅正确，而且基本上具有决定性。丘吉尔与斯大林之间的交流暂时平静下来，但他们在往来电报中继续对另一些事情进行着争辩——苏联承认戴高乐将军的自由法国全国委员会（英国和美国对此不予承认），另一个意义更加广泛甚至更加敏感的问题是波兰，斯大林现在似乎下定决心要以他自己的方式来解决。1943年初春，另一个波兰全国性政治组织（也就是说，与"伦敦的波兰人"相脱离）在莫斯科成立，这个名叫SPP（波兰爱国者联盟）的组织随后向苏联政府提出建议，在苏联领土上组建一支波兰军队，苏联政府对这一"倡议"感到钦佩，并准备按照5月9日发表的决定予以支持。苏联政府承担一切费用，并提供了梁赞（Ryazan）附近的一座兵营，用于组建和装备第1"科希丘什科"师，该师由波兰志愿者组成，接受苏军军官的训练。5月13日，波兰师的第一批成员（6个人）来到梁赞的兵营；第二天，指定的师长贝林格上校（他在苏联政府发表声明的当天被擢升为上校）到达，接下来的一个月里，10000名波兰人加入其中，他们在7月15日举行了宣誓仪式。"科希丘什科"师构成了SPP意图组建的"新波兰"的核心军事力量。

德国人也介入到了"英国—苏联—波兰"极其微妙的关系中。1943年4月13日晚9点15分，柏林电台宣布，在斯摩棱斯克附近的科索戈雷（Kosogory，卡廷森林的一部分）发现了"一个大坑……28米长，16米宽，里面埋葬着12层波兰军官的尸体，数量多达3000具"，这些僵硬的尸体"穿着全套军装，许多人的双手被绑缚，所有人的后颈部都留有手枪射击造成的创口"。在被挖掘出的尸体下又发现了新的遇难者：被杀害的军官人数"估计在10000人左右，与波兰战争期间被布尔什维克俘虏的波兰军官人数大致相等"。戈培尔对这场宣传战的胜利喜出望外（但5月8日，他在自己的日记中透露，"卡廷的坟墓里发现了德制子弹"，这个消息必须"绝对保密"，否则"整个卡廷事件就不得不放弃了"）。苏联媒体坚决否认（尽管有些慌张）这是苏联方面的犯罪证据；苏联政府为此断绝了与波兰流亡政府之间的关系，而4月底（28日），万达·华西列夫斯卡在《消息报》上发出预告，一支全新的波兰军队将在苏联领土上组建，并独立于伦敦的波兰流亡政府。十天后，这个消息成了事实。在5月4日的电报中，斯大林向英国首相解释了"苏联政府对苏波关系的看法"。西科尔斯基对此感到"无助、受到了欺侮"，他无法约束波兰流亡政府中"大批亲纳粹的追随者"。德国方面的看法是，正在苏联境内组建的"新波兰政府"是个"伪政权"，根本不需要拒绝承认，可尽管如此，对目前波兰政府成员进行调整的时刻已经到来——而且"越快越好"。三天后，与英国驻莫斯科大使会谈时，斯大林再次指出，波兰政府必须"重组"。

只要有可能，斯大林就会对其盟友施加压力，尽管他谨慎地使用了热情的语气，其中大多数适逢苏军获得了胜利。盟军在北非的作战行动得到一些好评，正好是苏军在斯大林格勒取得胜利的时候；德军在哈尔科夫横冲直撞时，斯大林在2月份的日训令中对西线盟军避而不谈；经历了一起丑恶的事件，美国大使在3月份抱怨俄国人诋毁租借法案的帮助时，苏联方面的公开赞颂立即发布了出去。斯大林与丘吉尔在5月和6月的针锋相对也遵循着同样的模式，因为斯大林知道，自己正面对德国人再度发起的重大攻势。与此同时，一个新词（确切地说是个翻新的词汇）出现在双方的交流中——苏联是个"二等盟友"，其利益被认为是间接的。从俄国人的角度看，整体态势并不令人欢欣鼓舞，尽管媒体对西方盟国的贡献表现出友好的态度。经"北海航线"驶往摩尔曼斯克的船队再次停顿下来；1943年1月，美国航空队在白天对鲁尔（Ruhr）发动空袭，正式开启了"空中第二战场"，但这条战线没能阻止德国将新式武器运至东线。跨海峡进攻再次被推迟，苏联方面估计，那里只有25个德军师，其中大多数是遭到苏联红军重创后被调离东线，在法国北部、荷兰和比利时实施重建的部队〔斯大林可能通过苏联在西欧的情报工作掌握了一手资料，而后者则是通过在SOE（特别行动处）内安插的间谍得到了情报〕。尽管丘吉尔努力说服，但斯大林不愿承认"地中海战略"（先前他是赞同的）中的许多优点：他曾抱怨"不知什么原因"，盟军在北非的作战行动似乎已停滞不前，随后他又把"爱斯基摩人"行动（入侵西西里岛的提议）说成是跨海峡进攻的一个完全无法接受的替代品。英国首相列举了大批轰炸机对德国发起空中打击的详情，但依然没能引起斯大林的回应（尽管在1943年春季苏军发起空中攻势时，苏军飞行员们已经觉察到德军空中力量被吸引至西线所带来的影响）。

　　斯大林固执地争论着，认为根据目前的状况和先前的承诺，美国和英国应该不顾一切，优先在法国北部开辟第二战场，这场进攻应于1943年夏末前发起——3月16日，他在发给罗斯福总统的电报中直截了当地指出这一点："……我认为我有责任指出，尽快在法国开辟第二战场是重中之重……不再拖延从西线发起的打击对我们而言至关重要，应在今年春季或夏初实施。"《莫斯科出使记》一书的作者约瑟夫·E. 戴维斯曾在"大清洗"时期担任驻苏联大使，并对"大清洗"赞许有加，他在5月份带着总统的私人信件赶至莫斯科，信中建议"你（斯大林）我（罗斯福）用几天时间在白令海峡两侧，美国或苏联的领土上举行一次非正式的简单会晤"。总统希望通过此次会晤"达成一致"。罗斯福总统补充道，根据所得到的情报，"我们估计德国人会在今年夏季对你们发起一场全面进攻"，美军军官们指出，这场进攻将落在"你们的中央防线上"。在5月26日的复电中，斯大林直接谈到军事态势："……我们预计，今年夏季，可能在6月份，希特勒分子会发起一场新的大规模攻势……希特勒已集结起200个德国师和30个仆从国师……我们正准备击退德国人的新攻势并发起反击，但我们缺乏飞机和航空燃料。"出于这个原因，再加上"夏季的几个月对苏联军队至关重要"，斯大林本人无法在6月份离开莫斯科，但他打算在7月或8月赴约。对于德军即将发起的攻势，斯大林的关注程度始终没变；为了让盟国重新调整作战行动的优先等级，他对他们施加的压力在6月下旬达到了顶峰，尽管此刻按照这些原则解决问题的希望已经很渺茫。现在，斯大林开始关心起显然即将召开的高级别会晤的准备情况，虽然他总是不失时机

102 ·

地提醒其盟友他们的"义务"和自己面临的"困难"。

尽管存在着错位感，彼此间的交流也充满指责，但他们的联盟不会破裂。丘吉尔与斯大林在5月和6月的针锋相对让英国首相产生了这样一种怀疑，俄国人会不会考虑"改变政策"，通过单独媾和结束战争，但外交部认为这绝无可能，虽然在一些中立国隐约出现了和平试探。另外，斯大林还以毫不含糊的方式明确了他的公开立场，德国必须"无条件投降"，苏联将与盟国一同赢得胜利；在五一节的训令中，斯大林提及"和平试探"，认为这不过是德国人的诡计，苏联真正的目标是赢得胜利，红军会和盟军一同将纳粹德国及其盟友彻底击败。这篇公告还有另一个目的，斯大林借此对他的盟友们发出间接性警告——不要瞒着他做交易。

美国与芬兰有过一次失败的谈判；俄国人难免对罗马尼亚人打算向英美盟军投降的传言感到疑虑，1943年6月，安东内斯库来到罗马拜访墨索里尼，致使情况被严重曲解，这次访问后不久，墨索里尼垮台，随之而来的便是意大利与盟军的停战谈判。在北非，斯大林承认了阿尔及尔的自由法国全国委员会，并认可戴高乐的领导，从而为自己的存在打开了一条通道，尽管是通过代理人。6月26日，斯大林告诉丘吉尔，"苏联政府没有掌握可支持英国政府目前态度（拒绝承认）的信息"，也不了解关于戴高乐将军的情况，但如果"苏联在法国事务上的利益"得到承认，这些事情的"即时信息"能为苏联政府获知的话，苏联政府会向英国政府"做出妥协"。苏联政府曾获得过的一份信息是，1943年5月11日，身处伦敦的博戈莫洛夫大使（他是苏联派驻自由法国和各盟国流亡政府的大使）听取了戴高乐将军列举的困难和保留意见，后者针对的是吉罗将军：

　　我（博戈莫洛夫）说我完全理解全国委员会当前面临的困难，苏联对此持同情态度，苏联政府也以承认全国委员会的方式充分表达了这种同情。另一方面，苏联的政策是支持或鼓励一切反对希特勒分子的力量，无论他们是何种形式，只要积极参加到与希特勒德国的斗争中来，我们都给予支持。

戴高乐对此显然并不太高兴，他重申了自己的观点，如果吉罗掌握了全部权力和法国国内势力，法国将成为美国国内反动派和维希法国手中的武器，这个结果不利于苏联。

……我又问戴高乐如何评价北非目前的情况。戴高乐以温和的措辞概述了英军和美军取得的胜利，并以责备的口气说，无论英国人还是美国人，都没有提及他的部队在突尼斯战役中发挥的作用。我问戴高乐，有多少法国人参加了那场战役。他告诉我，有50000名吉罗的部下和30000名他自己的部下。

我又问他，在目前的情况下，他如何看待苏波冲突问题，戴高乐做出如下回答：一方面，法国认为应该存在一个自由和独立的波兰，但另一方面，法国也同意苏联应当拥有一条最有利的战略边境，面朝西方，当然，也位于波罗的海。对此，戴高乐补充道，如果他掌握权力，法国就能毫无保留地支持苏联本着寇松线的精神解决边境线问题。（《苏法战时关系》，第55期，第132—133页）

从自由法国和苏联两个方面着眼，这场会谈的角度非常巧妙。

斯大林给丘吉尔发去抚慰性回复的当天（6月26日），在做出让步的同时又立即提出要求——请允许博戈莫洛夫进入北非"汇报情况"。英国和美国对此表示反对，这反过来又使莫洛托夫在7月2日做出愤怒的干预，他向派驻莫斯科的美国大使提出要求，应该允许苏联政府向北非派遣一名直接代表。进攻西西里岛的战役进行之际，苏联为派驻北非代表而施加的压力有所缓解，但在8月，进行意大利停战谈判时，斯大林亲自做出干预，他再次抱怨"没有被告知英美谈判的事宜"，重大事项在电讯传输中发生的延误令斯大林觉得难以理解。是时候设立一个三方军事政治委员会来解决"背弃德国的各国政府"的问题了："迄今为止的情况是这样——美国和英国自行达成协议，而苏联作为第三方只能被动地观望，并从两个大国处获知协议的内容。"

从他们这个团体的角度看，这些事情和举措并不意味着斯大林正在采取任何新的重大政策，但他肯定在设立"登陆场"，从联盟内部争取次要的盟友，并清理"地面"，以便应对某些不测事件。令严格的正统派人士惊愕的是，他解散了共产国际，这使他一举两得——既营造出对西方做出让步的气氛，也使他摆脱了一个已彻底过时的政治组织，长期以来，被称为"杂货铺"的共产国际在东西方一直被视为恶毒、危险的共产主义象征（要说有什么不同的话，

1943—1944年斯大林主义者的做法具有内战时期的强烈色彩，他们设立起独立的"民族解放委员会"，并在战俘营里掀起轩然大波，一个德国委员会和一个"战俘代表大会"应运而生，这与1918年发生在萨马拉的情况非常相似）。斯大林对流亡伦敦的波兰人大加恫吓，但却以极其谨慎的态度对待同样身处伦敦的捷克政府。贝奈斯本人于当年5月提出与斯大林商讨"苏联—捷克"关系的计划，但艾登在6月份提出异议，反对贝奈斯采取任何举措达成正式协议，因为在这个阶段达成的条约有可能对苏波关系造成严重破坏。7月初，从莫洛托夫处听取了进一步解释后，艾登坚持自己的反对意见，因为苏联与捷克达成的任何协议都将有助于孤立波兰。这一点当然不会逃过斯大林的关注。

7月下旬，通过"自由德国运动"，斯大林引发了另一场不小的轰动，自由德国全国委员会（NKD）的筹委会成员包括瓦尔特·乌布利希、埃利希·魏纳特和伯爵海因里希·冯·艾因希德尔中尉（这名战俘是俾斯麦的曾孙）。1943年7月12日—13日，他们在离莫斯科不远处的克拉斯诺戈尔斯克（Krasnogorsk）召开了一次特别会议，NKD正式成立：魏纳特当选为主席，冯·艾因希德尔伯爵和卡尔·黑茨少校当选为副主席。NKD出版的一份单页报纸名为《自由德国》，以醒目的德意志帝国"黑白红"三色强调了辉煌、足以引起情感共鸣的"国家"；如果说这一点尚不足以让流亡的德国共产党人切齿痛恨的话，NKD还有六套广播节目，每天以12个波段播出，节目的开始都伴以1813年第一次"解放战争"时期的爱国歌曲："上帝令我们如钢铁般坚强……"但NKD这些大张旗鼓的宣传工作对被俘的德军高级将领没起到什么作用；205研究所（这是共产国际的继承者，尽管共产国际已招摇地"解散"了）刻意强调了全国阵线，但被俘的德军将领在很大程度上不为所动。于是，另一个"特别委员会"开始组建一个新的机构，德国军官同盟（BDO）；当年7月，赛德利茨、拉特曼和科尔费斯将军被转至柳诺沃（Lyunovo）的一个特别营地（也在莫斯科附近），他们起初不愿参加这种带有"背后捅刀子"意味的活动，但1943年9月11日，他们被说服了——苏联方面通过德国军人反对希特勒，从而结束东线战事的这一政策是"合情合理的"，他们同意加入BDO。BDO后来又与NKD合并。

1943年夏季，苏联方面还掀起了反对苏军被俘将领弗拉索夫的斗争，此人正忙着组建"俄罗斯解放军"（ROA）。这场"反弗拉索夫"运动，以其高度组织化和精心选择的宣传方案进行得如火如荼，他们考虑过对"弗拉索夫运动"实施渗透，甚至暗杀弗拉索夫。不过，苏联要对付的不仅仅是弗拉索夫。库尔斯克战役前，德国人发起大规模宣传攻势，旨在恢复信心，并激励被占领地区民众的忠诚，同时也是为了招募前苏联公民加入德国一方的军事或准军事单位，并煽动苏军士兵叛逃。弗拉索夫是一个被利用的名字，这个名字被用于1943年初发表的《斯摩棱斯克宣言》。这是德国政策的一个真正的变化，野蛮、不人道的暴行使他们自动疏远了苏联民众，这个政策现在已得到明确的转变，这对苏联游击运动的进一步发展造成严重影响。如果"弗拉索夫运动"成为德国一方发生重大变化的催化剂，那么它会更加危险：通过对鲍里斯·鲁萨诺夫上尉（他是斯特罗卡奇上将身边的工作人员，而斯特罗卡奇是乌克兰地区苏联游击运动负责人）的审问，德国人获知苏联领导层已将德国的这个新"倡议"视为一个极大的威胁。斯大林本人对弗拉索夫的评价是，他"至少是（我们）战胜德国法西斯途中的一个大障碍"。斯特罗卡奇将军重复了斯大林的话。由于在德国占领区内，"弗拉索夫运动"在一段相对较短的时间内变得广为人知，苏联方面的反制措施首先要揭露其真相。

通过印制的宣传品，苏联当局不仅对ROA进行攻击，揭露其"13点"政治纲领的欺骗性，还不遗余力地将弗拉索夫斥责为叛徒，说他是德国人的工具。伴随这种公开的官方批判而来的是一场更加微妙的"政治诽谤运动"，针对的是那些"爱国"但不"忠于现政权"的人。"合作者"是彻头彻尾的"反苏分子"，但也有另外一些愿意被劝降的人，其间没有明确的界线，部分原因是德国的政策所致；与德国人合作的部队——例如从事反游击行动的"卡明斯基"旅，或是吉尔-罗季奥诺夫（前红军少校吉尔叛逃后，以罗季奥诺夫为化名）指挥的临时部队"党卫队亲卫骑兵"旅，它们都以一种极其复杂的模式改变了立场——散布在广泛而又不同的地区，1942年后遭到越来越多的渗透，苏军情报人员、游击队员或游击队的同情者奉命劝诱他们重新倒戈或杀掉其指挥官（或是双管齐下）。由于纳粹强烈反对将劣等人种投入前线作战的想法，德国人的政策增添了另外一些特殊内容。尽管如此，德军反游击力量还是在1943年前得到了"叛变通敌者"部队的有力支持（强大的"卡明斯基"旅最为突出），这些部队通常以营级兵力部署。但与红军部队"叛变—合作"严重程度相同的是，"重新倒戈"的现象也很突出。1943年7月，苏联发起诱使叛变部队"重新倒戈"的运动，旨在破坏德国的宣传攻势，并对"弗拉索夫运动"实施渗透，这场运动如火如荼地展开了；与此同时，他们在克拉斯诺达尔召开审判，将一些与盖世太保合作的俄国人判处死刑，并列举出德国暴行骇人听闻的材料，在次日由《自由德国》报宣布，这显然是一场系统性、持续性的心理和宣传攻势的组成部分。德军一方同样有"叛逃"现象。

苏军少校卡普斯京在"反弗拉索夫"运动中（关于该运动的文件里包括对他的审讯报告）被赋予一项奇特的任务：NKVD从苏联的一座惩戒营招募了他，如果他肯渗透到弗拉索夫运动中，就可以恢复名誉。当年5月，卡普斯京按时"叛逃"到德国一方，以便加入弗拉索夫部队，目的是鼓动对方重新倒戈，并伺机刺杀弗拉索夫本人。为鼓励前苏军士兵重新倒戈，获得莫斯科特别授权的卡普斯京被允许宣扬一种政治主张，该主张精明地考虑到如何吸引那些"合作者"的爱国主义和利己主义：

——德国人的目的是奴役俄罗斯，ROA是德国人的工具。

——苏联的体制已对民众的某些要求做出让步（承认教会，撤销政治委员等）。

——苏联领导人已做出决定，只有大俄罗斯人通过了战争的考验；战后的苏联将把各独立共和国合并到大俄罗斯的统治下。

——战后的政治体制将做出大幅度修改，各共和国解体，共产党改组为人民党，承担广泛的教育任务，安德烈耶夫将取代斯大林，集体农庄也将被解散。（参见GMD，T-78/R491，6477824-26/827-31）[1]

这种慷慨的爱国主义诉求和沙文主义激发起了俄国人的情怀——俄罗斯人的俄罗斯，去掉斯大林，解除集体化。"卡普斯京方案"中的短期利益是对那些重新倒戈者提供赦免，最终以俄罗斯人解决俄罗斯人的问题迎来皆大欢喜的结局，无须德国侵略者插手。这是个精明的方案，具有广泛的爱国吸引力并坦率地承认事情并不完美，但会变得更好，从而巧妙、积极地取代了德国人的计划。在俄国被占领地区，特别是游击队控制区，这样一种观点逐渐出现并广为流传："人民"将自己武装起来并接受斯大林的领导，尽管这对击败德国人来说非常必要，但只是"暂时性"的；一旦战争获得胜利，谁知道将来会怎样。这种传言极为盛行，尽管不一定是苏联当局散布的，但他们肯定会对此充分进行利用，并证明其具有许多积极的影响和吸引力。

对陷入两强之间的苏军战俘来说，没有牺牲在战场上，却被投入饥饿的地狱中，被灭绝或被迫从事苦役的人员规模都大得惊人，这个庞大的人力资源库吸引着双方，针对"合作"展开的斗争只会让他们的状况变得更加糟糕。吉尔–罗季奥诺夫的记录就是个主要例证。"我背叛我的国家不是出于政治动机，而是为了保住自己的性命。"——这就是吉尔–罗季奥诺夫自己的解释。步兵第29师参谋长吉尔–罗季奥诺夫在1941年7月被俘，他被送至柏林，在一个盖世太保机构接受训练后又被派回苏瓦乌基战俘营，负责组建一支亲卫骑兵部队，1942年10月，这支部队召集到500多人，被派至莫吉廖夫打击尼奇波罗维奇领导的苏联游击队。六个月后，吉尔–罗季奥诺夫将布拉热维奇组建的另一支亲卫骑兵部队纳入自己的麾下，并在德国人的支持下建立起"党卫队第1俄罗斯国民团"，辖1200多人。1943年夏季，吉尔–罗季奥诺夫着手组建ROA的一个旅，该旅装备齐全，与武装党卫队的正规部队协同作战。这个旅被派去执行反游击战，但他们显然已遭到游击队情报人员的渗透，据报告，吉尔的部下士气低落。策反他们的时机已经成熟。

7月底，白俄罗斯游击运动司令部批准游击队"热列兹尼亚克"旅展开与ROA旅的谈判。吉尔–罗季奥诺夫派旅里的反情报官波格丹诺夫和另一个与盖世太保有密切联系的人担任他的代表。波格丹诺夫彻底破坏了此次谈判，这使他自己的性命危在旦夕，他几乎没有选择的余地。吉尔–罗季奥诺夫亲自参加第二轮谈判，双方终于达成协议：吉尔–罗季奥诺夫和他的部下将通过打击德国人来"洗脱他们的叛国罪"；ROA旅将携带全部武器装备投奔苏军；波格丹诺夫和党卫队指挥官米尔斯基伯爵交给游击队处置；旅里的其他德国人由吉尔–罗季奥诺夫伺机处理。1943年8月13日，已做好准备的ROA旅对部队里的德国人发起袭击，带着波格丹诺夫和米尔斯基逃至苏联一方，该旅被正式改编为"反法西斯第1旅"，由吉尔–罗季奥诺夫指挥，他最终贯彻了谈判达成的所有条款——他在战斗中阵亡，他的旅全军覆没。对俄国人来说，该旅的"重新倒戈"是一个成功的信号，逃回苏联一方的现象变得普遍起来；1943年末，德国人开始把战俘组成的准军事部队调至西线，例如法国、低地国家和意大利，远离被占领的苏联领土。通敌卖国者中剩下的核心成员和下级军官态度转变较慢，但在库尔斯克战役后，他们已大难临头。苏联方面的主要目标已经实现，"弗拉索夫运动"没能得到军事人力和民众的效忠，用俄国人去打俄国人的诡计未能得逞，而德国领导层拒绝就某些政治现实问题对"弗拉索夫运动"做出任何让步，也给该运动造成了沉重打击。

军事上的失败，德军装甲部队天下无敌这一神话的破灭，再加上可怕的狂热，破坏了一切现实性政策，这就注定了"合作者"们的命运。在斯摩棱斯克之行期间，弗拉索夫本人竭力抵制自己已沦为德国人的"傀儡"并被利用的看法；据他说，他的目的是教育俄罗斯人反抗斯大林，培养出一个具有政治智慧和识别能力的群体。在这场运动中，德国人获得了一名出色的助手，他们甚至掌握了达到目的的手段。但弗拉索夫心力交瘁，在德国人的恩准下，他奔波于被占领地区。德国人对他的限制，苏联方面的反宣传，不断给他的计划造成破坏。

在国内，在战线的两端，甚至在海外，斯大林推行的民族主义阵线以其强烈的沙文主义色彩为他赢得了可观的回报。在国内，模糊、缥缈的改善承诺激发起民众的爱国热情，承认东正教或解散共产国际（这安抚了他的西方盟友）被俄国人和外国人解读为战争的黑暗中出现了真正值得尊敬的迹象。但正如他的同胞和盟友们即将发现的那样（如果他们没能猜到的话），在斯大林看来，温顺与受到尊敬之间几乎没有任何联系。

"堡垒"作战已被推迟过一次，尽管希特勒本人倾向于OKW"取消此次作战，以便集结一支强有力的战略预备队"的建议，但他还是在6月18日以他著名的"不可改变"式风格做出了发动这场进攻的决定。7月1日，在东普鲁士的大本营内，希特勒对他的将领们大谈展现德军优势和打开通往胜利之路的必要性；决定性战场就是库尔斯克，德军将于7月5日对那里发起进攻。尽管高级将领们请求改变进攻战术，但陆军总参谋长蔡茨勒拟定的作战计划仍是一个已被多次使用过的打法；库尔斯克突出部将被一场两翼包围所消灭，北面，莫德尔的第9集团军（辖7个步兵师、8个装甲和装甲掷弹兵师）集结于小阿尔汉格尔斯克西面，南面的别尔哥罗德地区集结着"肯普夫"集团军级支队和霍特的第4装甲集团军（辖7个步兵师、11个装甲师和3个突击炮旅），另有2个航空队（第4和第6航空队）提供空中支援。这无疑是德军强大实力的一次展示——2700辆坦克和突击炮（半数以上由南面的霍特和肯普夫派出），1800架飞机，三分之二的步兵师兵力多达12500名官兵，每个装甲师的兵力达16000人，拥有209辆坦克和突击炮，各武装党卫队装甲师也做到了齐装满员。

　　"露西"没有辜负斯大林的期望。希特勒于7月1日召开军事会议，次日，斯大林便给中央方面军、沃罗涅日方面军和草原方面军司令员发出急电：

> 根据我们掌握的情报，德国人可能在7月3日—6日间在我正面转入进攻。
>
> 最高统帅部大本营现命令：
>
> 1. 加强对敌人的侦察和观察，及时发现其意图。
>
> 2. 地面部队和空中力量做好击退敌可能攻击之准备。

　　苏军各部队立即进入防线，但别尔哥罗德西面和奥廖尔南面的德军集结区寂静得令人感到意外，就连部队和装备在夜间的调动也停止了，这让各方面军司令员大惑不解。另据报告，哈尔科夫南面，通往顿巴斯的各条道路上拥挤不堪，满是坦克、卡车和货车，这表明德国人正从突出部撤离。德国的广播电台还刻意播报了冯·曼施泰因元帅访问布加勒斯特，为安东内斯库颁发金质克里木盾章的消息；但7月3日夜间，曼施泰因回到司令部，莫德尔也迁到了他的前进指挥中心。6月末，德国空军加强了昼夜空袭，在一场夜间袭击中，一架德军轰炸机击中罗科索夫斯基的指挥部，罗科索夫斯基幸免于难完全是因为他临时决定在军官食堂里布置一个通信小组。之后，中央方面军司令部转入地下，在旧修道院的花园里设立了地下掩体。德军集结起轰炸机，由大批战斗机提供掩护，在白天对库尔斯克突出部内的铁路连接线和机场发起猛烈空袭，而苏军战机遵照斯大林的指示——"我方空中力量的主要任务是攻击铁路枢纽，打击公路运输车队"——对德军集结区展开猛烈打击。双方都对对方的机场发起攻击，突出部内的假机场——这是空军第17集团军卢基扬诺夫少校想出的点子，他为这些假机场付出了大量心血——遭到重创。苏军歼击机现在奉命将德军侦察机驱离红军防御阵地，而在7月初，瓦图京从一架被击落的He-111的飞行员处获知，德军一些新锐飞行中队已从克里木调至哈尔科夫。

一切迹象都表明德军的进攻迫在眉睫，最高统帅部的电文证实了这一点，而罗科索夫斯基和瓦图京焦虑万分，他们很想知道敌人会在何时、何地发起进攻。7月4日傍晚，100架德军战机对苏军设在别尔哥罗德西北方的前沿阵地展开密集轰炸和扫射，随之而来的是炮火和坦克攻击，攻击反复持续了数个小时。夜里，一切又平息下来，闪烁的星光被偶尔腾起的照明弹照亮，地面上升起缕缕硝烟；苏军防线上，步兵和机枪手坚守着自己的阵地，食物被送上前线。7月4日一整天，中央方面军的防线上没有发生战斗，沃罗涅日方面军阵地前方的战斗也平息下来，但仍能听到坦克引擎的轰鸣声。从中央方面军的阵地上听不到任何动静，但在其前方，莫德尔的突击部队正进入各自的出发阵地。当日22点，一支苏军巡逻队遭遇到17名德军工兵，他们正在塔吉诺（Tagino）南面的苏军雷区清理通道；一名德军工兵被俘，罗科索夫斯基从他嘴里获知，德军将于7月5日凌晨2点整（欧洲时间）发起进攻。午夜时分，各航空和坦克部队指挥员被叫到瓦图京的司令部，他们抓获的俘虏同样交代说一场进攻已迫在眉睫。瓦图京认为最高统帅部的指示已得到充分证实，他下达了执行"一号方案"的命令——德国人的主攻方向是奥博扬，奇斯佳科夫的近卫第6集团军将承受这一冲击，舒米洛夫近卫第7集团军面对的是敌人的辅助攻击。

7月4日22点30分，火箭弹和照明弹从别尔哥罗德与托马罗夫卡（Tomarovka）之间的苏军防线上呼啸着窜起，两个集团军（近卫第6和近卫第7集团军）防区内的600门大炮和迫击炮展开首轮齐射，这场反准备炮火旨在打击正进入出发阵地的德军部队。中央方面军司令部里，罗科索夫斯基必须根据对战俘的审讯结果迅速做出决定，应该给自己的炮兵部队下达怎样的命令——这个决定非常重要，因为这场反准备炮火将消耗弹药基数的一半。方面军军事委员会得到完整的审讯报告时已是凌晨2点，离敌人发起进攻的时间不到20分钟，根本没时间发电报请示最高统帅部；炮兵和步兵指挥员们知道，如果现在犯错的话，"他"（他们都知道这个"他"指的是谁）会让他们付出高昂的代价。罗科索夫斯基最终决定开炮，并实施"二号方案"——按照该方案的推测，德军的主攻方向是格拉祖诺夫卡（Glazunovka）—波内里（Ponyr）—库尔斯克。7月5日凌晨2点20分，中央方面军部署在第13集团军防区内的大炮开火了。一个小时后，瓦图京方面军辖下的近卫第6集团军，经方面军司令员特别批准，发起第二轮反准备炮火。拂晓前剩下的时间里，苏军指挥员们焦虑地等待着。

"开始了！"清晨4点30分，德军大炮对中央方面军展开炮击，而在沃罗涅日方面军的防线上，德军的大炮和飞机甚至在拂晓前便投入了行动。借着夜色的掩护，获得坦克支援的4个德军营对苏军前沿阵地展开进攻。清晨5点后不久，苏军的两个方面军都报告说，实力强大的德军步兵和坦克发起进攻，目标分别是中央方面军辖下的第13集团军和沃罗涅日方面军辖下的近卫第6集团军。德国第4装甲集团军庞大的装甲铁拳部队由700辆战车构成，打击目标是奇斯佳科夫的近卫第6集团军；首先出现的是虎式坦克，黑豹和突击炮尾随在后，步兵乘坐着装甲运兵车，或跨骑在坦克上，共有4个装甲师和2个步兵师——每公里的兵力达3000多人，另有40辆坦克和50辆突击炮，一些地段集结的坦克甚至多达100辆。德军对近卫第6集团军的进攻从别尔哥罗德西北方发起；东南方，舒米洛夫的近卫第7集团军部署在北顿涅茨河东岸，8个德军步兵营已渡河赶至苏军一侧，设立起米哈伊罗夫卡（Mikhailovka）登陆场，这片登陆场在苏军反准备炮火期间遭到猛烈炮击。俄国人的炮击严重破坏了德军工兵为第19装甲师重达60吨的虎式坦克架设桥梁的工作。再往南，德国人抢在中午前搭设起两座桥梁，装甲部队隆隆驶过顿涅茨河，准备向东方和东北方发起突击。从米哈伊罗夫卡登陆场冲出的德军坦克和步兵一头撞上了部署在苏军近卫步兵第81师阵地上的密集雷区。

北面，清晨5点10分，德军轰炸机出现在普霍夫中将第13集团军前沿阵地的上方；半小时后，从红斯洛博德卡（Krasnaya Slobodka）到伊斯梅洛沃（Izmailovo），德军坦克和步兵沿25英里宽的战线展开进攻，打击落在苏军第13集团军正面和第70集团军右翼。为发起这场进攻，莫德尔集结起9个步兵师和1个装甲师，并将他的虎式坦克和费迪南突击炮分成一个个小而强悍的营——这种部署源于他对苏军防御体系的认识，莫德尔试图不断投入新锐部队，消耗守军，从而达成突破。他将主要突击收缩至一条10英里宽的战线上，投入6个步兵师和1个装甲师，始终由虎式坦克和费迪南德突击炮单位提供支援，这些装甲部队的任务是冲破苏军的防御。步兵散开队形向前推进，或搭乘坦克，或乘坐装甲车；庞大的虎式坦克身后跟随着轻型和中型坦克，空中，50—100架德军战机组成的一个个编队提供着掩护。这就是德国国防军，他们以前所未见的凶猛势头扑向苏军防御阵地。苏军炮手和步兵拼死抵抗，甚至用45毫米火炮轰击那些钢铁巨兽的履带。炮手们实施直瞄射击，每个炮组只剩下一两个人，而各反坦克小组带着炸药包和汽油瓶冲了上去。遭到五次攻击后，苏军步兵第15师与第81师（隶属第13集团军）的结合部被突破，15辆虎式坦克到达奥卡河（Oka），在行进中对苏军部队展开炮击，并与50多辆中型坦克一同冲入苏军第一道防线。中午，罗科索夫斯基认为他已判断出德国人的计划，敌人的进攻不是沿着铁路线冲向波内里，而是对准偏西面的奥利霍瓦特卡（Olkhovatka）方向（这就意味着要对二号方案做出改变）。罗科索夫斯基打算投入坦克第2集团军发起反击，同时将近卫步兵第17军前调，并以2个反坦克炮旅和1个迫击炮旅加强第13集团军。而原先的计划是第13集团军坚守阵地，坦克第2集团军先集结于防御阵地后方，加强第13集团军，然后于次日发起反击，将德军歼灭在波内里。现在，各坦克和步兵军不得不迅速重新做出部署——坦克第3军调至波内里南面，坦克第16军调至奥利霍瓦特卡西北面，坦克第19军调至奥利霍瓦特卡西面，近卫步兵第17军进入第13集团军防区后方，近卫步兵第18军调至小阿尔汉格尔斯克，防止德国人扩大他们在侧翼的突破。7月5日，进攻的第一天即将结束时，莫德尔的坦克和步兵已在苏军防线上推进了4英里。罗科索夫斯基预计（他的猜测完全正确），德国人并未投入全部力量（2个装甲师和2个摩托化师在奥廖尔南面等待着将初期胜利进一步扩大），他认为敌人会发起更加猛烈的进攻。

午夜，罗科索夫斯基向斯大林做了汇报，斯大林答应从最高统帅部预备队抽调特罗菲缅科中将的第27集团军增援中央方面军，但几个小时后，斯大林不得不取消了这股援兵，因为沃罗涅日方面军在奥博扬方向上的态势变得非常危急，特罗菲缅科正率领他的部队赶往那里。罗科索夫斯基不得不依靠自己的力量，而且还得承担起另一项任务：如果德军从南面达成突破，便由中央方面军负责守卫库尔斯克。瓦图京在7月5日清晨做出的判断是，德军的主要目标是奥博扬，而他们对舒米洛夫集团军的进攻对准科罗恰（Korocha），不过是为了吸引苏军预备队。当天上午和下午，霍特麾下的党卫队装甲军和第11装甲师对奇斯佳科夫近卫第6集团军步兵部队据守的切尔卡斯科耶（Cherkasskoe）—科罗维诺（Korovino）地域发起猛攻：明净的天空下，苏军歼击机付出了最大的努力，德军俯冲轰炸机和对地攻击机投下密集的高爆弹，在切尔卡斯科耶—科罗维诺这片狭窄的区域炸开一条通道，200多辆德军坦克和步兵蜂拥而入。为守住切尔卡斯科耶，奇斯佳科夫投入2个反坦克炮团，他们与近卫步兵第67师的部队并肩奋战，坚守着村庄。当天下午，德军虎式坦克赶到，切尔卡斯科耶已遭到半包围，村外散落着一些被击毁或被地雷炸毁的坦克残骸，也留下了被摧毁的苏军火炮。15名近卫军士兵组成的后卫部队掩护着主力撤离切尔卡斯科耶，这15人最终悉数牺牲。16点40分，瓦图京亲自给坦克第1集团军的卡图科夫下达命令，抽调2个军（坦克第6军和机械化第3军）掩护奥博扬，并做好7月6日拂晓向托马罗夫卡发起反击的准备；另外两支坦克预备队——近卫坦克第5军和近卫坦克第2军将集结于卢奇基（Luchki），朝别尔哥罗德方向发起进攻。为了给舒米洛夫提供加强，击退"肯普夫"集团军级支队的坦克和步兵，瓦图京在19点40分抽调近卫步兵第35军的3个步兵师增援近卫第7集团军，并掩护科罗恰方向。舒米洛夫奉命肃清突破北顿涅茨河的德军。

12个小时里，双方都竭力将库尔斯克战役这把大火烧得更旺。装甲部队不停地集结、调动，其规模是这场战争中前所未见的。双方的指挥官注视着这场严峻的、令人麻木的激战：德军指挥官从未见过这么多苏军战机，而苏军指挥员也从未见过如此强大的德军装甲部队，这些战车涂抹着黄绿色伪装。100—200辆坦克组成的德军装甲编队向前推进，冲在最前方的是虎式坦克和费迪南德突击炮，位于第二梯队的是50—60辆中型坦克，再往后是获得坦克掩护的步兵部队。现在，苏军坦克集团军正进入主防区，近4000辆苏军坦克和3000辆德军坦克及突击炮不断卷入这场庞大的战斗，轰鸣的战场上，每过一个小时便留下了更多的死者和垂死者及一辆辆被击毁或起火燃烧的坦克、破碎的装甲运兵车和卡车，浓浓的烟雾盘绕在草原上空。随着时间的流逝，越来越多的伤兵被送至忙碌不堪、沾满血迹的前线急救站。俄国人在战斗第一天发布的公报揭示出这场战役的庞大规模，并报告了德军坦克的损失："在当日（7月5日）的战斗中，586辆坦克被击毁或击伤。"

罗科索夫斯基中央方面军的防区内，7月6日拂晓发起的反击只获得了片刻的成功便被德军250辆坦克和步兵击退；普霍夫第13集团军的3个右翼师也发起反击，同样被德军坦克逼退。德军装甲部队主力，在第2和第9装甲师的加强下，目前集中于波内里至索博罗夫卡（Soborovka）地区，在这段6英里的战场上，双方共投入3000多门大炮和迫击炮、5000挺机枪和1000多辆坦克。为加强自己的预备队，罗科索夫斯基从暂未发生战斗的地段抽调出部队；切尔尼亚霍夫斯基中将的第60集团军将替代第27集团军，斯大林原本答应把后者调拨给中央方面军，但后来又将其划给了沃罗涅日方面军。切尔尼亚霍夫斯基奉命调出1个师，用卡车将人员、武器和补给物资运往第13集团军防区；巴托夫的第65集团军也奉命抽出2个坦克团。7月6日这一整天，莫德尔和罗斯索夫斯基的部下们不停地进行着面对面的厮杀。罗金坦克第2集团军发起的反击没有取得太大战果，但德军在左翼和中央地区发起的进攻，获得的进展也只有第一天的四分之一，目前他们正位于普霍夫的主防区内。罗科索夫斯基命令他的坦克部队转入防御，一辆辆坦克埋入地下，只有炮塔暴露在地面上，坦克部队只对德国人的轻型坦克和步兵发起反击。到目前为止，普霍夫和罗金的坦克兵们抗击着德军的6个步兵师和3个装甲师，在这片狭窄的区域，这是一股强大的突击力量；为了明天的进攻，德军指挥部还掌握着一个新锐装甲师（第18师），200多辆坦克已做好进攻准备，另外，第4装甲师正赶赴战场，奥廖尔南面，3个德军师（第12装甲师、第10和第36摩托化师）正处在进一步准备状态。

7月7日上午，德军恢复了攻势：通往奥利霍瓦特卡的铁路线的西面，第18和第9装甲师对一片狭小的区域展开攻击，西面，第2和第20装甲师扑向萨莫杜罗夫卡（Samodurovka）—莫洛特奇（Molotych），另一股强有力的突击群冲向波内里，那是奥廖尔—库尔斯克铁路线上一个重要的交通枢纽，苏军目前正以这个枢纽为防御依托。10个步兵师和4个装甲师投入了战斗，莫德尔试图以集结起的装甲部队刺穿苏军防御阵地。德军的主攻现在已延伸至奥利霍瓦特卡附近极其重要的高地，攻占这片高地便能控制住东面、南面和西面的地域。

从高地上可以远眺库尔斯克。罗科索夫斯基抽调出更多的大炮、迫击炮和包括榴弹炮在内的重型火炮，继续加强位于奥利霍瓦特卡高地和波内里接近地的防御力量。苏军指挥员们估计，德国人猛攻波内里是为了分散他们对奥利霍瓦特卡的注意力；争夺波内里的战斗异常激烈，大批德军坦克遭遇到苏军雷区、炮火齐射、半埋的坦克以及强击机的拦截，但德国人对奥利霍瓦特卡的进攻却出现了短暂的停顿，尽管如此，第4装甲师赶到后，他们又恢复了攻势。现在，300辆德军坦克一举突破至卡沙拉（Kashara）和萨莫杜罗夫卡；坦克和步兵在波内里的激战仍在持续，这个交通枢纽易手数次，到7月8日早晨，德军只占领了学校和镇子西端。当天早上8点，经过一场猛烈的轰炸，德军第18、第9、第2、第4装甲师和第6步兵师再次发起进攻，沿着从波内里通往萨莫杜罗夫卡的地域冲向奥利霍瓦特卡。中午前，他们已发起13次进攻，德军坦克和冲锋枪手不得不一点点向南面和西南面获取进展。在奥利霍瓦特卡西北方，鲁克苏耶夫上校指挥的反坦克炮兵第3旅抗击着德军密集的坦克突击，该旅辖下的一个连遭到猛烈攻击。苏军反坦克炮在700码距离上开炮射击，没过多久，该连只剩下一门火炮和三名炮手，尽管如此，他们又击毁了2辆敌坦克。这门剩下的火炮及其炮组人员被一颗直接命中的炸弹摧毁，该连全军覆没。中午前，格拉西莫夫中尉的炮兵连仅剩的一门反坦克炮（这门火炮的护盾被炸飞，架尾被炸坏，不得不用弹药箱支撑，并用炮管瞄准）也被炸成碎片。旅长最后给罗科索夫斯基发去电报："我旅遭到300多辆敌坦克的攻击，第1和第7连损失殆尽，第2连作为最后的预备队已投入战斗。急需弹药。我要么守住自己的阵地，要么全旅覆没。鲁克苏耶夫。"这两样第3旅都做到了，他们守住了阵地，但全旅几乎伤亡殆尽。激战持续了48个小时，德军逼近中俄罗斯（Sredne-Russki）高地上的既设阵地，这片高地位于突出部北面12英里内，德国人知道不能对其发起正面进攻。

突出部南面，瓦图京控制下的局势开始变得危险起来。在第一天的进攻中，霍特的大规模坦克突击楔入了苏军掩护奥博扬的防御阵地内。当晚，瓦图京抽调他的第二梯队（卡图科夫的坦克第1集团军）和方面军预备队，命令卡图科夫进入近卫第6集团军防区，以2个坦克军（近卫坦克第5和近卫坦克第2军）提供增援，并从近卫步兵第35军抽调1个师赶往普罗霍罗夫卡

（Prokhorovka），另外4个师进入近卫第7集团军掩护的科罗恰地区。次日，霍特增派了2个新锐装甲师，试图向奥博扬达成突破；瓦图京曾计划7月6日黎明发起大规模反击，但卡图科夫设法说服了这位方面军司令员将坦克部队用于防御。反击计划被取消，与中央方面军一样，坦克被半埋起来，反坦克炮部署在经过伪装的阵地上。傍晚，党卫队装甲军已突入奇斯佳科夫的主防区；更南面，舒米洛夫的近卫第7集团军被逼退，右路德军突击部队进入苏军第二道防御带，17点时，100辆德军坦克正在那里向东推进。

当晚，瓦图京向斯大林做了汇报，后者已将第27集团军派往突出部南面。瓦图京强调了战斗的强度，并指出"当日激战的战果是，332辆敌坦克和80架敌机被摧毁，大批敌军官兵被击毙。单是近卫第7集团军的防区内便击退敌人的12次进攻，并击毙10000余名敌人"。斯大林批准了瓦图京获得更多增援的要求，但他重申了自己的命令：沃罗涅日方面军必须从事一场消耗战，将敌人阻挡在既设防线前，直到"西方面军、布良斯克方面军和其他方面军发起攻势"。在突出部南面与朱可夫元帅共同协调此次战役的华西列夫斯基元帅提议派遣2个新锐坦克军（坦克第2和第10军）进入普罗霍罗夫卡地域，为沃罗涅日方面军提供增援；与此同时，罗特米斯特罗夫的近卫坦克第5集团军（隶属于科涅夫的草原方面军）被置于最高统帅部的控制下，并奉命从奥斯特罗戈日斯克赶往旧奥斯科尔。这是对"战略预备队"的拆分使用，为此，科涅夫向斯大林和最高统帅部提出强烈抗议，他认为应该将草原方面军整体投入防御作战，最高统帅部拒绝了他的建议，但48小时后，草原方面军终于转向别尔哥罗德—哈尔科夫方向。

7月7日，酷暑的炎热突然消退了。夜间很冷，战斗在薄雾中进行。天亮后，党卫队装甲军（"阿道夫·希特勒警卫旗队"师和"帝国"师，"骷髅"师掩护着他们的侧翼）杀开血路，沿着公路冲向奥博扬。清晨4点后不久，400辆德军坦克在摩托化步兵和炮兵的支援下，对位于瑟尔特谢沃（Syrtsevo）—雅科夫列沃（Yakovlevo）地域的卡图科夫坦克第1集团军发起攻击，卡图科夫呼叫苏军俯冲轰炸机对德军坦克编队展开轰炸。瑟尔特谢沃西北方，卡图科夫和奇斯佳科夫调动着坦克部队、1个步兵师（近卫步兵第67师）和更多的炮兵，阻挡德军的推进。对坦克第1集团军来说，7月7日是严峻的一天：近卫步兵第51师据守的防线在中央遭到突破，坦克部队缺乏一条横跨在公路上的稳固防线。德国第4装甲集团军已深深楔入近卫第6集团军的防区。瓦图京下达命令，要求对冲向奥博扬的德军部队之侧翼发起反击，而奥博扬也应立即做好防御准备。瓦图京策划了两个打击，一个位于托马罗夫卡西北方，另一个位于绍皮诺（Shopino）北面，库尔斯克—别尔哥罗德的铁路线上，"肯普夫"集团军级支队正在那里发起进攻。这些命令于7月7日23点下达，也传达给了莫斯卡连科的第40集团军，要求该集团军做好进攻准备；几个小时后，莫斯卡连科又接到修改后的指令，让他把辖下大部分坦克和炮兵部队，外加1个完整的步兵师，交给近卫第6集团军和坦克第1集团军。7月8日上午10点，第40集团军发起的不过是一场"象征性进攻"；霍特大将赢得了几个小时时间，上午11点，他的500辆坦克冲过横跨在公路上的4英里区域，为首的3个装甲师以虎式坦克和费迪南德突击炮打头阵，朝奥博扬全力压上。中午时，100辆德军坦克粉碎了机械化第3军与坦克第31军之间的结合部，并冲向苏霍索洛季诺（Sukho-Solotino）。在这关键时刻，华西列夫斯基请求最高统帅部提供增援，卡图科夫及时获得了坦克第10军及5个坦克和炮兵团。

在韦尔霍佩内（Verkhopene）—苏霍索洛季诺—科切托夫卡（Kochetovka）地域，德国装甲第4集团军集结起5个装甲师（"大德意志"师、"警卫旗队"师、"骷髅"师、第3和第11装甲师），由4个步兵师掩护其侧翼：第11装甲师将沿公路直接杀向奥博扬，其他装甲部队冲向奥博扬东面和西面，最终突破苏军设在奥博扬—库尔斯克前方的最后防御带。7月9日，分别由60辆和200辆战车组成的德军装甲铁拳，在突击步兵、俯冲轰炸机和猛烈炮火的支援下，对卡图科夫的坦克部队和奇斯佳科夫的步兵部队发起猛攻。德军坦克逼近科切托夫卡，那是奇斯佳科夫近卫第6集团军司令部的驻地；奇斯佳科夫把他的指挥部转移到坦克第1集团军防区内，但他的参谋长V. A.潘可夫斯基少将率领着前进指挥部继续留在科切托夫卡，以便与近卫第6集团军辖内的步兵单位保持联系。入夜前，奇斯佳科夫已为他的集团军建立起一处新防御区，但武装党卫队（据苏军估计，对方付出了伤亡11000人，损毁230辆坦克和突击炮的代价）已距离奥博扬这座小镇不到十几英里，该镇的价值并不大，但它是苏军从南面掩护库尔斯克的防御基石。尽管德军坦克深深插入到了近卫第

6集团军的防区，但他们一直遭到苏军顽强的抗击，现在终于停顿下来。德军突击方向即将发生改变，沿公路朝西北方的正面攻击将改为朝东北方推进，奔向普罗霍罗夫卡镇以及控制周边地域的高地。这将从东面迂回奥博扬，并为德军向库尔斯克的推进打开另一条通道。

德国第4装甲集团军的主力集结在普罗霍罗夫卡西面一片4—5英里宽的狭窄区域，这将确保粉碎苏军的防御；南面，"肯普夫"集团军军级支队将对苏军第69集团军和近卫第7集团军的阵地发起打击，向上攻击前进，冲向北面和西北面的普罗霍罗夫卡。为分散苏军的注意力，德军将再次对通往奥博扬的公路保持压力。一旦取得成功，就意味着苏军的两个重兵集群将遭到合围和歼灭，通往库尔斯克的道路也将被打开。为了扩大一切重大战果，第24装甲军（辖党卫队"维京"师和第10装甲师）到达后将投入战斗。7月10日晚，这些新锐部队正从顿巴斯赶往哈尔科夫，他们接到的命令是继续赶往别尔哥罗德并一路向北推进。突出部北面，罗科索夫斯基对面，德军的8个装甲师和摩托化师，外加8个步兵师，在虎式坦克和费迪南德突击炮的支援下，将再次尝试粉碎苏军的防御；6个装甲师、2个摩托化师和3个步兵师担任主攻，其侧翼由5个步兵师提供掩护。

7月10日与11日间，中央方面军和沃罗涅日方面军向斯大林提交实时态势报告时，德国"中央"和"南方"集团军群正在实施重组。战役的高潮已经临近。苏军一方，大批坦克和步兵部队调入沃罗涅日方面军的阻击阵地。罗特米斯特罗夫的近卫坦克第5集团军现在直接归瓦图京指挥，7月9日晚奉命集结于普罗霍罗夫卡西北方。扎多夫中将的近卫第5集团军也是草原方面军辖内的部队，7月8日，该集团军接到命令，转隶瓦图京指挥。近卫第5集团军在夜间开拔，他们将跋涉70英里，赶至普肖尔河（Psel），接防从奥博扬到普罗霍罗夫卡这段20英里的防区，并于7月11日上午做好防御准备。除了这两个近卫集团军，特罗菲缅科的第27集团军和近卫坦克第4军被调至库尔斯克，第53集团军和机械化第4军被派往库尔斯克东南方。整个周六（7月10日），尽管德军保持着对奥博扬方向的压力，但瓦图京的参谋人员都知道，德军正在实施重组和加强，很可能转往普罗霍罗夫卡方向。7月10日—11日夜间，瓦图京向斯大林报告，德国人即将对普罗霍罗夫卡发起新的进攻；由于没能在奥博扬方向达成突破（尽管取得了近20英里的渗透），"南方"集团军群现在将把全部力量投入普罗霍罗夫卡方向，从南面和西南面对其发起攻击。六天的激战中，敌人遭受到重大损失，并耗尽了预备队。为发起新的进攻，他们不得不从侧翼抽调兵力来维持这场突击，这就给了沃罗涅日方面军一个机会，他们准备发起一场反击，合围进攻奥博扬和普罗霍罗夫卡的德军。斯大林和最高统帅部迅速批准了瓦图京的反击计划，苏军将从东面、东北面、北面、西北面和西面发起一系列向心攻击，目标是雅科夫列沃和贝科夫卡（Bykovka）。两个新赶到的近卫集团军将对普罗霍罗夫卡地域的党卫队装甲军发起打击。罗特米斯特罗夫的近卫坦克第5集团军将从普罗霍罗夫卡向南攻击前进，冲向普罗霍罗夫卡—雅科夫列沃—贝科夫卡一线，扎多夫的近卫第5集团军（与罗特米斯特罗夫的坦克相配合）也将向南和西南方突击，近卫第6集团军和坦克第1集团军从西面和西北面向东南方攻击前进，赶往雅科夫列沃，舒米洛夫的近卫第7集团军向正西方发起进攻。这将砍掉突入沃罗涅日方面军防区的德军部队的前端，再加上其侧翼严重内陷，德军突击部队将遭到包围。罗特米斯特罗夫的坦克集团军（坦克第18、第29军和近卫机械化第5军）得到坦克第2军和近卫坦克第2军的加强，这使他总共拥有了850辆坦克，其中500辆部署在第一梯队（尽管半数是轻型坦克），但整个集团军只有35辆重型坦克或自行火炮。

周日（7月11日）拂晓，完成重组的"南方"集团军群重新发起进攻，楔入沃罗涅日方面军的防区。"肯普夫"集团军级支队率先出动，第6、第7、第19装甲师和3个步兵师从南面冲向普罗霍罗夫卡；上午9点，第3、第11装甲师和"大德意志"师向奥博扬发起进攻，30分钟后，德军从东北方发起主攻，党卫队"骷髅"师、"警卫旗队"师和"帝国"师朝普罗霍罗夫卡扑去。天气也与地面上的激战相配合，冒着狂风暴雨，双方的战机在空中展开厮杀，或对地面部队发起打击。午后不久，100辆德军坦克沿公路赶往普罗霍罗夫卡；下午晚些时候，一股强大的装甲力量已位于普罗霍罗夫卡郊外，在斯特罗热沃耶（Storozhevoe），更多的党卫队坦克达成突破，对正准备发起进攻的近卫坦克第5集团军的后方构成了威胁。血腥的一天即将结束时，武装党卫队的攻势放

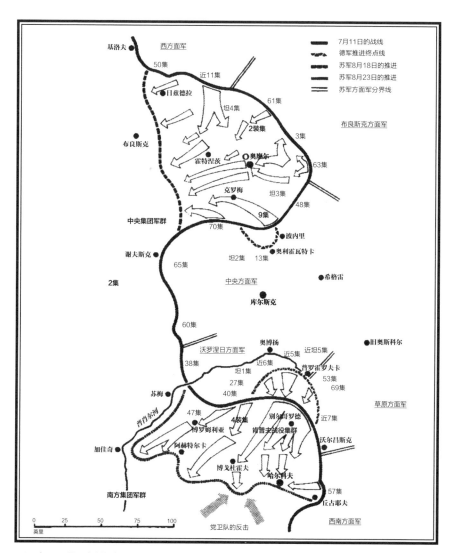

图例：
- 7月11日的战线
- 德军推进终点线
- 苏军8月18日的推进
- 苏军8月23日的推进
- 苏军方面军分界线

地图标注：

基洛夫　西方面军
50集
近11集
日兹德拉
61集
布良斯克
坦4集
2装集
3集
布良斯克方面军
霍特涅茨
奥廖尔
63集
克罗梅
坦3集
48集
中央集团军群
9集
70集
谢夫斯克
波内里
坦2集　13集　奥利霍瓦特卡
65集
希格雷
2集
中央方面军
库尔斯克
60集
沃罗涅日方面军
奥博扬
旧奥斯科尔
38集
近5集　近坦5集
坦1集　近6集　普罗霍罗夫卡
27集　53集
40集　69集
苏梅
草原方面军
普肖尔河
47集　4装集　别尔哥罗德
博罗姆利亚　近7集
阿赫特尔卡　肯普夫战役集群
加佳奇　沃尔昌斯克
博戈杜霍夫
南方集团军群　哈尔科夫
57集
丘古耶夫
党卫队的反击
西南方面军

0　25　50　75　100
英里

1943年7—8月，库尔斯克

缓并停顿下来，德军坦克对普罗霍罗夫卡周围展开猛攻。尽管一直没能达成突破，但德军在7月12日拂晓发起的三重突击挤压、困住了几乎所有的苏军集团军（坦克第1集团军、近卫第6和第7集团军、近卫坦克第5集团军）。罗特米斯特罗夫的近卫坦克第5集团军将首先承受这一打击。

7月11日，德军离开出发地赶往普罗霍罗夫卡时，突出部北面（位于德国第2装甲集团军据守的奥廖尔突出部），西方面军和布良斯克方面军已派出加强侦察营，开始对德军掩护奥廖尔的防御阵地实施侦察。夜间，戈洛瓦诺夫的远程轰炸机部队已对德军后方进行了轰炸；苏军侦察营实施侦察行动前，苏军俯冲轰炸机投下烟幕弹，为他们提供掩护。俄国人的武力侦察从北面和东北面发起，是定于次日发起的攻势的前奏，这场进攻将对库尔斯克战役造成直接影响；罗科索夫斯基的中央方面军非常清楚德军为另一场突破奥利霍瓦特卡防御的粉碎性进攻所做的加强，这一整天，他们发现德军队列转身向北，赶往奥廖尔方向，坦克、工兵、炮兵和步兵离开莫德尔的突击群，返回博尔霍夫（Bolkhov）和奥廖尔。巴格拉米扬近卫第11集团军（隶属于西方面军）派出的侦察营攻击了一整天，一直保持着推进，直到7月12日凌晨3点。3点20分，3000门大炮和迫击炮开火了，对着德军防御阵地猛轰了两个多小时，近卫第11集团军第一波次突击部队蜷伏在距离德军前沿阵地100码处，在这片火力网的掩护下为突击行动做着最后的准备。东面，布良斯克方面军的炮兵也开火了，为第61、第3和第63集团军炸开前进通道。进攻计划在4月份便已拟定，当时，所有注意力都集中在沃罗涅日方面军和中央方面军身上。巴格拉米扬的近卫第11集团军是一支强有力的作战部队，他们将从北面展开进攻；几个步兵集团军将从东面和东北面对德军突出部的"鼻子"发起打击。进攻时机至关重要，因为这场行动与库尔斯克战役息息相关。如果打击发起得太晚就将毫无用处，而且会使苏军遭遇到休整或补充中的德军装甲部队，或至少无法通过对突出部的打击充分减缓敌人的攻势。西方面军和布良斯克方面军无疑在一个非常敏感的时刻发起了进攻，尽管时机稍晚了些；巴格拉米扬的前进速度完全出乎最高统帅部的意料，他们最初认为这只是一场局部性救援进攻，完全没有部署相关部队扩大该集团军取得的战果。最高统帅部匆匆将坦克第4集团军调拨给西方面军，但为时已晚。

斯大林对沃罗涅日方面军遭到纵深突破深感担心。近卫第6集团军的防线破裂，出现了一个深深的裂口，这主要是因为瓦图京（与罗科索夫斯基不同）把他的部队更为松散地部署在了较远的距离上；德军形成的局部优势很快给苏军造成了大麻烦。普罗霍罗夫卡地域的防御现在交给最高统帅部的两名代表——朱可夫元帅和华西列夫斯基元帅,7月11日后,他们在那里承担起作战监督之责。华西列夫斯基元帅支持瓦图京定于7月12日发起的反击计划,但由于两股德军装甲部队从西面和南面冲来,普罗霍罗夫卡危急,致使反击战的准备工作受到严重妨碍。朱可夫元帅调集10个炮兵团组成"反坦克铁拳",坚守在普罗霍罗夫卡地域,以协助阻击敌军,与此同时,罗特米斯特罗夫的近卫坦克第5集团军和扎多夫的近卫第5集团军进行着激烈的防御战,并让各自的部队做好发起反击的准备。扎多夫麾下的各个师被派往奥博扬—普罗霍罗夫卡一线,他们已结束行军并投入战斗;他的反坦克炮兵被调离,以加强整体防御;他的左翼部队将跟随罗特米斯特罗夫发起进攻,但近卫第5集团军急需更多步兵为坦克提供支援。

7月12日夜间,苏军针对奥廖尔突出部发起的救援性进攻在北面打响时,普罗霍罗夫卡地域内的气氛非常紧张。两个近卫集团军,几乎无人入睡。拂晓后,天色阴沉,伴随着间歇性大雨。战场是一片相对狭窄的地域,一端以普肖尔河为界,另一端是铁路线。普罗霍罗夫卡的前方是一片草原,点缀着一些耕地和菜园,周围的玉米地里隐蔽着苏军精心伪装的反坦克连和坦克部队。罗特米斯特罗夫在高地上建立起前进指挥所,整片地域的情况尽收眼底。

7月12日拂晓,随着德军第6、第7装甲师向北攻击前进,扑向雷丁卡(Rydinka)和勒扎韦茨(Rzhavets),党卫队装甲军从西面逼近到距离普罗霍罗夫卡不到7英里处,形势岌岌可危。罗特米斯特罗夫的侧翼部队奉命不惜一切代价阻挡住敌人的推进,而德军对普罗霍罗夫卡再度发起猛攻的前景使形势变得更加危急,为阻止这种情况的发生,苏军的进攻行动不得不提前两个小时。就这样,普罗霍罗夫卡地域内,苏军和德军的坦克部队爆发了一场庞大、激烈的坦克战,一千多辆坦克在战场上来回厮杀。两个德军装甲群,一个在西面,另一个在普罗霍罗夫卡南面,分别拥有600和300辆坦克;罗特米斯特罗夫的近卫坦克第5集团军也有近900辆坦克,双方看上去势均力敌,但德国人投入了100余辆虎式坦克。苏军和德军的战机也集中在普罗霍罗夫卡上空,展开激烈的缠斗,他们下方的战场长3英里,宽4英里,一场最为猛烈的坦克大战正在进行。8点30分,经过短暂的炮击和"喀秋莎"齐射,从彼得罗瓦(Petrovka)到别列尼希诺(Belenikhino)车站(这条战线面对着普罗霍罗夫卡的西面），四群苏军坦克发起进攻；普罗霍罗夫卡西面，沿普肖尔河一线，德国第18装甲军[2]也同时发起进攻。苏军坦克对德军第一波次装甲部队发起猛攻，通过缩短距离，T–34削弱了虎式坦克装甲防护的优势。T–34和少量KV坦克冲入德军队列，这场坦克大战实际上是在近距离内展开的，虎式坦克停下来开炮射击；一旦进入近距离，大批坦克各自为战，前部和侧面装甲更容易被击穿，随着车内弹药发生殉爆，车体被炸裂，炮塔被掀飞，燃烧的苏军坦克撞向德国人的虎式，巨大的火团冲天而起。苏军坦克第29军（近卫空降兵第9师提供支援）沿着公路和铁路线赶往普罗霍罗夫卡东南方，与武装党卫队"骷髅"师和"警卫旗队"师相遇，从而爆发了当天最激烈的战斗；下午早些时候，坦克第2军和近卫坦克第2军设法冲入别列尼希诺西面的树林和加里宁村东面的农场，但15点时，武装党卫队"帝国"师和"警卫旗队"师的坦克对他们发起了攻击。加里宁—别列尼希诺—斯特罗热沃耶地域的激战一直持续到夜幕降临。

普罗霍罗夫卡的南面和东南面，"肯普夫"集团军级支队正对苏军第69集团军和近卫第7集团军的一部展开攻击，7月12日凌晨，态势已发生危险的转折；清晨4点，罗特米斯特罗夫接到瓦图京的命令，将一个坦克旅投入第69集团军防区，另外，遵照瓦图京和华西列夫斯基的命令，两个机械化旅和数个炮兵团将在几小时后从罗特米斯特罗夫的第二梯队前调。这些新锐旅在特鲁法诺夫将军的指挥下直接转入进攻，迫使德军退过北顿涅茨河并被逐出雷丁卡村。与近卫第7集团军的部队相配合，近卫坦克第5集团军的坦克还将德军第6和第7装甲师赶出了库兹明卡（Kuzminka）和亚历山德罗夫卡（Aleksandrovka）村。德军从南面向普罗霍罗夫卡的进攻在当天下午3点左右被暂时挡住，罗特米斯特罗夫把目光转向普罗霍罗夫卡西面，注视着安德烈耶夫卡（Andreyevka）周围坦克第18军的战场，并留意着自己右翼的安全。这时，罗特米斯特罗夫把近卫坦克第5集团军最后的力量——近卫机械化第10旅和近卫坦克第24旅投入战场，这也是他第二梯队中最后的部队。在一些方向上，近卫坦克第5集团军的坦克进行着进攻战，而在另一些方向上，他们又进行着顽强的防御战，实施坦克伏击，或发起短暂、凶猛的反击。从普罗霍罗夫卡到南面的勒扎韦茨，这场庞大的坦克混战持续了整整18个小时，双方你来我往，反复厮杀，都为此付出了惨重的代价。

随着夜晚的来临，雷雨云堆积在战场上空，炮声渐渐平息，冲杀中的坦克停顿下来。寂静笼罩着坦克、大炮和死者，空中出现了闪电，淅淅沥沥的细雨开始落下。普罗霍罗夫卡的杀戮暂时结束了，在这片草原上，德国人损失了300辆坦克（其中包括70辆虎式）、88门大炮和300辆卡车，而苏军近卫坦克第5集团军也损失了半数以上的力量。双方都施加并承受了可怕的惩罚。但是，德军从西面和南面发起的进攻被挡住了，他们对奥博扬的攻击也停顿下来。罗科索夫斯基中央方面军的防区内，中俄罗斯高地宽阔的山坡上，德军从北面对库尔斯克的进攻也停止了，而罗科索夫斯基手中还掌握着相当可观的预备队。

7月13日—15日，一连三天，德军继续在普罗霍罗夫卡地域攻击着苏军的防御。就在罗特米斯特罗夫的司令部分析着普罗霍罗夫卡坦克战的结果，并对勒扎韦茨的态势做出评估之际，扎多夫近卫第5集团军的步兵们仍在普罗霍罗

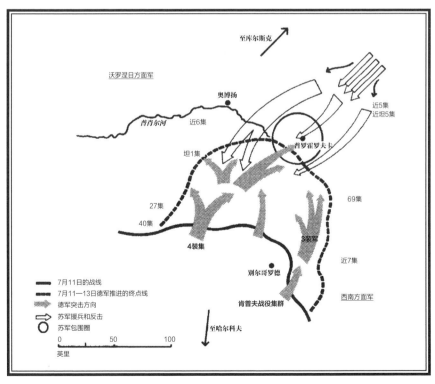

1943年7月，普罗霍罗夫卡坦克战

夫卡西北面进行着异常激烈的战斗。近卫第5集团军的两个师（近卫步兵第95师和第52师）一直顽强抗击着武装党卫队，遏制了他们设在普肖尔河右岸的登陆场向红十月（Krasnyi Oktyabr）村以东延伸。罗特米斯特罗夫不得不投入他的坦克力量，阻挡敌人对其侧翼和后方的威胁，这种投入肯定不会让罗特米斯特罗夫与扎多夫之间的关系更加融洽。7月12日—13日夜间，武装党卫队继续攻击着韦肖雷（Veselyi）与波列扎耶夫（Polezhaev）之间的苏军步兵；7月13日上午10点，扎多夫的近卫军发起反击，夺取了两座村落间的高地，但又被德军坦克击退，当天下午，苏军再次发起反击，终于肃清了高地，并将德军逼退至普肖尔河，彻底消灭了他们的登陆场。武装党卫队没能穿过普罗霍罗夫卡，也没能绕过去，尽管横冲直撞的第4装甲集团军在这里或那里取得了一些局部胜利。

作为一场重大攻势，"堡垒"作战已被粉碎，再也无法恢复。"中央"集团军群报告说，莫德尔的第9集团军在北面被彻底挡住，集团军群目前正设法击退苏军对奥廖尔突出部的进攻。曼施泰因恳求给予更多的时间来消灭苏军坦克预备队，但截至7月19日，这一尝试已彻底落空。希特勒取消了"堡垒"作战，7月13日后，"南方"集团军群缓缓后撤。古德里安认为此次失利是"一场决定性失败"；冲向库尔斯克苏军"防波堤"的德军装甲师，人员和装备遭受到巨大损失，"将在很长一段时间内无法得到弥补"。作为德军装甲部队总监，古德里安的判断不容轻视，他精心储备起那些虎式和黑豹坦克，但这场技术装备战却令德军深受其害。苏军炮兵为打击德军装甲部队做出了更大的贡献；俄国人声称在库尔斯克战役中击毙70000名德军官兵，击毁2952辆坦克和195辆突击炮以及844门野战炮、1392架飞机和5000多辆卡车。当然，个别装甲师遭受了灾难性损失：第3装甲师的300辆坦克只剩下30辆，第17装甲师经历了普罗霍罗夫卡的激战后只剩下60辆坦克，施密特将军的第19装甲师也只剩下17辆七拼八凑的战车。德军的各个步兵师也已支离破碎，许多连队只剩下40人，各个团也强不到哪里去，甚至包括伤员在内。突出部南面，德国人估计他们歼灭了10支苏军坦克部队，击毁的坦克不少于1800辆，他们还摧毁了1000多门反坦克炮，抓获了24000名俘虏。普罗霍罗夫卡的战斗结束后，苏军坦克力量显然只剩下八天前的一半，反坦克炮的损失非常严重，战斗伤亡也很高。东线战场经常发生令人震惊的激战，但德军步兵坚称他们从未经历过如此激烈的战事。北面的波内里一直是这些野蛮、血腥的激战地点之一；在南面的"别尔哥罗德浴血战"中，德军突击队（被苏军俘虏后，这些士兵的臂章经常自动成为他们的死刑执行令）傲慢、无情的思想已在奥博扬和普罗霍罗夫卡的战斗中被粉碎。俄国人检查了普罗霍罗夫卡战场，报告说发现400辆被击毁的坦克车身。在一些偏僻的小树林中，他们找到一些坦克维修车间。在过去的战役中，德军后卫部队通常会赢得足够的时间把受损的战车拖走，但这一次，被击毁的虎式坦克大多丢在原地，有的横跨在苏军战壕上，有的停在火力阵地之间，车组人员倒在坦克旁，或葬身于这些钢铁坟墓中，车内散落着阵亡者的残肢断臂、煎锅、炮弹壳、纸牌和已不新鲜的面包。

  7月14日夜间，罗科索夫斯基中央方面军的右翼部队坚守在库尔斯克突出部北面，准备于次日发起进攻；普霍夫的第13集团军将从南面冲入奥廖尔突出部，目标是克罗梅（Kroma）。莫德尔第9集团军辖下的装甲和摩托化部队已向北转移，以加强德国第2装甲集团军，巴格拉米扬的近卫第11集团军已在后者的防线上达成10余英里的突破；为支援巴格拉米扬，费久宁斯基（布良斯克方面军副司令员，曾在担任沃尔霍夫方面军副司令员期间因出色的指挥而著称）率领第11集团军进入近卫第11集团军的战区，同时，最高统帅部还将巴达诺夫的坦克第4集团军火速投入战场。尽管如此，德国人还是赢得了赶往突破口的赛跑，到7月17日，巴格拉米扬的推进速度已大为减缓。苏联空军无法拦阻德军援兵。尽管布良斯克方面军辖内的第3和第63集团军正取得缓慢的进展，但苏军最高统帅部还是把雷巴尔科的近卫坦克第3集团军交给波波夫使用，以便冲向奥廖尔。7月18日晚，巴格拉米扬的先头部队距离奥廖尔西北方的霍特涅茨（Khotinets）和卡拉切夫（Karachev）只剩下十几英里，而且德国人没有加强那里的防御；但巴格拉米扬没有突击力量对此加以利用——当初拟定奥廖尔作战计划时，如果采纳费多连科上将的建议，巴格拉米扬现在就可以投入近卫坦克第3集团军。眼下，波波夫掌握着近卫坦克第3集团军，他打算在7月19日投入这支部队；雷巴尔科将突破至奥卡河，切断东面的德国军队，并从南面包抄奥廖尔，而近卫第11集团军和第63集团军将从北面和东北面杀至。雷巴尔科的坦克部队配有建桥工兵单位，甚至拥有泅渡奥卡河的装备。7月18日中午，安东诺夫从总参谋部打来电话，为协助罗科索夫斯基的右翼，根据斯大林的命令，坦克部队将对斯塔诺沃伊科洛杰济（Stanovoi-Kolodez）和克罗梅发起进攻。波波夫的参谋长桑达洛夫提出反对意见：方面军即将展开进攻，将敌人包围在姆岑斯克和博尔霍夫地域；安东诺夫回答说，近卫坦克第3集团军还是对斯塔诺沃伊科洛杰济发起进攻，因为巴格拉米扬现在已从纳罗福明斯克（Narofominsk）得到坦克第4集团军，从梅登（Medyn）得到近卫骑兵第2军，另外还有第11集团军。7月19日上午，沿着戈洛瓦诺夫远程轰炸机部队先前轰炸过的路径，雷巴尔科的近卫坦克第3集团军投入了战斗，他们转向西南方，赶往斯塔诺沃伊科洛杰济，结果与两支德军装甲部队迎头相遇。

7月20日中午，波波夫上将打电话向斯大林汇报，雷巴尔科的部队几乎停滞不前，坦克力量遭到严重损失。最高统帅部同意让雷巴尔科的坦克部队转向东北方，当晚，该集团军冲向奥廖尔—姆岑斯克公路，设法与第3集团军的部队取得会合，渡过奥卡河，但其没能夺得一座渡口。就在戈尔巴托夫的第3集团军准备强渡奥卡河时，雷巴尔科再次奉最高统帅部之命转向西南方。7月22日凌晨，斯大林打电话给波波夫，但这位方面军司令员不在自己的司令部，接电话的是布良斯克方面军参谋长桑达洛夫，他将最高统帅说的每个字都记在笔记本上。斯大林直截了当地指出："雷巴尔科为何还没夺取斯塔诺沃伊科洛杰济？请转告方面军司令员，我对他使用坦克集团军的方式很不满意。"15分钟后，斯大林找到了波波夫，他（波波夫）直接口述了发给雷巴尔科的新命令："Khozyain（老板）命令7月22日夺取斯塔诺沃伊科洛杰济。我再次要求您投入 I. P. 科尔恰金（机械化军），经莫霍沃耶（Mokhovoe）赶往斯塔诺沃伊科洛杰济，与 M. I. 津科维奇（坦克第12军）发起联合进攻，歼灭盘踞在那里的敌人。波波夫。7月22日1点20分。"波波夫和桑达洛夫都知道，他们把雷巴尔科的坦克派往敌人的强化阵地是个愚蠢的举动。但斯大林的命令无法违抗，而且这是一道直接指令。经过数日血腥的、毫无胜算的激战，雷巴尔科的坦克部队不得不撤出战斗转入预备队，最后被派往罗科索夫斯基的方面军。

7月20日夜间，朱可夫和华西列夫斯基元帅仔细检查了奥廖尔周围的态势：北面，近卫第11集团军已深入敌人防御达40英里；东面，布良斯克方面军正发起一场正面进攻，罗科索夫斯基麾下的各个师也从西南方冲来，另外一股突击力量是罗曼年科的部队，他们将于7月21日清晨对兹米耶夫卡（Zmievka）发起进攻。苏联游击队也对德军铁路交通发起袭击，布良斯克—胡洛米哈伊洛夫斯基（Huro Mikhailovskii）铁路线首当其冲，奥廖尔与别尔哥罗德—哈尔科夫地域的德军通过这条铁路线保持连接，游击队的活动与苏军军事行动保持着密切配合；7月下旬，游击队对德军铁路交通发起一场庞大、密集的破坏，据苏联方面的记录，铁轨遭到10000余次爆破，这是个了不起的成绩（叶利尼亚—多罗戈布日地区除外，那里的游击队作为一支有效抵抗力量已被德军消灭）。在一些鞭长莫及之处，苏军指挥部会派遣空军执行拦截任务。库尔斯克防御战结束后，他们精心策划了"铁道战"，以此作为突破行动的组成部分。游击运动中央司令部下达了具体命令（7月17日的6号指令），派出特别游击支队破坏指定地段的铁轨，甚至规定了炸毁多少节铁轨这样的细节，整个行动根据中央司令部发出的电文执行。行动的主要目标是将德国第2装甲集团军和第9集团军牵制在奥廖尔突出部内，通过破坏后方铁路交通孤立他们。

"铁道战"完全是一场在德国人后方发起的大规模游击攻势，直接而又及时地支援了红军的前线作战。为确保成功，在游击队发动"铁道战"之前，红军为他们空投了大批炸药。尽管埋设了大量地雷，实施了许多爆破，但东线德军依赖的铁路线并未被彻底切断。游击队付出的努力也许一直都很广泛，但也很分散，尽管中央司令部原先的命令要求保持"后续行动"，但这一点没能实现。大批炸药确实爆炸了，可被炸的是不太重要的铁路支线，对干线实施的大规模爆破寥寥无几，没能将其彻底切断。

　　游击队的袭击持续进入8月份之际，苏联红军的铁钳已深深插入突出部内。可是，7月20日后，4个德军装甲师冲入奥廖尔突出部，成功阻挡住苏军的几股推进。德国人把他们的坦克半埋起来，还将突击炮隐蔽在高高的麦地里。巴达诺夫中将的坦克第4集团军现已靠近巴格拉米扬，但最高统帅部的明确指令是，该集团军将用于博尔霍夫的战斗，而不是经霍特涅茨冲入德军后方。巴达诺夫的集团军拥有500多辆崭新的坦克。巴格拉米扬对最高统帅部的命令深感愤怒；他对巴达诺夫也不太满意——据巴格拉米扬说，巴达诺夫先前在顿巴斯取得的胜利"完全冲昏了他的头脑"。巴格拉米扬提醒道，这种突破行动并非轻而易举，投入战斗的坦克兵应该接受些速成培训。巴达诺夫激烈地争辩起来，并强调指出，他的集团军能突破一切防御。索科洛夫斯基赞同巴达诺夫的看法，于是，7月26日上午11点，巴达诺夫麾下的两个军（坦克第11军和近卫机械化第6军）对博尔霍夫发起了一场不够协调的攻击。接下来的几个小时里，在巴格拉米扬和巴达诺夫的密切关注下，两个军遭到了隐蔽的德军坦克和突击炮的重创；次日，"乌拉尔志愿者"坦克第30军投入战斗并发起猛攻，但整个坦克第4集团军只获得一英里左右的进展。德军开始撤出博尔霍夫包围圈，别洛夫的第61集团军调了上去；巴格拉米扬、费久宁斯基、巴达诺夫、克留科夫（和他的战斗群）现在接受波波夫的直接指挥，波波夫的前进指挥部设在姆岑斯克，现已朝奥廖尔方向投入第3和第63集团军。8月5日拂晓，两个集团军的主力艰难地冲过德军防御，渡过奥卡河后逼近了奥廖尔，城内已没有德军据守。

奥廖尔突出部战役进行之际，苏军在南面的"米乌斯河防线"展开了一场强有力的攻势，这一行动由南方面军在7月17日发起。费多尔·伊万诺维奇·托尔布欣在1943年4月被擢升为上将，当月，奉最高统帅部的命令从西北方面军返回（他在该方面军辖内参与了杰米扬斯克战役），被调至南方面军担任司令员。不停的调动令托尔布欣深感郁闷，但方面军司令员这一新任命又让他感到欣慰。在新沙赫京斯克（Novoshakhtinsk）的南方面军司令部里，他从马利诺夫斯基手中接过指挥权，后者被调至西南方面军担任司令员。托尔布欣手中掌握着一支庞大的力量——5个步兵集团军（28个步兵师）、1个空军集团军、2个机械化军、3个坦克旅和1个骑兵军：扎哈罗夫的第51集团军位于右侧，茨韦塔耶夫的突击第5集团军位于其左侧，格拉西缅科的第28集团军位于中央，霍缅科的第44集团军位于左翼，克列伊泽尔的近卫第2集团军担任第二梯队，赫留金指挥着空军第8集团军。德国人对库尔斯克发起进攻的几天后，托尔布欣接到命令，要他做好对德军防御森严的"米乌斯河防线"展开进攻的准备，他的任务是冲向克伦卡河（Krunka），再从那里赶往斯大林诺。德军的"米乌斯河防线"长约25英里，由第6集团军据守，这个新组建的集团军由"霍利特"集团军级支队改编而成，替代了已在斯大林格勒全军覆没的第6集团军。托尔布欣打算在12英里的战线上投入突击第5集团军和第28集团军，近卫第2集团军做好扩大初期胜利的准备。

托尔布欣的部队刚刚逼近米乌斯河，德军装甲部队便被调至"南方"集团军群的南翼，先是遏制了苏军的登陆场，随后在7月底以4个装甲师、1个装甲掷弹兵师和2个步兵师发起了一场强有力的反击。8月1日晚，向最高统帅部汇报完当前态势后，托尔布欣（他极为沮丧地承认自己遭遇到严重挫败）命令他的部队返回原先的阵地。但斯大林毫无不悦之意；华西列夫斯基元帅赶至南方面军司令部，他告诉托尔布欣，南方面军出色地完成了进攻任务——德军统帅部无法将部队北调，甚至还从北面抽调装甲部队来加强顿巴斯的防御，德军这些第一流的部队本来会被投入"别尔哥罗德—哈尔科夫方向"。尽管得到这些安慰，但托尔布欣明白自己犯了大错，特别是将近卫第2集团军投入得过早，而且太过仓促。

德国人将装甲部队调至"南方"集团军群南翼时，苏军已对其北翼展开攻击，这令德军统帅部深感惊讶。曼施泰因和他的参谋人员曾认为，位于库尔斯克突出部南端的苏军部队已遭到重创，根本无力发起反击。7月16日，第4装甲集团军和"肯普夫"集团军级支队在后卫部队强有力的掩护下，开始撤回他们原先的阵地。瓦图京命令近卫第6集团军和坦克第1集团军冲向奥博扬—别尔哥罗德公路。7月16日，最高统帅部命令科涅夫的草原方面军将所辖部队投入战斗，7月18日23点，十天前还是一支庞大战略预备队的草原方面军，现在只剩下3个新锐集团军（第53、第47集团军和近卫第4集团军）和从沃罗涅日方面军转隶来的2个残缺不全的集团军（第69集团军和近卫第7集团军）。没过五天，科涅夫和瓦图京都已逼近"南方"集团军群7月5日对库尔斯克发起进攻的出发线；两个方面军在这里一直停留到8月3日，这时，苏军发起一场庞大的攻势，席卷了"别尔哥罗德—哈尔科夫"平台，德军和苏军指挥员都无法忽视这个平台的重要性。苏军估计，这里盘踞着18个德军师（包括4个装甲师），30万名士兵、600辆坦克和3000多门大炮据守着布满防线的阵地。北面有7道防线护卫着哈尔科夫，东面有3道。正如科涅夫在报告中指出的那样，哈尔科夫对德军在乌克兰东部的整体防御至关重要，他们部署了强大的装甲部队，对红军来说，一场艰巨的战斗在所难免。别尔哥罗德也受到多重防线的严密护卫，郊区都以木制火力点加强，较大些的建筑被改造成支撑点。

7月24日前，沃罗涅日方面军和草原方面军的主力已集结于别尔哥罗德北面。在这关键时刻，苏军统帅部等待着，看德军是否会发起一场反击；马利诺夫斯基已在伊久姆东南方渡过顿涅茨河，楔入德国第1装甲集团军的防区，与此同时，托尔布欣试图从米乌斯河达成突破，但经过一周的战斗，苏军的这两股突击都未能取得太大进展。不过，德军装甲部队调入顿巴斯，而不是从中撤离，这才是最令苏军指挥员们担心的。为了即将发起的攻势，大批劳动力被提供给苏军。科涅夫一向不重视后勤组织工作，这个缺点在7月18日晚得到纠正，斯大林命令赫鲁廖夫为草原方面军组织起"必要的后勤体系"。4个炮兵师调离布良斯克方面军，派往南方组建炮兵力量；沃罗涅日方面军和草原方面军囤积了12—15天持续作战所需的弹药、10—12天的燃料和一周的食物。日复一日，苏军的坦克实力逐渐增强，库尔斯克战役中遭受的损失迅速得到恢复，其速度远远超出德军统帅部的预料，但这些坦克及车组人员是从各个地方拼凑而来的。截至7月25日，卡图科夫的坦克第1集团军（由于出色的表现，该集团军被推荐获得"近卫集团军"称号）损失了半数坦克和大批车组人员，但瓦图京提醒卡图科夫，最高统帅部派遣的援兵"不是一个人，也不是一辆坦克"。为弄到更多的坦克，卡图科夫不得不依靠战场抢修和维修车间的修理；为得到更多车组成员，他搜罗了战地医院和后方医院，后方医院是最有可能获得所需兵员的地方，因为负伤的车组人员中，轻伤的比例非常小。在转运医院里，坦克兵被安置在一起，因为他们的伤势通常需要特殊治疗，但他们身上的后送标签并未说明他们的岗位是驾驶员兼机械师、炮塔炮手还是车长。车组人员的再集合缓慢地进行着。

7月底，德国人的通信拦截和空中侦察发现了苏军大规模集结的迹象，8月2日，"南方"集团军群向上级报告，他们预计苏军即将在别尔哥罗德西面和哈尔科夫东南面发起进攻，后者的推进将把德国军队牵制在哈尔科夫城内，并打开通往第聂伯河的通道。实际上，斯大林在1943年7月22日已决定继续进行"别尔哥罗德—哈尔科夫"战役，当时，沃罗涅日方面军和草原方面军已到达7月5日的原战线，而"南方"集团军群的北翼被抽调了6个装甲师和1个步兵师。这场重要的攻势由朱可夫元帅负责，因而在许多方面带有典型的朱可夫"特色"。进攻行动将沿一个相当宽大的正面发起，一场迅速突破和纵深推进将由强大的突击集群完成：2个坦克集团军（坦克第1和近卫坦克第5集团军）集中在近卫坦克第5集团军的防区内，它们将以密集队形发起进攻，每公里部署的坦克多达70辆；炮兵的部署同样密集，主攻方向上，每公里排列着230门大炮。朱可夫排除了旷日持久的重组行为；沃罗涅日方面军和草原方面军将以侧翼重叠的方式发起进攻，从北面和别尔哥罗德西北面朝西南方向突贯，从西面迂回哈尔科夫。为发起这场攻势，近卫第6集团军、近卫第5集团军、第53集团军和第69集团军的步兵第48军将被部署在从格尔佐夫卡（Gertsovka）村到北顿涅茨河（戈斯季谢沃的东面）的战线上，坦克第1集团军和近卫坦克第5集团军将做好扩大突击部队战果的准备。右侧，第40和第27集团军将朝阿赫特尔卡发向发起一场辅助性进攻。科涅夫的草原方面军辖内，舒米洛夫的近卫第7集团军与第69集团军将对盘踞在别尔哥罗德的德军实施包围，然后沿北顿涅茨河东岸攻击前进，直抵哈尔科夫。重新夺回哈尔科夫的任务将由沃罗涅日、草原和西南方面军共同完成。瓦图京从西面迂回哈尔科夫，并切断德军主力，科涅夫从北面进攻哈尔科夫，他的部队逼近该城时，西南方面军的马利诺夫斯基便投入第57集团军，攻向西面的梅列法，从而从南面迂回哈尔科夫。

朱可夫这场攻势对准的是德国第4装甲集团军与"肯普夫"集团军级支队之间的结合部；瓦图京将向博戈杜霍夫攻击前进，把德国第4装甲集团军逼向西面，而科涅夫则以其向南的推进将"肯普夫"集团军级支队驱离。第40集团军司令员莫斯卡连科提议稍稍偏移主攻方向，但这个建议被朱可夫拒绝，沃罗涅日方面军将直接冲入德国第4装甲集团军的防区。炮火准备必须精心策划，不能是"老一套"（拟定进攻奥廖尔突出部的计划时，朱可夫曾提出强烈反对），炮兵们将提供一道深达1500米的"火墙"作为火力支援，这正是德军第一道防线的深度。空中支援打算把计划架次的55%投入对战场敌军的打击，每个坦克集团军可以分配到一个强击机军（由战斗机提供适当的掩护，尽管这种掩护并不总是能到来）。正如随后发生的事情表明的那样，空军没能提供足够的战场遮断，只有10%的计划架次被用于打击敌预备队的调动。

8月1日，朱可夫对作战计划和准备工作进行战前复审，这是对前线准备情况以及各集团军司令员对其任务的理解的最后检查。整个讨论过程中，最大的谨慎和最严格的审核投向交付给各坦克集团军的作战计划，主要是关于他们在战役首日所承担的任务。将强大的快速部队投入突破行动，苏军对这种打法不仅经验有限，而且实施效果很糟糕——当初将3个坦克集团军（坦克第2、第4集团军和近卫坦克第3集团军）投入奥廖尔突出部的战斗，战果令人非常失望。这一次，朱可夫和他的坦克部队指挥员们决心把事情做对。红军已在库尔斯克证明，他们可以挡住获得空中力量支援的大规模坦克突击，就算不能让对方停下脚步，至少也能让他们放缓步伐；苏军得到了宝贵的机动作战经验，尽管德军装甲部队在库尔斯克的攻势极其凌厉，但却一无所获。现在，朱可夫集结起坦克部队对准"南方"集团军群的北翼，打算以此在整个德军南翼切开一道深深的缺口。

托尔布欣和马利诺夫斯基也接到修订后的命令，为进攻战役做好准备，行动日期为8月中旬，目标是解放顿巴斯：西南方面军进抵扎波罗热，南方面军穿越陶立特（Tauride）北部，前出至第聂伯河下游和克里木接近地，从而歼灭"顿涅茨河—米乌斯河"防线对面的德国第1装甲集团军和第6集团军。托尔布欣提醒他的部下，前两次没能突破米乌斯河防线，第三次他们一定要成功，除此之外，没有其他办法穿过顿巴斯。战役的第一阶段，他们将夺取塔甘罗格；方面军随后转向西北方，解放斯大林诺，然后与马利诺夫斯基的左翼部队相配合，歼灭盘踞在阿尔乔莫夫卡（Artemovka）—红卢奇（Krasnyi Luch）—戈尔洛夫卡（Gorlovka）地域的德国军队，完成这些任务后，南方面军将转向西南方和南方，进抵第聂伯河流域。

8月3日夜间，沃罗涅日方面军和草原方面军的突击部队集结在他们的出发阵地上。清晨5点，苏军炮兵开始了第一个5分钟急袭；炮击结束后，一片寂静，直到5点35分，苏军大炮才再次对预定目标开火。一个小时后，参加突击的各集团军的各种大炮和迫击炮开炮射击，7点45分，"喀秋莎"火箭炮发起齐射，以猛烈的炮火轰击德军前沿阵地，与此同时，苏联空军也对德军阵地和预备队发起首轮空袭。各种火炮在8点钟投下它们的"火力通道"时，步兵和坦克投入进攻。3小时内，奇斯佳科夫近卫第6集团军和扎多夫近卫第5集团军的突击部队已冲过德军主阵地；罗特米斯特罗夫最大的担心——扎多夫的部下如何迅速突破敌人的防御——已消除。11点，朱可夫投入坦克第1集团军和近卫坦克第5集团军；11点30分，坦克第49旅也被投入战场。10分钟后，卡图科夫的坦克第1集团军辖内的坦克第200旅已追上扎多夫的步兵，坦克第1集团军的主力跟在他们身后冲来。下午1点前，罗特米斯特罗夫麾下的坦克第18和第29军也在全速推进。草原方面军的战线上，尽管炮火造成了一定的破坏，但第53集团军和第48军还是卷入到了激烈的战斗中，苏军在德军防区达成9英里左右的突破，但前进步伐放缓下来。科涅夫准备将机械化第1军投入第53集团军的战区。

8月5日清晨，北面的苏军正在肃清奥廖尔突出部的德军后卫部队时，科涅夫的草原方面军逼近了别尔哥罗德：第69集团军从北面进入，近卫第7集团军强渡别尔哥罗德南面的北顿涅茨河，而机械化第1军越过别尔哥罗德向西冲去，切断通往哈尔科夫的公路和铁路线。中午前，别尔哥罗德的德国守军已被包围；激烈的巷战爆发开来，在苏军肃清这座城市的过程中，3000多名德军士兵被击毙在别尔哥罗德的废墟中。现在，科涅夫可以对哈尔科夫发起进攻了，尽管情报部门报告说，党卫队"帝国"师、"骷髅"师、"维京"师和第3装甲师已从伊久姆—巴尔文科沃地域调回，"大德意志"师正从奥廖尔进入哈尔科夫。（曼施泰因曾紧急要求将第3装甲军及其第3装甲师从顿涅茨地区调回，保留党卫队装甲军，并把先前派往"中央"集团军群的装甲部队派回。）瓦图京沃罗涅日方面军发起的进攻也深深地楔入德军防区，就在科涅夫的部队冲入别尔哥罗德之际，苏军的两个坦克集团军正向西南方推进，突破深度已达30英里。为扩大突破口，朱可夫元帅命令莫斯卡连科和特罗菲缅科率领第40和第27集团军沿一条15英里宽的战线展开进攻。从北面发起的这场突击推进了8英里，构成苏军钳形攻势的右臂，形成这样一种威胁：位于苏军步兵与坦克集团军之间的3个德军步兵师和2个装甲师将被困在鲍里索夫卡。德国第4装甲集团军与"肯普夫"集团军级支队（很快将改编为第8集团军）之间出现了一个25英里的缺口。随着第27集团军冲向格赖沃龙（Graivorona），卡图科夫从西南方逼近，德军师不得不沿通往戈洛夫奇诺（Golovchino）的仅剩的一条公路迅速撤离。德国人踏上这条公路时，德军战斗机对己方部队发起一系列虚假的俯冲轰炸，以此来误导苏军前进观测员：遭到德国空军袭击的部队是苏联红军。

但这套伎俩没能奏效，沃罗涅日方面军炮兵司令员瓦连佐夫中将命令特罗菲缅科投入所有火炮拦截德军队列；密集的炮火，再加上苏军的空袭，50辆德军坦克被击毁，第19装甲师师长施密特中将阵亡。为阻止德军撤离，近卫步兵第13师在一个坦克营的支援下冲向戈洛夫奇诺；24小时后，随着近卫第6集团军攻入鲍里索夫卡，近卫步兵第13师在戈洛夫奇诺投入战斗，这股德军悉数就歼。

到8月8日，德国第4装甲集团军与"肯普夫"集团军级支队之间的缺口已达40英里。瓦图京的右翼部队扑向西南方，而科涅夫的部队正冲向哈尔科夫外围防御。为强化这场突击，科涅夫已获得加根中将的第57集团军（隶属于西南方面军）和罗特米斯特罗夫的近卫坦克第5集团军（该集团军在马纳加罗夫中将第53集团军的战区内作战，正从西北方赶往哈尔科夫）的加强；第53集团军和近卫坦克第5集团军将从西北面迂回哈尔科夫，第57集团军从东南方而来，第69集团军和近卫第7集团军则从东北方直接攻向德军防御阵地。8月10日，科涅夫下达了正式发起进攻的命令，当日清晨，瓦图京接到最高统帅部的指令，要求他切断哈尔科夫与波尔塔瓦、克拉斯诺格勒、洛佐瓦亚的公路及铁路连接，孤立这座城市；因此，卡图科夫将转向巴尔基（Balki），罗特米斯特罗夫的部队则赶往梅列法。

8月11日清晨，近卫坦克第1旅（隶属于坦克第1集团军）从博戈杜霍夫向南突击，切断了哈尔科夫—波尔塔瓦铁路线。在这一阶段，德国第4装甲集团军对卡图科夫和奇斯佳科夫的西翼施加的压力不断加强；德国人从南面和东南面对博戈杜霍夫，从西北面对阿赫特尔卡发起反击，他们还集结起一些装甲力量，对博戈杜霍夫展开另一场进攻。博戈杜霍夫东南方，从卡德尼斯塔（Kadnista）到亚历山德罗夫卡一线，党卫队装甲部队的打击目标对准了坦克第1集团军的另一侧以及扎多夫的近卫第5集团军。为做出反击，瓦图京从罗特米斯特罗夫的坦克集团军抽调了2个军。经过8月12日至13日的激战，德军砍断苏军"矛头"的意图没能实现。可是，威胁依然笼罩着阿赫特尔卡；瓦图京建议对德军侧翼及后方发起打击，让第38、第40、第47集团军和坦克第2、第10军及近卫机械化第3军冲向西面，第27集团军朝阿赫特尔卡南面推进。待第47集团军与第27集团军会合后，位于阿赫特尔卡地区的德国军队将被包围。

此时，科涅夫正进行着第四次（也是最后一次）哈尔科夫战役，希特勒已决定要将这座城市坚守到底。8月19日后，马纳加罗夫的第53集团军已将哈尔科夫西面和西北面茂密的森林肃清；罗特米斯特罗夫的坦克集团军现在只剩下150辆坦克，抵挡着德军装甲部队的反击，加根的第57集团军绕至南面，而第69集团军的右翼部队正从西面和西北面向前推进。8月22日下午，苏军空中侦察报告说，小股德军车队正撤出哈尔科夫，朝西南方逃窜；当晚，苏军侦察部队汇报，敌人正大举撤离，并放火焚烧城市和仓库。德国人沿公路和铁路线向西南方逃离的路径都处在苏军第53集团军和近卫坦克第5集团军大炮及迫击炮的火力覆盖范围内，还遭到了苏联空军的空袭。科涅夫本来面临着一个两难选择，是将敌人包围在城内，还是待其撤离时困住他们，现在，这个问题解决了。苏军将在夜间对哈尔科夫发起突击。8月23日拂晓，两个苏军师（步兵第183师和近卫步兵第89师）到达市中心；近卫步兵第89师在国家工业大楼上升起红旗，上午11点，城内敌军被肃清。中午，哈尔科夫正式获得解放。

临近8月底时，从北面的大卢基到南面的黑海海岸，苏军沿这条宽大战线发起的夏季攻势进行得如火如荼。西方向上，面对苏军加里宁方面军、西方面军和布良斯克方面军，德国"中央"集团军群部署了3个集团军（第3装甲集团军、第4和第9集团军），共计55个师和1个旅；西南方向上，面对苏军中央方面军、沃罗涅日方面军、草原方面军、西南方面军和南方面军，"中央"集团军群部署了第35军（隶属于第9集团军）和第2集团军，而"南方"集团军群部署着第4装甲集团军、第8集团军、第1装甲集团军和第6集团军，共计68个师。在塔曼半岛和克里木，德国人部署着第17集团军（以及克里木战役集群），这股力量大约为21个师。东线德军的226个师和11旅中，157个师和1个旅部署在从大卢基到黑海的战线上，预备队寥寥无几。不过，就苏军作战序列表上体现出的数量优势而言，这些红军部队，特别是西南方向上，在过去七周的战斗中遭受到了巨大的损失。截至8月25日，苏军实力最强的坦克部队是坦克第2集团军，拥有265辆坦克和自行火炮，卡图科夫只剩下162辆坦克，罗特米斯特罗夫也只剩下153辆。9月初，尽管前线急需坦克力量，但这些坦克集团军和独立坦克军不得不撤至后方接受再装备和重整。库尔斯克战役前储备起来的弹药和燃料也已消耗殆尽。尽管7月—8月，前线收到了26619000发炮弹和地雷，但他们发射的炮弹不下42105000发，弹药储备所剩无几。由于铁路线无法使用，致使运送物资所需要的各种短途火车受到极大影响，与前线相邻的地区，交通运输沦为一场灾难，德国人的破坏和系统性爆破不仅切断了铁路线，还将铁轨和枕木炸为碎片。

斯大林的近期目标是让苏军沿一条宽广的战线冲向第聂伯河，夺回顿巴斯重要的工业区和乌克兰东部的产粮区；苏军将在德军统帅部稳定住目前的态势前向西推进。（希特勒已在8月11日确定了"东墙"防御原则，这条防御带从刻赤开始，沿莫洛奇纳亚河和第聂伯河向上，直达戈梅利和奥尔沙东面，东线德军将以此为依托，为德国守住乌克兰西部和白俄罗斯。）斯大林认为，主要打击目前应落在西南方向，为执行这一行动，尽管后勤压力非常大，但苏军最高统帅部还是集结并保持着一支庞大的力量：5个方面军（中央、沃罗涅日、草原、西南和南方面军）的2633000人、51200门大炮和迫击炮、2400辆坦克和自行火炮，2850架飞机提供支援——这股力量优于德军，估计比对方多100万人和2000辆坦克，但还算不上压倒性优势。后勤补给问题延误了进攻行动的展开（罗科索夫斯基已推迟了一周），但西南方向上的各集团军将全速赶往第聂伯河。在与盟友的通信往来中，斯大林表现出一种谨慎的态度（8月9日），但在这种表象下，隐藏着最庞大的计划。现在，他开始穿上苏联元帅的全套军装——"我不得不跟我的部队待在一起"；他必须"比平日更多地"视察前线的这个或那个地段；稍晚些时候，商讨参加三巨头会议的问题时，他指出，会议日期必须取决于"苏德前线的态势"，在那里，"双方投入了500多个师"，而且"几乎每天都需要苏联最高统帅部监督"。对一个很少视察任何前线或部队的人来说，他对统帅部实施着随时、严格、全面的控制，"几乎"这个词在他不够真诚的措辞里是个巧妙的选择。

尽管斯大林的军事策略变得更加务实，但依然算得上雄心勃勃（如果不能说野心勃勃的话），就像他在8月底到10月份第一周之间扩大苏军夏季攻势的规模和范围那样。这一次，斯大林希望在乌克兰和白俄罗斯取得决定性胜利。哈尔科夫战役打响时，在西南方向发起总攻的命令便已下达。消灭德军南翼部队的任务将在顿巴斯，在乌克兰东部完成，而北高加索方面军将消灭盘踞在塔曼半岛的敌人，并歼灭位于库班北部的德国第17集团军。8月12日，瓦图京和科涅夫接到各自的命令；沃罗涅日方面军将歼灭哈尔科夫地区的敌人，然后朝波尔塔瓦—克列缅丘格方向推进，突破至第聂伯河，并在西岸建立登陆场；草原方面军与沃罗涅日方面军协调行动，前出至克拉斯诺格勒—上第聂伯罗夫斯克（Verkhne Dneprovsk），在第聂伯罗彼得罗夫斯克（Dnepropetrovsk）地区进抵第聂伯河后建立登陆场。罗科索夫斯基也在8月12日接到了命令；他的中央方面军将向谢夫斯克—胡托尔米哈伊洛夫斯基（Khutor–Mikhailovskii）站攻击前进，9月1日—3日前到达雷利斯克—格卢霍夫—诺夫哥罗德谢韦尔斯基一线，然后沿科诺托普（Konotop）—涅任（Nezhin）—基辅这个总方向朝西南方推进，如果作战态势有利，便强渡杰斯纳河，从而沿其西岸冲向切尔尼戈夫。西南方面军和南方面军，他们的进攻作战已由最高统帅部详细部署，目标是第聂伯河下游。

最高统帅部拟定的作战计划中，游击队将发挥特殊的作用。斯特罗卡奇的乌克兰游击运动司令部里，14名参谋军官来自瓦图京的方面军司令部。斯特罗卡奇的乌克兰游击运动司令部在许多方面都是个杰出的组织，深受上级部门（苏联游击运动中央司令部）的重视和青睐。斯特罗卡奇和他的参谋人员待在莫斯科的总部，一个作战指挥组（莫斯科总部的缩影）部署在伏罗希洛夫格勒。斯特罗卡奇坚定地执行着他的主要任务，特别是在乌克兰西部发起游击运动，要完成这项艰巨的任务，就要让游击队在第聂伯河西部的土地上"生根发芽"，于是，一群群、一组组游击力量从白俄罗斯南部进入乌克兰西部；1942年冬季，科夫帕克率领一支实力相当可观的游击队进入这片西部地带，并在1943年春季和夏季与进入"右岸乌克兰"[3]的瑙莫夫游击队相配合，发起了庞大的全面袭击。游击队损失惨重，但科夫帕克、瑙莫夫、费奥多罗夫和萨布罗夫重整残余的游击队，集结起了一支新的游击力量，目前，斯特罗卡奇的这支部队接受瓦图京司令部的调动，并配合其作战。（乌克兰游击队的作战行动由红军提供支援，并在冬季期间接受红军的直接指挥。）苏军8月份的作战计划涉及在乌克兰西部活动的20支游击队（17000人左右），他们的主要任务是发起袭击，破坏德国人的后方交通线，阻止德军从基辅、克列缅丘格和第聂伯罗彼得罗夫斯克调集预备队。

被弹药和燃料的短缺耽搁了一周后，8月26日，罗科索夫斯基将他的中央方面军投入进攻，以麾下3个集团军冲往谢夫斯克—诺夫哥罗德谢韦尔斯基方向。次日，罗科索夫斯基命令坦克第2集团军（由于罗金在库尔斯克战役期间患病，该集团军目前由S. I. 波格丹诺夫中将指挥）投入战斗，但波格丹诺夫的坦克遭遇到德国人从较平静地区匆匆调来的预备力量。坦克第2集团军经历了一场恶战，各突击集团军只能取得缓慢、痛苦的进展。但在谢夫斯克南面作战的切尔尼亚霍夫斯基第60集团军（鲁琴科的坦克第9军为其提供支援）却不是这样，该集团军进行的是一场支援性进攻，现在，他们朝西南方的推进越来越快，已进入乌克兰北部。罗科索夫斯基立即把所有可投入的师从右翼调至左翼；最高统帅部命令波波夫将第13集团军调拨给中央方面军，还派出额外的4个军，其中包括一直担任预备队的近卫机械化第7军（隶属于坦克第2集团军）。一周内，罗科索夫斯基的左翼部队沿一条宽大的战线前出至杰斯纳河，在德国"中央"与"南方"集团军群之间撕开一个50英里的缺口。罗科索夫斯基左翼部队这一西南向突贯，威胁到与沃罗涅日方面军右翼部队相对峙的德国军队的后方。由于担心遭到包围，德军装甲部队已撤出阿赫特尔卡阵地；瓦图京的右翼和中央部队向西推进，目标是罗姆内（Romny）和波尔塔瓦。马利诺夫斯基的西南方面军于8月13日发起进攻，托尔布欣的南方面军在5天后投入战斗；马利诺夫斯基的第一波攻击沿北顿涅茨河东岸推进（掩护科涅夫对哈尔科夫的进攻），而托尔布欣以5000门大炮和迫击炮猛轰德军阵地，开始一劳永逸地粉碎"米乌斯河防线"。月底，米乌斯河防线已被突破，托尔布欣的部队解放了塔甘罗格；从东普鲁士大本营匆匆赶至文尼察（Vinnitsa）的希特勒终于批准第6集团军——"在必要的时候"——撤至卡利米乌斯河（Kalmius），第1装甲集团军的右翼向西后撤。

9月2日晚，马利诺夫斯基麾下的近卫第3集团军强渡北顿涅茨河：左翼部队实施重组，马利诺夫斯基打算冲向西南方和南方，但在这些行动发起前夕，最高统帅部命令他将2个军（1个步兵军和1个骑兵军）和5个师转入最高统帅部预备队，尽管这势必削弱旨在从北面迂回顿巴斯的进攻力量。托尔布欣收到了这些援兵，这使他麾下的部队达到13个步兵师和3个快速军（坦克第11、第20军和近卫骑兵第5军）；9月8日，南方面军夺取斯大林诺，这是顿巴斯的首府，由茨韦塔耶夫的突击第5集团军解放。在9月份的第一周，罗科索夫斯基的左翼和瓦图京的右翼冲向科诺托普和罗姆内；科涅夫草原方面军辖下的舒米

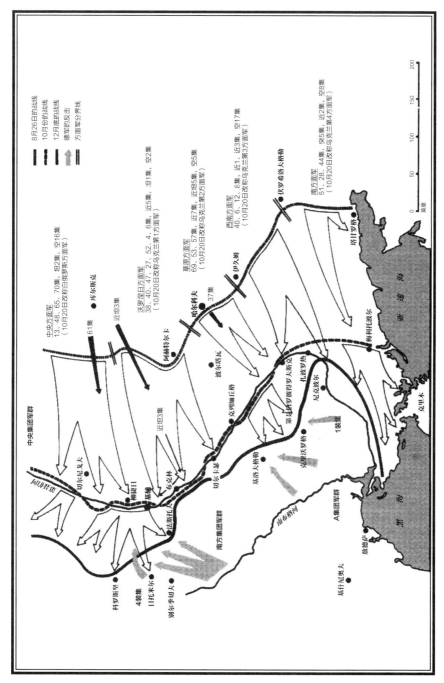

1943年8—12月，冲向第聂伯河

洛夫近卫第7集团军已肃清哈尔科夫南面的梅列法，但向波尔塔瓦的推进暂时停顿下来。不过，随着罗科索夫斯基和瓦图京横扫科诺托普—罗姆内，波尔塔瓦—克列缅丘格方向已不再是最高统帅部的关注焦点。沿着德国两个集团军群的结合部赶至第聂伯河，然后奔向基辅，同时插入"南方"集团军群的纵深侧翼，这一重大突破的前景具有无法抗拒的吸引力。9月6日晚，斯大林给各方面军下达了修订后的命令，重新调整了各战区分界线：中央方面军的左翼部队冲向切尔尼戈夫，右翼部队赶往戈梅利；沃罗涅日方面军将向佩列斯拉夫（Pereslav）攻击前进，在布克林河（Bukrin）河曲部强渡第聂伯河，最终从南面迂回基辅；科涅夫的草原方面军现在的目标是克列缅丘格。为强化这场攻势，最高统帅部将第61集团军调给罗科索夫斯基，将近卫坦克第3集团军和近卫骑兵第1军调给瓦图京，另外从最高统帅部预备队调出第37集团军，从瓦图京处调出扎多夫的近卫第5集团军，从马利诺夫斯基处调出第46集团军，这些部队都划拨给了科涅夫。南方面军也得到了相当可观的援兵。

曼施泰因元帅向希特勒强调指出，他北翼的态势正在急剧恶化。朱可夫元帅正准备粉碎德国第4装甲集团军，绝不容忍部下有丝毫拖延，他敦促卡图科夫尽快向前推进，库利克中将（被剥夺苏联元帅的军衔后，库利克在1943年夏季复出，担任一个预备集团军的司令员）则受到冷遇——朱可夫斥责他使用20年代的战术，最终把他撵走了[4]。到9月14日，德国第4装甲集团军已被切成三块，曼施泰因的北翼开始崩溃。通往基辅的道路迅速失去掩护。俄国人和德国人竞相赶往第聂伯河，尽管苏军缺乏坦克和卡车（各空军师也缺乏轰炸机），致使他们的推进速度受到限制。不过，切尔尼亚霍夫斯基还是在杰斯纳河西岸扩大了他的登陆场，而第61集团军和近卫骑兵第7军则在第65集团军与第13集团军之间向前迅速推进。9月15日，第60、第13集团军和近卫机械化第7军到达涅任；瓦图京的右翼部队以一个宽大的西北向推进迂回波尔塔瓦，迫使8个德军师退往第聂伯河上的卡涅夫（Kanev）。如果切尔尼亚霍夫斯基的第60集团军（该集团军由4个军组成）转向正南方，就能直接插入这些德军部队的侧翼和后方，同时切断不少于13个德军师的退路。于是，罗科索夫斯基向待在沃罗涅日方面军司令部的最高统帅部代表朱可夫元帅提出这一建议——第60集团军应该调转方向，与瓦图京右翼的第38集团军取得会合。不知出于何种原因，朱可夫否决了这个建议；根据9月18日下达的命令，第38集团军将在基辅以南地区到达第聂伯河。但三天后，由于罗科索夫斯基与瓦图京之间的分界线北移，第38集团军不得不转向北面。9月21日，第38集团军接到重新部署的命令，以便进入中央方面军的战区，他们将在普霍夫卡（Pukhovka）北面强渡杰斯纳河（尽管第60集团军已渡过该河），然后在基辅以北地区强渡第聂伯河，并建立登陆场，这一任务的完成不得迟于9月27日。在这之后，第38集团军将与莫斯卡连科的第40集团军相配合，包围基辅地区的敌人，并夺取该城。这种部署的最终结果是将已位于第聂伯河的第60集团军排挤到更北面，而9月26日，第38集团军只有少量部队渡过了第聂伯河。

9月份的最后一周开始时，越来越多的苏军集团军向西推进150多英里，逼近了第聂伯河。罗科索夫斯基的左翼部队在切尔尼戈夫以南强渡杰斯纳河，并于9月21日到达第聂伯河（月底前，整个中央方面军进抵索日河和第聂伯河）。瓦图京方面军主力的目标是勒日谢夫（Rzhintsev）—卡涅夫渡口，9月22日夜间，近卫坦克第3集团军的先头部队临时建起一座渡口。科涅夫草原方面军中率先渡河的是舒米洛夫的近卫第7集团军，9月25日晚，该集团军的先头部队在克列缅丘格西南方渡过河去。马利诺夫斯基的西南方面军于9月26日抵达第聂伯河——第6集团军的部队在第聂伯罗彼得罗夫斯克南面夺取了两座小型登陆场。一周内，苏军士兵忙着修建木筏，利用游击队藏匿下来的小舟，或砍伐木材搭设第一批桥梁，其间深度从1000码至20英里不等的23座登陆场出现在雄伟的第聂伯河的西岸。就在这些部队各显神通渡河，并尽己所能地坚守在对岸时，苏军统帅部投入3个空降旅，守卫并扩充布克林登陆场，该登陆场的纵深已在9月24日前被一个机械化旅扩大到10英里。空中侦察表明，德国人的防御很薄弱，他们没有预备队，但整体状况尚不明朗。整个空投行动由空降兵司令员A. G. 卡皮托欣少将负责，投入的一个空降军（空降兵第1、第3和第5旅）由他的副手扎捷瓦欣少将指挥，朱可夫完全认同这一行动：空降兵第3和第5旅将于9月26日夜间实施空投，担任预备队的第1旅将在次日或第三日夜间空投。戈洛瓦诺夫的远程轰炸机部队提供50架PS–84轰炸运输机、150架伊尔–4和B–25夜间轰炸机；空投伞兵的空中力量由10架滑翔机拖曳机、拥有伞降武器装备的13架伊尔–4、35架A–7和G–11滑翔机组成。每架运输机原计划搭载20名伞兵，但飞行员们指出，每架飞机最多只能携带15—18人；到达前进机场的运输机也比计划安排少得多，由于气候恶劣，许多飞机迟到了。

9月26日夜间，空降兵第3旅向西飞去；296个架次的飞机共投下4575人，但他们没有携带45毫米火炮，13架飞机没能找到空降区而被迫返航，2架飞机将伞兵投到了后方很远的地方，一架飞机把伞兵投入第聂伯河，另一架飞机将伞兵投至苏军阵地上；按照计划，应由65架运输机运送第5旅，但只来了48架，4辆油罐车没能及时为所有飞机补充燃料。另外，博戈杜霍夫机场也没有足够的燃料为所有运输机提供再补给，所以，这些飞机只能根据加油情况，加好一架起飞一架。2个营（1000余人）被空投下去，由于缺乏燃料，后续空投行动被迫取消。德国人的高射炮迫使剩下的运输机拉高，机上的伞兵和空投罐在2000—3000英尺高度上被投出。随着运输机高速飞过空投区，投下的伞兵散落得到处都是。由于无线电通讯员与寥寥无几的几部电台（5—6部）相脱离，还有些电台找不到电池，空降的两个旅实际上与方面军司令部失去了联系。9月28日夜间，三个通讯组被空投下去，但没能取得联系，苏军在当天还派出一架携带着强力通信设备的波–2侦察机，但这架飞机被德军击落了。

临近9月底，43个独立战斗群，2300名伞兵，在第3和第5旅指挥员的率领下，活动在敌人后方；西多尔丘克上校带着600名伞兵集结在卡涅夫附近的森林中。苏军伞兵降落在一个"马蜂窝"里，空投区内有3个德军师，另有2个师正朝这里赶来，瓦图京的司令部实际上已得到相关情报，但没有及时通知空降兵指挥员。除了"坚守阵地"直至第40集团军赶到外，空降军没有其他任务可以执行，但方面军司令部对第40集团军能否迅速赶到并没有太大的信心。组建一个军部的工作完成得乱七八糟，而一个过快的临时举措造成了最严重的问题——用于此次行动的飞机缺乏统一指挥。整个10月份期间，随着另一些伞兵分队的会合，或是游击队加入到被包围的伞兵中，西多尔丘克上校的"卡涅夫战斗群"扩大到1000人。该旅从卡涅夫附近的森林转移到塔甘察（Tagancha）的藏身处，这里同样是密林地带；西多尔丘克的部下们从这里冲出，溜至科尔孙（Korsun）东面20英里处的切尔卡瑟（Cherkassy）森林，在那里进入第52集团军的作战区域。11月14日夜间，第52集团军发起对第聂伯河渡口的突击，苏军伞兵最终与己方部队取得了会合。

冲向第聂伯河的过程中，苏军各方面军和各集团军经常超出补给和后勤供应的范围。尽管缺乏快速部队导致他们的前进速度变缓，燃料或弹药（或两者）逐渐减少使他们的实力变弱，但迅速赶往那条大河成了他们最重要的目标之一。最高统帅部9月6日做出重组和加强的决定，这个决心下得太晚，因为部队的来回调动需要近两周时间；近卫坦克第3集团军和第37集团军赶到时，德军已迅速调回第聂伯河。第一批苏军师到达第聂伯河时，已遥遥领先于携带着重型建桥设备的后方单位（由于缺乏燃料，这些单位中的大多数已无法前进）；第37集团军的2个师（步兵第62师和第92师）用跟随他们一同前进的两个工兵营提供的8座N2P浮桥和6艘A-3轻型舟搭设起突击渡口。士兵和游击队员们沿着河岸搜寻被德国人弄沉的驳船，把这些船弄上来，用它们或用绑缚在浮桥上的平台将坦克运过河去。平日用于钓鱼的小舟被搜集到岸边，一群群士兵扎出数百具木筏，搭设起码头和堤道，或用木梁加固摇摇欲坠的桥梁。前方，跨过第聂伯河深深的河水，高耸的西岸伫立在3500码外，那里遍布山丘和山脊，白天被烟幕遮蔽，夜间又被炮口的闪烁或炮弹的爆炸照亮。8月初，最高统帅部在发给各方面军和各集团军军事委员会的指令中强调了"从行进间"强渡河流的重要性。指令（"关于迅速、果断地强渡河流和奖励苏军人员……"，9月9日发布）规定，在强渡杰斯纳河和其他河流时"表现出相当之勇气"的集团军司令员将获得一级库图佐夫勋章，军至旅级指挥员将获得二级库图佐夫勋章，团级指挥员将获得三级库图佐夫勋章；在斯摩棱斯克及下游河段强渡第聂伯河（以及困难与之类似的河流）期间表现出英雄行为和勇敢精神的人，将获得"苏联英雄"称号。突击部队划动舟筏渡过第聂伯河，坦克被驳船送过河去，在此期间，基辅北面以及克列缅丘格与第聂伯罗彼得罗夫斯克之间的登陆场变得越来越大。活着的人可以获得他们来之不易的勋章。与此同时，苏军统帅部重组其部队，为第聂伯河会战拟定计划，这场会战的胜利将带来太多的变化。

8月下旬，中央方面军和布良斯克方面军冲向布良斯克，沃罗涅日方面军和草原方面军陷入争夺哈尔科夫的苦战之际，西方面军（索科洛夫斯基）和加里宁方面军（叶廖缅科）正为第二阶段的战役进行着最后的准备，这场战役的目的是解放斯摩棱斯克，打击德国"中央"集团军群——第3装甲集团军、第4集团军和第2装甲集团军的一部（据苏联方面估计，敌人共计40个师）。西方面军第一阶段攻势的目标是叶利尼亚（Yelnaya）—斯帕斯杰缅斯克（Spas-Demensk），以打开通往罗斯拉夫尔（Roslavl）的道路，其右翼部队与加里宁方面军相配合，夺取亚尔采沃（Yartsevo）—多罗戈布日（Dorogobuzh），然后冲向斯摩棱斯克；叶廖缅科的左翼部队将对多罗戈布日发起进攻，并与索科洛夫斯基的右翼部队一同冲向斯摩棱斯克，然后，这两个方面军将进入白俄罗斯腹地。斯摩棱斯克战役期间，炮兵元帅沃罗诺夫担任"最高统帅部协调员"。8月7日清晨，西方面军发起进攻时，德国人已做好准备，在他们的防御体系中等待着；斯帕斯杰缅斯克东面，西方面军的突击部队——V. S. 波列诺夫中将的第5集团军、特鲁布尼科夫中将的近卫第10集团军和戈尔多夫中将的第33集团军——只能缓慢地渗透进德军防区。为强化攻势，索科洛夫斯基命令第二梯队茹拉夫廖夫少将的第68集团军投入战斗，但在基洛夫（Kirov）北面发起进攻的V. S. 波波夫中将的第10集团军却向南取得了进展。索科洛夫斯基随即命令坦克第5军超越第10集团军，切断华沙公路并牢牢地守住它，直到步兵部队赶到，然后坦克第5军将进入斯帕斯杰缅斯克西面的林地，并切断通往叶利尼亚的铁路线。坦克第5军配备的主要是英制"瓦伦丁"坦克，该军遭到德军顽强阻击，被敌人的高射炮防御打得混乱不堪，来自空中和地面的火力让坦克第5军遭受到严重损失，一辆辆轻型坦克被炸成碎片。尽管如此，德军偏向西南方还是对斯帕斯杰缅斯克突出部造成了影响，8月13日，斯帕斯杰缅斯克陷落，当天，加里宁方面军司令员叶廖缅科命令A. I. 济金中将的第39集团军和K. D. 戈卢别夫中将的第43集团军发起进攻，冲向杜霍夫希纳（Dukhovshchina），叶廖缅科打算在进攻发起的第二天夺取这座城市。但加里宁方面军在这片沼泽地带激战了五天，被德军反复发起的反击所阻，只获得2英里进展。最高统帅部叫停了这场攻势。

8月22日，最高统帅部批准了修订后的斯摩棱斯克战役计划。现在，西方面军的主攻方向不再是罗斯拉夫尔，而是叶利尼亚，接下来的五天里，索科洛夫斯基重组部队，将特鲁布尼克夫的近卫第10集团军和克雷洛夫的第21集团军调至新战线，他们的防区为18英里，按照计划，他们将沿10英里宽的正面达成突破。与此同时，叶廖缅科调集方面军预备队，8月23日再次发起进攻，对德军防线展开历时两周的打击，但收效甚微。9月初，最高统帅部再次出面叫停了进攻。8月28日，伴随着猛烈的地面炮火和空中轰炸，索科洛夫斯基重新发起进攻，月底，叶利尼亚落入苏军手中。随着苏军渡过第聂伯河，多罗戈布日在9月1日陷落，但前方排列着德军精心布设的防御阵地，包括党卫队第1旅在内的德军预备队已经赶到。索科洛夫斯基再次停顿下来，组织策划斯摩棱斯克战役的第三阶段攻势；位于中央的部队将直接对斯摩棱斯克发起进攻，左翼部队的目标是杰斯纳河和罗斯拉夫尔，右翼部队将与加里宁方面军相配合，歼灭盘踞在亚尔采沃地区的德军。

最后的进攻开始于9月15日。经过一场浴血奋战，亚尔采沃在第二天获得解放。左侧，波波夫的第10集团军[5]渡过杰斯纳河，朝罗斯拉夫尔冲去。别尔扎林[6]接掌了加里宁方面军左翼部队作战行动的指挥权，率领部队直奔鲁德尼亚（Rudnya）—维捷布斯克。在西方面军左翼攻势的支援下，波波夫布良斯克方面军辖内的部队渡过杰斯纳河，全力压向布良斯克和别日察（Bezhitsa），9月17日，巴格拉米扬的第11集团军解放了这两座城市[7]。最高统帅部现在命令波波夫尽快赶至索日河，无论如何必须在10月2日—3日前到达，这样一来，布良斯克方面军将冲入德国"中央"集团军群的侧翼。9月底，德军的"堡垒"——布良斯克、罗斯拉夫尔、斯摩棱斯克——被一个个攻克。9月25日早晨，斯摩棱斯克的德军终于被肃清，他们撤走前将这座古老的城市付之一炬。这里的战斗处在整个苏德战场的中央，双方都为这场血腥的激战付出了高昂的代价；索科洛夫斯基发起的第一次进攻，准备行动一直受到德国空军侦察飞行的严密监视，不可避免地遭遇到德国人精心组织的顽强抵抗。不过，苏军统帅部估计，中央方向上的这些进攻牵制了55个德军师，并阻挡住了南翼德军派遣援兵，而南翼德军正是红军欲歼灭的目标。

10月初的几天，短暂的平静笼罩着整个前线，随后，斯大林发起了秋季攻势，旨在解放两个区首府——白俄罗斯的明斯克和乌克兰的基辅。进攻基辅的命令已下达，解放白俄罗斯的雄心勃勃的计划也在执行中。重新夺回"乌克兰西部"和白俄罗斯的行动同时进行，这是个庞大的要求，这个行动再次高估了红军的能力，尤其是将后勤补给问题过于简单化。当然，夏季战役严重破坏了德国三个集团军群的南北向连接，特别是抑制了（正如事实证明的那样，这是"永久性"的）他们实施联合作战的能力。尽管斯大林并未打算将当前战役与冬季攻势相结合，使之成为战争中的决定性战役，但这样做是有充分理由的，至少是确保西方盟友充分合作所需要的。10月底，在莫斯科举行外长会议期间，这一点变得明确起来，此次会议为计划中的"三巨头"会晤肃清了道路，他们将于年底在德黑兰会面。施加压力后，莫洛托夫和伏罗希洛夫才得到"1944年春季"这个横渡英吉利海峡发起进攻的时间；安东尼·艾登和科德尔·赫尔重申了魁北克会议决定的有效性，但英国首相指出，应该提醒斯大林"春季"这个词延伸至7月份的可能性。10月29日晚，斯大林问递交首相电文的艾登，"霸王"行动是否要推迟一两个月，英国外交大臣无法回答这个问题，但斯大林并未表现出太大的不满。第二天的晚宴上，斯大林以毫不含糊的态度表明，他的意思是与盟国共同努力；他告诉科德尔·赫尔，苏联不仅要消灭纳粹德国，随后还将与盟国一同击败日本。（几乎在这同时，希特勒猛烈抨击他的日本盟友没有消除东面俄国的"军事威胁"。）

对于北极运输船队的猜忌和争执，现在开始消退。9月份，莫洛托夫在一封电报中直言不讳地指出，迫切需要恢复与英国的船运往来，丘吉尔首相在回电中持强烈异议。不过，他在10月1日通知斯大林，运输船队将再次起航，首支船队会在11月到达。斯大林将北方舰队司令员戈洛夫科中将召至莫斯科，仔细询问喀拉海近期发生的灾难，并要求了解海军为保护进入北方舰队作战区域的盟军船队所做的部署，例如舰队是否已做好在11月接收一支盟军船队的准备。参加讨论的政治局"旱鸭子"委员们显然不知道喀拉海是什么样子，戈洛夫科可以理解地失去了耐心，斯大林为此严厉批评了他，但他同意提供反潜机，并给予海军"各种"加强。

月底时，斯大林有足够的理由感到满意。他得到了发起"霸王"行动的坚定承诺，尽管具体日期在春夏季之间仍有些徘徊；他同意最终加入太平洋战争，这使他在联盟中赢得了优势地位；他正在纠正他自己所说的战争物资援助的"灾难性缩减"，现在，运输船队再次起航了。在与戈洛夫科的会谈中，他一直深具信心："做好迎接运输船队的准备。盟国可能会延误——特别是丘吉尔——但他们肯定会恢复运输船队。"

因此，苏军秋季攻势是"缩短战争"的一个举动，以配合莫洛托夫在莫斯科外长会议上"缩短欧洲战事持续时间"的建议（跨海峡进攻、让土耳其参战、利用瑞典的空军基地对德国发起空中打击）。为实施秋季攻势，西南方向上的各方面军被赋予新的名称——乌克兰第1方面军（原沃罗涅日方面军）、乌克兰第2方面军（原草原方面军）、乌克兰第3方面军（原西南方面军）、乌克兰第4方面军（原南方面军）。瓦图京的乌克兰第1方面军将沿"基辅方向"集结其主力，并在那里设立一座战略登陆场。科涅夫的乌克兰第2方面军与马利诺夫斯基的乌克兰第3方面军将歼灭"基洛夫格勒—克里沃罗格"方向的敌人，并在克列缅丘格西南方设立第二座战略登陆场；科涅夫将向西南方攻击前进，而马利诺夫斯基将在扎波罗热消灭德军设在东岸的登陆场，然后向西推进。托尔布欣的乌克兰第4方面军将从莫洛奇纳亚河（Molochnaya）前出至陶立特北部的第聂伯河下游。苏德双方的统帅部都已把目光集中在"基辅方向"，这是"南方"集团军群的北翼；如果这里发生崩溃，会危及整个集团军群，苏联红军随后就将冲向波兰和喀尔巴阡山。这条进军路线出现在苏联最高统帅部发给瓦图京的指令中（9月29日），他的沃罗涅日方面军（乌克兰第1方面军）将与中央方面军（白俄罗斯方面军）左翼部队相配合，冲向基辅，赶往斯塔维谢（Stavishche）—法斯托夫（Fastov）—白采尔科维（Belaya Tserkov）一线，然后前出至别尔季切夫（Berdichev）—日梅林卡（Zhmerinka）—莫吉廖夫-波多利斯基（Moghilev Podolskii）地域。瓦图京最初的作战计划提出，方面军突击群（第40、第27集团军和近卫坦克第3集团军）从布克林登陆场发起进攻，从西南方包抄基辅，切断德军向西逃窜的通道；基辅北面，苏军将从柳捷日（Lyutezh）登陆场发起一场支援性进攻，由第38集团军和近卫坦克第5军从西北方迂回这座城市。这个计划没能通过实际执行的测试，最终被彻底修改，在布克林登陆场，苏军面对着10个德国师的抵抗，因此，主要突击将从柳捷日登陆场发起，近卫坦克第3集团军和炮兵主力向北转移近百英里，进入第38集团军的战区。10月底，莫斯卡连科的第38集团军[8]、A. G. 克拉夫钦科中将的近卫坦克第5军、切尔尼亚霍夫斯基的第60集团军、雷巴尔科的近卫坦克第3集团军和巴拉诺夫的近卫骑兵第1军都已集中在基辅以北,这场打击即将落在德国第4装甲集团军头上。

与此同时,最高统帅部对中央战线的攻势下达了修订后的指令,从维捷布斯克到戈梅利这片战区,红军将从北面、东面和南面三个方向发起对德国"中央"集团军群的打击。10月份的第一周,布良斯克方面军被撤销,10月8日正式从苏军作战序列中消失,第50、第3、第63和第11集团军转入罗科索夫斯基的中央方面军(该方面军很快更名为白俄罗斯方面军),其他部队调往北面。罗科索夫斯基的新攻势从南面发起,目标是戈梅利—博布鲁伊斯克(Bobruisk),最高统帅部要求他将各突击集团军对准日洛宾(Zhlobin)—博布鲁伊斯克—明斯克方向,夺取明斯克,然后赶往明斯克—斯卢茨克(Slutsk)—斯卢奇河(Sluch)一线。索科洛夫斯基的西方面军将从东面冲向奥尔沙和莫吉廖夫,这两座城市已因斯摩棱斯克和罗斯拉夫尔的解放而失去了掩护。北面,叶廖缅科的加里宁方面军(很快更名为波罗的海沿岸第1方面军)将朝维捷布斯克方向发起进攻。叶廖缅科在10月初已展开进攻,以第43和第49°两个左翼集团军分散敌人的注意力,而主攻是以突击第3和突击第4集团军对德国第3装甲集团军发起打击,目标落在涅韦尔(Nevel)地区,"中央"与"北方"集团军群之间的结合部。这并不会收复大量领土,但会是一场意义重大的胜利,红军将横跨在通往"北方"集团军群后方的道路上,还将切断德诺—新索科利尼基(Novosokolniki)—涅韦尔这条重要的铁路线,这将使德军的整个左翼失去与国内的连接,防线会变得过度松散。红军将沿最短的路线冲入波兰和东普鲁士。

苏军毫不停顿的攻势现已进入到第四个月,秋季降雨和湿软的路面导致了拥堵。苏军各个师把后勤单位远远甩在身后,与补给基地相距100英里,他们进入到被后撤中的德军彻底炸毁的地区,德军在弃守地区实施破坏不仅是为了扰乱,而是为彻底剜出这个国家的经济命脉。这些地区没能缓解苏军的补给和运输问题。北面,布设着德国人的据点,尽管涅韦尔在10月份陷落,但维捷布斯克已成为另一座堡垒。德国人在奥尔沙与维捷布斯克之间设有一道强大的防线,掩护着德维纳河(Dvina)与第聂伯河之间的缺口。稍往南的罗加乔夫(Rogachev)和日洛宾,大自然提供了天然屏障,布满大片沼泽和小河,在其身后流淌着别列津纳河(Berezina)和德鲁季河(Drut)。顽强、坚韧、久经沙场的德军步兵师据守着这些人工修建或天然而成的防线，这些东线老兵不啻为所有人的噩梦。作为一道强化壁垒的"东墙"防线可能是希特勒的想象力虚构出来的安慰，但北方的固定防线却是真实存在的。南方有一道巨大的天然屏障，那就是第聂伯河，尽管没有建设大量防御工事，但河流的宽度已足够强大。因此，随着一个个苏军师在10月份渡过河去，俄国人完全有理由对胜利充满信心，尽管整个"第聂伯河防线"战役将持续很长时间。对苏军和德军而言，决战依然取决于南翼。

苏军自库尔斯克战役以来所取得的胜利令人印象深刻，不仅在于他们的推进距离，还包括对德军东部战线的瓦解，斯大林在10月份指出，德国军队的分崩离析正是他"缩短战争"策略的本质。无论他的说法中有多少矫饰，斯大林的策略基本上是一种消耗与进攻的混合物，后者大多带有错误的判断，甚至是鲁莽，只有一次（库尔斯克战役前的关键时刻），斯大林被说服对自己的军队保持克制、耐心和信心。这一决定现在开始获得可观的回报，斯大林正在外交、军事和政治领域取得进展。参加"三巨头"会议的准备工作已在莫斯科就绪；在军事和政治方面，他现在掌握着东线战事的主动权。随着"自由德国运动"的发起，他拿到一手可供谈判的好牌。德国军官同盟（BDO）从一开始就拒绝从事自由德国全国委员会（NKD）擅长的煽动性宣传（特别是煽动德军士兵开小差），但9月初，梅尔尼科夫将军（他是苏联政府的代表，是一名内务人民委员会官员）说服了赛德利茨、拉特曼和科尔费斯将军：如果由于德国国防军反对希特勒而导致东线崩溃，那么，苏联政府将"保证"德国拥有1938年的边界线，德国国防军继续存在，德国不发生"布尔什维克化"。这些条件，再加上NKD同意不煽动战场上的德军士兵，使得被俘的德国将领加入BDO，最终参与到NKD与BDO的"合并体"中。夏末，斯大林也许高估了库尔斯克灾难对德国的影响，但通过被俘德军官兵组成的"委员会"，他至少掌握了代表着"军队"和"人民"（至少在名义上如此）的德国权力当局微弱的"缩影"，宣传铁钳按照他的意愿夹住了国家军队和国家，以此来抗衡英美与希特勒达成的任何交易——斯大林可以用他这个"亲布尔什维克的德国"去对付"反布尔什维克的德国"。

对纳粹德国来说，不祥之兆不仅仅出现在战场上，还跨越了整个军政部门，东线外军处处长盖伦将军以一份令人不寒而栗的图表对此做出强调，他在10月中旬提交了自己的推断报告，枯燥的标题是"Bisherige Entwicklung der deutsch-sowjetrussischen Kräfteverhältnisse seit Kriegsbeginn und seine mögliche Weiterentwicklung bis Ende 1943"，这是一份苏德实力及表现的详细对比研究，附有地图和图表。通过这些数据，盖伦将军从整体上得出一个最为严峻的结论："……所以，苏联这个敌人日后将在兵力、装备方面和宣传领域超越德国。"（T-78/R466，644031-45:17.10.43）认为或希望苏军现在会停顿下来是一种最严重的自欺欺人；苏联方面肯定会发起一场强大的冬季攻势。盖伦不是在猜测，实际上，他的判断被证明是正确的。大规模冬季攻势的计划正在准备中，这个计划将把苏军各个集团军送上前线，他们将发起具有真正决定性的打击。同样，根据盖伦的推测，红军在兵力和装备方面已得到扩充：78个改编后的步兵师（此前一直是旅）、126个步兵军、5个坦克集团军、24个坦克军、13个机械化军、80个独立坦克旅、106个坦克团和43个自行火炮团、6个炮兵军、26个炮兵师、7个"喀秋莎"火箭炮师以及20个炮兵旅。

从斯大林格勒发起反击以来的12个月里，东线态势已发生重大转变，变得对俄国人更加有利。斯大林格勒给德国人带去灾难的预兆，而库尔斯克战场上大批德军装甲师和步兵师消耗在火海中，造成了巨大破坏的现实。在库尔斯克突出部的战场上经历激烈的坦克战后，东线德军遭到苏联红军可怕的重创，现在开始衰败。德国军队在苏联最后的进攻和最后的胜利来而复去，一去不返。

1. 译注：GMD指的是"德国军事文件"。

2. 译注：原文是XVIII Panzer Corps，德军作战序列中没有第18装甲军，从语境分析，可能是苏军坦克第18军的笔误。

3. 译注：右岸乌克兰指的是第聂伯河以西的乌克兰地区。

4. 译注：库利克在1940年5月与铁木辛哥、沙波什尼科夫一同晋升为苏联元帅，但由于在列宁格勒和克里木战役中表现糟糕，他被斯大林降为列兵。1943年夏季，库利克再次成为中将，指挥近卫第4集团军。但朱可夫很不喜欢这位能力平庸的指挥员，于是解除了他的职务。战后，他同前文提到的戈尔多夫凑在一起发牢骚、讲怪话，旋即被逮捕，1950年被处决。

5. 译注：第10集团军司令员是瓦西里·斯捷潘诺维奇·波波夫，而布良斯克方面军司令员是马尔基安·米哈伊洛维奇·波波夫，请读者不要混淆。

6. 译注：别尔扎林中将时任第39集团军司令员。

7. 译注：解放布良斯克和别日察的是第11集团军，司令员为费久宁斯基，巴格拉米扬指挥的是近卫第11集团军，在第11集团军左翼作战。

8. 译注：1943年10月起，莫斯卡连科上将出任第38集团军司令员，第40集团军司令员一职由日马琴科中将接任。

9. 译注：应为第39集团军。

第四章
冲向西部边境: 1943.10–1944.3

1943年秋季，低云、雾堤和降雨再次出现在战场上。白天，即便出现太阳，阳光也是惨白、断断续续的，夜间，秋霜噼啪作响地落在泥泞、湿软的地面上。再有几周就将进入冬季，但对红军而言，即将到来的冬季将被证明与过去两场冬季战役有很大的不同，那两场战役是在更东面的冰天雪地中进行的。自冲过冰封的顿河和顿涅茨河以来，苏军已向西推进了数百英里，目前所处的自然条件与过去有着显著的差异；只有北部，列宁格勒和沃尔霍夫方面军的战线上，环境与过去别无二致。西南部的冬季天气非常善变，第聂伯河下游和布格河南段在不同时期和不同阶段结冻；苏德战场的中央地段，这里的冬季尚算温和。苏军统帅部将气候的这些变化和波动纳入通盘考虑，但他们无法预见到1943—1944年的冬季不仅与过去有许多不同，而且变得反复无常。

10月底，在被曼施泰因称为"决战"的第聂伯河战役中，苏军已取得很大的进展，他们在四个地段施加着压力：扎波罗热登陆场、第聂伯河流域的两个登陆场以及基辅北面的登陆场（德国第4装甲集团军左翼）。为守住440英里的第聂伯河防线，曼施泰因调集37个步兵师和17个装甲和装甲掷弹兵师，但其中大多数已残缺不全；第聂伯河高耸的西岸成为安全后方的希望被证明短暂而又虚幻。目前，苏军的主攻出现在第聂伯河河曲部，在这里，科涅夫的乌克兰第2方面军和马利诺夫斯基的乌克兰第3方面军面对着德国第1装甲集团军和第8集团军，红军在西岸获得了一个庞大的登陆场（从切尔卡瑟到扎波罗热），这片登陆场的纵深为50英里，长度超过200英里。科涅夫的左翼部队在克列缅丘格以南地区冲入一片相对较浅但已被拉伸的登陆场，共计4个集团军（近卫第5、近卫第7集团军和第37、第57集团军）。他们身后排列着罗特米斯特罗夫的近卫坦克第5集团军，该集团军最近刚刚从最高统帅部预备队中调出。10月7日，科涅夫向最高统帅部提交了进攻计划：他建议从他所在的登陆场发起突击，主攻方向为皮亚季哈特基（Pyatikhatka）—克里沃罗格（Krivoi Rog），然后，他建议向阿波斯托洛沃（Apostolovo）推进，从而切断马利诺夫斯基对面据守在第聂伯罗彼得罗夫斯克的德国军队的逃脱路线。最高统帅部正式批准了他的计划。

对于自己的主要突击，科涅夫打算使用4个登陆场集团军，以第37集团军和近卫第5集团军突破敌人的防御，然后投入罗特米斯特罗夫的坦克。为完成重新部署，扎多夫的近卫第5集团军需要行军50英里，罗特米斯特罗夫的近卫坦克第5集团军（10月10日，其主力仍在波尔塔瓦实施改装）需要行进100英里。待步兵和近卫坦克部队就位后，科涅夫于10月15日清晨发起进攻，冲出登陆场。当天下午，罗特米斯特罗夫的坦克投入战斗，穿过秋季的泥泞向前推进。没用三天，苏军就夺取了杰列夫卡（Derievka），10月19日又将皮亚季哈特基拿下，这是另一座重要的铁路枢纽。四天后，罗特米斯特罗夫的先头坦克已出现在克里沃罗格郊外，另一支坦克部队冲向基洛沃格勒（Kirovograd）东面15英里处的米特罗法诺夫卡（Mitrofanovka）。10月24日早上，坦克搭载着步兵，坦克第18军（隶属近卫坦克第5集团军）冲入克里沃罗格，但德军第11装甲师成功地挡住了苏军第37集团军的推进，使其无法支援坦克第18军。当晚，弹药所剩无几的坦克第18军开始后撤，天色越来越黑，在不熟悉的街道中，苏军坦克不得不寻找并杀开一条退路。

尽管在克里沃罗格暂时受阻，但科涅夫的进攻威胁到了据守第聂伯罗彼得罗夫斯克的德国军队的左翼。那是马利诺夫斯基的目标。10月份上半月，马利诺夫斯基的乌克兰第3方面军一直忙于消灭第聂伯河东岸德军戒备森严的登陆场，至于扎波罗热——希特勒命令必须不惜一切代价守住，而苏军最高统帅部则明确要求务必将其消灭。第一次突破扎波罗热防御工事的尝试失败了。马利诺夫斯基决心要把一柄"攻城大锤"掌握在手中，这就是V. I. 崔可夫中将的近卫第8集团军（即保卫斯大林格勒的第62集团军），该集团军已从乌克兰第3方面军辖内调入最高统帅部预备队。马利诺夫斯基与斯大林取得联系，因为调动最高统帅部预备队必须获得他的批准，马利诺夫斯基发现申请援兵非常困难，但斯大林最终同意将近卫第8集团军调拨给他，条件是他必须保证在"两天内"夺取扎波罗热。3个步兵集团军（步兵第12集团军、近卫步兵第8和近卫步兵第3集团军）和2个坦克军（近卫机械化第1军和坦克第23军）将在270辆坦克和空军第17集团军的支援下冲向扎波罗热。马利诺夫斯基决定在夜间发起进攻，这引起了方面军军事委员会的顾虑，但崔可夫全力支持方面军司令员的决定。

10月13日夜间，22点，崔可夫的近卫第8集团军、近卫机械化第1军和坦克第23军发起主攻：第12集团军从北面，近卫第3集团军从南面展开突击。德军装甲和步兵部队弃守扎波罗热，并将丢在身后的水坝和铁路桥炸毁。现在，马利诺夫斯基的乌克兰第3方面军扩大了位于第聂伯罗彼得罗夫斯克河曲部的登陆场，与科涅夫乌克兰第2方面军相配合，冲向克里沃罗格。苏军的目的是把德国第1装甲集团军困在第聂伯河河曲部东段，曼施泰因敏锐地意识到这一危险。科涅夫的行动确保了马利诺夫斯基的右翼：罗特米斯特罗夫的坦克冲向克里沃罗格之际，马利诺夫斯基的两支部队（第46集团军和近卫第8集团军）展开向心攻击，旨在困住第聂伯罗彼得罗夫斯克和第聂伯罗捷尔任斯克的德军，这里伫立着巨大的水力发电站，德国人将航空炸弹布设在发电机组周围，打算炸毁水电站。10月25日，格拉戈列夫的部队（第46集团军）冲入第聂伯罗彼得罗夫斯克，抓获了正准备点燃导火索的"火炬手"（德军爆破人员）。但并非所有的爆破都被阻止，航空炸弹和炸药将水电站的许多装置炸为碎片。第聂伯罗彼得罗夫斯克最终被近卫步兵第39师（近卫第8集团军）夺取。

此刻，科涅夫左翼部队与马利诺夫斯基右翼部队的会合使两个方面军的登陆场合并成"克列缅丘格—第聂伯罗彼得罗夫斯克登陆场"。目前，德国第1装甲集团军安然无恙，因为科涅夫的部队被赶出克里沃罗格，并退过了因古列茨河（Ingulets）；科涅夫暂时停顿下来，但拦在他面前的仅仅是因古列茨河，而不是第聂伯河，他的先头部队已在河流后方分流。现在，从另一个方向而来的进一步威胁笼罩着德国第1装甲集团军。南面，托尔布欣的乌克兰第4方面军沿一条从第聂伯河至亚速海的战线攻向德国第6集团军。托尔布欣接到的命令是歼灭梅利托波尔的德军，夺取第聂伯河渡口和西岸的一座登陆场，然后再拿下彼列科普地峡（Perekop isthmus），从而将德国第17集团军堵在克里木半岛。苏军从莫洛奇纳亚河发起攻击，10月9日前，托尔布欣以突击第5集团军、第44集团军和近卫第2集团军为主导发起的进攻进展甚微，但10月24日，克列伊泽尔的第51集团军[1]终于攻入梅利托波尔，于是，德国第6集团军退守防御严密的尼科波尔登陆场，这座庞大的防御工事建设得极为巧妙，充分利用了周围的河流和沼泽。随着第6集团军被逐出陶立特北部，撤至第聂伯河下游的后方，盘踞在克里木的德国第17集团军已处于危险的境地。第6集团军退过彼列科普时，第17集团军遭到孤立，但希特勒拒绝批准疏散，要求他们不惜一切代价守住克里木，以免俄国人以此为基地轰炸罗马尼亚的油田。11月初，托尔布欣的部队在锡瓦什潟湖（Sivash lagoons）设立起登陆场，而在刻赤半岛上，彼得罗夫将军的北高加索方面军已将塔曼肃清，并登陆了更多的部队。1941年12月，黑海舰队与亚速海区舰队曾把第56和第18集团军的部队送至刻赤，结果遭遇到了两栖登陆战的一切风险，但这一次，一旦登陆，苏军部队就将牢牢地守在那里。

不过，南方的这场危机无法与德国第4装甲集团军防区遭遇到的真正危险相提并论，"南方"集团军群的北翼依然是"决战"所在地，朱可夫和曼施泰因元帅都持相同看法。遵照最高统帅部9月29日的命令，瓦图京乌克兰第1方面军的部队两次试图冲出布克林登陆场（基辅南面），以便深入乌克兰西部，并前出至别尔季切夫—日梅林卡—莫吉廖夫–波多利斯基一线。冲出布克林登陆场的行动失败了：兵力和弹药短缺，缺乏重型火炮，地形因素，再加上敌人的10个师，这一切致使苏军的企图化为泡影。因此，瓦图京带着极大的兴趣开始审视基辅北面柳捷日登陆场的可能性（目前由奇比索夫的第38集团军据守）。10月18日，乌克兰第1方面军军事委员会向最高统帅部提交了一项建议：

目前，基辅正北面20—30公里处的登陆场内，奇比索夫的第38集团军粉碎了敌人的反击，正对敌展开追击。这一胜利完全有可能朝西南方向发展；可是，我们缺乏预备力量。还有一种可能性是从第60集团军（切尔尼亚霍夫斯基）据守的登陆场扩展胜利，但我们同样缺乏力量。［A. A. 格列奇科，*VIZ*，1963（11），第5页］

　　瓦图京本人直言不讳地提出要求：利用北面的进攻，至少需要1个步兵集团军和1个坦克集团军。一周内（10月24日前），最高统帅部批准瓦图京拟定利用柳捷日登陆场发起进攻的计划。对乌克兰第1方面军来说，这份修订后的计划将带来一场从北面发起的进攻，布克林登陆场内的部队被转移；主要突击力量（第38、第60集团军，近卫坦克第3集团军和近卫骑兵第1军）将于11月1日—2日发起进攻，克拉索夫斯基的空军第2集团军为其提供支援。布克林河河曲部，第40和第27集团军将在2个坦克军的支援下提前两天发起进攻，以牵制基辅以南的敌人。乌克兰第1方面军的当前任务是歼灭德国第4装甲集团军并解放基辅，随后，这场攻势将向西方和西南方发展：进攻发起的第四天，步兵部队将进抵科罗斯坚（Korosten）—日托米尔（Zhitomir）—别尔季切夫—拉基诺（Rakitno）一线，坦克部队将前出至赫梅利尼克（Khmelnik）—文尼察—日梅林卡一线。

　　瓦图京现在必须将集结在布克林河河曲部的大多数坦克、炮兵和辅助单位调离。冒着倾盆大雨，近卫坦克第3集团军、突破炮兵第7军、步兵第23军和其他一些部队穿过泥泞返回第聂伯河东岸，沿四条路线开始了上百英里的向北跋涉，进入柳捷日登陆场。就在坦克、大炮、卡车和迫击炮艰难地向北转移之际，第38和第60集团军欣然接纳了第13集团军调拨给他们的援兵。红军工兵疯狂地忙碌着，为雷巴尔科的近卫坦克第3集团军修复或搭设渡过第聂伯河的桥梁。在斯瓦洛马（Svaroma，位于第聂伯河东岸，柳捷日正对面），德军俯冲轰炸机和大炮持续轰击着仅剩的桥梁，桥梁的碎片一块块落入河中。炸弹和炮弹也将附近的建筑物夷为平地，残余的横梁和木板正好被苏军建桥部队用于重建桥梁。10月底，冒着敌人猛烈的轰炸，苏军重型坦克再次渡过第聂伯河，进入柳捷日登陆场。近卫坦克第3集团军的司令部和通信单位在布克林河河曲部一直待到10月28日清晨5点，附近排列着假坦克，真家伙早已北上。尽管大雨妨碍了苏军的行动，但也起到了隐蔽作用。

　　基辅战役发起的三天前，瓦图京亲自赶至柳捷日登陆场，在新彼得罗夫齐（Novo Petrovtsy）一座半毁房屋的地下室内设立起司令部，并在这里向各集团军司令员和军长作了任务简报。方面军前进指挥部也迁入登陆场。南面，F. F. 日马琴科中将的第40集团军和特罗菲缅科的第27集团军于11月1日从布克林登陆场发起进攻。北面将在11月3日投入行动，进攻发起前夕，瓦图京接到最高统帅部的明确指令，要求以最快速度发起进攻——"作战行动将在方面军右翼展开，绝对不能拖延，因为每耽搁一天，只会对敌人有利，他们可以利用良好的道路将部队集中至这一地区，而我们的行动会因为敌人对道路的破坏而受到延误"。基辅必须在48小时内攻克，不得迟于11月5日—6日；命令还强调指出，"基辅登陆场"是第聂伯河西岸最重要的一处阵地，利用这个重要阵地，可以将德国人赶出乌克兰西部。

　　最高统帅部要求的是速度，所以，他们得到了速度。11月3日清晨，2000门大炮和迫击炮，外加50具"喀秋莎"（这是乌克兰第1方面军全部炮兵力量的三分之一）——每英里战线上排列的火炮多达480门——发起了东线战场迄今为止最猛烈的炮击，莫斯卡连科（他现在指挥的是第38集团军）和切尔尼亚霍夫斯基（这位出色、充满活力的第60集团军司令员先前曾请求罗科索夫斯基将"基辅方向"留给他）率领部队冲出柳捷日登陆场。11月4日下午，雨势渐渐稳定下来，变成令人不快的蒙蒙细雨，瓦图京命令雷巴尔科的近卫坦克第3集团军和巴拉诺夫的近卫骑兵第1军穿过第38集团军，赶往西南方的法斯托夫、白采尔科维和格列比翁卡（Grebenka）。雷巴尔科的坦克穿过步兵单位向前疾进，入夜前已深入德军阵地4英里。苏军坦克鸣着汽笛、亮着大灯在夜色中行进，拂晓前抵达基辅西面的斯维亚托希诺（Svyatoshino），切断了基辅—日托米尔公路。此刻，莫斯卡连科的部队已在基辅郊外投入战斗，而切尔尼亚霍夫斯基的第60集团军从右侧转向了西南方。与莫斯卡连科第38集团军并肩奋战的是捷克斯洛伐克独立第1旅的士兵，他们在斯沃博达上校的激励下为解放基辅而战，就像他们将为"布拉格和布拉迪斯拉发"而战那样。捷克士兵非常英勇，11月5日夜晚前，他们夺取了火车站。就在这时，莫斯卡连科的2个军（步兵第50和第51军）跟随克拉夫钦科近卫坦克第5军的先头坦克冲入城区。

激烈的巷战声被爆破的轰鸣所淹没，随着苏军包围圈渐渐收紧，德国第7军开始撤出基辅。11月6日清晨4点，第38集团军报告，"俄罗斯诸城之母"，古老的基辅，被爆破和轰炸破坏得不成样子，还遭到侵略者的野蛮蹂躏，但现在已将德寇肃清。一个小时后，乌克兰第1方面军军事委员会给最高统帅发去电报，报告基辅已获得解放："我们怀着极大的喜悦心情向您报告，您规定的收复乌克兰首府——我们美丽的城市基辅的任务，已由乌克兰第1方面军的部队完成了。基辅城内的法西斯占领者被彻底肃清。"〔朱可夫，*Vosp*（2），第203页〕这是瓦图京和他的部下为即将到来的十月革命周年庆典献上的一份厚礼，对此，莫斯科鸣放礼炮向他们表示祝贺。

接下来的十天，瓦图京的方面军加紧填充"基辅登陆场"，使之成为一个相当庞大的战略据点：近卫坦克第3集团军和第38集团军越过基辅向西南方和西方挺进，右翼部队（第60和第13集团军）向西北方和西方推进。雷巴尔科的坦克攻克了重要的铁路枢纽法斯托夫。日托米尔在11月12日被收复，五天后，切尔尼亚霍夫斯基的第60集团军夺取科罗斯坚，次日（11月18日），普霍夫的第13集团军解放了西北方的奥夫鲁奇（Ovruch）。日托米尔和科罗斯坚的陷落切断了德国"南方"与"中央"集团军群之间的主要铁路连接，法斯托夫的丢失也使德国"南方"集团军群的内部调动明显变得复杂起来。第4装甲集团军已被砍成三块。曼施泰因右翼的态势日益黯淡，最危险的威胁来自雷巴尔科坦克部队的西南向推进。11月8日，德军对法斯托夫和基辅南面的特里波利耶（Tripole）发起猛烈反击，这使瓦图京命令从布克林登陆场冲出的第40和第27集团军实施重组，以便更有效地与法斯托夫地域的第38集团军协同作战，击退德军沿第聂伯河展开的行动。苏军冲向法斯托夫以西地区让曼施泰因降低了警报级别——这表明对方不会冲向南面；曼施泰因甚至从苏军赶往西面和西南面的变化中得到了某种安慰。法斯托夫西面，苏军在日托米尔和切尔尼亚霍夫（Chernyakov）地区分散成一个日益扩大的正面，这种分散可能会变得极其危险，因为"南方"集团军群正调集部队实施反击。苏军最高统帅部也看到一些危险的存在。瓦图京接到命令，让他放缓向西推进的步伐，以增援第38集团军，从而挡住德军向基辅的一切反扑，在这之后，进攻将重新发起，目标是基辅西南方的卡扎京（Kazatin）。尽管位于左翼和中央的部队转入了防御，但瓦图京的右翼部队（第60和第13集团军）仍在继续前进。

新锐装甲师就位后，曼施泰因在11月中旬发起反击。第一回合的激战一直持续到月底，德军重新夺回日托米尔，科罗斯坚也被第49军[2]夺取，从而重新打开了与"中央"集团军群的铁路连接。瓦图京的部队退至科罗斯坚以东——拉多梅什利（Radmyshl）——布鲁西洛夫（Brusilov）以东——法斯托夫以西一线。德军的进攻沿基辅——日托米尔主公路的两侧向前延伸，他们的目标是基辅，但面对泥泞和瓦图京的"防御地带"，激战中的德军没能达成目的。11月28日，最高统帅部命令瓦图京转入防御，消耗敌人，待战略预备队到达后再发起反击。A. A. 格列奇科上将的近卫第1集团军占据了第38与第60集团军之间的缺口，挡住敌人危险的推进，而瓦图京则将他所有预备力量集结了起来。12月初，最高统帅部代表朱可夫与瓦图京研究着发起一场新攻势的计划，乌克兰第1方面军军事委员会——参谋长A. N. 博戈柳博夫中将、政治委员N. S. 赫鲁晓夫中将和K. V. 克赖纽科夫少将也参与其中。朱可夫和瓦图京的计划是将敌军主力歼灭在别尔季切夫——卡扎京地区，从而使方面军主力前出至柳巴尔（Lyubar）——赫梅利尼克——南布格河（赫梅利尼克至文尼察河段）一线，再从那里冲向捷捷列夫河（Tetiev）——沃洛达尔卡（Volodarka）；快速部队将对日梅林卡发起进攻。右翼各集团军必须全歼盘踞在科罗斯坚的敌军，左翼部队将消灭白采尔科维的敌人。瓦图京得到的援兵规模非常庞大。12月初，格列奇科的近卫第1集团军、列谢利泽的第18集团军、坦克第1集团军、坦克第25军、近卫坦克第4军以及大批炮兵部队调至乌克兰第1方面军辖内，这使瓦图京的实力高达452000人、1100辆坦克（大多是修复后的坦克）、750架飞机、近6000门大炮和迫击炮——66个步兵师、3个骑兵师、8个坦克或机械化军；7个步兵集团军、2个坦克集团军和1个空军集团军构成了瓦图京在12月份的力量，他的目标是曼施泰因与后方保持连接的公路和铁路线的交汇点。卡扎京再次成为主要目标，苏军从法斯托夫发起的西南向突击将进入"黑土地"区域和甜菜加工厂。

朱可夫建议粉碎"南方"集团军群的北翼，并歼灭德国第4装甲集团军。11月下旬，曼施泰因曾一度加强过第4装甲集团军的阵地（尽管希特勒突然将霍特大将这位在东线征杀了整整三年的装甲部队指挥官解职，破坏了该集团军的指挥力量）。"南方"集团军群与A集团军群的命运取决于第4装甲集团军能否将麾下的部队聚拢，尽可能紧密地盖住这个"盖子"，但曼施泰因11月20日做出的评估相当悲观。就算德军目前的反击取得巨大成功，也无法歼灭第聂伯河西岸庞大集结区内的苏军，在这种情况下，集团军群绝不敢考虑从北翼抽调部队到南翼，参加第聂伯河河曲部的会战。就算集团军群能在北翼和南翼都打赢，也无法从根本上改变态势；遭受的损失使"南方"集团军群实力锐减，而且没有任何预备力量，完全处在"被敌人牵着走"的状况之中。

第聂伯河河曲部的第二场战役刚刚打响。11月14日，科涅夫恢复了朝基洛沃格勒和克里沃罗格方向的进攻，但泥泞困住了他的部队和装备。不过，K. A. 科罗捷耶夫中将的第52集团军（位于科涅夫的右翼）在切尔卡瑟强渡第聂伯河后，新的胜利即将出现；11月13日，苏军已获得立足地，尽管德国第8集团军设法从第1和第4装甲集团军弄到了两支机动部队，并在切尔卡瑟坚守至12月中旬。最后，加拉宁的近卫第4集团军沿第聂伯河西岸一路推进，与科罗捷耶夫的第52集团军取得会合。整个11月和12月，科涅夫都忙着扩大他在克列缅丘格—第聂伯罗彼得罗夫斯克西面和南面的登陆场，在切尔卡瑟地区，他以短促的打击插入了德军防御体系。霜冻在12月到来，这让罗特米斯特罗夫再次行动起来，12月9日，近卫坦克第5集团军与扎多夫近卫第5集团军的步兵相配合，夺取了兹纳缅卡（Znamenka）。罗特米斯特罗夫的坦克部队准备对基洛沃格勒发起进攻，而在切尔卡瑟，加拉宁和科罗捷耶夫的部队已取得会合，封闭了德军的"刺猬阵地"。经过四天逐屋逐巷的激战，切尔卡瑟落入苏军手中，第聂伯河上一条新的通道打开了。乌克兰第2方面军即将发起具有战略重要性的攻势。马利诺夫斯基继续从他的登陆场冲出，赶往扎波罗热以西地区，而在南面，德军第17集团军被困在克里木。

"第聂伯河防线"已四分五裂，但到初冬时仍在德国人手中，苏军最高统帅部计划将其彻底粉碎，苏军的4个方面军将以雷霆万钧之势砸向"南方"集团军群，彻底肃清乌克兰西部。与此同时，旨在肃清白俄罗斯、歼灭维捷布斯克与戈梅利之间敌中央集团的十月攻势取得了令人印象深刻（尽管不能说是决定性）的战果。夺取涅韦尔是苏军的一场重大胜利，苏军就此切开了德国"北方"与"中央"集团军群之间的结合部。维捷布斯克现在成为苏德双方关注的焦点。德军布设在这里的防御工事加大了地形的险峻，德维纳河北面满是小湖泊和密林，南面排列着卢切萨河（Luchesa）的沼泽地。德军防御链的下一环是奥尔沙。为堵住德维纳河与第聂伯河之间的缺口，德军强化了奥尔沙与维捷布斯克之间的区域，而在奥尔沙南面，通往罗加乔夫和日洛宾的第聂伯河上游地段布满沼泽和河流障碍，提供了丰富的自然屏障。未结冻的小湖泊和河流有利于防守。维捷布斯克以北地区仍未结冻，因为12月只带来几场霜冻，而不是正常的"结冻"。间歇性化冻造成了雪泥、泥泞和雨雪。

整个11月和12月，波罗的海沿岸第1方面军、波罗的海沿岸第2方面军和西方面军都在潮湿、寒冷的气候下进行着争夺维捷布斯克的战斗，他们从西北方迂回该城，并从东面直接发起攻击。这是一场艰巨的战斗，北面的戈罗多克（Gorodok）最终落入苏军手中，但也使巴格拉米扬进入到德维纳河河曲部的沼泽地里。索科洛夫斯基的西方面军从南面逼近维捷布斯克，同时也朝奥尔沙—莫吉廖夫方向攻击前进。罗科索夫斯基的白俄罗斯方面军对准戈梅利—博布鲁伊斯克，明斯克是其主要目标；他的左翼部队已于10月中旬在洛耶夫（Loev）南面强渡第聂伯河，对戈梅利实施侧翼迂回极具可行性。不到一个月时间，11月26日，遭到三个方向压迫的戈梅利陷落，经过一番激烈的巷战，苏军肃清了这座城市。11月下旬，从新贝霍夫（Novy Bykhov）到加季洛维奇（Gadilovich），罗科索夫斯基的右翼部队遍布在第聂伯河，而他的左翼部队已渡过别列津纳河。为守住日洛宾—罗加乔夫—博布鲁伊斯克这片"三角区"，德军统帅部前调了5个步兵师。将德国"中央"集团军群从索日河逼退后，罗科索夫斯基的攻势暂停在这样一条战线上：从北面的佩图霍夫卡（Petukhovka）起，穿过新贝霍夫，直至日洛宾和莫济里（Mozyr）以东地区。巴格拉米扬、索科洛夫斯基和罗科索夫斯基都遭遇到异常的气候，一片片沼泽地柔软稀烂，一条条河流潮湿而又危险。白俄罗斯东部的部分地区已获得解放，维捷布斯克受到威胁，但并不意味着它会束手就擒；不过，1943年年底时，"斯摩棱斯克大门"这条位于奥尔沙与维捷布斯克之间、被大自然劈开并通向西面的通道，仍未从其铰链上脱落。

1943年12月的第一周结束时，苏军总参谋部完成了冬季攻势的最终计划和进攻时间表，旨在利用冒着泥泞和雨雾气候发起的秋季攻势的余波，展开

"毫不停顿的"进攻。各方面军司令部已接到具体指令，或已提交了他们的最终作战计划。冬季战役，这场即将到来的战略攻势，由四个主要行动构成：在列宁格勒地区、在白俄罗斯、在乌克兰西部、在克里木歼灭敌军。苏军的主要打击力量集中在外围侧翼，位于列宁格勒地区（针对"北方"集团军群）和乌克兰西部（针对"南方"和A集团军群）。主攻将在西南战区展开，以便从德国人手中收复大量工业资源和原材料，另外还能让红军迅速前出至1941年的苏联国境线。

据苏联方面统计，此时的德国国防军，将其全部力量的60%、全部装甲部队的50%部署在东线：236个师（包括25个装甲师和18个摩托化师），4906000人（706000人来自德国的仆从国），5400辆坦克和突击炮，54000门大炮和迫击炮，3000架飞机提供支援。而此刻，苏联方面投入的也是一支庞大的军队：5568000人在各野战集团军内服役（419000人担任预备力量），480个师（19个师担任最高统帅部预备队），每个师的平均实力为6000—7000人，35个坦克和机械化军（其中的12个充当预备队），46个坦克旅（4个担任预备队），80个炮兵和迫击炮师（4个担任预备队），5628辆坦克（271辆担任预备队）和8818架飞机（312架担任预备队）。这股庞大的力量由四种类型的集团军组成：步兵集团军（诸兵种合成）、近卫集团军（诸兵种合成，外加坦克部队）、用于突击行动的突击集团军和坦克集团军。步兵和近卫步兵集团军通常由3—4个步兵军组成，外加1个炮兵旅和几个反坦克炮、迫击炮和高射炮团；近卫集团军拥有更猛烈的火力；突击集团军由久经沙场、经验丰富的部队组成，并获得大口径火炮的支援，以打开敌人的固定防御；坦克集团军由2个坦克军和1个机械化军构成。1943年底，红军投入了大约60个"诸兵种合成"集团军、5个突击集团军和5个坦克集团军（很快便增加到6个，1944年1月20日，最高统帅部用近卫坦克第5军和机械化第5军组成近卫坦克第6集团军，交由克拉夫钦科中将指挥[3]）。

每个步兵师由3个步兵团组成；2—4个步兵师组成一个步兵军。坦克部队的基本战术单位是坦克旅，每个旅辖1000余名士兵和3个坦克营，每个营拥有21辆坦克。坦克军由3个坦克旅构成，机械化军辖3个机械化旅（机械化旅由3个摩步营组成，并获得坦克、大炮和迫击炮的支援）和1个坦克旅。在炮兵力量上，苏联红军展现出了巨大的优势。1941年，沃罗诺夫对炮兵的重组可能比其他任何手段都更有效地将红军从彻底崩溃中挽救了出来。炮兵力量越来越集中的趋势贯穿了整个1942年，所以，1943年前，师属炮兵的实力被缩减到只剩下10余门大炮和榴弹炮。最高统帅部的炮兵预备力量继续组建着自己的炮兵团、师和军，并根据作战行动的特定计划和要求投入战斗；炮兵师通常配有200余门大炮和榴弹炮以及100门大口径迫击炮。

1943年到1944年冬季战役前夕，苏军最高统帅部牢记着过去遭受的灾难，积聚起可观的预备力量，将5个步兵集团军、2个坦克集团军和9个坦克军纳入"最高统帅部预备队"。这些部队（第20和第70集团军除外，这两支部队只剩下指挥部人员）已被用于南北两个侧翼，这个决定没太考虑中央战线（即"西部战区"）的苏军所面临的困难，而且并不影响中央战线各方面军（波罗的海沿岸第1方面军、西方面军和白俄罗斯方面军）设定目标的过程，因而这里的目的和手段依然保持着危险的不平衡。

斯大林打算将苏军的主攻砸向西南方，也就是从普里皮亚特河（Pripet）到黑海的"南方战区"。这场向南方发起的进攻涉及4个方面军（乌克兰第1、第2、第3和第4方面军），将以两个阶段展开，第一阶段是粉碎盘踞在第聂伯河河段的敌人，并使苏军前出至南布格河一线，第二阶段是消灭孤立的德国集团军，将红军前出至罗夫诺（Rovno）—莫吉廖夫–波多利斯基一线，从而歼灭整个南翼的德军战略集群。实际上，德国"南方"集团军群将被粉碎在第聂伯河与德涅斯特河（Dniester）之间，而托尔布欣的乌克兰第4方面军和独立滨海集团军接到的命令是：做好收复克里木半岛的准备。

另一场大规模攻势也将在侧翼展开，西北方向上，列宁格勒方面军、沃尔霍夫方面军和波罗的海沿岸第2方面军必须歼灭德国"北方"集团军群，并彻底打破列宁格勒遭受的封锁，肃清列宁格勒和加里宁州，随后，红军必须前出至普斯科夫（Pskov）—纳尔瓦（Narva）—巴尔卡（Balka）一线和韦利卡亚河（Velikaya），从而将自己置于可冲入波罗的海诸国的位置上。中央战线的作战任务不需要额外定义，西方面军和波罗的海沿岸第1方面军接到的命令是歼灭奥尔沙—维捷布斯克地区的敌人，随后推进至波洛茨克（Polotsk）—莫吉廖夫—列佩利（Lepel）。罗科索夫斯基白俄罗斯方面军的第一个目标是博布鲁伊斯克，最终目标是明斯克，这两个地名出现在最高统帅部的指令中已有一段时间。

苏军这些作战计划还对游击运动做出了特别部署，按照命令，他们将尽可能地与战场上的正规部队合并起来。游击运动指导方针的一个重大转变正在酝酿中，1944年1月13日，根据国防委员会的命令，游击运动中央司令部正式撤销。各苏维埃加盟共和国的中央委员会、各州党委和个别游击队领导者得到了游击运动的指导权，将苏维埃政权带回各游击区。现在已不再需要莫斯科的"长臂"来指挥游击运动：控制权可以就近行使。方面军军事委员会承担起为游击队提供武器的责任；通过游击运动司令部，方面军司令部忙着收编这些游击力量。一场庞大的运动延伸至前线。在白俄罗斯，白俄罗斯党中央将白俄罗斯游击运动司令部从莫斯科迁至刚刚获得解放的戈梅利；在西北地区，列宁格勒和加里宁州党委在近距离内指导游击运动，位于克里木的克里木州党委同样如此。

斯大林的目光投向南方所取得的胜利，那里的胜利果实丰富而又直接——受苏联支配的乌克兰政治单位已彻底恢复，克里沃罗格和刻赤的冶金资源、尼科波尔的锰、产粮地、黑海的港口以及大量人口都已回到苏联手中。目前，苏联红军的主要打击力量集中在外侧，各乌克兰方面军获得了最大的份额。尽管最高统帅部分配给"西部战区"一项艰巨的任务，要求他们向西推进100英里，到达波洛茨克—明斯克—普季奇河（Ptich）一线，但他们不得不在没有任何援兵的情况下完成这项任务。（接下来的三个月里，波罗的海沿岸第1方面军、西方面军和白俄罗斯方面军只得到步兵预备力量的19%、炮兵预备力量的25%和坦克预备力量的4%。）冬季攻势发起前，红军在南方集结起169个步兵师和9个骑兵师（苏军此时的师级力量为2600—6500人）、2000余辆坦克和自行火炮，外加2360架飞机。苏军情报部门分析，德国"南方"集团军群和A集团军群拥有103个师又2个旅，93个师（包括18个装甲师和4个摩托化师）、2200辆坦克和1460架飞机位于乌克兰西部。东线德军全部力量的近半数部署在南翼，而其全部装甲力量的四分之三也在南翼。

斯大林打算在适合强大的快速部队实施大规模机动的地域一劳永逸地打破这种均势，1941年，就是在这片战场上，德军装甲师使苏联遭受到了极其可怕的重创。夺回乌克兰西部，除了各种国内利益外，还能让红军进抵苏联的西南方边境，从那里向前推进，穿过罗马尼亚进入巴尔干地区或直奔波兰，插入"中央"集团军群的侧翼和后方。"西南战区"的行动，涉及的不仅仅是各方面军的攻势，还要对从北面的奥夫鲁奇到第聂伯河下游的卡霍夫卡（Kahkovka）这条战线上的数个方面军进行协调：瓦图京（乌克兰第1方面军）向西进攻卢茨克（Lutsk）的同时，还要将主攻放在西南方向，直奔文尼察—莫吉廖夫–波多利斯基；科涅夫（乌克兰第2方面军）将对基洛夫格勒（Kirovgrad）—五一城（Pervomaisk）发起进攻，同时以另一股突击冲向赫里斯托诺夫卡（Khristonovka，这里也是瓦图京的打击目标）；而马利诺夫斯基（乌克兰第3方面军）和托尔布欣（乌克兰第4方面军）将对盘踞在尼科波尔—克里沃罗格地区的德军发起向心攻击，随后向尼古拉耶夫（Nikolayev）和敖德萨（Odessa）挺进。歼灭南翼德军的第一阶段行动将在"右岸乌克兰"（乌克兰西部）的东段进行，肃清第聂伯河的全部敌军后，红军将前出至从南布格河到五一城，再从希罗科耶（Shirokoe）到因古列茨河一线。第二阶段，苏军将推进到从罗夫诺西北方的卢茨克到文尼察西南方的莫吉廖夫–波多利斯基一线，从而进抵德涅斯特河——此时，克里木半岛应该已被肃清。

随着1943年的秋季让位于冬季，从北极到黑海，斯大林在整条东线排列起58个集团军。最北面，巴伦支海到芬兰湾，那里的战线从摩尔曼斯克西面起，穿过白海城（Belomorsk）直至斯维里河（Svir）和拉多加湖（Ladoga）南岸，自1941年秋季以来，德国、芬兰和苏联的部队就没有改变过各自的态势；卡累利阿方面军以自己的4个集团军，外加独立第7集团军，与列宁格勒方面军的第23集团军共同守卫着卡累利阿地峡。从芬兰湾到涅韦尔，战线穿过列宁格勒以南，丘多沃（Chudov）以东，诺夫哥罗德（Novgorod）和旧鲁萨（Staraya Russa），一路延伸至大卢基（Velikie Luki）以西地区——苏联的3个方面军（列宁格勒、沃尔霍夫和波罗的海沿岸第2方面军）以11个集团军与德国"北方"集团军群的44个师对峙。西部战区，从涅韦尔到莫济里，波罗的海沿岸第1方面军、西方面军和白俄罗斯方面军沿着从奥尔沙以东地区和维捷布斯克直至戈梅利西面的战线，以15个集团军面着德国"中央"集团军群的63个师。从莫济里到黑海，排列着乌克兰第1、第2、第3和第4方面军，他们共投入21个"诸兵种合成"集团军和3个坦克集团军;从卡涅夫南面到黑海,战线多多少少沿着第聂伯河延伸,德国"南方"集团军群和A集团军群以93个师据守。尽管克里木半岛仍在德国人手中,但他们的第17集团军已被困住;第51集团军(隶属乌克兰第4方面军)位于彼列科普和锡瓦什湾,而彼得罗夫的独立滨海集团军位于刻赤的岸上。

这些即将发起的攻势的规模、预期的结果和可能的结局——实际上,这是自1941年夏末以来东线态势的彻底转变(korennoi perelom,"根本性转折")——给斯大林11月底在德黑兰参加的"三巨头会议"带去了迫切而又非凡的话题。决定性的一年即将结束。在东线,德国人既没能赢得胜利,也没能获得最与之相当的战果——胶着状态。斯大林牢牢把握着未来态势的走向,苏军将再次回到1941年的边境线,并在许多地段越过国境,从而使斯大林得以促进他最为广阔的战略计划,而不再带有他在1942年那个苦涩的春季展露出的过早的野心。德黑兰是个机会,为此,他曾顽固而又坚决地要求过,为此,他曾要过花招,恫吓、威胁过。现在,他的口袋里塞满计划,他的头脑中植入了他对"配合"的个人看法,这是个必须充分利用的机会。

斯大林赶赴德黑兰时,很可能已得到苏联情报部门的提醒:德国人的一支特别突击队打算刺杀他和"三巨头"里的另外两位成员。斯大林对此究竟掌握多少细节,迄今为止尚不清楚,但在到达德黑兰之前,这位苏联领导人一直小心翼翼地保护着自己,以避免命运的反复无常和人的阴谋。他乘坐火车赶往巴库,一大早便到达那里,早上8点,他来到机场,一群SI-47停在那里,诺维科夫(空军司令员)和戈洛瓦诺夫(远程航空兵司令员)正等着向他汇报。诺维科夫告诉斯大林,两架飞机已做好准备,一架由戈洛瓦诺夫上将驾驶,一架由格拉乔夫上校驾驶,另外两架搭载外交部人员的飞机将在半小时内起飞。诺维科夫请斯大林登上戈洛瓦诺夫驾驶的飞机,但斯大林有不同的看法:"上将并不经常驾驶飞机,我们最好还是乘坐上校的飞机吧。"于是,他带着随从们钻入格拉乔夫上校的飞机。斯大林的飞机起飞后,苏军战斗机从上方和两侧为其提供护航。

以德黑兰作为会议地点，基本上是出自斯大林的选择。10月份的外长会议，在斯大林的坚持下在莫斯科召开，这是他下定决心从盟国那里赢得的让步，对于"三巨头会议"的地点，他接连否决了丘吉尔首相提出的埃及、塞浦路斯和喀什穆。双方不断做出让步，斯大林最终提出伊朗，"那里能代表三个国家"（三国都设有使馆），而且德黑兰离苏联边境并不太远。从结果上看（这个结果有些刻意地做作），英国首相和美国总统赶去会见斯大林，而后者以他自己的风格加大了蒙受恩惠的程度：到达德黑兰后，为防止有可能出现的刺客，罗斯福总统被说服搬入戒备森严的苏联大使馆，而不必冒着风险从美国使馆赶来开会。会议将在苏联大使馆召开，而英国公使馆离得很近。就这样，这些外交前哨暂时成为"世界中心"，在这里，代表着2000多万名战士的三位盟国领导人，首次坐下来举行协商会晤。周日（11月28日）下午，罗斯福搬入苏联大使馆没到一个小时，斯大林便去拜访他，会谈开始了。

美国总统被"禁闭"在苏联大使馆内，并猜测这里的房间都装有窃听器的时候，俄国人已做好窃听的准备，其动机可能是出于对三位盟国领导人的生命受到威胁的惊慌。在与哈里曼大使会谈时，莫洛托夫从未提及"阴谋"的具体细节，尽管他发表了措辞强硬的警告，指出大批德国间谍的存在：出于对阴谋活动的担心，正在采取防范措施，但无法确定这种阴谋确实存在并即将实施。对于苏联情报部门掌握的情况以及消息的来源，莫洛托夫也许很清楚，也许是出于过度的谨慎。后来，苏联针对德黑兰"阴谋"的情报工作泄露，确定了两个情报来源，这两个来源都涉及对德军指挥部的渗透。第一个来源是伊利亚·斯维特洛夫，第二个来源是"齐贝特中尉"——据说他来自柯尼斯堡，实际上是尼古拉·伊万诺维奇·库兹涅佐夫，这位苏联情报人员成功渗透进乌克兰的德军指挥部，曾弄到过关于"堡垒"作战的宝贵情报。

伊利亚·斯维特洛夫的故事可以追溯到20年代乃至俄国内战时期，在那段时期里，他结识了奥托·舒尔茨（居住在俄国的一名德国移民）的儿子弗雷德里希·舒尔茨。斯维特洛夫居住在巴库附近，在一座农场里干活，那里距离波斯边境不太远，农场附近的汉拉尔居民区居住着许多德国移民，德语使用得非常普遍。伊利亚·斯维特洛夫和弗雷德里希·舒尔茨在这里长大。他们不仅住在同一片居民区，内战期间他们的父亲在阿塞拜疆为布尔什维克事业牺牲后，两个孩子干脆住在了一起。作为一名年轻人，伊利亚·斯维特洛夫离开农场来到巴库，作为一名组织者为共青团工作。在这个职位上，年轻的斯维特洛夫引起了OGPU（苏联情报机构）的关注，他们选中他接受进一步训练和法律方面的教育。

1928年，伊利亚·斯维特洛夫回到汉拉尔居民区休假。弗雷德里希·舒尔茨仍住在那里，尽管他的命运刚刚发生了令人震惊的变化：他父亲的弟弟汉斯·舒尔茨目前居住在慕尼黑，是纳粹党的一名早期支持者，不久前刚刚失去自己的妻子和女儿，丧亲之痛促使他给居住在俄国的侄子写了封信，邀请弗雷德里希回德国接替他在人丁稀少的舒尔茨家族内的位置。可是，回到远方亲人的怀抱，这种前景并没有激发起弗雷德里希的积极性，因为这会使他远离自己的俄国未婚妻。伊利亚说服他暂时不要回复他叔叔的来信，与此同时，他把这个消息带回了巴库的OGPU。

没过一个月，伊利亚的上司提出了他们的办法。汉斯·舒尔茨的提议将被接受，所不同的是，伊利亚·斯维特洛夫和弗雷德里希·舒尔茨要互换身份。真正的弗雷德里希可以娶他的未婚妻，使用她婚前的姓氏，并搬到遥远的新西伯利亚，而伊利亚·斯维特洛夫则被OGPU打造成一个新的"弗雷德里希·舒尔茨"。这种改变并不难，伊利亚能说一口流利的德语，还跟真正的弗雷德里希一同居住过；另外，除了这些自身条件，OGPU还对他进行过严格的谍报训练，并告诉他，回到德国后按照自己的方式正常生活，直到发现自己处在一个能提供有用情报的位置上。

1930年2月，斯维特洛夫在慕尼黑火车站见到了他的"叔叔"汉斯·舒尔茨，另一名苏联间谍小心地观察着这一场景。从这一刻起，汉斯·舒尔茨主导了"弗雷德里希"的命运，以他的金钱和影响力抹去他这个侄子（他的父亲为了布尔什维克而战死）的每一丝俄国背景，并为伊利亚·斯维特洛夫提供了新的身份，他更名为瓦尔特·舒尔茨（瓦尔特是舒尔茨家族在汉堡的年轻继承人，他自杀的消息已被家族掩盖起来），并被送至柏林，"弗雷德里希"消失了，舒尔茨家族放出的风声是，他们的侄子没有从俄国回来。重生的瓦尔特·舒尔茨在柏林大学就读于东方研究专业，他还说服"叔叔"把他介绍进纳粹党，于是，老舒尔茨从赫斯那里弄来了一封推荐信。

舒尔茨–斯维特洛夫进步得很快。他毕了业，与外交部一位高官的女儿订婚，还加入了冲锋队。毕业后，舒尔茨–斯维特洛夫发现他"叔叔"与海军上将卡纳里斯关系很好，可以把他安排进阿布维尔的东方科；可是，他的婚姻没能实现，从个人角度看，这是个令人痛苦的插曲，但对他最终的隐蔽来说却是件好事。没过多久，伊利亚·斯维特洛夫执行了阿布维尔分派的第一次行动，上级命令他在1941年初进入伊朗，设法渗透进伊朗的交通系统，伺机实施破坏，以阻止苏联入侵伊朗。他在伊朗将以一家瑞士纺织品公司为掩护开展活动，表面上他是这家公司的代表（他在瑞士逗留期间完成了该公司的筹备工作）。舒尔茨–斯维特洛夫穿过波兰和苏联赶往伊朗，在一列苏联列车上，他与另一名"外国旅客"同住一间包厢，这位"外国旅客"说英语，同样乘火车穿越苏联，事实证明他也是一名苏联谍报人员，第一次被派去德国还是在1930年。到达巴库后，斯维特洛夫继续赶往德黑兰，从那里，他频繁北上，寻找着纺织品生意，并设立起由反苏人员操控的破坏网，但同时，他又把这些人的详情以及他们存放炸药的地点通报给苏联当局。1941年秋季，苏军准备进入伊朗时，他故意把破坏行动搞得一团糟；红军先遣部队到达后，抓获了破坏者，起获了他们的炸药。

尽管在伊朗的行动"失败"了，但返回德国后，舒尔茨–斯维特洛夫恢复了他在阿布维尔东方科的工作，在这个岗位上他再次被调动，1943年被派至伊朗，执行舒伦堡亲自拟定的任务——"远跳"行动，这起行动的目的是破坏德黑兰会议，刺杀丘吉尔和斯大林，绑架罗斯福。一支德军突击队将飞赴伊朗并实施空投，潜入德黑兰附近隐蔽起来，然后冲入城内，抢在当地保安部队做出反应前刺杀盟国领导人。舒伦堡在城内有个潜伏者，这个可靠的间谍名叫亚历山大·格卢斯泽克（据说是一名波兰难民），舒伦堡想把舒尔茨派至边境地区，以协助空投行动。舒尔茨提及他曾与当地一位领导打过交道，对方是个铁杆亲德分子，这让舒伦堡感到满意。第二天继续商议，舒尔茨被告知，他已经参与到行动中；他将以先前的瑞士商人身份为掩护返回伊朗，准备秘密空投地点，筹备对德黑兰实施突袭的事宜，格卢斯泽克会为突击队提供藏身处。不过这一次，舒尔茨–斯维特洛夫将由他的"妻子"陪同，她是一名担任无线电操作员的德国女间谍。舒伦堡命令舒尔茨不要向阿布维尔报告，而要靠他自己和其他行动参与者一同开动脑筋，彻底断绝与外部的联系，因为任何"泄密"都将造成致命后果。

伊利亚·斯维特洛夫少校（化名是瓦尔特·舒尔茨少校）显然将正在酝酿中的计划密报给了莫斯科的苏联情报机构；瓦西里·伊万诺维奇·潘科夫少将和阿夫杰耶夫上校接到他发来的情报后，立即从巴库坐飞机赶往德黑兰。当地的苏联情报机构呈交了关于"远跳"行动更多的情况，这些情报来自"齐贝特中尉"，他活动在德军后方的乌克兰：齐贝特（尼古拉·库兹涅佐夫）从德军指挥部获得了他需要的情报，这一次是通过一级突击队大队长冯·奥特尔。不过，齐贝特是如何做到的，苏联方面的记述并不一致。其中的一个版本（来自亚历山大·卢金撰写的书籍，他本人也是在德国后方活动的一名苏联谍报人员）指出，一名乌克兰姑娘，玛雅·米库塔，对冯·奥特尔进行"腐蚀"，奥特尔答应她，待一项特别任务结束后，会送给她"波斯地毯"，她把这个消息转告给齐贝特，后者设法将冯·奥特尔灌醉，套出了更多的情况；但舒尔茨–斯维特洛夫的行动记述指出，当地游击队领导人报告说，齐贝特中尉已被冯·奥特尔招募到德黑兰行动中，不过，这位中尉没有完成关于德国人行动详情的报告，他消失得无影无踪。这就是潘科夫和阿夫杰耶夫在巴库读到的报告，他们得出的结论是，"消失"是因为舒伦堡下令所有参与者与外界断绝联系，舒尔茨–斯维特洛夫已汇报过这个情况。（尽管如此，还是可以得出这样一种推论，苏联情报部门通过某种渠道证实了舒尔茨–斯维特洛夫的情报，而库兹涅佐夫，要么是亲身参与到行动中了，要么是从德国高层获得了这一情报。）

在德黑兰，潘科夫和阿夫杰耶夫派另一名苏联谍报人员——奥列格·斯米尔诺夫——监视格卢斯泽克；舒尔茨–斯维特洛夫和他的报务员"妻子"也来到德黑兰，随后动身赶往边境地区，设法设立空投区（斯维特洛夫已跟潘科夫和阿夫杰耶夫取得联系）。空投区设立完毕，他又忙着安排当地的接待工作，并设立起一个进入土耳其的非法过境点，另外还要在德黑兰租一座能俯瞰盟国外交使馆的房屋。舒尔茨很快便通知柏林，准备工作已完成，并报告了空投区的坐标，空投行动将由一架从土耳其一侧进入的飞机来完成。他本人将在空投区等待，将德国突击队带入德黑兰，把他们安排到藏身处。

可就在这时，经常被舒尔茨-斯维特洛夫以一种梦幻般的方式加以利用的巧合开始给他带来麻烦。他的"妻子"对他在德黑兰城内的活动产生了怀疑，党卫队军官雷斯勒突然到来，并参与到"远跳"行动中，早些时候，他曾在无意间发现了假"弗雷德里希"的踪迹（只是被对方深具影响力的叔叔抹掉了）。舒尔茨的"妻子"和雷斯勒打算给柏林发报，报告舒尔茨-斯维特洛夫有重大嫌疑。但斯维特洛夫抢先一步，他破坏了电台，并将德国运输机即将到来的消息告知了潘科夫。

发报机被破坏，舒尔茨的"妻子"驱车赶回德黑兰，途中，她试图摆脱俄国人紧追不舍的汽车，结果撞上一座桥梁后车毁人亡。与此同时，潘科夫少将与一个苏军战斗机中队保持着联络，他们报告说，一架没有国籍标记的Ju-52正从土耳其方向进入伊朗领空，苏军歼击机实施拦截，运输机似乎接受了让它降落的指令，却突然调转机头朝土耳其边境飞去。"警告射击。"但歼击机飞行员报告说，那架运输机继续保持着航向，于是潘科夫命令歼击机飞行员击落这架Ju-52。"对方的飞机起火并发生爆炸。"苏军歼击机飞行员发回了报告。潘科夫下令立即赶往坠机现场，飞机的残骸在1000多码的地面上撒落得到处都是；现场没有找到任何证件，但地上扔着一些轻武器、自动武器和迫击炮，弹药不停地发生殉爆。潘科夫返回德黑兰，斯米尔诺夫赶往边境地区，逮捕了一些亲德分子，并把他们交给加兹温的苏联守军。直到这时，潘科夫才通知他的上司，罗斯福总统现在可以搬入德黑兰的苏联大使馆了。一起刺杀阴谋已在会议召开前夕（具体时间从未确定过）被挫败，潘科夫下令加强戒备，他强调指出，尽管敌人的第一次阴谋已失败，但依然存在"第二方案"的危险。不过，原本交给奥托·斯科尔兹内负责实施（他简要研究后放弃了这个行动）的"第一次阴谋"就是德国人的全部计划，没有"第二方案"，莫洛托夫可能只是转述了潘科夫的担心，依靠的大概是从坠毁的Ju-52上获得的间接证据，但这让斯大林获得了他想要的结果。

斯大林试图在德黑兰会议上取得主导地位，由于英国和美国事先未就战略政策取得一致，他的机会大增，罗斯福总统试图采取一种苏美双边互惠主义，这也给了他可乘之机。10月份的外长会议已将1943年夏季造成的不愉快状况（斯大林当时怒不可遏）基本消除；斯大林曾表示愿意和盟国一同继续奋战，但他不想被置于从属地位。相反，他取得的胜利加强了他的地位——苏联红军距离过去的边境线已不到100英里。早在6月份与R. A. 巴特勒会谈时，麦斯基就信心十足地指出了红军迅速推进的意义：苏军很快将到达1941年的边境线，他们必然会到达那里，现在该谈谈条件了。然后便传出了苏德谈判的谣言——当年9月，日本表示愿意"调停"德国与苏联之间的战争，但莫斯科对此未加理会，另外还有苏联拒绝告知华盛顿的事实。斯大林有充分的理由认真实施"缩短战争"的策略，继续留在联盟中就是理由之一，但苏联不愿付出过度削弱自己的代价，他们担心自身实力严重受损后无法参与到战后世界秩序的重建之中。对"第二战场"的各种压力必须保持，斯大林在10月底时认为，第二战场将于1944年春季开辟。就在德黑兰会议召开前夕，斯大林对其盟友的诚意表示了怀疑，他在11月6日抱怨说，德军师正从意大利和巴尔干地区（10天后，法国也被添加到名单上）调往东线。这口大锅不得不始终保持沸腾状态。

斯大林与罗斯福举行了首次私人会晤，罗斯福为自己有能力应对苏联领导人，替和平和民主事业争取他而倍感自豪，斯大林也发现美国和英国在进行战争和赢得和平的问题上有不同的立场。斯大林将迟迟才与总统会晤的责任归咎于自己，但他解释说，这是"前线态势"造成的；他对战场情况做出了多少有些阴郁的描述——日托米尔陷落，科罗斯坚受到威胁，德军增派了新锐部队。罗斯福总统指出，这正是举行此次会议的目的所在，至少要将30—40个德军师调离东线。在一场快速的口头"全球之旅"中，罗斯福总统谈到了许多方面的问题——驶向俄国的商船、法国和中东。在对戴高乐的贬斥和对中国军队难以掩饰的鄙夷中，斯大林似乎下定决心要把整个世界纳入"三巨头"的统治范畴，因为没有其他竞争者，法国（由于失败主义）和中国（由于无能）都被排除在外。至于殖民地地区，特别是印度——总统提醒斯大林，这个话题留给他跟英国首相单独商谈——的商讨，几乎沦为一场"两巨头"的革新论。快到下午4点时，他们结束了会晤，因为德黑兰会议的第一次全体会议即将召开。

按照斯大林和丘吉尔的明确意愿，罗斯福总统主持会议。互致问候后，他开始谈起美国对这场战争的观点，回顾太平洋和欧洲战区的战事，强调指出对日战争给欧洲战事造成的压力。船只和登陆艇的短缺使盟军无法在1943年发起一场跨海峡进攻，但魁北克会议已做出1944年发起"霸王"行动的决定。如果在地中海展开一场大规模行动，"霸王"行动就将被彻底放弃，即便在地中海发起一场规模较小的进攻，"霸王"行动也将被推迟三个月。没人希望见到"霸王"行动被耽搁，但对跨海峡进攻前是否在地中海展开进一步行动这个问题，首相和总统都急于听听苏联方面的意见，看采取何种战略能最大限度地缓解苏联红军的压力：加强意大利、巴尔干地区和爱琴海的进攻力量，吸纳土耳其参战，甚至从法国南部登陆，这些方案都曾讨论过。

随后，斯大林代表苏联发言。他的开场白明确称赞了盟军在太平洋地区获得的胜利，并为苏军没有直接参战做出辩解，但他保证，一旦德国被击败，红军会迅速投入对日作战；苏联的远东部队将为进攻行动增加两倍，苏联将加入到这场"并肩奋战"中。苏联远东方面军无法在未获得加强的前提下发起进攻，因为在18个月的时间里，他们一直为欧洲战场提供重要的援兵，并通过局部动员保持着自身的实力。苏联最高统帅部曾在1942年下令设立一个新职位——负责远东地区的副总参谋长。师以上高级将领轮番调至欧洲战场，以获得现代战争的经验。远东方面军司令员阿纳帕先科大将到欧洲战区"历练"了一番，在库尔斯克战役中被弹片击中后阵亡。远东方面军司令员一职由普尔卡耶夫上将接替，他是一名经验丰富的"突击集团军"司令员，后来接掌过加里宁方面军。1943年秋季，苏联空军也提交了远东地区空中力量的评估报告，并对其进行现代化改装。

苏联方面宣布最终加入对日作战，这并不新鲜，因为在10月份的外长会议上他们就做出过这种保证；但这次是斯大林亲口告诉美国总统，这就意味着一种正式保证。作为对西方盟国把主要力量用于打击德国的回报，苏联将为消灭日本贡献自己的力量，负责歼灭盘踞在满洲的日本关东军，并为轰炸日本本土的轰炸机提供基地。在德黑兰会议的过程中，斯大林做出的承诺不仅仅是一份通告，也是一次先发制人的叫牌，他掌握了美国人的欲望和恐惧——欲望是深深进入到欧洲腹地，恐惧是被远东一场旷日持久的战事所拖累。斯大林提供了一条出路，以换取在欧洲大捞一票的机会。他现在对苏德战场画面的描述不那么阴郁了：尽管德国人预料到苏军7月份的攻势，但红军还是取得了极大的胜利，斯大林自己也对此感到惊异，他本以为德国人的力量会更强大些。苏军的攻势暂时减缓或停顿下来，德国人已重新夺回基辅西面和南面的主动权（实际上，他们一心想夺回基辅），但更大的主动权仍掌握在俄国人手中。苏联和西方盟国对东线德军力量的估计多少有些相符，但红军拥有330个师的确是个新闻；关于苏军的作战行动，比以往更多的信息即将出现在德黑兰，但这种披露极为谨慎，不仅因为红军投入战斗的部队已超过450个师，还因为这种实力差距远比斯大林承认的要大。

斯大林没有贬低意大利战役，但他认为如果要进攻德国，意大利并不是一个合适的集结区，当年的苏沃洛夫元帅就曾发现阿尔卑斯山是一道可怕的障碍。土耳其的位置稍好些，但离德国还是太远。最直接的路线是穿越法国，这里才是英美联军应该发起进攻的地方。斯大林不希望削减"霸王"行动，他认为应该在最短时间内发起。尽管在10月份时，俄国人曾大力敦促他们的盟友让土耳其参战，但现在，斯大林对巴尔干战区的积极性并不大；在这个问题上，他与英国首相发生了直接碰撞，斯大林发言后，丘吉尔阐述了"英国的立场"。丘吉尔先生强调指出，到目前为止，西方盟国从事的战役都属于次要性质，但鉴于资源问题，这是他们所能做出的最大贡献。在1944年春末或夏季发起"霸王"行动，这是英美两国政府的明确承诺——目前还剩整整6个月，不能白白浪费这段时间，应该对地中海的资源多加利用，同时又不能对跨海峡进攻造成任何延误。盟军一旦夺取罗马，就应该考虑开辟"第三战场"，以配合而不是替代"霸王"行动——在法国南部登陆，或是从亚得里亚海顶端的一座登陆场攻入德国侧翼；在巴尔干地区采取更积极的行动，加大对铁托的支持；说服土耳其参战，从而打开达达尼尔海峡，形成一条直接通往苏联黑海港口的补给路线，并在德国摇摇欲坠的盟友中造成"一场政治滑坡"；最后（正如总统提醒的那样）从亚得里亚海的立足点朝东北方推进。

斯大林立即对丘吉尔的观点做出分析，并询问相关数量——多少个师用于"霸王"行动，留在地中海的有多少个师，从法国南部发起进攻需要多少个师，如果土耳其参战，盟国又将抽调多少个师。丘吉尔首相准确地提出了相关军事数据，并坚持认为这些作战行动不会削弱"霸王"行动的力量，相反，这是对现有力量明智、合理的使用。这时，斯大林把算术问题丢在一旁，直言不讳地反对将现有力量分散在土耳其和法国南部。他坚持认为"霸王"行动是1944年的基本作战计划：如果攻克罗马，位于意大利的部队可以在法国南部登陆，从而与从北面而来的登陆部队取得会合。他并不指望土耳其会同意参战。

丘吉尔首相把话题拉回到时间问题上，罗马陷落与发起"霸王"行动之间有6个月的作战空隙。斯大林突然堵住了这个缺口，他提议干脆放弃攻取罗马，关闭意大利战线，将抽调出的兵力在"霸王"行动发起的两个月前投入法国南部。丘吉尔首相对此强烈反对，罗斯福总统调解道，要谨慎考虑各个战役的时机问题——他反对对"霸王"行动的一切延误，但建议仔细研究"霸王"战役发起的两个月前能否让那些部队在法国南部登陆，前提是跨海峡进攻必须按规定日期进行。他们最后决定把整个问题交给参谋人员，让他们在第二天早上进行研究。斯大林说他没有想到会议要讨论军事问题，但他同意派伏罗希洛夫元帅参加这些军事商讨。丘吉尔做了最后一次尝试，他又一次提出土耳其问题，但事实再次证明，斯大林对此几乎没有任何兴趣。从激烈抱怨盟国目前的行动不足以将德军师调离东线，到建议关闭一条盟军战线并废弃其他作战行动，斯大林迅速而又精明地转移着话题。丘吉尔以一种狂热的方式奋力争取东部的存在，斯大林则稳步推动英美军队一路向西。由于美国不愿介入东部的任何纠葛，斯大林的表现得到了鼓励，布鲁克将军承认，他看到"一个相当出色的军事头脑"在运转。至少斯大林做对了他的算术题。

"太多的血白流了。"丘吉尔首相有理由感到烦恼，第一次会议在抑郁的气氛中结束时，他辛辣地表述了自己的感受。三个半小时的商讨，除了斯大林将他的盟友向西分流，离开他的南翼外，没有达成任何实质性决定。对斯大林来说，无论他的政治动机是什么，都有充分的理由反对将兵力分散在地中海东部，当斯大林直截了当地谈及对日作战事宜时，他这个观点就更容易被美国人所接受。罗斯福举办的晚宴结束后，斯大林继续就两个对他和联盟来说至关重要的问题试探盟友们的态度：战后如何处置德国，以及波兰的地位。无论是在总统还是在首相面前，斯大林对德国始终持悲观、坦率和严厉的看法，并质疑不提出任何条款的"无条件投降"是否明智，他还发出了危言耸听的预言——德国很快会从这场战争中恢复过来，再次发动一场新的战争，他暗示对德国的政治肢解并不足以消除德意志精神的本质。在希特勒军队里服役的德国工人的态度显然激怒了他：审问德国战俘时，他问他们为什么替希特勒打仗，战俘们回答说纯粹是服从命令，于是，他把他们全枪毙了。对于波兰问题，双方起初都很谨慎；斯大林欣然提出一个计划，让波兰领土向西延伸，将其西部边境设在奥得河，但对波兰的东部边境，他却保持着缄默。丘吉尔以三根火柴演示了边境线将如何调整，无论说过多少豪言壮语，波兰已被半出卖。斯大林报以微笑，显然对此感到满意。

星期一早上，伏罗希洛夫元帅参加了参谋人员的会谈，作为首要任务的"霸王"行动将于5月1日发起，为此，他猛烈抨击了布鲁克将军。布鲁克认为，为阻止盟军在地中海的行动，德国人必然会从其他地区抽调力量，但他的观点没能说服伏罗希洛夫：伏罗希洛夫承认海峡很宽，但红军已跨过许多河流，完全是因为他们想跨越过去。伏罗希洛夫直言不讳地批评布鲁克将军对"霸王"行动缺乏信心：他所抱的信心跟马歇尔将军同样强烈吗？伏罗希洛夫坚持自己的意见，"霸王"行动必须享有绝对优先权，其他战区的一切行动都是次要的。布鲁克将军完全赞同这种主次顺序，但他一如既往地辩称，为胜利完成主要行动，应该而且必须由一个较小的作战行动提供协助。这场争论一直持续到11月29日下午召开的第二次全体会议，这场会议前，罗斯福总统和斯大林安排了一次美苏之间的单独会谈，商讨远东战区问题以及罗斯福总统对维护战后世界和平的看法，但斯大林却推迟了对远东战区作战事宜的一切承诺，并缩小了他"维护和平"的概念，以制约德国和日本。

第二次全体会议隆重召开。参谋长们汇报当天早上的商讨结果后，斯大林立即提出关键性问题："'霸王'行动由谁来指挥？"罗斯福总统告诉他，这个问题尚未做出决定，斯大林反驳说，如果不指定人选来准备"霸王"行动，这个作战计划肯定会毫无结果。获知摩根将军正在监督准备工作后，斯大林并未被说服，他没有理会丘吉尔首相的解释——英国和美国在确定指挥官人选的问题上非常谨慎——只是要求挑选一个既负责准备工作，又负责执行行动的人。随后，丘吉尔再次试图在盟国的战略上留下自己的印记：冲向敌人的侧翼，在爱琴海作战，把敌人牵制在巴尔干战区，说服土耳其参战。斯大林直截了当地否决了土耳其、爱琴海、罗马尼亚、罗马和南斯拉夫这些选择：鉴于红军急需援助的紧迫性，"霸王"行动必须拥有优先权；行动发起日期必须确定——不晚于1944年5月——绝不能推迟，必须对最高统帅人选做出任命。对法国南部发起进攻能为"霸王"行动提供支援，而在意大利和巴尔干地区所从事的一切纯属"分散兵力"。将作战力量投入巴尔干地区的一切理由都被斯大林当场否决，英国首相希望将30个德军师牵制在巴尔干地区，但斯大林认为根本没有那么多德军师。斯大林与丘吉尔又进行了一番争论后，后者为土耳其问题做出最后的请求，并敦促将所有进攻行动的时机和规模交给军事技术委员会讨论。斯大林认为不需要成立军事技术委员会，现在只要在这里决定"霸王"行动的发起日期、最高统帅的人选以及是否能在法国南部展开一场辅助性战役。"这场会议还要持续多久？"——斯大林在德黑兰的逗留时间最迟不能超过12月2日。罗斯福总统对参谋长们做出一个简单而又直接的指示："霸王"行动对1944年而言至关重要，一切辅助行动都必须谨慎地考虑到是否会延误"霸王"行动。现在，斯大林设法彻底敲定"霸王"行动；他已对确定指挥官人选的问题施加了压力，现在要求确定日期，以便红军从东面发起攻势予以配合。散会前，斯大林对英国首相提出了一个直率的问题：英国对"霸王"行动是否真的抱有信心，还是只是这样说说，好让俄国人放心？带着彻底的预谋，斯大林决意要暴露出丘吉尔已孤立于美国总统和占据优势的"苏联—美国"观点。

第一次晚宴上，斯大林讲述了他如何奚落那些最终被他枪毙的德国战俘。第二次晚宴上（29日晚），斯大林开始逗弄丘吉尔。早些时候，他曾告诉罗斯福总统，他认为丘吉尔先生在对待德国的问题上太过仁慈。现在，他直奔主题，提出待战争结束后，必须枪毙50000名德国军官，他们是"德国总参谋部"的核心力量。对此深感厌恶的丘吉尔首相起身离开餐桌，斯大林和蔼可亲地向他解释说，这不过是个玩笑而已，这才把他重新拉回来。次日（11月30日），斯大林有理由更加满意。当天早上，丘吉尔首相（他与罗斯福总统之间隔了一堵墙）拜访了斯大林，以澄清英国的态度。斯大林没有做出让步：他对"霸王"行动指挥官人选可能会立即指定感到高兴，同时略带威胁地指出，如果1944年5月不发起"霸王"行动，红军可能会产生动摇，俄国人会滋生厌战情绪。如果他知道"霸王"行动将按时发起，就不需要采取措施来防止红军产生一种"孤军作战"感，而且，他还可以拟定一场在5—

6月份展开的攻势。不过，当天早上斯大林并没有从丘吉尔处获知"霸王"行动的具体时间，他是在出席只有三巨头参加的午宴时才得知的。斯大林终于得到了梦寐以求的东西——英美两国一致决定在1944年5月发起"霸王"行动。斯大林在德黑兰玩的政治空手道已见成效，麻痹了美国总统，挫败了英国首相。午宴上，随着不和谐音被淹没在冠冕堂皇的话语中，争论被关于责任的说法所覆盖，斯大林摸清了英美对领土让步的底线。他一直没有阐明苏联方面的任何政策，早些时候，他曾明确拒绝谈论相关条款："……到时候，我们会说的。"在不冻港问题上，他得到了保证：罗斯福总统提出远东的大连，并暗示苏联的扩张要求也许可以得到满足，尽管斯大林装模作样地指出，在这个问题上，中国有发言权。

当天下午举行的第三次全体会议，议题集中于"霸王"行动：英美联军将于1944年5月发起进攻，因而斯大林承诺，红军在东线的大规模攻势也定在5月。当晚，在丘吉尔首相举办的晚宴上，一派和谐气氛。已获得"霸王"行动确切日期的斯大林现在担心起指挥官人选的问题，丘吉尔向他保证，这位指挥官几乎可以肯定就是马歇尔将军。这个回答让斯大林放下心来，他又谈起布鲁克将军的态度问题，认为他不喜欢俄国人。发表祝酒词和演说时，斯大林当众提出他的意见，指责布鲁克将军没有表现出对红军真挚的情感，这种攻击意图让受害者迅速转变立场。

德黑兰会议的最后一天在关于边境线的争执和迅速交换计划中度过。丘吉尔首相为土耳其构想的计划被逐渐削弱。吃罢午餐，他们开始讨论波兰问题，这一次，斯大林没时间摆弄火柴了。他打断丘吉尔的讲话，认为"波兰政府"问题正在讨论，但拒绝承认"流亡伦敦的波兰人"组织起的政府。至于边境线问题，斯大林坚持以1939年的划界为准，莫洛托夫立即谎称这就是寇松线。他们仔细审核了寇松线和奥得河线；话题暂时转向芬兰，在这个问题上，斯大林表现得较为大度，尽管就苏联的政策而言，气度在任何情况下都是最好的投资。至于德国，斯大林批评英国首相并不想对它实施真正的肢解，随后，他又继续支持罗斯福总统将德国分割成五个部分的计划，因为这与他自己的目标最为接近——德国人就是德国人，应该把他们分隔开。罗斯福和斯大林都不打算给予德国南部被假定为无罪的权利。斯大林抛出一个"多瑙河联邦"的想法，并特别坚持让德国与匈牙利保持距离。话题重新回到波兰问题上，丘吉尔首相最终让斯大林同意了他的"寇松—奥得河"线方案，而斯大林要求得到柯尼斯堡，以此作为他同意该方案的补偿。就这样，斯大林以他对该方案的"同意"换取了他最初想要的东西。

德黑兰会议结束了，一个共同决议显然已经达成，但实际上，根本性分歧像一块热煤那样贯穿始终。斯大林有理由得意，因为他的目标已完全实现——他令人钦佩地利用了资本主义阵营内的矛盾。他将"霸王"行动的日期不可改变地确定在1944年春末；他公开了解决苏联"厌战"问题的选择；他设法让竞争对手的军队远离了他的南翼；他分裂了波兰，并毫不费力地将波罗的海诸国掌握在他的控制下，更不必说在远东提出的领土要求。对于这一切，斯大林辩称，俄国人为此付出了大量鲜血。"霸王"行动的确定对他来说是必要的，否则挫折会落在他头上，甚至将他吞没，或是更加糟糕，流血的俄罗斯会进一步陷入停滞不前的状态。无论他的政治动机是什么，他坚持决定性正面进攻的策略是合理的，而他对丘吉尔"分散兵力"的怀疑的确管用。不过，德国情报部门"有60%的把握"确定丘吉尔在德黑兰已然放弃巴尔干地区作战计划，他们对此感到高兴。至于罗斯福总统，尽管受到斯大林的恐吓，但依然相信他已同斯大林建立起一种持久而又有用的私人关系。英国首相沉稳地离开了德黑兰，但却饱受着某种不祥之兆的折磨：第二次会议结束后，他的悲观情绪加深了（他的健康状况也出现恶化）。与斯大林决斗后，公开的友善已让位于私下里的争斗。到达开罗后，丘吉尔急着去意大利，他很想咨询亚历山大将军的看法，并"跟这些嗜血的俄国人去干点什么"。

苏联报刊热情甚至是欣喜的反应，从某种程度上体现出了斯大林对会议结果的满意度。红军得到了鼓舞，他们承诺第二支庞大的铁钳很快将进入德国。丘吉尔和罗斯福从开罗给斯大林发去电报，确认了缩减孟加拉湾战役规模，以腾出登陆艇用于法国南部的决定，同时，他们将加紧制造"霸王"行动所需的两栖登陆艇，并从太平洋战区抽调一部分。但在一个来月的时间里，透露出斯大林满意度的苏联报刊，也帮着他继续表达不满，这显然针对的是丘吉尔对"霸王"行动的保留意见以及"波兰问题"。1944年1月17日的《真理报》上刊登了驻开罗记者发回的一则消息，指出德国正与英国进行单独媾和的谈判——"两位英国著名人士与里宾特洛甫"在伊比利亚半岛的某处会面，以商讨相关条款。没过多久，斯大林亲自否认了这个消息。因此，这则新闻的目的与其说是为了报道热点消息，还不如说是为了督促英国，或是为了避免苏联正与德国谈判的消息被爆出。德黑兰会议结束后不久，日本驻斯德哥尔摩公使馆将德国的另一只"和平触角"递给俄国人，德国提出的建议包括：乌克兰实行自治，苏联在原材料和物资方面为抵御西方列强的德国提供援助。这个多少有些荒唐的方案遭到冷遇，但未能阻止日本在1944年1月底又提出另一个倡议，同时，日本人劝说德国面对现实，至少要放弃疯狂的乌克兰方案。在此期间，《真理报》发出了更多的警告，这次针对的是波罗的海诸国、芬兰、波兰，甚至包括巴尔干地区——这是苏联的一块保护区，特别是在波罗的海诸国根据苏联宪法免遭"干涉"的情况下。至于披露德国与英国秘密联系（美国人明显从这个阴谋中被删除了）的"开罗报道"，斯大林回避了丘吉尔的抗议，并劝告他，"其含义不应被高估"。

但波兰的问题完全不同，1月份，围绕这个国家出现了一场严重的纠纷。斯大林加快速度进行着准备。1月1日晚，贝鲁特领导的"全国委员会"（KRN）突然间出现，这是波兰境内"民主力量的最高地下机构"。KRN立即着手组建自己的武装力量——人民军，没用几周便集结起了手里控制的各个游击队。这几周里，苏联红军越来越逼近波兰旧边境，苏联游击旅在波兰东部的活动也越来越普遍，并在苏联特工的支持下努力破坏着"波兰流亡政府"的权威。"开罗报道"也许并不重要，就像斯大林所说的那样，但"波兰问题"却至关重要。

圣诞节前夕，苏联红军恢复了攻势。当天早上，集结在基辅西南方法斯托夫地域的炮兵实施了50分钟的炮火准备，为瓦图京乌克兰第1方面军担任突击部队的3个步兵集团军炸开一条通道。瓦图京打算突破德军防线，彻底消灭基辅地区的德军坦克和步兵部队，将他的方面军带入相应的位置，以便与科涅夫的乌克兰第2方面军相配合，然后深深插入到德军后方。为隐瞒对法斯托夫的进攻，瓦图京命令切尔尼亚霍夫斯基（第60集团军）和普霍夫（第13集团军）在右翼大张旗鼓地进行进攻准备，故意向德军表明，红军的主攻将出现在科罗斯坚地区。科罗斯坚当然也是瓦图京的目标之一，但他目前的意图是沿日托米尔公路和法斯托夫—卡扎京铁路线向前推进。截至24日夜晚前，苏军突击部队的坦克师已深入德军防线20英里，近卫坦克第3集团军超越了第18集团军，坦克第1集团军超越了第38集团军，T-34坦克在薄雪和浅浅的泥泞中寻找着通道。当晚的进展还不错，路面上撒下一层冰霜，但次日下起雨来，炮兵不得不为这场进攻提供支援，第40集团军已投入战斗，与第38集团军的摩托化步兵相配合，以扩大攻势。12月26日中午，切尔尼亚霍夫斯基的第60集团军在右翼发起进攻；现在，乌克兰第1方面军的左右两翼都已投入战斗。雷巴尔科近卫坦克第3集团军的部队冲向科罗斯特舍夫（Korostyshev），这是日托米尔公路上的一个大村庄，在这里，苏军炮兵最终粉碎了德军装甲部队发起的一场反击。

1943年的最后时刻，德国"南方"集团军群的北翼离一场灾难越来越近。日托米尔几乎被包围。12月29日，切尔尼亚霍夫斯基的第60集团军已攻克科罗斯坚，并从西北方迂回日托米尔，切断了日托米尔至沃伦斯基新城（Novograd Volynsk）的公路和铁路连接。次日，卡扎京，这个通往基辅、波兰和敖德萨南部的铁路枢纽落入苏军手中；波卢博亚罗夫的近卫坦克第4军和第18集团军从东南方向前推进，切断了日托米尔与别尔季切夫之间的公路和铁路线；近卫第1集团军在东面对日托米尔实施侧翼包抄。12月31日，苏军肃清日托米尔，相关部队获得"日托米尔"称号，这是一种战斗荣誉。随着卡扎京的陷落，别尔季切夫的命运已经决定。两个苏军营冲入镇内，但坦克第1集团军和第18集团军没能及时跟上，直到1月5日才与被围困的两个营取得会合，并将别尔季切夫彻底肃清。

瓦图京的步兵和坦克集团军沿150英里宽的战线达成了50英里的纵深突破。"南方"集团军群与德国本土之间最短的公路和铁路连接已被切断。1月2日，瓦图京向最高统帅部提交了新计划：第13、第60、第18和近卫第1集团军将在接下来的五天内前出至罗基特诺（Rokitno）—戈罗季察（Goroditsa）—沃伦斯基新城—柳巴尔霍梅尔尼克（Lyubarkhmelnik）一线；近卫坦克第3集团军将在歼灭别尔季切夫地区的敌人后冲向日梅林卡；左翼部队（第38、第40

集团军和坦克第1集团军）将向南方和西南方推进，进抵亚诺夫（Yanov）、文尼察、伊利因察（Ilintsa）和扎什科夫（Zhaskov）。卡图科夫的坦克第1集团军被赋予了一个特殊任务，他们将向赫里斯季诺夫卡（Khristinovka）攻击前进，在那里与科涅夫的乌克兰第2方面军取得会合，从而将乌克兰第1、第2方面军的侧翼连接起来。

到1月5日，白采尔科维和别尔季切夫已被第18、第38集团军的步兵和卡图科夫的坦克肃清。当天早上，冒着薄雾和低云，科涅夫的乌克兰第2方面军突然对基洛沃格勒附近发起进攻。最高统帅部曾在12月20日命令科涅夫的方面军转入防御，利用休整期前调了300辆坦克和100辆自行火炮；方面军司令部拟定了进攻计划，打算插入盘踞在尼科波尔的德军部队的后方，而歼灭这股敌军的任务将由乌克兰第3和第4方面军共同完成。可是，临近12月底，斯大林突然改变了这个计划：鉴于瓦图京所取得的胜利，科涅夫大将在12月29日接到新的指令，要求他朝基洛沃格勒—五一城方向发起主要突击，次要突击对准什波拉（Shpola）—赫里斯季诺夫卡方向，旨在（与瓦图京的部队相配合）包围卡涅夫—兹韦尼哥罗德卡（Zvenigorodka）—乌曼（Uman）地区的德军。科涅夫派第52和第53集团军执行次要突击，并将主攻力量一分为二，扎多夫的近卫第5集团军和卡特科夫的机械化第7军将从西北方对基洛沃格勒实施侧翼迂回，舒米洛夫的近卫第7集团军和罗特米斯特罗夫的近卫坦克第5集团军将冲向西南方。科涅夫在严格保密的状态下实施集结，除了口头传达命令，其他方式一概禁止，不得使用无线电传输，并下达了明确指令，严禁在电话中谈及进攻行动。天气也助了他一臂之力，小雪和轻微的霜冻有利于坦克部队在乡间穿行，不过，阴沉沉的天空导致苏军飞机无法升空。

苏军对基洛沃格勒的进攻进展神速。德军发起反击，最猛烈的反突击落在舒米洛夫近卫第7集团军头上，苏军步兵为坦克部队打开一条条通道；1月7日这个寒冷、晴朗的夜晚，基里琴科的坦克第29军（隶属于近卫坦克第5集团军）突破至基洛沃格勒南郊，2个步兵师紧随其后。当天早上9点，赶往西北方的苏军部队切断了基洛沃格勒至新乌克兰卡（Novo Ukrainka）的公路和铁路线，而坦克第18军则向南席卷。基洛沃格勒在1月8日被肃清，苏军向该城以西地区推进了大约10英里。科涅夫迅速而又果断的动作让瓦图京调整了自己的计划，并于1月9日上报最高统帅部：在其右翼，他打算前出至戈伦河（Goryn），到达斯卢茨克、杜布罗维察（Dubrovitsa）和萨尔内（Sarny）；在其中央地段和左翼，歼灭日梅林卡和乌曼地区的敌军，并夺取文尼察、日梅林卡和乌曼。最高统帅部批准了他的计划，但没有为此提供援兵。

在北翼，瓦图京督促普霍夫的第13集团军赶往萨尔内；1月12日，先头部队到达戈伦河和斯特里河（Styr）。切尔尼亚霍夫斯基的第60集团军冲向舍佩托夫卡（Shepetovka），但第13和第60集团军都遭到了德军的顽强抗击。遵照最高统帅部的指令，瓦图京让这两支部队停下。沿一条极为宽大的正面，瓦图京的部队挺进了300多英里，尽管左翼进展神速，但几个集团军之间已出现缺口。在日梅林卡，近卫机械化第8军（隶属于坦克第1集团军）被德军的反击切断。乌克兰第1方面军辖下的各集团军，燃料和弹药都已告急。1月12日，最高统帅部给科涅夫和瓦图京下达命令，要求他们将乌克兰第1和第2方面军的侧翼在什波拉会合，从而歼灭位于兹韦尼哥罗德（Zvenigorod）—米罗诺夫卡（Mironovka）的德军突出部。这将确保两个方面军的结合部，并使苏军处在冲向南布格河的有利位置上。

科涅夫和瓦图京都没能冲入德军突出部，该突出部的防线前伸至第聂伯河上的卡涅夫，构成了"科尔孙—舍甫琴柯夫斯基"突出部，这片山地非常适合防御，德国第1装甲集团军和第8集团军辖下的12个师据守在这里。1月中旬，在"日托米尔进攻战役"中大获成功的乌克兰第1方面军，按照最高统帅部的命令转入防御，以便重组和补充部队，并让后勤供应线及时赶上；第47集团军（辖3个师）、坦克第2集团军（辖2个坦克军）、步兵第67军、近卫骑兵第6军和机械化第5军被纳入瓦图京麾下。为了对科尔孙突出部发起突击，瓦图京将第40、第27集团军和坦克第6集团军[4]集结在他的左翼；科涅夫投入第53集团军和近卫第4集团军，罗特米斯特罗夫的近卫坦克第5集团军做好扩大突破的准备。乌克兰第1和第2方面军排列出27个步兵师、4个坦克军和1个机械化军，近4000门大炮和迫击炮，外加370辆坦克，以粉碎科尔孙突出部。

经过22天的作战行动，瓦图京的部队放缓了脚步，他们已将后勤补给单位远远甩在身后，由于冬季尚未降临这片南方区域，他们不得不在泥泞中跋涉。"日托米尔进攻战役"已取得巨大成功，但司令部将方面军所属集团军分散在从萨尔内到文尼察再到日梅林卡的各个目标上，这个决定招致了一些批评。这些命令下达时，方面军已耗尽了预备队：乌克兰第1方面军无法进抵南布格河，无法夺取文尼察和日梅林卡并包围兹韦尼哥罗德卡的敌人。攻克日托米尔后，把部队集中在左翼，并与科涅夫的部队靠拢，可能会更具成效。瓦图京的快速部队已向下席卷沃罗诺维察（Voronovitsy）和涅米罗夫（Nemirov），从南面迂回文尼察，现在正朝乌曼方向赶往赫里斯季诺夫卡。苏军坦克部队在这里撞上了曼施泰因集结起来掩护文尼察和乌曼的预备力量，于是，瓦图京将部队暂时撤至萨姆戈罗多克（Samgorodok）—波格列比谢（Pogrebische）—扎什科夫一线。

第聂伯河下游，马利诺夫斯基的乌克兰第3方面军和托尔布欣的乌克兰第4方面军曾在12月份试图冲向尼科波尔和克里沃罗格，但这些尝试均遭到失败，于是，最高统帅部在1944年初下达正式命令，必须夺取这两个德军据点，必须在粉碎德军防御（除了精心修筑的工事，还有河流和沟壑的掩护）前将其消灭。马利诺夫斯基面对着获得加固的卡缅卡河（Kamenka）防线，而托尔布欣面对的是第聂伯河。乌克兰第4方面军在尼科波尔前方遭遇过失败：冲向该镇的第一次进攻尝试中，第44集团军司令员霍缅科（他是一名NKVD军官，也是一位优秀的指挥员）阵亡。霍缅科和他的炮兵司令员S. A.博布科夫驱车前往一个前进指挥部，所走的道路恰巧穿过德军阵地，结果遭到了火力打击。博布科夫当场阵亡，霍缅科负了致命伤。德国电台宣布两名苏军高级将领弃职潜逃。斯大林一气之下解散了第44集团军，所属部队转隶其他集团军。直到1944年晚些时候，审问一名德军战俘时，真相才浮出水面。两位将领的遗体被装入武器包装箱，运至梅利托波尔后埋葬。

1944年1月10日，乌克兰第3方面军朝阿波斯托洛沃方向攻击前进，两天后，乌克兰第4方面军直接冲向尼科波尔登陆场。由于缺乏弹药和坦克，马利诺夫斯基的进攻没能获得进展。在托尔布欣的战线上，列柳申科的近卫第3集团军未能突入尼科波尔。经过一周徒劳无益的激战，这场进攻被取消。乌克兰第3方面军军事委员会召开的会议上，最高统帅部派驻乌克兰第3、第4方面军的协调员华西列夫斯基元帅提出一个新的作战计划，这个计划立即提交给斯大林。华西列夫斯基还要求最高统帅部为马利诺夫斯基的方面军增派援兵，因为该方面军承担着主攻重任。马利诺夫斯基迅速从科涅夫那里得到第37集团军，从托尔布欣那里得到近卫机械化第4军，从最高统帅部预备队得到近卫步兵第31军，另外还有64辆KV和T-34坦克、弹药和燃料。修改过的计划要求马利诺夫斯基的方面军以格拉戈列夫的第46集团军、崔可夫的近卫第8集团军和塔纳希申的近卫机械化第4军担任主攻，朝阿波斯托洛沃—卡缅卡方向攻击前进，突破至第聂伯河，并与托尔布欣相配合，消灭尼科波尔登陆场。托尔布欣以列柳申科的近卫第3集团军、茨韦塔耶夫的突击第5集团军和格列齐金的第28集团军（以及在兹韦塔耶夫斯地区作战的斯维里多夫的近卫机械化第2军）发起对尼科波尔的进攻。

1月30日早晨，M. N. 沙罗欣中将的第37集团军和I. T. 什列明中将的第6集团军（乌克兰第3方面军）发起主攻和辅助进攻。1月31日早上8点，托尔布欣的3个集团军（近卫第3集团军、突击第5和第28集团军）也展开攻势。北面，苏军对"科尔孙—舍甫琴柯夫斯基"突出部的大规模进攻已持续了一周：1月24日拂晓，数百门大炮怒吼起来，拉开了科涅夫这场猛攻的序幕；两天后，瓦图京左翼的3个集团军投入战斗。瓦图京的右翼，第13和第60集团军1月27日发起新的行动，以肃清盘踞在卢茨克—罗夫诺—舍佩托夫卡地区的德军，并做好冲向西面和南面的准备。

基辅西北面、东南面和南面，朱可夫元帅在这里担任乌克兰第1和第2方面军的最高统帅部协调员，1944年1月底之前，他们发起了战略意义越来越重要的战役。此时，科尔孙突出部的命运至关重要，这个大楔子插在乌克兰第1与第2方面军的结合部，像个软木塞那样堵住苏军的攻势，德军统帅部打算坚守此地，以打乱苏军的计划时间表，进而挫败俄国人在南部战区发起的大规模攻势。由于这个突出部伸向第聂伯河，希特勒充满了借此夺回失地的幻想；但现实情况极为严峻，并涉及大批据守在此处的德军将士的命运。不过，苏军坦克朝乌曼和文尼察方向的推进暂时被挡住了，但在西北方，"南方"集团军群的左翼，苏军轻型坦克和瓦图京右翼部队的机械化步兵已跨过波兰旧边境，这个极其危险的侧翼纵深迂回是由普霍夫和切尔尼亚霍夫斯基在"卢茨克—罗夫诺"战役中实施的。更南面，苏军针对盘踞在第聂伯河河曲部的德军的第二次攻势，已开始深深插入尼科波尔与克里沃罗格之间德军严密防御的弧形阵地。

苏军与德军士兵在科尔孙突出部展开可怕厮杀之际，南方战区的泥泞和雨雪已逐渐减弱，而在战线另一端，北部，苏军的作战行动已到达第一个关键性阶段。

列宁格勒战场上布设着大量堑壕、铁丝网、防御工事、固定火力点、掩体以及阵地战的各种设施，看上去就像第一次世界大战的产物。德军的远程和中程火炮（70个炮兵阵地部署在红谢洛北面，另外70个炮位位于"姆加集群"）保持着对列宁格勒的持续性炮击，一天天伤害着这座城市。电车被尽量带离遭受炮击的区域，炮弹钻入建筑内炸开，或雨点般落入涅瓦河，苏德双方的炮兵展开了历史上持续时间最长的炮战。1943年，列宁格勒"反炮兵"炮兵第3军将5支炮兵力量集中起来，拼凑起包括356毫米口径舰炮在内的195门大炮。声音探测器、空中侦察、地面侦察、气球、机动铁路炮、纵深部署的重型火炮——这一切都为发现和打击德军炮兵阵地做出了贡献。自1943年1月严密的包围圈被打破以来，城内的生活已不再那么可怕，但依然充满危险、束缚和艰难——突然或渐渐死去的900天，不间断的匮乏以及无休止的工作。一条输油管已通入城内；一条铁路线在1943年通车，沿一条不断遭到德军炮击的狭窄通道，将燃料和生活必需品从拉多加湖南岸运入城内；更多的工厂恢复了生产，被饿死的人数开始减少。

屈希勒尔元帅的"北方"集团军群加紧了对列宁格勒的封锁，第18集团军据守着包围这座城市的环形防线和一条向南通往伊尔门湖（Ilmen）的战线，南面，第16集团军守卫着沿洛瓦季河（Lovat）延伸的防线。德国"北方"集团军群还控制着波罗的海诸国，以此确保芬兰继续留在德国阵营内，并依靠其广阔的固定防御阵地。该集团军群已被德军统帅部逐渐削弱，兵力和装备调往其他战线，接替前线师的是战斗力较差的部队和空军野战师。另外两道防线掩护着第三个防御区，这个防区反过来又为一道后方防线提供掩护，这就是从普斯科夫到奥斯特罗夫（Ostrov）的"豹"防线。苏军沃尔霍夫方面军的中央地段和左翼，德国人在沃尔霍夫河西岸（苏军在这里有一座小小的登陆场）设立起一道道防线；伊尔门湖掩护着位于右翼的诺夫哥罗德。这里的冬季更加寒冷，但1943—1944年，气候又一次玩起了把戏——秋季一再拖延，12月份阴雨绵绵。温和的气候造成突如其来的化冻，河流和湖泊的冰面可以承受货车和轻型火炮的重量，但无法让坦克通行。沃尔霍夫的沼泽地没有冻结。

经历了1943年9月夺取锡尼亚维诺高地的激战后，列宁格勒指挥部着手准备彻底打破包围圈的计划，并向最高统帅部提交了一份评估报告：

> 针对整体态势，列宁格勒方面军军事委员会认为是时候提出歼灭德国第18集团军的问题了，这是德军在东线北翼的基本力量，此举不仅是为彻底打破列宁格勒遭受的围困，也是为了发起一场前出至卢加河一线（从河口到卢加镇）的攻势，夺取卢加河登陆场，这是进一步在波罗的海地区采取行动的先决条件。（S. P. 普拉托诺夫，《列宁格勒保卫战》，1964年，第300页）

列宁格勒指挥部认为德国第18集团军已处在灾难的边缘，因为其预备队已被抽调到其他战区。9月底，在列宁格勒全体指挥员召开的一次会议上，D. N. 古谢夫中将（列宁格勒方面军参谋长）提出一份新的作战计划：从奥拉宁包姆（Oranienbaum）登陆场和普尔科沃（Pulkovo）高地分别发起一场向心攻击，困住夏宫（Peterhof）—斯特列利纳（Strelna）地区的德军，两股苏军将在罗普沙（Ropsha）会合，然后，苏军的攻势将向金吉谢普（Kingisepp）和赤卫军城（Krasnogvardeisk）延伸。另一场更大的攻势打算从北面的列宁格勒—赤卫军城—金吉谢普方向发起，再从东南方朝丘多沃（Chudovo）—诺夫哥罗德—卢加攻击前进，从而切断"北方"集团军群的交通线。与过去的突破尝试相比，这些计划显得更加激进。过去的进攻行动都是从列宁格勒方面军的左翼向东突击，打击德国第18集团军的"施吕瑟尔堡（Schlusselburg）—锡尼亚维诺"集群，而这场新攻势的主要突击将来自奥拉宁包姆—普尔科沃的右翼，他们将向南推进，与沃尔霍夫方面军和波罗的海沿岸第2方面军取得会合。

最高统帅部大体上批准了这些计划，但建议列宁格勒方面军司令员戈沃罗夫和沃尔霍夫方面军司令员梅列茨科夫防范敌人有可能实施的后撤。在9月份的司令部会议上，戈沃罗夫表述过同样的看法，德国"北方"集团军群有可能从列宁格勒和诺夫哥罗德后撤；方面军情报部门已获知德国人正在所有河流上（姆沙加河、普柳萨河、纳尔瓦河、韦利卡亚河）忙碌，主要是修建工事和布设雷区，并将所有引桥炸毁。针对德军有可能后撤的意外情况，戈沃罗夫拟定了"涅瓦河一号"方案，为达成一场突破，又制订了"涅瓦河二号"方案。在此期间，最高统帅部下达指令，没有接到命令前，各方面军不得擅自发起突破尝试。戈沃罗夫的进攻计划中，一个非常显著的变化是命令突击第2集团军进入奥拉宁包姆登陆场。这座登陆场是一条狭长的海滩，约20英里长，12英里宽，是1941年那场灾难和苏联第8集团军经历的艰难岁月的残余物：登陆场与列宁格勒相断绝，但处在喀琅施塔得（Kronstadt）苏军远程火炮的射程和保护下。滨海战役集群的3个师和3个旅守卫着奥拉宁包姆登陆场，德国人在很大程度上已对这里不感兴趣。现在，戈沃罗夫打算将一支铁钳从登陆场伸出，另一支来自列宁格勒南郊，由马斯连尼科夫上将的第42集团军执行。这场攻势以"涅瓦河二号"方案为基础，意图达成一场突破；根据最高统帅部的指示，必须将突击第2集团军从东面的锡尼亚维诺调至西面的奥拉宁包姆登陆场，这涉及大量工作。

苏军这场攻势由3个方面军参与——列宁格勒方面军、沃尔霍夫方面军和波罗的海沿岸第2方面军（目前由M. M. 波波夫大将指挥）。粉碎德国第18集团军的侧翼后，冲向卢加的苏军将把德军主力困住，并使列宁格勒方面军与沃尔霍夫方面军在卢加取得会合，同时到达卢加河一线。歼灭第18集团军后，列宁格勒方面军、沃尔霍夫方面军和波罗的海沿岸第2方面军将对纳尔瓦、普斯科夫和伊德里察（Idritsa）发起进攻，消灭敌第16集团军，从而为整个列宁格勒州解围，并使自己处在对波罗的海诸国发起总攻的位置上。列宁格勒方面军司令员戈沃罗夫策划了一场主要突击和一场次要突击；突击第2集团军冲出奥拉宁包姆登陆场，第42集团军从位于列宁格勒周边阵地上的普尔科沃发起进攻，二者在罗普沙取得会合，歼灭位于夏宫地区的德军，然后向金吉谢普和赤卫军城推进；东面，第67集团军将朝姆加方向发起一场次要突击。沃尔霍夫方面军司令员梅列茨科夫建议使用位于沃尔霍夫河西岸的苏军登陆场，由第59集团军发起对诺夫哥罗德南北两面的主攻，左翼的2个集团军（第8和第54集团军）朝托斯诺（Tosno）—柳班（Lyuban）—丘多沃方向攻击前进，以牵制有可能增援诺夫哥罗德的敌军。一旦敌诺夫哥罗德集团被包围，沃尔霍夫方面军就将夺取卢加，并朝卢加—乌托尔戈什（Utorgosh）一线推进，切断德军逃往普斯科夫的通道。波罗的海沿岸第2方面军司令员波波夫大将打算以其左翼部队发起进攻，夺取普斯托什卡（Pustoshka）—伊德里察地区，然后冲向奥波奇卡（Opochka）—谢别日（Sebezh）。

整个11月期间，苏军指挥员们一直在集结大炮，这是他们打破德军防御最急需的手段。大批弹药、燃料、润滑剂和食物源源不断地运到。戈沃罗夫命令第42集团军将炮兵力量集中在普尔科沃高地。1941年秋季，德军的进攻在这里被击退，当时苏军的炮兵力量只有每公里8门，弹药也不充裕；现在，按照戈沃罗夫的进攻计划，火炮密度达到每公里140门。其他一些地形上需要尽可能多的工程设备。可是，将突击第2集团军调入奥拉宁包姆登陆场，带来了许多巨大而又复杂的问题。波罗的海舰队接受了任务，将人员和装备用舰艇运出列宁格勒，送往西面的海滩，包括2个步兵军、1个坦克旅、炮兵力量以及相应的装备。11月7日，突击第2集团军的前进指挥部登上登陆场，从滨海战役集群手中接管了指挥权。当月剩下的日子里，机动驳船、小型轮船和拖船拖曳着驳船，扫雷艇带着一群小艇，在夜色的掩护下驶向登陆场。他们尽量加快速度，以免拂晓后被敌人发现这些驳船、人员和装备。芬兰湾开始结冰时，扫雷艇和破冰船组成的舰队替代了那些小船。

这些小型舰队从涅瓦湾出发，这个列宁格勒海军基地由海军少将I. D. 库列绍夫负责，另一个出发地是利西诺斯（Lisii Nos），是个环绕海岸的岬角，由喀琅施塔得海军要塞负责（海军少将G. I. 列夫琴科）。坦克、自行火炮和重装备卸载在利西诺斯300码的码头上，尽管这一行动的后期阶段已受到冰冻的妨碍。临近12月底，冰面越结越厚时，登陆场内第二阶段的准备工作继续进行着，运输机将各军部人员和一些火炮运到。俄国人竭力放出他们正从登陆场疏散的风声，但到1944年1月，5个步兵师（步兵第11、第43、第90、第131和第196师）的44000人和13个炮兵团的600门大炮、1个配备着T–34的坦克旅、1个坦克团、2个自行火炮团、700车弹药和各种补给物资已通过数千次夜航运入登陆场。12月底，一直在罗科索夫斯基手下任职，被认为是老资格的"北方"指挥员费久宁斯基中将乘坐布雷舰赶至登陆场，从令人失望的罗曼诺夫斯基手中接管了突击第2集团军[5]。

列宁格勒和沃尔霍夫方面军集结起373000名士兵、1200辆坦克和自行火炮、718架提供战术支援的飞机，波罗的海舰队提供的192架飞机和300架远程航空兵的轰炸机。戈沃罗夫拥有33个步兵师、3个步兵旅和雷巴利琴科的空军第13集团军；梅列茨科夫掌握着22个步兵师、6个步兵旅、4个坦克旅和茹拉夫廖夫的空军第14集团军。面对德国第16集团军的波罗的海沿岸第2方面军（波波夫）拥有45个步兵师、3个步兵旅和4个坦克旅，瑙缅科的空军第15集团军以355架飞机提供战术支援。1944年1月11日，戈沃罗夫和日丹诺夫在方面军军事委员会召开的全体会议上对作战计划和准备工作进行最后的审核，各部队和各军种指挥员列席会议：费久宁斯基从奥拉宁包姆登陆场出击的时间定于1月14日，马斯连尼科夫将于次日冲出普尔科沃。

1月13日—14日夜间，远程航空兵的重型轰炸机对集结在别扎波特内（Bezzabotny）的德军炮兵发起空袭：他们只投入了109个轰炸机架次，由于气候恶劣，8个轰炸机军的大多数飞机无法升空，只有1个轰炸机师投入了行动。拂晓到来时，浓雾笼罩着列宁格勒周边。奥拉宁包姆登陆场的前沿防线一片寂静。费久宁斯基待在突击部队身后300码的前沿指挥所内，惊讶地听见几英里外的某个村庄或农场传出鸡鸣声。这只公鸡属于步兵第90师师长亚先科上校：步兵们说，如果公鸡大声鸣叫，就预示这将是顺利的一天。9点35分，一场火箭炮齐射开始了为突击所做的炮火准备，突击第2集团军的大炮加入到喀琅施塔得要塞和波罗的海舰队各艘军舰的远程火炮打击中，65分钟的炮击射出10万发炮弹。炮火准备结束后，突击第2集团军的第一梯队奉命向前推进；步兵第90师第286团在团乐队军乐声的伴随下投入战斗。进攻发起的第一天，多云的天空下，冒着温暖得不合季节的天气，踩着脚下的雪水，突击第2集团军在5英里的战线上向前推进了3000码；步兵第90师到达德军第二道防线。

第42集团军的战线上，只有清理雷区的工兵们对笼罩着列宁格勒的浓雾感到高兴。为了让德军指挥部无法弄清苏军的进攻方向，第42和第67集团军的大炮也加入到首轮炮击中。尽管此刻浓雾笼罩，但早些时候飞入登陆场的戈沃罗夫坚持要飞回列宁格勒；在列宁格勒一座机场的上方危险地盘旋了许久后，他终于安全着陆。费久宁斯基的战线上开始下雪，借着夜色的掩护，马斯连尼科夫的突击部队进入到他们的出发阵地。天亮时，浓雾笼罩着四面八方，这为赶往前方的集团军工兵提供了掩护，但却妨碍了炮兵们的视线。尽管如此，1月15日9点20分，3000门大炮和大口径迫击炮还是对德军阵地展开了密集炮击，在100分钟内射出20万发炮弹。朝德军防御阵地开火的大口径火炮，约有一半部署在分配给西蒙亚克少将的近卫步兵第30军（隶属第42集团军）的突破地段上。因此，西蒙亚克的步兵军在进攻第一天取得了出色的进展，冲入德军战壕和暗堡防御带达4000多码。上午11点，费久宁斯基恢复了进攻，但进展缓慢，这使戈沃罗夫的参谋长古谢夫中将飞赴登陆场调查情况；苏军坦克误入未被探明的雷区，或是陷入雪中，步兵们不得不在没有重武器支援的情况下对德军火力点发起进攻。与此同时，马斯连尼科夫的右翼部队遭遇到德军的顽强抵抗，进展甚微。

1月17日，费久宁斯基和马斯连尼科夫杀开血路冲过德军防区时，一场危机不期而至，此时苏军步兵们被卷入到数百场各自为战的厮杀中，坦克在深深的雪地里挣扎，或是在狭窄的道路上艰难行进。德军撤出陷阱，并把杜德尔霍夫（Duderhof）的桥梁和大坝炸毁，洪水淹没了红谢洛附近地区。费久宁斯基和马斯连尼科夫投入了各自的第二梯队，1月19日晚，突击第2集团军的坦克先头部队与第42集团军在罗普沙东南方取得会合。随着斯特列利纳的陷落，苏军夺取了几小时前还在轰击列宁格勒的几个重型炮兵阵地——近100门要塞炮被缴获，有些火炮的口径高达400毫米。可是，他们也为此付出了高昂的代价：第42集团军的各个团只剩下2个营的实力，各个营也只剩下2个连。"突击工兵旅"里的工兵营，在近距离内与敌人的混凝土堡垒展开以弱敌强的对决，遭受到了可怕的损失。但是，随着突击第2集团军与第42集团军插入德国第18集团军左翼，整体态势发生了转变；第67集团军准备冲出姆加地区，沃尔霍夫方面军辖内的各集团军也向前冲去。现在，戈沃罗夫命令突击第2集团军对准金吉谢普，第42集团军对准赤卫军城，第67集团军对准乌里扬诺夫卡（Ulyanov）—托斯诺。第67集团军司令员斯维里多夫中将接到的命令是不得让德军不受干扰地撤离，但德国人在1月20日—21日夜间撤出了姆加地区，他让他手上的机会溜走了。戈沃罗夫狠狠地斥责了他，命令第67集团军追上去拖住敌人。

梅列茨科夫的沃尔霍夫方面军也于1月14日发起了进攻，I. T. 科罗夫尼科夫中将的第59集团军试图突破德军防御，推进到诺夫哥罗德北面。第一天，苏军向北的进攻只取得1000码进展，但在诺夫哥罗德南面，斯维克林少将指挥的"南部集群"借着夜色的掩护跨过伊尔门湖，经过暴风雪中的一场推进，在沃尔霍夫河西岸夺取了一座登陆场，夜晚前已深深插入到德军防线。科罗夫尼科夫向诺夫哥罗德北面和南面投入更多的步兵师，加强了南翼包抄力量。激战在冰天雪地中持续之际，梅列茨科夫命令位于右翼的第54集团军向柳班发起进攻，阻止德军援兵调往诺夫哥罗德。德军新锐部队已从姆加地区赶来，但到1月18日，苏军已经构成包围的威胁。现在，德军正从诺夫哥罗德撤往巴捷茨卡亚（Batetskaya）枢纽站和柳博利亚德（Lyubolyada），尽管第59集团军已将一条通往西面的道路置于火炮射程内。与此同时，斯维克林的"南部集群"切断了诺夫哥罗德—希姆斯克（Shimsk）公路和铁路线。诺夫哥罗德北面，步兵第14军在1月19日突然停顿下来，准备次日拂晓冲入城内，但糟糕的侦察和错误的情报使他们没有发现对面的德军已撤离；1月20日上午9点30分，第14和第7军的步兵部队进入诺夫哥罗德时，除一支留下来炸毁沃尔霍夫河上桥梁的德军爆破组外，城内已没有德军士兵。

大批游击队对后撤中的德军实施包围和骚扰，早在1943年11月，他们的活动便已加剧，当时他们的主要任务是在德军后方实施侦察。游击队炸毁铁路，袭击火车站，与当地德国守军交火，解放一些较小的城镇和村庄并据守至红军赶到。第11游击旅在金吉谢普地区对德军交通线展开袭击，第9旅在格多夫（Gdov）发起行动——1944年1月，13个游击旅，35000多名游击队员投入战斗。鉴于游击运动和地下活动在1943年遭受到的严重损失，这是个不小的成就。尽管一个游击旅通常只有几百名游击队员，但有一两个旅（例如卡利特斯基的第5旅）的实力多达6000人。游击运动的主要力量集中在普斯科夫地区（格多夫、卢加和诺夫哥罗德地带），不久前，德军扫荡队烧毁那里的村庄，枪杀当地居民，试图剿灭游击队的活动。游击队的另一项重要任务是营救遭到德国人抓捕、将要被驱逐出本地的居民，这些平民被关在一些临时性集中营内，甚至被关押在火车车厢里。

截至1月20日，苏军的双重突破已成为既定事实。随着第67、第8和第54

集团军最终投入战斗，从芬兰湾到伊尔门湖，苏军沿着这条宽大的战线发起攻势。第一阶段作战行动临近尾声时，各方面军司令员面临着两个问题：首先，要向最高统帅部汇报他们下一阶段的作战计划；其次，要杜绝拖缓进展的战术缺陷，还要调换一些集团军司令员和军长，这些人顽固地使用正面进攻，只会派步兵执行几乎所有的任务，却把坦克或支援火炮闲置在道路上，而且还经常缺乏完善的侦察。1月22日，最高统帅部批准了戈沃罗夫的新指令，命令突击第2集团军赶往沃洛索沃（Volosovo）—金吉谢普，在月底前夺取卢加河防线（从河口到金吉谢普）；命令第42集团军夺取加特契纳（Gatchina）后转向西南方，赶往卢加镇；命令第67集团军赶往西面和南面的普希金诺（Pushkino）—斯卢茨克（Slutsk）、乌里扬诺夫卡—托斯诺。卢加镇是这场攻势的大奖，它是德国第18集团军后方重要的交通路口——夺取了该镇，红军就能堵住德军向西南方逃窜的通道。梅列茨科夫已向最高统帅部提交了计划，派第59集团军冲向卢加镇；第8集团军肃清托斯诺与乌沙科沃（Ushako）之间的铁路线，而第54集团军负责夺取柳班。最高统帅部批准了这个计划，并将夺取卢加镇的日期定在1月29—30日，肃清柳班的日期定于1月23—24日。

德国第18集团军的各个师已不再坚守一条稳固的防线，他们的防御集中于交通路口、小镇、高地和道路。只要有可能，实力强大、技术娴熟的德军后卫部队便会使苏军的推进方向发生偏移，战斗后撤因为苏军的战术变得简单起来。费久宁斯基在1月23日的一道命令中对他的军长们大发脾气，因为面对"微不足道的敌人"，他们"停顿不前"，而这些敌人正掩护德军主力撤向南面和西南面。马斯连尼科夫也下达了类似的命令，批评他的军长们既不使用火力，也不投入预备队，大炮和迫击炮甚至没有投入部署，更别提使用了。戈沃罗夫在命令中提出要求，结束这种"直线战术"，要更加机动灵活、更讲求火力。梅列茨科夫的战线上，德军的后卫部队，营掩护着团，连掩护着营，以独立作战或战斗群的方式阻滞着苏军赶往卢加的行动，并保持着逃生通道的畅通。第59集团军从诺夫哥罗德以西一路杀向卢加，而罗金斯基少将[6]的第54集团军冲向柳班，并将德军残部困在丘多沃，从而缓解了第59集团军侧翼的压力，并肃清了一整段列宁格勒—莫斯科主铁路线。与戈沃罗夫一样，梅列茨科夫下达了采取有力行动的明确指令——实施侧翼迂回，深入敌军后方，必要的话在反向正面作战，以确保军和师指挥部顺利前移。在第59集团军右翼，步兵第112军沿诺夫哥罗德—巴捷茨卡亚铁路线艰难前行，这是一片布满沼泽的战场，英勇的苏军步兵双膝浸在冰冷的雪水中，炮兵部队无法找到小径或道路时，他们便徒手推动大炮。科罗夫尼科夫的战线不断扩大，指挥4个军被证明极为困难，因此梅列茨科夫把第8集团军司令部调至右翼，并从第59、第7和第14集团军为其抽调了2个军。第8和第59集团军将协调一致，发起侧翼迂回，夺取卢加。

尽管苏军没能实现一场庞大的合围，但随着列宁格勒—莫斯科铁路线恢复畅通，列宁格勒1月26日从被封锁状态彻底解脱了出来。次日，经斯大林批准，列宁格勒方面军军事委员会下达了一道日训令，正式宣布封锁结束，当晚，列宁格勒的大炮（岸炮和舰炮）发出24声齐射，向胜利致敬。这种致敬毫无炫耀之意，它是献给城内死去的居民、破碎的建筑和瘦弱的生还者的敬意。但在这场喜庆中，德国第18集团军边打边撤，逃出了苏军的包围圈。1月29日，斯大林给梅列茨科夫发去一封紧急电报，答应提供12000—15000名士兵和130辆坦克的增援，但严令他立即夺取卢加：“不要纠缠于希姆斯克和索利齐（Soltsy）的战斗，这不是主要任务，只是从这个方向掩护你自己而已；主要任务是尽快夺取卢加。攻占卢加后，兵分两路赶往普斯科夫。”（S. P. 普拉托诺夫，《列宁格勒保卫战》，第379页）可是，红军没能按时夺取卢加。随着德军从姆加突出部，从诺夫哥罗德，从柳班撤出，再加上第12装甲师从“中央”集团军群调来，“北方”集团军群死死掩护着卢加—普斯科夫公路和铁路线；争夺卢加的战斗旷日持久，直到戈沃罗夫从北面调来第42和第67集团军，对德军后方构成威胁后，才宣告结束。2月12日，第67集团军终于攻克卢加，德军朝西南方退去，赶往普斯科夫，并顽强地坚守着卢加—普斯科夫铁路线。费久宁斯基的突击第2集团军已于2月初在纳尔瓦南面和北面到达纳尔瓦河；当月中旬，最高统帅部通知戈沃罗夫，出于“军事和政治的要求”，务必在2月17日前夺取纳尔瓦，但突击第2集团军现在已觉察到损失、师和连一级指挥不力造成的影响（在对方面军军事委员会所作的报告中，戈沃罗夫强调了这个问题），另外，弹药和重型火炮的缺乏也使部队的战斗力受到了限制。

卢加获得解放后，最高统帅部2月13日下达指令，解散了沃尔霍夫方面军；第59、第8、第54集团军和方面军预备队（2个师）交给戈沃罗夫指挥，暂借给梅列茨科夫，用于进攻旧鲁萨的突击第1集团军，重新回到波波夫的波罗的海沿岸第2方面军辖内。整个1月份期间，在这片被上帝遗弃的土地上，波波夫麾下的第22集团军和近卫第10集团军奋力夺取着新索科利尼基（Novosokolniki）的铁路枢纽，但他们对德国第16集团军施加的压力并不足以阻止"北方"集团军群抽调部队北上阻截梅列茨科夫。临近2月中旬，随着戈沃罗夫冲向纳尔瓦和普斯科夫，最高统帅部建议使用波罗的海沿岸第2方面军发起对奥斯特罗夫的进攻，将波波夫的左翼部队（2个集团军，"至少"20个师）投入雷泽克内（Rezekne）—卡尔萨瓦（Karsave）方向，相关命令在2月17日下达。德国第16集团军面临的危险越来越大，戈沃罗夫从北面而来，波波夫从东南方而来，德军统帅部再也无法忽视这两个侧翼迂回的动作。为避开戈沃罗夫从北面实施的包抄，据守旧鲁萨的德军开始后撤，连着两天，突击第1集团军都没有发现敌人的这一举动。这个失误引发了权力无限的国防委员会（GKO）对波波夫的恼怒：GKO对波罗的海沿岸第2方面军司令部的指挥能力深感不满，专门下达了批评令，而更加重要的原因是波波夫军事委员会的第三政治委员布尔加宁，布尔加宁的前任是梅赫利斯。突击第1集团军多少有些缓慢地发起追击，赶往德诺和杰多维奇（Dedovichi）。

德军据守的堡垒一个接一个坍塌下来，都是过去的激战现场——旧鲁萨、霍尔姆（Kholm）、希姆斯克。不过，事实证明，尽管苏军统帅部下达了命令，但苏军仍未能夺取纳尔瓦、普斯科夫和奥斯特罗夫。尽管如此，苏军的攻势已经实现了第一个目标——将德国第18集团军歼灭在拉多加湖以南和芬兰湾以东地区。列宁格勒的封锁被彻底打破，列宁格勒和加里宁州的大部分地区被肃清，苏军跨过爱沙尼亚边境。他们身后留下一连串被破坏的城镇、被烧毁的村庄和被炸断的桥梁；德国人的"豹"防线就在前方，他们正向那里逼近。在这个关键时刻，苏军迅速冲入爱沙尼亚的作战计划被证明太过乐观，最高统帅部指令的这一特点并不罕见，但苏军的胜利已经带来政治上的影响。随着"北方"集团军群的左翼被撕成碎片，据守在北部战区的德军被严重削弱（如果不能说"致命性"的话），警示灯开始向芬兰亮起。毫无疑问，最高统帅部命令戈沃罗夫尽快夺取纳尔瓦，其"政治需要"中包括对芬兰施加压力。芬兰人并没有损失什么，在精心选择的斯德哥尔摩进行的接触中，他们已开始试探苏联方面的态度。

1月24日拂晓，"科尔孙—舍甫琴柯夫斯基"突出部（突出部光秃秃的"鼻子"伸向第聂伯河）南面，大规模炮击的轰鸣和闪烁意味着苏军发起了他们的攻势。科涅夫大将的乌克兰第2方面军一马当先。进攻第一天傍晚前，第53集团军和近卫第4集团军的先遣营在某些地段已突入德军阵地3英里，第二天拂晓，两个集团军的主力跟了上去。当天中午，罗特米斯特罗夫的近卫坦克第5集团军这支精锐坦克部队投入战斗，冲向突出部底部的什波拉—列别金（Lebedin）。乌克兰第2方面军向前冲杀的步兵和坦克遇到了瓦图京乌克兰第1方面军的左翼部队（第27、第40集团军和坦克第6集团军），他们正向兹韦尼哥罗德卡方向推进。

1月26日，瓦图京以40分钟的炮火准备发起攻势，但进展非常缓慢。为首的坦克部队是克拉夫钦科中将新组建的坦克第6集团军，毫不夸张地说，这支部队刚刚组建没几天；全速投入科尔孙突出部战斗的这个坦克集团军拥有2个军（近卫坦克第5和机械化第5军）、160辆坦克和50辆自行火炮，齐装满员，但坦克组员们达不到"训练有素"的程度。朱可夫元帅和瓦图京大将对克拉夫钦科的要求是"速度至关重要"，第27集团军向北稍稍达成突破时，瓦图京命令坦克第6集团军派一支快速部队进入第27集团军作战区域，对维诺格勒（Vinograd）实施迂回，并冲向兹韦尼哥罗德卡。这支快速部队其实就是坦克第233旅，50辆坦克和200名冲锋枪手，由机械化第5军副军长萨韦利耶夫少将指挥。萨韦利耶夫的战斗群在1月27日深夜肃清了雷相卡（Lysanka），拂晓前，经过一番激战，他们冲入了兹韦尼哥罗德卡西北郊。战斗中，乌克兰第1方面军坦克部队司令员什捷夫涅夫中将被德军炮火射杀，当时他正同一群指挥员跟随在萨韦利耶夫战斗群身后。赶往兹韦尼哥罗德卡的途中，萨韦利耶夫的坦克与乌克兰第2方面军辖下的坦克第20军取得会合。一道薄弱的对外正面已构成，对内正面正在加强，困住了科尔孙突出部内的德军；对外正面交给面朝南方的近卫坦克第5集团军和坦克第6集团军。对内正面的苏军冲入这个"口袋"，开始将其粉碎；位于对外正面的坦克集团军（获得步兵部队的加强）不得不挡住胡贝将军大批装甲师的突击，这些救援部队试图杀开血路，解救被围的德军师。暴风雪不期而至，伴随着降雨和雨夹雪。由于卡车不足，苏军步兵只能踏着坦克部队留下的履带印步行投入战斗。在科尔孙地区，德军的7个步兵师、1个党卫队装甲师、1个比利时党卫队部队和大批后勤单位被压缩在一片不超过20英里宽的地域内，德国人仓促、吃力地建立起临时防御。面对陷入困境的德军，科涅夫将军发起一场猛烈、无情的进攻，以轰炸和炮击将德国人的防御炸成了碎片。自由德国委员会派被俘的德军将领展开宣传攻势，煽动德军士兵开小差，并呼吁被围德军尽快投降，但这些努力没有取得太大的成效。

山丘、沟壑和密林，甚至奥利尚卡河（Olshanka）湿软的河段，都为科尔孙包围圈提供了天然屏障，但从被包围的第一天起，包围圈内的食物和弹药便出现了短缺。德军竭力据守着机场，运输机送来补给物资，并把军官们带走，与党卫队高级将领们一样，韦勒将军也以这种方式离开了。施特默尔曼将军留在包围圈内迎战苏军最后的突击。为粉碎科尔孙包围圈，科涅夫投入第27、第52和近卫第4集团军的13个步兵师和3个骑兵师，外加2000门大炮和138辆坦克。苏军的首轮打击落在科尔孙南面，旨在歼灭盘踞在奥利尚卡河的德军，并加宽他们与试图从兹韦尼哥罗德卡—什波拉对外正面达成突破的德军装甲师之间的间隔；从北面发起的进攻集中在科尔孙。2月8日，施特默尔曼将军接到苏军提出的投降条款，但他拒绝接受；他把希望寄托于赶来救援的德军装甲师，那些援兵已隐约出现在地平线处。从里济诺（Rizino）而来的4个德军装甲师在苏军对外正面上打开一个缺口，并朝雷相卡冲去。瓦图京投入坦克第2集团军，以封闭这个缺口。截至2月10日，科涅夫的突击部队已逼近科尔孙，将德军包围圈压缩到6乘7英里大小。随着科尔孙的陷落，施特默尔曼的残部聚集在了申杰罗夫卡（Shanderovka）和斯捷布列夫（Steblev）。

2月12日后，危机骤然降临。4个德军装甲师已冲入坦克第6集团军防区，被包围的德军拼命试图杀开一条血路，从斯捷布列夫向西南方的雷相卡突围，到达那里就能跟解围部队会合。斯大林非常恼火，要求地面部队和空中力量更好地堵住德军朝雷相卡的突击，在他看来，这是眼下最大的危险。他把胡佳科夫（负责空军事务的最高统帅部代表）召回莫斯科，派空军司令员诺维科夫元帅亲自担任最高统帅部代表。在发给方面军司令员的特别电报中，最高统帅部严厉批评了他们让德军突破至申杰罗夫卡—斯捷布列夫地区的错误，现在必须将这个小小的突出部迅速歼灭。科涅夫得到了第27集团军的控制权，空军第5集团军被派去支援瓦图京对外正面的作战行动，而空军第2集团军奉命阻止德国人为被围部队提供的一切补给和支援。科涅夫立即决定将德军赶出申杰罗夫卡的住房，驱赶到遍布积雪的露天处，他打算把德国人赶入暴风雪中，但这场暴风雪也使他的轰炸机无法升空。凭借航空兵第392团的志愿者和轻型轰炸机，科涅夫终于得到了他需要的空中打击。燃烧弹雨点般落向申杰罗夫卡，为苏军大炮照亮了目标，他们从不超过5000码外的阵地上对德军所在的村庄展开猛轰。住房被烧毁后，施特默尔曼将军和他的残部决定发起最后的突围，分成两股队伍赶往科马罗夫卡（位于雷相卡东北方几英里处），武装党卫队打头阵。2月17日凌晨2点，伴随着一场猛烈的暴风雪的到来，德军士兵将剩下的食物和烈酒消耗一空。施特默尔曼将军下达了最后的命令；他的部下开始炸毁大炮、卡车，甚至包括个人装备。他们无法带走伤员；据苏联方面记述，德国人朝伤员们的头部开枪，把他们都杀掉了。一个小时后，两支队伍动身出发。

苏军第27集团军和近卫第4集团军横跨在德国人的突围路线上，步兵、坦克和哥萨克骑兵组成一道防线，大炮集结在树林中。德军突围队伍从沟壑中出现，来到开阔地，并为自己平安逃脱而高兴时，等来的却是俄国人的打击。清晨昏黄的天空下，苏军坦克驶过覆盖着湿雪的地面，径直冲向密集的德军队列，来回碾压，用履带粉碎遭遇到的一切。几乎在这同时，大批哥萨克骑兵旋风般冲出，追杀着逃向山丘躲避的德军士兵；哥萨克们用马刀砍掉了投降的德军士兵高高举起的双手。这场残酷的杀戮持续了几个小时，一场新的厮杀又在格尼洛伊季基奇河（Gniloy Tikich）河岸上开始，在先前的战斗中幸免于难的德军士兵再次遭遇到苏军，并竭力杀开了一条逃生通道。苏军大炮猛轰河岸上密集的德军队列，坦克从侧翼和后方冲来，在这场疯狂、激烈的战斗中，大批德军士兵一头跳入格尼洛伊季基奇河，不顾一切地逃向雷相卡。在俄国人的优先顺序名单上，抓俘虏已不再重要。科涅夫下了决心，冷酷无情地从事着这场屠戮。德军在这场战斗中阵亡20000余人，另有8000人被俘。俄国人对科尔孙包围圈（这几乎是另一场斯大林格勒战役）的最终统计是，毙伤55000名德国人，抓获18200名俘虏（德国人对这个数据持有异议，他们坚持认为30000名德军士兵逃出了包围圈）。为此，苏军各级指挥员得到了慷慨的回报：罗特米斯特罗夫获得了元帅星，这使他成为红军历史上第一位"坦克兵元帅"，科涅夫将军也因为在乌克兰一系列战役中的表现而被擢升为苏联元帅。胜利者为重伤身亡的施特默尔曼将军举行了体面的葬礼，但阵亡的普通士兵得到的只是万人坑。

更南面，马利诺夫斯基和托尔布欣终于突破了德军为掩护尼科波尔和克里沃罗格而精心建设的防御体系。2月5日，苏军第46集团军的2个师对阿波斯托洛沃这个交通枢纽发起猛攻，这场30英里的推进几乎对尼科波尔和克里沃罗格构成侧翼迂回，红军夺取了德国人的补给基地（这是第6集团军的后勤基地），并将德国第6集团军切为两段。第46集团军和近卫第8集团军从阿波斯托洛沃转身向西，赶往因古列茨河。与此同时，托尔布欣再次发起对尼科波尔的进攻，首先将德军逐出镇子对面第聂伯河上的登陆场。苏军轰炸机和强击机对德国人设在尼科波尔南面的浮桥和乌什卡尔卡（Ushkalka）的木桥展开轰炸，但德军的一个突击工兵班抢修了浮桥。2月8日早上，登陆场被肃清，当晚，苏军第6集团军（隶属乌克兰第4方面军）从北面冲入尼科波尔，经过一场激烈的夜间巷战，尼科波尔终于获得解放。马利诺夫斯基从北面发起的进攻已到达新沃龙佐夫卡（Novo Vorontsovka），切断了德军向西逃窜的通道。对浮桥的攻击堵住了东部登陆场内德军的退路，尼科波尔的德军只能沿一条狭窄的通道，穿过第聂伯河与新沃龙佐夫卡之间的沼泽地向西撤退，但这意味着必须突破近卫第8集团军的防御。在这场危险的行动中，德国第6集团军成功地守住了沼泽地，并保持着唯一一条逃生通道的畅通（这条道路沿第聂伯河延伸，从尼科波尔通往杜德季诺），直到2月下旬，突击第5集团军才切断这条通道。

现在，马利诺夫斯基把注意力转向克里沃罗格，这是个难啃的硬核桃，外围布设着近20英里的防御工事，另外还有三条河流——因古列茨河、维孙河（Visun）和因古尔河（Ingul）。克里沃罗格也引起了斯大林的关注，在2月22日发出的一份特别电报中，他要求马利诺夫斯基必须在当日拿下该镇。即便只为阻止德军破坏各个发电站，速度也是个至关重要的因素。第37集团军司令部已组织起一支特别突击队，由舒鲁波夫上校率领，他们将潜入德军后方，阻止敌人炸毁克里沃罗格的发电站以及萨克萨甘河（Saksagan）上的设施。舒鲁波夫的部下成功地抢救了萨克萨甘河上的设施，他们在德军后方作战，而沙罗欣的第37集团军也跨过萨克萨甘河，从西北方冲入克里沃罗格。按照斯大林规定的日期，当天16点，克里沃罗格被肃清。现在，因古列茨河这道屏障被打开；第37集团军在克里沃罗格西面的西岸建起一座登陆场，近卫第8集团军2月6日突破至希罗科耶的因古列茨河河段，北面的第46集团军已渡过河去。截至2月底，第聂伯河下游河曲部的德军已被扫荡一空，各种防御工事被夷为平地，珍贵的铁矿区回到了苏联手中，德国第6集团军损失4万余人。随着尼科波尔登陆场不再威胁其后方，乌克兰第4方面军得以对克里木发起一场大规模攻势，而马利诺夫斯基的乌克兰第3方面军虎视眈眈地对准了尼古拉耶夫斯克（Nikolaevsk）—敖德萨。

2月下旬，大多数苏军集团军实际上已停顿下来。在北部战区，戈沃罗夫进抵普斯科夫—奥斯特罗夫防线，并坚守在那里；在中央战线，也就是"西部战区"，罗科索夫斯基的部队缺乏弹药和补给，兵力也不充裕，已无法进一步突破泥泞和德国人的防御；在南方，尽管"南方"集团军群和A集团军遭到重创，但他们守住了一条突出部和凹陷（这些突出部和凹陷耗费了大量德军师）被拉平的防线，这道防线从北面倾斜向南，多多少少位于第聂伯河与布格河中间。但这些表象具有欺骗性（德军统帅部并未受到蒙蔽）。科尔孙包围圈血淋淋的牺牲只是延缓，并未挫败苏军在南方发起的大规模攻势，这场攻势旨在席卷广阔的泥泞区，并突破主要的河流屏障。在现有防线后方，苏军各方面军和集团军正抓紧时间实施重组，抽调最高统帅部预备队，调集援兵，囤积弹药、燃料和食物。德军突围部队在科尔孙战役中遭遇没顶之灾的第二天（2月18日），斯大林签发了最高统帅部的正式命令，新的攻势将于3月初发起；与此同时，一个新的方面军（库罗奇金上将[7]的白俄罗斯第2方面军）在乌克兰第1方面军与白俄罗斯方面军（现更名为白俄罗斯第1方面军）的结合部组建起来。

德军统帅部认为苏军2月初这场威胁到南北两翼的庞大攻势现在已陷入泥沼，要想重新发起，只能等到地面变干。曼施泰因元帅对此不抱太大的幻想：红军再次发起进攻的可能性非常大，他们这次会投入庞大的力量，切断位于

"南方"集团军群北翼后方的利沃夫—敖德萨铁路线。但斯大林在南方发起三月攻势的构想远远超出德国人的想象，因为他打算彻底歼灭盘踞在南方的德国军队，这场攻势将沿从普里皮亚特河到黑海这条漫长的战线发起，由四个方面军（白俄罗斯第1、第2方面军和乌克兰第2、第3方面军）完成；托尔布欣的乌克兰第4方面军，在被派去执行进攻克里木的任务前，将辖内大部分部队移交给马利诺夫斯基。

瓦图京的右翼部队调拨给白俄罗斯第2方面军，该方面军2月24日正式开始运作，并从罗科索夫斯基手中接过第61集团军、第13集团军右翼的1个军（第77军），另外还有最高统帅部预备队的2个集团军（第47和第70集团军），空军第6集团军为其提供支援。库罗奇金接到的命令是对科韦利（Kovel）发起进攻，并把目标对准布列斯特（Brest），从而插入"中央"集团军群后方，这是对苏军早些时候在罗夫诺和卢茨克所获胜利的利用。瓦图京的乌克兰第1方面军接到的命令是从杜布诺（Dubno）—舍佩托夫卡—柳巴尔一线发起进攻，冲向乔尔特科夫（Chortkov）和切尔诺维策（Chernovitsy），这场向南的席卷将切断"南方"集团军群撤向德涅斯特河以北地区的路线；科涅夫元帅的乌克兰第2方面军将从他们目前的位置（拉平的科尔孙突出部，兹韦尼哥罗德卡）冲出，穿过乌曼赶往雅西（Jassy）；马利诺夫斯基的乌克兰第3方面军将从因古列茨河上的登陆场向尼古拉耶夫和敖德萨攻击前进。斯大林2月18日批准了乌克兰第1、第2方面军的作战计划，10天后又批准了乌克兰第3方面军的计划。三个乌克兰方面军将发起一场活塞式攻势，乌克兰第1方面军3月4日发起进攻，乌克兰第2方面军3月5日投入战斗，乌克兰第3方面军3月6日打响，这是一场凶猛但却协调一致的进攻行动。

最高统帅部建议将6个坦克集团军都投入乌克兰。巴达诺夫的坦克第4集团军从最高统帅部预备队调出，派往瓦图京的方面军，瓦图京将第40集团军、坦克第2和第6集团军转交科涅夫元帅，科涅夫则将第57集团军移交给马利诺夫斯基的乌克兰第3方面军，马利诺夫斯基已从托尔布欣那里接收到突击第5集团军和第28集团军。瓦图京与科涅夫掌握的兵力旗鼓相当，都有56个步兵师，都掌握着3个坦克集团军（乌克兰第1方面军辖坦克第1、第4集团军和近卫坦克第3集团军，乌克兰第2方面军辖坦克第2、第6集团军和近卫坦克第5集团军），瓦图京有5个诸兵种合成集团军（近卫第1集团军，第13、第18、第38和第60集团军），科涅夫有7个（近卫第7集团军，第4、第5、第27、第40、第52和第53集团军）。瓦图京面对着德国第4和第1装甲集团军的26个师（他们当中没有装甲师或摩步师），科涅夫面对着21个德军师（方面军情报部门错误地估计为28个师），其中包括第8集团军的4个装甲师和第6装甲师的一些部队。马利诺夫斯基享受着自己获得的大量援兵，他的实力达到7个诸兵种合成集团军（近卫第8、突击第5集团军，第6、第28、第37、第46和第57集团军），共计57个步兵师，1个坦克军和2个机械化军为其提供支援。除此之外，马利诺夫斯基还组建了一支"骑兵-机械化"集群（近卫骑兵第4军和机械化第4军），由普利耶夫中将指挥的这支突袭力量将在德军后方展开活动。这番增援和重组使红军在步兵力量上获得2比1的优势，坦克优势稍高于2比1。

进入沃里尼亚（Volhynia）的科韦利—卢茨克地区后，红军也进入到另一个战场，在这里，德军、苏联游击队和乌克兰民族主义者游击武装进行着残酷得惊人的多重战斗。向南渗透的苏联游击旅已把乌克兰西北部变成一个庞大的基地，但在波利西亚（Polesia）和沃里尼亚北部，乌克兰民族主义者，乌克兰起义军（UPA）成员，控制着他们的游击据点。UPA起初帮着德国人清剿共产党游击队，但成为独立国家的要求被德国人拒绝后，他们也反过来打德国人。在乌克兰民族主义者的派系（OUN–B和OUN–M，分别代表"班杰拉"派和"梅尔尼克"派）斗争中，一支新的力量——乌克兰国民革命军（UNRA）成立了，以区别于UPA，"班杰拉"派已下定决心要控制UPA。但1943年年底前，"班杰拉"派在这场狗咬狗的斗争中占据了上风，UPA便在沃里尼亚集结起新的力量。在罗夫诺东面，游击队有足够的力量建立起自己的管理机构，并把德国人挡在各个城镇外。

这些游击队抗击着德国和苏联当局，但他们无法跟红军一较高低。为保持自己的斗争，UPA转而袭击苏军交通线和NKVD部队，但在这样一场行动中，他们给红军造成了深深的伤害。为完成三月攻势的准备工作，瓦图京2月29日抵达罗夫诺，在普霍夫第13集团军司令部稍事停留后，他带着三辆轻型汽车组成的车队赶往斯拉武塔（Slavuta），那是切尔尼亚霍夫斯基的第60集团军司令部所在地。离开罗夫诺公路后，道路变得坑坑洼洼，就在这时，一阵突如其来的火力射穿了瓦图京的座车，汽车顿时起火燃烧。又一阵扫射将护卫瓦图京的第二辆卡车打得燃烧起来。积雪覆盖的地面上出现了一百余名游击队员，朝燃烧的车辆逼近，但瓦图京卫队的十余名士兵用机枪火力将他们逼退了。瓦图京果断命令一名参谋军官带上作战命令撤离，并派一名机枪手为他提供保护，而瓦图京本人却拒绝离开。日落时，瓦图京小队设法撤离，但他已身负重伤。受损最轻的一辆汽车被子弹打得千疮百孔，已无法启动。在克赖纽科夫少将[8]的火力掩护下，一名参谋军官背着瓦图京沿道路后撤，最终遇到一个牵着两匹马的农民；瓦图京浑身是血，众人将他放在雪橇上，朝罗夫诺公路而去，在公路旁的一座小屋里，一名团军医为瓦图京受伤的右腿进行了紧急包扎。尽管被转送至基辅，但瓦图京没能从伤势中恢复过来；4月15日，42岁的瓦图京伤重不治，而就在一个月前，他的兄弟阿法纳西和谢苗刚刚在战斗中牺牲。

从3月1日起，朱可夫奉命指挥乌克兰第1方面军。

3月4日清晨8点，集结起的炮兵力量对德军防御阵地展开猛轰时，朱可夫元帅将乌克兰第1方面军辖内的近卫集团军投入主攻。接替瓦图京行使指挥权的朱可夫对作战计划做出了少许修改。2月下旬，坦克和步兵部队从左翼稳步调往右翼，近卫坦克第3集团军赶至希姆斯克，近卫第1和第60集团军几乎被彻底重新部署，坦克第4集团军赶至基辅以西地区。切尔尼亚霍夫斯基的第60集团军掩护着近卫坦克第3集团军和坦克第4集团军的最终部署。进攻发起前夕，坦克部队的燃料储备下降得惊人，只剩下不到两天的供应量，但朱可夫命令按时发起进攻，他认为行动发起的第三天，坦克部队就能得到所需要的燃料，事实证明的确如此。打头阵的是切尔尼亚霍夫斯基，他与任何一位与之对阵的德军将领同样专业、同样灵活。第60集团军突入德军阵地时，朱可夫投入了近卫坦克第3集团军和坦克第4集团军，不到48小时，苏军坦克和步兵集团军就在一条100英里长的战线上推进了25英里，这条宽大的战线从西面的奥斯特罗格（Ostrog）延伸至东面的斯卢奇河（Slutch），舍佩托夫卡和通往捷尔诺波尔（Tarnopol）的铁路线为其提供了一条中心轴线。朱可夫在中央地段施加了强大的压力，投入了他的坦克集团军和机械化步兵，泥泞使他们的机动性大打折扣，但并未彻底丧失，履带宽大的坦克和斯蒂贝克卡车挣扎着向前推进。苏军步兵主力落在后面，艰难地在泥泞中行进，他们把重装备推过泥沼，不时与困在烂泥地或黏稠的田野里的德军发生战斗。但到3月7日晚，苏军的3个集团军（第60集团军、近卫坦克第3集团军和坦克第4集团军）已逼近捷尔诺波尔—黑奥斯特罗夫（Chernyi Ostrov）一线，而近卫第1集团军冲向了掩护普鲁斯库罗夫（Proskurov）接近地的旧康斯坦丁诺夫（Staro Konstantinov）。随着捷尔诺波尔与黑奥斯特罗夫之间的沃洛奇斯克（Volochisk）被夺取，苏军坦克纵队切断了利沃夫—敖德萨这条铁路主干线，朱可夫的打击全力落向德国第4与第1装甲集团军的结合部。对于苏军第一阶段的突击，德军的3个装甲师和8个步兵师已投入激战，但更多的德军师正赶来坚守捷尔诺波尔—普鲁斯库罗夫地区，并将苏军驱离铁路主干线。由于德军抵抗得非常顽强，苏军的推进放缓下来，但朱可夫元帅下令从南面迂回捷尔诺波尔，并把这场攻势朝东面、朝普鲁斯库罗夫方向延伸。

3月11日—13日，最高统帅部批准了朱可夫元帅的作战意图——向南突贯，跨过德涅斯特河，以切尔诺维策为主要目标；对德军防线的这一纵深突破将切断德国第1装甲集团军，并插入位于波兰的德军与盘踞在俄国南部的德国军队之间残余的交通线；朱可夫的左翼部队将冲向卡缅涅茨-波多利斯基（Kamenets-Podolskii）、德涅斯特河和苏联边境，坦克第1集团军赶往乔尔特科夫和切尔诺维策，坦克第4集团军冲向卡缅涅茨-波多利斯基。2个步兵集团军（步兵第18和第38集团军）接到新的命令，夺取文尼察和日梅林卡，然后赶往卡缅涅茨-波多利斯基。为扩大西方向的攻势，位于右翼的普霍夫第13集团军已奉命前出至别列斯捷奇科（Berestechka）—布罗德（Brody）—扎洛日齐（Zalozhtsy）一线。

苏军对这场凌厉打击的预期是把整个德国南方集团一切为二，一部逼入加利西亚和波兰南部，将其另一部赶入摩尔达维亚和多瑙河地带，科涅夫元帅以乌克兰第2方面军发起的"泥泞攻势"使这一前景的可能性大为增加。科涅夫的进攻开始于3月5日拂晓，但7点50分，坦克和步兵的进攻又带来另一场庞大的炮击。近卫第2集团军[9]和近卫坦克第5集团军的先头部队与各步兵师率先发起进攻，2个坦克集团军在同一天投入了全部力量，甚至还增加了坦克第6集团军。在戈尔内季基奇河（Gornyi Tikich），罗特米斯特罗夫的坦克粉碎了德军防御，随即转身冲向乌曼，沿途可见德国人丢弃的武器装备——200辆虎式和黑豹坦克、600门大炮和12000辆卡车四处散落。在波塔什（Potash）这个交通枢纽站，苏军士兵发现了大批重装备和补给物资，但在乌曼（坦克第2、近卫坦克第5集团军和第52集团军3月10日一举将其攻克）缴获的战利品更多：仓库里堆满物资，郊外散落着德军坦克，弹药和燃料齐备，但履带的履刺已深深陷入泥泞中。近期参与科尔孙解围战的德军装甲师正向西后撤，结果被科涅夫席卷乌曼的攻势所吞没，随着乌曼的失陷，德国人将科涅夫挡在南布格河的希望落了空。苏军各坦克集团军的先头部队在行进中强渡南布格河，科涅夫命令所有部队跟上，炮兵尾随在坦克部队身后。坦克机动群、炮兵、步兵和工兵全速赶往南布格河，坦克第16军（隶属于坦克第2集团军）的一个先头旅3月12日晚夺取了朱林卡（Dzhulinka）渡口，几小时后，坦克第29军（隶属于坦克第6集团军）[10]便将盖沃龙（Gaivoron）拿下。没过48小时，苏军各部队便利用船只、木筏等一切手段，在一条50英里的战线上强渡南布格河。

3月15日中午，坦克第16军的先头部队在坦克第156团（隶属于坦克第6集团军）的支援下冲入瓦普尼亚尔卡（Vapnyarka），这是日梅林卡—敖德萨铁路线上一个重要的枢纽站，距离德涅斯特河不到30英里。杜博沃伊少将的坦克第16军赶往扬波尔（Yampol），逼近了第聂伯河[11]，而位于左侧的近卫坦克第5集团军从布格河全速冲向德涅斯特河。3月17日13点，基里琴科中将的坦克第29军（隶属于近卫坦克第5集团军）在索罗基（Soroki）稍东面抵达德涅斯特河，立即安排一个步兵团渡河。科涅夫麾下的集团军一个接一个逼近德涅斯特河——坦克第2和近卫坦克第5集团军，近卫第4和第52集团军在扬波尔—索罗基和更北面的莫吉廖夫–波多利斯基争夺着登陆场。3月19日早上，机械化第5军（隶属于坦克第6集团军）的一个坦克团杀至莫吉廖夫–波多利斯基镇郊；当晚，该镇被苏军肃清，机械化第5军的主力继续向前推进。3月20日夜间，强渡德涅斯特河的行动开始了，3月21日中午后不久，整个军已到达西岸。从莫吉廖夫–波多利斯基到索罗基的德军防线被撕开，德国第1装甲集团军的右翼被迫退向西北方，而德国第8集团军的左翼则向南后撤。

随着科涅夫元帅渡过德涅斯特河，朱可夫元帅向南面的切尔诺维策发起强有力的推进。两位元帅协调着他们的战术和战略行动，具有战术重要性的行动是肃清文尼察和日梅林卡（位于朱可夫最左翼），科涅夫的部队夺取南布格河上的布拉茨拉夫（Bratslav）。不过，肃清波多利亚（Podolia）与向南席卷的庞大战略攻势相比，多少有些相形见绌。

与此同时，马利诺夫斯基的乌克兰第3方面军也于3月6日发起了他们的攻势，依次强渡因古列茨河、维孙河和因古尔河；3月8日拂晓后不久，普利耶夫指挥的快速集群在行进中对新布格（Novy Bug）发起进攻，三小时后将其彻底肃清。切断多林斯卡亚（Dolinskaya）—尼古拉耶夫铁路线后，普利耶夫的部队继续向南疾进，而第28集团军夺取了第聂伯河上的别里斯拉夫（Berislav）并朝赫尔松逼近，3月13日，这座城市被苏军彻底肃清。德军已被逐出第聂伯河尾段。普利耶夫的快速集群从新布格出发，发起一场纵深侧翼迂回，7个德军师被困在因古列茨河与因古尔河之间的别列兹涅戈瓦托耶（Bereznegovatoe）—斯尼吉廖夫卡（Snigiriveka）地区。位于因古尔河下游与布格河河口之间的尼古拉耶夫一直坚守到3月底，但在稍上游处，马利诺夫斯基的部队已于3月22日逼近南布格河。通往敖德萨的道路敞开了，3月11日，最高统帅部下达命令，要求三个乌克兰方面军加强配合，马利诺夫斯基接到加速追击的指令，以切断德军向南布格河逃窜的通道，并在康斯坦丁诺夫卡（Konstantinovka）—沃兹涅先斯克（Voznesensk）—新敖德萨（Novaya Odessa）—蒂拉斯波尔（Tiraspol）夺取渡口，他的最终目标是普鲁特河（Prut）和多瑙河——苏联边境。

督促马利诺夫斯基加快速度的同时，斯大林也给科涅夫元帅下达了新的指示；随着科涅夫以部分兵力强渡德涅斯特河，斯大林建议乌克兰第2方面军抽调部分力量转向南方，沿河流两岸推进，剩下的力量继续向西和西南方挺进，赶往苏联边境。这场向南转进，斯大林对准的是两个德国集团军（第6和第8集团军）和一个罗马尼亚集团军（第3集团军）的后撤路线，企图把他们困在科涅夫与马利诺夫斯基的部队之间。因此，科涅夫派第40、第27和第52集团军赶往南面和西南面，以第40集团军的一个军（步兵第51军）朝霍京（Khotin）攻击前进，从而与朱可夫的左翼部队取得会合，将敌人包围在卡缅涅茨-波多利斯基。

在苏军这场攻势的最后阶段，科涅夫的部队出发了，3月25日傍晚前，他们到达普鲁特河，这是苏联与罗马尼亚的边境；接下来的24小时里，从利普卡内（Lipkany）东南方的洛帕季纳（Lopatkina）到雅西北面数英里处的斯科尔亚纳（Sklyana），第27和第52集团军的主力沿一条40英里长的战线赶至河边。在此期间，朱可夫元帅派出麾下最优秀的坦克部队和精锐近卫集团军，沿兹布鲁奇河（Zbruch）河谷冲向南方，坦克轰鸣着驶过泥泞，穿过特连波夫拉（Trembovla）、古希亚季诺（Gusiatino）和乔尔特科夫，赶往位于扎列希基（Zaleshchiki）的德涅斯特河渡口。兹布鲁奇河与谢列特河（Seret）之间，德军的抵抗被打垮，到3月27日，朱可夫的坦克部队离切尔诺维策只剩下几英里路程。位于科涅夫右翼的第40集团军冲向霍京，在莫吉廖夫-波多利斯基西北方强渡德涅斯特河；截至3月28日，步兵第163师、步兵第240师和近卫空降兵第4师已将霍京封锁，堵住了通往普鲁特河的道路。德国第1装甲集团军现在被困于切尔莫夫齐（Cheremovtsy）—杜纳耶夫齐（Dunaevtsy）—斯图德尼察（Studenitsa）—卡缅涅茨-波多利斯基这片矩形地带，实施包围的是苏军的6个集团军——近卫坦克第3集团军、坦克第4集团军、近卫第1集团军和第18、第38集团军以及步兵第40集团军的一部。

两位苏联元帅似乎已将德国人的装甲集团军置于自己的摆布下，但这个陷阱并未及时关闭。包围圈上，近卫第1集团军与坦克第4集团军之间存在一个10英里宽的缺口，后者目前只剩下区区60辆坦克。坦克第4集团军与步兵第30军（该军被交给坦克集团军指挥）的燃料和弹药所剩无几。另外3个集团军，第13、第60集团军和坦克第1集团军，据守着包围圈的对外正面，以挡住德国第4装甲集团军。第60集团军辖下的近卫步兵第18军奉命据守从扎洛日齐沿德涅斯特河延伸至马里亚波尔（Mariampol）的这段75英里长的战线；稍南面，这个任务落在坦克第1集团军头上，他们守卫着斯坦尼斯拉夫（Stanislav）—斯特罗日涅察（Storozhnitsa）地区。随着苏军不断压缩德国第1装甲集团军位于卡缅涅茨-波多利斯基东北部的阵地，朱可夫元帅做好了应对敌军突围的准备——他认为德国人会向南突围，渡过德涅斯特河逃入罗马尼亚。苏军情报部门的报告似乎也证实了这一点。3月28日14点，无线电情报报告，德国第1装甲集团军司令部、第3装甲军和至少两个装甲师正在霍京的德涅斯特河后方采取行动。其他侦察报告也汇报德国人正在德涅斯特河渡口实施准备。3月29日晚，朱可夫元帅下达准备令，敌"杜纳耶夫齐"集团正试图强行穿过卡缅涅茨-波多利斯基，并从良斯库鲁姆（Lyantskorum）—古缅齐（Gumentsy）地区赶至斯卡拉（Skala）—扎列希基，各部队必须继续歼灭被围之敌，并在3月31日前完成此项任务。

没过24小时，一切都清楚无误地表明，德国第1装甲集团军不是向南，而是向西突围。从斯坦尼斯拉夫到捷尔诺波尔（被围困在这里的德军抵抗得异常顽强，致使该城遭到苏联的猛烈轰击）西南方的某处，曼施泰因设立起一道新防线，并从这里发起一场强有力的进攻，德军装甲部队（苏军情报部门没能探明其实力）冲向困住第1装甲集团军的包围圈对外正面。4月4日，2个党卫队装甲师攻向位于波德盖齐（Podgaitsy）地区的近卫步兵第18军。苏军部队撤离布恰奇（Buchach），三天后，解围的德军装甲师在这里与向西突围的第1装甲集团军取得会合。布恰奇北面的战斗一直持续到4月中旬；朱可夫将2个坦克集团军（坦克第1和第4集团军）调往西面，对德军救援部队发起打击，并应对斯坦尼斯拉夫地区德军的猛烈进攻，但德国第1装甲集团军渐渐逃出了包围圈。稍北面的捷尔诺波尔，党卫队装甲部队试图杀开血路与被围守军会合，但这场救援失败了：到4月12日，只有市中心仍在德军手中，又经过5天激烈的巷战，苏军终于肃清了捷尔诺波尔。

尽管第1装甲集团军得以逃脱，但还是遭到了重创，另外，"南方"集团军群更名为"北乌克兰"集团军群，A集团军群更名为"南乌克兰"集团军群，于4月5日生效，这反映出朱可夫的凌厉攻势对其造成的破坏。虽然德军更改了番号，但乌克兰基本上已不在他们手中。朱可夫的右翼位于科韦利和弗拉基米尔-沃伦斯基（Vladimir Volynsk），倚靠着加利西亚，他的左翼部队向切尔诺维策以南推进，深深进入到布科维纳（Bukovina），随着先头部队前伸至下喀尔巴阡-鲁塞尼亚（sub-Carpathian Ruthenia），通往捷克斯洛伐克的大门已被打开。科涅夫元帅的中央和右翼部队沿一条宽大的战线强渡普鲁特河，并向雅西推进；从斯库尔亚内（Skulyany）到奥尔格耶夫（Orgeyev），再到基什尼奥夫（Kishinev）西北方的杜博萨雷（Dubossari），他的左翼部队沿这条战线深深进入到比萨拉比亚。马利诺夫斯基的乌克兰第3方面军已于3月28日夺取尼古拉耶夫，数个德国和罗马尼亚师被困在拉兹杰利纳亚（Razdelnaya），德国第6集团军在这里被拦腰切断，随后，马利诺夫斯基的中央和左翼部队径直赶往敖德萨。4月9日晚，近卫第8、突击第5和第6集团军准备对敖德萨发起进攻，这座城市最终在4月10日上午获得解放。解放了黑海的主要港口（尼古拉耶夫、敖德萨和奥恰科夫）后，马利诺夫斯基的快速部队和突击集团军沿一条宽大的战线赶往德涅斯特河下游，这使他们处在进一步冲入摩尔达维亚并深深插入罗马尼亚领土的位置上，他们的左翼与乌克兰第2方面军相交于杜博萨雷—格里戈里奥波尔（Grigoriopol）地区。

军事大地震在南方战场的泥沼中沸腾，剧烈的冲击波穿过罗马尼亚，"大罗马尼亚"已被苏联红军撕成碎片。德涅斯特河与南布格河之间，罗马尼亚人控制的"德涅斯特河沿岸"已临近崩溃，苏军迅速进入布科维纳、比萨拉比亚和摩尔达维亚。克里木，罗马尼亚人对其抱有一种持续、挥之不去但绝非不重要的兴趣，4月份的第一周，苏军对这里发起猛攻，托尔布欣的乌克兰第4方面军从北面冲向彼列科普，穿过锡瓦什潟湖——这里布满盐湖和凝滞的沼泽，是一片青灰色的内海。"大罗马尼亚"发生动摇之际，安东内斯库元帅3月22日赶去拜访希特勒，这是梅特兰·威尔逊将军（驻中东英军总司令，安东内斯库已跟他取得联系，商讨西方国家对苏军进入罗马尼亚做出反应的可能性）并不赞同的做法。但安东内斯库已动身赶往柏林，以便催促希特勒尽快疏散或救援被困于克里木的罗马尼亚军队，并设法将罗马尼亚军队集结在比萨拉比亚—摩尔达维亚——罗马尼亚最后的部队，第4集团军，已被调去守卫那里的防线。在希特勒的大本营里，与会者一致同意普洛耶什蒂—布加勒斯特以北地区应由新近更名的"南乌克兰"集团军群加以控制，德军统帅部拟定了入侵罗马尼亚的军事计划，行动代号"玛格丽特Ⅱ"。希特勒已逼近匈牙利；3月19日，德国军队从奥地利、斯洛伐克和克罗地亚进入匈牙利，没有遭到抵抗。卡洛伊总理逃入土耳其使馆，反德人士遭到逮捕，斯托尧伊将军接管了新政府。在保加利亚，共产党组织和领导的游击队（祖国阵线）活动得日益频繁，但他们的实力很弱小，在军事上发挥不了太大作用，而保加利亚政府依然站在德国一边。但枷锁正将欧洲壁垒拴紧，德国必须守卫其东面的沼泽地，并使其免遭来自陆地的攻击。

与此同时，莫斯科也在试探罗马尼亚人的意向。1月份，罗马尼亚部长纳努与苏联代办在斯德哥尔摩进行了接触；苏联外交人员了解到了安东内斯库所能提供的东西。这些来往断断续续，而在开罗，苏联大使与罗马尼亚反对派代表，也就是将来的"民主派"进行了会晤。3月下旬，随着苏联红军冲入比萨拉比亚，这些会谈变得密集起来。4月初，莫洛托夫公开宣称苏联要求获得比萨拉比亚和布科维纳北部，并否认苏联有任何"吞并罗马尼亚领土"或"改变现有社会秩序"的意图，但对罗马尼亚的政策显然是苏联官方与罗马尼亚共产党人、在苏联的流亡集团及由安娜·波克尔和瓦西里·卢卡领导的"国外局"之间产生异议和分歧的一个原因。在罗马尼亚，乔治乌–德治和他的同事被关在监狱里，利用斯大林格勒战俘营里的罗马尼亚战俘，流亡的罗马尼亚共产党人建立起被灌输了亲共思想的部队，从而形成了"图多尔·弗拉迪米雷斯库"师，这是个实实在在的成就。波克尔和卢克发现很难阻止苏联接受罗马尼亚的自愿投降，他们对此感到紧张，他们宁愿由苏联红军直接占领，随后让现成的共产党政府接管，并以前战俘组成的部队担任安全保卫力量。罗马尼亚问题尚有待解决。

　　苏军统帅部满意地看着他们给东线德军南翼造成的破坏，现在，南线德军显然遭到了重创：10个德军师被歼灭，8个师由于损失太大而自行解散，60个师实力减半，8个师只剩下一具空壳。曼施泰因和克莱斯特这两位"超级战士"，长期以来曾在东线投下过巨大的阴影，现在突然消失于希特勒的解职风暴中。朱可夫元帅赢得了与冯·曼施泰因元帅旷日持久的对决。

　　在其他地区，苏军的冬季攻势只达成部分预期：北部战区，尽管列宁格勒彻底打破了封锁，但苏军没能进入波罗的海诸国；西部战区，尽管2月下旬出现了前景看好的开端，罗科索夫斯基冲向罗加乔夫，并夺取了该地，但沼泽和德鲁季河的湿地（在持续的解冻中潮湿不堪）使苏军的推进陷入停顿。只有南方战场上（苏联的军工业在1月至3月间为三个乌克兰方面军提供了5000门大炮和4600辆坦克），最高统帅部的预期不仅获得了实现，还有所超越。德国人在科尔孙的牺牲没能阻止苏军的大规模攻势。消灭这个突出部，使科涅夫得以在不到两周的时间内从第聂伯河一路杀至德涅斯特河，这反过来又引发了朱可夫向南的凌厉攻势。

212　·

就在德军南翼部队分为两股力量（一股掩护着波兰南部，另一股退入摩尔达维亚南部，背靠着多瑙河）之际，斯大林、最高统帅部、总参谋部和选定的方面军司令员们开始确定红军下一阶段的作战行动。与此同时，东线外军处的盖伦少将也在一份严肃而又令人惊恐的文件中判断了苏军的作战意图——"东线敌情评估概要"，这份评估和情报资料摘要被编入3月30日的预估文件。在这份严格限制流传的文件中，盖伦坚信俄国人将冲入巴尔干地区、波兰总督辖区和波罗的海诸国，突入中欧并向"帝国东部边境地区"逼近。俄国人最重要的目标是消灭残余的德国军队，可以预料，为完成这一目标，他们会利用地形的每一处褶皱。对那些期待苏军"暂停攻势"的人，盖伦指出，过去的经历（追溯至斯大林格勒）充分证明，俄国人可以维系延长的进攻行动（特别是对铁路交通网的充分利用）；对包括希特勒在内，每周都在等待俄国人"筋疲力尽"的人，盖伦提交了一份关于苏军预备力量状况的统计数据。总之，鉴于东线的事态发展，再加上作为一个战略主体的南方战区已不复存在，盖伦提出了一个极其严峻的观点。毫无疑问，苏军统帅部的意图是穿过德涅斯特河与普里皮亚特河之间被撕开的巨大缺口，抢在德军设立起任何形式的防线前发起一场强有力的打击；如果不能阻止苏军在利沃夫—科韦利方向朝西面和西北面的突击，就意味着"中央"集团军群的纵深南翼将受到严重危害，"最严重的后果"必然随之发生。

库罗奇金上将的白俄罗斯第2方面军已试图朝科韦利方向发起一场攻势。科韦利的守军被包围，但德军装甲部队发起反击，打开了一条通道救援被围部队；科韦利仍控制在德军手中，苏军退至镇郊。4月5日，白俄罗斯第2方面军被解散。与此同时，朱可夫元帅在3月底提交给斯大林的一份作战计划中建议对利沃夫发起一场纵深侧翼迂回：朱可夫打算彻底歼灭盘踞在卡缅涅茨–波多利斯基地区的敌人，彻底包围切尔诺维策地区，随后对利沃夫发起一场攻势，使他的右翼到达弗拉基米尔–沃伦斯基，中央进抵利沃夫，左翼前出至德罗戈贝奇（Drogobych）。朱可夫元帅把佩列梅什利（Peremysl）选做他的终点，但赶往利沃夫实施侧翼迂回仍是他的主要想法。缺乏力量使这个计划无法立即实施，但其他因素也起到了阻挠作用，不仅仅是因为斯大林刚刚着手对战略态势做出评估。各方面军司令员接到对进一步作战行动发表看法的指示，斯大林通过长途电话提出一个个问题，主要集中在罗科索夫斯基的白俄罗斯方面军。总参谋部对各条战线展开系统性调查，先从北方的卡累利阿开始。而最高统帅部协调员们与各方面军军事委员会举行会谈，总参谋部在4月中旬向最高统帅部提交了他们的建议——暂时转入防御。斯大林起初拒绝接受这个建议："让我们再仔细考虑一下。"这就意味着他要仔细考虑个人关于进一步展开攻势的想法。但在4月16日，斯大林批准"西北"和"西部"战区转入防御，至于其他方面军，也要转入防御，但不能"立即转入"。所有防御命令必须被理解为"为进攻行动而采取的准备措施"，而且，斯大林将最高统帅部发给南方战线转入防御的正式命令推迟到5月初才下达，尽管发给西北和西方向的指令已于4月17日和19日签发。

4月底，总参谋部完成了夏季攻势的总体策划，了解计划全貌的只有斯大林和另外五名苏军高级将领：最高副统帅（朱可夫）、总参谋长（华西列夫斯基）和他的副手（安东诺夫）、作战部长（什捷缅科）和他的副手。新计划体现出了红军这场决定性战役旨在达成的目的的主要特点——在西北方向和南方向这两个侧翼实施佯攻，夏季攻势的核心位于中央，即白俄罗斯地区，歼灭德军最后的重兵集团——"中央"集团军群，打开一条通往德国的道路。

1. 译注：1943年8月，近卫第2集团军司令员克列伊泽尔改任第51集团军司令员，近卫第2集团军司令员一职由扎哈罗夫中将接替。

2. 译注：应为第59军。

3. 译注：1944年1月组建的是坦克第6集团军，该集团军直到1944年9月才获得"近卫军"称号。

4. 译注：克拉夫钦科指挥的这个新组建的坦克集团军，在1944年9月获得"近卫军"称号，最终成为近卫坦克第6集团军。

5. 译注：费久宁斯基的第11集团军在1943年底被裁撤，而罗曼诺夫斯基离开突击第2集团军后改任乌克兰第4方面军副司令员。

6. 译注：罗金斯基已于1943年9月25日晋升为中将。

7. 译注：与彼得罗夫的情况相类似，库罗奇金也是一名命运多舛的将领，两次担任西北方面军司令员，两次遭到降级；出任白俄罗斯第2方面军司令员之前，他是乌克兰第1方面军副司令员。

8. 译注：克赖纽科夫是乌克兰第1方面军军事委员会委员，即方面军政委。

9. 译注：应为坦克第2集团军，近卫第2集团军此时在克里木战场。

10. 译注：下文提及该军隶属于近卫坦克第5集团军。

11. 译注：应为德涅斯特河。

第五章
打断德国国防军的脊梁: 1944.4–1944.8

　　1944年4月份的第一周结束时，苏军总参谋部副总参谋长安东诺夫将军接到英美方面的通知，跨海峡进攻的"霸王"行动定于5月31日发起（可能视天气状况稍作调整）。这个消息是美国和英国派驻莫斯科的军事代表团团长迪恩少将和巴罗斯中将直接告诉他的，他们担心苏军在南方战区的胜利可能会使俄国人过度延伸，从而无法及时重组，以发起承诺中与"霸王"行动同步进行的攻势。因此，尽可能多给苏军统帅部一些准备时间是明智的。当月中旬，英国首相和美国总统也给斯大林发去电报，告诉他跨海峡进攻将在R日前后发起，这个日期已由英美军官通报给苏军总参谋部，电报发出时，适逢英国和苏联在波兰问题上的看法日趋紧张。3月底，斯大林对丘吉尔首相发起攻击，再次谴责伦敦的波兰流亡政府，并对"恐吓和诽谤"的做法提出抗议，同时对苏联认为苏联与波兰处在敌对状态这种"无端的侮辱"加以批驳。无独有偶，斯大林把他对"流亡伦敦的波兰人"的攻击与"南斯拉夫流亡政府"联系在一起，认为后者与"波兰流亡政府"相类似，甚至更加尖锐地强调了波兰流亡政府中的"某些将领"与塞族将军米哈伊洛维奇之间的相似性，后者宣布并被发现与德国人合作。

　　此时，斯大林、最高统帅部、国防委员会（GKO）和总参谋部仍在忙于拟定1944年夏季战役的计划，这场战役旨在决定性地击败盘踞在苏联领土上的德军残部。苏联红军在南方战场给德军造成了巨大而又意想不到的破坏：据苏联方面估计，冬季战役给德军及其仆从国军队造成100万伤亡，损失最为惨重的是德军（这一点与斯大林格勒战役不同）。德军在斯大林格勒损失了1个集团军；而1943年—1944年，被打残的德国集团军不少于4个（第6、第8、第16和第18集团军），第五个集团军，也就是盘踞在克里木的德国第17集团军，几乎被全歼。"北方"和"南方"两个集团军群已被切断，3个装甲集团军遭到重创，只剩下1个装甲集团军（"中央"集团军群辖下的第3装甲集团军）的情况稍好些。1943年底，东线德军作战序列内尚有13个集团军，包括4个装甲集团军；而现在只剩10个集团军，完整的装甲集团军只剩下一个，另一个在加利西亚接受改装。"仆从国集团军"突然间再次出现，先是匈牙利的一个集团军，然后是两个"德国—罗马尼亚"混编集团军。对德军统帅部来说，南方战区剩余地区的防御带来了几乎无法应对的问题，因为该地区的完整性已遭到无可弥补的破坏。俄国人深深渗透进布科维纳，将加利西亚与"罗马尼亚地区"分隔开，它们之间的交通只能靠穿越匈牙利的迂回路径维持。位于加利西亚的匈牙利军队目前由莫德尔元帅指挥。获得德军加强或处在德国人指挥下的罗马尼亚军队目前据守着摩尔达维亚西部，但在特兰西瓦尼亚（Transylvania），匈牙利和罗马尼亚军队正充满敌意地盯着对方，他们曾为这片领土进行过激烈的争夺。

苏德战线由北向南，依然延伸了2000英里，并形成两个巨大的突出部：普里皮亚特沼泽北面，"中央"集团军群倚靠着白俄罗斯，并以明斯克为底部，伸入苏军战线；而在普里皮亚特沼泽的南面，苏军深深插入到德军南翼。苏军将步兵力量的40%和坦克力量的80%集中在南方，而在普里皮亚特沼泽北面的"中央战区"，他们只投入全部实力的三分之一。苏军推进的极限使其战线一路延伸，西北方，他们到达纳尔瓦以东、楚德湖以东和普斯科夫；西面，战线从维捷布斯克以东、奥尔沙、莫吉廖夫延伸至莫济里以西；西南方，苏军逼近科韦利以西地区、卢茨克和捷尔诺波尔；东南方，战线位于苏恰瓦（Suchavi）以西、雅西以北，并沿德涅斯特河直至黑海。斯大林极不情愿地批准了苏军暂时转入防御，先是西北方向，然后是西方向，最后是南方，不过，他尽可能推迟了下达给西南和东南方向的指令。此时，冬季战役的最后攻势打响了，目标是盘踞在克里木的德国第17集团军，该集团军脱离德军主力已有很长一段时间。消灭克里木德军的任务交给了托尔布欣的乌克兰第4方面军，他们正位于锡瓦什湖与彼列科普的登陆场内，而在克里木东端，独立滨海集团军的部队已登上刻赤半岛。

3月份，与华西列夫斯基元帅一起，托尔布欣和比留佐夫（乌克兰第4方面军参谋长）被斯大林召至莫斯科，参加商讨克里木战役的特别会议。站在一幅标明德军部署和防御细节的克里木态势图前，斯大林听取了乌克兰第4方面军、独立滨海集团军、亚速海区舰队和黑海舰队的作战计划。托尔布欣打算投入G. F. 扎哈罗夫的近卫第2集团军和克列伊泽尔的第51集团军，跨过彼列科普地峡发起进攻，并穿过锡瓦什潟湖；主攻部队将跨过锡瓦什，进入盘踞在彼列科普的敌军的后方，然后冲向辛菲罗波尔（Simferopol）和塞瓦斯托波尔。克里木另一端的刻赤半岛上，叶廖缅科大将指挥的独立滨海集团军已建立起另一座登陆场；叶廖缅科现在打算冲入岛内，夺取刻赤，消灭德国守军，堵住敌人穿过阿克莫奈（Ak-Monai）的逃生路线，并阻止德军向北面派遣援兵反击托尔布欣的推进。至于空中支援，托尔布欣得到的是赫留金的空军第8集团军，叶廖缅科得到的是韦尔希宁的空军第4集团军。华西列夫斯基元帅依然担任派驻乌克兰第4方面军的最高统帅部代表，为协助叶廖缅科的作战行动，斯大林派出伏罗希洛夫元帅，他在游击运动中央司令部的职位已被撤销。这位老兵将重返前线。

耶内克将军指挥着15万名德国和罗马尼亚士兵组成的混编部队（撤离塔曼的德国第17集团军主力），对自己的防御工事信心十足，在这些工事后面，他的11个师守卫着彼列科普、刻赤、阿克莫奈，最后是塞瓦斯托波尔，当初苏联红军曾在这里抗击德军的大规模进攻近一年之久。尽管希特勒疯狂而又残酷地决定将他的部下禁锢在克里木，但直到冬季结束也没有出现苏军进攻的迹象；锡瓦什潟湖已解冻，再次成为一道强大的屏障。彼列科普的防御工事得到暗堡、防坦克壕和"土耳其墙"的加强，本身就是一道出色的防线。1920年，伏龙芝率领红军冲向彼列科普，据守这道防线的是"黑男爵"弗兰格尔，德军指挥部研究了这些战例，并把他们的防御部署在离伊顺（Ishun）不太远的高地上。德军炮兵以他们的大炮掩护着这些"固若金汤"的阵地，但在锡瓦什潟湖，罗马尼亚部队转移到相对舒适的高地上，只留下少许部队掩护盐滩和沼泽地。为振奋低迷的士气，德军司令部检阅了辖内部队，特别是炮兵单位，并张贴海报宣布"在克里木挡住布尔什维克"的决心。但偶尔被炮火打断（苏军侦察机从上空飞过，仔细记录下德军炮兵阵地的位置）的寂静，只是加剧了暂未到来的末日的气氛。

4月8日清晨8点，北面，沿着彼列科普地峡，苏军近卫第2集团军的大炮打响了，步兵在烟雾屏障的掩护下发起进攻。俄国人密集的炮弹将德军防御阵地炸为碎片，两个半小时后，第51集团军的大炮也开火射击，这次是在锡瓦什地区。扎哈罗夫的近卫军士兵们冲向阿尔米扬斯克（Armyansk），而克列伊泽尔的步兵和炮兵将他们的大炮和轻型坦克推上浮桥，士兵们在刺骨的海水中挣扎向前（马匹无法通行），穿过小而险峻的锡瓦什"海"。4月9日，叶廖缅科从他的登陆场向刻赤半岛发起进攻，而克列伊泽尔的部下们拖着装在木筏上的大炮和卡车，赶至被炸毁的琼加尔（Chongar）桥南端，一些部队登岸，准备从锡瓦什出击，进入彼列科普守军后方。耶内克将军已命令他的部队撤出刻赤赶往阿克莫奈防线，4月11日—12日，克列伊泽尔的部队冲出锡瓦什沼泽地时，耶内克别无选择，只能让自己的部队撤离伊顺。伊顺和阿克莫奈这两道"固若金汤"的防线已被突破或绕过。乌克兰第4方面军跨过锡瓦什潟湖并夺取托马绍夫卡（Tomashevka）后，比留佐夫将这个消息报告给华西列夫斯基，并在电报中加上了这样一段话："请允许我以方面军司令部的名义，向您，亚历山大·米哈伊洛维奇（华西列夫斯基），献上克里木的钥匙。"

比留佐夫没有夸大其词。克列伊泽尔的第51集团军以坦克第19军为先锋，打垮了罗马尼亚军队的防御，奔向辛菲罗波尔，耶内克将军原本希望从这里发起一场反击。推进途中，克列伊泽尔歼灭了从伊顺撤下来的3个德军师。与此同时，叶廖缅科也突破了阿克莫奈"瓶颈"，切断了2个正沿苏达克（Sudak）至雅尔塔的滨海公路向南逃窜的德军师。没用一个星期，红军便席卷了克里木的主要防线，将罗马尼亚人打垮并重创德国守军；现在需要夺取的是塞瓦斯托波尔，要征服它必须攻克一座座堡垒和一道道战壕，没有办法直接冲击其防御。

耶内克将军打算守住塞瓦斯托波尔以北地区，不让苏军大炮将港口和码头纳入射程，利用这些港口和码头，德国军舰可以将一切备用装备运走，甚至可以把罗马尼亚军队撤离。一股较小的德军（2个师）进入东面和东南面阵地，据守着强大的萨蓬（Sapun）高地，这道长长的山脊缓缓落入一道山谷，90年前，就在这道山谷（死亡谷）中，英军轻骑兵旅冲向了俄国人的大炮。在这里，沿着东南方向，托尔布欣打算以第51集团军和滨海集团军的部队发起主攻，滨海集团军现在被置于乌克兰第4方面军辖下。临近4月底，苏军调集的炮兵和空中力量越来越强大；扎哈罗夫的近卫第2集团军准备翻越梅肯济（Mackenzie）高地，从北面发起进攻，但托尔布欣将主要力量转移到左翼，对付萨蓬高地，并准备投入坦克第19军，从南面冲入德军后方。华西列夫斯基元帅批准了这些计划，5月初，准备工作基本完成。最高统帅部要求采取快速果断的行动，并取得立竿见影的效果，1941年至1942年间，德国人攻占塞瓦斯托波尔用了250天，现在，红军必须在几个小时内完成这个任务。

5月5日这个晴朗的清晨，扎哈罗夫的近卫军从北面沿梅肯济高地发起进攻，拉开了苏军突击塞瓦斯托波尔的帷幕，德军一方，耶内克将军已被阿尔门丁格将军接替，不过，他先前拟定的在北面实施防御的作战计划没有受到太多影响，德军大多数机动炮兵部署在那里。面对德军猛烈的炮火，近卫第2集团军朝高地冲去，但庞大的雷区拖缓了他们的前进步伐。经过两天的血战，托尔布欣投入第51集团军和滨海集团军，从东面对萨蓬高地发起主攻。克列伊泽尔的第51集团军在夜间行动，已翻越巴赫奇萨赖（Bakchisarai）山脉，此刻正位于萨蓬高地北坡的前方；赶往南面的滨海集团军已将巴拉克拉瓦（Balaklava）拿下，正等待着对萨蓬高地南端发起突击。5月7日拂晓前，巴甫洛夫上校的突击工兵第12旅为罗季奥诺夫的步兵第77师（隶属于第51集团军）清理出一条通道；近卫步兵第11军（隶属于滨海集团军）接受了对南部地区发起进攻的任务。托尔布欣和华西列夫斯基待在巴拉克拉瓦的前进指挥部内。比留佐夫来到第51集团军，观看着炮火准备，这场炮击得到俯冲轰炸机的支援，整座高地几乎被硝烟和尘埃所覆盖。上午10点左右，克列伊泽尔的部下冲上高地，突击工兵第12旅的一名工兵升起一面红旗。下午，第51集团军和滨海集团军在西坡苦战，打算冲入因克尔曼（Inkerman）山谷，一旦到达那里，通往塞瓦斯托波尔的道路就将被打开。

没过几个小时，德军开始退入北部地区，赶往渡轮处或因克尔曼桥；近卫第2集团军投入突击舟冲入港湾。在步兵第10军（隶属于第51集团军）的带领下，苏军步兵从萨蓬高地杀至塞瓦斯托波尔郊区和主火车站，展开了激烈的巷战。坦克第19军从南面沿海岸线推进，赶往赫尔松涅斯角，苏军情报部门将这里确定为德国人的"灾难线"，是德军最后的抵抗地点。5月9日晚，塞瓦斯托波尔彻底落入苏军手中；5月10日，托尔布欣将这个情况汇报给斯大林，没等他说完，斯大林便要求在接下来的24小时内彻底肃清克里木。苏军的俯冲轰炸机、战斗轰炸机和大炮不停地袭击着乘船逃离塞瓦斯托波尔的德军。一队队战机轰炸着赫尔松附近最后一座仍控制在德国人手中的机场。德国第17集团军的残部撤入赫尔松涅斯角，这片长长的指状地带，顶端伫立着灯塔，德军残部在这里进行着最后的抵抗，他们用高射炮实施直瞄射击，试图挡住滨海集团军。但最后的时刻终于到来了。苏军大炮猛轰被困的德军残部，战机扑向逃往外海的船只和木筏，苏军战舰和炮艇沿海岸线巡弋，拦截并击沉赶来救援的德国船只。近岸处和外海，长长的死亡线在海水中起伏，活着的人在苏军最后的轰炸下瑟瑟发抖。到5月12日中午，已有25000名德军士兵在赫尔松投降。苏联方面估计，德国第17集团军的损失为：11万人阵亡、负伤或被俘。为1942年做出的复仇来得庞大而又迅速。

就在托尔布欣的部队横扫克里木之际，苏军最高统帅部正忙着为夏季攻势拟定一份主要战略计划。先前的进攻计划在协调各方面军的问题上不太令人满意，没有为苏军的攻势提供恰当的目标和方向。自3月份以来，总参谋部一直忙着对苏德战线做出详尽的分析，依次检查苏军的各个战略集团。总参作战部长什捷缅科和调至最高统帅部的铁木辛哥元帅对西北战场的态势进行了详细调研，特别是波罗的海沿岸第1、第2方面军；"主要突击"不能在这里发起，也不能在更北面展开，因为，尽管在这里发起一场攻势可以将芬兰逐出战争，但不会给德国人造成致命危险。西方向上的态势看上去不大一样。普里皮亚特沼泽北面，白俄罗斯突出部内，德军掩护着通往华沙的道路，还可以在苏军冲向东普鲁士时对红军侧翼发起打击，另外，西南方向上，苏军战线的侧翼和后方也遭受到威胁，使苏军冲向利沃夫并攻入匈牙利的作战行动变得更加复杂。

普里皮亚特沼泽南面，苏军已沿"卢布林方向"深入，但由于连续作战，他们的实力已然受损；要在这里发起"主要突击"，必须对部队实施重大重组，并从后方调集大批援兵予以加强。沼泽地北面排列着德国"中央"集团军群，该集团军群辖下的各个师牵制了大批苏军部队，莫斯科仍处在从白俄罗斯机场起飞的德军轰炸机的轰炸范围内。因此，歼灭德国"中央"集团军群既符合逻辑，也是个可取的战略目标。但其是否可行呢？位于西方向上的苏军部队曾尝试过，但屡屡失利，不仅没能消灭白俄罗斯"阳台"，自身还遭受到了严重的损失。

因此，苏军总参谋部得出两个基本结论：苏军各条战线同时展开攻势，既不可取，也无法做到，西方面军遭遇的不幸不仅仅归咎于德军的实力，还与苏军"组织不力"有关，要纠正这个问题，必须将西方面军一分为二。西方面军辖有5个集团军（33个步兵师、3个炮兵师、1个高射炮师和1个迫击炮师）、1个空军集团军、1个坦克军和9个坦克旅；该方面军先前曾对维捷布斯克、奥尔沙和莫吉廖夫方向发起进攻，因而攻击力量有所耗损。总参谋部建议拆分西方面军，指挥部前移，更接近作战部队，并调拨援兵。在此期间，各方面军司令员完成了关于作战可能性的"问卷"调查。白俄罗斯方面军的罗科索夫斯基已向斯大林建议（并以书面方式向最高统帅部汇报），在波利西耶（Polesia）和科韦利地区作战的所有部队，应纳入他这个方面军辖下，这样，他就能在博布鲁伊斯克和卢布林两个方向上实施进攻。经过一番激烈的争论，最高统帅部批准了他的建议，罗科索夫斯基接到命令，以此为基础拟定作战计划。4月12日前，国防委员会（GKO）完成了对西方面军的调查，并指出该方面军作战失利的"客观原因"和"主观原因"。

显然，在调查初期，GKO已决定将西方面军分成2个方面军——白俄罗斯第2和第3方面军，因为在4月初，斯大林曾咨询过华西列夫斯基元帅（他当时跟乌克兰第4方面军在克里木）白俄罗斯第3方面军司令员的人选问题。新组建的白俄罗斯第2方面军（4月5日前，该方面军一直由库罗奇金指挥）交给I. E.彼得罗夫上将，这位独立滨海集团军司令员是个能干、精力充沛的指挥员，目前正率部在克里木作战。但白俄罗斯第3方面军司令员一职更加重要。华西列夫斯基提名乌克兰第1方面军辖内第60集团军的司令员切尔尼亚霍夫斯基，

3月5日，朱可夫在发给斯大林的一封特别电报中建议立即将他擢升为上将。伊万·丹尼洛维奇·切尔尼亚霍夫斯基已展现出杰出的指挥能力。38岁的他是一名具有犹太血统的正规军军官，内战期间，他的家庭遭遇到斑疹伤寒，他成了孤儿，1924年，他成为敖德萨步兵学校的学员，就此开始了他的军事生涯，30年代，他在坦克部队服役。1941年，他在波罗的海地区指挥坦克第28师，在西北方向一直战斗到1942年，随后去沃罗涅日指挥坦克第18军，接着便是第60集团军，他率领该集团军参加了库尔斯克战役，在1944年初的一系列战役中，乌克兰第1方面军把他这个集团军当作"长剑"使用。斯大林也就此事咨询了安东诺夫将军，安东诺夫赞同华西列夫斯基元帅的推荐。4月12日，切尔尼亚霍夫斯基获得任命，就此成为红军中最年轻的方面军司令员。两天后，他在克拉斯诺耶（Krasnoe）接管了原西方面军司令部，而彼得罗夫将军在姆斯季斯拉夫利（Mstislavya）设立起白俄罗斯第2方面军司令部。身经百战的西方面军存在了三年时间，终于在1944年4月24日正式解散[1]。

到4月中旬，苏军总参谋部完成了夏季攻势的计划纲要，这场攻势涉及5—6条战线，从北面的伊德里察一路延伸至南面的切尔诺维策，尽管作战计划极大地扩展了这一范围。总参谋部的计划是以列宁格勒方面军的进攻拉开夏季攻势的帷幕，时间定在6月初，目标是维堡（Vyborg），为其提供支援的卡累利阿方面军将对斯维尔斯克（Svirsk）—彼得罗扎沃茨克（Petrozavodsk）发起进攻，把芬兰逐出这场战争。一旦卡累利阿方面军发起进攻，夏季战役的主攻（白俄罗斯地区的攻势）将立即展开，以达成突然性，并完成歼灭"中央"集团军群的任务。随着这场攻势的发起，德军统帅部会从南方抽调预备力量应对苏军这场主攻，于是，乌克兰第1方面军将对"利沃夫方向"发起大举进攻。与此同时，波罗的海沿岸第2方面军也将发动攻势，从而牵制住德国"北方"集团军群，使其无法支援右侧的"中央"集团军群。这些行动获得成功后，苏军的攻势将转入新方向——冲向罗马尼亚、保加利亚和南斯拉夫，同时也不排除匈牙利、奥地利和捷克斯洛伐克这个方向。

4月底，总参谋部拟定的最终计划呈交最高统帅部审议。这个计划被用于确定夏季攻势的主要政治目标，斯大林在"五一节"训令中阐明此点。苏联的目标是肃清苏联领土上残余的敌人，并把波兰、捷克斯洛伐克和其他斯拉夫兄弟国家从"法西斯的奴役下"解放出来。他们将在国内和国际上实现繁荣兴盛；现在，盟军正逼近德国，这些国家呈现出新的、巨大的重要性，但苏军统帅部必须竭力确保其计划绝对保密，如果白俄罗斯战役要让德国军队猝不及防，这一点极其必要。夏季攻势的计划全貌只有五个人了解。所有电话和电报往来都受到严格控制。各方面军的作战计划只由最少的人员拟定，几乎所有命令都是手写的；各方面军和集团军的政治管理部门接到加强"防御思想"的命令。各通讯中心关闭了大功率无线电台，各部队只使用低功率设备，而且这些设备不得在距离前线20—30英里的范围内使用。

苏军总参谋部的意图是让德军统帅部相信，红军的攻势将在南方和波罗的海地区发起。5月3日，两个负责向德军指挥部散布假消息的前线地段（南方的乌克兰第3方面军和北方的波罗的海沿岸第3方面军）接到了实施"战役伪装措施"的特别指令：乌克兰第3方面军将在其右翼（基什尼奥夫北面）"集中"8—9个获得坦克和炮兵支援的步兵师，波罗的海沿岸第3方面军将"集结"在切列哈河（Cherekh）以东地域，所有"准备工作"的期限为6月5日—15日。为了让德国人更加相信红军将在南方发起进攻，苏军各坦克集团军仍留在西南方向，但大批新装备和援兵加入到为白俄罗斯战役实施重组的坦克部队中。白俄罗斯战线上没有部署一个坦克集团军，尽管总参的初步计划中需要一支强有力的坦克"铁拳"冲向博布鲁伊斯克—明斯克，主要是为了挡住德军的援兵。切尔尼亚霍夫斯基立即要求最高统帅部给他的方面军派一个坦克集团军，总参谋部对此予以支持，于是，近卫坦克第5集团军被调拨给白俄罗斯第3方面军。

4月至5月间，苏军统帅部大幅度调整了普里皮亚特沼泽南面和北面战略集团的部署。西方面军的拆分使普里皮亚特沼泽北面的方面军达到8个（3个白俄罗斯方面军、3个波罗的海沿岸方面军、2个北方方面军），而在南方的方面军起初只有3个（乌克兰第1、第2、第3方面军）。各方面军司令员也迅速进行了调整：科涅夫元帅接任乌克兰第1方面军司令员，马利诺夫斯基担任乌克兰第2方面军司令员，托尔布欣出任乌克兰第3方面军司令员（乌克兰第4方面军辖内的部队从克里木调出，转隶乌克兰第2、第3方面军）。不久后，乌克兰第4方面军再次组建，这次由刚刚担任白俄罗斯第2方面军司令员便遭受到打击的彼得罗夫将军担任司令员，新组建的乌克兰第4方面军部署在科涅夫的左翼，位于乌克兰第1、第2方面军之间，目的是使用特别山地部队从事喀尔巴阡山战役。

最高统帅部对4个方面军（白俄罗斯第1、第2、第3和波罗的海沿岸第1方面军）进行协调，发起对德国"中央"集团军群的攻势，具有一定的困难和特殊性。巴格拉米扬（波罗的海沿岸第1方面军）和切尔尼亚霍夫斯基（白俄罗斯第3方面军）都不是经验丰富的方面军司令员；华西列夫斯基元帅将这两个方面军纳入自己的监督下，而朱可夫元帅负责控制白俄罗斯第1、第2方面军。彼得罗夫将军在白俄罗斯第2方面军的任期非常短暂，这要"归功于"列夫·梅赫利斯这位军事委员会政治委员。梅赫利斯给斯大林打报告，批评彼得罗夫不适合目前的职位，他还说，彼得罗夫病了，经常需要医护人员的照料，另外，梅赫利斯还添加上一套一贯的谎话。梅赫利斯不认为彼得罗夫（他曾在敖德萨和塞瓦斯托波尔担任过指挥员，守卫过捷列克，还是独立滨海集团军司令员）有能力履行目前的职责。斯大林听信了梅赫利斯的谗言，解除了彼得罗夫的职务，委任G. F. 扎哈罗夫上将（在克里木的近卫第2集团军司令员）担任方面军司令员。两个月后，彼得罗夫以其丰富的山地战经验，出任新组建的乌克兰第4方面军司令员。总参作战部长什捷缅科率领的一个"总参参谋组"也被派到白俄罗斯第2方面军，在各种作战问题上他们要服从朱可夫元帅，但有权就所有作战策划问题直接联系总参谋长。截至5月中旬，总参谋部已完成白俄罗斯战役的详细规划，5月20日，安东诺夫将军签署了一份手写的行动简介，这是一份简短的文稿，并配以一幅地图。收到总参谋部的作战计划后，斯大林问起此次战役的代号。听说到目前为止尚未确定时，斯大林立即提出"巴格拉季昂"这个代号，以纪念1812年在博罗季诺重伤阵亡的这位俄国将领。

4月23日，安东诺夫写信给迪恩少将，告诉他苏军总参谋部对R日（"霸王"行动的发起日）感到满意。安东诺夫又以一种近乎神秘的简洁暗示道，红军将在东线同步发起攻势，但他没有透露具体时间和地点。实际上，这场攻势的时间和地点此时尚未确定。总参谋部在呈交最高统帅部的计划中选定白俄罗斯作为这场攻势的最佳目标，但没有提及具体时间。苏德战线上，苏军统帅部采取一系列措施隐瞒他们在中央地区的进攻意图，同时拟定出一个与跨海峡进攻相关联的更大的欺骗方案，目的是让德国人相信，盟军不会在7月份以前发动跨海峡进攻，苏军也不可能在7月份展开新攻势。根据"卫士"计划（联合欺骗行动），俄国人将与盟军对挪威发起一场联合进攻，集结起舰船和人员，制造出即将进攻佩萨莫（Petsamo）的假象。俄国人集结在苏德战线的中央地区，为6月底的行动进行准备的消息被泄露出去，预备队也在加紧训练，以便投入7月份的进攻行动。与此同时，苏军各坦克集团军仍留在南方，摆出另一个威胁的假象。

东线外军处的盖伦将军不断向德军统帅部提交关于苏军作战意图和实力的报告和评估。在德国人看来，苏军朝利沃夫方向的推进（正是朱可夫在3月份建议过的进攻）似乎已迫在眉睫，因为乌克兰第1方面军据守着从科韦利到布科维纳这段拉伸的战线，4月下旬，德国和匈牙利军队对乌克兰第1方面军的侧翼发起进攻，以破坏苏军为进攻利沃夫所作的集结。匈牙利军队在喀尔巴阡山与德涅斯特河上游之间投入战斗。苏军稍稍后退，但除了这种战术调整外，仍完整地据守着他们的防线。

在他的主要情报调查中，盖伦借鉴了多种情报来源（特工的报告、战斗序列情报、中立国新闻、苏联的新闻报道和广播），以确定苏军作战意图。5月初，盖伦少将呈交了一份特工人员关于3月底斯大林在最高统帅部主持召开的一次秘密会议的报告，会上商讨了两个进攻方案：要么在科韦利—利沃夫地区发起一场大规模攻势，冲向华沙（同时，波兰人在德军后方举行起义），要么在波罗的海展开攻势，同时在南方发起辅助性进攻。据这名间谍透露，斯大林选择了包括波兰人起义在内的第一个计划。坦克力量是另一个标志：盖伦5月3日报告，苏军战线上排列着39个坦克军（106个单位），1200辆苏军坦克面对着德国"南乌克兰"集团军群，500辆坦克部署在"北乌克兰"集团军群对面，423辆坦克面对着"北方"集团军群，而中央战线对面只有41辆——共计2214辆坦克[2]，用不了四周，这个数字可以增加到2437辆，一个月后可以增加到3400辆，从而使苏军坦克总数（包括预备力量在内）达到8117辆。苏军已正式实施无线电静默，特别是在南方，德军统帅部预计，只有发起进攻时，俄国人才会打破无线电静默。这方面的证据看上去越来越表明苏军将在科韦利—利沃夫地区展开一场进攻，并有可能在波罗的海地区发起主攻。在此期间，德国情报部门获悉了"卫士"行动的传言——"美苏海军在新罗西斯克策划"在罗马尼亚海岸实施登陆。

截至5月中旬，旨在打击德国"中央"集团军群的"巴格拉季昂"战役的第一份作战计划完成了。在这份计划中，俄国人打算消灭位于维捷布斯克—博布鲁伊斯克—明斯克地区的德军突出部，前出至季斯纳（Disna）、莫洛杰奇诺（Molodechno）、斯托尔布齐（Strolbtsy）和斯塔罗宾（Starobin），从而粉碎德军侧翼并突破敌中央阵地，然后对明斯克发起向心攻击。苏军估计，在白俄罗斯突出部会遭遇42个德军师，为歼灭这股力量，苏军将投入77个步兵师、3个坦克军、1个机械化军、1个骑兵军、6个炮兵师和3个"喀秋莎"师。苏军总参谋部把参与"巴格拉季昂"战役的方面军分为两个集团，A集团（波罗的海沿岸第1方面军和白俄罗斯第3方面军）辖39个步兵师和2个坦克军，B集团（白俄罗斯第2方面军和白俄罗斯第1方面军的右翼部队）辖38个步兵师、1个坦克军和1个机械化军。至于预备队，最高统帅部立即将目光投向克里木，提议将第51集团军调至戈梅利（Gomel），将近卫第2集团军调至亚尔采沃；5月初，一个总参小组飞赴克里木，着手安排这两个集团军的调动，并将克里木的防务交给滨海集团军剩下的部队。

苏军总参谋部很快便发现了这个计划中的缺陷。原先估计德军的实力是42个师，但新获得的情报表明，这个数字偏低；另外，波罗的海沿岸第2方面军的任务是牵制德国"北方"集团军群，从而消除德国人对苏军侧翼发起进攻的危险，但该方面军的实力偏弱，无法有效牵制"北方"集团军群，后者可能会为右侧的友邻部队提供支援。但朱可夫和华西列夫斯基元帅的注意力集中在确保一个主要目标上，也就是在突破敌重兵守卫的前沿防御的行动中歼灭德军作战力量中"重要"的一股。因此，朱可夫和华西列夫斯基建议将大批火炮和飞机集中在各方面军辖下，特别是拥有大口径火炮的"突破炮兵师"。必须将德军牵制并歼灭在战术地域，从而最大限度地给敌人造成重创，这源于总参谋部对"合围"困难性的预测：只有维捷布斯克地区问题不大，因为苏军已将德军这个筑垒地域困住。分析苏军过去在斯大林格勒和其他重大战役中的经历就能发现，一场大规模合围并歼灭敌人的行动需要耗费许多时间；在白俄罗斯，德军指挥部可以利用这段时间前调预备队，并依靠地形（这里满是沼泽和密林）阻止苏军构成任何绵密的合围圈。因此，对苏军统帅部来说，面临的问题不仅仅是粉碎据守在阵地内的德军师，还要阻止德军残部逃入白俄罗斯沼泽和森林提供的保护中。

遥远的西面，跨海峡进攻的D日即将来，尽管苏军统帅部已从英美军事代表团那里获知这场跨海峡进攻的发起日期被推迟了数次。为完成"巴格拉季昂"战役的准备工作，斯大林把参与此次行动的高级将领们召集起来，召开了为期两天（5月22日和23日）的大型军事会议。出席会议的包括以安东诺夫将军为首的总参谋部工作人员、方面军司令员罗科索夫斯基和巴格拉米扬、最高统帅部协调员朱可夫和华西列夫斯基元帅，切尔尼亚霍夫斯基也接到了出席会议的通知，但因病缺席；另外还有白俄罗斯第1、第3方面军和波罗的海沿岸第1方面军军事委员会成员、诺维科夫（空军）、沃罗诺夫和雅科夫列夫（炮兵）、赫鲁廖夫（后勤）、佩列瑟普金（通信兵）和沃罗比耶夫（工兵）。彼得罗夫此时尚未被解除职务，但他没有接到出席会议的通知，因为他的白俄罗斯第2方面军没有被分配主要进攻任务。

会议开始后，先由总参谋部介绍"巴格拉季昂"战役计划，在随后的讨论中，这场战役的主要任务被确定为在明斯克以东地区合围并歼灭德国"中央"集团军群主力（尽管总参谋部不喜欢使用"合围"这个词）。步兵和快速部队所要求的前进速度问题立即被提了出来，这时，总参谋部正式支持为切尔尼亚霍夫斯基的白俄罗斯第3方面军配备一个坦克集团军，近卫坦克第5集团军将被调入该方面军辖内。总参谋部还错误地估计了右翼遭受德国"北方"集团军群攻击的可能性。波罗的海沿岸第1方面军司令员巴格拉米扬提出建议，他的部队不参加主要突击，而应全力确保此次战役不受"北方"集团军群的干扰。他的建议被采纳，因此，波罗的海沿岸第1方面军现在的任务不再是夺取维捷布斯克后冲向明斯克以东地区，而是向西进攻，从南面迂回波洛茨克，切断"北方"集团军群与中央地段德军之间的联系。为做到更加保险，波罗的海沿岸第2方面军将在北面发起有限的行动。南翼没有此类问题，因而不需要大批部队加以确保。

真正的争执是关于罗科索夫斯基白俄罗斯第1方面军的作战计划。早在3月份时，罗科索夫斯基从斯大林那里获知有可能对博布鲁伊斯克和布列斯特发起进攻后，便要求把在"科韦利方向"作战的部队（隶属于原白俄罗斯第2方面军）纳入他的指挥下，从而使他的战线扩展300英里，其侧翼的部队分散在波利西耶沼泽。4月2日，最高统帅部批准了罗科索夫斯基的建议：白俄罗斯第1方面军从解散的白俄罗斯第2方面军那里获得第61、第70和第47集团军，反过来又将第10和第50集团军交给西方面军（该方面军很快也被解散）。与此同时，罗科索夫斯基和他的参谋长马利宁将军拟定出如下计划：歼灭明斯克—巴拉诺维奇（Baranovichi）—斯洛尼姆（Slonim）—布列斯特—科韦利—博布鲁伊斯克地区的德军，苏军前出至明斯克—斯洛尼姆—布列斯特一线，切断纵深150英里以上的德军公路和铁路线，从而瘫痪德军在"西方向"上的防御。罗科索夫斯基设想的是一场分为两个阶段的行动，第一阶段持续的时间不超过12天，由4个左翼集团军执行，旨在以一场向南的进攻摧毁德军防御。从布列斯特到弗拉基米尔–沃伦斯基，夺取西布格河东岸的登陆场后，对德国"中央"集团军群的整个右翼实施侧翼迂回；左翼部队将从布列斯特进入德军后方，与此同时，右翼部队发起第二场攻势，冲向博布鲁伊斯克—明斯克，整个行动将耗时30天，需要2个坦克集团军来完成整个机动。

罗科索夫斯基的庞大构想没被采纳，因为最高统帅部排除了在科韦利地区投入坦克集团军的可能性，但总参作战部将罗科索夫斯基提出的进军路线纳入了"巴格拉季昂"战役计划中。五周后的5月11日，罗科索夫斯基提交了白俄罗斯第1方面军的第二份作战计划，这一次，他建议歼灭日洛宾地区的敌人，然后朝博布鲁伊斯克—奥西波维奇（Osipovichi）—明斯克方向发起进攻。这个修订后的计划，其显著特点是对博布鲁伊斯克发起两个突击，一个沿别列津纳河北岸实施，另一个沿南岸实施，同时在帕里奇（Parichi）—斯卢茨克—巴拉诺维奇方向发起支援性进攻。这个计划被纳入整体作战计划时没有引起任何不恰当的批评，但在斯大林主持的军事会议上，它突然成为激烈争论的焦点。斯大林本人反对对博布鲁伊斯克发起两个突击，他认为应该发起一个"主要突击"。罗科索夫斯基拒绝考虑"一个突击"。争论过程中，斯大林两次让罗科索夫斯基到隔壁房间去"好好想想"，这种情况第二次发生时，莫洛托夫和马林科夫跟着罗科索夫斯基来到隔壁的休息室，劝罗科索夫斯基接受斯大林的建议——"您知道您在跟谁争执吗？"他们问道。罗科索夫斯基坚持己见，并明确表示，如果最高统帅部坚持发起一个突击，他就要求解除他的方面军司令员职务。罗科索夫斯基第三次陈述自己的报告后，斯大林被说服了，他宣布他喜欢那些了解自己的职责、有自己想法的将领——对博布鲁伊斯克将发起两个突击。[3]

最高统帅部军事会议确定了"巴格拉季昂"战役的最终形式：歼灭德国"中央"集团军群的行动将从拉平其两个侧翼开始，苏军会同时对维捷布斯克和博布鲁伊斯克地区发起打击，并消灭莫吉廖夫的德军。通往明斯克的道路将被打开，苏军会在明斯克西面切断德军的后撤通道，困住"中央"集团军群，并以空袭、三个方向发起的地面进攻和游击队的活动将其逐一歼灭。尽管白俄罗斯第2方面军没有被分配主攻任务，但他们必须尽可能地牵制德军有生力量，使其无法抗击白俄罗斯第1、第3方面军。因病缺席军事会议的方面军司令员切尔尼亚霍夫斯基于5月25日[4]抵达莫斯科，听取朱可夫和华西列夫斯基对"巴格拉季昂"战役的简介，并呈交了他这个方面军的作战计划。两位元帅批准了他的计划，但当天晚上，在最高统帅部汇报这份计划时，切尔尼亚霍夫斯基接到指示，策划另一场额外的进攻，一个突击直接沿奥尔沙—明斯克公路发起，另一个突击的目标是博古舍夫斯克（Bogushevsk）；作为补偿，切尔尼亚霍夫斯基获知近卫坦克第5集团军及1个突破炮兵师已被划入他的麾下。切尔尼亚霍夫斯基、他的参谋长（V. E. 马卡罗夫）和V. F. 梅尔诺夫中将（负责这一方向的总参军官，与切尔尼亚霍夫斯基是基辅炮兵学校的老同学）[5]忙了一整晚，拟定出一份新计划。5月26日清晨，切尔尼亚霍夫斯基和什捷缅科将计划呈交最高统帅部，当晚，他们沿德米特罗夫斯克公路驱车赶往斯大林的"远郊别墅"。斯大林审阅了这份计划，未提任何意见便予以批准。但近卫坦克第5集团军的最后归属没有明说，斯大林在这个问题上玩了个手段。

五月军事会议将6月15日—20日暂定为"巴格拉季昂"战役的发起日期。总参谋部5月21日着手实施重新部署（当天，托尔布欣接到一封秘密电报，要求他对抽调克里木集团军的举动保密），但从内陆地区调集坦克和步兵，并从侧翼抽调部队，这是个庞大、复杂的工作。铁路线忙得不可开交，超负荷运作和拉伸已趋极致。方面军工作人员接到明确指令，对部队的调动严加保密：所有火车必须由卫兵看守，所有下火车的举动必须认真控制，而且只能在接到命令的情况下进行。近卫坦克第5集团军的调动带来了特殊的难题。乌克兰第2方面军司令部希望该集团军分阶段调离，但总参谋部认为这只会削弱该集团军的实力；近卫坦克第5集团军接到的命令中明确指出，沃夫钦科和基里琴科这两个坦克军必须齐装满员地调离，坦克数量不应少于300辆。这段时间里，增援部队已秘密进入中央地区和4个方面军辖下：坦克第1军进入波罗的海沿岸第1方面军，近卫第11集团军和近卫坦克第2军调入白俄罗斯第3方面军，步兵第81军进入白俄罗斯第2方面军，第28集团军、第9和近卫坦克第1军、机械化第1军和近卫骑兵第4军进入白俄罗斯第1方面军右翼，近卫第8集团军、坦克第2集团军和近卫骑兵第2军进入左翼。这些援兵中的许多部队先转入预备队（例如崔可夫的近卫第8集团军就是从乌克兰第3方面军的德涅斯特河登陆场撤出），然后再分配到中央地区，尽管这种做法耗费了几周时间。目前，最高统帅部将第51和近卫第2集团军（从克里木调出）留作特别预备队。空军司令员诺维科夫元帅调集了大批飞机，不少于11个航空兵军和5个航空兵师。

尽管"巴格拉季昂"战役的首要目标是痛击德国"中央"集团军群，但最高统帅部和总参谋部也对涉及对外侧面的进攻计划下了番苦功，发起一场将芬兰逐出战争的攻势同样重要，列宁格勒和卡累利阿方面军将为此投入41个步兵师，近50万人、10000门大炮和800多辆坦克。5月份期间，列宁格勒方面军司令员戈沃罗夫做好了对维堡发起一场进攻的准备，以便冲向列宁格勒以北地区，跨过卡累利阿地峡；梅列茨科夫的卡累利阿方面军[6]将发起一场夺取彼得罗扎沃茨克的进攻。戈沃罗夫打算以古谢夫的第21集团军担任主攻，该集团军辖9个步兵师，并获得了坦克的支援，他们将沿维堡公路和滨海铁路线推进，在10天内穿过芬兰人的防线。为打开这条通道，列宁格勒方面军投入半数炮兵力量，以冲过1939—1940年"冬季战争"中这片血腥的旧战场。

苏联与芬兰之间的第一次和平试探失败后，苏联迅速做出对芬兰发起全面进攻的决定。临近1943年年底时，柯伦泰夫人[7]在苏联驻斯德哥尔摩公使馆放出消息，俄国人不反对与芬兰代表团会晤。芬兰人对此持谨慎态度，但德国却反应强烈，他们现在一心想让芬兰做出不单独媾和的承诺。1944年初，华盛顿敦促芬兰人进行谈判，但当年2月，帕西基维[8]与柯伦泰夫人会晤时听说苏联方面有可能提出令人心寒的条件——1940年的边境线和消灭芬兰境内的德国军队。3月下旬，帕西基维和恩克尔[9]组成的两人代表团赶赴莫斯科，对这些条款的真实性一探究竟，直到4月1日，他们才得到令人震惊的消息，事实上，条件更为苛刻——1940年的边境线是一个原则性问题，另外还包括拘禁或驱逐德国军队，分五年支付6亿美元战争赔款。4月18日，芬兰议会拒绝了这个"和平建议"。在德国，芬兰总参谋长海因里克斯将军受到了凯特尔和约德尔的粗暴对待，因为芬兰人居然敢去莫斯科，但德国的喧哗和骚动无法改变芬兰的基本信念，浩劫已隐约出现在东面，芬兰正处在这个可怕的漩涡的边缘。

俄国人吸取了1940年的教训，带着庞大的力量和气势汹汹的无情而来。一向残酷的北方战争将造成一个残酷的结局。为突破卡累利阿地峡并冲向维堡，苏军指挥部调集了上万门大炮、近1000具"喀秋莎"火箭炮、536架轰炸机和强击机，外加近500辆坦克；波罗的海舰队也将175门舰炮（大多是130毫米和更大口径的火炮）对准芬兰人的防线。波罗的海舰队还把第21集团军的主力运出奥拉宁包姆，跨过芬兰湾，送至卡累利阿地峡。苏军最终确定下来的作战计划是投入2个方面军（列宁格勒和卡累利阿方面军），发起一场双重进攻，列宁格勒方面军的右翼部队位于卡累利阿地峡，卡累利阿方面军左翼的2个集团军在卡累利阿南面展开行动，第7集团军在奥涅加湖（Onega）与拉多加湖之间作战，第32集团军对奥涅加湖以北地区发起进攻，19支游击队奉命炸毁芬兰军队的仓库和铁路线，以此为红军提供支援。最高统帅部将列宁格勒方面军的进攻日期定于6月10日，几天后，卡累利阿方面军也将发起攻势。

南方战场，苏军指挥员的变更于5月中旬生效；朱可夫元帅将乌克兰第1方面军正式移交给科涅夫元帅，科涅夫又把乌克兰第2方面军交给马利诺夫斯基。德军统帅部认为，俄国人的夏季攻势几乎可以肯定将由乌克兰第1方面军发起，他们将攻入乌克兰西部。为守卫利沃夫及其周边地区（这是驻波兰和罗马尼亚的德国军队之间一个极其重要的交通中心，也是通向维斯瓦河上游最短的路径，此后便可以进入西里西亚），整个5月和6月，新锐德军师构成一股相当强大的力量，最终，他们集结起38个师和一支强有力的装甲部队。利沃夫地区本身也有利于防御作战，德涅斯特河的众多支流为其提供了掩护，这些河流并不宽阔，但还是会给进攻方造成麻烦。在这里，红军将在俄国军队征战过的旧战场上战斗，1914年8月—9月，沙皇俄军曾在加利西亚发起攻势，粉碎奥匈帝国的军队，打开了进入西里西亚的通道，尽管在此之前俄军统帅部的严重误判导致奥地利人逃出包围圈，从而在利沃夫西部继续战斗。这是个有益的教训，科涅夫元帅显然会对此善加利用。根据斯大林的四月指令，乌克兰第1方面军击退德国和匈牙利军队的进攻后，沿着220英里长的战线转入防御。与此同时，德国"北乌克兰"集团军群努力集结着步兵和装甲力量。

接任乌克兰第1方面军司令员后，科涅夫立即赶往位于战线中央地带的第38集团军司令部，审核此次进攻战役的计划，这场战役的形式将由地形和德军战术预备队所处的位置决定。北部地区地势平坦，但布满沼泽，中央地带的利沃夫周围伫立着丘陵，还有许多河流和小溪，南部地区也布满丘陵；德军预备队集结在科韦利、利沃夫和斯坦尼斯拉夫周围。6月初，斯大林打电话给科涅夫元帅，指示他将作战计划呈交最高统帅部，并立即去那里做出汇报。科涅夫的进攻计划主要基于一场两路突击的构想，第一个突击从卢茨克地区发起，目标直指利沃夫，以歼灭该地域的敌人：在卢茨克，科涅夫建议集结14个步兵师、2个坦克军、1个机械化军和1个骑兵军，这些部队都将得到密集炮火的支援，部署在6英里的突破地段上；而在"利沃夫方向"，15个步兵师、4个坦克军、2个机械化军和1个骑兵军集结在一条7英里长的突破战线上。"卢茨克"突击集团由近卫第3集团军（戈尔多夫）、第13集团军（普霍夫）、近卫坦克第1集团军（卡图科夫）[10]和一个"骑兵-机械化"集群（巴拉诺夫）组成；"利沃夫"突击集团由第60集团军（库罗奇金）[11]、第38集团军（莫斯卡连科）、近卫坦克第3集团军（雷巴尔科）、坦克第4集团军（列柳申科）[12]和另一个"骑兵-机械化"集群（索科洛夫）组成。格列奇科的近卫第1集团军和茹拉夫廖夫的第18集团军将在波卢博亚罗夫近卫坦克第4军的支援下确保方面军的左翼，而扎多夫的近卫第5集团军担任方面军预备队。科涅夫的目的是包围利沃夫地区的德军，分割德国"北乌克兰"集团军群（将其一部赶入波利西耶，另一部逐至喀尔巴阡山），并使乌克兰第1方面军前出至维斯瓦河。

为贯彻这场两路突击，科涅夫实施了战术欺骗措施和重组：近卫坦克第1集团军必须向卢茨克、坦克第4集团军必须向捷尔诺波尔变更部署，第38和第

18集团军也要重新部署，这些欺骗措施旨在让德国人产生"苏军坦克集团军正赶往左翼"的印象。除此之外，科涅夫无法进一步掩饰他的部队（集结在利沃夫）和意图，但向俄罗斯拉瓦（Rava-Russkay）的一场进攻尚有可能进行隐蔽。两路突击有许多可取之处，正是基于这些优点，科涅夫将最终作战计划呈报给了斯大林。斯大林对科涅夫"两路突击"的反应与收到罗科索夫斯基的博布鲁伊斯克作战计划时完全一样——强烈反对。斯大林认为，强有力的单路突击是获得胜利的保证，现在没有时间去改变这种做法。与罗科索夫斯基一样，科涅夫提出反对意见。斯大林坚持向利沃夫实施一路强有力的突击，科涅夫强调指出，对利沃夫发起正面进攻只会让德国人的防御获得最大优势，结果很可能导致苏军进攻失败。"您很固执。好吧，实施你们的计划吧，但您要为执行这一计划负责。"斯大林终于做出让步，科涅夫得以放手实施他认为合适的方案，但如果战役失利，他个人将为此承担责任。

斯大林给科涅夫打电话让他准备乌克兰第1方面军的作战计划时，参与"巴格拉季昂"战役的各方面军司令员收到了最高统帅部的最终指令（签发日期为5月31日），指定了他们的进军路线、目标和部队需要承担的任务。5月30日，总参谋部已把所有行动标注在地图上，这些作战行动构成了1944年庞大、复杂的"夏季攻势"。参与"巴格拉季昂"战役的部队目前包括4个方面军、白俄罗斯游击队、远程航空兵（ADD）和第聂伯河区舰队（原伏尔加河区舰队）。巴格拉米扬接到的命令是，波罗的海沿岸第1方面军与切尔尼亚霍夫斯基的白俄罗斯第3方面军相配合，在维捷布斯克—列佩利歼灭敌军后，波罗的海沿岸第1方面军将强渡西德维纳河，进入列佩利—恰什尼基（Chashniki）地区。2个集团军必须在戈罗德卡（Gorodka）西南方突破敌人的防御，进入别申科维奇（Beshenkovichi）地区，方面军辖内的其他部队应与白俄罗斯第3方面军的右翼部队共同夺取维捷布斯克，然后赶往列佩利，谨防敌人有可能从波洛茨克发起的进攻。切尔尼亚霍夫斯基的白俄罗斯第3方面军，右翼与波罗的海沿岸第1方面军相连，左翼靠着白俄罗斯第2方面军。各方面军的联合行动必须歼灭维捷布斯克—奥尔沙的敌军，然后，白俄罗斯第3方面军将赶往别列津纳河。切尔尼亚霍夫斯基已经知道他的方面军被赋予两路突击的任务，一个突击由2个集团军执行，目标是维捷布斯克西北方的先诺（Senno）[13]，然后赶往西北方，困住维捷布斯克的守军，第二个突击是沿明斯克公路冲向鲍里索夫（Borisov）。夺取奥尔沙和先诺后，切尔尼亚霍夫斯基便将他的部队前出至别列津纳河西岸。白俄罗斯第2方面军辖下的一个加强集团军将夺取莫吉廖夫，方面军的其他部队将沿莫吉廖夫—明斯克公路追击敌人，直至别列津纳河。罗科索夫斯基白俄罗斯第1方面军接到的命令是发起两个突击，每个突击投入2个集团军，第一个突击从罗加乔夫到博布鲁伊斯克再到奥西波维奇，第二个突击是从奥扎里奇（Ozaricha）到斯卢茨克；方面军的任务包括包围并歼灭博布鲁伊斯克的德军，夺取博布鲁伊斯克—格卢沙（Glusha）—格卢斯克（Glussk）地区，向奥西波维奇—普霍维奇（Pukhovichi）和斯卢茨克推进。因此，罗科索夫斯基执行的是两个方向的突击，即博布鲁伊斯克—明斯克和博布鲁伊斯克—巴拉诺维奇，但在其右翼部队到达斯洛尼姆以西一线前，中央和左翼部队保持在原地不动。

6月4日16点，派驻波罗的海沿岸第1方面军和白俄罗斯第3方面军的"最高统帅部协调员"，总参谋长华西列夫斯基元帅，赶至切尔尼亚霍夫斯基的司令部。6月5日凌晨，最高副统帅、派驻白俄罗斯第1和第2方面军的"协调员"朱可夫元帅飞赴罗科索夫斯基的司令部，他在清晨5点到达，三个小时后开始了战役策划工作。第一天的工作结束后，华西列夫斯基和朱可夫都在午夜时打电话向斯大林做出汇报。华西列夫斯基报告说，情况没什么变化，但朱可夫却抱怨铁路运输工作严重滞后于计划——斯大林会为此而督促卡冈诺维奇（铁路运输工作负责人）和赫鲁廖夫（后勤工作负责人）加快动作吗？连着一个星期，两位元帅越来越愤怒地向斯大林批评铁路运输工作的迟缓：坦克、大炮、燃料和弹药无法按时运抵，运到的数量也不够。华西列夫斯基亲自要求卡冈诺维奇必须在6月18日前将罗特米斯特罗夫的坦克集团军运送至指定区域。现在，白俄罗斯第2方面军急需卡车和飞机的燃料。

6月份的第一周，就在朱可夫和华西列夫斯基竭力将红军送入旨在歼灭德国"中央"集团军群的庞大攻势的出发线之际，戈沃罗夫也在进行最后的准备，以便向维堡发起进攻，将芬兰逐出这场战争。6月6日，在西线，参加"霸王"行动的大批军舰和地面部队发起跨海峡进攻。行动发起前夕，英国首相丘吉尔给斯大林发去电报（电报日期为6月5日），解释了在最后时刻推迟行动的

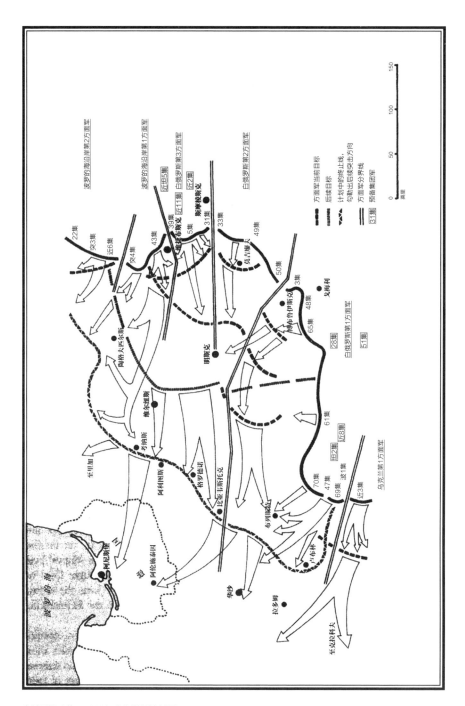

白俄罗斯攻势：1944年总参谋部策划图

原因是"天气状况不佳";现在,适当的天气终于占了上风,"今晚我们出发"——5000艘舰艇和11000架飞机。丘吉尔首相的第二封电报于6月6日当天发出:"一切开始得都很顺利。水雷、障碍物和滩头炮台大多已被克服。空降很成功……步兵的登陆进展迅速……天气预报中常转佳。"在给丘吉尔首相的复电(一份副本发给罗斯福总统)中,斯大林严肃而又直截了当地阐述了苏军的意图:

> 按照德黑兰会议达成的协议,苏联红军的夏季攻势将于6月中旬前,在前线某一重要地段发起。苏军的总攻将随着部队陆续转入进攻而分阶段展开。从6月底到7月间,各项进攻行动将汇成苏军的一场总攻。攻势行动的进展情况,当随时奉告。(《往来信件……》,第一卷,NO.274,第267页)

苏军总参谋部副总参谋长安东诺夫将军将这份电报的副本抄送给美国军事代表团的迪恩少将,作为苏联红军意图的说明和确认。两天后的6月9日,斯大林将仍处于严格保密状态的苏军攻势告知丘吉尔:"明天,6月10日,我们将在列宁格勒战线发起第一轮攻势。"

斯大林还在起草他的电文时,"第一轮"大口径火炮的齐射已在北面打响。6月9日一整天,苏军240门重型火炮对芬兰人设在地峡处的防御阵地狂轰滥炸,6月10日拂晓,经过140分钟的猛烈炮击,并辅以强击机的空袭后,第21集团军沿着9英里宽的战线,对卡累利阿地峡西侧发起进攻。苏军第一轮炮火齐射的轰鸣传至150英里外的赫尔辛基;进攻发起前的第二轮炮击更加猛烈,暗堡被连根拔起,防御阵地被粉碎。近1000架苏军战机对芬兰军队的前线和后方实施轰炸和扫射。苏军步兵的突击,规模庞大而且异常猛烈:6月11日,第23集团军发起进攻,遵照最高统帅部的特别指令,重型火炮跟随在步兵部队身后,在1000码距离上,以203毫米迫击炮轰击芬兰人的大型碉堡。6月9日—13日,波罗的海舰队的大口径舰炮共射出11000多发炮弹。2个预备步兵军也投入战场,冲向芬兰人的第一道防线,戈沃罗夫的部队正沿滨海公路对那里实施猛攻。6月15日傍晚前,苏军已突破芬兰人的两道防线,在基文纳帕(Kivenappi)与芬兰湾之间撕开一条通道,正准备冲向维堡。在另一个步兵军的支援下，第21集团军突入芬兰军队的第三道防线，这也是维堡的主防线。苏军逼近维堡之际，芬兰统帅部向德国人求援。6月20日19点，维堡陷落。6月21日，苏军的第二场攻势在卡累利阿以南地区打响，但芬兰人已获得德国军队和大炮的支援，守住了维堡后方的防线。

苏军对芬兰人发起猛攻之际，德军统帅部依然坚信俄国人的主攻目标必然是"北乌克兰"集团军群，根据这一判断，德军预备队得到相应的命令。"中央"集团军群被认为是苏军牵制性进攻的目标，第4集团军和第3装甲集团军都只有一个师充当预备队，即便应对苏军的牵制性进攻，这种部署也非常危险。5月底，希特勒断然禁止"中央"集团军群后撤至第聂伯河或别列津纳河防线，但这还不是最糟糕的。基于苏军即将对加利西亚发起进攻的判断，OKH（德国陆军总司令部）把"中央"集团军群辖下的第56装甲军调离科韦利，划入"北乌克兰"集团军群辖内，从而严重削弱了中央地区的力量。"中央"集团军群再也无法寄希望于迄今为止一直很成功的旧战术——调集援兵阻止或遏制苏军的突击。越来越多的证据表明，苏军正在大举集结，以对付"中央"集团军群，他们的部署显然是要消灭博布鲁伊斯克的第9集团军、莫吉廖夫和奥尔沙地区的第4集团军以及维捷布斯克地域的第3装甲集团军。德军情报部门发现，一些苏军师从克里木调至中央地段，近卫坦克第5集团军也已派至这一地区。苏军庞大的空中力量同样出现在这里。德国第3装甲集团军发现苏军精锐部队正向维捷布斯克逼近，这是重大情况即将发生的明确迹象。不过，在6月14日OKH召集全体集团军群司令召开的会议上，尽管"中央"集团军群指出苏军庞大的预备力量正被调至这一地区，但拿不出可作为定论的相关证据。对"敌人的意图"和"敌人的态势"所做的评估承认敌人正在迅速集结以对付"中央"集团军群是有可能的，但俄国人将对加利西亚发起进攻的看法依然占据上风。6月10日发出的一份情报评估指出，"一场重大攻势将在接下来的十天内"从维捷布斯克和奥尔沙向明斯克、巴拉诺维奇甚至是维尔诺（Vilno）[14]展开，但这份报告也指出，一场进攻将从基什尼奥夫—阿克尔曼（Akermann）地区直接发起。直到6月20日，OKW（国防军最高统帅部）仍坚信俄国人会在南方发动攻势，可以预料，这场攻势将在英美盟军从海边的登陆场达成更深的突破时发起。

苏军这一方，朱可夫和华西列夫斯基无情地敦促着各方面军和各集团军司令员，反复强调必须加快铁路运输工作。斯大林一再询问方面军的准备情况以及原定日期能否遵守，6月13日，华西列夫斯基对此做出明确的回答："我再次报告，进攻发起的最后日期完全取决于铁路工作，我们这方面已经做了而且还在做出一切努力，以便不耽误您规定的期限。"斯大林终于被激怒，他申斥了卡冈诺维奇，并下令对铁路运输工作展开调查。交通运输加快了速度，但"巴格拉季昂"战役已无法按原定日期发起，准备工作尚未完成，斯大林同意推迟四天。就这样，"巴格拉季昂"战役的发起日期恰巧是德国入侵苏联三周年之际。不过，对地攻击的计划在6月中旬前已接近完成。朱可夫于6月10日向斯大林提出请求，将空军司令员诺维科夫元帅派至前线，6月19日，朱可夫、诺维科夫和另一位空军元帅戈洛瓦诺夫（负责轰炸机部队的远程航空兵司令员）为苏军轰炸机和强击机中队拟定出详细的计划。

5月31日，最高统帅部下达了"巴格拉季昂"战役指令，这份基本指令体现出苏军战略规划中一种相对较新的特点：对于白俄罗斯战役，各方面军的任务被限制在纵深30—40英里的范围内，更广泛的目标，其范围也不超过100英里。这与最高统帅部过去那种雄心勃勃、不切实际的作战指令形成鲜明的对比。在朱可夫和华西列夫斯基的监督下，各方面军司令员于6月中旬前完成了对"直接任务"的策划。作为最高统帅部代表，他们俩的日记是一份简短的记录，记载下了这两位各具独特指挥风格的元帅是如何深入四个方面军辖下的各个集团军、军和师指导工作的。〔什捷缅科，*VIZ*，1966（2），第72—77页〕

6月11日　朱可夫

　　5点48分向斯大林报告，为白俄罗斯第1方面军运送弹药的运输工作仍落后于计划安排……6点55分，请求斯大林批准为空军第16集团军增加燃料，该集团军正在接收额外的新单位。白天继续跟罗科索夫斯基视察卢钦斯基的部队。与他以及第28集团军参谋长罗加乔夫斯基少将，还有炮兵和工兵司令员，详细检查作战计划并当场下达了命令……

华西列夫斯基

监督白俄罗斯第3和波罗的海沿岸第1方面军的准备工作。各方面军的准备工作按计划进行。危险首先出现在铁路运输问题上。今天不得不联系卡冈诺维奇，要求加快铁路运输工作，罗特米斯特罗夫集团军的就位不得迟于6月18日。

6月15日　朱可夫

继续与第28集团军（卢钦斯基）的各位军长、师长和兵种司令员研究进攻计划。

华西列夫斯基

仔细检查波罗的海沿岸第1方面军辖下第43和近卫第6集团军的作战准备及后勤补给工作。检查过程中下达了一系列命令，主要是解决炮兵、坦克和自行火炮团及战机的部署问题。

6月16日　朱可夫

与罗科索夫斯基和雅科夫列夫（红军炮兵总局局长）下到罗曼年科的第48集团军，与各军长、师长和兵种司令员会晤。下达命令，在6月17日和18日解决检查过程中发现的炮兵攻势的协调和组织方面的缺陷。凌晨2点45分，向莫斯科汇报白天的工作。

华西列夫斯基

继续6月15日报告的工作。命令罗特米斯特罗夫从6月17日起，以夜间行军将做好战斗准备的部队调入古希诺（Gusino）地域，进入加利茨基（近卫第11集团军）的后方区域，以便该集团军在该地区以整装待发的状态迎来进攻的发起。

6月17日夜间向斯大林汇报："第43集团军新任司令员别洛鲍多夫给我留下了良好的印象。从南方派来的军长瓦西里耶夫和鲁奇金工作出色。我已下令为从近卫军调至非近卫军的瓦西里耶夫保留近卫军的军饷。请求您批准我的决定，并对赫鲁廖夫同志（总后勤部长）做出相应的指示……"

在这后期阶段，大部分工作涉及复杂的"方面军协调"。

由各方面军司令员策划，并由两位元帅对最后的细节进行监督的进攻计划，在很大程度上涉及"跨方面军"在时间和空间方面的协同。波罗的海沿岸第1方面军，巴格拉米扬决定将他的突破部署在戈罗德卡西南方一条12英里的战线上，以奇斯佳科夫的近卫第6集团军和别洛鲍罗多夫的第43集团军来完成；达成突破后，他们的目标是别申科维奇，并强渡西德维纳河。第43集团军的一部将与第39集团军（隶属于白俄罗斯第3方面军）相配合，对维捷布斯克发起进攻，而赶往列佩利方向的部队则为方面军的攻势提供掩护，防止敌人从波洛茨克发动反击；坦克第1军接到的命令是，一旦步兵集团军抵达维捷布斯克—波洛茨克铁路线，他们就赶往西德维纳河和别申科维奇。切尔尼亚霍夫斯基的白俄罗斯第3方面军组织起两个"突击集团"来完成方面军的进攻任务："北集团"（第39和第5集团军、骑兵第3军与近卫机械化第3军组成的一个"骑兵—机械化"集群）将对博古舍夫斯克发起进攻；"南集团"（第31和近卫第11集团军）沿奥尔沙方向展开攻击。"北集团"接到的命令是在维捷布斯克东南方沿一条9英里长的战线发起进攻，柳德尼科夫中将的第39集团军的右翼师将与第43集团军在维捷布斯克地区协同作战。克雷洛夫的第5集团军将向博古舍夫斯克—先诺攻击前进，与近卫第11集团军相配合，歼灭博古舍夫斯克—奥尔沙地区的敌人，然后赶往别列津纳河。"骑兵—机械化"集群的任务是在鲍里索夫西北方夺取别列津纳河渡口。加利茨基的近卫第11集团军和格拉戈列夫的第31集团军组成的"南集团"，目标是奥尔沙，然后是位于明斯克公路上的鲍里索夫；"快速集群"（布尔杰伊内的近卫坦克第2军）将切断奥尔沙敌军的交通线，赶往切尔尼亚夫基（Chernyavki）的别列津纳河。

但罗特米斯特罗夫元帅的近卫坦克第5集团军应该在何时、何处投入战斗呢？这个重要决定将由最高统帅部、总参谋部和方面军司令部共同做出。6月17日，华西列夫斯基呈交了白俄罗斯第3和波罗的海沿岸第1方面军的计划。最高统帅部在莫斯科召开的为期两天的军事会议上决定，近卫坦克第5集团军的投入方向有可能是两个：在近卫第11集团军的战区内，作为一支突击力量冲向鲍里索夫，或在第5集团军的区域内冲向博古舍夫斯克—托洛钦（Tolochin）—鲍里索夫。最高统帅部建议将近卫坦克第5集团军进攻方向的决定权交给最高统帅部协调员朱可夫和华西列夫斯基，但何时将该集团军转隶方面军控制，则要由总参谋部确定，并经斯大林亲自批准。

斯摩棱斯克南面，扎哈罗夫的白俄罗斯第2方面军辖内没有任何重要的坦克力量。按照斯大林的指示，他接替了彼得罗夫，但他对最高统帅部决定的进攻方向提出了异议，这令配属给方面军司令部的总参参谋组深感惊讶。扎哈罗夫最终接受了最高统帅部的要求和彼得罗夫的方面军决定。格里申的第49集团军将对莫吉廖夫发起突击，然后赶往别列津纳河；克留琴金的第33集团军和博尔金的第50集团军接到的命令是据守阵地，但第50集团军必须将一个军调入预备队，以便扩大第49集团军的战果。

白俄罗斯第1方面军的罗科索夫斯基大将获准对博布鲁伊斯克发起两个突击，他打算以南北两个突击集团对博布鲁伊斯克展开向心攻击，一个突破在罗加乔夫北面达成，一个突破在帕里奇村南面实现。"北集团"（或称为"罗加乔夫集团"）由戈尔巴托夫的第3集团军、罗曼年科的第48集团军和配属给第3集团军的一个快速集群（巴哈洛夫少将的坦克第9军）组成；"南集团"也由2个步兵集团军构成——巴托夫的第65集团军和卢钦斯基的第28集团军，帕诺夫少将的近卫坦克第1军作为快速集群配属给第65集团军。快速集群将在第65集团军与第28集团军的结合部投入，目标可能是斯卢茨克、奥西波维奇或博布鲁伊斯克。白俄罗斯第1方面军的5个左翼集团军（不包括波兰第1集团军）暂时留在目前的阵地上，阻止德军向明斯克调动，并做好朝科韦利—卢布林方向发起大规模进攻的准备。朱可夫和罗科索夫斯基6月20日审核了这个计划，下令据此计划进行准备并报送斯大林。

截至6月20日，参加"巴格拉季昂"战役的四个方面军已集结起14个诸兵种合成集团军、1个坦克集团军、4个空军集团军、118个步兵师、2个骑兵军和8个坦克或机械化军——计1254000人（外加白俄罗斯第1方面军左翼部队的416000人），总兵力高达166个步兵师。坦克和机械化部队投入2715辆坦克，并获得1355辆自行火炮的支援。24000门大炮和机动重迫击炮一字排开，2306具"喀秋莎"火箭发射器为其提供补充。4个空军集团军部署了5327架战机（不包括远程航空兵部队配属给白俄罗斯第2、第3方面军的700架轰炸机）。四个方面军共拥有70000辆卡车和43500挺机枪。每天有90—100列火车将燃料和弹药运送给四个方面军，而负责方面军补给任务的12000辆卡车，一次运送的物资多达25000吨——但这只是"巴格拉季昂"战役规定的24小时补给量的五分之一（弹药）和四分之一（燃料）。各医疗机构除了建立起基地医院外，还组建起294000个前线急救站。在这些士兵、坦克、大炮和飞机构成的庞大金字塔的最上方，站立着朱可夫元帅，他正焦急地等待着苏军各集团军以一场猛烈的攻势冲向东线德军残余的堡垒。

苏军各部队跨过出发线的三天前，苏联游击队已打响他们的"白俄罗斯战役"，遵照白俄罗斯共产党组织6月8日晚通过无线电下达的指示，各游击队布设、引爆炸药，展开"铁路破袭战"。6月19日这个短暂的夏夜，10000多起爆破撕碎了明斯克以西的德军铁路线。连着三个晚上，游击队回到铁轨、旁轨和交叉点，以40000多起爆破对铁路设施实施最大程度的破坏。维捷布斯克与奥尔沙、波洛茨克、莫洛杰奇诺之间的铁路线遭到严重破坏；游击队甚至给连接明斯克与布列斯特、平斯克（Pinsk）的铁路线造成了更大的破坏，因为德军可能会使用这些铁路线运送援兵。

维捷布斯克西面和波洛茨克南面的苏联游击旅，140000人隐蔽在密林中，并受到乌沙奇（Ushachi）、列佩利和先诺地区沼泽地的保护，长期以来一直是德国第3装甲集团军和第4集团军的眼中钉。1944年春季，为消除这个威胁，党卫队反游击部队在"卡明斯基"旅（由俄国通敌者组成）的全力配合下发起了两场行动（"新年"和"雷雨"），以消灭乌沙奇地区的游击队据点，第三场行动（"古兰经"）计划在6月份进行，以肃清更南面地区，并将各游击旅消灭在列佩利与鲍里索夫之间。4月中旬，对游击队的清剿开始了，德军的意图是驱逐并消灭乌沙奇地区的游击队：据德国方面估计，7000多名游击队员被击毙。党卫队焚烧村庄，屠杀位于第3装甲集团军后方的游击队员，并将他们的逃生路线切断。苏军统帅部派出飞机对德军反游击部队发起打击，并在前线展开牵制性进攻，竭力挽救面临覆没的游击旅，但这些游击队还是遭到重创，并被打散。可6月份的数万起爆破将一英里又一英里的铁路线炸断或将宝贵的机车摧毁，这很清楚地表明，德军的清剿没能彻底消灭游击队，他们仍是一股不可忽视的力量。

1944年6月22日，红军发起了进攻，三年前的这一天，德国国防军率先对苏联发动了惊人的突袭。随着红军的大举集结已近完成，四个方面军忙着进行最后的准备。铁路运输的延误已打乱苏军最初的计划时间表，直到6月21日，朱可夫元帅还向斯大林报告说，仍有6列火车的物资尚未运抵扎哈罗夫的白俄罗斯第2方面军。苏军的整个攻势交错进行，北面的波罗的海沿岸第1方面军于6月22日—23日率先发起进攻，然后是白俄罗斯第3方面军，接下来便轮到白俄罗斯第2、第1方面军。时间间隔非常短，从北到南，最多相差48小时（在一定程度上是因为使用战术和远程空中力量的关系），但这一部署被证明对苏军最后的胜利贡献非常大，因为德军指挥部坚信苏军发起的只是"牵制性进攻"，由于苏军的初期进攻只投入营级兵力（各方面军第一梯队步兵师里派出的"侦察营"），这使德国人更加坚定了他们的看法。

6月22日凌晨4点，华西列夫斯基元帅向斯大林报告，巴格拉米扬的波罗的海沿岸第1方面军和切尔尼亚霍夫斯基的白俄罗斯第3方面军已做好发起进攻的准备。朱可夫元帅派出重型轰炸机部队供华西列夫斯基使用，以便在巴格拉米扬和切尔尼亚霍夫斯基对维捷布斯克发起联合进攻前轰炸德军防御阵地。维捷布斯克西北方（苏军在这个方向发起的大规模攻势完全出乎德军指挥部的意料），巴格拉米扬赶至波罗的海沿岸第1方面军的前进指挥部，焦急地观察着天气。前方排列着山冈和黑黢黢的森林线，白俄罗斯的树林、溪流和山丘极为广阔。近期的大雨，如果持续的话，会给人员和车辆的前进造成巨大妨碍。不过，拂晓时天色放晴，清晨5点，初升的太阳驱散了晨雾。巴格拉米扬放下心来，在整点时命令方面军炮兵司令员赫列布尼科夫开始炮击，这是一场16分钟的炮火准备。现在，他担心的是先头部队到达德军防御阵地时会发现些什么——可能是空阵地，敌人的主力已撤回主防区，前沿阵地只留下少量兵力。几个苏军先遣营向前而去。巴格拉米扬投入营级力量是想节约炮弹，这些炮弹很可能落在敌人的空阵地上，另外，他也想以此来避免有可能出现的陷阱；但他没有把这些想法告诉身边的指挥员，他们对这种"侦察发展成战斗"的做法感到担心。波罗的海沿岸第1方面军的主攻将沿一个相对较宽的正面发起，华西列夫斯基元帅起初否决了这个方案，方面军司令部经过一番争执才获得他的批准。

先遣营出发后没过几个小时，巴格拉米扬收到了他所希望的战斗报告：第43和近卫第6集团军的侦察营报告说，德军发起反击，试图恢复前沿阵地，双方展开了激烈的白刃战。近卫步兵第2军[15]（隶属于近卫第6集团军）军长鲁奇金少将投入了更多的营，当日，他们在德军防区达成3英里左右的渗透。随着夜晚的来临，苏军各部队指挥员投入特别夜战队，以"扼住德国人的喉咙"，尽管方面军司令部仍怀疑德军已脱离接触并更深地撤入他们的防御体系中。不过，德国第3装甲集团军已料到波罗的海沿岸第1方面军会从波洛茨克正西面发起进攻，阻止苏军攻势的任务落在第9军身上，他们据守着一段过度延伸的防线，手上的预备队寥寥无几。小小的危机渐渐扩大，最终吞噬了莱因哈特大将的第3装甲集团军。

6月23日夜间，巴格拉米扬必须决定是否在清晨继续实施计划中的炮火准备，或是干脆趁德军瓦解之机投入步兵主力，依靠强击机的支援发起进攻。清晨4点，这位方面军司令员下达命令，对德军防御依然完好的地段展开炮火准备，但步兵的进攻主要依靠空中支援。6月23日，德军士兵见识到了苏军的新战术。苏军步兵对德军主防线发起突击，打开缺口后朝各个方向扩展战果，各突击营身后跟随着获得大炮支援的步兵部队，他们负责肃清突破地域，一旦步兵部队突破德军防线，大规模坦克编队便穿过缺口，而苏军的强击机（数量之多前所未见）则对德军火力点和火炮阵地发起空袭。步兵，炮兵，航空兵，坦克兵，巴格拉米扬以这样的顺序展开他的兵力。6月23日上午，近卫步兵第23军（隶属于近卫第6集团军）在别洛鲍罗多夫第43集团军右翼部队的支援下，夺取了位于苏军突破地域中央的锡罗季诺（Sirotino）。巴格拉米扬下令调集更多的空中支援，苏军步兵肃清战场时，布特科夫的坦克第1军朝缺口处隆隆驶去，尽管被雨水软化的道路使他的坦克进展缓慢。在舒米利诺（Shumilino），德军进行着顽强的抵抗，巴扎诺夫将军[16]调集起所有可用的

"喀秋莎"火箭炮，以猛烈的火力压制守军。第43和近卫第6集团军在德国第9军据守的防区内推进了10英里。

当天，苏军空中侦察报告，一支德军大型车队正从西南方赶往西德维纳河。巴格拉米扬的参谋人员判断，德国人企图据守德维纳河防线，如果他们以相当的力量守住该防线，波罗的海沿岸第1方面军的攻势就会出现危险的停顿。苏军主要的快速打击力量是布特科夫的坦克，目前仍在湿软的道路上挣扎向前，要到晚些时候才能逼近舒米利诺。巴格拉米扬决定以步兵力量冲向德维纳河：一旦步兵部队跨过该河，坦克部队就会跟上。奇斯佳科夫将军（近卫第6集团军）和别洛鲍罗多夫将军（第43集团军）接到紧急命令，要求他们全速前进，于6月24日早上跨过德维纳河，并依靠自己的力量尽快调集建桥设备和船只。整个晚上，苏军工兵和步兵拖着浮桥踏上令他们频频滑倒的湿路，卡车相互拖曳，交通指挥人员忙着疏导堵塞的交通。6月24日中午，奇斯佳科夫将军向方面军司令部报告，第一支部队已渡过西德维纳河，他们利用手头的木板、船只和临时扎起的木筏进行了危险的抢渡；傍晚前，浮桥终于运抵，大炮和坦克开始渡河。但别洛鲍罗多夫将军没有等待他的重装备，而是安排麾下的2个军（步兵第1和第60军）抢渡西德维纳河，并命令第60军赶往格涅兹季洛维奇（Gnezdilovichi）方向，直接插入维捷布斯克德军的后方。

迅速渡过西德维纳河非常必要。协调波罗的海沿岸第1方面军和白俄罗斯第3方面军作战行动的华西列夫斯基元帅打电话给巴格拉米扬，要求他提供一份准确的态势报告，特别是别洛鲍罗多夫的部队目前所处的位置。巴格拉米扬掌握的最新情况是，第43集团军辖下的2个军位于别申科维奇西北方的西德维纳河，别洛鲍罗多夫已亲自赶到第60军，监督该军的渡河行动。很少情绪激动的华西列夫斯基强调指出，别洛鲍罗多夫的右翼部队火速渡河至关重要——"包围维捷布斯克守军的整个行动能否成功取决于此"。令华西列夫斯基元帅情绪激动的原因是，从西南方来的另一支"铁钳"（切尔尼亚霍夫斯基白俄罗斯第3方面军辖下的柳德尼科夫第39集团军）已逼近格涅兹季洛维奇。华西列夫斯基元帅继续说道："我们得到情报，法西斯指挥部已两次请求希特勒批准撤出维捷布斯克包围圈……不过，决定这股敌军命运的不是希特勒，而是我们。无论如何，我们决不能放过这些法西斯分子。这取决于别洛鲍罗多夫同志所率部队的快速行动。"

与华西列夫斯基通话后没多久，巴格拉米扬与别洛鲍罗多夫取得了联系。这位方面军司令员修改了自己的命令，将6月25日中午定为第43集团军与第39集团军取得合合的最后期限。由于别洛鲍罗多夫现在不能等待自己的炮兵部队渡过西德维纳河，巴格拉米扬答应为他提供空中支援。别洛鲍罗多夫很快便会需要这种支援。第60军攻击前进，别洛鲍罗多夫距离已位于格涅兹季洛维奇南面的第39集团军只剩下10英里；6月24日晚，他向巴格拉米扬保证，将于次日中午"封闭包围圈"。6月24日—25日夜间，第60军从西北方南下时，德军竭力试图挡住苏军的攻势；6月25日清晨，德军第246步兵师对第60军右后方发起一场全面反击，巴格拉米扬命令空军第3集团军司令员派出一个强击机师支援别洛鲍罗多夫，粉碎了德军这场反击。

6月24日，德国第3装甲集团军面临着极其严峻的态势。巴格拉米扬的突击部队从西北方逼近维捷布斯克，冲在最前面的是别洛鲍罗多夫的部队。前一天，切尔尼亚霍夫斯基的白俄罗斯第3方面军发起了进攻，第一天，柳德尼科夫的第39集团军与克雷洛夫的第5集团军沿2.5英里宽的战线在德军防区达成了5英里左右的渗透。维捷布斯克西北方，德国第3装甲集团军辖下的第9军遭到重创，西南方，柳德尼科夫麾下的第6军渡过卢切萨河（Luchessa），朝西北方攻击前进。6月25日，克雷洛夫的第5集团军以一场突击夺取了博古舍夫斯克，切断了维捷布斯克—奥尔沙铁路线，第6军深深插入德国第3装甲集团军右翼，同一天，切尔尼亚霍夫斯基命令奥斯利科夫斯基中将的"骑兵-机械化"集群尽可能快、尽可能远地朝博古舍夫斯克以西推进。

冲向维捷布斯克只是切尔尼亚霍夫斯基的一项任务，他的第二项任务是对奥尔沙发起一场全面进攻。一场庞大的战役已开始席卷"中央"集团军群的北部防区，但还不到24小时，苏军冲向奥尔沙的行动便停顿下来：第31集团军和近卫第11集团军发起的进攻没能取得太大进展，主要是因为初步炮击落在了空地上，没能击中德国人的炮兵阵地，德军防御阵地基本上完好无损。这应该归咎于突破炮兵第5军，他们违反了伪装纪律，导致天机泄露，德国人有条不紊地绘制出了苏军炮兵的部署情况。切尔尼亚霍夫斯基第二个进攻的延误，在进展迅速的"南集团"之间造成了一个缺口。为堵住这个缺口，华西列夫斯基元帅建议投入罗特米斯特罗夫的近卫坦克第5集团军；该集团军将与克雷洛夫的第5集团军一同冲向博古舍夫斯克方向，这种安排多少让罗特米斯特罗夫感到一丝意外，他原以为自己会跟加利茨基的近卫第11集团军一同行动。幸运的是，罗特米斯特罗夫已研究过克雷洛夫的行动计划和作战区域，因而对第5集团军的行动并不太陌生。罗特米斯特罗夫已接到切尔尼亚霍夫斯基的命令，要求他向近卫第11集团军靠拢，但最新指令又命令他必须在6月25日中午前做好与第5集团军协同作战的准备。6月25日早上，罗特米斯特罗夫的坦克集结在利奥兹诺（Liozno）西面，空军第1集团军的主力（乌沙科夫中将指挥的4个军和2个师）为其提供特别支援，这支强大的坦克"铁拳"准备捣入德军防线，而空军的强击机将为坦克部队炸开一条通道。

冲过树林，跨过溪流，苏军的"铁钳"在6月25日下午逼近维捷布斯克，困住德国第53军（第3装甲集团军）的4个师，第39集团军（白俄罗斯第3方面军）辖下的近卫步兵第5军按计划与别洛鲍罗多夫第43集团军的第60军取得会合。第39集团军的侧翼部队开始杀入维捷布斯克，苏军机枪手冲入城郊的废墟，希特勒要求"不惜一切代价"守住该城——这个死刑判决传达给了德军第206步兵师。尽管希特勒极不情愿地批准了第53军向西南方突围，但这个命令下得太晚了，因为苏军第39集团军已在奥斯特罗夫诺（Ostrovno）切断德军的逃生通道。在维捷布斯克，苏军和德军争夺着郊区和城内的广场，苏军指挥部希望控制西德维纳河上的主桥；第43集团军从北面冲入维捷布斯克，6月25日夜间，一支苏军工兵小队在布洛金中士的率领下摸至桥梁旁，击毙了守卫，布洛金中士冲上主桥，拆除了德国人布设的炸药。第二天早上，苏军坦克和大炮隆隆驶过主桥向西而去。24小时后，维捷布斯克守军向苏军的最后通牒投降，废墟遍地的城内遗留下20000具尸体，德国第53军军长和参谋长被俘。一支8000余人的德军部队试图冲出维捷布斯克，却再次遭到包围，并被彻底消灭。

6月25日，"铁钳"在维捷布斯克合拢时，红军对"中央"集团军群的庞大攻势终于全面打响，这场激烈、无情的战役沿一条宽大的战线滚滚向前。德国第3装甲集团军被牵制在北面时，扎哈罗夫于6月23日发起对德国第4集团军的进攻，6月24日早晨，罗科索夫斯基对德国第9集团军发起猛攻。如果说白俄罗斯战役中有一个最重要的决定性时刻，那么它已于6月24日清晨到来。罗科索夫斯基投入麾下的部队，对约尔丹将军的第9集团军发起进攻，整个"中央"集团军群处在持续、猛烈的攻击下，这一点已毫无疑问。当天早上，在明斯克的集团军群司令部内，"中央"集团军群司令冯·布施元帅与陆军总参谋长蔡茨勒将军召开了一次仓促的、毫无结果的会议，主要商讨的是维捷布斯克的问题：布施提出将第3装甲集团军撤回到"虎"防线后，并要求提供援兵，但他没有谈及整个集团军群面临的态势。蔡茨勒可能对自己不必将太过激烈的建议呈交给元首感到高兴，但结束明斯克会议返回后，向希特勒汇报时，蔡茨勒却没有获准撤出第3装甲集团军。希特勒只同意调派两个装甲师作为援兵。从这一刻起，"中央"集团军群便陷入到了一种绝望的境地，逐渐被俄国人的火力所覆盖，他们既缺乏灵活度，也没有任何有效的增援。

扎哈罗夫的白俄罗斯第2方面军，以第49集团军对莫吉廖夫以东发起进攻，目前已突破德国第4集团军的防御；第4集团军的左翼不得不后撤，以便与第3装甲集团军的右翼（已被苏军逐离博古舍夫斯克）保持联系。经过三天迟缓的战斗，第49集团军的先头部队跨过第聂伯河，在莫吉廖夫北面建立起登陆场；第4集团军司令冯·蒂佩尔斯基希将军不顾希特勒"原地据守"的指令，已率领他的部队撤离第聂伯河。为了将重武器运过宽阔的第聂伯河，苏军舟桥第92营迅速用卡车前运其设备，冒着德军猛烈的火力建起两座桥梁（30吨和16吨）。6月27日中午前，苏军工兵已将桥梁架设完毕，坦克和大炮进入这座深达15英里的登陆场。尾随第49集团军而来的是博尔金的第50集团军，6月28日，两个集团军分别从北面和东南面冲向莫吉廖夫，这场血腥的突击使苏军付出了高昂的代价。

白俄罗斯第3方面军的切尔尼亚霍夫斯基催促奥斯利科夫斯基的"骑兵–机械化"集群冲向先诺，然后尽快赶至别列津纳河。罗特米斯特罗夫的坦克在强击机的支援下（6月26日傍晚前，这些战机炸开了一条通往托洛钦的通道）沿明斯克公路向前冲杀，以切断德军逃往奥尔沙以西的道路。希特勒要求坚守的另一座要塞——奥尔沙（这是德军防线上的基石之一），6月27日落入了第31集团军和近卫第11集团军手中。"巴格拉季昂"战役全面打响的三天后，随着四个方面军悉数投入，苏军已沿德国"中央"集团军群的整个防线达成纵深突破，德军的三个集团军（第3装甲集团军、第4和第9集团军），彼此间的联系已被切断。到目前为止，苏军的行动遵循着原定计划：巴格拉米扬进攻维捷布斯克，冲向列佩利，还准备以其右翼部队进攻波洛茨克（目的是切断"中央"集团军群与"北方"集团军群之间的联系，这个计划是巴格拉米扬自己向总参谋部提出的）；切尔尼亚霍夫斯基的第一个突击（从西南方进攻维捷布斯克）已取得成功，他的第二个突击目前正沿"鲍里索夫—明斯克方向"穿过德军防线上的缺口，气势如虹地攻向德国第4集团军长长的侧翼，一路赶往别列津纳河；而扎哈罗夫已逼近莫吉廖夫，从而将第4集团军连根铲除。

德国第3装甲集团军和第4集团军的态势岌岌可危，而对南面的第9集团军来说，一场灾难正迅速降临。6月24日早晨，罗科索夫斯基在其右翼对博布鲁伊斯克发起了"两路突击"，这个作战计划是他冒着激怒斯大林的风险争取到的。博布鲁伊斯克战役的基本目标是沿别列津纳河两岸推进，包围德国第9集团军，然后在博布鲁伊斯克或其周边歼灭被围德军，投入进攻的是白俄罗斯第1方面军辖下的4个集团军——第3和第48集团军（北集团），第65和第28集团军（南集团）。罗科索夫斯基计划以三支强有力的部队对博布鲁伊斯克发起突击，戈尔巴托夫的第3集团军奉命从罗加乔夫北面的第聂伯河登陆场朝博布鲁伊斯克—普霍维奇方向攻击前进，第48集团军占据着下游地区，但这里的沼泽和密林迫使罗科索夫斯基将第48集团军的主力调至戈尔巴托夫的左翼。"南集团"的2个集团军是巴托夫的第65集团军和卢钦斯基的第28集团军，已奉命沿别列津纳河西岸展开进攻；帕诺夫的"顿河"近卫坦克第1军和普利耶夫的"骑兵–机械化"集群这两个快速集群分别配属给第65和第28集团军，他们将被用于切断博布鲁伊斯克以西的德军交通线。

沼泽、泥潭、林地、无数河流和湖泊（最主要的是宽阔的德鲁季河），大量分布在罗科索夫斯基提出的进军路线上。面对这种地形，精心准备必不可少，尽管苏军指挥员经常忽视命令中的这些细节。但这一次，他们受到了一位严厉"监工"的督促，这就是朱可夫元帅，他负责监督地形和各级指挥员的准备工作。疏忽大意或计划不周的指挥员会被他无情地撤职，而撤职意味着被送至惩戒营：近卫步兵第44师师长被朱可夫粗鲁地拽出了指挥部，当场遭到降级[17]。朱可夫元帅近乎无情地对巴托夫将军施加压力，向他询问作战计划的各种细节。坦克部队里，所有坦克都配备了灌木枝和圆木，以便跨越这片沼泽区的湿软地面，除了步兵，所有坦克和自行火炮单位还配属了工兵。坦克沿圆木铺就的道路前进，步兵们携带着灌木枝，以便穿越沼泽地。

6月24日凌晨3点55分，白俄罗斯第1方面军发起一场持续2小时的炮火准备。北部区域，第3和第48集团军在清晨6点发起进攻，一个小时后，另外两个集团军在南部区域打响。夜间，鲁坚科空军第16集团军的轰炸机对德军后方目标实施了轰炸，但拂晓时，由于天气恶化，大规模空袭不得不暂停下来。直到当天稍晚些时候，鲁坚科才得以发起两场大规模轰炸，但总的说来，空军第16集团军6月24日出动了3000多架次。战役发起首日，"北集团"的第3和第48集团军进展不大，他们竭力穿越着德鲁季河（Drut）的沼泽地。尽管对戈尔巴托夫和罗曼年科来说这是令人沮丧的一天，但巴托夫却取得了开门红：第65集团军以步兵第18军为先锋，在强击机的支援下，突入德军第41装甲军的防区。14点，步兵第18军已到达预定投入坦克部队的战线。近卫坦克第1军的先遣营已做好出发准备，帕诺夫将前进命令（代号为"河水在流动"）连发三次，第一批坦克穿过步兵向前冲去，直接投入与"费迪南德"自行火炮的激战中，并攻入德军防线。帕诺夫军里的近卫机械化步兵，与第65集团军的步兵们并肩战斗。卢钦斯基的第28集团军的战区内，此刻也到了投入普利耶夫快速集群的时候。当天结束前，巴托夫和卢钦斯基沿一条15英里宽的战线，在德国第41装甲军防区内达成5英里渗透，帕诺夫的坦克一马当先，已逼近克尼亚舍维察（Knyshevicha）。几个小时内，苏军和德军指挥部都掌握了战场态势的确切情况。朱可夫元帅对"北集团"的进展极为不满，他派出自己的助手接管罗曼年科第48集团军和乌尔班诺维奇第41军（第3集团军）的进攻方向，并向斯大林报告说"（他们）对部队指挥不力"。但德国第9集团军司令约尔丹将军却认为，苏军北面的进攻针对的是位于德鲁季河的第35军，这是个严重威胁，并决定投入预备队（第20装甲师）发起一场反击。当天晚些时候（事实证明太晚了），这位第9集团军司令突然意识到苏军在南面对第41装甲军造成的威胁更大，第20装甲师接到转身向南的命令，赶去对付苏军坦克部队，但宝贵的时间已被耽误。

战役第二天，"北集团"对北面的日洛宾实施侧翼迂回，"南集团"夺取了帕里奇，并赶往格卢斯克的普季奇河（Ptich）。别列津纳河南面，苏军切断了从博布鲁伊斯克而来的铁路线。德军第20装甲师的反击终于发起，在南面插入苏军侧翼，但没有带来任何改善。苏军士兵拖着大炮穿过沼泽地，推着卡车在拥堵的道路上艰难前行，他们铺设圆木路加快坦克前进速度，或在密林中寻觅着道路，就这样朝西面和西北面赶去，将博布鲁伊斯克通往西面的道路一条条切断。直到6月25日，德军指挥部一直没有掌握第4与第9集团军结合部的准确情况，但第9集团军遭受的压力越来越大，导致第4集团军也处于危险的境地；希特勒终于批准冯·蒂佩尔斯基希撤过第聂伯河，但蒂佩尔斯基希和他的部下早已执行了这个决定，将部队撤出最危险的地段，开始向别列津纳河边打边撤。北面，第3装甲集团军渐渐崩溃，南面，第9集团军开始瓦解；第4集团军有可能淹没在这些遭到重创的军和师的集体崩溃中。

接下来的24小时，普利耶夫的快速集群和帕诺夫的坦克朝西北方的博布鲁伊斯克方向冲去，插入第9集团军的后方交通线。6月26日晚，希特勒仍要求坚守莫吉廖夫，但他准备批准第4集团军撤至别列津纳河，第9集团军撤入"博布鲁伊斯克登陆场"：为稳定别列津纳河防线，希特勒命令死守这座登陆场，博布鲁伊斯克最终成为第9集团军的坟墓。戈尔巴托夫的第3集团军，在炮兵强有力的支援下，将一个坦克军（坦克第9军）部署在侧面，一路冲向别列津纳河，在博布鲁伊斯克东北方的西岸夺得数座登陆场。由于河上的桥梁被苏军夺取，或是因为遭到苏军大炮的轰击，德国第35军和第41装甲军试图撤入博布鲁伊斯克的部队被压制在东岸。帕诺夫的坦克从东南方发起攻击，巴托夫的步兵尾随在后。5个德军师被困在博布鲁伊斯克及其东南方。

试图肃清别列津纳河上桥梁的过程中，德军第20装甲师被打得支离破碎；第35军疯狂地实施自救，他们打算向北突围，那里的苏军"铁环"较为松懈，主要由坦克第9军据守。罗科索夫斯基命令3个集团军（第3、第65和第48集团军）困住目前被围在博布鲁伊斯克这口"大锅"里的40000名德军，而快速机动部队赶往西面的斯卢茨克，以及奥西波维奇—普霍维奇（位于通往明斯克的公路上）。博布鲁伊斯克东南方，主公路与别列津纳河之间，第35军和第41装甲军的部队被困在蔓延的密林中，他们与博布鲁伊斯克的联系已被戈尔巴托夫切断，罗曼年科的第48集团军从南面对他们展开进攻，巴托夫也从别列津纳河西岸展开炮击。博布鲁伊斯克城内，德国守军集结起设法逃入城内的士兵，设置火力点，布设路障，并将高射炮对准地面目标，准备应对俄国人的突击。6月27日傍晚，德国第35军以150辆坦克和突击炮为先锋，再次试图冲破苏军包围圈向北突围，但戈尔巴托夫的部队将这股德军打了回去。被困在包围圈内的德军开始摧毁车辆、装备和仓库，燃起的烟雾腾入夜空。罗科索夫斯基认为这是敌人将发起大举突围的迹象，于是命令鲁坚科派出空军第16集团军的轰炸机：不到一个小时，526架战机（包括400架轰炸机）朝德军所在的几平方英里地域投下了12000颗炸弹，这场无情的空袭将人员和装备炸为碎片，地面被撕开，残余的坦克和突击炮被火箭弹摧毁。

早晨，罗曼年科的部下进入森林搜寻生还者，傍晚前，残余的德军士兵举手投降，6000余人列队走入战俘营。对博布鲁伊斯克的突击开始于6月27日下午，苏军坦克发起的进攻被守军击退。次日拂晓，第48集团军辖下的部队跨过别列津纳河，一路冲杀至博布鲁伊斯克东郊，德军第41装甲军5000余人组成的战斗群，在军长的率领下，朝博布鲁伊斯克北面突围，但遭到戈尔巴托夫部队的拦截。6月29日上午10点，苏军发起最后的突击，巴托夫的部队与罗曼年科的部下协同作战，肃清这座燃烧着的城市，西面，苏军快速集群已将通往明斯克的铁路线上的枢纽站奥西波维奇拿下。

苏军这场攻势发起一周后，白俄罗斯战役的第一阶段宣告结束；随着维捷布斯克、奥尔沙、莫吉廖夫和博布鲁伊斯克的陷落，德军在苏德前线中央地段的防御体系门户大开。三个德国集团军中，13万人阵亡，6.6万人被俘（其中的半数，3.2万人，被罗科索夫斯基俘虏），900辆坦克和数千部汽车被摧毁。北面，第3装甲集团军只剩下1个严重受损的步兵军；中央地段，撤向明斯克的漫长途中，第4集团军每天都处于被切断的危险中；南面，第9集团军所能依靠的只是3—4个残缺不全的师。俄国人的整个攻势进行得相当无情，在某些地段甚至是带着真正的愤怒发起的；尽管苏军的战术已得到明显改善，协同配合也大大好于过去的表现，但人员伤亡依然惊人。巴格拉米扬将军承认，前线的损失令他发生了动摇；扎哈罗夫的白俄罗斯第2方面军作为莫吉廖夫血腥战

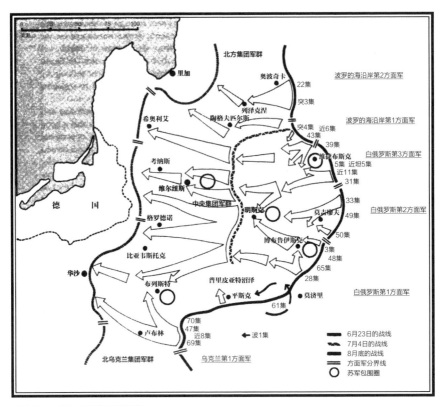

1944年6—8月，巴格拉季昂战役

斗的胜利者，被迫接受改组和补充。

在上萨尔茨堡的大本营里，希特勒寄希望于维持一条位于稍后方的防
线，苏军的进攻失去势头后，就会被这道防线挡住；6月28日晚，莫德尔元帅
奉命担任"中央"集团军群和"北乌克兰"集团军群两股大军的司令，最重要
的是，这便于将"北乌克兰"集团军群的预备力量调至中央地区。可是，尽管
遭受到相当大的伤亡，但苏军的攻势没有放缓的迹象；相反，莫德尔接受新任
务时，苏军在侧翼的行动表明，某种比夺取明斯克更大的事情正在进行中——
南面，罗科索夫斯基驱使他的快速集群向西赶往斯卢茨克，北面，大批苏军部
队穿过列佩利，正赶往莫洛杰奇诺。苏军的外钳继续伸展之际，可以预料，他
们的内钳将逼近明斯克，从而困住德国第4集团军。

从东北面和东南面逼近的苏军部队，离明斯克已不到50英里；向西后撤的德国第4集团军，距离明斯克仍有75英里。随着"巴格拉季昂"战役计划中规定的"明斯克顶点"已近完成，苏联最高统帅部于6月28日给四个方面军下达了修订后的指令：巴格拉米扬的波罗的海沿岸第1方面军的任务是进攻波洛茨克，向西赶往格卢博科耶（Glubokoe）；切尔尼亚霍夫斯基的白俄罗斯第3方面军将强渡别列津纳河，与扎哈罗夫的白俄罗斯第2方面军相配合，夺取明斯克，不得迟于7月7日—8日，并将其右翼部队前出至莫洛杰奇诺；罗科索夫斯基也将投入部分兵力冲向明斯克，但他的主要力量必须用于斯洛尼姆—巴拉诺维奇方向，从而切断敌人撤往西南方的通道。扎哈罗夫接到的命令是6月30日—7月1日前强渡别列津纳河，7月7日—8日前逼近明斯克，然后率主力赶往斯维斯洛奇河（Svisloch）西岸。最高统帅部的指令确定了对明斯克发起一场双管齐下的攻势，两个突击分别来自西北方的鲍里索夫和西南方的奥西波维奇——这使苏军推进中的战线多少与稳步后撤的德国第4集团军保持不变；扎哈罗夫沿莫吉廖夫—明斯克方向推进，这使他得以维持对德国第4集团军的正面打击，将其逐入南北两侧构成的包围圈。巴格拉米扬的波罗的海沿岸第1方面军的行动，旨在从北面掩护切尔尼亚霍夫斯基；该方面军将绕过切尔尼亚霍夫斯基的右翼和罗科索夫斯基的突击部队的左翼，尽可能向西推进，这样一来，德军指挥部既无法调集大批援兵，也无法稳定一条绵亘的防线。

奥斯利科夫斯基中将的快速集群（由骑兵第3军和近卫机械化第3军组成）遵循原定计划穿过先诺，而近卫机械化第3军的先头坦克6月29日在帕利克湖（Palik）北面到达别列津纳河，强渡该河后继续赶往西面，切断了明斯克—维尔诺铁路线。在奥斯利科夫斯基的南面，近卫第11集团军和罗特米斯特罗夫近卫坦克第5集团军的主力也冲向别列津纳河——苏军部队与后撤中的德国第4集团军在鲍里索夫相会。为挡住苏军的攻势并营救第4集团军，德军防线竭力确保别列津纳河登陆场的开放，第4集团军主力正全速后撤，试图逃至别列津纳河东岸。解救第4集团军，意味着别列津纳河渡口必须再坚守72小时；但在7月1日，苏军以另一场突击夺取了鲍里索夫，第4集团军的2个军（第12和第27军）被彻底孤立在别列津纳河东岸，尽管他们继续向西战斗后撤。明斯克南面和西南面，普利耶夫的快速集群6月30日夺取斯卢茨克，然后在接下来的两天里赶往斯托尔布齐（Stolbtsy）和戈罗杰亚（Gorodeyia），切断明斯克—巴拉诺维奇铁路线，堵住了通往西南方的逃生路线。

7月2日，莫德尔知道，第4集团军残部撤回明斯克的希望已荡然无存。明斯克受到苏军南北两面而来的直接威胁，而别列津纳河，背靠该河东岸的第4集团军已被困住，苏军在列佩利西面渡过该河。莫德尔已顾不上明斯克的态势，他把剩下的力量投入确保向白俄罗斯首都西北面和西南面逃生的通道上。切尔尼亚霍夫斯基的目光盯着维尔诺，他将主力转向莫洛杰奇诺（明斯克西北方）方向，派格拉戈列夫的第31集团军和罗特米斯特罗夫近卫坦克第5集团军的一个军夺取明斯克，布尔杰伊内的近卫坦克第2军也将冲向明斯克，同时为左翼提供掩护。7月2日拂晓，罗特米斯特罗夫沿明斯克公路投入他的坦克，长驱直入30英里，在夜间突入明斯克东北郊，布尔杰伊内的坦克军也在同一天发起进攻，在游击队的指引下越过崎岖地区，取得了不错的进展，没有遭遇敌人的抵抗。西南面，帕诺夫的近卫坦克第1军7月2日距离明斯克已不到十几英里，正穿过普霍维奇；两个坦克旅（坦克第15和第16旅）跟随着一个自行火炮连和一小股步兵部队，与第3集团军以及为其提供支援的坦克第9军也逼近了明斯克。7月3日，白俄罗斯第3方面军的坦克从北面、西北面和东北面冲向明斯克，4个小时后，帕诺夫的坦克和步兵攻入东南郊。明斯克城内的工厂已被炸毁，设施遭到破坏，城内一片废墟；苏军经过的白俄罗斯土地上，村庄被焚毁，城镇被破坏，牲畜被抢走，居民少得可怕。红军不止一次遇到过满载着送往德国的孩子的火车。

随着明斯克的解放，苏军包围了德国第4集团军，被困的105000名德军被分割成两股，一股位于西南面，另一股位于沃尔马河（Volma）东面。这里几乎就是1941年德军对苏军实施庞大包围的地点，现在，明斯克东面的森林中，德军士兵等待着被歼灭或被俘虏：40000多人死在突围或苏军消灭包围圈的过程中。除了空投些补给，并在7月5日从明斯克以南发起最后一次救援尝试外，"中央"集团军群已无能为力。三天后，第12军代理军长下令全面投降，由于缺乏弹药和燃料，他们已无法进一步实施有组织的抵抗。许多德军士兵因为饥饿和伤势得不到治疗而死去，清剿4个德国军残部的行动一直持续到7月11日，扫荡任务落在扎哈罗夫麾下的第49集团军身上，而罗科索夫斯基的部队已离开，继续赶往西南方。

7月4日，白俄罗斯战役取得决定性战果（红军在德军防线上撕开一个250英里的缺口，"中央"集团军群只剩下8个残缺不全的师）之际，最高统帅部给四个方面军设立了新的目标线。对红军来说，前方的道路即将进入波兰和立陶宛。巴格拉米扬投入2个集团军（近卫第6和突击第4集团军），刚刚将波洛茨克拿下，这是希特勒另一个有名无实的"要塞"，他打算从这里以"北方"集团军群发起一场突击——以2个师的进攻恢复100多个苏军师造成的态势，莫德尔和林德曼（"北方"集团军群司令）设法阻止了这个毫无意义的计划。与此同时，苏军最高统帅部将巴格拉米扬波罗的海沿岸第1方面军的目标定为考纳斯（Kaunas）；切尔尼亚霍夫斯基的目标是维尔诺和利达（Lida），从而到达涅曼河（Niemen）西岸；扎哈罗夫白俄罗斯第2方面军的目标是莫尔恰季河（Molchad）和涅曼河一线，从而到达比亚韦斯托克（Bialystok）；罗科索夫斯基右翼部队的目标是巴拉诺维奇—布列斯特，跨过斯洛尼姆—平斯克一线，最终前出至西布格河。红军沿最高统帅部指定的方向展开追击，前进速度达到每天10—15英里。巴拉诺维奇7月8日陷落，已被包围的维尔诺7月13日失守，而巴格拉米扬的5个集团军沿一条宽大的战线冲向立陶宛和拉脱维亚东部。

7月中旬前，罗科索夫斯基的右翼部队已跨过斯维斯洛奇至普鲁扎内（Pruzany）一线和平斯克西部——这是一个极为重要的时刻，现在，罗科索夫斯基可以将他强有力的左翼部队投入战斗了，在苏军推进的这个阶段，庞大的波利西耶沼泽地被甩在身后，白俄罗斯第1方面军的两股力量不再被那片沼泽地分隔开。最高统帅部已批准左翼部队7月7日发起进攻的计划；随着右翼部队从东北方赶往布列斯特，左翼部队准备冲向波兰的卢布林，从南面席卷布列斯特。罗科索夫斯基左翼部队的实力非常强大——9个步兵集团军（包括波兰第1集团军在内）、1个坦克集团军（坦克第2集团军）、2个坦克军、1个机械化军和1个骑兵军，外加2个空军集团军；第70、第47、第96[18]和近卫第8集团军构成第一梯队。7月17日拂晓后不久，苏军大炮的齐射投下170000发炮弹，左翼的先遣部队从科韦利向西冲去，兵分两路赶往谢德尔采（Siedlce）和卢布林。6天后，崔可夫的近卫第8集团军在坦克第2集团军的支援下冲入卢布林，随后转向西北方，直奔维斯瓦河上的登布林（Deblin）以及——华沙。

粉碎德国"中央"集团军群，苏军实现了东线战场上最大的一次军事胜利。对东线德军而言，这是一场规模空前的灾难，比斯大林格勒更加严重，25—28个师被抹去，损失多达35万人。7月17日，57000名德军战俘排着长长的队列走过莫斯科街头，被俘的德军将领走在最前面，苏联民众站在街道两侧，大多数俄国人以沉默掩饰着他们的愤怒，除了那些发出嘲笑的孩子和伤心的妇女。俄国人上演这可怕而又独特的一幕，是为了嘲讽德国人"白俄罗斯没有发生什么意外"的声明，并向盟军强调，白俄罗斯的胜利是经过一番苦战赢得的。俄国人对"德军已从白俄罗斯调往西线，以击退入侵的盟军"这种说法感到不满，战俘游街是驳斥这种无稽之谈的一部分。苏联方面的评论员直接引用了德国人痛苦的哭泣，指出主战场位于东线，决定性战役正在这里展开。

7月9日后，为了让"个人影响力"更加靠近东线，希特勒将他的大本营迁至东普鲁士，7月20日，这里发生了对他的未遂刺杀。密谋集团做了许多工作，以确定俄国人对德国已发生瓦解的看法，尽管在这关键时刻（红军即将冲入德国领土），德国过快崩溃可能并不符合斯大林甚至是苏联的最大利益。但苏联媒体并未嘲笑或轻视密谋集团的重要性：自由德国全国委员会（NKD）的报纸和"自由德国运动"的喉舌采取了一种积极的方针，呼吁与大批失宠的德国将领"共同行动"，除掉希特勒。炸弹密谋集团以及德军在白俄罗斯遭遇的惨败给"自由德国"的活动注入了新的动力，尽管它被证明非常短暂。"7·20"事件两天后，16名近期被俘的德军将领签署了一份呼吁书（由第12步兵师师长巴姆勒中将证明其可信度），号召继续进行反对希特勒的斗争，呼吁德国人"以暴易暴，抵制希特勒，不要履行自己的命令，以此来结束希特勒的政权和这场战争……别等到希特勒消灭你们"。"7·20"事件后，按照希特勒的命令，德国军官团遭到野蛮的清洗，长期以来一直不愿与"德国军官同盟"（BDO）有任何瓜葛的保卢斯元帅终于放弃了抵抗，发出反抗希特勒的个人号召，并表示他与"自由德国"运动推行的方案已达成一致。

苏军发起白俄罗斯战役前，每当"自由德国"在说服战场上的德军士兵投降的问题上（在科尔孙，赛德利茨和他的同事轮番赶至苏军包围圈，说服被围的德军师投降，但他们的大喇叭、传单和个人呼吁没能取得效果）收获甚少时，NKD和BDO便相互指责对方。赛德利茨反对仅仅充当一个煽动德军士兵的喉舌，但拉特曼赞同这种做法，拉特曼最终占据了上风。只有极少数德国战俘接受训练后潜入德军后方活动，或被挑选出来成为隶属于红军的军事单位的核心成员：当年夏季，三五成群的德军战俘身穿红军军装出现在乌克兰。德军内部传言四起，关于"赛德利茨军队"和设在莫斯科的"德国政府"的说法愈演愈烈，但"军队"纯属子虚乌有，"政府"也无法让仍在战斗的德国军队退出战争。"自由德国"运动的作用不可避免地缩小，重要性也减弱了，尽管该运动在白俄罗斯满目疮痍的战场上暂时得到蓬勃发展。德军这场败仗真是个灾难，16名经历了这一切的被俘将领发出了"呼吁"：

　　……30个师覆没，换句话说几乎是整个（"中央"）集团军群，第4集团军的全部，第9集团军和第3装甲集团军的大部。在这些不对称的战斗中，包括我们在内的21名将领被俘，另外10余人阵亡。再度失败的原因：错误地判断了敌人的战略可能性和意图；自冬季以来，我们的侧翼就处在威胁下；缺乏预备队和空军的支援。简单地说，"中央"集团军群牺牲在一场赌博中。（第12步兵师师长巴姆勒中将，1944年7月22日的宣传册）

　　"中央"集团军群坍塌在废墟中，被粉碎的部队产生的巨大碎片四散飞溅，回响传遍了从波罗的海到巴尔干地区的整个东线。红军目前所处的位置可以将德军中央战线逼退至维斯瓦河和东普鲁士边境；这威胁到位于波罗的海地区的德国军队，他们与德军主力之间的联系将被切断，另外，位于东南战区的德军据点也受到威胁。这多多少少是苏军各方面军和集团军1944年夏季的战略任务。7月中旬，为了不给敌人在波兰边境东面设置任何防线的时间和机会，苏军统帅部扩大了在白俄罗斯突破地带南面和北面的行动。随着维尔诺、格罗德诺（Grodno）、巴拉诺维奇和平斯克被攻克，再加上强渡涅曼河并夺取西岸的登陆场，德军的"战略防线"被实实在在地突破，"涅曼河防线"已不复存在，一旦苏军进入格罗德诺、奥利塔（Olita）和考纳斯，沿一条宽大战线奔向东普鲁士边境的道路就将敞开。涅曼河与德维纳河之间被撕开的缺口处，切尔尼亚霍夫斯基的白俄罗斯第3方面军迅速发起一场两路突击，一路从明斯克至涅曼河，另一路穿过维尔诺赶往考纳斯；巴格拉米扬的波罗的海沿岸第1方面军以5个集团军渡过德维纳河，然后向立陶宛和拉脱维亚进军。罗科索夫斯基的进攻重点是穿过巴拉诺维奇，冲至布列斯特–立托夫斯克以北地区，然后赶往华沙东北方的布格河，进入比亚韦斯托克—布列斯特–立托夫斯克"缺口"，构成将德军防线拦腰切断的威胁。

在这一阶段，苏军统帅部把另一根强有力的"撬棍"插入了德军已开裂的防线。科涅夫元帅的乌克兰第1方面军是红军中实力最强的一个方面军，他现在的目标是利沃夫和哈佩大将指挥的"北乌克兰"集团军群，哈佩目前据守着从普里皮亚特沼泽到喀尔巴阡山的防线。尽管紧邻罗科索夫斯基位于科韦利西面的左翼，但"北乌克兰"集团军群的主力面对的是乌克兰第1方面军，掩护着德军统帅部原本以为苏军夏季攻势的主攻会落下的地域。"北乌克兰"集团军群守卫着德国人在乌克兰仅剩的一点点地盘；其作用是防止苏军突破至利沃夫并进入宝贵的德罗戈贝奇（Drohobych）—鲍里斯拉夫（Borislav）工业区，同时掩护进入波兰南部、捷克斯洛伐克、西里西亚的接近地以及工业资源。白俄罗斯的灾难迫使"北乌克兰"集团军群将6个师（包括3个装甲师）调给"中央"集团军群，科涅夫发起进攻的前夕，"北乌克兰"集团军群只剩下34个步兵师、5个装甲师、1个摩托化师和2个步兵旅，总计90万兵力、900辆坦克和突击炮、6000多门大炮和700架战机。尽管中央战线全面崩溃，但利沃夫作为连接北部德军与派驻罗马尼亚的这些德国军队的交通中心，依然具有重要意义；利用地形优势（包括德涅斯特河数条支流构成的天然屏障），德国人建立起一个强大的纵深防御体系，拥有三道从25到30英里不等的防御带，强化了德涅斯特河、桑河（San）和维斯瓦河防线，并对弗拉基米尔–沃伦斯基、布罗德、佐洛切夫（Zolochev）、俄罗斯拉瓦和斯坦尼斯拉夫进行改造，以进行长期防御。最强大的德国军队部署在掩护利沃夫的方向上（从布罗德至兹博罗夫）；步兵致力于坚守前两道防线，装甲部队部署在距离前沿阵地10英里的后方，由于缺乏预备队，德军指挥部不得不采用这种办法部署部队。

科涅夫元帅在呈交的作战计划中建议实施两路突击，斯大林坚持认为应该对利沃夫发起单路突击，为此，两人发生了争执；科涅夫认为应该沿俄罗斯拉瓦方向发起突击，同时从他这个方面军的中央位置直接冲向利沃夫——

斯大林勉强同意了他的计划，但警告他，如果他的"固执态度"没能赢得胜利的话，责任将落在"他本人头上"。6月24日，最高统帅部在下达给方面军司令部的指令中正式批准"沿利沃夫方向"和"沿俄罗斯拉瓦方向"、旨在歼灭敌军的两路突击：第一个突击将从卢茨克西南地区发起，赶往索卡利（Sokal）—俄罗斯拉瓦方向，第二个突击从捷尔诺波尔地区发起，直奔利沃夫，对后一个突击的侧翼掩护由方面军冲向斯坦尼斯拉夫—德罗戈贝奇的左翼部队提供，这些突击将使科涅夫的大军前出至赫鲁别舒夫（Hrubieszow）—托马舒夫（Tomaszow）—亚沃罗夫（Yavorov）—加利奇（Galich）一线。（同一份指令中也提到在赫鲁别舒夫与扎莫希奇之间展开的右翼部队与罗科索夫斯基的左翼部队相配合的可能性，后者将紧跟科涅夫的进攻发起自己的攻势。）

最高统帅部毫不吝惜地为科涅夫提供了援兵。除了9个步兵师和10个航空兵师，科涅夫还得到1000辆坦克和不少于3000门大炮及迫击炮。进攻发起前夕，乌克兰第1方面军集结起7个步兵集团军（第13、第60、第38集团军和近卫第3、近卫第1、近卫第18、近卫第5集团军）、3个坦克集团军（坦克第4、近卫坦克第1和近卫坦克第3集团军）、2个空军集团军（空军第2和第8集团军），外加2个"骑兵-机械化"集群——巴拉诺夫（近卫骑兵第1军和坦克第25军）和索科洛夫（近卫骑兵第6军和坦克第31军），这使科涅夫获得了一支庞大的力量，80个师（包括6个骑兵师）、10个坦克和机械化军、4个独立坦克旅外加捷克斯洛伐克第1军——总计84.3万人、1614辆坦克和自行火炮、近14000门大炮和迫击炮、2806架战机。实际上，科涅夫自己统计的方面军实力更大些，总兵力高达120万，外加2200辆坦克和自行火炮。有了这支强大的力量，科涅夫元帅打算先包围并歼灭布罗德—利沃夫地区的敌人，然后将"北乌克兰"集团军群切为两段，将其中的一段赶入波利西亚，将另一段逐入喀尔巴阡山，最终使乌克兰第1方面军的主力前出至维斯瓦河。

在右翼，沿"俄罗斯拉瓦方向"，科涅夫以戈尔多夫的近卫第3集团军、普霍夫的第13集团军、卡图科夫的近卫坦克第1集团军和巴拉诺夫的"骑兵-机械化"集群组成"卢茨克"突击集团，由空军第2集团军斯柳萨列夫中将[19]的4个航空兵军提供支援：14个步兵师、2个坦克军和1个机械化军、1个骑兵军和2个炮兵师将沿6英里的突破地段集结。在"利沃夫方向"7英里的突破地段上，科涅夫集结起15个步兵师、4个坦克军和2个机械化军、1个骑兵军和2个炮兵师，这些部队来自库罗奇金的第60集团军、莫斯卡连科的第38集团军、雷巴尔科的近卫坦克第3集团军、列柳申科的坦克第4集团军和索科洛夫的"骑兵–机械化"集群组成的"利沃夫"突击集团，由空军第2集团军的5个航空兵军（集团军司令员克拉索夫斯基上将指挥）提供支援。格列奇科上将的近卫第1集团军和茹拉夫廖夫中将的第18集团军，这两个左翼集团军负责掩护"利沃夫"突击集团的侧翼，他们占据了一条大约100英里长的战线；近卫第1集团军应以5个步兵师和波卢博亚罗夫中将的近卫坦克第4军组建起自己的突击集群，利用莫斯卡连科第38集团军取得的突破转入进攻，并在加利奇地区的德涅斯特河河段夺取一座登陆场，而茹拉夫廖夫的第18集团军（连同近卫第1集团军的部分部队）则做好冲向斯坦尼斯拉夫的准备。扎多夫的近卫第5集团军和第47军仍担任方面军预备队。

科涅夫元帅和他的参谋长V. D. 索科洛夫斯基大将有充分的理由策划一场对利沃夫的两路突击：1914年8月，俄国西南方面军在伊万诺夫将军的指挥下，也曾以两个集团军（勃鲁西洛夫的第8集团军和鲁斯基的第3集团军）进攻过利沃夫（伦贝格）；尽管奥匈军队在利沃夫东面被击败，但俄军右翼部队没能及时跟上，致使冯·赫岑道夫元帅残缺不全的部队得以撤至利沃夫西面的坚固阵地上，并在俄罗斯拉瓦实施防御。科涅夫元帅决心不让这种不幸重演，他精心策划了一场对德军防线的双路突破，特意隐瞒了对俄罗斯拉瓦方向发起打击的力度，科涅夫打算在那里展开一场大规模突袭。方面军试图让德国人认为苏军的主攻将从左翼发起，在那里，2个坦克集团军和1个坦克军"部署"在近卫第1集团军和第18集团军之间。夜间调动隐瞒了部队的集结，这场重组涉及3个坦克集团军和莫斯卡连科的第38集团军：德军情报部门可能已经知道苏军将对利沃夫和斯坦尼斯拉夫发起进攻，但苏军指挥部竭力保守着其他地区的部署秘密。尽管科涅夫的司令部估计近卫坦克第1集团军调至卢茨克南面、坦克第4集团军进入捷尔诺波尔地区的行动未被敌人发现，但德国人并没被彻底欺骗。

7月7日，乌克兰第1方面军将最终进攻计划呈交最高统帅部，以便由总参谋部审核，三天后，他们正式认可并予以批准，但提出的条件是，坦克集团军和"骑兵–机械化"集群不得用于打开突破口，而是要在突破后用于发展胜利。如果突破行动顺利，坦克集团军将在战役发起的一天后投入战斗，"骑兵-机械化"集群在战役发起的两天后跟随坦克集团军进入战场。步兵部队在战役第一天承担的任务也必须增加[20]。为此，科涅夫修改了坦克部队投入战斗的顺序，增加了步兵部队的作战区域深度，方面军所有准备工作在7月12日前完成。当晚，方面军司令部考虑着德国人已意识到苏军即将发起进攻的证据；为防止前沿守军被苏军发起进攻前惯用的炮火准备所摧毁，"北乌克兰"集团军群正把部队撤出前沿阵地，离开第一防御地带，进入第二防御地带，以此来维系己方的防御。德国第4和第1装甲集团军在对付苏军进攻方面不是新手；布罗德北面，沿俄罗斯拉瓦方向，苏军的侦察活动发现了德军有计划撤至第二防御地带的迹象，对此，科涅夫元帅决定不实施炮火准备，立即投入右翼"卢茨克"突击集团第13和近卫第3集团军的先遣营。

7月13日下午前，普霍夫第13集团军辖内的步兵已在戈罗霍夫（Gorokhov）周围卷入激战；当天结束时，该镇落入苏军手中，但它也证明一下子冲入德军第二道防线是不可能做到的，德军正从第二道防线发起反击。7月14日，科涅夫元帅决定投入各步兵军的第二梯队并使用炮兵，因此，在德军第16和第17装甲师挡住苏军的推进，小批轰炸机对苏军队列反复实施轰炸之际，第13和近卫第3集团军的主力及时投入了战斗。由于没能冲入德军防御阵地，7月15日，苏军的攻势在大炮和飞机的支援下继续进行，双方在布罗德西北方展开激战。傍晚前，苏军突击部队在德军防线上达成12英里的纵深突破，德军耗尽了预备队，两个装甲师遭到重创。当晚（7月15日）和次日的整个凌晨，方面军司令员命令巴拉诺夫的"骑兵-机械化"集群在普霍夫的第13集团军打开的斯托亚诺夫（Stoyanov）突破口投入战斗。巴拉诺夫接到的命令中指出，他必须在7月16日前全力投入，7月17日前夺取卡缅卡-斯特鲁米洛夫斯卡亚（Kamenka-Strumilevskaya），切断布罗德地区敌军的退路。但巴拉诺夫和他的部队并未迅速出击，直到7月16日夜间才穿过步兵部队，在霍洛尤夫（Kholoyuv）冲出第13集团军的战区，然后赶往西南面，击退德军第20摩托化师。7月17日至18日间，巴拉诺夫的"骑兵-机械化"集群在行进中强渡西布格河，并将卡缅卡-斯特鲁米洛夫斯卡亚和杰列夫利亚内（Derevlyany）攻克，有效切断了仍在布罗德地区苦战的德国军队向西逃生的通道。就在巴拉诺夫的坦克和骑兵赶往西布格河之际，卡图科夫上将的近卫坦克第1集团军（他的任务是从索卡利朝俄罗斯拉瓦方向攻击前进，强渡西布格河，并沿索卡利—克雷斯特诺波尔地区夺取登陆场）在7月17日投入战斗。当日，近卫坦克第44旅到达西布格河，强渡该河后在多布罗钦（Dobrochin）地区建立起一座登陆场。近卫坦克第1集团军的先头坦克已越过苏联边境，现在位于波兰领土上；集团军主力紧跟在他们身后，再往后是第13集团军和近卫第3集团军（该集团军的右翼部队冲向弗拉基米尔–沃伦斯基，左翼部队赶往索卡利地区的西布格河）。

沿"利沃夫方向"发起的进攻进展不顺。恶劣的天气，再加上德军的顽强抵抗，导致苏军强大的步兵和坦克部队严重受阻。侦察活动和先遣营7月13日的试探行动表明，德国人以相当大的兵力占据着他们的阵地，并打算坚守到底；苏军别无他法，只能展开猛烈的炮击和轰炸，再以库罗奇金的第60集团军和莫斯卡连科的第38集团军发起一场大规模进攻。但7月14日早上出现浓雾和大雨。直到下午，苏军才实施炮火准备，16点，两个集团军的突击群发起进攻。当天结束时，苏军在一条10英里宽的战线上只取得轻微渗透，深度从1英里到5英里不等；德军指挥部立即投入战术预备队——第1、第8装甲师和党卫队"加利西亚"师，莫斯卡连科的第38集团军受到的压力尤为沉重，他们遭到两个德军装甲师突击群的反击，实际上被逼退回来，德军强大的装甲部队对投入利沃夫东面的苏军部队发起侧翼打击。克拉索夫斯基的强击机和轰炸机被召集起来，炮兵力量也紧急集结，傍晚前，德军的反击放缓下来，但科涅夫元帅意识到，投入坦克集团军的时机已到。雷巴尔科的近卫坦克第3集团军在7月16日早上全力向前推进，尽管他们在前一天已投入部署。7月16日凌晨3点，雷巴尔科与方面军司令员取得联系，鉴于其先遣部队在佐洛切夫地区取得的胜利，他请求批准他将坦克集团军的主力投入战斗。尽管库罗奇金的第60集团军仍需要达成更深的突破来证明这个决定，但科涅夫元帅决定冒险一试，于是批准了雷巴尔科的请求，这就意味着该坦克集团军要穿过一条狭窄的通道（位于科尔托夫与特罗斯佳涅茨马雷之间，这是苏军目前所达成突破的"瓶颈"），并向西北方推进。

雷巴尔科的坦克排成绵亘的单路纵队向前驶去，7月16日傍晚，他向科涅夫报告，一个军已前出至佐洛切夫西北方，先头部队正赶往佩尔捷夫河（Peltev）。"科尔托夫走廊"南面，德军一股强有力的装甲和步兵力量试图切断这条通道，隔断近卫坦克第3集团军，从而消除布罗德地区正在形成包围的威胁。科涅夫意识到，必须不惜一切代价守住这条通道并加以扩大，他决定，待库罗奇金的步兵夺取佐洛切夫后，立即投入手中的第二个坦克集团军（列柳申科的坦克第4集团军）；列柳申科的坦克将在近卫坦克第3集团军左后方投入战斗，对利沃夫西面15英里处的戈罗多克发起进攻。列柳申科接到严格的指示，不得用他的坦克对利沃夫发起正面进攻，而应从南面实施迂回，切断德军向西和西南方的退路。7月17日，坦克第4集团军投入战斗，但由于德军对苏军突破地段侧翼施加的沉重压力，坦克第4集团军无法全数用于迂回利沃夫；坦克部队与第60集团军在佐洛切夫南面协同作战，只有坦克第10军赶往利沃夫。德国人竭力试图切断"科尔托夫走廊"并困住苏军坦克集团军之际，雷巴尔科的近卫坦克第3集团军已渡过佩尔捷夫河，于7月18日抵达布斯克（Busk）—杰列夫利亚内一线，与巴拉诺夫的快速集群取得会合，封闭了布罗德包围圈，包围圈内8个德军师据守着一片相当大的区域。当晚，坦克第10军到达利沃夫西南方的奥利沙尼察（Olshanitsa），从西面和南面对德军装甲师实施纵深迂回。

同样在7月18日，罗科索夫斯基的白俄罗斯第1方面军发起另一场强有力的打击，他将左翼的第70、第47、第69、近卫第8集团军和第二梯队的波兰第1集团军投入战斗，空军第6集团军、坦克第2集团军可观的坦克力量以及坦克第11军与近卫骑兵第2、第6军组成的"快速集群"为这场进攻提供支援。白俄罗斯第1方面军的右翼部队已前出至从北面的斯维斯洛奇（Sisloch）穿过普鲁扎内（Pruzhany）至平斯克以西一线，正虎视眈眈地位于布列斯特–立托夫斯克东北方；左右两翼发起一场合围，困住布列斯特–立托夫斯克的德军的时机已到。罗科索夫斯基建议将他的左翼部队投入科韦利—卢布林方向。战役的整体构想是从北面和南面对布列斯特–立托夫斯克实施迂回，歼灭布列斯特–立托夫斯克和卢布林地区的敌人，此后，这场攻势将朝"华沙方向"发展，苏军会沿一条宽大的战线进抵维斯瓦河，准备攻入波兰东部。主攻将从左翼发起，那里的3个集团军（古谢夫的第47集团军、崔可夫的近卫第8集团军和科尔帕克奇的第69集团军）奉命突破科韦利东面的德军防御，并确保坦克部队的通道，然后，步兵与坦克部队相配合，沿谢德尔采和卢布林这两个方向推进；左翼部队还将承担从西南面迂回布列斯特–立托夫斯克的任务。这场进攻的目的是插入德国"北乌克兰"集团军群辖下第4装甲集团军的左翼，并歼灭盘踞在布列斯特–立托夫斯克地区的德国第2集团军。

1944年6月初，崔可夫的近卫第8集团军调离乌克兰第3方面军的德涅斯特河登陆场，从南翼转入白俄罗斯第1方面军，7月12日[21]早上搭乘火车出发。尽管想尽了一切办法对集团军的目的地进行保密，但近卫第8集团军即将编入罗科索夫斯基白俄罗斯第1方面军的传闻在部队中仍不绝于耳，事实证明，与许多小道消息一样，这些传言非常准确。经过三天的汽车旅程，崔可夫和他的军事委员会到达科罗斯坚西面的一片森林，罗科索夫斯基的方面军司令部就设在这里，听取方面军参谋长马利宁将军的任务简报后，他们动身赶往设在拉法鲁夫卡（Rafaluvka）火车站南面树林中的近卫第8集团军司令部。集团军辖下的部队只在夜间进入阵地。坦克和汽车留下的履带和轮胎印被细心抹去；无线电通讯被禁用，电台也封存起来。各近卫团接受了一场快速而又密集的训练，学习如何砍伐树木、设置反坦克防御、铺设跨过白俄罗斯沼泽地的圆木路。崔可夫也在研究对付德国人实施的"弹性防御"的办法，德国人经常把部队撤出前沿阵地，以便拉直防线，节约兵力，然后从精心建设的后方阵地发起一场猛烈的反击。就在一周前，第47集团军，更准确地说是坦克第11军（当时由F. N. 鲁德金少将指挥）就落入到了这样一个陷阱中；7月7日，第47集团军从科韦利地区发起进攻，坦克第11军奉命穿过突破口赶往柳博姆利（Lyuboml）—奥帕林（Opalin），然后冲向西布格河，随后他们将赶往卢布林方向。7月8日早上，步兵的进攻进展甚微，受到德军正撤向西布格河这种错误印象的误导，坦克第11军匆匆投入战斗，结果被德军突如其来的反击重创。罗科索夫斯基命令该军脱离战斗，撤回科韦利，军长一职由尤舒克少将接任，并纳入近卫第8集团军辖内。侦察工作不足导致了这场挫败，崔可夫充分注意到了这一点，他决心不让"几列车弹药白白耗费在空无一人的阵地上"。

崔可夫的近卫第8集团军正式承担起白俄罗斯第1方面军左翼的主要突破任务：武力侦察决不能惊动敌人；打击必须具有"决定性"；后方的集结

决不能拖拖拉拉。实施武力侦察的是各步兵营，坦克和扫雷坦克为其提供支援，炮火准备很短暂，仅为30分钟。如果侦察营取得成功，则不再实施炮火准备，主力部队立即转入进攻；如果侦察行动受阻，就再进行1小时40分钟的炮火准备[22]，然后投入主力部队。进攻发起的24小时前，朱可夫元帅、华西列夫斯基元帅、空军主帅诺维科夫、通信兵元帅佩列瑟普金出席了一场全面的沙盘推演，朱可夫与崔可夫发生冲突，罗科索夫斯基巧妙地平息了事端。7月17日—18日夜间，波兰第1集团军司令部人员赶至崔可夫的司令部（波兰第1集团军的任务是跟随近卫第8集团军向前推进），各近卫师接管了前沿阵地，这些阵地原本由步兵第60师据守，以此来欺骗德军情报部门，直至最后一刻。7月18日清晨5点30分，30分钟的炮火准备开始了，各侦察营向前涌去。30分钟后，朱可夫、罗科索夫斯基和V. I.卡扎科夫上将（方面军炮兵司令员）来到崔可夫的前进观察所，看着"武力侦察"在短暂但异常猛烈的炮火齐射（包括203毫米火炮在内）的掩护下顺利展开。"侦察"行动中使用最重型的火炮，这让卡扎科夫感到不快，他向近卫第8集团军炮兵司令员波扎尔斯基提出异议，却被告知这是崔可夫要求的。

2个小时后，步兵已突入德军第一道防线，并夺取了制高点，7点30分，崔可夫向朱可夫和罗科索夫斯基报告，他已投入自己的主力。傍晚前，近卫第8集团军的第一梯队进抵普雷斯卡河（Plysk）东岸。尤舒克的坦克军奉命于次日清晨投入战斗，他们将穿过步兵部队，从北面和南面迂回柳博姆利，然后全速赶往西布格河，在奥帕林—格尼舒夫（Gnishuv）—斯韦泽（Svezhe）地区确保河流渡口。坦克第11军的3个旅（坦克第36、第65和第20旅）向西冲去，对柳博姆利实施侧翼迂回，7月20日13点，坦克第20旅到达西布格河；傍晚时，该旅已确保了渡口，夜幕降临前，坦克第11军辖下更多的部队（以及格拉祖诺夫近卫骑兵第4军的先头部队）渡过河去，努力扩大着他们的登陆场。现在，罗科索夫斯基命令崔可夫投入波格丹诺夫的坦克第2集团军，该集团军于7月20日17点动身赶往西布格河，冲在前方的坦克队列获得空军第6集团军歼击机的掩护，7月21日中午，坦克第2集团军到达西布格河。

7月21日，罗科索夫斯基元帅[23]和布尔加宁中将[24]来到崔可夫的司令部。波格丹诺夫的坦克用了10个小时渡过西布格河，坦克第3军进入斯图尔诺

（Stulno）西面的林地，近卫坦克第8军赶至贝腾（Bytyn），而第二梯队（坦克第16军）也完成了渡河任务；波格丹诺夫奉命从7月22日早晨起超越步兵部队，朝萨文（Savin）—普加楚夫（Pugachuv）—文奇纳（Leczna）方向攻击前进，傍晚前到达维普日河（Wieprz），并于次日夺取卢布林。与此同时，尤舒克的坦克军脱离近卫第8集团军，与近卫骑兵第2军合并成一个"骑兵-机械化"集群，奉命沿帕尔切夫（Parchev）—拉曾（Radzyn）—武库夫（Lukuv）一线朝西北方攻击前进。7月22日拂晓，波格丹诺夫的坦克动身赶往卢布林，树林、沼泽和大大小小的河流迫使苏军坦克只能沿道路行进，大雨也给他们造成了麻烦。卢布林已被改造成一座堡垒，外围防御圈布设着战壕、暗堡和火力点，内环防御圈上满是加强支撑点。

为了给自己的主力部队肃清道路，沿接近地冲向卢布林，波格丹诺夫派出1个坦克旅、1个自行火炮排、2—3个步兵连和1个工兵班组成的"前进支队"，空军第6集团军提供空中掩护。撤向卢布林时，德军在与树林接壤的道路、村庄和桥梁处设置起坦克伏击圈；"前进支队"应对这些伏击时，"追击支队"（由搭载着冲锋枪手的坦克排组成）则将埋伏在苏军前进道路上的德军士兵驱赶出来。7月22日，担任"前进支队"的坦克第107旅（隶属于坦克第16军）与1个摩托车团以及近卫骑兵第7军的部队共同肃清了卢布林东南方40英里处的海乌姆（Chelm）。右翼的坦克第3军脱离步兵部队后，排成两股队列赶往基亚内（Kiyany）—卢布林，而左翼的近卫坦克第8军穿过普加楚夫、文奇纳，赶往卢布林东郊，波格丹诺夫决定从三个方向对卢布林发起进攻。各"前进支队"接到命令，绕过卢布林外围防御，直奔维斯瓦河。

7月23日早晨，苏军坦克攻入卢布林东郊，迅速将其肃清，但在分隔这座城市的维热日克察河（Vyszczicsa）前，他们遭遇到了激烈的抵抗。苏军坦克和自行火炮实施直瞄射击，并渡过河去，冲入德军士兵据守的一座座石屋，坦克第51旅从西面攻入卢布林，苏军步兵和坦克部队投入到激烈的巷战中。德国守军试图向西突围，他们使用了一列装甲列车和一个步兵营掩护突围。苏军坦克在近距离内对装甲列车展开猛烈打击，将其炸为碎片，击毙了大批企图逃窜的德军士兵，卢布林城防司令也成了俘虏。西北方，坦克第3军已将连接卢布林—华沙公路的郊区夺取，但在东南郊，德军对近卫坦克第8军的抵抗一如既往地顽强。波格丹诺夫赶至韦杰涅耶夫少将的军部（坦克第3军），打算亲自看看战场态势，这才获知这里只有坦克投入了战斗；韦杰涅耶夫指出，只有投入第57旅的步兵，他才能把德军机枪手逐出修建在石屋中的巢穴。波格丹诺夫认为韦杰涅耶夫拖延不前是高估了德军的抵抗力，于是请韦杰涅耶夫与自己一同查看城内状况，波格丹诺夫、韦杰涅耶夫、几名副官和情报官搭乘两辆吉普车，一辆坦克为他们提供掩护。这支小小的车队沿着空荡荡的街道驶过燃烧的坦克和被炸毁的德军卡车，没有一丝动静，没有枪声，两旁的房屋内也没有生命的迹象。但在前方不远处，一具反坦克武器开火射击，为首的苏军坦克被击中，车组成员当场阵亡。波格丹诺夫下令转身离开，吉普车调转方向时，更猛烈的火力袭来，波格丹诺夫的吉普车停了下来，这位集团军司令员下了车，瘫坐在人行道上，他的肩膀被一发开花弹击中。这群苏军指挥员步行1.5英里，击退了试图困住他们的德军士兵，这才被一辆苏军卡车搭救，波格丹诺夫将指挥权移交给坦克第2集团军参谋长A. I. 拉济耶夫斯基少将。7月24日中午，卢布林的残敌集结起坦克和突击炮，发起最后一次突围尝试，经过一番激战，他们的突围失败了。卢布林被肃清；坦克第2集团军接到命令，向西北方的普瓦维（Pulawy）和登布林（Deblin）前进，夺取维斯瓦河上的登陆场，准备进一步冲向华沙。

坦克第2集团军朝西北方的这一推进，穿过普瓦维，冲向普拉加（Praga，华沙的这一部分位于维斯瓦河东岸），预示着被困在布列斯特-立托夫斯克地区的德国军队即将遭到合围——苏军坦克部队的这场推进将切断德军逃往华沙方向的通道。近卫第8集团军也接到赶往西北方的命令，尽管崔可夫没有下令强渡维斯瓦河（他的一个师已于7月26日抵达该河）。就在罗科索夫斯基的左翼部队蜿蜒穿过卢布林，深深插入正在布列斯特-立托夫斯克地区苦战的德国军队的后方之际，他的右翼部队（第65和第28集团军）正逼近这个交通枢纽，并在该镇北面的西布格河上集结起一些兵力。普利耶夫将军的"骑兵-机械化"集群在德军后方作战，已逼近布列斯特-立托夫斯克，而该集群辖内的近卫骑兵第4军正与巴托夫的第65集团军共同赶往西布格河。苏军的侦察证实，在布列斯特-立托夫斯克，除了已知的德军师，还有大约14个被打散的部队的人员——这是个非常有利的时机，巴托夫希望抓住机会，但他需要预备队。不幸的是，罗科索夫斯基无法提供援兵，他告诉巴托夫："我手上几乎没有任何预备队。"巴托夫奉命坚守布格河上的登陆场。尽管如此，罗科索夫斯基还是抽调出第80军，但这个军被拨给"处境很困难"的普利耶夫。巴托夫派他的副司令员巴季诺夫去联系第80军，但德国人的轰炸机抢先一步，炸毁了该军军部，军长阵亡。到7月22日，巴托夫仍未与普利耶夫的骑兵取得联系，当晚，朱可夫元帅打来电话询问原因，巴托夫解释说，他和方面军司令部人员都不知道普利耶夫的消息，朱可夫打断了他，告诉他，任务是交给他的，而不是方面军司令部人员，随后命令巴托夫加强南翼的进攻。朱可夫的注意力集中在左翼对卢布林的进攻上，没有时间关注布列斯特-立托夫斯克附近的战斗，更别说巴托夫面临的困难了；所有可用的援兵，特别是坦克部队，都将调至左翼。

7月23日，德军对巴托夫的右翼发起一场猛烈的反击，在装甲部队的支援下从北面和南面展开攻击，径直冲入第65集团军前进指挥部所在地域。德军坦克出现，炮弹在伪装得很糟糕的通信中心附近炸开，巴托夫与罗科索夫斯基之间的无线电联系中断了。罗科索夫斯基从方面军司令部发来电报："巴托夫在哪里？"没有收到回复，于是，罗科索夫斯基派歼击机扫荡克莱什切拉（Kleshchela）与切雷姆哈（Cheremkha）之间的区域；当晚，罗科索夫斯基与朱可夫赶至第65集团军司令部，朱可夫失去了耐心，甚至提出增派援兵，消灭突入巴托夫防区的德军。德军这场反击延缓了苏军的推进，但无法阻止布列斯特-立托夫斯克被合围，7月27日，第28集团军与第70集团军（V. S. 波波夫中将的部队，从左翼而来）在布列斯特-立托夫斯克西北方的西布格河东岸取得会合。8个德军师，第2和第9集团军的残部，尽可能长久地坚守着布列斯特-立托夫斯克，从华沙而来的装甲部队为守军提供支援。罗科索夫斯基已投入左右两翼的部队，实施一场庞大的包围行动，以切断布列斯特-立托夫斯克、比亚韦斯托克和华沙之间的一切交通，但在布列斯特-立托夫斯克，苏军不得不消灭德军顽强的抵抗，这座镇子及其公路和铁路线最终在7月28日陷落。白俄罗斯第1方面军的左翼，坦克第2集团军和近卫第8集团军正冲向西北方的维斯瓦河和华沙，他们与集结在布列斯特-立托夫斯克地区的苏军部队之间的缺口，现在已相当大。

罗科索夫斯基发起卢布林战役时，科涅夫结束了布罗德西面的围歼战：

截至7月22日傍晚，30000多名德军士兵被击毙，17000人被俘。彻底肃清包围圈后，腾出的苏军部队直接投入对利沃夫的进攻，苏军在那里的突击力量只取得缓慢的进展。科涅夫元帅希望他的坦克部队抢在德军援兵从斯坦尼斯拉夫赶来前，在行进中直接夺取利沃夫；7月18日的态势似乎有利于发起一场突袭，近卫坦克第3集团军和第13集团军距离利沃夫已不到20英里，坦克第10军（隶属于坦克第4集团军）已到达东南方的奥利沙尼察。因此，科涅夫准备从南北两面迂回利沃夫，在7月20日前将其攻克。

　　这个行动没能成功，科涅夫元帅将其归咎于雷巴尔科犯下的错误（尽管他承认大雨导致近卫坦克第3集团军的炮兵和补给运输行速缓慢）。雷巴尔科选择了最短的路线——布拉斯诺耶（Brasnoe）[25]—利沃夫公路，结果使他的坦克陷入利沃夫东北方的泥沼中。坦克部队在城市正西面实施机动的一切希望都已丧失，近卫坦克第3集团军卷入利沃夫接近地的激战中。7月21日前，三个德

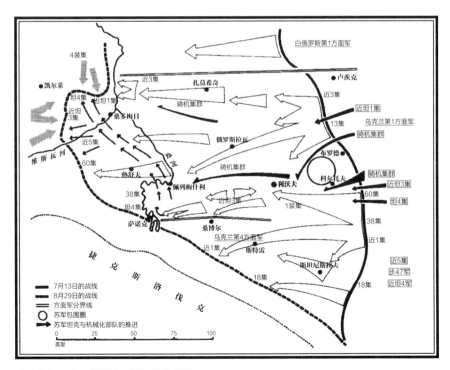

1944年7—8月，"利沃夫—桑多梅日"战役

军师从斯坦尼斯拉夫赶来增援，苏军急需一个坦克集团军堵截敌人。因此，方面军司令部决定派近卫坦克第3集团军绕至西面和西北面，将列柳申科的坦克第4集团军从南面调来，库罗奇金的第60集团军从东面发起进攻，而莫斯卡连科的第38集团军则从佩列梅什利（Peremysl）[26]冲向利沃夫南郊。与雷巴尔科的无线电联络已中断，但还是给他下达了停止战斗的命令，坦克集团军参谋长D.D.瓦赫梅季耶夫少将携带着命令乘飞机去找雷巴尔科。这道命令的基本内容是，雷巴尔科应只留少量兵力监视利沃夫，率主力向西北方实施迂回，进入亚沃罗夫地区，从而切断敌人向西逃窜的道路，并留下一股兵力与第60和第38集团军相配合，共同夺取利沃夫。

科涅夫元帅并不希望见到自己的主力被牵制在利沃夫的战斗中，而让德军在桑河和维斯瓦河设置起防线。方面军右翼的近卫坦克第1集团军和第13集团军已冲向桑河，他们从东北方而来，7月23日傍晚，卡图科夫的坦克在雅罗斯拉夫（Yaroslav）[27]附近抵达桑河。24小时前，雷巴尔科派出2个坦克旅和2个摩步营据守利沃夫附近的防线，主力则赶往亚沃罗夫周边地带。7月24日傍晚前，近卫坦克第3集团军已部署在亚沃罗夫—莫斯季斯卡（Mostiska）—苏多瓦亚维什尼亚（Sudovaya Vyshnaya）这片三角地带，从这里，他们向东冲往佩列梅什利，向西攻向利沃夫。列柳申科的坦克集团军，至少是一个军，已进入利沃夫；列柳申科接到的命令是向利沃夫西南方的桑博尔（Sambor）发起进攻，切断德军的另一条逃生通道，但他决定"顺路"夺取利沃夫。7月22日傍晚前，坦克第4集团军的主力逼近利沃夫，而辖内的坦克第10军实际上已进入城内，尽管他们与后续部队失去了联系。

对利沃夫发起向心攻击的态势已然形成，7月24日，各部队发起进攻：库罗奇金的第60集团军从东面和东北面，坦克第10军从南郊，雷巴尔科的近卫坦克第6军从西面。德军只剩下一条逃生通道，那就是西南方的利沃夫—桑博尔公路。为肃清乌克兰这座古老的城市，激战持续了三天三夜。库罗奇金的步兵在城内展开巷战，波卢博亚罗夫的近卫坦克第4军从东面而来，在南面与坦克第10军取得会合，但在西面，雷巴尔科的坦克军受阻。7月26日晚，苏军指挥部发现德军向西南方撤离的迹象，次日拂晓，苏军从各个方向发起进攻——近卫坦克第3集团军从西面，第60集团军从北面、东面和东南面，近卫坦克第4集团军和坦克第10军从城内。几乎在这同时，近卫坦克第3集团军在近卫坦克第1集团军部分部队的支援下，在夜间冲向佩列梅什利。

粉碎德军在利沃夫的抵抗，再加上夺取俄罗斯拉瓦、佩列梅什利和弗拉基米尔–沃伦斯基，苏军就此将"北乌克兰"集团军群切为两段；一直抗击着俄国人的第4装甲集团军退守维斯瓦河，而第1装甲集团军（连同匈牙利第1集团军）退向西南方，进入喀尔巴阡山地区。雷巴尔科的近卫第3集团军[28]现在接到的命令是赶往维斯瓦河，7月29日晚实施强渡，占领西岸登陆场，夺取桑多梅日（Sandomierz）。卡图科夫的坦克集团军奉命在桑多梅日南面的巴拉努夫（Baranow）进抵维斯瓦河，索科洛夫的"骑兵–机械化"集群将从北面的安诺波尔（Annopol）强渡维斯瓦河，而普霍夫的第13集团军奉命沿"桑多梅日方向"赶往维斯瓦河。扎多夫的近卫第5集团军（方面军预备队）也将冲向维斯瓦河，科涅夫的主力——2个步兵集团军（第13和近卫第5集团军）、2个坦克集团军（近卫坦克第1和近卫坦克第3集团军）和1个"骑兵–机械化"集群正在那里集结。

科涅夫的部队迅速进抵维斯瓦河。7月30日傍晚前，雷巴尔科的坦克[29]已在索科洛夫骑兵的陪伴下渡过该河，并在安诺波尔南面和北面夺取了三座小小的登陆场，但这些匆匆设置的渡口无法提供扩大登陆场所需要的实力和动力。普霍夫的第13集团军和卡图科夫近卫坦克第1集团军的先头部队在巴拉努夫地区取得了更大的战果；普霍夫的2个师渡过河去，搭载着苏军士兵的小舟和木筏经常与运送后撤德军士兵的渡轮并肩而行。傍晚前，步兵第305师（第13集团军）[30]已设立起一座5英里深的登陆场，其正面约为8英里。跟随步兵和坦克部队而来的是负责建桥的舟桥第20营和舟桥第6旅，8月1日前，他们冒着德军持续的空袭布设下重型架桥设备和浮桥，其承载能力分别为50—60吨和16吨。这些桥梁将两个军的人员和装备，外加182辆坦克、11辆装甲车、55门大炮和94辆卡车送过维斯瓦河，进入桑多梅日登陆场。

在左翼，科涅夫命令列柳申科的坦克第4集团军转向西南方的桑博尔（要求他把这个目标摆在首位），在7月28日傍晚前拿下德罗戈贝奇和鲍里斯拉夫，会同格列奇科近卫第1集团军的右翼部队阻止德军向西北方撤过桑河。技术娴熟的德军后卫部队实施极为顽强的抵抗，给列柳申科造成了很大的麻烦，并将坦克第4集团军挡在了德罗戈贝奇。尽管如此，左翼的步兵集团军（第18和近卫第1集团军）还是取得了一些进展，格列奇科的近卫第1集团军7月26日攻克州中心斯坦尼斯拉夫，月底前，第18集团军夺取铁路交通枢纽多利纳（Dolina），将穿过喀尔巴阡山进入匈牙利平原的公路切断。尽管乌克兰第1方面军目前的主攻位于西北方向的维斯瓦河，但科涅夫还是命令两个左翼集团军夺取穿越喀尔巴阡山进入胡门内（Hummene）、乌日哥罗德（Uzhorod）和穆卡切沃（Mukachevo）的山口。"北乌克兰"集团军群已被拦腰斩断，乌克兰第1方面军现在沿两个不同的方向采取行动，分别是"桑多梅日方向"和"喀尔巴阡山方向"，这就使各部队的指挥控制问题变得复杂起来；桑多梅日登陆场进行着庞大的战役准备，科涅夫在7月底与最高统帅部协商，建议把"喀尔巴阡山方向"上的部队纳入一个独立指挥机构。他被告知，有一个尚未接受任务的方面军司令部，这就是I. E.彼得罗夫上将的指挥部（近期一直在克里木），没过几天，彼得罗夫的乌克兰第4方面军司令部正式成立，接管了喀尔巴阡山地区的作战指挥工作。

在此期间，罗科索夫斯基的左翼部队（近卫第8集团军、第69集团军、波兰第1集团军和坦克第2集团军）赶往维斯瓦河，逼近了华沙。他们身后是马伊达内克（Maidanek）"死亡工厂"，就在卢布林西面，上百万人死在那里的集中营内，仍有数千人留在营地里遭受着非人的待遇。马伊达内克只是红军前进途中遇到的第一座集中营——特雷布林卡（Treblinka）、索比堡（Sobibor）、奥斯维辛–比克瑙（Auschwitz–Birkenau）、贝乌热茨（Belzec）和施图特霍夫（Stutthof），这些灭绝营里的尸体堆积如山。马伊达内克不过是个可怕的预示而已。崔可夫和科尔帕克奇的快速部队正向西北方推进，但令崔可夫困惑的是，他接到的命令看上去相互矛盾——"停止前进""巩固阵地""继续前进"：苏军整体推进速度使各集团军离他们的后勤基地越来越远，混乱的指令导致近卫第8集团军和坦克第2集团军横扫维斯瓦河的速度有所放缓。更东面，这些左翼部队的外围，克留科夫将军的"骑兵–机械化"集群正冲向谢德尔采，方面军司令部希望在7月24日夜晚前将其拿下。谢德尔采位于布列斯特–立托夫斯克西面60英里处，是个重要的公路、铁路枢纽，在为布列斯特–立托夫斯克提供补给方面发挥着重要作用，对被困于布列斯特的德军来说，谢德尔采也是个逃生通道；因此，坦克第11军尚未到达谢德尔采，德军派来增援的步兵和装甲部队便赶到了。7月25日拂晓，苏军坦克出现在镇郊，德军从北面和东北面冲来，显示出坚守该镇的意图。德军轰炸机对苏军坦克部队发起空袭，装甲部队也展开反击，迫使坦克第11军转入防御；激烈的战斗在谢德尔采南郊肆虐开来，克留科夫派坦克第65旅对付从西北面而来的德军装甲部队。尽管这些地域在7月26日落入苏军手中，但"骑兵－机械化"集群司令员决定于次日发起一场向心攻击，彻底包围谢德尔采，然后对其实施突击，这个任务被交给坦克第11军和近卫骑兵第2军。尽管该镇大部分地区已被肃清，但事实证明，无法驱散死守在谢德尔采北部的党卫队和3个德军步兵师的人员。直到7月31日，经过一场猛烈的炮击并投入一个轰炸机团后，坦克第11军和第47集团军的骑兵及步兵才将谢德尔采彻底肃清，这使苏军无可争议地掌握了华沙接近地两个重要的交通中心——谢德尔采和明斯克－马佐维茨基（Minsk–Masowiecki）。

7月27日早晨，坦克第2集团军的第一梯队（坦克第3和近卫坦克第8军）从登布林地区动身赶往华沙—普拉加方向。崔可夫近卫第8集团军接到的依然是矛盾的命令：7月26日，崔可夫奉命赶至加尔沃林（Garwolin）—登布林地区的维斯瓦河河段，集团军保持"密集队形"，"全力准备"进行一场大规模战役，先头部队被派往前方很远处——几个小时后又被告知，"近卫第8集团军不得分散……集团军应将主力集中于右翼，牢记敌人的行动很可能沿谢德尔采—武库夫（Lukow）方向发起"。尽管如此，崔可夫上将还是意识到，虽然他的部队现在沿着河岸来回调动，但他们早晚都要强渡维斯瓦河；崔可夫挑选了一个地段——马格努谢夫（Magnuszew）西北面的维利加村，这位集团军司令员亲自进行了侦察，他驱车驶入欢度节日的波兰民众中，欣赏着手风琴演奏的音乐，勘察了维斯瓦河河岸的情况。从西岸观察的情况看，很明显，德国人没有想到苏军会在这里发起进攻，崔可夫决定将马格努谢夫定为渡河点。回到集团军司令部，崔可夫向罗科索夫斯基汇报了自己的决定，方面军司令员答应考虑一下，次日给予回复。7月30日中午，罗科索夫斯基打来电话，批准崔可夫在稍南面的马采耶维采（Maciejowice）—斯坚日夏（Stezyce）地区强渡维斯瓦河，并给他三天的准备时间；很自然地，崔可夫请求在已选定的维利加地段渡河，并指出，他可以在"明天早上，而不是三天后发起强渡"，因为"一切准备工作已经就绪"。他立即提交作战计划，将8月1日定为渡河日期，罗科索夫斯基给予批准。8月1日清晨，崔可夫的部下们在黑暗中将船只推入河中，炮兵发起炮火准备前，侦察兵已赶至西岸，将德军的第一道战壕线肃清，各步兵营开始渡河。

重新发起推进的第一天（7月27日），坦克第2集团军前进了大约30英里，冲入从加尔沃林延伸至斯托切克（Stochek）的德军部队之间，迫使他们后撤到科尔贝尔（Kolbel）—谢尼察（Sennitsa）—卡雷谢热（Kalyszyn），在这些战斗中，坦克第2集团军遭到越来越猛烈的空袭，辖内各个军的弹药和燃料已所剩无几。这迫使集团军司令员放缓了前进速度，以便让油罐车和补给卡车赶上，部队实施重组，准备在7月29日恢复进攻。

7月29日清晨，经过一场炮火准备和空袭，坦克第3军再次向前冲去，干净利落地突破了德军防线，攻克斯坦尼斯拉沃（Stanislawow），并逼近拉济明（Radzymin）。近卫坦克第8军从东面对谢尼察实施迂回，7月29日夺取该镇，傍晚前赶往奥库涅夫（Okuniew）。杜博沃伊的坦克第16军在科尔贝尔前方受阻，于是展开一场迂回，赶往华沙公路西面，突入据守科尔贝尔地区的德军第73步兵师的后方，一个苏军坦克排在那里俘虏了第73步兵师师长弗兰克将军。坦克第2集团军迅速冲向普拉加，其右翼部队（坦克第3军）切断华沙与比亚韦斯托克之间的公路和铁路连接之际，第47集团军逼近了卡雷谢热—谢格鲁夫（Tsegluv）一线，近卫第8集团军进抵谢格鲁夫—加尔沃林，从布列斯特-立托夫斯克后撤的德军正进入这一地区，但他们发现，红军已在他们身后。

7月31日，苏军先头坦克部队和一些摩托化步兵突然冲入奥特沃茨克（Otwock）和拉济明，距离华沙已不到十几英里。这使苏军坦克到达普拉加的东北面和东面，华沙这片郊区位于维斯瓦河东岸，遍布防御工事——碉堡、固定火力点、野战工事、大批雷区以及大量防坦克和防步兵障碍。傍晚前，坦克第2集团军司令部获悉，他们的坦克部队遭遇到强大而又密集的德军装甲部队，对方至少有5个师——党卫队"维京"师、"赫尔曼·戈林"师[31]、"骷髅"师，外加国防军第19和第4装甲师。东面的谢德尔采地区，苏军快速部队仍在与大批德军装甲部队（包括武装党卫队）激战，尤舒克的坦克第11军（弹药和燃料也已不足）与"骑兵-机械化"集群的骑兵部队试图继续向前，将德军逐出谢德尔采，此时，罗科索夫斯基的右翼部队终于在布列斯特-立托夫斯克突破了德军的抵抗，而位于罗科索夫斯基右侧的白俄罗斯第2方面军正在夺取比亚韦斯托克。到7月底时，谢德尔采、布列斯特-立托夫斯克、比亚韦斯托克，德军的堡垒一个接一个落入苏军手中，但白俄罗斯第1方面军司令部对德军在普拉加的集结仍表现出一种合乎情理的紧张。7月26日，方面军司令部预计德军将对谢德尔采—武库夫地区发起反击，于是督促崔可夫将主力保持在右侧，以便对德军的反击展开打击。此刻，坦克第2集团军正冲入大批集结起的德军部队中，这些党卫队和陆军装甲师配备了最新式的重型坦克——"虎王"，苏军各坦克师都已感受到从卢布林一路冲向华沙接近地的过程中，持续损失（不少于500辆坦克和自行火炮）造成的伤痛。7月28日夜间，华沙市民听见德军与苏军坦克部队的激战声从沃沃明（Wolomin）方向传来，但到达普拉加时，坦克第2集团军司令员下达了命令，对郊区的进攻任务决不能交给坦克部队；而应先由摩托化步兵实施周密侦察，找出敌军防御的薄弱点，然后再投入坦克部队。

很显然，苏军坦克已在华沙接近地突破了德军维斯瓦河东岸登陆场的南部边缘，但与华沙市民的想象以及波兰救国军（AK）司令部的看法相反，德国人的防御绝非杂乱无章。德军后勤单位、民事机构和军事指挥部门在7月21日突然实施的疏散已于7月26日停顿下来，新锐德军部队开始进入华沙，并部署在城内南部。7月21日，德国空军中将施塔尔接管了华沙城的军事指挥权，德国当局向公众宣布将对这座城市实施防御，并征召平民修筑工事。东面，宽阔的维斯瓦河的另一端，坦克第2集团军代理司令员拉济耶夫斯基少将在7月底时意识到，他的部队面对着德军3—4个装甲师和1个步兵师；为应对德国人强力反击的威胁，坦克第2集团军必须集中力量构成一支坦克"铁拳"：坦克第3军位于沃沃明，近卫坦克第8军位于奥库涅夫，坦克第16军跨过从维斯瓦河附近的兹比季（Zbytki）到旧米洛斯纳（Milosna Stara）一线，位于旧米洛斯纳西北方大约5英里处。所有坦克部队从8月1日午夜起转入防御。

就在苏军坦克隆隆驶入防御阵地，步兵们动手挖掘战壕的5个小时后，同一天，8月7日[32]，波兰救国军在华沙城内发起攻势，对德军设施和据点展开进攻；华沙起义爆发了，这座城市迅速陷入一场激烈的争夺战中。

1944年晚冬和初春，随着"德黑兰浪潮"迅速传播，丘吉尔首相与斯大林元帅通过信件就波兰问题展开交锋。英国政府试图引导波兰流亡政府签订苏波"协议"，但斯大林在两个问题上毫不动摇——承认寇松线以及必须"改组"波兰政府，波兰流亡政府被莫斯科痛斥为"伦敦集团"。临近1943年年底，随着波兰政府成员越来越深入地研究德黑兰"协议"的性质，更多证据浮出水面，表明英国政府对"波兰国内政府及机构"受到共产党机构的操纵深感不安；苏联游击队对"波兰东部和中部的渗透"非常迅速，共产党组织挑起德国人对平民百姓的报复，他们甚至"杀害了波兰地下运动的许多战士和成员"。

在12月20日的会晤中，米科拉伊奇克总理与艾登先生探讨了苏军进入波兰的影响。米科拉伊奇克指出苏联指责波兰政府的用意（在苏军推进的背后，是"无情地消灭我们对地下运动的领导"的威胁），艾登读了读斯大林在德黑兰就波兰问题发表的声明，敦促波兰政府明确自己的立场，以便向斯大林表明，他产生了误解。关于边境问题，艾登告诉米科拉伊奇克，他的印象是"苏联人坚持寇松线，但我并不打算触及问题的核心"。两天后，12月22日的晚宴上，艾登就这些问题与波兰政府进行详细磋商。为恢复苏波外交关系，艾登建议波兰人发表一项声明，"否认对他们的一切指控"，并提出"协调波兰领土上的军事行动"，于是，米科拉伊奇克指出1941年制订的"协调"协议的命运，要求一旦苏联红军进入波兰领土，立即派英国军队进入波兰。艾登并不认为这个建议有什么作用，但米科拉伊奇克予以坚持；于是，亚历山大·贾德干爵士提出，将"要求恢复外交关系"与"建议实施合作"分开。对于领土问题的解决，英国人阐述了将波兰边境由东向西迁移的计划，并概括了苏联方面的要求——"拥有直至寇松线和加利西亚'博塔线'的全部领土"。

12月底，波兰政府发表声明，正式否认苏联方面的指控，指出1943年10月27日下达的指令"是为了祖国"，并对秘密军领导人下达命令"杀害波兰共产党人"的指控予以否认；尽管过去"协调行动"的尝试遭到失败，但波兰政府表达了将"波兰武装行动"纳入"盟军整体战略计划"的意愿。没过一个星期，第一支红军部队已跨过前波兰边境，1944年1月5日，波兰政府发表声明，指出自己是"国内外波兰人公认的波兰民族唯一和合法的管理者及代言人"，并要求"在波兰共和国被解放的领土上"——而不是在"所有被解放的领土上"——"尽快重建拥有主权的波兰政府"，这个提议在英国外交部的压力下被删除。这份声明，尽管进行了修改，但还是引起了一些英国媒体人士的反感，斯大林也在1月7日写给丘吉尔首相的信中做出尖刻的评论——"波兰流亡政府的最新声明"使他觉得"该集团已无法喻之以理……他们已不可救药"。

三天后的1月10日，米科拉伊奇克从贝奈斯总统（他最近刚刚去过莫斯科）那里了解到斯大林的一些观点。如果目前的波兰政府做出改变，斯大林并不排斥"达成苏波协议"（斯大林的怒火主要针对的是波兰武装力量总司令索斯恩科夫斯基）；关于波兰东部的一切协议都将以寇松线为基础；波兰的西部边境（并不排除"奥得河一线"）可能会涉及一项苏联—波兰—捷克斯洛伐克—英国—美国的协议；对于波兰加入苏联—捷克—波兰友好条约，没有任何压力，也没有"附带提案"；斯大林对波兰的"积极态度"源于这样一种观点——尽管德国即将战败，但不会出现一个"共产主义德国"；最后，斯大林对波兰和欧洲"苏维埃化"的担心予以驳斥，他说，"我们不是傻瓜，不会去做我们无法实现的事情"，和平将取决于英国和美国的配合；德国"必须被肢解"；意大利和法国可以不必考虑，所以，对波兰的"保证"必须交给波兰、捷克斯洛伐克、英国和美国。这一切并未让波兰总理感到安慰；在领土方面，波兰"将失去半数领土，包括两个边境支柱——利沃夫和维尔诺"。贝奈斯总统似乎只是"重复了苏联方面的观点"，他貌似被"苏联的魔力催眠了"。

第二天，获得苏联政府授权的塔斯社发表公告，对波兰政府发出新的警告。这是对波兰人1月5日声明的回复，旨在驳斥"许多错误的言论……其中包括对苏波边境不正确的说法"，这份公告并非全然充满敌意或彻底否定，而是阐述了苏联立场中某些新的、重要的变化。苏联政府不再认为"1939年的边境线不可改变"，这标志着苏联长期以来坚持1939年"里宾特洛甫—莫洛托夫"边境线的姿态发生了变化；苏波边境可以大致沿所谓的"寇松线"延伸，在某些地方做出"有利于波兰"的调整，从而使"波兰东部边境线可以通过与苏联达成的协议而确定"。苏联对乌克兰西部和白俄罗斯西部地区的要求是基于"根据1941年广泛的民主原则"举行的全民公决;如果这还不够的话,苏联方面的声明还提及1921年"强加给苏联"的《里加和约》造成的"不公正"——这是对外交历史的正确修改。由于"其错误的政策"而经常被"德国侵略者玩弄于股掌"的波兰政府遭到痛斥——"脱离其人民……无法与苏联建立友好关系……同样无法在波兰境内组织起对德国侵略者的积极斗争"——但公告以一个保留条件作为结束:"不过,波兰和苏联的利益在于我们两国之间建立起稳固的友好关系。"

苏联这份公告立即让英国和波兰政府发生了冲突;前者将"苏联的建议视为举行谈判的一个公平基础",甚至是"从德黑兰会谈向前迈进了一大步",而后者坚持认为"没有理由相信苏联意图的诚意"——实际上,"所有迹象都与之相反"。艾登与米科拉伊奇克1月11日进行了紧张而又极其艰难的交流。会谈结束时,艾登提出,波兰政府对苏联公告的回复必须经过他的同意,他还指出,如果波兰政府不对苏联方面的倡议做出回应,后果将极不乐观。两天后,米科拉伊奇克给艾登读了读对苏联1月11日公告的草拟回复,其中第三点是"对单方面决定或既成事实以及'旨在使波兰丧失其半数领土合法化的'论点提出抗议",艾登建议对此做出修改,但波兰内阁不赞同这样做,他们坚持保留原文。经过长时间讨论,同时,艾登保证英国媒体"会被要求主动提及从波兰声明中删除的观点",这份声明才做了部分修改,并由艾登于1月14日递交苏联大使,并提醒对方,英国政府支持这份文件,以此作为"为达成谅解铺平道路"的一种方式。在目前看来,这种"谅解"是可以达成的,苏联方面固执的阴云似乎已被打破,伦敦对此印象深刻,而从莫斯科发回的报告也加深了这种印象。贝尔福先生(阿奇博尔德·克拉克·克尔爵士不在时,由他负责莫斯科的英国使馆)报告说,莫洛托夫似乎认为苏联政府1月11日公告中提出的"倡议"很可能赢得英国和美国的支持,而哈里曼大使认为,苏联与贝奈斯总统达成协议是苏联计划的组成部分,以便让波兰政府实施"改组",并对苏联的边境线给予一种认可。否则,在艾夫里尔·哈里曼大使看来,随着苏联红军更深地进入波兰境内,波兰人接受协议的可能性也更小。

波兰政府1月14日的声明反过来促成了苏联1月17日的声明,这份文件表明，1月11日的公告更多的是一种策略，而不是一种真正的"主动"：塔斯社1月17日宣布，波兰流亡政府1月14日的声明只能被认为是"拒绝接受寇松线"，该声明提议波兰与苏联政府展开正式会谈，"目的是误导舆论"，在"苏联相关人士"看来，很明显，"目前的波兰政府并不希望与苏联建立睦邻关系"。这是一份奇怪、刻板得令人震惊的文件，先是援引"苏联政府"，然后又是"苏联相关人士"，并暗示如果"目前的波兰政府"不想达成友好关系，那么就会由另一个政府（"全国委员会"这个新政权最近在共产党的支持下成立了）来做。另外，"苏联相关人士"还提及波兰流亡政府"积极参与到与卡廷惨案相关的反苏诽谤中"。但无论这些说法是来自"苏联政府"还是"苏联相关人士"，斯大林显然不想再跟保持原状的波兰流亡政府打交道了。与此同时，美国政府指示哈里曼大使代表美国政府为促进苏波关系的恢复提供"斡旋"，但莫洛托夫在1月23日坚决拒绝了这个倡议。尽管习惯于刻板的重复，但莫洛托夫两次坚持认为，任何形式的调解或协商都"时机尚未成熟"，除非彻底改组波兰政府的构成，"排除亲法西斯的帝国主义分子，接纳民主人士加入"。对于波兰，斯大林似乎相信一种莎士比亚式的结局——成熟就是一切。

伦敦，1月20日，丘吉尔首相、艾登与米科拉伊奇克、罗默尔[33]就苏波危机这一最新变化进行磋商。这一次，丘吉尔首相直言不讳地说道："我希望波兰政府接受没有利沃夫的寇松线，以此作为与俄国人举行谈判的基础……"并要求波兰不仅在原则上，而且要"满怀热情地"予以接受。波兰将在"未来的欧洲发挥更大的作用，在东面负责监督德国，这就必须确保一个友好的俄国"。波兰的领土会从奥得河和东普鲁士得到补偿，至于东部边境，英国为这个问题与俄国开战是不可想象的，美国"也绝不会这样做"；英国不会为了"波兰的东部边境"参战，"我们会因为这个问题与俄国发生冲突"的看法毫无根据。此刻在私下里说的这番话，丘吉尔首相准备在公开场合再重复一遍。米科拉伊奇克坚称波兰政府准备谈判（波兰政府的最新声明已做出明确表述），丘吉尔首相欣然同意这一点，他插话说，苏联政府最新的驳斥（1月17日的声明）"野蛮、毫无说服力"。米科拉伊奇克试图引入修订后的《里加和约》（这份和约可追溯至1921年，是"解决波兰边境问题唯一有效的办法"），以此作为谈判的基础，并主张解决之道在于居民迁移而非领土交换（居民迁移会控制在最低程度）。丘吉尔提醒米科拉伊奇克，实际上没有太大的谈判余地，"必须以寇松线为出发点"——如果不达成协议，苏联红军将大举推进，利沃夫的波兰人最终可能会被迁移至奥珀伦，他们的命运将取决于苏联政府的决定。如果问题得不到解决，波兰将"招致俄国人的怒火"；没有俄国人，这场战争打不赢，单靠盟军的轰炸机无法获得胜利，因此，有必要理解俄国人的立场。丘吉尔首相打算设法说服斯大林，他将宣布波兰愿意在寇松线的基础上（取决于波兰在西面得到的补偿）进行谈判，并坚称对波兰政府的权威的破坏是"不可接受的"。至于苏联与波兰地下运动合作的问题，丘吉尔认为急需达成一项协议，但苏联与波兰有必要先行解决"寇松线"导致的问题。在发给斯大林的电报中，丘吉尔希望解释英国方面的立场，并列举出波兰政府准备接受的内容，以及不干涉另一个政府内政的原则和对波兰地下运动的"迅速理解"。情况非常紧迫，丘吉尔需要波兰人做出"尽可能全面的贡献"，并将其用于他发给斯大林的电报中。对波兰人来说，这是个"悲剧性和决定性的"时刻。米科拉伊奇克提出，波兰的战士们（许多人来自东部地区，他们原以为有朝一日能重返故乡）现在会如何看待"西方国家的承诺、口号和声明"？丘吉尔对此保持着沉默。

做出答复前，波兰政府对英国保证波兰的独立性和领土状况提出四个问题（拉钦斯基伯爵[34]于1月23日提交给艾登）。在一份签发日期为1月25日—26日的电报中，米科拉伊奇克确定了波兰政府在波兰本土的代表，而试探美国政府态度的工作也已展开。1月25日，英国战时内阁决定让丘吉尔先生发电报给斯大林，2月1日，这份电报由英国大使呈交。电报中告诉斯大林，丘吉尔首相建议波兰政府"接受寇松线，以此作为谈判的基础。我谈到波兰将从北部和西部得到补偿……但我没有提及柯尼斯堡问题"，电报中继续指出，"长期以来，波兰的部长们一直拒绝接受由此展开的前景，但他们称需要时间来考虑……"这封电报是"大不列颠国王陛下政府所持立场的概括性声明"，并希望从斯大林那里获知，他准备采取何种措施帮助"解决这一严重问题"。

2月2日，斯大林及时向英国大使表达了他的想法，说他希望"波兰流亡政府"明确接受寇松线，另外，在双方恢复关系前，波兰政府必须做出"一些改组"；他对波兰政府指导地下运动的方法提出批评，如果地下抵抗运动妨碍到苏军的前进，他们会遭到打击并被解除武装——否则，红军会为他们提供帮助。一旦苏军到达寇松线以西地区，波兰人不必担心自己的地位，波兰流亡政府可以返回，并设立起一个基础广泛的政府，苏联不会对此进行干涉。斯大林2月4日的信件（伦敦于次日收到）没有增添什么新内容，但强调指出，寇松线是苏联向波兰人做出的一个让步；现在需要的是波兰人对修订后的《里加和约》发表一份声明，并接受寇松线为苏联—波兰的新边界；"北部"领土会对波兰人的立场做出让步，除了苏联对德国领土的"最低要求"——柯尼斯堡不冻港；最后，"我想您明白我们无法与目前的波兰政府恢复关系"——这个政府的构成必须做出"彻底改善"，否则就"没什么好期待的"。

2月初，对于向英国和美国政府提出确保波兰边境线的问题，波兰政府得到一些回复：英国照会没有做出任何"最终回答"，而美国提交的备忘录支持"丘吉尔首相为重建波兰与苏联政府之间的关系所做的努力"，但坚决回避做出保证。2月6日，丘吉尔和艾登再次与波兰的部长们会晤，劝说波兰政府接受寇松线以及苏联对利沃夫和柯尼斯堡的要求。艾登读了读英国大使2月3日的电报（电报中描述了他与斯大林会谈的过程）以及斯大林对丘吉尔首相所提问题的回复。丘吉尔还提及，斯大林注意到波兰地下运动奉命不得与俄国人合作。米科拉伊奇克立即谈起这个问题，他指出，下达给地下运动的命令（特别是1943年10月27日的指令）中建议，如果苏波关系得以重建，地下抵抗组织就将站出来公开支持苏联红军，反之，他们就应该继续蛰伏，但波兰政府从未下达过阻挠苏联红军的命令。目前，尽管重建两国关系看上去不太可能，但地下抵抗运动的领导人（他们已进行过磋商）很愿意站出来，"满足苏军指挥员的要求"。波兰境内的军事指挥官和地下运动领导人会迎接苏联红军，并向他们宣布，"愿意在打击共同敌人的战斗中提供配合"。丘吉尔对此感到高兴，但米科拉伊奇克补充道，只有一点保留——地下运动的武装力量不打算合到"由贝林格指挥的……在苏联境内组建的波兰军队中"。

随后，会谈转入较为悲观的话题。米科拉伊奇克透露了从华沙得到的消息，坚决主张波兰领土的完整性，还证实了波兰地下运动的对手——波兰工人党（PPR）已成立。米科拉伊奇克继续说道，苏联的计划是在跨过寇松线之前建立起一个"民族解放委员会"，由苏联、美国、有可能的话甚至包括英国境内的亲苏分子组成，待苏军跨过寇松线，在苏联支持下成立的"全国委员会"就将组建一个"波兰政府"。但丘吉尔首相认为，这恰恰证实了自己的说法——如果波兰政府不尽快与苏联方面达成协议，这些东西必然会出现。寇松线"是波兰人所能指望的最佳方案，也是（首相）打算要求英国人民为波兰人争取的全部东西"。但米科拉伊奇克对俄国人的诚意提出质疑——他们似乎试图让波兰政府拒绝他们的先决条件，因为"让波兰政府加入到谈判中"是一件相对简单的事情。对此，丘吉尔首相只能做出一个回答：如果不是俄国人赢得的"伟大胜利"，波兰根本没有任何前途可言；他本人会"为波兰倾尽全力"，但由于没能与波兰政府达成协议，他必须向"俄国人表明自己的立场……与他们达成谅解"。目前只有三个选择：达成一项多方协议；英苏之间达成协议；或是决定"什么也不做"，干脆让俄国人占领波兰，在华沙设立起他们的傀儡政府。

在这种情况下，丘吉尔首相起草了一份发给斯大林的电报（签发日期为2月12日），其中加入了发给波兰地下运动领导人的指令（命令他们公开身份，"即便苏波关系没有得到恢复"，也应满足红军指挥员们的要求），并指出波兰政府认为《里加和约》"不可改变"，他们准备就新边境问题与苏联协商，"谈判的基础是直至旧奥地利边境的寇松线，从而穿过利沃夫西部（普热梅希尔留给波兰）"。另外，波兰政府"打算解除武装力量总司令（索斯恩科夫斯基）的职务，并撤换两位反对您的内阁成员，即库基耶尔将军[35]和M. 科特[36]"。由于波兰政府放弃寇松线以东的所有领土"与波兰能得到德国多少土地息息相关"，因此，寇松线是一条"临时"划界，而到"最终界线"确定时，寇松线以东解放区的民政部门将由苏联负责建立，西面则交给波兰人。

这是个巧妙的计划，但立即被波兰政府拒绝了，理由是"到目前为止尚不可行"。2月16日，丘吉尔首相与两位波兰部长举行了一场紧张的会晤，就这个问题展开争论，米科拉伊奇克提出另一份方案来替代丘吉尔的草案，这是一份简短的文件和对某些原则性问题的解释。波兰人不接受寇松线，也无法对未来的边境线做出"最终决定"，但他们提出一条经过利沃夫和维尔诺以东的临时分界线，这条分界线应立即生效。柯尼斯堡让给苏联也意味着对波兰的另一个威胁。任何一股外国势力都不能命令波兰政府进行人事变动，哪怕他们发起愤怒的攻击（《真理报》在2月12日刚刚进行过这种攻击）。丘吉尔并未被打动：波兰政府现在是不是希望他去告诉斯大林"毫无进展"？这样一来，事情就复杂了：俄国人的快速推进一触即发；他们可以举行一场全民公决，而他们的对手将被排除在外；"波兰甚至有可能隶属于苏联"。必须采取"某种权宜之策"，丘吉尔解释说，他必须代表波兰人去跟"一个极其强大的盟友"打交道，这个盟友"粉碎了德国军队，没有哪个国家能做到这一点"，我们必须跟这个盟友共度"极为血腥的一年"。他必须回复斯大林，并在波兰人没能达成协议的情况下"不得不支持苏联占领并永久吞并直至寇松线的全部领土，包括利沃夫，前提是波兰人从北面和南面得到补偿"。必须在俄国人占领整个波兰前"与斯大林元帅达成一项协定"——"如果波兰政府不愿参与，他们将成为首个受害者"。波兰政府目前提供的东西无法令斯大林元帅满意；不能忽视"残酷的现实"，丘吉尔首相"无法阻止苏军的推进，就像无法阻止潮水那样"，"说什么都已无用，只会令俄国人更加愤怒，并促使他们在华沙扶持傀儡政权来解决问题"。波兰政府必须"根据现实情况……提出建议"，如果俄国人拒绝，波兰人并不损失什么，但如果俄国人接受，"波兰人会收获颇多"。2月19日（两天前，米科拉伊奇克和罗默尔告诉丘吉尔，他们赞同立即发电报给斯大林商讨相关事宜，尽管波兰内阁拒绝同意，但米科拉伊奇克支持发电报，表明了他目前的默许和对将来的坚持），丘吉尔告诉斯大林，与波兰人不断争执后，他希望尽快将提议发送给苏联领导人审议。"我必须提醒您，这些建议很可能导致波兰政府分裂。"这句话表明了情况的严重性，首相暗示斯大林他已取得胜利，并为他提供了采取行动的线索。条件正在迅速"成熟"。

　　丘吉尔发出电报，连同修订后的草案，由英国大使于2月21日转交：波兰政府准备与苏联政府商讨波兰与苏联之间的新边境，以及北部与西部未来边境的问题；波兰政府返回波兰前，不能"正式放弃对目前波兰任何组成部分的权利"，但若苏联政府尽快协助波兰政府迅速返回被解放地区，从而使寇松线以西地区的民政事务走上正轨，将大力促进波兰与苏联红军在战争中的配合；波兰政府已命令地下运动领导人与苏军指挥员通力合作，波兰政府"可以向苏联政府保证，等到他们与苏联商讨外交关系时"，这个政府中不会有"反对与苏联合作的人"。丘吉尔指出，这份协议将在"打败希特勒之后的会议上"得到支持，并在以后的若干年里"尽我们的全力"予以保证。电报发出的第二天，丘吉尔在下议院发表演说，支持苏联对寇松线所持的立场。这番演说令波兰人深感愤怒，波兰地下运动也对此感到痛苦，德国人趁机对奋战在意大利的波兰军队和被占领波兰领土上的居民展开宣传攻势。波兰政府从驻美大使发回的报告中也没能得到多少安慰，美国态度消极在很大程度上是因为他们的政策是让丘吉尔首相着手处理苏波纠纷。如果美国总统的呼吁无法改变英国首相的态度，就更不能指望斯大林了，据派驻流亡伦敦的捷克政府的苏联大使说，1941年（当时波兰与苏联进行了首次谈判）定下的解决波兰问题的指令仍在被继续执行——斯大林希望牢牢控制住白俄罗斯人和乌克兰人，特别是后者，将他们纳入苏联，从而解决他们的分离主义倾向。

2月底，斯大林对英国提出的解决方案没有多加理会。2月28日—29日晚，斯大林接见英国大使并商讨丘吉尔首相2月20日的电文，他觉得波兰政府很可笑，被告知波兰人不会反悔英国提出的建议时，斯大林发出一阵嘲讽——"他们真够聪明的"。斯大林拒绝承认波兰人希望和解，他认为波兰政府目前不会接受寇松线，而"改组政府"起码要等他们返回华沙后才会着手进行。实际上，英国的提案被拒绝了，在3月3日的回电中，斯大林以令人不快的坦率指出"解决苏波关系问题的时机尚不成熟"，他也把这个观点转达给了罗斯福总统，并说他"不得不再次肯定这个结论的正确性"。丘吉尔首相3月7日的回电极为简洁：给俄国人的建议是，"您一到达那里"实际上就控制了寇松线，英国承诺在停战会议上予以支持，美国人很可能也会这样做，如果"无法做出安排"，苏联不能与我们承认的政府恢复关系，我们会对此感到遗憾。英国驻莫斯科大使接到详细指示，要他强调苏联与西方盟国之间出现政策分歧的危险，但不能流露出哪怕是一丝威胁，也不能暗示苏联改变其政策。但英国大使会晤斯大林的请求没有得到回应。

3月16日，斯大林承认收到了英国首相3月7日的电报，但只是抱怨新闻界泄露了他们的"秘密和私人信件"。五天后，丘吉尔回电说，错误在于苏联大使，但现在他必须向下议院宣布，为解决苏波问题进行的谈判已失败，"我们将继续承认波兰政府"，现在，改变领土的一切问题必须"推迟到停战或战胜国举行和会时再说"。这封电文，以及英国大使3月19日提交给莫洛托夫的声明，在3月23日招致斯大林愤怒的反驳：英国方面的声明"充满了对苏联的威胁"，并威胁说"有可能导致相反的结果"。斯大林被激怒了，英国首相违背了在德黑兰对寇松线做出的承诺，"至于我和苏联政府，我们仍然坚持在德黑兰的立场，而且无意放弃这一立场"，丘吉尔提到"用强力实现的领土转移"，似乎苏联是"敌视波兰的"。

　　当然，您可以随便在下议院发表任何声明，这是您的事情。但是您如果发表这种性质的声明，我将认为您对苏联采取了不公正和不友好的行为。（《往来信件……》，第一卷，NO.257，第255页）

　　对于这封电文，丘吉尔的第一反应是考虑以"英国政府"的名义做出回复，以表明英国的立场并未背离在德黑兰达成的条款；首相已对波兰人施加压力，要他们接受寇松线，而英国的建议体现了对波兰政府的工作安排，尽管没有公开宣布，但这种安排是确保波兰地下运动通力合作必不可少的。苏联拒绝接受这些建议意味着英国调停的失败，但这种调停绝不是对"我们的俄国盟友"的诽谤。

　　这个信息未被发送出去，在一定程度上归因于波兰境内的状况，苏联红军与波兰地下武装在沃里尼亚（Volhynia）相遇，双方都颇具实力。国家军（Armija Krajowa）与苏军指挥部在3月底达成一项协议，拉钦斯基伯爵4月7日向艾登报告，该协议"并不像原先担心的那样充满凶兆"。当地波兰地下武装在作战时接受苏联红军的指挥，并被改编为第27沃里尼亚步兵师，但依然隶属于波兰地下运动指挥部（进而受身处伦敦的波兰武装力量总司令指挥）：新组建的这个师获得了苏军提供的装备，作战时服从苏军指挥，直到某个时候达成的"苏波协议"改变这一安排。这是个好消息，波兰地下运动早些时候报告说，他们的人被发现或暴露身份后遭到了苏军的处决，为避免此类事情的发生，波兰政府寻求英美联络官的帮助，希望他们加入到波兰地下抵抗组织和"苏军中的波兰军队"里。远在苏军正规部队前方的是苏联游击队，他们接到的指示是不要在乎国境线，全力向前推进；一踏上前线（据在乌克兰活动的游击队指挥员们说），指挥员便打开乌克兰游击运动司令部交给他的一个信封，信中写道，"根据现有条件和一名苏联公民的良心独立行事"。苏联游击队冲向伦敦领导的波兰"国家军"地下武装，杀戮就此开始：苏联游击队驱赶波兰国家军的同时，也帮着扶持共产党领导的人民近卫军（Gwardija Ludowa）。1944年春季，在三个苏联游击旅中服役的波兰人被调出，派至苏军军官操持的一个特别训练营，然后被分配到一个波兰游击旅，这项工作在夏季进一步展开，并由乌克兰游击运动司令部具体负责。1944年4月，波兰游击运动司令部成立，控制活动在波兰领土上的所有游击队——共3个旅和1个支队，总兵力为1863人。隶属于波兰游击运动司令部的训练营继续培训游击队员，截至当年7月，已有1500多人接受了训练，而乌克兰游击运动司令部派出了30名经验丰富的教官，负责爆破和无线电通讯课；设在沃里尼亚的这座营地拥有50辆卡车、5架飞机和大批武器装备。

共产党领导的波兰武装力量编制中还包括由波兰第1军扩编而成的波兰第1集团军，苏联政府1944年3月18日正式宣布了这一点。遵照苏军总参谋部的命令，第1军已赶往别尔季切夫和日托米尔地区，在那里，一个集团军司令部、参谋人员、负责武器的部门、后勤机构以及各种专业单位被纳入这个迅速扩充的军里，波兰第1集团军由贝林格准将担任司令员，斯维泽夫斯基准将担任副司令员，而萨瓦茨基上校担任负责政治工作的副司令员。4月29日，波兰第1集团军组建起3个步兵师，置于罗科索夫斯基的白俄罗斯第1方面军的作战序列中，而在苏马河（Suma，这是波兰师的招募和改建基地），为组建一支"波兰军队"而设立的机构正迅速扩大。当年3月，"全国委员会"（KRN）派出一支代表团（欧苏普卡–摩拉夫斯基、斯彼哈尔斯基、西多尔和哈内曼）从波兰赶赴莫斯科，他们平安穿过火线，3月16日抵达莫斯科。他们不仅汇报了自己的情况，还要求苏联提供武器、弹药和装备——他们得到了这些东西，还就人民军（Armija Ludowa）与苏联红军的合作方式签署了协议。该代表团还花了点时间会晤英国大使（以及美国的哈里曼大使）；阿奇博尔德·克拉克·克尔爵士向KRN的成员们询问波兰境内的整体状况、KRN与波兰流亡政府之间的关系、他们对东部边境的态度以及"国家军"相对于苏联红军的地位问题。与波兰军队一样，人民军的游击队不得不匆匆组建并投入战斗，人民军在人民近卫军的基础上组建并加以扩充，这个过程由于波兰游击运动司令部的成立而大为加速，该司令部设在罗夫诺，由波兰第1集团军副司令员萨瓦茨基负责指挥，他曾是一名NKVD官员，也是一名党员，据说1936年后曾被判处10年监禁。

2月9日—10日夜间，韦尔希戈拉少将的乌克兰第1游击旅，这支2500多人的苏联游击队跨过布格河向西推进，前出至桑河。苏联游击队的出现（不光是韦尔希戈拉的部队，还包括普罗科皮尤克、雅科夫列夫、纳德林、桑科夫的游击队和其他许多游击力量）刺激了波兰人民军，他们在2月26日下达了第一道作战指令。苏联游击队与波兰人民军在苏波"联合指挥部"的指挥下作战，一个值得注意的战例是当年5月米奇斯瓦夫·莫恰尔率领的波兰人民军支队在伦布卢夫（Rembluv）地区与党卫队"维京"师展开的战斗。苏军运输机现在开始以系统性飞行将武器、军装和装备空投至波兰东部，2月份时，波兰人民军只有1个旅，没过几个月，他们便扩充到11个旅（初步计划是组建12个旅）。苏联游击队指挥员（尽管没有接到具体的指令，但他们非常清楚需要以解放的名义完成的任务）报告说，游击队获得的支持越来越多。除了军事重要性，苏军指挥部从未忘记游击运动是赢得政治影响力的一种重要手段，不仅为他们自己，也是为了他们的共产主义"门徒"，对后者而言更直接、更重要。游击运动是"激励"民众的一种强有力手段，也是通过打击对手从而暴露反苏活动来源的一种办法。

伦敦领导的波兰地下武装是全欧洲规模最大、实力最强的游击力量，因此，波兰国家军对斯大林而言是一个特别的障碍，与他迄今为止在战争中遇到的任何东西都不一样。尽管国家军与人民军之间已达成协议，国家军与苏联红军也有协定，但一场残酷的战斗已然爆发，几方都在相互追杀。国家军与苏联红军早期协议的性质表明，苏军指挥部发现与波兰地下武装相配合共同打击德军非常有效，特别是因为国家军可以提供宝贵的地方性支持和当地的情报。可一旦敌人被肃清，国家军的人员暴露在外后，他们只能听凭苏联安全部队的处置。苏军或亲苏力量与极端民族主义游击队（例如民族武装部队NSZ）之间零星、混乱的战斗已持续了一段时间，因为苏军指挥部将他们的人空投至战线后方执行破坏任务，完全游离于国家军的行动之外。民族武装部队与国家军没有关系，但他们也跟有组织的苏联游击队展开战斗。在此期间，斯大林急于让"全国委员会"领导的"波兰真正的抵抗力量"在波兰领土上投入战斗，而国家军要求安排更多的飞机为他们空投武器装备（从1943年10月至1944年3月，计划中的301个空投架次只实现了28个）。

在伦敦，米科拉伊奇克与丘吉尔首相研究了红军与国家军达成的"沃里尼亚协议"的意义。第一阶段是苏联的军事接管，然后便遇到更多的波兰国家军；随着波兰第1集团军的建立，俄国人试图将波兰游击队纳入苏联控制的这个集团军内，这个尝试遭到抵制后，导致国家军指挥官被枪毙，20名国家军成员被绞死。3月底，苏联的态度发生了变化，毫无疑问，部分原因是他们认识到国家军的军事能力，一项更加恰当的"协议"被拟定出来。米科拉伊奇克认为，采取"新举措"并考虑向华沙和"沃里尼亚"师派遣英美军事代表团的时机已到。丘吉尔并不这样认为：派遣英国军官只会激怒俄国人，"不仅于事无补，反而会造成伤害"。至于英国政策的"启动"问题，他已中断与斯大林的书信往来——这也使得情况"更加紧急"；在这个紧要关头，尽管同意美国提出英美两国应该对斯大林"直言不讳"的建议，丘吉尔还是选择了"郁闷的沉默，以此让斯大林感到担心"。

米科拉伊奇克即将赶赴美国，他对此次行程寄予厚望，希望能改变盟国的政策，使之有利于波兰，丘吉尔首相也鼓励他寻求罗斯福总统的支持，就在米科拉伊奇克动身前夕，斯大林采取措施，减弱了事态发展趋势的影响。由于大选在即，罗斯福总统并不急于疏远"波兰人的选票"，但（正如切哈努夫斯基大使后来向米科拉伊奇克指出的那样）"从长远看终究不具重要性"，波兰问题目前已成为美国国内政治的一部分，这是个奇特的巧合，无法克服或改变。这一点没有逃脱斯大林的注意，他在莫斯科接待了在左翼波兰裔美国人中颇具影响力的奥斯卡·兰格教授和来自马萨诸塞州、具有类似影响力的天主教神父奥尔莱曼斯基，斯大林认为他们能对美国的公众舆论产生一定影响。因此，这是对罗斯福总统做出的一个姿态，也是对米科拉伊奇克射出的一箭。

5月17日，斯大林与兰格教授进行了长时间会谈，就波兰军队以及波兰爱国阵线内各团体的政治态度交换意见。这位苏联领导人聆听着兰格教授夸夸其谈的学术理论，在被告知"波兰人民的激进主义"（这是他低估的）以及"在苏联组建的波兰军队的阶级成分"不具代表性时，斯大林以玩笑话做出回答，但他注意到兰格教授对苏联境内的波兰人所受待遇的意见——这些难民和被驱逐者回到波兰后，他们受到苛刻对待的故事会对波兰民意造成不利影响。在"波兰问题"上，斯大林坚持自己的看法，希望波兰能成为苏联的盟友，他已做好为一百万波兰军队提供武器装备的准备。他没有理会关于"波兰领土的补偿和要求可能对德国伤害过深"的争论；他对德国的感受无动于衷——和平"要么建立在德国无意复仇的基础上，要么建立在德国无法复仇的基础上"；不管怎样，"作为一个政治大国的德国必须被一劳永逸地消灭"。他欣然承认，苏联、英国和美国的合作是任何持久性和平的基础，这种合作不仅仅是"临时性结合"，而是出自"一个重要团体对历史的兴趣"。德国被消灭后（这是德黑兰会议的构想），"波兰将成为一个重要的欧洲强国"。

在波兰境内，"波兰人必须成立他们自己的政府"：波兰政府必须出现在波兰境内，斯大林认为"这种力量"存在于波兰地下。尽管苏联主导的组织可能会参与其中，但波兰流亡政府中的部分人士也可以加入，大门"绝不会对他们关闭"。斯大林对米科拉伊奇克和罗默尔"抱有好感"，但波兰地下运动与苏联红军之间的"合作"令人担心，他认为米科拉伊奇克应该提防"他的情报部门（杜撰）的神话故事"。至于寇松线，斯大林承认可能会做出部分调整，"向东或向西推进4公里"，但兰格教授提醒他关于利沃夫的问题，以及这对"波兰裔美国人"和那些同情波兰爱国者联盟的波兰流亡者意味着什么，他们曾请他专门提出这个问题。斯大林继续说道，在利沃夫的问题上做出任何让步，意味着他必须"对乌克兰人开战，而红军中有数百万乌克兰人"：受到伤害的要么是乌克兰人，要么是波兰人，因此，必须确保新的波兰政府对"苏联与波兰将来的友好关系"伤害最小。尽管兰格教授提醒他，利沃夫对波兰人更加重要，割让利沃夫将是一个"反苏恶感和煽动的持续来源"，但斯大林只是答应自己会"进一步研究"这个问题。在此次会谈中，斯大林流露出对波兰流亡政府更多的同情；他曾告诉丘吉尔，他看不出波兰流亡政府有什么理由不同意立即解决领土纠纷，在与兰格教授会晤时，他委婉地宣布，他"在一定程度上"理解他们的困境——现实情况要求他们从西面获得领土补偿前先割让东面的领土。因此，波兰的西部边境问题必须首先加以解决。

最后，斯大林敦促兰格教授去见见米科拉伊奇克和索斯恩科夫斯基将军，"看看他们想要些什么"，但不能通过官方渠道去做，不能找英国大使安排伦敦之行，而应该从美国赶赴伦敦。被斯大林问及对苏联保证不侵犯波兰独立和主权的真诚态度的看法时，兰格教授回答说，这可能是"政治手段"，但事实是，斯大林武装一支波兰军队"争取并确保波兰的独立自主"，以此来驳斥这种说法，这是"苏联意图"的基本证明。在斯大林看来，此次会晤是一场令人非常满意的交流，既强调了他的通情达理，又证明了他意图的真诚。他否决了让波兰爱国者联盟驻莫斯科的代表与波兰流亡政府直接会谈的建议，借口是这意味着"正式谈判"，因而需要"明确的建议"，但他认为兰格教授作为一名"普通公民"和一位美国人可以做出更多的贡献；可没过几天，苏联驻伦敦联合流亡政府大使列别杰夫秘密接触了伦敦的波兰民族委员会主席格拉布斯基教授。一周后（5月31日），他们又举行了另一场会晤，米科拉伊奇克对此心知肚明，这是为了建立苏波新协议，也是为了确保双方在军事上的合作。通过5月底他对丘吉尔和艾登所说的话来判断，米科拉伊奇克对这些接触不太热衷，因为他将这些举措视为苏联"第三阶段"的政策，旨在"分裂波兰政治家、各党派、军人和民众的团结"。

在华盛顿时，米科拉伊奇克曾希望争取到罗斯福总统的支持，从而使政策变得对波兰有利。但是，随着苏军统帅部策划在东线发起的大规模攻势日益临近，留给波兰政府的时间已经不多。从一开始，波兰总理就发现自己处在去莫斯科访问这个主意的压力下，尽管他对罗斯福总统的拜访进行得很顺利，但从总统那里获知（会谈中充满了德黑兰会议期间的故事）丘吉尔是寇松线提案的始作俑者后，他动摇了。建议米科拉伊奇克做出一些让步以促成苏波协议的同时，罗斯福总统还暗示，在这个阶段避免达成"最终或明确的"领土协议是明智的。听到他这样表述自己的观点，米科拉伊奇克有充分的理由得出这样一个结论：寇松线并非苏波领土的最终决定。罗斯福总统还敦促米科拉伊奇克对政府人员做出一些变更，这是个小小的让步——毕竟只是四个人——但这很可能被证明是决定性举动。至于米科拉伊奇克出访莫斯科的可能性（对这个问题，波兰政府已拒绝了贝奈斯总统的斡旋）以及美国提供支持的问题，罗斯福总统表示自己愿意充当"调停者"，这是个出色的长老会策略，使他放弃了在这个选举年扮演君主或会督的角色，而忙于促进双方的道义提升，这本身就是一种支持。会谈刚刚结束，斯退丁纽斯先生立即向米科拉伊奇克提出一些非官方性建议：由于战争仍在继续，再加上正在为选举进行准备，美国，与英国一样，不能采取更加大胆的措施反对苏联；但在更为强势的时候（如果波兰人能坚持下去并推迟达成协议），"美国将重新回到她的根本性道义原则上"，为波兰提供"强有力而又成功的"支持。

带着重新振作起来的希望，米科拉伊奇克提出与兰格教授会晤，后者曾要求会见波兰总理，却被波兰驻华盛顿大使所拒绝，但斯退丁纽斯和波伦这个渠道为他做出了安排。很快，6月13日下午4点，兰格教授来到布莱尔大厦。在两个小时的会谈中，米科拉伊奇克没有拿自己的观点冒险，他没有"透露自己的行动计划"。兰格教授做出令人钦佩的总结："我一直说个不停，米科拉伊奇克面无表情地坐在那里……"兰格教授准确地阐述了他与斯大林就解决领土问题、苏联在波兰实施军事管制的性质问题以及斯大林对"苏波达成谅解"的希望而进行的交谈。兰格教授尽力表述了"贝尔林军队"中的士兵们的信念，他们是为波兰的独立而战，"他们都反对苏联干涉波兰内政"，由于在苏联的波兰人大多来自加利西亚，因此，"所有波兰士兵都认为利沃夫应该属于波兰"。他们的爱国热情极为高涨，以至于贝尔林被迫"与斯大林进行了数次交涉"，但他们对维尔诺没有太大的热情。

次日，米科拉伊奇克向罗斯福总统道别，并就6月13日晚拟定的备忘录进行商讨。罗斯福总统告诉他的客人，他赞同波兰总理去莫斯科与斯大林直接会谈，并建议米科拉伊奇克对俄国人做出让步，因为"俄国人的人数比波兰人多5—6倍"，但他指出，这种让步涉及的是"面子"，而不是领土。在这个"政治年度"，总统无法"为波兰政府提供积极、主动的帮助"，但他希望米科拉伊奇克离开美国时"带着这样一种坚信：罗斯福愿意提供帮助"，他的确急于"充当一名调停者"，并准备立即给斯大林发报。无论米科拉伊奇克对此做何感想，切哈努夫斯基大使的报告不能不令人沮丧：罗斯福总统"选举前的承诺"绝不会生效；他对"波兰问题"的兴趣不会超过"五六周"，届时，苏联红军早已深深进入到波兰。接下来的六周至关重要，这是波兰仅剩的时间——

如果问题得不到解决（既无法达成苏波协议，也无法让波兰融入欧洲安全体系中），那么，波兰的事业将遭到严重损害，甚至丧失独立性："无论我们能得到什么，接下来的六周都值得我们期待。"

米科拉伊奇克试图在华盛顿获得灵丹妙药之际，塔博尔将军[37]正竭力为国家军赢得更多的支持；6月12日，在联合参谋长委员会（CCS）举行的全体会议上，塔博尔提交了一份关于国家军实力的完整报告——约有25万人（6500个排），但只有12%，约32000人拥有武器；呼吁美国人提供更多武器装备的同时，他也强调指出波兰地下运动配合盟军作战行动所能带来的好处。如果盟国空军投入1300个架次为波兰提供武器装备，那么，波兰国家军的要求就能获得彻底满足，波兰地下运动的战斗力将更加有效。英国军事代表团团长麦克雷迪将军问及波兰的一场全面起义是否会被"与俄国人的合作"替代时，塔博尔将军的回答引起了轰动："我们的宗旨是与率先逼近波兰领土的盟友合作，共同击败德国人。"这种说法与波兰武装力量总司令在伦敦下达的命令似乎并不相符。次日（6月13日），塔博尔将军在战略情报局策划处召开的会议上表述了同样的观点：三年来，国家军的装备一直很落后；国家军目前的作战计划是以月为周期安排的，但只有与盟军的行动相配合，只有在国家军获得一定数量武器装备的情况下，这些计划才有可能实现。1944年4月的"尤拉"行动是根据英国的要求在波兰南部实施的一场牵制行动，已取得成功。目前，国家军的武器是从意大利的基地空运而来，但塔博尔将军指出，使用英国"北部基地"空运武器是眼下的当务之急。与CCS举行会晤的两天后，一名波兰记者（贝斯特曼先生）向波兰大使提供了一条消息，这个消息显然来自五角大楼——CCS支持为国家军提供更多武器的建议，但从苏联当局得到的却是否定的回复（咨询苏联的目的是为了达成一个共同政策），大意是波兰属于"苏军负责的作战区域"，只能由苏联为波兰地下运动提供武器。6月19日，米特基维奇上校[38]与多诺万准将（美国战略情报局负责人）商讨了运送武器的事宜，多诺万建议使用美国的空军基地，这将使波兰人获得一个有用的政治手段，但米特基维奇上校回到"鉴于苏波关系的状态，这个问题基本上属于政治问题"这个出发点上。

自1943年7月以来，波兰派驻CCS的代表一直努力为国家军弄到更多的武器装备，他们知道必须采取行动"配合盟军的军事行动"；英国的支持取决于可用的飞机数量以及对欧洲大陆发起大规模攻势的开始。波兰总参谋部构想的计划认为，波兰起义军能够坚持20天，直到外部支援力量赶到，但波兰政治领导人考虑到苏波关系破裂的后果，认为苏联会不会提供支援很成问题。CCS的联合秘书雷德曼准将曾在1943年9月初与米特基维奇上校笼统地谈过波兰的计划：除了固有的军事困难，英国特别行动处（SOE）也对波兰人策划的行动以及苏联的态度持保留意见，并对波兰人坚持1939年边境线的理由存有疑问。1943年9月19日，CCS召开会议时（米特基维奇上校也列席会议），令波兰代表震惊的是，波兰关于国家军的提案根本没有被讨论。第二天，雷德曼准将向米特基维奇上校解释说，英国认为，"俄国这个障碍"已崭露头角。9月23日，CCS做出正式答复，承认飞机数量不足，缺乏与战区直接相连的陆地或海上通道，但没有给出削减国家军扩充的特别理由。10月中旬，波兰人再次发起尝试，但CCS于1944年1月20日做出正式答复，无法为国家军迅速提供所需要的武器装备，CCS只能将波兰提出的"英美联合战略责任延伸至波兰领土"的建议提交给"国家首脑"。

波兰人1944年6月提交给CCS的议案又一次没有得到回复（尽管受到深表同情的接待），米特基维奇上校必须设法弄清内在的详情，令他满意的是，7月7日与雷德曼准将的会谈使他发现了部分原因。通过这场会谈，显然还有雷德曼准将提供的一些书面证据，米特基维奇上校得出了结论——无法指望通过空运为一场全面起义提供足够的武器，这样一场补给取决于陆地、海路连接以及苏军作战区域内的整体状况。发动起义的时机由波兰政府决定，但波兰政府应该与作为直接相关方的盟友苏联相配合；破坏波兰境内德军交通线的行动中也存在同样的要求，因为这也影响到最靠近的苏联军队。这就是米特基维奇上校对他所见到的证据所作的解读。7月份稍晚些时候，科潘斯基将军[39]在发给波兰武装力量总司令（他当时在意大利）的电报中指出，大英帝国总参谋长的来信表明，国家军在波兰境内的任何行动都没有获得盟军配合的可能性。无论米特基维奇上校得出结论的基础是什么，也无论是直观或理性的认知，这些结论被证明是正确的；斯大林正全速扩充他的人民军（和贝尔林的正规部队），国家军面临的困难越来越大。

6月中旬，米科拉伊奇克返回伦敦，他的乐观程度甚至让外交部认为他产生了危险的误信：这位波兰总理提到罗斯福总统认为苏波边境应该位于利沃夫东面，并补充说，罗斯福总统似乎对保留维尔诺抱以希望。6月21日对波兰政府代表团做出说明时，米科拉伊奇克强调了罗斯福总统对寇松线的反对，但他赞同调整波兰政府人员，认为这有可能促进和解："美国希望苏波关系得到恢复，把有争议的问题推后，并达成一项军事和行政的临时协定……"尽管米科拉伊奇克告诉他那些波兰同僚，"罗斯福总统认为他本人对斯大林的影响力……与对丘吉尔的影响力同样大"，但从斯大林6月24日对罗斯福6月17日扮演"调停者"的电报所作的回复来看，这一点并不明显。斯大林提出许多条件，一个"重要条件"是波兰流亡政府实施改组，另外还要承认寇松线——而在目前的情况下，斯大林发现"很难对米科拉伊奇克访问莫斯科一事发表意见"。苏联大使列别杰夫已经恢复了米科拉伊奇克出访美国前夕中断的谈判。6月20日，两人再次会面，商讨"合作的原则"，米科拉伊奇克将其定义为恢复关系，协调苏军与国家军的作战行动，苏联和波兰在被解放地区共同实施行政管理措施，领土改变问题推延至战争结束后再行解决。在6月22日的第二次会谈中，列别杰夫"澄清"了对推迟领土解决协议的观点，米科拉伊奇克解释说，他正对分界线和将来的边境线进行区分。次日，列别杰夫的"斧子"砍了下来：他没有接到关于"分界线的指示"，但他带来苏联方面的一些条款——恢复一切外交关系前，四个人（总统拉奇基耶维奇、索斯恩科夫斯基将军、库基耶尔和科特部长）必须从"能够影响波兰政府现行政策的职位上"离开；"重新组建"的内阁必须包括来自伦敦、美国、苏联的波兰人以及波兰境内"全国委员会"的成员，届时，"新政府"将对其前任"在卡廷事件上所犯的错误"做出谴责；最后一点，寇松线将成为苏联与波兰的新边境。这几乎就是最后通牒，有鉴于此，米科拉伊奇克终止了谈判。

7月初，苏军"巴格拉季昂"攻势粉碎德国"中央"集团军群之际，波兰成为"激战战场"的可能性迅速提高。随着苏军部队（白俄罗斯第1、第2和第3）的推进，索斯恩科夫斯基将军7月7日向博尔-科莫罗夫斯基将军下达了修订后的具体指令，命令他做好"对德国开战的准备"，以"加强牵制性行动"，这个行动的代号是"暴风雨"。索斯恩科夫斯基将军不赞成举行"一场全国性武装起义"，并"强烈反对"将"暴风雨"行动描述为一场"起义运动"；但是，如果德军后撤，"各种情况出现完满的结合"，在苏联红军赶到前，国家军可以临时夺取维尔诺和利沃夫，或是其他任何重要的城市，或是"一小片土地"，以此来展示波兰人是"合法的主人"。这道指令发出前，米科拉伊奇克、索斯恩科夫斯基和库基耶尔将军设法协商解决行动参与者的问题。米科拉伊奇克以一种看似过度乐观的态度宣布，他赞成加强国家军的行动，并向苏军指挥员提出在地方行政管理方面进行合作的建议，落实这一安排的同时，推迟主要问题的解决。索斯恩科夫斯基将军希望由国家军的代表直接掌握行政职权，加强"牵制性行动"，但绝不能在未获得苏联认同的前提下发动一场"武装起义"——没有"苏联红军真诚的配合"，起义只会是"一场毫无希望的行动"。库基耶尔将军询问能否不把这场行动称为"起义"，对此，索斯恩科夫斯基将军认为"暴风雨"行动可能会出于"政治目的"而被定义为"起义"。

在这段关键性的日子里，英方要求波兰政府做出直接和实质性让步的压力并未减弱：7月13日，奥马利大使[40]提交了一份涵盖领土问题、波兰政府人员构成以及波兰武装力量总司令职位的草案，但被米科拉伊奇克拒绝。如果这些建议已被丘吉尔发送给斯大林（根据相关报告，的确如此），那么，米科拉伊奇克的不同意见显然在电报中被删除了，因为7月13日发出的这份电文中，丘吉尔首相只请求俄国人的"胜利大军在前进道路上"的登比察地区搜寻德国人发射飞弹的实验基地。7月20日的电报中，丘吉尔提到米科拉伊奇克希望去"拜望您"的可能性，并特别强调了过去从未说过的话："因为我（丘吉尔）相信您（斯大林）会与地下抵抗运动缔结友谊，如果他们确实在艰苦奋战，奋勇打击德国人的话……"在此期间，英国外交部越来越担心如果波兰政府不采取一些明确措施，俄国人必然会实施单方面行动，而美国国务院欧洲事务办公室主任7月20日提交了一份报告，预测苏联政府会跟另一些相竞争的波兰组织打交道，将其视为"波兰人民"的临时代表，最有可能的是"波兰民族委员会"。如果发生这种情况，美国唯一能采取的策略是必须避免"受到任何宣传活动"的驱使而仓促承认波兰新政权，但同时也要避免发出"任何积极的声明"，这势必让美国政府不可改变地支持"波兰流亡政府"。这份文件阐述出令人沮丧的现实：波兰爆发内战的危险明显而又真实，一方（很可能会输掉的一方）带着西方国家给予的道义支持（其他方面的支持几乎没有）而战，另一方则得到苏联的大力支援。

这个预测在48小时内得到了证实。7月22日早晨8点后不久，莫斯科广播电台宣布，波兰民族解放委员会在波兰东部的小镇海乌姆成立，实际上，全国委员会在前一天便组建了这个委员会。7月27日，新组建的波兰委员会与苏联政府签署了一份协议，斯大林、莫洛托夫和朱可夫出席仪式，波兰方面列席的是副主席维托斯、负责外交部的莫拉夫斯基和波兰武装部队新任总司令罗拉-齐梅尔斯基将军。全国委员会已对波兰武装力量做出详细规定：人民军将与在苏联组建的波兰军队"合并"。合并后的军队会被冠以"波兰军"的名称，并有他们自己的最高统帅部（一名总司令、两名副总司令和两名统帅部成员），将级军衔由全国委员会主席团授予，但没有制订任何会对"波兰军在作战行动中隶属于苏军最高统帅部"造成破坏的条款。伦敦的波兰流亡政府在7月25日发给丘吉尔首相的备忘录中要求英国对这种既成事实立即予以拒绝，并重申英国5月24日的声明。但是，事态的变化非常快，俄国人与波兰人（他们是新委员会的成员，该委员会后来被称为"卢布林委员会"，他们的人也被称作"卢布林波兰人"）于7月27日签署的协议削弱了发起一场外交反击的一切可能。布尔加林将军（此人颇具辨别其主子真实想法的才能）同时被任命为苏联派驻波兰新委员会的全权代表。舞台已搭设完毕。

7月23日，斯大林对苏联在波兰的举动和动机向丘吉尔首相做出一个貌似合理的解释：正是因为"我们不希望，也不会在波兰领土上建立我们的行政机构"，俄国人才跟波兰民族解放委员会接触，该委员会"准备着手在波兰领土上建立行政机构，我（斯大林）希望它能实现"。至于地下抵抗力量，"在伦敦的波兰政府领导的所谓地下组织不过是蜉蝣，缺乏影响力"。此时，斯大林并未准备将波兰新委员会当作"一个波兰政府"，但他们日后很可能构成"由民主力量组成的波兰临时政府的核心"。至于米科拉伊奇克，"如果他能同波兰民族解放委员会联系，那会更好些，他们对他是善意的"，尽管斯大林"并不拒绝接见他"，但也没有给予热情的欢迎——7月25日，商讨斯大林的最新电文时，米科拉伊奇克向艾登指出这一点。其实，这根本算不上是个"正式邀请"，但艾登还是敦促波兰总理抓住斯大林准备会见他而"没有要求他首先满足某些条件"的机会。实际上，尽管没有提出要求，但斯大林设立了一个重要的先决条件——米科拉伊奇克应该与波兰民族解放委员会接触。7月25日晚，丘吉尔与米科拉伊奇克举行了当天的第二次会晤，丘吉尔"强烈坚持"波兰总理应"迅速飞赴莫斯科"，商讨苏波关系，并"从目前的死胡同中找到一条出路"。次日夜间，波兰总理米科拉伊奇克、部长罗默尔和格拉布斯基教授乘飞机经开罗赶赴莫斯科。波兰代表团刚刚离开，丘吉尔又给斯大林发去一份电报，强调"西方民主国家承认一个波兰政权，而您承认另一个"会使事态发生灾难性变故。

就在米科拉伊奇克赶往莫斯科，苏军坦克部队逼近维斯瓦河东岸的普拉加之际，拉钦斯基伯爵在伦敦向艾登试探着英国直接提供援助的可能性——"派遣英国皇家空军支援华沙地区的军事行动"。尽管愿意聆听，但艾登指出，华沙位于英军轰炸机的航程外，而盟军战机远至苏联机场的飞行任务完全由美国人操纵。次日（7月28日），英国方面的正式回复彻底回绝了波兰人"为了在华沙进一步发动起义"所提出的援助要求；波兰伞兵旅飞越德国上空可能会造成"严重损失"；派遣皇家空军的"野马"和"喷火"式战机飞赴波兰机场需要与苏联方面事先达成协议，由于华沙位于皇家空军轰炸机的航程外，"轰炸华沙机场"（从苏联机场起飞执行这个任务更加有效）似乎也不太可行。

外交努力进行期间，波兰流亡政府的各位首脑分散于各地（总理正赶往莫斯科，总司令索斯恩科夫斯基将军也不在，他不合时宜地赶至意大利视察波兰军队），华沙起义的筹备工作正进入最后阶段。国家军司令塔德乌什·博尔–科莫罗夫斯基将军7月19日给国家军下达了一道准备令，提醒国家军各部队留意BBC广播电台发送的关于起义开始的消息；7月21日又下达了另一道命令，行动将于7月25日发起，这是基于博尔–科莫罗夫斯基将军对局势的判断——"苏军在这一地区会迅速向西推进……渡过维斯瓦河后，他们将继续向西挺进"，而德国人已然丧失东线的主动权，"无法实施任何有效的抵抗"，因此，波兰人必须"为起义做好充分、全面的准备"。动身赶赴莫斯科前，米科拉伊奇克与同僚们经过一番协商，授予博尔–科莫罗夫斯基将军根据当地情况决定是否发动起义以及何时起义的全权；这位国家军司令已将他对"军事和政治形势的判断"提交给波兰流亡政府派驻国内的代表（以及民族团结委员会的主委员会），并获得了相应的决定——发动起义的时机将由双方共同商定。

"我们已做好随时为解放华沙而战的准备……做好应我们的要求轰炸华沙周边机场的准备。我将宣布战斗发起的时间。"博尔–科莫罗夫斯基将军在7月25日发给波兰武装力量总司令的电报中这样写道，并指出投入波兰伞兵旅的承诺具有"重大政治和战术意义"。现在，电报往来密集而又迅速（但某些电报的速度并不快，特别是总司令索斯恩科夫斯基将军的重要急电和文件）。伦敦的波兰政府7月25日决定，批准其派驻波兰国内的代表（扬科夫斯基先生）可以"根据苏军攻势的进展情况"做出一切决定，"必要的时候"无须请示伦敦。米科拉伊奇克也于7月26日给扬科夫斯基下了特别授权，电报很简洁："我批准您（扬科夫斯基）在您选择的时机宣布发动起义。"拉钦斯基伯爵立即向艾登提出要求，请英国提供支援，并按照国家军司令的请求运送波兰伞兵部队，7月29日，波兰国防部向黑斯廷斯·伊斯梅将军[41]正式提出支援的请求——轰炸机场、派出伞兵旅和一个波兰战斗机联队。这份备忘录强调指出，德军增派的装甲援兵正赶往华沙，已确定其中包括党卫队"赫尔曼·戈林"师，现在，一切都表明德国人与俄国人会为争夺华沙展开一场旷日持久的战斗。

一场旷日持久的战斗，这是7月29日波兰电报中对事态发展的预测（8月2日，英国方面的复电做出了否定的回答，波兰人请求的轰炸行动被否决，因为轰炸机将进入"俄国人的作战区域"，英国人还拒绝派遣伞兵和战斗机，因为这是个"几乎无法克服的技术难题"，还会造成"严重的政治影响"）。总司令索斯恩科夫斯基将军强烈反对任何"全面起义"，7月30日，他在一份花了很长时间才送抵伦敦的急电中强调指出，波兰伞兵旅无法指望，因为这支部队处在英国人的控制下，波兰空军的战机所能发挥的作用也很有限，因此，"对起义的支援只能依靠英国的帮助"。电报送抵伦敦时，对德国驻华沙守军发起进攻的决定已经做出，起义正在全力进行中。

"对从未屈服、从未放弃过抵抗的华沙来说，行动的时刻已经到来……"这一明确无误的武装斗争号召在7月29日早晨传递给华沙市民，此刻，他们听到了"即将带来解放的激战声"，但这个号召并非来自英国BBC或波兰的"SWIT"电台，而是出自设在苏联境内的"科希秋什科"电台，以波兰爱国者联盟的名义发送给波兰被占领领土。枪炮声从东面和北面传来，在那里，波格丹诺夫的坦克第2集团军正冲向德国第39装甲军。但在这阵遥远的枪炮声中，德军装甲援兵和卡车驶入华沙城的轰鸣声越来越响；城内，施塔尔将军接掌了指挥权，德军坦克巡逻队遍布街头，突击炮伫立在路口，车组人员严阵以待，街头的大喇叭号召波兰人继续修筑更多的防御街垒。这种号召来自"科希秋什科"电台，似乎基于巨大且不断上升的乐观情绪，再加上德军指挥部在华沙城内的举动以及距离华沙已不太远的苏军坦克部队，这一切都促使国家军司令部立即下达行动的命令。如果不采取行动，只能证明斯大林的嘲讽：波兰地下运动不过是一股微不足道的力量，或者就是跟纳粹同流合污。但发动一场全面起义意味着巨大的风险，博尔–科莫罗夫斯基将军已意识到这种风险，他决定无论如何都要战斗，不管德国人是撤离还是负隅顽抗。不管怎样，波兰的抵抗要么能帮助缩短这场战争，要么能在迎接苏联红军先头部队到来时确立国家军的地位。

7月31日，苏军坦克在华沙东面激战时，两场会议于当日举行，以各自的方式对华沙（乃至整个波兰）的命运造成了重大影响。华沙城内，一个下午似乎承载了太多的希望，国家军司令部人员集合，研究当前态势，克鲁斯西埃尔上校（华沙区指挥官，被称为"蒙特"上校）当着波兰地下运动高级民政和军事指挥人员的面，阐述了苏军突破的细节，并介绍了拉多希采、米洛斯纳、奥库涅夫和拉济明这些外围据点已被苏军攻克的最新报告。然后，博尔–科莫罗夫斯基将军做出让波兰人投入战斗的最终决定；在流亡政府代表、副总理扬科夫斯基的注视下，国家军司令指示蒙特上校于8月1日下午5点发动起义，于是，蒙特着手将命令传达给部署在城内的国家军人员。博尔–科莫罗夫斯基将军正确地估计到，迅速夺取华沙对苏军指挥部具有直接而又重要的意义。解放波兰首都意味着政治和军事上的重大胜利。苏军坦克部队在华沙东郊的激战似乎预示着这一举动，这也促使国家军采取紧急行动，一切都取决于明天早上的果断行事。

但7月25日后，也就是博尔–科莫罗夫斯基将军向伦敦提交德军即将溃逃的乐观评估的四天后，随着灾难降临到三个德国集团军头上，形势开始出现重大变化。边打边撤时，这些德军残部（超过12个师）获得了加强，援兵来自莫德尔元帅的战区以及波罗的海司令部，另外还从西欧和巴尔干地区调来了装甲师，这使德军指挥部可以将不少于15个师的兵力投入到一条已大幅度收缩的战线上。对反击战而言，莫德尔绝非新手，他已准备发动一场娴熟的进攻，用手头的3个装甲师插入罗科索夫斯基的侧翼，从而对苏军穿过谢德尔采和布列斯特-立托夫斯克的交通线构成威胁。7月下旬，德军发起部分进攻，但莫德尔的行动为时过晚，已无法重新夺回谢德尔采。不过，由于遭受的压力过大，苏军指挥部迅速将谢德尔采转变为他们的防御中心。可能就是基于对前线态势的这种审视，伦敦的波兰国防部在7月下旬认为争夺华沙会是一场旷日持久的战斗。华沙及其周边地区，德军指挥部不仅将其作为一个交通中心（莫德尔采取了预防措施，把他的行军路线调整至莫德林的桥梁处），而且以此来掩护他们的整个右翼。

7月31日晚，蒙特向国家军各部队下达命令时，米科拉伊奇克终于在莫斯科见了莫洛托夫，双方举行了另一场对波兰人产生重要影响的会谈。莫洛托夫立即想把米科拉伊奇克引入波兰民族解放委员会的怀抱，米科拉伊奇克应该"首先同他们达成协议"。波兰总理并未拒绝莫洛托夫的建议，但认为应该"先同斯大林元帅进行一场详尽的商谈"。莫洛托夫搪塞道，"当然"，斯大林答应丘吉尔会见米科拉伊奇克的许诺是"有效"的，但斯大林军务繁忙，会晤必须等到三四天后。米科拉伊奇克随后指出，他会见了三名刚刚从国内赶来的代表，因而掌握着"波兰直接、准确、最新的情况"；提及"对华沙地区爆发一场全面起义将采取何种措施"时，莫洛托夫含糊其辞，几乎没有谈到距离华沙只有10公里的苏联红军所能发挥的作用。会谈结束时，米科拉伊奇克再次要求面见斯大林，莫洛托夫答应会对此做出安排，但只能在三天后。因此，华沙起义经历第一个激烈阶段时，米科拉伊奇克却在莫斯科苦苦等待。

8月1日（周二）下午5点，波兰地下抵抗组织向华沙城内的德军巡逻队和驻军开火了。各种轻武器火力从窗户、房门和街角射向露天处的德军士兵；波兰起义者夺取了一些防御薄弱或守备不足的据点和工事，战斗持续至夜间，他们继续对第一轮猛攻中没能夺取的德军据点展开攻击。接下来的两天里，国家军不断进攻着仍掌握在德国人手中的据点，城内的德国守军被分割成数个战斗群，彼此间已失去联系。施塔尔以一支强有力的部队和党卫队人员坚守剧院广场的布吕尔宫；在普拉加郊区，德军设法阻挡住国家军的进攻，坚守着城堡、奥肯锡（Okecie）和比拉尼（Bielany）的机场，以及位于波讷罗沃（Bornerowo）的广播电台。起义者（只有四分之一的战士配有轻武器）立即发现，由于没有任何重型武器，他们在攻打敌人的固定防御阵地时处于严重的劣势。起义者只储备了够7天所用的弹药，于是他们决定夺取敌人的武器弹药来扩充自己的装备，最初的48小时内，他们的确缴获了大批武器弹药，但随着战斗越来越激烈，德国人的抵抗愈发顽强，起义者的弹药消耗越来越大。华沙城外，德军援兵正在希姆莱的严令下火速赶来增援。没过24小时，希特勒便任命了一位可怕的指挥官，由他负责率领德国军队镇压华沙暴动，他就是党卫队全国副总指挥冯·德姆·巴赫–策勒维斯基，一名东线反游击战"专家"，交给他指挥的不仅仅是正规军、警察部队和党卫队，还包括"迪尔勒旺格"旅残忍的成员（都是从监狱中招募而来的），以及叛逃到德国人一方的苏军士兵所组成的几个旅。跟在这些部队身后的是一系列重型火炮、火箭炮、火焰喷射器单位，甚至还投入了一些致命的新式武器，例如装满炸药的线控微型坦克"歌利亚"。德军统帅部创造性地将兽性融入了这场残酷至极的战斗中。

波兰起义者付出高昂代价的第一轮猛攻消退之际，维斯瓦河东岸的激战声也渐渐平息下来。罗科索夫斯基元帅指出，苏军情报部门直到8月2日才得到消息，波兰人似乎对华沙城内的德国守军发起了袭击——"这个消息令我们深感不安"。方面军司令部立即着手搜集情报以弄清起义的规模和性质，甚至怀疑会不会是德国人散布的谣言，这让苏军指挥部产生了更大的疑虑。如果这是波兰人的决定，罗科索夫斯基元帅对其时机的选择感到震惊。第48和第65集团军正在华沙东面和东北面50多英里处进行战斗；另外两个集团军被调入最高统帅部预备队，因而苏军的整个右翼被削弱，但仍奉命赶往纳雷夫河（Narew），并在其西岸夺取一座登陆场；第70集团军刚刚拿下布列斯特–立托夫斯克，正在肃清该地域；第47集团军正冲向谢德尔采北面；位于普拉加郊外的坦克第2集团军正在击退德军装甲部队的凶猛反击；而方面军左翼部队（第69、近卫第8和波兰第1集团军）正着手在马格努谢夫强渡维斯瓦河，这是他们的主要任务。夺取华沙需要发动一场全面攻势，但此刻，罗科索夫斯基的右翼部队的进攻势头几乎已消耗殆尽，正被迫执行最高统帅部要求他们强渡纳雷夫河的命令，他的左翼部队也困难重重——所有部队都处在300英里补给线的末端。罗科索夫斯基带着一群指挥员来到坦克第2集团军的前进观察所，他从设在工厂烟囱上的观察哨看见华沙笼罩在滚滚烟雾中，燃烧的房屋清晰可见，炸弹和炮弹的爆炸持续不断。

与此同时，莫德尔的反击更深地插入到苏军战线的薄弱点，这片地带位于普拉加与谢德尔采之间，德军将从这里对华沙南面苏军部队的侧翼及后方发起打击。德军数个装甲师和一个步兵师从北面和西北面而来，遭遇到苏军坦克第2集团军辖下的坦克第3军。罗科索夫斯基认为让红军迅速进入华沙的一个可行办法是起义者将主要力量投入到普拉加，设法夺取维斯瓦河上的桥梁，并从后方对正与距离华沙最近的苏军部队作战的德国军队发起打击。他觉得这是帮助苏联红军冲入华沙城内，并对华沙起义发挥影响的唯一办法。可是，苏军指挥部知道没有这样的计划，面对德军沉重的压力，他们已命令坦克第2集团军转入防御，第47集团军紧随其后；苏军坦克部队沿着从科贝尔卡（Kobylka）穿过奥苏夫（Ossuv）和旧米洛斯纳直至兹比季（坦克第16军在这里据守着紧靠维斯瓦河的侧翼阵地）一线占据防御阵地。苏军坦克和步兵部队都已投入了他们最后的预备队；坦克第3军被逐离沃沃明，面临着被德军三个装甲师包围的危险。苏军坦克先头部队被逼退；普拉加与谢德尔采之间的态势正迅速恶化，罗科索夫斯基无计可施，只能命令巴托夫的第65集团军和罗曼年科的第70集团军穿过别洛维日（Bielowieza）森林迅速推进，插入德军侧翼[42]。但执行这个命令需要时间，苏军部队目前正在后撤。罗科索夫斯基提出的对策表明，不单纯是在普拉加门前受阻的问题，而是为实施一场更大规模的战役所进行的准备阻碍了红军冲向华沙。这证实了波兰方面提交给英军指挥部的估计，这份评估悲观但却真实，对此，波兰政府代表和国家军指挥官8月1日的电报值得一读："随着夺取华沙的战斗已打响，我们请求你们确保苏联军队立即从外部发起进攻，为我们提供支援。"随着时间的推移，"外部"力量离华沙越来越远。

波兰起义者与德军在华沙城内进行了四天的激战后，双方的控制区域变得更加清晰。波兰人和德国人着手在各自的防区周边设置路障，从德国人控制地区伸出的"手指"深深插入到市内，将波兰人掌握的区域分成三块——南部的莫克托夫（Mokotow）和切尔尼亚科夫（Czerniakow）；市中心和面对河岸的波维斯莱（Powisle），以及北部的老城区；最后是若利博日（Zoliborz）——蒙特上校通过三个不同的指挥部掌握相关情况。尽管在各处遭到包围，但德军指挥部正集中力量肃清从西部通往普拉加的道路。这个行动已完成一半，经过猛烈的空中轰炸和坦克突击，德国人打开一条向西延伸的道路，从沃拉（Wola）直至维斯瓦河上的基尔别扎（Kierbiedza）桥，但由于遭到波兰人的火力袭击，这条通道依然很危险。

　　随着波兰人与德国人在各条街道和各个路口展开激烈的战斗，一些德国人变得越来越野蛮，无论在何处遇到波兰人的抵抗，他们都会将对方无情地消灭。一旦某个区域被肃清，德国人便把所有波兰男人赶出来，把他们全部枪毙，平民被驱赶到坦克前方，为德国人的进攻充当人肉盾牌，俘虏被立即枪毙，躺在医院里的伤者，连同医生和护士，也被不分青红皂白地射杀。燃烧弹和炮火接连不断，坦克炮和火焰喷射器在大口径火炮的支援下进入射击阵地，转向街道，房屋和建筑陷入一片火海或是被夷为平地。一周后，德国人的坦克、突击炮和步兵，在巴赫－策勒维斯基那些获得许可的杀手组成的可怕战斗小组的配合下，在波兰人掌握的地区插入一个巨大的楔子，并到达维斯瓦河，他们立即从三个方向发起进攻，以夺取并肃清老城区。负责镇压华沙暴动的党卫队全国领袖希姆莱已为此组建了一支规模虽小但却极其恐怖的部队。迪尔勒旺格惩戒旅里的4000多名囚犯固然骇人听闻，却无法与党卫队"卡明斯基"旅的凶残相提并论，该旅由6000多名苏军战俘组成，擅长各种暴行，出于一种对波兰人病态的仇恨，卡明斯基以恐怖的手段督促着他的部下。面对这样的暴徒，波兰人无法指望得到仁慈的对待，他们也确实没有得到。

　　8月3日晚，就在华沙起义进入首个激烈阶段时，斯大林终于在莫斯科会见了米科拉伊奇克，双方的气氛似乎较为友好。刚刚开始解释自己的"方案"，米科拉伊奇克便立即请求斯大林"下令帮助我们正在华沙战斗的部队"，对此，斯大林回答道："我会下达必要的命令。"然后，斯大林指出米科拉伊奇克对波兰民族解放委员会的疏忽——他问道："这是故意的忽略吗？"——苏联政府已同该委员会缔结了"在被解放领土上组建临时政府"的协议。斯大林继续解释着他的观点；在达成任何苏波协议前，必须结束"目前两个政府的状态，一个是位于伦敦的流亡政府，另一个是海乌姆的委员会。我赞同丘吉尔的观点：团结一切波兰人以组建一个临时政府，这是恰当的做法"。米科拉伊奇克指出，民族解放委员会的人无足轻重，他们"只代表波兰民意中很小的一部分"，但斯大林不接受这种观点，他继续说道，肯定会出现"巨大而又不可预料的变化"。至于国家军，斯大林对其战斗力表露出极大的怀疑："我听说波兰政府已命令这些部队将德国人赶出华沙。我不知道他们如何能做到这一点；他们的力量不足以完成这个任务。事实上，这些人并没有抵抗德国人，他们只是躲在森林里，根本无法采取任何行动。"针对斯大林对国家军无能而又愚蠢的猛烈攻击，米科拉伊奇克列举出相关战绩作为辩护，尽管他承认，由于没想到会商讨这个问题，他没有带来具体的报告。但国家军缺乏武器，既然斯大林对国家军的兵力表示钦佩，那么他能否"为装备国家军提供帮助"呢？斯大林没有直接回答这个问题，而是敦促米科拉伊奇克要考虑到苏联不希望"两个政府在波兰各自为战"；"我们决不允许"波兰人自相残杀，如果波兰政府"倾向于两股不同的力量存在于波兰……在这种情况下，我们将被迫继续支持民族解放委员会。这就是我们的立场"。

会谈似乎陷入了僵局，米科拉伊奇克改变话题，对斯大林提及边境线的问题；这再次引发了对于寇松线的不同看法，米科拉伊奇克要求获得利沃夫和维尔诺，但斯大林拒绝商讨这条边境线的实际意义，他指出："这是一份人人熟知的历史性文件，争论这个问题毫无意义；它不是我们发明的，当初也没人征求我们的意见。"斯大林拒绝在原则或细节问题上做出让步，"这不是气量、友谊或感情的问题，一个独立而又强大的波兰符合苏联的利益"。斯大林在最后的陈述中暗示，有可能"同一个新的、统一的波兰政府"达成关于边境线的明确协议。实现这种"统一"取决于米科拉伊奇克，而且迫切需要这样做。对于波兰总理"该如何进行"的疑问，斯大林提议"两个波兰团体"举行一次会晤，并赞同米科拉伊奇克在莫斯科进行这场会晤的建议。道别时，米科拉伊奇克请斯大林"亲自关心一下"已对红军表明身份并为打击德国人提供帮助的国家军成员，斯大林对此做出保证，这些人"倘若没干蠢事的话"是不会受到伤害的。

没过几个小时，英国首相在8月4日给斯大林发去应对华沙起义的第一封电报：应波兰地下军的紧急请求，如天气允许，英国将向华沙西南部空投60吨武器弹药，"据报，波兰起义者正在那里与德军展开激烈的战斗。他们也曾呼请俄方提供支援，因为苏军似乎近在咫尺"。斯大林次日的回电令人心寒，并开始出现不祥之兆，敷衍了事地感谢了首相提供华沙的情况后，斯大林指出："我认为波兰人告知您的情报夸大其词，具有误导性。"接下来，他又对波兰人"夺取了维尔诺"的说法大加斥责，并指出以下"事实"："国家军仅由几个小分队组成，他们却不正确地称之为师……我无法想象这样的小分队如何能夺取华沙，德国人守卫该城的是4个装甲师……"斯大林给伦敦发去复电时，波兰政府派驻华沙的代表也给米科拉伊奇克发出电报，电报中强调指出："到目前为止，（苏军的行动）依然保持全线停顿，德国人已连着两天对城市发起猛烈的空袭……换句话说，苏军没有做出干预。"电报继续指出，苏军的举动"不可理解、消极而又惹人注目"，他们"距离华沙只有十余公里"，正如"盟国方面"指出的那样，这种行为肯定具有"某种政治含义"。

第二天（8月6日），又一轮精心设计但却吓人的"小步舞曲"开始了：波兰总统拉奇凯维奇指示波兰驻美国大使切哈努夫斯基敦促"授权艾森豪威尔通过空投弹药为波兰起义者提供支援"——"由于所谓的技术原因"，英国的空投目前尚未开始，但所有的一切只是"几个小时的事情"。米科拉伊奇克把这段宝贵的时间耗费在莫斯科，这次是跟"卢布林委员会"的代表举行会晤，这是斯大林8月3日提出的建议，双方的会晤导致了一场几乎难以掩饰的政治争执，米科拉伊奇克两次提出为华沙起义提供帮助，得到的回答（在他第二次提出这个问题时）只是委员会主席8月4日刚刚从华沙返回。"8月4日前，那里的局势一直很平静，他们误导了身处伦敦的您……德国人以4个装甲师对普拉加郊外的红军发起进攻。"在苏联组建的波兰军队新任总司令罗拉-齐梅尔斯基将军也加入到对国家军的攻讦中，另外还有万达·瓦西莱夫斯卡，她坚持认为国家军"必须解散"。"卢布林委员会"要求解散的不仅仅是国家军，还包括波兰流亡政府。因此，会晤在当晚休会时没能做出结论，只能在次日（8月7

日）上午11点继续进行就不足为奇了。

这一次，鲍列斯瓦夫·贝鲁特，这位声称8月4日刚刚离开华沙，没有看见任何起义迹象的波兰民族解放委员会主席也出席了会议，并要求齐梅尔斯基将军"介绍一下华沙的情况"。齐梅尔斯基一开口便谴责国家军司令部"在没有告知苏联红军的情况下"轻率地发动了起义，8月5日，他去拜望斯大林，为波兰起义者寻求武器装备的支援以及红军"会考虑华沙问题"的保证。当着齐梅尔斯基将军的面，斯大林给罗科索夫斯基元帅下达命令，策划一场从北面和南面发起的侧翼进攻，罗科索夫斯基目前有10个师位于登布林与华沙之间，"准备从南面和西面冲向德军侧翼"。至于武器装备，齐梅尔斯基将军已于"三天前（8月4日）在苏军总部干预过此事"，尽管他不得不指出"为一座处于战火中的城市"提供武器非常困难，空投武器可以做到，但只能投至华沙附近地区（斯凯尔涅维采、托马舒夫和罗兹）和普拉加，再从这些地方将武器运入城内。"武器必须提供，但如何提供呢？"米科拉伊奇克指出，曾有过"关于空运的若干建议"。贝鲁特先生粗暴地打断了他的话——"只跟西方盟国达成协议是不够的，重要的是同苏联方面军司令部达成协议"，另外，"据我们所知"，起义者没有尝试"与负责华沙周边地区作战行动的苏联指挥员取得联系"。这时，话题转入"新政府"人员结构问题，以目前的商讨为基础，"18个内阁席位只分配给政府代表4个"。米科拉伊奇克迅速做出计算，贝鲁特点了点头。米科拉伊奇克继续说道，这就意味着入选的是代表波兰农民党的他、没有特别政治倾向的格拉布斯基教授以及工人党和社会党的两名代表。

一阵沉默，于是齐梅尔斯基将军把话题拉回到波兰起义的问题上，他说，"斯大林已给罗科索夫斯基下达了命令，波兰军队应该参与对华沙的进攻"。贝尔林将军的波兰集团军目前部署在登布林与普瓦维之间，但8月6日晚，齐梅尔斯基将军再次拜望斯大林，请他加快向华沙的进军。鉴于距离华沙不远处发生的情况，斯大林解释了自己的立场："我会尽一切可能，但这无法在两三天内做到，因为德国人投入了四个党卫队装甲师，我不得不实施纵深迂回。"披露了这一情况后，齐梅尔斯基又把话题转到"政府的构成"上，这场讨论一直持续到晚上休会也没有结果。贝鲁特主席再次粗暴地插话："必须当机立断……如果无法达成共识，我们就将自行组建政府。"

伴随8月8日而来的是更多的商讨，更多的恳求。在伦敦，除了德国人声称歼灭一支苏军坦克部队的消息外，"英国政府对华沙城外的情况知之甚少"。波兰副总理夸平斯基找到艾登，给他看了波兰起义者发来的电报，电报中指出苏军没有为华沙起义提供任何援助，而在其他地区，战斗一旦平息下来，国家军部队便被苏军解除武装，一些波兰行政官员甚至遭到逮捕和枪杀。夸平斯基请求英国政府发表声明，波兰地下运动战士享有正规作战人员的权利，艾登回答说，目前猜测俄国人缺乏善意为时尚早，他们似乎在华沙附近遭遇到一场军事逆转，英国对国家军的交战状态发表单方面声明是"没有用"的，甚至可能引起俄国人的误解。国家军华沙区指挥官蒙特上校从华沙给罗科索夫斯基元帅发去一封电报，迫切要求苏军提供武器弹药："元帅阁下，您的部队迅速提供援助对我们来说是绝对必要的。"一名已同国家军指挥部以及地下运动司令部取得联系的红军军官康斯坦丁·卡卢金大尉，通过伦敦给派遣他执行任务的上级发出一封电报，报告他已跟"华沙起义军指挥员取得个人联系"，他们正进行着"保卫家乡，打击希特勒匪徒的英勇的游击战"，并要求提供轻武器弹药、手榴弹和反坦克武器，将其空投在城内以白色和红色床单为标识的指定区域。卡卢金大尉还要求对"华沙地区维斯瓦河上的桥梁、萨斯基公园、耶路撒冷大街实施炮击，因为这是德军调动兵力的主要通道"。这份近乎绝望的电报在结尾处写道："请帮我联系罗科索夫斯基元帅。"

当晚（8月8日），米科拉伊奇克和他那个小小的代表团在克里姆林宫莫洛托夫的房间里与贝鲁特和奥苏布卡-莫拉夫斯基会晤，再次尝试打破政治僵局。双方的立场都符合法律，米科拉伊奇克以1935年的宪法为依据，而民族解放委员会遵循的是1921年的宪法，为证明各自的立场，双方展开冗长的争论。会晤临近结束时，很明显，他们没能就战后波兰边境问题或设立一个联合政府的事宜达成协议；米科拉伊奇克向莫洛托夫表达了自己的遗憾，并称"我和我的同事并未失去希望，一切都会好起来的"。斯大林在8月8日发给英国首相的电报中表达了同样的感受："很遗憾，会谈没能取得预期的结果……但它总还有些积极的意义，因为这使米科拉伊奇克、莫拉夫斯基以及刚从华沙赶来的贝鲁特得以广泛地表达各自的见解，特别是，民族解放委员会和米科拉伊奇克都表示愿意合作……但愿事情以后会更好些。"（《往来

信件……》，第一卷，第298页）

8月9日，德国人在当天突破波兰人设立的街垒，一路杀至维斯瓦河，米科拉伊奇克与斯大林于当晚举行了最后一次会晤。解释了目前的僵局后，米科拉伊奇克表示返回伦敦后也许能找出解决办法，斯大林对他的态度表示赞赏。米科拉伊奇克随即将话题转入"苏联立即为华沙提供援助"的问题上，斯大林问道："什么样的援助？"米科拉伊奇克回答说，武器，因为华沙城内的德国人正试图不惜一切代价守住穿过市中心、通往维斯瓦河桥梁的主要道路。听到他这样说，斯大林从军事方面对米科拉伊奇克发表了一通短暂、尖锐的说辞：在斯大林看来，华沙的斗争似乎"不太现实"，如果苏联红军正在逼近华沙，情况也许会好得多，但"不幸的是，情况并非如此……我曾预计我们的军队会在8月6日解放华沙，但我们没能做到这一点"——现在，数个德军装甲师对红军发起进攻；对华沙实施侧翼迂回的行动开始于在皮利察河地区强渡维斯瓦河，这个行动起初进展顺利，但8月8日，德军调集大批坦克阻止了这一突击，从而以5个装甲师堵住了通往华沙的道路，其中的3个"仍部署在普拉加附近"。"空投能做些什么呢？"斯大林问道，随后又回答了自己的问题——有可能提供"一些步枪和机枪，但我们无法空投大炮"。他又问米科拉伊奇克，不管怎样，"您能完全确定空投的这些武器会到达波兰人手中吗？在凯尔采或拉多姆这样的偏远地区比较容易做到，但在华沙，考虑到城内盘踞着大批德军，这是一件非常难做到的事"。斯大林继续说道，尽管如此，"我们必须试上一试"，并向米科拉伊奇克询问武器数量和空投区的详情。米科拉伊奇克提及卡卢金大尉和他提出的"与苏军最高统帅部取得直接联系"的要求；另外，这些空投区已由街垒路障加以掩护，所以"不存在空投的武器落入敌人手中的危险"。

向米科拉伊奇克追问了这个情况的可靠性，并被告知苏军飞机无法着陆，只能实施空投后，斯大林深入探讨了与华沙起义指挥官建立联系的问题，并向米科拉伊奇克保证："……就我们而言，我们将尽一切可能为华沙提供帮助。"斯大林对华沙情况的了解绝非泛泛而论；他知道卡卢金大尉缺乏建立联系的"技术手段"（他建议将一名携带着联络密码的苏军军官空投进华沙城内，并请米科拉伊奇克对此做出安排）。他对波兰总理做出的承诺似乎相当明确，甚至有些啰唆，这足以让丘吉尔在8月10日发给他的电报中对此表示感谢，但这些承诺被证明是最后的和言善语，换来的是华沙更大的悲剧。

波兰人在华盛顿也竭力试图推动为华沙空投大批武器并把波兰伞兵旅送入战场的计划。但得到的回复只是一个"含糊的承诺"，8月8日，联合参谋长委员会否决了他们的请求。在索斯恩科夫斯基将军的催促下，米特基维奇上校再次向联合参谋长委员会施压，要求他们动用美军飞机，从意大利或英国的基地起飞，为华沙空投武器，这个要求在8月11日提出，直到一周后才得到正式回复（大意是整个支援事宜由伦敦负责——同8月9日的说法差不多）。8月12日，波兰总统拉奇凯维奇直接向罗斯福总统发出呼吁，请他"命令欧洲战区的美国战机立即为华沙起义者提供帮助"，空投武器、轰炸机场和"运送波兰伞兵部队"。更为直接的不祥之兆是塔斯社8月12日发表的公告，通过莫斯科广播电台否认了华沙起义者已跟苏军统帅部取得联系的说法，因而"后者不会提供必要的援助"。获得"授权"的塔斯社宣布，这种说法要么是一个"误会"，要么是对"苏军统帅部的诽谤"。

这场秘密"拔河"现在演变成一场公开的争吵，华沙城内的破坏和杀戮这一令人作呕的背景使其变得更加丑陋。华沙起义者已被包围，除了皇家空军从布林迪西起飞的零星战机（由英国、各自治领和波兰机组人员驾驶），经过漫长而又危险的飞行为他们空投一些武器外，一切外部支援都已被切断，他们控制的三个区域只能利用下水道保持相互间的联系。地面上，德军突击队和坦克一个接一个地消灭着波兰人设置的巨大街垒。德军坦克炮手无法征服活着的起义者，便把怒火发泄到死者身上，他们朝散落在街头的尸体发射燃烧弹，或是将房屋一座座点燃，试图将活着的居民烧死。

8月份的第一周，在与米科拉伊奇克会谈并给丘吉尔发电报期间，斯大林竭力贬低华沙起义的规模和意义。他批评米科拉伊奇克的消息来源，强调局势缺乏真实性，指出对方与苏联红军缺乏协调，甚至将贝鲁特先生从华沙请来，以证实这座城市在8月初非常"平静"。但这位苏联领导人透露了他所期待的东西，红军将通过一场突袭夺取华沙，他认为这座城市将在8月6日前陷落（这就是苏联广播电台7月29日向波兰人宣布"行动的时刻已经到来"的原因）。苏军统帅部7月28日下达给各方面军司令员的指令为这一解读提供了支持：罗科索夫斯基接到的命令要求他在夺取布列斯特–立托夫斯克和谢德尔采后，右翼部队朝华沙方向推进，"必须在8月5—8日前夺取华沙郊区的普拉加"，然后强渡纳雷夫河，并在其西岸的普鲁克–谢洛克（Puluck–Seroc）地区建立登陆场，同时以左翼部队在登布林—兹沃伦（Zwolen）—索莱茨（Solec）地区强渡维斯瓦河。但在罗科索夫斯基的左翼部队向前推进之际，他的右翼和中央部队已遭到德军的拦截，造成一个120英里的突出部，伸向苏军坦克部队（他们实际上已到达普拉加）的右侧。罗科索夫斯基认为，除了将右翼部队调至纳雷夫河—西布格河河口—普拉加一线外，没有别的办法。更南面的维斯瓦河上，崔可夫的近卫第8集团军已渡过河去，并在8月1日后着手扩大马格努谢夫登陆场，他在东岸留下3个师，另外6个师投入登陆场内。这场行动的第一阶段没有获得足够的空中掩护，甚至没有高射炮对空防御，因为苏军歼击机主力被调至更北面，目前正受到燃料短缺的影响。就在马格努谢夫登陆场的战斗开始加剧之际，令崔可夫感到意外和难以掩饰的失望的是，他在8月3日接到方面军司令部的命令，抽调3个师派往北面，在距离维斯瓦河渡口20—25英里处实施防御，帮助击退德军的进攻，预计对方会沿维斯瓦河东岸向南而来。崔可夫觉得这似乎有些荒唐可笑，他看不出有任何理由预计德军指挥部（他们在一场战役中就丢掉了"整个白俄罗斯和大半个波兰"）会发起这场向南的突击，而且，在维斯瓦河上的不仅仅是白俄罗斯第1方面军，还有乌克兰第1方面军（位于桑多梅日）。维斯瓦河上的登陆场极其重要，但崔可夫横跨在东西岸之间，在任何一个方向都无法实施有效的行动；方面军司令部犯下的错误（在崔可夫看来，犯错的甚至包括最高统帅部）很快便暴露出来，应该位于普拉加东南面的2个德军师出现在维斯瓦河西岸以及崔可夫刚刚夺取的登陆场的前方。8月5日，激烈的战斗爆发开来，次日，近卫步兵第47师的三个团经历了一段关键性时刻：中午，一个"斯大林"重型坦克团赶至西岸，挡住"赫尔曼·戈林"师的虎式坦克，登陆场守住了。通过空中侦察和审问敌坦克组员的详细报告，崔可夫才得以说服方面军司令部，德军的两个装甲师（第19和第25装甲师）连同"赫尔曼·戈林"师无疑是在维斯瓦河西岸展开行动。

方面军司令部终于明白了维斯瓦河登陆场的重要性，崔可夫对其反应速度感到欣慰。科尔帕克奇的第69集团军奉命跨过维斯瓦河，赶往登布林—普瓦维地区西面，崔可夫得到数个高射炮师和炮兵的增援，以掩护自己的渡河地域，坦克第2集团军辖下的一个军调至西岸的马格努谢夫登陆场，另外还有近卫第8集团军被迫派往北面的几个师。8月8日上午，苏军工兵在维斯瓦河上为崔可夫的近卫军架设起两座桥梁，波兰第1集团军的部队在斯图德江基（Studzianki）接管了防御阵地，登陆场的北突出部直到8月中旬才稳定下来。尽管马格努谢夫登陆场守住了，但迅速冲入华沙的机会已然丧失，斯大林告诉米科拉伊奇克发起新的攻势需要一些时间，这并非夸大其词。他大概认为华沙起义会被迅速镇压或是被逐渐消灭，因为面对德军的坦克，起义者只有步枪，他对起义行动的贬低似乎也证实了这一点。实际上，华沙发生的是一场大规模的全面起义，这完全出乎苏军统帅部的意料，"流亡伦敦的波兰人"给斯大林支持的"卢布林委员会"造成了明显的难堪。起义者排除各种困难继续战斗时，苏联的政策和行动就有必要与之保持距离，这也解释了苏联方面的态度在8月份前两周发生显著变化的原因；塔斯社8月12日的声明是一个迹象，"对于华沙所发生的一切，其责任只能由伦敦的波兰流亡集团承担"。

8月12日—13日，丘吉尔首相和米科拉伊奇克联系斯大林，请求苏联立即为华沙起义者空投武器。米科拉伊奇克提醒斯大林他曾做出的承诺，并明确请求苏军轰炸华沙附近的机场，派战斗机在白天巡逻以拦截德军战机、空投武器——"最重要的伞降区域是克拉辛斯基广场和拿破仑广场"。英国政府8月14日对波兰人要求他们声明国家军成员享有正规作战人员的权利做出的回复以及为华沙提供的其他援助几乎无法让波兰人感到振奋。英国政府的信中指出"事先未与国王陛下政府进行任何协商便决定在华沙发起一场全面起义"的不幸后果，详述了从意大利基地组织空投武器的主要困难，反对派遣伞兵部队——在军事上"几乎没有可行性，因为这涉及毫无防御能力的运输机长途飞行的问题"——最后敦促波兰人"采取切实可行的措施，促进波兰抵抗力量与苏联红军之间的配合"，但提醒他们"苏军在波兰的作战行动受其整体战略的支配"，这"无疑阻止了苏军在华沙附近立即采取行动"，也不会为一场"他们和国王陛下政府事先都未获得通知的起义"提供协助。尽管这些安慰毫无用处，但英国方面对"苏军在波兰的作战行动"的猜测并非无稽之谈。苏军的计划，尽管也考虑过冲入华沙的临时举措，但主要取决于控制维斯瓦河、纳雷夫河和博布尔河（Bobr）这些主要河流构成的战线，布格河—纳雷夫河地区构成了他们的重要目标（苏军直到9月份才最终控制该地区）。由于8月中旬前没能进入这一地区，苏军在华沙门前受阻（莫德尔的反击在很大程度上导致了苏军的这一困境），斯大林简短地记录下这个令人不快的事实，他在8月22日多少有些严厉地指出，"从军事角度看，德国人对华沙保持关注的态势，对红军和波兰人极为不利"。但那时候，他已正式而又无情地让自己和苏军统帅部从"华沙的冒险"中摆脱出来，从而将波兰起义者置于必然的灭亡和无可避免的毁灭中。

8月份的整个上半月，苏联方面的态度似乎摇摆不定。中旬后，这种态度凝结成顽固、无法改变的反对。8月14日，丘吉尔从意大利致电艾登，指出"地下军发动起义时，俄国人的攻势竟然停顿下来，甚至还后撤了一段距离"实属莫名其妙。俄国人为起义者提供援助"只需要飞行100英里"，而从意大利基地起飞的飞机面对的是700英里的航程以及相应的损失。因此，丘吉尔建议"提一提目前来自多方面的暗示"，以此施加压力，要求俄国人提供援助。米科拉伊奇克已于8月13日给斯大林发去电报，请求苏联提供援助，当天，他收到对方令人不寒而栗的回复："将武器集中空投至华沙地区"的命令已经下达；一名苏军伞兵被空投下去（但被德国人杀害）；但现在，"对这个问题做出更加仔细的研究后"，斯大林确信华沙起义是"一场造成居民不必要损失的轻率冒险……鉴于上述情况，苏联统帅部决定公开拒绝为华沙的冒险承担任何责任"。对于罗斯福总统敦促苏联为美国轰炸机提供机场，以便这些战机从西线飞赴华沙，为起义者空投物资或轰炸德军机场的要求，维辛斯基8月15日做出正式回复，同样指责华沙起义是一场"轻率的冒险"。美军战机计划在白天行动，实施高空飞行，由战斗机提供护航，他们将飞越苏军战线，降落在已被用于"穿梭轰炸"返程使用的波尔塔瓦机场（6月21日—22日夜间，德军轰炸机在匈牙利空军战机的陪同下，对该机场实施了一场毁灭性空袭，50架"空中堡垒"被炸毁在地面上，用迪恩将军的话来说，这场灾难"播下不满的种子"，给俄国人留下的是"痛苦和敏感"，而美国人"对此较为宽容，但他们决心派自己的高射炮部队为机场日后的安全提供保护"）。

维辛斯基转达的苏联方面的粗暴回复促使英国和美国大使请求立即同莫

洛托夫会晤。不出所料，莫洛托夫没有露面，负责接待他们的仍是维辛斯基。一如既往，他严肃地重申了苏联的立场，拒绝对斯大林当初为何答应米科拉伊奇克会为华沙提供援助做出解释，并再次顽固地拒绝提供方便，这促使哈里曼大使在8月15日的报告中写道，苏联政府的立场是出于"残酷无情的政治考虑"。次日，维辛斯基给两位大使发去一份书面说明，冷淡地表示英国和美国为华沙空投武器"是英美自己的事"，苏联政府当然不会表示反对，但断然反对这些飞机在波兰首都上空完成任务后降落到苏联领土上。最终，两位大使见到了躲躲闪闪的莫洛托夫，8月17日晚，双方就华沙问题又进行了一次收效甚微的交流。莫洛托夫坦率地承认了苏联政策的改变，将其归因于苏联政府发现了起义的"真实性质"，并为华沙发生的事情指责波兰流亡政府，攻击他们污蔑苏联政府，同时指出苏联方面不会为了将这些起义者从他们遭受的痛苦中解救出来而做出任何干预。在8月18日发给斯大林的急电中，米科拉伊奇克再次恳求苏联提供援助。他承认这场起义"现在看来，不够成熟"，而且没有同苏军统帅部达成一致，但"时机无法共同商定"，尽管波兰指挥官下令"发动华沙起义是在苏联红军逼近波兰首都、莫斯科电台明确呼吁居民们发动武装斗争之际"。米科拉伊奇克现在"强烈呼吁恢复红军与华沙战斗之间的技术联系"，再次请求苏联在"空投武器、扫射德国人盘踞的阵地、还击实施空袭的德国空军"方面提供帮助，并允许美军战机使用苏联的基地。

丘吉尔从意大利给罗斯福发去电报，提议给斯大林发一份联合具名的信件，提出"真正的忠告"，即便要冒着惹恼他的危险（尽管"他多半不会如此"）。哈里曼大使在莫斯科接到指示，让他转告斯大林或莫洛托夫，美国军队将尽其所能地帮助波兰起义者。但对于这种类型的介入，其推动力明显减弱，美国国务院8月19日通知哈里曼，不要为华沙问题对俄国人施加太大的压力，因为这可能影响到"穿梭轰炸"的安排，对美国的军事行动来说，这依然是个重要的考虑因素。英国人没有空军基地之虑，他们有一种要走得比总统所打算的还要远得多的趋势。尽管如此，哈里曼还是给莫洛托夫发了封信，指出美国打算提供帮助，没过几个小时，丘吉尔和罗斯福联名给斯大林发出了简短但又明确的呼吁："我们希望你们立即向华沙的波兰爱国者空投补给物资和弹药，或者，你们能否同意帮助我们的飞机来迅速实施空投。"8月21日，艾登与几位波兰部长商讨了"第二种直接干预",尽管他对"斯大林元帅改变想法"的可能性持悲观态度。

这些希望被斯大林8月22日的毁灭性回复彻底粉碎,他谴责"一小撮权欲熏心的罪犯发动了华沙这场冒险",让"近乎手无寸铁的平民"去对抗德国人的坦克和飞机;由于军事形势对波兰人和俄国人来说都不太好,"帮助反纳粹的波兰人最好的、真正有效的"唯一办法是由苏联红军发起一场全新的大规模攻势,消灭德军,解放波兰人。至于英美方面的具体要求(由苏联实施空投,或允许盟军战机在苏军战线后方着陆),斯大林没有在这封简短、明确的电文中做出答复,这份电报表明,他要么是坚信事实的确如此,要么是基于已经知道美国人并不打算全力以赴(哈里曼大使8月19日收到的电文中隐约透露出这一点)而获得的一种免疫力。即便后者是一种猜测,斯大林的本能也没有让他失望。罗斯福总统8月24日指出,如果不能使用俄国人的机场,就无法为华沙的波兰人提供支援,丘吉尔请他同自己再发一份联合署名的电报给斯大林,罗斯福8月26日回复说,此举不会"有利于长远的战争前景"。但如果丘吉尔首相希望介入,总统在这一点上并不表示反对。

华沙城内,德国人对老城区的包围日益紧密,每天都展开着无休止的轰炸和炮击。8月19日,波兰人从格但斯克车站的索里波兹发起进攻,意图打破德国人的包围圈,但收效甚微,他们从索里波兹方向和格但斯克车站发起更多的进攻,都没能取得太大的战果。一个区接着一个区,德军着手肃清城内的起义者,一片片区域被夷为平地,居民们不是被枪杀就是被俘获。博尔-科莫罗夫斯基将军在8月底从城内发出的报告中承认,尽管波兰起义者顽强战斗,但德军的主要据点仍掌握在德国人手中,华沙已变成"一座废墟之城","死者被埋入废墟中或废墟旁",德军飞机雨点般投下的传单威胁要将整座城市烧毁——但"这里只剩下废墟可烧了"。起义军司令部准备实施一场战斗后撤,利用下水道从老城区撤至市中心和索里波兹。2500多名起义者从老城区的战斗中撤离,只留下那些无法通过下水道带离的伤员。月底时,冲入老城区的德国人发现了这些动弹不得的伤员,他们立即被淋上汽油就地烧死。随着德军控制了城内从市中心到索里波兹这片广阔的区域，起义的第三个阶段（也是最后一个阶段）即将展开，波兰人在市中心的抵抗被消灭，维斯瓦河上波尼亚托夫斯基桥与基尔别济桥之间的河岸正被肃清。

9月1日，丘吉尔在伦敦与波兰总理会晤，商讨援助华沙的事宜。对斯大林8月22日拒绝合作的电文，丘吉尔谈及自己的反应——"我简直不敢相信"——并有理由感到遗憾，因为美国总统没有实施更有力的计划（对华沙发起大规模白昼空袭，让轰炸机降落在苏联机场），从而面临着俄国人造成的既成事实。现在，他们应该研究由皇家空军组织大规模飞行的可能性。9月4日晚，战时内阁开会商讨丘吉尔所说的由于俄国人"离奇的行为"所造成的形势，并决定向苏联领导人再次发出呼吁，同时将一份副本转呈罗斯福总统，请求动用美国飞机飞赴华沙，"必要的话，在未得到俄国人正式同意的情况下，在俄方机场着陆"。这份照会到达时，华沙停止战斗的传闻已沸沸扬扬。罗斯福总统9月5日的复电谈及美国情报部门获知的消息，"波兰起义者已从华沙撤离"，因此，"不幸得很，对华沙波兰人的援救问题已经由于拖延及德国人的行动而不复存在"。现在没有什么可做的了。至于丘吉尔首相发起大规模飞行并让大批飞机降落在苏联机场的计划，莫斯科的哈里曼大使被粗暴地告知，苏联不仅不允许，"就连受损的飞机"也将被拒绝着陆。

起义者在华沙战斗时，伦敦的波兰流亡政府逐渐转入一种有利于同莫斯科达成政治协议的折中方案，为"卢布林委员会"提供联合政府中的14个席位，该建议被提交上去，就连身处激战中的波兰地下军代表也参与了讨论。但在许多波兰人看来，华沙起义被一种默契所掩盖。丘吉尔首相在8月底质疑"华沙遭受苦难的真相的宣传是否停了下来"，并敦促道，尽管没有必要提及俄国人"古怪而又阴险的行径"，但没有理由对这种行径的后果保持缄默。已经非常紧张的英波关系，由于索斯恩科夫斯基将军9月1日的日训令而严重恶化，这道日训令痛斥大英帝国抛弃了她的波兰盟友，从而促使英国政府要求他立即辞职。丘吉尔劝米科拉伊奇克不要出于对华沙的绝望而递交辞呈。如果发生这种情况，英国"不会支持波兰政府选出的其他任何一位首脑"，不管怎样，这种做法只会为莫斯科不受阻碍地推行其意愿大开方便之门。尽管如此，米科拉伊奇克似乎下定了辞职的决心，并宣布他无法"对索斯恩科夫斯基将军采取适当的措施"，因为他不能证明"波兰政府追求的政策方针是正确、得当的"。

这番会谈结束后的第二天，9月6日，华沙起义司令部发来电报："华沙已然丧失了从盟国空军获得援助或由红军向前推进解放该城的一切希望。"城内的德军着手肃清维斯瓦河河岸，将波兰起义军逼入市中心，并切断了波兰人与冲至普拉加郊区东岸的苏军有可能取得的一切联系，这种预防措施让德国人迅速获得了多种优势。苏联领导人冰川般的冷漠和毫不妥协的敌意开始消融。9月9日，派驻莫斯科的英国大使收到苏联方面对英国战时内阁提出的请求所作的回复，这份照会再次将苏联政府与华沙发生的事情撇清干系，责怪英国政府没有预先把起义的事情告知苏联（并提及1943年4月波兰流亡政府就"卡廷惨案"对苏联做出的谴责与之类似），但随后又宣布苏联将对华沙实施空投，"原则上"同意盟军飞机使用苏联的机场，"如果预先提交的行动方案获得苏联当局批准的话"。这一合作迹象促使米科拉伊奇克立即发电报给罗斯福总统，请他"给艾森豪威尔将军下达命令，派遣美军飞机执行救援华沙的行动"。

9月初，实施重组并获得加强的苏军部队再次行动起来。罗科索夫斯基命令3个集团军（第48、第65和第70集团军）尽快赶往纳雷夫河（巴托夫在9月初已从最高统帅部接到赶往纳雷夫河的命令）。9月5日，帕诺夫的"顿河"近卫坦克军在普乌图斯克（Pulutsk）强渡纳雷夫河，并向南推进，这确保了第70集团军的前进通道，该集团军正朝索科武夫（Sokoluv）、拉济明和华沙北面的莫德林方向推进。为突入普拉加，罗科索夫斯基打算投入第70和第47集团军的部队，后者正对普拉加周边阵地的东南段发动进攻；古谢夫（第47集团军司令员）[43]将获得近卫坦克第8军以及贝祖克上校波兰第1步兵师的增援。苏军的这一行动旨在肃清维斯瓦河与西布格河之间的德军。如果苏军夺取普拉加，就能全面进抵华沙对面的维斯瓦河。9月初，贝祖克上校的波兰步兵与苏军更换了阵地，从5日起纳入古谢夫麾下；此时，华沙起义者仍控制着城内的三个主要地区——索里波兹、市中心和切尔尼亚科夫（以及莫克托夫），尽管在切尔尼亚科夫只有几个战斗组到达维斯瓦河河岸。9月9日夜间，波兰第1步兵师集结在缅济莱谢（Miedzylese）地区，炮兵部队已就位。第二天晚上，苏军轰炸机在波兰空军"克拉科夫"中队的掩护下，轰炸了普拉加南部边缘的德军阵地，9月10日上午9点20分，贝祖克派出第1团的突击营。经过四天激战，波兰和苏联军队肃清了普拉加，从而使他们到达位于波兰起义者占据的索里波兹、索莱茨、切尔尼亚科夫对面的维斯瓦河河岸。

9月13日夜间，低空飞行的苏联飞机为华沙城内的起义者投下武器、药品和食物，但装在空投罐内的武器和食物没有使用降落伞，不是被摔坏就是落入德军手中。苏军将高射炮调至东岸，并派歼击机掩护空投，这场行动持续了两周，共出动2000多个飞行架次，投下505支反坦克枪、1500支冲锋枪和130吨食物、药品及炸药。在此期间，白俄罗斯第1方面军参谋长马利宁命令崔可夫调出波兰第1集团军，将其部署在加尔沃林地区，这道命令从9月12日拂晓起生效。齐梅尔斯基将军于当日责令第4步兵师从卢布林全速赶往加尔沃林，这些援兵将投入普拉加的战斗。波兰第1集团军司令员贝尔林决定在行进中强渡维斯瓦河，将波兰军队带至西岸的切尔尼亚科夫地区，这个行动意味着必须采取一些权宜之策，因为他们的渡河设备和炮弹都不太多——但此时，一个刚刚赶到的德军装甲师（第25装甲师）已开始进攻索里波兹的起义者，德国人对切尔尼亚科夫发起更多的攻击，并肃清波兰起义者占据的维斯瓦河河岸，只留下一条与市中心相隔绝的狭长地带，由400名起义者守卫着。

9月16日—17日夜间，在夜色的掩护下，波兰第9步兵团的两个营在梅日温斯基少校的率领下渡过维斯瓦河来到切尔尼亚科夫，但被德军猛烈的炮火所压制，并遭到对方坦克和步兵的攻击。为减缓德军对切尔尼亚科夫施加的压力，戈拉宁上校的第6步兵团朝索里波兹方向派出辖下的第2营，在那里，一座小小的登陆场出现在西岸。贝尔林决定发起第三次突击登陆，这一次的目标位于切尔尼亚科夫北面，在铁路桥与波尼亚托夫斯基桥之间投入两个团的兵力，以便把一支突击部队送至正对切尔尼亚科夫发起进攻的德军部队的后方。在烟雾屏障和炮火的掩护下，第一支部队于9月19日夜间渡过河去，共计两个营。这些激烈的战斗试图为华沙起义者提供直接援助，贝尔林对此承担起个人责任，后来为此受到惩处，而起义者面临的形势发生了灾难性恶化。当月早些时候曾告诉斯大林自己的方面军目前不适合解放华沙的罗科索夫斯基，于9月22日命令波兰第1集团军转入防御，并将波兰部队从维斯瓦河西岸撤回，9月24

夜间，登陆场内最后的幸存者撤过维斯瓦河。9月18日，美军轰炸机采用高空飞行，为华沙城空投补给物资，随后飞往苏联的机场，但这起孤立的行动依然没能影响起义的结局；空投高度和狂风致使70%的物资没能落入起义者手中。

到9月中旬，随着苏联的政策明显发生改变，斯大林既避免了对起义的支持，这种支持意味着承认"伦敦的波兰人"造成的既成事实（从而破坏了他基于"卢布林的波兰人"制订的政策），也避免了与盟国发生越来越大的分裂以及全然抛弃起义者而引发的怨恨。华沙起义日渐败亡，作为波兰地下运动核心力量的国家军实力锐减。苏联红军再次出现在华沙门前，但斯大林知道，不能通过正面进攻夺取这座城市。9月23日，他向哈里曼大使表述了自己悲观的看法（哈里曼将英国和美国在魁北克达成的决议拿给他看），他指出，德军以猛烈的炮火轰击维斯瓦河渡口，因而无法将坦克运过河去——没有坦克，就无法发起将德国人从高地肃清的正面进攻。

同一天（9月23日），德军沿维斯瓦河河岸占据了阵地，位于切尔尼亚科夫北面的波兰起义军指挥官（拉多斯瓦夫上校）别无选择，只能将仍能作战的部下通过下水道撤至莫克托夫，并用船只把伤员送过维斯瓦河。次日（9月24日），获得第19装甲师增援的德军部队从南面和西面杀入莫克托夫，迫使起义者退守到更加狭窄的区域，最终不得不穿过下水道撤往市中心。但德国人这一次有所准备，正等着波兰人故技重施，他们堵住下水道，往波兰人试图逃脱的地段投掷毒气弹，将数百人毒死在雾气弥漫、泥泞的地下通道内。莫克托夫被德军占领后，轮到了北面的索里波兹，最后是坎皮诺斯（Kampinos）森林。博尔-科莫罗夫斯基将军无法与红军建立任何战斗联系，苏军突击华沙的希望已破灭，英国和美国的飞机已从空中消失。经历了两个月的无情激战，62天无休止的恐怖和暴行后，30000—40000名国家军成员中，15000人阵亡，城内的居民或被强行疏散，或死于非命，100万平民中有15—20万人丧生，死者埋在废墟中，得不到救治的伤员躺在道路上或在地窖里忍受着最后的痛苦，投降已刻不容缓。10月2日，战斗平息下来：波兰人被集中起来驱逐出境或送入毒气室，随后，德国人将华沙夷为平地。德军统帅部对己方伤亡的统计是：10000人阵亡，7000人失踪，9000人负伤。

战斗进入到最后时刻，贝尔林的部下在华沙内侧攀上维斯瓦河西岸岸堤时，斯大林派朱可夫元帅（他近期一直在南方的保加利亚战线）去视察白俄罗斯第1、第2方面军的情况。德军施加的压力迫使波兰士兵撤离他们岌岌可危的立足地，两名苏军军官跳伞进入城内，试图与博尔–科莫罗夫斯基将军取得联系（博尔–科莫罗夫斯基在9月21日发给伦敦的电报中承认这两名苏军军官的到来，并宣布与东岸取得了联系），据朱可夫元帅说，博尔–科莫罗夫斯基没有接待他们，"后来我们就再也没有听闻他们的下落"。方面军司令部确信无法夺取华沙后，位于西岸的部队撤回到他们原先的阵地。第47集团军在塞罗茨克（Serock）、莫德林、普拉加之间作战，朱可夫元帅认为他们的情况并不乐观；沿着平坦的地形向前推进，该集团军遭受了重大伤亡，处于极度疲惫的状态，位于普乌图斯克的第70集团军的状况也好不到哪里去。在朱可夫看来，"战役目的"似乎很模糊，但罗科索夫斯基指出，最高统帅部命令第47集团军前出至莫德林与华沙之间的维斯瓦河河段。朱可夫向斯大林做了汇报，请求他批准停止白俄罗斯第1方面军战区内的作战行动，因为这"毫无希望"，并请他允许白俄罗斯第1方面军的右翼和白俄罗斯第2方面军的左翼转入防御。被召回莫斯科后，朱可夫和罗科索夫斯基面对着焦虑不安的斯大林，他不耐烦地听取了朱可夫的报告：德军击退了苏军的进攻，导致苏军遭受到"毫无意义的重大伤亡"。斯大林提出加强第47集团军，以便在莫德林与华沙之间强行突破。朱可夫不赞同这个想法，他建议从西南方实施迂回，朝罗兹（Lodz）—波兹南（Poznan）方向发起一场"强有力的分割突击"，但这需要大批援兵。斯大林考虑了20分钟，最终没有发起新的进攻，而是批准部队转入防御。华沙，这座满目疮痍、被火焰熏黑的大坟墓，仍位于苏联红军的前方。

南面300英里处，华沙爆发大规模起义后没过三个星期，狭小但具有战略重要性的斯洛伐克共和国也拿起武器反抗德国人。波兰和斯洛伐克的起义，最终都以血腥的失败告终。两场起义都因为他们内部致命的分歧、"资产阶级"军事力量与共产党人领导或共产党人组建的武装力量之间的冲突、流亡政府与莫斯科的关系问题以及苏联红军在支持起义方面所发挥的作用这个关键问题而受到严重影响。

乌克兰第1方面军的部队已于1944年4月8日到达捷克斯洛伐克的东部边境。斯大林在五一节广播讲话中承诺，要将捷克人和斯洛伐克人从德寇手中解放出来，莫斯科广播电台也用捷克语敦促民众组建"民族委员会"，这个计划曾在1943年12月贝奈斯总统与捷克斯洛伐克共产党人会晤时讨论过，此举旨在抗击纳粹，也是为了确立一种在被解放领土上参与行政管理的方法。斯洛伐克起义的策划工作可以追溯至1943年12月，当时，斯洛伐克所有地下运动组织举行了一场秘密会议，决定建立一个"斯洛伐克民族委员会"。该机构包括所有从事反德斗争的政治团体的代表，并把恢复捷克斯洛伐克在慕尼黑会议前的边境作为该委员会政治纲领的重要组成部分。

随着战火日益逼近斯洛伐克，民族委员会开始依据两个明显的可能性拟定他们的计划，一是苏联红军冲过喀尔巴阡山山口进入斯洛伐克和整个多瑙河流域，二是德军干脆占领这一重要的后方区域，守卫喀尔巴阡山防线。无论哪种情况，斯洛伐克武装力量和全体民众都必须拿起武器，把德国人赶出斯洛伐克，在这场斗争中，斯洛伐克的野战部队（特别是"东斯洛伐克军"及其辖下两个步兵师的22000人）将发挥决定性作用，"后方军"以10000多人的守备力量为其提供援助；后方军必须加快对斯洛伐克人的总动员，并帮助组建游击支队。斯洛伐克这个"独立国家"目前由蒂索神父统治，他是个按照希特勒的奇想和意愿行事的纳粹傀儡，但近来就连这位斯洛伐克法西斯领导者也对德国人越来越多的要求日渐不满。共产党地下党员和亲捷克的中产阶级政治家的活动，也许是没有暴露，也许是当局睁只眼闭只眼，反正变得越来越不受干扰，这使陆军司令部在斯洛伐克国防部内孕育起自己的方案。起义的筹备工作进行得高效而又迅速。众所周知的亲纳粹官员被调至不碍事的岗位，燃料、武器和弹药的储备，甚至包括飞机，都已安排妥当。宪兵司令部对一些挑选出的战略要地认真进行部署，各宪兵支队接到命令，如果出现德军占领的情况，他们就加入游击队，否则就协助斯洛伐克陆军部队。

斯洛伐克抵抗运动的蓬勃发展，背后的动机错综复杂。身处伦敦的捷克斯洛伐克流亡政府一直密切关注着斯洛伐克的局势，希望通过一场公开而又成功的起义行动增添捷克斯洛伐克急需的荣耀。因此，流亡政府的计划依赖于建立一支捷克斯洛伐克武装力量，一支全国范围内的起义军，有可能的话，他们将获得在国外组建的军队的支援。1944年4月在伦敦举行的会谈，目的是组建捷克斯洛伐克空运中队，这将使流亡政府获得与"被解放地区"（包括斯洛伐克）建立直接联系的手段。5月初，捷克斯洛伐克流亡政府还与苏联签署了一份协议，以解决捷克斯洛伐克被解放领土的行政管理权问题：这些地区的军事行动权直接移交给苏联统帅部，但捷克斯洛伐克政府将尽快承担起行政管理的职责，苏联统帅部通过其军事和民事机构提供一切必要的协助。

可是，苏军出现在捷克斯洛伐克边境时，捷克斯洛伐克共产党中央委员会介入了，"呼吁"苏联共产党为发动游击战提供帮助。可以理解的是，苏联方面迅速做出了回应。1944年4月中旬，乌克兰共产党组织局正式批准"协助捷克斯洛伐克革命事业"的决定，设立游击特别培训班，并为斯洛伐克选派游击干部。行动职责由乌克兰游击运动司令部承担，鲁道夫·斯兰斯基作为捷克斯洛伐克共产党的全权代表被派往该司令部。一百余名捷克人（大多是党员）在一所学校里参加了乌克兰游击运动司令部举办的第一期游击培训班，波兰游击队员也在这里接受训练；最初的计划是派遣10支游击小组（每个小组15—20人）进入斯洛伐克东部。与此同时，苏联统帅部匆匆组建起一支获得扩充的捷克斯洛伐克正规军事力量，并在苏联境内进行训练。捷克斯洛伐克部队曾在1943年的基辅战役中发挥了杰出的作用，现在，乌克兰西部的解放使苏联当局拥有了大批潜在兵源，他们还可以指望那些逃到苏联红军这一方的人（包括4000名斯洛伐克人）。

1944年1月，捷克斯洛伐克第2伞兵旅在苏联的监督下开始组建；斯洛伐克人成为这支部队的核心力量。4月中旬前，这些捷克斯洛伐克伞兵被派去接受特别训练。根据与苏军总参谋部达成的一项协议，捷克斯洛伐克第1军正在图拉州的叶夫列莫夫组建。这个新组建的军是一支编制为16000人（外加350名苏方人员和800名妇女）的机械化部队，拥有4个旅和支援性武器，这支正规部队将成为一支"全新"的捷克斯洛伐克军队的基础。

在此期间，苏联训练的游击队投入了行动。1944年7月26日夜间，11名游击队员组成的第一个游击小组，配备着武器和两部电台，在鲁容贝罗克（Ruzomberok）地区跳伞进入斯洛伐克。指挥该游击小组的是红军上尉P. A. 维利奇科，他们努力工作，建立起根据地，8月份期间，更多的游击队员跳伞进入他们的根据地，随后，另一些游击队跨过边境线而来。执行空投补给任务的苏军飞机为他们提供武器、弹药和其他装备。起初，这些飞行任务使用的是乌克兰游击运动司令部的飞机，但定期空投补给物资的任务需要一支正规部队来完成，于是这个任务交给了空军第2集团军（隶属于乌克兰第1方面军）辖下尤泽耶夫上校的夜间轰炸机第208师。苏联游击队迅速建立起大片根据地，将下属部队相互连接起来，与共产党员和共产主义同情者建立联系，并招募了捷克人、斯洛伐克人和外国人（法国战俘也组建了一支游击队），尽管苏联统帅部将游击力量的主根据地设在斯克拉比纳（Sklabina）附近的坎托尔斯卡（Kantorska）山谷，并由红军中尉维索茨基负责。

7月底，苏军最高统帅部决定组建一个新的方面军司令部。根据科涅夫元帅的建议，乌克兰第4方面军在科涅夫的左翼成立，科涅夫调出近卫第1集团军和第18集团军，构成新方面军的基干力量，目前仍属于最高统帅部预备队的空军第8集团军将为其提供空中支援。乌克兰第4方面军司令员彼得罗夫接到的初步命令是准备发起一场攻势，旨在夺取喀尔巴阡山东部并冲往乌日哥罗德—穆卡切沃方向，以进入匈牙利平原。据此，方面军司令部着手准备自己的计划，打算使用近卫第1集团军和第38集团军夺取喀尔巴阡山山口，然后对乌日哥罗德和穆卡切沃发起进攻，最高统帅部批准了这份计划，并充分授权该方面军在8月25日—30日期间对这场攻势做好准备。与此同时，最高统帅部抽调第3军（山地部队）、炮兵和工兵部队加强乌克兰第4方面军。科涅夫元帅的左翼部队也已到达喀尔巴阡山山麓，整个8月份期间，莫斯卡连科的第38集团军一直在为争夺喀尔巴阡山接近地的战术立足点进行战斗，每天的损失以及各步兵师的消耗已相当严重，急需休整和补充。尽管乌克兰第4方面军的作战方向已于8月初确定，乌日哥罗德—穆卡切沃战役的准备工作也在进行中，战役的主要目的是协助乌克兰第2、第3方面军在罗马尼亚和匈牙利的行动，但8月底，罗马尼亚的突发事件促使苏军加快行动，彻底改变了乌克兰第4方面军的计划。彼得罗夫在方面军司令部接到最高统帅部的命令，要求他放弃目前的作战计划，未接到最高统帅部的明确指令前不得发起任何进攻行动。

8月份第一周过后没多久，发生在斯洛伐克的事件已影响到苏军的作战计划。斯洛伐克国防部内，三名斯洛伐克陆军军官（戈利安、韦塞尔和费伦奇克）拟定出发动一场起义的详细军事计划，捷克斯洛伐克流亡政府的官员和政治家们对这个行动非常感兴趣，他们一直在考虑如何组建一支本土军队，并在被解放领土上设立指挥部，特别是"解放斯洛伐克"这些问题。就在捷克斯洛伐克流亡政府探讨将斯洛伐克陆军"扩充"成四个师，从而组建起一支捷克斯洛伐克本国军队时（如果能搞到武器的话，就把波西米亚和摩拉维亚的部队武装起来），4月27日，斯洛伐克陆军参谋长戈利安中校在布拉迪斯拉发（Bratislava）首次会晤了斯洛伐克民族委员会。两个月后的6月底，民族委员会建立起自己的"军事指挥部"，戈利安担任指挥官。

戈利安迅速提出斯洛伐克陆军的地位问题。6月中旬，他在发给伦敦的报告中明确指出，"我们并不想投奔俄国人……重要的是，我们希望参加解放捷克的战斗"。与俄国人商讨合作事宜时，这个要求立即被提出，以防斯洛伐克陆军被苏军俘虏并缴械。月底，戈利安提交了他的行动计划（计划的第二部分在7月4日至7日间送到）；该计划打算使用野战部队（两个师）与苏联红军协同作战，夺取喀尔巴阡山山口，后方军以其守备力量控制斯洛伐克中心地区，待俄国人发出信号后便发动一场全面起义。位于伦敦的捷克斯洛伐克国防部立即问他如何看待斯洛伐克陆军同苏联红军取得联系的问题，对此，戈利安在8月4日做出非常具体的回复：收到预先安排好的信号后，苏军便可以穿过斯洛伐克的防线，斯洛伐克的军官们会给予配合，因此，派过来的苏军部队应具有相当的实力，这个问题至关重要，否则，斯洛伐克会被匈牙利人占领。同样，俄国人必须了解斯洛伐克的计划，他们必须知道有必要派遣实力雄厚的部队跨越边境，双方会合时的联络官必须确定。戈利安认为，只要能做到这些，斯洛伐克一夜之间就会落入苏军手中。

8月份的第一周，从科涅夫的方面军司令部，从乌克兰游击运动司令部，从斯洛伐克民族委员会的两名代表（卡罗尔·什米德凯和费伦奇克上校，他们乘飞机赶至苏联）处，从捷克斯洛伐克驻苏联军事代表团团长黑利奥多尔·皮卡将军处，大量关于斯洛伐克的情报传至莫斯科。皮卡将军负责处理斯洛伐克军队与苏联红军实施合作的细节问题。8月8日，在给苏联最高统帅部的信中，他指出斯洛伐克军队可以发挥配合作用，两天后，他又提交了一份题目为"斯洛伐克东部各个师之现状"的备忘录，其重点是斯洛伐克军队与苏联红军在杜克拉（Dukla）山口地区的合作，那片地带非常重要。捷克斯洛伐克军事代表团的这份秘密备忘录表明，这是皮卡与苏联统帅部持续两周多（8月10日—28日）的接触中的一个突破，但它和另外一些可用的记录都无法解释为何与苏联统帅部的这种联系并不牢固，而且并未正式建立。以"合作"为目的向苏联统帅部提出了哪些要求也不明确。据说，捷克斯洛伐克通知戈利安上校（是对他8月4日电报的回复），他的计划不能完全提交给俄国人，因为对斯洛伐克部队来说，这份计划将使他们无法发挥重要作用。至于戈利安"请苏军向斯洛伐克派遣重兵"的建议，流亡政府在电报中否决了这个想法，理由是苏联统帅部必须将其部队用于"更加重要的战略方向"。

因此，苏联与捷克斯洛伐克在政府层面上的约定似乎并不明确，而且明显缺乏承诺。但还有另外一些渠道。8月6日，卡罗尔·什米德凯和费伦奇克上校作为斯洛伐克民族委员会的代表，离开斯洛伐克后飞抵莫斯科。这两人掌握着计划中的起义详情，想必将必要的细节报告给了捷克斯洛伐克共产党和苏联军事部门的官员。斯洛伐克的代表与苏军总参谋部的斯拉温少将进行了为期两天的会谈，斯拉温将情况汇报给安东诺夫将军，安东诺夫又于8月10日把材料提交给斯大林。尽管是一名共产党员，但什米德凯也是一名斯洛伐克民族主义者，他的许多同事（包括 G. 胡萨克博士）同样如此；这种"机会主义"和"右倾分子作风"使得斯洛伐克共产党接受了伦敦方面关于争取斯洛伐克解放的观念，而这种"背叛"不可避免地导致莫斯科的怒火落在他们头上。在莫斯科看来，斯洛伐克这个战略地区呈现出的情形是目前没有德国军队，但被一个反动政府所统治，民族主义居民与大批持"机会主义"的非共产主义分子指望贝奈斯的流亡政府，甚至连共产党领导人也倾向于接受"伦敦的观点"——这种想法的标志是延迟一切起义行动，直至红军逼近斯洛伐克门前，他们发动政变，而不是寻求一场"革命斗争"，然后对一个"资产阶级"国家体制进行巩固。让"伦敦观点"的支持者毫无困难地取得胜利将是愚蠢、毫无意义的政治仁慈。一旦苏联控制的游击运动在斯洛伐克领土上扎根，就有了一种"激活"斗争的手段，并把这场斗争的领导权牢牢掌握在"进步人士"手中，同时以突如其来的起义抢先资产阶级民族主义者一步。

在与捷克斯洛伐克共产党外事局（避免了与苏联政府的直接接触，这种很有效的预防措施旨在规避捷克斯洛伐克流亡政府的抗议，他们会被告知这不过是"党内会议"）会谈的过程中，什米德凯和他的共产党同事拟定出在斯洛伐克举行起义的相关指令。在德军实施占领的情况下，斯洛伐克人民将与斯洛伐克军队共同抗击侵略者，尽可能多地占领或解放领土，建立一个"临时国家权力机构"并展开游击战，直至苏联红军到来后赢得最终的解放。这份文件设想的第二种意外情况是苏联红军抢先进入斯洛伐克，在这种情况下也将发动一场全国性起义，建立"革命权力机构"并驱逐德国人和匈牙利人，随后，斯洛伐克军队参加到解放整个捷克斯洛伐克的行动中。

可就在各方会谈（什米德凯和费伦奇克在莫斯科，戈利安与伦敦，皮卡与苏联统帅部）进行得如火如荼之际，斯洛伐克的局势却让他们的计划落了空，斯洛伐克军队根本没有为突然发动一场起义做好准备。苏联领导的游击队遵照乌克兰游击运动司令部的指令，无视斯洛伐克民族委员会的存在，在8月初加紧行动，将斯洛伐克中部和东部接近地牢牢控制在手中。斯洛伐克政府深感震惊，向柏林发出呼吁，请求德国派部队支援。8月12日，戈利安通知伦敦，一场重要的反游击行动正在酝酿。他要求对游击队的活动加以限制，这些活动只会招致德国人的干预，肯定会使斯洛伐克的"抵抗"过早遭到破坏。伦敦方面的回复几乎无法让戈利安中校感到鼓舞，电报中指出，从技术上说，无法控制游击队，因为与他们的指挥部没有建立直接联络——但更重要的是，在捷克斯洛伐克流亡政府看来，目前整个欧洲的各个国家都在号召人民拿起武器反抗侵略者，在这种情况下，呼吁游击队在捷克斯洛伐克的土地上停止活动无异于政治自杀。伦敦方面提出的唯一办法是，斯洛伐克军方应当同游击队建立联系，为他们的活动提供支持。

12天后的8月24日，戈利安再次报告，德国和匈牙利对斯洛伐克的占领似乎已迫在眉睫。轴心国的军事占领已被确定为斯洛伐克人拿起武器挺身战斗的信号。可现在的问题看上去更加复杂了。应该让斯洛伐克人对德国—匈牙利军队展开小规模局部抵抗呢，还是让斯洛伐克军队发起突围，投奔俄国人更加有效？没过四天，戈利安收到了对这些问题的答复：任何大规模军事抵抗都不可能做到，但伦敦无法就戈利安提出的方案给出具体建议。突围到俄国人那里去似乎是最好的选择，但如果这个行动无法成功，就只能组织局部抵抗，将可用的兵力集中到斯洛伐克中部，加强后方军的实力，并与游击队并肩战斗。不过，位于伦敦的捷克斯洛伐克国防部答应将斯洛伐克事态的急剧变化告知苏联最高统帅部。

可是，斯洛伐克的游击队率先行动起来。8月25日后，游击队的活动加剧了，起义者已将图列茨斯基圣马丁镇（Turciansky Sv. Martin）控制在手中。接下来的两天里，另一些城镇的斯洛伐克守军也投靠了游击队，但德国派驻罗马尼亚的军事代表团团长，途经斯洛伐克返回柏林时被杀害，这才引发了起义的最终爆发。维利奇科上尉的游击队在图列茨斯基圣马丁镇拦住一列德国人的军用列车，这里距离游击队位于斯克拉比纳的主根据地并不太远。德国将军和他的参谋人员被带下列车，送至当地的一座兵营，并在次日（8月27日）被悉数枪毙。这场屠杀激怒了希特勒，他对斯洛伐克政府无法维持秩序深感愤怒，于是命令德军第357步兵师和一些支援部队（共计20000余人）立即进入斯洛伐克镇压这场暴乱。8月29日，德军援兵从摩拉维亚进入斯洛伐克，与斯洛伐克人的激战首先在日利纳（Zilina）、恰德察（Cadca）、波瓦卡-比斯特里察（Povazska Bystrica）和特伦钦（Trencin）爆发开来。游击队发起进攻，逼近班斯卡-比斯特里察（Banska Bystrica），并夺取了广播电台。

斯洛伐克军官们的"军事指挥部"给所有指定用于抗击德国人的部队发出军事起义的信号——"开始转移"。"自由斯洛伐克广播电台"向全国发出呼吁，号召斯洛伐克人挺身抗击德国的入侵。斯洛伐克民族委员会随后宣布"捷克斯洛伐克共和国"和六个临时性政府部门成立。为保卫这个新国家，民族委员会批准设立两个"防卫区"，每个防卫区都有独立的指挥部，并在"捷克斯洛伐克第1集团军"司令部的指挥下作战。"第一防卫区"以班斯卡-比斯特里察为中心，部署了3个步兵团，并配有大炮，以守卫兹沃伦（Zvolen）—班斯卡-比斯特里察—布雷兹诺（Brezno）地区；"第二防卫区"司令部设在立普妥夫圣米库拉斯（Liptovy Sv. Mikulas），掩护着从斯皮什新村盖兹马洛克（Spiska Nova Ves–Kezmarok）向西通往瓦赫（Vah）河谷直至下库宾（Dolny Kubin）和鲁容贝罗克（Ruzomberok）的地区。

突如其来的斯洛伐克起义首先在斯洛伐克中部爆发开来，但起义的关键力量——斯洛伐克野战军——却位于斯洛伐克东部。对于这种地理分隔，现在又增添了更为严重的破坏因素，斯洛伐克副军长塔尔斯基上校8月31日凌晨的飞离导致情况变得混乱而又危险。各游击队指挥员向苏军报告，他们夺取了一系列城镇；8月29日，游击支队指挥员V. I. 亚古波夫乘飞机赶至科涅夫的方面军司令部，报告了斯洛伐克东部的局势以及东斯洛伐克军实力及部署的详细情况。塔尔斯基上校也于8月29日在普雷绍夫（Presov）召开一次军事会议，他在会议上宣布，必须采取措施，设法与苏军指挥部取得联系。这位上校没有通知军部其他人员，而是通过A. A. 马尔特诺夫的游击支队安排了赶往苏军指挥部的飞行路线和着陆地点。

8月31日5点30分，三架载有19名斯洛伐克军官和士兵的飞机降落在乌克兰第1方面军战区内的卡里努夫（Kalinuv）。一个小时后，另一些斯洛伐克飞机降落在利沃夫，共计22架飞机最终到达苏联机场，携带着12名军官和54名士兵。可就在塔尔斯基上校设法赶至科涅夫元帅的司令部时，斯洛伐克东部迅速出现了混乱状况。东斯洛伐克军军长马拉尔将军从蒂索政府所在地布拉迪斯拉发给军里发去电报，宣布进入斯洛伐克的德国军队并不打算惩戒斯洛伐克军队。没有接到任何命令，军长和副军长都不在，糟糕的部署和无望的混乱，这一切都使东斯洛伐克军成为德军第108装甲师[44]唾手可得的猎物，该师于8月31日对斯洛伐克军队发起攻击。大多数斯洛伐克士兵被就地缴械，只有少数人逃脱后加入了游击队。没用24小时，东斯洛伐克军就被彻底解除武装，一些斯洛伐克军官投靠了德国人，大批斯洛伐克士兵被送往集中营。

这种军事瓦解并不仅仅局限于斯洛伐克东部。西部的驻军，包括守卫布拉迪斯拉发、尼特拉（Nitra）、赫洛霍韦茨（Hlohovec）、特伦钦和盖兹马洛克（Kezmatok）的部队也没能参加起义，其结果是，斯洛伐克的起义几乎从一开始就局限在斯洛伐克中部，进入该地区的士兵和游击队员开始撤出，形形色色的游击队和十几个营的斯洛伐克军队装备很糟糕，大炮很少，或者根本就没有。8月30日，流亡政府从伦敦给戈利安发去紧急电报，询问相关情况。戈利安几乎没有提供准确的事实，只提到他对德军入侵造成的问题的"解决办法"。塔尔斯基正打算与俄国人取得联系，戈利安本人留下来与斯洛伐克军队和游击队组织抵抗，但他也发出派遣伞兵部队的紧急请求，他们可以在"三棵橡树"或摩卡德机场降落——"尽快提供帮助，我们迫切地需要，我们的情况很危急"。位于伦敦的捷克斯洛伐克国防部，对塔尔斯基的去向和意图几乎一无所知，于是发电报给正在莫斯科的皮卡将军，请他联系苏联统帅部，设法让对方将捷克斯洛伐克空降旅（最好是苏军伞兵部队）派至斯洛伐克。

9月1日的消息变化不定。先是塔尔斯基报告的情况，一切都没问题，他支持戈利安的人；随后又传来灾难性的真相，塔尔斯基实际上抛弃了东斯洛伐克军，任其自生自灭。此时，东斯洛伐克军已不复存在。但在科涅夫司令部报告德国人入侵情况的塔尔斯基却坚称，如果苏军开始向西南方推进，那么，两个斯洛伐克师将冲向克罗斯诺（Krosno），与红军取得会合。塔尔斯基不知道、没想到或是没有透露这两个师已被德军消灭。科涅夫元帅打电话给斯大林，汇报了与塔尔斯基上校的会谈；9月2日3点20分，他给斯大林发去一份书面报告，阐述了以他的左翼部队与彼得罗夫（乌克兰第4方面军）的右翼部队沿克罗斯诺—杜克拉—蒂拉瓦（Tilyava）方向冲入斯洛伐克的计划：

会谈中，塔尔斯基上校指出，我军向西面发起进攻时，沿边境线部署的斯洛伐克第1师和第2师可以从东面发起进攻，从而与红军取得会合。

我方面军位于克罗斯诺地域，距离斯洛伐克边境30—40公里。如果您批准的话，以乌克兰第1方面军的左翼部队与乌克兰第4方面军的右翼部队实施协同作战，前出至斯洛伐克境内的斯特罗普科夫（Stropkov）—梅济拉博采（Medzilaborze）地域是适宜的，以便与斯洛伐克军队和游击运动力量取得会合。

为实施此次战役，乌克兰第1方面军可以投入第38集团军的4个步兵师和近卫骑兵第1军，沿克罗斯诺—杜克拉—蒂拉瓦方向攻击前进。捷克斯洛伐克第1军最好也在这一方向上参战。七天后可开始实施这一战役。请您就上述问题做出指示。（科涅夫，《方面军司令员笔记》，第300页）

9月2日晚，最高统帅部给科涅夫下达了具体指令，鉴于"斯洛伐克游击运动的发展和斯洛伐克军队的一些正规部队及兵团为抗击德国侵略者而展开武装斗争"的态势，批准苏军部队投入此次战役。

最高统帅部的指令要求乌克兰第1方面军"在乌克兰第1方面军与乌克兰

第4方面军的结合部准备和实施战役，从克罗斯诺—萨诺克（Sanok）地区向普雷绍夫总方向发起突击，前出至斯洛伐克边境，与斯洛伐克部队会合"。科涅夫获准使用捷克斯洛伐克第1军，并被建议使用"位于普雷绍夫东北面的斯洛伐克部队，但必须事前与他们达成协议"。为确保乌克兰第1方面军左翼部队的行动，最高统帅部给乌克兰第4方面军的彼得罗夫下达命令，让他的右翼部队发起一场从萨诺克地域到科曼恰（Komanc）的进攻，这场支援性进攻由一个军执行。苏联最高统帅部以为斯洛伐克军仍在战斗，科涅夫元帅在9月3日提交的作战计划中持同样看法。主要任务交给莫斯卡连科的第38集团军，捷克斯洛伐克第1军配属给该集团军：苏军的计划构想是以步兵师迅速消灭喀尔巴阡山山麓的敌军，随后以近卫骑兵第1军、坦克第25军和第二梯队的部队穿过山脉实施纵深突破，三至四天后与斯洛伐克游击队取得会合。苏军选择的前进路线是沿公路赶至杜克拉，并穿越杜克拉山口，这是进入斯洛伐克最短的路径，苏联红军一旦突破德军战术防区，便能利用公路快速推进。第38集团军调至喀尔巴阡山南坡的杜克拉方向还将切断德国第1装甲集团军与"北乌克兰"集团军群之间的主交通线。科涅夫的方面军司令部（参谋长为索科洛夫斯基）根据两支想当然存在的部队策划了斯洛伐克战役：苏军发起进攻的第三天，斯洛伐克第1师和第2师从斯特罗普科夫北面朝莫斯卡连科第38集团军的方向发起进攻，打开主要山口，苏军的整个行动将在五天后结束，届时，第38集团军将到达旧柳博夫尼亚（Stara Liubovna）至普雷绍夫一线，深入斯洛伐克境内大约60英里。最高统帅部显然不知道这些斯洛伐克师已不复存在，因而于9月4日批准了科涅夫的进攻计划，并把9月8日定为发起进攻的最后日期。

遵照捷克斯洛伐克流亡政府的命令，皮卡将军向苏联政府正式提出为斯洛伐克起义提供军事援助的请求，9月2日，一份文件交至苏联军方手中。在此期间，斯洛伐克民族委员会派驻莫斯科的两名代表没有发现苏联提供支援的明确可能性，于是转而向英国政府求援。捷克斯洛伐克政府指示兹德涅克·菲尔林格大使寻求苏联方面提供支援的一些保证，克莱门特·哥特瓦尔德也给莫洛托夫写了封信，强调斯洛伐克起义对整个共产主义事业的重要性。苏联政府做出提供支援的保证，既未拖延也没有提出异议，苏联的第一个决定似乎是答应迅速采取行动：最高统帅部给科涅夫下达命令，让他为起义提供军事支援，皮卡将军请求苏联提供武器（首批要求1000支冲锋枪、300支反坦克枪、400挺轻重机枪、弹药和1000公斤炸药），对此，苏联统帅部派出两个远程轰炸机军（第4和第5军）执行空运任务，这个决定从9月5日起生效。当晚，苏军派出30架飞机，其中19架降落在班斯卡-比斯特里察附近的"三棵橡树"机场并卸下机载物资，除了轻武器，还有13800发冲锋枪子弹、41800个弹匣和125000发自动武器子弹。接下来的两天里，更多的飞机运来更多的装备，而苏联游击队继续从乌克兰的根据地赶来，这使斯洛伐克的苏联游击队总兵力达到3000人。9月5日，普罗科皮尤克游击旅的600多人以及第3支队被派入斯洛伐克，他们跨过边境线，在梅济拉博尔采（Medzilaborce）地区展开行动；另外两个支队（每股20人）隶属于苏军，后来被空投进普罗科皮尤克设立的根据地。

9月初的这些日子里，"自由斯洛伐克"在一些地段对入侵的德国军队发起攻击，并试图完成他们的紧急动员。斯洛伐克军队的60000多名士兵，在起义最初的日子里只有16000余人参与其中，但民族委员会发起总动员，又召集起25000人，他们都被编入"捷克斯洛伐克起义第1集团军"。另一些斯洛伐克人加入了游击队。军人和游击队员都实施了顽强的抵抗，迫使贝格尔将军[45]和德军统帅部改变了他们的想法：他们原以为只要从西北面（从日利纳到图列茨斯基圣马丁）、北面、东南面和西南面对这些叛乱分子发起打击，镇压这场暴乱只需要几天时间。将贝格尔（没过一个月便被粗暴地解除了职务，接替他的是党卫队兼警察高级领袖赫夫勒）派至斯洛伐克执行任务的全国领袖希姆莱下令对暴乱实施全面镇压，并要求肃清将这个国家一分为二的铁路线（日利纳—布拉迪斯拉发和日利纳—科希策的双向铁路线）。为执行这项清剿任务，"塔特拉"装甲师穿过亚布伦科夫（Jablunkow）山口赶往日利纳和恰德察的枢纽站；党卫队第20保安师的部队从摩拉维亚赶往特伦钦；在摩拉维亚训练学校临时组建的一个党卫队装甲团冲入斯洛伐克西部，直奔尼特拉而去；武装党卫队第86掷弹兵师的部队从北面而来；"舍费尔"战斗群从东面沿瓦赫河一线推进，奉命逼近鲁容贝罗克；最后是从东南方而来的党卫队装甲师的坦克，倒霉的东斯洛伐克军已被他们缴械。

9月份第一周结束时，德军已夺取立普妥夫圣米库拉斯和鲁容贝罗克，将斯洛伐克起义者困在瓦赫河北面。德军朝东南方的推进不太顺利，他们被挡在斯特雷希诺（Strecno）；德·拉尼里埃内上尉领导的法国战俘组成的游击队，在斯洛伐克部队和苏联游击队的支援下，挡住德军坦克，为图莱克（Turec）河谷重新组织防御赢得了时间。在北面受阻后，德军指挥部决定从南面实施突破，他们将发起一场进攻，在普列维扎（Prievidza）和汉德洛瓦（Handlova）穿越尼特拉（Nitra）河谷，而远在东南方（斯洛伐克东部边缘）的德军坦克已于9月4日到达特尔加特（Telgart）；斯坦尼克上尉指挥的斯洛伐克部队和叶格罗夫少校的苏联游击队发起猛烈的反击，将德军击退，迫使他们向东撤往多布希纳（Dobsina）和斯皮什新村（Spisska Nova Ves）。德军从这一地区撤往喀尔巴阡山防线后，这里的战事平息下来，并一直持续到月中。与匈牙利毗邻的南部地区此时依然保持着平静，因为匈牙利人并不打算插手干预斯洛伐克的事务。

面对第一波德国军队，斯洛伐克人的抵抗不够稳定，但不能说不成功，而就在此刻，莫斯卡连科的第38集团军以一个"快速集群"（近卫骑兵第1军、坦克第25军和捷克斯洛伐克第1军）为支援，完成了攻入斯洛伐克的最终准备，他们集结起3个步兵军（步兵第52、第101和第67军）共计9个步兵师的力量，尽管许多师并不满编，武器也不充足。喀尔巴阡山的这一地段，只有杜克拉和武普库夫（Lupkow）山口可供翻越高达800米的山脉，山坡上林木繁茂，狭窄的山谷将遭到小河和山洪侵袭的山脉分开。德国人据守着斯洛伐克和匈牙利士兵辛苦几个月建立的阵地，其防线长达25英里，主阵地位于山麓和北坡，掩护着主接近地和寥寥无几的道路。目前，两个德国军（隶属于第17集团军的第11军和隶属于第4装甲集团军的第24装甲军）据守着"克罗斯诺—杜克拉"方向；莫斯卡连科第38集团军的前方排列着3个德军步兵师、1个工兵训练营、一些警察部队和第96师的一个团，共计20000余人和200门大炮，并以克罗斯诺为据点。其他地段的所有道路和山脉接近地都布设了地雷、防坦克壕和各种障碍物，山脊和山坡上布满火力点和小型阵地。

9月8日拂晓，遵照最高统帅部给科涅夫下达的指令，苏军大炮突然对喀尔巴阡山展开一场历时两个小时的炮击，这是莫斯卡连科第38集团军发起进攻的前奏。苏军步兵的首轮进攻几乎没有遭遇到抵抗，最初几小时的战斗进展令莫斯卡连科深受鼓舞，他决定在中午时投入捷克斯洛伐克第1军的部队。当天的大多数时间里，捷克斯洛伐克士兵沿着满是积水的道路挣扎向前，时间耗费在了行军上，因而9月8日这一天，他们并未参加战斗。晚上，德国人的抵抗变得顽强起来。德国第17集团军司令部开始把援兵投入克罗斯诺地域，一个步兵师从图尔卡河（Turka）赶来，装甲部队从桑多梅日登陆场隆隆驶来，另外一些部队也从斯洛伐克内陆调来。德国人顽强据守着克罗斯诺，苏军打开的突破口9月9日被德军迅速封闭，当天，格列奇科的近卫第1集团军在彼得罗夫乌克兰第4方面军的右翼发起进攻，试图在萨诺克突破德军防御。

经过两天的近距离作战，苏军步兵突破德军第二道防区后，设法攻入克罗斯诺。但他们的推进在德军重点防御的杜克拉再次陷入僵局，德军指挥部抓住这个机会调来更多的兵力和坦克，直到其实力（与9月8日相比）几乎增加了一倍，达到6个步兵师和2个装甲师。科涅夫元帅赶至莫斯卡连科的司令部亲自查看战场态势。眼前的情况并不让人乐观：德国人新调来的援兵阻碍了苏军的整个行动，现在，这场战役必须在没有任何斯洛伐克部队在德军身后发起进攻的情况下进行，而且时间非常紧迫。为提供一些增援，科涅夫命令近卫坦克第4军（该军的实力并不强，只有59辆T-34坦克和9辆SU-85自行火炮）投入战斗；这支坦克部队的部分力量及时出现在对克罗斯诺的进攻中，但另一些更加激烈的战斗也需要他们去完成。苏军与斯洛伐克起义者控制的地区仍有一段相当长的距离，杜克拉尚未被突破。科涅夫决定利用莫斯卡连科的左翼部队在德军防线上打开的一个小缺口（宽度约为2000码），缺口位于杜克拉东面，利萨古拉（Lysa Gura）与格洛伊斯采（Gloitse）村之间，受到德军机枪和迫击炮的掩护。近卫骑兵第1军奉命进入这个缺口，翻越山脉后冲入德军后方，这个危险的任务能否成功，取决于保持狭窄"通道"的畅通。近卫骑兵第1军在9月12日夜间出发，跨过山坡朝山脉而去。该军把重装备留下，只携带了很少的弹药：300发76毫米火炮炮弹、420发82毫米迫击炮炮弹和400枚手榴弹，只够进行几个小时的战斗。在这些骑兵身后，莫斯卡连科派军属炮兵尽快向前；炮手们推动大炮翻越山坡，击退了掩护着道路接近地的德军机枪手，而马拉大车搭载着有限的弹药努力向前行进。就在苏军部队前进之际，身后的德国人堵住了缺口；9月15日夜间，狭窄的"通道"在近卫骑兵第1军身后被封闭，现在，这个骑兵军与第38集团军主力之间的联系被彻底切断，只能依靠运输机为他们空投弹药、食物和药品。

科涅夫的孤注一掷没能获得成功，红军也没能突破至斯洛伐克起义者控制的地域，尽管苏军在喀尔巴阡山的进攻吸引了德军兵力，缓解了斯洛伐克中部起义者们承受的压力。第38集团军辖内的捷克斯洛伐克部队在苏军第一轮救援进攻中发挥了重要作用，9月中旬，捷克斯洛伐克飞行员和伞兵也加入到肆虐于斯洛伐克境内的战斗中。捷克斯洛伐克部队的出现，特别是伞兵作为一支独立部队参加战斗，也许会令斯洛伐克人深感振奋，但也造成了对整个"捷克斯洛伐克武装力量"（包括游击队在内）控制权的争夺。9月13日，苏联最高统帅部批准将捷克斯洛伐克第1歼击机团派至斯洛伐克，这是皮卡将军提出的请求。科涅夫元帅在他的方面军司令部内获知"三棵橡树"机场可以使用，于是给空军第2集团军下达命令，将捷克斯洛伐克歼击机团直接用于斯洛伐克前线。9月17日，该团的歼击机飞抵"三棵橡树"机场，9月18日夜间又把包括弹药、燃料和通信设备在内的全套技术装备运抵。"三棵橡树"机场也是另一支捷克斯洛伐克部队的到达地，第2伞兵旅（隶属于捷克斯洛伐克第1军）奉命进入斯洛伐克，这同样是苏联最高统帅部对皮卡将军的请求做出的回应。9月13日，派出歼击机团后，苏联最高统帅部又把这个伞兵旅派出，并安排空军远程运输机第5军将该旅的人员和装备送入斯洛伐克。

9月17日，第一批苏军运输机投下12名捷克斯洛伐克伞兵和2部电台，这个先遣小组被派至"三棵橡树"机场，准备着陆和卸载工作。没过十天，第一批伞兵降落在机场上，但只有几个连队。第2伞兵旅的主力（700名士兵和104吨装备）在10月份的第一周飞抵，立即被部署在班斯卡–什佳夫尼察（Banska Stiavnica）西面和西南面。一连五周，苏军飞机将捷克斯洛伐克旅的人员不断运到，共计1855人和360吨物资，并把784名负伤的游击队员和士兵运离。10月25日，苏军停止了空运，但在此之前，空运飞行一直受到不利天气条件（秋季带来的大雾和狂风）的影响。

游击队与正规军的混合，与伦敦和莫斯科错综复杂的关系以及起义所承受的军事压力，加剧了为控制这些小股部队所进行的斗争。德军攻入斯洛伐克的第一次尝试被挡住后，起义军收缩了战线，这场起义在很大程度上被限制在斯洛伐克中部，他们迅速重建那里的防御体系；六个"战术群"取代了两个

"防卫区"，这提供了更大的灵活性，游击队之间的配合也更加容易，但此举并未解决正规军与游击队各自为战的问题。为了对游击运动进行集中管理，斯洛伐克民族委员会9月16日建立起自己的"游击运动总司令部"，捷克斯洛伐克共产党领导人"请求"乌克兰游击运动司令部派专业的苏军军官加以指导。很长一段时间以来，苏联飞机不停地把苏联游击队指挥员和政治官员运来，扩充着已经很可观的力量，但9月底，乌克兰游击运动司令部派来A. N. 阿斯莫洛夫上校，鲁道夫·斯兰斯基担任他的副手（另外还有扬·什维尔马，他后来在斯洛伐克阵亡），这标志着一个更加重大的变化——斯洛伐克的游击运动已处在苏联的控制下。月底时，美国和英国联络组通过科涅夫元帅的方面军司令部赶至捷克斯洛伐克第1集团军设在班斯卡-比斯特里察的司令部；泽默尔少校和格林中尉率领的这两个联络组被德国人俘获，随后被枪杀，尽管他们都穿着正规的军装。

10月初，斯洛伐克的局势似乎有所好转，但被证明是席卷斯洛伐克的大风暴到来前的一场短暂而又令人兴奋的插曲。9月下旬，莫斯卡连科的第38集团军冲上喀尔巴阡山山顶，逼近了杜克拉山口的接近地。月底时，冒着大雾和秋雨，苏联和捷克斯洛伐克军队发起进攻，经过五天激战，捷克斯洛伐克第1军于10月6日夺取了杜克拉山口。第2伞兵旅更多的单位正从苏联的基地进入斯洛伐克，而维耶斯特将军从伦敦赶至班斯卡-比斯特里察，接管了捷克斯洛伐克第1集团军的指挥权，这是决心将所有为"自由斯洛伐克"而战的捷克斯洛伐克武装力量纳入效忠流亡政府的一个指挥部的前奏。捷克斯洛伐克政府指示其派驻苏联的大使试探苏联方面对捷克斯洛伐克与英国和美国商讨为斯洛伐克提供武器的态度，因为"从苏联运送武器的任务由于恶劣的天气条件而被延迟"。菲尔林格大使回复说，苏联方面的态度极为谨慎，但他估计"如果英国人和美国人只是给斯洛伐克提供武器的话，莫斯科应该不会提出异议……"。不过，他的观点是，捷克斯洛伐克政府应该正式请求苏联政府向斯洛伐克派遣一名"经验丰富的苏军将领"，担任"红军最高指挥员"；授予他所需要的权力后，这位指挥员就能"协调所有部队的作战行动……特别是正规军和游击队"。马萨里克[46]否决了这个建议；苏联与捷克斯洛伐克达成的协议中规定，在苏联境内组建的这些军事单位应该由一名捷克斯洛伐克指挥官指挥，即便这些部队在作战时隶属于俄国人；而在斯洛伐克组建的部队并未包含在这份协议中，因而没有必要寻求"一名苏军将领"的指挥。捷克斯洛伐克努力统一着所有武装力量，试图把捷克斯洛伐克第1军（目前已进入捷克斯洛伐克领土）纳入到维耶斯特和戈利安领导的捷克斯洛伐克第1集团军的框架内，这不可避免地造成了关系紧张，待德国人下定决心彻底镇压这场暴乱时，紧张的关系变得愈发恶化。

捷克斯洛伐克军队终于在自己的国土上奋战之际，对10月初事态绽露出的短暂光明而言，前景已极为严峻。9月底，海因里希·希姆莱赶至布拉迪斯拉发，10月份的第一周，他与派驻斯洛伐克的党卫队领袖赫夫勒在维也纳举行了一场特别会议，拟定了镇压斯洛伐克起义的计划。他们有迫切的理由采取这一激烈行动。苏军突破杜克拉山口，这使他们得以进入斯洛伐克，并有可能与起义军取得最终会合，如果他们获得适度的加强，便会向西推进，甚至有可能朝西北方前进，进入波西米亚—摩拉维亚，或向西南方进入匈牙利，德国人密切关注着匈牙利的情况，因为匈牙利人正着手与盟军商讨投降事宜。必须以最快的速度将"自由斯洛伐克"镇压下去，执行这个任务的德国军队由7个师组成，并配有大炮、坦克和飞机。10月中旬，萨拉西在匈牙利发动的政变给德国人的镇压行动帮了大忙，因为德军可以从匈牙利境内发起进攻，斯洛伐克失去了"平静的南部边界"这一宝贵资产。10月18日后，德国人从四面八方逼向斯洛伐克，进攻发起点多达11个。新到达的部队中包括"迪尔勒旺格"旅，他们刚刚结束了在华沙的屠杀，迫切希望展开进一步的反游击行动；原本担任预备力量的党卫队"霍斯特·威赛尔"装甲掷弹兵师被调至南面，以便向特尔加特、班斯卡–比斯特里察、兹沃伦斯卡–斯拉蒂纳（Zvolenska Slatina）和兹沃伦发起打击，而在北面，一个武装党卫队师接替了"舍费尔"战斗群。

10月18日—20日，这些新锐德国军队攻入起义军据守的地区，到处都留下焚毁的村庄、万人坑以及遭到羁押、等待运往集中营的平民百姓。只有下塔特拉（Low Tatras）山北坡，斯洛伐克军队和游击队挡住了德军坦克；而其他地方，党卫队以摧枯拉朽之势粉碎了起义军的阵地。武装党卫队第14师从西北面攻向布雷兹诺；党卫队"霍斯特·威赛尔"师从南面冲向季索韦茨（Tisovec）；德军坦克从克雷姆尼察（Kremnica）和图列茨斯基圣马丁攻向班斯卡-比斯特里察，其他德军部队也将在那里会合。10月25日，布雷兹诺陷落，两天后，兹沃伦失守，而"自由斯洛伐克"政府所在地班斯卡-比斯特里察也于10月27日沦陷。面对德军的一连串向心攻击，斯洛伐克民族委员会不得不撤离班斯卡-比斯特里察，退至下塔特拉山主山脉边缘的多纳瓦利（Donovaly）。待德军坦克出现在"三棵橡树"机场，捷克斯洛伐克歼击机团失去了他们唯一的基地，被迫飞回苏军战线。德军战机随后将注意力集中在班斯卡-比斯特里察南面的各条道路上，搜寻着向山区突围的斯洛伐克士兵和平民。

在这场最终的血腥屠杀和混乱中，被共产党人嘲笑为"会客室将军"（尽管他死在集中营里）的维耶斯特将军进行了最后一次尝试，以挽救"自由斯洛伐克"残余的作战力量。10月29日，维耶斯特下达了最后一道命令；尽管他急于保存自己的军队，但苏联军官们坚持将捷克斯洛伐克第1集团军分解为一个个游击队，以便在山区继续战斗。对于斯洛伐克这支武装力量的控制权问题，当时和后来都证明，双方（共产党人和反共产主义者）展开了激烈的攻讦。共产党人指责"资产阶级分子"和斯洛伐克共产党内受到民族主义影响的"右倾分子"为捷克斯洛伐克流亡政府的利益效力，试图在没有苏联帮助的情况下解放斯洛伐克，并妄图以捷克斯洛伐克第1集团军外加在苏联组建的捷克斯洛伐克第1军，构成一支资产阶级类型的新军队的核心。另一方的反驳针对的是苏联的领导和政策，谴责他们"禁止"斯洛伐克起义者从西方国家获得武器补给，"破坏"捷克斯洛伐克伞兵旅调入斯洛伐克，并故意利用斯洛伐克军队与游击队之间的裂痕。

截至10月底，"自由斯洛伐克"已几乎被彻底消灭。希姆莱加快了施加于斯洛伐克人身上的虐待狂般的"绥靖"步伐。维耶斯特和戈利安将军试图乘飞机逃离，但愤怒的斯洛伐克士兵将飞机烧毁在他们面前，这两人都落入德国人手中。游击队和普里克里尔上校捷克斯洛伐克第2伞兵旅的幸存者逃入山区，准备在严酷的冬季气候下继续战斗。

斯洛伐克起义对游击队的使用，使苏联当局成功地将游击运动"移植"过苏联国界，这是苏联领导的游击队被用于发起一场"革命斗争"唯一持久的实例，对于这场斗争，就连斯洛伐克共产党也持反对意见。战场上，苏联红军没能成功突破至发动起义的斯洛伐克军队身边，但在第一批苏军士兵赶往斯洛伐克前，斯洛伐克军队已被德军消灭，或是被斯洛伐克军官怪异的举动弄得杂乱无章。苏军突破至普雷绍夫的计划被证明是不现实的，尽管苏军在喀尔巴阡山的军事压力使12000名德军士兵被调离镇压起义者的战斗。从某种程度上说，苏联统帅部实际上负有一定的责任，它的僵化使斯洛伐克沦为受害者；但捷克斯洛伐克流亡政府同样负有责任，他们试图掌握捷克斯洛伐克所有作战部队的控制权，却没能在波西米亚和摩拉维亚召集起更多的人员，从这两个地区进入斯洛伐克的战士只有一千余人。

苏联红军在喀尔巴阡山的艰难战斗一直持续到11月底，尽管解救斯洛伐克起义者的所有希望都已消失。10月底，莫斯卡连科的第38集团军在一份建议书中列举了延长作战行动的理由：继续战斗可以将德军包围在左翼，最终冲入斯洛伐克东部，与从匈牙利方向向北突击的乌克兰第2方面军的部队取得会合，并通过吸引德军减轻斯洛伐克起义者所承受的压力。因此，第38集团军辖下的部队继续战斗，冒着冬季夜晚凛冽的寒风一路推进到翁达瓦河（Ondova）。无论斯洛伐克起义背后的政治斗争是多么复杂，苏联红军都为此付出了高昂的代价。莫斯卡连科的部下们站在翁达瓦河畔，他们经历了争夺山口的激战，伤亡高达80000人，其中近20000人阵亡。卢德维克·斯沃博达将军的捷克斯洛伐克第1军，与第38集团军并肩奋战，为了在祖国的土地上争夺一块立足之地，他们遭受的损失甚至更加严重，第1军许多将士牺牲时，只看见几米的国土。捷克斯洛伐克第1旅旅长维德拉将军刚刚跨过国境线几码便被一颗地雷炸为碎片；他的名字被添加到捷克斯洛伐克阵亡者名单中——共计6500人阵亡，几乎是捷克斯洛伐克第1军总兵力的半数。

1944年8月17日拂晓前不久，一个苏军步兵班在维克托·米哈伊洛维奇·扎卡布鲁克的带领下，利用黎明前的黑暗溜过公路进入一片苜蓿地，爬过最后的200米，他们到达了谢舒佩河（Sheshupe），几天前，德军和苏军坦克曾在这里进行过小而激烈的战斗。扎卡布鲁克这个班的左右两侧，步兵第184师（隶属于第5集团军，该集团军在切尔尼亚霍夫斯基的白俄罗斯第3方面军辖内作战）辖下古布金大尉指挥的步兵第2营在坦克和大口径迫击炮的支援下战斗，以肃清沿河岸修筑的德军战壕。清晨5点，在距离东普鲁士边境几米远的地方，扎卡布鲁克下达了冲锋的命令，班里的战士跳起身向前冲去，竭尽全力发出欢呼声。半小时后，亚历山大·阿法纳西耶维奇·特列季亚克（第一个站在苏德边境线上的苏军士兵）将手里的红旗插在第56号界碑处。切尔尼亚霍夫斯基的方面军不折不扣地完成了最高统帅部的命令。

维尔诺早在7月9日便被苏军包围，切尔尼亚霍夫斯基派出他的机械化部队追击德军，并朝涅曼河冲去。第5集团军司令员N. I. 克雷洛夫中将要求维尔诺的德国守军立即投降："你们（德国人）已被困在我们的后方，妄图突围是没有用的。"切尔尼亚霍夫斯基的部队朝涅曼河而去，在维尔诺西面与格罗德诺接近地之间，沿一个宽大的正面到达该河。（德国第3装甲集团军据守着从考纳斯到阿利图斯的涅曼河河段，第4集团军沿河流南段设防，直至格罗德诺。）

在波兰地下抵抗力量的协助下，克雷洛夫的步兵在市中心进行了最后的激战，7月13日肃清维尔诺，而此刻，最高统帅部正着手对白俄罗斯第3方面军做出重新部署，以便对敌人的涅曼河防线发起突击：在维尔诺北面作战的第39集团军重新回到切尔尼亚霍夫斯基麾下，巴格拉米扬的波罗的海沿岸第1方面军被解除了"考纳斯方向"的任务，切尔尼亚霍夫斯基麾下的近卫机械化第3军被调拨给巴格拉米扬，而在格罗德诺投入战斗的近卫骑兵第3军则接受扎哈罗夫白俄罗斯第2方面军的直接指挥。柳德尼科夫的第39集团军现在把切尔尼亚霍夫斯基右翼的作战行动扩展至乌克梅尔盖（Ukmerg）；克雷洛夫的第5集团军对维尔诺发起进攻后，击退了向城市西北面突围的德军，而近卫坦克第3军冲向西北方，切断了维尔诺—考纳斯铁路线，并攻入凯希亚多里斯（Kaisyadoris）。7月9日—13日，加利茨基上将的近卫第11集团军推进了60英里，他的右翼军（古列夫少将的近卫步兵第16军）于7月13日抵达涅曼河，并立即进行渡河准备。在阿利图斯（Alitus）地区率先渡河的是列先科上校的近卫步兵第95团（隶属于近卫步兵第31师）；7月14日拂晓前，近卫第11集团军已有两个军在阿利图斯的北面和南面踏上西岸。近卫第11集团军北面，第5集团军辖下的步兵第45军也在几个小时内赶至涅曼河，第31集团军紧随其后（该

340 ·

集团军的先头部队在格罗德诺北面强渡涅曼河）。次日（7月15日），面对被合围的威胁，德军撤出阿利图斯。

维尔诺西北面，德军装甲和步兵部队发起进攻，试图遏制苏军向考纳斯的推进。在涅曼河西岸，他们对苏军据守的登陆场反复发起攻击。7月28日，苏军最高统帅部给切尔尼亚霍夫斯基下达了重要指令，命令他从南面和北面发起进攻，务必在8月1日—2日前夺取考纳斯，随后冲向东普鲁士边境。于是，切尔尼亚霍夫斯基给克雷洛夫下达命令，让他从南北两面迂回考纳斯，歼灭德国守军，然后赶往边境地带。没用几个小时，克雷洛夫便对考纳斯发起进攻，他投入两支突击力量，近卫步兵第72军冲向西北面，步兵第45军在东南面战斗。7月30日，克雷洛夫的部队攻入考纳斯之际，德军沿整个涅曼河防线的抵抗开始崩溃。切尔尼亚霍夫斯基的中央和左翼部队朝维尔卡维什基斯（Vilkovyshki）方向推进，近卫坦克第2军冲向马里亚姆波列（Mariampol）火车站，从而对德军逃离考纳斯的交通线构成了威胁。7月31日夜间，苏军步兵第45和第65军从南面对考纳斯发起果断突击，步兵第144师穿过南面的古堡攻入城内。当晚，大半个城市被肃清，不过，德军指挥部已将第9军撤向西北方，苏军近卫步兵第72军展开猛烈追击。

德国人试图沿铁路和公路线从考纳斯撤往马里亚姆波列，这场战斗后撤获得重型坦克、突击炮和摩托化步兵的掩护，为切断德军，苏军步兵第45军军长S. G.波普拉夫斯基中将（他是一名波兰人，目前是苏联红军中的一名职业军官，1944年底被派去指挥波兰第1集团军）命令一个获得坦克支援的步兵团赶往西南方，堵住公路和铁路线。跟在这支阻击力量身后的是与第5集团军的步兵协同行动的布尔杰伊内近卫坦克第2军，他们也赶往考纳斯西南方。以坦克为先锋，另一支部队（第33集团军）的步兵攻占了马里亚姆波列火车站，随后朝维尔卡维什基斯方向冲去。

一段时间以来，切尔尼亚霍夫斯基保持着这种势头，他的一些部队跨过涅曼河河曲部（位于考纳斯东面），另一些部队冲出位于德鲁斯基宁凯（Druskeniki）和戈扎（Gozha）的较小的登陆场，进入奥古斯图夫（Augustovo）广阔的森林中，坦克穿过马里亚姆波列，沿着主干道冲向苏瓦乌基（Suvalki）。8月初，白俄罗斯第3方面军的部队渡过谢舒佩河，夺取了维尔卡维什基斯和卡尔瓦里亚（Kalvaria），朝马里亚姆波列西北方迅速推进。三个多星期的战斗中，9个德军师被粉碎或被推开，维尔诺的15000名守军被歼灭或被俘（据苏军统计，7000名德军士兵被击毙），在随后发起的追击中，又有44000名德军士兵被俘。但苏军的损失也很严重。罗特米斯特罗夫的近卫坦克第5集团军只能投入1个坦克旅（28辆坦克），这就是该集团军剩余的全部坦克力量，各坦克军只剩下摩托化步兵可用于战斗，各坦克旅被调回约纳瓦（Ionavi）接受补充。近卫第11集团军辖内的各个团，配备2个连的营缩减到只配备1个连。在涅曼河与谢舒佩河之间，德军仍控制着相当大的区域，他们集结在涅曼河后，考纳斯西北方的沙基艾（Shaki），8月份第一周结束时，德军对维尔卡维什基斯发起一场反击，将苏军逼退。尽管切尔尼亚霍夫斯基逼近东普鲁士边境，他的一些部队已于8月17日前出到那里，但边境线上排列着德军防御工事，仓促发起进攻肯定无法将其攻克。最高统帅部7月28日的指令要求切尔尼亚霍夫斯基做好朝贡宾嫩（Gumbinnen）—因斯特堡（Insterburg）—普雷斯（Preis）—艾劳（Eilau）方向发起进攻的准备，同时还要向考纳斯—艾特库嫩（Eydtkuhnen）铁路线推进，但切尔尼亚霍夫斯基必须先肃清涅曼河—谢舒佩河地域，然后才能调集足够的兵力对东普鲁士强大的防御发起进攻。随着苏军到达边境线，楔入东普鲁士境内，双方的战线构成这样一种状态：德军据守着谢舒佩河上的弗拉季斯拉沃夫（Vladislavov），苏军占据着马里亚姆波列以及南面的卡尔瓦里亚和塞伊内（Seyny）。

　　北面，切尔尼亚霍夫斯基的友邻部队，巴格拉米扬指挥的波罗的海沿岸第1方面军，奉命切断德国"北方"集团军群与东普鲁士之间的交通联系，这是苏军最高统帅部重大战略构想的组成部分。但最高统帅部解决"北方"集团军群的方案没能打动巴格拉米扬，早些时候，他已多次表达过对中央地段顺利达成突破寄予厚望的怀疑。这场新攻势也不会例外。巴格拉米扬自己设想的计划是以方面军主力朝里加方向展开进攻，并在希奥利艾[47]发起一场支援性进攻，这场强大的攻势对准的是"北方"集团军群的整个南翼，旨在向西北方席卷，并把残余的德军逼退至西德维纳河后方，在那里，他们将被波罗的海沿岸第2、第3方面军对河流北面发起的进攻彻底粉碎。除了威胁德军侧翼和后方，威胁敌人与东普鲁士的陆地连接，从而降低各德军师的防御能力，使其遭受另外两个方面军（波罗的海沿岸第2和第3方面军）的打击外，巴格拉米扬还将夺取他的大奖：彻底歼灭德国第3装甲集团军，与白俄罗斯第3方面军右翼部队相配合，打开进入整个立陶宛和库尔兰的大门。最高统帅部7月4日的No.220130号指令规定了巴格拉米扬的目标，对这位正孕育自己的作战计划的方面军司令员来说不啻为当头一棒：最高统帅部确定的主要突击是沿斯文齐亚内（Sventsyani）—考纳斯方向进行，5个集团军（近卫第6集团军、第43集团军、第39集团军、近卫第2集团军和第51集团军）将被投入这一方向，方面军还将派遣部分兵力进攻帕涅韦日斯（Panevezus）—希奥利艾，以确保北面发起的主攻。目前位于巴格拉米扬右翼的突击第4集团军转隶叶廖缅科的波罗的海沿岸第2方面军，作为交换，巴格拉米扬获得了第39集团军，该集团军几乎没有参与维捷布斯克包围战。

苏军最高统帅部歼灭德国"北方"集团军群的计划是基于三个波罗的海沿岸方面军发起的一连串交错打击，与此同时，戈沃罗夫的列宁格勒方面军将从东面冲入纳尔瓦地峡。巴格拉米扬的波罗的海沿岸第1方面军将于7月5日率先向西推进，对涅曼河与德维纳河之间发动进攻；接下来投入战斗的是叶廖缅科的波罗的海沿岸第2方面军，他们的任务是沿波洛茨克—德维纳河铁路线前进，然后发起一场全面攻势，歼灭伊德里察—谢别日—德里萨（Drissa）地区的德军，方面军前出至德文斯克（Dvinsk）[48]东北方的列日察（Rezenke）一线，准备对里加发起打击。马斯连尼科夫上将的波罗的海沿岸第3方面军最后一个投入战斗，他们的第一个目标是歼灭盘踞在普斯科夫—奥斯特罗夫地域的德军，然后向塔尔图（Tartu）和派尔努（Piarnu）推进，从而困住纳尔瓦地区的德军。马斯连尼科夫和戈沃罗夫（列宁格勒方面军）将共同肃清爱沙尼亚的敌人。

在巴格拉米扬看来，这些计划中的缺陷非常明显。德军实力最强的是北翼，而苏军却以实力"相对较弱"的部队在"很晚"的时候对其发起进攻。显然，巴格拉米扬试图说服最高统帅部把主要力量集中到德军南翼，但他的建议未被采纳。最高统帅部命令朝考纳斯方向发起一场攻势，以此"孤立"德国"北方"集团军群，并掩护苏军对华沙的进攻，而波罗的海沿岸第2和第3方面军将迫使德国"北方"集团军群撤往东普鲁士。这是个宏大的设想，但在巴格拉米扬看来，最高统帅部纯属自欺欺人；他以他一贯的直率问道，如何夺取考纳斯并"孤立"德国"北方"集团军群？整个"考纳斯计划"对波罗的海沿岸第1方面军的行动构成了威胁，方面军侧翼和后方危险地暴露给德国"北方"集团军群，就像悬在头上的一柄"达摩克利斯之剑"，波罗的海沿岸第1方面军越向西推进，遭到德军反击的危险就越大。更糟糕的是，巴格拉米扬失去了一个集团军（突击第4集团军），却没有得到补充。尽管统帅部答应把第39集团军调拨给他，但在接下来的五天里，新集团军无法到位，就算这场交换完成，也无法让巴格拉米扬感到满意，他失去的突击第4集团军辖有10个师，而第39集团军只有7个师——而且要到7月中旬，近卫第2集团军和第51集团军到达前才能实现满编。方面军预备力量只有一个坦克军（坦克第1军），配备的主要是维修部门修复的受损坦克。

由于无法说服最高统帅部更改计划，巴格拉米扬决定不等第39集团军到达就发起进攻。两个可用的集团军，近卫第6集团军（辖2个军）和第43集团军（辖3个军）将分别投入到对德文斯克和考纳斯的第一阶段进攻中。进攻德文斯克的奇斯佳科夫近卫第6集团军将获得突击第4集团军的配合，后者现已隶属叶廖缅科的波罗的海沿岸第2方面军。

进攻在7月5日早上打响，波罗的海沿岸第1方面军的进展没有出乎巴格拉米扬的预料，右翼遭到的抵抗更为猛烈，在那里，近卫第6集团军正冲向德文斯克；中央和左翼取得的成功比较顺利，别洛鲍罗多夫的第43集团军迅速向前推进，7月9日早上沿整条战线切断了德文斯克—维尔诺铁路线，又于次日在乌田纳（Utena）地区切断德文斯克—考纳斯公路线，威胁到从德文斯克到希奥利艾再到蒂尔西特（Tilsit）的铁路线。此时，柳德尼科夫的第39集团军已投入波罗的海沿岸第1方面军左翼，奉命朝乌克梅尔盖方向攻击前进，但巴格拉米扬抓住别洛鲍罗多夫突破至德文斯克—考纳斯公路所创造的机会，命令第43集团军从西面和西南面沿这条公路进入正在德文斯克阻挡奇斯佳科夫推进的德国军队的后方。第43集团军的部分部队继续朝西北方的帕涅韦日斯挺进，而布特科夫的坦克第1军攻向德文斯克。

侦察工作欠缺、缺乏炮火支援和使用正面进攻，导致苏军对德文斯克发起的进攻失败了（尽管提供了坦克支援）。由于缺乏燃料，且前进机场太少，空军第3集团军只能投入有限的飞行架次为第43集团军提供援助。在奇斯佳科夫100英里的战线上，他的三个军已散开，德军发起的反击插入他们的队列，甚至对近卫第6集团军的后方构成了威胁；苏军遭受的损失超过过去的三周，缺乏空中支援，运送补给物资的车辆不足（只有一个"汽运大队"行驶在恶劣的道路上），再加上弹药短缺，这一切拖缓了近卫第6集团军的推进，此刻，他们正面对德军精心组织的激烈抵抗。截至7月12日傍晚，三个集团军已沿方面军的整条战线加入战斗，巴格拉米扬投入了所有可用的部队，在这非常时刻，最高统帅部通知这位方面军司令员，德国"北方"集团军群的部队即将撤离波罗的海地区——这是对德军意图的错误判断，但对最高统帅部派驻波罗的海沿岸方面军的协调员华西列夫斯基元帅来说，理由已足够，于是他要求波罗的海沿岸第1方面军的主力加快向西推进的速度。

巴格拉米扬意识到，将第51集团军和近卫第2集团军调至前方至少要耗费大半个星期；现在必须用已投入战斗的部队做点什么，而不是等待。奇斯佳科夫接到命令，从南面发起进攻，与突击第4集团军相配合，夺取德文斯克，然后再赶往德文斯克西面35英里处的罗基什基斯（Rokiskis）。别洛鲍罗多夫的第43集团军的任务是沿乌田纳—帕涅韦日斯方向前进，并以坦克第1军从北面掩护进攻，但这需要巴格拉米扬明确批准他们投入一场扩大的行动。第39集团军将对乌克梅尔盖发起打击，然后以其主力冲向凯代尼艾（Kedainia），并以部分兵力进攻考纳斯。

7月10日19点30分整，叶廖缅科波罗的海沿岸第2方面军50英里的战线上腾起一发发红色信号弹，方面军辖下的4个集团军投入到打击德国"北方"集团军群的战斗中。叶廖缅科的部队面对着德国第16集团军的13个师，他的突击路线进入到"豹"防线南段，奥波奇卡南面的这些工事是1943—1944年冬季战役结束时莫德尔元帅修建的。在这些阵地后方排列着"重骑兵防线"，西面还有三道分别被称为"蓝色""绿色"和"棕色"的防线；沼泽、泥潭和林地为这些人为设计的工事增添了自然障碍。叶廖缅科建议发起一场两路突击，右翼部队（近卫第10集团军和突击第3集团军）冲向列日察（Rezenka）[49]，位于左翼的第2集团军[50]和突击第4集团军沿道加瓦河东岸朝德文斯克方向攻击前进。方面军的攻势将分为两个阶段展开，第一阶段（7月10日—17日）是突破德军防御体系，达成5000码渗透后，快速部队将投入战斗，并前出至奥波奇卡—谢别日—奥斯韦亚（Osveya）—德里萨一线；第二阶段（7月17日—27日）是将部队前出至列日察—德文斯克一线，粉碎德军设立一道牢固防线的企图。150英里的战线上，叶廖缅科的波罗的海沿岸第2方面军面对着德军各种各样的防御工事，既有精心构造的，也有仓促修建的，但许多工事巧妙地利用了地形。伊德里察的铁路枢纽和谢别日镇是突击第3集团军前进道路上两座坚固的堡垒，这就要求该集团军与方面军辖下的其他部队一样，必须付出重大努力。

不到48小时，叶廖缅科的突击部队在德军防线上撕开一个50英里宽、10英里深的缺口。7月12日前，M. I. 卡扎科夫中将的近卫第10集团军已将普斯科夫—伊德里察铁路线和涅韦尔—奥波奇卡公路线切断，A. V. 尤什克维奇中将的突击第3集团军到达韦利卡亚河东岸，夺取了布满炸药的桥梁并继续前进，对伊德里察实施迂回。P. F. 马雷舍夫中将的突击第4集团军，沿一个宽大的正面强渡德里萨河后，夺取了德里萨镇；G. P. 科罗特科夫中将的第22集团军沿一条100英里宽的战线，深入德军防御阵地达10英里。随着波罗的海沿岸第2方面军的攻势在伊德里察与索罗季河（Sorot）之间向北发展并在德维纳河北侧发起一场针对德文斯克的进攻，卡扎科夫的近卫第10集团军取得一个重要战果，他们在7月15日夺取了奥波奇卡。两天后，尤什克维奇的突击第3集团军以一场纵深迂回攻克谢别日，同一天，科罗特科夫的第22集团军将奥斯韦亚这个顽强的据点拿下。

奥波奇卡是"豹"防线上的一个重要支撑点，它的陷落使守卫拉脱维亚边境线的德军防御体系出现了一个缺口——冲向卢扎（Ludza）的途中，卡扎科夫的部队突破了"蓝色"防线，目前正在边境线和"绿色"防线北段战斗。为堵住苏军的突破，德军指挥部从普斯科夫调来第126步兵师，从纳尔瓦调来第58步兵师的部分部队，又从预备队抽调了第87步兵师。这些来自北部各集团军的德军步兵都是久经沙场的老兵，从事后卫掩护和迟滞行动极为娴熟，地形也非常适合防御作战，在这种情况下，苏军步兵们艰难地穿过沼泽和泥潭，在大批湖泊间冲过为数众多的窄道，跨过一条条河流和小溪，并在较大的河流处抢在德军工兵引爆炸药前夺取河上的桥梁。忙碌在林间小径上的苏军工兵承担着艰巨的任务，这些地方埋设了大量地雷。各条道路上，德军后卫部队每隔

1000码便埋下4—5包高爆炸药。

叶廖缅科的波罗的海沿岸第2方面军冲过森林和沼泽，夺取伊德里察、谢别日和奥波奇卡使他们突破了德军的"豹"防线；波罗的海沿岸第2方面军现在已进入拉脱维亚，位于左翼的突击第4集团军逼近了德文斯克。巴格拉米扬的波罗的海沿岸第1方面军，现在获得两个新集团军和一个机械化军的支援，他请求对里加发起进攻，但再次被最高统帅部否决。与此同时，马斯连尼科夫上将的波罗的海沿岸第3方面军准备发起对"北方"集团军群的第三个，也是最后一个打击，突击目标是普斯科夫和奥斯特罗夫。最高统帅部于7月6日给马斯连尼科夫下达指令——歼灭"盘踞在普斯科夫和奥斯特罗夫的敌军"。这场攻势的第一阶段是夺取奥斯特罗夫、利耶普纳（Liepna）和古尔贝内（Gulbene）；第二阶段是朝普斯科夫正西面的沃鲁（Verro）这个总方向推进，插入"敌普斯科夫集团"后方，并夺取普斯科夫和沃鲁；接下来向派尔努和塔尔图发起进攻，从而使苏军进入"敌纳尔瓦集团"后方。马斯连尼科夫的左翼部队当前的任务是切断奥斯特罗夫—列日察铁路线，然后夺取利耶普纳和古尔贝内；在穿过巴尔维（Balvi）直至古尔贝内这条前进路线上，苏军投入的兵力不下12—13个步兵师。马斯连尼科夫自己的作战计划（遵照最高统帅部的指示拟定）分配给右翼和中央部队（第42和第67集团军，共7个师）的任务是实施防御，牵制德军，而左翼部队（突击第1集团军和第54集团军，共15个师）负责突入德军防御地带。

最高统帅部给马斯连尼科夫下达指令后不久，斯大林对"还没有人去过马斯连尼科夫那里"流露出极大的担心；那里是"一名年轻的司令员率领着一个新组建的司令部，经验不足"，需要"一些经验丰富的炮兵人员和空军人员"，但不需要坦克指挥员，因为马斯连尼科夫的方面军里没多少坦克。什捷缅科、雅科夫列夫和沃罗热伊金组成一个强有力的参谋组，于次日飞赴马斯连尼科夫的司令部，这个参谋组大多数时间都在韦利卡亚河西岸的小型登陆场内工作。最高统帅部批准了方面军最后的作战计划，突击第1集团军和第54集团军将从左翼朝奥斯特罗夫—利耶普纳—古尔贝内方向发起进攻，任务是歼灭奥斯特罗夫西面和西南面的德军并夺取奥斯特罗夫，他们将在7天内推进100英里；第二阶段将使用这两个集团军辖内的2个步兵军赶往沃鲁，3个步兵军冲向瓦尔加（Valga），任务是突入盘踞在普斯科夫的德国军队的后方，这场为期8天的行动将前进60多英里。

7月份上半月，波罗的海沿岸第3方面军重组了辖下的步兵和炮兵单位；"部署"在"奥斯特罗夫方向"的9个师进行着刻意展示的演练，而3个虚假的坦克团和4部电台为第20集团军[51]"忙碌着"。在一个纯属诱饵的机场上，歼击机和教练机频繁起降。到7月中旬，波罗的海沿岸第3方面军辖内25个可用的师，已有18个集中到担任主攻的几个集团军内。7月11日后，普希金山（Pushkinskie Gory）北面的各集团军实施了密集的战场侦察，7月16日下午晚些时候，突击第1集团军的左翼部队已投入进攻。次日，突击第1集团军主力和第54集团军发起突击，两天内，他们在奥斯特罗夫南面的德军阵地上撕开了一个35英里宽、25英里深的缺口。突击第1集团军辖下的两个师（近卫步兵第23师和步兵第33师）向西面和西南面疾进，于7月20日前完成对奥斯特罗夫的纵深迂回。德军开始后撤，7月21日早上，一个苏军步兵团在坦克的支援下冲入奥斯特罗夫东北郊，另一个苏军团在南郊战斗，中午前不久，4个苏军师的部队攻克了奥斯特罗夫。当天晚上，第42集团军的部队准备对普斯科夫发起进攻；7月22日傍晚前，其先头部队已到达韦利卡亚河以及普斯科夫东部和中部地区，7月23日清晨6点，城内的德军被肃清。最高统帅部随即介入，将波罗的海沿岸第3方面军突击部队的进攻方向改为瓦尔加（这是个极其重要的主路口），任务是切断爱沙尼亚、拉脱维亚北部所有德国军队与里加的连接——波罗的海沿岸第3方面军司令部先前也曾研究过这个方案，但由于兵力不足而放弃。

犹如一块磁铁，里加也深深地吸引着巴格拉米扬。截至7月中旬，随着他麾下的各集团军已没有预备队，而近卫第2集团军和第51集团军仍在路上（四天内不太可能到达），这位方面军司令员得出两个明确的结论：德军统帅部没有显露出将部队从波罗的海地区撤入东普鲁士的丝毫迹象，波罗的海沿岸第1方面军继续朝考纳斯方向攻击前进不仅毫无意义，而且非常危险。但巴格拉米扬至少得到了一些安慰，因为华西列夫斯基元帅决定"待两个新锐集团军到达前线后，就将波罗的海沿岸第1方面军的主攻方向改为希奥利艾"，并为此承担责任[52]。巴格拉米扬本人曾直接建议最高统帅部对里加发起一场全面进攻，只以方面军辖内的部分兵力突击希奥利艾，但最高统帅部没有采纳这个建议。最高统帅部拒绝接受巴格拉米扬的作战计划，背后的原因是担心波罗的海沿岸第1方面军到达希奥利艾—里加公路时，波罗的海沿岸第2和第3方面军的攻势已将德国"北方"集团军群的主力驱离爱沙尼亚和拉脱维亚东部，一旦德军退入东普鲁士，巴格拉米扬的攻势就将彻底落空。

最高统帅部的拒绝并没有吓倒巴格拉米扬，他着手打消前者的顾虑：无论是波罗的海沿岸第2方面军（严重缺乏坦克力量），还是波罗的海沿岸第3方面军，甚至把这两个方面军合在一起，都无法逼退德国"北方"集团军群，种种迹象表明，德军统帅部决心坚守波罗的海地区，那里的地形将牵制大批苏军部队。几乎无法想象德国人会"主动后撤"。在这种情况下，巴格拉米扬的打击肯定不会落空，他这个计划的另一个优势是，他的部队不需要为进攻里加而实施重组——3个集团军中的2个已被用于"主要方向"，而新锐部队（近卫第2集团军、第51集团军和近卫机械化第3军）可以随意部署。但最高统帅部仍持怀疑态度，希奥利艾依旧是巴格拉米扬当前的目标。

冲向希奥利艾的行动开始于7月20日，在此之前，随着克列伊泽尔的第51集团军和P. G. 昌奇巴泽中将的近卫第2集团军进入方面军战区，苏军实施了一场快速重组。克列伊泽尔新到达的部队与第43集团军交换阵地，奉命朝东北方的比尔扎伊（Birzha）发起进攻，掩护对希奥利艾的主要突击；近卫第2集团军部署在克列伊泽尔的左侧，任务是赶往拜索加拉（Baisogala）—蒂图韦奈（Tituvenai），再往南是为进攻部队提供掩护的第39集团军（尽管该集团军很快被划拨给切尔尼亚霍夫斯基的白俄罗斯第3方面军，用于对考纳斯的进攻）。新派来的坦克部队是V. T. 奥布霍夫中将的近卫机械化第3军，但他们还需要更多时间来完成人员和坦克的配备；奥布霍夫接到的命令中指出，他这支部队将被留在后方，待夺取帕涅韦日斯后，直接投入对希奥利艾的进攻。但在巴格拉米扬的右翼，情况并未出现改善的迹象，奇斯佳科夫的近卫第6集团军艰难地向德文斯克攻击前进，德军援兵已赶来阻截近卫第6集团军。弹药短缺的状况仍在持续，空中支援依然不足；现在，巴格拉米扬命令奇斯佳科夫的部队从南面逼近德文斯克，但近卫第6集团军辖下的3个军进展甚微。

巴格拉米扬的左翼，近卫第2集团军和第51集团军加快了前进速度，迅速冲向希奥利艾。7月22日，克列伊泽尔第51集团军的2个师（步兵第417和第267师）冲入帕涅韦日斯，次日，克列伊泽尔右翼的先头部队攻克比巴尔尼卡斯（Bibalnikas）和蓬佩奈（Pumpenai）。冲向西北方的第43集团军与德国第43军的部队相遇，后者迟滞了苏军朝比尔扎伊方向的推进，从而在快速前进的第51集团军与第43集团军之间造成一个缺口，克列伊泽尔迅速派出一个步兵师填补了这个缺口。巴格拉米扬像只雄鹰那样注视着部队的部署情况，他批准了克列伊泽尔的决定，从方面军预备队给第51集团军调去一个步兵师，并命令克列伊泽尔，如果第51集团军与第43集团军的结合部出现真正的危险，就投入该师。除了这个潜在的危险（现在已被解决），战场态势以极快的速度顺利发展。苏军统帅部发现德国人朝里加这个总方向的后撤现在明显放缓下来，但将其归因于波罗的海沿岸第2和第3方面军发起进攻所产生的压力。一旦叶廖缅科突破"豹"防线，德军的整个战线将发生动摇，在北面会被彻底洞穿。巴格拉米扬命令推进中的部队暂停几个小时，待调整战线后再恢复前进，与近卫机械化第3军一同冲向希奥利艾；随着突击第4集团军赶往德文斯克北面的西德维纳河，巴格拉米扬取消了从南面向德文斯克毫无结果的推进，并命令奇斯佳科夫重组部队。

7月26日早上，巴格拉米扬的右翼开始向希奥利艾全速推进；第51集团军将其第二梯队（近卫步兵第1军）投入战斗，奥布霍夫的几个旅也席卷了帕涅韦日斯西部地区，当天前进了50多英里。苏军机械化部队冲向希奥利艾东南面，坦克和摩托化步兵也从北面和东面逼近该镇。斯帕雷金少校的坦克第44团在一个自行火炮团的支援下与守军展开激战，但苏军攻入镇内的首次尝试失败了。近卫坦克第35旅赶往西南面切断德军逃生通道时，奥布霍夫将军决定，7月27日早上从东面和西北面同时对希奥利艾发起进攻。德军对苏军这几个旅发起反击，这种情况直到苏军摩托化步兵肃清东北面的梅什奎奇艾（Meskuachai）后才得以缓解，德军从这片地区发起攻击，试图不惜一切代价挡住近卫机械化第3军。7月27日，随着第51集团军步兵部队的加入，几个机械化旅奋战了一整天，以肃清希奥利艾，傍晚时，这个重要的交通枢纽落入苏军手中。作为一项战斗荣誉，近卫机械化第8旅和近卫坦克第35旅被授予"希奥利艾"称号。

7月底，随着重要的支撑点一个个陷落，德军的整个北部防线似乎即将崩溃——德文斯克（7月27日），接着是列日察[53]和希奥利艾（同一天），然后是纳尔瓦（戈沃罗夫的列宁格勒方面军从东面发起了进攻）。德维纳河东面的德国军队，其命运悬而未决，但苏军迅速攻入拉脱维亚并消灭了德文斯克支撑点，导致态势变得对德军极为不利。苏军冲向希奥利艾令德军统帅部深感震惊，一个灾难性局面似乎正在形成。希奥利艾的失陷表明苏军已位于"北方"集团军群的侧翼和后方，预示着巴格拉米扬的意图的最终实现——将德军师逼退至德维纳河后方，由另外两个方面军（波罗的海沿岸第2、第3方面军）彻底歼灭。巴格拉米扬立即决定在"里加方向"之间发起打击：近卫第2集团军冲向希奥利艾西面，但波罗的海沿岸第1方面军的主力将赶往里加，使用第51集团军和近卫机械化第3军前出至里加湾，而近卫第6集团军和第43集团军则向西德维纳河推进。华西列夫斯基元帅批准了这些计划，波罗的海沿岸第1方面军对此欢欣鼓舞。随着整体态势得到极大的改善，德文斯克强大的德国军队就歼，消除了他们从北面打击苏军侧翼的危险，这使巴格拉米扬得以下达向里加进军的命令；现在，他可以放心地投入近卫机械化第3军，令其赶往里加，还可以自由地调派手上的步兵师跟随在坦克部队身后。因此，克列伊泽尔奉命在希奥利艾地区留下一个步兵军，其他部队赶往叶尔加瓦（Jelgava），奥布霍夫的近卫机械化第3军冲在最前方。

苏军坦克部队沿希奥利艾—叶尔加瓦公路全速向前。7月28日凌晨2点，加卢佐大尉的坦克侦察支队（隶属于近卫机械化第9旅）轰鸣着冲入约尼什基斯（Ioniskis），驱散了车辆和军用仓库旁寥寥无几的德军哨兵，也惊醒了睡在镇广场的德军士兵。加卢佐的坦克开火射击，击毙逃出房屋的敌步兵。没过几分钟，战斗便结束了，守军四散奔逃，约尼什基斯落入苏军手中。加卢佐的队伍朝正北面的叶尔加瓦冲去，但此时的德国守军和党卫队得到利耶卢佩河（Lielupe）河岸上部署的大炮的支援，已不太容易被驱散。苏军坦克先遣部队只能等待近卫机械化第3军的主力。7月29日早上，随着大批苏军部队到达，叶尔加瓦的战斗加剧了。奥布霍夫近卫机械化第3军的大批部队被牵制在叶尔加瓦正面，巴格拉米扬的担心并未得到缓解，因为大批德军援兵开始集中到叶尔加瓦镇。

尽管叶尔加瓦的情况令人烦恼，但7月29日早上最高统帅部发来的No.220159号指令至少让巴格拉米扬对另一个方向感到了一丝安慰。这道新指令批准波罗的海沿岸第1方面军主力对里加发起突击，并辅以对梅梅尔的进攻——48小时前，巴格拉米扬已将这些目标分配给他的突击部队，但这道正式命令的下达似乎表明波罗的海沿岸第1方面军与最高统帅部终于进入到同一场战役中。与此同时，获得坦克支援的苏军步兵在叶尔加瓦进行着激烈的巷战，近卫步兵第1军（隶属于第51集团军）迅速加入，但由于缺乏与近卫机械化第3军的协同，进展受阻。因此，巴格拉米扬命令克列伊泽尔亲自指挥战斗，在争夺叶尔加瓦期间，近卫机械化第3军归他指挥；为封锁该镇，巴格拉米扬指示奥布霍夫派遣一支坦克部队赶往西北方的里加湾，另一支坦克部队冲向正西面的多贝莱（Dobele）。杀向里加湾的任务交给S. D. 克雷默尔上校的近卫机械化第8旅，他的坦克沿着通往图库姆斯（Tukums）的公路而去。7月30日，苏军夺取图库姆斯，近卫机械化第8旅的先遣部队继续赶往里加湾，最终到达克拉普卡尔恩斯（Klapkalns）。在此期间，A. A. 阿斯拉诺夫上校的近卫坦克第35旅也派出坦克支队冲向多贝莱，以便从西面孤立叶尔加瓦。

"北方"集团军群现在已被彻底切断。苏军坦克迅速前出至里加湾，切断了"北方"集团军群与东线德军主力以及东普鲁士这片大后方之间的陆地连接。克雷默尔上校的坦克进抵里加湾，形成了一个不断扩大的突出部，横跨在德军从爱沙尼亚和拉脱维亚通往西面的陆地通道上，这个突出部的东面从图库姆斯至叶尔加瓦，从包斯卡（Bausk）到比尔扎伊，其西部边缘也是从图库姆斯开始，向下延伸至叶尔加瓦西南面的奥采（Aust），然后通往希奥利艾。未获得最高统帅部明确批准的"里加突击"被证明是成功的，与华西列夫斯基元帅和派驻波罗的海沿岸第1方面军的最高统帅部人员（空军元帅法拉列耶夫、炮兵上将M. N. 奇斯佳科夫和V. D. 伊万诺夫中将）一样，巴格拉米扬不仅有理由对此感到高兴，而且彻底松了口气。但也有些令人担心的问题——波罗的海沿岸第1方面军日益向前延伸，离他们的补给基地越来越远。昌奇巴泽据守在最左翼的近卫第2集团军已将德军第7装甲师在希奥利艾南面发起的反击击退；德军的反击力度越来越大，至少将一个苏军师（近卫步兵第32师）逼退到了拉塞尼艾（Rasieni）。突出部东面，步兵第60军（隶属于第43集团军）据守着比尔扎伊，但这里同样出现了即将遭到德军反击的迹象。8月初，德军加大了反击的规模，6个步兵师在100多辆坦克的支援下冲向比尔扎伊东北面，意图突破至帕涅韦日斯。

德军对突出部东面的首次突击被苏军第43集团军挡住，该集团军得到了近卫第6集团军和最高统帅部预备队调来的一个坦克军（坦克第19军）的支援。尽管这些进攻很猛烈，但这只是一场序幕，8月中旬，突出部西面爆发了异常激烈的战斗。德军统帅部现在的目标是希奥利艾。爱沙尼亚—拉脱维亚战场的其他地区（德维纳河北面），叶廖缅科和马斯连尼科夫的部队不停地冲击着德军防线，但没能赢得任何决定性胜利。7月底，叶廖缅科的突击部队攻克德文斯克和列日察，这一胜利使叶廖缅科本人获得了"苏联英雄"称号，莫斯科的224门火炮齐鸣20响，向取得胜利的部队致敬。截至7月25日，波罗的海沿岸第2方面军已突破德军的最后一道防线——从东面掩护着列日察和德文斯克的"棕色"防线；右翼的近卫第10集团军夺取了卡尔萨瓦（Karsava），正从东面向卢扎推进，这使苏军进入到对列日察发起打击的距离内。列日察南面，突击第3集团军逼近考纳塔（Kaunata），第22集团军切断了德文斯克—列日察铁路线，而位于左翼的突击第4集团军在M. G.萨赫诺少将坦克第5军的支援下，沿德维纳河推进，准备对德文斯克发起进攻。

突击第4集团军司令员马雷舍夫将军采取了精心设计的措施，以切断德文斯克的德国守军：步兵第100军和坦克第5军赶往北面和西面，另外两个军（步兵第14和第83军）从东北面（和东面）沿列日察—德文斯克铁路线推进。经过一场猛烈的炮击，苏军步兵在空中力量的掩护下逐渐逼近，迅速切断了德文斯克—里加公路。莫罗兹上尉的坦克第3营率先拦住西撤的德军队列，7月26日，步兵第100军夺取了德文斯克西北面的整段铁路线，德军向西逃生的机会就此消失，撤往里加的道路都已被切断。

突击第4集团军和近卫第6集团军从北面和南面逼近德文斯克，彻底困住了德国守军。为打开一条向西逃生的通道，德军对步兵第100军的侧翼发起打击，结果被苏军击退，并被压制在德维纳河。马雷舍夫的突击第4集团军现在距离德文斯克已不太远，7月27日凌晨，在炮火的掩护下，两个军朝这座古城扑去，从东面和西面冲入城内。上午8点30分，德军停止了一切抵抗。德文斯克城内，半数以上的房屋和工厂已沦为废墟，大批建筑被火焰吞噬或被装有延迟引信的炸弹摧毁。发电站被破坏，供水管道和下水道无法使用，德维纳河上的每一座桥梁都被炸毁。尽管如此，解放德文斯克仍是一个值得追求的胜利。当天，苏军还赢得了另一个胜利——近卫第10集团军跨过奇尔马湖（Tsirma）西北方的列图佩河（Retupe），前进20英里后一举夺取了列日察。

现在，拉脱维亚中部就在叶廖缅科部队的前方，大片沼泽地出现在卢班斯湖（Luban）[54]地区和卢班斯平原，这是里加前方最后一道由沼泽和森林构成的天然屏障。随着德文斯克和列日察落入苏军手中，叶廖缅科接到了新的指令：跨过卢班斯平原，前出至"从古尔贝内西面穿过马多纳（Madona）直到普拉维纳斯（Plavinas）"一线，然后对里加发起一场"决定性突击"。为实现这些目标，叶廖缅科的司令部决定以近卫第10集团军从北面和南面迂回卢班斯湖，使该集团军前出至艾维埃克斯泰河（Aidikste）[55]一线，然后再向西赶往马多纳至古尔贝内以西一线；突击第3集团军冲向卢班斯湖南面，然后前出至马多纳以南地区；第22集团军进入更南面的一片地区（马尔特谢纳—扬卡尔斯纳瓦），而沿德维纳河掩护左翼的突击第4集团军前出至扬卡尔斯纳瓦至普拉维纳斯一线。通过这片地形并非轻而易举的事，艾维埃克斯泰河的某些河段宽达70米，深达2米，构成了一道天然防线；德国人已将河上的所有桥梁炸毁，河流下游处形成了一片广阔的沼泽地。

接到新的指令后，波罗的海沿岸第2方面军辖内的各集团军，于8月1日拂晓以一场猛烈的炮火拉开了新攻势的序幕。没用三天，这些激战中的部队便杀入卢班斯平原中部地区。五天后，近卫第10集团军将德军后卫部队逼退至艾维埃克斯泰河东岸，8月5日傍晚前在卢巴纳湖（Lubana）下方的西岸建立起一座小小的登陆场。位于近卫第10集团军身后的是突击第3集团军和第22集团军，他们赶至河边，安排步兵实施强渡。左翼和中央部队渡过艾维埃克斯泰河后，叶廖缅科立即设法在北面和西面对这一成功加以扩大。但突击第4集团军的态势并不令人鼓舞，该集团军辖下的2个军在艾维埃克斯泰河与德维纳河之间遭遇到德军的顽强抵抗，克鲁斯特皮尔斯（Krustpils）和普拉维纳斯已变成强大的筑垒地域。

消灭敌登陆场的任务交给第22集团军；待克鲁斯特皮尔斯西北面德维纳

河上的铁路桥落入苏军手中，突击第4集团军辖下的步兵第100和第44军也将加入到这场消灭德军防御的战斗中。8月8日早上，为第22集团军提供支援的拉脱维亚第130步兵军和坦克第5军切断了克鲁斯特皮尔斯—普拉维纳斯公路和铁路线，突破至德维纳河上的铁路桥并冲入克鲁斯特皮尔斯火车站。突击第4集团军的2个步兵军从东面而来，突入镇郊。中午，两股苏军取得会合，克鲁斯特皮尔斯镇内的德军被肃清。

克鲁斯特皮尔斯是一个重要的公路和铁路枢纽，对叶廖缅科来说，夺取该镇至关重要，但接下来的10天，他的左翼部队在古尔贝内—马多纳—卢班斯湖这片三角地带没能取得任何真正的成功。苏军跨过卢班斯平原，最终沿整条战线强渡艾维埃克斯泰河，夺取了齐塞特维亚纳（Tsetviane）、河流西面的马多纳和艾维埃克斯泰河上的列格拉德（Leigrade）。但苏军向西面和北面突破的一切尝试都进展甚微或毫无结果。攻克克鲁斯特皮尔斯后，苏军又遭遇到普拉维纳斯，而普拉维纳斯被证明是一块难啃的硬骨头。这里的地形对防御极为有利，尽管苏军跨过了艾维埃克斯泰河，但又陷入沼泽的泥泞中，随后便是马多纳周围的大片林地。北面和西面，丘陵和断裂地带构成了更多难以逾越的区域。

叶廖缅科利用了沿德维纳河延伸的传统道路，300年前，俄国军队曾使用过这条道路，但越接近里加，这条通道越不方便；在德维纳河与其支流奥格雷河（Oger）和埃格尔河（Egel）之间，这条道路收缩成一条极为狭窄的通道，德国人可以轻而易举地将其堵住。进入这个"漏斗"后，苏军的攻势戛然而止：突击第3集团军8月19日强渡奥格雷河，随后不得不设法击退3个德军师在猛烈空中支援下发起的反击；在马多纳西北面的埃尔格利（Ergli），苏军发现他们的去路已被德军封锁，而在南面的普拉维纳斯，苏军消灭位于艾维埃克斯泰河与德维纳河之间的德军阵地的尝试被证明徒劳无益。目前，叶廖缅科冲向里加的道路已被彻底堵住。

如果说叶廖缅科被普拉维纳斯这座堡垒所阻，那么，马斯连尼科夫的波罗的海沿岸第3方面军便是最终被牵制在了另一座堡垒——瓦尔加（Valk）。7月底，随着普斯科夫和奥斯特罗夫落入苏军手中，马斯连尼科夫的部队准备对普斯科夫湖至古尔贝内这条"马林堡防线"发起突击，然后攻入塔尔图和瓦尔加。伊尔博斯卡（Izborsk）[56]7月30日陷落，8月初的几天里，波罗的海沿岸第3方面军发起了一系列局部行动，以改善自己的位置；8月6日，他们夺取了劳拉（Laura），从而获得了另一个有用的出发阵地。四天后，方面军沿伊尔博斯卡西北面至劳拉（这里是第67集团军与突击第1集团军的结合部）一线发起进攻：第一个目标是沃鲁。伊尔博斯卡西北方的佩采里（Pechory）8月11日陷落，沃鲁8月13日被苏军攻克，于是马斯连尼科夫调整了他的攻势，命令第67集团军朝塔尔图方向攻击前进，突击第1集团军进攻瓦尔加，这是连接爱沙尼亚和拉脱维亚的关键地点。右翼部队对塔尔图的进攻，取得的进展缓慢但却稳定，沿沃鲁—塔尔图公路向前，同时也紧贴着楚德湖湖岸，8月中旬，他们得到一场两栖登陆战的支援，这场登陆战是由波罗的海舰队内河区舰队的小型舰艇发起的。8月24日，苏联红军出现在塔尔图西南郊，次日，他们肃清了这座古老的城市并继续向北，在埃马约吉河（Emaiga）北岸建立起一座登陆场。与此同时，位于左翼和中央的部队沿沃尔茨湖（Virts Jarvi）东岸而下，赶至瓦尔加东面，这里的沼泽地域非常适合于防御，4个德军师准备坚守"瓦尔加防线"。叶廖缅科受阻于普拉维纳斯之际，马斯连尼科夫的攻势也在瓦尔加停顿下来，沼泽地和德国人的顽强抗击使他无法夺取整个爱沙尼亚—拉脱维亚战区内这座中央堡垒。

德军在拉脱维亚东部地区和爱沙尼亚的防御，以及整个"北方"集团军群的指挥任务，现在委派给舍尔纳大将（他是希特勒致力于避免灾难进一步加剧的"救火队"中的新成员）。这片防区从芬兰湾延伸至德维纳河，特殊的地形对防御极为有利。任何东西向推进都必须强行穿越无数障碍物（蔓延的沼泽、森林地带和从沼泽性河谷中渗出的几条河流间的高地）之间仅有的几条小径。叶廖缅科和马斯连尼科夫试图强行穿越他们选择的前进路线，却陷入了困境中。马多纳北面和西面，叶廖缅科的部队遭遇到德军的顽强抵抗，或受阻于艾维埃克斯泰河与德维纳河的交汇处；马斯连尼科夫的部队陷入普斯科夫湖南面的沼泽中，普斯科夫湖的支流蜿蜒穿过沼泽性河谷，相互间被更多的高地分隔开。俄国人手中还掌握着另一条东西向路线，这就是楚德湖与芬兰湾海岸之间的一条狭窄地带，这条通道的宽度不到30英里，陆地一侧主要受到沼泽的掩护；纳尔瓦掩护着这座东西向"桥梁"的东部接近地，强行穿越这条通道的任务交给戈沃罗夫的列宁格勒方面军。纳尔瓦横跨在纳尔瓦河上，在通往芬兰湾的途中，从不到200码到700多码，纳尔瓦河的宽度不断发生变化，河水深10英尺，两侧是又高又陡的河堤。纳尔瓦后方是一道沼泽性河谷，而在纳尔瓦—塔林铁路线南面，是更加无法逾越的沼泽地。对苏军的作战行动来说，唯一可用的地区是铁路线的北面，但那里的纳尔瓦河恰恰是最宽的一段。

费久宁斯基中将的突击第2集团军接到强行穿越纳尔瓦通道的命令。德军在纳尔瓦的防御工事排除了发起正面进攻的可能性，费久宁斯基建议对纳尔瓦北部发起打击，而第8集团军从南面展开进攻，突入据守该镇的德国军队的后方。5月底时，德国"纳尔瓦"集团军级支队由12个德军师组成，但这些师不断被调往苏德前线其他战区，7月底时，"纳尔瓦"集团军级支队只剩下5个师和3个旅——党卫队第3装甲军的核心、3个陆军步兵师、党卫队"诺德兰"摩托化步兵师和3个党卫队摩托化旅（22250人）。7月中旬，列宁格勒方面军司令部下达作战指令，将库德鲁屈拉（Kudrukiula）—瓦萨（Vasa）列为"突破地域"，并命令达成突破后向南推进，与第8集团军的部队取得会合；夺取纳尔瓦后，苏军各个师将沿芬兰湾海岸向西推进。

7月25日早上7点，突击第2集团军区域内的1000门大炮和迫击炮发起80分钟的炮火准备，伊万诺夫中将的空军第13集团军[57]轰炸了德军前沿阵地。在炮击和轰炸的掩护下，苏军第191和第131师带着船只和临时扎缚的木筏冲向纳尔瓦河，炮火的轰鸣被苏军在纳尔瓦河岸上架设的扬声器大声播放的苏联国歌和亚历山德罗夫的庄严战歌"Svyaschchennaya voina"（《神圣的战争》）所盖过。炽热的七月骄阳下，纳尔瓦河面映着湛蓝天空中的浮云，苏军步兵、突击队和突击工兵冒着炮火朝西岸奋力冲去，他们卸下火炮展开直瞄射击，并着手建造浮桥。11点，工兵们已搭设起一座浮桥；76毫米团属火炮，反坦克炮，最后是坦克，先后渡过河去，轮到第109军渡河时，夜幕已降临。7月26日拂晓后不久，苏军士兵已在纳尔瓦城内展开战斗，上午8点，他们肃清了这座堡垒，并与从西南方而来的第8集团军取得会合。这扇"爱沙尼亚之门"曾在1558年的利沃尼亚战争中被俄军夺取，也曾让彼得大帝遭受过惨败，现在，它再次落入俄国人手中，尽管整座城市已沦为一片废墟。街道上散落着德国士兵的尸体和损毁的车辆，德军司令部这座灰暗的建筑旁，被烧毁文件的灰烬在风中飘荡。各条街道上，女交通管理员指挥着庞大的苏军炮兵队列穿过十字路口，穿过纳尔瓦，赶往"坦能堡防线"，苏军的攻势在那里暂时被6个德军步兵师所阻。戈沃罗夫元帅最终决定实施一场大范围迂回，穿过塔尔图，深入"敌纳尔瓦集团"后方，就像中世纪俄罗斯军队进入利沃尼亚人的据点那样。

德维纳河北面，据守着巴尔卡（Balka）、普拉维纳斯和纳尔瓦后方的舍尔纳暂时赢得了喘息之机。对于德维纳河防线的南部，这位德军司令官提出从西面和西北面向希奥利艾发起攻击，粉碎巴格拉米扬一路延伸至里加湾的突出部，这是个雄心勃勃的计划，不仅仅是为了切断图库姆斯和叶尔加瓦这两个突破口，为此，舍尔纳把10个最好的师集结到第3装甲集团军辖下的第39和第40装甲军内。德国人对苏军突出部东面的进攻针对的是比尔扎伊，8月份的第一周，这场进攻被获得飞机、大炮和坦克支援的苏军第51集团军击退。苏军最高统帅部现在意识到，德国人正准备对希奥利艾发动一场进攻，于是将突击第4集团军划拨给巴格拉米扬，使他得以稳固自己的右翼，并将部队集结在左翼和中央。位于最左翼的昌奇巴泽近卫第2集团军强渡杜比萨河（Dubissa），沿西岸向前推进，8月10日攻克拉塞尼艾（Rosieni[58]）。但德军逐渐加强了抵抗，各德军师正为进攻希奥利艾实施集结：第40装甲军（2个装甲师、党卫队"大德意志"师和2个步兵师）将从西面和西南面（凯尔梅地区）进攻希奥利艾，冲向东北方，与第39装甲军相配合，夺取叶尔加瓦。在叶尔加瓦东面和距离里加湾不远的什洛克（Shlok），德军将向西突击，与楔入苏军突出部的部队取得会合。现在，苏军从拉脱维亚中部向里加的推进彻底停顿下来。

巴格拉米扬的部队横跨在一片庞大的区域内，南起拉塞尼艾，北至图库姆斯和叶尔加瓦，东达比尔扎伊，中心位置是希奥利艾。一个月前，波罗的海沿岸第1方面军的3个集团军沿一条100英里宽的战线发起进攻，现在，巴格拉米扬麾下只增添了一个集团军，但战线却延展至300英里。德军发起一场强有力反击的紧迫性迫使苏军必须集中力量。8月16日下午，一个德军步兵团在60辆坦克的支援下从凯尔梅冲往希奥利艾，这场行动旨在牵制希奥利艾东南面的苏军，而德军的主攻即将从西面发起。第一天，罗日杰斯特文斯基的近卫步兵第110军[59]守住了凯尔梅—希奥利艾公路，但8月17日夜间，300辆德军坦克和突击炮朝叶尔加瓦和希奥利艾发起全面进攻。在扎加莱（Zhagar）西面和希奥利艾西南面，德军突入苏军阵地；步兵第54军（隶属于近卫第2集团军）奋力阻挡着德军在希奥利艾西面的推进，但到傍晚时，战场态势恶化了。德军装甲增援部队跨过文塔河（Venta），向斯米尔吉艾（Smilgiai）前进了6英里，距离希奥利艾西郊已不太远。巴格拉米扬迅速将炮兵和坦克部队调往希奥利艾，派出沃利斯基的近卫坦克第5集团军[60]、坦克第1军的部队和重型火炮，给他们下达的命令是阻止德军的推进。

8月14日，在对叶尔加瓦方向的进攻中，德军2个装甲师（第5和第14装甲师）的180多辆坦克前进了10英里，突入据守扎加莱防线的第51集团军的左翼。为挡住德军这股坦克力量，巴格拉米扬命令近卫机械化第3军向第51集团军靠拢，并派出重型火炮击退德军的突击。激战持续了四天，希奥利艾的局势一次次变得岌岌可危，第51集团军和近卫第2集团军阻挡住敌人向叶尔加瓦—希奥利艾的进攻，但在苏军突出部的顶端，米桑将军的近卫步兵第1军（隶属于第51集团军）无法击退"施特拉赫维茨"战斗群从图库姆斯发起的进攻，8月21日，苏军遵照方面军司令部的命令撤至叶尔加瓦—多贝莱—奥采一线。德军重新恢复了与"北方"集团军群的陆地连接，尽管这条通道狭窄而又脆弱。

但苏军守住了希奥利艾。8月18日早上，近卫坦克第5集团军在步兵第16（拉脱维亚）[61]师的陪伴下到达该镇。他们多次击退德军坦克的进攻，当天即将结束时，希奥利艾仍在苏军手中。德军坦克力量遭受到损失，再加上缺乏预备队，他们的进攻不得不停顿下来。短短几天内，巴格拉米扬的各个师获得加强，并发起反击，将德军逼退至希奥利艾西面10英里外。8月23日，德军装甲部队最后一次穿过扎加莱赶往叶尔加瓦的尝试遭到失败，这一次，巴格拉米扬调集2个坦克军（坦克第1和第19军），集结起第51集团军的主力，重新部署了近卫第2集团军的右翼部队和近卫机械化第3军，并把近卫坦克第5集团军投入到约尼什基斯。

尽管巴格拉米扬守住了希奥利艾、叶尔加瓦以及叶尔加瓦—比尔扎伊一线（得到利耶卢佩河的掩护），但苏军突出部收缩成了一个狭小的隆起。伸向里加湾的顶端已被切除，德军对图库姆斯的进攻重新打开了一条连接"北方"集团军群的通道，这条通道狭窄而又曲折，但在波罗的海地区苦战的德国军队暂时避免了被彻底孤立的厄运。苏军向里加的推进已停顿下来；历时50天的战斗中，三个苏军方面军，在列宁格勒方面军左翼部队的支援下，只从德国"北方"集团军群手中夺回半数波罗的海领土，但却阻止了该集团军群救援"中央"集团军群。舍尔纳打开了一条25英里的通道穿过图库姆斯，但他没能击退巴格拉米扬，也没能对库尔兰和立陶宛北部的态势造成显著影响；另外，他也没能减轻"北方"集团军群面临的日益加剧的危险，随着时间的推移，位于波罗的海地区的这个集团军群肯定会被分割成一个庞大的"躯干"（位于中央地区）和一些较小的"肢体"（在西部）。撤出爱沙尼亚和拉脱维亚将是一项极具风险的行动，因为目前只剩下"图库姆斯缺口"这条唯一的通道，但这场后撤既无法避免也不能延误。沿着从芬兰湾至涅曼河这条延伸近600英里的防线，德军统帅部部署了56个师（包括5个装甲师和2个摩托化师），共计70万人、1000多辆坦克。一支强大的装甲部队据守着叶尔加瓦至奥采地区，另一些强有力的部队位于纳尔瓦地峡、沃尔茨湖南面的瓦尔加"堡垒"以及埃尔格利与普拉维纳斯之间的艾维埃克斯泰河河段。"坦能堡"防线掩护着通往塔林的接近地，但里加却成为德军关注的焦点。

重新评估红军在波罗的海地区第二阶段攻势的作战计划时，里加也吸引了苏军统帅部的注意力：最高统帅部下令对四个方面军辖内的各集团军认真实施重组，8月26日后，各方面军司令员拟定计划，准备对里加发起一场大规模向心攻击，旨在一劳永逸地隔断"北方"集团军群。

击败德国"中央"集团军群，在维斯瓦河西岸夺得重要的登陆场并前出至华沙近郊，五个方面军发起的这场庞大攻势所取得的胜利让苏联红军沿着"通往柏林之路"推进了350英里。在这条最短的前进路线上，苏军距离柏林已不到400英里。四个德国重兵集团中的两个——"中央"集团军群和"北乌克兰"集团军群——已遭到重创，在这场激战中，双方投入的兵力多达600万，武器装备多达85000门大炮（包括大口径迫击炮）、11000辆坦克和突击炮以及10000架飞机。抗击白俄罗斯第1、第2、第3方面军和波罗的海沿岸第1方面军的是70个德军师，其中的30个从德军作战序列中被抹去，还有30个师在科涅夫的乌克兰第1方面军向维斯瓦河推进的过程中被歼灭。德国军队被包围了五次，分别在维捷布斯克、博布鲁伊斯克、布罗德、维尔诺和布列斯特–立托夫斯克；沿"西战略方向"，苏军战线推进了300多英里，从叶尔加瓦西面到希奥利艾、苏瓦乌基、奥斯特罗文卡（Ostrolenka）、普乌图斯克、华沙郊区的普拉加，再到马格努谢夫、桑多梅日、德罗戈贝奇，与乌克兰第2方面军会合于切尔诺维策，这条战线上的攻势最终在8月份平息下来。月底时，最高统帅部命令五个方面军转入防御。

德军在白俄罗斯遭遇惨败，苏军发起无情的追击后，沿途的城镇和村庄被后撤中的德国军队的蓄意破坏夷为平地或毁于激烈的战火。俄罗斯古老的城镇一个接一个葬身于火海或被炸为废墟，这些城镇回到苏军手中，但付出了高昂的代价。再往西，华沙遭遇到可怕的破坏，这一切就发生在苏军眼前，苏联红军本应在7月底攻入城内；但维斯瓦河东岸平静下来，西侧却进行着极不人道的战斗，整个炽热的8月，东岸一直保持着沉默，随后，苏军在9月份发起突击，冲过宽阔的维斯瓦河，进入波兰地下抵抗力量的前哨阵地，但这场进攻来得太晚，华沙起义几乎已彻底平息。波兰人的鲁莽行事和苏联方面令人心寒的算计，二者的结合导致华沙遭受到可怕的破坏，但这不能完全归咎于苏联方面的欺骗（如果真是这样，这场灾难会更加严重）；在华沙接近地，为击退德军的反击或试图最终冲入城内，在同样痛苦的几周内，战斗在波兰领土上的白俄罗斯第1方面军付出了损失123000人的代价。在更南面的斯洛伐克，没等苏军与起义者取得会合，这场在德军后方发动的起义便被敌人镇压了下去，苏联控制的游击队在斯洛伐克境内采取行动，共产党领导者在境外进行指挥，共同促成了这场起义。强行突破喀尔巴阡山的战斗中，苏军第38集团军损失80000人，红军总共损失了90000人，斯沃博达将军的捷克斯洛伐克第1军（在苏联境内组建）在争夺山口的战斗中伤亡惨重。狡猾的政治手段导致波兰、斯洛伐克起义者以及苏联红军遭受到残酷的损失，而提供援助或强行进入的僵化和迟缓致使情况雪上加霜。苏联将其游击运动成功"移植"过国境线的唯一一个地方就是斯洛伐克，而获得西方国家政治支持的波兰爱国者，尽管没有得到大规模物资援助，却被斯大林视为对苏联一贯而又坚定地持有敌意。对这些人，他不能不抱怀疑态度，并下定决心予以消灭，这种政策导致反纳粹抵抗运动中数千名英勇的政治无辜者死于非命。但苏联红军愤怒甚至是义愤填膺地驳斥了对他们纵容这种屠杀的指责，并提出相应的证据：为援助起义者，苏军付出了更大的伤亡。

尽管西北翼的作战行动并不具有决定性，但它在苏军战略计划中却占有重要的地位：歼灭"北方"集团军群的47个师是给予"中央"集团军群致命一击的必要初步措施。德国的"北方"集团军群，除了从东北面掩护东普鲁士外，还具有另一个重要作用：无论苏军攻入波兰还是东普鲁士，这股德军都位于苏军侧翼。德军占领立陶宛、拉脱维亚和爱沙尼亚，确保了与芬兰（和瑞典）的交通线，因而对战争物资的供应极为重要；德军控制住波罗的海地区，还能将苏联波罗的海舰队困在芬兰湾东段。苏联红军连续六周的攻势将德军逐出防御阵地并使其向西退却，但"北方"集团军群的老兵们，尽管由于伤亡和后撤而实力受损，却没有轻易放弃他们的阵地，而是借助有利地形，以娴熟的反击将苏军击退。叶廖缅科的波罗的海沿岸第2方面军和马斯连尼科夫的波罗的海沿岸第3方面军放缓了速度，随后被挡在普拉维纳斯和瓦尔加，到达海边的巴格拉米扬切断了德军交通线，却又被舍尔纳逼退，这使德军在库尔兰和立陶宛北部的局势暂时获得缓解。戈沃罗夫列宁格勒方面军的左翼部队猛攻纳尔瓦，突入爱沙尼亚东北部，但面对德军更加激烈的抵抗和难以逾越的地形，他们的攻势也停顿下来。不过，苏军攻入爱沙尼亚令芬兰人清醒地意识到他们的处境现在已变得多么险恶。维堡6月20日的陷落造成了严峻的局面，但除这座城市外，芬兰防线已阻挡住苏联红军的猛烈进攻，急于将芬兰留在己方阵营的德国人提供人员和装备，协助芬兰实施防御，这些援助被用于守卫维堡—武奥克萨河（Vuoks）防线。

戈沃罗夫（当月被擢升为苏联元帅）在卡累利阿地峡发起对芬兰人的打击，这场持续的攻势庞大而又猛烈。维堡陷落后的第二天，苏军又发起另一场攻势，梅列茨科夫将军的卡累利阿方面军以第7和第32集团军（共计12个步兵师，并获得海军步兵和守军3个旅的支援）冲向拉多加湖与奥涅加湖之间的陆地通道，并从梅德韦日耶戈尔斯克（Medvezhegorsk）方向发起突击，以切断芬兰"奥洛涅茨"集群。6月初，梅列茨科夫曾飞赴莫斯科，与总参谋部和斯大林商讨后来被称为"斯维里河—彼得罗扎沃茨克进攻战役"的行动。为了向斯大林阐明两湖之间的敌防御工事是多么坚固，梅列茨科夫带去一个精心制作的地形模型，尽管在总参谋部会晤时什捷缅科和安东诺夫建议他不要拿出来，但梅列茨科夫坚持己见，要在向斯大林汇报的过程中展示这个模型。这个地形模型激怒了斯大林，他问梅列茨科夫"敌人是不是单独向您通报过作战计划"，他是不是想用这个"玩具来吓唬我们"。梅列茨科夫已被告知斯大林不喜欢详细分析敌人的计划和阵地，也不会纵容从他手里骗取援兵的企图，梅列茨科夫恰恰犯了这个错误，他请求斯大林给他调拨几个重型坦克和突击炮兵团。这时，斯大林打断了他的汇报，命令总参谋部拟定必要的计划。第二天，他们按通常的方式审议了这些计划；斯大林祝梅列茨科夫取得胜利，并以"要把敌人吓倒"这句话作为临别赠言。不过，尽管最初施以粗暴的讥讽，但斯大林最终变得温和起来。对作战计划进行最后审议的过程中，华西列夫斯基和朱可夫元帅在安东诺夫将军的支持下，断然拒绝再给梅列茨科夫调拨一个额外的步兵军，但斯大林却邀请梅列茨科夫和他的参谋长观看为庆祝列宁格勒方面军的胜利而鸣放的礼炮。克里姆林宫的礼炮鸣放完毕后，斯大林凑到梅列茨科夫耳边轻声说道："您要的那个步兵军，我一定给您增调。"

歼灭拉多加湖与奥涅加湖之间敌军的任务交给A. N. 克鲁季科夫中将的第7集团军，该集团军将强渡斯维里河，朝奥洛涅茨（Olonets）—皮特凯兰塔（Pitkiaranta）—索尔塔瓦拉（Sortavaala）方向攻击前进。一个步兵军和一个坦克旅负责肃清奥涅加湖西岸，并夺取彼得罗扎沃茨克（Petrozavodsk）。奥涅加湖北面，F. D. 戈列连科中将的第32集团军奉命歼灭敌"梅德韦日耶戈尔斯克集团"，与第7集团军配合夺取彼得罗扎沃茨克，然后在库奥利斯马（Kuolisma）地区向苏芬边境推进。察觉到苏军即将发起进攻，芬兰人从斯维里河登陆场以及掩护"梅德韦日耶戈尔斯克方向"的前沿阵地后撤；梅列茨科夫命令第7集团军的部队靠近斯维里河南岸，他们在6月20日傍晚前进抵该河，北面，第32集团军为他们的进攻行动进行着最后的准备。6月21日上午，梅列茨科夫在前沿指挥所观看第7集团军发起的全面进攻，在此之前，1500门大炮展开猛烈的炮击，空军第7集团军的3000多架飞机也对斯维里河北岸实施大规模轰炸，这场炮火准备持续了三个半小时。第一批突击部队随后渡过宽阔的斯维里河。傍晚前，苏军工兵已架设起20座浮桥，24小时内，第7集团军沿一条35英里宽的战线跨过斯维里河，向前推进了7—8英里；但由于物资和装备没能及时运过斯维里河，苏军的前进速度大受影响，甚至引发了最高统帅部的干预。最高统帅部下令加快速度，要求使用第7集团军辖内的3个军向奥洛涅茨推进，并以不少于1个军的力量与第32集团军相配合，夺取彼得罗扎沃茨克。

一周内，第7集团军在拉多加湖区舰队在湖东岸登陆的海军陆战队的配合下，夺取了奥洛涅茨，并向皮特凯兰塔逼近。第7集团军的右翼部队和第32集团军在奥涅加湖区舰队的协助下冲向彼得罗扎沃茨克，6月29日将其夺取，这场胜利与强渡斯维里河一样，都赢得了克里姆林宫鸣放的礼炮。南卡累利阿进攻战役打响后不到一个月，第32集团军7月21日清晨报告，他们已到达苏芬边境，梅列茨科夫的司令部立即将这个消息报告给莫斯科。

芬兰人绷紧神经的时刻终于到来了；6月初的苏军攻势，尽管最终被挡住，却耗尽了芬兰的预备队（曼纳海姆元帅这样告诉希特勒），而这场持续一个月的进攻让芬兰人的处境变得愈发绝望。芬兰人竭力封锁从两座大湖之间的隘路通出的每一条道路和小径，但正如梅列茨科夫观察到的那样，他们输掉了这场战争。靠近边境处，芬兰人逐渐加强的抵抗令苏联红军不胜其烦；各条道路埋设了地雷，布设了障碍物，桥梁被炸毁，开阔地成为雷区。苏军的猛烈进攻迫使芬兰人提出停战请求，并与德国解除军事同盟关系。7月28日，吕蒂总统出现在芬兰军总司令部，他告诉曼纳海姆元帅，他决定辞职，并恳请这位元帅接任总统职务。8月1日，吕蒂总统正式辞职，接替他的曼纳海姆决心带领芬兰退出这场战争。尽管凯特尔8月17日匆匆赶至芬兰，为曼纳海姆和海因里希颁发了勋章，竭力试图让芬兰继续进行这场战争，但芬兰与德国之间的协议已告吹。曼纳海姆拒绝接受吕蒂总统与里宾特洛甫6月26日签署的协议，因为这份协议没有获得芬兰议会的批准；"吕蒂—里宾特洛甫"协议规定，未得到德国的允许，芬兰不得单独媾和，但这份协议现在成了一纸空文。8月25日，芬兰驻斯德哥尔摩公使通过递交给柯伦泰夫人的一份照会，正式请求苏联政府在莫斯科接待芬兰停战代表团。莫斯科同意了这个请求，并提出相应的条件：芬兰必须与德国彻底断绝关系，所有德国军队必须在9月15日前离开芬兰。如果德国人拒绝接受芬兰的要求，芬兰人必须解除他们的武装，并把他们作为战俘交给盟军。这些条件已在苏联、英国和美国之间达成共识。芬兰议会批准以此为基础举行会谈。

但芬兰人并不是第一个贸贸然走入莫斯科大门的人。8月底，在苏德战场的另一端，俄国人对罗马尼亚发起大规模攻势。德国和罗马尼亚军队的阵地在几小时内土崩瓦解。8月23日，罗马尼亚人发起一场决定性政变，解除了与德国的盟友关系，就此退出战争，并在这个过程中造成德军东南欧防线的破裂。俄国人迎接芬兰停战代表团时，已经同罗马尼亚签署了停战协议。

1. 译注：西方面军司令员索科洛夫斯基改任乌克兰第1方面军参谋长。

2. 译注：以上数字合计2164辆。

3. 译注：朱可夫在回忆录中对这场争执彻底予以否认，他说斯大林早在5月20日便已批准白俄罗斯第1方面军的"两个突击"，何来5月22日—23日的争执？有趣的是，同样的争执也发生在斯大林格勒战役期间的科涅夫身上。

4. 译注：据什捷缅科回忆录记载，这个日期为5月24日。

5. 译注：据什捷缅科回忆录记载，梅尔诺夫当时是上校，是总参作战部的方向处长。

6. 译注：1944年2月，沃尔霍夫方面军被撤销，司令员梅列茨科夫调任卡累利阿方面军司令员，而卡累利阿方面军原司令员弗罗洛夫上将担任副司令员。

7. 译注：柯伦泰夫人是苏联资格最老的革命者之一，1930—1945年间担任苏联驻瑞典公使。

8. 译注：帕西基维曾在苏芬战争期间担任芬兰谈判代表团团长，后又担任过芬兰驻苏大使。

9. 译注：恩克尔是芬兰外交部长。

10. 译注：1944年4月25日，卡图科夫的坦克第1集团军获得近卫军称号。

11. 译注：白俄罗斯第2方面军司令员库罗奇金只当了两个月方面军司令员便被降级，接替切尔尼亚霍夫斯基担任第60集团军司令员。

12. 译注：坦克第4集团军原司令员巴达诺夫在战斗中负伤，由近卫第3集团军司令员列柳申科接任。

13. 译注：先诺位于维捷布斯克西南方。

14. 译注：维尔诺其实就是立陶宛首都维尔纽斯。

15. 译注：应为近卫步兵第22军。

16. 译注：巴扎诺夫是波罗的海沿岸第1方面军主管近卫火箭炮兵的炮兵副司令员。

17. 译注：这位倒霉的师长是彼得罗夫上校。

18. 译注：应为第69集团军。

19. 译注：斯柳萨列夫是空军第2集团军的副司令员。

20. 译注：这一点与科涅夫回忆录中指出的情况恰恰相反，据他说，最高统帅部认为计划中对步兵部队提出的任务过高。

21. 译注：应为6月12日。

22. 译注：崔可夫回忆录中给出的时间是1小时50分钟。

23. 译注：罗科索夫斯基6月29日被擢升为苏联元帅。

24. 译注：时任白俄罗斯第1方面军军事委员会委员的布尔加宁当时的军衔是上将，7月29日升为大将，1944年11月被擢升为苏联元帅。

25. 译注：应为克拉斯诺耶（Krasnoe）。

26. 译注：应为佩列梅什利亚内，佩列梅什利位于利沃夫西面。

27. 译注：应为雅罗斯瓦夫。

28. 译注：指挥近卫第3集团军的是戈尔多夫上将；埃里克森在这里和下文混淆了近卫第3集团军和近卫坦克第3集团军。

29. 译注：应为戈尔多夫的近卫第3集团军。

30. 译注：应为步兵第350师，而步兵第305师隶属于第38集团军。

31. 译注：本书作者一直将"戈林"师和"大德意志"师误认为是武装党卫队部队，后文不再逐一纠正。

32. 译注：应为8月1日。

33. 译注：罗默尔是波兰流亡政府的外交部部长。

34. 译注：拉钦斯基伯爵是西科尔斯基内阁时期的波兰外交部部长。

35. 译注：波兰国防部部长。

36. 译注：科特是波兰流亡政府的新闻宣传部部长，此处应为S. 科特。

37. 译注：塔博尔是国家军副总参谋长。

38. 译注：米特基维奇是波兰派驻美国的军事代表团团长。

39. 译注：科潘斯基是波兰武装力量总参谋长。

40. 译注：奥马利是英国驻波兰大使。

41. 译注：丘吉尔是英国首相，并兼任国防大臣，而伊斯梅将军则是国防大臣的参谋长。

42. 译注：罗曼年科指挥的是第48集团军，除了第65集团军和第48集团军调出别洛维日的森林，波波夫的第70集团军也奉命从布列斯特迅速推进。

43. 译注：与第21集团军司令员古谢夫并非同一人。

44. 译注：德军作战序列中没有这个番号。

45. 译注：这里指的是党卫队全国副总指挥兼武装党卫队上将戈特洛布·贝格尔。

46. 译注：这里指的是捷克斯洛伐克开国元勋托马斯·马萨里克的儿子扬·马萨里克，捷克斯洛伐克流亡政府的外交部部长。

47. 译注：原文用的是Shavli，下文又使用了Shaulyai，其实都是Siauliai的不同名称。

48. 译注：陶格夫匹尔斯的旧称。

49. 译注：原文前后地名不同的拼写错误在全书中频繁出现。

50. 译注：应为第22集团军。

51. 译注：第20集团军已于1944年4月被撤销，集团军司令部改编为波罗的海沿岸第3方面军。

52. 译注：据华西列夫斯基回忆录描述，他的决定是"……改为里加方向"。

53. 译注：原书给出了该地名的第三种拼写——Rezekne，列日察、列泽克涅和雷泽克内都是该地的译名。

54. 译注：在拉脱维亚语中，就是卢巴纳湖。

55. 译注：原文为俄文，就是Aiviekste。

56. 译注：按照英文名称应为伊兹博尔斯克，但爱沙尼亚语为Irbosk，故译为伊尔博斯卡。

57. 译注：空军第13集团军司令员是雷巴利琴科中将。

58. 译注：与前文的拼法不同。

59. 译注：应为近卫步兵第11军。

60. 译注：上文提及近卫坦克第5集团军损失惨重，由于这个原因，再加上与切尔尼亚霍夫斯基因为突击方向产生的不和，罗特米斯特罗夫被调离前线，出任苏军装甲坦克和机械化兵副司令员，近卫坦克第5集团军司令员一职由索洛马京中将接任，索洛马京中将在战斗中身负重伤，又由沃利斯基中将接任。

61. 译注：应为立陶宛步兵第16师。

第六章
苏联的解放和征服：1944.8–1944.12

"总的说来，问题在于：我们是否打算默许巴尔干地区——或许还有意大利——的共产主义化？"

5月4日，沉浸在这个想法中的丘吉尔首相要求艾登起草一份文件，简要说明"我们与苏联政府之间存在的严酷问题，这些问题正在意大利、罗马尼亚、保加利亚、南斯拉夫日益发展，而在希腊尤为严重"。希腊的抵抗力量已被内战摧毁，那里的事态发展引起了丘吉尔的强烈关注。共产党人控制的ELAS（人民解放军）是EAM（民族解放阵线）的武装游击力量，而EAM是左翼政党组成的一个松散的联盟，尽管其实质是希腊共产党（KKE）的执行机构。他们不仅用英国提供的武器打击德国人，还对付其政治对手——EDES（国家民主人民军）的数千名反共分子。EDES由抱有共和信念的泽尔瓦斯上校领导，泽尔瓦斯在品都斯山脉西部活动（他的作战力量主要来自伊庇鲁斯）；雅典北部还有另一支抵抗力量，这就是普萨罗斯上校的"5/42"团（也被称为EKKA，"民族和社会解放"），这股力量最终在1944年春季被ELAS消灭，只剩下泽尔瓦斯的部队。1943年，ELAS游击队突然对其他独立抵抗力量发起猛烈袭击，极大地削弱了希腊的反共力量。这场屠杀和鬼祟袭击的幸存者大多被纳入ELAS的队伍中，但也有些人加入了通敌政府组建的保安营，拿起武器对抗共产党人。1943年3月，ELAS消灭了萨拉菲斯将军率领的共和党抵抗组织AAA；萨拉菲斯被俘后受到"通敌"的指控，随后在枪口的威逼下出任ELAS的军事指挥官。1943年的夏季，EAM和ELAS伸出一根政治橄榄枝，设立起了包括所有抵抗组织在内的联合指挥部，但意大利投降后，他们便对泽尔瓦斯的EDES发起猛烈进攻，这场激烈的内战直到1944年3月才被一份匆匆拟定的停火协议所结束。

停战标志着EAM改变了自己的战术。1944年3月，EAM在希腊山区成立"民族解放政治委员会"（PEEA），实际上就是临时政府，这让希腊流亡政府十分尴尬；而在中东地区，英国指挥的希腊军队发生了兵变，这场严重的风波适逢希腊旅即将赶赴意大利的前夕，希腊流亡政府的处境因而变得更加困难。英国军队包围了叛军，这些希腊人最终在4月底投降，但在此之前，他们成立了士兵委员会，提出在希腊国王乔治二世回国前举行一场全民公投的要求，并敦促承认"民族解放政治委员会"为希腊真正的临时政府。希腊国内，对士兵深具政治影响力的EAM认为德国人的占领即将结束，于是着手消灭EKKA抵抗组织，从而多消除一个对手，为早在1943年便已计划好的攫夺政权肃清道路。泽尔瓦斯的EDES尚存，但EAM和ELAS现在清楚地知道，一旦德国人离开，就不会有大批英国军队进入希腊。

英国政府对希腊共产党势力和俄国人植入地中海东部的影响力深恶痛绝。希腊的不祥之兆和丘吉尔首相的督促使艾登5月5日向苏联驻伦敦大使古谢夫提出一项明确建议：如果罗马尼亚的事务主要由苏联政府予以关注，英国政府或许可以合理地期待苏联支持英国在希腊的政策。两周后，苏联政府做出回应，5月18日，古谢夫转告艾登，他的政府接受划分涵盖希腊和罗马尼亚利益的想法，但莫斯科首先想知道，这个建议是否已征询过美国人。因此，英国驻华盛顿大使哈利法克斯勋爵奉命听取美国国务院的意见——与俄国人达成这项协议主要是基于"军事现实"的考虑。

尽管英国的计划明确否认对"势力范围"做出过任何承诺，但科德尔·赫尔在5月30日与哈利法克斯勋爵的会晤中表现出了对这些建议的内在含义所持的警惕态度；次日，丘吉尔首相亲自给罗斯福总统发去电报，重申不会以任何方式恢复或确认"势力范围"（尽管电报中没有透露英国已同俄国人进行过探讨），此举主要基于"目前的军事态势，因为罗马尼亚处在俄国军队控制范围内，而希腊则处在……地中海盟军司令部的管辖范围内"。在与科德尔·赫尔的首次会晤中，哈利法克斯勋爵的话题仅限于罗马尼亚和希腊。6月8日，丘吉尔首相指示这位大使将保加利亚和南斯拉夫添加到罗马尼亚和希腊的话题中（南斯拉夫和希腊分配给英国，保加利亚和罗马尼亚分配给俄国人），结果，这个扩大的计划激起了国务卿赫尔更大的怒火。

在6月10日的第一份回电中，罗斯福总统并未接受丘吉尔的主要观点，反而建议"以协商机制来消除误会"并"阻止发展成排他性势力范围的倾向"。丘吉尔立即做出回复，他认为协商机制最终会沦为"绊脚石"，并建议允许英国与苏联的安排试运行三个月，期满后由三大国再行审议。6月12日，罗斯福总统同意了这项提议，但补充说，此举并不意味着建立"战后势力范围"，这一谨慎的同意是在国务卿不知情的情况下做出的，赫尔正在短暂休假。丘吉尔对总统表示感谢，6月19日，艾登将罗斯福总统同意的消息告知古谢夫，并希望苏联政府正式批准这项协议。

可就在这时，国务卿赫尔强行介入到这一连串事件中；尽管罗斯福总统6月12日做出同意的答复，但赫尔6月17日对英国6月8日的电文提出一份回复草案，尖锐地强调英国人最初与俄国人进行协商时没有首先征询美国人的意见。6月22日，罗斯福总统在给丘吉尔的电报中提出责难，丘吉尔不认为先同俄国人进行接触有什么过错，并以罗斯福总统在米科拉伊奇克的问题上先同俄国人磋商这个例子作为反驳。

在这段气氛紧张的电报往来期间，美国国务院从美国驻希腊流亡政府大使那里获悉，他已通过英国在开罗的消息提供者获知美国同意了英国与苏联关于希腊和罗马尼亚的计划，通过这条迂回路径，美国国务卿得知了总统所做的决定。6月30日，赫尔极为严肃地将这一大使级消息转发给罗斯福，当天，古谢夫对艾登6月19日的要求做出回答，指出美国立场的不确定性，并宣布苏联要同美国直接磋商。次日，葛罗米柯在华盛顿向赫尔呈交了艾登—古谢夫会谈概要，然后回去等待此事的结果。在谈判的最后阶段受到阻碍，丘吉尔首相愤怒地写下"美国的迂腐干扰"这样的语句。为尽快拉拢斯大林，他在7月12日的电报中提及先前的会谈，强调必须做出"工作安排……以避免通过三方交换电报这种使行动陷于瘫痪的尴尬做法",并指出"美国总统已同意该建议试行三个月"。现在轮到斯大林发现"一些困难之处"了;他的回电在7月5日到达[1],坚决拒绝继续进行此事,除非美国政府最终对"某些疑问"做出明确答复——"最好等美国对我们提出的问题做出答复后再来谈此事"。

"美国的答复"已在途中,7月15日,葛罗米柯收到了对他7月1日所作询问的回复。这份最新的电文证实美国同意英国和苏联提出的"希腊和罗马尼亚"计划,但强调指出促进巴尔干地区的"势力范围"并不是美国的政策,并拒绝承认"目前的战争策略"所推动的临时性划分对美国利益造成的一切损害。尽管英国与苏联之间的协议尚未真正达成,但美国的同意至关重要,它引发了东欧地区第一波极其重要的外交再部署。就在英国竭力维持希腊的局势时,苏联外交人员探索着同罗马尼亚取得联系的可能性。1944年初,罗马尼亚部长纳诺已经与苏联驻斯德哥尔摩代办谢苗诺夫进行了一系列会晤。当年春季,随着巴布·斯蒂尔贝伊亲王抵达开罗,另一条渠道打开了(在安卡拉,罗马尼亚部长提出的在伦敦举行会晤的建议被拒绝,于是开罗被选中)。苏联、美国和英国的外交人员参与其中,与斯蒂尔贝伊举行会晤,而在罗马尼亚国内,投降主义者加紧了密谋,米哈伊国王也更为紧密地参与到其中。

通过罗马尼亚外交部那些精明而又谨慎的人员(他们主要来自密码科,其中包括斯蒂尔贝伊亲王的女婿米库列斯库–布泽什蒂),米哈伊国王随时掌握着与盟国谈判的情况。他通过阿尔代亚将军了解到军队目前的倾向,并从尤柳·马纽那里获知反对派的情况以及对方与盟国和共产党进行接触的消息。4月初,马纽从身处安卡拉的克雷齐亚努部长那里了解到,盟军地中海司令部答应谈判从苏联方面进行,如果安东内斯库政府不愿与德国断绝关系并被迫交出权力的话;苏联红军不会插手,罗马尼亚军队必须自己解决德国人,必要时,盟国空军会发动空袭。

4月2日,苏联方面的一份照会阐明了苏联政府的立场,重申对比萨拉比亚和北布科维纳的要求,但十天后,苏联驻开罗大使向斯蒂尔贝伊亲王递交了停战条款,尽管仍坚持要求归还比萨拉比亚,但承诺把几乎整个特兰西瓦尼亚还给罗马尼亚。盟军轰炸机已经对罗马尼亚发起空袭,5月5日的大规模轰炸使罗马尼亚的石油产量减少了一半,但马纽希望盟军派遣伞兵部队,而不是实施轰炸，因为轰炸只会削弱罗马尼亚保卫自己的能力。马组竭尽全力，想从三个盟国那里得到明确保证，一旦国家获得解放，罗马尼亚的事务不受任何国家的干涉，但罗马尼亚为退出战争而讨价还价的机会正在迅速减少。斯蒂尔贝伊亲王建议赶快接受目前的条款，因为这是罗马尼亚所能得到的最好的条件了；但马组决心再试试，他派出另一名使者，康斯坦丁·维绍亚努，于5月底到达开罗。

在新一轮谈判中，维绍亚努带来了自己的计划，他请求盟军在罗马尼亚实施空降行动，并试图将停战条款变得对罗马尼亚更加有利，他还坚持要求盟军（英国和美国）地面部队在打击罗马尼亚境内德军的问题上提供帮助，以此来谋求盟军的存在。这些要求没有得到任何回应。在罗马尼亚国内，尤柳·马组加强了与共产党人的接触，而在莫斯科，流亡的罗马尼亚共产党人要求苏联红军尽快对罗马尼亚发起进攻（这个要求同样无济于事），然后由共产党人直接"接管"，建立一个共产党政府。但这并不符合斯大林1944年的想法：这只会"吓坏"他的盟友，另外，他所希望的只是控制，而不是直截了当、有可能带来麻烦的"共产主义化"。为了让罗马尼亚共产党团结起来，1937年叛逃至苏联的罗马尼亚前陆军中尉埃米尔·波德纳拉希被派回罗马尼亚，他的任务是恢复共产党的元气，加强与罗马尼亚军队和反对派的联系。4月初，波德纳拉希、格奥尔基·乔治乌–德治、珀尔武列斯库和另一些共产党领导人在一所监狱医院中召开会议，决定罢免福里什总书记的职务，由格奥尔基·乔治乌–德治接任。波德纳拉希、珀尔武列斯库和兰盖茨获得继续同反对派会谈的"授权"，以便把罗马尼亚带离战争——罗马尼亚共产党突然而又出人意料地东山再起，他们一往直前，根本没有提及流亡莫斯科的党组织以及以安娜·波克尔和瓦西列·卢卡为首的党部。

在开罗，维绍亚努主导停战谈判的尝试没有成功，时间已然耗尽。6月1日，苏联政府要求尤柳·马组接受停战条款，在这个前提下才能继续进一步谈判；维绍亚努只得同意，但接受这些条款时，他又要求将三个盟军伞兵师空投至罗马尼亚。此时，即将在法国登陆的盟军压力重重，几乎在这同一时刻，艾登告知古谢夫，美国同意了英苏关于希腊和罗马尼亚的计划，因此，维绍亚努的要求遭到了必然的拒绝。实际上，开罗谈判结束了，苏联开始寻求罗马尼亚问题的独立解决方案。苏联方面已没有兴趣跟尤柳·马纽继续讨价还价，随之而来的是在斯德哥尔摩采取的新举措，那里进行的谈判早已陷入僵局。6月初，柯伦泰夫人向安东内斯库提出了对他们较为有利的条款，苏联正通过外交努力设法让罗马尼亚脱离战争，并在谈判中建议对方直接向苏联投降，但事态的这一新变化并未消除苏联的怀疑。苏联方面指责丘吉尔首相，一个英国代表团秘密进入罗马尼亚，其目的"不为苏联政府所知"，越来越紧张的气氛并未因此而缓解；英国驻莫斯科大使向莫洛托夫做出正式否认，同样没有得到明显的效果或改善。尽管俄国人怀疑英国在罗马尼亚问题上要两面派手段，但英国很快便有理由担心苏联插手干预希腊的政治局势。

苏联谋求与罗马尼亚"单独"达成停战协议，背后的原因是苏联在该国的政治影响力整体偏弱，罗马尼亚过度依赖于英国扶持、提供的联系。这种联系被证明存在于"资产阶级"和亲西方的反对派内，其盛行度迫使安东内斯库不得不允许其继续存在。俄国人非常清楚罗马尼亚的反苏情绪；1940年，苏联占领比萨拉比亚和北布科维纳，加剧了罗马尼亚统治集团和知识阶层持久的、历史性的反苏情绪。毫无疑问，苏联领导层在马纽的拖延中发现了"阴谋"的迹象，不仅有密谋，还有任务，他们想把罗马尼亚当作奏响反苏乐曲的一件乐器，而苏联在罗马尼亚国内影响力的虚弱（体现在罗马尼亚共产党受到压制，处在分裂状态）加剧了这种担心。在斯大林看来，正确的做法不是听取流亡的共产党人歇斯底里地恳请"共产主义化"，而是派自己的人进入该国并站稳脚跟。

苏联感兴趣的是通过与安东内斯库的谈判达成一场外交胜利，对罗马尼亚人依赖英国深感恼火，并对尤柳·马纽能否兑现他许下的诱人诺言持明显的怀疑态度，这一切导致设法让罗马尼亚退出战争的开罗谈判无疾而终。国家农民党领导人尤柳·马纽充满亲西方情感，对地下抵抗和破坏行动没什么信心，因而对那些希望发动全面反抗的共产党人几乎没做出什么保证。他的政策建立在一个坚定不移的原则上，这个原则就是取得一场彻底胜利，为此，他呼吁西方国家提供帮助，但这并不意味着罗马尼亚将发起一场不顾一切的抵抗并对德国人反戈一击。他寻求的是一种"保险"，以免遭到苏联的入侵，这是一种真实存在的威胁。他的政策最终被优柔寡断所毁，而这一政策本身就充满了幻想，他认为自己可以跟西方盟国谈谈条件，但俄国人并不打算参与到这个游戏中来，相反，他们在罗马尼亚境内匆匆建立起自己所能控制的影响力，并尝试与反对派和罗马尼亚政府进行谈判。

斯大林的"大战略"是寻求同他的主要盟友暂时达成"和解"，如果他的共产党伙伴碍手碍脚，他是不会给予他们慷慨的承认的。在波兰，他以共产党人为楔子，依照他的条款强行达成"和解"；在希腊，共产党人成了他与不惜一切代价稳定局势的英国人讨价还价的主要工具；而在南斯拉夫，游击队领导层毫不妥协的态度令斯大林深感怀疑。1944年春季，第一个南斯拉夫共产党代表团前往莫斯科，米洛凡·吉拉斯也在其中，他发现自己对斯大林的态度感到困惑和不安，这种态度无情地表明，"除了掌握在手中的东西，他什么也不相信；任何一个不在他的秘密警察控制下的人都是潜在的敌人"。这些诡计多端的做法加剧了英国无休止的猜疑，再加上斯大林对那些小国家的"农民"政治家抱以轻蔑的态度，这些几乎使整个英苏协议临近崩溃。美国方面对英国与苏联之间的交易态度勉强，这让丘吉尔深感烦恼，7月下旬，他又担心"俄国人的言而无信"肯定会添加到一连串已然降临的不幸中，这种印象源于俄国人最近找借口向ELAS派遣了一个军事代表团。

7月25日，一架执行训练任务的苏联飞机获准从巴里（Bari）机场起飞后，突然改变航线，飞赴南斯拉夫铁托的指挥部；在游击队司令部，这架飞机搭上一批派驻南斯拉夫游击队的苏联军事代表团人员，飞往塞萨利（Thessaly）的一座机场。第二天，波波夫上校和他的同僚到达ELAS总部，英国政府对此感到愤怒和沮丧，艾登向古谢夫提出强烈抗议。莫洛托夫认为事情太小，不值得为此浪费时间，这种傲慢隐瞒了苏联复杂行动的细节，充斥着遁词，针对的并非英国的利益，而是希腊武装分子。苏联派驻ELAS的军事代表团，其任务是监督执行莫斯科做出的令人不快的决定——推迟共产党人在希腊发动政变的一切计划。显然，斯大林获知美国认可英国和苏联各自负责希腊和罗马尼亚事务的消息后，苏联政策的齿轮开始加速运转。他从来不对礼物吹毛求疵，这是他诸多可取之处之一：作为在希腊政治漩涡中放弃"责任"的回报，他可以预见到在罗马尼亚获得行动的自由，在保加利亚同样如此，而在南斯拉夫也将得到强大的话语权，从而把这些国家"掌握在他的手中"，同时还能显示他对盟国内部团结的承诺，波兰问题造成危险的不和时，这种团结付出了不小的代价。

苏联以生硬的效率唐突地从希腊脱身。苏联军事代表团奉命飞赴ELAS，并实施哄骗而不是鼓动（萨拉菲斯将军否认苏联军官提供过任何有效的援助）后不久，派驻开罗的苏联外交官建议EAM人员摆出更加通融的姿态，并参加帕潘德里欧政府。EAM和ELAS受到两方面的逼迫，出现在希腊的苏联军官使他们产生了这种感觉（或是英国军事代表团团长伍德豪斯上校推断出的结论），民族解放政治委员会放弃了在任何一个新政府中必须获得5—7个代表席位的要求，尽管该委员会仍坚持认为无法接受帕潘德里欧出任总理。没过几天，PEEA的态度发生了180度大转变，同意加入帕潘德里欧政府，过去，他们曾狠狠抨击并坚决反对过这些条款。伍德豪斯上校对此的描述是，希腊共产党内的"好战派"受到莫斯科的严格控制：9月初，苏联驻开罗外交官强烈"建议"希腊共产党的六名代表正式加入希腊联合政府。民族解放政治委员会消失在一阵烟雾中，月底时，希腊共产党领导的游击队（连同其他游击力量）将自己置于政府的正式指挥下（从而受到英国的有效控制）。苏联对EAM和ELAS事务的干预，有助于延缓而不是挑起一场与英国硬碰硬的交锋，具有讽刺意味而又令人不安的是，泽尔瓦斯和萨拉菲斯将军留在一个联合指挥部内。

这柄铁钳牢牢夹住希腊共产党前不久，南斯拉夫的共产党人发现，利己主义主导了苏联的政策和斯大林的观点，这方面的大多数信息源自1944年春末南斯拉夫代表团出访莫斯科期间，米洛凡·吉拉斯会见苏联领导人时留下的印象。在南斯拉夫国内抵抗运动的火焰中，英国已将自己严重烧伤，这场抵抗运动在早期阶段发展成米哈伊洛维奇的反共组织"切特尼克"与铁托明显具有共产主义倾向的游击队之间的一场内战。对这两个对立团体的不断调停令人绝望，获知铁托游击队正为打击德寇做出坚定的努力后，丘吉尔首相终于在1943年改变了观点，英国必须取消给予德拉查·米哈伊洛维奇的援助，全力支持铁托，尽管从长远看，此举将使共产党彻底控制塞尔维亚。南斯拉夫流亡政府（目前设在开罗，以便更靠近国内的抵抗者）愤怒地抗议英国的决定，并对德拉查·米哈伊洛维奇将军与德国人合作的"确凿"证据提出质疑；南斯拉夫首相M.普里奇坚持认为，此举只会使南斯拉夫共产党不受约束，并促使农民挺身反抗，他还批评英国大肆宣扬铁托游击队取得的胜利。

为消灭南斯拉夫"暴匪"，德国人发起残酷的清剿，再加上南斯拉夫肆无忌惮的内战造成的暴行，严峻的形势变得更加悲惨，并带来了极其复杂的政治问题。早在1943年10月，听说莫斯科召开外长会议，铁托便公开阐明了自己的观点，他给莫斯科发去电报，提请苏联政府注意"南斯拉夫反法西斯委员会和人民解放军最高司令部已授权我（铁托）宣布，我们既不承认南斯拉夫政府，也不承认流亡海外的国王……"，随之而来的是一份明确的声明——"我们不会允许他们返回南斯拉夫，因为这意味着一场内战"，并补充说，"目前唯一合法的政府是反法西斯委员会领导的民族解放委员会"。但莫斯科外长会议几乎没有时间处理南斯拉夫问题，对此的讨论断断续续，艾登告诉莫洛托夫，英国已向铁托游击队派去一个代表团，莫洛托夫则透露出耐人寻味的消息——苏联政府很可能向德拉查·米哈伊洛维奇将军派出一个代表团。尽管俄国人对铁托这个举动保持沉默，没有理会发给"苏联政府"的通告，但南斯拉夫人的后续动作（1943年11月，南斯拉夫反法西斯委员会在波斯尼亚亚伊采镇通过的决议）引起了斯大林的关注，他几乎将此视为对他个人的一种侮辱。亚伊采会议召开前，铁托和他的政治局商讨了该如何策略性地告知莫斯科；这些南斯拉夫人勇敢而又聪明，他们透露反法西斯委员会打算建立一个充当临时政府的民族解放委员会，但绝口不提宣布保皇派政府为非法并禁止国王回国的打算。

亚伊采会议正式将铁托领导的南斯拉夫解放委员会确定为最高立法和执行委员会，铁托被授予"南斯拉夫元帅"军衔；实际上已成为临时政府的民族解放委员会做出决议，禁止彼得国王返回南斯拉夫，直到南斯拉夫人民能够自行决定他们需要何种形式的政体。这场会议令斯大林"异常愤怒"，并将南斯拉夫人的这个举动视为"向苏联和德黑兰会议决议的背后捅了一刀"，换句话说，这是对他煞费苦心与西方国家达成协议的一个威胁。但后者并未对亚伊采的决议感到惊慌，只要大国间的关系暂时保持平静，就不会出现太大的乱子。对斯大林来说，现在要对自己的立场做出必要的调整。12月底，苏联境内的"自由南斯拉夫"电台要求承认民族解放委员会，清除南斯拉夫流亡政府。1944年初，由团长科尔涅耶夫中将和副团长戈尔什科夫少将率领的一个苏联军事代表团终于出现在铁托的司令部，这些苏联军官拒绝采用通常的方式（伞降）进入南斯拉夫，迫使英国皇家空军不得不为他们提供了两架滑翔机，整个行动由一支战斗机护航队提供掩护。科尔涅耶夫将军和同事们的到来受到热烈欢迎，但很显然，他们此番没有给游击队带来急需的补给物资。由于他们只答应提供一些象征性的物资，游击队的热情冷却下来。俄国人乖巧地发现，他们不是来指挥南斯拉夫游击队的（尽管与带有苏联印记的游击队相比，戈尔什科夫对铁托的游击队极为轻视），因此，"双方都清醒下来"。

在此期间，英国政府试图摆脱米哈伊洛维奇将军，并以这种绝交作为在铁托与罗马尼亚国王之间达成和解的一种手段。1944年2月初，丘吉尔首相对铁托提出一项直截了当的主张：（国王）将米哈伊洛维奇撤职，是否可以促成国王与游击队之间的友好关系，是否有可能允许国王归国，尽管未来君主制政体的问题自当留待南斯拉夫完全解放后再行商讨。铁托元帅态度坚决地做出否定的回复，坚称民族解放委员会必须被承认为南斯拉夫唯一的政府，开罗的流亡政府必须解散，作为叛徒的米哈伊洛维奇必须被撤职——然后，也许会考虑与国王合作的可能性，但不会对此做出任何特别安排，因为这必然会带来"怀疑和焦虑"。3月底，铁托再次指出，民族解放委员会不赞成国王回国。

为了让民族解放委员会和最高司令部获得更大的安全，铁托在1943年底放弃了亚伊采镇，迁至更西面的德尔瓦尔。1944年春季，两个南斯拉夫军事代表团从这个被战火摧毁的波斯尼亚小镇派出，弗拉基米尔·韦莱比特率领的一个赶赴英国，米洛凡·吉拉斯[2]率领另一支前往莫斯科。派给吉拉斯代表团的任务"具有军事和党务的双重性质"，最重要的是探明苏联政府是否准备承认民族解放委员会是南斯拉夫"合法的临时政府"并"就此问题对西方盟国施加影响"。经巴里和开罗，时刻警惕着落入英国情报机构手中（南斯拉夫代表团携带着最高司令部和中央委员会的文件，其中包括南斯拉夫共产党与共产国际的往来电文），吉拉斯一行飞赴德黑兰、巴库，最后到达莫斯科。

吉拉斯首先请求莫洛托夫接见，如果可能的话，希望会见斯大林，但这些要求没有得到回复。所有谈话都围绕着苏联打击希特勒的"伟大战争"、这场斗争的"爱国主义性质"以及苏联发挥的决定性作用。在泛斯拉夫委员会，吉拉斯发现这个组织"是刻意安排的"，"没有任何意义"，充斥着来自其他斯拉夫国家的流亡共产党人，他们大多对更为紧密的泛斯拉夫关系无动于衷。无论是这群怯懦、令人乏味的理论家，还是流亡莫斯科的南斯拉夫共产党（他们"已被大清洗消灭大半"，目前由维利科·弗拉霍维奇领导），都无法帮助心生不耐的吉拉斯与苏联最高领导层取得联系。与曼努伊里斯基这位共产国际前书记会面时，吉拉斯见到的只是一个走下坡路的共产党官员，"这个完全无用、衰迈的老人"正被迅速遗忘；季米特洛夫，尽管是个病人，看上去未老先衰，但他的谈话更具活力，也更为坦率，不过他同样奉劝南斯拉夫抵抗运动宣布其"共产主义性质"时要谨慎，以免破坏苏联与西方盟国之间的关系。南斯拉夫革命的现状令吉拉斯充满激情，他认为坚持让共产党同资产阶级政党结盟"毫无意义"，因为南斯拉夫的抵抗运动和内战已经让所有人看清"共产党是国内唯一真正的政治力量"。季米特洛夫态度热情，了解南斯拉夫普遍存在的状况；早在1941年至1942年间，他就曾将南斯拉夫的情况亲自告知斯大林，使他对帮助南斯拉夫游击队的问题产生了兴趣，但由于苏联飞机的最大航程不够，这场危险的任务失败了，没能到达游击队根据地，而那些被派去参加此次飞行、希望借此机会回国的南斯拉夫共产党员只好拖着被冻僵的身躯返回。季米特洛夫还谈起解散共产国际的话题，这件事1940年便开始酝酿，但又被搁置下来，以免被误解为苏联政府是迫于德国的压力才这样做的。稍晚些时候，米洛凡·吉拉斯又从斯大林那里听说了关于共产国际如何解散并突然淡出人们视线的另一个版本。

南斯拉夫代表团按照斯大林的意愿（或是怪念头）等待着，这使他们获得了观察战时苏联的机会，还解决了一个谜团。南斯拉夫人原本感到不解的是，在苏联境内组建的"南斯拉夫反法西斯旅"，其成员都是从哪里来的，因为大批居住在苏联的南斯拉夫共产党员早已在大清洗时丧生。吉拉斯发现，这个旅主要由通敌的克罗地亚人组成，他们来自安特·巴维里奇[3]派往东线的一个命运多舛的团。与罗马尼亚人、意大利人和匈牙利人一样，这些克罗地亚士兵连同他们的团长麦西奇一起被卷入到斯大林格勒的灾难中，被俘后，他们接受政治再教育，以组成"反法西斯旅"，由俄国人担任军官，政治工作由流亡的南斯拉夫共产党人负责。甚至有人提出，这群乌合之众应该佩戴南斯拉夫皇家军队的徽标，但维利科·弗拉霍维奇坚决反对，并试图采用与铁托游击队相同的徽标，可他从未见过其原件，因而这个设计工作多少受到了些妨碍。发现该旅旅长就是原来的团长时，吉拉斯忍不住提出了批评，俄国人对这个问题不太在乎，并解释说，麦西奇已"悔改"；南斯拉夫代表团对此无可奈何，只能"随他去"了。

亲眼看见"南斯拉夫反法西斯旅"这种奇特的大杂烩，这番经历使吉拉斯开始了解到，在战火的影响下，苏联社会正在发生变化。大规模抵抗已将德军的进攻击退；苏联人民展现出他们对祖国和"革命基本原理"的忠诚，期待放缓"各种政治上的限制"并解除"一小批领导者在意识形态方面的垄断"。但在内心深处，苏联共产党觉得自己在孤身奋战。他们担心西方国家与苏联结盟是出于利己主义，是在要花招，他们"为自己的生存和生活方式"而战的信念挥之不去。第二战场开辟前，这种感觉根深蒂固，每个平民和士兵都有一种深深的孤立感。

在科涅夫元帅的司令部，南斯拉夫代表团亲眼看到了战火在东线造成的破坏。吉拉斯和他的同事们怀着恐惧的好奇心查看了"科尔孙—舍甫琴柯夫斯基"战役造成的毁灭和屠杀，科涅夫元帅向他们描述了哥萨克骑兵砍杀被围德军的情形——砍掉他们的腿、胳膊，甚至是举起来投降的双手。吉拉斯从科涅夫那里获悉，伏罗希洛夫和布琼尼这些红军中的老英雄，他们的命运在战争初期便已发生变化。尽管对布琼尼的评价很刻薄（"他从来没有掌握太多知识，后来也没有学到什么东西"），但被问及斯大林的作用时，科涅夫抱以谨慎的沉默，随即做出了无伤大雅但可以接受的回答："斯大林是全才……出色地掌握了整个战争的特点。"

吉拉斯和他的同胞捷尔基奇将军很快便能亲自验证这番称赞，他们终于等来了期盼已久的召见。两位南斯拉夫人的演讲还没结束便被叫出泛斯拉夫委员会所在的大楼，在一名NKVD上校的陪同下驱车赶往克里姆林宫。即将面见斯大林这个"今天斗争胜利和未来人类大同"的化身，令吉拉斯这位共产党员激动不已，兴奋得有些心慌意乱。他突然得到与斯大林会晤的暗示，一切对苏联的不愉快印象都消失了，先前与苏联领导人之间的矛盾也荡然无存。

双方的第一次会面也没有让吉拉斯失望，不仅充满同志式的坦率，还因为斯大林的敏锐而气氛活跃。吉拉斯正位于革命的源头和决策中心——"我觉得我来对了地方……"——尽管他承认他对斯大林的模样感到惊讶，斯大林个头不高，身材也不好看，左臂和肩膀不太灵活，大腹便便，稀疏的头发和黄色的眼睛，是个不安、烦躁的人，"一刻也不能安静"，一会儿在纸上信手涂鸦，一会儿摆弄烟斗，不停地转动着头颅。这场会晤持续了大约一个小时，莫洛托夫也参与其中。会谈刚一开始，斯大林便讨论起承认铁托民族委员会的问题，他以开玩笑的方式询问莫洛托夫，有没有可能"诱骗英国人承认铁托"；莫洛托夫带着自负的微笑回答说，英国人非常了解南斯拉夫发生的事情，不可能"上当"。吉拉斯没有得到斯大林承认民族委员会的保证，但他得到的印象是，在"时机成熟"的适当时候，苏联政府会承认民族委员会。斯大林先谴责了英国人的顽固不化，然后暗示道，苏联与英国政府之间"暂时性的妥协"很可能意味着拖延，这也需要南斯拉夫共产党与保皇党之间达成妥协。他没有告诉米洛凡·吉拉斯的是，这种"暂时性妥协"已经达成，所涉及的不仅仅是南斯拉夫。至于物质援助问题，斯大林毫不含糊，爽快地提供了20万美元的礼物（铁托原本要求将此作为一笔贷款），他还答应为南斯拉夫游击队提供空运，但坚持认为一支军队（"你们已拥有一支军队"）更需要的是从海上运送武器物资，可苏联无法完成这个任务，因为黑海舰队已被消灭。

尽管这个问题没有确定下来，但双方的首次会晤是成功的，斯大林亲切、精明、果断，理解力很强。在诺曼底登陆前夕举行的第二次会晤中，他的和蔼消失了，取而代之的是粗暴的急躁和爆发的怒火。6月夜间的这次会面让米洛凡·吉拉斯真正进入到苏联领导人的世界，会谈和晚餐是夜间的惯例，但依然是个"在各方面都存在着骇人听闻的无休止斗争"的世界，其前景只有"胜利或死亡"，在这个世界中，一切政策都要屈从于斯大林的意愿，所有人必须听命于他。前往乡间别墅的途中，莫洛托夫向吉拉斯询问对南斯拉夫目前局势的看法，因为德国人5月25日对铁托的司令部发起了突袭，先对德尔瓦尔展开一场猛烈的轰炸，随后又实施空降突击。铁托所在的防空掩体是一座山洞，洞口被炸塌，但利用洞内一条深邃的通道（这条通道通往洞顶的高原），这位元帅和卡德尔⁴逃出了被俘的困境。派驻南斯拉夫游击队的苏联军事代表团给莫斯科发去电报，声称形势发生了危险的变化，苏联飞机组织夜航，为游击队空投武器和食物，但这些物资大多散落在广袤的森林地区，由于遭受到德军的压力，游击队被迫放弃了这片林地。

斯大林把米洛凡·吉拉斯领入一个没有任何装饰的小房间，立即向他询问铁托的安危和南斯拉夫游击队面临的困境。"他们会被饿死！"吉拉斯设法打消斯大林的这种担心，告诉他南斯拉夫游击队面临过更艰难的处境，并未被饥饿压倒，但这种安慰没能消除斯大林对苏联飞行员的愤怒："胆小鬼，白天不敢飞行，简直就是胆小鬼！"（莫洛托夫对此提出反驳，他指出航程太远，缺乏战斗机掩护，为了携带足够的燃料，只能减少装载的补给物资）。吉拉斯也补充道，苏联飞行员曾提出建议，自愿在没有战斗机护航的情况下执行白天飞行任务。这多少平息了斯大林的怒火，他又提出，铁托必须转移到安全的地方，这是个命令而不仅仅是一项建议，对此，苏联军事代表团很快接到指示，以加快这一转移。科尔涅耶夫将军亲自敦促铁托离开波斯尼亚；他告诉铁托，这是"苏联政府"的希望，苏联的一架"达科塔"运输机从巴里起飞，将铁托和他的参谋人员送至意大利境内。

但会谈的主要话题是政策，特别是铁托与西方盟国的关系。决不能让英国人"感到害怕"，特别是不能让他们觉得南斯拉夫正在发生一场革命。形式并不重要："你们的帽子上为什么非要戴上一个红五星？……说实在的，红五星现在毫无必要。"斯大林的反对意见并不特别强烈，但他严肃地提醒道，要认真处理同英国人的关系，他向吉拉斯讲述了他那些盟友的特点，特别是丘吉尔——"丘吉尔是那种你一不小心就会把你衣兜里的最后一个铜板偷走的人……没错，连最后一个铜板也不会给你留下"；罗斯福不同，"他把手伸进你的衣兜是为了掏取一大把钱"，但丘吉尔，"连一个铜板都要"。斯大林几次提醒吉拉斯，要提防英国情报机关，留意铁托的安危："他们（英国情报机关）杀害了西科尔斯基将军，他们把他送上一架飞机，然后将飞机击落——没有留下任何证据和证人。"至于承认民族委员会的问题，斯大林建议采取谨慎和妥协的态度："你们不可能立即得到承认，应该找到过渡的办法。"迫于英国的压力，南斯拉夫的彼得国王最终同意改组他的政府，英国外交部推荐了伊万·舒巴希奇博士，他是一位克罗地亚政治家，1941年前担任克罗地亚省省长，此后便移居美国。6月1日，国王任命舒巴希奇博士为首相，由他负责组建一个小型的非政治性政府。斯大林告诉吉拉斯，建议铁托和南斯拉夫中央委员会与舒巴希奇举行会谈，"决不要拒绝"同舒巴希奇谈判，然后"设法同他达成某种协议"。

随着会谈的进行，斯大林邀请吉拉斯共进晚餐，这顿晚饭一直持续到凌晨。在吃、喝、交谈的过程中，"苏联的相当一部分政策正式形成"，话题涉及的范围非常广泛。斯大林吃得很多，喝酒适度，喝的是一种红葡萄酒和伏特加的混合物，其他人喝什么酒随意。通过谈论斯拉夫人、土耳其人和沙皇的趣闻轶事，斯大林打探着南斯拉夫革命运动的情况，但他没有直接提问，而是自行得出对南斯拉夫斗争力量和政治组织的印象。谈到共产国际的话题时，斯大林没有提及1940年解散这个组织的任何计划，而是强调各国共产党最好"找出本民族的特点"并在"自己国家的客观条件下"更有效地战斗，在这种情况下，存在"一个共同的共产主义中心"极不正常，不仅制造了摩擦，而且是一种"很不自然"的现象。斯大林可以跟季米特洛夫合作，"但同其他人合作就很困难"。斯大林也没有放过挖苦西方人的机会[5]，声称他们解散了共产国际，如果"他们提过这种想法的话，我们根本不会解散它"。

晚餐期间，两份急电送至斯大林手中，他也让吉拉斯看了。第一份电报涉及舒巴希奇，他在美国国务院宣布，大批南斯拉夫人具有"亲俄传统"，他们绝不会成为推行"反俄政策"的群体，这种观点激怒了斯大林，他问他的客人，舒巴希奇为何要"吓唬美国人……没错，吓唬他们，可为什么呢，为什么？"。第二封电报是丘吉尔发来的，他宣布诺曼底登陆即将发起，斯大林拿这封电报讥讽他那些盟友的言而无信："如果他们碰上德国人该怎么办呢？登陆也许又搞不成了，就像以往答应的那样。"他的嘲笑是有目的的，是为了利用南斯拉夫人的"反资本主义倾向"，而"言而无信"的提示旨在警告南斯拉夫人不要跟西方国家走得太近，甚至有点吓唬的意味。除此之外，斯大林没有太多的办法，因为正如米洛凡·吉拉斯认识到的那样，南斯拉夫的革命已溜出斯大林的掌握。

但是，与罗马尼亚代表团在莫斯科的会谈完美地概括了斯大林的意图和心思。简单地说，他打算讨价还价。丘吉尔1944年夏季提出划分欧洲的问题，或者说是划分欧洲那些正遭到英军、美军和苏联红军进攻的地区。各种迹象表明，斯大林准备接受，并决定坚决支持这个建议。他做出全面部署，与罗马尼亚人谈判,与芬兰人谈判,甚至与德国人谈判(被俘德军将领组成的傀儡"政治委员会"至少给了他一个大致的选择);在苏联红军已大举逼近的东欧地区,他准备鼓励一场民族主义运动,但他坚持认为,必须消除那里强烈的反俄情绪以及战前的标志和特点。斯大林以最诚挚的态度宣布,苏联无意染指波兰人或罗马尼亚人打算成立的政府,这可能是真的;苏联红军及其身后NKVD的存在使这个慷慨的政治承诺成为可能。斯大林并不是在赌博,而是稳坐钓鱼台。但他并不准备容忍对共产主义控制的公然挑衅所带来的警告和干扰,尽管他掌握的是一群打交道时令他无比轻视的"农民政治家"。此时在东欧建立一个正式的"共产主义集团"似乎并不符合他的计划,相反,划分势力范围完全符合他的意愿,因为对这片受战争破坏相对较小的地区不受限制的利用,其前景有利于苏联经济的复苏,然后,苏联再牢牢控制住德国,那里的资源也将为苏联所用。为减轻苏联红军的压力,加快向西和向南的推进,斯大林显然准备达成一切协议——与英国人,尽管他极不信任他们;与东南欧的各个独裁者;还有德国人,可以通过他特殊的"自由德国委员会"(如果"7·20"刺杀希特勒的行动更加成功的话,该委员会本来是可以派上大用场的)。而阻碍达成协议的人,无论是出于共产主义原则还是民族自尊心,都不可避免地招致他的愤怒。因此,引入这些自相矛盾的政策起初让米洛凡·吉拉斯(以及其他许多人)目瞪口呆,共产党人被敦促做出"妥协",民族主义者成了符合现实的选择,这基本上就是一码事。在波兰,斯大林发现拜占庭式的政治局势°让人绞尽脑汁;南斯拉夫令他困惑不解,他有些怀疑那里的局面并不在他的掌控下;但罗马尼亚态势的发展为他提供了一个信号和非常有用的胜利。

1944年8月2日,苏军最高统帅部下达了向罗马尼亚发起进攻的正式命令。这道简洁的指令下发到相关的两个方面军司令部(马利诺夫斯基的乌克兰第2方面军和托尔布欣的乌克兰第3方面军),没有谁对此感到意外,近百万红军战士将投入这场行动,大批人员和装备正等着冲向东南欧。但是,就这个行动而言,时机的把握与投入兵力的多少同样重要。这场新攻势必须同中央和北部战区发起的大规模行动紧密配合。6月和7月,五个方面军在白俄罗斯向前推进，8月初，他们已位于维斯瓦河，并逼近东普鲁士边境，过去的两周内，他们前进了300多英里。最高统帅部现在意识到，暂停攻势不可避免，这样才能做好准备，朝"华沙—柏林方向"发起一场大规模推进。根据以往的经验，在这个阶段绝不能忽视这个问题，这种"暂停"是为了调集战略预备队，为一场至少持续三个月的新攻势做好准备。

这场攻势的目标是穿过华沙冲向柏林，是一场"直接推进"，但也取决于能否在西北和西南战区、波罗的海地区和东南欧歼灭德军重兵集团。诸白俄罗斯方面军和科涅夫的乌克兰方面军发起各自的重大攻势后，三个波罗的海沿岸方面军也投入战斗，苏军最高统帅部的目的是对四个德国集团军群中的三个（"北方"集团军群、"中央"集团军群和"北乌克兰"集团军群）发起连续性打击。现在轮到了德国"南乌克兰"集团军群。过去的三个月里，西南战区的两个方面军——乌克兰第2和第3方面军（目前威胁着摩尔达维亚和罗马尼亚）5月份击退德国和罗马尼亚军队在雅西周围发起的联合进攻后一直处于防御状态，德国人的这场攻势是为了安抚罗马尼亚人，德军会在战场上提供支援。敌人的打击落在苏军第52集团军头上，但最高统帅部不许集团军司令员和方面军司令员（马利诺夫斯基）派遣援兵，希望以此让德军统帅部相信，乌克兰第2方面军把部队调拨给其他方面军，实力已被严重削弱。苏军在白俄罗斯发起攻势后，双方的"力量对比"变得对苏军更加有利。为支援"中央"集团军群，"南乌克兰"集团军群被迫交出12个师（其中包括6个装甲师），科涅夫对"北乌克兰"集团军群发起进攻后，这股力量已无法支援南面的友军，一旦科涅夫的乌克兰第1方面军冲向喀尔巴阡山山麓并赶往利沃夫西南面，"北乌克兰"集团军群的态势将变得更加恶劣。相反，苏军新组建的方面军（彼得罗夫的乌克兰第4方面军）只会让更南面的两个方面军（乌克兰第2和第3方面军）获益。不下15个德军师被牵制在喀尔巴阡山，面对着科涅夫的左翼和彼得罗夫的乌克兰第4方面军，在这些德国军队身后是一些不安分的斯洛伐克人，法西斯统治下的这个国家，长期以来的顺从被一场全国起义的计划和苏联领导的、实力不断壮大的游击队搅得天翻地覆。

苏联的新攻势没费一枪一弹，据守罗马尼亚的德国军队已面临一场灾难。弗里斯纳大将"南乌克兰"集团军群辖下的部队厄运缠身，前方是急于向他们发起进攻的苏联红军，身后是忙着出卖他们，把他们丢给苏军的罗马尼亚人。弗里斯纳的部队由两个集团构成："韦勒"集团军级集群，辖德国第8集团军、罗马尼亚第4集团军和德国第17军，共计14个罗马尼亚师和7个德国师，三分之二的力量集结于锡雷特河（Siret）与普鲁特河之间；"杜米特雷斯库"集团军级集群，辖德国第6集团军和罗马尼亚第3集团军，以24个师（其中包括7个罗马尼亚师）据守着从普鲁特河到黑海沿岸的一条战线。弗里斯纳的这支德国—罗马尼亚混编部队拥有60万名士兵、400辆坦克和800架飞机，在冬季和初春遭到重创后，这支部队尚能拥有如此庞大的力量，这一点令人印象深刻。但这些兵力在很大程度上仅仅是理论上存在。一些地区的德军师与罗马尼亚部队相连接，这是一种危险的"支撑"，由于德军装甲师被调往北面，赶去支援正与科涅夫苦战的莫德尔，致使"南乌克兰"集团军群的防线变得更加危险。装甲师和摩步师北调后，德国第8集团军只剩下一个装甲师（第20装甲师）和两个摩托化师来抗击苏军庞大的坦克力量。

为加强24个德军正规师，弗里斯纳调集起警察单位、党卫队、防空部队和一支守卫黑海港口设施的海军步兵力量，共计57000人。三个罗马尼亚集团军中的两个（第3和第4集团军）被纳入"南乌克兰"集团军群作战序列，而辖4个步兵师的罗马尼亚第1集团军仍由罗马尼亚统帅部指挥，被派去守卫与匈牙利修订后的国境线，特兰西瓦尼亚北部已被割让给匈牙利，这是1940年维也纳仲裁裁决的结果。尽管匈牙利人据守着通入特兰西瓦尼亚的喀尔巴阡山山口，罗马尼亚人守卫着从特兰西瓦尼亚进入瓦拉几亚的通道，1940年这种部署在德国人看来是比较理想的，当时他们担任了维也纳仲裁裁决的外交掮客，但1944年夏季，这种部署终于造成了极具灾难性的后果。另外一些罗马尼亚军队分散在国内各处，保卫首都的是一支特别部队（那里的所有罗马尼亚军队都归布加勒斯特军事长官指挥），在面对苏军的战线上，罗马尼亚军队与德国第8集团军的部队交错部署，驻比萨拉比亚的罗马尼亚军队同样如此，德国第6集团军在那里守卫着普鲁特河与德涅斯特河之间的阵地。

普鲁特河将全长350英里的防线分成两个区域。北部，从科内斯蒂（Cornesti）到胡希（Husi），由德国第8集团军和罗马尼亚第4集团军（"韦勒"集团军级集群，韦勒将军是德国第8集团军司令）守卫。为掩护通往普洛耶什蒂和布加勒斯特的"福克沙尼（Focsani）—加拉茨（Galatz）"这个重要的山口，韦勒把德国第8集团军的部分部队部署在锡雷特河河谷，又将3个罗马尼亚师安排在特尔古弗鲁莫斯（Targul Frumos）与据守于雅西北面的一支德国军队之间。南部防区，一条200英里的防线从科内斯蒂一路延伸至黑海，守卫这条防线的是德国第6集团军与罗马尼亚第4集团军组成的"杜米特雷斯库"集团军级集群（杜米特雷斯库是罗马尼亚第4集团军司令）；在这片地区，德国人的注意力集中于"基什尼奥夫要塞"，德军师据守着大约2英里的地域，但侧翼很薄弱，特别是右翼和预备力量（集团军级集群司令手中只有2个师的预备队）。不过，东面的德涅斯特河掩护着基什尼奥夫，而基什尼奥夫又从东北面为福克沙尼山口提供了掩护，科内斯蒂与列乌特河（Reut）之间，德军士兵在基什尼奥夫西面的丘陵和林地间发现了出色的防御阵地。尽管苏军在德涅斯特河西岸掌握了两个登陆场，分别位于基什尼奥夫东面的格里戈里奥波尔（Grigoriopol）和蒂拉斯波尔（Tiraspol）镇对面的宾杰里（Bendery）附近，但这两座登陆场似乎都遭到了有效的压缩。"蒂拉斯波尔登陆场"位于沼泽地，从距离宾杰里不远处德军控制的高地上可以俯瞰这座登陆场。德涅斯特河的防御任务交给了一支罗马尼亚部队，德国第6集团军负责全面监督。这种部署实际上是为规模较小但同样残酷的历史重演搭设了舞台：德国第6集团军在斯大林格勒遭遇没顶之灾时，也是跟罗马尼亚部队捆绑在一起的，唯一的区别是，现在是德涅斯特河，而非顿河。

　　尽管苏军两位方面军司令员都认为冲入基什尼奥夫突出部切实可行，但最高统帅部没有下达何时发动攻势的指示，只是说这需要特别授权。白俄罗斯庞大攻势的准备期间，这两个方面军奉命转入防御，并遵照指示将一些强有力的作战部队——坦克第2集团军、近卫坦克第5集团军、近卫第5集团军、炮兵和航空兵（乌克兰第2方面军）以及近卫第8集团军（乌克兰第3方面军）——交给最高统帅部预备队。苏军庞大的攻势席卷白俄罗斯并进入波罗的海地区时，西南战区依然保持着平静，只有外交风波搅动了罗马尼亚的寂静，尽管这些外交努力似乎完全没有定论。直到7月15日夜间，苏军副总参谋长安东诺夫将军才打电话给两位方面军司令员，命令他们开始策划、准备"雅西—基什尼奥夫"战役，这场战役的目的是彻底歼灭德国"南乌克兰"集团军群。

在乌克兰第2方面军司令员马利诺夫斯基看来，主要突击方向的选择毫无疑问是至关重要的，但不像南面的托尔布欣那么复杂。马利诺夫斯基和他的参谋长M. V.扎哈罗夫上将打算朝瓦斯卢伊（Vaslui）—福克沙尼方向发起主要突击，在雅西西北方达成突破，然后朝雅西—瓦斯卢伊—弗尔丘（Felciu）方向攻击前进。尽管锡雷特河河谷提供了通往福克沙尼山口最直接的路径，但由于缺乏宽度，肯定会妨碍苏军坦克部队的推进，而地形也有利于德军实施战斗后撤；出于这个原因，马利诺夫斯基的参谋人员选择对基什尼奥夫西北方发起攻击，从德军和罗马尼亚军队之间冲向特尔古弗鲁莫斯，而第二股突击力量沿普鲁特河河谷而下，对德国第6集团军左翼，德国—罗马尼亚军队的结合部发起打击。乌克兰第2方面军的第一个目标是前出至巴克乌（Bacau）—瓦斯卢伊—弗尔丘一线，与乌克兰第3方面军的部队取得会合，从而包围敌"雅西—基什尼奥夫集团"，这个包围圈将阻止敌人撤向伯尔拉德（Barlad）和福克沙尼并从那里逃生。接下来的目标是通往普洛耶什蒂和布加勒斯特的福克沙尼山口，在喀尔巴阡山方向作战的一支部队为乌克兰第2方面军的右翼提供掩护。

托尔布欣将军的乌克兰第3方面军为包围圈提供另一支"铁钳"。在7月15日的电话交谈中，代表最高统帅部的安东诺夫将军最终决定对基什尼奥夫发起一场全面进攻。7月16日早晨，在方面军军事委员会召开的会议上，托尔布欣指出此举不可行——这相当于发起一次进攻，然后必须再次发起进攻。德国人正等着苏军从宾杰里登陆场发起突击；托尔布欣用铅笔在地图上画出德国人的防线，向聚集在一间农舍内召开晨会的司令部人员说明情况，这里的几座农舍已成为方面军司令部所在地。对于蒂拉斯波尔登陆场，托尔布欣建议使用基茨坎（Kitskan），那里的德涅斯特河河岸非常陡峭，沼泽性地面很湿软，是个不讨人喜欢的地点，但能确保主攻出其不意。尽管也对其他方向进行了审议，但军事委员会同意从基茨坎登陆场展开侦察，这个任务交给方面军参谋长比留佐夫上将、方面军炮兵司令员和工兵主任。工兵主任科特利亚尔大将对勘察充斥着诸多溪流的沼泽地不抱太大的热情，任务很艰巨，他向比留佐夫指出："我们没有那么多工兵部队。"方面军炮兵司令员涅杰林上将认为从基茨坎登陆场发起一场突袭的胜算很大，他支持比留佐夫："敌人不会想到我们从那个方向进攻，这是最重要的。"

选中基茨坎显然影响到了"主要突击"方向的选择：最高统帅部最初坚持要求托尔布欣对基什尼奥夫直接发起进攻，但方面军司令部决定将主要突击方向偏向位于普鲁特河西岸的胡希。登陆场确实有点小；由于缺乏良好的道路，再加上沼泽遍布，部队的行动会很困难；缺乏高地，这不便于观察情况；另外，为了让坦克、大炮和运兵车就位，工兵的任务非常艰巨。但一个有利条件压倒了这些缺陷：从这里发起的进攻将沿最短的路径与乌克兰第2方面军取得会合，完成包围行动。这样一场进攻不需要冒着猛烈的炮火强渡德涅斯特河，而且会彻底出乎德国人的意料。做出这一选择后，托尔布欣不再动摇不定，利用基茨坎登陆场构成了临时作战计划的重要组成部分，该计划提交给最高统帅部，为此，两位方面军司令员（托尔布欣和马利诺夫斯基）7月31日被召去参加一场特别会议。

这场会议确定了"雅西—基什尼奥夫"战役的最终形式，其结果随后出现在最高统帅部8月2日的指令中。两个方面军奉命歼灭雅西—基什尼奥夫—宾杰里地域的德国和罗马尼亚军队，前出至巴克乌—列奥沃（Leovo）—塔鲁季诺（Tarutino）—摩尔达夫卡（Moldavka）一线，以便向福克沙尼、加拉茨和伊兹梅尔（Izmail）发起进攻。马利诺夫斯基接到的命令是投入3个步兵集团军和1个坦克集团军（第27、第52、第53集团军和坦克第6集团军），突破敌人的防御，向雅西—瓦斯卢伊—弗尔丘推进。战役的第一阶段，他们必须攻克巴克乌、瓦斯卢伊和胡希，在胡希—弗尔丘地区夺取普鲁特河上的渡口，与乌克兰第3方面军相配合，歼灭敌"基什尼奥夫集团"，同时切断敌人经伯尔拉德和福克沙尼的逃生路线。包围圈完成后，马利诺夫斯基将赶往福克沙尼，并以近卫骑兵第5军（该军将强渡锡雷特河，赶往皮亚特拉）掩护他的右翼。马利诺夫斯基的主要突击将沿伯尔拉德河谷而下，从而对德军的锡雷特河防御实施侧翼迂回；夺取雅西将打开通往瓦斯卢伊、伯尔拉德和泰库奇（Tecuci）的道路，泰库奇距离福克沙尼只有十几英里。一旦到达伯尔拉德河（这条河流源自雅西南面不远处），马利诺夫斯基的快速部队就离普鲁特河下游不远了，那里也是托尔布欣的目标。

最高统帅部接受了托尔布欣的"基茨坎计划"，放弃了从北面对基什尼奥夫直接发起进攻的想法；乌克兰第3方面军接到的命令是对宾杰里南面发起进攻，以3个左翼集团军朝奥帕奇（Opach）、谢列梅特（Selemet）和胡希推进（同时要挡住敌人从南面发起的进攻，以掩护这股突击力量），前出至列奥沃—塔鲁季诺—摩尔达夫卡一线，与乌克兰第2方面军相配合，完成对敌人的合围。战役的第二阶段是赶往列尼（Reni）和伊兹梅尔，切断德军撤往普鲁特河和多瑙河的道路。

收到最高统帅部的命令后，没过几个小时，两位方面军司令员和他们的军事委员会以及各集团军司令员在两个方面军防区的结合部召开会议，详细商讨作战计划。铁木辛哥元帅，这位曾在1941—1942年间那些貌似遥远的岁月里战斗过的老兵，近两年很少在前线见到他，但他再次出现，为"雅西—基什尼奥夫"战役担任最高统帅部协调员——他以这个身份参加了这次特别会议。两个方面军中，马利诺夫斯基的实力更强大些，拥有6个步兵集团军、1个坦克集团军、1个提供空中支援的空军集团军和3个独立军；托尔布欣手上有4个步兵集团军，但只有1个机械化军（机械化第7军），就连这个军也是他好不容易求来的[7]。马利诺夫斯基计划使用4个集团军（第27、第52、第53集团军和坦克第6集团军）和1个坦克军（坦克第18军）担任主攻，冲向锡雷特河与普鲁特河之间：这场突破打算跨过特尔古弗鲁莫斯与雅西之间10英里的区域，这片地带只筑有一些野战工事。在这里达成一场快速突破意味着绕过敌人更强大的防御，将使他踏上赶往普鲁特河渡口最短的路径，深深插入"南乌克兰"集团军群主力的后方，这样一来，他就能对德国第8集团军与罗马尼亚第4集团军的结合部发起打击，并孤立部署在基什尼奥夫突出部的德国第6集团军。主攻将获得一场辅助性进攻的掩护，负责助攻的是近卫第7集团军以及近卫骑兵第5军与坦克第23军组成的一个"骑兵-机械化"集群，他们将击退德军从锡雷特河发起的一切进攻。方面军的当务之急是前出至巴克乌—瓦斯卢伊—胡希一线，在胡希—弗尔丘地域夺取普鲁特河上的渡口，并与乌克兰第3方面军的部队取得会合。第二个任务是歼灭被围之敌并赶往福克沙尼；夺取"福克沙尼大门"将打开通往罗马尼亚中部的通道，并形成向西、向南自由机动的有利条件。为完成这些任务，马利诺夫斯基投入了8个集团军、4个独立军、55个步兵和骑兵师、11个炮兵和迫击炮师以及8个航空兵师——超过11000门大炮和迫击炮、1283辆坦克和自行火炮、近900架战机。

托尔布欣的最终作战计划同样复杂。他的主攻将从宾杰里南面发起，直奔胡希，与马利诺夫斯基会合；M. N. 沙罗欣中将的第37集团军，将在加根中将第57集团军和什列明中将第46集团军的支援下担任主要突击力量，两个机械化军也将冲向胡希，从南面包抄德军主力。罗马尼亚第3集团军据守着德涅斯特河下游，歼灭这股敌军的任务交给第46集团军的一股力量，苏联黑海舰队和多瑙河区舰队的部队提供支援。什列明第46集团军的左翼部队将在阿克尔曼（Akkerman）强渡德涅斯特河口，完成对罗马尼亚人的包围并夺取多瑙河河口。为执行这些行动，托尔布欣投入了5个集团军（包括1个空军集团军）、2个机械化军及1个机械化旅、37个步兵师、2个海军步兵旅、6个炮兵师和7个航空兵师，共计8000门大炮、600辆坦克和1000架战机。

第聂伯河河口[8]的作战行动要求海军司令部做出特别策划和配合。8月初，黑海舰队司令部开始将轻型舰船和飞机集结在黑海西北岸的基地。司令部迁往敖德萨并设立了一个协调参谋部，与乌克兰第3方面军共同研究这场联合行动，同时监督打击敌海军力量的海上行动。为了对德涅斯特河河口发起突击，海军少将戈尔什科夫的多瑙河区舰队将与第46集团军左翼部队协同作战，为此，第46集团军组织起一股单独的力量，由第46集团军副司令员A. N. 巴赫金中将指挥。集团军司令员什列明打算以3个步兵师和1个机械化军在右翼发起一场突击，从西北面包抄罗马尼亚第3集团军；行动发起的第二天，巴赫金的左翼部队和戈尔什科夫的多瑙河区舰队将对德涅斯特河河口发动进攻并夺取阿克尔曼，第46集团军随后将把罗马尼亚人包围在科吉利尼克河（Kogilnik）与德涅斯特河河口之间，然后向多瑙河三角洲和普鲁特河挺进。

8月11日—12日，一场特别会议在托尔布欣的司令部召开，确定了两栖登陆战的最终计划。巴赫金将军对所投入部队的力量和任务进行审核：对德涅斯特河河口的突击将在第46集团军发动主攻的第二天打响，以夜色为掩护，两个突击群在阿克尔曼东南面和西北面登陆。向摩尔达夫卡推进并包围河口西北面的罗马尼亚人后，突击群将冲向西南方的科吉利尼克河，与第46集团军的其他部队相配合，完成主包围圈。方面军司令部的陆军人员随后聆听了戈尔什科夫的意见，多瑙河区舰队军事委员会成员马图什金上校和斯维尔德洛夫上校（参谋长）与他一同出席会议，另外还有黑海舰队航空兵司令员叶尔马琴科夫将军。戈尔什科夫没有废话，他的简洁给在场的军人们留下了深刻的印象。海军的大体计划是以潜艇和鱼雷艇压制敌人从海上发起的一切侵扰，同时以海军战机攻击康斯坦察（Constanza）和苏利纳（Sulina）的基地，外加所有海上目标。为了对河口发起突击，戈尔什科夫拼凑起28辆两栖车、35艘快艇和450条运送登陆部队的船只，支援力量包括6艘快艇、2艘配备迫击炮的小型船只、3艘轻型扫雷艇以及16门来自海岸炮兵部队的火炮。

两位方面军司令员审核作战计划时，各集团军司令员和各兵种负责人（包括配合托尔布欣行动的海军人员）汇报了他们的计划，并得到方面军司令员或参谋长的具体指示，坦克和炮兵部队的准备工作受到特别关注。两个方面军的政治部门也发现自己面临着一项艰巨的任务：在近期获得解放的西乌克兰土地上发起的动员工作招募到了大批新兵，必须对他们进行政治思想教育。总参谋部的记录表明，1944年4月至8月间，只给乌克兰第2和第3方面军补充了8224名士兵，但同一时期，乌克兰第2方面军从被解放地区征募的新兵不下265000人，这些人都需要接受基本军事训练，被德国人统治多年后，对他们进行政治再教育也是必不可少的。托尔布欣的方面军招募到80000名新兵。无论新兵还是老兵，政治部门都准备了专门的政治报告，以便让士兵们牢牢记住，他们现在身处境外，是在"外国的土地上"，必须保持必要的"警惕性"；遇到罗马尼亚百姓时，他们必须维护"苏联的尊严"，必须爱护庄稼，并向当地农民解释，"到了国外，红军士兵只吃随身携带的食物"。

尽管马利诺夫斯基的部队已在几个月前跨过国境线进入"外国"，但现在的问题是，大批苏联红军即将跨过这条巨大的鸿沟，这是共产主义与资本主义世界的分界线。苏军士兵聆听了数百场讲座，关于苏联红军进入外国领土的目的、安东内斯库集团的犯罪活动、罗马尼亚农民悲惨的生活、罗马尼亚工人阶级受到的不公正压迫、德国占领者和当地资本家对他们的无情剥削等等。敌人也没能躲开政治宣传工作的关注；苏军架设起大喇叭，对罗马尼亚军队的防线进行广播，呼吁罗马尼亚士兵抛弃他们的德国盟友，还撒下大量传单，鼓励他们逃离前线回家去。

苏军部队也接受了训练。白俄罗斯战役的第一阶段结束后，最高统帅部7月6日下达了一道具体指令，专门指出红军在组织方面的一些缺点——违反设立参谋部和指挥所的规定（直到与上级或下级指挥部门的通讯联系已设到其他地方才更换地点），对无线电通讯不加以利用，使用第一梯队从事次要任务，从而拖缓了整个进攻的步伐。7月9日，马利诺夫斯基命令工作人员对所有集团军和各独立军进行训练，直至7月25日；月底时，方面军司令部下令对步兵、炮兵和坦克组员进行培训，一线部队接受50个小时的训练课程，二线部队100个小时，坦克部队300个小时，这些训练时间中的40%用于夜间训练。托尔布欣的司令部也下达了类似的命令，托尔布欣本人与各集团军司令和各位军长亲自参加了第37集团军举行的演练。马利诺夫斯基与乌克兰第2方面军的参谋人员监督了一场为期两天的演习，这场演习针对的是战役"机动阶段"的部队控制问题。侦察机带回关于前线地形以及为坦克部队标注出推进路线的航拍照片，对坦克第6集团军司令员克拉夫钦科和坦克第18军军长来说，这是他们拟定沿河谷而下的作战计划不可或缺的资料。在靠近敖德萨的河口处（那里的条件与德涅斯特河河口相类似），海军步兵也演练了他们的突击行动。

但是，最艰苦的工作是为进攻行动所做的物资准备，而这其中最繁重的莫过于托尔布欣指定的基茨坎登陆场，第37集团军、炮兵和坦克部队逐渐塞满这个登陆场——3个步兵军、1个机械化军、51个炮兵团和30个专业单位。登陆场内没有任何状况良好的道路，只有一条小径沿德涅斯特河东岸延伸；各条土路只在天气晴朗时可用于运输任务。登陆场内，各单位驻扎在湖泊和沼泽之间，各连队依次进入各自的位置；大多数战壕需要修筑堤围，坦克部队的调动不得不依靠圆木捆扎而成的木排。后勤单位驻扎在梅里涅什蒂（Merineshti）、基茨坎和科潘卡（Kopanka）这三座小村庄内。士兵们挥汗如雨地移动着技术装备，这座登陆场给他们造成了极大的麻烦，一个连队要与其他部队保持联系，不得不绕过5英里的沼泽地，但一切困难被这样一种共识所抵消：没有哪支部队需要冒着敌人的炮火强渡德涅斯特河。

苏军的强大攻势迟早会席卷整个罗马尼亚，8月初，布加勒斯特等待中的政府和民众感受到了这种必然性带来的压力。罗马尼亚共产党活跃起来，甚至着手策划一场全国性起义：7月13日—14日，共产党与罗马尼亚军官们举行会晤，由此组成一个军事革命委员会，他们商讨在布加勒斯特发动起义的计划，甚至是前线的一场倒戈，罗马尼亚部队将同俄国人取得联系，转而进攻德国军队。在布加勒斯特发动起义意味着必须给2000名起义者搞到武器、逮捕德国官员和罗马尼亚政府人员、释放被囚禁的"反法西斯主义者"。但委员会很快发现，德国人占有兵力优势，特别是在布加勒斯特，因此，他们开始执行各种秘密计划，以增加驻防首都的罗马尼亚兵力，并设法将罗马尼亚军队留在国内。这个计划进行之际，尤柳·马纽表示他对共产党目前提出的这种行动不感兴趣，街头示威和罢工是为了破坏政府。共产党希望马纽做出承诺，军队不会在这种情况下开枪，但马纽无法提供这种保证。更奇怪的是这样一个事实：苏军指挥部未被告知布加勒斯特即将发生一场武装起义。

尤柳·马纽与共产党人的这种接触断断续续进行之际，安东内斯库最后一次去拉斯滕堡拜望了希特勒，元首的专列停在那里。同去的还有安东内斯库的弟弟米哈伊和罗马尼亚总参谋长施泰夫莱亚将军。8月5日，安东内斯库同希特勒进行了一场四小时的会谈，气氛凝重，希特勒满腹狐疑，不断以尖锐的问题问及罗马尼亚所扮演的角色。由施泰夫莱亚将军负责的关于军事问题的会谈持续时间更长，针对希特勒对安东内斯库的粗暴试探，施泰夫莱亚将军以一连串问题进行反击：摩尔达维亚防线崩溃，德国对此作何反应？德国空军如何击退盟军日益猛烈的空袭？德国打算如何保卫黑海沿岸？这个新的当务之急是由于土耳其近期断绝了与德国的外交关系而产生的。尽管施泰夫莱亚用军事术语向德军统帅部清晰表述了这些问题，但安东内斯库没有从希特勒那里得到任何令他满意的答复。关于秘密武器和扭转战争态势的交谈也没让安东内斯库得到太多安慰，尽管目前罗马尼亚仍留在德国阵营内继续进行这场战争。但还有另外一个选择，安东内斯库打算在稍晚些时候这样做——苏联方面通过柯伦泰夫人为他提供了停战条款。这位元帅大概认为还没到山穷水尽的地步。

8月中旬，罗马尼亚的德军指挥部认为整体态势变得愈发严峻；弗里斯纳大将下达命令，国防军各军种进入更高戒备状态，并接受统一指挥。安东内斯库元帅也许已答应继续战斗下去，可这几乎解决不了任何问题。8月份的第一周，德国人发现大批苏军沿普鲁特河至雅西以北实施加强的迹象，但德军总参谋部并未因此改变其观点，他们认为苏军不太可能对罗马尼亚发起大规模攻势，仅仅因为7月份时，数个苏军集团军从"南乌克兰"集团军群对面的防线上撤离，赶去参加中央战区的战斗。德国人8月15日做出的整体态势评估重复了这个观点，这一战区不太可能发生大规模攻势；苏军在巴尔干地区展开的一切行动的目标都很有限——防止德军抽调部队增援中央战区。但到8月18日，苏军的活动急剧增加，这个明确无误的迹象令人不安。弗里斯纳大将向OKH（陆军总司令部）报告说，现在应该把德国军队撤至喀尔巴阡山防线，因为俄国人即将对雅西西北方的"韦勒"集团军级集群发起进攻，他们肯定还会对"杜米特雷斯库"集团军级集群展开辅助性进攻。也正是在这个时候，集团军群司令部意识到，安东内斯库要求的、弗里斯纳希望得到的那些机械化部队永远不会到来了。弗里斯纳所能做的只是给他这支混编部队发出"奋战到底"的号召，德军士兵将"与我们久经考验的罗马尼亚战友并肩战斗"。

8月19日晚，铁木辛哥元帅、胡佳科夫空军元帅、马利诺夫斯基大将和乌克兰第2方面军作战参谋人员赶至设在195高地的前进指挥所。当晚，起初很平静，但这种平静很快就被德军对高地的轰炸所打破。在乌克兰第3方面军，托尔布欣召集各兵种司令员和后勤负责人，再次询问准备情况，并命令他们安排部下休息后也好好睡上一觉。夜幕降临后，方面军"作战指挥组"动身赶往基茨坎登陆场的前进指挥所。比留佐夫查看了指挥所，又去找航空军军长托尔斯季科夫将军，托尔斯季科夫报告，他的"镰刀手"（用于切断电话线的特种飞机）已飞向德军防线。夜间充斥着常见的各种噪音、机枪的连射和零星的枪声，敌人的防线上不时腾起照明弹。托尔布欣将军在方面军司令部里睡着了，发出"英雄主义风格的呼噜声"。乌克兰第3方面军的大炮定在早晨8点开火，而马利诺夫斯基的炮火准备定于6点，这场庞大的攻势将在8月20日打响。

进攻发起的第一天，马利诺夫斯基的突击集团军杀入雅西西北面德军防御阵地的纵深处，特罗菲缅科的第27集团军和科罗捷耶夫的第52集团军在苏军强击机的支援下沿一条15英里宽的战线冲入敌军阵地10英里。这里的情况与托尔布欣那里一样，最初的炮火准备给敌人造成巨大的破坏，摧毁了他们的防御体系，给守军造成了惨重伤亡。中午，马利诺夫斯基把克拉夫钦科的坦克投入突破口，坦克部队朝敌人的第三道防线冲去。德军指挥部起初不知道苏军投入进攻的力量，还试图堵住对方的渗透，但事实证明，俄国人投入的步兵和坦克太多了。第一天结束时，苏军指挥部估计，敌人的5个师被歼灭，3000人被俘。沿德国第8集团军防线布防的罗马尼亚师几乎立即发生崩溃，德军指挥官根本无法激励起他们的斗志。罗马尼亚集团军司令阿夫拉梅斯库将军早已恳求安东内斯库批准第4集团军后撤，以便守卫摩尔达维亚和普鲁特河防线：这将确保罗马尼亚部队撤入比萨拉比亚的通道。阿夫拉梅斯库8月20日再次恳求批准将部队撤至"图拉真防线"，但遭到断然拒绝，罗马尼亚部队最终在马利诺夫斯基第一轮猛烈的进攻中全军覆没。

次日（8月21日），特罗菲缅科的第27集团军深深插入德国第8集团军的防区，他们接到的命令是肃清马拉高地，为坦克第6集团军打开一条通道，科罗捷耶夫第52集团军的任务是赶往雅西，然后朝胡希方向推进。在方面军右翼，马利诺夫斯基扩大了这场攻势，他投入舒米洛夫的近卫第7集团军和"骑兵－机械化"集群，发起了一场肃清侧翼的辅助性进攻。此时的"韦勒"集团军级集群处在一个危险的境地：雅西与特尔古弗鲁莫斯之间的罗马尼亚防线已被彻底突破，随着罗马尼亚各个师的残部全线后撤，苏军正沿普鲁特河河谷而下。克拉夫钦科的坦克位于南面50多英里处，驻守雅西的德国军队遭到来自东西两面的侧翼包抄，而科罗捷耶夫的部队已转身向东赶往胡希，以便与乌克兰第3方面军的部队取得会合。

托尔布欣在这场攻势的最初阶段所取得的成功同样引人瞩目。沙罗欣的第37集团军，在猛烈炮火和空中打击的支援下，与什列明的第46集团军一起，沿一条25英里宽的战线发起进攻，8月20日傍晚前突破德军防御。尽管德军在宾杰里南面高地上的抵抗并未放缓，但掩护考萨尼（Causani）的罗马尼亚军队已彻底崩溃，傍晚前，这个交通路口落入苏军手中，苏军机械化部队得以朝几个方向发起突击。德军指挥部仍认为这是一场"支援性进攻"，他们受到欺骗是因为托尔布欣大张旗鼓地将部队集结在基什尼奥夫北面，而别尔扎林的突击第5集团军也准备从该地域发起突击，这进一步迷惑了德国人。没过24小时，罗马尼亚部队的抵抗几乎完全结束，"杜米特雷斯库"集团军级集群的预备队已彻底耗尽。随着沙罗欣和什列明的部队深入敌军防区20多英里，方面军司令部命令近卫机械化第4军进入沙罗欣的战区，机械化第7军进入什列明的战区。托尔布欣的3个集团军（第37、第46和第57集团军）已在数个地段渡过德涅斯特河，尽管加根中将的第57集团军遭遇到德军持续不断的抵抗，这种抵抗由于德国人担心侧翼和后方遭到包抄而加剧。

托尔布欣投入他的机械化部队时，马利诺夫斯基却担心克拉夫钦科的坦克可能会同科罗捷耶夫的步兵（这些步兵正在马拉高地周围的丘陵地带战斗）纠缠在一起。8月21日中午，这位方面军司令员果断地命令克拉夫钦科摆脱步兵所从事的一切战斗，全速向南推进。克拉夫钦科心领神会，立即率领部队向南而去；科罗捷耶夫继续向东冲杀。8月21日夜间，最高统帅部给两位方面军司令员下达了一道修订后的指令，强调他们的任务仍是完成对敌"基什尼奥夫集团"的合围，主力部队必须投入这一目的行动，而不应该分散在"其他任务"上——"你们拥有顺利完成所接受命令的一切手段，你们必须执行这个安排"。安东诺夫将军打电话给托尔布欣的参谋长比留佐夫，向他口头传达了这道新指令以及马利诺夫斯基部队的最新进展。

在雅西地区，德国和罗马尼亚军队面临着一场绝境：尽管德军仍守着锡雷特河河谷的阵地，但苏军已从两侧绕过这些守卫雅西的部队。8月22日，克拉夫钦科的坦克逼近瓦斯卢伊，冲上伯尔拉德河谷的道路后赶往胡希。对德军而言，唯一的逃生办法是撤向锡雷特河，设法与第8集团军的残部取得会合，但许多部队在试图突围或迅速逃窜时被苏军困住。乌克兰第2和第3方面军的机械化部队正逼近普鲁特河；雅西被放弃，德国第6集团军奉命后撤，但他们发现俄国人已出现在德军打算退守的防线的南面。苏军的铁钳从东西两面落在普鲁特河上：就在马利诺夫斯基的坦克部队插入"韦勒"集团军级集群之际，托尔布欣的2个机械化军冲入德国第6集团军3个军的后方，造成了严重的破坏，以至于"杜米特雷斯库"集团军级集群的司令官甚至无法联系上这3个军。现在，后撤已无法挽救德国人，因为他们离普鲁特河至少还有50英里，而苏军坦克部队离该河只有20英里。

与此同时，巴赫金的部队着手夺取河口。海军步兵一为红军步兵夺取登陆场，这支部队便将通过摆渡登岸，或利用小型船只进入阵地；多瑙河区舰队将8000多名苏军士兵以及包括坦克和大炮在内的重装备送上了河岸。在阿克尔曼，罗马尼亚人没有投入战斗，实施顽强抵抗的只有2个德军师中的1个。该镇被夺取后，巴赫金的部队冲向西南方，而第46集团军的中央和左翼部队绕过罗马尼亚人向北面和西北面冲去[9]，他们突破至科吉利尼克河，进入罗马尼亚第3集团军主力的后方。就在苏军将罗马尼亚第3集团军包围在西南方的任务几近完成之际，德国第6集团军开始以惊人的速度瓦解，德军指挥部绝望地试图采取措施挽救该集团军的残部。他们仓促集结起力量，在普鲁特河上的莱乌塞尼（Leuseni）、列奥沃和弗尔丘建立起防御，以确保河上的渡口。但乌克兰第2和第3方面军的两支"铁钳"离合拢包围圈已不太远；在普鲁特河西岸，德军试图挡住第52集团军和坦克第18军，按照马利诺夫斯基的命令，这两支苏军部队将以最快的速度、不惜一切代价地夺取胡希。托尔布欣已从德涅斯特河上的宾杰里突破德国第6集团军的防区，冲向普鲁特河上的列奥沃，现在开始从北面发起对基什尼奥夫的进攻。坦克第6集团军继续向南冲杀，赶往泰库奇，最终目标是"福克沙尼山口"，从而彻底封闭德军的退路。

罗马尼亚乡村小镇胡希在几个小时内成为跨越摩尔达维亚和比萨拉比亚这场庞大战役的焦点。"南乌克兰"集团军群司令部试图将其部队从基什尼奥夫西南方撤往普鲁特河，与此同时，坚决守住河上的几个渡口，这个任务交给第8集团军调拨给第6集团军的一支部队。胡希镇是个交通路口，这片地区也是跨越普鲁特河最便捷的过境点，因而吸引了苏军和德军指挥部的注意力。在此期间，乌克兰第2方面军在中央地带的迅速挤压迫使德军撤出锡雷特河谷精心建造的阵地；特尔古弗鲁莫斯的强化阵地已落入舒米洛夫手中达数个小时，罗曼（Roman）镇也受到了威胁。德国第8集团军位于锡雷特河谷中的左翼部队只剩下一条出路——沿通往福克沙尼的道路后撤，但这条道路也将被大批苏军部队切断。遭到从左侧、右侧和中央而来的多重打击，"南乌克兰"集团军群摇摇欲坠。截至24日傍晚，战场态势已沦为一场彻头彻尾、无法控制的灾难。

从8月23日拂晓起，坦克第18军（隶属于乌克兰第2方面军）便与德国第6集团军撤往胡希的部队进行着激烈的战斗，第52集团军的部队尾随在坦克第18军身后。从雅西和基什尼奥夫而来的德军也赶往胡希及其西南面的林地，3个德国师和4个罗马尼亚师的残部试图在普鲁特河东岸组织起某种防御。将步兵单位远远甩在身后的苏军坦克部队杀入胡希之际，普鲁特河东岸，乌克兰第3方面军的坦克先头部队8月23日在莱乌塞尼（Leusini[10]）和稍南面的地方逼近了该河——马尔舍夫上校的机械化第16旅和舒托夫上校的机械化第64旅，这两支部队都隶属于机械化第7军；几乎是同一时刻，近卫机械化第4军辖下茹科夫上校的近卫坦克第36旅也在列奥沃北面夺取了普鲁特河上的渡口。到达普鲁特河后，被炙热的坦克烤得够呛的坦克组员们停止前进，脱掉连体作战服，跳入河中洗澡，他们相互泼水，看上去就像一群村里的小伙子。这场短暂的休息是他们应得的：形成对内包围圈的苏军铁钳已合拢，5个德国军被困，其主力被牵制在了普鲁特河东岸。基什尼奥夫南面的树林中，10个德军师的残部寻找着藏身处；在托尔布欣的左翼，罗马尼亚第3集团军已被彻底包围。苏联红军最

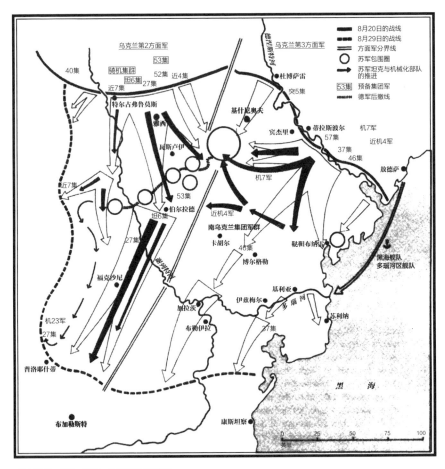

1944年7—8月，雅西—基什尼奥夫战役

终在8月23日肃清宾杰里，升起了代表胜利的红旗。

　　1944年8月23日被证明是整个战争中的决定性日子之一。随着苏军坦克到达普鲁特河并向南赶往"福克沙尼山口"，德国"南乌克兰"集团军群的命运危在旦夕，这是苏军在摩尔达维亚和比萨拉比亚地区作战能力出色的有力证明。不过，单凭这一点并不能让某个日子变得如此重要。改变德国整个东南战区命运的是布加勒斯特当天发动的一场政变，米哈伊国王逮捕了安东内斯库两兄弟，罗马尼亚不再同德国并肩作战。罗马尼亚军队奉命对苏联红军停火，米哈伊国王向盟国无条件投降。希特勒曾在7月底时承认，"最让我担心的是巴尔干地区"，但8月22日商讨巴尔干危机时，他却对罗马尼亚的危险态势只字未提，这让瓦利蒙特将军简直不敢相信自己的耳朵。希特勒在德军东南线总司令面前咆哮着攻击了"大塞尔维亚主义的危险性"，话题集中在铁托身上，而当时，苏军已跨过德涅斯特河和普鲁特河，即将突破东南沿海防线。对于罗马尼亚，德国人坚信苏军的入侵将迫使罗马尼亚人战斗到底。这场会谈也没有提及德国另一个陷入困境的盟友——保加利亚，除了一句无关紧要的话：保加利亚人可能会把部队撤出塞尔维亚，必须以德国军队替代他们。

　　罗马尼亚8月23日的倒戈使德国的军事失败变成一场巨大的灾难，德国人觉得这场灾难远远超出了一个集团军群的范畴。与德国"南乌克兰"集团军群共同战斗的2个罗马尼亚集团军的残部放下了武器，德国第6集团军被慢慢地扼杀在基什尼奥夫和包围圈内，整个比萨拉比亚南部、多瑙河三角洲以及穿越喀尔巴阡山的山口都对苏联红军敞开了。无论是多瑙河还是喀尔巴阡山，都无法阻止俄国人的推进。位于苏联红军前方的是进入匈牙利平原的路径，进入捷克斯洛伐克和奥地利的通道，以及进入保加利亚和南斯拉夫的道路，德军东南战区的整个防御体系崩溃了。布加勒斯特发生的政变令这一切雪上加霜。

　　罗马尼亚密谋分子原本将发动政变的日期定在8月26日，但前线态势的迅速恶化使遵照这个"计划时间"行事变得毫无意义。尽管如此，尤柳·马纽似乎仍倾向于再等等，但与反对派有联系的高级官员们要求立即采取行动，甚至没有通知罗马尼亚派驻开罗的代表。共产党和他们的军事革命委员会也探询了立即行动的可能性。在最后一次部长会议上，安东内斯库元帅被迫承认军队已脱离他的掌控，几乎无法指责部队在抗击俄国人时没有积极战斗，严惩不贷的威胁对罗马尼亚士兵已没有任何效果，因为他们在前线面对的是更大的恐怖。8月23日早上9点后不久，罗马尼亚第4集团军参谋长德拉戈米尔上校打电话给身处王宫的瑟讷泰斯库将军，告诉他前线已彻底崩溃：俄国人的坦克从一个60英里宽的缺口涌过，实施有效抵抗的一切希望已荡然无存。德军指挥部禁止罗马尼亚军官下达命令，但他们没有为挽救罗马尼亚部队做出任何努力。德拉戈米尔请求救援，并要求对德国人施加"影响力"。

瑟讷泰斯库将军对此深感惊讶，这个消息成为引发罗马尼亚政变的另一根导火索。由于发现停战谈判应由安东内斯库来启动，共产党派给尤柳·马纽的一名使者出人意料地被排除在外，民族自由党的康斯坦丁·布勒蒂亚努甚至没有出席这场匆匆召集的军事会议。但8月23日早上，马纽、彼得雷斯库和布勒蒂亚努商讨了对付安东内斯库元帅的计划；布勒蒂亚努被选为"历史上的一些旧政党"的代言人，他将敦促安东内斯库元帅，要么寻求停战，要么离开政坛。现在，国王的立场至关重要。他已通过他的私人渠道告知开罗，打算在几天内采取行动，但安东内斯库两兄弟8月23日下午赶到王宫，掀起了一个意想不到的高潮：扬·安东内斯库告诉国王，他打算寻求停战，但他会把这个计划告知德国人。国王知道这种做法只会延续痛苦，必然会导致俄国人和德国人都将怒火发泄到罗马尼亚人头上，于是，他当场做出自己的决定。国王走入隔壁房间，指示他的朋友们逮捕安东内斯库两兄弟。

为替代安东内斯库兄弟，米哈伊国王建立起自己的政府，由瑟讷泰斯库将军担任首相，他是个非政治性人物，代表的是军队；米库列斯库-布泽什蒂接管外交事务；阿尔代亚将军负责内政；主要党派的四名代表加入了政府——马纽、彼得雷斯库、布勒蒂亚努和珀特勒什卡努（后者代表的是共产党，作为一名律师，他出任司法部长）。当晚，国王通过广播电台向国内外发表讲话，宣布结束一切战斗和敌对行为。通过布加勒斯特的一名英国军官，米哈伊国王紧急呼吁盟军在罗马尼亚首都附近空投三个伞兵旅。米库列斯库-布泽什蒂代表新政府给派驻开罗的代表发去一封电报，授权他们按照盟国4月12日提出的条款签署停战协议，尽管这位新任外交部长被提请注意柯伦泰夫人提出的优惠条件——罗马尼亚的经济无法承担过多的赔款，罗马尼亚政府必须确保罗马尼亚领土不被分割。

布加勒斯特发生的事情令德国人措手不及。希特勒于当晚下令所有作战部队、党卫队和德国公民设法恢复秩序并击退俄国人的攻势。军事指挥部门仍希望将德国军队撤至一条能够掩护产油区的防线上，并肃清布加勒斯特的"叛乱分子"，从而恢复能让德国军队继续留在罗马尼亚的政治条件。派驻布加勒斯特的德国军事长官报告说，这起突如其来的政变完全是"宫廷派"所干的勾当；他在8月24日清晨4点15分报告，第5高射炮师即将接管这座城市，按照希特勒的命令，已采取一切紧急措施。但当天上午传来的无疑都是些坏消息。布加勒斯特陷入激战，支持"宫廷派"的一支强有力的部队围困了数个德军驻地；德国大使馆受到暴民的威胁，德国大使已自杀身亡。德军从普洛耶什蒂抽调援兵赶往罗马尼亚首都，上午11点，150架德军战机发起轰炸，王宫是他们的主要目标之一。希特勒执意要采取全面而又猛烈的报复。

"斯图卡"轰炸布加勒斯特之际，苏军的两个方面军冲过摩尔达维亚和比萨拉比亚，完成了第一阶段的攻势：乌克兰第2和第3方面军的坦克部队终于在列奥沃地区取得会合，封闭了对内包围圈。8月24日早晨，别尔扎林的突击第5集团军夺取了基什尼奥夫。马利诺夫斯基的机械化部队赶往巴克乌、伯尔拉德和泰库奇——距离"福克沙尼山口"不到40英里，而后撤中的德军需要行进的路程两倍于此。苏军对内包围圈和对外包围圈相距50英里，18个德军师被困在对内包围圈里。

8月24日，苏军最高统帅部通过铁木辛哥元帅给马利诺夫斯基和托尔布欣下达了修订后的命令：继续向对外包围圈发展攻势，并对遵守停火令的罗马尼亚军队"做出解释"，只有待"残留在罗马尼亚境内的德寇被彻底消灭后，苏联红军才会停止军事行动"。最高统帅部还做出指示，自愿投降并全体投向苏军一方的罗马尼亚部队不应被解除武装，只要他们同意"共同打击"德国人和匈牙利人。倒霉的罗马尼亚人现在被夹在俄国人与德国人之间，德国人也逼着他们做出选择，尽管没有谁愿意背叛国王并支持德国人：据OKW（德国国防军统帅部）战时日志记录，所有罗马尼亚将领依然"Königstreu"（忠于国王）。德国人试图把霍里亚·西马送回罗马尼亚，建立一个"铁卫军"政权，但这个仓促的行动几乎立即以失败告终。对布加勒斯特的轰炸也没能像德国人希望甚至预期的那样造成恐慌和顺从；相反，德国人对罗马尼亚首都的攻击

（以及发生在普洛耶什蒂的战斗）促使罗马尼亚士兵投入到打击德国军队的战斗中，德国人"恢复秩序"的尝试不仅没有成功，反而促使罗马尼亚8月26日正式对德国宣战。

罗马尼亚正式参战的当天，托尔布欣的部队完成了对整个南比萨拉比亚的征服，博尔格勒（Bolgrad）、基利亚（Kilia）和列尼（Remi[11]）被什列明的坦克夺取，而马利诺夫斯基的坦克部队正赶往福克沙尼山口。包围圈内的德国军队组成三股队列，分别向北面、东面和南面部署了强有力的后卫部队，准备发起突围，全力冲向胡希。马利诺夫斯基接到命令，除与托尔布欣相配合，把这股庞大的敌人困在他的后方外，还要向西面和西南面继续前进，赶往东喀尔巴阡山，并全速冲过福克沙尼山口，进入罗马尼亚中部地区。

对遭到马利诺夫斯基和托尔布欣包围的德军师而言，最后的逃生机会在于守住普鲁特河上的渡口，苏军一个代价高昂的错误给德国人这个绝望的计划帮了大忙：马利诺夫斯基麾下的近卫第4集团军沿普鲁特河而下，与托尔布欣麾下别尔扎林的突击第5集团军混杂在一起，两个集团军的分界线发生了混淆，导致近卫第4集团军过快脱离战斗。最高统帅部和副总参谋长安东诺夫将军"断然命令"马利诺夫斯基将近卫第4集团军撤离普鲁特河东岸——与被围敌军主力脱离接触。别尔扎林的突击第5集团军分散而又薄弱，经过两天的激战也没能打垮德军在普鲁特河北部渡口的顽强抵抗。拼死逃生的德国军队设法在突击第5集团军和第37集团军形成的"铁钳"上打开了一个小缺口，2个德国军溜过这条通道，渡过普鲁特河，进入胡希周边林地。这么一大股德军与第52集团军的后方单位发生激战，给马利诺夫斯基的后方造成了极大的危机。面包师、司机、机修工冲上去坚守突然间成为前线的阵地，而德国人在坦克和重武器（这些装备已被带过普鲁特河）的支援下冲向他们。苏军的伤亡者中包括坦克第18军军长V. I.波洛兹科夫少将，他在8月28日的战斗中阵亡。

70000余名德军士兵渡过普鲁特河，他们下定决心要冲向喀尔巴阡山并进入匈牙利。但位于普鲁特河东岸的德军师完全孤立无援，他们的命运已定，要么被俘，要么灭亡。尽管如此，马利诺夫斯基后方的状况却混乱到令人震惊的程度，5个德军师在第52集团军的阵地上横冲直撞，试图朝西南方突围。无奈之下，马利诺夫斯基只得调遣方面军预备队和第二梯队的部分兵力，并派近卫步兵第25师堵住拼死突围的德军。8月28日晚，德军指挥部下达了最后的突围令，冲向喀尔巴阡山山口。拂晓时，德军大炮展开猛轰，步兵们向克里沃拉波夫的近卫步兵第25师冲去。8月29日，第52集团军的主力开始包围集结在胡希附近的德军，近卫步兵第25师击退了敌人的突围，并逐渐削弱对方的进攻。25000名德军士兵设法突出苏军"战术"包围圈，并闯入第27集团军的后方区域，但他们仍深深地困在"战略"包围圈内；位于马利诺夫斯基后方的38000名德军士兵被俘，他们的装备也被苏军缴获。尽管小股德军仍在进行激烈的战斗，但胡希这口大锅慢慢冷却了下来。9月初，德军统帅部认为第6集团军已无生望：5个军，18个师被苏军包围圈吞噬，另外4个师在逃生途中遭到重创。苏联方面声称，8月20日—31日共俘虏98000人，击毙100000人；据他们估计，25000名德国人逃出包围圈。9月初，德国国防军在罗马尼亚领土上已没有任何有组织的大股部队。

8月下旬，苏军队伍散开，迅速进入罗马尼亚中部。马利诺夫斯基加强了赶往喀尔巴阡山山口的右翼部队，但方面军主力冲向福克沙尼山口，赶往普洛耶什蒂和布加勒斯特；托尔布欣的方面军肃清了摩尔达维亚东南方的残敌以及从伊兹梅尔到黑海的多瑙河河段，并于8月29日夺取康斯坦察。在很短的时间里，托尔布欣的部队已到达保加利亚多布罗加（Dobrudja）的边境线。马利诺夫斯基的右翼，第40集团军和近卫第7集团军在一个"骑兵–机械化"集群的支援下，冲向特兰西瓦尼亚南部的布拉索夫（Brasov），罗马尼亚军队驻扎在那里，防范着匈牙利人有可能发动的入侵；坦克第6集团军奉命赶往位于布泽乌（Buzeu）的产油区，他们随后将冲向普洛耶什蒂和布加勒斯特，第27集团军的步兵部队跟随在坦克身后。8月底，马利诺夫斯基夺取了普洛耶什蒂及其周边的油田，在这一过程中困住了3—4个德军师。马利诺夫斯基给坦克第6集团军司令员克拉夫钦科下达了明确的指令，1个军用于普洛耶什蒂的作战行动，另外2个军用于夺取布加勒斯特，但这道命令下达时，最高统帅部决定暂时收拢部队，不要全力冲向罗马尼亚首都。

1个机械化军（机械化第5军）、第53集团军辖下的2个步兵师以及罗马尼亚第1"图多尔–弗拉迪米雷斯库"步兵师（该师在苏联组建，兵员来自在苏联南部被俘的罗马尼亚士兵）在距离布加勒斯特东面和东北面不到10英里处构成一个半圆形包围圈。为确保苏联红军以恰当的方式进入罗马尼亚首都——"有组织有纪律……步兵伴随着乐队的演奏行进，师长和团长们骑马，走在队伍最前方"——马利诺夫斯基8月28日飞赴马纳加罗夫的第53集团军司令部。返航途中，这架轻型飞机从胡希上空飞过，被包围的德军仍在顽抗；猛烈的防空火力击伤了马利诺夫斯基，多亏飞行员技术娴熟，这才避免了一场灾难。回到方面军司令部，马利诺夫斯基发现各集团军司令员发来了一些令人不安的报告。在普洛耶什蒂，瑟讷泰斯库将军与坦克第6集团军司令员进行了接触，要求苏军停止前进（罗马尼亚人也同第46集团军司令员进行了同样的接触），认为罗马尼亚政府应该对残留在"尚未被红军占领"的罗马尼亚领土上的德军做出处理，这实际上是让红军停在喀尔巴阡山至多瑙河一线，不要再向南继续推进。苏联最高统帅部自然拒绝了这一要求，并命令马利诺夫斯基从8月31日上午10点起进入布加勒斯特，此举旨在粉碎"国内外反动派"的"阴谋"，让那些民族主义政客听话，并预先制止英国和美国的一切"干预"。

红军进入布加勒斯特引发了短暂的狂欢，据苏联报刊报道，罗马尼亚人看见红军士兵时，对他们的年轻，对那些坦克和大炮的品质感到"好奇而又惊讶"。随着德国第6集团军被粉碎，已没有什么能阻止俄国人涌入整个罗马尼亚。8月29日，乌克兰第2方面军军事委员会商讨了下一步作战行动。方面军情报部门负责人F. F. 波维特金少将报告说，乌克兰第2方面军右翼和中央地区对面，目前只有敌人7个师的残部；而在左翼以及与乌克兰第3方面军的结合部，根本不存在有组织的德国军队。一直倚靠在黑海海岸的德军南翼，现在已土崩瓦解；德军统帅部绝不会依靠保加利亚军队——如果他们此前没有在苏德战场上使用保加利亚军队，那么现在几乎不太会动用他们。不过，在马利诺夫斯基的左翼和中央地区，仍有一些敌军（7个德军师的残部以及匈牙利部队）位于比斯特里察（Bystritsa）和克卢日（Cluj），外加8个匈牙利师（这8个师很快组成了匈牙利第2集团军），在特兰西瓦尼亚，匈牙利与罗马尼亚的国境线上还驻守着30个营的边境守卫队。而在匈牙利境内，据判断还有9个师的兵力。

马利诺夫斯基从设在伊帕特勒（Ipatele）的方面军前进指挥部向最高统帅部做出汇报，罗马尼亚境内的敌军彻底"丧失了斗志"，最高统帅部完全同意这个结论，并在当天（8月29日）给马利诺夫斯基和托尔布欣及时下达了新的指令。这种乐观完全有充分合理的理由，斯洛伐克在德国人的后方发动起义，匈牙利出现了动摇的迹象，保加利亚也摇摆不定，即将退出战争。最高统帅部的新命令要求马利诺夫斯基和托尔布欣朝完全不同的方向推进，乌克兰第2方面军将穿越罗马尼亚中部和西部地区，赶往匈牙利、南斯拉夫和保加利亚边境，都位于久尔久（Giurgiu）西面；乌克兰第3方面军沿海岸线而下，赶往久尔久东面的罗马尼亚—保加利亚边境线。马利诺夫斯基的方面军将一分为二，左翼部队（第27、第53集团军和坦克第6集团军）冲入南喀尔巴阡山（从图尔努塞韦林到久尔久），右翼部队（第40集团军、近卫第7集团军和1个"骑兵－机械化"集群）赶往东喀尔巴阡山，在9月中旬前抵达比斯特里察—克卢日—阿尤德（Aoud）—锡比乌（Sibiu）一线。马利诺夫斯基右翼部队的最终目标是萨图马雷（Satu–Mare），"与乌克兰第4方面军的部队相配合，强行穿越喀尔巴阡山，冲向乌日哥罗德—穆卡切沃地区"。最高统帅部在9月初下达的修订指令中对这种细分做出了详述。

在马利诺夫斯基看来，进攻特兰西瓦尼亚存在一些困难，特别是要把他的部队分成几股，另外还有提供补给的距离问题；但同时，这里也有大批罗马尼亚军队，而德国军队的力量很薄弱，这显然有利于苏军迅速利用这种态势。目前，德国第8集团军的残部只剩下3—4个残缺不全的师，几乎无法填补从布赖洛夫（Brailov）向西通往多瑙河，沿特兰西瓦尼亚阿尔卑斯山（南阿尔卑斯山）设立的防线，而德军统帅部希望能守住这道防线。在特兰西瓦尼亚南部，罗马尼亚军队控制着布拉索夫、锡比乌、阿拉德（Arad）和蒂米什瓦拉（Timosoara），另外还有大批部队沿罗马尼亚—匈牙利边境线布防——2个满编集团军（第4和第1集团军）和另外2个军，罗马尼亚政府同意（除了同意别无选择）将罗马尼亚军队交给苏军指挥，这就使马利诺夫斯基得到20个罗马尼亚师，罗马尼亚人的装备很差，但他们至少了解当地的地形地貌。

罗马尼亚发生的事情令匈牙利人目瞪口呆，显然，他们的北特兰西瓦尼亚现在面临直接威胁，但他们对此的反应迟缓得令人震惊。匈牙利军队目前分散在加利西亚到喀尔巴阡山一线，匈牙利第1集团军据守着从杜克拉到亚布洛尼察（Yablonitsa）的喀尔巴阡山山口。匈牙利第2集团军依然完整，但即将遭遇一场最为严重的危机，匈牙利第1集团军的几个师也守卫着罗马尼亚—

匈牙利边境线，从而产生了一支"德国—匈牙利"混编部队（5个德军师和8个匈牙利师）。马利诺夫斯基迅速进入罗马尼亚西部，并转向西北方，9月5日到达普洛耶什蒂和克拉约瓦（Craiova），又于次日攻克多瑙河上的图尔努塞韦林（Turnu-Severin）和久尔久。此时，强大的苏联红军穿过了特兰西瓦尼亚阿尔卑斯山的数个山口，布拉索夫和锡比乌已落入苏军手中，从而使红军在特兰西瓦尼亚南部获得了坚实的立足地。坦克第6集团军的先头部队在图尔努塞韦林到达多瑙河，这是与南斯拉夫的结合部，位于贝尔格莱德东面不到100英里处。

9月5日拂晓，5个师组成的"德国—匈牙利"混编部队突然发起反击，从克卢日—图尔达（Turda）地区对罗马尼亚第4集团军展开进攻，该集团军刚刚部署到南喀尔巴阡山北部地区，以掩护这个东南方接近地，并堵住目前正在进行中的这种进攻。由于缺乏准备，罗马尼亚人后撤至穆列什河（Muresul）一线，而克拉夫钦科的坦克第6集团军进入锡比乌地区，并按照马利诺夫斯基的命令转身向北。经历了近期的跋涉和战斗，坦克第6集团军显露出疲态：他们只剩下130辆坦克和56辆自行火炮，大多数车辆需要大修，这些坦克已行进了600英里，引擎早已超过200小时的使用寿命。9月11日夜间，克拉夫钦科把他的坦克集团军带入发起反击的阵地，开始将"德国—匈牙利"混编部队驱离穆列什河（Maros[12]）。9月12日，这支坦克部队举行庆祝仪式，不仅因为这场反击取得成功，还因为他们获得了"近卫军"称号。

9月中旬，马利诺夫斯基的方面军几乎已将特兰西瓦尼亚南部肃清，这场作战行动是在欧洲地形最艰险的山区进行的。乌克兰第2方面军最右翼，第40集团军、近卫第7集团军和一个"骑兵-机械化"集群穿过东喀尔巴阡山，占领了摩尔多瓦（Moldava）上游流域，并到达瓦特拉多尔内（Dorna-Vatra）至特尔古穆列什（Targul-Mores）一线，9月15日，他们夺取了上穆列什峡谷东端的托普利察（Toplita）。马利诺夫斯基位于中央战线的部队取得的进展最快，坦克第6集团军跨过南喀尔巴阡山向北而去，支援饱受"德国—匈牙利"混编部队重压的罗马尼亚军队；苏军第27集团军最终靠近了罗马尼亚第4集团军，并于9月15日到达图尔达至特尔古穆列什一线。位于左翼的坦克第18军从斯拉蒂纳（Slatina）冲向穆列什河谷中的德瓦（Deva），从这里开始，马利诺夫斯基让坦克部队转向西北方，赶往阿拉德方向。马纳加罗夫的第53集团军以"创纪录的速度"朝西北方冲去，赶往阿拉德和蒂米什瓦拉，这两座重要城镇中的罗马尼亚守军已被另一股"德国—匈牙利"混编部队逐出。撤离阿拉德和蒂米什瓦拉的罗马尼亚人加入苏军左翼部队，准备重新夺回这两座重要的城镇，任何一场冲向多瑙河平原中游的进军都将以这两个镇子为基地。在此期间，中央战线的克卢日地区，一场激战爆发开来，因为德国人调来了装甲援兵，这些德军师从摩拉维亚而来，穿过斯洛伐克的混乱和冲突，那里的起义者拖缓了德军装甲部队的速度，但无法彻底拦住他们。

就在这时，苏军最高统帅部修改了8月29日发给马利诺夫斯基的指令。尽管9月6日至15日这9天里，乌克兰第2方面军在中央和左翼前进了150多英里，但德国人在特尔古穆列什—图尔达地区的抵抗使马利诺夫斯基的部队无法实现其全部目标：克卢日仍在德国人和匈牙利人手中，而在阿拉德和蒂米什瓦拉，德国和匈牙利部队也设法设立起了一道较为坚固的防线。到目前为止，这些敌军有效地封锁从南喀尔巴阡山进入克卢日，再伸向匈牙利平原的通道。最高统帅部还对马利诺夫斯基南面和北面的进展做出评估；彼得罗夫的乌克兰第4方面军9月9日向穆卡切沃和乌日哥罗德发起进攻（尽管在这个方向上进展缓慢），而托尔布欣9月8日继续进行着进攻保加利亚的行动，保加利亚已放弃对德国的效忠。发起一场协调一致的行动，横扫罗马尼亚、攻入匈牙利并冲进南斯拉夫的时机似乎已然成熟。

马利诺夫斯基的前方就是匈牙利平原。最高统帅部赋予他的最新任务体现在9月15日的指令中，要求他在9月19日前进抵比斯特里察—克卢日—卢戈（Lugo）一线，然后朝克卢日—德布勒森（Debrecen）—米什科尔茨（Miskolcz）方向继续前进，并在10月7日—10日间将主力前出至乔普（Chop）—索尔诺克（Szolnok）地区的蒂萨河（Tisza）一线，从而使他可以为彼得罗夫正在夺取喀尔巴阡山山口和乌日哥罗德地区的乌克兰第4方面军提供协助。最高统帅部这个计划的实质是维持马利诺夫斯基各部队的前进势头，但主要突击必须保持在克卢日—德布勒森—米什科尔茨方向，以便让苏军沿蒂萨河一线进入匈牙利，这是一场大约300公里的推进。新的突击方向也是由马利诺夫斯基的中央部队没能到达萨图马雷这一事实所决定的，萨图马雷是8月

29日确定的目标，现在，进攻转向更南面。最高统帅部这个计划最重要的意义是把马利诺夫斯基和彼得罗夫的作战行动联系起来，但没有考虑马利诺夫斯基面临的困难，他这场攻势进行了27天，前进了250—400英里，正面宽度已加倍，离后勤补给基地越来越远。不过，马利诺夫斯基无法对这些命令置之不理，尽管上级甚至没给他重新部署部队的时间。最高统帅部再次低估了战场上的实际困难。

为了把部队带入抗击彼得罗夫乌克兰第4方面军的德国军队的后方，马利诺夫斯基打算在右翼和中央地区投入3个步兵集团军，外加戈尔什科夫的"骑兵–机械化"集群，而克拉夫钦科的近卫坦克第6集团军将朝西北方的比斯特里察—克卢日—特尔古穆列什方向发起进攻。马利诺夫斯基的右翼和中央部队没有获得任何实施重组的机会，他们于9月16日动身出发，打算在特兰西瓦尼亚北部达成突破。接下来的七天，苏军坦克和步兵试图粉碎德国人的顽强抵抗，而德军装甲援兵已进入克卢日地区，并沿特尔古穆列什—图尔达地区实施加强。截至9月24日，情况很明显，苏军的进攻无法达成突破。但是，这里产生的烦恼被左翼部队的快速推进所消除，第53集团军、坦克第18军和罗马尼亚第1集团军夺回了距离匈牙利边境只有10英里的阿拉德，并沿着阿拉德—蒂米什瓦拉公路朝边境而去。9月24日，苏联和罗马尼亚军队在毛科（Mako）到达匈牙利边境，并朝该镇东北方前进了几英里。

更北面，斯洛伐克起义已进入最后的危机时刻，苏军和捷克斯洛伐克部队试图强行穿越喀尔巴阡山山口，与斯洛伐克起义者取得会合，但他们必须通过杜克拉山口。现在，马利诺夫斯基只能得出这样一个结论——已无法继续向南冲往米什科尔茨（Miszkolc[13]）；9月24日，他向最高统帅部报告了这个结论，强调第40、第27集团军和近卫第7集团军遭遇到的抵抗，也强调了第53集团军在左翼取得的成功，他现在可以将整个攻势转至"奥拉迪亚马雷（Oradea-Mare）、德布勒森"方向。马利诺夫斯基请求批准将近卫坦克第6集团军调至这个方向，并停止中央地带的进攻，直到那里的各个师获得补给并对敌阵地进行更好的侦察，最终为左翼部队（第46集团军和普利耶夫的"骑兵–机械化"集群）完成援兵的集结。最高统帅部同意了他的计划，但坚持认为右翼和中央地区的3个集团军必须保持攻势，否则德国人会把部队调去阻挡马利诺夫斯基的左翼部队：新的"德布勒森进攻战役"将于10月6日发起。目前，除了保持右翼的进攻，马利诺夫斯基的作战行动停顿了下来，对交战双方来说，这是暴风雨席卷整个匈牙利东部前最后的喘息之机。

9月初，马利诺夫斯基的部队深深进入特兰西瓦尼亚之际，罗马尼亚停战代表团赶到了莫斯科。斯蒂尔贝伊亲王率领的罗马尼亚代表团受到故意而又明显的隆重接待，但罗马尼亚人很快便发现，他们来莫斯科只是签署苏联政府早已拟定的条款，而不是对此进行商谈。尽管美国和英国大使也出席了"谈判"，但没有积极参与其中，并且非常谨慎地避免与罗马尼亚人直接接触，这是一种预防措施，以免这些倒霉的客人落入俄国人眼中。珀特勒什卡努部长是共产党代表，也是罗马尼亚代表团的发言人，在谈判中发挥了重要作用，但他显得非常紧张，这表明罗马尼亚代表团里至少有一名成员对"合作"的将来感到恐惧，这种合作似乎已呈现出严重的不祥。

1944年9月12日，停战协议签字，协议中充斥着莫洛托夫的顽固。这份文件不仅对罗马尼亚极为重要，而且正如后来发生的事情证明的那样，对匈牙利和保加利亚这些德国在欧洲的盟友同样如此：苏联与罗马尼亚的停战协议成为一种模式，将来的协议和规定都以此为基础。协议的三个特点给盟国内部留下一些印象，实际上，罗马尼亚已被交给苏联，完完全全，不折不扣。罗马尼亚军队将听命于苏联的指挥，罗马尼亚正式割让比萨拉比亚和北布科维纳（作为回报，苏联将撤销维也纳仲裁裁决，把北特兰西瓦尼亚归还罗马尼亚），罗马尼亚支付给苏联的赔款定为3亿美元，分六年付清（以货物和原材料支付），另外还有强加给罗马尼亚的占领费用。这份不公正的停战协议刺痛了罗马尼亚人，致使他们对西方国家产生了不满，认为英国和美国面对苏联向罗马尼亚提出的要求完全无所作为，没有施加任何压力，而是眼睁睁地看着罗马尼亚做出让步。

在政治领导人中的民族主义者（也许包括大多数罗马尼亚人）看来，收复北特兰西瓦尼亚可以抵消比萨拉比亚的损失，但这种微弱的情感火花被停战协议第11条规定的赔款这一现实所扑灭，对所有罗马尼亚人来说，这意味着更加沉重的经济负担。但最强烈的刺痛是协议的第10和第12条，涵盖了苏联的征用和罗马尼亚归还"战争期间从苏联领土上夺走的物品"。事实迅速证明，罗马尼亚为红军的征用付出了高昂的代价，涉及全部海军舰队和大多数商船队、油田和石油行业的设备、铁路车辆和每一部汽车，一切都被征用，都被纳入为苏联的"服务"中。随着新锐苏军进入罗马尼亚，再加上苏军统帅部与罗马尼亚当局没有为双方的接触做出任何有效的安排，瑟讷泰斯库政府发现自己从一开始就面对着一种混乱的状况。执行停战协议"经济"方面的规定时，刚一发生摩擦，俄国人便立即表露出他们对"历史上的一些旧政党"和民族主义领导人的怀疑，而共产党（他们的人数急剧增加，充斥着大批追求官位者、通敌卖国者和前"铁卫军"成员）开始大展拳脚。安娜·波克尔的成就是创建了一个急剧扩张的党，尽管这是个臃肿的机构，许多党内成员就在几周前还是安东内斯库独裁政权的参与者和支持者——同一批暴徒、秘密警察和军人，大批乌合之众加入其中，现在接受共产党的领导。这些新加入者组成的庞大队伍被迅速用于扩大隶属全国民主阵线（由共产党和社会民主党组成）的各政治群体，还有些人被派去执行渗透社会民主党的特殊任务。

一些报告传至莫斯科（乌克兰第2方面军军事委员会里的政工人员在9月底提交的报告是个典型的例子），导致局势更加恶化，苏联方面的态度更加强硬。马利诺夫斯基的司令部向中央委员会和政治局报告，强调罗马尼亚国家机器中仍存在"反动分子"，并着重指出"几个物以类聚的部长，特别是马纽"的活动；铁卫军成员被召入民事和军事管理部门；倾向于同红军合作的官员受到迫害。布加勒斯特的新闻媒体只受到部分控制；在学校里，老师们仍用"希特勒分子的宣传和对苏联的诽谤"教育学生。除了这些，报告中还涉及罗马尼亚军队，对某些罗马尼亚高级军官大加斥责：总参谋长米哈伊尔将军与马纽关系密切，是个"彻头彻尾的反动分子"，是苏联方面批判的主要对象，他的动摇受到尖锐的谴责。更糟糕的是，尽管罗马尼亚军官团里有"进步分子"，但在被派去打击德国人的几个罗马尼亚师里，"德国间谍"把持着重要岗位。这不是个好兆头，随着时间的推移，前景日益黯淡。至于罗马尼亚得到的一个好处，北特兰西瓦尼亚，这片地区依然有待肃清；甚至在最终得到肃清后，特兰西瓦尼亚的问题也被添加到迅速恶化的局势中。

苏联红军为肃清罗马尼亚付出阵亡46783人、负伤171426人，损失2000门大炮和迫击炮、2200辆坦克、528架飞机的代价（这个伤亡和损失记录的是1944年4月至10月的数字）。在此期间，未费一枪一弹，没有伤亡一个人，保加利亚便落入苏军手中。苏联对保加利亚宣战的三天后，9月8日早上，乌克兰第3方面军的炮兵们做好了开炮的准备，但"从我们的观察哨望去，没有看见任何应该射击的目标"。格奥尔基·季米特洛夫，这位流亡莫斯科的保加利亚共产党领导人曾是1933年国会纵火案审判中的英雄，他在8月底向朱可夫元帅保证，保加利亚不会抵抗苏联红军："迎接你们的不会是枪炮，而是面包和盐，这是我们斯拉夫民族的古老传统。我认为保加利亚军队不会冒险与红军开战。"事实证明格奥尔基·季米特洛夫说对了，第57集团军的部队跨过保加利亚边境时，受到一个保加利亚步兵师的迎接，他们排列在道路两侧，"举着红旗，奏着庄严的乐曲欢迎我们（苏军）"。

　　8月底，罗马尼亚脱离轴心国后，保加利亚陷入了恐慌。尽管是德国的盟友，也是英国和美国正式的敌人，但保加利亚从未对苏联宣战；向东线派遣一支志愿部队的一切尝试都告失败，就连对英美的战争也是一种象征性行为，遥远而又虚假，至少在保加利亚人看来是这样。保加利亚做的只是派占领军进入南斯拉夫领土（南斯拉夫马其顿，保加利亚人认为从法理上说这是他们的领土）以及希腊色雷斯和马其顿，这些地方也被理所当然地认为属于保加利亚。尽管1942年后德国为增加海军和军事设施施加了压力，但德国军队没有占领保加利亚，保加利亚政府依然当家做主，死于1943年8月的鲍里斯国王顶住了德国人要求保加利亚参加对苏作战的一切压力。右翼极端分子不太反对一场反布尔什维克的东征，总参谋部的卢科夫将军就是其中最重要的成员，但他在1942年2月[14]遭到了暗杀。政府内部继续执行亲德政策；保加利亚为德国提供原材料和粮食，保加利亚军队以提供占领军的方式间接帮助德国，但没人会投入到对苏战争中，苏联外交官仍留在索菲亚。地下政治反对派，这个联盟起源于1941年共产党与农民党举行的会谈，最终打起了"祖国阵线"的旗号。早在1942年，季米特洛夫就在苏联境内的广播中对这个政治团体的理念大加称赞，这是一个跨党派团体，是保加利亚抵抗运动背后的力量。四个政党——共产党、左翼农民联盟、"环节"联盟（共和党人和社会党人）和社会民主党——

最终构成了这个松散的政治联盟，他们获得了苏联的支持和西方国家的承认，至少在向保加利亚播送的广播节目中。祖国阵线也与另一些政治组织有共同之处，例如民主党和右翼农民联盟，他们也持反德观点，但不是"祖国阵线"联盟的成员。祖国阵线控制着保加利亚游击队，共产党人提供了发起和进行有效抵抗所需要的地下组织。但无论是"祖国阵线"的政治领导人还是游击队自身，都无法发起一场全国性的大规模解放运动，这是因为保加利亚境内没有大批德军存在，无法激起一场激烈的抵抗。游击队转而对付自己的同胞，警察，少数情况下包括军队，成了他们的攻击对象。游击队分成小股行动，他们袭击村庄，杀害官员，对村民发表演讲，经常销毁官方记录；为德国运送物资的火车是他们的首要目标，但在这种孤立的行动中，工厂遭到破坏的情况很少见。

保加利亚的游击力量一直很弱小，从未超过15000—18000人（他们最终编为11个旅和38个支队），但如果加上"支持者"，人数就将超过20万；不过，这支力量是个幽灵，是一部用于宣传的虚构小说。尽管如此，游击队的袭击和骚扰还是令保加利亚政府越来越恼火。1943年秋季，国王死后，新成立的摄政委员会投入强有力的力量清剿游击队，一次次发起凶猛、富有成效的战斗，军队也投入其中。15000名配备重武器的宪兵、30000名警察、8000名护林员和4个陆军师对游击队展开追杀，此举只会对不得人心的亲德政府有利。不断加剧的动乱也引来了外界的援助，英国政府和南斯拉夫游击队为活动在边境地区的保加利亚人提供帮助，俄国人直到很晚的时候才参与进来，按照"民族解放军总司令部"的要求空投武器和弹药。

直到1944年春季，保加利亚人才从政治梦幻世界中惊醒：俄国人正在逼近。至少在表面上不太亲德的巴格里亚诺夫领导的新政府接替了博日洛夫内阁，对游击队采取了较为宽松的政策，并修改了现行的反犹措施。这恰好发生在苏联对保加利亚的外交攻势开始奏效之际，对巴格里亚诺夫来说，一个极为棘手的问题仍有待解决。4月17日，苏联政府正式照会保加利亚人，他们已注意到保加利亚对德国的援助以及德国人对瓦尔纳（Varna）、布尔加斯（Burgas）和鲁斯丘克（Ruschuk）这些港口的使用。4月26日接踵而至的另一份照会要求在这些城市开设苏联领事馆，接着又在5月18日发来措辞生硬的第三份照会，指出不满足苏联方面的要求"就无法维持与保加利亚的关系，因为这个国家帮助和故意帮助希特勒德国从事对苏战争"。次日，博日洛夫政府辞职，取而代之的是巴格里亚诺夫，俄国人似乎认为此举不过是保加利亚人玩弄的花招。巴格里亚诺夫用了两个多月时间考虑该如何回复俄国人，最终在7月29日发出回电，只答应对苏联的要求"加以考虑"。8月12日，苏联方面做出回复，没有提及领事馆问题，而是奉劝保加利亚人认真思考自己的立场——走出"死胡同"的唯一办法是与德国断绝关系："苏联政府想问问保加利亚政府，是否准备与德国断交。"

如果巴格里亚诺夫认为委婉的回答也许能平息俄国人的怒火，那他就错了。他在8月17日的演讲中答应实施改革，强调保加利亚对和平的渴望，并斥责进攻俄国人之说纯属煽动。他向苏联驻索菲亚全权大使保证，待时机允许，保加利亚将与德国断交（不能以突然发生一场武装冲突为代价），但这并没能达到"破冰"的效果。苏联红军正为"雅西—基什尼奥夫"战役进行准备，一旦取得胜利，苏军很快会出现在多瑙河上。保加利亚接下来发生的事情必然会因为罗马尼亚境内的军事行动而黯然失色，保加利亚人必须被迫做些事情来阻止看似即将发生的灾难。无论是俄国人的纵容所造成的自满（源自双方漫长的历史关联），还是斯拉夫民族间的亲密关系，这一切都被打破，特别是米哈伊国王带领罗马尼亚退出战争的那一天。

现在轮到"祖国阵线"采取行动了。8月24日，"祖国阵线"要求政府交出权力，巴格里亚诺夫政府立即予以拒绝，但答应在内阁中给"祖国阵线"几个席位，这个"报价"也被对方正式拒绝。现在，亲西方和亲苏的政客们试图以各自的方式推进他们不同的事业。巴格里亚诺夫决定派特使去开罗，向西方国家（保加利亚早已对他们正式宣战）寻求和平；斯托伊奇科·莫沙诺夫和热列兹科夫上校奉命执行这个任务，但他们直到月底（8月30日）才到达开罗。现在必须拖缓俄国人和"祖国阵线"，尽管保加利亚政府无论做什么都已经太晚了。8月26日，保加利亚政府正式通知苏联派驻索菲亚的全权大使，保加利亚现在将遵守"全面中立"政策，从罗马尼亚而来的德军将依照《海牙公约》的规定被解除武装，他们已要求德国政府撤出其军队，否则这些军队将被缴械。当晚，索菲亚电台通知民众，保加利亚已同目前与保加利亚处于战争状态的国家（英国和美国）取得联系，并对"苏德冲突"保持"中立状态"。

摄政委员会绝望而又焦急地寻找着能最大程度提升保加利亚优势的办法，他们提议与所有反对派、亲西方者（例如右翼农民联盟中的吉奇耶夫和穆拉维耶夫）或"祖国阵线"中的亲苏者共同磋商。但是，无论组建一个联合政府的意向多么认真，一切努力仍旧无功而返，因为"祖国阵线"拒绝参加，这个结果严重扰乱了亲西方的温和派，他们觉得有一些共产党代表参与其中更加保险，也许能更好地阻止俄国人。可是，"祖国阵线"已决定发动起义，保加利亚共产党中央委员会8月26日发布了4号通告："对保加利亚来说，最后的时刻已经到来！"在8月27日发给保加利亚中央委员会、"祖国阵线"和民族解放军总司令部的信中（这封信通过电台传送），季米特洛夫敦促所有"民主和进步力量"紧密团结在"祖国阵线"身边，解除德国军队的武装，呼吁人民挺身反抗"希特勒分子及其代理人"，为"祖国阵线"的全国委员会建立起最大的行动自由，最终进入备战状态，从而加入苏联红军一方，并将军队从"德国的禁锢"中解放出来。尽管莫沙诺夫在开罗提出异议，但"祖国阵线"还是发表了"十六点宣言"，要求与德国断交，同苏联建立友好关系，停止一切军事行动，将保加利亚军队从希腊和南斯拉夫撤出，在国内恢复公民的一切权利。

8月30日，塔斯社发表声明，坚决否认苏联已承认保加利亚政府形式上或名义上的"中立"这一谣传。当天，与这道半官方、多少有些不祥的公告共同到来的是苏联发给保加利亚政府的一份照会，提到"根据已获得证实的报告"，德国军队利用保加利亚作为进入罗马尼亚的一种手段，而"苏联红军正位于那里"，保加利亚人表现出的态度只能被认为是"在这场反对苏联的战争中直接援助德国人"。苏联政府以最蛮横的措辞要求终止这种"过境"。没过24小时，巴格里亚诺夫政府就倒台了，取而代之的是穆拉维耶夫的新内阁，他代表的是"民主反对派"——这些党派（例如右翼农民联盟）并不喜欢保加利亚的亲德路线，但出于长期的不信任，他们也拒绝加入"祖国阵线"。穆拉维耶夫政府的出现导致亲西方和亲苏分子发生对立。双方的时间都已不多，但形势渐渐变得对后者更为有利，因为苏联红军已到达保加利亚边境。

9月4日，穆拉维耶夫最后一次试图达成他所希望的某种解脱，但这一尝试在几小时内宣告失败；当天发表的政府声明包括如下内容：退出《三国同盟条约》和《反共产国际协定》，保加利亚军队将撤离轴心国占领地区，加快与英国和美国的谈判，以达成一场停战。保加利亚的政策是在苏德战争中持坚定、无条件的中立立场。至于同德国的最终断交，这一天无疑会到来，如果保加利亚领土上的德国军队拒绝被解除武装的话。就这样，穆拉维耶夫让保加利亚退出对英美的战争，并承诺在苏德战争中严守中立。但这并不够——实际上，此举违背了苏联的意愿，因为它将苏联排除在缔结和平的行为之外。次日，苏联没有与其盟友商量，直接对保加利亚宣战，理由是穆拉维耶夫的中立声明实际上就是"站在德国阵营内对苏联发动战争"。9月6日晚，穆拉维耶夫以疯狂的速度通报苏联驻索菲亚公使馆，保加利亚政府已经与德国断绝关系（这似乎是问题的关键所在），并要求莫斯科立刻停战。但穆拉维耶夫再次碰了钉子：莫斯科指出，保加利亚公开声明寻求与俄国人停战，却"没有提及与德国断绝关系"。莫斯科认为保加利亚"不诚实"，坚持对其宣战。在此期间，"祖国阵线"筹备着发动一场起义的最终计划。

9月初，托尔布欣的部队逼近罗马尼亚—保加利亚边境：第46集团军沿久尔久—锡利斯特拉（Silistra）地区推进，第57、第37集团军和2个机械化军（近卫机械化第4军和机械化第7军）占领了多瑙河与黑海之间的地区。托尔布欣现在被擢升为苏联元帅（马利诺夫斯基也因为参加"雅西—基什尼奥夫"战役而被擢升为苏联元帅），他指挥着28个师，169000名士兵。保加利亚军队拥有5个集团军和2个军的"占领军"，共计45万人；11个师在南斯拉夫和希腊执行"占领"任务，在南斯拉夫驻有1个军（第5集团军司令部也在那里），其他部队位于希腊。8月下旬，斯大林派朱可夫元帅去乌克兰第3方面军监督对保加利亚的作战行动。朱可夫首先赶至费泰什蒂（Fetesti），与铁木辛哥元帅商讨两个方面军的协调行动。朱可夫已同季米特洛夫谈过保加利亚局势的发展问题，而在7月底，对"雅西—基什尼奥夫"战役进行最后审核时，遵照斯大林的建议，托尔布欣和热尔托夫[15]也同季米特洛夫讨论了保加利亚问题。托尔布欣的司令部为进攻保加利亚拟定的计划，要求第46集团军沿叶谢基奥伊（Esechoi）—库布拉特（Kubrat）一线推进，第57集团军赶往科奇马儿（Kocmar）—舒门（Shumen），第37集团军奔向多布里奇（Dobrich）—普罗瓦迪亚（Provadiya），2个机械化军冲往卡尔诺巴特（Karnobat）—布尔加斯。

就在托尔布欣的方面军进行最后准备之际，保加利亚境内的游击队正忙着组建民族解放军第1师，由于缺乏武器，这项工作很难完成。9月初，保加利亚共产党中央委员会和民族解放军总司令部向乌克兰第3方面军寻求帮助；9月4日，75架苏军运输机向卡尔纳（Kalna）地区的保加利亚游击队空投了步枪、机枪和弹药，从而为第1师提供了武器。三天后，该师动身赶往索菲亚。9月8日早上，托尔布欣的部队开始对保加利亚发起军事行动，第一批苏军部队跨过边境线。正如季米特洛夫预料的那样，没有发生战斗，也没有爆发战争。尽管"面包和盐"是一种浪漫的夸张，但保加利亚士兵和百姓是举着红旗和标语迎接苏联红军的——在锡利斯特拉，居民穿着他们最好的衣服涌上街头，消防队用水管为红军队伍冲洗街道。苏军与保加利亚军队之间未开一枪，于是朱可夫打电话给斯大林，斯大林建议不要解除保加利亚军队的武装，"随他们去吧，他们正在等待他们政府的命令"。

9月8日上午11点，第一批苏军部队跨过保加利亚边境；冒着一年中最为炎热的天气前进12个小时后，先遣支队已到达图特拉坎（Tutrakan）—萨卡尔里（Sakalli）—埃米尔凯（Emirkei）一线的南面，深入保加利亚境内40多英里，而且仍在向西南方前进。由于没有遭遇到任何抵抗，托尔布欣命令近卫机械化第4军和1个摩步旅立即出发，而他们原先接到的命令是在9月9日动身；下午3点，苏军摩托化步兵到达瓦尔纳港，随后赶到的是苏联海军陆战队，第一批陆战队员乘飞机而来，后续部队搭乘三艘鱼雷艇登陆。次日（9月9日）拂晓，海军陆战队第83旅的1000名士兵出现在瓦尔纳港，保加利亚军舰没有实施抵抗，港口内的德国海军部队奉上级命令凿沉了他们的舰艇。南面，苏军海军陆战队在布尔加斯港登陆，更多的部队由飞机运来。黄昏时，托尔布欣右翼和中央部队已到达多瑙河上的鲁斯丘克—帕拉蒂察（Palatitsa）、卡尔诺巴特—布尔加斯一线，这是方面军作战计划的第一个目标（作战计划将9月12日定为推进的截止日期，随后，苏军将停止前进，直到确定下一步的行动，这取决于保加利亚境内发动的起义）。尽管如此，"未经批准"不得跨越这条界线的命令还是被遵守了；步兵第31军（隶属于第46集团军）的一支摩托化部队继续向前，结果军长立即受到了方面军司令部的批评，司令部命令他把部队撤回"指定的防线"。

9月9日21点，保加利亚境内的苏联军队接到暂停一切军事行动的命令：
"祖国阵线"已夺取政权，战争结束了。9月9日凌晨，"祖国阵线"在索菲亚
发起一场顺利而又无声的政变，游击队和保加利亚军队中的"爱国分子"夺取
了邮局、广播电台和包括陆军部在内的政府建筑。警察没有离开他们的营房，
被直接解除武装。在更远的地方，"祖国阵线"的700多个全国委员会开始接
管各地的政权；从山上下来的游击队获得了武器，在许多地方组织起"人民武
装"。政变发生前，一些较大的城镇和城市便已举行罢工，到9月8日，"祖国
阵线"已在几个城镇设立起自己的管理机构。穆拉维耶夫政府垮台，取而代
之的是基蒙·格奥尔基耶夫上校（他曾在1934年成立的军官同盟政府中担任首
相），新政府中包括两名共产党人（塔尔佩舍夫、于哥夫）、一名农民联盟
成员（佩特科夫）、两名社会民主党人和两名"独立"人士。9月9日清晨6点
25分，新政府宣布其施政方案，该方案在很大程度上基于"祖国阵线"的主
张——与德国断交，与苏联建立友好关系，恢复公民的自由。当天晚些时候，
格奥尔基耶夫政府下令逮捕摄政委员会和前政府中的所有"亲德分子"。当
晚，仍在莫斯科的季米特洛夫要求托尔布欣的方面军司令部接待"祖国阵线"
政府的一位全权代表，他就是保加利亚共产党的加内夫。加内夫及时赶到，向
苏军指挥部报告了起义的过程，同时，他又对德国F集团军群有可能进攻索菲
亚表示担心，并指出德军集结在索菲亚西北方的维丁（Vidin），还有南斯拉
夫的尼什（Nis）和贝拉帕兰卡（Bela-Palanka）。托尔布欣即将把第46集团军
和机械化第7军调给马利诺夫斯基，参加特兰西瓦尼亚的战斗，所以，这对他
来说可能不是个好消息，但他现在有理由率领部队赶往索菲亚了。保加利亚游
击队被派去掩护西部边境，新政府"请求"苏联政府批准乌克兰第3方面军组
织起苏联红军同保加利亚军队的"合作"。9月13日，最高统帅部正式下达命
令，委派方面军参谋长比留佐夫上将去索菲亚处理苏联—保加利亚军队合作的
事宜。

在广阔的农村，在数以百计的小城镇和村庄中，游击队和当地共产党
组织成立了"国家委员会"，建立起粗暴的管理机构，着手实施草率的"正
义"，对过去几里里追捕他们的官员和警察实施报复。尽管各个委员会应该包
括"祖国阵线"所有党派的代表，但只有共产党在各地区保持着相应的组织机

构，结果，共产党不可避免地主宰了当地的委员会，农民联盟和社会民主党人远远落在后面。在索菲亚，进入首都的游击队和匆匆组建的"人民武装"充分享受着政变后掌握的新权力，接管私人财产，征用汽车，几乎没有去农村实施报复。直到1945年初，随着战犯审判和对摄政委员会公审的开始，自1941年以来各界政府的成员（包括穆拉维耶夫政府，尽管该政府试图让保加利亚退出这场战争）和各种政治走卒才在人民法庭得到了自己应有的惩罚。当时，"祖国阵线"已出现严重分裂，共产党与农民联盟发生激烈冲突，但在1944年9月，大批游击队和委员会将"祖国阵线"的权力和影响力扩展到了全国，甚至进入到最偏远的地区。

为确保索菲亚不会受到袭击，托尔布欣建议派一个军（第57集团军的步兵第34军）火速赶往那里；苏军从西北面和西南面靠近保加利亚首都，封锁了各条主要道路。9月17日，保加利亚军队正式接受苏军指挥部的统一指挥，由比留佐夫和保加利亚总参谋部共同做出安排。与此同时，跨多瑙河战役的策划工作刚刚开始，德军穿过近期由保加利亚军队（这些部队奉命投奔南斯拉夫游击队）占领的南斯拉夫领土，而从希腊撤出的德军集结在尼什和贝尔格莱德地区，这一切造成了一种紧迫感。9月20日，最高统帅部给托尔布欣下达了新命令，为乌克兰第3方面军指定了重新部署的区域：位于保加利亚首都地区的苏军改称"独立索菲亚战役集群"；第57集团军（辖2个军）前出至保加利亚—南斯拉夫边境线，赶往内戈廷（Negotin）—贝洛格拉奇克（Belogradchik）地区；第37集团军前往斯利文（Sliven）—扬博尔（Yambol）地区和布尔加斯以南，近卫机械化第4军集结于扬博尔。

根据这一部署，苏军最高统帅部打算抽调一个集团军进入保加利亚西北部，并在保加利亚和南斯拉夫军队的配合下对贝尔格莱德发起一场进攻，集结在南面的部队旨在掩护苏军的南翼，并防范"从土耳其方向而来的一切异动"。鉴于距离和相应的困难（托尔布欣的部队分散在从罗马尼亚而来的道路上），这场再部署需要一些时间；乌克兰第3方面军的主力不是在路上，就是正沿多瑙河运送人员和装备，需要前进600公里才能部署至南斯拉夫边境。9月14日，空军第17集团军的一个作战指挥组到达索菲亚机场，接下来的两周，2个航空兵师进驻洛姆（Lom）、索菲亚和普罗夫迪夫（Plovdiv）机场。对于即将发起的贝尔格莱德战役，最高统帅部建议投入乌克兰第3方面军的全部力量、马利诺夫斯基乌克兰第2方面军的左翼部队、空军第17集团军和空军第5集团军的一部（共13个航空兵师）、多瑙河区舰队，共计第46和第57集团军的19个步兵师，500辆坦克和自行火炮，2000架飞机提供支援。对尼什、莱斯科瓦茨（Leskovac）、科查纳（Kocana）和韦莱克（Velec）的进攻，苏军统帅部打算使用3个保加利亚集团军（第1、第2和第4集团军，共9个师）；南斯拉夫人民解放军将投入2个"集团军级集群"（4个军的兵力）——佩科·达普切维奇的无产阶级第1军和第12军冲向贝尔格莱德，科查·波波维奇的第13和第14军与从罗马尼亚和保加利亚来的苏联红军会合。

　　苏军最高统帅部的总体计划是让托尔布欣的乌克兰第3方面军对贝尔格莱德发起进攻，并肃清南斯拉夫东部地区，主要突击从维丁地区发起，冲向帕兰卡—贝尔格莱德；马利诺夫斯基接到的指示是使用他的左翼部队从弗尔沙茨（Vrsac）攻向潘切沃（Pancevo）和贝尔格莱德。最高统帅部建议苏联红军在9月底发起进攻，南斯拉夫军队对贝尔格莱德的进攻行动定在10月9日—10日，保加利亚军队对尼什的进攻定于10月8日，而南斯拉夫军队对南部地区的附属行动定于10月10日—11日发起。在此期间，德国F集团军群（驻南斯拉夫）和E集团军群（驻希腊和阿尔巴尼亚）辖下各个师所处的位置越来越危险地暴露出来，他们的交通线由于保加利亚的倒戈和南斯拉夫局势的恶化而受到了最直接的威胁。当初为了防范保加利亚背弃德国，希特勒曾下令派部队据守沿南斯拉夫—保加利亚边境线构建的一道"新防线"，并提出以"塞尔维亚"集群的部队击退敌人的入侵，但他精心策划的防范计划被证明纯属军事幻想。罗马尼亚和保加利亚无可挽回地丢失了，但这并不能阻止元首紧紧控制住巴尔干或其中的某些地区，例如希腊北部的铬矿，他派去了一支空军人员组成的强有力的部队；最终撤离希腊、阿尔巴尼亚南部和马其顿南部的命令被他拖延到10月初才下达。

　　9月份的上半月，希特勒自我安慰，巴尔干并未全部丢失。苏军进入保加利亚只会加速英国与苏联发生冲突这一前景，红军将冲向爱琴海、夺取达达尼尔海峡，在这种情况下，英军必然向前推进，堵住俄国人的前进道路，这种前景并非不可想象——这样一来，在英国人的批准下，E集团军群可能会充当一个缓冲或屏障。德国军队将构成"一支警察力量",守住防线,阻止布尔什维克进入或越过希腊。但英国和美国飞机对德国机场以及9月15日对撤离爱琴海岛屿的德国守军的运输工具发起的毁灭性空袭表明,英国毫不在乎德国的立场;元首的参谋人员只能猜测,英军对后撤中的德军发起攻击是有条件的:俄国人答应不进入爱琴海和达达尼尔海峡。现在很明显,第二种可能性——苏军冲向尼什,同时对贝尔格莱德发起进攻并进入克罗地亚,或冲向西北方的布达佩斯和维也纳盆地——代表着苏联的真正意图。

德国人焦急地研究着局势,但看不出苏联在爱琴海有任何"军事利益"。相反,目前的一切都表明,危险的态势正在塞尔维亚南部和马其顿形成,对E集团军群的交通线构成了"致命的威胁";位于保加利亚的苏联军队并未像希特勒最初预计的那样冲向南方,而是转向西北方,赶往南斯拉夫边境线。设在索菲亚的苏军指挥部不断施加压力,以便将保加利亚军队送上前线,他们派"经验丰富的"苏军军官加强保加利亚师,为保加利亚部队补充武器装备,并派政治委员强化控制,这些工作的完成速度显然令德国人深感不安。

9月6日17点,据苏军战报报道,红军解放了南斯拉夫最前方的几码领土。独立摩托车第4团(隶属于坦克第6集团军)已于9月4日到达图尔努塞韦林,在接下来的24小时内强渡多瑙河,并肃清了克拉多沃(Kladovo)地区的敌人,随后,一个苏军步兵班进入南斯拉夫的一座村落。苏联红军即将隆隆向前,攻入南斯拉夫,对铁托来说,采取行动的时机已到,因为苏军将进入的是一个盟友的国土,而非胆小、怯懦的前德国仆从国。铁托指挥着一支实力相当强大的游击队,他们从德寇手中解放了南斯拉夫大片地区,并在占领这个国家的各个德军师之间撕开了许多缺口——南斯拉夫人估计,德军在近期对南斯拉夫游击队的清剿行动中损失惨重,共计43000名官兵阵亡、负伤或被俘——铁托谨慎地决定,与苏军指挥部甚至是斯大林本人商谈红军进入南斯拉夫的相关问题。这个提议非常及时,恰好在苏军即将进入南斯拉夫之前。早在7月初,铁托便催促科尔涅耶夫返回莫斯科,试探苏联政府是否有可能安排一场访问。9月初,斯大林大概是同意了;这个消息获得确认后,科尔涅耶夫将军向铁托表达了他的满意，但建议动身时间必须"严格保密"，如果铁托的"消失"被发现，势必会激怒英国人。对这场即将进行的出访，了解内情的南斯拉夫人（包括苏联军事代表团在内）寥寥无几；苏联飞行员米哈伊洛夫对机上的乘客一无所知，他驾驶着"达科塔"运输机从巴里飞往英军控制下的维斯岛。9月21日午夜前不久，避开皇家空军的哨兵后，这架"达科塔"运输机带着铁托、科尔涅耶夫、伊万·米卢蒂诺维奇（来自南斯拉夫最高司令部）和米塔尔·巴基奇离开维斯岛，飞赴罗马尼亚的苏军驻地，铁托的爱犬"老虎"也在机上，为了防止它吠叫，铁托在它头上套了个袋子。

铁托的这次"秘密出行"（科尔涅耶夫将军后来称之为"ischesnovenie"）进行得非常顺利，尽管莫洛托夫后来面对英国方面的抗议，把所有责任都推给了铁托的保密工作，并指出同一个"巴尔干农民"打交道，发生任何事情都不足为奇，以此化解了一场风波。离开托尔布欣的方面军司令部，铁托元帅（现在佩戴着一枚苏联高级勋章——一级苏沃洛夫勋章）在苏军战斗机的保护下飞赴莫斯科。他的派头（和军装）与1940年最后一次到访苏联时的模样形成鲜明的对比，那时候，他使用的是一本伪造的护照和一个化名，在共产国际内部没有什么地位，代表的是一个极不成功，也没有什么人关注的共产党组织。

铁托与斯大林的首次会面被证明是一场交锋。铁托本人对这次会晤的描述是"非常冷淡"。尽管双方对苏军与南斯拉夫游击队的联合行动以及苏联为游击队提供援助的方式进行了深入探讨，但斯大林认为红军将直接冲入南斯拉夫，应当把所有反法西斯武装力量纳入苏军指挥下，这一点不容置疑；铁托立即纠正了他的说法，他的发言不仅代表他自己，还代表民族解放委员会（几周前，斯大林和吉拉斯为此产生过争执）和南斯拉夫最高司令部。9月28日在莫斯科发表的公开声明中指出，苏联向南斯拉夫民族解放委员会"提出请求"，委员会同意"苏联军队暂时进入南斯拉夫领土"，条件是：一俟完成作战任务，苏联军队即撤出南斯拉夫。苏军统帅部也"接受南斯拉夫方面提出的条件"，苏联军队所在地区的民事管理权仍在南斯拉夫手中。对于即将发起的贝尔格莱德战役，斯大林答应为铁托提供一个坦克军，并同意一旦南斯拉夫首都获得解放，苏联军队立即撤出。南斯拉夫游击队仍由铁托元帅直接指挥，俄国人被明确拒绝进入南斯拉夫境内后行使任何权力。

斯大林执意指导铁托（斯大林称他为"瓦尔特"，这是铁托在战前的化名）应该采取何种路线处理南斯拉夫内部政治事务时，气氛明显变得紧张起来。铁托在战时发给莫斯科的一份电报激怒了斯大林，特别是电报中写道，"如果你们不能支援我们，至少不要妨碍我们"，这让斯大林暴跳如雷。现在，铁托在斯大林的办公室里针锋相对，对"老板"的这种挑战令莫洛托夫、马林科夫和贝利亚深感震惊。斯大林试图说服铁托允许彼国王回国，再次遭到铁托的回绝时，屋内的气氛紧张到"痛苦"的程度。铁托爆发出强烈的愤慨，他痛斥卡拉乔尔杰王朝实行的"腐败、恐怖"统治，指出人民对他们极为仇恨，听到这些，斯大林缄默不语，随后简短地说道："您可以暂时让他回来，在适当的时候悄悄对他的后背插上一刀。"这个话题还没结束便被莫洛托夫打断，他带来了英军在南斯拉夫登陆的消息，铁托站起身，大声说这不可能，斯大林生气了，宣布这是"事实"。过了片刻，铁托解释说，"英军入侵"显然是他请求亚历山大将军支援的炮兵部队赶到了，但斯大林仍逼着铁托回答："如果英国人真的在南斯拉夫强行登陆，您会怎么办？"铁托非常明确地宣布："我们会坚决抵抗。"

现在，斯大林的心情很不愉快，他打电话给率部冲入北特兰西瓦尼亚的马利诺夫斯基，申斥这位刚刚获得晋升的元帅进展缓慢，马利诺夫斯基要求获得更多坦克时，斯大林对他大加嘲讽："我的祖母也知道如何用坦克打仗，是您采取行动的时候啦。"宣泄掉一些坏脾气后，斯大林邀请铁托去他的乡间别墅共进晚餐，这顿晚餐变成了一场酒宴，铁托感到不适，自责喝得太多，他走到外面呼吸新鲜空气，觉得自己病了。贝利亚跟着他走了出来，告诉他这没什么，不过是生活常识之一而已，可这并没让铁托感到安慰。酒精的作用消退后，冰冷的气氛再次降临，斯大林和铁托都无法宣称他们的会晤是意气相投或完全成功的；盛气凌人的斯大林和犟头犟脑的铁托发生了直接碰撞，尽管通过与米洛凡·吉拉斯的会谈，斯大林肯定知道同自己打交道的是个与众不同的"巴尔干农民"。但就目前而言，双方都将各自的不满深埋在了心中。

从苏联返回南斯拉夫的途中，铁托元帅在克拉约瓦停留，这里已成为南斯拉夫人民解放军的一个临时指挥部，也是苏联、南斯拉夫、保加利亚10月初举行联合会晤的地点。苏军进入南斯拉夫的初步攻势已于9月下旬打响，托尔布欣左翼，阿基缅科的步兵第75军从多瑙河河曲部冲向南斯拉夫边境，9天的作战行动中，该军付出阵亡340人、负伤900人的代价；9月28日，步兵第75军到达边境线，戈尔什科夫多瑙河区舰队的炮艇进入内戈廷地区，这是苏军的第一个目标，9月30日下午，内戈廷获得解放。进入南斯拉夫的道路敞开了，苏联红军与南斯拉夫游击队取得会合的机会大为增加，但当天铁托给他的第1集团军级集群发去一份特殊的电报，指示他们，没有得到他的明确批准，不得发起"贝尔格莱德战役"。

尽管苏军正在进行"贝尔格莱德战役"的开始阶段，但对参与整个作战行动的苏联、南斯拉夫和保加利亚军队来说，还有许多协调工作需要完成。按照最高统帅部的指令，比留佐夫10月5日上午飞抵克拉约瓦，除了铁托元帅，"祖国阵线"的多布里·特佩舍夫率领的一个罗马尼亚代表团也在这里，他们正等着完成这场三方军事行动的政治手续。主要议题是达成南斯拉夫—保加利亚停战协议。尽管俄国人在早些时候已商讨过此事并施加了压力，但南斯拉夫统帅部坚持认为，他们需要更多时间说服他们的人民（他们曾在保加利亚占领军手中遭受过苦难），这是个"新的"保加利亚，其军队是盟友，而不再是残忍的敌人。克拉约瓦会谈还提供了一个计划，三个国家参与行动的部队可以对最终作战计划进行审核；据比留佐夫说，需要保加利亚军队参战，这一点没有争议，没有谁希望保加利亚人民留下"该隐的印记"，他们不应为"前保皇派政府的犯罪行为"负责。会谈持续了一整天。比留佐夫详细阐述了苏军参战力量，特佩舍夫和铁托分别介绍了保加利亚和南斯拉夫的力量。对于尼什、莱斯科瓦茨和贝莱茨（Belets）地区的作战行动，保加利亚人建议使用3个集团军——第1、第2和第4集团军，共9个师，外加3个位于南斯拉夫领土上的旅（其中包括1个装甲旅）；铁托随即介绍了投入此次行动的2个"集团军级集群"的实力和部署情况。

很明显，南斯拉夫游击队严重缺乏武器，急需各种重型装备。乌克兰第3方面军的政治部门早在9月份便提交过报告，指出南斯拉夫人需要武器，并强调游击队期待获得苏制武器的支援。9月7日，莫斯科的国防委员会（GKO）正式批准500名南斯拉夫人民解放军成员在苏联接受坦克兵训练，但这并未解决南斯拉夫各个师最迫切的问题，因为他们面对着装备精良的德国军队。更靠近前线的苏军指挥部同意在克拉约瓦和索菲亚为12个南斯拉夫师储备武器和弹药，这又引来了南斯拉夫人的另一个要求：为南斯拉夫部队派遣苏联教官。苏联政府还批准将两个苏军航空兵师（连同一支"机场"队伍）调拨给南斯拉夫。为铁托游击队提供武器的工作起初很慢，但在随后几周加快了速度，南斯拉夫人得到100000支步枪、68000挺机枪、800多门各种口径的反坦克炮和野炮、491架飞机、65辆坦克以及7个战地医院和4个手术单位的装备。

10月5日傍晚，谈话渐渐转入对往事的回忆，与会人员相互拥抱，拍打着对方的后背，克拉约瓦会谈的主要任务已完成；特佩舍夫得到了停战协议，从而恢复了保加利亚的荣誉，比留佐夫获得了三方军事协议，这份协议已签字盖章，铁托也很满意，因为这份协议保证了各国军队的独立性，丝毫没有侵犯国家主权。在此期间，科尔涅耶夫将军（他是个听话的官员，尽管有些嗜酒）收到最高统帅部的指示，让他把贝尔格莱德战役的详细计划传达给南斯拉夫统帅部，尽管在此刻（联合作战计划共同商定前）铁托给他的第1集团军级集群下达了命令，没有得到明确批准，不得向贝尔格莱德派遣任何一支部队。协议签署的次日（10月6日），铁托从克拉约瓦发出另一份电报，指示第1集团军级集群的佩科·达普切维奇，他的部队现在应该赶往贝尔格莱德西南面的奥布雷诺瓦茨（Obrenovac）："……你的（第1集团军级）集群应以9个师的力量参加贝尔格莱德战役。最好由我们的部队率先进入贝尔格莱德，俄国人也持同样的看法。"达普切维奇立即在当天发起进攻，但被德军迅速击退，四天后，他们再次发起新的进攻。

夺取内戈廷后，加根的第57集团军（步兵第75军隶属于该集团军）用了一周时间穿越塞尔维亚东部高地，赶往摩拉瓦河（Morava）；10月4日，步兵第75军终于和南斯拉夫第25师的一个旅取得会合，加根中将奉命以2个苏军步兵军（步兵第75和第68军）与已同红军建立联系的2个南斯拉夫师协同作战，任务是切断德军逃生路线。在战线的中央地区，加根取得了不错的进展，但在两翼，德军实施了卓有成效的顽强抵抗；德国"米勒"军级集群的部队沿山路据守，拖缓了苏军的推进，但在中央地区，苏军步兵第68军10月8日进抵摩拉瓦河，并在大普拉纳（Velika Plana）地区夺取了一座登陆场。什科杜诺维奇将军的步兵第68军成功到达摩拉瓦河，促使托尔布欣的司令部立即行动起来；

托尔布欣对坦克和炮兵能否及时翻越山峡和沟谷深感怀疑，但参谋人员向他保证，他们能做到。10月9日上午，近卫机械化第4军奉命穿越步兵第68军打开的缺口。下达给近卫机械化第4军的命令中强调，夺取贝尔格莱德"不得迟于10月14日中午"，然后守住该城，直到第57集团军到达；坦克部队将于10月11日动身赶往贝尔格莱德，这就意味着他们必须在崎岖的道路上前进120英里，赶至进攻出发线。

V. I. 日丹诺夫将军的近卫机械化第4军有17000名士兵和180辆坦克，目前部署在阿尔恰尔（Archar）地区，这是维丁南面的一座保加利亚小村庄。自9月30日接到赶往南斯拉夫边境线的命令后，该机械化军由东向西，几乎穿越了整个保加利亚。日丹诺夫决定以单路纵队穿越山地，全军赶往摩拉瓦河，"强有力的战斗梯队"沿整个队列部署；近卫坦克第36旅位于最前方，坦克上搭载着冲锋枪手组成的特别战斗群，以消灭途中遭遇的一切抵抗。一旦投入战斗，这个军将分成两股梯队，一股是主攻力量，另一股是"反坦克炮兵预备队"：在左翼行动的3个旅担任主攻任务。先头部队携带着必要的燃料和弹药，这些补给物资堆放在坦克和自行火炮上，尽管对机动性有所妨碍，但至少能确保他们不会耗尽燃料和弹药；坦克组员和步兵们分到两天的口粮。运送2000吨燃料、800吨弹药和400吨补给物资的另一个办法是使用1600辆载重量2吨的卡车，但近卫机械化第4军没有如此规模的运输工具，只能把物资搭载在坦克上。10月10日傍晚，近卫机械化第4军完成了这场山路行军，集结在彼得罗瓦茨（Petrovac）地区，准备于次日朝帕兰卡—贝尔格莱德方向发起进攻。

一到达大普拉纳，托尔布欣的部队便切断了尼什—贝尔格莱德铁路和公路线。10月8日，托尔布欣命令斯坦切夫将军的保加利亚第2集团军发起对尼什的进攻，南斯拉夫人民解放军的第13军予以配合。就在托尔布欣在中央地带达成突破，到达摩拉瓦河的苏军将德国军队一切为二，保加利亚人在左翼发动进攻之际，位于右翼的马利诺夫斯基乌克兰第2方面军发起一场快速进攻，什列明的第46集团军以三支机械化部队在贝尔格莱德北面展开行动。近卫步兵第10军冲过弗尔沙茨，打垮德军虚弱的抵抗后赶往潘切沃，并于10月5日将其肃清。

现在，东面的苏军距离贝尔格莱德只有几英里之遥，尽管他们与南斯拉夫首都之间仍隔着一条难以逾越的多瑙河。接下来的三天，近卫步兵第10军辖下更多的部队从北面和东北面逼近贝尔格莱德，沿一条宽大的战线在多瑙河河岸上布防；更北面，近卫步兵第31军的一股部队冲入伏伊伏丁那（Voivodina）起伏极大的平原，赶往彼得罗夫格勒（Petrovgrad）和蒂萨河下游，而第三支部队（隶属于步兵第37军）从蒂米什瓦拉地区赶往大基金达（Velika Kikinda），在连续三天的战斗中击退了武装党卫队第4师和一支匈牙利部队。10月8日傍晚前，在南斯拉夫人民解放军伏伊伏丁那司令部提供的诸多帮助下，苏联红军解放了从北面的卡尼扎（Kanjiza）到蒂萨河源头，蒂萨河以东的全部南斯拉夫领土，离贝尔格莱德已不太远。

从北面（蒂萨河汇入多瑙河的地区）到南面（蒂萨河的源头），马利诺夫斯基的部队沿整条蒂萨河投入战斗；肃清穆列什河河谷后，马利诺夫斯基立即转向蒂萨河，该河的流向正好跨越布达佩斯接近地。德军将乌克兰第2方面军挡在克卢日时，"德布勒森进攻战役"修订后的进军路线决定了下来，苏军10月5日从阿拉德西面和北面跨过匈牙利边境；位于塞格德（Szeged）正前方的毛科[16]在24小时内被攻克，实力逐渐加强的苏联红军集结在蒂萨河中游和下游。10月11日，苏军夺取塞格德，这使马利诺夫斯基控制住了一个重要的铁路和公路交通枢纽，也多了一个跨越蒂萨河的渡口。与此同时，直接跨过南斯拉夫边境，并将大基金达攻克的步兵第37军，也在森塔（Senta）和新贝切伊（Stari Becej）渡过了蒂萨河下游，随即转向北面，与几个小时前刚刚夺取塞格德的部队相配合，解放了巴纳特（Banat）地区的首府苏博蒂察（Subotica）。

就在马利诺夫斯基横扫北部平原之际，托尔布欣的部队即将从南面发起"贝尔格莱德进攻战役"。在步兵第68军和独立机械化第5旅的掩护下，日丹诺夫的坦克10月12日上午渡过摩拉瓦河，开始朝贝尔格莱德南面的托波拉（Topola）和姆拉代诺瓦茨（Mladenovac）方向前进。德军指挥部不顾一切地守住通向南方的交通线，以便把部队撤出塞尔维亚和马其顿，他们决心死守贝尔格莱德，一切可用人员都被用于加强防御。德军现在面对的不仅仅是南斯拉夫游击队（尽管他们都是些坚定的战士，但经常缺乏武器和补给物资），还包括一个正逼近贝尔格莱德的苏军近卫机械化军和数个配有重武器的步兵军，而在贝尔格莱德北面，大批苏军坦克和炮兵力量正朝这里而来。随着保加利亚和南斯拉夫军队冲向尼什，尼什与贝尔格莱德之间的交通线被切断，德国E集团军群辖下的各个师只能穿过伊巴尔河（Ibar）河谷后撤，但穿越伊巴尔河和摩拉瓦河河谷的重要通道克拉列沃（Kraljevo）已处在激战中。各处的德国军队以最大的顽强实施着抵抗，他们知道只有拼死奋战才能避免全军覆没的厄运：在各条道路上，德军指挥官组建起高机动性、实力强大的"掩护部队"，这些部队配有步兵、坦克和突击炮，待苏军坦克进入到近距离内，就将其击毁。在穿过玛克瓦茨（Markovac）和托波拉通往贝尔格莱德的道路上，德军抵御着近卫机械化第4军，德军反坦克炮手在几辆虎式坦克或一小群搭乘半履带装甲车的冲锋枪手的支援下，对苏军队列展开猛轰，直到自己被彻底消灭。

为了让贝尔格莱德的居民免于承受一场大规模攻城战的恐怖，同时也为了尽可能地挽救这座城市（尽管英美轰炸机在4月中旬和5月期间对她实施了猛烈轰炸），托尔布欣打算阻止德军撤回贝尔格莱德，必须将他们歼灭在南面。苏军战机骚扰着后撤中的德国军队，已同南斯拉夫无产阶级第1军在大普拉纳取得会合的近卫机械化第4军冲向位于贝尔格莱德南面10英里处的阿瓦拉（Avala）高地；苏军坦克在这里与佩科·达普切维奇的第1集团军级集群建立起联系。随着苏军坦克出现在城市南郊，德军防线被拦腰切断；加根的第57集团军将德国F集团军群一股强有力的部队包围在贝尔格莱德东南面，这些正撤往贝尔格莱德的德军现在面对着苏军构成的完整包围圈，马利诺夫斯基的乌克兰第2方面军位于北面和东面，托尔布欣的部队位于南面和东南面。贝尔格莱德城内，德军指挥部实施全城戒严，集结起22000名士兵和几十辆坦克，打算坚守到底。东南方，另一股20000余人的德国军队试图杀开血路逃入城内，他们在波扎雷瓦茨（Pozarevac）和更南面的库切沃（Kucevo）拼死冲破了苏军包围圈。还有一支德国军队，总计15000人，设法在第57集团军右翼达成突破，跨过摩拉瓦河，沿多瑙河南岸赶往贝尔格莱德，他们的目标是萨瓦河（Sava）上的桥梁，然后朝西北方逃生。

10月14日—20日，苏军强攻贝尔格莱德并歼灭被困在东南方的德军用了整整一周时间。对贝尔格莱德发起进攻的前夕，铁托元帅再次提醒苏军指挥部："尽可能让南斯拉夫人民解放军的部队在坦克和大炮的支援下率先进入贝尔格莱德。"苏军的突击计划是沿一个狭窄的区域发起一场正面进攻，突破德军防御，进入守军后方，然后夺取萨瓦河上的桥梁，从而消除德军调集援兵或朝西北方逃窜的一切机会；近卫机械化第4军将在2个步兵师的支援下承担突击任务，戈尔什科夫的炮艇将在多瑙河上战斗。为了让南斯拉夫士兵进入城内，日丹诺夫命令麾下的指挥员，用坦克搭载无产阶级第1军的士兵穿越德军防线。

10月14日凌晨，苏军大炮对德军阵地发起一场短暂而又猛烈的炮火急袭，然后对仍在夜幕笼罩下的阿瓦拉高地发起突击。当天，苏联和南斯拉夫军队突破了这道防线。攻入贝尔格莱德城内后，托尔布欣命令从一座建筑冲向另一座建筑、从一条街道冲向另一条街道的苏军部队不得使用重武器炸开通道，因此，许多建筑和街道不得不通过白刃战和近距离战斗从德国人手中夺取。跟在突击部队身后的是7个工兵营，他们奉命清理建筑物内数以千计的地雷和诡雷，为跟在身后的南斯拉夫军政人员肃清道路。巷战愈演愈烈，10月16日，苏军和南斯拉夫军冲杀到市中心时，身后突然遭到一股强有力的德军的威胁，这股敌军从斯梅代雷沃（Smederovo）方向而来；如果他们进入市区，就能为守军提供大量援兵。随着苏军转身面向东南方，这股德军遭到包围，他们拒绝接受红军要求他们投降的最后通牒，10月19日被彻底歼灭。在克拉古耶瓦茨（Kragujevac），另一围困德军的激战正在肆虐。

贝尔格莱德城内，德军士兵为坚守每一座房屋、每一条街道和每一个广场拼死奋战，苏军坦克、大炮和飞机不停地战斗着，以打垮敌人的顽抗。多瑙河区舰队的炮艇也对德军据点开炮射击，10月19日，他们攻占拉特诺（Ratno）岛，切断了德军跨过萨瓦河和多瑙河逃生的通道。10月20日晚，南斯拉夫无产阶级第1师沿一条通往旧土耳其要塞卡莱梅格丹（Kalemegdan）城堡的主干道向前推进；南斯拉夫士兵消灭了盘踞在此的德国人，苏军工兵清理了地雷，佩科·达普切维奇与日丹诺夫将军在这里会面，他们的相互拥抱标志着这是一场打垮德国F集团军群的联合胜利。整个贝尔格莱德城内，苏军和南斯拉夫士兵朝天鸣枪，向自己所获得的胜利致敬，各种信号弹窜入空中，宣布这场突击已告结束。德国军队撤过萨瓦河，正赶往泽蒙（Zemun），试图向西突围；过去的两天里，苏军战机已对泽蒙和集结在该地区的德军车辆发起打击。南斯拉夫和苏联军队对后撤中的德军展开追击，10月22日肃清泽蒙，随后朝西北方冲去。

在南面的克拉古耶瓦茨，德军的抵抗也于10月21日下午土崩瓦解，但德军士兵在这里坚守到了最后一刻，以免克拉列沃—查查克（Cacak）—萨拉热窝（Sarajevo）公路落入苏军手中，对正从希腊撤离的德军来说，这是他们仅剩的一条主干道，雅典—贝尔格莱德铁路线已无法使用。但在克拉列沃，德军第117步兵师仍在战斗，这场激烈的阻击是为了赢取几个小时时间，尽管苏军已将克鲁舍瓦茨（Krusevac）—克拉列沃铁路线切断。摩拉瓦河河谷现在几乎已对后撤中的德军封闭：德国国防军统帅部（OKW）认为，随着保加利亚人进入尼什，苏军和南斯拉夫军队突入贝尔格莱德，E集团军群"实际上已被切断"，而从斯科普里（Skopje）而来，穿过米特罗维察（Mitrovica）和克拉列沃，通往萨拉热窝的唯一道路仍可以使用。勒尔大将"从来没有怀疑过"，失去这条公路和"至关重要的克拉列沃"对他麾下的部队而言意味着一场灾难：把这些部队撤入阿尔巴尼亚和黑山山区几乎是死路一条，因为冬季即将到来。克拉列沃必须控制在德军手中。命令立即下达，德国人用飞机将第22步兵师的一个营从萨洛尼卡（另一个营从罗德岛调出）送入克拉列沃，在这里，无法逃出苏军包围圈的数个德军团组成一支大杂烩式的部队，由步兵上将米勒指挥。克拉列沃已成为德国人的要塞，米勒将率领他这支七拼八凑的部队实施一场防御战。德军在克拉列沃继续坚守了许多个日夜，而德国人指挥的阿尔巴尼亚部队为伊巴尔河河谷提供了另一道掩护，关键性地段由德国军队予以加强。

在其他地方，德国F集团军群大大小小的战斗群不是被消灭就是被俘：贝尔格莱德及其周边的战斗使德军阵亡15000人，被俘9000人。城市南面和东南面，残存的德军反坦克炮手和步兵进行着最后的抵抗，他们已没有逃生的希望，只等着被俄国人密集的炮火炸成碎片。贝尔格莱德城内，南斯拉夫游击队和苏联红军统计着各自的伤亡；尽管对自己能参加解放贝尔格莱德的战斗深感自豪，但游击队遭受到了严重伤亡。10月22日，密集的游行队伍抬着阵亡于城内的南斯拉夫和苏军士兵的尸体，穿过弹痕累累的街道，完成通往公墓的最后一程。稍晚些时候，在贝尔格莱德郊区，距离巴尼察（Banjica）德国集中营不太远的地方，铁托元帅举行胜利阅兵，检阅了南斯拉夫部队；"贝尔格莱德营"也在这些衣衫褴褛但战斗经验丰富的部队中，三年前，该营在塞尔维亚开始了他们的战斗，参加过许多次游击队发起的战役，几乎打遍整个南斯拉夫，今天他们又回到自己的故乡，但原先的成员只剩下两人还活着。

为了向贝尔格莱德获得解放致敬，苏军举行了一场胜利阅兵式，近卫坦克第36旅行进在队伍最前方，T-34坦克隆隆驶过观礼台，直接朝多瑙河上临时搭设的桥梁驶去，赶往北面的匈牙利，近卫机械化第4军将参加即将到来的布达佩斯战役。更多的坦克跟随在该旅身后，绿色的T-34沿着伏伊伏丁那平坦但有些颠簸的道路冲向北面的边境，紧随其后的是搭乘卡车的步兵和覆盖着帆布的"喀秋莎"火箭发射器。另一些苏军步兵部队从南斯拉夫更南面地区以较慢的速度动身向北，尽管有一个步兵军（G. P. 科托夫中将的第13军）在穿越山路离开尼什时遭到美军战机的误击；美军战机攻击了停在当地机场上的苏军飞机，另一群战机对行进中的苏军步兵队列实施扫射，导致科托夫和他的许多部下身亡。对空识别标志丝毫没有减弱美军战机的攻击，但是——用一位目睹这场不幸事件的苏军指挥员的话来说——俄国人终于采取了"果断措施" [17]。

"贝尔格莱德进攻战役"的开始和结束多多少少与苏军对德布勒森和乌日哥罗德的攻势保持同步，从而使四个乌克兰方面军悉数投入战斗——乌克兰第1方面军的左翼和乌克兰第4方面军（乌日哥罗德），乌克兰第2方面军（德布勒森），乌克兰第2方面军的左翼和乌克兰第3方面军（贝尔格莱德）。马利诺夫斯基的近期目标是肃清北特兰西瓦尼亚和匈牙利东部；彼得罗夫的乌克兰第4方面军冲入斯洛伐克和下喀尔巴阡罗斯（sub-Carpathian Rus），10月26日夺取穆卡切沃，一天后攻克乌日哥罗德，这场艰难的战役在丘陵地带进行，彼得罗夫麾下的近卫第1集团军、第18和第38集团军穿过了喀尔巴阡山主山脉。艰巨的地形加剧了苏军指挥部内的紧张感，这是莫斯卡连科与格列奇科相互间的敌意造成的，他们俩分别指挥着相邻的两个集团军——第38集团军和近卫第1集团军。

10月份上半月，面对艰难的地形、复杂的气候和顽强的敌人，彼得罗夫的进展极为缓慢：10月18日，格列奇科的近卫第1集团军趋于停滞；位于中间的第18集团军取得了一些局部胜利，但范围很有限，而位于左侧的近卫步兵第

17军在亚西尼亚（Yasina）地区面对着敌人的坚决抵抗。但是，令人悲观的态势即将好转，彼得罗夫付出的努力最终获得了成功。格列奇科的近卫第1集团军和莫斯卡连科的第38集团军尽管进展甚微，但吸引了大批堵截他们的德国—匈牙利军队，导致彼得罗夫左翼的敌人被削弱，彼得罗夫迅速抓住这个机会，组建起一个"快速集群"，冲向穆卡切沃和乌日哥罗德。

苏军入侵的威胁足以让匈牙利政治和军事领导人陷入混乱，但德国人已从罗马尼亚的背叛和保加利亚的崩溃中学到许多经验教训，迅速在匈牙利采取行动，这一次，他们自己发动政变，并利用了实力更为强大的当地亲纳粹分子。从3月份起，作为占领军的德国军队已进驻匈牙利，当时，卡洛伊政府被斯托亚伊领导的新政府所取代，斯托亚伊是个最为顺从的傀儡，屈从于德国人的各种压力，他决定实施各种压迫，其中包括一个恶毒、凶残的反犹计划，以此向德国人展示自己的忠诚。摄政王霍尔蒂·米克洛什和他的政治圈不太喜欢斯托亚伊政府。在英美军队成功登上欧洲大陆的推动下，霍尔蒂于8月7日和29日清除了极端亲德的代表，罗马尼亚背叛德国后，他又解散了斯托亚伊政府，让拉卡托什将军取而代之。霍尔蒂现在认识到，背弃德国时，他必须同苏联达成协议；通过捷尔吉·鲍卡奇—拜谢涅伊（前匈牙利驻伯尔尼公使），匈牙利人在8月份与西方国家恢复接触，但他们在8月29日获悉，停战请求必须向苏联提出。一个月前，霍尔蒂这样做了，同时探索着其他可能性，特别是与匈牙利地下运动进行谈判，一旦匈牙利退出战争，他们就把工人武装起来，抗击德国人的报复。另外，霍尔蒂还要求德国人增加军事援助，以阻挡俄国人。8月份时，匈牙利内阁会议鼓起了希望，他们期盼"盎格鲁—撒克逊人"在亚得里亚海海岸登陆，这样一来，匈牙利人就将拼死抗击俄国人，"直至盎格鲁—撒克逊人占领整个匈牙利"。可是，盟军没有在达尔马提亚（Dalmatia）登陆；"盎格鲁—撒克逊人"不会为匈牙利提供保护，驻扎在匈牙利的德国军队无力阻止苏军越过喀尔巴阡山，也无法扭转布达佩斯遭受的威胁。与德国断交并向莫斯科提出停战请求刻不容缓。

10月1日，匈牙利停战代表团抵达莫斯科，此时苏军已突破至蒂萨河一线，充分说明了匈牙利即将被苏军彻底征服的现实。11天后，也就是马利诺夫斯基发起德布勒森战役的第6天，匈牙利代表团签署了停战条款，苏军总参谋部的安东诺夫将军10月12日将这份协议传达给马利诺夫斯基——匈牙利军队将撤出邻国领土；三大盟国将向匈牙利派遣军事代表，监督停战协议的执行情况，但"军事代表团"将在苏联代表的主持下开展工作；匈牙利将立即与德国断交，并向德国宣战，在这种情况下，苏联将提供一切援助。尽管做出了投降的保证，但霍尔蒂还是拖了几天，并未做好掩护匈牙利退出战争的充分准备。厌恶俄国人，1918年的痛苦记忆（革命和短命的匈牙利苏维埃共和国），再加上对一种过时社会制度的稳定性的真正恐惧，这一切造成了他的拖延。

10月份第一周结束时，马利诺夫斯基的坦克已冲入迈泽图尔（Mezotur）、森特什（Szentes）和霍德梅泽瓦沙海伊（Hodmezo Vasarhely），这使他的部队前出至距离蒂萨河几英里处。他的快速部队随即冲向德布勒森，10月11日，塞格德被苏军攻克。更南面，马利诺夫斯基的左翼部队越过南斯拉夫边境，在森塔和新贝切伊渡过蒂萨河下游，同夺取塞格德的部队取得会合，并于10月12日攻占苏博蒂察。在此期间，苏军对北特兰西瓦尼亚的进攻取得了更大的进展，并朝克卢日冲去，这个重要的交通中心到目前为止尚未被苏军夺取；在困难地形上实施的一场复杂迂回机动终于获得成功，经过一场激战，克卢日于10月11日陷落。由于向西的道路已在两处被切断，德国和匈牙利军队开始向北后撤。北面，彼得罗夫的乌克兰第4方面军沿萨诺克（Sanok）至亚布洛尼察山口这一区域不断涌过加利西亚地区的喀尔巴阡山防线。到目前为止，"德布勒森进攻战役"第一阶段的行动进行得非常顺利，10月13日，马利诺夫斯基向最高统帅部提交了下一阶段作战计划：第53和第46集团军已到达蒂萨河，他建议使用普利耶夫的"骑兵–机械化"集群冲向尼赖吉哈佐（Nyiregyhaza）—乔普（Cop），以加快他的部队进入蒂萨河北部匈牙利平原的速度，与此同时，戈尔什科夫指挥的另一个"骑兵–机械化"集群从奥拉德（Orad）赶往卡雷伊（Karoly）和萨图马雷，从而困住经北特兰西瓦尼亚后撤的德国和匈牙利军队。

10月11日，匈牙利谈判代表法拉戈将军在莫洛托夫粗鲁地摆放在他面前的停战协议上签了字；海军上将霍尔蒂同意接受这些条款，但他请求苏联政府停止"布达佩斯方向"上的军事行动，给匈牙利人一点时间来履行这些条款。10月12日，苏军总参谋部的安东诺夫将军将停战协议以电报告知马利诺夫斯基，但这一次，德国人抢先动手了，他们早已拟定好相关的计划。8月底，拉卡托什政府成立，德国人立即意识到风向变了，匈牙利即将退出战争。几乎在这同时，匈牙利狂热的亲纳粹分子绍洛希·费伦茨开始夺取政权（党卫队提供了人员和装备的帮助）。在布达佩斯，党卫队全国副总指挥温克尔曼，这位派驻匈牙利的党卫队兼警察高级领袖，决心澄清拉卡托什政府上台以来恶化的局势。这种"澄清"很简单——尽快逮捕霍尔蒂集团，把进一步的"背叛"扼杀在萌芽状态。温克尔曼、格施克（派驻匈牙利的保安警察头子）和斯科尔兹内（他曾营救过一位独裁者——墨索里尼，现在又奉希特勒的命令来消灭另一位独裁者）拟定了一项联合计划，用来对付霍尔蒂及其支持者。"霍尔蒂行动"——或者用斯科尔兹内的说法——"铁拳行动"（他开玩笑说，之所以起这个名字是因为他忘了告诉他那些伞兵突击队员带上"铁拳"反坦克火箭筒），在10月10日发起，他们先绑架了鲍考伊元帅[18]，接替鲍考伊的奥格泰莱基也很快失踪了。

党卫队保安处布置了一个精心设计的圈套，来抓捕霍尔蒂的儿子，他涉嫌同铁托的代表进行谈判，试图达成停战协议；保安处打算派两个人冒充铁托的代表，"当场"抓获小霍尔蒂，以他为人质，逼迫老霍尔蒂继续留在德国阵营内。第一次绑架行动失败了，小霍尔蒂起了疑心；10月15日，他同意会见铁托的代表，但带着一个连的匈牙利士兵和一群军官"保驾"。突然，保安处人员与匈牙利人发生枪战，斯科尔兹尼的手下设法抓住小霍尔蒂，把他塞入一辆汽车，迅速驶向一架等候着的飞机。小霍尔蒂被送往终点站——毛特豪森集中营。

这场出人意料的行动尽管以艾尔·卡彭式的凶猛风格完成了所有复杂的细节，但事实证明，其结果多少有些令人失望。德国驻匈牙利公使费森迈尔博士也是一名党卫队领袖，他突然对同海军上将霍尔蒂商谈保全小霍尔蒂性命一事心生恐惧；这次会晤安排在中午，小霍尔蒂落入德国人手中已有两个小时，但费森迈尔没用"最严厉的言辞"将绑架一事告知霍尔蒂。下午2点，布达佩斯广播电台宣布，匈牙利与苏联签订了停战协定。儿子失踪的消息并未让海军上将霍尔蒂失去勇气，这一点出乎希特勒和里宾特洛甫的意料。随着40多辆虎式坦克气势汹汹地出现在街头，温克尔曼和斯科尔兹内着手接管整个布达佩斯，在另一场英勇的壮举中，斯科尔兹内的突击队对霍尔蒂所在的布格贝格堡垒发起突袭，这场行动在10月16日清晨6点30分完成。但在斯科尔兹内的部下投入行动的半个小时前，霍尔蒂已表示愿意下台，把权力移交给绍洛希。这使匈牙利被一个流氓政府所统治，以德国军队为后盾，他们展开了疯狂的反犹行动，艾希曼的突击队随心所欲地进行着大规模抓捕和灭绝。

正如德国人希望的那样，通往布达佩斯的道路对俄国人封闭了。9月7日，费森迈尔和德国武官冯·格赖芬贝格曾坦率地告诉匈牙利总理，"德国人打算以其所有力量坚守东线，哪怕输掉这场战争，也不会让东线发生崩溃"，宁愿在西线投降。布达佩斯成为德军在南欧实施顽强防御的关键地点，匈牙利人被拖入战争史上最野蛮的一场浩劫，这是一场极其残酷的围城战，双方的争夺异常凶猛。匈牙利发生政变后，乌克兰第2方面军的政治部门报告说，一些匈牙利军官和大批匈牙利士兵认为继续抵抗下去徒劳无益。德国人接管布达佩斯没过三天，就有两名匈牙利将领（瓦罗斯·道尔诺基和米克洛什·贝洛）投奔了俄国人——匈牙利第1集团军司令米克洛什主动提出将他的部队交给俄国人，但德国人迅速采取行动，阻止了这场兵变。10月24日，苏军最高统帅部给乌克兰第2和第4方面军司令员下达了正式命令，要求他们对德国和匈牙利军队一视同仁，因为匈牙利军队还将继续抵抗下去。

10月份的下半月，随着匈牙利被拖回德国阵营，德布勒森北部的平原上，激烈的零星战斗时有发生。德军统帅部竭力确保德国第8集团军和2个匈牙利集团军（匈牙利第1和第2集团军）安全后撤，他们在奥拉德和德布勒森地区投入营级或团级兵力，以10—50辆坦克和自行火炮为支援，反复发起进攻；在索尔诺克地区，2个德军师（第24装甲师和1个党卫队师）和1个重型坦克营10月19日发起进攻，打通德军交通线，并迫使苏军后撤了大约20英里，在此过程中还重新夺回了迈泽图尔和图尔基耶夫（Turkev）。在此期间，普利耶夫的"骑兵–机械化"集群对德布勒森实施迂回，据守在那里的是匈牙利和德国的3个师；苏军的压力迫使守军向西逃往蒂萨河，向北逃往尼赖吉哈佐，普利耶夫发起追击，10月22日，他的部队夺取尼赖吉哈佐，并继续向前推进15英里，在栋布拉德（Dombrad）和劳考毛兹（Rakamaz）到达蒂萨河的北河曲部。敌人的逃生路线被彻底切断，并被包围在德布勒森东面和蒂萨河南岸。为救援德布勒森残余的守军（现在已被逼退到蒂萨河），德军装甲部队从托考伊（Tokaj）渡过蒂萨河，冲向尼赖吉哈佐，对苏军侧翼发起打击，10月25日夺回该镇，重新打开向西逃生的通道。在这场拉锯战中，普利耶夫的部队五天后重新夺回尼赖吉哈佐，但此刻，一场规模更大的战役打响了，马利诺夫斯基投入他的坦克部队，迅速赶往蒂萨河与多瑙河之间，展开了匈牙利大平原上的战斗，并朝布达佩斯方向冲去。

　　"德布勒森进攻战役"的结束使苏军进入到匈牙利东部（几乎占全国领土的三分之一），10月25日，萨图马雷和卡雷马雷（Carei Mare）被红军夺取，标志着北特兰西瓦尼亚获得解放。随着穆卡切沃在10月27日，乌日哥罗德在10月28日被攻克，彼得罗夫乌克兰第4方面军的"喀尔巴阡山—乌日哥罗德进攻战役"临近尾声，方面军前出至斯塔里纳（Starina）到索勃兰特（Sobrante）和乔普一线，与马利诺夫斯基的乌克兰第2方面军"共享"蒂萨河分界线。马利诺夫斯基左侧，托尔布欣的乌克兰第3方面军同铁托的部队并肩进入贝尔格莱德，但他们没有向西突击，帮着将克罗地亚和波斯尼亚相当大的一片区域从轴心国手中解放出来，只朝贝尔格莱德以西前进了一小段距离，随即按照最高统帅部的命令停顿下来。三天后（10月18日），最高统帅部指示托尔布欣，将一个步兵军调至多瑙河北岸并进入萨姆波尔（Sambor）—诺维萨德（Novi Sad）地区，掩护马利诺夫斯基的侧翼（托尔布欣的步兵第75军最终在这里与马利诺夫斯基乌克兰第2方面军辖下的第46集团军会合）。苏军统帅部从未想过让托尔布欣的部队转向西面；11月初，托尔布欣开始沿多瑙河中游实施再部署，以便从东南方攻入匈牙利，与马利诺夫斯基的乌克兰第2方面军相配合，沿"布达佩斯—维也纳"方向推进——苏军被控制在一条明确的"分界线"内，这是丘吉尔和斯大林在10月中旬的莫斯科会议上确定的。

　　马利诺夫斯基发现自己处在"德布勒森进攻战役"刚刚结束又迅速转入第二阶段攻势的状态，目前正对蒂萨河与多瑙河之间发起进攻。他的主力集结在右翼和中央，面对着德国"南方"集团军群[19]的35个师（包括9个摩托化师或装甲师），德军主力沿"尼赖吉哈佐—米什科尔茨"方向部署，而马利诺夫斯基也已将他的主力集结在那里，另外一些敌军主要是匈牙利部队，面对着马利诺夫斯基的左翼。到目前为止，德国人并未派遣大批部队守卫布达佩斯，但这一点迅速被纠正，德军统帅部开始将部队调离蒂萨河西岸的北部地区，赶往匈牙利首都，在布达佩斯与亚斯贝雷尼（Jaszbereny）之间仓促设置起一道临时防线。10月28日，苏军最高统帅部在下达给马利诺夫斯基的命令中指出，对布达佩斯发起一场正面进攻，以"相对较少的兵力"夺取该城：第46集团军和近卫机械化第2军将于10月29日发起进攻，冲入匈牙利大平原，从而让德军的防御转向蒂萨河一线，让近卫第7集团军前出至蒂萨河，与第46集团军（获得近卫机械化第2、第4军的支援）对守卫布达佩斯的敌军发起突击。彼得罗夫的乌克兰第4方面军奉命准备一场纵深突破，插入捷克斯洛伐克，牵制德国第1装甲集团军，务必使其无法向布达佩斯派遣援兵。与此同时，托尔布欣实施重组，将其主力集结在巴纳特，并巩固多瑙河上的登陆场，然后攻入匈牙利国土。因此，马利诺夫斯基打算使用什列明的第46集团军和斯维里多夫的近卫机械化第2军率先攻向凯奇凯梅特（Kecskemet），然后派舒米洛夫的近卫第7集团军朝索尔诺克东南方发起突击，强渡蒂萨河，为近卫坦克第6集团军（方面军预备队）直奔布达佩斯打开通道；右翼部队（第40、第27和第53集团军）、罗马尼亚各师和普利耶夫的"骑兵–机械化"集群继续沿"尼赖吉哈佐—米什科尔茨"方向推进。

接到最高统帅部的指令后，在什列明的司令部，马利诺夫斯基又遇到斯大林的粗暴干涉。斯大林想得到布达佩斯，他希望在几个小时内夺取这座城市，最重要的是必须理解这一举措将恢复一个"民主政府"的意义：胜利冲入布达佩斯将是一记重拳，必然会让"资产阶级"动摇分子们安静下来。他以毫不含糊的话语让马利诺夫斯基牢记这一点，这番电话交谈更像是一份明确的声明：

斯大林：在最短的时间里，甚至是几天内夺取匈牙利首都布达佩斯，这一点至关重要。无论付出怎样的代价都必须完成。您能做到吗？

马利诺夫斯基：这个任务可以在五天内执行，只要近卫机械化第4军赶上第46集团军，估计他们能在11月1日做到。然后，第46集团军便能在两个近卫机械化军（第2和第4军）的支援下发起一场强有力的突击，这会完全出乎敌人的意料，并在2—3天内夺取布达佩斯。

斯大林：最高统帅部无法给您五天时间。您要知道，出于政治上的考虑，我们必须尽快夺取布达佩斯。

马利诺夫斯基：我非常清楚，鉴于这些政治考虑，我们必须夺取布达佩斯。但我们应该等近卫机械化第4军到达。只有这样才能确保胜利。

斯大林：我们无法考虑让这场进攻推延五天。必须立即对布达佩斯发起进攻。

马利诺夫斯基：如果您给我五天时间，从现在开始算，最多五天，布达佩斯肯定能攻克。如果我们立即发起进攻，那么，缺乏兵力的第46集团军就无法迅速发起打击，难免会在匈牙利首都接近地陷入激烈的战斗中。简单地说，他们无法在行进中夺取布达佩斯。

斯大林：您的争辩毫无意义。您不明白立即对布达佩斯发起进攻的政治必要性。

马利诺夫斯基：我明白夺取布达佩斯的政治重要性，正是由于这个原因，我要求五天……

斯大林：我明确命令您，明天发起对布达佩斯的进攻。

（马利诺夫斯基，《布达佩斯，维也纳，布拉格》，第81—82页）

谈话戛然而止。几分钟后，电话再次响了起来，这一次是总参谋部的安东诺夫将军打来的，向马利诺夫斯基确认第46集团军的进攻时间表。无奈之下，马利诺夫斯基在第46集团军司令部下达了10月29日上午立即发起进攻的命令。

什列明率领第46集团军按时发起进攻，24小时内前进了20英里，进入德军防区，近卫第7集团军也发起进攻，并在蒂萨河西岸夺取了一大片登陆场。德国人试图以第24装甲师的残部守住凯奇凯梅特，11月1日，该镇落入苏军手中。苏军投入2个机械化军和4个步兵军进攻布达佩斯，似乎在几小时内便能获得一场速胜，但这场行动也有其自身的问题，这是因为马利诺夫斯基仓促发起进攻，部队的重组工作尚未完成。十几支部队（包括4个德军装甲师和1个摩托化师）调至第46集团军的突击路线上，尽管近卫机械化第4军终于加入到了什列明的步兵集团军中；苏军以2个机械化军（近卫机械化第2和第4军）为先锋，近卫独立步兵第23军的步兵也搭乘卡车向前冲去，苏军指挥部将其先头部队投入到布达佩斯东南方的接近地。

11月4日，近卫机械化第4军的先头坦克到达布达佩斯南郊和东郊，但这些坦克停了下来，等待身后的步兵赶上，一举突入匈牙利首都的机会就这样溜走了。更糟糕的是，他们的右翼呈敞开状态，有可能招致德军的攻击，苏军指挥部不得不把这种危险添加到沿一个极其狭窄的正面进攻布达佩斯的风险中。尽管舒米洛夫的近卫第7集团军夺取了索尔诺克和切格列德（Czegled），但北部地区仍在德国人手中，德军在那里集结起一股强大的装甲力量，威胁着苏军侧翼。冒着大雨，双方的坦克在索尔诺克—切格列德—布达佩斯公路北面被水淹没的田野里反复冲杀，但德军装甲部队未被击退。11月4日，最高统帅部发电报给马利诺夫斯基："只以2个机械化军和少量步兵沿一个狭窄的正面对布达佩斯发起进攻，可能会导致不合理的损失，并使沿这一方向行动的部队暴露在敌人从东北方对其侧翼发起打击的危险下。"最高统帅部建议扩大作战行动，让右翼部队（近卫第7集团军和第53、第27、第40集团军）向前推进，从北面和东北面发起进攻，而第46集团军也从左翼展开攻击。因此，普利耶夫奉命强渡蒂萨河，"不得迟于11月7日"，并将德军驱离该河。苏军的新计划还涉及另一场正面进攻，旨在将德军切断于布达佩斯东面，从北面包抄该城，然后从三个方向（北面、东北面和南面）发起进攻。

11月11日，苏军对布达佩斯发起第二次进攻，激战持续了16天。这场进攻使普利耶夫夺取了米什科尔茨，从而切断了匈牙利与斯洛伐克之间的连接，但并未导致布达佩斯陷落。马利诺夫斯基的预言被证明是准确的。斯大林赢得了"是否推延五天"的争执，却为此丧失了五个月时间。匈牙利遭到可怕的蹂躏，布达佩斯这座双子城[20]被可怖的命运所笼罩，火焰和炮击使她满目疮痍，杀戮、劫掠、谋杀和强奸使她沦为人间炼狱。对斯大林来说，布达佩斯成了一个极其敏感的话题，打电话给各位将领时，他竭力避免提及她。

1944年秋季，盟军和轴心国阵营内的大多数人越来越倾向于认为这场战争即将结束。在苏联，一些细微而又显著的暗示体现出这一点，目前的艰难时刻一旦结束，好日子就会到来，苏联人民普遍期待着更加和善的政策；而纳粹领导层却陷入极大的混乱中，抛出希姆莱担任军事长官，并加快了严厉的动员措施，致使可怕的东线变得更加恐怖。

希特勒"战至最后一人一弹"的疯狂口号被疯狂地使用，这成为东线战争最后的、可怕的特点之一，也为希姆莱的军事磨盘提供了"人体谷物"。"7·20"事件后，希姆莱的权力似乎无限制地膨胀了起来；除了担任党卫队、秘密警察和国家警察的头头，作为"巩固日耳曼民族的帝国专员"的希姆莱还是纳粹种族政策的监督人，他还负责重要的军工生产（包括"复仇武器"），是38个武装党卫队师的总指挥，现在还是"补充军"总司令。按照希特勒组建15个新师的命令，希姆莱趁机建立起一支所谓的"人民军队"，由纳粹分子担任军官，并以苏军政委的德国版本（"国家社会主义"督导员）加强部队的思想教育，在新部队中鼓吹他们来自人民，首先投入的是"人民掷弹兵师"，派他们去从事希姆莱所说的"人民的神圣战争"。但在被迫投入战斗的同时，"人民"也被押到临时军事法庭面前。德国国防军监视着一切动摇迹象；为鼓励顽强抵抗，树木和桥梁成为路边绞刑架，遭到希姆莱法律制裁的逃兵被吊死，身上还挂着警告牌。不过，"真正的猪猡"和希姆莱最为仇恨的目标是"德国军官团里的那些人"，希姆莱决心消灭这帮家伙。

为实施最后的防御，希姆莱借鉴了苏联的经验，对苏联的方法大加赞颂，并将列宁格勒的防御作为一个典范，要求他的部下学习和效仿。为搜罗更多兵员，希姆莱的态度发生了180度大转变——他与弗拉索夫达成"和解"，过去他一直将弗拉索夫咒骂为"被雇佣的布尔什维克屠夫"，并拒绝承认在德国国防军支持下萌芽的"俄罗斯解放运动"。1944年9月16日，希姆莱同弗拉索夫会面后，这种情况发生了变化：这个日期（以及新闻报道的严重混淆）表明，希姆莱终于对他跟俄国人在斯德哥尔摩进行秘密会谈的结果绝望了，双方自1943年中期起便一直维持着这种微妙的联系，但1944年9月底，这种联系走入了死胡同。从斯德哥尔摩返回柏林的彼得·克莱斯特博士9月21日暗示道，这场极不可靠而又荒唐的冒险彻底失败了。希姆莱与弗拉索夫在拉斯滕堡希姆莱的总部会面。支持弗拉索夫及其事业的德国国防军军官们认为，决定性时刻已到来，希姆莱掌握着补充军，因此，以德国人手中的苏军战俘组建大批部队，并将他们送上战场的可能性非常大。能否实现这一点，在很大程度上取决于弗拉索夫如何向希姆莱阐述自己的观点。从表面上看，会谈取得了成功，希姆莱伤心地承认自己相信"劣等民族理论"是个不幸的错误，东方政策必须改变，并为针对斯大林及其体制发起的一场政治和精神进攻提供基础。弗拉索夫将获得10个师，并享受"盟友的一切权利"；希姆莱甚至提出授予弗拉索夫"政府首脑"的头衔，但被后者婉拒。有那么一刻，弗拉索夫以其自身的能力享受着"神奇武器"的地位，但这份荣耀很快便消失了。希姆莱突然把"10个师"改成3个；OKW的凯特尔和约德尔坚决反对"组建弗拉索夫军队"，罗森贝格对希姆莱同弗拉索夫达成的协议怒不可遏，他的东方占领区事务部大力提倡其他少数民族的主张，以遏制弗拉索夫的"大俄罗斯沙文主义"。新"神奇武器"几乎从一开始就以失败而告终。

希姆莱和戈培尔（他最近被任命为负责全面战争的帝国全权代表）动员起50万人，并把这些缺乏训练、装备不良的新兵送上前线；戈培尔在后方填满兵营的速度与希姆莱将其清空的速度同样快。起初，戈培尔认为自己能和希姆莱结为同盟——希姆莱负责军队，戈培尔负责整个战时努力的民政指导——但马丁·鲍曼并不打算在希姆莱接手整个帝国时袖手旁观。人民冲锋队这个民兵组织[21]10月18日正式组建，在这个问题上，鲍曼确保了党对它的严格控制，从而削弱了希姆莱作为补充军司令的权力；人民冲锋队成为各大区领袖掌握的"猝合军"[22]——而鲍曼又控制着这些大区领袖。为绕开对自己权威构成的这一障碍，希姆莱必然将更多兵员引入他的武装党卫队，这个军事组织完全不受鲍曼以及各地方长官的骚扰；14个新的武装党卫队师组建起来，但只有2个——"格茨·冯·伯利辛根"师和"霍斯特·威塞尔"师——是由真正的德国人和不太起劲的北欧日耳曼人组成，另外7个师的新兵是从东南欧征募而来的。弗拉索夫的战俘军团一直没能实现。希姆莱希望大批逃兵为自己所用，于是，武装党卫队内出现了拉脱维亚、爱沙尼亚、乌克兰和白俄罗斯部队，而土库曼和高加索战俘或逃兵组成的特别旅早已在武装党卫队内服役。德国国防军拒绝把自己掌握的哥萨克师交给这支从事"俄罗斯解放"的幻影军队；德国国防军麾下的"志愿者部队"由苏联战俘和逃兵组成，指挥他们的克斯特林将军不愿跟弗拉索夫有任何关系，1944年11月，在布拉格举行的一场精心设计的会议上，他表现得极为冷淡，勉强保持着基本的礼仪。布拉格会议为克斯特林与弗拉索夫的短暂会面提供了机会，现场还举办了一些煞费苦心的仪式和宴请，但除了一封希姆莱发来的贺电，弗拉索夫拿不出更多的东西。俄国劳工，弗拉索夫曾为他们提出过请求，但没人代表他们，他们的奴工条件也没有得到任何改善，尽管希姆莱答应不仅要改善他们的条件，最终还要还他们自由，德国方面故意疏漏了这些。

11月14日下午，"俄罗斯人民解放委员会"的宣言在布拉格赫拉德恰尼城堡的西班牙厅被宣读出来，"解放运动"终于获得合法地位，并明确表明这不单纯是卖国贼的汇集。宣言没有提及国家社会主义，并含蓄地拒绝了纳粹体制。但是，如果不依靠刺刀的支持，不依赖一个致力于令人震惊、极不人道的东方政策的政权，这份宣言不过是一些口号的集合，最终将一场政治闹剧变为个人悲剧。希姆莱这些机会主义者对弗拉索夫的支持，尽管很微弱，却被证明是"死亡之吻"。罗森贝格提出强烈反对，谴责弗拉索夫的计划是充满"破坏性意图"的"大俄罗斯专制"。但罗森贝格在一个问题上同意弗拉索夫的观点——"解放运动"需要接受"统一指挥"，他还发现了弗拉索夫整个计划中的致命弱点："这种团结只能通过德国最高统帅部加以确保。"只有获得德军最高统帅部的配合，弗拉索夫才能组建起俄罗斯作战部队，这一点被证明非常难。

最初的两个师，第600和第650师，将在明辛根和霍伊贝格组建，但德国国防军不肯割让辖下最好的俄罗斯部队，只愿意抽调一些支离破碎的残部——在法国被打得焦头烂额的通信单位及其俄国部队，另外就是"卡明斯基"旅的人员，这支部队目前由前红军中尉贝莱率领（由于在镇压华沙起义时表现出的凶残和抗命，卡明斯基本人已被处决，做出这一判决的是党卫队，他们还把这场处决伪装成波兰人搞的伏击，现场留下一辆满是弹孔的汽车和大量动物的血迹，以此对卡明斯基的部下隐瞒真相）。弗拉索夫最终任命前苏军上校布尼亚琴科出任第600师师长，并授予他少将军衔，1939年，布尼亚琴科在远东担任师长，后来又出任铁木辛哥的参谋。布尼亚琴科不懈余力地搜罗每一个人员和每一件装备，在他的努力下，第600师渐渐成形。但弗拉索夫这件"神奇武器"依靠的不是一两个师，而是弗拉索夫率领一支由俄罗斯人组成的大军可能会（实际上，在弗拉索夫的德国主子看来，肯定会）对苏联军队及其战斗意志造成的巨大心理冲击。这种想法很值得怀疑，面对节节胜利、潮水般涌向德国东部边境的苏联红军，弗拉索夫寥寥无几的部队毫无用处。

无论德国人对苏军的士气抱有何种幻想，苏联领导层对苏联境内普遍的情绪做出的回应是采用"胡萝卜加大棒"政策：鼓励人们相信战争结束后的政策会发生变化，以此来维持某种轻松的心情，但实际上已采取措施收紧意识形态。对爱国主义的鼓舞已足够，现在，党的路线即将让人们再次觉察到党的存在。流行歌曲和伤感剧的逃避主义，或是狄安娜·窦萍[23]和其他美国电影表现出的煽情，党刊《布尔什维克》于当年10月对这些"资产阶级"倾向发出警告："轻喜剧和其他缺乏思想的娱乐形式"不会被允许占据主导地位，因为它们会损害文学和艺术中"重要而又严肃的主题"。但是，共产党首先要处理的是战争强加给它的菌株。前线的要求和德国占领的影响，给地方党组织造成了严重破坏，战争爆发的六个月里，党的力量从原先的350万人下降到不足200万，1943年前，这种下降趋势并未出现好转的迹象。与此同时，武装部队，特别是红军[24]，吸收了大批共产党员和预备党员。1943年年底前，共产党全部力量的56%加入了红军。1944年，扩充步伐开始放缓，但党组织承认，1944年1月至8月间，红军中有460780名正式党员，并接受了557590名预备党员。1941年的法令规定，在战斗中表现英勇的苏军战士，只需要经过三个月的预备党员期便可以成为正式党员，这大大加快了党组织的建设工作，但党员在战斗中的高伤亡率也抵消了这一点。1944年10月14日，中央委员会决定将重点转向只接纳"最优秀的苏联军人"入党的问题上，当时，红军中有1810000名正式党员和965930名预备党员，三分之二的党员（预备党员的比例甚至更高）在各方面军和集团军内服役。总之，三年零两个月的战争使苏联红军中正式党员的人数达到1802410人，预备党员3196580人（其中五分之四身处作战部队中）。

现在的危险似乎不是武装部队中党员的人数太少，而是太多了。中央委员会试图刹车，但1944年临近尾声时，军队里的党员人数还是达到了战时最高峰：3030775名正式党员和预备党员。红军中的23%是党员，海军中的比例更高（31%），各技术兵种中的党员人数迅速增加，即便在步兵单位（他们的伤亡率非常高），党员的比例也占到10%。但是，在个别部队，步兵中的党员比例由于战斗减员而下降，新党员的加入并不能恢复这个比例。大批新党员的涌入不可避免地意味着必须扩大接纳他们的党组织，特别是由9—11名高级党员组成的师一级党组织，党的基本单位也下降到营级党组织。

红军现在已远远超出苏联边境，与"资产阶级"接触并被腐蚀的可能性随之而来，加强思想教育和监督工作上升到一个新层面。另外，红军解放白俄罗斯和乌克兰，穿过各个城镇和乡村时，当地的适龄男性被征入军队，这些乌合之众包括前士兵、囚犯和半文盲的农村小伙，他们都需要接受政治和文化教育。这些新兵既无知又困惑，他们会向政治军官提出这样的问题："谁是我们的盟友？""什么样的人能在红军中当上军官？"总政治部在1944年3月22日下达的指令中强调，这些居住在德占区的年轻人已受到"资产阶级民族主义"宣传和另外一些影响，必须对他们进行严格的再教育，"事不宜迟"。在军事宣传委员会7月份举行的一次会议上，总政治部主任谢尔巴科夫强调指出，新兵们不熟悉"每一个苏联人都知道"的东西，对此，将采用"其他办法"加以解决。从苏联新近解放的西部地区征召来的新兵由战地指挥员掌握，但在被送到作战部队前，由政治军官和宣传人员对他们进行教育；在预备团里，新兵们重新学习如何成为一名苏联公民，老兵们尽力将军事技能传授给这些此前没有受过任何军事训练的新兵。除了这些新兵，政治部门还要面对前线士兵（特别是老兵）日益加剧的战斗疲劳症和厌战问题。各集团军和师为军官、士官和普通士兵建立起"休假屋"，试图以这种特殊的方式既解决他们的厌战情绪和疲惫，又不中断前线服役。

"党的倾向迷失在人群中"——亚历山大·沃思指出这一点时，这种状况已发生剧烈而又明显的变化。10月14日，组织局支持总政治部的指令，在军队中加强对预备党员的"政治思想教育"，并把他们有效吸收到党的工作中，而地方党组织吸收新党员的民主化进程同样被放缓。尽管实力被削弱，而且主要是年轻的战时新兵（在1944年占党员总数的三分之二），但党迅速展露出了它的利齿。中央委员会下达了一连串命令，要求在诸多领域加强"群众的政治和思想工作"；各级党组织接到明确指令，必须采取"具体措施"强化指导和教育。为纠正对"马列主义"的偏离，党的机构着手拟定教育群众的计划；但在新解放区出现了特殊难题，不仅缺乏物资（这是德国人的破坏造成的），还有占领造成的"道德及政治后果",这是一种委婉的说法,那里的农民普遍拥有自己的财产,他们曾目睹过集体农庄制度的瓦解。苏联宣传工作者现在开始抵制"个人主义"和德国人引入"资本主义秩序"的后果。

人们普遍期望"集体农庄"制度多多少少会以一种不同的形式出现,这种观点在被解放地区广为流传,作为义务兵加入军队的农民成为积极的传播者,显然对党的事业极为关注。1943年"反弗拉索夫运动"期间,最终废除集体农庄的传言被故意散布到农民当中;对战后变化的普遍预期,部分是关于放松政策的,其中包括农村实施改造这个关键问题。在白俄罗斯和乌克兰西部,党召集起宣传人员和教育工作者,说服农民们回到"唯一正确的道路上——与私营经济和小农经济断绝关系"。为说服农村妇女,党付出了极大的努力,因为她们的脑中充满关于集体农庄的"谎言";成千上万名农民参加了相关的讲座——关于私有财产的罪恶和集体主义的美德。与此同时,党和政府努力解决着另一个问题,那就是红军前进过程中解放的奴工和战俘。F. I. 戈利科夫上将被派去负责人民委员会下属的一个特别部门,处理被遣返的苏联平民和士兵。但贝利亚抢先一步。他的NKVD部队把这些被遣返的人关了起来,对他们进行甄别和审讯,初步行动便将数千人送入了苏联的劳改营,在那里清洗他们因为落入德国人手中而犯下的"滔天罪恶"。

在斯大林看来,现在已没有任何军事威胁,于是他转移了自己病态的关注,开始解决战争最危险时刻发生的、令他深感恼怒的不服从和无纪律问题。非俄罗斯族人以一种可怕的方式为他们的错误付出了代价。北高加索地区车臣-印古什自治共和国的车臣人遭到NKVD的残酷抓捕,幸存者被强行迁离家园;1944年,斯大林取消了这个共和国,并在车臣人被烧毁的定居点上建立起格罗兹尼州,从而完成了这场清洗。同样的命运也落在克里木鞑靼人头上,他们也遭到了驱逐和惩罚,最终被彻底清除。尽管从未停止过,但狡猾而又残酷的斯大林体制的车轮已加快速度:巨大的权力掌握在国防委员会相对较少的一群人手中,虽然这是出于生存的必要,但并不符合斯大林的喜好,他将打破这一点。斯大林、贝利亚与马林科夫之间的冲突很可能(据说)是后者在1944年春季对斯大林的病情做出的反应所引发的,当时,斯大林被发现昏倒在办公桌旁。列宁格勒的日丹诺夫被召回,恢复了在莫斯科的职务,旧有的争执重新爆发开来；列宁格勒雄心勃勃的重建计划突然被搁置，以便集中力量恢复其军工生产能力。这是对列宁格勒不听话的秋后算账，尽管惩罚很轻微。

党开始收紧对军队的控制，重新确立多少有些被玷污的权威。单凭勇敢已不够，军队里的共产党员需要在战斗中具备更高的能力（有人抱怨被批准入党的那些士兵从未参加过战斗）；重点在于思想健康，政治成熟，这就意味着不仅要懂得，还要紧跟党的路线。斯大林当初欣然默许削弱党在军队中的作用是为了促进军事效能，但他不会接受对他个人权威的任何侵蚀。现在，斯大林已被崇拜为一位杰出的军事领袖，部队经常接到他下达的"日训令"。但是，重新确立起他的绝对权威仍需要更加严厉的措施，这个任务落在布尔加宁身上，1944年11月，他被提升为斯大林负责国防事务的副手，替代了伏罗希洛夫。布尔加宁的任务是做好"清洗英雄"的准备，以降低将领们和其他同国防工作有关的著名人物的威望，他们已严重影响到党的权威或斯大林的感情。

但是，整个1944年，国家仍在实施动员。劳动力从1943年的1940万增加到1944年的2300万，其中1000万人用于工业、建筑工作或施工任务。妇女和姑娘们首次在劳工队伍中占据了较大比例——1944年，从事工业生产的劳动力中，女性比例超过50%，建筑和施工工作中，这个比例达到36%。1941至1942年间，火车加快速度向东驶去，带着一座座工厂远远离开德国军队，这场大规模工业迁移将许多地区连根拔起。1944年，回迁工作全面展开，把机械设备送回西部工业区，在那里，年轻人组成的队伍已开始重建遭到破坏的工厂和厂房。回迁、被解放地区的重建以及保持东部腹地的生产，意味着对熟练工人的周密部署，重要的是保持东西部地区的均衡，尽管顿巴斯和南部冶金工业投入满负荷生产被列为最优先等级。

由于工人们吃不饱，工作太过劳累，导致煤、石油、黑色金属、机械工具和水泥的严重短缺已趋于极限。食品价格继续上涨。成千上万个村庄、数千个工人居住区和城镇、几座大城市和大多数铁路系统遭到可怕的破坏。工厂、厂房和城市设施被炸毁或被战火摧毁，矿井被淹没，铁路被破坏。1944年4月，国防委员会集中精力进行重要的改造，以提高后方地区和新解放区的产量，电力供应和煤矿开采得到优先考虑。在库兹巴斯和乌拉尔北部地区以及中部工业区和乌克兰，新发电站的建设工作列入了议事日程。顿巴斯的煤矿已为苏联的战时生产贡献出煤炭，苏联的武器产量节节攀升——29000辆坦克和自行火炮（1943年为24000辆），40300架飞机（1943年为34900架），122500门各种类型和口径的大炮（与1943年的130300门相比有所减少，但产量下降是因为不再生产较老的型号），1.84亿枚炮弹、地雷和航空炸弹（1943年为1.75亿枚），近75亿发轻武器弹药。配备122毫米主炮的IS-2重型坦克（"约瑟夫·斯大林"式）投入批量生产，1944年制造了2000多辆（1943年只有102辆）；改进型T-34坦克（配备85毫米主炮的T-34/85）生产了11000多辆，外加500辆使用T-34坦克底盘的SU-100自行火炮；新型ISU-122和ISU-152（使用的是IS-2坦克底盘）自行火炮生产了2510辆，而1943年只生产了35辆。根据租借法案获得的武器与1943年相比有所减少（1944年获得2613辆坦克，而1943年得到3123辆；1944年获得5749架飞机，而1943年得到6371架），但盟国援助的原材料为苏军建立预备力量发挥了重要作用：50万吨钢材，其中的半数是铁轨，再加上129000辆卡车和1000多个火车头，大大缓解了恢复运输系统时遇到的困难。

当年10月，俄国人又得到另一份丰厚的奖励，尽管不像坦克或飞机那么具体，但他们认为获得了"大联盟"的保证，这颗定心丸的重要性毫不逊色，这又是一个好兆头：基于三巨头的合作，战后的好日子指日可待。10月9日至18日，丘吉尔首相在莫斯科与斯大林举行了一系列会晤，气氛前所未有地亲切，体现出相互间的尊重——最起码在表面上或公众面前是这样。尽管对苏联控制整个东南欧的前景深感担忧，但丘吉尔此次到莫斯科来，并非完全没有讨价还价的本钱；面对俄国人早些时候的讥讽，西线盟军加快了前进速度，已于9月11日进入德国领土，这使他们在冲向柏林的比赛中先声夺人。丘吉尔首相9月27日提议举行一次会晤，这一次，斯大林没有反对，也没有提出任何异议。他刚刚表露出同意会面的意愿，丘吉尔便在一周内来到莫斯科。

在莫斯科，丘吉尔发现了"一种特别诚意的气氛……"（他向罗斯福总统这样描述苏联方面对他的接待）；10月9日，与斯大林进行第一次会谈时，丘吉尔抓住机会"解决巴尔干地区的事务"，他在一张纸上概括出苏联、英国和"其他国家"分享东南欧的计划。在罗马尼亚，俄国人将拥有90%的优势（其他国家占10%）；在希腊，英国（与美国一致）将占有90%的话语权，另外10%归俄国；在南斯拉夫和匈牙利，双方各占50%；而在保加利亚，俄国人将获得75%的优势。这可能是对德黑兰火柴棒的一种改进。斯大林用一支粗大的蓝色铅笔在纸上勾了一下，把这张纸还给丘吉尔。丘吉尔在回忆录中写道："一切就这样解决了，比把它写下来还要快。"

可是，并非"一切都解决了"。10月10日这一整天，莫洛托夫和艾登对这些百分比的准确含义争论不休，两位顽固的外交部部长为苏联在南斯拉夫增加10%的影响力和英国在保加利亚获得更大的份额进行了激烈的讨价还价。这场准数学争论在当天下午继续进行，莫洛托夫提出两个数字，匈牙利和保加利亚，80%，南斯拉夫，50%。他的意思是，德国投降前，保加利亚将由苏联控制，但在德国投降后，英国和美国可以参与进来。这反过来促成了就保加利亚停战条款达成协议，并在两位外交部部长间"鞭打出"（用丘吉尔的话来说）一份收支清单。俄国人要求在保加利亚占据优势，对匈牙利"抱有极大的关切"，声称对罗马尼亚负有"最大的责任"，但已做好"在很大程度上对希腊不感兴趣"的准备。丘吉尔草拟了一封给斯大林的澄清信，解释了英国的政策以及百分比按比例增减的重要性，但这封信没有发出，因为丘吉尔觉得"最好是随它去"；他给战时内阁发去一封电报，强调"百分比的办法"并不意味着规定参加各个巴尔干国家的委员会的名额，只是表示"英国和苏联政府接触这些国家的问题时所抱的关切和感情而已……"，这份原则性协议不会给美国加上任何约束，也不会以任何方式确立"一个利益范围的严格体系"。

但是，波兰问题无法用纸条解决。与斯大林的首次会晤中，丘吉尔建议邀请米科拉伊奇克、格拉布斯基和罗默尔参加目前举行的部分会谈；英国政府施加了极大的压力后，流亡伦敦的波兰人同意赶赴莫斯科，并于10月10日动身出发。尽管米科拉伊奇克在10月7日的备忘录中指出，波兰代表团应该事先知道"苏联政府会为达成协议提出什么条件"，但艾登（据波兰方面记录）坚持认为"这是波兰政府在一个好时刻同苏联达成协议的最后机会"，丘吉尔和艾登"不认为有可能为举行谈判设立任何前提条件"，但他们坚持认为错过这个机会是"不可原谅的"。波兰代表团到达莫斯科时，哈里曼大使也强调指出，在他看来，"这是就波兰问题达成协议最后和唯一的机会"。

10月13日下午晚些时候，关于波兰问题的首次会谈在斯皮里多诺夫卡宫举行。走进会议厅时，斯大林告诉丘吉尔，苏联红军解放了里加，数个德军师已被切断在匈牙利，丘吉尔向他表示祝贺。10分钟后，莫洛托夫正式开始会议，并请米科拉伊奇克首先发言。米科拉伊奇克认为，从根本上说，波兰政治制度的性质消除了流亡政府与民族解放委员会（"卢布林"委员会）强行融合的一切可能：8月29日的备忘录排除了法西斯分子和"非民主团体"的参与。米科拉伊奇克提出，在五个政党的基础上建立一个波兰政府，"每个政党将获得内阁五分之一的席位"。进一步的讨论必须以波兰的备忘录为基础。

斯大林把这个问题踢到一旁。该备忘录有两个重要的缺陷：首先，它忽略了卢布林委员会，"波兰政府必须建立在两个都自称代表政府的权力机构达成和解的基础上"；其次，它没能以"寇松线"为基础解决波兰东部边境问题。要么承认寇松线，要么一拍两散。米科拉伊奇克拒绝同意"割让40%的波兰领土和500万波兰人"。斯大林打断他的话，指出"那是乌克兰领土，那里也没有波兰人"，这种说法引起了争执。丘吉尔首相设法让双方暂时停止争吵，他建议应当立即解决"边境线问题"，上诉的权利留待以后召开的和平会议，但米科拉伊奇克拒绝接受；波兰总理不会支持"对波兰的新划分"，而斯大林也拒绝接受"对乌克兰和白俄罗斯的分割"。这一次，丘吉尔呼吁波兰人"为欧洲和平的利益做出一个好姿态"，并暗示波兰流亡政府，在这个时候"疏远"英国将是不明智的：他明确提出，接受寇松线这条实际边境线，并保留在和平会议上进行"最终讨论"的权利，同时"与民族解放委员会达成一项友好协议"。

已经站了一会儿的斯大林从容地做出最后陈述："我希望能明确地指出，苏联政府无法接受丘吉尔首相对于寇松线的说法。"这时，丘吉尔绝望地举起了他的双手。斯大林继续说道，波兰人必须接受寇松线，以此作为未来的东部边境线——就像罗马尼亚和芬兰的情况，而在波兰这种情况下，苏联旨在"确定一条明确的边境线"。"我再次重申：寇松线是确定边境线的基础。"面对眼前的难题，米科拉伊奇克只能表明他对此次会谈的个人看法，"这等于让波兰政府自寻死路"，他对此无法接受，他和他的政府都"不适合"担任这个角色。当天晚上，英国人和斯大林一同会见了"卢布林委员会"的领导者，他们立即接受了寇松线，于是斯大林的兴趣迅速消退，就连奥苏布卡–莫拉夫斯基对委员会内部政策所作的长篇演讲也没能激起他的热情。斯大林想要的是由他决定的一条"明确的边境线"。

10月14日上午到中午，丘吉尔首相会见了米科拉伊奇克，以便在当天下午同斯大林会谈前扭转"波兰的立场"。丘吉尔展开猛烈攻击——"现在是决定波兰命运的关键时刻"；如果无法达成协议，会造成"不可挽回的"损害；俄国人会支持卢布林委员会组建的政府；俄国人清除反对派的办法"多得是"；米科拉伊奇克必须去波兰组建一个联合政府；安德斯将军（他希望德国战败后，"俄国人会遭到打击"）这些人的想法"疯狂至极——你们无法打败俄国人"。但米科拉伊奇克不为所动，于是丘吉尔又对他发起愤怒的斥责："我撒手不管了……因为波兰人之间的争执，欧洲的和平会遭到破坏……你们将发起另一场战争，2500万人会为此而丧生，可你们不在乎。"米科拉伊奇克对此做出反驳，他说波兰的命运在德黑兰会议上已被断送，丘吉尔不同意这种说法，他认为德黑兰会议挽救了波兰。这场风波稍稍平息下来后，一份关于领土问题的草案已准备好，建议东面以寇松线为界，而波兰将获得"奥得河东面的土地"作为补偿，英国和苏联会对这一点做出保证。

下午2点30分，波兰代表团赶来拜访丘吉尔首相，他正等着与斯大林约定见面时间，却被告知斯大林"不在城内"（这只是意味着他在睡午觉，丘吉尔也许通过自己的习惯猜到了这一点）。英国与波兰的这场会谈"非常粗暴"，丘吉尔猛烈抨击了波兰代表团："你们毫无责任感……你们根本不在乎欧洲的未来……你们太过怯懦。"对丘吉尔来说，不太可能把这份草案作为他个人的建议，波兰人会对此正式提出异议："我不担心斯大林……我觉得自己就像是在一所疯人院里。我不知道英国政府是否会继续承认你们。"大英帝国无能为力地站在俄国面前，可波兰人却大谈什么击败俄国人。丘吉尔继续说道，波兰人"仇恨俄国人——我知道你们恨他们"。这场会谈在一片混乱中结束了，丘吉尔匆匆去见斯大林，带着一份草拟的英国政府的建议，这份建议涉及波兰西部和东部边境问题。斯大林接受了这份建议，但10月15日，波兰代表团又回到了他们过去坚持的关于加利西亚东部地区的"B线"立场，这就意味着利沃夫仍保留在波兰人手中；这不可避免地被斯大林所拒绝，米科拉伊奇克也拒绝支持公开承认寇松线。英国人10月16日拟定的建议中采用了一条"分界线"的老办法，并将其用于寇松线，同时指出"波兰民族团结政府将由米科拉伊奇克总理领导"。斯大林删掉"分界线"这个词，以"国境线的基础"替代，并提出波兰新政府的建立只能是波兰流亡政府与卢布林委员会之间"达成一致"的产物。一切又回到了起点。

自德黑兰会议起，美国人就试图推动初步研究甚至是初步行动的想法，以便在苏联对日本宣战后抓紧时间展开美苏协同作战。而斯大林做出诱人的暗示，他已同苏联远东地区的空军和地面部队指挥员商谈过，但他没有透露任何结果。美国人用四引擎轰炸机（斯大林请求美国提供大批轰炸机，从而使苏联空军成为一支战略力量）换取西伯利亚空军基地的尝试落了空，这一切发生在英国首相赶赴莫斯科之前。9月下旬，接到魁北克会议的详细记录后，斯大林立刻指出，预定在太平洋地区展开的行动没有提及苏联最终会参与其中，他问罗斯福总统是否依然认为苏联投入对日作战是必要的——如果不是，那么他准备遵从这一决定。英国和美国大使向他保证，苏联的帮助至关重要，于是，斯大林宣布，他将安排迪恩将军会晤苏军指挥员，商讨远东战役事宜。英国首相一行出现在莫斯科时，美国人的进一步推动依然没有产生任何具体效果。

10月14日被丘吉尔描述为"满是波兰人的一天"，当晚，两国领导人和他们的幕僚坐了下来，对目前的军事态势做出评述，艾伦·布鲁克元帅介绍了盟军在欧洲的行动，迪恩将军阐述了日本的情况，并概括了美国认为苏联应该发挥的作用——苏军的主要任务是击败盘踞在满洲的日本军队。为策划作战行动，美国参谋长联席会议需要获知以下情况：击败德国后，要等多久才能见到苏日敌对行动开始？为发动进攻，苏联需要多少时间在远东地区集结兵力？贯穿西伯利亚的铁路为集结和支持一支美国战略空军力量能提供多大的运载量？斯大林对此做出的反应是，他只想知道日本人拥有多少个师。会议随即结束，次日晚上将审议苏联红军的作战行动。但丘吉尔首相对此多少有些怀疑。9月底时，斯大林曾明确要求对远东地区苏联军队集结和支持的需求进行一场全面分析。自1942年起，副总参谋长（远东）这一职务便已设立，作战部的舍甫琴科少将负责"远东科"，1943年6月，他与远东方面军参谋长P. A. 洛莫夫少将[25]对调，洛莫夫回总参谋部，而舍甫琴科到远东司令部任职。在远东地区实施作战行动所需要的数据10月初便已收集完毕，斯大林在10月15日晚间的会议上使用了这些数据，安东诺夫大将和舍甫琴科中将也参加了此次会议。斯大林详细回答了美国人昨晚提出的问题，他指出，红军在远东地区需要60个师（远东地区现有兵力的两倍），结束对德战争后，苏军需要三个月时间集结兵力：鉴于贯穿西伯利亚的铁路线运送能力有限，即便满负荷运转（每天36列火车）也无法为60个师提供补给，所以必须提前完成两三个月的物资储备。尽管对具体日期含糊其辞，但斯大林向哈里曼重申，一旦德国被击败，苏军将对日本发起进攻，条件是美国必须帮助苏联在西伯利亚建立起巨大的物资储备，并"澄清"苏联参战的某些政治方面的问题，即苏联方面的要求。美国人可以使用苏联沿海地区的空军基地，也可以使用彼得罗巴甫洛夫斯克海军基地。艾伦·布鲁克元帅在会谈中考验着安东诺夫的能力，斯大林不止一次将他的副总参谋长从艾伦·布鲁克诱导性提问的困境中解救出来。斯大林严肃地谈论起补给问题，"显示出对铁路技术细节惊人的了解"，他详细介绍了该战区过去发生的战役，并由此得出"可靠的结论"。离开时，艾伦·布鲁克元帅对他的军事能力"留下了更加深刻的印象"。

在艾登的提示和哈里曼的勉强同意下，一份简短的声明送至斯大林手中，他对这种"漠视保密措施"的做法大发雷霆；把会议讨论内容写在纸上意味着泄密，而泄密有可能导致日本人发起偷袭，从而使符拉迪沃斯托克遭受损失：秘书们可能会口不择言，而斯大林更喜欢自己的风格——"我是个谨慎的老人"。不过，丘吉尔首相看出了端倪，斯大林并不太担心作战准备工作会对日本人产生什么影响；相反，他似乎希望日本人发起一场"不成熟的进攻"，这会鼓舞俄国人更加顽强地战斗。但是，如果日本先发制人，可能会给苏联的计划造成一场灾难，所以他对"违反保密原则"恼怒不已；在10月17日的第三次也是最后一次会议上，斯大林详细介绍了苏军在远东地区发动攻势的战略计划：苏军将从满洲北面和东面牵制关东军，同时以强有力的快速部队从贝加尔湖穿越蒙古，冲向张家口和中国北部，从而将关东军与驻屯中国的日本军队隔离开。沿海省份的空军基地将提供给美国人，他们可以开始对该地区实施秘密侦察，彼得罗巴甫洛夫斯克的海军基地也将交给他们使用；联合策划工作可以立即开始。作为回报，美国将为苏联提供必要的补给物资——为150万士兵、3000辆坦克和5000架飞机囤积两个月的物资，这相当于860410吨干货和20多万吨液体货物，必须在1945年6月30日前交付。这份协议充分显示出俄国人的精明。

莫斯科会议在友好的气氛中结束。就连丘吉尔请求斯大林与米科拉伊奇克进行的会谈也在10月18日顺利结束，尽管斯大林以令人不快的坦率明确指出，寇松线——"顺便说一句，这条线不是我们，而是当时的同盟国发明的……是美国人、法国人和英国人搞的，也就是说，是当时我们的敌人发明的"——必须成为苏联与波兰的边境线：不能将其混淆为"一条分界线"。新政府的组成问题带来了更多的猜忌和纠纷，卢布林委员会主席贝鲁特要求在内阁中获得75%的席位，以此作为米科拉伊奇克继续担任总理的交换。在这个问题上，斯大林故意保持含糊的态度，但他提醒丘吉尔，只有他和莫洛托夫赞成以温和的态度对待米科拉伊奇克。但这并未挫伤丘吉尔的乐观，他认为在未来的两周内有可能促成双方的和解。10月22日，他向罗斯福总统做出这样的报告，尽管这种愉悦感迅速消失了。实际上，英国人和流亡伦敦的波兰人两手空空地从莫斯科返回：丘吉尔试图赢得斯大林的友谊，以此来挽救波兰人，但这种策略没有奏效。友谊的苗头得到勤勉、招摇的培养，斯大林同样如此，他以前所未有的姿态亲自到机场为丘吉尔送行，这种罕见的恭维曾在1941年4月给予过松冈洋右[26]。斯大林还慷慨地送上鱼子酱作为礼物，但从他这里得不到其他方面的任何让步。

临近8月底，苏军位于北方的部队（波罗的海沿岸第1、第2、第3方面军和戈沃罗夫的列宁格勒方面军）缓缓穿过爱沙尼亚和拉脱维亚，击退了德军在这片北部战区的河流、沼泽和密林中以娴熟的技艺发起的猛烈反击。德国"北方"集团军群的老兵们组成东线战场上一个个最顽强、最具经验的战斗群。随着芬兰退出战争，德国人和俄国人得以将他们的全部注意力和更多的资源投入北部战区这片位于南方的盆地，这一变化几乎立即影响到爱沙尼亚，戈沃罗夫的列宁格勒方面军得到更多的兵力（这使他减少了对马斯连尼科夫的波罗的海沿岸第3方面军的依靠），舍尔纳开始考虑撤离爱沙尼亚，因为芬兰已不再需要他提供支援：更多的部队被腾出，以击退苏联红军对德军统帅部打算坚守的波罗的海堡垒构成的主要威胁。与此同时，苏联最高统帅部得出结论，给予德国"北方"集团军群致命一击的时机已到，8月26日至9月2日，一道道新指令下达给各方面军司令员，要求他们做好发起一场大规模攻势、解放波罗的海地区的准备，最重要的是夺取里加。

根据这些修改后的时间表和任务，戈沃罗夫从波罗的海沿岸第3方面军手中接管了塔尔图地区，这是攻向拉克韦雷（Rakevere）—塔帕（Taps），冲入德军后方，赶往塔林（Tallinn）的前奏。另外三个波罗的海沿岸方面军将对里加发起一系列向心攻击：马斯连尼科夫的波罗的海沿岸第3方面军将从两翼展开进攻，与波罗的海沿岸第2方面军的近卫第10集团军相配合，歼灭斯米尔泰内（Smiltene）以东的德军（最高统帅部为此提供了第61集团军，还从戈沃罗夫那里抽调了一个步兵军）；叶廖缅科的波罗的海沿岸第2方面军的目标是里加，这场攻势将与马斯连尼科夫和巴格拉米扬配合，后者的任务是以波罗的海沿岸第1方面军消耗多贝莱东面的德军，阻止敌人在叶尔加瓦和希奥利艾方向的一切突破（上个月，这个方向发生过激烈的战斗），同时在左翼发起进攻，目标是进抵韦茨穆伊扎（Vetsmuzhei）和西德维纳河河口。这将使苏联红军在里加地区前出至里加湾，从而将德国"北方"集团军群与东普鲁士隔开。苏军最高统帅部的命令要求三个波罗的海沿岸方面军9月14日发起进攻，列宁格勒方面军需要更多时间实施重组，他们将在三天后投入进攻。

这场攻势的规模表明，苏军最高统帅部打算痛下杀手。他们的向心攻击旨在包围位于波罗的海地区的德军主力，以巴格拉米扬的推进切断德国"北方"集团军群与其他德国军队的联系，并将德国人逼向大海，海上封锁将切断他们的逃生通道，同时以庞大的正面进攻彻底歼灭整个集团军群。沿500公里的战线，苏军最高统帅部建议投入125个步兵师和7个坦克军——90万名士兵、17483门大炮和迫击炮、3081辆坦克以及2643架飞机（获得波罗的海舰队海军飞机的加强）。最高统帅部打算在进攻发起的第一天把10个诸兵种合成集团军和3个坦克军（95个步兵师中的74个）部署在"突破地段"（这段正面战线长76公里），这意味着苏军将四分之三的兵力用于突破，而在次要地区辅以相对较轻的进攻——这个错误几乎从一开始就让苏军统帅部付出了代价，因为德国人可以随心所欲地将有生力量调至受到威胁的防线和阵地上。

为投入这场即将发起的攻势，苏军坦克力量几乎增加了一倍，巴格拉米扬掌握着1328辆坦克和自行火炮。最高统帅部的命令规定，巴格拉米扬的坦克部队必须用于"沿里加方向扩大进展"，为此，巴格拉米扬将近卫坦克第5集团军和2个坦克军（坦克第1和第19军）部署在他的左翼和中央。叶廖缅科掌握着287辆坦克，半数以上用于编成"快速集群"，133辆分配给步兵，承担支援任务；马斯连尼科夫将290辆坦克和自行火炮中的大多数派去支援步兵，只留下53辆充当预备队或组建"快速集群"。以这种方式分割使用坦克部队被证明是一种很不理想的方案，主要是因为支援步兵的坦克不够。此举削弱了步兵，许多部队由在穿过白俄罗斯和波罗的海地区的途中招募来的新兵组成，这些新兵此前从未接受过军事训练，现在即将投入最激烈、最残酷的步兵战中。许多德军防御阵地得到了河流的保护，这就意味着必须强渡这些河流。沿着整条战线，地形也为德军的顽强防御提供了帮助，这种防御依赖的是在苏军发起炮火准备前"清空"前沿阵地，以保存人员和装备，同时以保留的预备队发起反击，挫败苏军步兵在弹幕后发起的进攻，或使其转向。巴格拉米扬麾下的各级指挥员似乎清楚地认识到了自己将遭遇到敌人怎样的抵抗，但马斯连尼科夫和叶廖缅科对此没有太多的了解：波罗的海沿岸第2方面军在主攻发起的几个小时前才实施侦察，而波罗的海沿岸第3方面军（第67集团军的作战区域）认为德国人的防御不过是一两道战壕，完全忽视了对方布设在高地上的阵地以及戒备森严的村庄。

9月14日，经过一个小时的炮火准备（某些地区延长至两个小时），三个波罗的海沿岸方面军发起了苏军的新攻势。巴格拉米扬的进攻经过精心伪装，转移到德维纳河南面的德国第16集团军的部队被打得措手不及。苏军突击部队沿一片7英里宽的地区向前冲去，进攻发起的第一天便达成数英里突破，在包斯卡北面战斗的别洛鲍罗多夫第43集团军取得的进展最大，突入到德军第二道防区，并将近卫机械化第3军投入战斗。击退德军的一系列反击后，苏军突击部队冲向"东叶尔加瓦防线"，夺取了包斯卡、德维纳河上的叶尔加瓦和艾克考（Eckau）[27]；9月16日傍晚，苏军机械化部队的先遣单位进抵巴尔多内（Baldon）并前出至西德维纳河，这使苏联红军逼近了里加南郊。

马斯连尼科夫和叶廖缅科对德维纳河北岸的进攻遭到德军的顽强抵抗，苏军的推进被严重拖缓。9月15日，马斯连尼科夫的方面军从东北方朝里加方向冲去，对瓦尔加发起一场夹击，这座获得强化的交通中心还得到了周边沼泽地和密林的额外保护。瓦尔加和"瓦尔加防线"确保了驻爱沙尼亚德国军队（"纳尔瓦"集团军级集群）的交通线，这就意味着德国守军不会轻易将其放弃。德国第18集团军与马斯连尼科夫的部队激战了四天，瓦尔加最终落入苏军手中。与此同时，叶廖缅科的部队冲向马多纳西北方；在德维纳河上的普拉维纳斯地区，另一座德军堡垒也将被攻克。正如叶廖缅科担心的那样，这场新攻势的开局很糟糕：最初的炮火准备深度不够，德军阵地没有遭到纵深破坏，苏军这场突击也没能达到出其不意的效果。德军有条不紊地从一道防线撤至另一道防线，每道防线只相隔2—3英里，这迫使苏军一次次实施重组，以便发起新的进攻。叶廖缅科三次投入坦克第5军，以完成这场突破，但每次都被德军击退。崎岖的地形、一条条小河、无数的湖泊和茂密的树林使德军指挥官部署的伏击获得了充分的掩护，并为他们的阵地提供了伪装。叶廖缅科的参谋长桑达洛夫上将也对单一的进攻战术叹息不已，德军早已做好准备并严阵以待，但苏军最高统帅部的指令（斯大林本人也拒绝支持改变战术）使苏军无法实施任何规模的迂回行动。红军只能杀开血路，依次突破德军纵深配备的梯次防御，这些防御阵地上出色地配备着各种武器阵地、机枪巢、大炮和迫击炮火力点；指挥部和观察哨（许多是石制建筑）分布在整片地区，并在需要时充当额外的防御工事。雷区构成了另一种危险，地雷并未埋设在大片地区，但在德军阵地的前沿和整个纵深却很密集。

由于叶廖缅科距离里加只有40英里，德军指挥部不失时机地组织起一系列强有力的反击，以挡住苏军的推进。苏军步兵只取得几千码的进展，5个德军师在100多辆坦克的支援下发起进攻，对苏军的每一个举动实施打击。9月15日—16日，突击第3集团军和第22集团军击退了敌人的一次次反击，终于将德军逼退到奥格雷河西岸，但只获得了几千码土地。在埃尔格利地区，德军第14装甲师一支强有力的装甲部队9月15日发起一系列反击，投入的坦克多达200辆。但就在舍尔纳击退叶廖缅科，并在叶尔加瓦西面和巴尔多内地区投入更多坦克打击巴格拉米扬之际，戈沃罗夫的列宁格勒方面军终于在9月17日发起进攻，并迅速取得进展，致使"纳尔瓦"集团军级集群遭到威胁，德军指挥部迅速决定将整个集团军群沿芬兰湾至西德维纳河一线实施后撤。

戈沃罗夫的方面军从塔尔图地区发起进攻，试图以向心攻击的手段突破德军防御；费久宁斯基的突击第2集团军已于9月12日前进入新阵地，他们穿过格多夫（Gdov）向南推进，跨过楚德湖与普斯科夫湖之间的狭窄地带，赶往塔尔图南面接替第8集团军，突击第2集团军投入5个步兵军（包括爱沙尼亚第8军）和第14"筑垒地域"，配属给突击第2集团军的这支新部队（筑垒地域）的指挥员几乎没给费久宁斯基留下什么印象。方面军的计划是让费久宁斯基

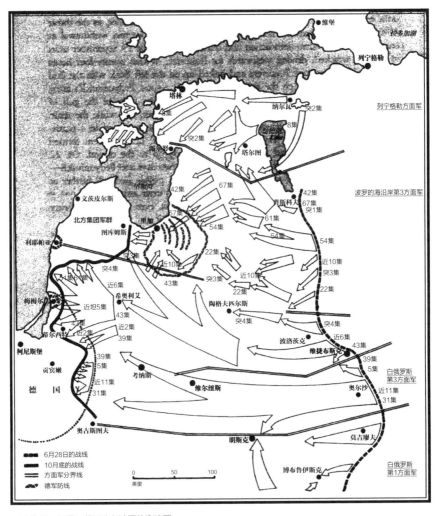

1944年7—11月，苏军攻入波罗的海诸国

攻向北面和西北面，歼灭塔尔图地区的德军，然后再消灭整个"纳尔瓦"集群——第8集团军从纳尔瓦河一线发起突击，冲向拉克韦雷。费久宁斯基的前方排列着5个德军师，他们的强化防线并不完整，但再次获得了沼泽和森林的帮助。9月17日，费久宁斯基以2个军（西蒙尼亚克的近卫步兵第30军和佩恩的爱沙尼亚第8军）为先导发起进攻；当日结束前，苏军沿15英里宽的战线深入德军防区10英里。为扩大战果，费久宁斯基投入科瓦列夫斯基上校的"快速集群"（由坦克旅和坦克团组成），9月19日又投入普罗岑科上校的另一个集群。德军指挥部已于9月18日晚将武装党卫队撤出纳尔瓦地区，因为费久宁斯基对他们后方的威胁越来越严重。发现德军后撤，苏军第8集团军立即投入行动。9月19日夜间，第8集团军的部队发起进攻，冲向西面的拉克韦雷。没过24小时，苏军机械化部队便夺取了拉克韦雷，第8集团军左翼部队与突击第2集团军在楚德湖西岸的洛胡苏（Lokusu）取得会合。费久宁斯基的集团军现在奉命转身向南，以肃清里加湾海岸并夺取派尔努（Parnue），不得迟于9月25日，但集团军主力转向南方和西南方时，佩恩的爱沙尼亚第8军继续赶往西北方的塔林，那是爱沙尼亚的首都。佩恩中将组织起自己的"快速集群"，全速冲向塔林。9月22日，盘踞在爱沙尼亚首都的德军被肃清，两天后，费久宁斯基到达派尔努（比计划提前了48小时），随即跨过边境线进入拉脱维亚。令费久宁斯基惊讶的是，方面军司令部命令他停止追击，而此刻，他的步兵先头部队已进入里加的攻击范围。

即便费久宁斯基不停止前进，情况也很明显，直接对里加发起进攻不可能获得成功。马斯连尼科夫和叶廖缅科被德军猛烈的进攻所牵制，进展严重受阻。尽管巴格拉米扬的部队已冲至里加南郊（苏军距离该城只有15英里），但德军据守着德维纳河右岸和海岸线，阿河（Aa）[28]下游从东面为其提供掩护，这给苏军对里加的突击造成了严重妨碍。舍尔纳将他的集团军群撤至最后的防线，并从巴尔多内和多贝莱西南方发起两场大规模反击，冲入苏军防区。在巴格拉米扬左侧的多贝莱地区，德国第3装甲集团军（从"中央"集团军群调来）投入十几个摩托化营和近400辆坦克，猛烈的进攻持续了整整五天，这场打击落在巴格拉米扬左翼的第51集团军和近卫坦克第5集团军头上。9月16日至22日，德军装甲部队猛攻苏军防线，但面对多贝莱南面近卫第6集团军的顽强防御，德军进展甚微，并为此付出了损失131辆坦克和14辆突击炮的代价。不过，德军的反击阻止了巴格拉米扬从叶尔加瓦向凯迈里（Kemeri）和里加湾发起第二轮进攻。

波罗的海沿岸第1方面军的主突击群（第43集团军和突击第4集团军）竭力赶往里加南部接近地时遭遇到德军更多的反击。在巴尔多内地区，德军第14装甲师在"纳尔瓦"集团军级集群撤出的2个师的支援下发起另一场进攻。别洛鲍罗多夫的第43集团军在左翼遭到至少6个德军师发起的攻击，但到9月22日晚，苏军还是逼近至距离里加不超过10英里处。不过，巴格拉米扬的波罗的海沿岸第1方面军的进展无法掩盖一个显而易见的事实：德国军队仍控制着波罗的海的重要地区。歼灭德维纳河北面的德军显然超出了波罗的海沿岸第2和第3方面军的能力，除非他们获得增援并实施重组。苏军进展缓慢，致使德军指挥部得以执行系统、有序的后撤，他们退守里加，把这座城市变为一个重点防御区；控制里加和蒙海峡群岛（Moon islands）也能让德国军舰自由往来于里加湾和波罗的海中段。在德维纳河北岸，舍尔纳仍掌握着一股强大的兵力（多达17个师），并将他们带入一条更短的防线，这使他开始把较大的部队转移到库尔兰和立陶宛西部，背靠东普鲁士的他不再需要依赖叶尔加瓦与大海之间狭窄的"间隙"，那里只有一条路可供使用。

设置一道新防线的比赛开始了。如果舍尔纳获胜，他便可以在叶尔加瓦与蒂尔西特之间设立一道稳固的防线，确保东普鲁士，并从北面的图库姆斯到希奥利艾西南面的凯尔梅（Kelmy）对其加以稳固。如果苏军跨过东普鲁士边境展开进攻，德军指挥部可以发起反击：朝考纳斯方向展开攻击，并对俄国人的侧翼纵深实施打击。双方都不能耽误时间。苏军最高统帅部命令立即停止针对里加的一切行动，并于9月24日下达了一份彻底修改后的进攻计划，命令中终于承认巴格拉米扬早些时候恳请将其主要力量放在左翼，以便发起决定性打击是对的。集结在里加和"里加通道"的德军可以向西调动，这就要求苏军的主攻必须从"里加方向"转至"梅梅尔方向"。巴格拉米扬的波罗的海沿岸第1方面军，其右翼部队目前正在里加南面作战，必须调至希奥利艾地区，以便朝海岸方向发起突击并冲向梅梅尔，他们的目标是涅曼河河口，从而再次切断"北方"集团军群与东普鲁士的陆地连接。里加这个目标留给马斯连尼科夫和叶廖缅科，他们的进展缓慢但很稳定。为实现最大程度的出其不意，巴格拉米扬的新攻势定在10月初发起。

沿"梅梅尔"方向发起进攻的计划呈现出一种罕见的奇观：整个方面军转入完全不同的新方向。这份计划也引起了斯大林的密切关注，他与派驻波罗的海沿岸方面军的最高统帅部代表华西列夫斯基元帅进行单独会谈，检查行动所需要的力量、实施大规模重组的问题以及隐瞒如此规模的作战行动的困难。斯大林最担心的是如何实现出其不意（这是获得成功不可或缺的条件），但呈交给苏军总参谋部的情报表明，最高统帅部选择了一个很好的时机发起这场新攻势，必须调动的各支部队，最大行程不超过120英里，苏军指挥部安排了25条独立路线供部队转移使用。苏联空军也为此提供了保障，德军侦察机发现苏军调动的可能性被降至最低（如果不能说彻底消除的话）。6天内，巴格拉米扬的右翼和中央部队（3个步兵集团军、1个坦克集团军、3个坦克军以及各种装备和补给物资）进入了希奥利艾北面的新集结区；德维纳河南面，叶廖缅科的突击第3集团军接管了波罗的海沿岸第1方面军原先的防区。9月底，50多万名士兵、10000门大炮和迫击炮、1000多辆坦克纵横于方面军、集团军和师的分界线。巴格拉米扬把近卫坦克第5集团军、3个坦克军（坦克第1、第19军和机械化第3军）以及从波罗的海沿岸第2方面军抽调的2个步兵军调离多贝莱地区；新集结区位于希奥利艾北面，他们将利用树林和茂密的森林实施隐蔽。更南面，切尔尼亚霍夫斯基的白俄罗斯第3方面军接到命令，以右翼的第39集团军从拉塞尼艾向陶拉格（Tauroggen）发起进攻，并朝涅曼河南面的贡宾嫩发起另一场突击，阻止德国人向梅梅尔派遣援兵。

巴格拉米扬计划在左侧沿两个地区突破德军防区，两个突击间隔的距离大约为20英里，主要突击由近卫第6集团军、第43集团军、第51集团军和近卫坦克第5集团军实施。在近卫第6集团军与第43集团军的侧翼连接部，沿一个10英里宽的突破地带，巴格拉米扬集结起29个步兵师（方面军可用兵力的半数）；近卫第6集团军将冲向西北方，第43集团军则向西方和西南方突击，沃利斯基的坦克集团军进入两个步兵集团军的结合部，他们的任务是在进攻行动第一天结束前打开一条向西的通道。由于近卫第6集团军和第43集团军将赶往不同方向，巴格拉米扬打算把第二梯队（第51集团军）投入结合部，提供额外的加强和掩护。辅助突击的目标是凯尔梅—蒂尔西特，由近卫第2集团军执行，他们的突破区域约5英里宽：目标是涅曼河，任务是掩护苏军的主要突击，使其免遭来自南面的一切攻击。与此同时，切尔尼亚霍夫斯基将投入第39集团军，以6个师的兵力在拉塞尼艾南面一个2英里宽的地区实施突破，目标是夺取陶拉格，并与冲向涅曼河的近卫第2集团军取得会合，从而将德军包围在陶拉格以东。

为隐蔽左翼实施的这场大规模部署，巴格拉米扬命令他的步兵和坦克部队只在夜间行进。在规定的时间里，步兵部队通常能前进20英里，拖曳式火炮和坦克的行进距离两倍于此，步兵单位率先出发，随后跟上的坦克部队采用了不同的道路，他们随后进入希奥利艾的森林实施隐蔽或伪装。直到10月2日，德军指挥部才发现巴格拉米扬左翼所发生的情况，但已为时过晚。从奥采到涅曼河有8个德军师，其中的5个面对着巴格拉米扬的突击部队。舍尔纳麾下的师也在调动，他们从里加湾与铁路线（从希奥利艾至利耶帕亚）之间穿过，退入库尔兰半岛。东面，波罗的海沿岸第2和第3方面军继续攻击着德军最后的防线（"锡古尔达"防线），这场盲目的进攻几乎毫无目的，除了这样一个事实——他们使舍尔纳无法抽调出更多的部队。最高统帅部派戈沃罗夫元帅担任这两个方面军的协调员，他打算在10月7日发起一场大规模突破，但西面态势的迅速变化使他的计划突然发生改变。

10月初的几天，浓雾笼罩着巴格拉米扬的左翼，妨碍了苏军侦察营的行动。10月5日依然雾色弥漫，直到11点，各侦察组才向前而去。10分钟后，苏军发起炮火准备，先遣部队朝德军第一道战壕冲去。在近卫第6集团军和第43集团军的作战区域，先头部队冲向文塔河上的渡口；近卫第2集团军赶往杜比萨河。90分钟后，这场进攻进入全速运行状态。奇斯佳科夫的近卫第6集团军和别洛鲍罗多夫的第43集团军前进了大约5英里，但浓雾使苏军战机无法升空，也遮蔽了炮兵的视线。没等苏军坦克部队投入，短暂的白昼便结束了。10月6日，沃利斯基的坦克穿过雨水和污泥投入战斗，这场战斗沿一条120英里的战线全面展开；昌奇巴泽的近卫第2集团军已在德军防区内前进了数千码，现在，第39集团军在空军第1集团军的支援下，沿着整条战线扩展了苏军的攻势。

随着巴格拉米扬所有部队投入战斗，切尔尼亚霍夫斯基的右翼集团军也参与其中，德军统帅部意识到遭遇合围的危险，开始在10月6日晚将部队撤出里加西北部。10月7日早上，波罗的海沿岸第2和第3方面军跟在后撤的德军身后向前推进，当日获得7英里进展。为进一步压缩德国"北方"集团军群，列宁格勒方面军的部队在达格（Dago）岛和厄塞尔（Osel）岛登陆。为抗击苏军的压力，舍尔纳需要更多的兵力，但东普鲁士遭到白俄罗斯第3方面军显而易见的威胁，德军统帅部一个师也调不出来。随着苏军的攻势沿多个方向发展——朝梅梅尔、里加和蒙海峡群岛——德军有生力量被牵制在一个巨大的弧圈上，面对着贡宾嫩方向正在形成的另一个威胁。德军预备队已无法随心所欲地来回调动。10月8日晚，第43集团军逼近德军掩护梅梅尔的第一道防线，这表明巴格拉米扬已位于决定性胜利的边缘。沃利斯基全速前进的近卫坦克第5集团军也靠近了梅梅尔接近地的德军防线，波罗的海沿岸第1方面军的突击部队在120英里的战线上撕开一个深达45英里的缺口，前进途中的几个德军师被一扫而空。

就在巴格拉米扬的左翼部队冲向涅曼河下游，中央部队赶往海边之际，他的右翼部队朝西北方而去，但随着德军的抵抗日趋顽强，苏军在这一方向上的推进放缓下来。克列伊泽尔的第51集团军进展神速，10月10日，他们在梅梅尔北面20英里处夺取了立陶宛的小港口帕兰加（Palanga）；沃利斯基的坦克强渡米尼亚河（Minija），也在帕兰加地区到达海边。别洛鲍罗多夫的第43集团军将米尼亚河甩在身后，继续逼近梅梅尔。位于左翼的近卫第2集团军朝西南方的蒂尔西特冲去，他们到达陶拉格，从第39集团军手中接过防区，而第39集团军将冲向涅曼河南面。随着大批苏军师到达海边和梅梅尔北面，陷阱终于关闭了，德国"北方"集团军群与东普鲁士的陆地连接被切断。

与此同时，里加方向上，马斯连尼科夫的部队打击着"锡古尔达"防线上的德军后卫部队，而叶廖缅科的波罗的海沿岸第2方面军10月8日夺取了奥格雷（Oger），奥格雷河在这里汇入德维纳河。舍尔纳请求将部队撤至里加西面的图库姆斯防线，但希特勒大本营对此置若罔闻；德维纳河北面和南面的德军师只能继续战斗。10月10日早晨，苏军突破里加外围防御的首次尝试失败了，但当天下午，他们重新发起进攻，在多个地段突破了德军的防御。德军发起猛烈反击,在几个小时内恢复了阵地。次日,这种模式再度上演,血腥的战斗在沼泽和湖泊间持续,但苏军步兵还是推进至掩护着里加城的周边阵地前。舍尔纳再次请求批准他后撤,因为眼前的态势已毫无希望,直到10月12日晚,希特勒才批准他撤至图库姆斯防线。但10月12日早上,苏军终于杀开血路,冲破里加城内的第一道防线,当天下午,他们对第二道防线发起攻击。结束战斗只是时间问题了。德军的防御一段段瓦解,守军四散奔逃。10月13日,里加落入苏军手中。解放波罗的海地区的战役结束了,在莫斯科,伴随着丘吉尔首相的称赞,斯大林宣布了里加的解放。

经过十周激战,苏联红军终于将据守波罗的海地区的德国"北方"集团军群与东普鲁士成功地隔开。随着里加的解放,苏军最高统帅部解散了马斯连尼科夫的波罗的海沿岸第3方面军:突击第1集团军和空军第14集团军交给叶廖缅科指挥,第61集团军转隶巴格拉米扬的波罗的海沿岸第1方面军。德国军队目前聚集在两个登陆场内,较小的一股位于梅梅尔,另一股实力更加强大的部队位于库尔兰。德国第16和第18集团军的残部约为30个师,随着海路疏散的进行,这个数字有所减少:几个德军师利用蒂尔西特或涅曼河上的渡轮逃入了东普鲁士。尽管如此,苏军最高统帅部还是决定歼灭这些被困的德军师,这个任务交给波罗的海沿岸第2和第1方面军。叶廖缅科的波罗的海沿岸第2方面军将从多贝莱地区向西发起进攻,巴格拉米扬将冲向西北方,用方面军剩余的部队肃清梅梅尔,并在蒂尔西特地区占据涅曼河北岸。与此同时,切尔尼亚霍夫斯基将朝贡宾嫩方向发起进攻,阻止德军向库尔兰调运援兵。苏军的主要目标是孤立舍尔纳的"库尔兰"集团,并封锁涅曼河北岸,这是跨过东普鲁士边境发起进攻的先决条件。

从图库姆斯到利耶帕亚,30多个德军师挤在库尔兰半岛,4个德军师据守着梅梅尔,另外几个师(2个装甲师、4个步兵师和隶属于第3装甲集团军的1个摩托化旅)面对着巴格拉米扬集结在蒂尔西特的左翼部队。切尔尼亚霍夫斯基要对付的是德国第4集团军(隶属于德国"中央"集团军群)的10个师。为歼灭这些敌人,苏军最高统帅部批准了以下计划:波罗的海沿岸第2方面军以3个集团军(突击第3集团军、第42和第22集团军)从多贝莱地区向西发起进攻,为此提供支援的辅助突击沿海岸线冲向图库姆斯,从而使苏军前出至图库姆斯—奥采一线；巴格拉米扬向北发起主攻，目标是歼灭被困在库尔兰的德军师，以近卫第6集团军冲向斯克伦达（Skrunda），第51集团军赶往利耶帕亚。第61集团军和近卫坦克第5集团军为这场进攻提供支援，侧翼集团军将前出至涅曼河，而目前用于梅梅尔的部队将阻止德国人与库尔兰守军取得会合的一切尝试。为牵制东普鲁士的德国军队，切尔尼亚霍夫斯基的白俄罗斯第3方面军准备从沃尔科维什基（Volkovishki）地区对因斯特堡（Insterburg）发起一场进攻，目标是将苏军前出至贡宾嫩—戈乌达普（Goldap）一线。

10月16日早上，波罗的海沿岸第1、第2方面军和白俄罗斯第3方面军发起了进攻。叶廖缅科的波罗的海沿岸第2方面军的右翼，扎赫瓦塔耶夫的突击第1集团军在接下来的几天里取得了很好的进展，他们强渡利耶卢佩河，并于10月18日夺取凯梅里（Kemery），但到达掩护图库姆斯的防御阵地时，突击第1集团军停下了步伐。德军顽强抵抗，充分利用了遍布的沼泽和泥潭，终于使苏军的攻势停顿下来。巴格拉米扬沿"利耶帕亚方向"发起的进攻也遭遇到德军持续的抵抗，德军以师级兵力发起反击，在大批坦克的支援下将苏军击退。尽管苏军10月下旬再次试图突破德军防御，彻底歼灭被困的德军师，但巴格拉米扬的部下无法完成这个任务，这场攻势不可避免地陷入了停顿。苏军也没能突破德军在梅梅尔的防御。在东普鲁士边境，切尔尼亚霍夫斯基发起一场强有力的进攻，突破德军两道防线，一举夺取戈乌达普，却遭遇到德军从安格拉普河（Angerapp）至贡宾嫩再至皮尔卡伦（Pilkallen）的第三道防线。通往"因斯特堡山口"的道路被堵住，除非对贡宾嫩发起一场正面进攻，或绕道皮尔卡伦。从目前的态势看，这两种办法都不可行，切尔尼亚霍夫斯基的进攻也在10月底被取消。

梅梅尔一直坚守到1945年1月，被困在库尔兰半岛的德军师不过是一份被浪费的资产而已。1945年5月，他们向苏联红军投降，这股德军所从事的战争宣告结束。

1944年10月28日，对苏联红军夏季和初秋发起的庞大攻势的战果进行总结后，苏军总参谋部的高级将领们在莫斯科俯视着地图，进行仔细的计算，以完成最后一场战役的作战计划，苏联红军即将攻入希特勒的帝国。准备工作针对的是军事史上最为宏大的一场战役，苏军将投入上百万士兵和成千上万具技术兵器，融合了集结起的战场效能和一种复仇的欲望，最后又结合了以一种近乎暴戾的兽性所从事的残酷、无情的战斗。苏军身后遍布着令人目瞪口呆的毁坏以及他们可怕、惊人的伤亡；他们前方是"法西斯野兽的巢穴"，这种观念通过野蛮的宣传标语和口号广泛宣传，旨在唤起红军士兵们的记忆——眼前瑟瑟发抖的敌人过去曾犯下滔天罪行。从上至下，从最高统帅部到总参谋部再到各个排各个班，实施杀戮的气息越来越浓郁。一名苏军士兵在1944年年底时写道："和以前一样……我正赶往柏林……柏林是我们必须要去的地方……我们应该获得进入柏林的权利。"斯大林显然抱有同样的想法，因此，在几天之内，他提名苏军战地指挥员，选择了夺取柏林的方面军，并将协调任务（通常由最高统帅部代表执行）留给自己。

1944年作战行动的"收支清单"被证明比苏军统帅部所预期的还要好。德国在东线的所有集团军群——"北方"集团军群、"中央"集团军群、"北乌克兰"（A）集团军群和"南乌克兰"（"南方"）集团军群——都遭受到严重损失。据苏联方面统计，红军歼敌96个师又24个旅，另外219个师和22个旅遭到重创，其中的33个师和17个旅受损严重，不得不被解散。照此计算，德军在东线的损失高达150万人、6700辆坦克、28000门大炮和迫击炮、12000多架飞机；八、九、十这三个月，东线德军伤亡672000人，只得到201000名补充兵——仅三个月，东线德军便损失了近50万人，德军的实力一蹶不振。

随着攻势即将沿巴伦支海到黑海的整条弧线发起，苏联红军已不仅仅在自己的国土上作战，还包括8个其他国家的领土。作战行动的最大深度到达"西南战区"（东南欧），延伸了750英里。包围圈的数量不断增加——维捷布斯克、博布鲁伊斯克、明斯克、布罗德、基什尼奥夫——而歼灭被围敌军的时间明显缩短（斯大林格勒持续了两个月，但基什尼奥夫只用了五天，明斯克以东只用了一周）。1941至1944年间被消灭的德国军队，半数以上（65%）是在1944年的战事中被歼灭的。这些战役的规模也体现在为前线运送补给物资的努力中：1943年，中央供应系统提供了相当于1164000节火车皮的货物，1944年，这个数字上升到1465000（其中包括118000节单独运送弹药的车皮）。陆海空三军消耗了近400万吨燃料（几乎是整个战时消耗量的三分之一），而1943年只消耗了320万吨。1944年底，武器生产量继续攀升，制造出30000辆坦克和自行火炮以及40000架飞机。

　　除了库尔兰，苏联的各处边境都已恢复。苏联和芬兰已于9月19日正式签署停战协议，10月底，苏军到达芬兰北部边境，随即进入挪威北部。随着波罗的海地区几乎已被肃清，苏联红军沿戈乌达普至奥古斯图夫（Augusto）一线，从东面和东南面进入东普鲁士。稍南面，苏军在纳雷夫河和维斯瓦河上建立起一系列登陆场，最重要的位于塞罗茨克（白俄罗斯第2方面军）以及白俄罗斯第1方面军和乌克兰第1方面军据守的马格努谢夫、普瓦维和桑多梅日登陆场，这些部队沿普拉加（华沙）—维斯瓦河—亚斯沃（Jaslo）一线部署；在匈牙利，乌克兰第3方面军已杀至布达佩斯郊外。决定性作战地区（通往德国最短的路线就在这里）位于涅曼河与喀尔巴阡山之间，但苏联红军在10月底将相当可观的力量部署在北面，涅曼河与芬兰湾之间集结了大批部队，梅列茨科夫的方面军投入芬兰湾与北冰洋之间。沿这条最短的路线，苏军部署了4个方面军（切尔尼亚霍夫斯基的白俄罗斯第3方面军、扎哈罗夫的白俄罗斯第2方面军、罗科索夫斯基的白俄罗斯第1方面军、科涅夫的乌克兰第1方面军），其中的2个（白俄罗斯第3和第2方面军）面对着东普鲁士难以克服的障碍。他们需要增援，但是他们在"北部地区"的重新部署（尽管芬兰已投降）以及减少波罗的海地区向涅曼河—喀尔巴阡山抽调部队的数量都需要时间。这不是径直冲入德国或重新部署的简单问题，必须对东线的整体平衡做出全面考虑。

　　乍看起来，直接攻入东普鲁士似乎是最好的选择，尤其是因为白俄罗斯第3方面军的实力远比德军雄厚，40个苏军步兵师面对着德军11个步兵师，2个苏军坦克军面对着德军2个装甲师，德军共计17支作战部队，而苏军是47支。因此，苏军总参谋部认为，获得最高统帅部预备队的加强后，这股苏军有可能直接穿过东普鲁士，前进150英里，直抵维斯瓦河河口。仔细研究就会发现这种判断太过乐观，因为从双方师级力量的对比看，苏军并不占有优势（德军步兵师的实力比苏军步兵师更强大，而苏军的一个坦克军与德军的一个装甲师几乎相当）。至于决定柏林战役的"华沙—波兹南方向"和"西里西亚方向"，苏军总参谋部认为会遭遇到敌人强大的阻力。据他们计算，就算付出最大的努力，白俄罗斯第1方面军和乌克兰第1方面军也只能推进90—100英里。

不过，还有一个更加激进的办法——使用位于南方的乌克兰第4、第3和第2方面军，穿过布达佩斯、布拉迪斯拉发和维也纳，对德国实施纵深迂回。罗马尼亚境内的德军已被打散和歼灭，而在匈牙利境内实施防御的主要是厌战（这是苏军情报部门对他们的描述）的匈牙利师，他们构成了德国的"防波堤"。匈牙利10月中旬发生的事件打消了这种幻想——德国人牢牢地掌握着匈牙利，争夺布达佩斯的战役变得令人绝望，10月底，苏军统帅部估计，39支敌军部队抗击着马利诺夫斯基在布达佩斯接近地以及从北面的米什科尔茨到南面

1944年，苏军在东欧的整体攻势

466 ·

的苏博蒂察这条350英里战线上的乌克兰第2方面军。

　　苏军总参谋部无法忽视的事实是，红军的攻势渐渐放缓下来了。现在应该给各个师适当的喘息之机，让他们实施重组，组织补给和后勤工作，并补充人员和武器，以确保日后发起的突破行动得到顺利贯彻。10月底，朱可夫元帅和白俄罗斯第1方面军司令员罗科索夫斯基元帅坦率地向斯大林指出这些问题：塞罗茨克、莫德林和普拉加之间的作战行动交给第47和第70集团军，除了造成严重的伤亡并使部队疲惫不堪外，没有取得任何结果。佩尔霍罗维奇的第47集团军遵照最高统帅部的命令赶往华沙与莫德林之间的维斯瓦河河段，并奉命扩大纳雷夫河上的登陆场。朱可夫认为这些徒劳而又辛苦的行动毫无意义，但斯大林并未被说服，两位指挥员赶至莫斯科向斯大林汇报时，他提出以坦克部队和航空兵加强第47集团军，以便让该集团军前出至维斯瓦河。尽管莫洛托夫抱怨不应该停止一场正在获得胜利的进攻，但朱可夫指出，德国人显然正在击退苏军的推进，他告诉斯大林："这种进攻除了付出伤亡，不会给我们带来任何好处。"随后，朱可夫以一种典型的战略分析触及问题的核心——苏军并不需要华沙西北部地区；应该从西南方实施迂回，同时向罗兹—波兹南方向发起"一场强有力的分割突击"，以此来夺取华沙。毫无疑问，这将粉碎德军的维斯瓦河防线，并为苏军机械化部队实施纵深突破打开通道。斯大林让朱可夫和罗科索夫斯基出去，敦促他们"再考虑一下"，20分钟后又把他们叫了回去，告诉他们，部队将转入防御，至于下一步作战计划，晚些时候再进行讨论。次日，斯大林又就另一件事征询朱可夫的意见——各方面军能否由最高统帅部直接领导（不再使用朱可夫或华西列夫斯基这些"协调员"）。朱可夫同意，因为方面军的数目减少了，整个战线的宽度也缩短了，这个提议完全可行。当晚，斯大林打电话给朱可夫，告诉他白俄罗斯第1方面军将在他（斯大林）所说的"柏林战略地区"作战，而该方面军将由朱可夫亲自指挥。朱可夫同意了。

　　11月初，三个白俄罗斯方面军（白俄罗斯第1、第2和第3方面军）被迫在"整个西部战区"转入防御。总参谋部的安东诺夫将军与作战部长什捷缅科以及A. A. 格雷兹洛夫和N. A. 洛莫夫（专门负责制定战略方向的策划人员）拟定了提交给斯大林和最高统帅部的草案。按照目前已成为一种标准的程序，这份草案的重点是战役的初期阶段，而对各方面军的后续任务只做了一般性规定。

"对整体态势以及盟军和轴心国军队的作战能力所作的全面评估"得出一个大致轮廓：目前，东面的苏联红军与西面的盟军离柏林的距离大致相等，西面有74个德军师和1600辆坦克，面对着87个盟军师和6000多辆坦克，而在东线，德军统帅部保持着300万名士兵、约4000辆坦克和2000架飞机。这样一份"收支清单"摆在面前，苏军策划人员对"争夺柏林的比赛"得出了一些明确的结论。很明显，对红军而言，中央地区（或"西部战区"）具有决定意义的重要性，提供了进入德国最直接的路线。但这里的德国军队肯定会实施最顽强的抵抗。为削弱中央地区的德军，苏联红军必须以最大的效率在两翼采取行动，不仅在匈牙利和奥地利，还要在东普鲁士。简而言之，对布达佩斯和维也纳发起一场强有力的突击意味着同时对柯尼斯堡展开进攻，从而将德军调离"西方向"。

给各方面军部署具体任务被证明复杂而又费力，因为沿西方向发起进攻使苏军总参谋部面对着东普鲁士及其精心构建的防御体系的问题。如果德军从东普鲁士发起突击，会对朱可夫元帅沿柏林方向攻击前进的右翼构成威胁，要消除这一威胁，只能派红军攻入东普鲁士，切断其与前线其他地区之间的联系。要做到这一点，需要投入两个方面军，一个从东面对柯尼斯堡发起进攻，另一个负责把东普鲁士德军与守卫"柏林方向"的A集团军群隔开。从南面和西南面对东普鲁士实施纵深迂回，此举还将确保沿华沙—波兹南—柏林接近地部署的苏军的侧翼。白俄罗斯第2和第3方面军迅速被分配给东普鲁士战役。至于"主要任务"，由维斯瓦河上的两个方面军（白俄罗斯第1方面军和乌克兰第1方面军）执行，他们将以一场向西的快速突击突破德军战略防线，这两个方面军得到大批坦克部队的加强，特别是坦克集团军和独立坦克军。

1944年11月初，苏军总参谋部拟定了计划，各方面军获得各自的任务，他们的突击方向也已确定，另外，各方面军的分界线、初期目标的纵深以及后续任务都已明确。苏军总参谋的作战计划提出，在45天内摧毁德国战争机器，这场攻势的纵深将达到375—440英里，行动分为两个阶段，但这两个阶段没有"战役间隙"。第一阶段将耗费15天，第二阶段30天。计划中的前进速度不太高，因为估计敌人会殊死抵抗，特别是在这场"最后的战斗"中。对这种抵抗的推测加入到各方面军的具体任务中：面对东普鲁士的防御，切尔尼亚霍夫斯基的白俄罗斯第3方面军当前任务的纵深确定为100—120英里[29]。白俄罗斯第1方面军将朝波兹南这个总方向攻击前进，乌克兰第1方面军将前出至格沃古夫（Glogau）、布雷斯劳（Breslau）和拉齐布日（Ratibor）西北面的奥得河河段。对白俄罗斯第1方面军来说，当前目标变为在两个不同地区同时发起进攻，突破敌人的防御，一旦华沙—拉多姆（Radom）地区的德军被歼灭，他们便赶往罗兹（Lodz）一线，这一阶段结束后，他们将朝波兹南方向推进，直抵布龙贝格（Bromberg）—波兹南一线，并扩大向南的突击，直到与乌克兰第1方面军取得会合。由于乌克兰第1方面军掌握着大批兵力，白俄罗斯第1方面军向南"扩展"似乎毫无必要，更大的可能性是，攻入东普鲁士的白俄罗斯第2方面军也许需要帮助，在这种情况下，朱可夫不得不把部分部队调往北面。

　　从一开始，这场直接针对德国的最终战役就被构想为一场分成两个阶段的行动，首先承受冲击的是"旧"方向（针对布达佩斯的南翼攻势）：苏军总参谋部的策划者们打算利用短暂的喘息之机把托尔布欣的乌克兰第3方面军（这股作战力量似乎在苏军作战序列内消失了很长一段时间）调入蒂萨河与多瑙河之间的区域，将其主力派往凯奇凯梅特南面。乌克兰第2和第3方面军靠拢后，该方面军应该可以提高前进速度，在20—25天内前出至班斯卡-比斯特里察—科马尔诺（Komarno）—瑙吉考尼饶（Nagykanizsa）一线，并在一个月内进抵维也纳郊区。苏军总参谋部估计，重要的南翼部队遭到歼灭的威胁必然会促使德军统帅部从中央地区抽调部队加强南翼，从而缓解攻向喀尔巴阡山北部的方面军所执行的任务的压力。苏军总参谋部的策划者毫不怀疑位于维斯瓦河下游的苏联红军能够到达布龙贝格并攻克波兹南，从而前出至布雷斯劳到易北河上的帕尔德比茨（Pardbitse）一线，并在更南面逼近维也纳，将苏军10月份的战线向前推进75—220英里。一旦到达这条战线，苏军就将发起第二阶段的行动，直至纳粹德国最终投降。

　　11月初，斯大林召集朱可夫元帅和安东诺夫大将，讨论总参谋部提交的计划。斯大林被说服进一步延长作战行动徒劳无益，他不太愿意取消目前的命令，但还是同意了。朱可夫明确反对跨过维斯瓦河发起一场正面进攻，斯大林又一次不太情愿地同意了。但在加强突击东普鲁士的部队的问题上——在朱可夫看来，最高统帅部不久前犯了错误——斯大林似乎不太愿意接受给白俄罗斯第2方面军加强一个集团军的建议，尽管显而易见的解决办法是从转入防御的波罗的海沿岸方面军抽调这股援兵。

　　几天后的11月7日和"十月革命纪念日"期间，苏联元帅托尔布欣、罗科索夫斯基和科涅夫以及切尔尼亚霍夫斯基大将在总参谋部制订计划，这是一场秘密会议，参加人员有所选择，因为最高统帅部这一次不打算像"巴格拉季昂"战役发起前那样举行一场由各方面军司令员参加的全体会议。各方面军计算出自己的需要，然后向总参谋部提交援兵和补给物资的要求。尽管这些初步讨论未对主要作战计划做出重大修改，但最高统帅部直到11月底才予以正式批准[30]。斯大林将"D日"定于1945年1月15日—20日的某天，但目前各方面军的策划工作继续进行，并未接到最高统帅部下达的正式指令，就连主要作战计划也没有以通常的方式获得批准。但关键性决定迅速确定了，那就是攻克柏林的指挥员人选问题。斯大林提出的人选是他的副手朱可夫，11月16日，这项任命正式下达，朱可夫担任白俄罗斯第1方面军司令员，罗科索夫斯基接替G. F.扎哈罗夫出任白俄罗斯第2方面军司令员。斯大林亲自打电话给朱可夫和罗科索夫斯基，将这一安排告知他们。

　　柏林战役独特的创新不在于更换方面军司令员，而是斯大林亲自担任参与战役的四个方面军的"协调员"。随着朱可夫出任负责作战行动的高级战地指挥员，斯大林亲自接手最高统帅部"协调员"，华西列夫斯基元帅被粗暴地解除了职务，只留下波罗的海沿岸第1和第2方面军发挥他卓越的才能——实际上，总参谋长（仍由华西列夫斯基担任）一职在目前军事态势停滞不前的状况下已变得可有可无。（华西列夫斯基得以摆脱这种状况并非斯大林良心发现，而是因为白俄罗斯第3方面军司令员切尔尼亚霍夫斯基的不幸阵亡。）

　　即便作战计划被普遍接受，指定给各方面军的任务仍有许多工作需要完成，特别是白俄罗斯第1方面军的作战行动。总参谋部的计划原本打算让白俄罗斯第1方面军从马格努谢夫和普瓦维登陆场发起进攻，以最快的速度突破德军防御，这个构想需要对朱可夫左侧的友邻部队——科涅夫的乌克兰第1方面军的进攻任务做出调整。对此，总参谋部提出，科涅夫方面军不使用"进入德国最短的路线"，而应该稍稍转向北面的卡利什（Kalisz）方向，因为最短的路线意味着攻入上西里西亚工业区——该地区的大量建筑物和设施对德军的防御极为有利。再往前便是德国的西里西亚，那里同样构成了强大的防御障碍。

与科涅夫元帅商讨这个问题，并将其提交最高统帅部后，苏军总参谋部提出另一个计划，从北面和东北面迂回西里西亚。这一改变带来两个好处，既能使西里西亚工业区免遭破坏，又能让科涅夫的部队进入掩护波兹南的德军的身后。斯大林亲自告诉科涅夫，必须确保西里西亚的工厂完好无损。

11月27日，朱可夫赶至最高统帅部，商讨他的作战行动。最新情报评估表明，苏军向正西面的任何推进都将遭遇到德军在精心构建的防线上实施的顽强防御。为确保突破行动和随后的向西推进能迅速取得成功，朱可夫建议，他的部队应先冲向罗兹，然后转向波兹南。这一次，斯大林毫无异议地同意了，白俄罗斯第1方面军修订后的作战计划正式添加到总体计划中。这个决定做出后，不再需要将科涅夫的进攻向北调整；布雷斯劳，而不是卡利什，成为乌克兰第1方面军的主要目标。11月底，苏军总参谋部完成了对即将发起的攻势的策划工作。除了一些小改动，整体计划保持不变。尽管最高统帅部的正式指令尚未下达，但进攻前的准备工作已在进行中，主要是集结预备队和囤积物资，特别是弹药。就连最简单的军事数据也透露出东线这场大突破的规模：苏联红军的兵力上升到650万人，外加100000门大炮和迫击炮、13000辆坦克和自行火炮、15000架飞机——55个"诸兵种合成"集团军、6个坦克集团军和13个空军集团军，为"最后一战"实施准备的部队不下500个步兵师。

11月20日，苏军大举攻入德国的作战计划基本完成之际，希特勒离开"狼穴"勉强完工的堡垒，赶往位于泽根堡的西线总司令部。他离开东普鲁士是因为德军即将在西线发动一场进攻——旨在"消除西线危机"的阿登攻势。希特勒将参与西线攻势的将领们召集起来解释他的决定时说道，完成这场攻势，"我们就能坚持到底"。为赢得时间并挫败敌人取得全面胜利的希望，希特勒打算先在西线发起进攻，然后把部队调往东线，击退苏军针对"德国堡垒"发起的进攻。尽管阿登攻势的军事影响从一开始就被证明是毁灭性的，但其引发的后果之一是苏联红军在1944年底发动了攻势，而希特勒拒绝接受这一事实，他愤怒地斥责东线外军处的预测"纯属虚构"。事实和数据也无法说服帝国严厉的新军纪官希姆莱，在古德里安面前，他傲慢又自负地嘲笑了苏军即将发起进攻的警告："……我根本不相信俄国人会发动进攻，这完全是一场巨大的虚张声势……"

1. 译注：应为7月15日。

2. 译注：吉拉斯是南斯拉夫游击队最高司令部成员，也是铁托为首的南共最高领导层核心成员之一。

3. 译注：1941年4月，德军入侵南斯拉夫后，扶持起傀儡政权"克罗地亚独立国"，"乌斯塔沙"运动领导人巴维里奇担任首相。

4. 译注：铁托、卡德尔、吉拉斯和兰科维奇并称"游击队四巨头"。

5. 译注：这里的"西方人"指的是西方国家的共产党人。

6. 译注：指政治上的勾心斗角、尔虞我诈。

7. 译注：托尔布欣还掌握着近卫机械化第4军。

8. 译注：应为德涅斯特河河口。

9. 译注：应为"向南面和西南面"。

10. 译注：疑为上文提及的"Leuseni"，原书的此类错误非常多。

11. 译注：疑为上文提及的"Reni"。

12. 译注："Maros"就是"Muresul"，不同语种的不同拼写。

13. 译注：前文的写法是"Miskolcz"。

14. 译注：应为1943年2月。

15. 译注：热尔托夫是方面军军事委员会委员。

16. 译注："正前方"的表述有些含糊，毛科在塞格德东面。

17. 译注：果断措施指的是苏军战机从尼什机场起飞，与美机展开混战，双方互有损伤。

18. 译注：时任匈牙利西部军区司令的鲍考伊是少将。

19. 译注：1944年9月23日，"南乌克兰"集团军群更名为"南方"集团军群。

20. 译注：布达佩斯其实是两座城市，多瑙河将其隔开，西岸是布达，东岸是佩斯，通过河上的九座桥梁连接。

21. 译注：人民冲锋队完全是民兵组织，由平民百姓组成，而前文提到的人民掷弹兵师是以国防军被打残的师拼凑、改编、重建而成，这是两个完全不同的建制。

22. 译注：原文为法语"levée en masse"，指未被占领之地的居民在敌军接近而来不及编制时拿起武器抵抗入侵敌军者。

23. 译注：好莱坞著名女影星。

24. 译注：这里的"红军"特指苏联陆军。

25. 译注：洛莫夫当时是远东方面军副参谋长。

26. 译注：松冈洋右当时在莫斯科与苏联签订了《日苏中立条约》，斯大林亲自到火车站为他送行。

27. 译注：应为大艾克考，这是个德语名称，实际上就是伊耶察瓦。

28. 译注：即高亚河。

29. 译注：据什捷缅科回忆录记载，这一纵深为50—60公里。

30. 译注：据什捷缅科回忆录记载，最高统帅部直到12月底才正式批准该作战计划。

472 ·

第七章
攻入纳粹德国: 1945.1–1945.3

　　1944年12月16日拂晓前不久，随着最后的部署被浓雾和阵雪所遮蔽，3个德国集团军的25个师，在阿登山区沿一条70英里长的战线发起进攻，而据守防线的美军师寥寥无几。一直持续到1945年1月的突出部战役以一场突如其来的打击拉开帷幕，起初取得了很大的成功。德国人的目标是安特卫普，意图是切断盟军，并将4个盟军师歼灭在北部地区，德军装甲师赶往默兹河。北面，尽管"派普"战斗群全力突破，屠杀了沿途所遇到的士兵和战俘，但泽普·迪特里希的第6装甲集团军却难以抵达他们迫切需要的公路。中央地区，圣维特（Saint-Vith）的南面，曼陀菲尔第5装甲集团军辖下的2个军突破美军薄弱的防御冲入卢森堡，并利用穿过比利时小镇巴斯通（Bastogne）的道路赶往默兹河。包围巴斯通后，德军坦克继续冲向默兹河，不料12月23日天色突然放晴，他们被赶来的盟军空中力量逮住。

　　圣诞节当日，德军先头装甲部队距离默兹河仅差3英里，但在遭遇到美军第2装甲师阻截之际，沮丧的古德里安大将从措森的司令部赶往吉森附近的阿德勒霍斯特城堡，参加希特勒与其他军事顾问召开的会议。古德里安确信，继续西线的攻势徒劳无益，已无法给德国带来决定性胜利，他打算要求元首取消阿登攻势，把所有可用的部队调至东线，那里的警示灯已亮起。尽管切尔尼亚霍夫斯基叩响东普鲁士大门的举动暂告停顿，相对的平静降临在纳雷夫河和维斯瓦河防线，但匈牙利战役加剧了，托尔布欣的乌克兰第3方面军加入到马利诺夫斯基乌克兰第2方面军的行动中，激烈的战斗在布达佩斯肆虐，苏军的两个方面军在严冬中奋战，封闭了对德国守军的包围。陷阱已然关闭。

为说服希特勒，古德里安做了充分的准备。东线外军处负责人盖伦带来一份详细的简报，说明强大的苏军即将在很短的时间内从东面突入德国境内。苏军与德军目前仅隔着一条已从4400公里缩短为2000公里的战线；这条战线从波罗的海的梅梅尔起，沿东普鲁士边境直至华沙东面的维斯瓦河防线，然后跨过波兰和捷克斯洛伐克东部，延伸至布达佩斯北面的多瑙河、巴拉顿湖（Balaton）和德拉瓦河（Drava），在这个交界处，铁托元帅的南斯拉夫人民解放军接替了苏联红军，据守着从萨拉热窝以东直抵位于扎达尔（Zadar）的亚得里亚海海岸的广大区域。只有被困于库尔兰半岛的德军部队仍处在苏联领土上，这是一支很有用的预备力量，却被苏军困住了。沿德国东部边境集结的苏军非常庞大，近600万人，9个方面军准备为这场最后的战役发起各自的进攻。盖伦的报告基于对战俘的审问和对苏军作战意图的评估（日期分别为12月5日和22日），这份报告被残酷地读了出来。报告中指出，苏军的大规模攻势最迟在"1月中旬"发起，他们投入的力量毫无疑问将把东线德军残余的部队彻底消灭。苏军作战计划的实质是在匈牙利发动猛烈进攻，将德军预备队调离A集团军群和中央地区，随后，苏军统帅部将对德国核心地区发起他们的主要突击。

尽管防线大为缩短，但在古德里安看来，这道防线还是太长。位于库尔兰的德国军队仍在执行希特勒坚守到底的命令；希特勒反对巴尔干地区和挪威"紧急疏散"，他拒绝接受前沿防线（HKL）应该与主防线相隔数英里的建议——按照这项建议，苏军将把兵力和弹药耗费在第一道防线上，而在第二道防线，他们将遭遇到德军真正的防御力量。忽略这一建议的结果导致了灾难的发生：主防区和寥寥无几的预备队成为主要目标，都暴露在苏军炮火的轰击下。希特勒并不满足于抛弃古德里安提出的战术方法，他还斥责苏军即将发起进攻的说法荒诞不经，完全不理会盖伦的报告，并对大批苏军即将攻入德国的看法大加嘲讽。希特勒认为，一个苏军步兵师的兵力不超过7000人——这个估计不算太离谱，但他断言苏军坦克集团军缺乏坦克却不啻为愚蠢的自欺欺人。

希特勒拒绝面对哪怕是一点点事实，这使他忽略了苏军即将在东线发起的进攻，尽管盖伦的结论完全相反。不出所料，希姆莱也持同样的看法，他坚信元首是不会错的，甚至从未想过元首会犯错；约德尔也持大致相同的观点，他不是个不懂军事的人，但他坚持认为，无论德国的东部边境以及脆弱的东部省份会遭遇到怎样的结果，都应该在西线继续进攻。古德里安的恳求没能改变希特勒的想法，他已在考虑对英美军队再次发起打击的问题——旨在收复阿尔萨斯地区的"北风"行动。

尽管希特勒沉溺于对西线发动进攻并取得"决定性胜利"的幻想中，但苏军在匈牙利施加的压力迫使他不得不转身回望东线战事。整个11月，马利诺夫斯基的乌克兰第2方面军继续进行着猛烈的进攻，月底时，他们杀向布达佩斯北面，但在匈牙利首都西北方的马特劳（Matra）丘陵受阻。马利诺夫斯基再次暂停了他的攻势。与此同时，11月第一周期间在莫哈奇（Mohacs）—巴蒂纳（Batina）—阿帕丁（Apatin）地区跨过多瑙河到达西岸的托尔布欣乌克兰第3方面军，缓慢地杀出他们来之不易的登陆场，湿软的地面严重妨碍了苏军的推进，而托尔布欣零零碎碎投入部队的方式也没能为这场进攻提供帮助。直到11月底，托尔布欣才将大批部队投入巴蒂纳和阿帕丁登陆场，这股援兵终于改变了战场态势，苏军得以冲向巴拉顿湖和韦伦采湖（Velencze，大致位于巴拉顿湖北端与多瑙河的中间位置）。

就在托尔布欣从西南方赶来之际，马利诺夫斯基于12月5日发起一场短暂而有力的突击，旨在打开一条从西北方进入布达佩斯的通道：舒米洛夫的近卫第7集团军从豪特万（Hatvan）西北面发起进攻，克拉夫钦科的近卫坦克第6集团军和普利耶夫的"骑兵–机械化"集群随后赶往布达佩斯东北方；而第53集团军冲向谢岑（Sezcen），第46集团军直奔切佩尔岛（Csepel island），从而从西南方迂回布达佩斯。在这场初步行动中，托尔布欣的任务是从多瑙河上的登陆场朝两个方向发起突击——近卫第4集团军、坦克第18军以及戈尔什科夫的骑兵军赶往塞克什白堡（Szkesfehervar），第57集团军冲向瑙吉考尼饶。托尔布欣这场向西、向北的两路突击意图迷惑德军统帅部，他们可能会认为苏军的主要目标在左侧，从德拉瓦河与巴拉顿湖之间的"缺口"进入奥地利；不管怎样，向北冲入韦伦采湖地区将使乌克兰第3方面军进入到距离布达佩斯30英里的范围内。

12月5日早上，在45分钟炮火准备的掩护下，马利诺夫斯基的乌克兰第2方面军重新发起对布达佩斯的进攻，舒米洛夫的近卫第7集团军一马当先，对德国第6与第8集团军的结合部发起打击。连着一个星期，舒米洛夫的步兵和克拉夫钦科的坦克冲过沟渠和运河，从北面稳步包抄布达佩斯，切断了匈牙利首都与北部工业区的每一条道路连接。苏军坦克部队沿两个德国集团军的分界线冲向瓦茨（Vac），这个非常重要的强化堡垒位于布达佩斯北面的多瑙河河曲部。冲向瓦茨的行动得到夺取纳吉扎尔（Nagyszal）和泰佩赫（Tepekh）山的掩护，这是彻底包围布达佩斯的第一阶段行动。第46集团军位于东南方的部队已于12月4日午夜前开始强渡多瑙河，到早上，已有11个苏军步兵营渡过河去，并迅速扩展了登陆场，尽管德军频频发起反击，试图在埃尔奇（Ercsi）地区堵住多瑙河上的这条通道。12月9日，第46集团军的步兵单位肃清埃尔奇，并在韦伦采湖地区与乌克兰第3方面军的先头部队取得会合。就在前一天，托尔布欣的部队肃清了巴拉顿湖南部边缘的德军，并赶往塞克什白堡和瑙吉考尼饶郊外；傍晚时，近卫第4集团军逼近巴拉顿湖与韦伦采湖之间的德军防线，其左翼部队靠近韦伦采湖东南岸，以便与乌克兰第2方面军辖下的第46集团军会合。托尔布欣最左翼的第57集团军前出至巴拉顿湖南岸，并赶往西南方的德拉瓦河，在西岸的巴尔克斯（Barcs）夺取一座登陆场。

什列明的第46集团军一路杀向布达佩斯南郊，不可避免地遭受到严重伤亡。仅以一个实力受损的集团军完成"西部包围圈"显然是不可能的，12月12日，最高统帅部下达了一道修订后的指令，把这个任务交给托尔布欣乌克兰第3方面军的右翼部队，第46集团军转隶乌克兰第3方面军（该集团军的作战区域由担任马利诺夫斯基预备队的近卫步兵第18军接防）。最高统帅部的指令还规定了苏军包围行动必须采取的形式：马利诺夫斯基的乌克兰第2方面军（辖28个步兵师，6个骑兵、坦克和机械化军以及15个罗马尼亚师）接到正式命令，将德国守军困在多瑙河东岸的佩斯，同时继续完成北部包围圈，切断德军向西北方逃生的通道；托尔布欣的乌克兰第3方面军以15个步兵师和4个机械化军，从韦伦采湖朝北面的比奇凯（Bicske）突击，以便进抵埃斯泰尔戈姆（Esztergom）地区的多瑙河南岸，从而切断德军向西的逃生通道。托尔布欣的部分部队也从比奇凯直接攻向布达佩斯，与马利诺夫斯基的乌克兰第2方面军共同夺取匈牙利首都。马利诺夫斯基右翼的2个集团军（第40和第27集团军，外加1个罗马尼亚集团军）脱离争夺布达佩斯的战斗，奉命向北实施宽大的迂回，以跨过匈牙利与捷克斯洛伐克的旧边境，进抵下塔特拉山山麓，再进一步赶往西南方的尼特拉河。

　　马利诺夫斯基打算以第53集团军、近卫第7集团军和近卫坦克第6集团军攻向瓦茨和多瑙河伸向北面的河曲部，朝西北、西和西南方发起向心攻击，与托尔布欣的乌克兰第3方面军相配合，彻底包围布达佩斯。1944年12月23日傍晚前，3个军必须夺取佩斯。右翼部队冲向斯洛伐克和尼特拉河，并赶往从摩拉维亚山口通向布达佩斯的道路；这股苏军将与从科马尔诺地区推进的普利耶

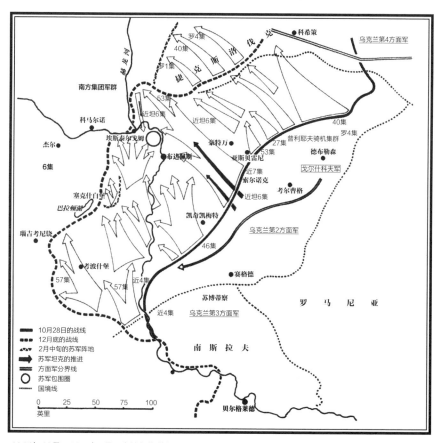

1944年10月—1945年2月，布达佩斯战役

夫"快速集群"相配合，直奔布拉迪斯拉发。托尔布欣的乌克兰第3方面军打算从韦伦采湖东面和西面两个狭窄的地域突破"马尔加雷滕防线"（德军这条防线从巴拉顿湖延伸至豪特万）。一旦突破这道防线，托尔布欣的部队将与马利诺夫斯基的方面军相配合，封闭布达佩斯包围圈，以第46集团军构成对内正面，同时向西面和西北面推进，构成对外正面。

战线后方，被苏军占领的匈牙利领土上，斯大林匆匆组织起一个匈牙利新政府，尽管把新政府设在新夺取的布达佩斯的计划在10月份严重受挫。当月月底，流亡的匈牙利共产党人（其中一些人是匈牙利第一个"苏维埃共和国"的幸存者，其他许多人在两次世界大战之间逃至苏联）跟随苏联红军的辎重车返回，同行的还有NKVD官员以及已改变政治信念的战俘。这个政府目前不得不待在塞格德狭窄的斗室，而不是布达佩斯的豪宅，但"塞格德中心"很快便开始了运作，与匈牙利抵抗运动组织以及东部潜在的同情者取得联系。匈牙利共产党在苏联当局的帮助下建立起党组织，但目前的政策要求成立一个"人民阵线"，这需要其他政党存在并建立一个民主联盟，同一群鼓动者和组织者帮着鼓舞其他政治团体——社会民主党和小农党，以及积极促进农民利益的全国农民党。这四个政党构成了匈牙利民族解放阵线的基础。地方性"国民委员会"在各个村镇迅速出现，共产党的影响力占据了主导地位，但在一开始，共产党并未感觉到其他政党（特别是全国农民党）像他们希望的那样成为橡皮图章。

1944年12月3日，在塞格德举行的一场群众大会上，匈牙利解放阵线正式宣布了他们的政治纲领，要求取缔所有法西斯和"反民族"组织，将这些分子清除出国家机构，保障政治权利和自由的制度，以及实施土地改革，国家控制银行，石油工业、煤矿和铝土矿实现国有化的全面方案，并保证8小时工作制。"塞格德纲领"还号召各个村镇都建立起"国民委员会"，以此作为解放阵线的相关机构，并呼吁召开"国民大会"，以起草宪法并组建临时政府。两天后，另一场大会在德布勒森召开，发出相同的政治纲领。一个"国民委员会"在德布勒森成立，当月月底，这里成为临时政府所在地，尽管塞格德继续发挥着相当大的影响力。一周内举行了"临时国民议会"选举，12月21日，临时国民议会在德布勒森召开，237名代表参加会议（其中71人是共产党员）。

12月22日，会议选举出一个"政治委员会"掌管权力，该委员会又推选米克洛什（前匈牙利第1集团军司令）为总理和临时政府首脑，政府成员包括3名共产党人、3名小农党代表、1名全国农民党成员和4名"霍尔蒂派"，其中包括米克洛什将军。在军事行动造成的废墟和行政管理带来的混乱中，一种社会主义新秩序开始出现，这与政府形式无关，而斯大林正与匈牙利目前的"临时政府"商谈停战条款。1945年1月初，匈牙利代表团正式抵达莫斯科。

国民委员会在被解放领土上着手组织国民议会选举时，希特勒决心继续战斗，并在匈牙利发起反击，他于12月中旬下令将布达佩斯变为一座要塞，必须坚守到底。除了这个防御措施，他还下令投入一支装甲部队，在巴拉顿湖与韦伦采湖之间发动一场反击，目标是冲向东南方的多瑙河。德军将从东普鲁士抽调3个装甲师和2个步兵师交给身处匈牙利的弗里斯纳大将，由他们来执行上述任务。但在弗里斯纳看来，这两个任务带来了新的问题：3个装甲师（隶属于第6集团军）发起的反击将跨过被水淹没或满是沟壑的地区；而像希特勒设想的那样守卫布达佩斯，意味着大批部队将被牵制在城市东部（佩斯），为一场防御战做好更为有效的准备，可即便在这最后的时候，布达佩斯也没有显现出太多已做好防御准备的迹象。位于多瑙河西岸的布达形成了一座天然堡垒，高耸的格列尔特山急剧下降到多瑙河，布满地下洞穴、通道和在岩石上凿出的窗扉。稍北面屹立着另一座高地——城堡山，同样满是洞穴和坑道；反过来，这两座山丘又得到布达山的掩护。东面，布达两座山丘控制下的多瑙河另一端和低洼地上屹立着佩斯和几个工业郊区——新佩斯（Ujpest）、佩斯乌伊赫尔（Pestujhel）、克班雅（Kobanya）、基斯佩斯（Kispest）和伊丽莎白伐尔瓦（Erzsebetfalva），那里布满坚固、庞大的建筑物以及各种公共建筑，很容易改造成强大的城市堡垒。

苏军的两个方面军逼近匈牙利首都时，布达佩斯的居民正准备欢度圣诞，这座城市尚未转入战时状态，日常生活与平日没有太大区别。德军第8装甲师向布达佩斯北面发起一场进攻，但没能让克拉夫钦科的近卫坦克第6集团军偏离推进路线；因野蛮镇压华沙起义而臭名昭著的"迪尔勒旺格"旅溃不成军。为堵住这个缺口，古德里安（希特勒也亲自下达了命令）命令位于布达佩斯南面的2个德军装甲师将其步兵力量调至北面，而他们的坦克却留在马尔加雷滕防线的巴拉顿湖地区——这个决定导致位于南部地区的德国第3装甲军没有了步兵力量，听任对面苏军师的摆布。不可避免的清算即将到来，古德里安没有等太久。12月20日早上，马利诺夫斯基和托尔布欣遵照最高统帅部12月12日的指令重新发起攻势。克拉夫钦科的近卫坦克第6集团军冲向西北方，进攻发起的第一天便前进了20英里，并到达赫龙河（Hron）。舒米洛夫的近卫第7集团军取得10英里的进展，逼近伊佩尔河（Ipel）河谷，对此，德军投入强有力的装甲部队发起猛烈反击——这些坦克从巴拉顿河调来，在伊佩尔河与赫龙河之间反复发动进攻，反击持续了一个多星期。12月24日晚，马利诺夫斯基命令克拉夫钦科攻向埃斯泰尔戈姆（这要求他转向南面），舒米洛夫奉命以他的左翼部队突破至赫龙河。普利耶夫的"快速集群"以一个军从北面提供掩护，克拉夫钦科的坦克正式转向南面，但遭到德军的顽强抵抗；现在的战斗几乎是并肩进行，近卫坦克第6集团军的坦克和近卫第7集团军的步兵一同向南冲去，12月26日在埃斯泰尔戈姆北面到达多瑙河。托尔布欣也于12月20日发起主要突击，从布达佩斯西南方向前推进，设法与马利诺夫斯基从北面和西北面而来的部队取得会合。德军在南部地区的抵抗同样顽强，塞克什白堡地区爆发激战；托尔布欣在第一天投入两支坦克部队（近卫机械化第2军和机械化第7军），12月21日又将坦克第18军投入战斗。苏军步兵起初进展缓慢，因为提供支援的坦克被调去对付大批德军坦克；机械化部队也长时间陷入步兵战中。

经过三天激战，托尔布欣的方面军沿一条60英里长的战线突破德军的防御，只有塞克什白堡仍在坚守，但苏军的推进导致继续抵抗变得毫无意义，塞克什白堡的德国守军被迫撤离。突破德军防御后，托尔布欣投入右翼的坦克第18军，令其向北推进，赶往埃斯泰尔戈姆。坦克第18军军长戈沃鲁年科决定从三个方向包抄比奇凯，然后以一个摩托化步兵旅攻入该镇。12月24日下午，苏军肃清比奇凯，两个旅冲向埃斯泰尔戈姆，第三个旅掩护着左翼，经过大约5个小时的战斗，埃斯泰尔戈姆也被肃清。12月26日，乌克兰第2、第3方面军取得会合，彻底包围了布达佩斯。

赫龙河防线已崩溃。在布达佩斯北面的多瑙河河曲部，托尔布欣困住一股实力相当强大的德军，他的先头部队距离德军的一个主要基地科尔马诺（Komarno）已不到20英里。苏军统帅部尽快加固了包围圈，马利诺夫斯基的部队收紧对布达佩斯的包围，托尔布欣强化了从多瑙河到科尔马诺以东再到巴拉顿湖的防线。但马利诺夫斯基的"布达佩斯集群"（近卫第7集团军的1个军、罗马尼亚第7军和近卫步兵第18军）再次发现，突入城内的任务完全超出他们的能力，12月26日—31日，一连四天的激战只造成了严重的伤亡，在近郊取得的进展微乎其微。苏军停在距离市中心7—10英里处，离佩斯更远些，但佩斯以其平坦的地面和良好的道路体系为苏军组织一场突击提供了更好的条件。苏军指挥部估计，包围圈内困住了12个德军师，共188000人；城内有4个德军师（第13装甲师、党卫队"统帅堂"[1]师和2个党卫队骑兵师）和一些匈牙利部队，他们被迫成了守军。12月29日的整个夜间和早上，苏军前沿阵地的大喇叭一直在用德语和匈牙利语播放着要求布达佩斯投降的各项条款。苏军大炮停止了射击，乌克兰第2和第3方面军都派出军使，前往德军指挥部商谈投降事宜，马利诺夫斯基的司令部派出米克洛什·施泰因梅茨上尉（他是个土生土长的匈牙利人），托尔布欣方面军派出的是奥斯塔片科上尉。施泰因梅茨的卡车上插着一面硕大的白旗，却遭到德军阵地的猛烈火力射击，结果卡车被地雷炸毁，施泰因梅茨和一名中士阵亡。奥斯塔片科穿过德军防线，被蒙上眼睛带到一个指挥部，那里的一名德国高级军官拒绝接受苏军的文书，也不愿进行任何谈判。奥斯塔片科和两名同伴被再次蒙上眼睛送回，可就在穿越德军前沿阵地时，一串子弹击中了他的后背，不过他的两名同伴（奥尔洛夫和戈尔巴丘克）死里逃生。

　　希特勒不打算放弃布达佩斯，反而想从俄国人手中重新夺回这座城市。解除弗里斯纳和弗雷特-皮科（第6集团军司令）的职务，并以韦勒和巴尔克取而代之后，希特勒命令古德里安把党卫队第4装甲军从"中央"集团军群调至匈牙利（苏军统帅部注意到了这一调动，但没有发现这支装甲部队将被投向何处）。吉勒的装甲军在科尔马诺火车站卸载，直接对比奇凯—布达佩斯发起进攻，这场向东南方的突击对准的是扎哈罗夫的近卫第4集团军[2]的侧翼。1945年1月1日22点30分，德军对苏军发起猛攻，凌厉的打击落在博布鲁克近卫步兵第31军头上。德军战机也出现在空中，为装甲部队的反击提供支援，接下来的几天，德军的攻势越来越猛，引起托尔布欣极大的焦虑。德军装甲师沿着狭窄的正面发起进攻，100多辆坦克冲向比凯奇——距离正忙于击退从布达发起进攻的德军的苏军部队只有15英里。为缓解托尔布欣的压力，苏军最高统帅部1

月4日下达命令，要求马利诺夫斯基以近卫坦克第6集团军和近卫第7集团军攻向科尔马诺，突击的目标是党卫队第4装甲军的后方。托尔布欣也奉命冲向科尔马诺，与马利诺夫斯基相配合，包围这个装甲军。

1月6日清晨，马利诺夫斯基的左翼部队（近卫坦克第6集团军和近卫第7集团军）从赫龙河一线发起进攻。中午，他们在西岸夺得一片很大的登陆场。但到傍晚时，德军堵住苏军的进攻，并沿多瑙河南岸推进，一举拿下了埃斯泰尔戈姆，威胁到克拉夫钦科的近卫坦克集团军的后方。激烈的战斗在赫龙河与尼特拉河之间持续，德军预备队在这里暂时阻挡住了苏军的进一步推进。就在苏军竭力击退德军朝布达佩斯守军方向突破的第一次尝试时，德军第3装甲军从摩尔（Mor）南面的突出部发起第二个进攻，目标直指扎莫伊（Zamoja）；辖3个装甲师的这股力量将与在比奇凯北面作战的德军取得会合。1月7日—11日，一连五天，比留科夫的近卫步兵第20军在机械化第7军的支援下击退了布赖特的第3装甲军，该军只获得几英里进展，坦克力量遭到严重损失后被迫转入防御。德军杀开血路穿过比奇凯的企图落了空，但他们的第三个进攻（旨在将托尔布欣的乌克兰第3方面军切为两段）造成了更加危险的态势。吉勒的党卫队第4装甲军迅速脱离战斗，退回科尔马诺，他们在这里登上火车，似乎将继续向西后撤。近卫第4集团军司令部完全被敌人的这一举动所欺骗，急于对"被击败"的敌人发起追击，但这股敌人并未消失在西面，而是突然出现在南面的巴拉顿河地区，塞克什白堡西南方。

1月18日早上，阴冷的冬日下，党卫队第4装甲军的坦克冲向格涅金既没有坦克也没有自行火炮的步兵第135军。德军装甲部队8点30分出发，当天便取得极大的进展，他们甩开几近全军覆没的步兵第135军，迅速向东冲去，赶往多瑙彭泰莱（Dunapentele），第一天推进了20英里，并将匆匆赶来堵截他们的机械化第7军打垮。苏军坦克第18军和步兵第133军也没能挡住德国人的坦克。1月19日傍晚前，德军抵达萨尔韦茨运河（Szarviz），拂晓时，他们成功实施强渡，并于当日下午到达多瑙彭泰莱。1月20日早晨，德军顺利到达多瑙河。托尔布欣位于多瑙河西岸的方面军被切为两段，这种状况引起苏军指挥部极大的焦虑。苏军也在塞克什白堡苦战，以守住这个重要的公路和铁路枢纽；在坦克第18军和步兵第133军的支援下，苏军暂时守住该镇，尽管这两个军在战斗的同时也遭到了包围。1月20日晚，随着南翼被撕开一个大缺口，第57集团军（以及保加利亚第1集团军和南斯拉夫第12军）受到被包围的威胁，托尔布欣用电台呼叫第57集团军司令员沙罗欣，询问他对撤回多瑙河东岸的看法。沙罗欣简单地指出，德国人可以抢先到达多瑙河上的渡口，第57集团军如果后撤，会陷入更艰难的困境中——唯一的办法是留在原地，必要的话在包围圈内战斗。托尔布欣同意了，他很可能把这个主张向斯大林做了汇报，因为后者已命令他考虑把部队撤回多瑙河后方的问题。

可是，吉勒的党卫队第4装甲军刚刚开始他们在苏军阵地上的横冲直撞。托尔布欣竭力加强防线的对南正面时，德军装甲部队转向北面和西北面，朝驻守在韦伦采湖与多瑙河之间的苏军扑去——这是通往布达佩斯最短的路径。1月22日早上，德军坦克发起猛攻，再次重创近卫第4集团军，进入韦伦采湖—多瑙河地区的德军主力对塞克什白堡发起第二次进攻，当晚，苏军放弃了这座已坚守四天的镇子。现在的情况很明显，托尔布欣的乌克兰第3方面军无法挡住德军朝布达佩斯的推进。1月24日夜间，德军一支强大的装甲部队突破了近卫骑兵第5军和近卫机械化第1军据守的防御阵地，朝西北方攻击前进，到达距离布达佩斯南郊仅25公里处，城内至少有一个德国军可以突出包围圈，与赶来救援的装甲部队取得会合。但这种情况并未出现，仅仅因为希特勒不愿这样做——他希望重新夺回布达佩斯，而不是救出守军。马利诺夫斯基也主动介入了，他把坦克第23军调至多瑙河西岸，命令该军进入横跨布达佩斯南面道路的阻击阵地，这个决定和再部署并未获得苏军总参谋部的批准。但不管有没有得到批准（最高统帅部1月22日的指令中提及该坦克军的调动），这一部署都加强了苏军在布达佩斯西南面的防御，挽救了近卫第4集团军。党卫队第4装甲军的攻势渐渐失去了势头。

德军坦克在布达佩斯西面和南面发动猛攻之际，马利诺夫斯基的突击部队在城内进行着激烈的战斗，这座城市已遭到苏军猛烈的炮击，现在俄国人的飞机又试图将城内所有据点炸为平地。多瑙河西岸，苏军的大炮抵近布达，猛轰山上的防御阵地（特别是格列尔特山），而北面的马提亚斯山已落入俄国人手中，从这个有利位置，苏军的炮火不仅能轰击布达，也能在火力打击范围内攻击佩斯。1月1日，马利诺夫斯基的先头部队进入郊区——新佩斯、拉克斯帕罗塔（Rakospalota）、佩斯乌伊赫尔、克班雅——马利诺夫斯基建议从多瑙河东岸的这片地区，以他的"布达佩斯集群"（步兵第30军、罗马尼亚第7军和近卫步兵第18军）对城市发起突击；布达位于城市西部，按照初步计划分配给乌克兰第3方面军的第46集团军，但布达佩斯接近地的激战严重消耗了该集团军的力量，他们已无法参加长时间的艰巨战斗，逐街逐巷地肃清这座城市。

被包围的德国守军疯狂地忙碌起来，对整座城市进行改造，以应对苏军的围困：建筑物得到强化，大批多层住宅楼、火车站、工业设施以及豪华而又坚固的公共建筑都部署了守军和武器装备。地下通道和洞穴为守军提供了特殊的优势，他们可以利用这个庞大的地下交通体系把一个个小型堡垒连接起来；上方的街道上，只要能保证燃料供应，德国人的坦克、自行火炮和装甲车便可以对付苏军的突击小组。

1月份第一周结束时，随着必要的炮兵集结和突击群的组建，马利诺夫斯基对东郊发起了计划周详、目的明确的进攻。德军指挥部并不打算在城市外围进行破釜沉舟的战斗，因为这肯定会让德军战斗群被苏军坦克的突袭和快速推进所包围。最初几天的战斗使苏军深入到城市东段——新佩斯、拉克斯帕罗塔、帕洛陶伊法鲁（Palotaujfalu）、佩斯乌伊赫尔、克班雅和基斯佩斯的郊区——但苏军总参谋部开始对战役零零碎碎的性质产生担心。1月10日，苏军总参谋部在发给马利诺夫斯基的电报中指出，目前投入的苏军部队（近卫第7集团军司令员指挥的2个步兵军、方面军司令部直接指挥的近卫步兵第18军）缺乏"统一的方向"，并提议组建一个特别战斗群，由方面军司令部直接控制。次日，"布达佩斯战斗群"应运而生，并交给近卫步兵第18军军长I. M.阿富宁少将指挥。

阿富宁的特别战斗群奉命于1月12日早上发起一场双重突击，目标是将佩斯的防御切为两段。1月14日傍晚前，苏军将突破至多瑙河。苏军指挥部非常清楚，夺取布达佩斯的真正战斗即将开始，东郊和北郊的包围圈已收紧，苏军还将夺取布达北面的奥布达（Obuda），并占领切佩尔岛上的工业设施。从这里开始，包围圈必须全力收紧。各步兵师分配的进攻区域大约为400—800米宽，而各个团的作战正面仅为150—300米；侧翼尤为脆弱，特别预备队在清理行动中发挥了重要作用，每位团长通常掌握一个冲锋枪手连、一个工兵班和一个侦察班，以确保地窖或屋顶，并为先头部队的后方提供掩护。军属和师属炮兵对远程目标发起打击，其他火炮也做好了随时以直瞄射击开火的准备，它们通常隐蔽在建筑物底层（尽管也有些火炮部署在屋顶）。必须用炮火炸开障碍物或防御支撑点时，大口径火炮（132毫米、152毫米和203毫米口径）也以直瞄的方式开炮射击。但布达满是狭窄曲折的街道、坚固的石质住宅或别墅，苏军士兵发现部署大炮极为困难，不得不把这些火炮分配给一个个突击队，以提供掩护或支援火力。

1945年1月11日后，争夺佩斯的战斗加剧了。冬日带来伴随着雪花的浓雾，笼罩着各条街道和建筑物。苏军突击小组无法沿被德军火力覆盖的街道推进，但他们穿过墙壁上炸开的孔洞或利用不太暴露的位置朝他们的目标逼近。如果没有孔洞，苏军便用大口径火炮为步兵轰开通道，或是由工兵布设起"工兵火炮"（这是一种简易发射器，用缴获的德军炮弹射击），消灭敌人的阵地和火力点。激战造成的残垣断壁散落在佩斯中心区域的接近地。在陶瓷工厂，德军建立起环形防御阵地，以一扇扇窗户作为机枪火力点，迫使苏军步兵不得不发起突击夺取相关建筑，他们杀开血路冲入严重损坏的屋内，再从外面把那些企图穿过窗户逃到安全处的德军士兵射倒。在相邻的纺织厂，大部分德国守军已被消灭。

德军坦克试图在一片片开阔地（例如花园和公园）击退苏军突击队，但随着一座座工厂的失守，猛烈的空袭从天而降，补给物资彻底耗尽，弹药也所剩无几。燃料消耗得非常快，无法开动的德军坦克陷入孤立无援的境地，只能作为固定炮位将剩下的炮弹发射一空。德军指挥部组织起最后的防御，坚守赛马场，Ju-52利用那里的草坪作为紧急跑道降落，送来弹药，运走伤员。一个德军炮兵旅部署在这里，掩护这条临时跑道，但由于弹药日益短缺，炮组人员的伤亡逐渐加剧，情况变得越来越危急。1月12日，苏军步兵终于冲过燃烧的坦克、突击炮和各种车辆构成的环形防御圈，夺取了赛马场，从而切断了德国守军脆弱的补给线。1月13日，城市公园落入苏军手中，他们随后又肃清了人民公园，并朝医院冲去。德军在费伦兹车站拼死抵抗，击退了苏军从两侧、从公园和从他们刚刚夺取的机器制造厂发起的进攻。停在侧线的火车车皮成为机枪阵地，突击炮和坦克朝铁路线开炮射击，拦截从公园而来的俄国人，但东站和费伦兹车站最终还是失守了。现在，俄国人已逼近多瑙河上的铁路桥，但最激烈的战斗仍在佩斯中心地带肆虐，主要围绕着议会大厦、歌剧院和大学。

经过五天毫不间断的巷战，1月17日，佩斯几乎已完全落入苏军手中，德军的防御被切为三段。匈牙利士兵的斗志较弱，但德军士兵保持着凶猛的作战风格，他们只是被逼退到多瑙河，河上能让他们逃至安全处的桥梁已被炸毁。佩斯残余的守军撤至距离河岸1000码处，却发现俄国人已在他们前方，大批苏军士兵利用下水道和地下通道突破至河岸处，并以机枪火力封锁了河上寥寥无几的渡口。1月18日，背靠多瑙河的德军士兵陷入绝望的境地，除了投降已别无他途。据马利诺夫斯基的司令部统计，苏军共击毙35840名德军士兵，俘虏62000人，摧毁、缴获了大批武器装备——近300辆坦克、200多辆轻型装甲车和20000支步枪。"布达佩斯战斗群"报告，整个佩斯（除了玛格丽特岛）的敌人已被肃清。佩斯城几乎已不复存在：建筑林立的市区和工业郊区成了一堆燃烧着的残垣断壁，街道上废墟遍地，大火吞噬了无数建筑物，只剩下被烧毁的空壳。提供给居民们的配给制度已于1月16日彻底中断，供应体系四分五裂，就连德国守军每天也只能得到75克面包。

苏军最高统帅部现在下达了消灭布达的命令，它是这座双子城的另一半。伴随这道命令而来的是，最高统帅部慷慨地给"布达佩斯战斗群"调拨了2个步兵军（乌克兰第3方面军的步兵第75和第37军）作为增援。但这种慷慨被证明非常短暂，因为佩斯的德国守军1月18日刚刚投降，当晚，德军装甲部队便对托尔布欣的南翼发起打击，深深插入乌克兰第3方面军的防区，随后转向西北方，赶往布达。最高统帅部匆匆取消了提供给马利诺夫斯基的援兵。最高统帅部要求乌克兰第2方面军遵照1月20日的指令全权负责夺取布达，并命令托尔布欣的乌克兰第3方面军沿对外包围圈实施防御作战。因此，马利诺夫斯基的部队着手肃清玛格丽特岛，这座岛屿伫立在多瑙河中，位于布达西北方，要对布达发起突击，这个初步行动必不可少。苏军部队前方排列着布达曲折的街道和地下墓穴，在执行任务的突击部队看来，这些天然的死亡陷阱毫无吸引力可言。在此期间，马利诺夫斯基的右翼部队——第40、第20、第53集团军，近卫第7集团军和普利耶夫的"骑兵—机械化"集群——正试图攻入斯洛伐克东部，彼得罗夫的乌克兰第4方面军在那里的行动进展得极为缓慢。前出至托波拉—翁达瓦河（Ondava）一线后，继续赶往科希策（Kosice）的彼得罗夫面对着一些严峻的障碍。

马利诺夫斯基右翼部队的目标是科尔马诺，但在攻击前进的过程中，他们遭到了敌人的猛烈打击，不过最终仍然突破至尼特拉河。各集团军的损失相当严重。截至1月11日，近卫坦克第6集团军的3个军只拼凑出72辆坦克，近卫第7集团军的步兵师只剩下不到4000人，有些师甚至只剩1000人。大雪和赫龙河陡涨的河水使补给队伍无法前进。苏军工兵直到1月14日才将关键性桥梁修复，在寒冷气候下从事这些工作令补给任务雪上加霜。尽管存在这些困难，但苏联红军还是在1月14日攻克卢切内茨（Lucenec），并从两个方向继续赶往兹沃伦（Zvolen），不过，由于没有空中掩护和炮火支援，他们在斯洛伐克克鲁斯诺霍里高地上的战斗进展十分缓慢，且付出了重大伤亡。马利诺夫斯基发现自己处在一种困难的境地：他的方面军即将对布达展开全面进攻，还要设法击退德国人发起的第三次解围行动，同时他还必须加强自己的右翼。但在斯洛伐克高地上苦战的右翼部队并未获得加强，相反，他们被调回来接受改编；近卫坦克第6集团军只剩下不到40辆坦克，普利耶夫的"骑兵—机械化"集群被调回方面军预备队，多瑙河北面只留下了3个集团军（第40、第53集团军和近卫第7集团军）和2个罗马尼亚集团军（第1和第4集团军）。

由于无法沿一个宽大的正面发起进攻，苏军各步兵集团军展开一系列独立攻击，切断了德军的逃生通道，只剩下斯洛伐克克鲁斯诺霍里危险的山区路线。与此同时，彼得罗夫的部队在1月18日至20日间攻克了科希策和普雷绍夫（Presov），尽管德军可以利用瓦赫河河谷逃生，但到1月底，在霍尔纳德河（Hernad）与伊佩尔河之间作战的德国军队大部分已被歼灭。大约在同一时刻，1月份第三周临近结束时，情况已经很清楚，德国人从南面发起的救援行动无法挽救布达的守军。尽管如此，苏军"布达佩斯战斗群"在城市西部依然面对着德军顽强的抵抗，他们决定发起最后一次突击，全力粉碎敌人的顽抗。在1月22日的战斗中，"布达佩斯战斗群"指挥员阿富宁少将身负重伤，第53集团军司令员马纳加罗夫上将[3]接替了他的职务，但指挥员的变更没能显著改善突击行动的态势。向总参谋部汇报时，一名指挥员抱怨，进攻的组织工作"不尽如人意"，人员和装备分散，各突击群之间缺乏配合，提供支援的炮兵与步兵相脱离，各前进指挥部部署在仍有平民居住的屋子里。

这些批评产生了一定的效果。2月初，根据马利诺夫斯基的命令，布达城内以及正赶往布达的部队实施重组。1945年2月3日，马利诺夫斯基下达命令，务必以一场新的决定性进攻消灭被包围的德国守军，不得迟于2月7日晚。2月5日早上，马纳加罗夫的突击部队正式发起对布达城内残存的德军据点的进攻，苏军猛烈的火力标志着包围圈正逐渐收紧。为争夺鹰山、内梅特沃尔吉的公墓和南站地区，布达城内的激战持续了四天。夺取鹰山后，苏军又对格列尔特高地发起艰难的进攻，然后再赶往城堡山。在这片地区，狭窄、曲折的街道导致重武器无法使用，但在其他地方，苏军重炮在150米距离上开火，炸开了阻挡他们前进的混凝土建筑和钢铁障碍物。

到2月11日，已有100多座建筑物落入苏军手中，他们还抓获了25000名俘虏。苏军杀开血路冲上高地，进入一个个洞穴构成的地下交通网时，匈牙利人丢下德国人逃跑了。残存的德国守军发起最后一场孤注一掷的行动，试图突出越来越紧的包围圈，德军指挥官普费弗-维尔登布鲁赫钻入下水道逃生，结果却出现在一支苏军部队中。2月16日夜间，约16000名德军士兵试图冲出重围，朝西北方逃生；他们穿过苏军步兵第180师的防区，沿利波梅佐山谷逃亡。可是，没过48小时，这股德军又被包围在费尔堡地区，几乎全军覆没。布达城内，有组织的抵抗已于2月13日上午10点结束，红军宣称抓获30000多名俘虏。1944年10月27日至1945年2月14日，苏军统计的总战果为：击毙50000人（德国人和匈牙利人），俘虏138000人。

争夺布达佩斯的战斗结束了，但匈牙利战役尚未彻底告终。希特勒不仅认为战斗没有结束，还打算将其继续进行下去。1月中旬，西线德军转入防御后，把可用的部队调至东线，特别是第6装甲集团军[4]，被派至匈牙利，在一片已不太重要的战区投入到激烈的战斗中。帝国的命运决定于莱茵河和奥得河，而不是多瑙河。保住匈牙利寥寥无几的油田根本无法弥补喀尔巴阡山北部德军装甲力量灾难性的虚弱。东线德军共有18个装甲师，7个位于匈牙利，4个位于东普鲁士，2个在库尔兰，掩护着勃兰登堡，至关重要的中央地带只有5个装甲师。"华沙—柏林"方向，苏军的这条主要突击路线上，德军装甲力量极其虚弱，尽管古德里安一再恳求，甚至采用了哄骗的手段。借助盖伦冷峻、精准的报告，古德里安1月9日再次试图说服希特勒，东线存在极大的危险。盖伦将军准确判断出苏军这场攻势的发起时间和可能目标，并宣布苏军的总目标是彻底摧毁德国从事战争的意志和能力，歼灭东线德军，并将德国中央工业区彻底抹去。

希特勒对古德里安大发雷霆，将盖伦的报告斥责为"十足的白痴"——编造这些胡言乱语的人应该被关入疯人院。在一场针锋相对的争吵中，古德里安拒绝接受希特勒将盖伦撤职的要求，这场风暴渐渐平息下来，但东线德军还是没有获得加强。古德里安哀叹这是"鸵鸟政策"，与之紧密相连的是"鸵鸟战略"。希特勒安慰他，东线从未有过像今天这般强大的预备力量，对此古德里安回答说，12.5个师的预备队根本无法阻止东线的灾难，实际上，东线不过是一座"纸牌屋"，一张牌倒下就会造成彻底坍塌。

三天后的1945年1月12日，被希特勒和他的圈子怒斥为"虚张声势"或是一位神经错乱的情报官的胡编乱造的进攻打响了，且规模变得越来越庞大——只用了七天，苏联红军便杀入德国境内，这标志着古德里安所说的"最后一幕"的开始。

针对这场显然是整个战争期间最庞大的战略作战——沿"华沙—柏林"方向攻入德国——苏军统帅部集结起适度规模的步兵、坦克、炮兵和航空力量。朱可夫元帅的白俄罗斯第1方面军和科涅夫元帅的乌克兰第1方面军掌握着不下163个步兵师、32143门大炮和大口径迫击炮、近6500辆坦克、4772架飞机，共计225万兵力。这两个方面军统辖着当时苏德战场上苏军三分之一的步兵力量和近半数（43%）坦克力量。两个方面军各有10个集团军（8个步兵集团军、2个坦克集团军）、1个空军集团军和4—5个快速部队（坦克、机械化和骑兵军）。苏联红军占有绝对优势，步兵和坦克力量都是德军的5倍，炮兵力量为7倍，而空中力量是德国人的17倍。步兵部队的平均密度为每3.7公里1个步兵师，每公里部署64门大炮和12辆坦克，苏军这场攻势的战线长达300英里。他们的目标是从维斯瓦河中游的出发线前出至奥得河，这段距离也是300英里。

除白俄罗斯第1方面军和乌克兰第1方面军对奥得河发起两个庞大、平行的坦克突击外，这场对德国的战略攻势还将投入切尔尼亚霍夫斯基大将的白俄罗斯第3方面军，该方面军将歼灭德国"蒂尔西特–因斯特堡集团"（波罗的海沿岸第1方面军予以配合，消灭敌"蒂尔西特"集团），并沿普雷格尔河（Pregel）朝柯尼斯堡方向推进；而罗科索夫斯基元帅的白俄罗斯第2方面军（已获得极大加强）将从华沙东北部朝西北方向攻击前进，赶往但泽地区的波罗的海。这样一来，罗科索夫斯基的行动将把东普鲁士与德国其他地区隔开，并为朱可夫的右翼提供一些掩护。这个计划几乎让每个苏军集团军都从喀尔巴阡山赶往波罗的海，而在波罗的海，苏联海军奉命针对德国海上交通线加强潜艇和海军航空兵的活动。可是，由于各条战线集结了大量兵力，这就要求他们精心策划、有效执行跨战线行动。没有谁比朱可夫更加清醒地意识到了这一点，主要作战计划在11月拟定后，他便不断考虑这样一个问题：自己的右翼有可能遭到来自东普鲁士方向的威胁。事态的发展很快证明了他的正确性，他对右翼作战行动缺乏配合的顾虑完全合理。

白俄罗斯第3和第2方面军的再部署以及波罗的海沿岸第1方面军的调动贯穿了整个1944年12月，并延续至1945年1月上旬。罗科索夫斯基接掌了G. F. 扎哈罗夫大将（他被降级使用，调至另一个方面军担任集团军司令员）的白俄罗斯第2方面军司令部，毫无疑问，斯大林认为留给他的新岗位非常重要：白俄罗斯第1方面军、乌克兰第1方面军和白俄罗斯第2方面军"很可能是在西部结束这场战争的力量"。斯大林的简要介绍完全集中在罗科索夫斯基对朱可夫的白俄罗斯第1方面军的配合上，只字未提罗科索夫斯基与北面友邻部队的协同问题，在那里，切尔尼亚霍夫斯基的白俄罗斯第3方面军将"解决"东普鲁士的德军。用罗科索夫斯基的话来说，"不必担心"他的北翼，但这种假设被证明完全是一厢情愿的想法。罗科索夫斯基的方面军由3个诸兵种合成集团军组成——第3、第48和第50集团军——这是方面军的基本力量，另外还要加上从波罗的海沿岸第3方面军调来的突击第2集团军，以及此前一直隶属于波罗的海沿岸第1方面军的沃利斯基的近卫坦克第5集团军。格里申的第49集团军也调给了罗科索夫斯基。方面军的分界线向南移动，接管纳雷夫河与维斯瓦河交汇处时，罗科索夫斯基又将第65和第70集团军纳入麾下。这就使他掌握了7个诸兵种合成集团军、1个坦克集团军和韦尔希宁将军指挥的空军第4集团军。与此同时，切尔尼亚霍夫斯基的白俄罗斯第3方面军辖有5个集团军——近卫第11集团军，第5、第28、第31和第39集团军——为这些主要突击力量提供支援的是空军第1集团军。白俄罗斯第2和第3方面军的总实力最终达到14个诸兵种合成集团军、1个坦克集团军、2个空军集团军和6个快速机动军（坦克、机械化和骑兵），共计1670000人、28360门大炮和重型迫击炮（包括1000多具"喀秋莎"火箭发射器）、3300辆坦克和自行火炮、3000架战机。

总之，针对四个主要突破行动——柯尼斯堡方向（切尔尼亚霍夫斯基）、但泽方向（罗科索夫斯基）、从华沙以南跨过维斯瓦河（朱可夫）、从桑多梅日登陆场（科涅夫）——苏军统帅部集结起30个诸兵种合成集团军、5个坦克集团军和4个空军集团军，另外还有独立快速部队和配备重型火炮的"突破炮兵师"。

1945年1月，德军据守东线的5个集团军群中，2个（莱因哈特的"中央"集团军群和哈佩的A集团军群）正位于苏军这股庞大力量的前进路线上。"北方"集团军群的第16和第18集团军被苏军困在库尔兰半岛，因而无法介入这场防御作战。莱因哈特的集团军群（辖第3装甲集团军、第2和第4集团军）守卫着东普鲁士和波兰北部的一片地区（沿纳雷夫河到其与维斯瓦河的汇合处）。哈佩的A集团军群（辖第4装甲集团军、第9和第17集团军）沿维斯瓦河中游部署（从华沙北部到喀尔巴阡山），共计30个师（其中包括4个装甲师和2个摩托化师）、2个旅和大批独立营——40万兵力、1136辆坦克和自行火炮、270架飞机。莱因哈特的"中央"集团军群拥有41个师（34个步兵师、3个装甲师和4个摩托化师），共计58万人、700辆坦克和自行火炮、515架飞机。

苏军即将发起的攻势的基本特征和主要目标在1944年11月上半月便已形成。"主要突击"将沿"华沙—柏林"方向发起，从而将主要任务交给朱可夫的白俄罗斯第1方面军。1944年11月底，斯大林不仅接受了基本战略计划，还接受了各方面军提交给他的作战计划和建议，显然，他同几位方面军司令员进行了几次单独会谈和磋商。进攻发起日期一直没有确定，但斯大林告诉他的部下，应该是在1945年1月15日至20日间。（战役发起时间这个问题并不神秘，因为详细作战记录和个别指挥员的证词——科涅夫也在其中——都把发起进攻的具体日期定在1月20日。）同样明确的是，斯大林在1944年12月底对总体计划进行了最后审核并予以批准，朱可夫参加了这次重要的会议。但与以往策划进攻行动不同，各方面军司令员这一次没有被召集来参加会议，而是根据各自的任务，单独向总参谋部、向斯大林做出汇报。

最高统帅部下达给各方面军司令员的正式指令充分考虑到了这些磋商以及斯大林的独特作用，作为"最高统帅部协调员"，他将指导沿"柏林方向"发起进攻的4个方面军。11月底，朱可夫元帅向斯大林汇报，白俄罗斯第1方面军几乎不太可能向正西面推进，因为侦察行动表明，敌人在那里精心部署了防御阵地。因此，朱可夫建议将主攻转至罗兹方向，随后对波兹南发起打击。（朱可夫的进攻行动最初被定为"华沙—波兹南"战役。）斯大林没有反对。朱可夫的突击方向是波兹南，根据这个决定，科涅夫元帅的乌克兰第1方面军的主攻目标不再是卡利什，而是布雷斯劳。科涅夫的进攻行动的一个重要特点是必须确保西里西亚工业区的完好。11月底，科涅夫向斯大林汇报作战计划时，斯大林的手指在地图上勾勒出这片工业区的轮廓，只说了两个字："宝地。"科涅夫不需要进一步的解释，解放这片地区时必须不惜一切代价确保它的完好。

最高统帅部下达给朱可夫元帅的指令要求他从马格努谢夫登陆场发起主要突击，以不少于4个诸兵种合成集团军、2个坦克集团军和1个骑兵军的力量朝西面的库特诺（Kutno）—罗兹方向发起进攻，随后冲向比得哥什（Bydgoszcz）[5]—波兹南。辅助突击从普瓦维登陆场发起，以2个诸兵种合成集团军、2个坦克军和1个骑兵军朝拉多姆—罗兹方向攻击前进，白俄罗斯第1方面军的部队将与乌克兰第2方面军的右翼部队相配合，歼灭敌"凯尔采-拉多姆集团"。与白俄罗斯第2方面军左翼部队相配合的第47集团军也将从华沙北部发起一场辅助突击，以肃清维斯瓦河与西布格河之间的德军，从而从西北方迂回华沙。波兰第1集团军被纳入朱可夫麾下，他们将被用于解放华沙城。白俄罗斯第2方面军的主要突击确定为西北方向，他们将冲向马林堡（Marienburg），到达波罗的海，并进入但泽地区。这场庞大的突击旨在将东普鲁士与德国其他地区隔开，而罗科索夫斯基的左翼部队将从西面迂回莫德林

（Modlin），并占据阵地以便强渡维斯瓦河，从而切断华沙守军的逃生路线。

科涅夫的乌克兰第1方面军的主要目标是布雷斯劳。主攻将从桑多梅日登陆场发起，以5个诸兵种合成集团军、2个坦克集团军、4个独立坦克和机械化军冲往拉多姆斯科（Radomsko）方向；在10—11天内，科涅夫的部队将前出至拉多姆—琴斯托霍瓦（Czestochowa）—梅胡夫（Miechow）一线，随后，这场攻势将朝布雷斯劳方向发展。冲出登陆场的行动由3个集团军沿20英里的狭窄正面发起，6个炮兵师为其提供支援；2个集团军充当第二梯队，其中的1个集团军将在1个坦克军的支援下对希德沃维茨（Szydlowiec）发起进攻，从西面包抄盘踞在奥斯特罗维茨（Ostrowiec）的德军，并与白俄罗斯第1方面军的部队配合夺取拉多姆，另1个集团军将沿主要突击方向部署。一旦突破敌人的防区，坦克集团军将沿主要突击方向投入战斗。南面，彼得罗夫的乌克兰第4方面军奉命让莫斯卡连科的第38集团军做好准备，与科涅夫的乌克兰第1方面军辖下的第60集团军协同作战，夺取克拉科夫（Cracow）。

波兹南和布雷斯劳被确定为主攻目标后，朱可夫和科涅夫开始准备各自的战术计划。朱可夫元帅决定从三个地区发起突破——从马格努谢夫登陆场、普瓦维登陆场和亚布翁纳（Jablonna）冲向华沙北面。遵照最高统帅部的指令，朱可夫打算以3个集团军（突击第5集团军、近卫第8集团军和第61集团军）从马格努谢夫登陆场发起主要突击，沿10英里的狭窄正面突破德军防区，冲往"库特诺—波兹南"方向；第61集团军的右翼部队将从西面和南面迂回华沙，而作为第二梯队的突击第3集团军也将攻向波兹南。2个坦克集团军（卡图科夫的近卫坦克第1集团军和波格丹诺夫的近卫坦克第2集团军）和近卫骑兵第2军将被投入德军防线上被撕开的缺口；近卫坦克第2集团军和近卫骑兵第2军将在第三天进入突击第5集团军战区内的突破口，冲向索哈切夫（Sochaczew），切断华沙守军的退路。卡图科夫的近卫坦克第1集团军在崔可夫的近卫第8集团军的战区内投入战斗，先冲向罗兹，随后赶往波兹南。从普瓦维登陆场发起的辅助突击将由第69和第33集团军执行，2个坦克军为其提供支援，他们的总方向先是拉多姆，然后是罗兹；第33集团军的左翼部队将与乌克兰第1方面军相配合，消灭德军"凯尔采-拉多姆集团"。对华沙的进攻将由佩尔霍罗维奇的第47集团军从波兰首都的北面发起，波兰第1集团军将在进攻发起的第四天投入战斗，配合第47、第61集团军和近卫坦克第2集团军肃清这座城市。

科涅夫元帅决定从桑多梅日登陆场沿"拉多姆—布雷斯劳"方向发起一场庞大的攻势。突破地区的宽度大约为20英里，科涅夫打算在这里投入第13、第52集团军和近卫第5集团军以及第60集团军和近卫第3集团军的步兵部队，并以3个坦克军（坦克第25、第31军和近卫坦克第4军）提供支援。第二梯队由第21和第59集团军组成，前者将被用于进攻拉多姆，后者将被投入克拉科夫方向的战斗。科涅夫手上掌握着3000多辆坦克，他打算把列柳申科的坦克第4集团军投入第13集团军的战区，冲向西北方，切断敌"凯尔采-拉多姆集团"的退路；雷巴尔科的近卫坦克第3集团军将从第52集团军的作战地域发起突击，攻向拉多姆，并挫败敌人在尼达河（Nida）和皮利察河（Pilica）占据防御阵地的一切企图。右翼部队（第6集团军和近卫第3集团军）将朝希德沃维茨方向进攻，而左翼部队（第60和第59集团军）将沿维斯瓦河推进，并与乌克兰第4方面军的第38集团军相配合，对克拉科夫发起进攻。

罗科索夫斯基和切尔尼亚霍夫斯基发起的攻势——征服东普鲁士，歼灭该地区的德国军队——涉及从东面和南面对马祖里（Masurian）湖区形成的防御壁垒发起一场协调一致的进攻。这场攻势不可避免地让人想起1914年8月份的那些日子以及沙俄军队。当时，伦宁坎普和萨姆索诺夫打算从南面和东面同时发起进攻，入侵并征服东普鲁士；兴登堡和鲁登道夫集结德军，匆匆建立起一道摇摇欲坠的防线，对从南面而来的萨姆索诺夫发起进攻，并将他击败，而伦宁坎普却莫名其妙地停步不前，尽管他已逼近柯尼斯堡外围防线。伦宁坎普穿过因斯特堡，萨姆索诺夫也已冲过阿伦施泰因（Allenstein），尽管俄国的威胁最终偏移开了，但这个教训是德国军方不会轻易忘记的。除了确保"因斯特堡山口"和"阿伦施泰因山口"，德军还为东普鲁士腹地的防御体系做好了准备。在1945年，罗科索夫斯基扮演的是萨姆索诺夫的角色，又一次在很大程度上依靠他的前进速度；而切尔尼亚霍夫斯基的任务是全力冲过"因斯特堡山口"的防御工事。

最高统帅部在给罗科索夫斯基的指令中规定，最初的进攻行动是为了歼灭盘踞在普扎斯内什（Przasnysz）—姆瓦瓦（Mlawa）地区的敌人，行动发起

10—11天后，冲向西北方的奈登堡（Neidenburg）—梅希涅茨（Myszynec）一线，再从那里赶往马林堡和波罗的海。主要突击由4个诸兵种合成集团军、1个坦克集团军和1个坦克军从纳雷夫河上的罗赞（Rozan）登陆场发起，突破地带的宽度约为12—14英里，3个集团军和3个突破炮兵师投入其中，这使每公里战线的火力密度达到220门大炮和重型迫击炮。2个诸兵种合成集团军和1个坦克军从塞罗茨克（Serotsk）登陆场朝别利斯克（Belsk）方向发起第二个突击，而1个集团军和1个坦克军（或机械化军）用于同白俄罗斯第1方面军协同作战，以消灭华沙的德国守军。罗科索夫斯基的部队将从西面迂回莫德林，并防止敌军撤向维斯瓦河。因此，罗科索夫斯基计划以3个集团军（第3、第48集团军和突击第2集团军）从罗赞登陆场沿姆瓦瓦—马林堡方向发起突击。为扩大突破口，第3集团军将朝阿伦施泰因方向发起主要突击，并朝北面发起辅助突击。突击第2集团军以部分兵力从西面迂回普乌图斯克，并与从塞罗茨克登陆场冲出的第65集团军相配合，歼灭敌"普乌图斯克集团"。沃利斯基的近卫坦克第5集团军将投入第48集团军打开的缺口，朝西北方攻击前进，冲过姆瓦瓦。因此，主要突击将从白俄罗斯第2方面军左翼发起，由4个诸兵种合成集团军和1个坦克集团军执行，他们将分成两个梯队向前推进。2个集团军——第50集团军沿奥古斯图夫至沃姆扎（Lomza）的奥古斯图夫运河这条宽大的战线部署，第3集团军则在罗赞北面排成更为密集的队形——提供掩护，防止德军有可能从北面发起的反击，第49集团军被编入第二梯队。

最高统帅部在给切尔尼亚霍夫斯基的白俄罗斯第3方面军的指令中规定，该方面军最初的目标是歼灭敌"蒂尔西特–因斯特堡集团"，行动发起10—11天后，前出至内默尼恩（Nemonien）—达尔凯门（Darkehmen）—戈乌达普一线。此后，白俄罗斯第3方面军将沿普雷格尔河朝柯尼斯堡方向发展其攻势，主要突击力量在河流南岸展开作战行动。主要突击将以4个集团军和2个坦克军从贡宾嫩北部地区发起，冲往韦劳（Wehlau）方向。面对做好充分准备的德军防御阵地，切尔尼亚霍夫斯基别无选择，只能一步步向前推进。他打算先歼灭蒂尔西特地区的德国守军，前出至蒂尔西特—因斯特堡一线；继而消灭敌"因斯特堡集团"，然后朝"韦劳—柯尼斯堡"方向推进。3个诸兵种合成集团军（第39、第5和第28集团军）从贡宾嫩北部发起最初的突破；加利茨基的近卫第11集团军属于第二梯队，跟随在第5和第28集团军身后，战役发起的第五天，与位于因斯特河一线的坦克第1军一同投入战斗，对韦劳发动突然袭击，并以部分兵力配合第28集团军夺取因斯特堡。切尔尼亚霍夫斯基将朝柯尼斯堡发起一场深远、庞大的突击，消灭伊尔门霍尔斯特（Ilmenhorst）和海尔斯贝格（Heilsberg）筑垒地域，最终冲向柯尼斯堡这座堡垒，在这个过程中包围并歼灭盘踞在蒂尔西特和因斯特堡的德军。任务确实很艰巨，需要杰出的切尔尼亚霍夫斯基投入一切技能和坚韧的斗志——为完成这项任务，他过早地付出了自己的生命。

秋末冬初，苏军为这场攻势集结四个方面军的行动进行得非常迅速。他们投入巨大的努力，修复从维斯瓦河向东延伸、已遭到破坏的铁路交通网；位于桑多梅日的维斯瓦河上的铁路桥已被德军炮火摧毁，现在也得到彻底修复，从而使补给物资更快地运至西岸。1200多列火车运载的货物填满了白俄罗斯第1方面军的仓库，科涅夫也得到了数目大致相当的物资。红军的卡车为朱可夫的方面军运去92万吨补给物资和10万多名补充兵。为保证这种运输流，22000辆卡车得到彻底检修，并交付给白俄罗斯第1方面军使用。从维斯瓦河登陆场发起进攻不可避免地出现了一些难题。朱可夫的马格努谢夫登陆场相对较窄，不超过15英里长、7英里深，可用的土路不足，而朱可夫在这里集结了40万人和1700辆坦克及自行火炮。弹药和燃料补给问题最容易引发各种争执。一些指挥员（例如近卫第8集团军的崔可夫将军）对安季片科领导的方面军后勤工作的做法深感恼火，他们把补给物资直接丢给前线突击部队，让他们自行处理，这给个别集团军的后勤工作造成了极大的压力。为2500架飞机、4000辆坦克和自行火炮、7000辆卡车、3000辆重型拖车提供燃料被证明是一个极大的难题，就连食物补给（从来就不是优先考虑的问题）也不能彻底忽略；方面军每天需要25000吨补给物资，其中包括1150吨面包、220吨肉、1500吨蔬菜和44吨糖。肉类供应的困难已要求各部队连续两天吃素。

相比之下，科涅夫元帅的情况更好些。位于维斯瓦河西岸的桑多梅日登陆场长45英里，纵深40英里，这有利于大部队的集结。为了让德军统帅部相信他的方面军将从左翼发起一场主要突击，科涅夫毫不掩饰在维斯瓦河东岸进行的准备工作和在桑多梅日附近实施的集结——主要是库罗奇金第60集团军的集结，旨在表明苏军将朝克拉科夫方向发起主要突击。400辆木制坦克和自行火炮、1000门假大炮——这股令人印象深刻的力量通过新近修建的道路送至这一"重要"地域，以此来告诉德国人，主攻将从科涅夫方面军的左翼发起。登陆场内设立了1160个指挥所，11000门大炮和迫击炮的炮位已设立完毕，2000公里修葺或新建的道路使每个师和每个坦克旅得到两条通道，以免发生交通堵塞。红军工兵在维斯瓦河上布设了不下30座桥梁，并投入3座重型门桥渡口。方面军的半数弹药在进攻发起前集中到桑多梅日登陆场的野战仓库，以满足初期炮火准备对弹药的需求。

德国人的初步部署令科涅夫元帅深感满意。不出所料，德军统帅部把大批预备队部署在桑多梅日登陆场对面——2个装甲师和2个摩托化师，紧密地排列在战术防御区。科涅夫的方面军炮兵制订的计划是压制敌人的整个战术防御区以及位于纵深10英里处的敌战术预备队。另外，德国A集团军群似乎上了当，他们相信科涅夫将从他的左翼，从维斯沃卡河（Wisloka）东面以及维斯瓦河南端发起进攻。在朱可夫的战线上，德军步兵师据守着马格努谢夫和普瓦维登陆场前方的强化阵地，另一些部队守卫着奥斯特罗维茨。哈佩大将还将2个师组成的一支机动预备队留在斯卡日斯科（Skarzisko）路口，这支"救火队"可以赶往任何一个受威胁地区，无论是拉多姆还是凯尔采，抑或是协防桑多梅日登陆场。小波兰（Malopolska）战役的关键地点最终被证明是凯尔采，但德军统帅部发现这一点时已为时太晚。

1945年1月份的第一周，西欧战区的情况直接影响到苏军在东线实施的战役准备工作。波兰问题引发了激烈而又紧张的争吵，斯大林搓着双手表示，他没能说服丘吉尔，让他相信"苏联政府立场的正确性"。1945年1月6日，丘吉尔首相发电报给斯大林，询问苏联红军能否在东线发起进攻以缓解西线盟军的压力——盟军被德国人从阿登山区发起的攻势打得狼狈不堪。"如果您能告诉我，我们能否指望红军在维斯瓦河战线或其他地方发动一次重大攻势……我将不胜感激"；斯大林对这一请求非常高兴，他在1月7日的复电中指出，战役准备工作将"加快进行"，而且，"无论天气如何"，苏军至迟会在1月份下半月向德国人发起大规模进攻。24小时后，科涅夫元帅接到代理总参谋长安东诺夫将军打来的电话，他告诉科涅夫，鉴于盟军在阿登战役中遇到的"严重局面”，苏联红军必须尽快发起行动：乌克兰第1方面军将于1月12日投入进攻，而不是原先理解的1月20日。这是斯大林亲自下达的命令。科涅夫表示同意，尽管他立即意识到天气条件会使苏联空军无法升空，他的进攻只能依靠炮兵力量压制敌人。朱可夫接到的指令要求他在1月14日发起进攻，这多少有些让人费解（而且原因不明），但从其他进攻行动的时间调整来判断，苏军似乎试图达成某种同时性。科涅夫的乌克兰第1方面军率先发起进攻，切尔尼亚霍夫斯基的白俄罗斯第3方面军于次日（1月13日）投入进攻，接下来便轮到朱可夫的白俄罗斯第1方面军和罗科索夫斯基的白俄罗斯第2方面军，他们将于2月14日展开攻势。尽管斯大林为了在盟友面前摆出高姿态而把苏军进攻日期提前，但加快步伐也有利于红军抢在德军指挥部将大批预备队调至东线前展开部署。恶劣的天气条件导致苏军战机无法升空，但严寒至少对地面行动有利，在一段时间内提供了坚实的地面。

　　德军统帅部注视着凯尔采和克拉科夫周围的高地、一道道河谷的多个交汇点以及北面沿皮利察河排列的茂密原始森林，终于带着几分自信得出结论——小波兰地区不适合机动部队发起一场快速突击。1914年11月，这片天然障碍曾阻挡住两支试图赶往西里西亚边境的俄国军队。基于这个理由，哈佩大将把注意力集中到对维斯瓦河上游以南地区的防御，那里更适合科涅夫发起进攻。为鼓励德国人坚信这一点，科涅夫卖力而又明显地将他的部队“集结”于维斯瓦河南面，夜间，他的坦克、步兵和炮兵悄悄渡过维斯瓦河，进入恰尔纳（Czarna）东面的旧登陆场，以便右翼部队直接冲向凯尔采，并让位于中央和左翼的部队渡过尼达河。

　　1945年1月12日（周五）清晨5点，科涅夫发起“炮兵突击”，每公里战线部署的大中口径火炮多达300门，同时派出侦察营，在这场密集的炮火中向前冲去。他们当中夹杂着一些绝望的惩戒单位，在这种动力的驱使下，先遣营攻占了敌人的第一道战壕，并朝第二道战壕冲去，于是苏军大炮再次开火，炮击持续了1小时47分钟，炸开前进道路上的一切障碍，给守军造成了可怕的生理和心理后果。炮火击中德国第4装甲集团军的指挥所，打垮了德军机动预备队，这些预备队按照希特勒的明确指示部署在前沿防线附近——德军指挥部所能展示的战术智谋或灵活性，都被希特勒的插手干预无情地扑灭了。科涅夫的炮火延伸至德军后方，进一步加剧了混乱，并在德军第一道防线上撕开了一个大缺口。德国人现在遭到苏军远程火炮的轰击，持续不断的炮火把他们炸得惊恐万状、不知所措，这些守军朝第二道防线退去，以便抗击苏军即将发起的进攻，就在这时，科涅夫把坦克部队投入德军防线被撕开的缺口中。中午过后不久，列柳申科和他的坦克第4集团军做好了准备，并获知普霍夫的第13集团军已穿过德军第一道防线。第一批德军俘虏出现了，一个个脸色苍白，浑身发颤，他们交代了苏军炮火给德军战壕造成的恐怖情形，死者倒在惨叫着的伤者身上。13点50分，列柳申科请求科涅夫批准他的坦克部队发起突击；科涅夫在7分钟内做出回复，批准坦克部队向前推进；14点，坦克第10军和近卫机械化第6军动身出发，每个军都获得一个配备新型"斯大林"式重型坦克（安装着122毫米主炮）的坦克团的加强。下午3点前不久，苏军坦克部队以其配备的重型坦克对德军第168步兵师和第51装甲营发起打击，这就是德军仅剩的战术预备队。

1月12日傍晚前，科涅夫的步兵和坦克部队沿一条25英里长的战线，在德国第4装甲集团军的防区达成12英里的纵深突破，列柳申科的坦克部队深入德军防区至少20英里，即将与内林将军朝苏军北翼冲来的第24装甲军相撞。德军投入200多辆坦克和突击炮，激烈的战斗持续了36小时，列柳申科和普霍夫沿一个宽大的正面冲向尼达河，而雷巴尔科的近卫坦克第3集团军和2个步兵集团军（科罗捷耶夫的第52集团军和扎多夫的近卫第5集团军）在赫梅尔尼克（Chmielnik）地区击退了敌人的多次反击。随着苏军的3个集团军——坦克第4集团军、近卫坦克第3集团军以及沉着镇定的普霍夫指挥的第13集团军——逼近凯尔采，德军第24装甲军的命运已定，他们将被包围在黑尼达河（Czarna Nida）南面。尽管德军顽强据守，但重要的交通路口平丘夫（Pinczow）还是落入了苏军手中。与此同时，科涅夫投入了他的左翼部队，库罗奇金的第60集团军冲向克拉科夫，随着战线的扩大，为保持主攻的势头，科涅夫把科罗夫尼科夫的第59集团军和波卢博亚罗夫的近卫坦克第4军投入第60集团军与近卫第5集团军之间的缺口；这两支部队也迅速冲向克拉科夫。

列柳申科冲过尼达河，从西面迂回凯尔采之际，苏军步兵为争夺该镇进行着最后的激战，德军装甲部队一度夺回过这个镇子，但他们和第24装甲军的残部最终仍然被彻底歼灭。夺取凯尔采确保了科涅夫的整个右翼，并使他的部队进入开阔地带；扎多夫和雷巴尔科发起追击，他们的步兵将尼达河远远甩在身后，朝克拉科夫的山麓冲去；而在北面，苏军坦克进抵皮利察河。这场纵深突破立即给德国第42军造成了危险，这个军已被半包围，苏军坦克部队冲入该军军部，击毙或俘虏军部人员时，德军的突围沦为一场绝望的混乱，军长雷克纳格尔将军落入波兰游击队手中[6]。希特勒做出了一个疯狂、欠考虑的调动——这完全违背了古德里安的紧急建议——命令"大德意志"装甲军从东普鲁士赶往罗兹，加强凯尔采的防御，但凯尔采已落入苏军手中，"大德意志"装甲军发现自己不是为凯尔采，而是为罗兹而战，因为罗兹迅速遭到了苏军的攻击。

凯尔采失陷和克拉科夫遭到日益严重的威胁，终于让部署在维斯瓦河南侧维斯沃卡河地区、呈现出一种奇怪的惰性的德国军队行动起来——他们认为苏军会在这里发起进攻，但这种进攻始终没有出现。位于彼得罗夫的乌克兰第4方面军最右翼的第38集团军（莫斯卡连科）对亚斯沃发起进攻，古谢夫的第21集团军（隶属于科涅夫的方面军）也投入行动，这一切促使德军1月16日实施后撤。一切顺利的话，这些德军将遭到苏军从南面和北面而来的包抄，但次日，德军指挥部突然加快了后撤速度，把部队带往克拉科夫南面，并进入梅希莱尼采（Myslenice）地区。

1月17日的夜幕降临时，科涅夫的左翼部队朝克拉科夫冲去；扎多夫的近卫第5集团军和雷巴尔科的坦克部队沿"琴斯托霍瓦方向"展开行动，已经从遥远的北面迂回该城；而第59和第60集团军渐渐逼近了克拉科夫。科涅夫决心以一场快速的行动夺取这座古老的波兰城市。1月19日清晨，科涅夫赶至第59集团军司令部，命令波卢博亚罗夫的坦克军从西面迂回该城，从而与库罗奇金在南面和东南面行动的第60集团军构成合围态势；科罗夫尼科夫的第59集团军从北面和西北面发起进攻，并夺取维斯瓦河上的桥梁。但当晚这座城市被肃清，并未遭到猛烈的炮击，遭受包围的威胁促使德军迅速撤离；这一次，向来冷酷无情的科涅夫放了他们一条生路。克拉科夫的陷落结束了小波兰战役。通向奥得河的道路敞开了，对此，科涅夫打算投入雷巴尔科的坦克部队，而各步兵集团军将从北面、西北面和南面包围西里西亚工业区。只用了一个星期，科涅夫的方面军便取得了重要战果和战略性胜利，与苏军过去赢得的辉煌胜利相比毫不逊色。

如果说科涅夫推倒了德军防御体系的支柱，那么朱可夫则是掀翻了它的整个屋顶。1月17日，科涅夫发起进攻的第六天，朱可夫投入进攻的第四天，德军面临的态势已彻底沦为一场灾难；从北面的皮利察河到南面的尼达河，防线上的一切残迹已被彻底抹去。朱可夫元帅建议从拉多姆东北和东面的马格努谢夫和普瓦维登陆场出击——初看起来，由于皮利察河与拉多姆卡河（Radomka）之间存在茂密的森林，这一进军方向似乎不太可行。朱可夫故意将目标直指华沙，以便给德国人造成这种印象，实际上，他已将50万兵力和1000多辆坦克稳步塞入马格努谢夫登陆场，尽管这个登陆场的纵深只有7英里，正面宽度只有15英里。

1月14日早上，朱可夫将他的部队投入一场被证明是凶猛而又无情的攻势，从一开始便实现了惊人的战术突然性。在持续25分钟的粉碎性炮火准备的掩护下，各先遣突击营冲出马格努谢夫登陆场，沿一条条"火力通道"投入朱可夫所说的"侦察行动"中——面对如此猛烈的冲击，德军部队从前沿防线仓皇后撤。为了充分利用这种势头，朱可夫投入主力突击部队，紧跟在先遣营身后，他们的前进道路得到双重"火力通道"的掩护，"火力通道"一直延伸至德军防区3公里深处。中午过后不久，为首的坦克军投入战斗，沿皮利察河南岸和拉多姆卡河北岸深化这场渗透；大踏步前进的步兵第26军进抵皮利察河，在瓦尔卡（Warka）附近建立起一座小型登陆场——瓦尔卡的守军朝华沙方向逃窜——并夺取了一座承重60吨的桥梁，桥梁上布设了地雷，但没有被引爆。波格丹诺夫的近卫坦克第2集团军迅速抓住步兵提供的这一良机：1月14日傍晚前，苏军坦克已超出突击路线20多英里。普瓦维登陆场发起的进攻取得了更大的战果，坦克第11军已进入到对拉多姆发起打击的距离内。

在德军防线上砸开这两个缺口后，朱可夫日夜兼程发起推进。1月15日，经过一场长达40分钟的炮火准备，别尔扎林的突击第5集团军跨过皮利察河发起进攻。崔可夫的近卫第8集团军冲向瓦尔卡—拉多姆铁路线，随后攻向德军防御阵地，而卡图科夫的近卫坦克第1集团军则对后撤中的德军发起追击。朱可夫方面军的右翼部队现在也投入了战斗，1月15日早上，在55分钟炮火准备的掩护下，佩尔霍罗维奇位于华沙北面的第47集团军开始肃清维斯瓦河与西布格河之间的地域。从北面发起的这场合围得到从南面而来的协助，别洛夫的第61集团军从西南方逼近华沙——而波格丹诺夫的坦克部队冲向西北方的索哈契夫（Sochaczow），以切断德军主力的逃生路线。面对即将形成的包围圈，德军指挥部决定赶紧撤出波兰首都；如果这座城市无法作为希特勒明确指定的"要塞"而据守，那么至少要实施一场报复性破坏，将她焚毁、炸平，埋设上地雷，甚至是劫掠一空。1月17日夜间，华沙德军开始撤离，于是冲入城内的任务交给了在白俄罗斯第1方面军辖内作战的波兰第1集团军；波兰第6师在普拉加附近渡过维斯瓦河（苏军特种装甲列车炮兵第31营提供炮火支援），波兰第2师从北面冲入城内，在可怕而又悲惨的废墟中消灭了德军后卫部队。1945年1月17日中午前，华沙城内的德军被彻底肃清。

华沙的陷落触发了柏林和莫斯科的不同应对。希特勒已明令坚守华沙，这座城市的弃守令他大发雷霆，他迁怒于他的军事指挥官，A集团军群的哈佩大将被撤职，取而代之的是希特勒最信任的人——舍尔纳，与此同时，第9集团军司令冯·吕特维茨也被解除职务，由布塞将军接替。尽管这些命令是对德军总参谋部的一种报复，但与希特勒的其他决定相比，几乎无关大局——那么多危险的战区，希特勒偏偏将强大的党卫队第6装甲军从阿登调往匈牙利。为了匈牙利微不足道的几块油田，元首全然不顾两个集团军群（A集团军群，稍后是"中央"集团军群）实际和即将遭受的损失，他没有理会奥得河方向形成的巨大威胁，并对德国人民面临的迫在眉睫的危险大加嘲讽。古德里安恳求将党卫队第6装甲集团军用于奥得河战役，让一个装甲集团军跨越半个欧洲，肯定会使它在数周内无法投入战斗，但希特勒没有同意，古德里安也无法说服希特勒将"北方"集团军群撤离库尔兰，投入到帝国保卫战中。如果说希特勒的决定很荒谬，甚至有些不真实，那么斯大林在苏联最高统帅部表现出的则明显是一种谨慎的态度。最高统帅部1月17日下达给乌克兰第1方面军和白俄罗斯第1方面军的指令重新规定了他们各自的目标：科涅夫的主要突击将放在布雷斯劳方向，以便在1月30日前进抵奥得河，其左翼部队将于1月20日—22日夺取克拉科夫，然后从北面和南面迂回栋布罗瓦（Dabrowa）采煤区，后一个行动将使用第二梯队；朱可夫的主要目标是波兹南，而最终目标是前出至波兹南—比得哥什一线，"不得迟于2月2日—4日"。

　　战场态势变化得比斯大林和希特勒更快。他们做出不同决定后，仅过了100来个小时，最迟到1月20日，苏军突破至东普鲁士至喀尔巴阡山山麓一线便已成为既定事实，这场庞大的突破推进了350英里。经过一周的战斗，德军防御体系已被冲破、打垮或绕过，第4装甲集团军和第9集团军的人员及装备被打得支离破碎，远离后方的这些部队朝奥得河方向退去，希望返回国内。1月19日，科涅夫夺取克拉科夫的当天，罗兹这座大型工业化城市被朱可夫麾下的近卫第8集团军（崔可夫）夺取。在没有接到方面军司令部具体指令的情况下，崔可夫决定夺取罗兹，这座城市就在他眼前，笼罩在19日清晨的冬日阳光下，工厂的烟囱冒着烟，看不出敌人为实施顽强防御做好准备的任何迹象。第一个危险来自苏联空军，他们打算发起轰炸和扫射行动，完全没有意识到位于投弹线下方的是苏军近卫第8集团军；苏军士兵拼命布设地面信号并发射绿色信号弹，这才使苏军战机离开。罗兹城依然完好无损，苏军坦克部队冲入西郊，先头部队到达德军撤向西南方所使用的公路。稍北面，朱可夫的坦克部队在马佐夫舍（Mazovia）散开，沿波兰西部状况良好的道路网迅速推进。与此同时，朱可夫的左翼（第33集团军和1个坦克军）在伊乌扎（Ilza，位于普瓦维登陆场西南方）地区与科涅夫的右翼取得会合，终于消除了奥帕图夫（Opatow）—奥斯特罗维茨突出部，并在斯卡日斯科和康斯科（Konsk）附近消灭了德国第4装甲集团军更多的残部。

　　德军试图在布楚拉河（Bzura）和拉夫卡河（Rawka）一线挡住苏军的推进，但完全落空，波格丹诺夫的坦克集团军沿西北方向突击，尽管敌人顽强的抵抗意味着必须调集克里沃申的机械化第1军提供增援。夺取库特诺和戈斯蒂宁（Gostynin）后，波格丹诺夫的坦克朝西面和西北面冲去，一头撞上敌人的"诺泰奇河（Netze）防线"——德国人希望守住这道防线。1月21日，近卫步兵第34旅和近卫坦克第12军的先头部队攻克伊诺弗罗茨瓦夫（Inowroclaw），冰冻的诺泰奇河和一些与之类似的湖泊变为冰上通道，近卫坦克第9军于次日跨过河去。坦克集团军的主力赶往沙莫钦（Samochin）和施奈德米尔（Schneidemuhl）之际，坦克第9军对比得哥什发起一场突然袭击，并于1月23日傍晚前将其肃清，打开了通往德国边境的道路，现在，德国本土就在40英里外。

可是，第一个跨过德国边境线的荣誉落在了科涅夫元帅和乌克兰第1方面军头上。1月17日后，遵照最高统帅部下达的指令，科涅夫将他的坦克突击转向西北方的布雷斯劳，但夺取西里西亚工业区的战斗迫在眉睫，方面军司令部必须重新做出部署，其中最引人注目的是让雷巴尔科的近卫坦克第3集团军从北面急转向南。为了在不破坏工业区的前提下赶走德军，科涅夫元帅决定采取一连串娴熟的机动，让他的部队绕过（而不是穿过）这片工业园区：坦克部队实施宽大包围时，步兵部队从北面、东面和南面发起进攻，将德国守军挤入开阔地，在那里歼灭他们可能会更容易些。维斯瓦河北面，古谢夫的第21

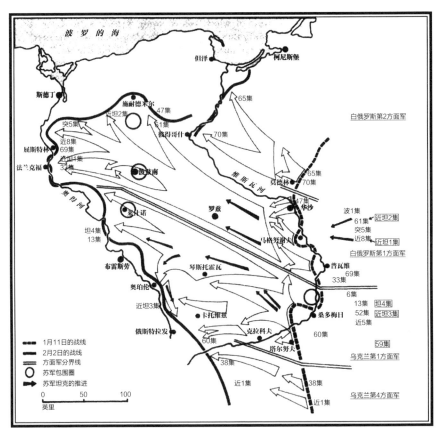

1945年1—2月，从维斯瓦河到奥得河

集团军（获得1个坦克军和1个骑兵军的加强）将从北面和西北面发起包围，科罗夫尼科夫的第59集团军和波卢博亚罗夫的近卫坦克第4军将攻向卡托维采（Katowice），库罗奇金的第60集团军从南面实施包围。在北面，科罗捷耶夫第52集团军的先遣营1月20日在纳姆斯劳（Namslau）同雷巴尔科近卫坦克第3集团军的坦克跨过德国边境线，尽管雷巴尔科的主力即将做出90度转向，沿奥得河一线向南席卷，赶往卡托维采方向。在他们身后的是普霍夫的第13集团军，正在彼得库夫（Piotrkow）与维隆（Wielun）之间推进，1月23日，他们在米利奇（Militsch）附近跨过德国边境线。与此同时，列柳申科的坦克第4集团军赶在普霍夫之前向西冲去，1月22日进入波兰的拉维奇（Rawicz）镇，并派出几个旅赶往奥得河——近卫机械化第17旅于1月22日—23日夜间到达奥得河上的古本（Göben），近卫机械化第16旅的一支先遣侦察队突破至施泰瑙（Steinau，位于布雷斯劳西北方40英里处）北面的奥得河。扎多夫的近卫第5集团军也于1月22日前出至奥珀伦（Oppeln）西北面的奥得河，并在西岸夺得一座登陆场——这是乌克兰第1方面军在奥得河西岸夺取的第一座登陆场，尽管大举渡过奥得河前必须先解放西里西亚工业区。

1月25日—26日，朱可夫和科涅夫向奥得河推进之际，这一推进的协调问题（各方面军内部和各方面军之间）出现了新的紧迫性。1月25日，斯大林打电话给朱可夫，向他询问当前的计划，朱可夫指出，他打算全速赶往奥得河上的屈斯特林（Kustrin），而他的右翼部队将转向北面和西北面，防范从东波美拉尼亚而来的一切威胁，尽管到目前为止他尚未遇到直接性危险。斯大林似乎未被说服，他指出，这样一来，朱可夫的白俄罗斯第1方面军将与罗科索夫斯基的白俄罗斯第2方面军相隔"150多公里"；朱可夫应该等罗科索夫斯基完成"东普鲁士战役"，其兵力"渡过维斯瓦河"后再行动，这个任务需要10天左右——科涅夫无法掩护朱可夫的左翼，因为他的主力仍在执行夺取西里西亚工业区的任务。朱可夫立即请求斯大林批准他不作任何停顿地继续进攻，以便迅速突破"缅济热奇筑垒地域"[7]；只要再加强一个集团军就能确保右翼的安全。斯大林对此没有做出具体回答，只是答应再考虑一下。朱可夫没有收到相应的回复。

既然暂时没有受到阻止，朱可夫便继续进攻，他命令卡图科夫的近卫坦克第1集团军攻入缅济热奇筑垒地域，事实证明这片防区混乱不堪，许多地段无人据守。为保障方面军主力向奥得河推进时不遭受敌人从东波美拉尼亚发起的突击并掩护自己的右翼，朱可夫重新部署了突击第3集团军、第47和第61集团军、近卫骑兵第2军、波兰第1集团军，命令他们面朝北面展开。近卫第8集团军、第69集团军和近卫坦克第1集团军的一部奉命消灭波兹南守军，正如崔可夫不无讽刺地指出的那样，在行进中夺取波兹南绝非易事，那是一座防御严密的堡垒。

最高统帅部1944年11月底下达的指令有缺陷且不严密，现在终于自食其果。斯大林打电话给朱可夫询问下一步行动的当天，罗科索夫斯基元帅似乎即将赢得东普鲁士战役。可是，就在他竭力跟上朱可夫向奥得河推进的步伐时，一场危机在他的左翼形成。朱可夫的部队"在北面，东波美拉尼亚方向得到的掩护非常薄弱"（罗科索夫斯基对态势做出这样的描述），而罗科索夫斯基也对自己北翼的状况有些担心，在那里行动的是切尔尼亚霍夫斯基的部队。斯大林准确预见到朱可夫有可能遭遇的危险，但他对采取弥补措施保持着不祥的沉默，当然，他也没有提及造成这场即将到来的危机的根本原因。

1月14日，朱可夫的白俄罗斯第1方面军投入行动时，罗科索夫斯基的白俄罗斯第2方面军也沿纳雷夫河一线发起进攻。主要突击从左翼向北发起，投入4个步兵集团军（第70、第65、第48集团军和突击第2集团军）和1个坦克集团军（沃利斯基的近卫坦克第5集团军），戈尔巴托夫的第3集团军充当预备队；在右翼，罗科索夫斯基部署了2个集团军——格里申的第49集团军和博尔金的第50集团军，他们将对沃姆扎发起进攻，穿过马祖里湖区与切尔尼亚霍夫斯基的白俄罗斯第3方面军取得会合。罗科索夫斯基需要迅速取得胜利，但纳雷夫河——至少300码宽、4码深——形成了一道巨大的障碍；晚冬的霜冻只在河面上形成了薄薄的冰层，只能让小批人员而不是大股部队通行，但俄国人这一侧的沼泽地至少被冻得结结实实，可以提供出色的承载力。普乌图斯克的南面和北面，苏军在早些时候夺取了两座小型登陆场，尽管不断遭到德军炮火的袭击，但他们仍在此坚守了数周；苏军这一侧每天都以重炮对德军炮兵发起还击，火力逐渐加强。1月14日早上，浓雾和大雪使能见度下降到100码，罗科索夫斯基方面军于上午10点发起炮火准备，猛烈的炮击持续了大半天，火力打击主要集中于普乌图斯克。但恶劣的天气导致苏军飞机无法升空。失去了空中支援，坦克的行动也受到浓雾的限制，进攻任务落在步兵部队身上。罗科索夫斯基掌握着大批坦克和火炮，但严重缺乏步兵，尽管进攻发起前他已获得12万名补充兵——10000名被解放的俘虏、39000名伤愈归队者、20000名从后勤和补给单位抽调的人员，更多的是从当地征募的新兵。

进攻第一天和第二天的进展慢得令人失望，戈尔巴托夫的第3集团军不得不抗击"大德意志"装甲军发起的强有力的反击（该军很快被调至凯尔采南面，以对付科涅夫的进攻），德军达成了突入苏军主力突击部队侧翼和后方的可能性。戈尔巴托夫顽强抗击，敌人的攻势有所放缓，尽管不太情愿，但罗科索夫斯基还是决定把2个坦克军投入第65、第48集团军和突击第2集团军的作战区域，以粉碎德军的防御。

随着普乌图斯克筑垒地区遭到包抄，守军向后撤去，尽管德军指挥部催促援兵掩护姆瓦瓦接近地。1月16日，气候有所好转，苏军的强击机投入战斗，N. I. 古谢夫的第48集团军在机械化第8军的支援下攻击前进。纳雷夫河西面30多英里的切哈努夫（Ciechanow）落入苏军手中，夺取这一重要的交通路口意味着一场重大突破即将到来。次日（1月17日），沃利斯基的近卫坦克第5集团军投入第48集团军打开的缺口；现在，苏军沿一个宽大的正面渡过弗克拉河（Wkra），全速赶往姆瓦瓦。1月18日，苏军夺取位于战线中央的普扎斯内什（Prasznysz），波波夫的第70集团军攻克了莫德林这座古老的堡垒，巴托夫的第65集团军拿下了纳谢尔斯克（Naselsk）和普翁斯克（Plonsk），这使德军沿通往普翁斯克的道路逃脱的企图落了空。24小时内，白俄罗斯第2方面军沿莫德林至奥斯特罗文卡这条60英里的战线突破德军防御，渗透达到35—40英里。1月19日，姆瓦瓦陷落，对罗科索夫斯基来说，跨过维斯瓦河的道路已被肃清。

但次日（1月20日）却让罗斯索夫斯基深感意外。最高统帅部命令他把3个步兵集团军（第3、第48集团军和突击第2集团军）和近卫坦克第5集团军派往北面和西北面，对付盘踞在东普鲁士的德军，目标是弗里施潟湖（Frisches Haff）。这一修改过的作战指令明显与最高统帅部1944年11月28日指令的正式规定相违背，原先的计划是让白俄罗斯第1和第2方面军在整个"维斯瓦河—奥得河"战役中实施密切、有效的协同。罗科索夫斯基脱离原先的任务（与白俄罗斯第1方面军配合），承担起包围东普鲁士德军的重任。鉴于最高统帅部的最新指令，罗科索夫斯基只能以左翼的2个集团军支援朱可夫向奥得河的推进，这种状况令朱可夫大为恼火。

切尔尼亚霍夫斯基的白俄罗斯第3方面军已于1月13日发起进攻，各突击营在清晨6点冲向东普鲁士东部边境时得到了浓雾的掩护——尽管这场浓雾也使苏军大规模炮火准备的效果大打折扣，苏军将12万发炮弹射向了皮尔卡伦（Pilkallen）与戈乌达普河之间的德军防区。方面军的进攻计划要求从中央地区发起一场向西的突击，歼灭敌"蒂尔西特–因斯特堡集团"；最终目标是东普鲁士的首府和堡垒——柯尼斯堡。突击部队由柳德尼科夫的第39集团军、克雷洛夫的第5集团军和卢钦斯基的第28集团军组成，加利茨基的近卫第11集团军担任第二梯队，任务是歼灭马祖里湖区北面的德国守军。P. G. 昌奇巴泽的近卫第2集团军为这股突击力量的左翼提供掩护，因为他们可能会遭到敌人从马祖里湖区方向发起的攻击；沙夫拉诺夫的第31集团军部署在最左翼，以便在一场掩护行动中挡住德军。方面军司令部判断，当面之敌是德军的13个步兵师和1个摩托化师，隶属于第3装甲集团军和第4集团军。

切尔尼亚霍夫斯基的部队不得不对德军防线发起猛攻，德军既设阵地上爆发了血战，苏军突击部队遭到对方猛烈反击，两翼的损失极为严重。苏军的主要突击集中在皮尔卡伦北面，尽管德军指挥部等待着俄国人从贡宾嫩南面发起一场进攻。1月16日，苏军坦克跨过希莱嫩（Schillehnen）与谢舒佩河之间冰冻的沼泽地，切尔尼亚霍夫斯基全力发起主攻。希莱嫩遭到包抄，拉斯德嫩（Lasdehnen）被夺取。天气的突然改善使苏联空军投入战斗，为布尔杰伊内的近卫坦克第2军提供支援。柳德尼科夫的第39集团军在赫留金的空军第1集团军提供的近距离空中支援下攻克希莱嫩并强渡谢舒佩河；V. V. 布特科夫中将的坦克第1军与第39集团军并肩行动，从南面迂回蒂尔西特。1月19日，最高统帅部将A. P. 别洛鲍罗多夫中将的第43集团军交给切尔尼亚霍夫斯基，用于攻克蒂尔西特，随后再冲向柯尼斯堡。皮尔卡伦遭到三个方向的攻击，于1月18日陷落，这座城市抗击了苏军大量正面进攻。次日，蒂尔西特落入苏军手中，随后，苏军坦克部队沿柯尼斯堡公路攻击前进，一路赶往因斯特堡。

根据目前的态势，切尔尼亚霍夫斯基决定将近卫第11集团军的作战方向从第5集团军所在区域调整至第39集团军与第5集团军的结合部。近卫第11集团军与坦克第1军和近卫坦克第2军在因斯特河一线投入战斗，并朝西南方推进。近卫第11集团军冲向韦劳（Wehlau），对那些历史悠久的防御工事实施侧翼包抄，以这种方式从西面攻克了著名的"因斯特堡山口"。第5集团军绕过因斯特堡，第28集团军利用其炮兵，在空中力量的支援下夺取了贡宾嫩。

现在，切尔尼亚霍夫斯基只能打垮德军的一道道防线，艰难地向柯尼斯堡推进。这时，最高统帅部介入并命令罗科索夫斯基完成将东普鲁士与德国其他地区隔开的任务——罗科索夫斯基对此感到愤怒，他显然认为整个东普鲁士作战计划从一开始便计划不周，它意味着部队不得不对防御严密的东部和东南部地区发起进攻，而他们本应该由南向北发起突击，从沃姆扎一线展开，直奔弗里施潟湖。在这些战线上发起的行动应该同白俄罗斯第2方面军的作战计划相结合，这就意味着一场对德军防线更快的突破，特别是在第50和第3集团军已调拨给切尔尼亚霍夫斯基的情况下。

无论有怎样的不满，罗科索夫斯基还是满怀热情地投入到新任务中，坦克部队和卡车搭载的步兵发起迅速而又猛烈的进攻，致使烧杀抢掠的现代化版本降临在东普鲁士，尽管劫掠和强奸与战争本身同样古老。可是，作战行动的开局很糟糕，浪费了大量时间，这是因为第50集团军（据守着奥古斯图夫运河一线）司令员没有发现德军已向北后撤。两天时间被白白耽搁，第50集团军——司令员博尔金立即被他的参谋长F. P. 奥泽罗夫替代——不得不全力追击敌军，而第49集团军付出的努力也在一场过早发起的进攻中被浪费。与此同时，罗科索夫斯基的部队遵照最高统帅部1月21日的命令转向北面和西北面，沿"德意志艾劳—马林堡"方向攻击前进，目标是埃尔宾（Elbing）至马林堡以及维斯瓦河下游至托伦（Torun）一线。戈尔巴托夫的第3集团军和古谢夫的第48集团军转向西北方，穿过旧边境防御工事，绕过被孤立的敌据点；N. S. 奥斯利科夫斯基的近卫骑兵第3军深深地冲入德军阵地，伴随着德国军列卸载坦克和大炮的喧嚣攻入阿伦施泰因。激战中，第48集团军及时赶到，这才挽救了奥斯利科夫斯基的骑兵部队。但德国人的第二道防线已被突破，东普鲁士的中心地区（迄今为止一直得到南面的掩护）现在已向红军敞开。

这场推进的特点是迅速、疯狂和野蛮。村庄和小镇被焚毁，在那些挂有纳粹主义标志或符号的房屋和家园，苏军士兵肆意强奸，进行着一种返祖性的发泄和报复。被子弹击中头部的德国官员倒在街道上，村镇工作人员和镇长们被自动武器的连发射击击毙；一些精心装饰的纳粹党人照片被看作是向元首本人致敬的标志，成为包括桌子、椅子和厨具在内的整个家被摧毁的信号。一队队难民，再加上离开战俘营的盟军战俘以及不再在农场或工厂遭受奴役的奴工，或步行，或坐着农用大车，开始了长途跋涉。横冲直撞的苏军坦克冲在最前方，T-34上搭载着突击步兵，一些难民和马匹被撞倒或被碾为血淋淋的肉饼。遭到强奸的妇女双手被钉在载着她们家人的农用大车上。一月份阴霾的天空和晚冬的雾霭下，一个个家庭蜷缩在沟渠中或道路旁，父亲们试图射杀他们的孩子，或呜咽着等待上帝之怒的结束。苏军方面军司令部终于做出干预，下达了强调军纪和对德国百姓履行"行为规范"的命令。但这股潮流愈演愈烈，不断受到路边海报炽热的语言和胡乱涂写的口号的推动——这里和前方都是"法西斯野兽的巢穴"，这种宣传对那些饱受摧残，现在重新回到红军队伍中的前战俘以及红军经过波罗的海地区时征召的心不甘情不愿的农村兵起到了煽动作用，他们不会对任何人抱以同情之心。

1月21日，随着坦能堡的陷落，德国军国主义的一个记忆被抹去。那是1914年8月兴登堡关键性战役的战场，也是俄国当年遭受失败和耻辱的象征。德军疏散了该镇，并将兴登堡和他妻子的遗骸带走，巨大的坦能堡纪念碑也被炸毁。这场战斗并不激烈，主要是一种象征意义，参与其中的苏军部队获得了"坦能堡"荣誉称号。可是，阿伦施泰因1月23日的陷落为罗科索夫斯基创造出更广阔的前景；他命令沃利斯基的近卫坦克第5集团军进入缺口，并指示这支部队全力冲向海边。与此同时，古谢夫的第48集团军和费久宁斯基的突击第2集团军赢得了赶往"德意志艾劳—奥斯特罗德"一线的赛跑，阻止了有可能拦截苏军朝"马林堡—埃尔宾"方向推进的德国第3装甲集团军的先头部队。沃利斯基投入他的坦克部队：坦克第10军1月23日夺取莫伦根（Mohrungen），次日又将米尔豪森（Mülhausen）拿下，困住了沿柯尼斯堡—埃尔宾公路调动的德军预备队。以坦克第31旅为先锋的坦克第29军甚至冲得更远。季亚琴科大尉的坦克第3营率领7辆坦克和一群冲锋枪手，奉命向前推进，从东面迂回埃尔宾，在大罗本（Gross-Robern）切断埃尔宾东面的公路和铁路连接。

季亚琴科发现，从东面赶往埃尔宾比直接穿过这座城市更容易些，昏暗中开启的前大灯照亮了街道上行驶的有轨电车和购物者；一个德军坦克训练单位惊恐地发现这是苏军的坦克，炮火随即袭来，但季亚琴科继续前进，于午夜前到达弗里施潟湖。波克洛夫上校的坦克第31旅跟在季亚琴科身后，但他发现埃尔宾的守军已被惊动，于是也转向东面，1月24日早上同他的坦克第3营取得会合。坦克集团军的主力现在逼近埃尔宾东面的托尔克米特（Tolkemit），突破至海边，困住了有可能逃往维斯瓦河的德军。与此同时，费久宁斯基的突击第2集团军正逼近马林堡这座历史悠久的条顿骑士团城堡；机械化第8军在行进中强渡诺加特河（Nogat），而费久宁斯基的部队冲向北面，着手对城市发起强攻，1月26日，埃尔宾陷落。与此同时，巴托夫的第65集团军和波波夫的第70集团军赶往格鲁琼兹（Grudziadz）和托伦，第70集团军在"库尔姆兰"（Kulmland）作战，这片接近地位于格鲁琼兹与托伦之间。

麾下的部队一到达海边和维斯瓦河下游，罗科索夫斯基便切断了东普鲁士德军的陆地交通线：德国第3装甲集团军、第4集团军以及第2集团军的6个步兵师和2个摩托化师遭到围困。在一场恢复与马林堡方向陆地连接的绝望尝试中，德国第4集团军司令部决定从海尔斯贝格西面发起一场强有力的突破，集结7个步兵师和1个装甲师开展这场解围行动。这最初是"中央"集团军群司令莱因哈特的想法；但希特勒怒不可遏，要求不惜一切代价守住马祖里湖区防线，莱因哈特认为获救的唯一希望是后撤并突破至诺加特河和维斯瓦河，让尽可能多的难民跟随德军一同撤离。第4集团军司令霍斯巴赫同意这一点，并已退至海尔斯贝格防线后，以便发起反击。2个步兵师、1个摩托化师和1个装甲师将从沃尔姆迪特（Wormditt）投入进攻，2个步兵师从梅尔萨克（Mehlsack），还有2个步兵师从布劳恩斯贝格（Braunsberg）冲向西南方。

1月27日，一场短暂但又猛烈的炮击后，德军发起进攻，冒着猛烈的暴风雪和凛冽的寒风朝苏军冲去。罗科索夫斯基的部队有些捉襟见肘，散布在托尔克米特到阿伦施泰因的途中，获得的补给物资很少，预备队离前线相距甚远；古谢夫的第48集团军的位置尤为暴露，而且他颇有些自满，认为敌人已一败涂地。在暴风雪肆虐的夜间，被绝望驱使的德军步兵冲向第48集团军辖下的步兵第96师，后者遭到重创，再加上弹药短缺，不得不朝西南方退却。罗科索夫斯基的司令部内响起警报，当时他正与麾下的将领们共进晚餐。沃利斯基的近卫坦克第5集团军、坦克第8军和奥斯利科夫斯基的近卫骑兵第3军立即调动起来，费久宁斯基奉命将他的突击第2集团军从埃尔宾南面调至东面的阻击阵地。

德军的进攻在苏军防区达成10英里的渗透，重新夺回利布斯塔特（Liebstadt），并包围了第48集团军辖下的步兵第17师（尽管格列布涅夫上校率领第17师进行了顽强的防御）。接下来的48小时里，德国第4集团军朝马林堡全力突破，前进了15英里，攻入第48集团军的防区，重新夺回了米尔豪森和东普鲁士荷兰（Pr.–Holland）。德军先头部队距离埃尔宾只有6英里了，他们突破至维斯瓦河的威胁骤然间变得真实起来，迫使罗科索夫斯基集结起4个军（1个步兵军、1个机械化军和2个坦克军）、1个骑兵军的部分部队、1个机械化旅、5个反坦克炮兵旅和1个步兵师（担任方面军预备队的近卫坦克第3军由于缺乏装备无法投入战斗）。这些部队在阿伦施泰因与弗里施潟湖之间匆匆建设起一道稳固的防线。

1月30日，德国第4集团军从埃尔宾东面最后一次尝试突向维斯瓦河，但遭到了沃利斯基坦克部队的拦截；格列布涅夫的步兵第17师突出包围圈，而戈尔巴托夫的第3集团军和倒霉的第50集团军攻向海尔斯贝格筑垒地域，威胁着德军左翼。一支支德军部队被打垮，满身污秽的苏军士兵和一个个耗损严重的师与绝望的德军士兵展开厮杀，在后者看来，获救之路近在咫尺却又遥不可及。德军的擅自后撤激怒了希特勒，他怀疑这其中还有更多的阴谋，1月26日，他解除了莱因哈特和霍斯巴赫的职务；接替莱因哈特的伦杜利克从希特勒那里接到最严格的命令——不惜一切代价坚守东普鲁士首府柯尼斯堡。除了更换指挥官，希特勒还对部队番号做出了调整："北方"集团军群更名为"库尔兰"集团军群，"中央"集团军群变为新的"北方"集团军群，A集团军群改为"中央"集团军群。这些部队中的两个，"北方"集团军群和"库尔兰"集团军群，目前已被彻底隔断，背靠着波罗的海，无法以任何方式参与德国的战事。为守卫德国北部地区，希特勒组建了一支新部队——"维斯瓦河"集团军群，由第2和第9集团军组成，或者说是由这两个集团军的残部构成。指挥这支关键性力量的任务被交给党卫队全国领袖兼警察总监海因里希·希姆莱，这位首席刽子手终于来到了前线，来到了他那些部下当中。

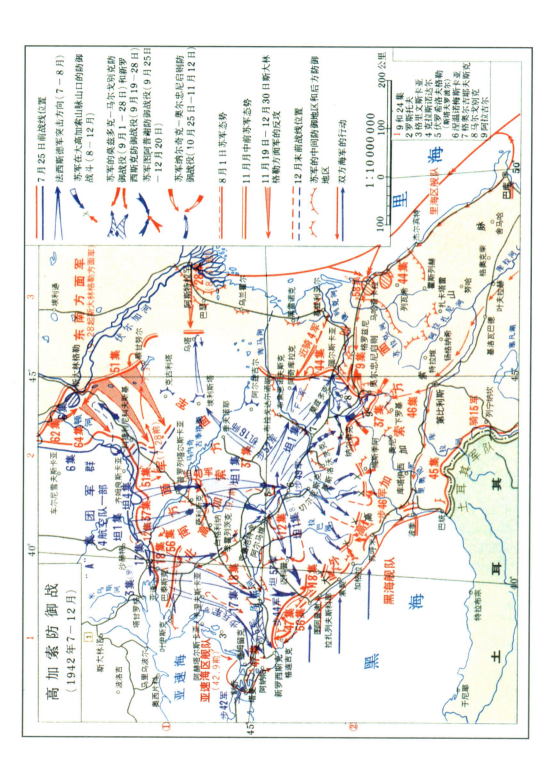

高加索防御战
（1942 年 7—12 月）

斯大林格勒会战苏军反攻（1942年11月19日—1943年2月2日）

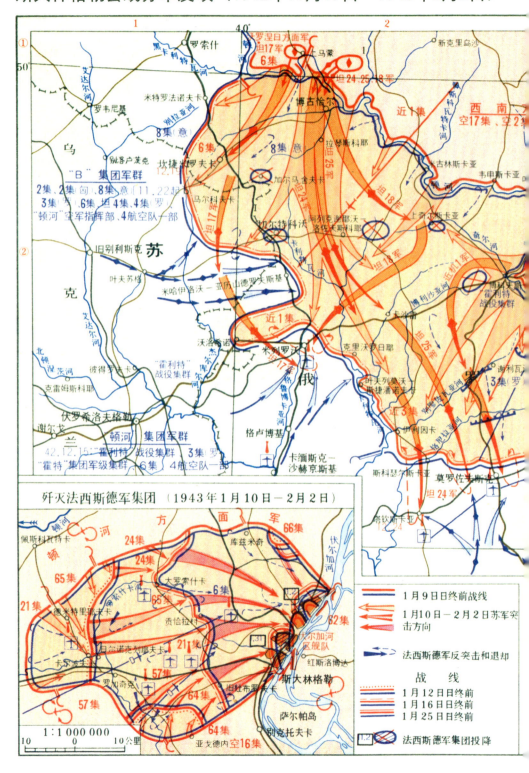

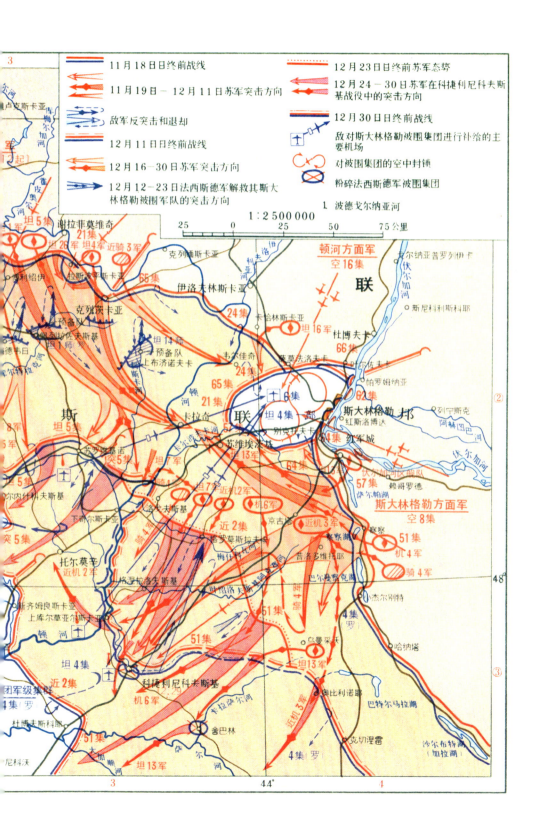

図例

11月18日日终前战线
11月19日—12月11日苏军突击方向
敌军反突击和退却
12月11日日终前战线
12月16—30日苏军突击方向
12月12—23日法西斯德军解救其斯大林格勒被围军队的突击方向

12月23日日终前苏军态势
12月24—30日苏军在科捷利尼科夫斯基战役中的突击方向
12月30日日终前战线
敌对斯大林格勒被围集团进行补给的主要机场
对被围集团的空中封锁
粉碎法西斯德军被围集团

1. 波德戈尔纳亚河

1:2 500 000
25 0 25 50 75公里

对列宁格勒封锁的突破（1943年1月12日—30日）

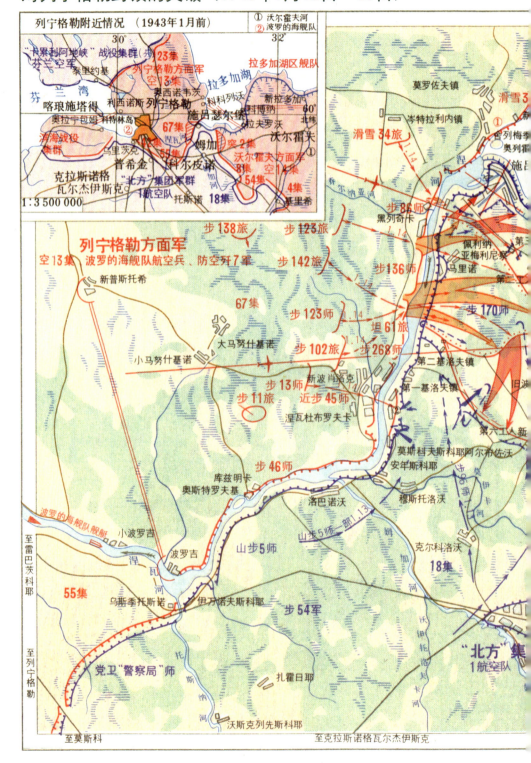

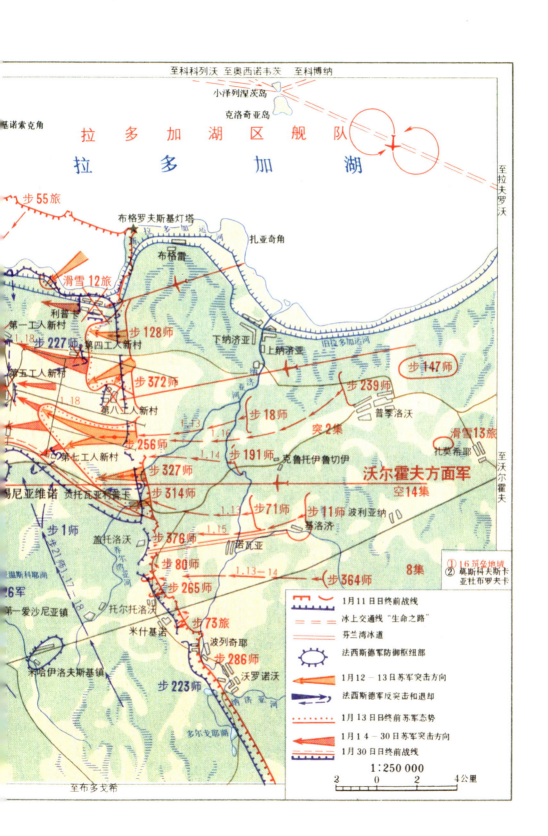

至科科列沃　至奥西诺韦茨　至科博纳

小泽列涅茨岛

克洛奇亚岛

基诺索克角

拉 多 加 湖 区 舰 队

拉　多　加　湖

至拉夫罗沃

步 55 旅

布格罗夫斯基灯塔

布格霍

扎亚奇角

滑雪 12 旅

利普卡

第一工人新村

步 128 师

下纳济亚

上纳济亚

旧拉多加运河

步 147 师

1.18 步 227 师 第四工人新村

第五工人新村

步 372 师

步 239 师

普季洛沃

第八工人新村

1.18

步 18 师

步 256 师

1.13

1.16

突 2 集

滑雪 13 旅

扎莫希耶

1.14

步 191 师

克鲁托伊鲁切伊

步 327 师

第七工人新村

易尼亚维诺 贡托瓦亚利普卡

步 314 师

沃尔霍夫方面军

空 14 集

至沃尔霍夫

1.13

步 71 师

步 11 师 波利亚纳

步 1 师

盖托洛沃 乔尔戈沃

步 376 师

1.15

基洛济

沃瓦亚

步 21 布 1.17—18

温斯科耶湖

步 80 师

8 集

① 16 预备地域
② 莫斯科夫斯卡亚杜布罗夫卡

6 军

步 265 师

步 364 师

第一爱沙尼亚镇

托尔托洛沃

步 73 旅

和哈伊洛夫斯基镇

米什基诺

波列奇耶

步 286 师

沃罗诺沃

步 223 师

多尔戈耶湖

图例
1月11日终前战线
冰上交通线"生命之路"
芬兰湾冰道
法西斯德军防御枢纽部
1月12—13日苏军突击方向
法西斯德军反突击和退却
1月13日终前苏军态势
1月14—30日苏军突击方向
1月30日终前战线

1:250 000

2　0　2　　4公里

至布多戈希

解放北高加索（1943年1月—10月）

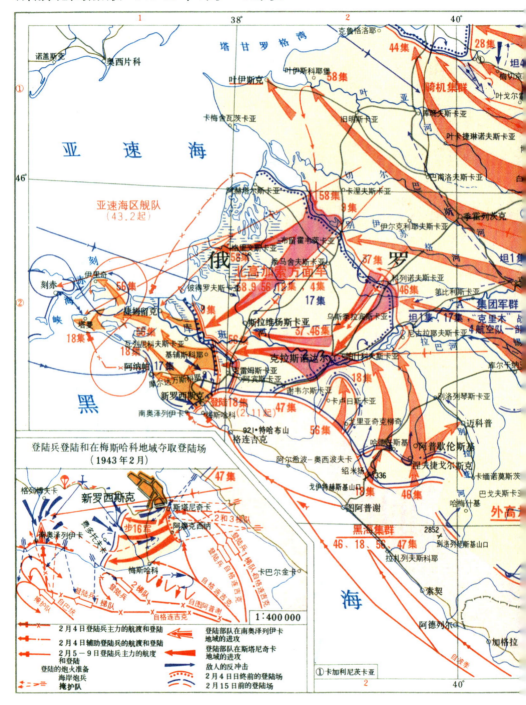

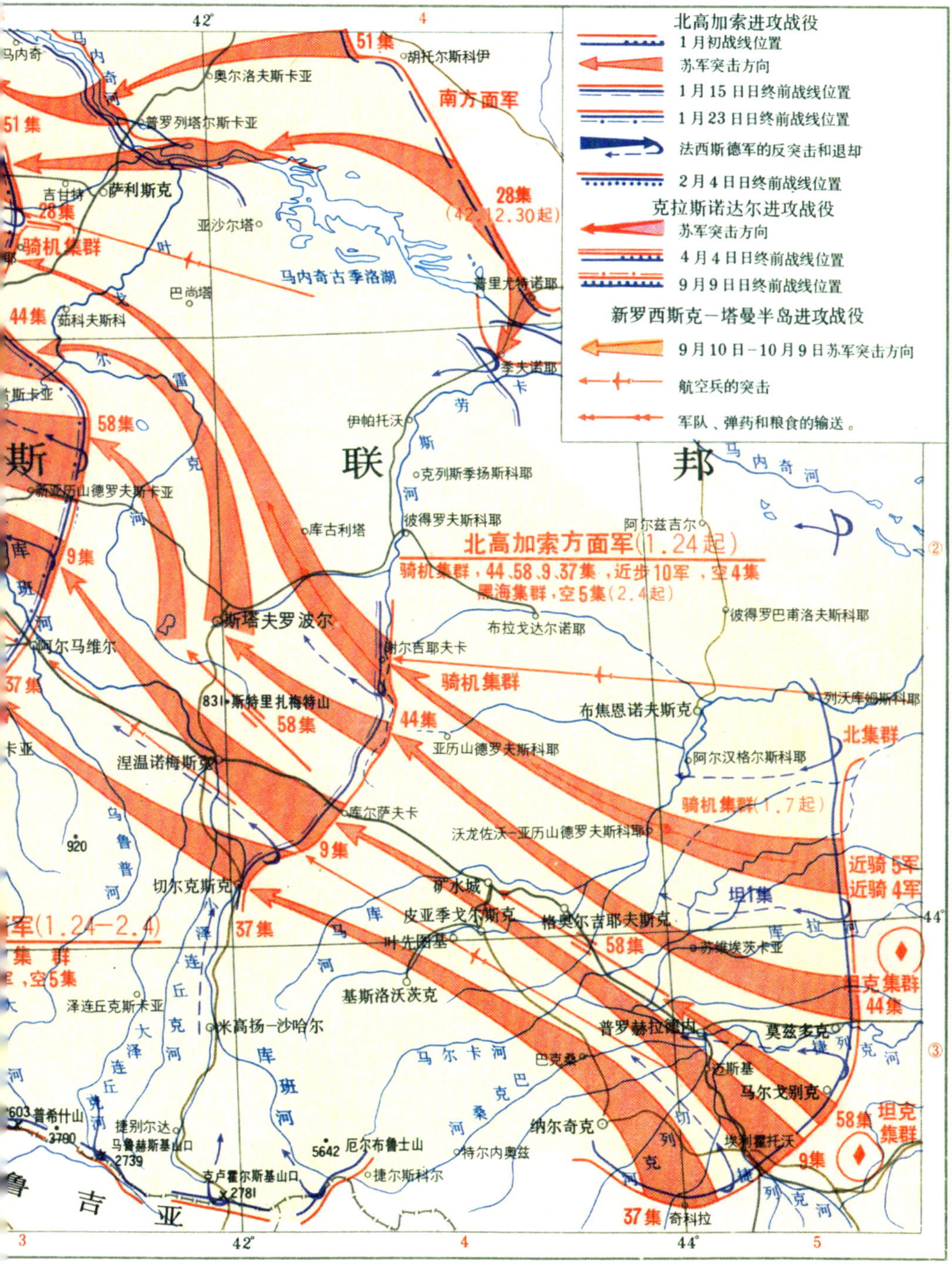

北高加索进攻战役
1月初战线位置
苏军突击方向
1月15日日终前战线位置
1月23日日终前战线位置
法西斯德军的反突击和退却
2月4日日终前战线位置
克拉斯诺达尔进攻战役
苏军突击方向
4月4日日终前战线位置
9月9日日终前战线位置
新罗西斯克—塔曼半岛进攻战役
9月10日—10月9日苏军突击方向
航空兵的突击
军队、弹药和粮食的输送。
南方面军
51集
28集
(42.12.30起)
骑机集群
44集
58集
9集
37集
马内奇古季洛湖
胡托尔斯科伊
奥尔洛夫斯卡亚
普罗列塔尔斯卡亚
萨利斯克
亚沙尔塔
巴尚塔
茹科夫斯科
普里尤特诺耶
季夫诺耶
伊帕托沃
克列斯季扬斯科耶
彼得罗夫斯科耶
库古利塔
阿尔兹吉尔
联
邦
北高加索方面军(1.24起)
骑机集群,44.58.9.37集,近步10军,空4集
黑海集群,空5集(2.4起)
布拉戈达尔诺耶
彼得罗巴甫洛夫斯科耶
斯塔夫罗波尔
谢尔吉耶夫卡
阿尔马维尔
831•斯特里扎梅特山
涅温诺梅斯克
布焦恩诺夫斯克
列沃库姆斯科耶
北集群
亚历山德罗夫斯科耶
阿尔汉格尔斯科耶
骑机集群(1.7起)
库尔萨夫卡
沃龙佐沃—亚历山德罗夫斯科耶
近骑5军
近骑4军
坦1集
切尔克斯克
矿水城
皮亚季戈尔斯克
格奥尔吉耶夫斯克
叶先图基
苏维埃茨卡亚
基斯洛沃茨克
坦克集群
泽连丘克斯卡亚
米高扬—沙哈尔
普罗赫拉德内
莫兹多克
巴克桑
迈斯基
马尔戈别克
纳尔奇克
特尔内奥兹
埃利霍托沃
坦克集群
奇科拉
厄尔布鲁士山
5642
捷尔斯科尔
克卢霍尔斯基山口
2781
马鲁赫斯基山口
2739
捷别尔达
普希什山
3790
库班河
马尔卡河
捷列克河
乌鲁普河
大泽连丘克河
小泽连丘克河
叶戈尔雷克河
卡劳斯河
马内奇河
库马河
920
鲁
吉
亚
42°
44°
3
4
5
②
③

哈尔科夫进攻战役（1943年2月2日—3月3日）

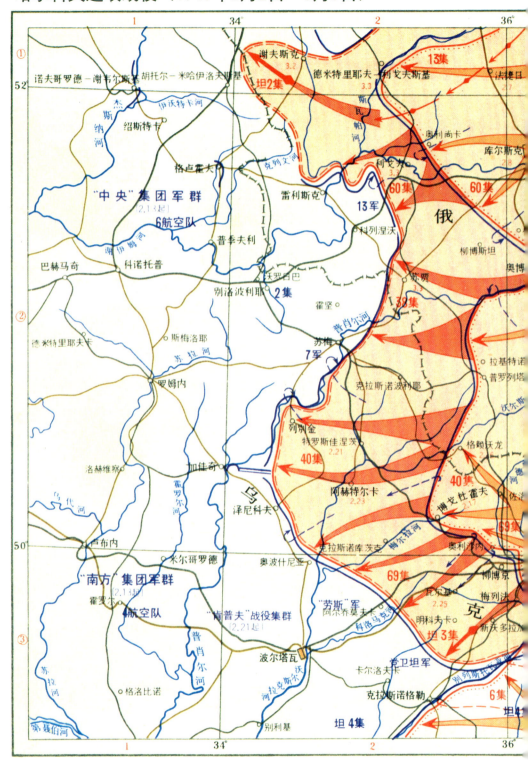

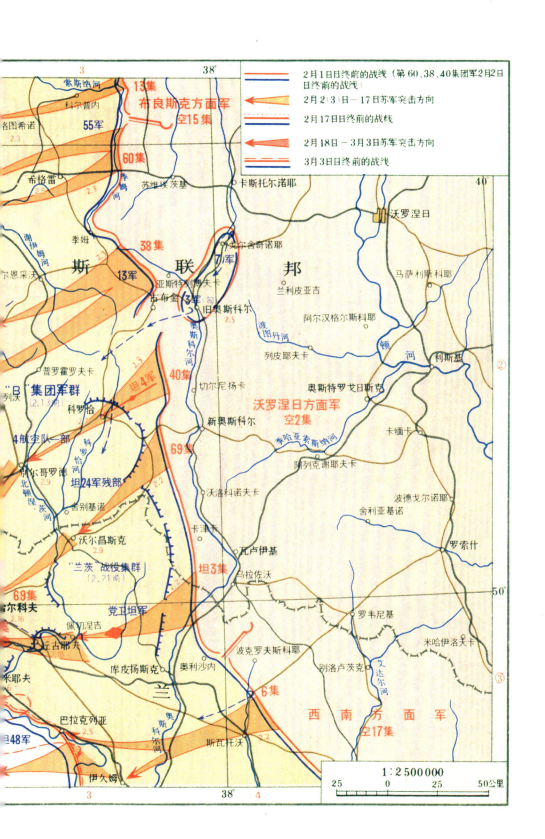

图例：
- 2月1日日终前的战线（第60、38、40集团军2月2日日终前的战线）
- 2月2(3)日—17日苏军突击方向
- 2月17日日终前的战线
- 2月18日—3月3日苏军突击方向
- 3月3日日终前的战线

布良斯克方面军
空15集
13集
55军
科尔普内
索斯纳河
图希诺
希格雷
季姆
谢伊姆河
尔恩采沃
斯
联
邦
13军
60集
38集
苏维埃茨基
卡斯托尔诺耶
沃罗涅日
40°
戈尔舍奇诺耶
7军
马萨利斯科耶
亚斯特列别卡
兰利皮亚吉
苏布金
13军
旧奥斯科尔
阿尔汉格尔斯科耶
顿
河
利斯基
②
普罗霍罗夫卡
奥斯科尔河
列皮耶夫卡
波图丹河
"日"集团军群
(2.13前)
坦4军
40集
切尔尼扬卡
奥斯特罗戈日斯克
卡缅卡
4航空队一部
科罗恰
科罗恰河
新奥斯科尔
沃罗涅日方面军
空2集
别尔哥罗德
北顿涅茨河
69集
坦24军残部
季哈亚索斯纳河
阿列克谢耶夫卡
舍别基诺
沃洛科诺夫卡
波德戈尔诺耶
舍利亚基诺
沃尔昌斯克
卡津卡
罗索什
"兰茨"战役集群
(2.21前)
坦3集
瓦卢伊基
69集
尔科夫
(2.16前)
党卫坦军
佩切涅吉
马拉佐沃
罗韦尼基
古耶夫
库皮扬斯克
奥利沙内
波克罗夫斯科耶
别洛卢茨克
艾达尔河
米哈伊洛夫卡
③
耶夫
兰
6集
西南方面军
空17集
巴拉克列亚
坦48军
斯科尔河
奥斯科尔河
斯瓦托沃
伊久姆

1:2 500 000
25   0   25   50公里

38°   4

哈尔科夫防御战役（1943年3月4日—25日）

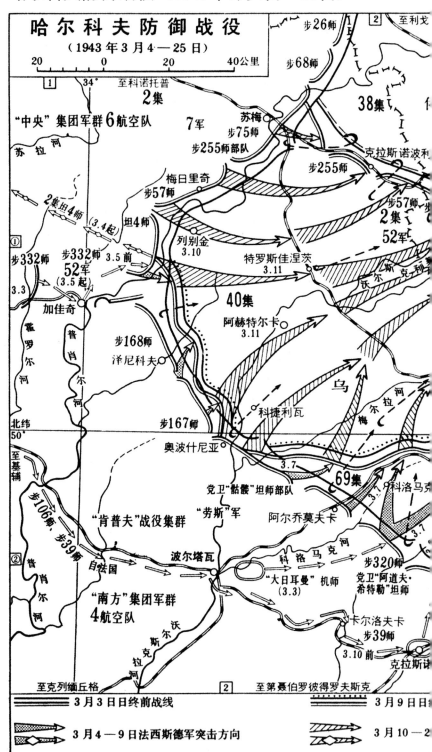

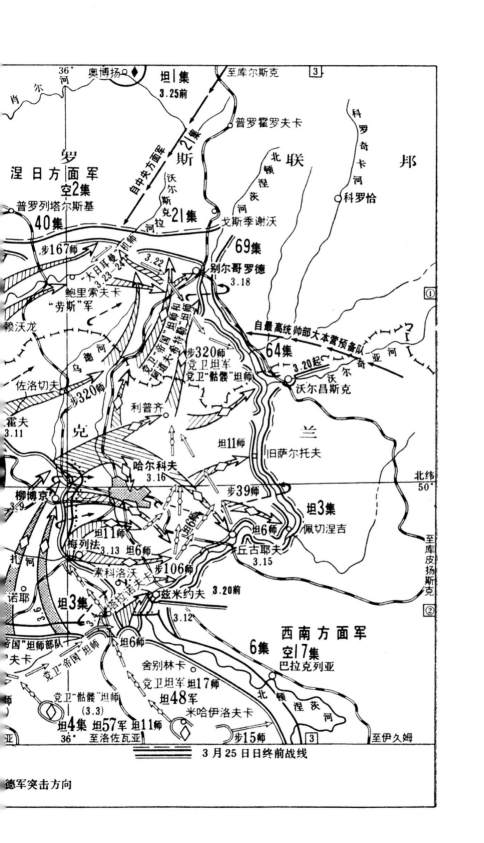

德军突击方向

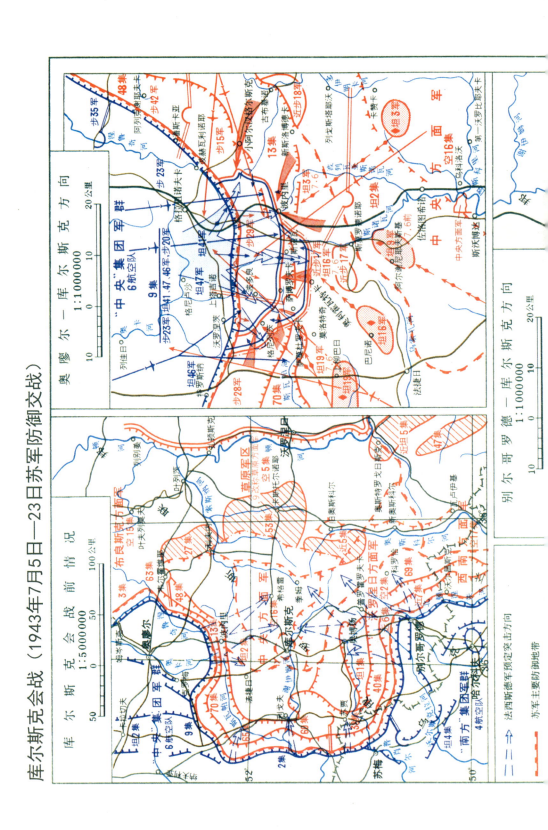

库尔斯克会战（1943年7月5日—23日苏军防御交战）

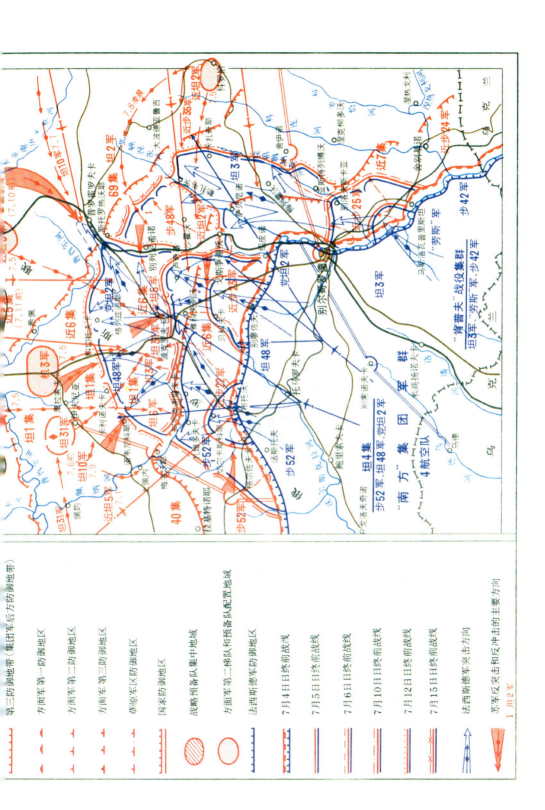

库尔斯克会战（1943年7月12日—8月23日苏军反攻阶段）

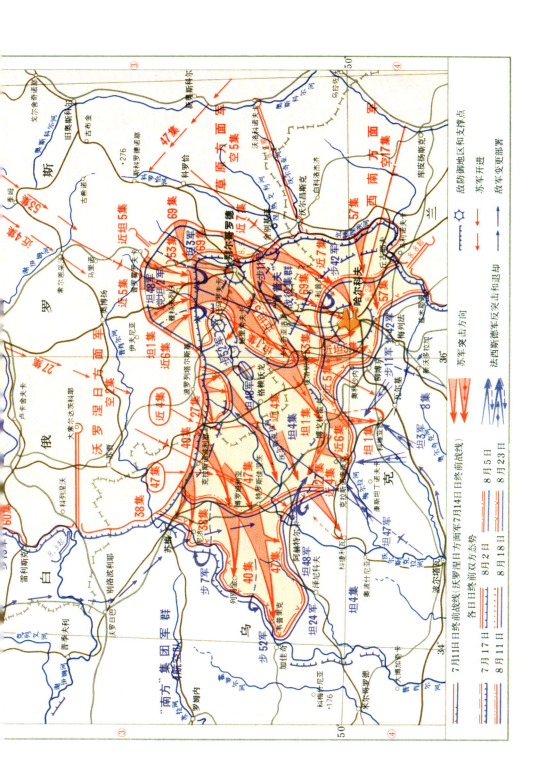

斯摩棱斯克进攻战役（1943年8月7日—10月2日）

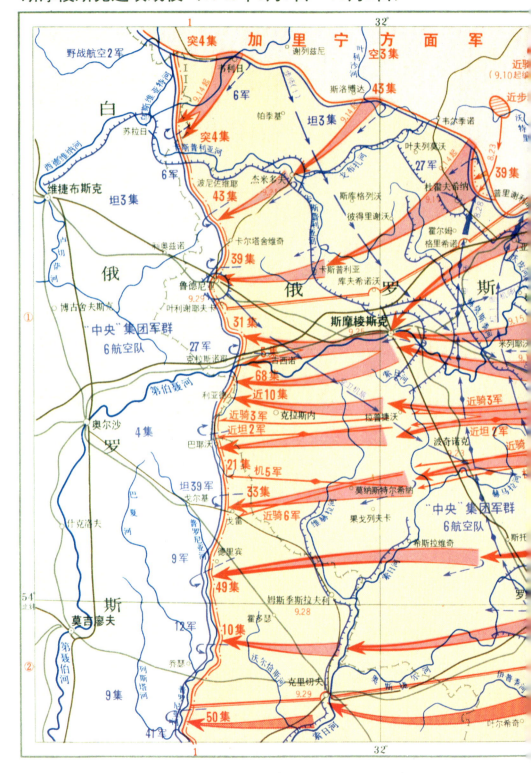

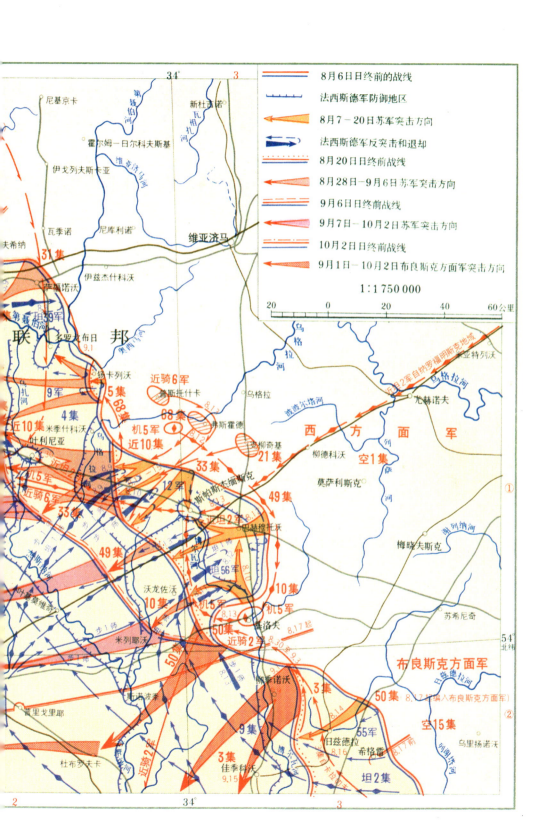

图例说明：

- 8月6日终前的战线
- 法西斯德军防御地区
- 8月7－20日苏军突击方向
- 法西斯德军反突击和退却
- 8月20日终前战线
- 8月28日－9月6日苏军突击方向
- 9月6日终前战线
- 9月7日－10月2日苏军突击方向
- 10月2日终前战线
- 9月1日－10月2日布良斯克方面军突击方向

1:1 750 000

20　0　20　40　60公里

联　邦

西　方　面　军

布良斯克方面军

第聂伯河会战（1943年8月25日—12月23日）

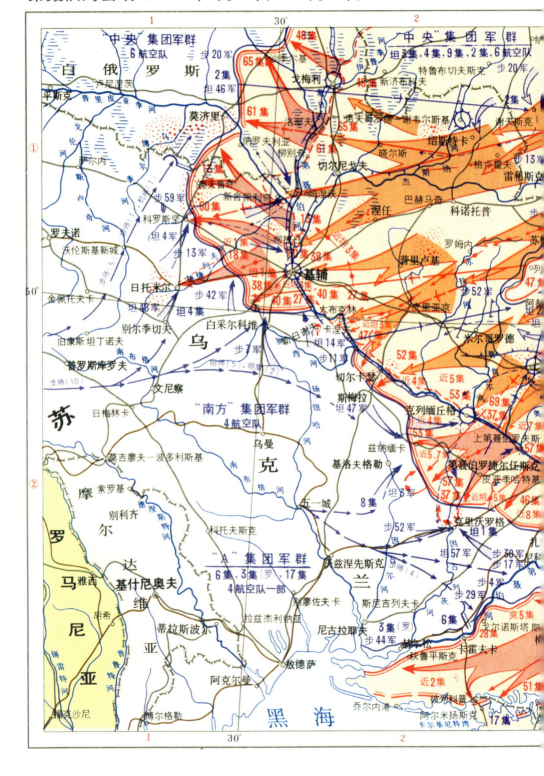

图例：

	8月24日终前战线位置
	游击队活动最积极的地区
	8月25日—9月30日苏军突击方向
	8月25日—9月30日敌人的反突击和退却
	9月30日终前苏军态势
	10月1日—12月23日苏军突击方向
	10月1日—12月23日敌人的反突击和退却
	12月23日终前战线位置
	亚速海区舰队的行动
	空降兵在卡涅夫地域着落
	9—12月间从西欧调来部队
	敌人的防御地区和防御地带
	米乌斯河防线
	"东方壁垒"
	其它
	敌人的防御枢纽部

① 法斯托夫

地图标注文字：

奥廖尔
中央方面军
坦2集
61集
70集 (10.20起白俄罗斯方面军)
空16集
利佩茨克
叶列茨
波内里
库尔斯克
近坦3集
苏
俄
卡斯托尔诺耶
沃罗涅日
奥博扬
沃 罗 涅 日 方 面 军
(10.20起乌克兰第1方面军)
普肖尔河
52集
坦1集
空2集
罗
别尔哥罗德 草 原 方 面 军
(10.20起乌克兰第2方面军)
16集
53集 近坦5集 37集 空5集 瓦卢伊基
5集
69集
17集
斯
哈尔科夫 57集
11集
米耶夫
步42军 46集
57集
斯诺格勒 坦57军 8集 伊久姆
步40军
8集
8集
西 南 方 面 军
(10.20起乌克兰第3方面军)
12集
空17集
坦3集
洛佐瓦亚
斯拉维扬斯克 步30军
克拉马托尔斯克 步4军
阿尔乔莫夫斯克
伏罗希洛夫格勒
第伯罗彼得罗夫斯克
南 方 集团军群 戈尔洛夫卡 坦1集 步17军
坦4集、8集、坦1集
6集、4航空队
51集
突5集
米列罗沃
联
邦
近8集
斯大林诺
南 方 面 军
(10.20起乌克兰第4方面军)
近3集
突5集
沃尔诺瓦哈
步29军
6集
近2集
步29军
空8集
沙赫特
顿河
44集
特维耶夫—库尔干
28集
新切尔卡斯克
44集
44集
51集
近2集
马里乌波尔
塔甘罗格
罗斯托夫
亚速
28集
奥西片科
叶伊斯克
58集
库晓夫斯卡亚
萨利斯克
亚速海区舰队
北 高 加 索 方 面 军
(1943.11.20前)
空4集
亚 速 海
阿赫塔尔斯卡亚
切尔巴斯河
季霍列茨克

基辅进攻战役（1943年11月3日—13日）和防御战役（1943年11月13日—12月22日）

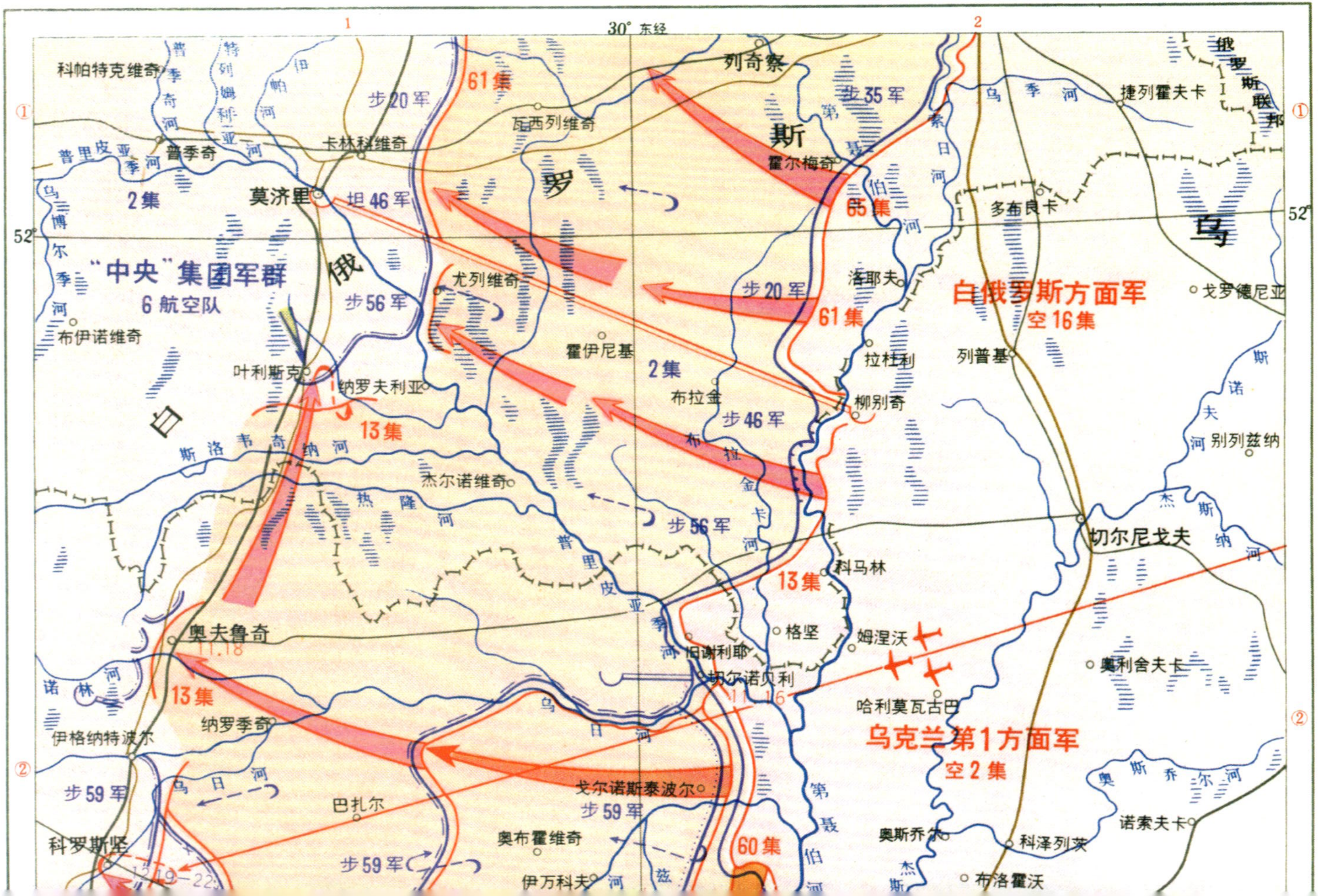

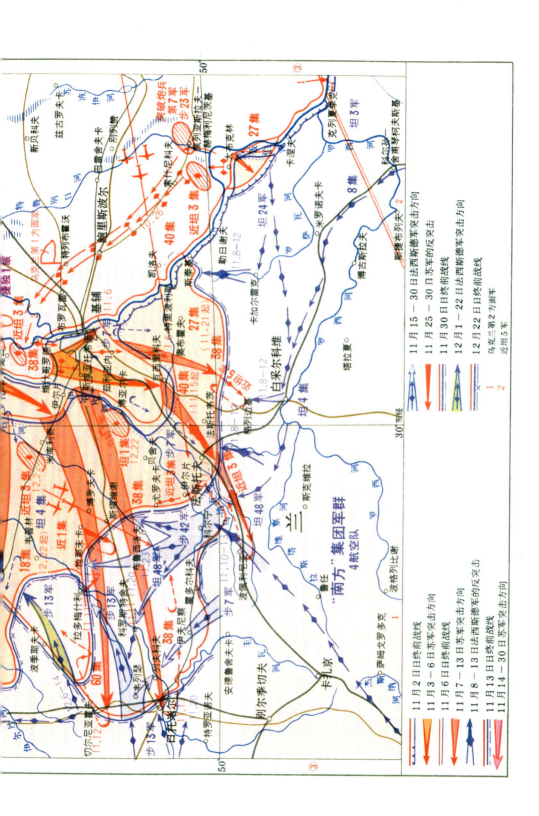

列宁格勒—诺夫哥罗德进攻战役（1944年1月14日—3月1日）

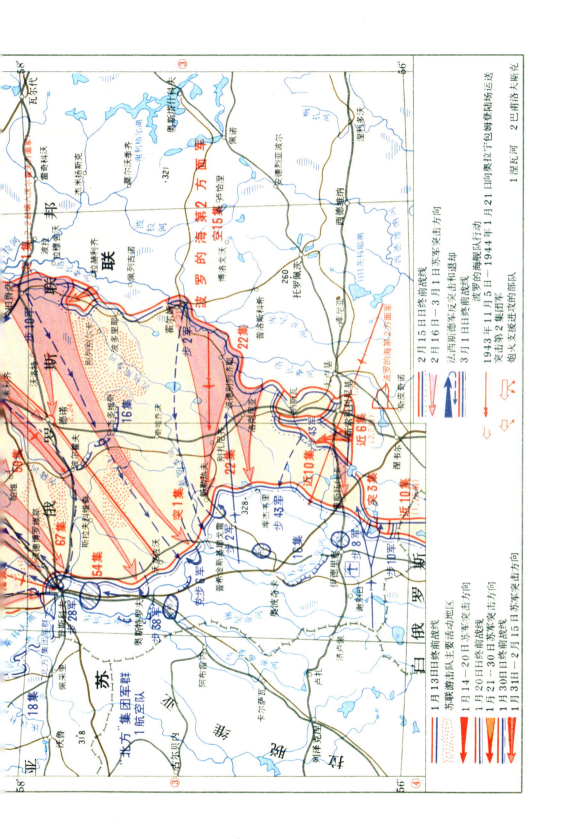

苏军在列宁格勒附近的进攻（1944年1月14日—7月10日）

①

卡累利阿地峡

凯克斯霍尔姆

拉多加湖

拉多加湖区舰队

沃尔霍夫方面军 空14集

列宁格勒方面军 空13集

列宁格勒

涅瓦河

芬兰湾

"北方"集团军群 航空IV

纳尔瓦湾

"纳尔瓦"战役集群（2.23起）

爱沙尼亚

步26军

苏军在卡累利阿南部的进攻（1944年6月21日—8月9日）

① 俄罗斯联邦
② 拉多加湖区舰队
③ 卡累利阿—芬兰联邦

图例

- 6月20日终前战线位置
- 6月21—30日苏军突击方向
- 6月30日终前战线位置
- 7月10日苏军突击方向
- 7月10日终前战线位置
- 8月9日终前战线位置
- 敌军的反突击

0　70　140公里

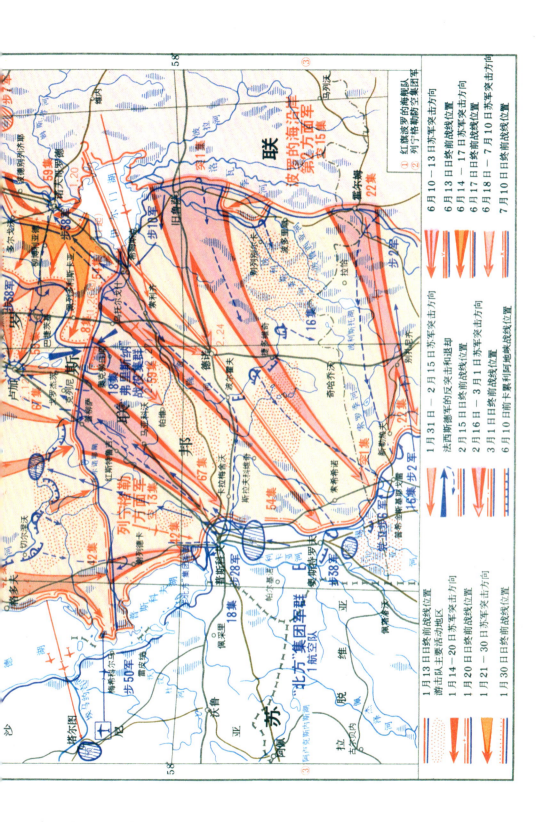

科尔孙-舍甫琴柯夫斯基进攻战役（1944年1月24日—2月17日）

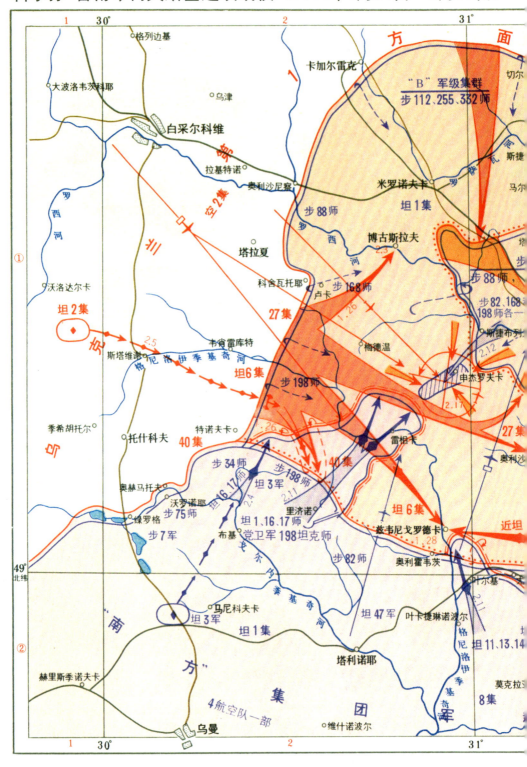

图例：

1月23日终前战线

1月24日－2月3日苏军突击方向

2月3日终前合围的对外正面和对内正面

2月4－17日苏军突击方向

对被围法西斯德军集团的空中封锁

对军队燃料和弹药的空中供应

法西斯德军为解救被围集团在对内和对外正面实施突击的方向

歼灭被围的法西斯德军集团

2月17日终前战线

1:1 000 000

10   0   10   20   30 公里

第聂伯河

格利米亚佐沃

列普利亚沃

卡涅夫
1.30

苏波伊河

佐洛托诺沙

克列夏季克

党卫军"维金"坦克师主力

三罗
萨
河

奥
利

夏什内

斯维多夫斯克

切尔卡瑟

科特洛夫

级集群

尔砂—舍甫琴柯夫斯基
2.14

俄罗斯波利亚纳

红斯洛博达

博罗维察

步11军

杜比耶夫卡

①

步57、72、389师

党卫军"维金"坦克师
"瓦洛尼亚"机械化旅

别洛泽里耶

第空5集

秋尼基

近骑5军

坦14师一部

步72师

戈罗季谢

梅德韦多夫卡

佳斯明河

步389师
2.2

52集

斯梅拉
1.29

步57师
52集

第聂伯河

步57师

茨韦特科沃

罗特米斯特罗夫卡

别列兹尼亚基

步72师

2

马图索夫

塔什雷克

步11军

步389师
1.24

卡缅卡—舍甫琴柯夫斯卡亚

佳斯明河

49°
北纬

什波拉

8集

列别金

近骑5军
1.29

近4集

亚历山德罗夫卡

53集

帕斯托尔斯科耶
1.25

克拉斯诺谢利耶

近坦5集

②

尔马奇

卡皮塔诺夫卡

奥西特尼日卡
1.24

坦3师

53集

齐布列沃

近骑5军

季特科夫卡

步376师

步320师

坦3师
1.27

新米尔哥罗德

步106师

步106师

先托沃

大西
河
维

卡尼日

坦3、11、14师

克里木进攻战役（1944年4月8日—5月12日）

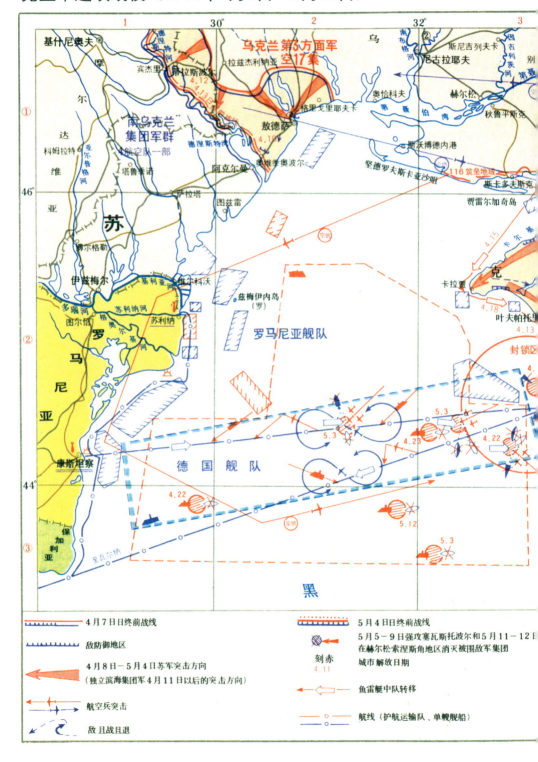

4月7日日终前战线		5月4日日终前战线
敌防御地区		5月5—9日强攻塞瓦斯托波尔和5月11—12日在赫尔松索涅斯角地区消灭被围敌军集团
4月8日—5月4日苏军突击方向（独立滨海集团军4月11日以后的突击方向）	刻赤 4.11	城市解放日期
航空兵突击		鱼雷艇中队转移
敌且战且退		航线（护航运输队、单艘舰船）

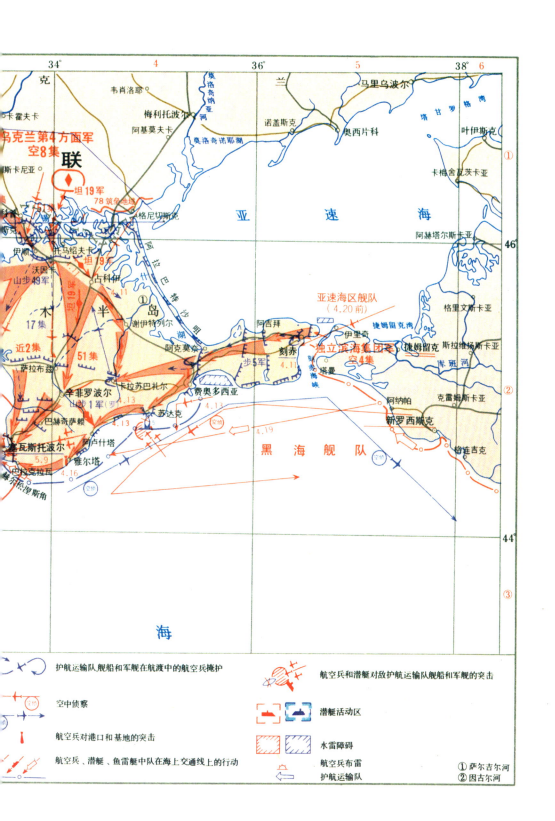

护航运输队、舰船和军舰在航渡中的航空兵掩护

空中侦察

航空兵对港口和基地的突击

航空兵、潜艇、鱼雷艇中队在海上交通线上的行动

航空兵和潜艇对敌护航运输队舰船和军舰的突击

潜艇活动区

水雷障碍

航空兵布雷

护航运输队

① 萨尔吉尔河
② 因古尔河

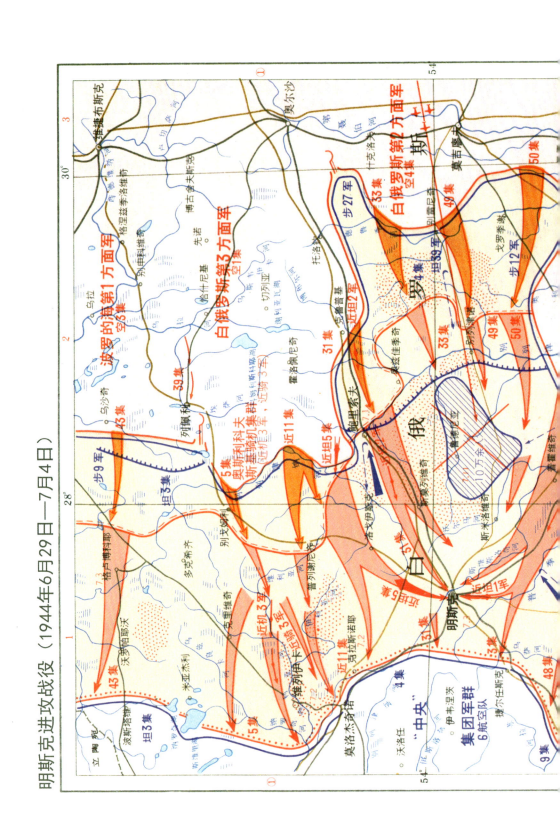

明斯克进攻战役（1944年6月29日—7月4日）

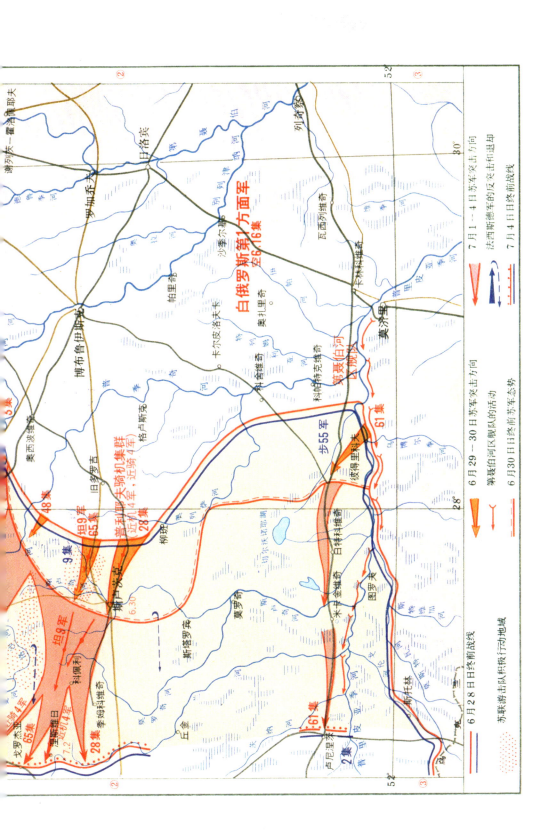

利沃夫—桑多梅日进攻战役（1944年7月13日—8月29日）

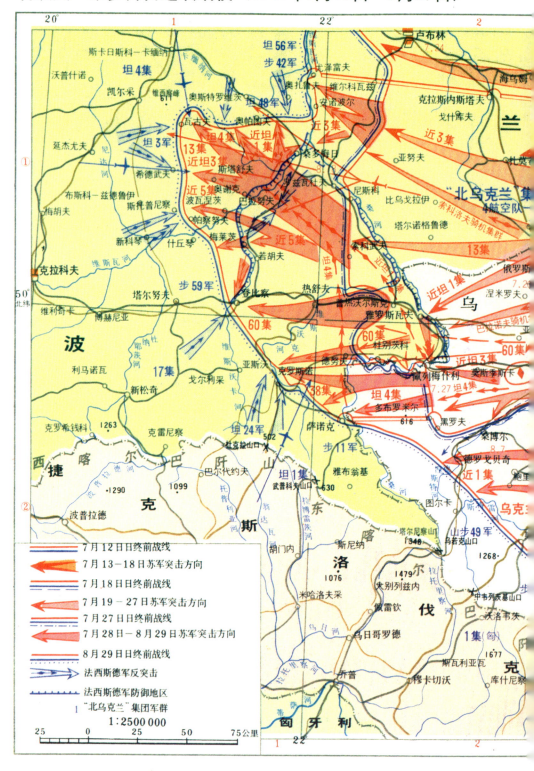

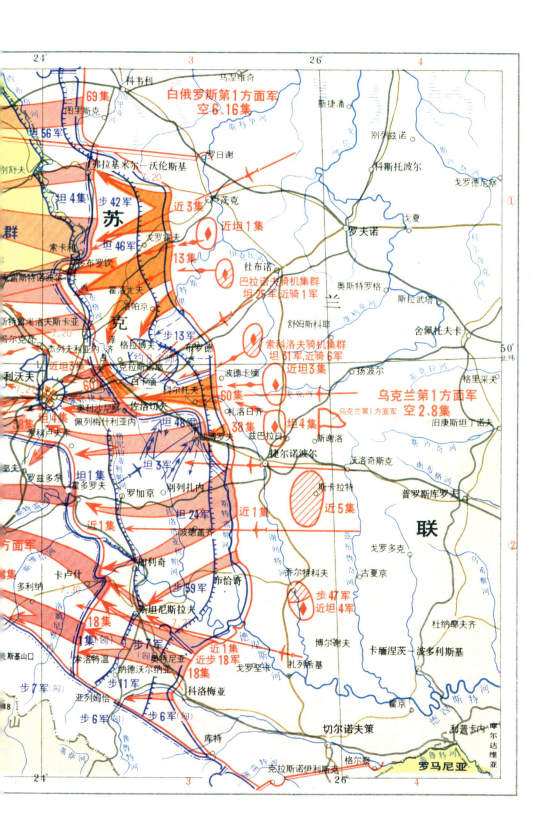

卢布林—布列斯特进攻战役（1944年7月18日—8月2日）

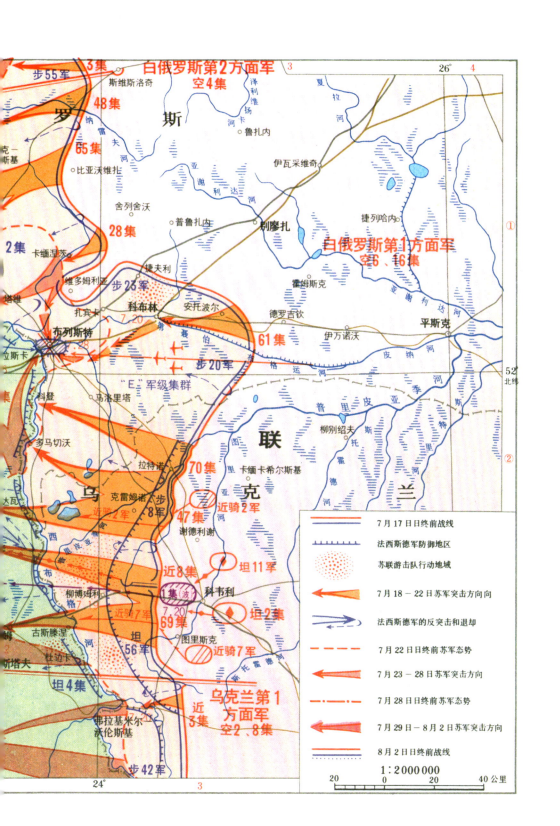

白俄罗斯第2方面军
空4集

步55军
3集
48集
斯维斯洛奇
泽利维场
夏拉河
纳雷夫河
克一斯基
65集
鲁扎内
比亚沃维扎
亚谢利达河
伊瓦采维奇
捷列哈内

舍列舍沃
普鲁扎内
别廖扎
霍姆斯克
白俄罗斯第1方面军
空6、16集

2集
卡缅涅茨
维多姆利亚
捷夫利
亚谢利达河
塔维
扎宾卡
科布林
安托波尔
德罗吉钦
平斯克
布列斯特
7.20
61集
伊万诺沃
立斯卡
葛伯运格河
皮纳河
步20军
52
北纬
"E"军级集群
科登
马洛里塔
普里皮亚特河
柳别绍夫
斯托霍德河
大瓦
多马切沃
拉特诺
里图
卡缅卡希尔斯基
乌
70集
克雷姆诺
步8军
近骑2军
兰
近骑2军
47集
谢德利谢
柳博姆利
近8集
坦11军
格
1集(波)
科韦利
近骑7军
古斯滕涅
69集
图里斯克
坦2集
斯塔夫
杜边卡
坦56军
近骑7军
坦4集
近3集
乌克兰第1方面军
空2、8集
弗拉基米尔沃伦斯基
步42军

▬▬	7月17日终前战线
▬┴┴┴	法西斯德军防御地区
∴	苏联游击队行动地域
◀━	7月18—22日苏军突击方向向
⟶	法西斯德军的反突击和退却
◀- - -	7月22日终前苏军态势
◀━	7月23—28日苏军突击方向
◀-·-·	7月28日终前苏军态势
◀━	7月29日—8月2日苏军突击方向
▬▬	8月2日终前战线

1:2 000 000
20   0   20   40公里

24°
3

雅西—基什尼奥夫进攻战役（1944年8月20日—29日）

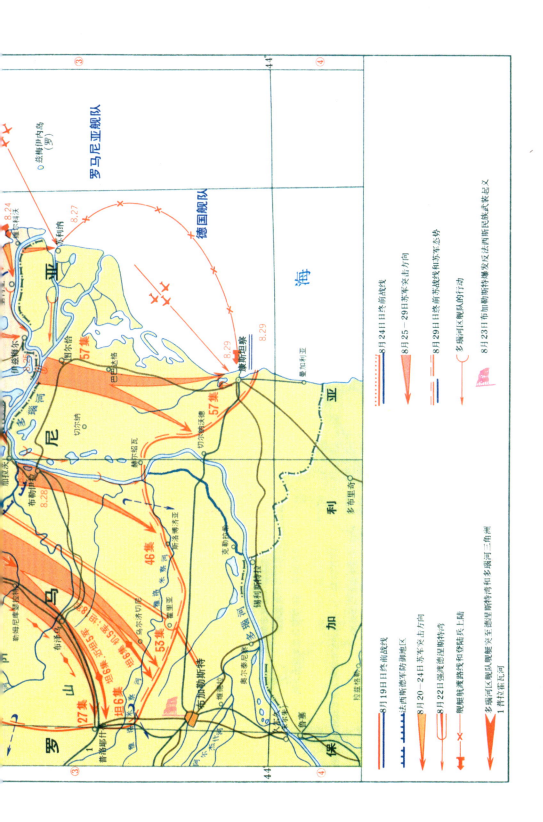

罗马尼亚舰队

○ 兹梅伊内岛
（罗）

德国舰队

黑 海

图例

8月19日日终前战线
法西斯德军防御地区
8月20—24日苏军突击方向
8月22日强渡德涅斯特湾
舰艇编队渡路线和登陆兵上陆
多瑙河区舰队舰艇突至德涅斯特湾附近多瑙河三角洲
1 舍拉霍瓦河

8月24日日终前战线
8月25—29日苏军突击方向
8月29日日终前苏战线和苏军态势
多瑙河区舰队的行动
8月23日布加勒斯特爆发反法西斯民族武装起义

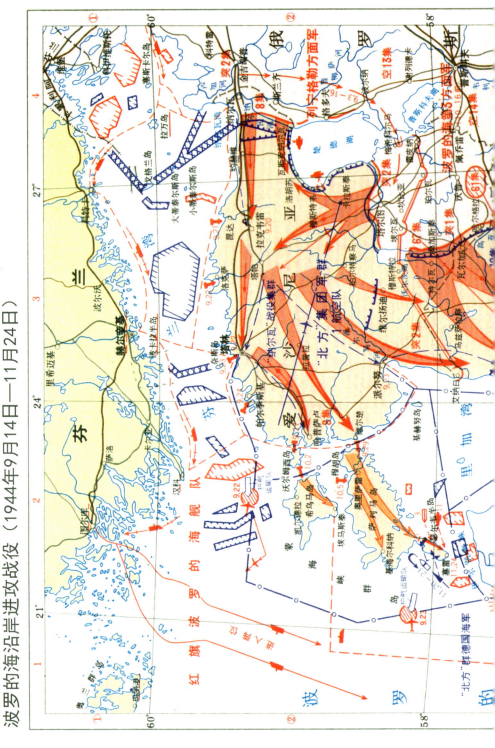

波罗的海沿岸进攻战役（1944年9月14日—11月24日）

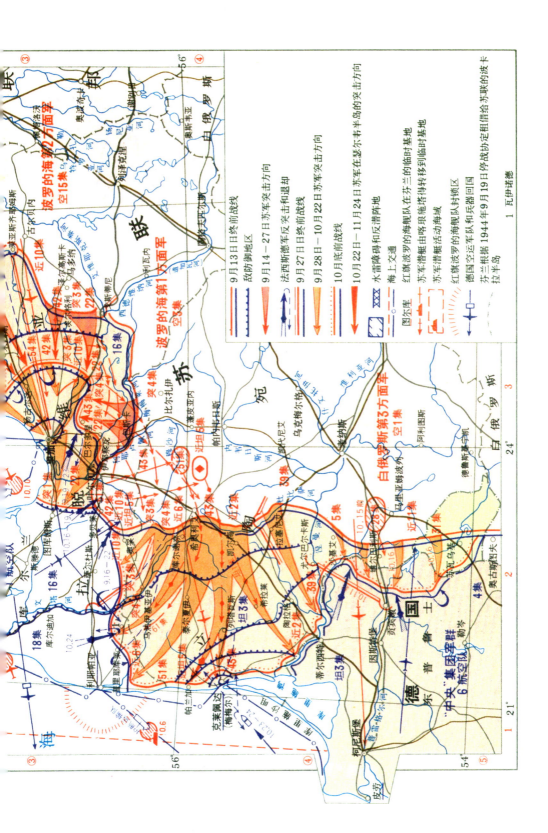

西喀尔巴阡山进攻战役（1945年1月12日—2月18日）

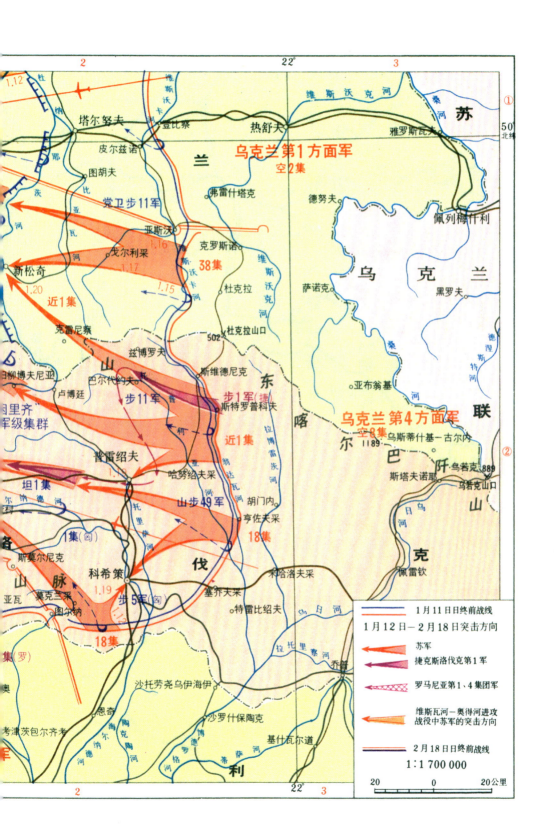

苏

乌克兰第1方面军
空2集

乌克兰第4方面军
空8集

1月11日日终前战线
1月12日—2月18日突击方向

苏军
捷克斯洛伐克第1军
罗马尼亚第1、4集团军
维斯瓦河—奥得河进攻
战役中苏军的突击方向

2月18日日终前战线

1:1 700 000

20   0   20公里

桑多梅日—西里西亚进攻战役（1945年1月12日—2月3日）

图例

- 1月11日日终前战线
- 法西斯德军维斯瓦河防御地区主要地带
- 法西斯德军维斯瓦河防御地区后方地带
- 法西斯德军后方防御地区
- 法西斯德军城市要塞和防御枢纽
- 波兰游击队和苏联游击队驻地
- 1月12—17日苏军突击方向
- 法西斯德军反突击和退却
- 1月17日日终前苏军态势
- 1月18—22日苏军突击方向
- 1月22日日终前苏军态势
- 1月23日—2月3日苏军突击方向
- 清灭法西斯德军被围集团
- 1月12日—2月3日白俄罗斯第1方面军和乌克兰第4方面军突击方向
- 2月3日日终前战线

1:2 200 000

22 0 22 44 66 88公里

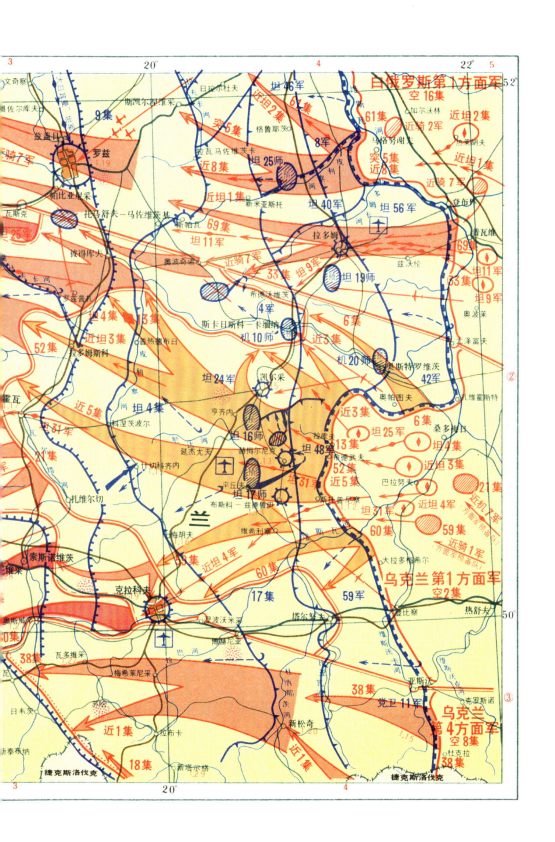

东普鲁士进攻战役（1945年1月13日—4月25日）

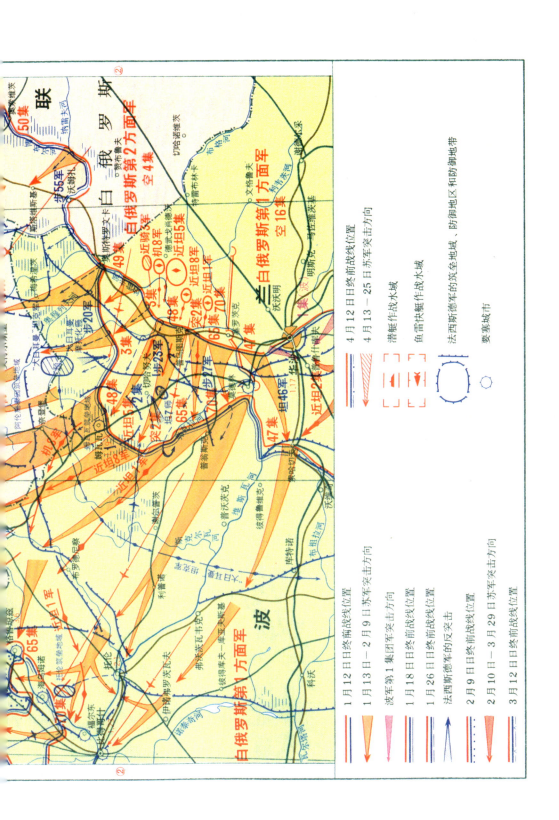

下西里西亚进攻战役（1945年2月8日—24日）

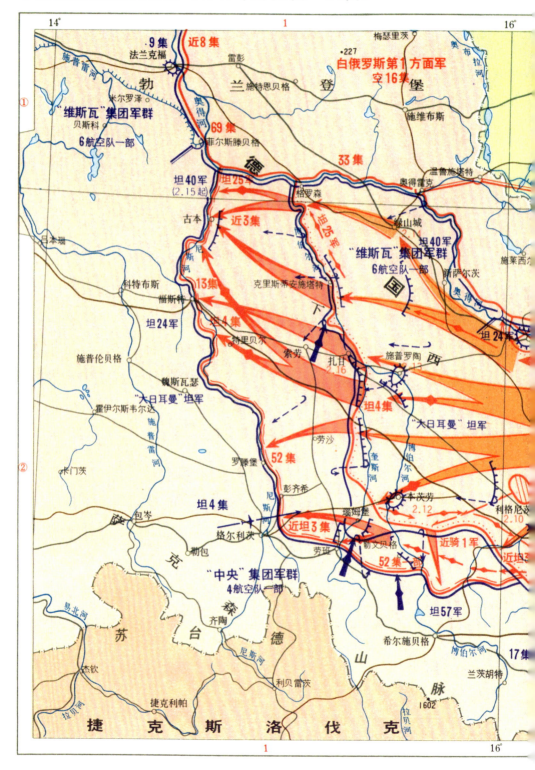

2

波兹南

2

	2月7日日终前战线
	法西斯德军防御地区
	2月8-15日苏军突击方向
	2月15日日终前战线
	2月16-24日苏军突击方向
	法西斯德军的反突击和退却
	2月24日日终前战线
1945.5.6	法西斯德军投降

1:1 500 000

15　0　15　30　45　60公里

52°
北纬

戈斯滕

莱什诺

克罗托申

奥斯特鲁夫一大波兰

卡利什

亚罗钦

斯塔维申

普罗斯纳河

格拉布夫

坦25军

13集

坦4军

施泰瑙

西
亚

近坦3集

拉维奇

米利奇

特拉亨贝格

乌克兰第1方面军
空2集

•284

近机7军

特雷布尼茨

尼尔斯

肯普诺

6集

7军

近机7军

德

乌克兰第1方面军

申瓦尔德

"布雷斯劳"
军级集群

布雷斯劳
1945.5.6

纳姆斯劳

近5集

施特里高

近5集

上

奥劳

西

布里格

里

施托伯河

克罗伊茨堡

步17军

施韦德尼茨

步17军

坦31军
近坦4军

奥得河

西

亚

瓦尔登堡

施特雷伦

坦1集

格赖特考

21集

兰根比劳

步8军

奥珀伦

2　18°　3

东波美拉尼亚进攻战役（1945年2月10日—4月4日）

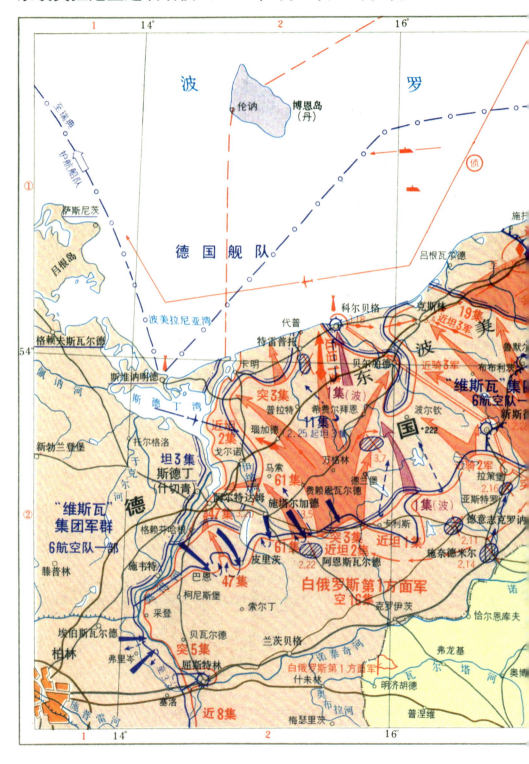

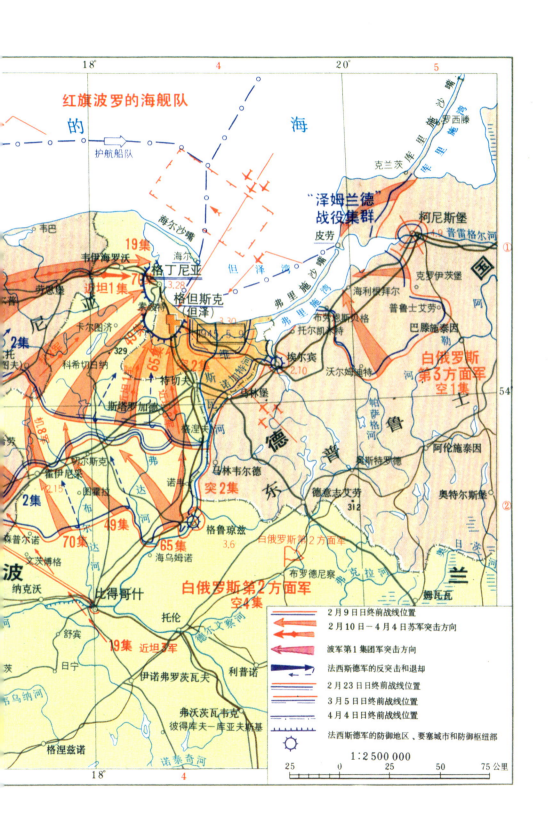

红旗波罗的海舰队

的 海

护航船队

"泽姆兰德"
战役集群

库里施沙嘴
罗西滕
克兰茨
柯尼斯堡
普雷格尔河
① 国

韦巴

海尔沙嘴
海尔
皮劳
但泽湾
弗里施沙嘴
弗里施湾

克罗伊茨堡
普鲁士艾劳
巴滕施泰因
勒

19集
韦伊海罗沃
格丁尼亚
近坦1集
海尔
3.28
托尔凯米特
海利根贝尔

白俄罗斯
第3方面军
空1集

劳恩堡
格但斯克
(但泽)
索波特
埃尔宾
2.10
沃尔姆迪特

2集
托
卡尔图济
科希切白纳
329
65集
3.30
突2集
诺加特河
马林堡
斯塔罗加德
阿伦施泰因

机8军
持切夫斯克
布涅夫河
奥斯特罗达

奥特尔斯堡
②

霍伊尼采
2.15
图霍拉
诺申
马林韦尔德
德意志艾劳
312

2集
切尔斯克
布
达
河
49集
突2集
森普尔诺
文茨博格
70集
65集
格鲁琼兹
白俄罗斯第2方面军
3.6
海乌姆诺

波
纳克沃
比得哥什
白俄罗斯第2方面军
空4集
布罗德尼察

姆瓦瓦

舒宾
托伦
布克拉河

19集
近坦3军
伊诺弗罗茨瓦夫
利普诺

日宁
弗沃茨瓦韦克
彼得库夫—库亚夫斯基

格涅兹诺
诺泰奇河

图例：

2月9日日终前战线位置
2月10日—4月4日苏军突击方向
波军第1集团军突击方向
法西斯德军的反突击和退却
2月23日日终前战线位置
3月5日日终前战线位置
4月4日日终前战线位置
法西斯德军的防御地区、要塞城市和防御枢纽部

1:2 500 000
25　0　25　50　75公里

贝尔格莱德进攻战役（1944年9月28日—10月20日）

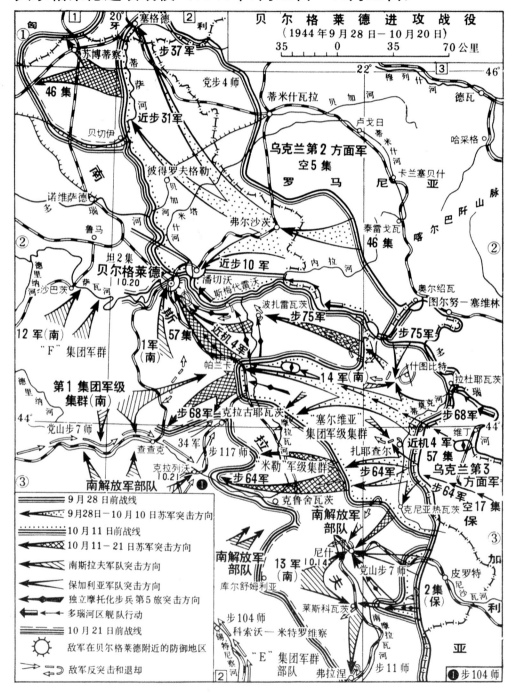

贝尔格莱德进攻战役
（1944年9月28日—10月20日）
35　0　35　70公里

图例：

- ▀▀▀▀ 9月28日前战线
- ◀━━ 9月28日—10月10日苏军突击方向
- ▀▀▀▀ 10月11日前战线
- ◀━━ 10月11—21日苏军突击方向
- ◀━━ 南斯拉夫军队突击方向
- ◀━━ 保加利亚军队突击方向
- ◀━━ 独立摩托化步兵第5旅突击方向
- ◀━━ 多瑙河区舰队行动
- ▀▀▀▀ 10月21日前战线
- ☀ 敌军在贝尔格莱德附近的防御地区
- ⇨⊃ 敌军反突击和退却

地图注记（部分地名）：
匈牙利、塞格德、苏博蒂察、46集、近步31军、步37军、党步4师、蒂米什瓦拉、乌克兰第2方面军、空5集、罗马尼亚、卢戈日、哈采格、德瓦、穆列什河、贝加河、卡兰塞贝什、喀尔巴阡山脉、彼得罗夫格勒、诺维萨德、鲁马、弗尔沙茨、泰雷戈瓦、46集、内拉河、奥尔绍瓦、图尔努—塞维林、坦2集、贝尔格莱德10.20、近步10军、潘切沃、斯梅代雷沃、波扎雷瓦茨、步75军、近机4军、步75军、什图比特、拉杜耶瓦茨、57集、1军（南）、帕兰卡、14军（南）、莫拉瓦河、步68军、第1集团军级集群（南）、"F"集团军群、党山步7师、查查克、34军、步117师、克拉古耶瓦茨、米勒"军级集群"、"塞尔维亚"集团军级集群、扎耶查尔、近机4军、57集、乌克兰第3方面军、步68军、维丁、克拉列沃10.21、南解放军部队、步64军、克鲁舍瓦茨、步64军、克尼亚热瓦茨、空17集、保加利亚、皮罗特、2集（保）、南解放军部队、13军（南）10.14、尼什、党山步7师、库尔舒姆利亚、莱斯科瓦茨、科索沃—米特罗维察、步104师、"E"集团军群部队、步11师、弗拉涅、①步104师

巴拉顿湖防御战役（1945年3月6日—15日）

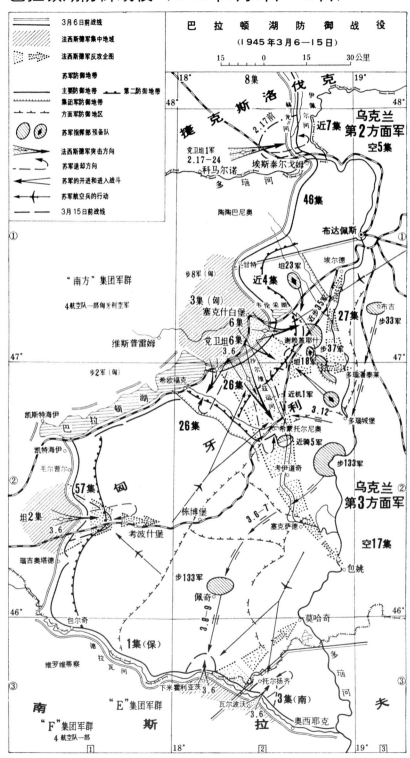

俄斯特拉发进攻战役（1945年3月10日—5月5日）

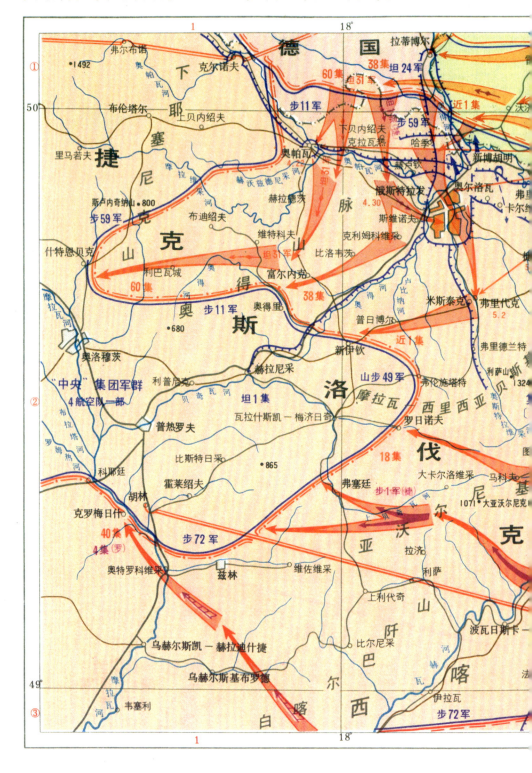

② ③

图例说明：

3月9日日终前战线	
3月10日—4月14日苏军突击方向	
捷步兵第1军和捷坦克第1旅突击方向	
罗第4集团军突击方向	
法西斯德军的反冲击和退却	
3月17日日终前第38集团军和近卫第1集团军态势	
4月14日日终前战线	
4月15日—5月5日的苏军突击方向	
5月5日日终前战线	

1:1 000 000

10   0   10   20   30公里

上西里西亚进攻战役（1945年3月15日—31日）

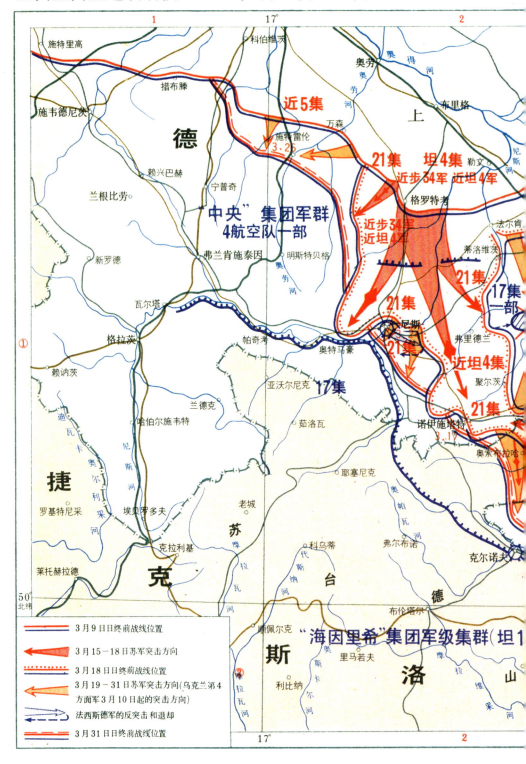

图例：
- 3月9日终前战线位置
- 3月15—18日苏军突击方向
- 3月18日终前战线位置
- 3月19—31日苏军突击方向（乌克兰第4方面军3月10日起的突击方向）
- 法西斯德军的反突击和退却
- 3月31日终前战线位置

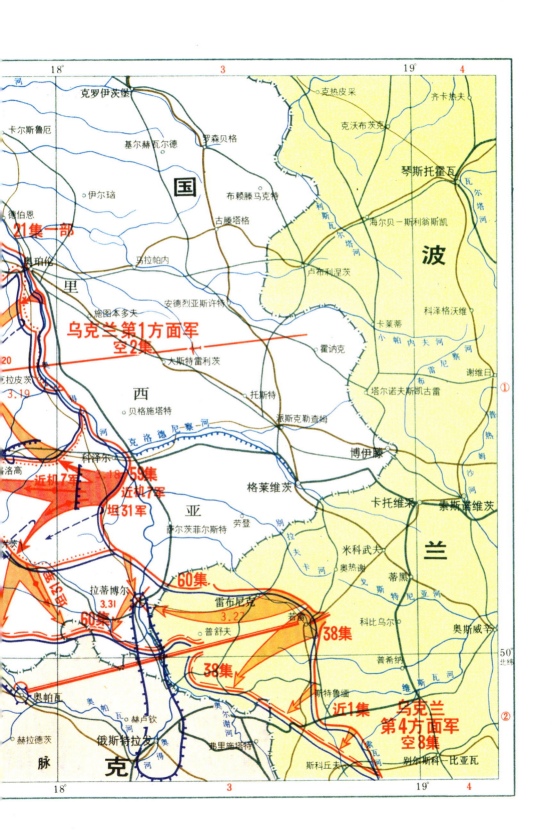

维也纳进攻战役（1945年3月16日—4月15日）

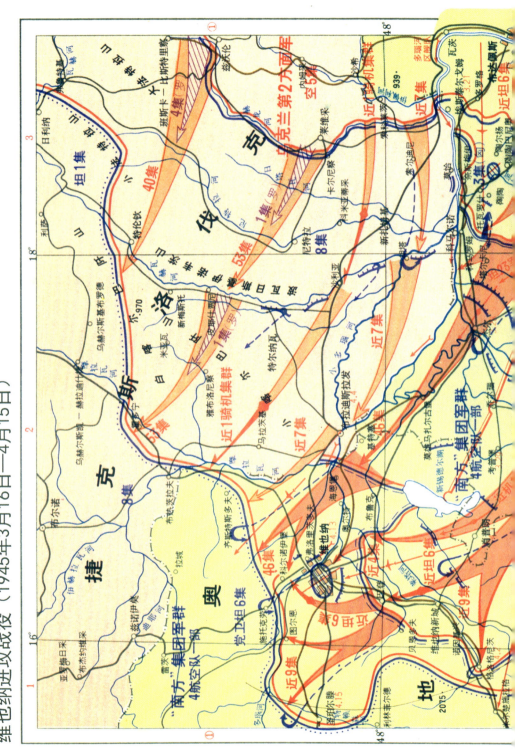

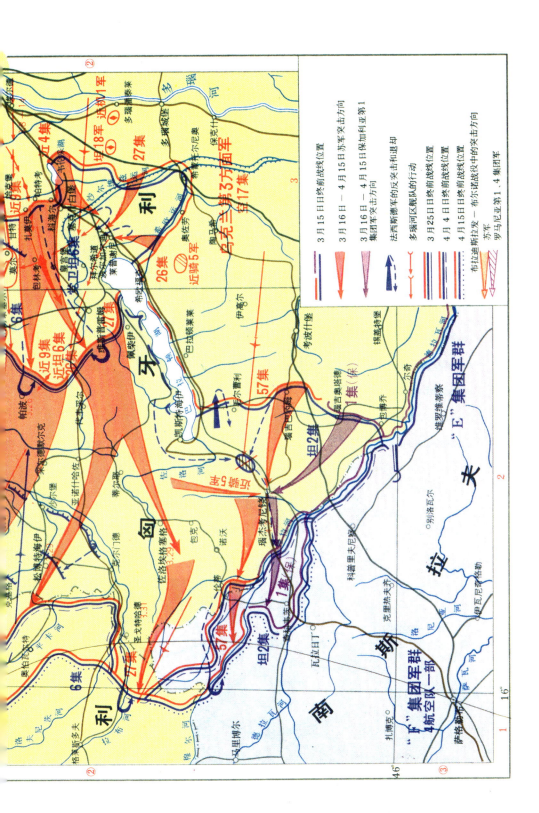

柯尼斯堡进攻战役（1945年4月6日—9日）

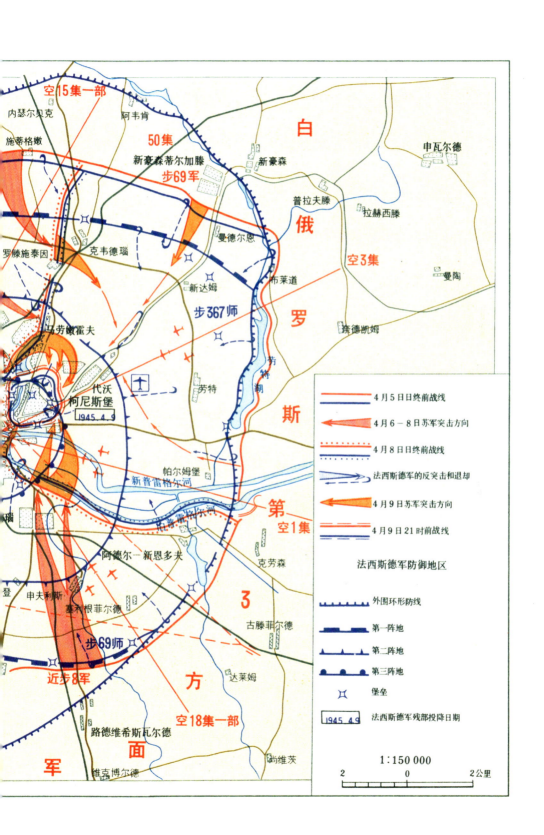

空15集一部
内瑟尔贝克　　阿韦肯
施蒂格嫩
　　　　新豪森蒂尔加滕
罗滕施泰因　　　　步69军
克韦德瑙
马劳嫩霍夫
　　　　　代沃
　　　　柯尼斯堡
　　　　1945.4.9

白
俄
罗
斯
第
3
方
面
军

50集
新豪森
普拉夫滕　　　拉赫西滕
曼德尔恩
布莱道
新达姆　　　　劳特湖
　　　劳特
步367师
宗德凯姆
空3集
曼陶
申瓦尔德

帕尔姆堡
新普雷格尔河
伯劳雷格尔河
空1集
阿德尔—新恩多夫
克劳森
申夫利斯
塞利根菲尔德
古滕菲尔德
步69师
达莱姆
近步8军
空18集一部
路德维希斯瓦尔德
维克博尔德
韵维茨

	4月5日终前战线
	4月6–8日苏军突击方向
	4月8日终前战线
	法西斯德军的反突击和退却
	4月9日苏军突击方向
	4月9日21时前战线

法西斯德军防御地区

	外围环形防线
	第一阵地
	第二阵地
	第三阵地
	堡垒
1945.4.9	法西斯德军残部投降日期

1:150 000
2　0　2公里

柏林进攻战役（1945年4月16日—5月8日）

强攻柏林（1945年4月21日—5月2日）
1:600 000

图例：
白俄罗斯第1方面军和乌克兰第1方面军的突击
4月26日苏军态势
4月28日苏军态势
消灭柏林市内抵抗基点
柏林守军投降
白俄罗斯第1方面军态势
白俄罗斯第1方面军态势
白俄罗斯第2方面军
国会
帝国办公厅
1945.5.2

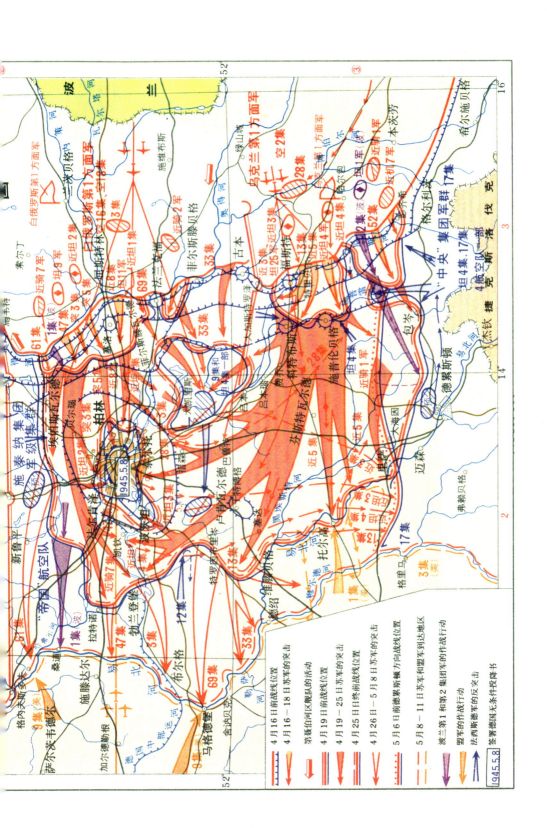

布拉格进攻战役（1945年5月6日—11日）

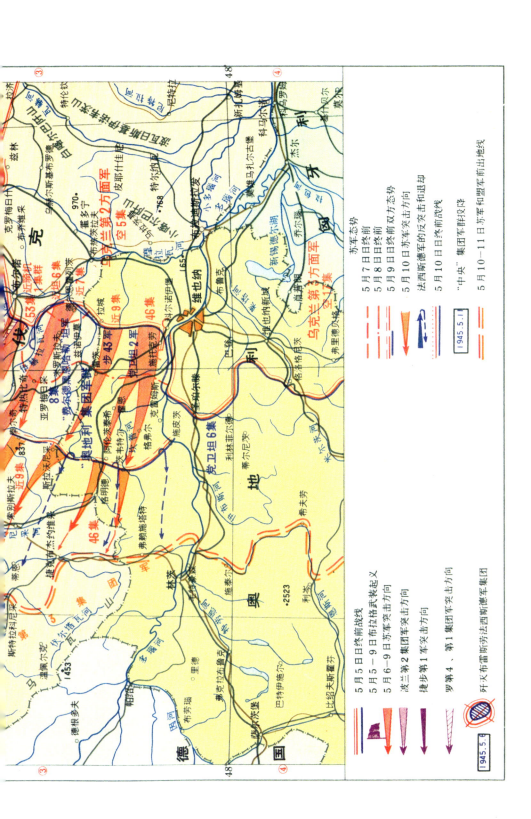

图例（苏军态势）

- 5月7日日终前
- 5月8日日终前
- 5月9日日终前双方态势
- 5月10日苏军突击方向
- 法西斯德军的反突击和退却
- 5月10日日终前战线
- "中央"集团军群投降
- 5月10—11日苏军和盟军前出地线

1945.5.11

图例

- 5月5日日终前战线
- 5月5—9日布拉格武装起义
- 5月6—9日苏军突击方向
- 波兰第2集团军突击方向
- 捷步第1军突击方向
- 罗第4、第1集团军突击方向
- 歼灭布雷斯劳西斯法西德军集团

1945.5.5

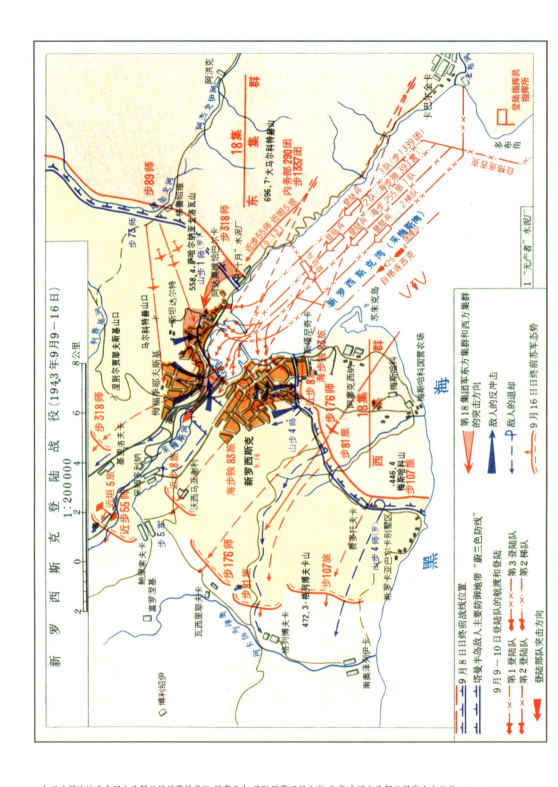

新 罗 西 斯 克 登 陆 战 役 (1943年9月9—16日)

1:200000

THE ROAD TO BERLIN

通往柏林之路

（下卷）

"东线文库"总策划 王鼎杰

[英] 约翰·埃里克森 著 / 小小冰人 译

台海出版社

版贸核渝字（2014）第 111 号

图书在版编目（CIP）数据

通往柏林之路 / (英) 约翰·埃里克森著；小小冰
人译. -- 北京：台海出版社，2018.10
书名原文: The Road To The Berlin by John
Erickson
ISBN 978-7-5168-2128-2

Ⅰ.①通… Ⅱ.①约… ②小… Ⅲ.①斯大林格勒保
卫战(1942-1943)–通俗读物 Ⅳ.①E512.9-49

中国版本图书馆CIP数据核字(2018)第224067号

通往柏林之路

著　者：[英] 约翰·埃里克森　　　　　译　者：小小冰人

责任编辑：刘　峰　　　　　　　　　策划制作：指文文化
装帧设计：周　杰　　　　　　　　　责任印制：蔡　旭

出版发行：台海出版社
地　　址：北京市朝阳区劲松南路1号　　　邮政编码：100021
电　　话：010－64041652（发行，邮购）
传　　真：010－84045799（总编室）
网　　址：www.taimeng.org.cn/thcbs/default.htm
E－mail：thcbs@126.com

经　　销：全国各地新华书店
印　　刷：重庆长虹印务有限公司
本书如有破损、缺页、装订错误，请与本社联系调换

开　本：787mm×1092mm　　　　1/16
字　数：1100千字　　　　　　　　印　张：67
版　次：2019年1月第1版　　　　　印　次：2019年1月第1次印刷
书　号：ISBN 978-7-5168-2128-2

定　价：299.80元（全2卷）

对东普鲁士的合围正在完成，许多要塞已被苏军攻克。"要塞"的意思是，哪怕防御工事不够充分或准备不足，无论会不会危害到平民，都必须坚守到底。每座要塞都引发了数周激烈的战斗，并造成了大量人员伤亡。这些要塞中，最大、最顽强的一座是柯尼斯堡，1945年1月底被苏军包围，当时这座要塞似乎会迅速落入俄国人手中。1月27日，巴格拉米扬的波罗的海沿岸第1方面军攻克梅梅尔，德国守军退往库里施沙嘴（Kurische Nehrung），并在柯尼斯堡北面占据了防御阵地。切尔尼亚霍夫斯基的白俄罗斯第3方面军朝正西方发起突击，突破海尔斯贝格筑垒地域，逼近柯尼斯堡东部边缘，而他的左翼部队则穿过了马祖里湖区（在这一过程中夺取了希特勒过去的大本营拉斯滕堡）。待别洛鲍罗多夫的第43集团军从北面包围柯尼斯堡，夺取位于库里施沙嘴出口处的克兰茨（Cranz），并朝弗里施潟湖推进（从而将柯尼斯堡与泽姆兰半岛和皮劳隔开）后，战役的结束似乎不会再拖延太久了，因为加利茨基的近卫第11集团军正沿普雷格尔河推进，现在已切断柯尼斯堡同那些仍在弗里施潟湖南面战斗的德国军队之间的陆地连接。奋战在东普鲁士的德军已被分割成三个孤立的群体。

但柯尼斯堡并未骤然陷落。德军从该城南面的勃兰登堡发起攻击，"大德意志"师的装甲掷弹兵、"赫尔曼·戈林"师的摩托化步兵以及其他一些部队击退了近卫第11集团军的左翼，从南面与柯尼斯堡建立起联系。德军残部被困在一个长而窄的包围圈内，这个"口袋"兜住了德军的23个师，从弗里施潟湖的南岸延伸出去大约40英里，柯尼斯堡也在其中，包围圈的纵深不等，但没有一处超过12英里；苏军据守着一条狭窄的陆地通道，将柯尼斯堡西部地区与这座城市隔开，9个德军师构成的"泽姆兰集群"据守在西部，这些梅梅尔的昔日守卫者现在保卫着位于半岛顶端的皮劳（Pillau）港。（2月中旬，一场突如其来而又非常成功的反击将泽姆兰与柯尼斯堡通过一条狭窄的陆地通道连接起来，使柯尼斯堡又在德国人手中多留了两个月。）罗科索夫斯基的右翼部队设法挫败德军朝诺加特河和维斯瓦河突围的企图，忙得焦头烂额；埃尔宾尚未征服，格鲁琼兹又变成另一座"要塞"，而位于托伦（这座城市本身就以"维斯瓦河上的要塞"而著称）的左翼，V. S. 波波夫的第70集团军犯了一个愚蠢的错误——他们认为以一个实力严重耗损的步兵师和一个步兵团，在极度缺乏炮兵的情况下也能驱散城内的小股守军，但夺取这个"蜂巢"需要进行九天（2月1日—9日）的激战，城内的30000名守军只逃脱了3000余人。

就在对东普鲁士的进攻进行得如火如荼之际，朱可夫元帅在斯大林的注视下，以其右翼向奥得河中部全速推进，不过斯大林提醒他要对北面多加留意。波格丹诺夫的坦克已渡过诺泰奇河，1月26日中午跨过德国边境，并奉命于1月30日进抵奥得河；卡图科夫的近卫坦克第1集团军全速突破"诺泰奇河防线"和"奥布拉河防线"，也奉命赶往法兰克福地区的奥得河。与此同时，朱可夫命令崔可夫的主力渡河到诺泰奇河和瓦尔塔河（Warte）北侧，留下一股力量封锁波兹南——这是另一座"要塞"，60000多名德军士兵据守着这座防御严密、物资储备丰富的强大堡垒。1月29日，白俄罗斯第1方面军的主力跨过德国边境。右翼部队插入西波美拉尼亚，面对敌人日益萎缩的抵抗，一路前出至阿恩斯瓦尔德（Arnswalde）和德意志克罗恩（Deutsch-Krone）。在中央地区，别尔扎林的突击第5集团军和波格丹诺夫的坦克强行冲向奥得河。叶西片科上校的战斗群隶属于突击第5集团军辖下的步兵第89师，这支先遣队由步兵、重型坦克、1个反坦克团和1个迫击炮团组成，1月31日早上率先强渡奥得河，并在基尼茨（Kienitz）—诺伊恩多夫（Neuendorf）—雷菲尔德（Refeld）地域占领了一座登陆场；苏军对基尼茨发起突袭时，德军士兵还在街道上行走，仿佛什么事也没有发生，"基尼茨—柏林"铁路线上的火车仍在正常行驶。

波格丹诺夫的坦克集团军以机械化第1军魏因鲁布上校的坦克第219旅为先锋，1月31日上午10点抵达奥得河。次日，机械化第1军集结兵力，攻向屈斯特林东部接近地。2月1日下午3点，近卫机械化第8军（隶属于近卫坦克第1集团军）辖下的近卫机械化第20旅也抵达奥得河；近卫坦克第40旅推进了最后15英里，于当日深夜进抵奥得河。与此同时，近卫坦克第1旅已跨过库勒尔斯多夫（Kunnersdorf）战场——许多年前，俄国军队曾在这里击败过普鲁士的弗里德里希二世——并逼近奥得河。法兰克福似乎已近在咫尺，但第1旅耗尽了燃料，弹药也所剩无几，因而在库勒尔斯多夫停顿下来。与此同时，A. Hh. 巴巴贾尼扬上校的近卫坦克第11军于2月2日开始强渡奥得河，同一天，崔可夫麾下的近卫步兵第4军也强渡该河，并在西岸夺得一座登陆场，控制住了屈斯特林南郊的基茨（Kietz）。河面上危险的薄冰、合适构桥设备的缺乏再加上德国空军的突然出现，严重妨碍了苏军雄心勃勃的渡河尝试。2月3日，苏军高射炮部队的到达阻止了德国人的战斗轰炸机，但由于缺乏重型架桥设备，苏军的大炮和坦克无法渡过奥得河。

在1月份的最后一周，科涅夫元帅麾下的5个集团军不是已渡过奥得河就是位于奥德河河畔，但湍急的水流使河面上的冰层非常脆弱，这给苏军大批人员和装备的渡河造成了困难。列柳申科的坦克第4集团军1月22日到达施泰瑙北面的古本，利用临时搭设的渡口，他们把人员和坦克送至西岸。1月25日，古本被彻底肃清，施泰瑙也于1月30日被攻克，当天，V. N. 戈尔多夫的近卫第3集团军到达奥得河，从而确保了列柳申科的右翼。D. N. 古谢夫的第21集团军已于1月23日到达奥珀伦和奥得河，第13、第52集团军和近卫第5集团军迅速跟上。经过一周艰苦的忙碌和激烈的战斗，科涅夫的部队获得两座大型登陆场，第一座位于布雷斯劳与格洛高（Glogau）之间，施泰瑙地区北面，第二座位于南面的布里格（Brieg），布雷斯劳与奥珀伦之间。

科涅夫左翼部队的任务是夺取西里西亚工业区，"一切都完全按照计划在进行"。古谢夫的第21集团军没有朝西北方实施迂回，而是奉命对德国守军发起一场正面进攻，雷巴尔科坦克集团军辖下的一个军将赶往拉蒂博尔（Ratibor）。雷巴尔科不太情愿地接受了再次改变进军方向的命令，为自己的部队重新制定路线，并看着这些坦克动身出发，许多坦克上覆盖着从一些纺织厂缴获的丝绸网，以此作为雪地伪装。古谢夫先是夺取格莱维茨（Gleiwitz），然后由西向东推进，逼近兴登堡（Hindenburg）后攻克博伊滕（Beuten）和卡托维采。南面的包围行动由第59和第60集团军执行，在最左翼的第38集团军（隶属于乌克兰第4方面军，正跨过崎岖的地形，赶往斯卡瓦河方向）的协同下冲向雷布尼克（Rybnik），并于1月27日到达那里。在这场推进中，库罗奇金的步兵们无意间发现了奥斯维辛庞大的死亡集中营及其邪恶得令人发指的大规模灭绝工业流程——铁路卸载坡道和集结点，毒气室和火葬场，大批手提箱堆成巨人的楼梯，整整7吨妇女的头发堆积成阴森森的小山，一捆捆鼓鼓囊囊的衣服和裙子，以及从那些被投入死亡室的受害者身上取下的假牙和眼镜堆成的怪诞的金字塔。

到1月29日，西里西亚工业区已被肃清。朝西南方撤往奥得河的德国军队被雷巴尔科的坦克和库罗奇金的步兵逮住——科涅夫的计划正是如此。10万名德军士兵中，只有3万人逃出西里西亚包围圈。现在，科涅夫元帅开始将他的主要突击转至右翼，以投入对奥得河防线的进攻；布雷斯劳北部地区提供了一个更为有利的部署区，不仅更靠近朱可夫的白俄罗斯第1方面军，也更接近柏林。普霍夫的第13集团军和戈尔多夫的近卫第3集团军不得不突破德国第24装甲军和第42军的顽强防御，全力冲向奥得河。德军没能消灭苏军设在施泰瑙的登陆场，但科涅夫也没能包围被白俄罗斯第1方面军挤向南面、打算跨过奥得河逃生的德军。德国人设在格洛高的登陆场存在了一段时间，尽管戈尔多夫和列柳申科在莱什诺（Leszno）完成了一场有限的包围，歼灭15000名德军。一个个德军师被打得支离破碎，但科涅夫的突击部队也遭受到了严重损失；列柳申科远远超出了他的补给线，燃料和弹药所剩无几，仅靠空投很难弥补这种短缺。但是苏军守住了施泰瑙登陆场，而且，尽管德军在布里格激烈抵抗，但苏军还是在布雷斯劳南面建设起了一座50英里长、15英里深的大型登陆场。不过，布雷斯劳以其古老的堡垒和临时设立的反坦克防御，摇身变为一座具有惊人韧性和非凡顽强的"要塞"。

随着麾下的部队逼近奥得河并沿河岸集结，朱可夫和科涅夫元帅都将目光投向了一个引人注目的目标——柏林。纳粹德国的首都与朱可夫突入德国东部最突出部的屈斯特林登陆场仅相隔48英里。苏军将领们的心中，夺取柏林的欲望越来越强烈，鉴于目前苏军攻势的速度和范围，他们相信对柏林发起一场全面、迅速的突击是可行的。上级部门也持相同观点：随着苏军逼近姆瓦瓦—罗兹—琴斯托霍瓦—克拉科夫一线，苏军总参谋部1月19日正式把夺取柏林绘制在他们的作战地图上，并将其列为朱可夫的白俄罗斯第1方面军的下一个任务。但是，在没有征询两位方面军司令员的意见前，暂时不会做出进攻柏林的最终决定。

1月26日，朱可夫元帅决定全力冲向柏林；他于当日提交了自己的作战计划——发起一场毫不停顿的进攻，夺取柏林。朱可夫的计划是前出至柏林岑（Berlinchen）—兰茨贝格（Landsberg）—格拉茨（Gratz）一线，集中起方面军辖下的部队，补充弹药储备，坦克部队进入全面准备状态，将突击第3集团军和波兰第1集团军调入方面军第一梯队，于2月1日或2日早上发起一场不停顿的进攻，在行进中强渡奥得河，然后沿"柏林方向"展开突击；近卫坦克第2集团军和近卫坦克第1集团军分别从西北面和东南面冲向柏林。朱可夫元帅的作战计划发出后，科涅夫元帅也呈交了他的计划：第一阶段作战行动定于2月5日或6日，从布雷斯劳南面和北面的两座大型登陆场发起一场进攻，歼灭盘踞在布雷斯劳的德国守军，然后朝易北河推进，预计在2月25日—26日抵达该河；右翼部队随后配合朱可夫的白俄罗斯第1方面军攻克柏林，左翼部队朝德累斯顿方向推进，这一行动依靠乌克兰第4方面军的支援。这些计划显然符合斯大林对目前态势的看法，因而获得了毫无异议、毫不耽搁的批准（朱可夫的计划1月27日获得批准，科涅夫的则是在1月29日）。白俄罗斯第1方面军和乌克兰第1方面军将对柏林发起进攻。

对于这些直截了当的决定，两个方面军司令部和他们的上级部门出现了一定程度的混乱。明确无误的迹象表明，苏军最高统帅部对红军推进的速度和程度不再有全面的掌握：科涅夫的乌克兰第1方面军已迅速超出最高统帅部的作战指令，朱可夫的方面军进抵库特诺—罗兹一线，比作战计划提前了近5天，但最高统帅部似乎没想过对进军速度和可能的目标重新进行审核。苏军的推进超出最高统帅部的指令时，燃料和弹药补给成了大问题；坦克部队前进时，坦克组员们从一两辆战车中汲取燃料，把这一两辆坦克丢在原地，营里或连里剩下的坦克继续前进，但这种做法无法解决弹药短缺的问题。与此同时，朱可夫元帅的目光越来越焦虑地望向北翼——也再次望向他的南翼，在那里，他依靠的是科涅夫元帅。1月31日，他给斯大林发去一封急电，强调白俄罗斯第1方面军正面战线的宽度已达500公里，罗科索夫斯基的左翼明显滞后于白俄罗斯第1方面军的右翼——罗科索夫斯基必须立即让他的第70集团军向前推进，科涅夫元帅应尽快前出至奥得河。朱可夫元帅的这封急电没有得到回复，他因而面临着突出的右翼无遮无掩的窘境，而此刻他麾下的部队正在为进军柏林实施集结。与此同时，苏军总参谋部试图解决一个棘手的难题：斯大林已将朱可夫元帅单独列为"柏林的征服者"，但科涅夫元帅也将参与到作战行动中。总参谋部干脆暂时不理会这个问题，并以这样一个事实安慰自己：柏林还有一段距离呢。

苏军各级部队下达的命令开始出现混乱和矛盾。朱可夫已指出他的右翼所存在的危险，但没有得到最高统帅部的答复，更要命的是，没有任何迹象表明援兵即将到达。他试图把所有部队集结成一股主要突击力量，对柏林发起进攻，但他不得不做出安排，掩护自己的右翼，白俄罗斯第1和第2方面军之间，"一个巨大、几乎不受任何掩护的缺口"越来越大；例如将第47集团军集结到主攻部队中就被证明无法做到。2月1日，近卫第8集团军和突击第5集团军已到达并渡过奥得河，在屈斯特林要塞附近占据了几座较小的登陆场；第69集团军也抵达了奥得河，但德军仍据守着他们位于法兰克福附近的一座登陆场。对于自己的主要目标，朱可夫只能依靠4个步兵集团军和2个坦克集团军沿"柏林方向"前进，但其中的2个步兵集团军——近卫第8集团军和第69集团军——已派出部分部队解决波兹南要塞，而别尔扎林的突击第5集团军也正以部分兵力围攻屈斯特林。在险象环生的右翼，波兰第1集团军、突击第3集团军和第61集团军被迫留下大批部队消灭施奈德米尔要塞和敌人的其他据点。

损失和短缺进一步削弱了朱可夫的突击力量。崔可夫只能投入近卫第8集团军的半数兵力进攻柏林（另一半目前被用于攻克波兹南）；战斗损失使崔可夫的实力严重下降，许多团只剩下2个营，各个连队的兵力下降到22—45人。弹药也严重短缺，崔可夫不得不使用缴获的德军火炮和弹药。别尔扎林的突击第5集团军、第33和第69集团军也报告说，弹药越来越缺乏，兵员越来越少。卡图科夫的近卫坦克第1集团军突破至奥得河时集结起737辆坦克和自行火炮，其中567辆运转正常，这些战车都已行驶了750—1000英里，引擎运转累计达180—200小时。所有苏军部队都呼吁加强空中支援，但恶劣的天气和调集飞行中队的困难使苏联空军无法投入战斗；大雪和大雨将草地上的机场变成一片泥沼，既无法起飞，也无法降落。各部队都要求派遣高射炮单位，以得到某种对空防御能力。

面对德军在奥得河上越来越顽强的抵抗、"柏林方向"上德军援兵的出现以及东波美拉尼亚德军实力的加强——针对的是白俄罗斯第1方面军的右翼和白俄罗斯第2方面军的左翼——朱可夫元帅陷入最高统帅部立场的含糊和不确定性中，他给部队下达了掘壕据守的命令，又批准另一些部队为柏林战役发起一场临时性进攻。朱可夫明确命令突击第5集团军原地据守，同时向各集团军军事委员会、方面军各兵种司令员和后勤主任通报了进攻柏林的概略打算。这份作战文件分为两部分，介绍了德军的部署和苏军的任务：

1. 白俄罗斯第1方面军当面之敌目前并未部署强大的力量用于发起一场反击，也无法维持一条绵亘防线。

敌人从西线抽调了4个装甲师和5—6个步兵师，并将他们派往东线，同时，敌人继续从波罗的海沿岸地域和东普鲁士调来部队。

接下来的6—7天内，敌人将把从波罗的海沿岸地域和东普鲁士调来的援兵部署在施韦特（Schwedt）—施塔尔加德（Stargard）—新斯德丁（Neustettin）一线，掩护波美拉尼亚，不让我军前出至斯德丁和波美拉尼亚湾。

至于从西线调来的援兵，敌人会将其集中在柏林地域，以掩护柏林的接近地。

2. 方面军在接下来6天内的任务是巩固战果，从后方调运补给，将燃料和弹药各补足2个基数；然后在2月15日—16日以一场迅猛的突击攻克柏林。

在巩固战果时，即2月4日—8日期间，必须：

（a）第5、第8、第69和第33集团军应在奥得河西岸占领登陆场，而且近卫第8集团军和第69集团军最好在屈斯特林与法兰克福之间有一共用登陆场。若能做到，最好将第5和第8集团军的登陆场连接起来；

（b）波兰第1集团军，第47、第61集团军和坦克第2集团军及骑兵第2军应将敌人击退到拉策堡（Ratzeburg）—法尔肯堡（Falkenburg）—施塔尔加德—阿尔特达姆（Altdamm）—奥得河一线，留下一支掩护部队等待白俄罗斯第2方面军到达，并沿奥得河一线重组以实施突破；

（c）2月7日—8日应彻底肃清敌"波兹南-施奈德米尔集团"；

（d）突破时，仍使用各集团军现有的加强兵器；

（e）坦克和自行火炮的小修和中修应于2月10日前结束，使技术兵器保持完好；

（f）航空兵应完成再部署，各前进机场应有不少于6个基数的燃料；

（g）方面军后勤部门及各集团军、各部队后勤部门应于2月9日—10日前对战役的决定性阶段做好充分准备。

就在朱可夫和科涅夫两位元帅努力集结他们的主要突击力量时（各个师的平均实力现在下降到4000人左右），甚至在他们的各个集团军奋战于奥得河之际，最高统帅部反复考虑着德军援兵的影响、作战序列以及朱可夫右翼和科涅夫右翼的问题，尽管科涅夫的右翼不太令人担心。北面的朱可夫与罗科索夫斯基之间的缺口是真的很大，还是只是在遥远、平静的莫斯科钻研地图所得出的一种"直观印象"？白俄罗斯第1方面军的右翼绝望而又危险地敞开了吗？苏军情报部门最初估计只有11个德军师和"几个支队"沿"柏林方向"抗击苏联红军，但德国人越来越顽强的抵抗引起苏联方面的严重怀疑，空中侦察也报告说一股德军正在东波美拉尼亚集结。德国空军的局部空中优势也给苏军总参谋部的预测造成了相当显著的冲击。从根本上说，他们正确地指出，苏军在"力量对比"方面的劣势不断增加：缺乏足够的空中支援，炮兵弹药日益短缺，侧翼面临的危险从东波美拉尼亚和西里西亚暴露出来。最紧要的任务是消除敌人从东波美拉尼亚和西里西亚发起夹击的威胁；仅靠白俄罗斯第1方面军的力量来消除侧翼的威胁是不够的，必须投入3个方面军——白俄罗斯第1、第2方面军和乌克兰第1方面军。无论各方面军和各集团军司令员抱有怎样的想法，上级部门——也就是掌握着全权的斯大林——的座右铭都是那么简洁：不要冒险。

朱可夫元帅尚未获知他不再需要立即、直接冲向柏林，但斯大林知道这一点，他甚至在雅尔塔会议上跟罗斯福总统开玩笑地打赌，说暂时不会对柏林发起进攻。但是，在没有做出放弃决定或下达任何正式命令的情况下，斯大林依然可以为自己留下余地。

1945年2月2日（周五）午夜前不久，20架"空中霸王"和"约克"式运输机中的第一批从马耳他卢加机场起飞，赶往1400英里外克里木半岛的萨基机场，在那里放下700余名参加"克里木会议"的英美官员，会议的实际地点是雅尔塔。午夜过后，漆黑的夜色中，两架飞机载着罗斯福总统和丘吉尔首相正式起飞，早些时候，迈尔斯上校已对这段航程进行过勘察，在那次试飞途中，他的飞机遭到了不是来自德国人就是来自土耳其人的高射炮火袭击。总统座机保持着灯火管制和无线电静默，一路飞往苏联领土。机体渐渐结了冰，带着这一危险的负荷，座机在6架P-38战斗机的护送下飞越希腊领空。丘吉尔首相乘坐的C-54跟在总统座机身后，他在机上睡了一觉。

前一天，两位领导人就即将举行的会议进行了商讨，尽管这场短暂的交流令丘吉尔感到困扰，他曾不断提议进行更为广泛的准备和磋商。1月5日，丘吉尔在发给罗斯福的电报中透露出他的担忧，他预感到"这很可能是一场命运攸关的会议——适逢三方盟国意见如此分歧而战争的阴影在我们面前拉长的时刻来临的"[8]。齐聚马耳他的英美联合参谋长委员会对英国和美国的战略加以审核，但气氛并不亲切乐观。双方为艾森豪威尔将军的战略计划争论不休，英国人对最高统帅作战纲要的含糊性大加指责，艾森豪威尔计划在北部发起一场主要突击，跨过莱茵河，但他似乎又支持在南部发起重要的进攻，英国人轻蔑地做出判断："这份计划没有指明决定性行动。"在接下来的争论中，急于结束会议的马歇尔将军发表了意见，他坚持艾森豪威尔作战计划的正确性，并以毫不含糊的话语谴责了蒙哥马利。

2月2日，罗斯福总统乘坐美国巡洋舰"昆西"号抵达马耳他，与丘吉尔首相热情重逢。总统已听取了马歇尔将军和金海军上将的汇报，他们同英国人发生了争吵，因为后者反对布莱德雷将军跨过莱茵河，但两位高级将领看见总统疲惫不堪的模样，便简化了事情的来龙去脉。联合参谋长委员会当晚再次举行会议，罗斯福和丘吉尔亲自列席，英国与美国在战略问题上的争执迅速得到解决。美国人理解北部需要得到加强，尽管这并不意味着否决布莱德雷将军在南部发起支援性进攻。美国人再次批准从意大利抽调英国师和加拿大师，以加强蒙哥马利的部队，而美军部队仍留在原地（意大利）。不过，在另一个问题上，马歇尔将军毫不妥协：他拒绝支持给艾森豪威尔安排一个负责地面作战行动的"英国副手"，也不同意渡过莱茵河后给予蒙哥马利更大的指挥权。

罗斯福和丘吉尔在"昆西"号上共进晚餐，并讨论了前几天艾登同小爱德华·斯退丁纽斯（他接替赫尔出任国务卿）关于政治问题的会谈。这顿工作餐令艾登深感失望，他担心雅尔塔会议的准备工作太仓促，而他们要对付的是"一头肯定已胸有成竹的熊"。在早些时候与斯退丁纽斯的会谈中——那次是在英国巡洋舰"天狼星"号上——艾登明白了美国拒绝承认波兰"卢布林政府"的深意，并立即敦促他的美国同行接过这项特殊的事业，因为"换个人发球"可能会达到预期的效果。艾登担心美国人太急于促成一个世界性安全组织，即联合国，而对波兰问题不太重视——不可否认的是，如果俄国人不能"礼貌地"对待波兰，加入所谓的"联合国"组织是没有多大价值的。沮丧的艾登不安而又困惑，他转向哈里·霍普金斯这位在总统背后真正掌握权力的人，请他设法施加压力并认真对待即将召开的重要会议，但这番请求收效甚微。

运输机和护航战斗机队做了个直角转弯表明身份后，于2月3日中午降落在萨基机场。欢迎仪式结束后，罗斯福和丘吉尔乘坐汽车，沿70英里长的道路赶往雅尔塔。短短10个月前，德国人刚刚撤离克里木，激战留下的破坏随处可见。从一开始就表明自己不喜欢空中旅行的斯大林乘火车出发，于2月4日（周日）到达。下午4点，他赶去拜会丘吉尔，开始了一场对战事进展的"令人愉快的讨论"。会谈之所以令人愉快是因为比较随意。斯大林表现得很乐观，强调了红军对德国军队造成的破坏，这是苏联投入的总兵力和胜利意志的结果。丘吉尔饶有兴趣地问道，如果希特勒向南转移，利用最后一些堡垒负隅顽抗，苏军会怎么办。斯大林毫不犹豫地回答道："我们会发起追击！"对红军来说，奥得河已不再是一个障碍：苏军的迅猛推进迫使德军从维斯瓦河后撤至奥得河，而红军已在奥得河对岸掌握了几个登陆场。德国人的战略预备队现在只剩二三十个师，准备得很不充分，尽管他们在斯堪的纳维亚半岛、意大利和西线还有些不错的师。斯大林对"伦德施泰德攻势"[9]大加嘲讽，说这是一场徒劳的冒险，完全是为了德国的威望：德国军队无可挽回地令其自身严重受损，他们最优秀的将领已被一扫而空，只剩下古德里安，但他充其量是个"冒险家"。被孤立在东普鲁士的德军师本来可以用于保卫柏林，但也被白白地浪费了；德国人在布达佩斯还有11个装甲师，但他们只能在那里听天由命。德国作为一个世界强国的角色已宣告结束。参观丘吉尔的地图室时，斯大林突然提出丘吉尔早些时候曾提过的建议：应该把英军师从意大利调往南斯拉夫和匈牙利，再冲向维也纳，从而与苏联红军会合，包抄位于阿尔卑斯山南部的德军。

丘吉尔对此未加评论，只是回答道："红军可能不会给我们时间来完成这个行动。"苏联红军即将完成曾让他魂牵梦萦的战略构思，丘吉尔肯定对此感到苦涩；他现在要做的只是他在仓促的马耳他会谈中向罗斯福总统强调过的事情：应尽可能多地占领奥地利，除绝对必要外，西欧被俄国人占领得过多是不适宜的。尽管斯大林的评论是一种无端的侮辱，但丘吉尔对此未加理会。

斯大林又去里瓦几亚宫（全体会议将在这里召开）拜望罗斯福总统，这次，他摆出完全不同的姿态，不再是个充满自信的征服者，几乎变成一个捉襟见肘的乞求者。红军的确已到达奥得河，但遭到了德军的顽强抵抗；美国人肯定会在苏军进入柏林前解放马尼拉，斯大林微笑着拒绝了对结果的一切赌注。罗斯福对刚刚见到的克里木遭受的破坏表示震惊，斯大林说，这完全无法同德国人在乌克兰有计划的破坏相提并论。谈到西线战事，斯大林愉快地获悉，盟军将于2月8日发起一场有限的进攻，第二场进攻12日展开，一个月内还会发起一场全面攻势。但罗斯福总统也留了些余地，他谈到莱茵河的冰层，并暗示英美之间对大规模进攻的地点有所分歧。不过，罗斯福抓住盟军进入德国这一机会，向斯大林提出建议，让艾森豪威尔将军同苏军指挥官建立直接联系，斯大林诚恳地接受了这个建议。对更加具体的政治事务进行无拘无束的轻松交流时，罗斯福告诉斯大林，英国和美国的立场是不让法国参与到处置德国的事务中。斯大林立即表示赞同，他讥讽了法国人的自命不凡，并强调法国的虚弱——但英国试图将法国扶植成一个强国。在给法国划定一块占领区的问题上，英国人再次被证明是个麻烦；斯大林询问罗斯福对此的态度，罗斯福含糊其辞，但他指出，如果这样做的话，那也"仅仅是出于善意"，斯大林和莫洛托夫一致表示深有同感。

此时已快到5点，"克里木会议"的第一次全体会议即将召开，按照斯大林前一天提交的会议日程，这场会议专门讨论军事态势。会议开始前，斯大林元帅提议由罗斯福总统再次主持会议，罗斯福对此欣然接受。遵照议程，罗斯福先请安东诺夫将军汇报军事形势，并提出苏联方面的评估。安东诺夫详尽地描述了自1月12日以来的苏军攻势，在有利的天气条件下，苏联红军跨过北起涅曼河、南至喀尔巴阡山的庞大战线发动攻势，这一切都是为了回应处于不利态势的西方盟国提出的支援请求。苏军的作战计划是基于对中央地区德军实力的判断，希望将这些部队调至两翼，因此苏军从东普鲁士和匈牙利发起进攻，这两处的攻势有效地吸引了德军装甲力量——24个装甲师中的20个被调离；即便是现在，敌人的11个装甲师仍盘踞在布达佩斯地区。在至关重要的中央地区，苏军集结起了优势步兵力量，坦克、大炮和飞机具有压倒性优势。在18天内，苏联红军前进了大约500公里，平均每天30公里，他们解放了西里西亚工业区，到达奥得河东岸，将东普鲁士与德国本土隔开，并给德国军队造成了重大损失——总计40万人和不下45个师被消灭。

安东诺夫将军有力地指出，德国人会以他们拥有的一切力量强化柏林的防御，他们会从其他战线调集力量来完成这个任务，包括从西欧和意大利抽调部队，维也纳也会严防死守，援兵有可能来自意大利。红军已判明东线的16个师（9个来自德国，6个来自西欧，1个来自意大利）；另外5个师（4个装甲师和1个摩托化师）已在调运途中，还有不下30—35个师来自西线、挪威、意大利和德国本土——这使德军派往东线的援兵多达35—40个师。鉴于这些数字，安东诺夫将军敦促盟军采取行动遏制德军的调动，特别是从意大利抽调部队；另外，盟军可以采用空袭的方式予以配合，轰炸柏林和莱比锡，从而切断这条军用交通路线。安东诺夫的报告结束后，斯大林征询罗斯福和丘吉尔的看法。他没有理会罗斯福总统关于改变德国铁路轨距的言论——在斯大林看来，这一点无关紧要——话题转到如何阻止德国人从意大利抽调8个师的问题上，丘吉尔首相也提及英国军队冲过“卢布尔雅那山口”，从而与红军左翼会师的话题。尽管早些时候在私下里提过这个问题，但斯大林此刻对此未加评论。丘吉尔首相和罗斯福总统肯定对斯大林的立场感到满意，因为他赞同军事上的协调和更加紧密的联系，并会支持这些举动。

接着，马歇尔将军报告了西线的军事形势，指出德军“阿登攻势”的失败，并强调盟军目前正加紧准备在北部发起一场攻势，同时在南端展开辅助进攻，行动时间定于2月8日。盟军将在3月份强渡莱茵河，无可否认，这个速度有些缓慢，一个重要原因是补给物资的运送受到限制——德国人的V-2火箭对安特卫普的港口设施造成了严重威胁。斯大林对此未加理会，他谈到，火箭和炸弹一样，都是出了名的不准确。马歇尔将军不会容许对盟军空中力量所造成的破坏持不置可否的态度，无论是打击德国铁路交通还是使德国石油产量削减了80%。空中优势也是意大利战场上的一个重要因素，在那里，盟军与德国地面部队的力量大致相等（双方各有32个师）。潜艇的威胁也不容小觑，目前，德国海军正把改进后的U艇投入服役，盟国海军必须应对在变化的潮汐席卷下的浅水水域中侦测敌潜艇的困难。

在随后的辩论中，尖锐的问题和尖刻的评论逐渐驱散了当前的友好气氛。丘吉尔得到斯大林的保证，苏军将消灭但泽（位于红军前进路线上）和其他潜艇生产基地，他还希望获知苏军渡河突击行动的详情，但斯大林对此没有立即做出答复。斯大林本人也积极参与到讨论中，深入探讨了西线盟军的计划和表现，这番交流的目的是为了强调红军的贡献和斯大林本人的军事远见。在斯大林的追问下，马歇尔将军将盟军的突破宽度定在50—60英里——苏联红军的战线是这一距离的10倍——尽管盟军预计会遭遇到德国人的既设阵地，但他们拥有必要的预备力量来完成这个行动。斯大林对此感到欣慰，因为他本人的一个基本原则就是预备队的重要性。坦克力量又如何呢？苏联红军在中央地区为主要突击任务部署了9000辆坦克。马歇尔将军只能做出估计，每35个盟军师可得到大约10—12个装甲师的支援，斯大林希望获知准确、详细的数字。丘吉尔首相插入到关于坦克数量的争论中，他声称盟军在西欧拥有10000辆坦克。斯大林评论道，这是个庞大的数量。

斯大林继续试探着盟军的立场，话题转到空中力量上，他指出，苏联空军部署的飞机数量不下8000—9000架。对于兵力优势的争论源于误解和误译，除了空中力量，丘吉尔首相否认英美联军拥有其他方面的优势，而马歇尔将军指出，78个盟军师面对着79个德军师，双方实力相当。这时，意识到气氛逐渐变得紧张起来的斯大林满意地指出苏军炮兵方面的优势，并以简短的话语提及苏军的炮兵攻势和"突破炮兵师"及其每公里极大的火炮密度，以此来安抚他的听众。利用交流作战经验的这场序幕，斯大林强调苏联履行了对其盟友的义务，现在正准备做出更大的贡献——让盟军提出他们的要求。丘吉尔首相立即对苏联的援助表示感谢，并祝贺苏军取得的成就，斯大林却对他的愚钝感到不满——苏联红军提前投入作战不是为了赢得感谢，也不是为了兑现德黑兰会议上做出的正式承诺，而是履行对盟友道义上的责任。

罗斯福总统消除了这番交流的紧张气氛，他同意斯大林的看法，德黑兰会议并不意味着正式的承诺，而是体现了打击共同敌人的共同协议。总统迅速改变话题，提出加强盟国之间合作和协调的问题，丘吉尔对此表示支持，他不再同苏联讨价还价，迅速修补了与斯大林之间的裂痕。丘吉尔首相指出，现在三国参谋人员齐聚一堂，正是审核盟国之间整个军事协调问题的好时机。罗斯福总统强调的这种合作，可能意味着即使某些战线受到阻碍或停滞，另一条战线也将发起行动。斯大林提出反对意见：这既不是合作，也不是协调，实际上恰恰相反——最好的例子莫过于1944年秋季，苏军攻势临近尾声，适逢盟军在西线发起了进攻。

会谈即将结束时，和谐而又良好的幽默气氛恢复了。斯大林注意到他的盟友提出的一些具体要求，特别是夺取但泽和消除U艇的威胁。罗斯福总统问斯大林，但泽是不是在苏军所能到达的范围内，斯大林回答说，"但愿"是这样。与会者认为这句话是个令人愉快的玩笑。斯大林也为自己敏锐的感觉感到高兴，他非常满意地获知了英国和美国的计划以及他们有可能采取的行动，特别是苏联红军从东面对柏林直接发起进攻时英美军队将在西面实施"协调一致"的行动。协调行动的具体事宜将在定于5日早上召开的参谋长会议上详细讨论；不过，就目前而言，斯大林已为他当前的目的掌握到了足够的信息。

晚宴在里瓦儿亚宫举行，罗斯福总统做东，友好的气氛一直延续至夜间，尽管过程中也出现了一些令人尴尬的时刻。其中的一个出现在博伦[10]与维辛斯基[11]的交流中，后者拒绝支持"给予小国评判大国行为的权利"的任何提议。博伦对这个观点提出质疑，他强调指出，美国民众支持小国的权利。维辛斯基反驳道，美国人民应该"学会服从他们的领导人"，这句酸溜溜的话极不适宜。除此之外，宴会的气氛很热烈，尽管出现了一个不幸的时刻：显然是受到轻松气氛的鼓舞，罗斯福总统当面告诉斯大林，他们在私下里称他为"约大叔"，这个非常普通的绰号激怒了斯大林，他立即做出离开宴会的姿态。但丘吉尔首相的祝酒词又把斯大林拉回到晚宴聚会圈，丘吉尔强调了此次会议的重要性以及三大盟国在从事这场战争以及维持战后和平方面的决定性作用。斯大林以拘谨但却有力的风格做出回应，断言那些小国会抱怨"三大国"的权利危害到他们的权利；他既不掩饰也不隐瞒他是为了苏联及其人民的利益，可这并不妨碍他同英美一同维护小国的权利——但这种权利不应该包括对大国的行为说三道四。

斯大林一连串严厉而又明确的声明使宴会的气氛变得尴尬起来（如果不能说是一场灾难的话）：小国必须受到大国的制约，违规者将遭受惩罚——阿根廷就是这样一个流氓国家，但由于这个恶棍在美国的轨道内，斯大林保持了克制。罗斯福总统提醒斯大林，波兰就是苏联势力范围内的一个小国，作为总统，他不得不考虑美国国内波兰人的观点。斯大林迅速提出一个数据来驳斥这种观点，700万美国波兰人中只有7000人有选举权，罗斯福总统完全可以高枕无忧。

没有谁能抱怨斯大林不坦率，他坦率得甚至有些残酷。他的话不单纯是席间闲谈，而是有实际用意的。他显然不想在波兰问题上妥协，并清晰地描绘了大国在将来任何一个国际性安全组织中的作用；苏联的信誉、权力和权威都处在紧要关头，斯大林强有力地告诉他那些听众，他会以钢铁般的决心维持和培育这些至关重要的东西。宴会在一种近乎兴奋的气氛中结束，斯大林本人很晚才离开，尽管他先前有点生气。但艾登有些郁郁寡欢，在他看来，这场宴会几乎是一场灾难——"我认为这是一次很糟糕的宴会"——罗斯福总统暧昧的态度和丘吉尔首相的长篇大论令他感到困扰，尽管这两个问题都不像斯大林提出的残酷、鲜明的观点那样具有破坏性——斯大林毫不讳言小国应该遵从大国的意志和要求。

2月5日早上，英美联合参谋长委员会与苏军总参谋部举行会晤，商讨军事计划和协调问题，会议在安东诺夫将军设于通往雅尔塔途中的总部召开。会议开始时，主持会议的陆军元帅艾伦·布鲁克爵士提出协同问题，并呼吁苏军在英美联军强渡莱茵河时提供支援，行动将持续整个三月和四月——尽管面临着化冻和交通线延长的问题，但苏联红军能否继续其作战行动？马歇尔将军接过这个话题，强调了盟军作战行动面临的特殊情况，特别是缺乏整体优势，另外还有交通线问题；空中力量是盟军的王牌，但在恶劣的天气导致盟军战机无法升空，从而抵消了盟军唯一优势的情况下，苏军的支援是使德军丧失平衡的关键。

安东诺夫将军做出了合情合理的答复。很显然，苏军统帅部希望知道如何才能阻止德国人把部队从西线调往东线：盟军1944年发起登陆时，一些德军师向西调动，而苏军统帅部希望他们留在那里。只要条件许可，苏联红军将继续在东线展开行动，作战间隙会保持在最短的程度，苏军将不断前进，直至资源的极限。苏联方面目前最关心的是意大利战线，安东诺夫再次提议盟军穿越"卢布尔雅那山口"，朝维也纳方向推进；布鲁克早已把这个计划称为"一个让人厌烦的构想"，他告诉安东诺夫，盟军在意大利的作战行动相当困难（主要是天气情况造成的），目前的计划是把部队调离意大利，为英美军队在西线发起的攻势提供支援。不可避免的是，盟军调离其部队，凯塞林指挥的德国军队同样可以撤出意大利，没有谁能够阻止。

深入探讨时，安东诺夫将军询问德国人能调离多少个师；他得到了令人相当不安的回答——德军可以从意大利抽调的师多达10个。与会的英美高级军官齐声夸耀盟军空中力量，指出空中打击已对德国的石油供应造成破坏，并有可能阻止德国军队的调动，特别是意大利地区。空军元帅胡佳科夫不甘示弱，也竭力夸赞了苏联空军在红军进攻行动中发挥的重要作用，并催促亚历山大元帅做出保证，将盟军大肆吹嘘的空中优势用于打击德国军队的调动。亚历山大元帅郑重做出承诺，这让苏联方面多少感到些满意，但并不足以消除安东诺夫将军显而易见的沮丧，因为英美军方对他的提议（穿过卢布尔雅那山口，从而支援苏军对维也纳的进攻）不感兴趣。布鲁克给这口"军事棺材"钉下了最后一颗钉子：鉴于盟军地面部队缺乏优势，必须尽一切努力将最大兵力集中在西线，从而对德国发起致命一击，由于兵力不足，即便德军撤离意大利，盟军也无法利用这种状况。这个话题结束后，安东诺夫又谈起盟军采取行动阻止德军撤离挪威的可能性，但他再次被告知，由于缺乏兵力，盟军无法在挪威本土采取地面行动，而在海上拦截德军的调动面临着大面积布雷造成的困难。安东诺夫只得就此罢休。

海军上将莱希突然谈及协调和合作的问题，大意是艾森豪威尔将军应该在莫斯科有自己的军事代表团，这是他个人"极为坦诚"的观点，令英国人深感意外。布鲁克巧妙地介入到这个话题中，指出英国和美国持同样的观点，都认为需要进行有效的联络，但这件事必须以一个适当的委员会为基础，这个委员会的职能是配合英美参谋长们解决一切"高级战略"问题，而在较低层面，各战区与各集团军群司令官之间应该设立联络官。安东诺夫并不反对建立更紧密联络这一原则，但坚持认为必须通过派驻莫斯科的几个军事代表团与苏军总参谋部共同处理；马歇尔将军强烈反对对联络工作的这种肢解，并强调战术和战略协调的必要性。安东诺夫立即做出反驳，他认为空中作战发生的混乱和冲突源于导航失误，而不是协调方面的不足。由于苏联空军的作战行动由莫斯科直接指挥，所以在任何情况下，协调工作都应该在那里进行。英国皇家空军参谋长查尔斯·波特尔爵士同意战略空军的任务应由最高指挥层处理，但意大利和巴尔干地区空中作战的战术协调问题不应纳入这一范畴。胡佳科夫元帅直截了当地告诉盟军将领，任何即时战术联络问题都必须得到斯大林本人的批准。

为解决问题，安东诺夫提出一条穿过柏林、莱比锡、维也纳、萨格勒布的"分界线"，以此作为盟军战略轰炸行动的界线。布鲁克评论道，这条界线"对我们不适用"，并建议将确定轰炸线的问题安排在下一次会谈。就在会议临近结束时，海军上将莱希突然向安东诺夫将军询问结束这场战争的计划日期。不知所措的安东诺夫拒绝做出任何确切的预测，也不愿提出自己的看法，尽管莱希和马歇尔一再施压，并强调航运计划必须着手部署。盟军估计结束战争的日期可能是7月初或12月底。安东诺夫对此并不反对，他认为最有可能在夏季，最迟在冬季。（斯大林早些时候曾提到这场战争"有可能持续至夏季"，安东诺夫自然不会对此进行否定或扩大。）

无论私下里对这些战役的持续时间以及结束战争的日期抱有何种想法，安东诺夫几乎没有从这场会谈中得到太多的鼓励。盟军并未做出拦截德军调动的确切承诺，更谈不上彻底遏制了。苏军总参谋部现在必须对德国人极有可能调至东线的援兵做出估测——这个初步想法在次日（2月6日）召开的参谋长后续会议上得到了抑郁而又明确的确认，安东诺夫探听到一个令人不快的事实，那就是德军用于阿登反击战的大批装甲师目前正加速向东调动，赶去迎战苏联红军。这对推进中的苏军南翼极为不利，他们目前正在匈牙利从事着激烈的战斗，但最终目标是维也纳。毫无疑问，据守在挪威的德国军队也将参加帝国本土保卫战。对柏林发起一场"不停顿"攻势的想法，就算没有胎死腹中，也已难以为继。苏军总参谋部估算德军师都是满编，而苏军师的实力已下降到4000人，燃料和弹药的短缺加剧了这一劣势；德国空军掌握的局部空中优势也使红军步履维艰。苏军总参谋部对此得出的结论是，德国人为保卫柏林集结起了一股庞大的力量，而且这股力量还将继续获得加强。面对这种状况，安东诺夫根本无法向斯大林提交令人鼓舞的报告。

尽管军事前景似乎有些暗淡，但这并未阻止三位盟国领导人2月5日下午晚些时候开始商讨"德国问题"以及德国战败后的命运；相反，他们在莫洛托夫和斯大林的推动下朝这个方向迈进，前者告诉艾登，必须对分割德国的事宜进行讨论，后者操纵着会议，明确无误地直奔分割德国这个问题。全体会议开始时，罗斯福总统建议由欧洲咨询委员会（EAC）讨论占领区的划分、英方分配给法国一块占领区的提议以及法国参与盟国管控机构的问题。斯大林立即表示反对，几乎重新安排了会议议程。他希望全面谈论分割德国的问题，这既是个原则问题，也具有实际意义，战后德国政府（或行政机构）的形式应当确定，投降的具体条款应当考虑到"无条件投降"并不意味着没有特别条款，至少意大利的例子就是如此。德国这个例子会发生怎样的情况，无条件投降会不会让"希特勒政府"继续存在下去——除了以完全明确的方式规定投降条款外别无他途。最后，必须对赔偿问题做出决定。

斯大林展开无情的争辩，出色地操纵着他的论据。罗斯福总统"占领区"的替代性说法骤然间被扫地出门——分割就是分割，不能用其他名称替代。德黑兰会议已在原则上同意分割德国，尽管并未将其列入任何严格的法律条文和有约束力的协议中；1944年10月在莫斯科，丘吉尔首相曾提出把德国分成两个国家（普鲁士和巴伐利亚），把鲁尔和威斯特伐利亚置于国际共管下。斯大林现在就需要相关决议。丘吉尔首相立即发起"进攻"：大家在原则上都同意分割德国，但这个问题过于复杂，无法在数日内解决。许多仍需要仔细考虑的问题应交给一个"特别委员会"，做出任何决定前都应当先听取他们的报告。盟国不可能同战犯举行谈判；最大的可能性是希特勒和希姆莱丧生或失踪，由另外一帮人出面请求无条件投降，在这种情况下，三盟国必须协商是否跟他们打交道，如果是，就应该把准备好的投降条款摆在他们面前。

斯大林立即抓住投降条款这一点。目前的条款太过含糊。他继续辩论道，分割德国的问题自动包含在投降条款内，并建议添加一个大意如此的具体条款，但不必列明地理细节。斯大林和丘吉尔陷入赞同一份有权实施分割的停战协议的问题中，而不是政治解体的实际细节，这是个至关重要的问题。丘吉尔再次建议把这个问题留给日后的和平会议时，罗斯福总统发言，强化了他所持的观点——分割实际上是投降行为和文本的基础，他还接受了必须对这一问题进行研究的主张。罗斯福援引斯大林的观点，认为必须告诉德国人，他们的将来掌握在盟国手中，随后在哈里·霍普金斯的提示下，他责成外交部长们拟定一份分割德国的计划。斯大林坚持分割德国这一事实，并直截了当地要求将此列入投降条款，在罗斯福的帮助下，他的主张取得了胜利。丘吉尔首相不太情愿地同意将毫不修饰的"分割"添加到投降文本第12款内。

罗斯福总统继而将会议的话题转向给法国分配一块占领区，从而恢复法国重要地位的问题。这一次，丘吉尔发起了"进攻"，斯大林则采取顽强的拖延战术。丘吉尔直奔主要问题——给法国分配一块明确的占领区，并参加盟国管制德国的机构。英国政府对此极为看重；法国占领区可以从分给英国和美国的占领区中划分出来，留给苏联的份额不受影响。斯大林提出反对意见，将法国引入"三大国"会给其他国家敞开大门，丘吉尔对此做出反驳：被接纳的是法国，也只有法国。另外，英国希望法国恢复其传统地位，以抗衡德国，可以想象，德国迟早会再次复兴；美国在战后欧洲的军事存在可能不会长久。罗斯福总统迅速声援丘吉尔，但此举不啻一声惊雷：在他看来，战争结束后美军留在欧洲最多不会超过两年。丘吉尔大吃一惊，斯大林听得更加专心。丘吉尔再次力促他的提案，他提醒斯大林，法国对于英国的重要性，就像波兰代替苏联直接面对德国那样。斯大林在这一点上做出让步，不过他仍反对将法国纳入盟国管制委员会的一切想法，该委员会必须仅限于那些从一开始就坚决抗击纳粹德国的大国——迄今为止，法国并不真正属于这个团体。这是一种灵活策略与对往事自欺欺人的奇特混合物，不禁让人想起就在几周前缔结的法苏协议，斯大林当时满意地称法国为"盟友"，现在，他发现自己反对法国加入盟国管制委员会的观点得到了罗斯福总统相当奇特的支持。哈里·霍普金斯不得不写下一张明智而又简洁的便条提醒总统，法国是欧洲咨询委员会的正式成员——"这是目前考虑德国事务的唯一机构"——关于管制委员会的决定最好能推迟。

全体会议即将结束时，斯大林让麦斯基提出苏联方面关于赔偿问题的方案，该方案要求拆迁德国的工厂和设备，并以实物的方式赔偿十年。德国的重工业将缩减到目前规模的五分之一，所有武器制造厂和合成油生产厂将在两年内拆除，十年赔偿期结束后，由一个三方国际监督委员会控制整个德国的经济。由于这些赔偿无法弥补战争期间的损失，苏联的方案还提出：按照各受害国对赢得战争的贡献和损失的严重性单独索取货币赔偿；苏联方面提出的总额为100亿美元。丘吉尔同意苏联"成立一个赔偿委员会"的建议，但也指出第一次世界大战后在赔款问题上的惨败，并对德国是否有能力支付苏联所要求的金额表示怀疑。英国为其战时努力面临着30亿英镑的债务，但无论现在还是将来，英国的负担都无法通过德国的赔偿得到缓解。另一些受害国也会提出他们的索赔，可谁能从一个陷入饥馑的德国获益呢？难道让德国人活活饿死？

斯大林平静地说道，德国人肯定会有食物的；至于英国的问题，他们可以自行其是，完全不受苏联索赔方案的影响。最后，丘吉尔同意由一个赔偿委员会进行秘密研究，作为对罗斯福总统的支持，他还接受了该赔偿委员会设在莫斯科、研究全盘赔偿金额的建议。麦斯基再次回到他的主张上，指出苏联的索赔方案与1918年后的赔偿计划毫无共同之处——实物赔偿排除了破坏当年赔偿计划的金融欺诈。德国无疑能支付苏联要求的赔款，无须用饥馑来讨价还价。如果德国停止在武器方面庞大的开支，就能筹到这笔钱——"quod erat demonstrandum"（这一点已被证明）。不过，麦斯基愿意将这些事务交给拟议中的委员会处理。

斯大林迅速接过麦斯基引发的话题。各方似乎都同意成立一个委员会，但对该委员会必须有一些具体说明：他提出的一个原则是，那些在战争中承受最沉重负担、蒙受最严重损失的国家在索赔过程中具有头等优先权，他指的是苏联、美国和英国。苏联不应该是赔偿的唯一获得者——各国自行决定获得赔偿的具体形式。法国又一次在斯大林心中投下巨大的阴影：为这场共同的战争努力，法国只贡献了8个师。就连南斯拉夫都投入了12个师，但斯大林并不打算替南斯拉夫人出头。会议必须同意并把解决问题的这个原则交给各位外交部长，而不是赔偿委员会那些人。丘吉尔的争执仅仅是一种姿态，以此表明他对这种安排持质疑态度，但唯一的结果是被蛮横地告知，胜利者不那么容易低头。会议结束前，丘吉尔首相提及并尊重苏联的方案，认为对战争付出努力应该指的是"各尽其能，按需分配"。斯大林当场修改了马列主义的原则，把这句话改为"按劳分配"。于是，赔偿问题被交给外长们讨论。

　　从一开始，一种奇特而又具妨碍性的逻辑就卷入到了罗斯福总统倡导的世界性组织中，斯大林对波兰的关注像圣艾尔摩之火那样在雅尔塔会议议程中闪烁。

　　1944年8月21日在敦巴顿橡树园召开的会议规划出后来成为联合国的国际组织的基本轮廓，但仍有两个主要问题需要解决——安理会投票程序问题以及联合国创始会员国资格问题。赋予每个安理会常任理事国否决权的原则，尽管很复杂，引发的争论也很多，但已被普遍接受：实际上，俄国人通过葛罗米柯在9月13日坚持的恰恰是各大国间的团结一致——这是"最终和不可更改的"决定，罗斯福总统就一些创始会员国资格问题向斯大林提出的要求没能明显改变这一决定。在斯大林看来，坚持一致性原则是基于他对德黑兰会议所达成协议的理解。另外，美国军方的意见似乎支持苏联的立场，正是史末资元帅在9月20日发给丘吉尔的电报中强调指出，不应错失平等和信赖地对待俄国人的机会，大国间保持一致的原则甚至可以成为制约"被权力冲昏头脑者"的制动器。

　　葛罗米柯非常直率。在被告知苏联的顽固可能会使"联合国"这个世界组织未见天日便胎死腹中时，他回答说，如果一个大国被拒绝对表决权做出任何争执，而无论其在这种争执中发挥的作用，那么，这个组织根本不应该存在。对苏联而言，安理会投票程序显然涉及重大问题和重要决策：条文主义和顽固执拗的背后是对目前新地位的关注和对过去遭到孤立甚至被国际社会驱逐的记忆，也有对将来这种情况再次出现的恐惧。

　　除了在安理会被孤立，苏联在联合国大会可能也寡不敌众，苏联认为联合国家宣言的签字国应该只有26个，而美国提议增加6个拉美国家，外加冰岛和埃及，英国背后是自治领带来的6个额外表决权。苏联方面相应地提出将苏联的16个加盟共和国列入创始会员国；尽管这个建议8月19日被突然提出，并遭到罗斯福总统和科德尔·赫尔粗暴的拒绝，但问题并未得到解决，还形成了罗斯福总统1945年1月所发表意见的基础，他希望以投票程序问题换取苏联在主张数个加盟共和国拥有独立代表资格方面的妥协。

2月6日的雅尔塔会议上，罗斯福总统把话题转入他最关心、最符合他愿望的战后世界问题上，那就是他倡导的国际组织——现在已变为"联合国"。尽管如此，他还是对安理会投票程序问题发出了明确警告：如果美国的方案无法达成一致，可能会妨碍美国为压制被打败的德国提供援助。不过，罗斯福此举并非赤手空拳、毫无准备的。斯退丁纽斯详细阐述了修订后的方案，指出拟议中的《联合国宪章》第8章C节所作的"轻微澄清"。斯大林立刻警觉起来，对这一"轻微澄清"提出质疑；慌乱中的葛罗米柯设法说服斯大林和莫洛托夫，这份提案并未涉及实质性内容。于是斯退丁纽斯得以对投票程序做出阐述，并强调指出，大国之外的其他国家可能会提出他们对安理会的看法，但这一切都是为了保护那些较小的国家。为了以和平的方式解决争端，需要获得7票以及安理会常任理事国的一致同意；如果安理会的任何一个理事国（包括任何一个常任理事国在内）牵涉到争端中，那么该理事国只有讨论权而没有表决权。

斯大林宣称他对这份新提案感到困惑不解。他顽强地捍卫着"绝对一致"的原则，并满怀激情地指出这样一种危险：十年后，新的一代会起来掌权，他们不明白战争意味着什么，可能会导致"我们之间发生严重冲突"；只要诸大国保持一致，德国的威胁就不会太过严重。丘吉尔首相发言支持罗斯福总统的方案，似乎是反驳斯大林明显的保留意见，他强调指出，三大国的权利依然完整——就像对自治领的保证最大限度地确保了英国的权利那样。没有哪个国家想要统治全世界，但否定小国表达意见的基本权利可能恰恰会引起这种猜疑。

仍心存怀疑的斯大林开始为自己的目的展开争论。他需要研究新方案，并立即索要了一份斯退丁纽斯文件的副本。显然，争论不是关于表达意见的权利问题——真正的问题在于做出决策；至于讨论中被提到的国家，例如埃及和中国，都不仅仅满足于表达意见。为何会有称霸世界的说法，哪个大国以此为目标？在投票程序的问题上，英国已摆出站在美国一边的姿态，这只会让苏联沦为寻求主导地位的候选者。丘吉尔完全否认这一点，并再次指出，此举正是为了避免让某些大国产生这样的印象。斯大林认为称霸世界的说法极为荒谬，他把话题转到问题的真正本质和关键性影响上：各大国必须通过保持自身之间的和平来确保全世界的和平。尽管忙碌的工作使他无法彻底了解敦巴顿橡树园的提案，但他非常清楚《联合国宪章》的内容，知道必须以三巨头保持一致的方式来解决问题。

因此，反复强调了自己的观点后，斯大林变得更加豪爽起来。他开始站到罗斯福总统一边，出于对美国利益的认可，他突然提出应该给予中国特殊的地位，此举促使丘吉尔也把法国列入常任理事国内。

不过，这一切只是进一步试探的前奏。斯大林重新提起修改后的方案，并询问这样理解是否正确。这份方案把一切冲突都分成两大类，第一类会遭受制裁（经济、政治或军事方面），第二类可以通过和平手段解决。斯大林终于正确地理解了一切。他接着询问程序问题：既然如此，是不是在实施制裁的情况下，所有常任理事国都可以参加表决，就连卷入争端的理事国也可以；但在和平解决争端的情况下，卷入争端的各方（哪怕是常任理事国）却不能参加表决？他的理解再次得到证实。对自己的地位感到放心后，斯大林指出，俄国人似乎对表决权谈得太多，这是因为苏联的利益全系于决定一切的表决。如果中国要求收回香港，或者埃及要求收回苏伊士运河，那该怎么办呢？这两个国家不会孤立无援，他们在大会里或在安理会里是会有"朋友或维护者"的。丘吉尔首相对此做出反驳，他坚持认为国际组织的权力不会被用于对付拥有否决权的英国。艾登补充道，各成员国可以讨论，但无法自行做出决定；中国和埃及可以提出控诉，但没有英国政府的同意，就不得通过强制执行的决议。斯退丁纽斯证实说，就连经济制裁也需要获得安理会常任理事国的一致同意。

莫洛托夫和麦斯基试图阐明决策类型与采取一致行动之间这种奇特的界限，但技术性阐述没能说服斯大林。大国间的团结可能会因为某些国家操作世界舆论而受到威胁，甚至发生破裂。斯大林再次谈及香港问题，他指出，对这个问题的争论可能会破坏大国间的团结。丘吉尔匆匆补充道，在这种情况下，正常的外交关系依然适用于各个国家，无论是大国还是小国，三大国有特殊的责任在他们之间商讨有可能破坏他们团结的问题。斯大林对此做出生硬的回复，他指出1939年苏芬战争期间发生的事情，当时英国和法国鼓动国际联盟反对苏联，先是孤立，后来又将苏联驱逐出国联。有什么保证能确保"这种事情"不会再次发生呢？丘吉尔和艾登都让斯大林放心，美国的方案使这种有可能发生的事情变得完全不复可能。但斯大林问道，为什么没有更多的保障呢？丘吉尔首相耐心解释说，与国联不同，把苏联驱逐出联合国，在任何情况下都无法做到，因为这种驱逐必须全票通过，任何一个大国都可以直接将其否决。斯大林抱怨道，这是他第一次听说此事。罗斯福总统证实了丘吉尔这一解释的准确性：这就是否决权的核心所在。丘吉尔承认，的确存在着一种煽动反对一个大国的危险性——例如对英国——但与此同时，正常的外交将发挥作用；罗斯福总统不会挑动或支持对大不列颠的攻击，而斯大林元帅也不会不事先同我们协商并寻求达成友好解决的办法就对大英帝国发起言语攻击。斯大林简洁地表明他同意这一点，并暗示他赞同罗斯福总统认为自由协商会加强"三巨头"的团结这一看法，但他建议将这一讨论延续至次日。

不过，当日的会谈远未结束。尽管一直在大谈特谈大国间必须保持一致，但议程表上的下一个议题——波兰，体现出了对盟国保持团结最直接的威胁。波兰（而不是香港或苏伊士运河）的命运牵动着三位盟国领导人的神经，动摇着他们之间的友好关系。斯大林什么也不用做，他只是坐在那里，等待着，观望着，而罗斯福和丘吉尔却将自己钉在了挫败和无能的尖钉上。作为会议主席的罗斯福总统以他认为客观的陈述开始了波兰问题的商讨，谈到"从更远的视角看待问题"，尽管他支持美国国内的数百万波兰人，他们"同中国人一样，想要挽回面子"。他重申了自己在德黑兰会议期间所持的立场："总的说来，我赞同寇松线。"但他希望斯大林做出姿态，把利沃夫和东部的一些油田让给波兰人，弥补他们没能得到柯尼斯堡的损失。如果按照苏联的条款解决边境问题，必然意味着波兰人和波兰流亡政府大丢颜面。斯大林对此嗤之以鼻：在他看来，真正的波兰人是卢布林的波兰人，他们已表示赞同寇松线。罗斯福转移话题，要求苏联为自己即将到来的选举对波兰人做出一些让步，多少让波兰人挽回些面子。不过，他对此并不强求。

但边境线问题无法与波兰未来政府的重要性相提并论。罗斯福总统认识到，在可预见的将来，任何一个波兰政府都必须"对苏联持彻底友好的态度"，但他直言不讳地指出，美国的民意不会支持承认目前的卢布林政府，因为该政府建立在不具代表性的少数人之上。他建议根据普遍的要求建立一个

"民族团结的政府"，很可能包括五个波兰主要政党的代表；作为一个出色的创新，一个小型总统委员会在此阶段出现（这是对斯退丁纽斯2月1日在马耳他会谈中向艾登所提建议的反映）。至于米科拉伊奇克，罗斯福总统曾在他到访华盛顿期间见过他，认为他是个老实人。除了米科拉伊奇克，伦敦的波兰流亡政府或卢布林政府的成员，他一个都不认识。

罗斯福总统开始波兰问题的讨论后，丘吉尔首相立即加入其中，他确认了自己对寇松线的支持（也就是说把利沃夫交给俄国人），认为苏联的要求不是建立在武力而是建立在权利上。为此，他在议会和保守党内都遭到批评，但即便是现在，苏联做出某些宽宏大度的姿态也不会有什么不妥；这种举动会使苏联获得钦佩和赞誉。不过，目前的主要问题不在于某些边境线，而是一个自由、强大和独立的波兰："这个目标是我经常听斯大林元帅以最坚定的口吻来宣布的。"英国并不怀有什么特殊目的：正是为了一个自由、独立的波兰，我们在1939年投入这场战争，那时候，我们的装备很糟糕，不仅整个帝国，包括整个民族，都冒着巨大的风险。荣誉促使我们拔剑反抗希特勒，荣誉决定了波兰问题的解决办法将给他们带去自由和独立。

在有争议的波兰政府的问题上，他的双手是清白的。他已有一段时间没见过波兰流亡政府的人——"我们承认了他们，但是没打算同他们结盟"。不过，米科拉伊奇克、罗默尔和格拉布斯基都是聪明人，英国信任他们。波兰问题不应成为三巨头之间出现裂痕的原因；建立一个临时政府或执政机构显然是为了实施"全面而又自由的选举"，苏联红军乘胜追击的交通线必须得到确保，任何一个可被斯大林接受的临时政府都将接受这些具体条件。

短暂的休会期间，身穿白色外套的侍者在罗斯福总统的管家的带领下，送上三明治、蛋糕和玻璃杯盛着的俄国热茶，由于托盘太烫无法端住，这些不熟练的侍者上演了一场不太得体的杂耍。会议重新开始后，斯大林以一番慷慨激昂的讲话阐述了他的立场。对英国和美国来说，波兰并不代表重大利益，但对苏联而言，这是个至关重要的安全问题——荣誉只是其中的一个方面，尽管对苏联来说也事关荣誉问题。苏联的安全和荣誉要求建立一个自由和独立的波兰，关闭从西面而来的传统入侵路线，并彻底改变"沙皇消灭波兰的政策"。过去30年中，德国人两次穿过波兰入侵俄国；这是因为波兰的实力太弱；俄国愿意见到一个强大的波兰，能用自己的力量封闭这条路线，俄国无法从外面关闭它，只能由波兰从里边把它关闭。波兰的独立与苏联的安全密切相关——荣誉问题当然有，但安全问题高于一切，对苏联来说，这是一件生死攸关的事。

斯大林无情地继续着他的发言——其中很大一部分涉及英美立场的固有弱点——他把话题转向寇松线，指出这条分界线"不是俄国人而是外国人发明的……俄国没有受到邀请，也没有参与其中……列宁此次是反对的"。对于这个问题，这是苏联的最低要求，并按照某些外国的方案建立起来。荣誉，被他的英美盟友大肆夸耀的这一品质，对苏联同样至关重要——难道他所能得到的比寇松和克莱蒙梭所承认的还要少？斯大林令人惊讶地站了起来，他警告道，如果发生这种情况，他将面对乌克兰人的怒火，等他和莫洛托夫回到莫斯科，会被认为是还不如寇松和克莱蒙梭值得信赖的"俄国保卫者"。倒不如让战争延长得更久些，虽然苏联会为此付出更多的牺牲，但波兰却可以从西面的德国得到补偿。

斯大林熟练地操纵着重点（和地点）的策略性转换，他阐述道，苏联认为西尼斯河和奥得河应该成为波兰的西部边境。为此，他呼吁罗斯福总统和丘吉尔首相的支持——顺便说一句，米科拉伊奇克本人在10月份出访莫斯科期间曾宣布，他对波兰西部边界推至尼斯河—奥得河一线深感满意。斯大林再次转换话题，这次谈到波兰政府问题，但没有对"总统委员会"的提议做出回答，而是集中力量攻击丘吉尔。"丘吉尔首相说他希望在这里（雅尔塔）建立一个波兰政府"，斯大林只能将之视为"一个口误"，因为没有波兰人的亲自参与，就不可能有什么"波兰政府"。"我被称为独裁者，但我仍有足够的'民主意识'，不会在波兰人缺席的情况下强行建立一个波兰政府。如果丘吉尔首相想唱道德高调，那么我也可以。"

斯大林直接谈起两个波兰政府的问题，他排除了实施联合的一切想法，因为波兰流亡政府称卢布林政府是匪徒和罪犯，引发了相互间的谩骂，致使双方无法达成任何协议。卢布林政府——现在应该称为华沙政府，因为他们已到达那里——不想再跟流亡政府打交道；据斯大林说，他们愿意接受泽利戈夫斯基将军和格拉布斯基，但绝不考虑给米科拉伊奇克保留任何职位。斯大林突然说道，为什么不邀请"华沙的波兰人"到雅尔塔，最好是去莫斯科举行一次会议呢？尽管这意味着某种缓和，但他又迅速磨利了自己的锋芒："坦率地说，华沙政府在波兰拥有广泛的民主基础，就像戴高乐在法国那样。"随后，斯大林又回到丘吉尔首相提出的一个论点上，华沙政府有能力确保苏联红军的交通线：波兰流亡政府的特务杀害了200多名苏军士兵，他们还袭击后勤仓库，非法使用电台。斯大林指出，作为一名军人，他只愿意支持一个能够保证红军后方安全的政府；在这个问题上，他相信他的盟友会支持他。

这是一场出色的表演，没有漏洞，也没有给真正的谈判留下任何希望。他否认苏联方面对目前的僵局负有任何责任，呼吁"民主化"进程，并在最后的陈述中以作战需要为由，恳请盟国接受苏联的解决方案。罗斯福总统没有直接参与这番讨论，他的脸色看上去苍白、憔悴，他建议休会。但丘吉尔首相坚持己见，希望说明英国与苏联政府所得到的关于波兰国内状况的情报有所不同：只有三分之一的波兰人支持卢布林政府（尽管在一些细节上可能会有错误），但英国政府担心波兰地下军与卢布林政府发生冲突，从而导致"苦难、流血、逮捕和放逐"。这正是英国政府迫切希望采取共同措施的原因，尽管对苏联红军的袭击是不能容忍的。但就目前的事实而言，卢布林政府无法代表波兰民族。罗斯福总统显然已疲惫不堪，他认为五百多年来波兰一直是造成麻烦的根源，丘吉尔冒冒失失地回答道，正因为如此才需要付出更大的努力来结束这种状况。

当晚，罗斯福总统在哈里·霍普金斯和国务院官员的帮助下起草了一封给斯大林的信件，这封信先给丘吉尔和艾登看了看。罗斯福总统在信中列出了三个要点：三巨头必须保持团结一致，因此，他对三大国"就波兰的政治结构未能达成一致"深感不安；美国不能承认目前形式的卢布林政府（这一明确表述是在艾登的建议下加入的）；最后一点，按照斯大林的建议，希望邀请卢布林政府的贝鲁特和奥苏布卡-莫拉夫斯基来雅尔塔，再从下列波兰人名单中挑选两三个人邀请：萨彼哈主教、温森斯·威妥斯、W.祖拉夫斯基、布亚克教授和库兹巴教授。他们共同达成的协议可能会促成一个临时政府，其中应包括（再次按照艾登的建议）米科拉伊奇克、罗默尔和格拉布斯基。这样一来，美国和英国就准备和斯大林共同研究他们与波兰流亡政府脱离关系的问题，从而承认该临时政府。最后，美国绝不会支持任何一个"不利于贵国利益"的波兰临时政府；临时政府必须保证尽早在波兰举行自由选举，但这也符合斯大林希望见到一个自由和民主的新波兰的愿望。

次日（2月7日）下午，会谈再次转到波兰问题上，尽管在此之前丘吉尔已偷偷摸摸地低声告诉罗斯福总统"约大叔会接受敦巴顿橡树园（协议）"。这句话的含义很快变得清晰起来。罗斯福总统迅速提及波兰问题，重申了他的担心和找出解决办法的重要性："我对边境线不太担心，对于政府的连续性问题，我也不太担心……我放弃关于连续性的想法。我认为我们需要做出一些大刀阔斧的努力——就像呼吸一股新鲜空气。"一时间斯大林看上去似乎是搬起石头砸了自己的脚：他曾呼吁盟国保持一致，现在却被要求为了这种团结做出一些让步，更不用说他曾声称要加以解决的民主原则了。但斯大林完全掌握着局势，以精湛的技艺和令人钦佩的时机把握上演了一出好戏。他立即做出辩解，会议召开的一个半小时前他才收到罗斯福总统的信，并立即派人去找贝鲁特和奥苏布卡–莫拉夫斯基，以便跟他们通电话。不幸的是，这两人分别在克拉科夫和罗兹，一时间无法赶来；至于反对派的威妥斯和萨彼哈，他根本不知道他们的地址，找到他们，再把他们请到雅尔塔来，时间可能早已耗尽。不过——斯大林继续以亲切的口气说道——莫洛托夫现在可以提交一份草案，很可能满足罗斯福总统的建议，尽管需要点时间等待文本翻译完毕，但这段时间刚好可以用于商讨敦巴顿橡树园的事宜。莫洛托夫立即宣布，苏联将接受美国提出的联合国安理会投票程序，并放弃原先坚持的16个加盟共和国列入创始会员国的要求，现在只谋求2—3个加盟共和国加入其中。听见苏联愿意接受美国的提案，罗斯福总统感到高兴，但又对苏联要求2—3个加盟共和国获得表决权有些为难——在给斯退丁纽斯的一张便条上，他潦草地写道："这不算太好。"罗斯福总统向莫洛托夫表示祝贺，话语中带着一丝责备，哈里·霍普金斯赶紧制止了他，并建议他立即将此事交给外交部长们处理。罗斯福总统急于加快联合国的成立事宜，提出3月份召开第一次会议，这时丘吉尔插话了，他认为3月份为时过早。斯大林完美地上演了一场突变的剧情。英国已经知道苏联打算接受美国提出的投票程序。莫洛托夫巧妙地回避了他同斯退丁纽斯商讨这个问题时后者提出的一个建议，只是含糊地提到他很快会发表一些计划中的言论。苏联方面的这一让步是为了维持神圣不可侵犯的一致性，紧随其后的是莫洛托夫对于波兰问题的声明草案。苏联为争取"最大程度的团结"接受了美国提出的投票程序（表面上是因为斯退丁纽斯的解释和英国方面的澄清），但出于同样的原因，"最大程度的团结"也可以由英国和美国接受苏联解决波兰问题的草案而获得维持，苏联方面拟定这份草案是为了迁就罗斯福总统的建议。莫洛托夫的草案整理了斯大林前一天的主张，只加入了一些小小的让步——寇松线在一些地区调整5—8公里给波兰，在波兰临时政府内添加"波兰流亡集团中的一些民主领袖"，呼吁"尽快"举行投票，以建立波兰政府的永久机构。出于各种实用目的，卢布林政府（或称之为华沙政府）应完整保留；"技术困难"导致无法把波兰领导人请至雅尔塔，这种"困难"几乎排除了实施罗斯福总统计划的一切可能性。斯大林几乎什么也没付出便得到了寇松线，他只是确定了波兰的西部边界，对扩大波兰临时政府做出含糊的承诺，甚至使用了"流亡"这个刺耳的词。尽管罗斯福总统说过给波兰人"留点面子"，但斯大林做出的些许让步基本上是为了给盟国留面子。

首相和总统都反对使用"流亡"这个词，斯大林毫不勉强地删除了它，改用"国内"和"国外的波兰人"称呼波兰民主领导人。谈到波兰边境线问题时，"我们现在还有半个小时"这句丘吉尔风格的话语令罗斯福总统振奋起精神，但丘吉尔焦急的是，波兰不应该在西面被赋予那么多领土，因为"太多的德国食物会把波兰鹅撑死"，而且，数百万德国人会在一场强制性迁移中流离失所。斯大林几乎没费什么时间便解决了后一个反对意见：讨论中的这片地区已没有德国人，因为大批难民在苏联红军到达前便已逃离。在还有多少德国人要被杀掉的残酷玩笑中，丘吉尔提及"波兰国内的"民主人士，斯大林迅速同意着手处理人口迁移问题。这时，大家一致同意休会，各方都对自己当日取得的成果感到满意，并准备次日继续会谈。

2月8日，几位盟国领导人召开第四次全体会议，再次谈起波兰问题以及罗斯福总统推动的针对莫洛托夫方案的修正提案。美国的提案接受波兰的西部边境延伸至奥得河，但不能远至西尼斯河，并提出了一个"波兰全国统一政府"，由三名波兰领导人（"可能是贝鲁特先生、格拉布斯基先生和萨彼哈主教"）组成一个总统委员会，致力于建立一个"包括华沙、伦敦和波兰本土各方代表在内的"临时政府。该临时政府将举行选举，建立一个立宪议会，制订一部波兰新宪法，再根据这部宪法选举出一个正式政府。初步试探了美国和英国对波兰流亡政府的最终态度后，斯大林让莫洛托夫发起第一阶段反击，美国和英国拙劣的策略导致他们的反建议被搁置，也给俄国人的反击提供了便利。莫洛托夫一个接一个地实现着他的目标：波兰政府（这里指的是卢布林政府或华沙政府）已经存在，享有很高的声望和威信，目前就设在华沙。如果着手扩大这个临时政府，那么成功的机会会很大；由此产生的政府很可能只是一个临时机构，但可以在波兰组织一场自由选举。至于罗斯福总统提出的总统委员会，这与波兰现存的民族委员会相冲突，最好是扩大民族委员会。

莫洛托夫承认两个机构（卢布林政府和总统委员会）不适宜，这让丘吉尔抓住机会直接对莫洛托夫和苏联方面的混淆发起进攻："这就是会议的关键所在。全世界都在等待问题的解决。如果我们仍然各自承认不同的波兰政府，全世界都将看到我们之间依然存在着根本性分歧。其后果将十分可悲……"英国掌握的波兰的情况与苏联掌握的信息不同。卢布林政府并不代表波兰人民；如果抛弃伦敦波兰政府转而支持卢布林政府，全世界会为之哗然。英国政府也不会支持抛弃伦敦波兰政府这种背叛行为。当然，伦敦波兰政府有时候会干蠢事，但对英国议会而言，抛弃该政府意味着英国已彻底放弃波兰的事业。大英帝国已在边境问题上做出让步，她不能转而承认另一个政府，这是彻底的屈服，除非能确保新政府的确代表波兰民族。"如果用无记名投票和自由推举候选人的办法在波兰举行一场选举，我们的怀疑就会被消除。但在此之前承认另一个政府，这让我们感到非常不安。这就是我要说的。"莫洛托夫厚着脸皮指出，或许莫斯科的会谈会产生一些有益的结果，他承认，从民主原则着眼，"没有波兰人参加而要解决波兰问题"是困难的。

罗斯福总统发言支持丘吉尔，他恳请尽早在波兰举行自由选举，而他本人希望在年底前见到这场选举。接下来轮到斯大林，他巧妙地利用这一介入，以一种更有力的抗拒感扭转了莫洛托夫的争论——如果说莫洛托夫争辩道任何解决方案都必须以苏联的条款为基础的话，斯大林则威胁说，也许不需要达成任何协议。但他首先对丘吉尔掌握的波兰信息表示质疑——英国和美国获知的情况显然不同于苏联政府，于是他就此展开一番长篇大论。卢布林政府的人无疑是深受欢迎的，贝鲁特、奥苏布卡-莫拉夫斯基和罗拉-齐梅尔斯基将军这些人有个特殊之处：他们在波兰被占领期间没有离开这个国家，而是留在华沙从事地下运动。伦敦波兰政府里的人可能更聪明些，可他们没有待在被德国占领的国内，因而不受欢迎——这是一种奇特甚至有些原始的观点，可这种情感的确存在。

红军解放了波兰，几乎彻底改变了俄国与波兰旧有的敌对关系，俄国人曾参加过三次对波兰的瓜分。"现在，那里充满了对俄国人的善意……"波兰人见到了临时政府的成员们，可他们问道：伦敦的波兰人在哪里？卢布林政府虽然没有什么伟大人物，可他们深受欢迎。当然，卢布林政府不是选举出来的，可戴高乐政府也不是选举出来的；对波兰的要求高过对法国的要求，这不合理，应当指出的是，到目前为止，法国政府没有做出任何激发法国人民积极性的事情，而波兰临时政府却已着手实施在国内掀起极大热情的土地改革。在斯大林看来，情况并不像丘吉尔首相迫切要求解决的那么悲观，因此应该把精力集中在主要问题上，而不是次要方面：按照莫洛托夫的建议，改组目前的临时政府，而不是建立一个全新的政府。至于总统委员会，波兰人可能会也可能不会接受。

争执消失了，讨论渐渐平息下来。罗斯福总统看上去很疲倦，他问要多少时间才有可能举行选举。斯大林指出，选举将在一个月内举行，除非军事上遭受重大挫折。这一说法结束了关于临时性安排的一切讨论，因为选举的目的就是要决定波兰将来的政府。丘吉尔觉得这种安排令人放心，他带着宽慰的心情向斯大林保证，英国不会采取有可能干预苏联军事行动的措施。按照罗斯福总统的建议，波兰问题交给外长们负责，他们将咨询阿奇博尔德·克拉克·克尔爵士和哈里曼先生的意见。

但斯大林并未偃旗息鼓。他以非正式的方式提出两个问题——南斯拉夫和希腊。关于南斯拉夫问题，他急于知道为何美国政府（英国已同意）还没有对此表示态度，而对希腊，他只是问了问情况。他没有批评英国对希腊的政策，只是想知道那里的状况。双方对波兰真实状况的信息所展开的争执结束后，苏联方面发出了明确而又粗暴的暗示：如果英国不破坏规则，希腊的状况就将维持下去，英国也不会被指责为对南斯拉夫背信弃义，尽管苏联在波兰问题上没有受到这种指控。

到目前为止，罗斯福总统和他的代表团对本次会议的进程感到满意。在波兰问题上的摩擦实际上并未破坏同苏联的关系，罗斯福和斯大林似乎对德国的看法一致，在联合国问题上，毫无疑问，相同的理性占了上风。成立联合国是罗斯福总统的主要目标之一，远比狭隘、琐碎的欧洲政治更加重要。现在，第二个主要目标——苏联承诺对日本作战——已接近实现。1943年在德黑兰时，斯大林警惕地回避了这个问题，但1944年12月，他已着手安排苏联方面的要求，并对哈里曼做出概述。艾登仍持怀疑态度，雅尔塔会议召开前，他建议英国和美国采取联合谈判策略，并强调指出，日本即将战败，苏联不太希望自己袖手旁观，因此，没有必要满足斯大林让盟国做出让步的每一个要求，以此为代价换取他为了自身利益而投入太平洋战争；在远东地区对斯大林做出的让步，必须以苏联减少其他地区的利益来加以平衡。

　　这个建议未被理睬。2月8日下午，罗斯福总统与斯大林举行密谈，商讨苏联对日作战事宜；他们的合作极为密切，密切得几乎可以被认为是一场阴谋。在美国参谋长联席会议的督促下，罗斯福立即谈起军事合作问题，苏联原则上同意这些合作，但实施时却又百般拖延。对堪察加半岛的勘察，苏联方面已于1944年12月批准，目前毫无进展。尽管美国已调集人员并按照苏联政府坚持的要求穿上苏军军装，但整个项目被无限期地拖延下去。苏军总参谋长安东诺夫将军12月期间同意派遣四名苏军军官与美国策划组协同工作，6个星期过去了，毫无进展，直到雅尔塔会议即将召开之际，他们才举行了首次会晤。总参谋部的斯拉温将军、空军元帅胡佳科夫（他是苏联空军司令员诺维科夫的参谋长）、海军少将库切罗夫和谢米恰斯诺夫将军组成了苏联军事代表团，他们忙于这一程序，而不是策划任何有意义的行动。

　　有备而来的罗斯福总统带着一张问题清单，上面罗列了7个具体问题，美国参谋长联席会议要求苏联方面做出答复，以便于他们策划作战行动。清单上的内容使双方的讨论延长了一天，斯大林态度和蔼，立即表示愿意批准美国人在尼古拉耶夫斯克—共青城地区建立空军基地以及通往西伯利亚的太平洋补给线；斯大林强调指出，至关重要的是前进基地，这已超出安东诺夫将军的权力范围，尽管他从一开始便对补给问题表现出了浓厚的兴趣。本着同样的精神，斯大林同意在布达佩斯地区为美军轰炸机建立基地，从而消除从意大利飞赴德国的危险，他还欣然接受了美国专家调查东南欧地区（这些地区目前在苏联红军控制下）轰炸效果的要求。

为展开贸易，斯大林问起战争结束后购买船只的可能性。罗斯福总统急于鼓励苏联与国际社会广泛接触的一切想法（眼下指的是国际贸易），他回答说，他希望以免息贷款的方式交付船只，而英国的重商主义气息浓郁，肯定会卖的。斯大林非常高兴，慷慨地赞扬了总统对此类经济问题的处理：租借法案一直是对共同事业的重大贡献。不过，免息贷款并不在斯大林为苏联参加对日作战所列的条件中。罗斯福总统非常了解苏联方面的要求，没有对千岛群岛和南萨哈林岛划给苏联提出异议，但关于两个港口（旅顺和大连）和两条铁路线（中东和南满铁路线）的问题，罗斯福不愿在未同中国协商的情况下表态。这里存在几种可能性，例如苏联可以租借旅顺港，也可以租借铁路线（甚至与中国共同经营）；至于大连港，罗斯福总统明确表示，他倾向于将其置于国际共管之下，这多多少少与他对香港的建议相似。对此，斯大林发出他首个微弱但却坚定的抗议——突然而又微妙地调遣援兵必须唤起苏联的"民意"支持，他指出，如果不辩称已得到旅顺和大连港的承诺，他很难号召人民对日作战。如果这些政治先决条件得到满足，就不会有什么困难了。罗斯福总统指出，这需要同蒋介石协商，但此举很可能意味着泄密；斯大林赞同这一点，但坚决主张在会议结束前把苏联方面的要求正式写入文件。罗斯福总统对此没有表示异议。

在中国问题上，斯大林设法安抚罗斯福总统，说苏联绝不会改变目前的态势；难道他斯大林不是一直支持国民党与共产党之间的统一战线吗？唯一遗憾的是，国民党似乎忽略了他们当中最出色的人。罗斯福总统对此未加评论，也没有理会对蒋介石的任何称赞，他暗示阻挠这条统一战线形成的正是蒋介石。斯大林提及统一战线，恰恰呼应了他的情绪。对于未来亚洲的面貌，罗斯福总统向斯大林阐述了自己的内心想法。他指出，朝鲜事务不应像美国国务院建议的那样由四国（苏联、美国、中国和英国）共同参与，而应该交给美国、苏联、中国托管。斯大林以故作沮丧的口气为英国求情，但他更关心的是外国军队是否派驻朝鲜，罗斯福总统对此坚决否定。总统还提出把托管这一概念延伸至印度支那，从而将法国挤出亚洲，进一步取消殖民地的存在；美苏在远东的合作将填补日本战败以及殖民列强被消除后产生的空白。

军事合作问题占据了2月8日—9日的大多数会谈。安东诺夫将军发现自己的处境现在要好过些，因为斯大林已表态，同意为美军轰炸机设立基地并建立太平洋补给线，即便在苏联对日作战开始后，这条补给线仍会保持畅通，主要是为了运送汽油。对于美国人提出的7个主要问题，安东诺夫按照斯大林的指示做出了妥善回复。这位苏军总参谋长[12]明确表示，苏联红军自1944年10月份以来的作战计划没有改变；苏军统帅部预计红军会遭遇到日本军队的顽强抵抗，鉴于贯穿西伯利亚的铁路线极易遭到攻击，必须辅以海空航线，确保物资运输。重新部署至远东战区的苏联军队尚未出发，这是因为苏德前线战事激烈的缘故。

安东诺夫将军证实了斯大林对轰炸机基地的批准，因此，苏联将在尼古拉耶夫斯克—共青城地区着手准备必要的初期建设工作。2月8日，他指出美国协防堪察加半岛"是有益的"，次日，他又重复了这一观点，并批准美国调查组进入阿穆尔地区，但出于保密缘故，这些调查组不得进入堪察加半岛。马歇尔将军2月8日获悉，夺取南萨哈林岛处于苏军作战行动优先级的前端，2月9日，这一点得到证实，但安东诺夫将军补充说，拒绝日本舰船进入宗谷海峡的同时，盟军舰船也不得不等待一个合适的基地建成。关于更多气象站的问题，安东诺夫将军将以现有的气象站满足美国人的要求，斯大林批准了这个决定。但美国方面以尖锐驳斥和提醒的方式抛出的一个问题深深触碰到了安东诺夫将军的痛处：双方如何展开积极、富有成效的联合策划？安东诺夫将军带着一丝怒气回答道，苏军尚未调动，也没在远东展开部署，联合策划必然受到一些限制。苏联红军需要建立自己的基地。马歇尔将军对这种说法并不满意，他强调了美国策划者的需要。被告知这并非指责苏联方面的能力或善意后，气愤的安东诺夫将军冷静下来，答应以更大的"积极性"投入到联合策划中。

2月10日，经过最后一番协调，苏联与美国正式达成协议。罗斯福总统、斯大林元帅和丘吉尔首相（他没有接受艾登的意见）在协议上签字，苏联同意在打败德国后2—3个月内投入对日作战，但要满足如下条件：外蒙古的现状必须予以维持，日本1904年背信弃义发起进攻所破坏的俄国过去的权益必须恢复（收复南萨哈林岛；大连港置于国际共管下；恢复租借旅顺港作为苏联海军基地；中国和苏联共同经营两条铁路线，苏联的优越权益必须得到保证，中国对满洲享有全部主权），千岛群岛必须交予苏联。在这份草案被接受前，哈里曼大使不得不与莫洛托夫澄清一些问题：苏联的草案提出租借两座港口和两条铁路线，哈里曼大使将此修改为保持旅顺港的状态，大连作为国际共管的自由港，同时，两条铁路线在得到中国同意的前提下，由中苏联合委员会经营。斯大林反对旅顺港的方案，直截了当地要求将旅顺港作为苏联海军基地，随后，他同意中苏联合经营铁路线的计划，甚至建议咨询中国对外蒙古现状的看法。尽管艾登的反对意见得到亚历山大·贾德干爵士的支持，但丘吉尔只能为这份协议锦上添花，声称这是美国发起的一项必要的倡议；他向斯大林肯定了俄国历史上的损失获得补偿的正义性，并对俄国舰船进入太平洋表示欢迎。

这些密谈进行之际，雅尔塔会议的其他议题也在进行中。2月8日，经过外长们一场紧张而又复杂的会晤，全体会议开始商讨联合国成员国问题，罗斯福总统面对英国和苏联的一致反对，他们认为他的构想明显有些含糊。苏联把要求降低到两个加盟共和国（立陶宛已被悄然放弃）作为联合国家宣言的签署国，面对罗斯福总统的一再推诿，斯大林最终告诉他，如果他（罗斯福）只是一味解释自己的苦衷，那么他（斯大林）有可能采取一些措施。在总统的殷切恳求下，斯大林撤回了要求让两个苏联加盟共和国（乌克兰和白俄罗斯）签署联合国家宣言的正式提议，以换取美国和英国支持他们加入目前的联合国大会，并在外长们决定的文本上具体提到他们。

在托管问题上，斯大林带着不加掩饰的喜悦之情看着丘吉尔不顾罗斯福总统的劝阻，竭力为大英帝国做出辩解：他同意对前敌国领土实施托管，但大英帝国不应受到侵犯。斯退丁纽斯赶紧就此问题对他做出安抚。由于正忙着恢复俄罗斯帝国1904—1905年间丧失给日本的"权益"，斯大林肯定对这场为"帝国原则"所作的激烈辩护深感兴趣，并将其牢记在心，以便日后使用，这个原则同"民主原则"的主张相结合，使他在东欧获得的新收益合法化。但南斯拉夫问题引发了一场激烈争论，丘吉尔和斯大林成为对立方：苏联方面怀疑英国口是心非，故意将舒巴希奇滞留在英国，破坏"舒巴希奇—铁托"协议，斯大林指责丘吉尔延误南斯拉夫政府的建立。不过，斯大林实际上赞同英国对原协议的修改，他明确要求三大国支持（以给南斯拉夫领导人发电报的方式）

这份协议。一旦南斯拉夫政府建立，俄国人就将支持英国提出的两个条件——扩大全国委员会，把未同敌人合作的最后一届南斯拉夫议会成员包括在内，并通过立宪会议批准立法行为。莫洛托夫拒绝接受"舒巴希奇—铁托"协议范围外建立的政府，他认为这是对南斯拉夫人的"羞辱"，这份协议应该持续到人民的自由意志被公开宣布。

伊朗问题被证明是另一块绊脚石，2月8日的外长会议讨论了此事。在斯退丁纽斯的支持下，艾登提出，各国不得在获得石油开采权的问题上对伊朗施加压力，一旦通往俄国的公路被关闭，盟国军队应当搭乘火车撤离。面对这个棘手的问题，莫洛托夫争辩道，撤军完全是个新议题，尽管苏联没有得到很好的对待，但石油开采权不值得付出太大的关注，此事可以再等等。由于丘吉尔不愿在全体会议上提出这个问题，美国也对此态度冷淡，艾登2月10日直接找到斯大林，斯大林表现出通融的姿态，答应"考虑"撤出盟国军队的事宜，并粗鲁地嘲笑了莫洛托夫在石油开采权谈判中的受挫感，打消了后者的顽固反对。伊朗问题在本次会议的议程中只是被顺便提及。苏联修改蒙特勒公约和达达尼尔海峡现状的尝试同样显得犹豫不决，尽管斯大林指出目前的协议已然过时。

但与波兰相比，这些问题的的确确都是旁枝末节。口头应允和政治承诺的争执在会议结束阶段达到高潮，主要集中在保证波兰的自由选举——就像罗斯福总统指出的那样，选举一定要做到像恺撒的妻子那样无可怀疑（尽管斯大林插话说，她并非全无可疑之处）——以及英美对西部边境具体承诺的问题上。在2月9日晚的外长会议上，艾登投下一枚重磅炸弹：卢布林政府的领土要求使英国战时内阁受到公众越来越多的批评，因而建议将波兰西部边境的条款表述为"奥得河以东的其他土地在和平会议上移交给波兰被认为是适宜的"。另外，在成立新的临时政府与举行选举的这段时间内，非共产党人会被清除出去——因此，应该保持政府的政治平衡，直到选举期结束。艾登坚持认为这些内容必须列入草案，否则它就是一纸空文。莫洛托夫继续玩弄着文字游戏，他再次提到"波兰现有政府"的改组，而这个政府已得到三大国的认可。艾登希望的不是"改组"，而是一个全新的政府；他还拒绝接受莫洛托夫对三位大使观察并汇报波兰选举工作的反对意见——在任何情况下，三位大使都将这样做，无论本次会议做出何种决定。

英国这份草案超出了美国原先的构想，但对美国的文本具有一种"修正"意义。莫洛托夫竭力调整着这两份草案，并设法保留苏联方面的观点和目的。从所有实用目的来看，他成功了。他把一个"充分具有代表性"的政府的提法从最终文本中删除，恢复使用"波兰临时政府"（其实就是卢布林政府的代名词）并毫不动摇地坚持对现有政府实施"改组"；与斯大林一样，他巧妙地利用拟议中的《被解放的欧洲的宣言》，插入一个对各党派"反纳粹"和"民主"的前提条件，从而在政党政治立场的具体解释上钻了空子。

从本质上说，会议的结果成了个难题：新政府何时才不再是一个新政府？一切都取决于"重组"的意义。英国和美国可能希望通过"重组"出现一个新政府，而苏联也许认为"重组"意味着对现有政府（卢布林政府）的承认。可是，尽管莫洛托夫对此施加了压力，英国人和美国人却拒绝采取予以明确承认的措施。选举的保证仍是个问题。美国代表团对莫洛托夫自始至终的顽固厌烦不已，干脆放弃了由大使汇报选举情况的要求，并满足于大使们以一种非决定性方式发挥作用——更多地源于假设而非事实。

不过，丘吉尔和艾登决心不能轻易放弃，2月10日全体会议召开前，他们俩与斯大林就波兰选举问题举行密谈。丘吉尔声称，他必须给英国议会一个保证，波兰会举行一场公正的选举，为此必须派出英国方面的代表。斯大林立即提出一个解决方案：承认波兰政府后，派遣一名大使将毫无困难。苏联红军对此不会做出干预，这取决于英国与波兰政府之间的协商；毕竟，戴高乐已在波兰派驻了他的代表。丘吉尔首相渐渐走到承认波兰政府的边缘。

结束了同斯大林的密谈，艾登匆匆参加本次会议的最后一次全体会议，会议开始前，他拟定了最后的文件。这份文件显露出众人七拼八凑的迹象，事实也的确如此：它体现了美国最初的建议（苏联对此予以支持），又被苏联修改，英国方面又大幅度修订，再接受了莫洛托夫的修正。丘吉尔与斯大林的最新交流也被纳入这份文件。罗斯福总统立即对该草案表示支持。可是丘吉尔提出波兰西部边境的问题，指出英国战时内阁发来电报，反对波兰边界线延伸至西尼斯河，这份电报中还提到不应让波兰人越过奥得河。罗斯福总统希望不要提及任何边境问题，并征询波兰人的意见；按照美国宪法的规定，他的政府在未获得参议院批准的情况下无法兑现承诺。斯大林对此表示反对，他认为必须提及东部边境。丘吉尔首相现在也坚决拒绝做出承诺。尽管如此，斯大林还是设法让最终协议提到了寇松线——"波兰的东部边境应以寇松线为准，但在若干区域应做出对波兰有利的5—8公里调整"，波兰应该在北方和西方获得广大的领土上的让予。至于这些领土的让予范围，当于适当时机征询波兰新政府的意见，并留待和平会议解决。

《被解放的欧洲的宣言》的最终形式在2月10日的全体会议上提出，并未引起与会人员太多的关注。最初的文件旨在让战时盟国恪守共同政策的承诺，敦促三国政府帮助被解放的欧洲各国"以民主手段解决他们迫切的政治和经济问题"。介绍这份文件的斯退丁纽斯并没有建议为被解放的欧洲设立一个应急高级委员会，该委员会直到国际组织成立后才占据了统治地位。对这份文件的商讨成了探讨其他问题的借口——罗斯福对民主保障的信念，丘吉尔对针对大英帝国一切举动的怀疑，斯大林在波兰背景下操纵着"法西斯"和"非法西斯"的术语。苏联试图做出一些修改，旨在扩大盟国对反抗德国占领的活动的支持，但遭到了拒绝。"共同协商"变成了更加呆板、僵硬的"联合机构"，经过一番周折，俄国人接受了艾登的建议，同意法国加入发表声明的行列。斯大林并不反对支持这份文件，其"反法西斯"主题似乎引起了他的共鸣：义正辞严，划定了法西斯与非法西斯之间的界线。

"雅尔塔精神"无疑取得了胜利，并激发起合情合理的兴奋，其背后是苏联获得军事胜利的现实，波兰代表着这种精神的缩影；美国和英国可以寻求，但无法提出要求。雅尔塔会议测试着这个联盟的极限。根本性问题是斯大林领导的苏联会在寻求合作的道路上走多远。在极为严格和正式规定的条件下，斯大林表示他选择合作的道路，以换取对俄国利益的适当（有时候似乎有些夸张）承认；为此，他在一些最小的问题上做出妥协和让步，但不管怎样，总归是一些让步。他已赢得他的主要目标，建立一个亲苏的波兰政府——卢布林政府，然后阻挡住一切努力，使其无法成为一个民主国家，尽管波兰西部边境问题仍有待解决。他对战败的德国所支付的赔偿并不太满意：德国的赔偿总额为200亿美元，苏联将获得其中的一半，但雅尔塔会议达成的最终协议只将此作为讨论的基础。在2月10日的全体会议上，斯大林怒气冲冲地责问丘吉尔，英国是不是认为苏联不该得到任何赔偿。一项秘密协议使得苏联在莫斯科赔偿委员会做出研究前提出了他们所需要的赔偿数额；其他国家可能也会这样做。除此之外，斯大林似乎对德国"去军事化"和"去纳粹化"的建议深感满意。

尽管斯大林起初有些怀疑，并把成立一个国际安全组织的建议视为一场严重的冒险，但他随后帮助罗斯福总统解决了会员国与表决程序上明显的混乱。这种合作的前景也许会延伸得更远，美国的想法是向苏联提供贷款，帮助他们进行战后重建——当然，斯大林明确指出，罗斯福总统倡导的租借法案为这场战争做出了杰出贡献。在远东，他出色地恢复了俄国在历史上损失的利益，并把满洲慷慨地交还中国——这个奇怪的转变说服罗斯福总统考虑在亚洲做出具有约束力的承诺，从而使斯大林在欧洲巧妙地避免了一切约束。罗斯福总统毫不含糊地宣布，打败德国后，美国军队在欧洲留驻的时间不太可能超过两年，这肯定给斯大林和丘吉尔留下了同样深刻的印象。斯大林也对《被解放的欧洲的宣言》表现出极大的热情，但这份宣言与罗斯福总统的期望相反，毫无改变或干扰苏联掌握东欧的可能性。

在三巨头保持一致的问题上，斯大林对合作的前景寄予厚望。由于其他选择太令人悲观而无法考虑，他的合作伙伴们热切地抓住这种融洽感，因而忽略了严格规定的条款。雅尔塔会议上没有出现彻底的"屈服"，没有什么事溜出斯大林的铁腕掌控，他的铁拳也不会被轻易撬开。但是，歧义接二连三，大多数在当时未加核实，而斯大林是个利用歧义的高手。

雅尔塔会议闭幕的两天后，要员们各自乘坐巡洋舰和飞机离开时，布达佩斯的战斗在一连串屠杀、劫掠和强奸中结束了。疲惫不堪的苏军士兵获得了胜利，他们用机枪扫射步履蹒跚、筋疲力尽的德军生还者以及他们的匈牙利帮凶，或搜捕不知所措的平民，把他们塞入俘虏队伍。这场激战在多瑙河上蔓延，涌入布达山岩上的隧道和地下室中。佩斯火势凶猛，建筑物被夷为平地，砖块瓦砾四散飞溅。一支支苏军部队穿过这种双重危险，肆意地实施着杀戮和劫掠，其间夹杂着许多孩子气的行径——争夺妇女，或抢劫玩具作为送给孩子们的礼物。为获得快感而制造令人难以忍受的痛苦，为思乡之情而残酷踩躏外国的家庭，这就是苏军士兵当时的情绪。纯粹的犯罪行径轻而易举地占据了上风，宣传员伊利亚·爱伦堡蓄意、嗜血、可怕的复仇性语言为此推波助澜，这是斯拉夫民族荣誉的一个污点，但却反映出所有斯拉夫人的堕落——不是以眼还眼，而是以两只眼还一只眼，一切都上升到歇斯底里的疯狂状态，就连党也觉得必须制止了。可是话语没什么意义，尽管苏军士兵高呼着死亡和复仇的口号，但他们的行为取决于他们的瞬时记忆。前线作战部队可能会秋毫无犯地向前推进，但后续部队（进军途中招募的新兵以及从战俘营或劳工营获救的前战俘，他们得到一身军装和一支冲锋枪）从一开始就兽性大发。尽管如此，这里仍有一种脆弱情感与兽性相混合的令人困惑的产物——他们喊叫着"女人过来"，同时又把糖果和洋娃娃塞给孩子们。

布达佩斯已陷落，但匈牙利西部的战事远未结束。苏军集结于奥得河，并在波兰囤积预备队，这并未让希特勒气馁。1月下旬，他把泽普·迪特里希的党卫队第6装甲集团军（最近刚刚撤离阿登山区，并在德国南部进行了改装）调往匈牙利；2月份上半月，该装甲集团军开始出现在维也纳地区以及更东面的匈牙利的杰尔（Gyor）。希特勒没有理会古德里安"奥得河防线急需装甲部队"的争辩，他考虑的是发动一场反击，深深楔入马利诺夫斯基与托尔布欣之间，一路推进到布达佩斯南面的多瑙河；将托尔布欣的乌克兰第3方面军的部分部队包围在多瑙河与德拉瓦河之间，从而在多瑙河对岸设立起新的登陆场，重新夺回布达佩斯并收复匈牙利东部。经济方面的考虑也决定了这场反击，因为匈牙利和奥地利的油田提供了德国石油需求量的五分之四；即便这场反击失败，它也能迟滞苏军对维也纳的进攻。最后一个因素是，党卫队第6装甲集团军在阿登山区没能实现的任务有可能在匈牙利完成，从而振奋起德国东部和莱茵河守军的士气。

希特勒也许还从匈牙利师朝塞克什白堡方向发起进攻所获得的有限成功中得到了鼓励，尽管这种希望完全寄托在不该寄托的对象上。苏军可能没有想象中那么强大，托尔布欣受到沉重的压力，马利诺夫斯基的部队被争夺佩斯的激烈战斗所削弱，而布达仍需要他们去夺取。冲入乌克兰第3方面军的行动有可能取得成功，将其分割并驱逐至多瑙河。德国人打算以韦勒的"南方"集团军群发起一场进攻，勒尔大将的E集团军群在南斯拉夫以一场辅助性进攻提供支援；巴尔克的第6集团军、匈牙利第8军和泽普·迪特里希的党卫队第6装甲集团军（共10个装甲师和5个步兵师）将在巴拉顿湖与韦伦采湖之间发起进攻，将托尔布欣的乌克兰第3方面军切为两段。与此同时，德国第2装甲集团军——这是个义名上的装甲集团军，配备的是突击炮——将以辖下的4个步兵师从巴拉顿湖南面向东突击，同E集团军群以3个师从德拉瓦河方向前来的进攻相配合。这个计划构想令人钦佩，但没有考虑到地形问题，巴拉顿河最北端与多瑙河之间的匈牙利平原上交错着运河和沟渠——柔软、黏糊、潮湿的地面令德军装甲指挥官们在电话里怒吼，他们配备的是坦克，不是U艇。不过，党卫队第6装甲集团军配备的新型"虎王"坦克起到了弥补作用，这种坦克动力不足，机械故障频发，但装甲板更厚，并配有一门88毫米主炮。无论怎么看，党卫队第6装甲集团军都是一支实力强大的劲旅。

托尔布欣的乌克兰第3方面军目前辖有5个诸兵种合成集团军（近卫第4集团军、第26、第27、第57集团军，以及保加利亚第1集团军），并获得空军第17集团军的支援；布达佩斯东南方，近卫第9集团军构成了最高统帅部预备队。托尔布欣左侧，科斯塔·纳季中将率领的南斯拉夫第3集团军（在伏伊伏丁那以第12军组建而成）据守着德拉瓦河下游；多瑙河区舰队的炮艇和海军步兵也交给托尔布欣统一指挥。北面，马利诺夫斯基的乌克兰第2方面军掌握着5个集团军（第40、第53、第46集团军，近卫第7集团军和近卫坦克第6集团军）以及空军第5集团军，罗马尼亚第1、第4集团军为其提供加强；马利诺夫斯基的部队据守着一条从兹沃伦向下延伸至匈牙利赫龙河的防线。科尔马诺东面，舒米洛夫的近卫第7集团军在赫龙河西岸占据了一个重要的登陆场，并已做好发起进攻的一切准备。德国和匈牙利军队不停地对这个登陆场发起打击，试图将其消灭，而在多瑙河防线南端，德军从德拉瓦河与多瑙河交汇处渡过该河（德拉瓦河），径直赶往莫哈奇—佩奇（Pecs）公路。某些事情正在酝酿中，但苏军统帅部无法确定究竟是什么。德军新锐装甲部队正在调动，但这一调动进行得大张旗鼓——铁路平板货车搭载着坦克向西驶去，又有传言说他们正向北调动——苏军情报部门更加疑惑不解了。

2月17日，最高统帅部给马利诺夫斯基和托尔布欣下达了一道作战指令，命令他们准备并发起一场攻势，歼灭德国"南方"集团军群，占领从布拉迪斯拉发到布尔诺（Brno）、维也纳和瑙吉考尼饶这片地区。从赫龙河登陆场和多瑙河西岸发起突击，苏军将冲向布尔诺、维也纳和格拉茨（Graz），完成对匈牙利的解放，使德国人无法使用瑙吉考尼饶油田，占领维也纳并对德国南部接近地构成威胁。这场向德国南部席卷的行动将切断盘踞在南斯拉夫的德国军队的退路，并迫使意大利北部的德军尽快投降。近卫第9集团军专门用于解放维也纳；该集团军从最高统帅部预备队调出，并立即分配给乌克兰第2方面军。马利诺夫斯基还获得了多瑙河区舰队以及独立海军步兵第83旅的指挥控制权。苏军这场攻势将于3月15日打响。

托尔布欣和马利诺夫斯基正抓紧时间实施重组和加强，但党卫队装甲集团军抢先发起了进攻，虎式、虎王和黑豹坦克冲在最前方。德国人打算在巴拉顿湖与韦伦采湖之间倾尽全力，以第6集团军和党卫队第6装甲集团军突破至多瑙彭泰莱—塞克萨德（Szegzard）地区的多瑙河河段，将托尔布欣的方面军切为两段，再沿多瑙河河岸向南、向北攻击前进；德国第2装甲集团军将从瑙吉考尼饶朝考波什堡（Kaposvar）方向发起进攻，而E集团军群则从下米霍利亚茨（Donji-Miholjac）地区的德拉瓦河发起突击，以便同党卫队第6装甲集团军取得会合。泽普·迪特里希的党卫队装甲集团军投入5个装甲师、2个步兵师、2个骑兵师、2个重装甲营和一些党卫队单位；第6集团军集结起3个步兵师和5个装甲师；匈牙利第3集团军投入1个装甲师、2个步兵师和1个骑兵师；第2装甲集团军投入4个步兵师、1个摩托化旅和3个"战斗群"，还有1个摩托化师在反击发起前赶到，为该集团军提供加强；E集团军群部署了8个师和2个旅。为打击托尔布欣的方面军，德国和匈牙利共投入了31个师（包括11个装甲师），5个战斗群和摩托化旅，外加4个突击炮旅——共计431000名士兵、5630门大炮和迫击炮、877辆坦克和突击炮、850架战机为他们提供支援。主要突击力量约为15万人、807辆坦克和突击炮、3000多门大炮和迫击炮。马利诺夫斯基的左翼面对着德国第8集团军，这股敌人约有9个步兵师和2个装甲师。

2月17日，就在苏军最高统帅部建议两位方面军司令员做好进攻准备时，党卫队第6装甲集团军辖下党卫队第1装甲军的打击落在据守赫龙河登陆场的舒米洛夫近卫第7集团军头上，德军以3个步兵师和党卫队"阿道夫·希特勒"警卫旗队、"希特勒青年团"装甲师对克鲁泽的近卫步兵第24军发起进攻。150

多辆德军坦克和突击炮隆隆碾过苏军阵地，在苏军防区达成5英里渗透。措手不及的舒米洛夫匆忙抽调近卫步兵第93师发起反击，但此举只是削弱了他的防御力量。2月18日夜间，德军装甲部队从南面强渡多瑙河，威胁到萨菲乌林的近卫步兵第25军的后方，又取得5英里进展。方面军司令部反应过来已为时过晚，预备队（近卫步兵第18军、近卫骑兵第4军和近卫坦克第6集团军的部分部队）被匆匆调集起来，但一切均属徒劳。面对左翼部队被包围的威胁，舒米洛夫只得后撤。接下来的四天里（2月19日—23日），党卫队第1装甲军打垮了舒米洛夫的步兵集团军，并于2月24日清晨前肃清了苏军占据的登陆场；在这场激战中，舒米洛夫损失了8800人和大批武器装备，这使他除了放弃登陆场并撤至东岸外别无选择。德军的攻势也突然间停顿下来。

舒米洛夫必须对此承担全部责任，他的防御工作组织得很糟糕，没有实施任何侦察行动，忽略了预备队的合理部署，也没有保持应有的警惕。方面军司令部也难辞其咎：他们的注意力集中在争夺布达佩斯的战斗上，没有留意到赫龙河登陆场的战术重要性，调集援兵加强登陆场防御的工作拖沓缓慢，完全误判了德军在"科尔马诺方向"上的行动范围和规模。苏军最高统帅部渐渐明白过来，某些危险的态势正在发展中。2月20日，安东诺夫将军收到马歇尔将军发来的一封电报，电报中指出，德军统帅部打算在东线发起两场重大攻势——第一场是从波美拉尼亚朝托伦方向突击，第二场是从维也纳和摩拉瓦俄斯特拉发地区冲向罗兹。为执行这场向南的突击，党卫队第6装甲集团军已从西面重新部署。（英国军事代表团陆军小组的布林克曼上校已于2月12日将党卫队第6装甲集团军调动的消息告知苏军统帅部。）很明显，沿多瑙河北段部署的苏军的态势已然恶化，这要求苏联红军立即更改作战计划，但直到2月底（肯定是在赫龙河登陆场丢失后），苏军最高统帅部才确信党卫队第6装甲集团军将在巴拉顿河地区发起进攻，打击对象是乌克兰第3方面军。

留给托尔布欣的时间不多了，最高统帅部给他下达的指令是针对德国人在巴拉顿湖与韦伦采湖之间的突击实施防御作战，同时继续准备发起一场大规模攻势。托尔布欣元帅是一名冷静、技艺娴熟的战地指挥员，深谙战争艺术，他谨慎地开始了自己的工作；红军不得不挡住德军的大规模坦克突击，并与党卫队干劲十足、英勇无畏的坦克兵较量一番，这已不是第一次。托尔布欣把自己的方面军分成两个梯队，近卫第4集团军、第57集团军和保加利亚第1集团军位于第一梯队，第27集团军是第二梯队，所有可用的坦克和机械化部队部署在右翼，准备提供支援。左侧，估计德军的支援性部队会出现在那里，托尔布欣部署了从主预备队抽调的步兵第133军。地形也存在问题，低洼的地面满是积水，托尔布欣的前方和后方布满运河和河流。多瑙河横跨在苏军交通线上，这使托尔布欣不得不采取特别措施，保持与马利诺夫斯基的联系。

苏军士兵忙着挖掘战壕，他们现在越来越多地遭受到德军的炮击和轰炸。托尔布欣的部下们设立起三道主防线、两道方面军防线和几条相互连接的防线：多瑙河西岸的登陆场内，由于缺乏空间，这些防线靠得比较近，但主防御带深达3—4英里，第二道防线与主防线最前端相距5英里，而第三道防线位于后方15英里处。大口径火炮将用于对付虎王坦克，各集团军、军和师都建立起了自己的"反坦克预备队"，随时可以调至受威胁地段。数千枚反步兵和反坦克地雷被埋设下去。涅杰林上将负责协调方面军炮兵力量，各部队也部署了他们掌握的炮兵——第57集团军采用了一个集中火力控制的计划，代号为"风暴"，在必要的情况下，步兵指挥员获得顶头上司的批准后便能得到炮火支援。

天气给托尔布欣的后勤补给制造了大麻烦。多瑙河的浮冰对浮桥和渡口构成威胁。为了给前沿部队运送必要的物资——主要是弹药——苏军建立起一条高架缆车道，每天能往多瑙河西岸运送1200吨物资；苏军还首次使用了输油管为前沿部队运送燃料。保加利亚第1集团军也急需补给，因为该集团军距离他们的补给基地已很远；一些苏军教官被派至保加利亚部队，教保加利亚官兵使用苏制武器并按照苏军的战术实施演练。这些苏军教官说俄语，但足以让保加利亚人听明白。托尔布欣也于3月5日亲自来到设在锡盖特堡（Szigetvar）的保加利亚集团军司令部，检查了保加利亚军队为防御战所做的准备。

托尔布欣的方面军辖5个集团军（37个苏军步兵师和6个保加利亚步兵师），共计407000名士兵、近7000门大炮和迫击炮、407辆坦克和自行火炮；乌克兰第3方面军还有2个坦克军、1个机械化军和1个骑兵军。空军第17集团军拥有965架飞机，尽管他们需要疯狂地忙碌一番，改善各座前进机场，供各飞行中队使用。但是，2月份的激战还是给托尔布欣方面军造成了严重消耗。近卫第14集团军[13]各个师的平均实力已下降到5100人，第26集团军为4250人，第57集团军为5300人，而第27集团军是4100人；坦克和机械化部队也遭受到相应的损失，坦克第18和第23军以及近卫机械化第1军总共只剩下166辆坦克和自行火炮，一些坦克团能投入战斗的坦克只有2—8辆。

德国人发起反击的时间和地点都没能做到出其不意。3月2日夜间，三名开小差的匈牙利士兵逃到苏军一方，据他们交代，德国人将在三天内从巴拉顿湖与韦伦采湖之间发起一场进攻；跑到第57集团军的一名匈牙利逃兵也说德军将于3月5日—6日发起进攻，攻势将向巴拉顿湖以南发展。（进一步的审问和第57集团军实施的侦察行动确认，德军这场进攻将在大包约姆与考波什堡之间发起。）与此同时，托尔布欣也收到了南斯拉夫人送来的情报，情报中指出，德国人的攻势将朝三个方向发展——从塞克什白堡向东，从瑙吉考尼饶向佩奇，从奥西耶克（Osijek）和下米霍利亚茨向北。

严格按照计划，完全符合托尔布欣司令部得到的情报，德军3月5日—6日晚发起进攻，冲入苏军第57集团军、保加利亚第1集团军和南斯拉夫第3集团军的防区。但这只是在巴拉顿湖南面发起的辅助性进攻。3月6日早上，经过30分钟的炮火准备和空中轰炸，党卫队第6装甲集团军和第6集团军砸向托尔布欣的主力：德国第3装甲军冲入扎赫瓦塔耶夫近卫第4集团军[14]与加根第26集团军的结合部，而党卫队第1装甲军和骑兵第1军扑向加根集团军的中央和右翼。苏军步兵和炮兵抗击着党卫队的进攻，在强大坦克波次的支援下，德军缓慢但却稳定地取得进展，攻入加根第26集团军的防区。苏军炮兵以直瞄射击的方式轰击着敌人强大的坦克，德军投入最现代化的装备和最优秀的车组人员，他们早已习惯了一切艰巨的战斗。3月7日，加根的部下面对着敌人新的突击，德军投入2个步兵师和170辆坦克及突击炮；为加强第26集团军，托尔布欣从预备队抽调出近卫骑兵第5军和一个自行火炮旅。涅杰林集结起他的炮兵，以160门大炮和迫击炮投射下一片3000米的火力覆盖区。为加强空中支援，最高统帅部批准乌克兰第2方面军麾下的飞机支援苏杰茨的空军第17集团军。

经过两天的激战，党卫队在韦伦采湖南面的苏军防区达成4英里渗透；3月8日，德军指挥部投入党卫队第2装甲军，以250辆坦克在巴拉顿湖与韦伦采湖之间的河段加入战斗。双方都遭受到严重伤亡。战斗的这一阶段，苏军投入高射炮，以击退试图冲入苏军防御纵深的德军坦克。次日，党卫队第9装甲师投入战斗，这使德军在韦伦采湖南面的坦克和突击炮达到600多辆，他们不断扩大在苏军防区打开的突破口，突破深度目前已达到15英里。

托尔布欣面临的态势越来越严重，他的预备队越来越少，特罗菲缅科的第27集团军在三支坦克部队（坦克第23、第18军和近卫机械化第1军）的加强下投入第一梯队，以封闭苏军防线上的缺口。与此同时，苏军最高统帅部命令近卫第9集团军部署在布达佩斯西南方，并将该集团军交给托尔布欣指挥。托尔布欣立即要求最高统帅部批准将近卫第9集团军投入防御作战，但这个要求被断然拒绝——近卫第9集团军不能用于防御战，而应留作发起进攻使用。电报在3月9日发出，托尔布欣仍面临着四天的激烈战斗。苏军最高统帅部认为德军的反击已开始丧失势头，托尔布欣以他现有的部队完全能守住，必须留下完整、新锐、获得充分加强的近卫第9集团军。

德军装甲部队反复攻击着特罗菲缅科的右翼，3月14日，韦勒投入最后的预备力量，党卫队第6装甲师[15]的200余辆坦克和突击炮发起向多瑙河的最后冲刺。戈里亚切夫将军的近卫步兵第35军位于特罗菲缅科右翼，在坦克第23军和最高统帅部预备队2个自行火炮旅的支援下，顽强抗击着德军坦克，不让对方逼近后方防线，最终在距离防线很近处挡住了敌人；左翼，步兵第30军[16]和坦克第18军抗击着党卫队的进攻，尽管对方迂回到了东面。加根的第26集团军和近卫骑兵第5军竭力确保着后方防线的完整。

德军的辅助性进攻也没能取得太大的成功。沙罗欣第57集团军的大炮发挥了重要作用，粉碎了德国第2装甲集团军的企图：该集团军从瑙吉考尼饶以东发起进攻，试图将苏军部队调离德军主要突击方向。3月6日晚，德国E集团军群对保加利亚第1集团军和南斯拉夫第3集团军发起进攻，3个步兵师从下米霍利亚茨地区向北冲去。跨过德拉瓦河后，德军师一路向前，试图冲入苏军第47集团军[17]和保加利亚第1集团军的后方。沙罗欣决定以阿尔秋申科将军的步兵第133军消除保加利亚军队与南斯拉夫军队结合部遭受的威胁。第57集团军炮兵司令员A. E. 布雷多少将以"风暴"计划掌控着他的16个炮兵单位（150门大炮和迫击炮），以此来击退德军的进攻。经过数日激战的消耗，德军师撤回德拉瓦河南岸。

3月15日，德军缓慢向前的主要突击终于停顿下来，大批坦克严重受损或被困在匈牙利中部低洼地的泥沼里。由于缺乏燃料，德军的重型坦克动弹不得，成了苏军强击机轻而易举的目标。500多辆坦克和突击炮、300门大炮、40000名士兵在这场最终流产的攻势中灰飞烟灭，整个进攻行动徒劳无获。泽普·迪特里希以保卫维也纳为托词，带着他剩下的坦克迅速撤离多瑙河。现在，俄国人开始了行动，坦克轰鸣着发起冲锋，跟在溃退的德军身后向前冲去，打垮了党卫队第6装甲集团军残部失去组织的抵抗，德军的几辆黑豹坦克朝苏军重型坦克集结起的队列开炮射击，徒劳地试图挡住这股钢铁洪流。

赫龙河登陆场的丢失以及德国人在巴拉顿湖地区发起的进攻促使苏军最高统帅部重新考虑夺取维也纳的计划。苏军即将发起的这场攻势，主要突击方向从多瑙河北面调整至南面，在托尔布欣的战区内实施，乌克兰第3方面军将担任主要突击任务。为阻止近卫第9集团军投入防御战，最高统帅部也给托尔布欣下达了进攻的命令：待德军进攻力量消耗殆尽，乌克兰第3方面军就发起反击，不得迟于3月15日—16日，以右翼部队歼灭巴拉顿湖北面的敌人，然后朝帕波（Papa）和肖普朗（Sopron）方向攻击前进。主要突击方向调整至西北方，而不再是2月17日指令中规定的西方向。马利诺夫斯基的乌克兰第2方面军应将其右翼部队前出至赫龙河，以位于多瑙河南面的左翼部队朝杰尔方向发起进攻，不得迟于3月17日—18日。

就在托尔布欣顽强抗击德军反击之际，马利诺夫斯基以麾下的第53、第40集团军和2个罗马尼亚集团军（第1和第4集团军）前出至赫龙河。在艰难的山地中，经过一番激战，位于斯洛伐克的兹沃伦落入苏军手中。马利诺夫斯基的战线在捷克斯洛伐克与匈牙利之间展开；多瑙河南面，马利诺夫斯基打算以克拉夫钦科的近卫坦克第6集团军、彼得鲁舍夫斯基的第46集团军和近卫机械化第2军冲向杰尔，但3月16日近卫坦克第6集团军及其406辆坦克和自行火炮被交给了托尔布欣。这一调动的理由令人信服：尽管乌克兰第3方面军投入近卫第4和近卫第9集团军担任主要突击，但这两个集团军只能调集起200辆坦克，他们不可避免地会遭遇到配有270辆坦克和突击炮的德军装甲部队。克拉夫钦科奉命将他的坦克集结在布达佩斯西面，近卫第9集团军的战区内。因此，苏军近卫坦克第6集团军将与德国党卫队第6装甲集团军展开厮杀，一劳永逸地粉碎这股德军装甲力量。

马利诺夫斯基的方面军只投入一个获得加强的集团军执行匈牙利国土上的行动；麾下的36个师（苏军师和罗马尼亚师），他只投入12个用于同冲向维也纳相关的进攻行动。托尔布欣决定以右翼的2个步兵集团军（近卫第9和近卫第4集团军）冲入德军装甲部队的侧翼和后方，切断其向西逃窜的退路，并以第26和第27集团军消灭这些残敌，从而打开一条迅速赶往匈牙利边境的通道。格拉戈列夫的近卫第9集团军将孤立并歼灭巴拉顿湖北面的敌人，这要求他们在5天内前进25英里；尽管齐装满员（各个师的兵力高达11000人甚至更多，另外还有大批火炮的补充），但近卫第9集团军尚未经历过实战，缺乏支援步兵的坦克，只有一些小口径自行火炮，而他们要对付的是德军装甲部队。扎赫瓦塔耶夫的近卫第4集团军奉命突破韦伦采湖北面的德军防线，从北面和南面包抄塞克什白堡，并冲向西南方。另外2个集团军，第27和第57集团军（以及保加利亚第1集团军）将等近卫第9和近卫第4集团军获得成功后再展开行动。

3月16日，托尔布欣的部队发起这场庞大的攻势，迅速淹没了德军的整个南翼。近卫第9和近卫第4集团军展开猛攻，为苏军坦克部队稳步扩大缺口，而马利诺夫斯基也于次日投入第46集团军，就此发起他的攻势。激战集中在塞克什白堡，德军统帅部要求不惜一切代价守住这座要塞。3月19日早晨，克拉夫钦科的坦克集团军投入战斗，马利诺夫斯基和托尔布欣迅速合围德国装甲集团军，马利诺夫斯基从北面发起进攻，托尔布欣以3个集团军猛攻塞克什白堡。截至3月22日傍晚，党卫队第6装甲集团军面临着被彻底包围在塞克什白堡南面的威胁，只剩下一条不到一英里宽的通道，但这条唯一的逃生通道也已遭到大炮和机枪火力的打击，非常危险。德军4个装甲师和1个步兵师拼死抵抗，以保持这条生命线的畅通，他们投入坦克，竭力撑开苏军即将合拢的铁钳，德军步兵的抵抗在苏军的进攻大潮中形成一个个"岛屿"，他们以顽强的步兵战努力保持着各抵抗点之间的联系。故乡已不太远，但托尔布欣无情的推进使数千名德军士兵阵亡在匈牙利的这场溃败中。塞克什白堡3月23日陷落，包科尼山脉（Bakony Hills）遭到苏军的进攻，面对红军越来越大的压力，维斯普雷姆（Vesprzem）脆弱的防线崩溃了。但党卫队第6装甲集团军已逃出包围圈。苏军缺乏弹药，无法将德国守军炸得晕头转向，支援步兵的坦克力量不足，致使苏军主力突击部队进展缓慢，他们的坦克力量也缺乏压倒性优势，这一切导致合围行动失败；克拉夫钦科的近卫坦克第6集团军本应该更快地投入战斗。

但是，苏军的追击使德国人的后撤迅速沦为一场溃逃。被大肆吹嘘的武装党卫队慌不择路地逃窜，苏军坦克一路前进，砸向德军的防御，并赶往位于帕波的交通路口。巴拉顿湖西面的德国军队陷入了彻底的混乱。马利诺夫斯基对多瑙河北面的德军阵地发起进攻，夺取了科马尔诺，这样一来，到3月23日，德军的防御已处于崩溃的边缘；埃斯泰尔戈姆遭到包围和猛攻，韦尔特斯山脉（Vertesz Hills）被突破，托蒂斯（Totis）也落入苏军手中。截至3月25日，马利诺夫斯基的部队已深入德军防区20多英里，并在其防线上撕开了一个60英里宽的缺口。肃清赫龙河河谷的同时，马利诺夫斯基准备追击逃窜中的德军，朝布拉迪斯发方向攻击前进。

托尔布欣在巴拉顿湖北面获得的成功也使第57集团军得到了机会，他们在乌克兰第3方面军的左翼展开行动。与其对阵的德国第2装甲集团军是一股顽强的力量，他们只是缓缓后撤。沙罗欣逼近瑙吉考尼饶的油田，3月底将这片地区彻底包围。西面，乌克兰第3方面军的主力迅速向前推进，夺取帕波后冲向西北方的拉包河（Raab）和奥地利边境；3月28日，苏军沿一个宽大的正面强渡拉包河，粉碎了德国第6集团军和党卫队第6装甲集团军守住河流防线的企图。匈牙利最后一座重要的城镇，肖普朗，于4月1日陷落，苏军先头部队已在克塞格（Keszeg）附近跨过奥地利边境，红军准备从两个方向进攻维也纳。德军在匈牙利的抵抗已结束，身后留下大批被击毁的坦克和阵亡的士兵。面对绝望的态势，匈牙利部队，甚至包括一些德军单位，放弃了这种完全不平等的战斗，开始大批投降，到月底时，已有40000—45000人向托尔布欣的部队投降。

4月1日，苏军最高统帅部下达了修正后的指令，要求迅速夺取维也纳。这座城市的东面受到包围，西面和西南面遭到乌克兰第2和第3方面军发起的联合进攻。

2月初，尽管距离柏林只有35英里，但朱可夫逼近奥得河的部队很快便知道，他们无法以2个步兵集团军和2个坦克集团军在行进中对德国首都发起一场快速进攻，从而夺取该城。虽然投入强大部队的日子已一去不返，但德国人的顽强抵抗随处可见。支离破碎的部队、散兵游勇、强征来的逃兵、年迈而又虚弱的人民冲锋队员组成的临时性民兵部队，党卫队掌握的支队，国防军的正规单位以及德国空军的残部——他们都在进行殊死抵抗，绝望地试图挡住布尔什维克游牧民族，俄国人可怕的名声早已传遍。激烈的战斗不可避免地让苏联红军遭受到伤亡，他们现在越来越频繁地以一种宿命论式的鲁莽投入战斗，带着一种名副其实的毁灭性激情冲向德国人的堡垒。德国守军顽强地坚守着屈斯特林、格洛高、布雷斯劳和拉蒂博尔这些奥得河上的堡垒；前进中的苏军身后，埃尔宾、波兹南、德意志克罗恩和施奈德米尔的德国守军继续实施抵抗，牵制了苏军大批火炮和部队。双方的损失都很严重。罗科索夫斯基的白俄罗斯第2方面军艰难地穿过东普鲁士，辖内各个徒有其表的师只剩下三四千人，为他们提供支援的是297辆拼凑起来的坦克。泥泞、雨水、雨夹雪和降雪拖缓了补给物资和补充兵的运送，另外，苏联的宽轨铁路必须更换为欧洲的窄轨铁路，这进一步加剧了交通堵塞。

与此同时，苏军最高统帅部久久地凝视着朱可夫的右翼与罗科索夫斯基的白俄罗斯第2方面军之间100英里的缺口，其焦点集中在东波美拉尼亚，白俄罗斯第1方面军面临着威胁。后方还有两支实力相当庞大的德国军队，分别被包围在东普鲁士和库尔兰，他们与德国本土的陆地连接已被切断。在莫斯科看来，朱可夫敞开的侧翼并不仅仅是总参谋部作战地图上的视觉现象，而是一个危险的缺口，德军部队正以惊人的速度涌入，其中的33个师集结于波美拉尼亚，只有13个师被吸引到"柏林方向"上。苏军2月初遭受的打击非常真实：希特勒命令德军战斗机向东发起攻击（希特勒坚持认为，在大多数情况下，德国战斗机应该被设计成能够携带炸弹）。高射炮匆匆调至奥得河，以提供对空防御，尽管这意味着德国各座城市的防空能力遭到削弱。对德国铁路交通的打击越来越难，英美空军便加大了对德国城市的空袭。尽管空袭异常猛烈，但希特勒却从这一转变中得到了某种奇怪的安慰，德国空军向他呈交了拦截到的美军指令（1月底签发），按照规定，美军的空袭应该为苏军的推进提供帮助，但实际上它却是为了延缓对方的行动。苏军在奥得河上的攻势渐渐失去了势头，就连糨糊般的军事神经经常失控的希姆莱也认为这是一个奇迹。冰面上的通道很快也将消失。

古德里安一再要求从格洛高—科特布斯（Kottbus）地区发起一场重大而又及时的反击，并从波美拉尼亚跨过奥得河，对苏军虚弱的先头部队实施打击。希特勒表示他不愿考虑这个计划，并坚持把党卫队第6装甲集团军派往匈牙利，结果该集团军不仅被调离决定性方向，而且在这场大范围调动完成前一直无法投入作战。古德里安恳请撤离库尔兰的德国军队，死守在那里毫无意义，他还建议撤出意大利、挪威和巴尔干地区的德军，以这些部队组成有效的反击力量。希特勒立即拒绝了这些建议，并在一场疯狂的会议上大发雷霆——古德里安在他面前提到了希姆莱可怜的军事能力——元首坚决拒绝从库尔兰撤出一兵一卒，并将古德里安的作战计划缩减为一场有限的进攻：德军将从施塔尔加德地区发起突击，打击瓦尔塔河（Warthe）北面的苏军，从而将波美拉尼亚控制在手中。伴随着更加疯狂的尖叫，希特勒终于批准这场反击在几天内发起，并委派古德里安的副手温克将军去希姆莱的司令部，确保正确的军事指挥。

古德里安要求立即发起一场反击的建议是正确的。时间已所剩无几。2月10日，希特勒与古德里安及希姆莱召开那场歇斯底里的会议的当天[18]，苏军的2个方面军（白俄罗斯第2和第3方面军）遵照最高统帅部2月8日下达的修正后的作战指令发起了新的进攻。罗科索夫斯基的白俄罗斯第2方面军奉命歼灭东波美拉尼亚的德军，将以左翼和中央部队发起一场攻势，并于2月20日前进抵维斯瓦河河口至迪绍（Dirchau）—鲁梅尔斯堡（Rummelsburg）—新斯德丁一线，随后以第19集团军径直冲向斯德丁（Stettin），以右翼部队夺取但泽和格丁尼亚（Gdynia），并肃清从东面的弗里施潟湖到西面的波美拉尼亚湾这段波罗的海海岸。2月9日，最高统帅部指示白俄罗斯第3方面军加快速度，务必在2月20日—25日前完成歼灭东普鲁士德国第4集团军的任务，从而消灭柯尼斯堡南面的"海尔斯贝格集团"。

东普鲁士异常激烈的战斗以及消除德军据点的激战给苏军的计划时间表造成了一定程度的破坏。2月初，最高统帅部决定诸波罗的海沿岸方面军转入防御；斯大林和安东诺夫赶去出席雅尔塔会议时，华西列夫斯基元帅恢复履行苏军总参谋长和副国防人民委员的职务，协调诸波罗的海沿岸方面军的任务移交给列宁格勒方面军司令员L. A. 戈沃罗夫。最高统帅部还实施了一场密集的军事调动，重新部署白俄罗斯第2、第3方面军以及诸波罗的海沿岸方面军。根据最高统帅部2月6日的指示，波罗的海沿岸第2方面军接管了波罗的海沿岸第1方面军的作战部队，而波罗的海沿岸第1方面军从白俄罗斯第3方面军得到3个集团军（第43、第39集团军和近卫第11集团军）。作为补偿，切尔尼亚霍夫斯基的白俄罗斯第3方面军从罗科索夫斯基处获得3个集团军（包括近卫坦克第5集团军）[19] 和1个坦克军（近卫坦克第8军）。各集团军和指挥部这场大规模重组背后的意图是彻底腾出罗科索夫斯基的部队，以执行东波美拉尼亚战役，而切尔尼亚霍夫斯基的白俄罗斯第3方面军和巴格拉米扬的波罗的海沿岸第1方面军负责肃清东普鲁士，切尔尼亚霍夫斯基将消灭弗里施潟湖南面的德国第4集团军，巴格拉米扬负责夺取柯尼斯堡并歼灭泽姆兰半岛上的德军。与此同时，空军第3集团军奉命调至因斯特堡。2月8日，斯大林从雅尔塔打来电话，授权华西列夫斯基元帅给罗科索夫斯基下达新的作战指令。以这种复杂的方式，最高统帅部将几个方面军调整到主要突击方向上，从而纠正了与原先的总体计划越来越大的偏差。

华西列夫斯基的指令将罗科索夫斯基置于一个不值得羡慕的位置上：他的作战职责被大幅削减，切尔尼亚霍夫斯基接管了东普鲁士的作战行动，而罗科索夫斯基还把半数兵力移交给他。现在，不得停顿或暂停，他面临着一场新的攻势，以白俄罗斯第2方面军辖下的45个步兵师迎战德国第2集团军的13个步兵师、2个装甲师和数个战斗群。罗科索夫斯基立即要求增派援兵，最高统帅部答应将第19集团军（目前部署在托伦附近）和一个坦克军调拨给他。与此同时，白俄罗斯第1方面军的朱可夫提出，他要为进攻柏林的行动继续进行准备，只能派出少量部队对付东波美拉尼亚；到2月12日—13日，被困在施奈德米尔、德意志克罗恩和阿恩斯瓦尔德的德国守军应该已被歼灭，白俄罗斯第1方面军的右翼部队将前出至施塔尔加德—法尔肯堡一线，留下部分防御力量的同时，方面军主力继续实施重组。

进攻在2月10日同时打响，但无论罗科索夫斯基还是切尔尼亚霍夫斯基，都没能取得任何实质性战果。罗科索夫斯基左翼的第70集团军获得一些进展，但在他的右翼，被包围的德国守军仍牵制着大批苏军，或者就像突击第2集团军那样，在动身赶往新阵地的同时，还要努力克服维斯瓦河上的浮冰。五天内，巴托夫的第65集团军和格里申的第49集团军只在白俄罗斯第2方面军的中央战线向前推进了10英里，不仅遭到德军的顽强抵抗，还要同泥泞和被水淹没的道路搏斗。东面，切尔尼亚霍夫斯基率领着63个师（4个步兵集团军，外加罗科索夫斯基调拨给他的3个集团军和1个坦克集团军），准备以一场向心攻击歼灭敌"海尔斯贝格集团"，他命令沃利斯基的坦克集团军从弗里施潟湖隔断德军，并阻止敌人朝弗里施沙嘴后撤的企图。2个空军集团军（空军第1和第3集团军）在波罗的海舰队海军飞机的支援下对德军防御阵地发起猛烈轰炸，但德军依托精心建设的阵地实施顽强防御，致使苏军的前进沦为痛苦、血腥的爬行，每天的进展不到1英里。巴格拉米扬也没取得什么进展，在柯尼斯堡接近地付出了高昂的代价。

态势急剧恶化，朱可夫的右翼现在面临着德军更加猛烈的进攻，德国第3装甲集团军2月15日发起强有力的反击，进攻由古德里安的亲信温克将军亲自监督。德军成功突破了苏军对阿恩斯瓦尔德的包围，救出守军，随后向南冲入波格丹诺夫的近卫坦克第2集团军，重新夺回佩日采（Pyritz）。但朱可夫认为他的右翼部队很强大，足以挡住敌人这股突击，还能为罗科索夫斯基的进攻提供支援。命运出人意料地帮助了朱可夫，2月17日，参加完元首的夜间简报会后，温克将军驱车返回，由于疲劳驾驶，他的车撞在了桥栏杆上；温克受伤后，德军的进攻渐渐停顿下来。罗科索夫斯基已于2月15日向华西列夫斯基汇报了自己修改后的进攻计划，他建议缩小进攻规模，以灵活的机动替代正面进攻，从而将德国第2集团军挤下大海。两天后，朱可夫发表了自己的看法，提出以自己的右翼部队于2月19日朝斯德丁方向发起进攻，由近卫坦克第2集团军、第61集团军和近卫骑兵第7军执行这一突击，突击第3集团军和波兰第1集团军为此提供支援。

次日（2月18日），斯大林听取了华西列夫斯基关于东普鲁士情况的汇报，他建议华西列夫斯基去前线帮助白俄罗斯第1方面军和波罗的海沿岸第1方面军的指挥员[20]。斯大林解释说，需要用这些部队加强对柏林的主攻，但同样重要的是，他想知道可以腾出哪些部队调往远东。斯大林希望抽调2—3个精锐集团军派往远东，他还告诉华西列夫斯基，德国投降的2—3个月后，很可能会派他去指挥远东的战事。华西列夫斯基随后请求解除他总参谋长的职务，目前履行这个职务的实际上是安东诺夫，尽管名义上他还不是"总参谋长"。斯大林表示同意，但保留了华西列夫斯基"副国防人民委员"的正式职务，并签署了最高统帅部指令，命令华西列夫斯基协调白俄罗斯第1方面军和波罗的海沿岸第1方面军。没过几个小时，华西列夫斯基再次接到斯大林的紧急电话。红军中最年轻的方面军司令员，切尔尼亚霍夫斯基大将，刚刚在东普鲁士的梅尔萨克伤重不治。斯大林签署最高统帅部指令，委任华西列夫斯基出任方面军司令员，接替切尔尼亚霍夫斯基这位才华横溢的年轻将领；2月19日晚，斯大林给了华西列夫斯基一系列指令、建议和祝愿。波斯克列贝舍夫交给华西列夫斯基一个文件夹，里面放着一份国防委员会修改该委员会1941年7月10日确定的最高统帅部成员的决定。华西列夫斯基从来就不是最高统帅部成员，但这份修改后的决定正式将他列入其中；除了朱可夫，没有哪个方面军司令员是最高统帅部成员。华西列夫斯基问波斯克列贝舍夫为什么要做出这项决定，波斯克列贝舍夫笑着回答道，他对此事的了解程度与华西列夫斯基一样。

就在华西列夫斯基出任战地指挥员职务时，朱可夫试图在其右翼发起进攻。苏军的2个军再次开始包围阿恩斯瓦尔德，步兵第311师在城内展开白刃战，但如果这里的德军向东北和西北方后撤，波格丹诺夫的近卫坦克第2集团军就无法转身发起进攻，因为该集团军仍在抗击德军的突击。朱可夫命令这些部队转入防御。但最高统帅部另有想法。2月17日至22日期间，一些新的命令下达给罗科索夫斯基和朱可夫，要求白俄罗斯第1和第2方面军将侧翼连接起来，对东波美拉尼亚发起一场联合进攻。这场新攻势的总方向是科尔贝格（Kolberg），由南向北实施攻击，使两个方面军前出至波罗的海海岸，将德军切为两段，并将他们同德军主力分隔开。一旦到达波罗的海，罗科索夫斯基就将转身向东，夺取但泽和格丁尼亚；朱可夫的右翼部队将朝科尔贝格方向全速发起进攻，突破至波罗的海，肃清波美拉尼亚西部地区，并进抵奥得河西岸。最高统帅部的命令将罗科索夫斯基的进攻日期定于2月24日，朱可夫的进攻日期为3月1日，尽管等白俄罗斯第2方面军辖下的第19集团军到达巴尔登布格（Baldenburg）—新斯德丁一线后他就应该展开行动。华西列夫斯基的白俄罗斯第3方面军奉命以其左翼部队赶往但泽湾，前出至维斯瓦河东面，堵住敌人逃离弗里施沙嘴的通道；这就使罗科索夫斯基可以把费久宁斯基的突击第2集团军纳入主攻部队，而不是将其留在后方。

2月24日早晨，经过一场30分钟的炮火准备，罗科索夫斯基发起了新攻势，旨在实施机动——这是他的特长。两天内，白俄罗斯第2方面军在德军防区上撕开了一个35英里的缺口，并达成30英里的渗透。步兵需要坦克的支援，罗科索夫斯基决定提前投入近卫坦克第3军。不幸的是，第19集团军严重滞后，没能利用坦克部队推进创造出的机会。得到斯大林的批准后，罗科索夫斯基解除了司令员G. A. 克兹洛夫的职务，派V. Z. 罗曼诺夫斯基中将接替。可这并非罗科索夫斯基最担心的问题：他的左翼部队行速缓慢，穿过泥沼赶往海边，但方面军没有任何预备力量为这一推进提供支援。除了缺乏预备队，更让罗科索夫斯基紧张的是，他发现自己的左翼毫无掩护，因为朱可夫的部队仍未投入行动。获知这一情况后，斯大林问罗科索夫斯基，朱可夫是不是在"要滑头"？罗科索夫斯基对此予以否认，但强调自己的左翼处在危险中，于是斯大林答应催促朱可夫尽快发起进攻。在此期间，罗科索夫斯基不得不靠自己的力量夺取新斯德丁。

3月1日早晨，朱可夫以突击第3集团军和波兰第1集团军发起进攻，50分钟的炮火准备为此提供掩护，空军的强击机也发起支援。令德军总参谋部深感意外的是，朱可夫的坦克转向北面，而不像他们预料的那样冲往柏林。卡图科夫的近卫坦克第1集团军突破了德军的防御，迫使德军士兵和大批难民排成无助、脆弱的队列向北逃去。与此同时，近卫坦克第2集团军和第61集团军不得不设法冲过施塔尔加德，但卡图科夫继续向北推进，在突击第3集团军部分部队和波兰第1集团军的伴随下，于3月4日—5日抵达科尔贝格。3月5日，第61集团军终于攻入施塔尔加德，打破了德军对斯德丁的掩护，但第47集团军向阿尔特达姆的推进进行得非常艰难。

朱可夫和罗科索夫斯基横扫波罗的海沿岸，逼近了但泽和格丁尼亚。难民们挤满各条道路，试图向东或向西逃生，但他们面临着春季洪水的考验以及前进中的苏军坦克部队的恐怖。德国船只将纳粹党官员和伤员们撤离但泽；为对付停泊在但泽湾的德军舰艇，苏军指挥部下令把重型火炮推至岸边，对德军海上火力支援发起还击，而苏军战机也对德国地面部队及海上力量发起空袭。

3月8日，最高统帅部将卡图科夫的坦克集团军调拨给罗科索夫斯基指挥，这一调动促使朱可夫打电话给罗科索夫斯基："该集团军去您那里时是什么样，回来时也应该是什么样。"罗科索夫斯基开着玩笑做出正式允诺。苏军目前的作战计划是切断但泽—格丁尼亚筑垒地域，将但泽与格丁尼亚隔开。令罗科索夫斯基感到鼓舞的是，各个师的进攻正面明显变窄，这使他们的攻击力得到加强。第一场突击的目标是索波特（Sopot），这是个海滨度假胜地。3月下旬，苏军攻入奥利瓦（Oliwa）郊区。3月25日，随着苏军到达但泽湾，罗科索夫斯基报告说，德国守军已被分割成三部分，一个位于但泽，第二个位于格丁尼亚，第三个在海尔沙嘴。

　　卡图科夫的坦克与第19集团军沿海岸线赶往格丁尼亚。费久宁斯基的突击第2集团军冲向但泽南郊。从北面对但泽发起进攻较为容易，但格丁尼亚3月26日首先陷落了。肃清残余的港口还需要几天时间，在此期间，苏军要求但泽守军投降，遭到对方拒绝后，他们发起对但泽的进攻。3月26日，苏军从三个方向实施突击，守军利用一座座建筑物负隅顽抗，不断呼叫德国海军舰艇提供炮火支援。几天后，一切都结束了，幸存的守军逃至维斯瓦河河口，3月30日，但泽城内的德军被彻底肃清。罗科索夫斯基信守诺言，将并未遭受太大损失的近卫坦克第1集团军交还给朱可夫。

　　朱可夫的白俄罗斯第1方面军的后方，德军堡垒和支撑点一个接一个地陷落。崔可夫的近卫第8集团军将2月20日定为对波兹南要塞发起突击的最终日期。当天上午9点，苏军投入进攻，接下来的两天，双方展开激烈的近战。这场战斗让人想起中世纪围城战取得突破后的情形，护城河内堆满柴捆，外墙被挖掘出一条条坑道，尽管坦克和自行火炮冲过城墙的缺口提供了一种现代感。德军指挥部拒绝接受崔可夫通过电台敦促他们投降的呼吁，但2月22日深夜，近卫步兵第74师的巴卡诺夫将军报告，德军派出军使来谈判。30分钟后，德国守军投降，他们的指挥官已自杀身亡；战败的德军士兵秩序良好地列队而出，这与崔可夫在斯大林格勒目睹的情形产生了鲜明对比——饥肠辘辘的德军士兵排成凄惨的队列，步履蹒跚地走向战俘营。波兹南的陷落打开了苏联红军输送补给物资的闸门，人员和弹药迅速运往奥得河登陆场。

　　崔可夫的近卫第8集团军现已逼近奥得河，所有部队（9个师，外加作战支援力量）都部署在法兰克福与屈斯特林之间。初步行动是封闭近卫第8集团军与突击第5集团军之间的缺口，孤立屈斯特林的德国守军。别尔扎林的突击第5集团军和崔可夫的近卫第8集团军计划从南面和北面逼近这座著名的堡垒。古老的炮台已被溪流和沼泽淹没，但一股德军仍坚守着该镇。别尔扎林与崔可夫取得会合后，于3月22日对这座堡垒发起突击。具有讽刺意味的是，屈斯特林已被"解放"，至少方面军2月初的报告中是这样说的。崔可夫以讽刺的口吻询问方面军参谋长，既然突击第5集团军已攻克屈斯特林，莫斯科也鸣放礼炮宣布了这一壮举，为什么现在还要重复这一工作？朱可夫元帅打断了他们的交谈，指出某些事情在战争中出了差错，现在必须予以纠正。

崔可夫的部下沿着狭窄的道路和堤坝的顶部发起进攻，逐一消灭敌人的抵抗。苏军大炮猛烈轰击着敌人的工事，意图将守军逐出固定防御掩体，进入到露天阵地，苏军战机正等着对他们发起攻击。3月29日早上，最后的突击开始了，随着炮火转向敌人的工事，苏军突击部队登上了奥得河与瓦尔塔河冲积而成的岛屿。苏军步兵向堡垒发起冲锋，突破城墙，冲入堡垒内院。中午时，激烈的战斗结束了，敌人停止了抵抗，堡垒内满是死尸，俘虏被收容起来。崔可夫向身处莫斯科的朱可夫元帅汇报了这个消息。这是朱可夫3月份期间第二次返回莫斯科，上一次是在3月份的第一周，斯大林召他去参加军事会议，商讨东波美拉尼亚战役事宜。斯大林看上去很疲惫，精神状态也不好。漫长的交谈过程中，朱可夫终于问起斯大林的儿子雅科夫的情况，他在1941年被德国人俘虏；斯大林沉默了半晌，这才说道，德国人肯定会枪毙他，因为他绝不会背叛自己的祖国。朱可夫还获知了雅尔塔会议的一些详情，斯大林一再强调一个对苏联友好的波兰的重要性。告诉朱可夫德国投降后对其实施管制的相关情况后，斯大林让他去跟安东诺夫商讨进攻柏林的事宜。

南面，朱可夫的主要竞争对手科涅夫元帅也沿"柏林方向"做好了准备，他重新发起攻势，以占领西里西亚西部地区，并在勃兰登堡地区逼近尼斯河，从而使他的部队与白俄罗斯第1方面军完全并驾齐驱。在布雷斯劳南面和北面的两个登陆场内，科涅夫集结起3个步兵集团军[21]和2个坦克集团军（北面），2个步兵集团军和2个坦克军（南面）；第三个突击群沿左翼部署，辖2个步兵集团军和1个骑兵军，位于奥珀伦西南面。与其他方面军一样，科涅夫面临着严重的补给问题：缺乏补充兵，部队疲惫不堪；弹药的短缺和恶劣的天气也给这位方面军司令员增添了困难。为尽可能多地保持"突击力"，科涅夫命令他的2个坦克集团军紧密地集结在步兵集团军身后，以一个梯次突破敌人的防御。

2月8日清晨6点，科涅夫的大炮轰鸣起来，投下一场50分钟的弹幕射击，苏军从布雷斯劳北面的施泰瑙登陆场发动进攻。经过三天的激战，苏军沿一条90多英里长的战线达成40英里的纵深突破，包围了格洛高的守军，强渡博伯尔河（Bobr）后逼近了尼斯河。尽管戈尔多夫的近卫第3集团军困住了格洛高的德军，但科涅夫越来越担心敌人在布雷斯劳这一中央位置实施的抵抗，他们挡住了扎多夫的近卫第5集团军和第21集团军的前进路线。格卢兹多夫斯基的第6集团军也被卡住，方面军左翼部队没能达成突破。德军对第6集团军发起反击，试图驱散苏军对布雷斯劳构成的威胁，但2月15日，扎多夫的近卫第5集团军与第6集团军在布雷斯劳西面取得会合，封闭了包围圈，40000名德军士兵被困住。为确保万无一失，科涅夫派雷巴尔科的近卫坦克第3集团军赶往布雷斯劳，以这支坦克部队加强步兵包围圈。

面对苏军在西面构成的钢铁包围圈，逃出布雷斯劳的难民们匆匆转身返回，在城内寻找安全处藏身。两个德军步兵师奉命突围，只留下一个师（第609师）据守这座堡垒，这股弱小的守军获得党卫队单位、空军人员和几个人民冲锋队营的补充。其他地方的居民抢在苏联红军到来前不顾一切地逃离。（稍晚些时候，据苏联军事管制部门统计，这片地区只剩下62万德国人，而在一年前，这里的居民人数为500万。）科涅夫的直接收益是前出至尼斯河，包围了格洛高和布雷斯劳，这一切都在2月15日前完成。可是，正像他在2月16日的报告中强调指出的那样，很难再实现更多的目标。最高统帅部批准了科涅夫冲向尼斯河的计划，但正出席雅尔塔会议的斯大林提醒他注意自己的南翼——德军统帅部会想方设法重新夺回西里西亚工业区，并朝拉蒂博尔方向发起进攻。斯大林建议科涅夫，"您最好多加留意"，并询问了科涅夫应对这一状况的计划详情。

3月15日，科涅夫再次发起进攻，这次投入的是他的左翼部队，旨在夺取直至捷克斯洛伐克边境的上西里西亚地区。科涅夫打算使用两个突击集团包围盘踞在奥珀伦以及奥珀伦突出部的敌人：一个集团（辖第21集团军和坦克第4集团军，外加2个军）从格罗特考（Grottkau）地区朝西南方攻击前进，另一个集团辖第59和第60集团军，并获得1个坦克军和1个机械化军的支援，从拉蒂博尔北面向西突击。科涅夫至少不必面对党卫队第6装甲集团军——根据频繁的预测，该集团军只会出现在匈牙利。

为了对诺伊施塔特（Neustadt）发起向心打击，科涅夫的2个集团军在诺伊施塔特地区会合，首先包围了敌奥珀伦集团。"赫尔曼·戈林"装甲师试图突入包围圈，但被别洛夫的近卫坦克第10军击退。次日（3月20日），德国人投入1个军（2个装甲师和1个步兵师），再次试图打破苏军包围圈，却遭到苏军3个军的迎战。包围圈内，30000名德军官兵被击毙，15000人被俘。库罗奇金的第60集团军现在奉命夺取拉蒂博尔，为此他获得4个坦克和机械化军，外加2个突破炮兵师。为加快进攻速度，科涅夫从近卫坦克第4集团军[22]调出2个坦克军支援第60集团军，他们将从北面发起突击；但速度没能加快，因为苏军要为夺取一座座村庄、一个个路口和高地进行顽强的战斗。突然，科涅夫左翼，乌克兰第4方面军的战区内，莫斯卡连科的第38集团军恢复了进攻，以果断的行动构成了包围雷布尼克和拉蒂博尔的威胁。库罗奇金抓住这一有利战机，朝两座城市冲去，在行进中夺取雷布尼克，并以1个军在拉蒂博尔南面渡过奥得河。3月30日，对拉蒂博尔实施一个小时的猛烈炮击后，第60集团军的2个步兵军和近卫坦克第4集团军发起突击，肃清了城内的敌人。上西里西亚落入红军手中，德国人已无法重新夺回西里西亚工业区，布雷斯劳被彻底包围。

不到一个月，雅尔塔会议带来的兴奋之情几乎已消失殆尽。为贯彻会议对于波兰问题的决定而设立的莫斯科委员会2月23日召开首次会议，立即引发了一场同俄国人的新的、艰难的争斗。尽管哈里曼和阿奇博尔德·克拉克·克尔爵士两位大使指出，应该从波兰境外邀请三名波兰人参加会议，但莫洛托夫断然拒绝，并指责说，雅尔塔协议规定首先同"华沙的波兰人"协商，而不是外来者。四天后，莫洛托夫建议英国和美国向波兰派驻观察员，英国政府对此表示欢迎，但指出此举并不意味着承认"华沙的波兰人"。莫洛托夫的建议是为了推延商讨，但两位大使迅速同意派遣观察员却让他措手不及——于是，苏联政府3月1日突然撤销了这个建议。随着会议陷入僵局，丘吉尔准备发一封特别电报给斯大林，但被劝说再等等，看再次说服莫洛托夫接受英国和美国对雅尔塔协议的解释的结果如何。3月19日，英国和美国大使各自递交了观点相同的照会，表明英国和美国的立场，但莫洛托夫3月23日直接将其驳回，他愤怒地表示，引入外来者是对波兰人的"侮辱"，并以坚决的态度再次指出，"华沙的波兰人"有首先参与协商的权利。

双方的这种愤懑突然间走向疏远的边缘，这是由于苏联对英美同德军统帅部进行接触的态度所致——艾伦·杜勒斯在伯尔尼执行了这个高度机密的任务，涉及意大利地区德国军队向盟军投降的可能性。隐藏在这场谈判背后的正是希姆莱本人，他派卡尔·沃尔夫（派驻意大利的党卫队头子）进行这一试探[23]。驻华盛顿的联合参谋长委员会授权亚历山大元帅派遣两名高级军官去瑞士，听听沃尔夫的说法，但他们建议亚历山大元帅必须将此事告知俄国人。英国参谋长委员会建议，不仅应该通知苏联政府，还应该邀请苏联军官参加谈判。经过协商，英国和美国大使3月12日向莫洛托夫透露了谈判的消息；莫洛托夫并不表示反对，但提出让三名苏军军官参加谈判。美国驻莫斯科军事代表团团长迪恩将军坚决反对让苏联军官参加谈判[24]，于是，莫洛托夫被告知，此次谈判的目的只是为把德国代表送至卡塞塔（亚历山大元帅的司令部所在地）做出安排——欢迎苏联军官直接去那里。

莫洛托夫火冒三丈，他要求立即中止在瑞士进行的谈判，并粗暴地指出，苏联政府认为不接受苏联军事代表参与这些谈判"莫名其妙和不可理解"，这个观点令哈里曼大使感到担忧。3月21日，阿奇博尔德·克拉克·克尔爵士告诉苏联政府不会进行这样的谈判，却引发了苏联方面愤怒的回应，他们在3月22日的一份书面照会中指责道，这种谈判的的确确在"背着苏联"的情况下进行，而苏联在对德战争中承担了最大的重负，这不是什么"误会"，而是比误会"更坏的事情"，并暗示此举无异于同纳粹德国单独媾和，而将苏联排除在外。丘吉尔首相告诉艾登，不必对这种侮辱性照会做出回复，但鉴于美国坚持不让苏联军官参加前期谈判，应该把照会的副本抄送给美国国务院；同时，"让莫洛托夫和他的主子等着吧"。

但莫洛托夫的主子并不准备等待，他的不满立即传达给了莫洛托夫。苏联方面突然退出合作，斯大林将莫洛托夫调离即将参加旧金山会议的苏联代表团，并以葛罗米柯替代，这个决定促使罗斯福总统在3月25日的电报中恳请批准莫洛托夫至少出席"至关重要的开幕式"。同一天，罗斯福总统试图平息与斯大林越来越激烈的冲突，但明确表示他无法因为莫洛托夫"出于某种我完全无法理解的理由"提出的反对意见而取消旨在寻求意大利德军投降之可能性而进行的接触。电文的语气通情达理，做出的指责也很温和，但斯大林拒绝让步。他在3月27日的复电中指出，由于职责重要，即将召开的最高苏维埃会议"迫切"需要莫洛托夫出席，他无法参加旧金山会议。让全世界去想这是什么意思吧。

三国关系的动荡由于英国和美国之间发生的争执而变得更加激烈，这种争执源于艾森豪威尔将军3月28日发给斯大林的一封电报，电报中排除了英美军队直接进军柏林的可能性。这位盟军最高统帅指出，歼灭被包围在鲁尔地区的德国军队后，盟军主力将朝埃尔福特—莱比锡—德累斯顿方向推进，同苏联红军取得会合后将德国的防御切为两段；盟军还将对雷根斯堡—林茨地区发起辅助性进攻，以消灭被希特勒构想为最后抵抗中心的"国家堡垒"。艾森豪威尔将军等待获知苏联方面的作战计划，这样一来，从东西两面推进的军队便能够实现协调。

这封电报令伦敦深感惊愕，斯大林却对此感到满意。琢磨了电报的内容后，斯大林告诉迪恩将军，他对艾森豪威尔将军的看法深表赞同。斯大林又询问辅助性进攻的发起地点，并被告知这场进攻将从西线发起，而不是意大利。哈里曼大使问及苏军的攻势会不会推延至3月底，斯大林回答说，情况已明显改善，今年的春汛来得较早，各条道路即将变干。尽管还要跟自己的将领们协商，但斯大林答应尽快回复艾森豪威尔将军。苏联方面的回电4月1日正式发出，称赞艾森豪威尔的计划与苏军统帅部的看法完全一致。斯大林同意在埃尔福特—莱比锡—德累斯顿地区实现会师的建议，因此，苏联红军将朝这个方向发起他们的主要突击。"柏林已失去原先的战略重要性"，因此苏军统帅部只准备以次要兵力投入这个目标。根据不断变化的情况，苏军统帅部计划在5月份下半月发起自己的攻势。

可以理解的是，艾森豪威尔将军试图通过对盟军作战计划的确认，减轻或消除斯大林对英美同德军统帅部进行接触的猜疑，但此举未能奏效，实际上甚至有可能适得其反。回复艾森豪威尔将军前，斯大林在3月30日发出的一封电报中告诉马歇尔将军，他（马歇尔）在2月20日告知苏军统帅部的关于德国第6装甲集团军调动的情报被证明"与东线3月份战事的实际情况并不相符"。对"某些消息来源"故意而又具破坏作用的虚张声势不能不加以重视。这一次，轮到斯大林在自己的说法上虚张声势了。

斯大林收到艾森豪威尔将军关于盟军进军路线的电报时，朱可夫元帅正在拟定进攻柏林的详细计划（A计划和B计划），以呈交苏军总参谋部。次日（3月29日），应斯大林的紧急召唤，朱可夫飞赴莫斯科，并于当晚参加了对柏林战役的初步商讨。3月31日，科涅夫元帅带着他的方面军关于柏林战役的作战计划抵达莫斯科，并立即参加了总参谋部的会议，对整体作战计划进行审核。4月1日，斯大林给艾森豪威尔发去复电，电报中否认柏林是个重要目标，并将苏军发起攻势的日期定在5月下旬。斯大林召开了一场重要的作战会议，确定所有计划，并准备对德国首都发起一场庞大的攻势——这场攻势的发起日期不得迟于4月16日，整个战役的时间跨度为12—15天。

1. 译注：“统帅堂”装甲掷弹兵师11月27日改编为“统帅堂”装甲师，但这两个师都不属于武装党卫队，而是国防军部队。

2. 译注：白俄罗斯第2方面军司令员一职由罗科索夫斯基担任后，原司令员扎哈罗夫出任近卫第4集团军司令员。

3. 译注：此时的他仍为中将。

4. 译注：第6装甲集团军是一支国防军部队，1945年4月转入武装党卫队，改称“武装党卫队第6装甲集团军”，但由于该集团军从一开始所辖的主力就是武装党卫队，例如武装党卫队第1装甲军、武装党卫队第2装甲军等，因此许多人一直称其为“武装党卫队第6装甲集团军”。

5. 译注：就是前文提及的布龙贝格。

6. 译注：雷克纳格尔1月23日被游击队枪毙。

7. 译注：即梅瑟里茨筑垒地域。

8. 译注：据丘吉尔回忆录记载，这封电报是1月8日发出的。

9. 译注：即“阿登攻势”。

10. 译注：他是罗斯福总统的俄语翻译。

11. 译注：他是苏联外交人民委员会第一副人民委员，也就是外交副部长。

12. 译注：严格地说，华西列夫斯基2月17日要求辞去总参谋长一职，并推荐安东诺夫接任，安东诺夫这才成为苏军总参谋长，尽管从1943年起他就一直在履行总参谋长的职务。

13. 译注：应为近卫第4集团军。

14. 译注：近卫第4集团军司令员扎哈罗夫大将被新任乌克兰第4方面军司令员的叶廖缅科调去担任方面军副司令员；扎赫瓦塔耶夫原先是突击第1集团军司令员。

15. 译注：应为国防军第6装甲师。

16. 译注：应为步兵第37军，因为步兵第30军隶属第26集团军。

17. 译注：应为第57集团军。

18. 译注：这次会议的召开日期是2月13日。

19. 译注：如果包括近卫坦克第5集团军在内，白俄罗斯第3方面军得到的是4个集团军，而不是3个。

20. 译注：汇报在2月17日晚进行，但不排除超过午夜的可能性；另外，华西列夫斯基去帮助的是白俄罗斯第3方面军的切尔尼亚霍夫斯基，而不是朱可夫。

21. 译注：应为4个步兵集团军。

22. 译注：坦克第4集团军3月17日获得近卫军称号。

23. 译注：这场会谈同希姆莱毫无关系，他并不知道沃尔夫的所作所为。

24. 译注：迪恩指出，如果德军在东线向苏军做出类似的投降举动，苏联方面绝对不会邀请盟军人员参加谈判。

第八章
最后的战斗：1945.4–1945.5

　　"好吧，那么谁将去攻占柏林呢，是我们还是盟军？"1945年4月1日，斯大林在他的办公室里以这个问题打破了军事会议的平静，参加会议的有国防委员会的七名成员、朱可夫元帅和科涅夫元帅、总参谋长安东诺夫大将和总参作战部长什捷缅科上将。一如既往，斯大林小心翼翼地营造着气氛。会议开始后，先是综述苏德战线态势，然后是评估盟军的作战行动和他们的意图。斯大林总结了整体情况后，请什捷缅科宣读一封电报。什捷缅科大声读道，英美军队正准备发起一场进攻，打算抢在红军之前攻克柏林，蒙哥马利元帅负责指挥这股突击力量，他们将对鲁尔北面发起进攻，从而占据进入柏林的最短路线，他们的突击部队目前正在加紧准备，因为盟军统帅部认为这场作战行动显然是可行的。斯大林直接对两位元帅提出这个问题。科涅夫首先反应过来，他向斯大林保证，红军将率先夺取柏林。科涅夫轻易地上了钩，斯大林望着他，问他打算如何重新部署自己的部队，因为他的主力分散在南翼。科涅夫保证他能及时完成重新部署，而朱可夫简洁地报告道，他的方面军已做好夺取柏林的准备，目前正直接对准这座城市。

　　接下来，安东诺夫将军向与会人员介绍了主要作战计划。从斯德丁到格尔利茨（Görlitz）以北地区，苏军的三个方面军将在远程航空兵轰炸机的支援下沿数个方向发起进攻，突破德军防御，将敌"柏林集团"切割成几个孤立的部分并歼灭，然后夺取柏林。行动发起的12—15天内，苏军突击部队应沿一个宽大的正面抵达易北河，与英美盟军取得会合。鉴于情况紧急，各方面军只有12—14天准备时间。从更详细的层面上看，总参谋部的这一计划要求朱可夫的白俄罗斯第1方面军同时发起三个进攻，在霍亨索伦运河与奥得河—施普雷河之间55英里的地域摧毁德军的抵抗，将德国第9集团军的主力歼灭在柏林接近地，强攻德国首都，然后将攻势向西拓展，在进攻发起的12—15天内进抵易北河。朱可夫的主要突击由4个步兵集团军和2个坦克集团军执行，从屈斯特林西面的奥得河西岸登陆场发起。（这与朱可夫拟定的A计划相同，而他的B计划是设法改善白俄罗斯第1方面军的总体作战位置，随后在施韦特南面夺取一座新的登陆场，3个步兵集团军将从该登陆场发起进攻，而法兰克福登陆场应加以扩大，以适应方面军3个步兵集团军和2个坦克集团军组成的主要突击力量。）

　　苏军将从南面和北面发起两场支援性进攻，掩护朱可夫的主要突击，每个进攻投入2个集团军：第一个进攻将沿一条偏北的路线，朝埃贝尔斯瓦尔德（Eberswalde）—费尔贝林（Fehrbellin）方向发起，第二个进攻将从奥得河北面和法兰克福南面发起，总方向是菲尔斯滕瓦尔德（Fürstenwalde）、波茨坦和勃兰登堡，从而从南面迂回柏林，并将敌"法兰克福–古本"集团与德军主力防御部队隔开。进攻正面的炮兵密度定为每公里250门大炮，也就是说，在这条战线上，每隔13英尺便布设一门大炮，这样的密度令人瞠目结舌。最高统帅部还为朱可夫派遣了援兵，他将获得额外的1个步兵集团军（第3集团军）、8个突破炮兵师和大批作战支援单位。

　　科涅夫的乌克兰第1方面军接到的正式指令是迅速歼灭科特布斯和柏林以南的德国第4装甲集团军，完成这个任务后向西和西北方疾进，在进攻发起的10—12天内进抵贝尔齐希（Belzig）—维滕贝格（Wittenberg）一线，并在德累斯顿到达易北河。主要突击将以5个步兵集团军和2个坦克集团军从特里贝尔（Triebel）地区发起，总方向是施普伦贝格（Spremberg）—贝尔齐希，并以右翼的部分兵力配合白俄罗斯第1方面军夺取柏林。乌克兰第1方面军部署的炮兵密度与白俄罗斯第1方面军相同——每公里250门大炮，为此，最高统帅部将为科涅夫额外提供7个炮兵师，与此同时，左翼部队将压制布雷斯劳，2个步兵集团军朝德累斯顿方向发起的支援性进攻为主力突击部队提供掩护。

随后，安东诺夫谈起一个非常敏感的话题，这实际上是个禁忌。斯大林1944年11月便已决定由朱可夫的白俄罗斯第1方面军夺取柏林。目前拟定的进攻计划的确把这个任务交给了朱可夫的方面军，但几周来（甚至几个月来），苏军总参谋部一直在斟酌白俄罗斯第1方面军与乌克兰第1方面军协同作战的问题。两个方面军的分界线该如何确定？实际上，总参谋部在其作战态势图上初步确定的分界线已将科涅夫排除在柏林战役之外，但这就意味着按计划贯彻进攻行动会遇到许多困难。科涅夫本人强烈反对这种"排除"，他建议以他的坦克集团军朝柏林西南郊方向发起突击。只有斯大林能决定这个重要的问题。结果是一个巧妙的妥协。斯大林抹掉了白俄罗斯第1方面军与乌克兰第1方面军之间从尼斯河到波茨坦的分界线，这条分界线用铅笔勾勒在总参谋部的作战态势图上，将科涅夫挡在柏林城外。斯大林将这条分界线只划到距离德国首都仅40英里的吕本（Lübben），然后宣布："Kto pervyi vorvetsya, tot pust i beret Berlin."——"谁头一个突入柏林，就让谁占领柏林。"他还正式建议科涅夫拟定一个"备用计划"：一旦突破德军尼斯河防线，便以近卫坦克第3和第4集团军从南面对柏林发起突击。实际上，斯大林是让朱可夫与科涅夫展开一场竞争，但他在去年11月做出的决定并未失效。朱可夫的胜算很大，可从理论上说，科涅夫也有机会。

尽管总参谋部拟定的作战计划涉及三个方面军，但白俄罗斯第2方面军司令员并未出席此次会议。最高统帅部只是给白俄罗斯第2方面军的罗科索夫斯基下达了一道准备令，要求他迅速重组麾下的部队——4个步兵集团军、3个坦克军和1个机械化军以及部署在斯德丁地区的预备力量，以配合朱可夫右翼部队变更部署，这些任务的完成不得迟于4月15—18日。斯大林最初的指令是，白俄罗斯第1方面军应当在夺取柏林的战役中发挥决定性作用，为此，最高统帅部打算将朱可夫的正面战线缩减至少100英里。罗科索夫斯基的部队接管科尔贝格至施韦特这段区域后，朱可夫便可以集中起他的主要突击力量；白俄罗斯第1和第2方面军的分界线目前位于施奈德米尔—阿恩斯瓦尔德—佩日采—施韦特—安格尔明德（Angermunde）—维滕贝格一线。

最高统帅部的指令很简短，但付诸实施时却使罗科索夫斯基卷入到了激烈而又复杂的行动中。他的方面军最近一直在向东推进，现在不得不转身向西，穿过近200英里满目疮痍的乡村。村庄仍在燃烧，城镇被堵塞，河流渡口无法通行。尽管可以调集列车，但火车的速度慢如蜗牛。坦克可以用火车运送，其他部队只能利用卡车和马匹沿公路行进；第49和第70集团军率先接到重新部署的命令，接下来是巴托夫的第65集团军和费久宁斯基的突击第2集团军，近卫坦克第5集团军接管了突击第2集团军的阵地。卡车搭载着士兵、弹药和食物，拖曳着火炮日夜兼程；依靠步行的步兵部队尾随在后，步兵们成了行进中的武器库，他们携带着冲锋枪、子弹、手榴弹、格斗刀和干粮袋，行进速度为每天20英里。他们夺得的战利品也装在卡车上。

4月1日，斯大林签署了发给朱可夫的作战指令。次日，科涅夫也接到指令，乌克兰第1方面军的主要任务是歼灭科特布斯地区和柏林以南的敌军，主要突击沿施普伦贝格—贝尔齐希方向发起；科涅夫的2个坦克集团军有可能转至柏林方向，但只能在冲过吕本后发起。给罗科索夫斯基的指令尽管已拟定好，但直到4月6日才发出；罗科索夫斯基不直接参与夺取柏林的行动，但白俄罗斯第2方面军将向西（即柏林方向）发起进攻，歼灭斯德丁地区的德军，从北部地区确保柏林战役顺利进行。进攻指令规定，白俄罗斯第2方面军完成重新部署后便在施韦特北面强渡奥得河，消灭德国第3装甲集团军，封闭敌人朝柏林方向逃窜的通道。从北面确保朱可夫的突击后，罗科索夫斯基将朝西和西北方攻击前进，在行动发起的12—15天内进抵安克拉姆（Anklam）—普里茨瓦尔克（Pritzwalk）—维滕贝格一线。主要突击将以3个步兵集团军、3个坦克军和1个机械化军从施韦特以北地区发起，目标是新施特雷利茨（Neustrelitz）。

各个细节（包括部队的重新部署和加强）现已完成，苏军的总作战计划是以3个方面军投入"柏林方向"的进攻战役，发起6场强有力的进攻，在一个宽大的正面突破德军防御，从而分割守军，并将他们逐一歼灭。保卫柏林的德国军队是第9集团军和第4装甲集团军，包围他们的任务将由白俄罗斯第1方面军的右翼部队完成，他们将从北面和西北面迂回柏林，而乌克兰第1方面军的右翼部队将从南面和西南面实施包抄。将被围守军分割成两个孤立集团的任务由朱可夫的左翼部队执行，他们将冲向柏林南郊和勃兰登堡；如果取得成功，这场机动将对夺取柏林的行动起到极大帮助，因为守军的主力——第9集团军将与柏林城的攻防战隔开。在柏林北面展开行动，并以左翼部队朝西方向和西北方向推进的白俄罗斯第2方面军将迎战德国第3装甲集团军，并将柏林城北面的德国守军推向大海。德国第3装甲集团军将与柏林隔开，逃往易北河的通道也将被切断。

尽管在斯大林和最高统帅部面前慷慨陈词，但朱可夫和科涅夫在私下里都对自己承担的艰巨任务挠头不已——他们担心的不是作战行动，而是后勤问题。斯大林已询问过科涅夫目前的部署情况，白俄罗斯第3方面军辖下的第28和第31集团军将作为援兵调拨给科涅夫，但这两个集团军相距甚远，无法在进攻发起前及时赶到。科涅夫只能建议，不等这两个集团军到达便以方面军现有兵力发起进攻，斯大林批准了这个建议，将4月16日定为科涅夫的进攻发起日期。朱可夫得到的援兵是戈尔巴托夫的第3集团军，该集团军被纳入白俄罗斯第1方面军的第二梯队，也将沿主要方向投入战斗。几天后，罗科索夫斯基飞抵莫斯科，听取任务简报并接受作战指令。经过一番长时间的争论，他的进攻发起日期才被确定在4月20日，白俄罗斯第2方面军尚未结束东波美拉尼亚战役，现在必须从东向西变更部署，部队不得不行进200英里，然后做好在奥得河下游实施强渡的准备。推延四天是罗科索夫斯基所能争取到的最大期限；他要求获得更多的卡车，以加快部队的调动，但这个要求没有得到满足。

朱可夫和科涅夫乘飞机离开莫斯科，起飞间隔只有几分钟，两位元帅都希望充分利用有限的时间。为节约宝贵的时间，朱可夫已于4月1日晚打电话给他的参谋长M. S. 马利宁上将，告诉他进攻计划已被批准，没有太大的变化，但"我们的时间很紧"，因此马利宁必须立即着手实施战役准备措施。无论在地图上看还是从空中望去（苏军飞机已执行了6次特别侦察任务，对柏林及其防御进行航拍），柏林都是一座强大的堡垒，城市面积达到320平方英里，坚固的建筑物以及地下设施和装置提供了大量支撑点，守军可对此加以利用，将整座城市变成一只巨大的"刺猬"。被炸毁的混凝土块、砖石瓦砾和废弃的车辆构成了防坦克障碍，与形成天然防坦克带的湖泊和河流相连接。塞洛高地坐落在朱可夫面前，德国人在这座海拔200英尺的高地上精心修筑了防御工事，山顶的火炮可以覆盖四面八方的接近地，特别是与众多溪流相连接、布满湿软地面的山谷。

朱可夫拓展原先的A计划，为进攻行动拟定细节，这场进攻将以6个集团军（4个步兵集团军和2个坦克集团军）从屈斯特林登陆场发起，目标是粉碎柏林东面的德军防御，然后对柏林城发起突击。屈斯特林登陆场内，位于战线中央的3个集团军（突击第3、突击第5集团军和近卫第8集团军）接到的任务是突破德军防御，为坦克部队打开一条通道，并于进攻发起的第6天在亨尼希斯多夫（Henningsdorf）—加图（Gatow）地区抵达哈弗尔湖（Havel）东岸；第47集团军将从西北方迂回柏林，朝瑙恩（Nauen）—拉特诺（Rathenow）攻击前进，于进攻发起的第11天进抵易北河畔的舍恩豪森（Schonhausen）地区。2个坦克集团军部署在主要突击力量内，但朱可夫现在打算让他们从北面和南面迂回柏林——近卫坦克第1集团军作战任务的变化得到了斯大林的亲自批准；卡图科夫的近卫坦克第1集团军将转身向南，而不是在北面与近卫坦克第2集团军一同行动。卡图科夫的坦克集团军和尤舒克的坦克第11军接到的命令是，进入崔可夫的近卫第8集团军打开的缺口，朝塞洛—卡尔斯霍斯特（Karlshorst）方向疾进，并在投入行动的第二天夺取克珀尼克（Kopenick）—腓特烈港（Friedrichshafen）—新恩哈根（Neuenhagen）地区；从南面迂回柏林城后，近卫坦克第1集团军将与近卫坦克第2集团军相配合，夺取柏林西面的夏洛滕堡（Charlottenburg）和策伦多夫（Zehlendorf）。波格丹诺夫的近卫坦克第2集团军将利用突击第5集团军打开的缺口，最终冲向奥拉宁堡（Oranienburg）—亨尼希斯多夫地区的哈弗尔河，随后转向南面，与近卫坦克第1集团军共同肃清柏林西北郊。

朱可夫还计划从北面和南面发起两场支援性进攻，掩护他的主要突击力量。第61集团军和波兰第1集团军将从北面发起进攻，向西北方推进，穿过利本瓦尔德（Liebenwalde），于进攻发起的第11天抵达易北河。第二个进攻由第69和第33集团军执行，他们将从南面朝菲尔斯滕瓦尔德—波茨坦—勃兰登堡这个总方向突击前进；这2个集团军接到的命令是在法兰克福地区突破德军防御，冲向柏林南郊和西南郊，从而完成对德国第9集团军的隔离。提供增援的戈尔巴托夫第3集团军将沿主进攻路线投入，作为方面军第二梯队展开行动。

科涅夫的方面军并不特别偏向于"柏林方向"，他面对的是复杂的策划问题，令问题变得更加复杂的是斯大林"备用计划"的建议——将坦克集团军投入争夺柏林的战役。对态势进行细致检查后，科涅夫开始意识到自己所处的位置并非毫无希望：他应该从一开始就将"机动"思想纳入作战计划，这将使他进入柏林，为迅速达成突破，他的右翼部队将投入到柏林战役中。毕竟这完全符合最高统帅部对事情有可能发生变化的理解。因此，科涅夫确定了完成这个任务的兵力——近卫坦克第3集团军一个获得加强的坦克军以及近卫第3集团军的一个步兵师。留了这个心眼后，科涅夫开始拟定他的作战计划。他打算以5个集团军（3个步兵集团军和2个坦克集团军）从特里贝尔朝施普伦贝格—贝尔齐希方向发起主攻，歼灭科特布斯和柏林以南的敌人；他计划在行动发起的第10—12天内突破至贝利茨（Beelitz）—维滕贝格（Wittenberg）一线，然后赶往易北河，直至德累斯顿。主要突击力量接到的特别指令是，行动发起的第二天在福斯特（Forst）—穆斯考（Muskau）地区突破德军整个战术防御，并冲向施普雷河（Spree）。

一旦到达施普雷河，2个坦克集团军便投入行动，雷巴尔科的近卫坦克第3集团军接到的命令是穿过近卫第3集团军在科特布斯南面打开的缺口，冲向卢肯瓦尔德（Luckenwalde），在行动发起的第五天夺取特雷宾（Trebbin）—特罗伊恩布里岑（Treuenbritzen）—卢肯瓦尔德地区，并在第六天以获得加强的先头部队攻占勃兰登堡。雷巴尔科也应牢记以一个坦克军和一个步兵军[1]攻向柏林的可能性。列柳申科的近卫坦克第4集团军也从施普雷河投入进攻，全速冲向施利本（Schlieben），在第三天攻克整个芬斯特尔瓦尔德（Finsterwalde）地区，第五天进抵尼梅格克（Niemegk）—维滕贝格—阿尔恩斯多夫（Arsndorf）一线，在第六天以获得加强的先头部队攻占拉特诺和德绍（Dessau）。列柳申科在方面军的中央地段展开行动，推进的路程似乎比较长，但穿过近卫第5集团军打开的突破口后，他的部队就将转向西北方，而整个方面军一旦达成突破，同样有转向西北方的趋势。最后，为掩护主要突击力量，科涅夫打算以波兰第2集团军和第52集团军的右翼部队发起一场支援性进攻，总方向为德累斯顿。

朱可夫抓紧时间让集团军司令员们做好准备，4月5日—7日，方面军司令部以两天时间进行了任务简报和沙盘推演，柏林及其郊区的一个大比例模型被用于这场推演。据苏联方面获得的情报，从屈斯特林到柏林，德军设立了五条防线，这些防线越过明歇贝格（Muncheberg）后与掩护柏林的三道防御带相连接；德军预备队正在调动，主要针对的是白俄罗斯第1方面军和奥得河登陆场。朱可夫知道，攻势发起时，他不得不在罗科索夫斯基尚未从北面提供掩护的情况下展开进攻——但没有时间等待了。目前，他的2个坦克集团军仍处在从东波美拉尼亚归建的过程中，而补给和部队调动的困难也给他的方面军造成了很大的麻烦。

但主要问题集中在进攻的组织工作上。为获得最大的突击力，朱可夫决定采用夜间进攻的方式，在拂晓前两个小时出发。为照亮德军阵地，143部探照灯制造的人工月光将照亮整片战场，并令敌人目眩眼花（为检验这个构想，他们对苏军士兵使用了探照灯，似乎确实能达到这种效果）。但在朱可夫前方，德军前沿阵地后有一片5英里的沙地，然后便是平地而起的塞洛高地，德国守军在这里严密布防。面对这种障碍，2个坦克集团军该如何有效地部署呢？战术推演清楚地表明，只有夺取该高地，坦克部队才能投入战斗——但在实际战斗中，最初的突击没能迅速突破德军阵地，苏军坦克部队不得不立即投入，"撕开敌人的防御"。朱可夫因此决定调整最高统帅部的计划，该计划规定2个坦克集团军应用于向北实施迂回；他现在打算将卡图科夫的近卫坦克第1集团军部署在崔可夫的近卫第8集团军身后，这样一来，2个集团军便可以在需要的时候同时投入战斗。斯大林毫不犹豫地批准了这一调整，但事实证明，这不是最恰当的办法。

尽管朱可夫决定用探照灯照亮战场，但科涅夫选择了利用黑夜和密集的烟雾来隐蔽他强渡尼斯河的行动，通过科涅夫4月8日签发的No.00211作战指令，各部队指挥员（包括空军第2集团军司令员）都接到了这一指示。朱可夫只采用了30分钟的炮火准备；而科涅夫计划将炮击时间延长至145分钟。至少朱可夫已在屈斯特林渡过奥得河——尽管桥梁和渡口持续遭到炮击和轰炸，甚至包括水雷的袭击——而科涅夫不得不从平坦、稍有些倾斜的东岸强渡尼斯河，踏上陡峭的西岸。尼斯河河面宽阔，水流湍急，迫使科涅夫必须发起一场规模庞大的强渡行动，而这些行动都处在德军隐蔽在混凝土掩体和火力点内的火炮的火力覆盖下。

沿一条235英里的弧线，参与柏林战役的三个苏军方面军囤积起大量弹药，部署了数百个单位和数千门大炮。进入隐蔽地带时，面对天气和地形，朱可夫的部队打了场败仗：由于春汛和当地的泉水，潮湿的地面不断渗出水来，再加上光秃秃的树木尚未长出新叶，他们根本无法挖掘阵地并部署有效的伪装。火车运来数千吨弹药（最终达到700万发炮弹），铁轨已换成符合俄国规格的宽轨，货车绕过中继仓库，将弹药卸在前线附近。坦克和自行火炮由铁路平板货车运送，覆盖着大捆干草和鼓鼓囊囊的麻袋，而部队在夜间行军已成为一项规则，他们在白天停止前进，获得掩蔽后再次出发；大炮被调入大大小小的森林中并按照口径排列，庞大的阵容与日俱增，硕大的203毫米火炮披挂着伪装网，构成了一片人造林。从方面军探照灯连和防空第5军调来的探照灯按照200码的间隔以及与前线不同的距离（从400码到1000码不等）部署。女子操作组直到4月15日才到达前线，途中不断得到前线士兵们的欢呼。德国人在塞洛高地上也部署了探照灯，用于照射苏军突击部队不断集结的山谷；探照灯熄灭时，德军飞机便投放照明弹，继续提供照明。遵照严格的命令，苏军大炮没有开火，灯光扫过时，登陆场内的士兵们一动不动，或是在地上匍匐爬行。

苏军集结起的大炮多得令人难以置信——朱可夫的主攻方向上部署了8983门，科涅夫的进攻线上排列着7733门——工兵部队也挤在登陆场和突击阵地内。罗科索夫斯基和科涅夫面对着强渡奥得河和尼斯河的问题，而朱可夫身处屈斯特林登陆场的部下们不得不对付德军强大的工事和固定防御。最高统帅部设法调集起485个营的战斗工兵和构桥（浮桥）工兵，其中的360个营被直接用于突破行动。朱可夫的战区内，在奥得河上搭设桥梁的工作冒着猛烈的炮火不停进行，13个浮桥建设营和27个工兵营竭力确保受损的桥梁和渡口的畅通；25座浮桥铺设就位，将屈斯特林登陆场同奥得河东岸连接起来，从而使实际突击区域每1.5英里的战线上拥有2座浮桥和3个门桥渡口。4月10日，第聂伯河区舰队驶入这条炮火纷飞的河流，第1和第2旅的炮艇在屈斯特林附近的奥得河河段就位，第3旅奉命防止菲尔斯滕贝格（Fürstenberg）的发电设施遭受破坏。

科涅夫打算在第一波突击中将他的士兵和轻型火炮运过尼斯河，然后是坦克和自行火炮，但两位坦克集团军司令员都提醒他，不要在尼斯河使用他们的渡河设备，而应留待施普雷河。每个步兵团都携带着2座轻型突击桥，每个师拥有2座3吨浮桥，每个军拥有1座16吨浮桥，而各集团军会布设他们自己的30吨和60吨桥梁。科涅夫的工兵们挥汗如雨，搭设起136座桥梁，挖掘了14700个掩体和装甲指挥所，还建设了11780个炮位。5个汽运团投入3000辆卡车运送燃料和弹药，并帮助部队重新部署；15000辆租借法案提供的卡车往于前线地带，送来更多的食物和至关重要的弹药。

前线部队全力完成庞大的柏林战役（苏军为这场战役投入了190个师）的准备工作时，斯大林以一种顽强的风格与三巨头里的另外两位伙伴进行着斗争，以确保自己的政治利益。谨慎是必要的，就像他3月底对朱可夫说的那样，罗斯福总统不会违反雅尔塔协议，"至于丘吉尔，这个人是什么事都干得出来的"。对波兰问题的争执变为欺骗。3月底，在一张特别通行证的保护下，16名波兰政治领导人和军事人物赶至华沙附近的普鲁斯科夫，与朱可夫元帅举行磋商。他们分成两组，第一组3月27日到达，第二组次日赶到，但没有一个能平安返回。实际上，他们根本无法见到朱可夫元帅，他已飞赴莫斯科，同斯大林商讨柏林战役的事宜。这些波兰人也被送往莫斯科，却是在NKVD卫兵的押送下。对波兰反对派的这场逮捕伴随着另一个花招，亚格金斯基试图作为卢布林委员会的一名"非正式"代表同波兰流亡政府前议长格拉布斯基教授举行谈判并直接达成协议。亚格金斯基将莫斯科委员会斥为"毫不重要"，对调解者们的一切努力大加嘲讽，并建议格拉布斯基教授、米科拉伊奇克和另外三人加入"他的"政府。亚格金斯基劝告道，忘掉莫斯科委员会吧，"这不过是粉饰门面而已，决定一切的是斯大林"。另一个"卢布林波兰人"也以同样的花言巧语对米科拉伊奇克进行劝说。

丘吉尔对这些消息感到惊愕，他既不倾向于接受外交部认为的"斯大林的目标有限"这种看法，也不倾向于默许苏联控制东欧。3月27日，他写信给罗斯福总统，阐明了日益严重的焦虑，并恳请"就波兰问题向斯大林发出最强烈的呼吁"。但斯大林也有怨气，3月29日，他以一封怒气冲冲的电报回应了罗斯福总统3月25日电报对"伯尔尼谈判"所作的解释，抱怨说几个德军师从意大利调往了苏德战场，并暗示德国人在意大利向盟军"开放战线"，此举必然涉及"某些另外的、更加深远地关乎到德国命运的目的"。4月1日当天，斯大林确定了确保他在德国和柏林相关利益的军事部署，罗斯福总统和丘吉尔首相给莫斯科发去两封长电文，这两封电报都流露出明显的疑虑，特别是对波兰问题。罗斯福总统在另一封电报中对斯大林3月29日电文中就"伯尔尼谈判"表述的观点做出回应。总统重复道，没有举行任何谈判，意大利德军的调动——2个师被调往东线——发生在此次接触前。

斯大林已对党卫队第6装甲集团军调动的错误情报做出指责，他在4月3日的电报中又将矛头直接对准罗斯福总统：在伯尔尼确实进行了谈判——"大概您收到的情报并不全面"——谈判的结果是达成了一项协议，德国人向英美盟军开放战线，盟军允许德军调往东线。作为交换条件，英国人和美国人将放宽德国的投降条件。这就是斯大林的"军事同僚们"得到的情报。他补充道，"我认为我那些同僚的看法与事实很接近"。西线德军实际上已停止对英美军队的作战，他们的战斗只针对俄国人。这封电报深深地刺痛了罗斯福，他对此感到愤怒，由于身体虚弱，他把回复电报的任务交给马歇尔将军，后者4月5日发出复电，对这些指责进行驳斥，结尾处以毫不掩饰的愤怒对斯大林的情报人员大加斥责："不管他们是谁，对我和我所信任的下属做出如此卑劣的污蔑，我不能不表示莫大的愤慨。"丘吉尔首相也发出了同样意思的电报。

斯大林对此处之泰然。"俄国人的观点是"——其他盟友应该被邀请参加投降谈判——"唯一正确的观点"；德国人可以轻而易举地从东线抽调15—20个师增援西线，但这种情况并未发生。他们在东线为了"一座籍籍无名的车站"殊死战斗，简直把它当作命根子，可他们却毫不抵抗地交出了曼海姆和卡塞尔……"这是一种极其奇怪而又无法理解的行为。"至于情报人员，他再次以党卫队第6装甲集团军为例，来说明他们送来的情报可能稍晚了些，但却是准确的。对丘吉尔首相，斯大林毫不在意自己粗暴的态度：没有谁想要污蔑谁，他（斯大林）和莫洛托夫没有污蔑任何人的意图，事情归结于"一个盟友的权利与义务问题"。至于这些权利，斯大林在4月7日同罗斯福总统和丘吉尔首相的沟通中提到，并回答了他们对处理波兰问题的抱怨。斯大林多少有些冷酷地同意"波兰问题的确已陷入僵局"，但这是因为美国和英国大使脱离了雅尔塔会议的方针，并引入了"新因素"：他们无视波兰临时政府的存在，要求批准莫斯科委员会的每一位委员都可以从波兰和伦敦邀请"数目不受限制"的人员参与协商，而不是从波兰邀请五位，从伦敦邀请三位，根本无视雅尔塔会议的决定——只有那些愿意接受雅尔塔协议（特别是关于寇松线的决定）并致力于实现苏波"友好关系"的波兰人才应该获邀参加协商。鉴于波兰人致力于同苏联建立"友好关系"，临时政府可以扩大，应将其理解为"构成未来波兰全国统一政府的核心"，被邀请参与协商的人数应有所限制，未来波兰政府中新旧部长的比例可以参照南斯拉夫的模式。

四月初重要的一周里，斯大林在手中筛选着他的整体策略。紧张的战争似乎使他饱受压力和矛盾情感的折磨——复仇情绪充斥着大多数俄国人的头脑；俄国的权利和应归于她的荣誉，确保俄国在东欧安全利益的自由，一切都源于大规模军事力量的存在，一个令人倍感痛苦的猜疑是英国将再次建立起"防疫圈"包围苏联，他偏执地认为秘密交易将使俄国丧失德国这个战利品，并在阴谋的泥沼和肮脏的交易中破坏俄国对权力和威望的需求。斯大林对雅尔塔和波兰问题的看法是对的，英国人和美国人现在寄希望于他们造成的歧义，但雅尔塔谈判不能重来一次，斯大林对已商定问题的法律性严格解释的坚持绝不容许重新谈判。鉴于红军和NKVD对波兰的紧密掌控，斯大林甚至可以对丘吉尔首相"波兰有太多的秘密"这种指责做出漫不经心的争论——他在4月7日写道："其实这里根本没有秘密。"

斯大林调集军队准备对柏林发起一场强大的突击，250万苏军士兵卷入了这个庞大而又可怕的结局中，他们将对傲慢的优等民族实施惩罚。与此同时，斯大林开始履行雅尔塔协议中的其他义务。他下达命令，开始加强外贝加尔、远东军区以及远东滨海集群的指挥力量；位于欧洲战区的几个集团军很快会被调至远东。卡累利阿方面军已被撤销，3月底，梅列茨科夫赶往雅罗斯拉夫尔，他的参谋人员已在那里集结，准备接受新的命令。斯大林对梅列茨科夫这个"狡猾的雅罗斯拉夫尔人"[2]抱有坚定的信心，670辆T–34坦克和一些新式技术装备已调拨给远东部队。

4月5日，按照雅尔塔协议的第3款，苏联政府通知日本，废除双方签订的互不侵犯条约。这份条约签订于1941年，已执行了整整4年，只差8天。

3月中旬，华西列夫斯基元帅——目前指挥着白俄罗斯第3方面军，巴格拉米扬的"泽姆兰军队集群"（原波罗的海沿岸第1方面军）也隶属于他——

集结起麾下的作战力量，对柯尼斯堡发起最后的进攻，但必要而又代价高昂的前奏是消灭南面和西南面的德军登陆场，这一防御体系以海利根拜尔（Heiligenbeil）为中心，由德国第4集团军顽强据守。据苏联方面估计，19个德军师部署在这座登陆场，而泽姆兰和柯尼斯堡只有11个师。华西列夫斯基构想的柯尼斯堡战役分为三个阶段——消灭海利根拜尔守军，对柯尼斯堡发起一场强有力的突击，最后歼灭泽姆兰半岛的敌人。为分割海利根拜尔防御圈，华西列夫斯基计划从东面和东南面发起两场突击，他很清楚，这必然会延误最后的突击，但除此之外，他没有其他办法来解决这个棘手的问题。

最高统帅部批准了华西列夫斯基的作战计划，但坚决拒绝为他提供援兵，尽管白俄罗斯第3方面军遭受了严重的损失。燃料和弹药缺乏，各条道路由于泥泞变得越来越拥堵，延误接二连三，给坦克、大炮和卡车的行进造成严重妨碍。在此期间，巴格拉米扬进行着"泽姆兰"战役的准备工作，这是突击柯尼斯堡的行动代号，为此，华西列夫斯基答应把东普鲁士地区的全部航空兵力量（空军第1、第3集团军，空军第18集团军的几个师和一个重型轰炸机编队）提供给他，另外还有最高统帅部预备队调拨的重型火炮部队，其中包括305毫米口径的攻城炮。对自己所面临的艰巨任务，巴格拉米扬并不抱有幻想，这是苏联红军经历的规模最大、最为复杂的城市攻坚战，他们面对着强大的堡垒、无数的碉堡、精心修建的强化建筑物以及布设在各个路口的障碍物。为协助战役策划工作，他们制作了一个1:3000的城市模型，详细标出城内和城外的防御工事，特别是各座堡垒。三道防线环绕着柯尼斯堡，15座堡垒对苏军的突击行动构成重大威胁；第二道防线沿城郊延伸，第三道防线掩护着柯尼斯堡腹地，两道防线上都设有堡垒。在沙盘上研究了敌人的防御体系后，巴格拉米扬标示出第43、第50集团军和近卫第11集团军的进攻区域，按照华西列夫斯基"心理性打击"的建议，第39集团军也投入其中，因为柳德尼科夫的第39集团军2月18日没能阻止德军从城内和泽姆兰方向发起的进攻，从而使敌人建立起一条陆地连接，缓解了柯尼斯堡的压力，柳德尼科夫现在大概很想复仇。[3]

3月13日，华西列夫斯基告诉巴格拉米扬，尽管雨雪纷飞，能见度较差，但对海利根拜尔防御圈的突击必须按时发起，这也是巴格拉米扬投入行动的规定时间。巴格拉米扬报告说，近卫步兵第16师已投入战斗，切断了连接勃兰登堡和柯尼斯堡的公路。三天后（3月16日），华西列夫斯基就东普鲁士的情况向斯大林呈交了一份长长的报告，详细阐述了突击柯尼斯堡的作战计划；但最高统帅部在正式回复中做出规定，海利根拜尔战役必须在3月22日前结束，柯尼斯堡战役的发起时间不得迟于3月28日。华西列夫斯基立即打电话给斯大林，指出这个时间表根本无法执行，因为海利根拜尔战役不可能在3月25日—28日前结束，重新部署部队需要3—4天，因此炮兵和航空兵对柯尼斯堡发起打击要推延到4月初。斯大林不仅同意了这个要求，还答应增派援兵，并派空军主帅A. A. 诺维科夫和A. E. 戈洛瓦诺夫去帮助华西列夫斯基。

德国第4集团军在登陆场内顽强抵抗，但还是渐渐被逼向大海，最终退入狭小的巴尔加半岛（Balga peninsula），这座半岛伸入弗里施潟湖，朝皮劳方向延伸。经过激烈的白刃战，海利根拜尔于3月25日陷落，而滞留在巴尔加海滩上的德军残部也遭到苏军持续的空袭。希特勒起初拒绝批准任何疏散，但3月26日同意了这个要求，前提是必须救出重装备。这个决定来得太晚，已无法挽救装备或人员。只有小股德军逃入弗里施沙嘴和皮劳。3月29日，位于南面的德军登陆场被彻底消灭，这使华西列夫斯基得以腾出他的部队赶往柯尼斯堡，苏军指挥部打算以密集的火力覆盖这座城市。在此期间，最高统帅部下令撤销巴格拉米扬的"泽姆兰军队集群"，辖内未参战的各个师在因斯特堡编入预备队，但巴格拉米扬仍担任白俄罗斯第3方面军副司令员。

4月初，苏军对柯尼斯堡展开初步炮击，但低矮的云层和瓢泼大雨妨碍了苏军飞行员和炮兵的行动。华西列夫斯基打电话给斯大林，发现他正为柏林战役有可能发生的延误担心不已；窗外雾雨蒙蒙，但华西列夫斯基知道，他不能再耽搁了。现在，炮兵不得不承担起火力压制的主要职责，尽管诺维科夫做出保证，只要天气状况稍有改善，航空兵部队就将全力以赴。各集团军已位于各自的出发线，准备在必要的情况下只依靠炮兵力量。诺维科夫元帅没有明确指示他的空军集团军何时投入战斗，并冷淡地指出，他只指挥飞机和飞行员，并不指挥天气。苏军突击部队由4个集团军组成，兵力达137250人（这与德国守军的力量大致相当），但在火力上得到极大加强——5000门大炮和重迫击炮、538辆坦克和自行火炮、2444架战机。最高统帅部通过多种渠道指挥着大炮和飞机。波罗的海舰队提供了海军战机、从芬兰湾调来的内河炮艇、铁道炮兵第

404师以及海军步兵参加对泽姆兰的突击，这些海军力量被编入"西南海军筑垒地域"，由海军少将N. I. 维诺格拉多夫指挥。炮兵力量中，近半数是大口径火炮，包括一些重型火炮（203毫米到305毫米口径）和海军铁道炮兵的130毫米及180毫米大炮；各步兵师师长可以呼叫152毫米和203毫米火炮提供炮火支援，另外还有160毫米迫击炮和300具多管火箭炮。

4月6日，天气有所放晴，于是华西列夫斯基投入步兵和坦克发起突击，在柯尼斯堡西北和西南郊的8个独立地区冲入德军周边防御阵地。各苏军团早已组织起自己的"突击队"，由1个步兵营、1个工兵连、1个76毫米炮兵队、1个火焰喷射器小队、1个120毫米迫击炮连、1个坦克或自行火炮连组成；各营各连也组织起类似的突击组，由2门反坦克炮、2门火炮、2—3辆坦克提供支援。突击队里的每个步兵都配有6枚手榴弹以及各种装备，这是从以往艰巨的巷战中学到的经验。苏军炮火一刻不停，下午，随着天气好转，苏军战机投入行动，空军第1集团军从东面、空军第15集团军从北面、波罗的海舰队的海军飞机从西面发起进攻，而远程航空兵的轰炸机则来自各个方向。面对苏军的大批飞机，德国空军几乎无能为力，只有100余架战斗机从遭到猛烈炮击的机场升空，甚至从柯尼斯堡城内的主街道起飞。

傍晚来临时，苏军突击部队已攻入城内，封锁或炸毁了数座堡垒，切断了柯尼斯堡—皮劳铁路线，突破了德军的整个防御体系。夜晚并未带来喘息之机。华西列夫斯基命令各集团军司令员继续战斗，不得停顿。次日，一场猛烈的火力风暴倾泻在这座城市。柯尼斯堡的命运已定，大批平民与作战士兵混杂在一起，根本无法躲避红军无情的火力打击。4月7日拂晓，天空更加晴朗，晨雾很快消散了，但柯尼斯堡城内腾起一股股浓烟。苏军炮兵展开弹幕射击，近卫歼击航空兵第11军的飞机对敌人残余的机场和高射炮阵地发起打击。在地面上、城堡内、工事和建筑物里，苏军突击队从事着激烈的巷战，他们跳跃、奔跑、匍匐、攀爬、射击，用炸药和喷火器将守军逐出。大口径火炮不停地轰击着德军防御阵地，有些支撑点被证明坚固得令人惊讶——5号和5a号堡垒遭到500—600发大口径炮弹（203毫米和280毫米）的轰击后依然完好，就连德军炮组人员也利用堡垒周围纵横交错的通道和沟渠迎战苏军步兵。

但苏军集结起来的大批歼击轰炸机预示着新一轮猛攻即将到来。4月6

日，恶劣的天气导致诺维科夫的空军集团军无法升空，计划中1218个轰炸机架次只出动了85个架次，4000个计划架次只出动了1000个。但4月7日上午10点，诺维科夫投入246架轰炸机执行三个波次的攻击任务，并决定使用远程航空兵的重型轰炸机执行白昼轰炸任务，这个决定令戈洛瓦诺夫惊愕不已。戈洛瓦诺夫争辩道，苏军远程轰炸机组习惯了只在夜间展开行动，没有接受过白昼编队飞行的训练，会沦为德军战斗机的活靶子。诺维科夫带着一丝讥讽对他提出的最后一点问题做出反驳："别担心这一点，我会派125架歼击机为您的轰炸机护航，所以不会有一架'梅塞施密特'胆敢攻击它们。另外，还有200—300架伊尔–2在歼击机的可靠掩护下不断覆盖城市上空，并同我们的炮兵相配合，保证敌人的高射炮连哼一声都不敢……"戈洛瓦诺夫还想争辩几句，但空军司令员诺维科夫让他执行命令。500多架轰炸机将550吨炸弹投向德军防御阵地，一座座建筑被炸毁，一条条街道被堵塞，卷起的大股尘埃笼罩着城内的守军。

这场毁灭性攻击制造出了大片废墟，但没能摧毁德国人的抵抗，他们利用地下掩体和获得加强的支撑点继续顽抗。工兵清理着苏军俯冲轰炸机炸开的通道，苏军部队穿过一条条街道突入城内：别洛鲍罗多夫的第43集团军从西北面推进，加利茨基的近卫第11集团军从南面推进并跨过前进路线上的普雷格尔河。4月8日，就在别洛鲍罗多夫与加利茨基竭力取得会合时，诺维科夫最大限度地投入航空兵力量，苏军战机出动了6000个架次，但随着从西北面和南面而来的苏军越靠越近，空袭和炮击误伤友军的危险也越来越大。柯尼斯堡要塞城防司令拉什将军认为这种持续的杀戮毫无意义。他曾要求德国第4集团军司令米勒将军批准他率部突围，撤向泽姆兰半岛，但遭到了拒绝。现在，柯尼斯堡与泽姆兰之间的陆地连接已被切断，米勒姗姗来迟的批准令成了一种嘲弄。

城内的士兵和平民被笼罩在可怕的破坏中，持续的轰炸将他们困于火海，4月9日21点30分，拉什将军不得不签署了向苏军投降的命令。次日拂晓，一队队德军俘虏集结在已成废墟的市中心，队伍里的德军高级将领很显眼，拉什将军坐在一辆汽车里。接受华西列夫斯基元帅的询问时，拉什称赞苏军指挥部很好地拟定并出色地完成了对这座要塞的突击。他执行的防御任务在很大程度上是一种临时性举措，指挥层面也是如此。希特勒以"过早投降"的罪名缺席判处他死刑并逮捕了他的家属。红军宣布击毙42000名德军官兵，俘虏92000

人（包括1800名军官和将领），并缴获大批武器装备。平民的遭遇同样残酷，25000人遇难，主要是因为他们没有任何办法逃离这座城市，这是东普鲁士大区领袖蓄意的计划所致。

现在需要解决的是德军"泽姆兰集团"，据华西列夫斯基的情报部长汇报，该集团由8个步兵师和1个装甲师组成。他还报告说，米勒已被解除第4集团军司令的职务，取而代之的是冯·邵肯。这股德军共65000人，拥有1200门大炮和166辆拼凑起来的坦克。为消灭该集团并前出至皮劳，苏军指挥部打算投入5个集团军，总进攻方向为菲施豪森（Fischausen）。苏军的进攻在4月13日打响，最后一场残酷的战斗爆发开来，德军后卫部队不惜一切代价拦阻苏军的突击，掩护主力撤向皮劳。德军"泽姆兰集团"被打得焦头烂额，4月15日后已不复存在于德军作战序列，但这些部队仍奉命死守皮劳，让德国船只撤离难民和士兵。一股20000余人的德军作战部队在皮劳据守着临时设立起的防御阵地，他们同苏军突击部队展开激战，使后者遭受到严重伤亡，华西列夫斯基被迫投入第二梯队（近卫第11集团军），发起最后的突击，以打垮德军的顽抗。持续6天的血腥激战随之而来，双方伤亡惨重。随着战斗渐渐平息，从沙滩到松林，丢弃的武器装备和散落的尸体随处可见，这是持续105天的东普鲁士战役的最后疼挛，猛烈、几乎毫无停顿的炮击成为这场战役鲜明的特点，在柯尼斯堡的最终毁灭中达到了顶峰。

西面和南面发生的事情对守军的情绪和柯尼斯堡的最终命运产生了巨大影响：但泽陷落，维也纳被红军攻克，这让被苏军强大包围圈困在柯尼斯堡城内的平民和士兵心情抑郁。环顾眼前这一幕，随着时间的推移已变成越来越可怕的噩梦。希特勒3月底时认为，大批苏军集结在柏林接近地不过是一场佯攻，他们真正的主攻将落在南面，俄国人会冲入捷克斯洛伐克，夺取重要而又丰富的工业资源。为此，元首命令"维斯瓦河"集团军群将几个党卫队装甲师调往南面，加强舍尔纳守卫捷克斯洛伐克的力量。苏军的作战计划的确要求对捷克斯洛伐克发起一场大规模攻势，但3月份的执行情况证明这是一场代价高昂、令人失望的行动。乌克兰第4方面军2月中旬提交了作战计划，其设想是在最初阶段改善方面军的整体位置，然后发起一场纵深250英里的突击，直抵伏尔塔瓦河（Vltava），随后夺取布拉格；战役第一阶段将攻克摩拉瓦俄斯特拉发工业区，这个任务由第38集团军执行。马利诺夫斯基的乌克兰第2方面军奉命以其主力部队夺取布拉迪斯拉发和布尔诺，与此同时，方面军辖内的其他部队配合乌克兰第3方面军进攻维也纳。

这个宏大的计划迅速失败。彼得罗夫大将的乌克兰第4方面军立即遭到了挫折，他们在3月10日发起进攻，一头撞上德军组织严密的防御；恶劣的天气条件使彼得罗夫无法获得空中支援，他的炮兵也没能削弱德军防御阵地。第8天（3月17日），彼得罗夫停止了进攻；他的部队每天只能推进1英里，目前在德军防线上仅达成6—7英里的渗透，没能打开一条通道投入近卫机械化第5军这支"快速部队"。最高统帅部将怒火发泄在彼得罗夫和他的司令部身上：彼得罗夫和他的参谋长F. K. 科尔热涅维奇中将被解除职务，取而代之的是A. I. 叶廖缅科大将和L. M. 桑达洛夫上将（参谋长）。最高统帅部批评彼得罗夫没有为进攻做出适当的准备，没有将不充分的计划上报统帅部，忽略了进攻行动的隐蔽措施，也没有要求更多时间进行战役准备。

一周后的3月24日，经过一场45分钟的炮火准备，乌克兰第4方面军重新发起进攻。第38集团军再次担任主攻，并得到山地步兵第127军和步兵第101军的加强（这使该集团军的总兵力达到5个军，外加4个独立坦克旅）；遵照最高统帅部的命令，近卫机械化第5军进入乌克兰第1方面军的作战区域，以加强第60集团军。叶廖缅科接掌了指挥权，按照他的指令，第38集团军继续攻击前进，将德军逼退至摩拉瓦俄斯特拉发东北面的奥得河，双方在大量坚固的建筑物内展开数百场激战；近卫第1集团军冲向弗里施塔特（Friestadt），但第18集团军没能突破德军设在喀尔巴阡山的防线。重新发起进攻的12天内，乌克兰第4方面军朝摩拉瓦俄斯特拉发方向推进了不到20英里。

最高统帅部认为，尽管乌克兰第4方面军的行动没有取得任何实质性胜利，但至少牵制了敌人的大批兵力。与此同时，马利诺夫斯基的乌克兰第2方面军获得了一些可喜的战果：3月15日夜间，第53集团军和近卫第7集团军的十几个突击营沿一条10英里的战线强渡赫龙河，令敌人措手不及。面对这个不断增强的威胁，德军统帅部投入"统帅堂"装甲军的2个师，马利诺夫斯基对此的应对是投入普利耶夫的近卫"骑兵–机械化"第1集群（辖2个骑兵师、6个坦克团和2个自行火炮团，共83辆坦克和63辆自行火炮）。在戈留诺夫空军第5集团军的支援下，普利耶夫的近卫"骑兵-机械化"集群和近卫第7集团军发起迅速而又深远的推进，强渡尼特拉河和瓦赫河，冲向班斯卡-比斯特里察和特伦钦[4]。4月1日晚，步兵第25军（隶属于近卫第7集团军）逼近布拉迪斯拉发，游击队报告该镇防御严密，近卫第7集团军司令员舒米洛夫决定从东南面和东北面实施迂回，对该镇发起最终突击的任务交给近卫步兵第23军（从第46集团军借调而来）。面对迅速变化的态势，最高统帅部4月1日给马利诺夫斯基的乌克兰第2方面军下达了新的指令，要求他继续在多瑙河北面展开行动，目标是朝马拉茨基（Malacky）—伊赫拉瓦河（Iiglava）方向攻击前进，夺取布拉迪斯拉发，不得迟于4月5日—6日，并前出至新梅斯托（Nove Mesto）—马拉茨基—摩拉瓦河一线；马利诺夫斯基的下一个目标是布尔诺、兹诺伊莫（Znojmo）和施托克劳（Stokkerau），为此他将使用近卫"骑兵-机械化"第1集群，并将第46集团军（获得近卫机械化第2军以及从乌克兰第3方面军抽调的坦克第23军的加强）专用于进攻布鲁克（Bruck）和维也纳——后一个目标将与乌克兰第3方面军的右翼部队共同完成。乌克兰第2方面军作战行动的最后阶段是在夺取布尔诺后向北推进，与乌克兰第4方面军在奥洛穆茨（Olomouc）地区会合，从而将摩拉瓦俄斯特拉发南面和东南面的德军隔断。

托尔布欣的乌克兰第3方面军也在4月1日接到最高统帅部的特别指令，要求近卫第4、近卫第9集团军和近卫坦克第6集团军前出至图尔恩（Tuln）—圣珀尔滕（Sankt-Polten）—利林费尔德（Lillienfeld）一线，不得迟于4月12日—15日，而第26、第27、第57集团军和保加利亚第1集团军应在此期限内夺取格洛格尼茨（Glognitz）、布鲁克、格拉茨（Graz）和马里博尔（Maribor），然后沿米尔茨（Murz）—穆尔河（Mur）—德拉瓦河一线转入防御。乌克兰第2方面军的主力攻向布尔诺和布拉迪斯拉发之际，彼得鲁舍夫斯基的第46集团军奉命从东面包围维也纳，而近卫第4和近卫第9集团军将从南面和西面席卷该城。最高统帅部的指令还扩展了托尔布欣右翼的正面战线，从4月1日24点起，这条战线将维也纳南端纳入乌克兰第3方面军的作战区域，这一调整迫使托尔布欣重新部署近卫第4集团军，以便与第46集团军对齐。

在对维也纳进攻战役的计划进行润色时，最高统帅部还做出了一些最后调整，以歼灭捷克斯洛伐克东部的德军，从而使4个乌克兰方面军的行动保持同步。乌克兰第4方面军缺乏进展带来一些问题：乌克兰第1和第2方面军已向西推进，而乌克兰第4方面军尚未攻克摩拉瓦俄斯特拉发堡垒。4月3日，最高统帅部给叶廖缅科下达了正式指令，规定乌克兰第4方面军的当前目标是夺取奥帕瓦（Opava）和摩拉瓦俄斯特拉发，然后朝奥洛穆茨方向攻击前进，与乌克兰第2方面军取得会合；马利诺夫斯基已接到相应的指令（NO.11051号命令）冲向奥洛穆茨。为确保万无一失，最高统帅部着手加强乌克兰第4方面军，将乌克兰第1方面军辖下的库罗奇金第60集团军调拨给叶廖缅科，这使他的总兵力达到265000人、6000门大炮和迫击炮、300多辆坦克和自行火炮，并获得435架飞机的支援。第60和第38集团军这两支突击力量得到2个突破炮兵师和1个坦克军的加强，共计40个步兵师（和6个航空兵师）面对着德军配有300辆坦克和280架飞机的20个师。

叶廖缅科为进攻行动做准备时，马利诺夫斯基和托尔布欣朝布拉迪斯拉发和维也纳冲去。马利诺夫斯基的战线上，苏军在一天内（4月1日）强渡瓦赫河，普利耶夫的快速集群冲向特尔纳瓦（Trnava）和小喀尔巴阡山。他从西面绕过布拉迪斯拉发，赶往马拉茨基和摩拉瓦河之际，2个苏军师（近卫步兵第25军的步兵第409师和近卫空降兵第4师）从东北方逼近布拉迪斯拉发，4月3日，步兵第23军从东面发起进攻。4月4日夜间，苏军步兵和空降兵发起最后的突击，清晨，步兵第23军和步兵第19师沿着多瑙河河岸，在多瑙河区舰队炮艇的支援下投入战斗。4月4日18点，残余的德国守军放弃了布拉迪斯拉发，退至摩拉瓦河后方。

马利诺夫斯基的部下肃清布拉迪斯拉发时，托尔布欣的部队正全速赶往维也纳，进攻沿几个方向发起：近卫第4集团军奉命对市中心发起突击，然后冲向弗洛里茨多夫（Florisdorf），克拉夫钦科的近卫坦克第6集团军（获得坦克第18军和工兵第12旅的加强）奉命以近卫坦克第5军攻入维也纳的西南地区，而近卫机械化第9军则从西面实施迂回，封闭西面和西北面的逃生通道。近卫第9集团军的一个军（近卫步兵第39军）将跟随在克拉夫钦科的坦克身后，加入对西南地区的突击，而另一个军（近卫步兵第38军）必须切断维也纳—林茨公路，并以两个师确保苏军从西面发起的突击；近卫步兵第37军（也隶属于近卫第9集团军）的任务是掩护主力突击部队敞开的左翼。

维也纳没有像布达和佩斯那般强大的防御体系，但党卫队第6装甲集团军的后卫部队以及党卫队"维京"师、"阿道夫·希特勒"警卫旗队和第17步兵师的部分单位频繁发起伏击，他们在道路上埋设地雷，炸毁桥梁，以此阻挡克拉夫钦科的坦克。德军在莱塔河（Leithe）防线实施的顽强抵抗给近卫坦克第6集团军造成了更大的损失，一些坦克旅只剩下7—10辆坦克，但克拉夫钦科仍继续冲向维也纳新城（Wiener Neustadt）。苏军步兵赶往维也纳东面和南面，而坦克部队试图绕至西面，却发现德军的抵抗有所加强，苏军的整个推进明显放缓下来。城内火焰四起，美军实施轰炸后造成的瓦砾堵塞了各条街道。巴尔杜尔·冯·席拉赫这位大区领袖和新获得委任的防务专员正式宣布维也纳为"要塞"，尽管大批党的官员和纳粹支持者争先恐后地抢在苏军到来前逃离这座城市。冯·席拉赫号召居民帮助修建郊区防御工事、挖掘战壕、在街道上设置路障、布设防坦克障碍，但大多数维也纳人对奋战到底没什么热情，认为这会祸害到他们的城市。一个奥地利地下抵抗组织（代号为"0-5"）制订了绕开德军防御阵地的计划，并设法同苏军指挥部取得了联系，俄国人抱着明显的怀疑态度接待了这些奥地利人，担心这是个狡猾的陷阱。4月5日，对参与到这场绝望而又复杂的行动中的"0-5"成员们来说，他们派出的代表团很可能取得了成功，因为空中已见不到盟军的战机，苏军的推进也突然间停顿下来，这是"0-5"使者向托尔布欣提出的两个条件。

但是，令苏军放缓步伐的不是奥地利人的说服力，而是德军的顽强抵抗。4月5日晚，托尔布欣评估了右翼的作战行动，将近卫第4集团军派往城市东面和东南面，近卫第9集团军从南面发起突击，并向西实施迂回。克拉夫钦科的坦克集团军奉命重组，然后向北突击，从而切断维也纳向西北方的逃生通道，最终与近卫第9集团军一同从西面对城市发起攻击。最高统帅部也介入其中，指示马利诺夫斯基将第46集团军调至多瑙河东岸，以便从北面迂回维也纳，而托尔布欣的右翼部队在多瑙河南面展开行动，完成从西南方发起的迂回。多瑙河区舰队立即着手执行为这一新部署运送72000名士兵和500多门大炮的任务。

4月6日早晨，苏军发起对维也纳的进攻，近卫第4集团军获得近卫机械化第1军的加强，与近卫第9集团军辖下的近卫步兵第39军一同向前冲去，攻入维也纳西郊和南郊，他们跨过小小的运河和沟渠，穿过一座座厂房，在曲折的街道上展开第一轮巷战。克拉夫钦科的坦克停顿下来，派近卫机械化第9军从西面和西南面席卷这座城市，随后，该军转过身来，从西面对维也纳发起进攻。苏军的损失也很严重：在西郊作战的近卫坦克第46旅只剩下13辆坦克，作为援兵派出的自行火炮第364团只能提供4—5辆ISU–152。近卫坦克第46旅派出13辆坦克、4辆自行火炮和22名攀附在坦克上的步兵组成的一个侦察支队，穿过维也纳森林，进入奥地利首都西郊，朝西站推进。但苏军坦克部队发现，通往市中心的道路被堵住了。

4月8日，战斗愈加逼近市中心。军工厂、南站和东站都已落入苏军手中；近卫坦克第5军在北郊实施重组，然后朝东南方攻击前进，以便与近卫机械化第1军和近卫第4集团军取得会合，他们正从南面和西南面赶来。德国人试图在维也纳西面设置一道临时防线（俄国人像变魔术那样出现在那里），但没能成功。奥地利抵抗组织的成员试图引导苏军坦克进入市中心，另一些抵抗战士端起步枪朝德军士兵开火，被围的居民们气愤地拒绝德军士兵用他们的房屋和地下室设置支撑点。盖世太保和党卫队以公开绞刑这种严厉的手段来扼杀这股叛变潮，但现在已没有什么能阻止恐慌、混乱和仓皇的逃窜了。

为掩护坦克撤过多瑙河和多瑙运河，各个德军班在环城大道与苏军步兵展开激烈的巷战，苏军炮兵将大炮拖入建筑物二楼，利用窗户或墙上的孔洞开炮射击。大炮和迫击炮的轰击令许多建筑起火燃烧，环城大道、卡恩特纳大街和壕沟大道遭到严重破坏，城堡剧院和歌剧院也被炸得遍地瓦砾。位于中央的近卫步兵第20军（隶属于近卫第4集团军）沿多瑙河向前推进，穿过普拉特，遭遇到德军猛烈抵抗，德国人试图挡住苏军向多瑙河桥梁的推进，那是他们唯一的退路。苏军第46集团军从北面杀至，这增添了新的威胁，德军的最后抵抗变得愈发紧迫。4月11日夜间，近卫第4集团军强渡多瑙运河，在多瑙河和多瑙运河形成的岛上展开一场激烈厮杀。只有整块结构的帝国大桥保持着完好，这座桥梁一直坚守到最后，这使德军幸存者得以逃至多瑙河北岸。维也纳在他们身后熊熊燃烧，各条街道上满是死尸、烧焦的坦克或毁坏的武器装备。4月13日14点，苏军指挥部宣布维也纳被肃清，与此同时，最高统帅部给托尔布欣的乌克兰第3方面军下达了新指令：中央和左翼部队赶往格拉茨方向，右翼部队冲向圣珀尔滕，近卫第9集团军转入预备队，并部署在维也纳西面和西南面的林区。克拉夫钦科的近卫坦克第6集团军返回马利诺夫斯基的乌克兰第2方面军，而托尔布欣获得多瑙河区舰队的指挥控制权。

48小时内，苏军向前推进，前出至从摩拉瓦河起，穿过施托克劳和圣珀尔滕，直至格洛格尼茨西面和马里博尔东面这一线。这场直至匈牙利、奥地利和南斯拉夫边境结合部的突破，再加上维也纳的陷落，有效地困住了位于南斯拉夫和意大利北部的德国军队。苏军朝维也纳西面的推进也有助于对守卫捷克斯洛伐克的德军实施深远迂回，从而为苏军进攻布拉格做好准备。希特勒正确地预料到了布拉格是苏军的目标，但他的直觉欺骗了他，他没有想到柏林也是红军的目标，而且优先于其他一切目标，斯大林已为此集结起大批兵力和数量惊人的物资。布拉格可以再等等。

"我们不去柏林，锡德，对我们来说，战争到这里就结束了。"美军第2装甲师师长西德尼·R.海因兹准将从第9集团军司令辛普森那里听到这番话时彻底惊呆了，他的部队已位于易北河东岸。这道指令由第12集团军群司令奥马尔·布莱德雷将军转发，真正的下达者是盟军司令部最高层，也就是艾森豪威尔本人。没有谁抗命不遵或做出最轻微的违抗。4月14日夜间，盟军最高统帅把他的作战计划传至华盛顿，阐述了他的意图，现在，深入德军腹地的行动已圆满结束，后续行动的宗旨是歼灭残存的德军，夺取德军有可能实施"最后抵抗"的地区。他建议坚守易北河防线，对丹麦和吕贝克发起进攻，并冲入多瑙河河谷与苏军取得会合，并消灭德国人的"国家堡垒"。夺取柏林根本没有出现在计划中。

美军坦克已于4月11日晚抵达易北河，第2装甲师冲过德军阵地，他们的速度令德国守军震惊不已。坦克队列像骑兵那样向前飞驰，位于最前方的一支侦察队以惊人的速度冲入位于易北河西岸的马格德堡的郊区，他们的突然出现吓坏了购物的人群，堵塞了交通。守军被惊动，美国人已无法在行进中夺取城市北部的公路桥。与此同时，在南面，霍林斯沃思少校正迅速赶往舍纳贝克（Schönebeck）的桥梁，但4月12日拂晓，他眼睁睁地看着桥梁在他面前解体了——德军工兵炸毁了这座桥梁，但海因兹将军率领第2装甲师的D战斗群在马格德堡南面的韦斯特许森（Westerhüsen）强渡易北河。截至4月12日晚，已有三个营渡过易北河，并在河对岸据守。马格德堡北面，美军第5装甲师4月12日中午后不久逼近坦格尔明德（Tangermünde），但更引人瞩目的是马格德堡东南方15英里处的巴尔比（Barby），美军第83步兵师的士兵们直接发起了一场强渡易北河的突击，将一个营的兵力送过河去，并着手建设浮桥，替代被德军炸毁的桥梁。在上游的韦斯特许森，海因兹将军和他的第2装甲师想方设法构建临时渡河设备，试图以一艘缆线渡轮将坦克和大炮运过河去，加强东岸的登陆场，但他们突然遭到一场猛烈的打击，温克将军麾下的那些热血青年发起了进攻，那些小伙子都是军校学员，一个个渴望投入战斗，毫不畏惧自己兵力和装备的劣势。这场突如其来的打击被证明深具决定性；第2装甲师退了回去，赶往第83师设在巴尔比的渡口，那里已建立起第二座浮桥。4月14日夜间，美军坦克和步兵集结在易北河畔，前景似乎很不错：指挥官们认为美军能够迅速恢复向前推进的势头，第83步兵师的巡逻队已抵达采尔布斯特（Zerbst），离柏林不到50英里。但没过几个小时，美国第9集团军就接到了坚守易北河东岸的命令，冲向柏林的一切想法都被放弃了。

第83步兵师对自己所取得的战果深感骄傲，不无炫耀地插上路标，将他们在巴尔比建立的桥梁称为"杜鲁门桥"，这是以他们的夸张风格所作的一种装饰，也是向美国新总统哈里·S. 杜鲁门致敬。4月12日，罗斯福总统溘然长逝，这个消息在他朋友当中引发了无限的悲伤，却给元首的圈子带去一阵狂喜（戈培尔发出狂躁的吼叫："这是个转折点！"）。温克在易北河反击得手的消息给这些怪诞、狂热的幻想增添了实质性内容，他们已培养起对英美军队同苏联红军发生冲突的预期，如果这种情况没有发生，就期盼在奥得河和易北河取得胜利，或由新式而又可怕的秘密"复仇武器"确保德国再次获得胜利。此时的希特勒不能或不愿接受柏林战役即将打响的想法，4月13日早上，他写了一份发给东线将士的公告，公告中充满了对"犹太布尔什维克分子"的仇恨，预言德国会毁在他们手中，但又保证随着敌人在德意志帝国首都门前遭到失败，德国会得到拯救，柏林仍是德国的，维也纳（当天刚刚落入红军手中）也将再次属于德国。这道日训令本打算在苏军攻势破灭时下达，但刊登到报纸上时，传来的却是苏联红军对柏林的进攻日益紧迫的报告，这些情报来自战地侦察、特工人员以及对战俘和逃兵的审讯，接替盖伦担任东线外军处负责人的韦塞尔上校对其进行了巧妙的编撰，并掺入一些诱人的暗示：美苏不和、反苏的英国采取的军事行动、苏军队伍里常见的说法——用炮火"误击"美军部队，让他们变得规规矩矩。4月14日，苏军炮击布塞将军的第9集团军，并以加强步兵营发起进攻时，指挥"维斯瓦河"集团军群的海因里希将军并未被那些弯弯绕绕的废话所欺骗。炮击和营级兵力进攻代表着苏军标准的侦察行动，但海因里希等待着估算对方发起主攻的准确时间，这是个至关重要的因素，他可以据此将第9集团军撤至第二道隐蔽防线，让苏军的炮火粉碎空无一人的前沿阵地。

罗斯福总统逝世的消息对苏联和斯大林本人产生了影响。镶着黑边的报纸刊登了这份严肃的公告，并不单纯是一种礼节，悲痛和惊愕被证明是真诚而又普遍的。令哈里曼大使惊讶的是，获知罗斯福总统去世的消息后，情绪激动的莫洛托夫匆匆离开晚宴，亲自向哈里曼表达了深切的同情，并为俄国失去了一个真正的朋友深感哀痛。与斯大林会面时（出席会议的还有帕特里克·赫尔利将军和莫洛托夫），哈里曼大使严厉驳斥了对部分美国人同波兰地下组织串通一气、图谋反对红军的指控——其细节涉及一些美军飞行员的轻率之举[5]——但他以令人钦佩的自制和敏捷建议斯大林派莫洛托夫出席旧金山会议，以此作为苏联愿意继续同美国保持合作的"直接证明"。莫洛托夫显然有些局促不安，但斯大林同意这个建议，不容分说地命令困窘的莫洛托夫去旧金山。

新总统入主白宫，波兰问题又处在危险的僵局之中，斯大林无疑认为他必须谨慎从事——如果不能说充满警惕的话。哈里曼大使对他的安慰需要接受实际检验：他获知，杜鲁门总统提出继续执行罗斯福总统明确规定和确立的政策，但鉴于已故总统在政治上的变幻莫测，杜鲁门的确切意思是什么？另外，斯大林还对德国人往来于南方"国家堡垒"的大量报告感到困惑（这是叶廖缅科将军的说法），并沉浸在苏联情报人员关于德国军队调往东线的报告中，由于同美国军队保持联系的德军单位"通过电话"投降的发生率高得可疑，德军调往东线的进程已大为加速。这些太过随意的投降，背后究竟隐藏着怎样更大的目的？英美是不是真有一个秘密计划，打算以两个伞兵师发起突然袭击夺取柏林，或者，德国人是不是图谋将首都交给英美军队，从而阻挡住苏联红军？又一场"电话投降"……法西斯领导者会不会孤注一掷，并在阿尔卑斯山堡垒实施最后的顽抗？那些满载水泥和重型建筑设备的火车每天都轰鸣着穿过捷克斯洛伐克驶向山区，这意味着什么？（斯大林对捷克斯洛伐克境内的情报掌握得非常确切。）还有温斯顿·丘吉尔3月底写给艾森豪威尔将军的信件，敦促他迅速赶往易北河并冲向柏林。在意大利举行的狡猾的停战谈判究竟是怎么回事，关于更广泛的和平谈判和投降协议的各种传言，背后的意义是什么？

因此，哈里曼仔细问红军直接进攻柏林的紧迫性时，斯大林极为谨慎地回避了这个问题。他的回答故作随意，甚至有点不屑一顾：苏军的攻势尚在酝酿中，成功与否尚未可知，但主攻方向是德累斯顿，而非柏林，艾森豪威尔将军知道这一点。但就在此刻，苏军的数千门大炮沿奥得河—尼斯河战线集结，他们已做好准备，炮弹已上膛，即将展开一场规模庞大的炮击，就此拉开红军冲向柏林的序幕。斯大林没有告诉美国驻莫斯科大使的实情却被一名在屈斯特林南面被俘的苏军士兵透露给了抓获他的德国人——对柏林的这场庞大攻势将于次日（4月16日）清晨发起。希特勒认为这是可信的，海因里希也信之不疑，因此，4月15日—16日夜间，布塞的第9集团军撤至第二道防线，防御工事的选址和修筑遵照了希特勒先前的指示。

苏军冲入柯尼斯堡并打开进入维也纳的通道时，进攻柏林的战役规划和准备工作正紧锣密鼓地进行着。气氛越来越紧张，随着两个方面军（白俄罗斯第1方面军和乌克兰第1方面军）兵力的集结，可以看到或感觉到一场庞大的攻势正在酝酿中。各精锐集团军越来越紧密地涌入登陆场或突击阵地，坦克编队挤满前线地域，特别是在朱可夫的战线上，隐蔽在伪装网下或得到树林、森林掩护的大炮，排列起的长度一天天加长。利用地面观察哨和空中拍摄，两个方面军着手展开广泛的侦察活动；苏军对德军防区的空中拍摄，纵深达50—60英里，对一些地区的侦察行动超过8次，单是白俄罗斯第1方面军便执行了2500个架次的侦察飞行。科涅夫元帅不仅使用了2个航空拍摄团，还投入了炮兵观测气球第10中队，建立起对德军前沿阵地的完整侦察。德国空军也无法逃脱苏军空中侦察的关注，这种侦察的目的是确定敌人的空军基地并弄清德国空军的作战序列。

可用的炮兵资源非常庞大，再加上作战任务复杂，这就要求细致的考虑。正面战线每公里大炮和迫击炮（都在76毫米口径以上）的密度为233门—295门不等。朱可夫决定，在每公里战线189门大炮这个基础上，将突击部队正面战线的火炮密度增加到295门；突破期间，第一梯队的每个步兵团将获得4—5个炮兵团的支援，团属炮兵群还可以提供70门火炮。各集团军司令员掌握着团属、师属和军属炮兵群，集团军属炮兵群——243门大炮和迫击炮，包括152毫米和203毫米榴弹炮、160毫米迫击炮、M-13和M-12-31多管火箭炮——也可以根据要求提供进一步支援。每个集团军还辖有机动反坦克预备队，由拥有136门火炮的2个"坦克杀手"旅组成。

为最大限度地实现出其不意，朱可夫计划发起一场极为猛烈但相对较短的炮火准备。4月8日，方面军确定了炮火准备计划，规定先实施10分钟炮火急袭，然后实施10分钟炮火准备，接下来是第二次10分钟炮火急袭。步兵和坦克的进攻，在2000码纵深内将得到双层徐进弹幕射击的支援，达到4000码纵深时，将得到单层徐进弹幕射击的掩护。为支援冲击塞洛高地的近卫第8集团军，双层徐进弹幕射击将紧跟在突击发起时的密集炮火后展开。但夜间进攻给苏军炮兵造成了一些问题。在一些地区，苏军步兵与敌前沿阵地的距离仅有100—150码，对炮火准确度的要求非常高。为提高技术，苏军炮兵撤至后方训练地带，努力练习夜间射击程序。

尽管进攻在夜间发起，但不会漆黑一片。朱可夫元帅打算以143部探照灯照亮战场，探照灯沿战线部署，彼此间相距150—200码，距离德军前沿阵地400—500码，探照灯的光束可达3英里深。这些探照灯的出现引发了怀疑和困惑的议论，没人能猜到这种奇特的部署究竟出于什么目的。就连高级指挥员也觉得莫名其妙，他们只是根据指示部署这些探照灯及操作人员。

面对尼斯河和更前方的施普雷河，科涅夫元帅在部署炮兵的问题上采取了完全不同的方案。他打算实施145分钟炮火准备，分为三个阶段，第一阶段是在强渡尼斯河前实施40分钟炮火急袭，第二阶段伴随着布设烟幕（炮兵也将施放烟幕弹）并续1个小时，第三阶段是对尼斯河防线后方展开45分钟炮击。坦克集团军投入战斗前不必实施炮火准备，因为科涅夫认为敌人的大部分抵抗已被压制；炮兵将为坦克部队提供10英里的纵深火力支援，沿9条突击路线集中火力，并把炮兵指挥员派往坦克部队，为炮兵提供指引。为了给快速部队和各单位提供炮火支援，科涅夫在所有集团军内组织起强大的团属和师属炮兵群（包括203毫米榴弹炮），师属炮兵群还配有特别反迫击炮小队。为便于集团军司令员直接控制炮兵资源，没有组织军属炮兵群，各集团军属炮兵群在力量和组成方面差别很大，这取决于他们执行的作战任务，但普遍的看法是，大多数时间里，炮兵将以直瞄方式开炮射击。

4个苏联空军集团军——空军第4、第16、第2和第18集团军（远程航空兵）——和波兰空军的部分单位已为柏林战役展开部署，共计7500架作战飞机，这是一股庞大的力量。每个方面军都得到1个空军集团军的支援（白俄罗斯第2方面军得到的是空军第4集团军，白俄罗斯第1方面军获得2个空军集团军——空军第16和第18集团军的支援，空军第2集团军支援乌克兰第1方面军），他们负责夺取空中优势、掩护进入突击阵地的行动、配合地面部队突破尼斯河—奥得河防线、突破德军防线后掩护快速部队的投入。

罗科索夫斯基为白俄罗斯第2方面军拟定的作战计划中，韦尔希宁的空军第4集团军将以其1360架战机为支援强渡奥得河的行动发挥重要作用，因为方面军无法将大炮及时运至西岸，韦尔希宁的战机必须提供必要的火力支援和掩护。进攻发起前夜，空军第4集团军将展开空袭，以5个强击航空兵师飞行272个架次，设法摧毁敌人的阵地和指挥部。空军与地面部队的有效配合至关重要，因此，每个突击集团军（第65、第70和第49集团军）都获得1个强击航空兵师，尽管空中力量的最终控制权仍掌握在空军第4集团军司令员手中。韦尔希宁计划在进攻发起的首日投入4079个飞行架次——1408个歼击机架次、1305个强击机架次和1366个轰炸机架次。

空军第16集团军隶属白俄罗斯第1方面军，据司令员S. I. 鲁坚科计算，他面对着德军的1700架飞机；他的空军集团军拥有3188架作战飞机，部署在165个机场上，这股力量还得到了戈洛瓦诺夫的空军第18集团军（远程航空兵）800架轰炸机的支援。为便于地空协同，各空军师师长和军长奉命加入各步兵和坦克集团军指挥部，前进对空联络员也被派至各快速部队。朱可夫要求3个强击航空兵军和1个强击航空兵师支援主要突击，行动控制权在突破阶段交给步兵指挥员，一旦达成突破，再交给坦克部队。炮火准备发起后，夜间轰炸机

（空军第16集团军的波-2、空军第18集团军的伊尔-4）将实施持续轰炸，直至拂晓，并将空袭延伸至德军第二道防线。从4月16日拂晓到19点50分，轰炸机和强击机将保持对德军部队和阵地的打击。为便于严格控制空中行动，白俄罗斯第1方面军建立起一个"陆军雷达网"，使方面军司令部得以监视苏军飞机、德军入侵战机以及英美空中行动。

南面，S. A. 克拉索夫斯基的空军第2集团军，以部署在82个机场上的2150架战机支援科涅夫的乌克兰第1方面军。科涅夫计划使用6个航空兵军和1个夜间轰炸机师支援他的主要突击，另外2个航空兵军留给其他地区。进攻发起的首日，4股集结起来的空中力量将对德军防御阵地发起打击，第一波次投入800架飞机，第二波次570架，第三波次420架，第四波次和最后的攻击投入370架，并利用各波次突击的间隔，以强有力的力量展开进一步攻击——总之，进攻发起的首日计划投入3400个架次。苏军战机还奉命协助布设烟雾，在科涅夫强渡尼斯河的计划中，布设烟雾的构想占有突出地位。

大量囤积弹药、燃料和至关重要的架桥设备的工作正在加紧进行。为了在行动一开始便让德国守军"晕头转向"并贯彻全面突击计划，朱可夫需要7147000发炮弹。弹药从方面军仓库直接运至各炮兵阵地，没有经过集团军和师属仓库，使用了各集团军汽运单位的4000多辆卡车，必要时求助于方面军预备队的5个汽运团和2个汽运营的共计3772辆卡车。朱可夫将工兵支援部署在4个梯队中，第一梯队工兵配合突击步兵，方面军和集团军工兵单位作为第二梯队与第一梯队师协同作战，战斗工兵和建筑工兵构成第三梯队，第四梯队工兵执行一些特别任务，例如修建方面军和集团军指挥所等。工兵们也制作了柏林模型，以研究巷战问题。

朱可夫在奥得河西岸已有登陆场，与他不同，科涅夫在尼斯河西岸没有任何立足地，一切都取决于强渡行动能否获得成功。科涅夫从方面军所辖的120个工兵营和13个建桥营中派出25个工兵营支援他的左翼部队实施防御作战，并着手拟定强渡尼斯河的两个阶段行动。第一阶段是在西岸夺取一座登陆场，并将第一梯队步兵和支援炮兵运过河去；第二阶段是把支援步兵的坦克、炮兵主力以及第二梯队步兵师送过河去。但是这仅仅解决了问题的一半。科涅夫的坦克部队必须全速渡过尼斯河，以挫败敌人退守施普雷河（位于西面20—

25英里处）阻挡苏军推进的企图。方面军作战计划草案要求列柳申科的近卫坦克第4集团军只有在扎多夫近卫步兵第5集团军于尼斯河西岸夺取一座登陆场的前提下才能投入，但扎多夫的集团军拥有的坦克数量很有限，无法展开快速突击。这个问题引起了激烈的争辩。

罗科索夫斯基的白俄罗斯第2方面军（按照计划，该方面军将于4月20日投入柏林战役，即总攻发起的4天后）面对的不仅是整个方面军重新部署的复杂调整，还包括在奥得河下游实施强渡的艰巨任务，奥得河在那里分成两条河道——东奥得河和西奥得河。第49和第70集团军于4月4日—5日出发，行进170—215英里，赶往阿尔特达姆—施韦特地区，巴托夫第65集团军紧随其后，坦克和重型火炮由火车沿遭受破坏而又危险的铁路线运送，步兵由汽车纵队运输。但这场再部署完成前，罗科索夫斯基和三位集团军司令员以及他们的参谋长于4月10日勘察了指定作战区域的地形。令人沮丧的是，出现在他们眼前的是水域和沼泽，而不是坚实的地面，奥得河在这里分成东奥得河和西奥得河，两条河道之间的河滩地被水淹没，河面宽度至少有3000码。他们看不清陡峭西岸的详情。在这里实施单路强渡是行不通的，因为渡轮和浮桥会在两条河道之间河滩地的浅水处搁浅。

罗科索夫斯基决定以3个集团军沿一个宽大的正面发起突击；任何一处取得成功，所有可用资源都将调往那里。主要突击由第65、第70和第49集团军在一条30英里长的战线上发起，3个坦克军、1个机械化军和1个骑兵军为他们提供支援。一旦在西奥得河突破德军防御，苏军的攻势就将朝新施特雷利茨方向发展，在进攻发起的12—15天内到达易北河；攻势的这一阶段，每个步兵集团军都将得到1个坦克军的加强，而近卫骑兵第3军担任方面军预备队，在第49集团军左侧就位。地形给炮兵支援造成了特殊问题。强渡奥得河期间，大炮将实施远距离射击，而在运抵西岸前，这些大炮不得不等待渡口被打开，因此，必须由韦尔希宁的空军第4集团军填补这一火力缺口。

方面军情报部门提供的消息也令人不安，德军最强的防御正位于罗科索夫斯基打算发起突击的地段。曼陀菲尔上将的第3装甲集团军守卫着西奥得河西岸的一段防区，3个步兵师靠前部署，获得2个要塞团、2个独立步兵团、1个营和1个战斗群的加强，为其提供支援的第二梯队由3个步兵师、2个摩托化师、2个步兵旅、2个炮兵旅、3个独立团、4个营、2个战斗群和1所军官学校组成。韦尔希宁的空中侦察表明，德军在西奥得河西岸的防御纵深为6—7英里，由连贯的堑壕线环绕支撑点构成，而在河岸上，狭长的掩壕和机枪巢都设有与主战壕体系相连接的交通壕。德军第二道防线设在兰多河（Randow），距离奥得河大约12英里，进一步的空中侦察还发现了敌人的第三道防线。

罗科索夫斯基的第一批突击部队进入新阵地时——巴托夫的第65集团军4月13日开始沿阿尔特达姆—费迪南德施泰因（Ferdinandstein）一线部署——白俄罗斯第1方面军和乌克兰第1方面军的行动策划已进入最后阶段，进攻命令逐一下达下去。参加朱可夫元帅4月5日首次任务简报的集团军司令员们没有人会忘记当时的场景，巨大的柏林模型出现在众人面前，方面军司令员指出几个目标，每一个都详细做出了标识："请你们注意105号目标，这就是国会大厦。谁会第一个冲到那里？卡图科夫？崔可夫？也许是波格丹诺夫或别尔扎林？"没人回答，朱可夫元帅又指向106号目标。他制止了现场的任何疑问或顾虑，近卫坦克第2集团军司令员波格丹诺夫提出需要更大的空间实施机动以完成向北的迂回时，朱可夫挖苦地问他是否打算参加对柏林的突击，还是在大多数时间里向北实施机动。数名高级指挥员指出，德军的主要防御位于第二线，苏军炮兵应当直接对其发起打击，而不是轰击其前沿阵地，但朱可夫没有接受这种想法。

初步的任务简报结束后，参谋人员分析了情况，并进行了沙盘推演，这显然引起了朱可夫的深思，特别是使用他的2个坦克集团军的问题。最高统帅部原先的指令规定，2个坦克集团军（近卫坦克第1和近卫坦克第2集团军）应用于从柏林北面实施迂回并从东北方攻入城内，但朱可夫现在决定更改卡图科夫近卫坦克第1集团军的任务，将该集团军部署在崔可夫近卫第8集团军身后，并指示其在进攻发起的第二天夺取柏林东郊，然后从南面实施迂回，夺取南郊和西南郊。朱可夫向斯大林报告这个重要修改时，斯大林只是告诉他，他认为怎么做最好就怎么做，因为在现场的是他（朱可夫）。4月12日，卡图科夫接到最终确定下来的指令，近卫坦克第1集团军将向东冲往柏林，然后转向西南方；命令规定，行动发起的第一天推进30英里，第二天要完成18英里的推进——这个设想的根据是在柏林接近地会遭到激烈的抵抗。4月14日，卡图科夫给麾下的几位军长下达了他自己的命令——近卫坦克第11军、坦克第11军和近卫机械化第8军。获得290辆坦克和自行火炮以及车组人员的补充后，截至4月15日傍晚，近卫坦克第1集团军的实力高达45000名官兵、709辆坦克和自行火炮、700门大炮、44具多管火箭炮。波格丹诺夫的近卫坦克第2集团军以辖内的3个军（近卫坦克第9军、近卫坦克第12军和近卫机械化第1军）执行原定任务，利用突击第5集团军打开的缺口冲向西北方，并夺取柏林西北郊。

科涅夫元帅对自己的2个坦克集团军应在何处、如何投入行动没有太多的疑问。雷巴尔科的近卫坦克第3集团军和列柳申科的近卫坦克第4集团军从一开始就接到了最为坚决的指示：全速摆脱步兵部队，日夜兼程，绕开敌人的支撑点。科涅夫寻求的是一场"大规模机动"，他相信，只要达成一场成功而又迅速的突破，他们就能做到这一点。科涅夫的目光落向柏林东南方50英里处的吕本，这是白俄罗斯第1方面军与乌克兰第1方面军正式分界线的终点，再往前就需要"各显神通"了。科涅夫在4月8日的方面军指令中提到使用右翼"一些部队"协助夺取柏林的可能性，雷巴尔科接到的具体指令是"牢记"以一个获得加强的坦克军和戈尔多夫近卫第3集团军的一个步兵师进攻柏林的可能性。莫斯科对此没有异议。

3个步兵集团军（戈尔多夫的近卫第3集团军、普霍夫的第13集团军和扎多夫的近卫第5集团军）构成了科涅夫的主力步兵突击力量。戈尔多夫获得了坦克第25军和日丹诺夫的近卫坦克第4军[6]，突破期间，坦克部队接受他的指挥，达成突破后，他们将作为"快速集群"展开行动。第一份作战计划要求主要突击力量沿福斯特—穆斯考地区突破敌战术防御纵深，并于进攻发起的第二天进抵施普雷河。控制施普雷河防线后，2个坦克集团军将投入战斗，雷巴尔科的近卫坦克第3集团军从科特布斯南面展开进攻，列柳申科的近卫坦克第4集团军从施普伦贝格北面发起攻击，随后2个坦克集团军朝西北方特罗伊恩布里岑这一总方向攻击前进。这个计划带来的问题很明显——坦克部队真正投入战斗前，两天时间会被耽误。

经过一番商讨，日丹诺夫、列柳申科和雷巴尔科提出一个计划，一座60吨的浮桥建成后，坦克集团军的先头部队便投入行动，尽管两座浮桥更稳妥些。2个坦克集团军的先头部队随后冲过尼斯河与施普雷河之间20—25英里的地面，从而粉碎德军以预备队加强既设防线、抵抗苏军突击的一切企图。如果尼斯河上的构桥行动一切顺利，列柳申科甚至打算投入整个第一梯队，但是乌克兰第1方面军的新参谋长I. E. 彼得罗夫大将（这位最近遭到贬谪的乌克兰第4方面军司令员被派给科涅夫，接替索科洛夫斯基，索科洛夫斯基被朱可夫调去担任白俄罗斯第1方面军副司令员）被这个建议惊呆了。他在回忆录中指出，坦克集团军不能把自己的实力耗费在突破敌战术防区这种琐碎的行动上，应该留在后面准备发起纵深突破，这就意味着他们必须等待步兵强渡尼斯河和施普雷河。

科涅夫元帅分析了各种可能性，他持完全不同的观点。4月14日，列柳申科接到命令，大意是在扎多夫建设起两座浮桥后，近卫坦克第4集团军的两支先头部队便要跨过尼斯河，突入敌战术防区。列柳申科双管齐下：他利用对先头部队的这一指令投入第一梯队中的大多数部队，从近卫坦克第10军挑出2个旅，从近卫机械化第6军选出1个加强旅，分别与近卫步兵第95师、近卫步兵第13师和近卫步兵第58师协同行动。2个坦克军将强渡施普雷河，近卫坦克第10军冲向索内瓦尔德（Sonnenwalde），近卫机械化第6军赶往芬斯特尔瓦尔德（Finsterwalde）。担任第二梯队的近卫机械化第5军将跟随近卫机械化第6军赶往芬斯特尔瓦尔德，并掩护近卫坦克第4集团军的左翼，防止敌人有可能发起的反击。但科涅夫规定坦克集团军不得在强渡尼斯河时使用自己的渡河设备，所有构桥和摆渡设备都要留待强渡施普雷河时使用。

4月12日—14日之间的48小时里，两位方面军司令员，朱可夫和科涅夫，都已对进攻柏林的原定计划做出大幅度修改。近卫坦克第1集团军司令员卡图科夫4月12日接到白俄罗斯第1方面军司令部下达给他的最终指令，规定他的坦克集团军跟随在崔可夫近卫第8集团军身后，从屈斯特林登陆场发起行动，而波格丹诺夫的近卫坦克第2集团军在北面与别尔扎林的突击第5集团军一同行动。卡图科夫接到的命令中详细规定，只有在崔可夫的步兵到达塞洛—杜希林（Dolgelin）—旧马利什（Alt Malisch）一线时，他的坦克才能投入战斗，然后，近卫坦克第1集团军将向西推进，并于行动发起的次日到达柏林东郊，随后转向西南方，以便从南面迂回这座城市，并占领柏林南郊。卡图科夫对自己的坦克部队卷入激烈巷战的前景并不乐观，另外，塞洛高地上的防御未被彻底打垮便投入2个坦克集团军，这令他感到不快。在此期间，他准备让麾下的各坦克师从奥得河东岸的树林中驶出，进入屈斯特林登陆场。

4月14日，科涅夫元帅亲自批准坦克部队跨过尼斯河并迅速投入行动的计划时，朱可夫在第47集团军、突击第3集团军、突击第5集团军和近卫第8集团军的战线上（这是他的主攻正面）发起战斗侦察。位于第一梯队的各个师奉命以加强营执行这场侦察，他们得到了猛烈炮火的掩护。在坦克的支援下，苏军冲入掩护塞洛高地的德军前沿阵地，他们前进了3英里，似乎瓦解了敌人的火力体系，同时探明了大型雷区的位置。但表面现象具有欺骗性，这些侦察行动得出的结论被证明是致命的。德军指挥部并未上当，一名苏军战俘轻率地告诉德军军官，目前的进攻仅仅是侦察行动。这名战俘不知道的是，这场投入大批力量的侦察行动实际上失败了，因为方面军和集团军参谋人员没能对德军第二道防线的存在得出"正确的结论"——早在4月5日，一些苏军指挥员便已提醒朱可夫注意敌人的主防御阵地，并建议将主要炮火打击和空袭集中到那里。

周日（4月15日）临近结束时，苏军的进攻渐渐放缓，最终平息下来。夜幕降临，遮掩了战线两侧疯狂的活动，德军在夜间展开行动，退守第二道防线，也就是塞洛高地上的主防线，而苏军士兵们聚在一起聆听政治军官做最后的战前动员，召开战前党小组会议，将武器装备推向前方，为坦克加注燃料，装填弹匣，调整数百门大炮和迫击炮，将大批构桥设备送往奥得河河岸。尽管从事着忙碌而繁重的工作，但这里几乎没有发出太大的噪音；整个方面军似乎在匍匐向前，沙沙地从自然隐蔽和伪装网下冒了出来，一头军事巨兽正在形成，并随着时间的推移越来越具活力。此刻已临近午夜，黑暗中，近卫军战旗被送至前沿阵地，各近卫军单位重复着为荣誉而战的誓言。发起炮火准备（定于莫斯科时间清晨5点）的两个小时前，朱可夫元帅出现在崔可夫的指挥所，他与几位集团军司令员对部队进行着最后的检查，途中来到近卫第8集团军。崔可夫对朱可夫元帅的到来感到不快，他喝着茶，等待着最后时刻的到来，沿方面军战线集结的苏军士兵们紧张起来。

5点整，拂晓尚未到来，三发红色信号弹腾空而起，就在这一刻，数千门大炮、喀秋莎、迫击炮以强烈的炮口闪烁撕裂了夜幕，随之而来的是一阵悸动的滚雷，甚至比扑向目标的苏军轰炸机和伊尔-2引擎发出的轰鸣更加强烈。

不仅地面反复涌现震颤和旋转的气流，就连空气也发出刺耳的尖啸，将爆炸引发的疾风送入一场毁灭的新漩涡。伴随着20分钟的炮火急袭，地面和天空慢慢融合到一起，落入德军前沿阵地纵深5英里处的50万发炮弹、火箭弹和迫击炮弹升起一道巨大的帷幕。这场炮击结束的3分钟前，一部探照灯的光束垂直射入天空，部署在各突击集团军战线上的143部探照灯同时打开，照亮了苏军步兵前方的地面，炮火向前延伸，深入德军防区。

探照灯光束照亮了一个怪异、颤动的世界，笼罩着硝烟、尘埃和飞溅的泥土构成的一块巨大的帷幕。在双层徐进弹幕的掩护下，苏军突击部队冲出屈斯特林登陆场，而在南面和北面，苏军士兵的的确确冲入了奥得河中，这里尚未搭设浮桥，一些苏军士兵朝对岸游去，还有些人划动临时捆扎的木筏，甚至有人抱着树干漂流，大炮和补给物资也被木筏和船只送往对岸。前方，前进了一千多码的突击步兵和坦克发现自己对灯光投射出的奇特轮廓感到惊恐不安，这些光束甚至没能穿透厚厚的尘埃。步兵指挥员疯狂地下令关闭探照灯，但又有人迅速下达了相反的命令，探照灯忽而关闭忽而开启，造成了更大的混乱。崔可夫的步兵在卡图科夫坦克集团军先头部队的支援下跌跌向前，摸索着地形，灯光照不到的地方，只能等待天亮再解决奥得河河谷中的众多溪流和交错的运河。但此刻坦克和自行火炮的前进受限，远远落在步兵身后，逐渐脱离了协调一致的进攻。逼近塞洛高地山脚下被水淹没的豪普特运河时，崔可夫的进攻彻底停顿下来，河上的桥梁处在德军火力覆盖下，只能等待苏军工兵搭设浮桥。身后的各条道路随着越来越多的车流开始发生堵塞，拥堵越来越严重，由于湿软的地面和雷区，这些车流无法转至其他方向。

南面，科涅夫的大炮在4月16日清晨6点15分展开炮击，这场炮火准备伴随着250英里的战线上施放的烟雾。从普霍夫第13集团军的观察所里，科涅夫满意地看见大炮和飞机放出的烟雾又厚又浓，高度也很合适（至少在这个地区是这样），准确地覆盖了尼斯河一线。天气晴朗，再加上合适的风速，烟雾充斥着尼斯河河谷并向敌防御纵深飘移，森林燃烧腾起的硝烟使这场人造烟雾变得更加浓厚。经过40分钟的炮击和轰炸，科涅夫开始迈入计划的第二个关键性阶段，沿福斯特至穆斯考这段相对较窄的正面，各先遣营开始强渡尼斯河，冲在最前方的是3个集团军——近卫第3集团军、第13集团军和近卫第5集团军。

各突击部队大白天赶至尼斯河东岸，在炮火和飘移的烟雾的掩护下实施强渡。炮火和烟雾都不会持续太久，因而速度至关重要。按照计划，大规模强渡尼斯河的行动在150个不同地段展开，携带着桥梁和门桥的工兵已准备就绪。先遣营乘船渡河，身后拖着小型突击桥，这些突击桥刚一放下，步兵们就跑步通过桥梁，工兵们跳入深及肩膀的冰冷河水，将预制木桥桥段摆放就位，并以螺栓固定，让更多的士兵从桥上通过。步兵到达西岸的15分钟内，河面渡口遭到机枪火力的扫射，苏军的各种武器也朝德军阵地开火射击，以此来压制对方，85毫米反坦克炮运过河去，为苏军在西岸夺取的小型登陆场提供加强，坦克和自行火炮也通过门桥渡过河去。各座轻型浮桥没用一个小时便架设完毕，坦克正驶向西岸，早上8点，科涅夫获悉他的第一梯队顺利渡过尼斯河，并已确保了大批渡口。烟雾渐渐消散，但苏军的行动仍得到轰炸的掩护，呼啸声从不确定的距离处传来，苏军坦克进入登陆场，大炮投入战斗。上午9点，第一批承重30吨的桥梁架设完毕，但架设承重60吨、能将坦克和重型火炮送往西岸的重型桥梁的工作仍在继续。

中午，第一座承重60吨的桥梁在日丹诺夫[7]近卫第5集团军的作战区域内投入使用，兴高采烈的列柳申科准备将他的2个"先遣支队"投入西岸的战斗，为首的坦克13点整动身出发——第一支队由近卫坦克第62旅（隶属于机械化第10军[8]）组成，并获得重型坦克、反坦克炮以及近卫摩托化步兵第29旅步兵单位的加强，紧随其后的第二支队是获得大量加强的近卫机械化第16旅（隶属于机械化第16军[9]）。两位旅长接到的命令是迅速摆脱步兵部队，大踏步向前推进，他们满怀热情地接受了命令，舱盖关闭，引擎轰鸣，排挡挂好，步兵们攀上坦克，跟随战车队列一同前进。

列柳申科和雷巴尔科兴奋得摩拳擦掌，因为他们获准投入坦克部队的第一梯队。但在北面，朱可夫的战区内，严重的交通堵塞已然形成，这令朱可夫元帅惊愕不已，并且怒火中烧。崔可夫的近卫第8集团军在豪普特运河前陷入停顿，只能缓慢前进，利用空中支援打垮敌人的炮兵阵地，从而撕开德军前沿防线。苏军步兵肃清了德军的两道防线，但敌人的第三道防线依然完好，这道防线延伸至塞洛高地的山坡，山坡非常陡峭，坦克和自行火炮无法通行。一个个步兵营挤入这片潮湿、沼泽化、暗流涌动的泥潭，第47集团军向前推进了几千码，突击第5集团军试图杀开血路并击退敌人凶猛的反击，而突击第3集团军投入基里琴科的坦克第9军，意图加快突破行动。坦克和自行火炮被迫散开，寻找较平缓的山坡翻越塞洛高地，但在此过程中，他们遭遇到敌人强大的火力支撑点，这些支撑点沿通往塞洛高地、弗雷德斯多夫（Friedersdorf）和杜希林的道路布设——苏军呼叫炮火支援，为此大炮不得不重新部署。

中午时，焦虑而又愤怒的朱可夫决定不再等待下去，他不顾步兵指挥员们的反对，决心投入麾下的2个坦克集团军。崔可夫已经下达了重新发起步兵突击的新指令，打算在20分钟的炮火急袭后，于14点对塞洛、弗雷德斯多夫、杜希林发起进攻，并占领塞洛高地。不能容忍反对意见的朱可夫对此未加理会，坚决要求坦克部队立即投入战斗，而作战计划明确规定，只有在夺取高地、完成突破的情况下才能投入坦克部队。朱可夫对交通堵塞恼怒不已，再加上步兵部队9个小时的战斗进展甚微，他现在打算投入1377辆坦克和自行火炮（6个坦克军），以此来打开通往塞洛高地的通道。

近卫坦克第1集团军司令员卡图科夫朝前方望去，将坦克部队投入无数沟壑和大面积雷区的前景令他倍感沮丧，这些障碍限制了他的行动，使他无法实施任何机动。他立即命令3个军（尤舒克的坦克第11军、巴巴贾尼扬的近卫坦克第11军和德廖莫夫的近卫机械化第8军）进入屈斯特林登陆场。朱可夫16点30分给近卫坦克第1、第2集团军下达了正式进攻令，近卫坦克第1集团军将与近卫第8集团军协同作战，打垮德军在塞洛高地上的防御，而近卫坦克第2集团军将与突击第5集团军共同冲向新哈登贝格（Neu-Hardenberg）—贝尔瑙（Bernau）。下午晚些时候，2个坦克集团军出发了，近卫坦克第1集团军以I. I. 古萨科夫斯基上校的近卫坦克第44旅为先锋（近卫坦克第40和第45旅紧随其后），驶入近卫第8集团军的步兵单位，堵塞了几条尚能通行的道路。坦克纵队向前推进，却妨碍了炮兵的通行，而崔可夫现在急需炮兵力量支援步兵对塞洛高地的突击。喊叫着、咒骂着，坦克部队向前挤去，但提供给步兵军和步兵师的支援单位绝望地停顿了下来，他们被迫离开道路，进入湿软、黏稠的河谷。

崔可夫只是在自己的右翼取得了一些进展，那里的坦克部队没有将道路悉数垄断：近卫步兵第4军逼近塞洛镇，切断了铁路线和两条公路。苏军坦克小心翼翼地转过拐弯处或街角，却被德国人的88炮或"铁拳"炸成一堆燃烧着的残骸，跟随在坦克身旁的步兵也被轻武器火力射倒。波格丹诺夫的2个军（近卫坦克第9、第12军）赶去支援突击第3和突击第5集团军，但在很短的时间里（此时已是晚上7点），他们遭到88毫米火炮，甚至更大口径的155毫米火炮直瞄火力的猛烈打击，没能取得更大的进展。4月16日午夜前不久，塞洛镇北部的三座建筑被崔可夫的步兵夺取，而卡图科夫的坦克继续从事着争夺高地的战斗。遵照朱可夫的明确指令，进攻在夜间继续进行，更多坦克投入战斗，轰鸣着冲向德军阵地，却被对方的直射火力打得踉跄后退并起火燃烧。苏军在各处的推进距离从2英里至5英里不等，但目前尚未达成突破。因此，朱可夫下达了4月17日重新发起进攻的命令，将以一场30—40分钟的炮火准备打开敌人的第二道防线，而坦克集团军继续与步兵单位协同作战。

对朱可夫来说灾难性的这一天临近结束时，他又听到了一个令人不安的音符。通过电话与斯大林进行深夜交谈时，他发现斯大林明显对他的表现不太满意。当天早些时候，下午3点左右，朱可夫报告最高统帅部，苏军已突破敌人的防御，但在塞洛高地遇到敌人的顽强抵抗，因此他决定投入2个坦克集团军。斯大林显然很镇静，他告诉朱可夫，科涅夫已成功地强渡尼斯河，"没有遇到困难"，目前正向前推进，朱可夫应该以轰炸机支援他的坦克集团军，晚些时候再打电话向他（斯大林）汇报战果。深夜时，朱可夫打电话给斯大林，斯大林的态度不太亲切，他对朱可夫遭遇的失败越来越感到愤怒。斯大林指责朱可夫将近卫坦克第1集团军投入近卫第8集团军的作战区域完全违背了最高统帅部最初的指示，并问朱可夫是否有把握在4月17日攻克塞洛高地。朱可夫保持着克制，以尽可能冷静的口气向斯大林保证，明天一定能攻克塞洛高地，目前至少有一个好处，敌人在这里投入的部队越多，柏林的陷落就越快，因为在开阔地歼灭敌人比在旷日持久的巷战中更容易。斯大林显然未被说服，他继续告诉朱可夫，"我们"（最高统帅部和他本人）打算命令科涅夫，让他的2个坦克集团军从南面进攻柏林，同时指示罗科索夫斯基加快对奥得河的进攻，然后从北面迂回柏林。这个问题对朱可夫关系重大，他不得不同意科涅夫的坦克集团军可以冲向柏林，但罗科索夫斯基无法在4月23日前对柏林发起进攻，因为他必须完成强渡奥得河的任务。斯大林草草说了声"再见"，突然结束了这场交谈。朱可夫现在至少知道他面临着怎样的状况了。

在乌克兰第1方面军的战线上，科涅夫不能不对当天的战果感到格外满意。尽管他的第一梯队未能完全抵达德雷维茨（Drewitz）—克姆滕多夫（Komptendorf）—魏斯瓦瑟（Weisswasser）这条目标线，但在福斯特—穆斯考地区达成的主要突破使3个集团军（近卫第3集团军、第13集团军和近卫第5集团军）沿一条17英里的战线在德军防区内推进了9英里。夜间，2个坦克集团军的主力继续渡过尼斯河，稳步赶往德军防线上被撕开的缺口，科涅夫正逐步扩大这个缺口。德军抽调预备队阻截苏军的推进，他们的一道指令落入苏军手中，其中提到依靠"玛蒂尔达"防线，苏军指挥部对此感到惊异，但科涅夫很高兴，因为德国人现在投入的不仅仅是战术预备队，还包括他们的战役预备队。当日结束前，面对德军第21装甲师实施的抵抗，苏军第一梯队的各个师已在敌人的第二道防线上战斗，这一地带大致位于尼斯河与施普雷河的中间。波兰第2集团军和苏军第52集团军朝德累斯顿方向发起辅助突击，掩护主要突击方向，他们取得的进展也让科涅夫感到满意：强渡尼斯河后，这2个集团军在尼斯河西岸深入德军防区3—6英里。

"玛蒂尔达"防线的消息，再加上德军为据守该防线投入的2个装甲师，以及完成第一批作战目标的需要，促使科涅夫立即下达了在夜间继续进攻的命令，既要保持攻势的压力，又要加快前进的速度。他为4月17日作战行动下达的命令中规定，突破敌人的第二道防线，强渡施普雷河，在傍晚前推进至海德（Heide）—伦斯多夫（Rensdorf）—布格哈默（Burghammer）—沙恩（Schein）一线。另外，科涅夫还命令卢钦斯基的第28集团军派出先遣部队跟随在近卫坦克第3集团军身后，沿"柏林方向"推进，不必等待全集团军集结完毕。冲向德累斯顿的2个集团军也将突破德军的第二道防线，并于4月17日傍晚前到达格尔利茨东面12英里处的战线；近卫骑兵第1军奉命在德军后方展开行动，他们将穿过卡门茨（Kamenz），赶往包岑（Bautzen）西北方，然后将冲向易北河，从而确保主要突击力量免遭敌人从西南方发起的任何反击。

现在，朱可夫和科涅夫不加掩饰地冲向柏林，4月17日早上，他们重新发起大规模攻势。夜间，为突破德军设在塞洛高地上的第二道主防线进行准备时，朱可夫重新部署了炮兵和坦克部队，前一天疯狂但收效不大的激战导致这些部队分散而又无序。为准备新的攻势，朱可夫从远程航空兵部队抽调了800架轰炸机，对德军阵地展开猛烈的夜间轰炸，炮兵也实施了重组，以便为步兵和坦克的突击提供支援。4月17日上午10点，集结起来的苏军炮兵再次对高地上的德军阵地展开猛烈轰击，30分钟的炮火准备得到一波波苏军战机狂轰滥炸的加强。塞洛高地上再次腾起巨大的烟雾和尘埃，炮击尚未停止，第一批坦克和突击步兵便向前冲去；近卫第8集团军和近卫坦克第1集团军的主力10点15分发起突击。晨光中，数百辆苏军坦克向前驶去，步兵们攀附在T-34坦克上，沿通往高地的道路行进。有些坦克起火燃烧，歪倒在路旁或停顿下来，但更多的坦克继续向前，嘎嘎作响地碾过战壕和炮位，德军88炮和"铁拳"的火力渐渐减弱，但重机枪子弹不断射入苏军步兵队列。临近中午，近卫坦克第11军和近卫机械化第8军跨过铁路线，夺取了弗雷德斯多夫和杜希林，但遭到了德军"库尔马克"师[10]的猛烈反击。

尤舒克的坦克第11军与近卫步兵第4军（隶属于近卫第8集团军）辖下的近卫步兵第35师一同行动，4月17日上午取得了一些实质性战果：10点30分出发后，这些坦克和步兵冲向塞洛镇北面，中午前粉碎了敌人的抵抗，几个坦克旅从南面和北面攻向塞洛镇。该镇是德军实施防御的重要地点，因为它位于奥得河西岸德军防御体系的最南端。屈斯特林—柏林公路沿高地顶部延伸，穿过塞洛镇，因此，苏军一旦攻占高地，便能通过一条敞开的大道直奔柏林。尤舒克是一名直率、和蔼的老兵，他命令麾下的坦克全力向前，但混乱的步兵拖了他的后腿，苏军炮兵的过度热情又使他处在危险中——他的一名旅长用粗俗的话语大骂突击第5集团军朝自己人发射炮弹，索科洛夫斯基将军大为恼火，他是个纪律严明的指挥员，恰好目睹了显然缺乏教养的这一幕。德国人射出的"铁拳"不断制造着危险，但尤舒克好奇地看着他那些坦克组员从在德国人房屋里找到的床垫中抽出钢丝，缠绕在坦克前部，从而使射来的火箭弹发生偏斜。

卡图科夫抓住这个机会，命令巴巴贾尼扬的近卫坦克第11军进入尤舒克的两个旅（坦克第20和第65旅）打开的缺口。但坦克部队依然无法达成突破并摆脱步兵单位，因为德军利用众多支撑点实施顽强抵抗，地形被小型湖泊、河流和运河切断，不断减缓苏军的推进。在其他地方，朱可夫的突击部队也攻入了德军主防区，突击第3集团军在近卫坦克第9军的支援下赶往库讷斯多夫（Kunersdorf），突击第5集团军也在近卫坦克第12军和机械化第1军的支援下杀向这道防线，并强渡旧奥得河（Alt-Oder）。当日结束前，崔可夫的近卫第8集团军和巴巴贾尼扬的坦克夺取了塞洛镇，在无情的地面炮火和空中轰炸的打击下，德军防线开始破裂——尽管面对突击第3集团军和第47集团军的猛攻，其侧翼仍在坚守。

科涅夫的主要突击力量4月17日早上9点整投入进攻，首先进行了一场短暂、猛烈的炮击。树林燃烧起来，苏军坦克纵队冲向施普雷河，击退了德军的多次反击，在他们身后，德军坦克和步兵试图阻止苏军的推进，双方展开大量小而激烈的战斗。科涅夫匆匆赶往施普雷河，想看看近卫坦克第3集团军如何克服前进途中的这一障碍，途中遇到大量被击毁并起火燃烧的技术装备，树林遮蔽了死者，尸体倒在溪流中，或随意散落在整条前进路线上。大批坦克和火炮的残骸表明了战斗的激烈度，但这里的激战已经结束。科涅夫沿着苏军打开的通道赶往前线，工兵已在雷区清理出路径，而前方传来的隆隆炮声和苏军战机持续不断的轰鸣提醒他，那里的战斗尚未结束。

令科涅夫感到失望的是，他的先头部队尚未打垮敌人并发起强渡，尽管杂乱的火力表明德军的防御缺乏组织。现在不能浪费时间，必须立刻强渡施普雷河，这条河流在一些地段有50—60码宽。没有等待架桥设备的到来，科涅夫与近卫坦克第3集团军司令员雷巴尔科交谈一番，建议派一辆坦克和精心挑选的车组成员尝试涉水渡河，因为有迹象表明这里似乎有一个徒涉场。为首的坦克开入河中，朝对岸驶去，河水只有3英尺深，仅仅淹没了坦克的履带；德军的轻武器火力袭来，但被T-34的装甲板弹飞了。一辆辆坦克紧随其后，几个先遣坦克旅渡过施普雷河，德军防线迅速崩溃。科涅夫知道，关键性时刻已经到来，他抓紧时间把自己取得的惊人战果报告给斯大林。

科涅夫的前进指挥所设在科特布斯附近的一座城堡内，里面摆放着各种奢华的设施，科涅夫思考着他与列柳申科和雷巴尔科最后的交谈——这两位都知道方面军司令员说的是柏林，可简要总结为大胆推进、迂回机动、爱护技术装备。进攻将全速向前，但科涅夫不得不考虑这样一个事实：坦克部队即将冲入第13集团军前方深深的缺口，而戈尔多夫的近卫第3集团军居右，扎多夫的近卫第5集团军居左，抗击着敌人的猛烈反击。进军通道很窄，两侧处在沉重的压力下，但坦克部队必须向前推进。不过，至少科涅夫已把自己的前进指挥所设在突破区中央，不管怎样，他都会在这里看着他的两位坦克集团军司令员穿过这条通道。这番话没有明说，但已经足够。科涅夫现在要做的是同斯大林协商。

确定麾下的坦克部队向施普雷河西面进军后，科涅夫联系了最高统帅部。这位方面军司令员向斯大林报告了他取得的进展，斯大林听了一会儿，突然打断了他的话，指出朱可夫的进展相对较慢，然后陷入沉默。科涅夫也没有说话，事实证明这很明智。过了一会儿，斯大林提出建议，重新部署朱可夫的快速部队，把他们派至科涅夫打开的缺口。一向谨慎的科涅夫元帅深思熟虑后做出回答："斯大林同志，这要占用许多时间，并造成很大的混乱……我们这里的战事进展顺利，兵力充足，我们可以将2个坦克集团军转向柏林。"科涅夫进一步阐述了坦克集团军的行动方向，并把措森（Zossen）列为方位物。沉默了片刻，斯大林问科涅夫是否知道措森是德军总参谋部的所在地，并问他使用的是多大比例尺的地图。科涅夫回答说，他用的是二十万分之一的地图，他很清楚措森是德军总参谋部驻地。斯大林果断地说道："很好，我同意。让您的坦克集团军转向柏林。"谈话到此结束。

科涅夫抓紧时间，立即用高频电话与两位坦克集团军司令员取得联系——早些时候不好明说的内容，现在可以说清楚了，详细作战指令确定的目标是柏林。雷巴尔科的近卫坦克第3集团军奉命在4月17日夜间全军强渡施普雷河，冲向费特绍（Fetschau）—戈尔森（Golsen）—巴鲁特（Barut）—泰尔托（Teltow），并于4月20日晚间突入柏林南郊；列柳申科的近卫坦克第4集团军接到的指令是4月17日夜间在施普伦贝格北面强渡施普雷河，攻向德雷布考（Drebkau）—卡劳（Calau）—达内（Danne）—卢肯瓦尔德，夺取贝利茨—特罗伊恩布里岑—卢肯瓦尔德地区，攻占波茨坦和柏林西南郊，并以近卫机械化第5军确保特罗伊恩布里岑地区。2个坦克集团军必须绕开城镇，避免发动正面进攻，因为科涅夫要求速度第一："我要求你们清醒地知道，坦克集团军的胜利取决于大胆的机动和迅速的行动。"这道编号00215,签发日期为4月17日的方面军指令在4月18日2点47分发出,而此刻,列柳申科和雷巴尔科已让他们的坦克部队朝西北方全速前进,相信上级会确保他们的侧翼。

朱可夫怀着怒气从斯大林处听取了白俄罗斯第1方面军与乌克兰第1方面军之间的新分界线,这表明科涅夫的进展很快。他比以往更想让自己的部队直捣柏林,但斯大林要他采取"必要的措施"加快进攻,并以这种令人难堪的方式提供了帮助。真正令人担心的是朱可夫的部队在对柏林发起突击前便耗尽自己的实力。斯大林现在的构想是对德国人发起两场迂回机动,科涅夫的方面军从南面和西南面,4月20日发起进攻的罗科索夫斯基从北面实施。朱可夫显然受到了责备,但他不打算就此认输。方面军司令部给各集团军司令员发去警告电文,要求他们加快进攻步伐,否则各集团军的主力和预备队将消耗在这些战斗中,并要求所有集团军司令员立即赶往担任主攻的各个军,绝不允许待在部队后方。所有大炮调至第一梯队,包括最重型的攻城炮,在任何情况下都不得远离突击梯队几千码;炮兵火力务必集中于决定性突破地段。进攻必须无情,方面军必须昼夜不停地战斗,这样,他们便能更快地拿下柏林。

朱可夫不断督促着麾下的指挥员,在这方面,他并不是新手。对德军防御体系认识不足,对炮兵和空中力量的使用效率低下,这都是朱可夫失利的重要原因——这场失利在人员、装备和时间上付出了高昂的代价——但他现在却把责任推卸给他的下属。在4月18日下达的一份气势汹汹的严厉指令中,朱可夫要求上至集团军司令员下至各旅旅长,亲自视察先遣部队并查明情况,确切了解敌人的实力和准确位置,掌握苏军部队所在的方位、他们如何使用支援性武器以及手头有多少弹药供应单位。另外还有如何组织支援单位。4月19日中午12点前,方面军辖下的各部队遵照命令部署各自的单位、下达准确作战指令并补充弹药;进攻将于当日中午12点重新发起,并"按计划"展开推进。近卫第8集团军和突击第5集团军司令员负责协调步兵和坦克部队;方面军将实施严格的交通管控,运输车辆必须驶离公路,机械化步兵必须步行前进。为协调步兵师和坦克旅的行动,近卫第8集团军和突击第5集团军向近卫坦克第1、第2集团军辖下的坦克旅派出指挥员,坦克集团军也将自己的指挥员派往各步兵师。而"无法执行任务"或"缺乏决心"的指挥员会被立即解除职务。要么前进,要么面临可怕的后果，这就是朱可夫发出的警告。

　　这道命令尚未传达给所有突击部队，但不管是由于"缺乏决心"还是因为到目前为止展现出来的蛮勇，钢铁的重量和庞大的兵力现在开始对德国守军产生效果。一些单位被炮火直接消灭或在战斗中悉数阵亡，行进中的士兵发现自己夹杂在难民队列中，各部队之间渐渐失去联系，德军防线上出现了不祥的裂缝。4月18日早晨，再次实施猛烈炮击后，朱可夫对塞洛高地重新发起进攻，下定决心要达成突破，尽管步兵已熬红了双眼，坦克部队也被严重削弱——这是对500英尺高的塞洛高地发起正面进攻的代价。布塞的第9集团军仍据守着自己的阵地，但他的左翼已发生弯曲，右翼受到科涅夫从南面而来的严重威胁。北面，指挥德国第3装甲集团军的冯·曼陀菲尔将军乘坐侦察机，从空中察看了罗科索夫斯基的方面军，他注意到苏军已做好进攻准备，他们对一架德军飞机的出现毫不在意——这场额外的打击很快就会落下。塞洛高地上，魏德林的第56装甲军（这支著名的部队现在只剩下个空架子）迫切需要援兵，他们满怀期待地等待着党卫队"诺德兰"师和第18装甲师[11]的到来。但这两个师都没有来，党卫队"诺德兰"师停步不前，正设法弄到燃料，而装备精良的第18装甲师赶到时正好加入后撤。惨遭厄运的还有第9伞兵师，该师在苏军第一轮猛攻中首当其冲，被打得土崩瓦解，已无法继续坚守。更令魏德林厌恶和愤怒的是，油滑的希特勒青年团领导人阿克斯曼答应派他手下的男孩子守卫第56装甲军的后方，魏德林军长立即撤销了这道命令——如果党卫队在浪费宝贵的时间，国防军又磨磨蹭蹭的话，那么这些孩子不该在这里送命。

　　给严峻的事态火上浇油的是，朱可夫的突击部队4月18日再度发起猛攻，穿过被持续不断的炮击炸得坑坑洼洼的地面向塞洛高地冲来。经过40分钟的炮火准备，上午10点，第47集团军以3个军为第一梯队，朝弗里岑（Wriezen）发起进攻。一个小时前，突击第3集团军在近卫坦克第9军的支援下再度朝库讷斯多夫方向发起了进攻；在巴茨洛（Batzlow）附近战斗的苏军坦克撞上德军第三道防线，发现自己的行动再次因为缺乏空间而受限。当日清晨7点，在一场短暂炮火（10分钟）的掩护下，突击第5集团军发起进攻，穿过林木茂密的山脊赶往赖兴贝格（Reichenberg）和明谢霍夫（Münchehof），却被德军步兵的反击和"铁拳"火力所阻。

经过一场短暂的炮击，崔可夫的近卫第8集团军也于清晨7点发起进攻。在尤舒克坦克第11军的支援下，近卫步兵第4军一路向前，击退了德军反复发起的反击，缓慢但却不可阻挡地冲向明谢贝格（Müncheberg）。崔可夫越来越担心自己的左翼，过去的72小时里，位于那里的第69集团军似乎原地未动。敌人的意图很明显，想把近卫第8集团军赶往南面，远离柏林，崔可夫对第69集团军行动迟缓的任何抱怨都将意味着他自己的部队被调往南面，他决定不强调左翼的危险，继续前进，让麾下的部队冲向掩护柏林东部接近地的明谢贝格。4月18日傍晚前，近卫第8集团军到达特雷布尼茨（Treibutz）—扬斯菲尔德（Jahnsfelde）一线，正在夺取马克思多夫（Marxdorf）和利岑（Lietzen），而右翼的苏军部队已到达马克思瓦尔德（Marxwalde）—武尔科夫（Wulkov）一线；左翼依然是个问题，第69集团军停步不前，崔可夫只能以近卫步兵第28军的2个师加强侧翼。塞洛镇西北方，突击第3集团军为争夺巴茨洛进行着激烈的战斗，通往该镇的各条道路都被大炮和迫击炮火力覆盖，雨点般的炮弹从周围的制高点落向苏军部队；近卫步兵第12军军长A. F. 卡赞金中将决定在30分钟炮火准备后发起一场夜袭，以2个师穿过德军防线上的缺口，赶往巴茨洛北面。在炮火的掩护下，获得坦克和自行火炮加强的步兵于当晚11点发起进攻，直到拂晓前才将德军逐出该镇。别尔扎林的突击第5集团军接管了撕开德军防线上这一缺口的任务，因为这道防线已延伸至突击第5集团军的作战区域。

朱可夫的进展晚了整整两天，他现在唯一希望的是第四天的进攻行动能让他完成战役第二天规定的目标。苏军的攻势深深插入德军第三道防线，明谢贝格发生激战，这是个关键地点：近卫第8集团军的2个军（近卫步兵第4、第29军）从辖内的每个师抽调1个加强营用于突破这座防御堡垒，经过30分钟的炮火准备，进攻在4月19日中午后不久发起。近卫坦克第11军迂回至南面，坦克第11军赶至西北面，近卫步兵第82师从东面攻入镇内并将德军肃清，明谢贝格终于在4月19日晚9点陷落。明谢贝格（柏林东面）和弗里岑（柏林北面）的陷落显然标志着结局的开始。截至4月19日晚，朱可夫的部队已沿旧奥得河至库讷斯多夫这条45英里长的战线突破了德军的三道防线，向西、向柏林前进了18英里。

当晚（4月19日），罗科索夫斯基向斯大林报告，白俄罗斯第2方面军已做好发起进攻的准备。冯·曼陀菲尔将军的担心是完全有道理的。4月19日—20日夜间，苏军轰炸机以女子夜间轰炸机团为先锋，轰炸了德军防线，3个突击集团军（第65、第70和第49集团军）进行着最后的准备，派出精心挑选的突击队和巡逻队加强方面军在西奥得河西岸夺取的阵地，并占领河滩上纵横交错的防护堤。罗科索夫斯基计划沿阿尔特达姆至施韦特这条30英里长的战线发起进攻，各集团军分配到的突破地带相对较窄（2—2.5英里）；炮火准备将于4月20日早晨7点发起，持续一个小时。与科涅夫一样，罗科索夫斯基打算使用烟幕，并由第19集团军和突击第2集团军在斯德丁北面发起牵制性进攻，进攻将跨过该地区的河流，以此来误导德军统帅部，使其无法判明苏军主攻方向。

发起进攻的确切时间在白俄罗斯第2方面军内一直存在很大的争议。第65集团军司令员巴托夫不太在乎原定计划，原计划规定上午9点展开炮火准备，而他宁愿在拂晓发动进攻，这样可以充分利用晨雾；炮击持续时间也应从90分钟缩减为45分钟，因为据第65集团军参谋人员计算，突击部队可以在45分钟内完成对西奥得河的强渡。罗科索夫斯基一直在思考这个问题，因为这涉及第49和第70集团军的进攻发起时间，直到最后一刻，他才同意巴托夫的建议。在此期间，巴托夫还关注着被水淹没的河滩中的水位，过去几天，侦察活动日益加剧，水位已然上升，但现在又出现了新的危险，狂风会将更多的河水卷入他的突击路径；为缓解巴托夫日益加剧的焦虑，并尽快为已处在西岸的部队提供支援，罗科索夫斯基批准巴托夫提前行动。6点30分，巴托夫战区内的大炮开火射击，并在近卫步兵第37师所处地域施放烟幕。第49集团军的格里申和第70集团军的波波夫坚持原定计划并原地等待——这是个不太令人高兴的决定，就像事情很快显示出的那样。

巴托夫的第65集团军发起强渡，在烟幕的掩护下，近卫步兵第109团（隶属于近卫步兵第37师）搭乘小船和木筏赶往西奥得河西岸。为争夺西岸的堤坝，激烈的战斗爆发开来，苏军试图夺取这些重要的堤坝，让使用浮桥渡河的坦克和大炮登岸，但8点时，已位于西岸的苏军部队开始对德军防御发起进攻。清晨的浓雾由于硝烟而变得更加浓密，消散得非常缓慢，致使空中支援的承诺直到9点后才兑现，但巴托夫的首座登陆场一码码扩大，主力突击部队做好了跟随先遣营出击的准备。尽管少量45毫米火炮被运至登陆场，但这里最需要的是大批坦克和火炮；13点，两座16吨的门桥终于投入使用，大炮和自行火炮这才得以运至西岸。傍晚前，巴托夫已将31个营送过河去，外加50门大炮、70门迫击炮和15辆SU–76自行火炮，这座登陆场扩大到3英里宽、1英里深，目前有4个师在登陆场内作战。

罗科索夫斯基关注着进攻的进展，他要求巴托夫提交报告，并决定亲自去第65集团军查看情况，同去的还有空军第4集团军司令员K. A. 韦尔希宁、方面军工兵主任B. V. 布拉戈斯拉沃夫和方面军炮兵司令员A. K. 索科利斯基。出现在眼前的场景让罗科索夫斯基放下心来，通过望远镜，他看见西岸的苏军部队击退了德军一个营兵力发起的反击。罗科索夫斯基相信巴托夫的部队已站稳脚跟，因而决定利用这座登陆场发起整个方面军的突击。波波夫的第70集团军早上7点开始进攻，持续一小时的炮火准备为其提供掩护；利用门桥和150艘小船，步兵第47军的先遣营在西奥得河对岸获得一块立足地，但德军设在格瑞芬哈根（Greifenhagen）的大炮猛轰渡口，堤坝（对苏军运送大炮和重装备至关重要）也遭到了德军机枪和反坦克武器的火力覆盖。波波夫的炮兵没能压制敌人的防御火力，步兵遭受到伤亡。苏军战机的介入挽救了态势，这才使工兵们将浮桥架设至防护堤，炮兵开始渡河。

波波夫的登陆场很小，目前还缺乏大炮，可他至少渡过了西奥得河。但对格里申的第49集团军来说则不是这样，该集团军获得特别加强，以便发起进攻，将德国第3装甲集团军赶往北面和西北面，从而让第70集团军消灭这些德军部队——这一行动与朱可夫白俄罗斯第1方面军的右翼部队紧密协同。令罗科索夫斯基惊愕的是，格里申没能取得进展：与第70集团军同时发起进攻后，第49集团军的强渡被德军迅速击退。失败的主要原因是进攻前的侦察行动犯了错误，一条次要运河被误判为西奥得河主河道，于是炮兵将所有火力集中到运河河岸上，那里实际上只有为数不多的敌人防守。步兵发起强渡时，遭到敌机枪火力的致命打击。只有少数苏军士兵设法登上了西奥得河西岸，他们试图在对岸坚守小小的登陆场，但却遭遇到严重伤亡。

罗科索夫斯基命令格里申次日早上重新发起进攻，他担心进一步的延误会使德军指挥部将这一地区的部队调去阻截第65和第70集团军，但这并不能明显改变严峻的态势。具有讽刺意味的是，处在最不利位置上的部队——巴托夫的第65集团军，其侧翼暴露在斯德丁守军远程火炮的打击下——取得的战果最大，罗科索夫斯基打算充分利用这种状况。现在只能将白俄罗斯第2方面军的主要突击调至右翼，利用巴托夫坚实的登陆场；第70集团军可以直接赶往这些渡口，尽管截至4月20日傍晚前，波波夫的12个营已在自己的战区完成强渡，而派给第49集团军的加强兵器也可以调至这一地区。如果格里申再次失败，罗科索夫斯基打算重新部署调拨给他的这些资源。与此同时，他还将帕诺夫的"顿河"近卫坦克第1军派给巴托夫（帕诺夫是巴托夫的老搭档），近卫坦克第3军也可能提供给他，另外还有大批架桥设备，以加快渡河行动。步兵第136师（隶属于第70集团军）的侦察单位已被派至巴托夫的作战区域，格里申也派来2座浮桥和2个自行火炮团。巴托夫的部队确实需要加强，由于第70集团军进展缓慢，突击第2集团军在斯德丁北面的佯动不太成功，致使德军指挥部得以调集更多的部队堵截第65集团军。4月20日—21日夜间，巴托夫登陆场内的部队击退了德军三十余次反击，2个德军师（第281步兵师和党卫队第27"朗厄马克"师）正赶来加强进攻，这使德军发起的反击多达五十余次，有几次是在坦克的支援下以团级兵力发起的。

目前，位于西奥得河西岸的苏军部队只能一点点"蚕食"德军的防御，因为他们缺乏足够的兵力发起一场突破；巴托夫的作战地域内，建设渡口的工作仍在继续，30吨和60吨的桥梁架设起来，大型16吨门桥也投入使用，这些设备大多来自第49集团军。在4月21日的行动中，巴托夫继续加强他的登陆场，步兵第105军将其战线向右侧延伸，但第70集团军进展甚微，他们只占领了帕尔戈瓦（Pargov）北面的一片树林；不过，第70集团军的部队设法肃清了两条奥得河之间滩涂地上的一些堤坝，终于开始前运重型装备。格里申的第49集团军依然没能取得太大战果，只是在西奥得河西岸夺得了几个小小的立足地，但这些立足地遭到德军的猛烈打击。罗科索夫斯基的攻势现在只能沿右翼进行，利用巴托夫的登陆场，这座登陆场已扩大到5英里宽、2英里深。

1945年4月20日是元首的56岁生日，柏林遭到威胁的现实像一道冲击波那样击中了这座城市。作为一种报复方式和讽刺性问候，盟军轰炸机对德国首都发起最后一次大规模空袭，在城内引发了一场大火。传言四起，据说苏军已到达明谢贝格和施特劳斯贝格（Strausberg）——离柏林东郊仅有15英里——另一股强大的红军部队正从南面迅速赶来；柏林被包围已为时不远。重型轰炸机反复空袭造成的破坏在城内四处可见。现在，熟悉的日常生活突然间中断了：电车停运，地铁关闭，垃圾无人清理，邮件无法发出，供电中断。纳粹高层做好了收拾行装不告而别的准备，尽管他们并未丢下自己宽大、豪华的公务用车；高级官员们毫不迟缓地跟了上去，驶向南部和北部的车队明显增加。柏林城防司令部故意助长这股逃窜大潮，给每一个希望离开柏林的官员签发了通行证。但对缺乏交通工具的大批市民来说，根本无路可逃，而对那些被吊在灯柱上的人来说也是如此，他们被绞死的罪名是开小差，尽管他们的上级实际上已经这样做了。

4月20日上午11点，朱可夫的大炮对柏林发起炮击：近卫军少校A. I. 久金指挥着近卫炮兵第30旅（佩尔霍罗维奇的第47集团军）的一个连展开一轮齐射，向夺取贝尔瑙致敬。当日早晨的战斗中，步兵第125军（隶属于第47集团军）进攻并夺取了贝尔瑙；库兹涅佐夫的突击第3集团军冲过德军第三道防御带；波格丹诺夫的近卫坦克第2集团军在德军阵地经历了一番苦战后到达开阔地，在步兵前方冲向拉登堡（Ladenburg）和采珀尼克（Zepernick），后者位于柏林东北郊。波格丹诺夫的2个军（近卫坦克第9军和机械化第1军）继续从北面迂回德国首都。别尔扎林的突击第5集团军在近卫坦克第12军和坦克第11军部分部队的支援下穿过德军第三道防线的残存部分，准备歼灭施特劳斯贝格的守军。

科涅夫的坦克继续从南面冲向柏林，这个情况引起了朱可夫的高度关注。摆脱步兵部队后，列柳申科和雷巴尔科朝西北方推进38英里，孤立了格雷泽尔的第4装甲集团军，并将布塞与措森和波茨坦之间的交通线切断。4月20日临近中午时，近卫坦克第6军（隶属于近卫坦克第3集团军）赶往巴鲁特，试图冲过这座镇子。但这一尝试失败了，于是军长挑选了2个旅（近卫坦克第53和第52旅）从东南面和西面进攻巴鲁特；13点，该镇落入苏军手中，通往措森的道路打开了。与此同时，在稍南面行动的列柳申科赶往卢肯瓦尔德和于特博格（Jüterborg），坦克集团军的左翼转向西面。稍后方，正全力歼灭敌"科特布斯集团"的戈尔多夫近卫第3集团军已冲入该镇东郊，并从西南方迂回科特布斯镇。但科涅夫并未忽略这样一个事实：从科特布斯到措森，他的右翼呈敞开状态，极易遭到攻击。有必要对戈尔多夫进行"教育工作"，让他了解歼灭敌"科特布斯集团"的紧迫性，与此同时，调遣卢钦斯基的第28集团军赶来封闭这个缺口，并完成对柏林东南方德国军队的包围。卢钦斯基第28集团军的部分兵力也赶去支援雷巴尔科的坦克部队。

但科涅夫元帅并未就此满足。当天上午，苏军对施普伦贝格（施普伦贝格对科涅夫的左翼构成威胁，而科特布斯对他的右翼产生威胁）发起猛烈炮击和轰炸，扎多夫的步兵11点投入进攻；列别坚科的近卫步兵第33军不仅攻克了该镇，甚至向西推进了4英里。4月20日，普霍夫第13集团军辖下的2个军跟随在坦克集团军身后向西推进大约20英里，逼近了芬斯特尔瓦尔德。实际上，科涅夫已将德军防线切为两段。但这个战果并不够。方面军给各集团军司令员下达命令，规定只允许弹药和燃料运往施普雷河西面。科涅夫表达了不满，他命令波格丹诺夫加快步伐，前出至巴鲁特—卢肯瓦尔德一线，尽快对柏林发起进攻。4月20日，两位坦克集团军司令员都接到科涅夫措辞生硬的电报："致雷巴尔科和列柳申科同志本人：命令你们今晚务必攻入柏林。报告执行情况。1945年4月20日19点40分，科涅夫。"意思非常明确。

下达紧急、严格电令的时刻显然已经到来。科涅夫给他的坦克集团军司令员发出电报的一个小时内，朱可夫元帅也给近卫坦克第1集团军司令员和参谋长下达了具体指令：

卡图科夫、波佩尔：近卫坦克第1集团军已被赋予一项历史性任务——率先攻入柏林，升起胜利的旗帜。你们负责组织和执行。从每个军抽调一个最优秀的旅进攻柏林，并下达如下命令：务必在4月21日清晨4点前不惜一切代价攻入柏林市郊，并立即汇报情况，以便上报斯大林同志并公诸报界。朱可夫，捷列金。（A. 巴巴贾尼扬，《胜利之路》，第271页）

这道命令没有留下任何想象空间。朱可夫打算率先进入柏林，不仅斯大林，全世界的新闻媒体都将知道这一点。自4月20日14点30分起，炮兵第10旅（隶属于突破炮兵第6师）辖下的炮兵第207团一直在有条不紊地轰击柏林，但朱可夫希望他的部下无可争议地率先进入柏林。卡图科夫知道自己该做些什么，尽管准备时间很短暂。挑选最好的旅没有任何问题，显然是近卫坦克第1旅和第44旅，后者由古萨科夫斯基上校指挥，但几乎没有时间详细拟定行动计划。燃烧的树林腾起浓浓的烟雾，能见度严重下降；坦克只能沿一条道路前进，但几乎每个街角都有扛着"铁拳"的德国男孩等待着它们的到来。

随着苏军炮弹直接而又毫不间断地落入柏林城内，希特勒4月20日下午走出暗堡，来到硝烟四起、几乎已沦为废墟的帝国总理府花园，散落在地的空罐头盒和断裂的树枝随处可见。弯着腰、双手颤抖的元首检阅了党卫队"弗伦茨贝格"师的士兵以及希特勒青年团的孩子们，这些少年可能会恐惧地抽泣，但他们还是怀着无比的决心射出了手中的"铁拳"。祝福了这些士兵和孩子后，希特勒转身背对阳光，走入地下暗堡，去那里会见聚集起来祝贺他生日的人，然后将在一场怪诞、痛苦、绝望的军事会议上争论柏林的命运。一切迹象表明，灾难性局势迫在眉睫：布塞的第9集团军，特别是他的右翼，面临着被包围和迅速覆灭的前景，第9集团军与第4装甲集团军之间出现了一个硕大、正不断加剧的缺口，科涅夫的坦克正逼近措森，冯·曼陀菲尔的第3装甲集团军与守军主力及第9集团军相隔离，柏林即将遭到直接进攻。希特勒私下里透露，按照自己的想法，他将留在柏林。商讨重建纳粹指挥机构的事宜时，他授权邓尼茨和部分OKW人员离开柏林去北部，其他人去南部——他甚至暗示自己随后也将去那里，尽管他已做出自己的决定。为挽救布塞的第9集团军，海因里希奋战了一整天；午夜后不久，4月21日，他再次要求批准第9集团军后撤，因为"防线"几乎已不复存在，但遭到了元首的断然拒绝。实际上，希特勒现在要求第9集团军坚守自己的阵地，海因里希应设法堵住柏林东面的缺口，从而恢复一条连贯的防线。显然，第9集团军的命运已定，但随着一个个箭头刺向地图，一道道防线环绕着想象中的阵地，这场宏大的战争游戏必须进行到底。

周六（4月21日）早上，炮弹的尖啸和沉闷的爆炸声驱散了购物者，炸飞了行人——弹片将街道上的人炸碎或劈开，这是柏林处在紧密而又持续的进攻下的第一个通知。大炮以传统的俄国方式宣布了这一点，迫使柏林人躲入阴森、拥挤的地下防空洞，这些防空洞很快便因为人满为患而发出阵阵恶臭。柏林匆匆转入地下，进行着这场可悲、肮脏、污秽的战争，像已然放弃天空的元首那样避开了日光。夜间，希特勒神经错乱地判处第9集团军死刑时，朱可夫的坦克和步兵穿过党卫队单位的残部，避开老人和孩子们布设的"铁拳"伏击，逼近了柏林北郊和东北郊。坦克小心翼翼地驶过林区，谨慎地穿过一座座村落，提防着德军后卫部队突然射来的火力。4月21日清晨6点，库兹涅佐夫突击第3集团军和机械化第1军逼近柏林东北郊，冲在最前方的是A. I. 涅戈达上校的步兵第171师。克里沃申机械化第1军的部队沿林登贝格（Lindenberg）—马尔肖（Malchow）公路前进，试图在行进中夺取马尔肖，但辖下的2个旅（机械化第19和第35旅）遭到德军顽强抵抗，突然间停顿下来。克里沃申决定转向东面并直奔魏森塞（Weissensee）。坦克第9团冲入魏森塞，为全军攻入柏林打开了通道。当天下午，卡罗（Karow）落入步兵第79军手中。

朱可夫打算尽快攻入柏林市中心。库兹涅佐夫的突击第3集团军已开始执行变更后的命令，按照新的命令，该集团军将冲入市中心，而不仅仅是从北面实施迂回。各集团军除了调整自己的进军路线，还组织起战斗群和突击队，准备迎接即将到来的巷战；各突击队由步兵、坦克、炮兵和无处不在的战斗工兵组成——这些突击队通常为连级兵力，配有2—3门76毫米火炮、2门45毫米火炮、几辆坦克和自行火炮、2—3个工兵排和1个火焰喷射器排。清理暗堡和火力点时，这些火焰喷射器被广泛使用——男人、女人和孩子被烧成火炬，痛苦扭动着，惨叫着死去。苏军炮兵在各处实施炮火齐射，或是以"喀秋莎"多管火箭炮发起猛轰；集团军和师属炮兵指挥员带着毫不掩饰的兴奋之情下令对柏林展开一轮轮齐射，持续的炮击得到短程坦克炮火力的加强，一些房屋和著名建筑被彻底炸毁。为加强突击第3集团军的攻势，伊格纳托夫将军指挥着突破炮兵第4军的大口径火炮投入战斗，于上午10点发起炮击。

4月21日，别尔扎林的突击第5集团军在近卫坦克第12军的支援下，也从北面攻入柏林，傍晚前全力冲向霍恩施豪森（Hohenschönhausen），并以步兵第32军攻打马察恩（Mahrzahn），据守左翼的步兵第9军在阿尔特兰茨贝格（Altlandsberg）南面作战。尽管朱可夫的右翼部队（突击第3集团军、第47集团军和近卫坦克第2集团军）取得了重大进展，但崔可夫的近卫第8集团军和卡图科夫的近卫坦克第1集团军却在柏林东面的菲尔斯滕瓦尔德、埃尔克内尔（Erkner）和彼得斯哈根（Petershagen）地区受阻，他们击退德军步兵发起的反击，小心翼翼地穿过雷区。

朱可夫的计划是使用3个集团军（突击第3集团军、第47集团军和近卫坦克第2集团军）从东北面展开进攻，另外3个集团军（突击第5集团军、近卫第8集团军和近卫坦克第1集团军）从东面和东南面发起突击，从而将德军的防御切为两半，崔可夫的目标是波恩斯多夫（Bohnsdorf）。但是，最大的威胁似乎来自科涅夫的方面军，乌克兰第1方面军以2个坦克集团军从南面冲向柏林，穿过格雷泽尔的第4装甲集团军（希特勒绝望地抱怨，这里发生了"背叛"），并切断了德国第9集团军的右翼。扎多夫的近卫第5集团军最终消除了施普伦贝格的威胁，而冷静的普霍夫率领第13集团军跟随在坦克部队身后，将"维斯瓦河"集团军群与"中央"集团军群隔开。科涅夫命令卢钦斯基的第28集团军尽快向前推进，但该集团军的先头部队（步兵第128军）仍落后于雷巴尔科的近卫坦克第3集团军快速推进的坦克60多英里。令德国人惊讶的是，苏军坦克莫名其妙地停在了巴鲁特，这使他们得以组织起措森总部的大规模疏散，尽管运送文件和人员的德军车队遭到了苏军歼击轰炸机的猛烈打击。雷巴尔科麾下的近卫坦克第6军以3个旅（近卫坦克第51、第52和第53旅）对措森发起进攻。4月21日，苏军坦克部队夺取了德军最高统帅部，红军士兵跌跌撞撞地走入这个错综复杂的地下世界，地板上、办公室内、走廊间散落着文件、地图和丢弃的军装。

这是法西斯野兽真正的巢穴，电传打字机仍在咯咯作响，电话铃声此起彼伏。各个控制台上摆放着硕大的印刷通告，上面用最简单的俄语写道："不要破坏这些设备。"一部电话响起，一个盛气凌人的声音询问发生了什么情况，一名苏军士兵满怀喜悦地回答道："伊万在这里，你可以……"四名醉醺醺的德军士兵惊讶地看着这一幕，高高举起了自己的双手。主管工程师汉斯·贝尔托夫带着这些俄国人简单参观了通信设施，电话铃声不断响起，电传打字机吐出纸带："我们正试图与盟军进行接触，你们对此的态度是什么？"（信息来自北方）。回答是："蠢货，你们不知道事态的真实状况吗？伊万就在我们上方……"苏军女翻译拾起更多的纸带开始翻译，随后便满脸通红地停了下来。措森是德国国防军令人畏惧的大脑，随着最后一名喝得酩酊大醉的德军士兵被担架抬出，它的陷落画上了完美的句号。

尽管坦克部队正朝西北方的柏林疾进，但科涅夫还是再次敦促以最快的速度歼灭敌"科特布斯集团"。近卫第3集团军的戈尔多夫对坦克的使用太过缓慢，没有以足够的灵活性实施机动，但扎多夫在施普伦贝格的行动多多少少与计划相符合，并与第13集团军密切配合；近卫第5集团军的主力目前正赶往易北河。科涅夫继续加强近卫第3集团军，以完成对德国第9集团军右翼（他们称之为"法兰克福–古本"集团）的包围，与此同时，他越来越关注近卫坦克第3、第4集团军之间出现的缺口，这个缺口现在已达20英里，还在不断加大。唯一的办法是派卢钦斯基第28集团军的部分兵力冲入巴鲁特地区，封闭这个缺口。获得方面军提供的卡车后，卢钦斯基命令沙茨克夫上校的步兵第61师全速向前推进，当天深夜，该师已靠近雷巴尔科的坦克集团军。列柳申科继续向前推进，夺取了卡劳、卢考（Luckau）和巴贝尔斯贝格（Babelsberg），一路杀至柏林西南郊。在巴贝尔斯贝格，为整个坦克集团军担任先头部队的近卫坦克第63旅无意中发现了一个集中营，救出了关押在那里的各国囚犯，其中包括法国前总理埃德瓦德·赫里奥特和他的妻子。4月21日晚，列柳申科和雷巴尔科都已进入对柏林外环防御圈的打击范围，并已将环城公路切断。科涅夫决定以1个突破炮兵军（第10军）、1个突破炮兵师和1个高射炮师加强雷巴尔科的部队，另外，歼击航空兵第2军也由雷巴尔科直接指挥。科涅夫对柏林发起突击的舞台已搭设完毕；几个小时内，雷巴尔科的近卫坦克第3集团军集结在了柏林门前，即将突入城内。

4月22日，随着5个步兵集团军和4个坦克集团军投入战斗，俄国人收紧了勒住柏林的绞索。库兹涅佐夫的突击第3集团军和波格丹诺夫的近卫坦克第2集团军（缺近卫坦克第9军）从北面发起进攻，崔可夫的近卫第8集团军和卡图科夫的近卫坦克第1集团军（缺坦克第11军）从东面发起攻击；佩尔霍罗维奇的第47集团军向北席卷，然后以近卫坦克第9军从西面攻入柏林。科涅夫的坦克和步兵从南面而来：雷巴尔科的近卫坦克第3集团军与卢钦斯基第28集团军的3个师直接从南面发起突击，列柳申科的近卫坦克第4集团军（缺近卫机械化第5军）也将席卷至西南面。库兹涅佐夫和波格丹诺夫原以为可以在行进中夺取柏林城，但这种想法随着步兵和坦克部队卷入复杂、激烈的巷战而彻底消失。朱可夫元帅立即为近卫坦克第2集团军标出作战区域，派机械化第1军进攻罗森塔尔（Rosenthal）—维滕瑙（Wittenau），并从那里进入西门斯塔特（Siemensstadt）以西地区；近卫坦克第12军攻向潘科（Pankow）— 赖尼肯多夫（Reinickendorf），插入西门斯塔特以东地区，并夺取夏洛滕堡；近卫坦克第9军冲向西北方，切断德军向西逃生的通道。

苏军向北面的突击取得了极大的成功。4月22日晚7点，近卫坦克第9军经过一天的激战，跨过哈弗尔河，在亨尼希斯多夫东面建立起一座很有用的登陆场。步兵第125军与近卫坦克第9军的坦克现在可以向南冲往波茨坦，与科涅夫的部队取得会合，从而完成包围圈的北环，而步兵第129军继续争夺泰格尔（Tegel）地区。突击第3集团军司令员库兹涅佐夫决定4月21日—22日夜间实施重组，方面军下达的命令规定了他的进攻方向是从北面攻入柏林市中心；他建议推进至罗森塔尔—威廉姆斯胡（Wilhelmsruh）—绍恩霍尔茨（Schonholz）—魏森塞南区一线，以3个步兵军突破柏林北部防御，并消灭党卫队第11摩托化师残部、临时拼凑起来的警察单位和一些人民冲锋队营，面对久经沙场的苏军师，这些老迈的民兵只配发了一个袖章、一支步枪或一根"铁拳"。

突击第3集团军组织起一个个突击队（每个军至少留有一个师的预备队），各单位着手策划大规模炮击行动，一码接一码地炸开通道，他们在每一处开阔地都部署起大炮，并把"喀秋莎"火箭炮排列起来，将磷弹射入一个个火力点和建筑物，引发了一连串大火。坦克部队不为争夺单独的建筑物而战，而是向前推进，并将这些建筑一段段炸碎，消灭藏身其中的狙击手；简易障碍被坦克冲开，更加坚实的障碍物被近距离直瞄炮火炸毁。建筑物坍塌时，燃烧的木材四散飞溅，引燃了临近的房屋，碎石瓦砾堆在街道上，苏军步兵采取钻隧道的方式，用反坦克枪炸开一侧的墙壁或房门，从一间地下室攻入另一间地下室；工兵们使用了威力更大的炸药，清理出更多的通道。躲避战火的居民们蜷缩在地下室和地下防空洞里，却发现自己置身于激战最猛烈的地方，尘埃令他们窒息，且不能视物，他们在炸药的爆炸和火焰喷射器的喷扫中负伤、身亡。将死者和垂死者拖出街道上的废墟，这使平民们暴露给苏军飞行员嬉戏的习惯，战机俯冲而下，扫射街道、士兵、消防队员和一切移动的物体。苏军战机也在高处盘旋，为火炮指引目标。

4月22日上午10点，经过一场短暂但却凶猛的炮击，突击第3集团军重新发起对魏森塞的进攻，与之对阵的是小股人民冲锋队和一些党卫队小队，他们将高射炮炮管压低，绝望地轰击着苏军坦克。魏森塞曾以对共产主义的忠诚而著称，现在却迅速打出了投降的旗帜——从纳粹旗帜上撕下的红色布条。苏军先遣部队的军官和士兵穿着不同的作战服，但都挎着自动武器和弹药，他们想的似乎只是肃清自己的进攻区域，他们冲入地下室和建筑物，搜寻德军士兵和武器，将抢来的手表揣入衣兜，但没有碰那些女人。苏军第一梯队的官兵大多穿着得体，甚至刮了胡子，他们的指挥员显然纪律严明，有些人能说一口流利的德语，其他人依靠队伍里的女翻译。审查工作迅速展开，男人们遭到围捕（如果能拿出反纳粹的证据，也会获得释放），女人们被派去清理遭到破坏的建筑物。但第二梯队的苏军尚未进入柏林，他们行为粗野，经常喝得大醉，还胡乱开枪杀人——大多数是红军在进军途中从德国奴工营解放出来的战俘，昔日的战俘得到一支冲锋枪后加入了作战部队——这些无法控制的暴徒一心想着抢劫和强奸，尽管他们同样有着情感脆弱和强烈兽性这种矛盾性。

别尔扎林的突击第5集团军在近卫坦克第12军和坦克第11军的支援下攻入考尔斯多夫（Kaulsdorf）和拜尔斯多夫（Biesdorf），并朝卡尔绍斯特（Karlshorst）冲去，插入柏林东部防御。崔可夫的近卫第8集团军和卡图科夫的近卫坦克第1集团军在埃尔克内尔和彼得斯哈根遭遇到顽强抵抗，但4月22日下午苏军步兵和坦克还是到达了达默河（Dahme），其右翼部队在马尔斯多夫（Mahlsdorf）和乌伦霍斯特（Uhlenhorst）东面的树林里战斗。施普雷河就在前方，强渡该河的行动定于4月23日发起，30分钟的炮火准备为其提供掩护。坦克集团军司令员卡图科夫在当天接到军长巴巴贾尼扬打来的一个奇怪而又令人不安的电话，巴巴贾尼扬报告他抓到一些日本人。疑惑的卡图科夫以茫然的口气重复道："日本人？"他被告知苏军坦克在埃尔克内尔附近遇到一个日本代表团；卡图科夫这才知道自己遇到了外交事件，他指示巴巴贾尼扬立即将日本人送到他的指挥部。随后又发生了矿泉水事件：一些口干舌燥的苏军士兵从某中立国大使馆"解放"了几箱矿泉水，结果，抗议雨点般落在这位坦克集团军司令员头上。卡图科夫对此感到惊讶，促成这种抗议的背后态度究竟是什么意思？

燃烧的柏林还遭到苏军大炮的破坏，炸开前进通道的苏军突击队更是将这座城市撕为碎片。列柳申科的近卫坦克第4集团军无情地向前推进，朝西南方席卷，4月22日，他们与佩尔霍罗维奇从北面而来的第47集团军仅相距20英里，一个巨大的对外包围圈即将在西面合拢。向西推进的近卫机械化第5军在特罗伊恩布里岑突然遇到另一座战俘营，里面关押着大批盟军战俘；红军中尉扎钦斯基率领一个侦察组朝党卫队看守们开火射击，交火中，他负了致命伤，但在最后的英勇战斗中，他击毙了战俘营指挥官，目睹了德军抵抗的崩溃。被解放的战俘包括奥托·卢格少将，他是挪威集团军司令。近卫机械化第5军加快速度赶往于特博格，并冲入一座塞满飞机的机场（144架损坏的飞机、362部飞机引擎和3000枚炸弹都被正式移交给近卫歼击航空兵第9师），还在于特博格阅兵场与一个正在列队的德军师发生战斗。突然出现的苏军坦克使德军士兵和车辆四散奔逃，但他们的武器装备立即落入了俄国人手中。到达贝利茨—特罗伊恩布里岑一线后，苏军坦克继续前进，只要进入萨尔蒙德（Saarmund）地区，逼近波茨坦和勃兰登堡就有了极好的前景——同时也将完成对柏林的包围，并消除敌人从西面对柏林发起救援的一切企图。

　　雷巴尔科的坦克部队得到重型火炮（这些炮兵从施普伦贝格地区而来）的加强，他们从米滕瓦尔德（Mittenwalde）—措森地区出发，以机械化第9军为先锋，跨过努特运河（Nuthe）继续向前推进，逼近了柏林环城公路。4月22日临近傍晚时，机械化第9军在步兵第61师（隶属于第28集团军）的陪伴下，突入马林费尔德（Marienfelde）和兰克维茨（Lankwitz）南郊；军里的另一些部队还逼近了泰尔托运河，但遭遇到来自北岸的猛烈火力。4月22日傍晚前，近卫坦克第3集团军的坦克与正在柏林东南郊作战的崔可夫近卫第8集团军仅相距7英里。在此期间，科涅夫命令雷巴尔科做好强渡泰尔托运河的准备，这条运河的河岸上排列着一些工厂，厚厚的混凝土墙壁构成一道完整的城墙，非常适合防御。德国人已将河上的桥梁炸毁，致使苏军指挥员只能实施强渡，并对一个狭窄的区域发起大规模炮击，除了300门大炮、自行火炮和迫击炮外，还有各部队指挥员手中掌握的各种直瞄武器。科涅夫打算以这种方式打开进入柏林市中心的通道。

　　巨大的陷阱即将关闭。列柳申科离从北面而来的佩尔霍罗维奇只有20英里；雷巴尔科即将同崔可夫和卡图科夫取得会合，两个方面军在柏林南郊只相距几英里。4月22日，戈尔多夫的近卫第3集团军终于攻克科特布斯，从南面彻底包围了敌"法兰克福-古本"集团，而普霍夫的第13集团军和扎多夫的近卫第5集团军切断了德军逃往易北河的道路，两个集团军之间的结合部由近卫坦克第4军封闭。卢钦斯基继续向柏林推进，命令步兵第128军赶往泰尔托运河和雷巴尔科近卫坦克第3集团军的方向，而冲向米滕瓦尔德的步兵第152师击退了"法兰克福-古本"集团一小股试图朝柏林突围的德军；卢钦斯基还在巴鲁特地区部署了一个军，防范敌"法兰克福-古本"集团发起突围行动。崔可夫进入柏林东南郊，雷巴尔科与第28集团军进入南郊，呈现出将柏林守军切为两段的可能性，而德国第9集团军也已被包围，可能被隔断在柏林东南方的树林中。对内与对外包围圈之间的距离，在西面大约为50英里，在南面大约为30英里。

　　柏林战役的这一关键时刻，希特勒和斯大林都俯视着他们的地图，但对比他们各自的解决之道是一件残酷的事——希特勒操纵着并不存在或已被消灭的师，斯大林和苏军最高统帅部从容监督着大批作战师、集结起的炮兵力量和庞大坦克队伍的行动。4月22日，希特勒的精神彻底崩溃了，大骂将领们对他的背叛。他把最大的希望寄托于武装党卫队将领施泰纳，他的"集团军群"将从埃贝尔斯瓦尔德附近向南发起进攻，插入朱可夫的右翼，切断他对柏林的进攻。为加强这股力量，希特勒命令戈林将他的私人军队和空军地勤人员交给施泰纳指挥。但施泰纳既没有发起进攻的力量，也不打算奉命行事。"爆炸"[12]不仅仅发生在前线，4月22日下午也出现在元首暗堡内——获知施泰纳并未发起进攻，希特勒疯狂、歇斯底里地发作了。令属下们惊愕的是，希特勒宣布这场战争失败了，他放弃自己的生命，他的命运是留在柏林，必要的话就以手枪结束自己的生命。他坚决拒绝改变留在柏林的决定，并宣布他打算通过广播发布这个消息；希特勒最亲密的下属一再恳求，但毫无效果。最后，约德尔指出，元首的死将使德国军队群龙无首，就在苏军炮弹的爆炸震颤着暗堡时，约德尔又指出，德军仍有可用的力量——舍尔纳的集团军群，特别是温克的第12集团军，可以从易北河直接调往东面的波茨坦，在那里同布塞的第9集团军取得会合，另外，施泰纳和冯·曼陀菲尔可以从北面冲向柏林。4月23日凌晨，凯特尔元帅赶至温克的司令部，挥舞着他的元帅权杖命令温克放弃易北河上的阵地，立即赶往于特博格和波茨坦。

4月23日凌晨1点（就在凯特尔到达柏林西南面维森博格森林中温克的司令部前仅仅15分钟），斯大林下达了最高统帅部NO.11074号指令，级别为机密，签发时间为4月23日零点45分，明确规定了白俄罗斯第1方面军与乌克兰第1方面军的分界线。斯大林的划分深远且具决定性。修订后的正面分界线从吕本起，穿过托伊皮茨（Teupitz）、米滕瓦尔德和马林多夫（Mariendorf），直抵柏林的安哈尔特（Anhalter）火车站，它穿过柏林，将科涅夫元帅的乌克兰第1方面军置于国会大厦西面150码处，从而打消了他赢得最高奖项的一切想法——攻占国会大厦象征着夺取柏林，击败纳粹德国。这个荣誉留给朱可夫，他将获得"柏林征服者"的称号，斯大林遵守了1944年11月许下的承诺。新分界线将于4月23日清晨6点正式生效。

科涅夫已将其右翼的全部力量投入柏林西南郊和南郊的战斗中，而他的中央和左翼部队正向西推进，赶往易北河。雷巴尔科的近卫坦克第3集团军已逼近泰尔托运河河岸，等待着重型火炮的到达，并实施了彻底侦察。苏军指挥员们能看见对岸的战壕线、暗堡和半埋入地下的坦克，河上的桥梁明显布设了地雷，有的已被炸毁；但由于敌人的防御阵地几乎未作任何伪装和隐蔽，苏军大炮可以调至前沿阵地，直接摧毁敌人的工事，并对一些路口、花园和特定建筑物实施炮击。苏军炮火的这种集结甚至超出了科涅夫的想象力——突击正面，每公里650门大炮，4月24日清晨6点20分发起的炮火准备将持续55分钟，并为投入进攻的3个军提供支援。集结在这片地区的大炮不下1420门，其中400门（包括122毫米火炮）部署在实施直瞄射击的位置上。炮火准备的发起时间是6点20分，而不是惯常的6点整或7点整，目的是让对岸守军措手不及。

雷巴尔科接到命令，密切留意自己的右翼，以便同卡图科夫的近卫坦克第1集团军顺利会合；近卫坦克第3集团军现在将朝布科（Buckow）前进，在近卫坦克第1集团军强渡达默河时为其提供支援。两个坦克集团军已通过联络官取得联系，4月23日凌晨1点25分，科涅夫命令雷巴尔科以机械化第9军赶往布科，与卡图科夫的坦克会合，后者正受到施普雷河的阻挡。于是，雷巴尔科派机械化第70和第71旅朝近卫坦克第1集团军的来向而去，并确保马林费尔德东面各个路口的安全。4月23日，为封闭对外包围圈，列柳申科的近卫坦克第4集团军全速赶往波茨坦，渐渐缩小了两个方面军之间的缺口，这个缺口目前仅有15英里；近卫机械化第6军继续赶往勃兰登堡，4月23日前进了15英里，并在这个过程中彻底歼灭了德军"弗雷德里希·路德维希·扬"师[13]。

在此期间，朱可夫元帅也在加紧执行最高统帅部的指令。他将第47集团军派往斯潘道（Spandau），命令一个师与近卫机械化第9军[14]的一个旅实施突破并赶往波茨坦，与列柳申科的坦克集团军会合。崔可夫的近卫第8集团军和卡图科夫的近卫坦克第1集团军接到明确指令，强渡施普雷河，必须在4月

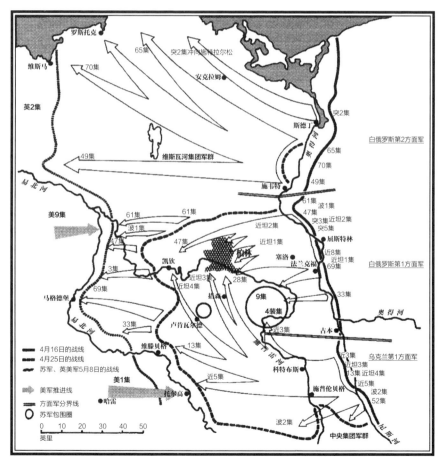

1945年4月16日—5月8日，柏林战役

24日前攻入滕珀尔霍夫（Tempelhof）、施特格利茨（Steglitz）和马林费尔德地区；与此同时，波格丹诺夫的近卫坦克第2集团军将攻向柏林西区的夏洛滕堡。朱可夫心急如焚，决心突破德军的抵抗，他已于4月22日命令各级指挥员组织起连续不停的进攻，各突击队不分昼夜实施攻击，并将坦克纳入到突击队里。为加强从事巷战的坦克力量，4月23日晚，朱可夫重新部署了一些坦克部队，坦克第9军划拨给突击第3集团军，坦克第11军交给突击第5集团军，崔可夫的近卫第8集团军也得到一个坦克旅。佩尔霍罗维奇的第47集团军与近卫坦克第9军继续向北席卷，以两个军（步兵第125和第129军）跨过哈弗尔河，在泰格尔地区投入战斗。库兹涅佐夫的突击第3集团军和两个坦克军（机械化第1军和近卫坦克第12军）冲入柏林北郊和东北郊，肃清了数座公寓楼，并到达维滕瑙—利希滕贝格（Lichtenberg）铁路线。别尔扎林的突击第5集团军进抵施普雷河，并在西岸夺得一些立足地，准备在卡尔斯霍斯特西面发起全面强渡。

　　长期以来，崔可夫的近卫第8集团军一直享受着好运。到达施普雷河和达默河后，近卫步兵第28和第29军的部队在东岸发现了许多划艇和驳船，甚至还有摩托艇，红军立即使用了这些船只。第聂伯河区舰队的许多水兵也在这里，他们设法将突击第5集团军辖下近卫步兵第9军[15]的先遣部队送过了施普雷河。崔可夫粉碎作战区域内德军的抵抗，夺取了乌尔海德（Wuhlheide），麾下的部队开始渡过施普雷河，当日下午推进至安德尔斯霍夫（Adlershof）。4月23日傍晚前，近卫步兵第28军已在旧格林尼克（Alt-Glienicke）和波恩斯多夫（Bohnsdorf）地区作战。崔可夫目前处在同雷巴尔科取得会合的有利位置，后者的坦克正朝东南方这片区域赶来。

　　4月23日晚，莫斯科有充分的理由鸣放礼炮，向白俄罗斯第1方面军和乌克兰第1方面军取得的成就致敬。伟大的会师即将实现，近卫第8集团军和近卫坦克第1集团军将与雷巴尔科的近卫坦克第3集团军和卢钦斯基的第28集团军在柏林东南地区会合。苏联红军已从三个方向封锁柏林，只剩下三条通往西面的道路，而这些道路也处在苏军战机的持续空袭下。对"法兰克福–古本"集团的包围圈几乎已彻底封闭，最高统帅部下令迅速将其歼灭。两个方面军之间的缺口移至柏林以西地区，但第47集团军的1个师和近卫坦克第2集团军的1个坦克旅正赶去与列柳申科坦克集团军的近卫机械化第6军会合。经过数日艰苦、激烈的战斗，宏大的计划即将完成。但苏联红军遭遇到了严重伤亡：各个连的兵力下降到20—30人，各个团只剩下2个营，而不是3个，解散的营将兵力补充到各个连队，但也只能达到50人左右。俄国人把他们的阵亡士兵埋葬在花园和一些开阔地里，这些伤亡是为这场大规模攻势付出的代价。

令崔可夫上将感到沮丧的是，4月24日晚，朱可夫元帅给他打来电话，不容分说地要求知道科涅夫进入柏林的消息来源——谁报告的这个情况？崔可夫吃了一惊，他回答道，近卫步兵第28军的左翼部队已于6点在舍讷费尔德机场（Schonefeld）地区与雷巴尔科近卫坦克第3集团军的部队取得会合，军长雷若夫将军正式确认了这个消息。易怒、疑心颇重的朱可夫命令崔可夫派出"可靠的参谋人员"去弄清楚乌克兰第1方面军的哪些部队进入了柏林，以及他们接受的命令是什么。崔可夫派出三名军官，可没过几个小时，雷巴尔科就出现在他的指挥所，并给朱可夫打去电话——如果朱可夫想要证据的话，这就是乌克兰第1方面军进入柏林的铁证。两个方面军不仅在柏林城内取得会合，还发生了密切的行动联系，这使近卫步兵第28军（隶属于近卫第8集团军）的左翼部队到达泰尔托运河，并进入布里茨（Britz）、布科、卢多（Rudow）地区。与此同时，近卫步兵第29军的部队攻入约翰尼斯塔尔（Johannisthal）和安德尔斯霍夫机场。

包围圈越来越紧，对内绞索套住德国第9集团军时，对外铁环也迅速缩小：列柳申科的近卫坦克第4集团军辖下机械化第8军[16]的先遣部队和图尔金上校的近卫机械化第35旅从波茨坦冲向西北方的凯钦（Ketzin）。4月25日中午，在凯钦，乌克兰第1方面军与白俄罗斯第1方面军分别构成的对外铁钳终于合拢。完成这场会合的是乌克兰第1方面军辖下的近卫机械化第6军，以及白俄罗斯第1方面军辖下波兹尼亚克将军步兵第77军（隶属于第47集团军）的步兵第328师和近卫坦克第2集团军辖下的近卫坦克第65旅。苏军统帅部打算先孤立然后再消灭柏林的防御，至少9个集团军控制着包围圈：第47集团军、突击第3和突击第5集团军、近卫第8集团军、第28集团军的一部以及4个坦克集团军（近卫坦克第1、2、3和第4集团军）。柏林东南方的树林中，敌"法兰克福-古本"集团将由另外5个集团军解决——第3、第69、第33集团军、近卫第3集团军和第28集团军的大部。

4月25日，苏军完成对柏林的包围。当天中午，苏军与美军在易北河会师，东西线这场胜利会师彻底打碎了德军的防线，将希特勒的帝国分割成南北两块孤立的区域。科涅夫元帅向斯大林和最高统帅部明确汇报了会师的时间和地点：4月25日13点35分，在施特雷拉（Strehla）地域，扎多夫近卫第5集团军辖下的近卫步兵第58师的部队与美军第1集团军第5军所属的第69步兵师的一个侦察组相遇；当天，近卫步兵第58师近卫步兵第173团V. P. 涅达上尉指挥的先遣第2营在托尔高（Torgau）地域与美军的另一支巡逻队相遇。当天下午1点后不久，美军第69步兵师的艾伯特·科策布中尉在莱克维茨（Leckwitz）村遇到一名孤零零的苏军士兵，他渡过河去（河岸上散落着许多平民的尸体，死因不明），在施特雷拉附近遇到了更多苏军士兵。双方互敬军礼，美苏士兵们都发现自己离家千里，远隔着海洋和草原。下午晚些时候，美军第69步兵师的威廉·D. 罗宾逊中尉率领另一支巡逻队在施特雷拉北面20英里处的托尔高遇到更多红军士兵，于是，1945年4月25日下午4点40分，双方"正式"庆祝美苏军队会师。

无论美苏军队的会师多么令人兴奋，总归是短暂的，因为科涅夫元帅发现，他面对着一场重大战斗，危机沿"德累斯顿方向"发生，4月22日夜间首先降临在他头上。一支由2个师组成，并获得格雷泽尔第4装甲集团军100辆坦克加强的德军特遣队，从包岑东南方地区发起进攻，直接冲入科罗捷耶夫的第52集团军与斯维尔切夫斯基的波兰第2集团军的结合部；这股德军扑向施普伦贝格，突破步兵第48军（隶属于第52集团军）的防区，并冲入波兰集团军后方。这些向西推进的波兰师的右翼与扎多夫的近卫第5集团军相连接，但他们发现自己陷入了严重的困境——德军坦克冲入他们的补给队列，破坏了师级单位的通讯。

面对混乱的局面，科涅夫派他的参谋长彼得罗夫去解决问题。第一个任务是重新建立与波兰第2集团军斯维尔切夫斯基将军的联系，这个任务交给了方面军作战部长科斯特列夫将军，在这种情况下，他出色地完成了任务。彼得罗夫负责监督整个态势，遏制德军的突破，然后发起反击。方面军司令部繁忙的参谋工作使得罗夫无法长时间在外，勘查现场后就要匆匆返回司令部，晚上还要整理乌克兰第1方面军当日作战行动的所有报告。因此，所有准备工作都落在科斯特列夫身上，他要协调第52集团军、近卫第5集团军和波兰第2集团军的行动，还要指挥空军第2集团军击退德军的进攻。德军这场突破，时机选择得很巧妙，对苏军薄弱的结合部把握得也很准确，在施普伦贝格方向取得了一些进展，但他们的进攻必然会被苏军挡住，4月24日傍晚前，德军"格尔利茨集团"已彻底停顿下来。

包围圈内的德军拼命挣扎，包围圈外的德军竭力突破苏军的铁钳。希特勒从4月22日的疯狂发作中恢复过来，他现在寄希望于从西北面、西面和南面发起对柏林的救援性进攻，以温克的第12集团军从西南方发起突击，与被包围在柏林东南方施普雷森林中的布塞的第9集团军取得会合；位于北面的是武装党卫队将领施泰纳和他的幽灵军队，希特勒已命令他向施潘道发起进攻。在柏林周围的激烈战斗中，德军完整的部队已消失，剩下的都是些遭到重创、实力严重受损的单位，但他们依然存在——例如魏德林的第56装甲军，该军似乎已被苏军歼灭，但实际上，他们位于柏林郊区。希特勒下令逮捕魏德林并判处他死刑，但这位被激怒的军长通过民用电话报告了他的位置，并赶至元首暗堡强烈抗议这种卑劣的指控玷污了他的清白。在这些疯狂日子里的一个典型命运漩涡中（无论是晋升还是行刑队），魏德林发现自己被任命为柏林城防司令。

科涅夫警惕地注视着温克的第12集团军，贝利茨—特罗伊恩布里岑地区的压力越来越大：据情报部门报告，德国第12集团军有些焦头烂额，但仍能集结起一股相当大的力量，由第41和第48装甲军、第39[17]和第20步兵军构成。科涅夫在这段时间里的工作是给正向易北河推进的扎多夫近卫第5集团军下达最后的命令，并专注于消灭德军"格尔利茨集团"发起反击造成的障碍（德军这场反击显然延误了苏军向德累斯顿的挺进），他还不得不思考德军对他位于维腾贝格和于特博格之间的左翼施加压力的含义。不出科涅夫所料，温克行动了起来；4月24日，第一场坦克突击落在贝利茨—特罗伊恩布里岑地区，德军冲入叶尔马科夫的近卫机械化第5军和普霍夫的第13集团军的部分部队——打击落在列柳申科近卫坦克第4集团军长长的左翼。

叶尔马科夫的机械化军匆匆加强其防御阵地，以近卫坦克第51团的一个坦克连建立起机动反坦克预备队，并建设了反坦克阵地和坦克、大炮伏击阵地。为强化这些防御阵地，军部动员起刚刚从德军战俘营获得解放的俘虏，给他们配发了缴获的"铁拳"，并对他们进行简单的训练，教会他们如何使用这种武器。每个反坦克火力加强点通常由20—25名士兵据守，大量配备了"铁拳"。4月24日，在一场炮火准备的掩护下，德军第20军辖下的3个师发起进攻，意图冲向特罗伊恩布里岑并突破至卢肯瓦尔德。白天的进攻被击退后，德军又发起夜袭，试图夺取特罗伊恩布里岑，但遭到苏军的猛烈抵抗：俄国人让德军逼近，随后以重机枪火力猛烈扫射，埋伏着的坦克顺势冲出，用履带将德军步兵碾为肉酱，近卫机械化第10旅牢牢坚守着特罗伊恩布里岑。

4月25日早上，德军的2个师在第243突击炮团[18]的支援下，再次对近卫机械化第10旅发动进攻，与此同时，德军还对苏军2个近卫机械化旅守卫的贝利茨—布赫霍尔茨地区发起攻击。这一次，近卫机械化第5军呼叫V. G. 梁赞诺夫中将的近卫强击航空兵第1军发起低空攻击，用反坦克炸弹轰炸德军坦克。在此期间，步兵第102军（隶属于第13集团军）的步兵第147师靠近了特罗伊恩布里岑。尽管近卫机械化第10旅已处在被半包围状态，但4月25日下午，步兵第15团进入特罗伊恩布里岑南部，与近卫机械化第10旅取得会合，打破了包围圈。步兵第147师主力的推进确保了主防线，加强了近卫机械化第5军的整个左翼。但击退温克的进攻只是科涅夫所要解决的部分问题，他和朱可夫元帅尚未消灭敌"法兰克福-古本"集团，德国第9集团军和第4装甲集团军的残部被困在柏林东南面的树林中，目前正准备朝温克的来向突围。这股德军的兵力至少有20万，还有300辆坦克和2000门大炮——这是一股不容轻视或忽略的力量，正如科涅夫本人承认的那样，"特别是当他们下定决心拼死突围时"。苏军用于消灭德国第9集团军和第4装甲集团军的部队包括朱可夫方面军的3个集团军（第3、第69和第33集团军）和科涅夫方面军的2个集团军（第28集团军和近卫第3集团军），总兵力为277000人，外加7000多门大炮和280辆坦克及自行火炮[19]。

面对如此严峻的态势，双方都准备发起顽强的殊死搏斗。德国第9集团军司令部计划以第5猎兵军[20]和党卫队第11装甲军从北面和南面掩护被围部队的行动，而第5军朝哈尔贝（Halbe）和巴鲁特方向发起进攻。弹药尽量用于炮火准备，炮弹耗尽后，大炮将被丢弃；燃料从被摧毁的车辆中抽取，提供给尚能使用的坦克，每个人都携带上武器，加入战斗群。德国空军空投了一些补给物资，但投入的飞机太少，投下的物资根本无法改善第9集团军严峻的补给状况。4月26日晚，德军进入最后准备阶段，这场突围将由第21装甲师、"库尔马克"装甲掷弹兵师和第712步兵师组成战斗群担任先锋。

朱可夫制定了消灭"法兰克福-古本"集团的计划：4月25日16点，他命令第3集团军、近卫骑兵第2军、第69和第33集团军从北面和西北面发起进攻，分割各德军师，第3集团军冲向米滕瓦尔德，与科涅夫的部队会合，第69集团军攻向南面和东南面，第33集团军从贝斯科（Beeskow）向西突击。科涅夫也下达了一连串命令，尽快实施再部署，设立起一道阻止德军突围的屏障，毫无疑问，敌人的突围方向是巴鲁特；他把第28集团军辖下亚历山德罗夫的近卫步兵第3军调入巴鲁特地区，同时在近卫第3集团军后方组织起第二道防线，由第13集团军步兵第24军的3个师占据防御阵地和预备阵地。科涅夫在下达给戈尔多夫的近卫第3集团军的命令中强调了德军朝舍讷瓦尔德（Schönewalde）—托伊皮茨—米滕瓦尔德地区突围的危险，并指示戈尔多夫将一个师留在托伊皮茨，堵住穿过森林通往西面的各条道路，并沿柏林—科特布斯公路组织起获得大炮加强的火力点。为保险起见，科涅夫还召集起空军第2集团军的轰炸机、强击机和歼击机主力，并从空军第16集团军抽调1个军和1个师予以加强。

4月26日早上8点，由坦克和突击炮提供侧翼掩护，第一批德军投入行动，攻向哈尔贝地区第28集团军与近卫第3集团军的结合部。两个小时内，数个德军战斗群冲向巴鲁特，切断了巴鲁特至措森的主干道——这是近卫坦克第3集团军和第28集团军的主要补给路线。白刃战和艰巨的防御行动未能阻止德军的突破，这场突破由于苏军轰炸机第4军发起的空袭而放缓，但并未停滞不前；步兵第395师坚守巴鲁特，而步兵第50和第96师[21]从南面发起进攻，渐渐把德军逼入巴鲁特东北面的森林，他们在那里再次被包围。哈尔贝附近，近卫第3集团军防线上的缺口暂时得以封闭，投入此次突围的德军再度与他们的主力隔断。

4月26日，温克的第12集团军在西面和西南面的进攻明显放缓。科涅夫觉得温克是"奉命"发起进攻，只是走走过场而已，而德国第9集团军的进攻更加坚决、顽强、勇猛。被困在暗堡中的希特勒吞咽着现实的碎片和他军事指挥的产物：他将不灭的希望寄托于温克，一度为布塞在柏林东南方取得的成功兴奋不已，但4月26日临近结束时，一种神经质的怀疑出现在他脑中——第9集团军无疑正向西推进，但他们很可能绕过柏林，远远避开正在这里进行的决战。心生怀疑的希特勒指示约德尔，命令第9集团军转向北面，靠近柏林。这里只是有一丝违令的意味，而在北面，施泰纳游荡、拖延，明目张胆地抗命不遵。罗科索夫斯基白俄罗斯第2方面军的威胁终于出现，冯·曼陀菲尔的第3装甲集团军处在致命的危险下；经过缓慢的开局，挣扎着穿过潮湿的河滩地带后，罗科索夫斯基的突击部队终于在巴托夫的登陆场外设立起一道战线——第65集团军的3个军、波波夫集团军的2个军以及2个坦克军（近卫坦克第3军和"顿河"近卫坦克第1军）已远远超出西奥得河西岸。

4月23日，最高统帅部取消了4月18日下达给罗科索夫斯基，要求他从北面迂回柏林的命令（这个任务已由朱可夫的右翼部队完成），现在，他要执行的是最高统帅部4月6日指令中规定的目标，冲向西面并歼灭斯德丁地区的德军。消灭斯德丁之敌的任务交给了费久宁斯基的突击第2集团军，罗科索夫斯基命令巴托夫和波波夫向西挺进，突破冯·曼陀菲尔的防线，前出至兰多河。4月25日早上，罗科索夫斯基和冯·曼陀菲尔得出一个相同的结论：第3装甲集团军的前线部队被打得焦头烂额，预备力量也已耗尽，最多还能支撑一天。罗科索夫斯基现在打算从南面和西南面包围德国第3装甲集团军，将其与柏林隔断，并切断他们向西的逃生通道。于是，他命令巴托夫以"顿河"近卫坦克第1军冲向西北方，隔断位于斯德丁—新勃兰登堡—罗斯托克（Rostock）一线东北方的德军。海因里希支离破碎的"维斯瓦河"集团军群目前只剩下第3装甲集团军，他决定不惜一切手段挽救这支军队。不顾元首下达的一道道命令，海因里希批准冯·曼陀菲尔后撤——凯特尔元帅突然来到前线，他惊愕地看见一场沉着有序、事先计划好的后撤，而不是按照命令在安格尔明德（Angermünde）—于克尔海姆（Uckerheim）地区实施秩序井然的防御。

就在南面的杀戮继续肆虐，北面的混乱迅速加剧时，4月26日，464000名苏军士兵在12700门大炮和迫击炮、21000具"喀秋莎"火箭炮、1500辆坦克和自行火炮的支援下蜂拥向前，对柏林城熊熊燃烧、饱受炮弹踩躏的市中心发起最后的突击。空军第16和第18集团军投入数百架战机反复实施轰炸，致使大炮和火箭炮造成的浩劫更趋严重。炮火持续不断，翻犁着街道，切割着广场和花园，轰然坍塌的建筑物堆积起大量碎石瓦砾；遇到被堵住或被砌死的窗户和房门，苏军炮手直接开炮轰击，摧毁敌人的火力点，并将德军狙击手或机枪射手埋入废墟。有些暗堡筑有厚厚的多层墙壁，顶部同样厚实，成为难以攻克的目标，给苏军突击队增添了危险，因为这些暗堡的混凝土平台上部署着高射炮——对苏军坦克和自行火炮来说，这是个致命威胁。街道上满是死者，还散落着燃烧的坦克和被击毁的车辆；无法爬开的伤者惨死在装甲车辆血淋淋的履带下。妇女们冲出住房或地窖，从街道上的供水管接水，但炮弹撕碎了她们，更多的尸体被抛向墙壁或甩入房门；没人敢冒险走出房门，只能把死尸塞进橱柜或拖入走廊。

伤亡以惊人的速度急剧增加，各个医院人满为患，但仍有难民涌入市中心或设法逃向西区。G塔是市中心两座庞大的、高达130英尺的高射炮防空塔中的一座，数千名士兵和平民挤在塔内的楼层和楼梯上，坚强和理智的人同死者、垂死者和神经错乱的人困在一起。苏军炮弹命中这座巨塔的混凝土墙壁，飞溅的弹片在钢百叶窗上发出刺耳的响声。外面的街道上，爆炸腾起的尘埃形成一片持续的浓雾，高射炮防空塔下方是蒂尔加滕公园的休憩地，柏林这座著名的动物园成了拍动翅膀发出尖叫的鸟类和受伤、饱受惊吓的动物们的一场噩梦。主导城市生活的"地窖部落"攀上爬下，给竭力求生的部落化社区增添了恐怖，他们分享着不多的温暖，想方设法寻找食物。炮击停止时，苏军突击队穿过房屋，冲过广场，身后跟随着强奸犯和愚昧的劫掠者组成的一群群残暴、醉醺醺、反复无常的乌合之众。房门被踹开，手电筒照亮了房间或地下室，光束从一个个女人脸上扫过，经过粗略的搜寻，俄国人挑中的女人们被捆绑起来，或是在枪口的威逼下就范。在俄国人尚未到达的地区，党卫队抓捕着逃兵，并由执行私刑的突击队遵照年轻军官们的命令实施绞刑，这些强硬的军官绝不容忍反抗或借口。

炮弹刺耳的爆炸声为红军指明了前进方向，他们获得更多大炮和"喀秋莎"的掩护。最新式、最重型的"约瑟夫·斯大林"坦克也投入了战斗，面对这种庞然大物，德军的炮火几乎无能为力。遵照科涅夫具体而又紧迫的命令，最重型的大炮调了上来，在泰尔托运河上为雷巴尔科的坦克和卢钦斯基的步兵炸开一条通道；烟雾腾空而起，炮火不断粉碎着北岸的房屋，将大块混凝土、石块和木头高高抛入空中，作为对炮击的补充，空中轰炸掀起大量碎砖断瓦，并把倒塌的建筑炸为齑粉。在兰克维茨地区，机械化第9军遭到守军痛击，坦克和步兵退至南岸实施重组，但近卫坦克第6军到达了北岸，近卫摩托化步兵第22旅利用一座被炸毁的桥梁在对岸夺得一个立足点；没用几个小时，突击工兵便在河上架起一座浮桥，随后又是第二座，苏军坦克渡过了泰尔托运河。雷巴尔科明智地决定利用这些渡口将第7和第9军[22]运过运河；科涅夫命令试图在雷巴尔科西面强渡泰尔托河的列柳申科将麾下的部队调至雷巴尔科打开的渡口。渡河后，列柳申科转身向西，赶往哈弗尔河。

4月25日，雷巴尔科的坦克在步兵的支援下肃清策伦多夫和里希特菲尔德（Lichterfelde），而列柳申科的近卫坦克第4集团军争夺着哈弗尔河上的渡口。科涅夫的部队穿过南郊冲向中心区，就在这时，最高统帅部的"断头机"带着一股突如其来而又不可抗拒的冲力落下，以白俄罗斯第1方面军与乌克兰第1方面军之间的新分界线将雷巴尔科的部队砍离柏林市中心。4月25日临近结束时（对柏林市中心发起突击的前夕），8个苏军集团军攻入柏林，正一个地区接一个地区地粉碎着德军的抵抗。佩尔霍罗维奇的第47集团军和近卫坦克第9军赶往西面和南面，在波茨坦西北方接近地作战；波格丹诺夫的近卫坦克第2集团军（以机械化第1军和近卫坦克第12军投入行动）在第47集团军与突击第3集团军之间找到一片开阔地，朝西南方而去，穿过西门斯塔特，进抵施普雷河；库兹涅佐夫的突击第3集团军沿西门斯塔特东部边缘—魏森塞—弗里德里希海因（Friedrichshain）这条战线穿过北郊，即将对市中心发起突击。别尔扎林的突击第5集团军和尤舒克的坦克第11军沿施普雷河的两边河岸向西赶往西里西亚车站，而崔可夫近卫第8集团军的步兵和卡图科夫的坦克已插入中心区东南边缘（靠近蒂尔加滕公园），左翼部队冲至马林多夫，并与雷巴尔科的坦克部队取得会合。与此同时，雷巴尔科的坦克集团军在卢钦斯基第28集团军3个师的支援下已跨过泰尔托河，并赶往施马根多夫（Schmargendorf），以便与从西北方而来的苏军坦克会合。

4月26日的所有荣誉归于雷巴尔科，他在左翼取得了极大的成功。他的近卫坦克第7军穿过与哈弗尔河接壤的树林，与位于西北面的波格丹诺夫的坦克集团军仅相距几千码。坦克肃清了施特格利茨、施马根多夫和格鲁讷瓦尔德（Grunewald）的南部接近地，切断了柏林守军与据守波茨坦和万湖岛的德国军队之间的交通线，苏军这柄匕首插入了柏林守军的后背。崔可夫的近卫军士兵也强渡过泰尔托运河并赶往滕珀尔霍夫机场，苏军指挥部怀疑纳粹领导人可能会乘飞机逃出苏军包围圈。在燃烧的建筑物腾起的烟雾的遮蔽下，近卫步兵第39师的各个单位冲过施普雷河；利用一座断裂桥梁的残余部，苏军步兵在西岸获得一个立足点，他们攻入一座大型建筑，通过白刃战肃清了一些房间，并冲入相邻的一座房屋。

苏军指挥部不知道希特勒及其部属目前的下落，认为他们有可能乘飞机逃离，因而决定占领滕珀尔霍夫机场。这座机场的防御部署了高射炮、党卫队和半埋的坦克——据俘虏交代，所有可用的燃料都分配给了德国空军，飞机隐蔽在地下机库内。从南面发起主攻前，崔可夫命令近卫步兵第39和第79师的单位分别从东面和西面包抄这座机场，坦克和步兵冲上跑道，阻止地下机库的飞机使用这些跑道，与此同时，机枪火力和坦克炮的轰击席卷了整片区域。4月26日中午前，跑道和机场建筑已被牢牢控制在苏军手中。崔可夫的突击队继续向前，他们在墙壁上炸开缺口，打开前进的道路，从一条街道冲至下一条街道，这种掘进式行动被大量废墟所阻，守军甚至对列车实施爆破，以此来阻碍苏军的推进，他们已下定决心炸毁苏军前进路线上的一切——尽管柏林守军很快便耗尽了炸药，不得不用航空炸弹替代；施佩尔不愿交出桥梁，导致德军的破坏行动进一步受挫。魏德林请求空投，几架Me–109出现在空中，往城内投下一些医疗用品，但没有守军急需的弹药。一些Ju–52设法以柏林的东西轴线作为临时跑道，施佩尔对此极为恼怒，因为路边的装饰性青铜路灯必须砍掉，以便于飞机起降——但只有少量反坦克炮弹运来了。

4月26日，柏林上空的苏军战机寥寥无几，少数试图飞入柏林的德军飞机孤注一掷地使用了加图机场以及通往"东西轴线"的险象环生的航线。能见度下降限制了苏军的空中行动，一股股腾起的烟雾高达一千英尺，烟雾弥漫导致地面能见度急剧下降，大多数地方仅有几百码；与前几天发起的大规模空袭不同，只有精心挑选出来的机组人员参加对地支援行动。随着战斗延伸至市中心及其高大、雄伟的建筑，所有可用的大炮都被调了上去，每个突击队至少得到3—4门火炮的支援；守军的侧翼和后方也成为苏军炮手的打击目标，此举是为了切断据守火力点和建筑物的守军的外部支援——这些炮手随后调转炮口，消灭了德军火力点。火焰喷射器将不肯投降的亡命徒或躲在地下室、地窖乃至下水道里的人烧死。随着进攻区域渐渐缩窄，朱可夫和科涅夫敦促他们的部下尽快消灭被困的守军。科涅夫将怒火发泄到列柳申科头上，因为他的近卫坦克第4集团军为消灭万湖岛的敌人耗费了太多时间。尽管不太情愿地承认了列柳申科的确不能忽略万湖岛上的20000名德国守军，但科涅夫坚持要求近卫坦克第4集团军以机械化第10军[23]在4月28日前夺取万湖岛，并以近卫机械化第6军赶往西面的勃兰登堡。在自己的作战区域内，朱可夫命令库兹涅佐夫的突击第3集团军冲向蒂尔加滕，朝东南方攻击前进，以便与崔可夫会合，崔可夫的部队已逼近兰德维尔运河（Landwehr）。与此同时，别尔扎林的突击第5集团军从东面向蒂尔加滕推进，沿一片极为狭窄的区域打开前进通道——2个军沿宽度不到四分之一英里的正面投入行动。

4月27日结束时，守军掌握的柏林城内地区已严重缩小——由东向西约为10英里，最宽处仅有3.5英里。但克雷布斯将军安慰元首，所有防线仍在坚守，皮切尔多夫桥（Picheldorf）南面，准备工作正在进行，以掩护期待已久的温克援兵的到来。尽管苏军战斗机和高射炮火覆盖着"东西轴线"两侧的接近地，但德国空军仍准备将更多士兵运入柏林，不过这条临时跑道自一架Ju-52冲入一座房屋后便暂时关闭了。德国人还拟定了空投计划，可这个计划在补给状况几近灾难的情况下很难完成，不仅导致德国人的大炮缺乏炮弹，还导致市民们也得不到任何食物和饮用水，伤员们缺医少药。火焰在四处肆虐，浓烟席卷了各条街道，炮弹在帝国总理府及其周围炸开，希特勒的暗堡内回荡着爆炸声，通风设施将夹杂着炮弹爆炸所产生烟雾的空气吸入暗堡。除了这种炽热的、带有硫黄味的爆炸，温克的幽灵——"Wo ist Wenck？"（"温克在哪里？"）——也在空气中游荡，有消息说，温克的部队已靠近波茨坦守军，就连希特勒也开始意识到，时间不多了。

北面，时间已完全耗尽。罗科索夫斯基的白俄罗斯第2方面军彻底冲出登陆场，夺取了普伦茨劳（Prenzlau），并插入冯·曼陀菲尔的第3装甲集团军，该集团军正向西有序后撤——远远地离开俄国人，朝美国人那里逃去。从北面发起对柏林的救援已不复可能，施泰纳的2个装甲师一直是争论的焦点，他们根本不打算封闭普伦茨劳的缺口，而是加入到了违抗元首命令的行列中。与地面上的后撤（retreat）相对应的是元首暗堡内对现实的逃避（retreat），但前者是为了挽救生命，而后者是驱使更多的男人、女人和孩子以身赴死。现在，希特勒的世界被俄国人的坦克包围并遭到苏军大炮的轰击，在4月28日严重萎缩，当日，他获知了希姆莱叛变的消息——希姆莱同英国和美国进行接触，以促成德国无条件投降。希特勒被这份报告惊呆了，这场叛变的根源是党卫队，而非一直受到怀疑的军官团，这个事实加剧了希特勒报复的怒火：没过几个小时，党卫队将军菲格莱因（希姆莱派驻元首暗堡的联络官，也是爱娃·布劳恩的妹夫）被执行了枪决。4月28日22点召开的夜间会议上，柏林城防司令卡尔·魏德林将军向元首报告，整个城市的状况正急剧恶化，剩下的弹药仅够维持两天的战斗，补给仓库大多落入苏军手中，大批伤员无人照料，食物几乎已耗尽。魏德林建议组成三个梯队向西发起突围：第一梯队由第9伞兵师和第18装甲掷弹兵师组成，并以尚存的坦克和突击炮加强；第二梯队（包括希特勒大本营成员在内）由"蒙克"战斗群和一个海军陆战营组成；第三梯队由"明谢贝格"装甲师、"贝伦范格尔"战斗群、党卫队第11"诺德兰"师的残部以及第9伞兵师的后卫部队构成。但希特勒拒绝接受任何逃跑的想法。

苏军坦克已近在咫尺。崔可夫麾下的各个师争先恐后地强渡兰德维尔运河，他们以大批小股突击队发起进攻，游泳、漂浮或冲过仍能通行的桥梁；大炮持续轰击着蒂尔加滕，腾起一股股烟柱，建筑物被炮弹命中时，砖石瓦块四散飞溅；迫击炮轰击着大炮无法触及的德军机枪阵地。据侦察兵报告，可以利用地铁隧道渗透至蒂尔加滕，但只能使用小股部队。崔可夫急需夺取位于波茨坦大街（Potsdamerstrasse）上的桥梁，以便让几辆坦克赶往蒂尔加滕，因此他亲自监督这个行动。几次被击退后，苏军步兵用浸满柴油的沙袋裹住一辆坦克；这辆坦克朝桥梁驶去，立即被德军火力击中，但它拖着火焰继续向前驶去。利用党卫队炮手们发生的混乱，其他坦克立即冲过桥去，在拐角处一座房屋的院子里隐蔽起来，从这里开始肃清整个街区。对蒂尔加滕的突击随后从南部边缘发起；动物园西端，两座巨大的高射炮防空塔高耸入云。蒂尔加滕北部边缘的旧莫阿比特（Old Moabit）落入突击第3集团军辖下S. N. 佩列韦尔特金的步兵第79军手中——该师率先攻向苏军的主要目标，德国国会大厦。打垮德军在施普雷河与费尔宾栋斯运河（Verbindungs kanal）之间狭窄地面上的抵抗后，沙季洛夫的步兵第150师（隶属于步兵第79军）从东面发起突击，并于4月28日早上夺取小蒂尔加滕（Kleiner Tiergarten）公园南门的工厂厂区。莫阿比特监狱就在前方，这座可怕的建筑有着可怕的名声，从外面望去，配有高大砖墙和巨大铁门的监狱壁垒森严。津琴科上校率领的步兵第756团（隶属于步兵第150师）奉命攻打这座监狱，但他的部下不需要任何督促，因为有传闻说戈培尔在这里亲自指挥战斗，他很可能就在俘房们当中。苏军士兵仔细检查了德军俘房，但没有发现戈培尔——普遍的看法是他已经逃走。现在，看守和犯人交换了位置，包括盟军战俘在内的7000名囚犯被津琴科上校的部下们解救，许多囚犯请求发给他们一支步枪，因为他们要复仇。

以国会大厦为目标，崔可夫的近卫第8集团军从南面冲向蒂尔加滕，别尔扎林的突击第5集团军和坦克第11军从东面而来，库兹涅佐夫的突击第3集团军从西北面压上，距离这个最高目标只剩一千码左右。国会大厦深具诱惑力，它不仅是苏联获得胜利的象征，也是结束战斗、结束这场战争的标志。在对这个真正的奖项的争夺中，不甘示弱的科涅夫命令雷巴尔科的近卫坦克第3集团军冲向兰德维尔运河，与什瓦列夫将军的步兵第20军（隶属于第28集团军）相配合，肃清柏林的整个东南区。4月28日傍晚前，科涅夫要求雷巴尔科以近卫坦克第7军的主力和步兵第20师赶至蒂尔加滕西部边缘。但随着白天取得的进展，新的危险出现了：很明显，崔可夫正冲向兰德维尔运河，由于进攻区域不断缩小，雷巴尔科的坦克很可能同崔可夫的步兵发生误击。科涅夫命令雷巴尔科，到达兰德维尔运河后转向西面，这让雷巴尔科感到愤怒和失望，这一部署意味着近卫坦克第3集团军将远远地离开柏林中心区域令人垂涎的奖品。乌克兰第1方面军与白俄罗斯第1方面军之间的分界线，在马林多夫之前仍同以前一样，但再往后便被调整至偏西北方，从滕珀尔霍夫车站到维多利亚露伊丝广场（Viktoria-Luise-Platz）再到萨维尼（Savigny）车站，并沿铁路线延伸至夏洛滕堡、西十字（Westkreuz）车站和乌勒本（Ruhleben）车站。尽管满腹怨言并发出了不太听话的抗议，但雷巴尔科还是接到明确命令，要求他把进攻方向从舍讷贝格（Schoneberg）地区转至萨维尼车站，也就是转向西北方，远远离开蒂尔加滕。科涅夫的乌克兰第1方面军，为撕开德军防御付出了巨大的努力，现在却被排除在柏林市中心外，科涅夫和雷巴尔科不得不吞下这颗苦果。

柏林西南方，列柳申科坦克集团军辖下的近卫坦克第10军和步兵第350师（隶属于第13集团军）继续从事争夺万湖岛的战斗，他们强行冲上岛屿南端，发现岛上驻有大批德军。波茨坦已于4月27日被攻克，列柳申科随即命令近卫机械化第6军赶往西面的勃兰登堡，但该军突然遭遇到试图冲入柏林的温克第12集团军的先遣部队。温克对贝利茨—特罗伊恩布里岑一线发起更多的进攻，叶尔马科夫的近卫机械化第5军发现自己所处的境地越来越困难。列柳申科的任务非常明确：近卫坦克第4集团军必须封闭德军朝柏林西南方逃脱的通道，消灭温克第12集团军突入柏林的一切企图，并在卢肯瓦尔德地区歼灭布塞第9集团军的残部。但叶尔马科夫的军遭到敌人的猛烈打击，被迫在一条相反的防线上战斗，该军主力部署在西面，以击退温克的进攻，但部分部队面朝东面，抗击着德国第9集团军。列柳申科立即调遣援兵，将近卫坦克第63旅派往卢肯瓦尔德，紧随其后的是近卫重型坦克第72团和一个独立自行火炮团，最后是近卫坦克第68旅[24]。

在这场残酷、血腥的激战中，德军战斗群试图突破苏军包围圈，双方都付出了惨重的损失。柏林城内，4月28日，雷巴尔科的近卫坦克第3集团军攻向夏洛滕堡，只留下第57旅[25]据守左翼和中央。德军抓住这个机会，以坦克和突击炮支援下的3个战斗群冲向哈弗尔河，但遭到佩尔霍罗维奇的第47集团军的阻截，并发现自己陷入了另一个火力陷阱中。4月28日深夜，列柳申科发起对万湖岛的突击时（科涅夫不太喜欢这个计划，因为坦克部队可能会处于极为不利的境地），柏林中心地区，佩列韦尔特金的步兵第79军正准备进攻国会大厦。佩列韦尔特金在作战命令中明确指出，第一个将"胜利的旗帜"插上国会大厦的部队指挥员将被授予"苏联英雄"称号。步兵第79军得到大炮、坦克和自行火炮的加强，佩列韦尔特金命令步兵第171师夺取施普雷河上的毛奇桥（Moltke），并于4月29日早上肃清位于王子河岸（Kronprinzenufer）拐角建筑物内的德军，然后与步兵第150师相配合，夺取"希姆莱大楼"——内政部，并占据进攻国会大厦的阵地。每个营组织2个突击群，并配备自行火炮；大口径火炮奉命实施直瞄射击，"喀秋莎"组员们将对国会大厦所在的整片区域展开轰击。

一声雷鸣般的爆炸标志着德国人企图炸毁毛奇桥，但桥梁的中间部分依然完好。苏军冲过桥去的尝试失败了，先是被路障所阻，最后被南岸德军碉堡射出的火力击退。4月29日午夜后不久，涅乌斯特罗耶夫大尉的第1营（步兵第756团）和步兵第380团第1营突破路障冲过桥去，但强渡行动不得不等到街角的建筑物被肃清。沙季洛夫将军指挥步兵第150师突击施普雷河时遇到两名在近期战斗中被俘的德军将领，这两位高级军官带着"令人厌恶的谦恭"跪倒在地，说道："德国将军在苏联将军面前屈膝……"——随后又问他们是否可以吸烟。在观察所里，苏军师长让他们看了看整片废墟的全景，透过腾空而起的烟雾，大型建筑物的黑色轮廓显现出来——国会大厦就在眼前，外部弹痕累累，楼顶伫立着烟囱，这座建筑非常适合充当战术支撑点。但解决国会大厦前，首先要强渡施普雷河。

四分之一英里外的元首暗堡内，第一幕怪诞的场景上演了。4月29日凌晨，涅乌斯特罗耶夫的营冲过毛奇桥后没多久，伴随着苏军猛烈的炮火，希特勒开始口述他的"政治遗嘱"——将戈林和希姆莱开除出党。元首还解除了施佩尔的职务，指定邓尼茨为自己的接班人，并任命舍尔纳元帅为陆军总司令。在历史、纳粹党和德国人民面前替自己洗脱罪名后，希特勒开始安排同爱娃的婚礼，现在，他在"世间的时间"已结束，他的公众责任也将被放下。与爱娃·布劳恩的婚礼是一场典型的中产阶级仪式。与希特勒同住在暗堡内的是戈培尔（以及他的妻子和孩子们），因而在婚宴期间协助希特勒完善留给邓尼茨的内阁组成人员名单的也是戈培尔；鲍曼是希特勒更加信任的人，他着手给身处弗伦斯堡的邓尼茨发去一份措辞严厉的电报。给那些依然忠诚并秉承信仰的人下达的命令，对那些有着叛国行径或处在其边缘的人发出的威胁，以及从支离破碎的军队处了解情况的疯狂要求都通过不太稳定的无线电网络发送出去（一只携带着天线的拦阻气球被击落后，通讯电波突然沉默下来），而敌人的广播带来了新的灾难性消息。暗堡外，争夺"希姆莱大楼"的战斗正在肆虐。

4月29日早上7点，苏军大炮对"希姆莱大楼"进行了10分钟的炮击：步兵们将迫击炮拖至旧莫阿比特大街拐角处和王子河岸边的建筑物的二楼，对准他们的目标开炮射击。临近中午，苏军第756团和第380团攻入内政部院落，甚至还夺取了一楼的几个房间。这场激烈、持久的战斗在近距离内进行，笼罩在黑暗、尘埃和硝烟中，被枪口的闪烁照亮，并伴随着炮火持续的轰鸣。城内其他地方，苏军突击队肃清了分配给他们的作战区域或正稳步取得进展，他们冲入动物园，从"河马屋"朝高射炮防空塔开炮射击。东面，别尔扎林的突击第5集团军以其右翼部队在普伦茨劳贝格（Prenzlauerberg）南部地区作战，左翼部队为争夺安哈尔特车站进行着激烈的战斗；西面，雷巴尔科的侦察部队报告，一个德军战斗群正准备从乌勒本地区突围并冲向南面，于是近卫坦克第7军的主力进入拦截阵地。万湖岛上，列柳申科的近卫坦克第10军为争夺西南面接近地战斗了一整天，但没能困住岛上这股庞大的德军。短兵相接的激战仍在继续，更多的苏军部队和支援单位进入这座被烧毁、被破坏的城市的一个个街区，他们安顿在地窖里，驻扎在花园内，在各个房间中翻箱倒柜，以奇怪的方式实施劫掠，追捕妇女，暴行混合着突如其来的慷慨和恻隐之心（或是疯狂的狂欢），他们的行为残暴、可怕、令人困惑又出人意料。苏军士兵会以面包、鱼、烈酒作为礼物，送给那些被他们强奸的妇女。醉醺醺的集体强奸可能会以杀戮告终，对部下控制较严的苏军军官有时会拔出配枪实施粗暴的惩罚——枪毙违犯军纪者，而在某些地方，受到侮辱、痛苦不堪的受害者会替站在枪口下的苏军士兵求情。面对那些在废墟中爬上爬下，翻寻最低限度生活必需品的市民，红军士兵伸出了援手，要么将自己分配到的食物送给他们，要么直接征用被木板封住的商店。

红军士兵伫立在柏林，端着枪，两侧排列着庞大、威武的主战坦克和灵活的T-34，空中翱翔着苏军歼击机和强击机，他们觉得自己不仅是胜利者，也是受害者——是一系列可怕、野蛮的暴行降临在自己、家人和祖国身上的受害者。苏军的前线宣传无疑激发起了战士们的激情，并以一个简短的词汇阐述了敌人是什么——野兽。但苏军中的普通士兵并不需要就这个主题大力指导。涅乌斯特罗耶夫大尉营里的步兵负责进攻国会大厦，他们蹲伏在角落处，或悄然逼近党卫队机枪射手，准备对"希姆莱大楼"发起突击，他们知道伫立在眼前的就是"法西斯野兽的巢穴"。尽管意识到了苏联红军铲除法西斯主义的历史使命，但他们确信他们已将德国军队的脊梁骨打断，许多指挥员对自己不得不把那些身穿希特勒青年团制服、端着"铁拳"的青少年击毙深感厌恶；俘虏编组列队时，这些苏军指挥员直接让那些哭红了眼的孩子离开队伍回家去，给他们的惩罚不过是一记耳光。多愁善感和单纯的思维经常在酒精的驱使下变成杀气腾腾的怒火和非理性的愤怒，德国军方下令封存的酒类储藏被赶来的苏军发现，他们把这些烈酒慷慨地分发出去。持续的激战令双方疲惫不堪，但俄国人的精力更胜一筹。

4月29日晚，在元首暗堡召开的最后一次军事会议上，魏德林将军描绘了一幅丝毫不加掩饰的画面：没有"铁拳"，没有维修坦克的手段，没有弹药，没有空投，也没有希望。柏林的战斗必然会在接下来的24小时内结束，这一点无法避免。魏德林结束报告后，似乎没人想打破随之而来的沉默，但希特勒用"疲惫的声音"询问负责"城堡区"防卫任务的党卫队上校蒙克[26]的看法，蒙克回答道，他只能同意魏德林所作的评估。魏德林随即提起突围的话题，此时的希特勒"看上去就像是个完全屈从于命运安排的人"，他指着地图，地图上的各种标志是根据敌方电台播送的消息画上的，因为已无法联系上德军指挥部门，这表明军队已不再遵照希特勒的指令行事。完全不知所措的魏德林继续问道，他的部队耗尽弹药后该怎么办。希特勒转身同克雷布斯将军协商，过了一会儿，他告诉魏德林，他（魏德林）的部队可以"分成小股"突围，但他（希特勒）绝不允许柏林投降。（当天晚些时候，一名党卫队士兵给魏德林送来希特勒写给他的一封信，再次重申不得投降；如果弹药耗尽，"小股战斗群"可以突围。）与魏德林等人举行完会议没多久，凯特尔对当晚提出的紧急询问做出回复，希特勒从外部获得救援的希望破灭了。希特勒要求知道温克先头部队的位置、发起进攻的时间、第9集团军的位置及其突围方向，另外还有"霍尔斯特"军[27]目前的方位。4月30日凌晨1点，凯特尔以长电文做出的回答标志着末日的来临：温克的先头部队在施维洛湖（Schwielow）南面停滞不前，第12集团军已无法继续向柏林进攻，第9集团军被彻底包围，"霍尔斯特"军被迫转入防御。一切就此结束。希特勒准备在几个小时内自杀。

4月30日临近中午时，苏军步兵第150和第171师的各个团进入阵地，准备对国会大厦发起最后的突击，寂静笼罩着这座弹痕累累的建筑物前方的广场。"希姆莱大楼"已于当日清晨4点30分被苏军夺取，红军士兵着手在大楼的较低层建立阵地，为下一场突击做好准备。苏军军用地图上标明步兵的前方是绿化带，但各个班组现在看到的只是坑坑洼洼的地面和歪歪倒倒的树桩；还有一个令人不快的意外是出现了一条大沟，这是柏林城不断扩大的地铁工程的组成部分，沟上的桥梁很简陋——铺设在钢梁上的一些木板，这些"桥梁"大多已被炸毁。步兵第150师的突击队开始沿壕沟部署，并进入发起突击的出发阵地。尽管当天阳光灿烂，但各突击营几乎无法透过头顶上浓浓的硝烟看见太阳或天空。首先举行的是战斗仪式。对柏林发起进攻时，突击第3集团军军事委员会给各个师分发了9面红旗，准备插上国会大厦。现在，步兵第150师伫立在国会大厦门前，在前沿阵地上，师长沙季洛夫少将把第5号红旗授予津琴科上校的步兵第756团，这面红旗又被下发到团里最优秀的一个营——涅乌斯特罗耶夫大尉的第1营。另外几面红旗也被授予参加突击的其他单位——达维多夫大尉指挥的步兵第674团第1营、萨姆索诺夫中尉指挥的步兵第380团第1营，另外还有步兵第79军军部组织的两个特别突击队，一个由邦达尔少校指挥，另一个由马科夫大尉指挥，这两个突击队主要由党员和共青团员中的志愿者组成。

　　13点，苏军的86门大炮对国会大厦展开炮击，除了大口径152毫米和203毫米榴弹炮，坦克、自行火炮、"喀秋莎"火箭炮也加入其中，就连苏军步兵也用缴获的"铁拳"在近距离内开火射击。国会大厦被滚滚硝烟所覆盖，这时，3个苏军步兵营奉命发起进攻。伊什恰诺夫中士蹲在涅乌斯特罗耶夫大尉身旁请求道："把率先冲入国会大厦的任务交给我的班吧！"请求得到批准，伊什恰诺夫的班翻过"希姆莱大楼"底楼的一扇窗户，爬过开阔地；涅乌斯特罗耶夫率领侦察队（携带着珍贵的红旗）和他一同行动，先遣连扑向国会大厦，冲过大门和墙上的缺口，到达中央楼梯处。苏军突击队肃清了底层，却发现大批德军据守着许多地下室和楼上的几层。德军立即发起反击，击退了苏军步兵第380团（该团部署在国会大厦西北角一座半毁的混凝土建筑中）的一个营；第380团被迫呼叫一个反坦克营提供支援，以击退德国人的坦克。

　　与此同时，涅乌斯特罗耶夫的营正在争夺国会大厦第二层。侦察队的叶戈罗夫中士和坎塔里亚中士用手榴弹炸开前进通道，将红旗插上半毁的楼梯，但严重损坏的第三层建筑和德军机枪火力阻挡住了他们的前进步伐。14点25分，红旗在国会大厦的二楼飘扬，但苏军占领整座建筑的尝试没能获得成功。涅乌斯特罗耶夫召集起一个战斗群支援旗手，由别列斯特中尉指挥，并命令他肃清二楼的德军冲锋枪手。"Gde Znamiya？"（"红旗在哪里？"）——津琴科上校反复提出的问题得到了回答，红旗得到了妥善保管，营里的每个人都知道叶戈罗夫和坎塔里亚即将带着红旗赶往国会大厦的顶部。在国会大厦硝烟弥漫的门厅处，津琴科召见了叶戈罗夫和坎塔里亚，简单交谈了几句，然后用亲切的话语告诉他们："好吧，小伙子们，去吧，把红旗升起来。"4月30日傍晚18点，苏军发起第二次突击，打垮了国会大厦上层的德军机枪手，并于22点50分将代表胜利的红旗在国会大厦顶部升起，尽管肃清整座建筑还需要几个小时。苏军侦察兵很快便发现，盘踞在地下室里的敌人实力强大，装备精良，300名苏军步兵面对着这股兵力众多、簇拥着机枪的敌人，情况变得怪异而又紧张。

坎塔里亚中士在国会大厦二楼挥舞胜利的红旗后不到一个小时，希特勒在爱娃·布劳恩的陪伴下走入元首暗堡内的书房，他们并排坐下，咬碎氰化物安瓿自杀身亡。苏军坦克继续碾过城市，冲向疲惫、实力严重萎缩、缺乏组织、士气低落的守军，德军士兵弹药所剩无几，对各种情况几乎一无所知。西面，佩尔霍罗维奇的第47集团军据守着波茨坦至施潘道一线，包括哈弗尔西岸；步兵第125师[28]忙着在克拉多（Kladow）消灭德军的抵抗，并肃清皮歇尔斯多夫（Pichelsdorf）。波格丹诺夫的近卫坦克第2集团军继续在夏洛滕堡东南部地区和蒂尔加滕西部边缘作战，而崔可夫的近卫第8集团军也攻入了蒂尔加滕，尽管其主要进展在侧翼——右侧的近卫步兵第4军攻入波茨坦车站，逼近了帝国总理府，左侧的近卫步兵第28军到达动物园南部边缘，进入到近卫坦克第2集团军的作战区域。尽管据守动物园的德军至少有5000人，并配有大量火炮，接近地也得到暗堡和路障的掩护，但库兹涅佐夫的突击第3集团军已到达国会大厦，用不了几个小时就将与崔可夫的近卫第8集团军会合，守卫蒂尔加滕的德军只剩下一条1000码的狭长地带，而且这片地带完全处在苏军炮火覆盖下。雷巴尔科的近卫坦克第3集团军冲向西北方，以坦克和步兵单位进攻威尔默斯多夫区（Wilmersdorf）；按照科涅夫的命令，近卫坦克第7军（获得第28集团军从措森全速赶来的近卫步兵第55师的加强）对盘踞在韦斯滕德（Westend）的德军发起进攻，但目前未能封闭雷巴尔科与近卫坦克第2集团军之间500码的缺口。

蒂尔加滕和整个动物园的战斗愈演愈烈；苏军重型坦克开始逼近菩提树下（Unter den Linden）大街，大炮也沿"东西轴线"部署起来。国会大厦内，苏军突击队与守军在黑暗中相互厮杀，而苏军的各个连队匆匆组织起防御。沸腾的火焰和炮口的闪烁将柏林笼罩在一片红色、紫色的光芒中，不断遭到炮击的守军已被分割成四个孤立的群体。魏德林将军发现自己面对着几近绝望的态势，他接到的命令的本质是一种令人无比痛苦的困境：从北面和南面发起突击的苏军部队在动物园站取得会合仅仅是时间问题，苏军已攻入波茨坦广场和安哈尔特车站，德军从亚历山大广场至斯比特尔马克（Spittalmarkt）的防线已被撕开一个巨大的缺口——他应该下令突围还是继续战斗？元首的信件似乎批准了小股部队发起突围，但这道指令（或授权）在当晚晚些时候被取消。魏德林又一次被召至元首暗堡，暂时解决了他的两难选择，但从本德勒大街（Bendlerstrasse）到元首暗堡的1500码距离，他用了近一个小时。在暗堡内元首的房间里，戈培尔、鲍曼和克雷布斯会见了魏德林，他这才获知希特勒已自杀，遗体已被焚毁。发誓保守秘密后，魏德林被告知只有斯大林元帅能获知希特勒的死讯，与此同时，Z区指挥官塞弗特中校已获得授权，与苏军指挥部商讨克雷布斯将军跨越火线并向苏军解释最新态势的时间和地点。克雷布斯将军打算把希特勒已自杀、他在遗嘱中委任了一个新政府的消息告诉苏军指挥部，并寻求停火，从而使德国新政府在柏林就职，并与俄国人商谈投降条款。

4月30日晚，23点30分，作为德军军使的塞弗特中校出现在突击第5集团军与近卫第8集团军的结合部。被带至近卫步兵第102团团部后，塞弗特告诉苏军军官，他有重要文件要交给苏军指挥部，这个消息逐级上报，从近卫步兵第35师传至近卫步兵第4军。苏军做出安排，允许克雷布斯将军和魏德林的参谋长（刚刚晋升为上校的冯·杜夫文）在一名翻译（二级突击队中队长尼尔兰迪斯）和一名士兵的陪同下穿越苏军战线；他们一个接一个离开暗堡，冲过道路赶往地铁站，通过地下隧道来到Z区指挥所。崔可夫将军已获知塞弗特中校送来的消息，并做出安排，允许克雷布斯一行穿过苏军阵地。他指示近卫步兵第4军军长格拉祖诺夫在相关地区停火，把这些德国使者送到他的前进指挥所。享受着胜利成果的崔可夫正与他的政工人员和几位著名的苏联文艺工作者——战地记者维什涅夫斯基、诗人多尔马托夫斯基和作曲家布兰特（他被派至柏林创作胜利颂歌）共进晚餐。5月1日3点50分，德国全权代表终于赶到了，布兰特立即被塞入橱柜，因为他是现场唯一没穿军装的人；崔可夫让另外几位冒充他的参谋人员。克雷布斯将军走了进来，颈间挂着铁十字勋章，衣袖上戴着反万字袖章。他举起右手敬礼，并递上自己的军官证。冯·杜夫文上校和翻译陪在他身旁。苏军士兵试图取走克雷布斯的配枪，但被克雷布斯严词拒绝，他指出，根据战争规则，一个值得尊敬的对手会被允许保留他的个人武器。俄国人不无羞愧地同意了。没有任何开场白，双方立即开始了会谈：

克雷布斯：我要告诉您一个绝密消息，您是我通知的第一个外国人，希特勒已于4月30日自杀。

崔可夫：我们已知道此事。

克雷布斯：根据元首的遗嘱……（这时，克雷布斯读出元首的遗嘱和戈培尔的声明）此次谈判的目的是——为在这场战争中遭受到最大损失的这些民族找出最令人满意的出路。文件可以交给您的指挥部。

崔可夫：这份文件谈及的是柏林还是整个德国？

克雷布斯：我获得授权代表整个德国军队。我是戈培尔的全权代表。

崔可夫：我会向朱可夫元帅汇报此事。

克雷布斯：我的第一个问题是，能否在谈判期间暂时停火？

崔可夫（拿起电话）：请接朱可夫元帅，崔可夫报告。步兵上将克雷布斯在我这里，他已获得德国当局的授权与我们进行会谈。他说希特勒已自杀。请您转告斯大林同志，（根据希特勒遗嘱的规定）权力现在在戈培尔、鲍曼和海军元帅邓尼茨手中。克雷布斯获得授权与我们协商停火事宜。克雷布斯建议在谈判期间停止军事行动。我马上问问。

崔可夫问克雷布斯：希特勒什么时候自杀的？

克雷布斯：今天15点50分。对不起，是昨天……

崔可夫（重复了这句话）：昨天15点50分。和平问题？不，他没有谈到这一点。我会直接问他。是，当然，明白。

崔可夫转向克雷布斯：朱可夫元帅让我问您，您是否打算商讨投降问题？

克雷布斯：不。还有其他的可能。

崔可夫告诉朱可夫：不，他说获得和平还有其他方式。不，这个新政府靠近盟军，正在寻找其他可能性。克雷布斯是否知道此事？到目前为止他还没有提到。他们没有与盟国联系。

崔可夫聆听着朱可夫的指示：……是。……是。他是戈培尔的全权代表，戈培尔现在是德国总理，但鲍曼仍是党务部长。他说我们是第一个被告知希特勒自杀和他的遗嘱的人，您，元帅同志和我……您将征询莫斯科的意见？我会等您的电话。明白了。克雷布斯不是一名全权代表，但我们可以讨论这件事。明白，元帅同志！还有其他事吗？清楚了，我明白。

（以上文字和翻译出自作者的《莫斯科笔记》，1963—1965）

朱可夫元帅立即打电话给斯大林，莫斯科的值班军官告诉他，斯大林刚刚上床休息。朱可夫命令他立即唤醒斯大林，因为事情很紧急，不能拖延。斯大林在电话中听取了朱可夫关于克雷布斯到来、希特勒自杀、戈培尔的信件以及他们建议停火的报告。斯大林以自己的方式做出回答："这么说，这个混蛋完蛋啦。可惜我们没能活捉他。希特勒的尸体在哪里？"朱可夫告诉他，克雷布斯说希特勒的尸体已被焚毁。至于双方的会谈，斯大林指出，索科洛夫斯基将军应排除任何形式的谈判，德国只能无条件投降——"不得与克雷布斯或其他任何一个希特勒分子进行谈判"。如果没有其他特殊情况，天亮前朱可夫不必再作汇报。斯大林重新上床，想为五一阅兵活动休息一会儿。

朱可夫把苏联方面的要求明确传达给崔可夫。崔可夫直截了当地告诉克雷布斯：

崔可夫：我只能跟您洽谈德国向苏联、美国和英国全面投降的事宜。

克雷布斯：为了达到您的要求，我请求暂时停止军事行动。

崔可夫在电话中告诉朱可夫：他无法商讨全面投降的问题，除非他掌握了德国新政府的总体情况。等他弄清楚后，他会做出报告。他只被授权进行商谈。是，我会问他。

崔可夫问克雷布斯：你们打算立即投降吗？

克雷布斯：我必须得到政府的批准。新政府也许会设立在南方。但到目前为止，只有一个政府，在柏林。我们请求停火。

崔可夫在电话中告诉朱可夫：他们请求停火——进行会谈。也许，这是个笼统的德国政府……是，明白，好的……我能听见您的话，我明白……什么？好的，我会的。

崔可夫告诉克雷布斯：停战问题只能建立在全面投降的基础上。

克雷布斯：那么你们就要占领德国政府所在的地区，你们将消灭所有德国人。

崔可夫：我们没有打算消灭德国人民。

克雷布斯：德国人不会合作的……

崔可夫：德国人已经跟我们合作了。

克雷布斯：在德国全面投降前，我们请求你们承认德国政府，同它取得联系，并提供与贵国政府进行接触的机会……

崔可夫：我们只有一个条件——全面投降。

克雷布斯：但我们认为苏联应该考虑德国新的合法政府，这对双方都有利，都能接受。

此时已过4点30分，克雷布斯的俄语脱口而出，再次请求苏军暂时停火。他解释说，他无法商谈其他问题。他说道："我只是个全权代表，我不能替我的政府负责。"崔可夫生硬地回答道："我的建议已经说得很清楚。"克雷布斯听明白了，他甚至承认德国政府已经完蛋："你们的实力非常强大，我们知道这一点，你们自己也是这样认为的。"这时，崔可夫驳斥了克雷布斯，并直接向他发起挑战："我们当然知道这一点，你们对此同样清楚。你们将以这种徒劳的方式和无谓的牺牲继续战斗下去。请允许我问您一个问题：这种抵抗的意义何在？"克雷布斯将军的回答没有多费口舌："我们将奋战到最后一刻。"崔可夫再次重申："我等待着一场全面投降。"克雷布斯将军简洁地答道："不！"被这一打击软化的克雷布斯继续解释道，如果发生彻底、全面的投降，"我们这个政府从法律上说就将不复存在"。

困倦的崔可夫继续进行着这场会谈。经过一番断断续续的交流，崔可夫告诉克雷布斯，许多地方的抵抗已自动结束，德国守军放下了武器，克雷布斯否认这是大规模投降——仅仅是孤立事件。话题转向战争的整体态势，崔可夫给克雷布斯看了一张最新的苏联报纸，上面刊登着希姆莱同美国和英国进行谈判的报道。克雷布斯对此的回答是：希姆莱没有获得授权这样做，我们都很担心这一点，不管怎样，他不知道希特勒已自杀身亡。崔可夫打断了他的话：可以肯定，德国的电台仍能正常工作，希姆莱实际上通过电台进行了单方面谈判。克雷布斯只是耸耸肩，说这是"基于其他方面的考虑所采取的局部措施"，但他对崔可夫接到"希特勒目前在蒂尔加滕"的报告做出愤怒的反应："这是个谎言！"越来越恼火的崔可夫指出，更多的流血牺牲毫无意义，克雷布斯再次请求停火并与盟军取得联系。崔可夫无法擅自做出这种安排，而克雷布斯坚持认为，如果全面投降，就无法组建新政府。就在这时，担任翻译的尼尔兰迪斯[20]插了一句嘴："柏林决定着整个德国的命运。"这令克雷布斯十分恼火。克雷布斯立即解除了他的翻译工作，并用俄语说道："我的俄语说得不比您差。我担心的是成立另一个政府，这与希特勒的决定相悖。我只是听到了斯德哥尔摩的广播，但在我看来，希姆莱同盟国的谈判做得过火了。"崔可夫直截了当地驳斥道：美国和英国政府的行动与苏联政府相一致，希姆莱的行为不过是一次不成功的外交讹诈。克雷布斯问道，那为何俄国人对成立一个新政府不感兴趣呢？崔可夫反问克雷布斯指望的是什么——目前最受欢迎的政府是愿意缔结和约的政府，对此，克雷布斯仍坚持当前的任务是组建一个新政府，并与"胜利的强国"苏联缔结和约。崔可夫再次耐心解释道：苏联和盟国要求的是无条件投降。

就在这时，近卫第8集团军军事委员会政治委员谢苗诺夫少将赶到了。崔可夫和克雷布斯谈起他们各自的军事生涯，克雷布斯这才知道自己面对的是著名的崔可夫，斯大林格勒战役中的第62集团军司令员。过了片刻，崔可夫向克雷布斯提出建议——架设一根直通戈培尔的电话线。克雷布斯高兴地接受了建议，这样一来，崔可夫也许能跟戈培尔直接会谈。一幅巨大的柏林地图摊放在面前，崔可夫听取了战场态势的电话汇报，随后打电话给朱可夫元帅。他告诉朱可夫，古德里安自3月15日起便"病倒了"，克雷布斯现在是德军总参谋长，朱可夫随即给他下达了一些指示。克雷布斯现在知道，朱可夫希望了解德国方面所提建议的更多细节，于是再次用俄语说道："我的文件是由戈培尔亲自签署的。"崔可夫通过电话将戈培尔授权克雷布斯前来谈判的文件读给朱可夫听：

我们授权汉斯·克雷布斯将军办理如下事情：我们通知苏联人民的领袖，今天15点50分，元首已自愿离开人世。根据其法定权力，元首通过他的遗嘱将所有权力移交给邓尼茨、我和鲍曼。鲍曼授予我全权负责与苏联人民的领袖取得联系。这种联系对于在遭受到最大牺牲的两个大国之间进行和平谈判是必不可少的。

戈培尔

屋外，"喀秋莎"火箭炮展开一轮齐射。

克雷布斯又对希姆莱发起谴责——他曾反对元首，现在又密谋同西方盟国单独媾和并制造分裂。元首敏锐地觉察到了这种背叛，实际上，这也是元首自杀的原因之一。元首一直在探寻和平之路，首先是与苏联。崔可夫认为自己的试探也许能弄清纳粹领导层的阴谋和分裂，于是大胆做出一些猜测，并在这一过程中获知德军所有作战部队将"从那里"（具体是哪里，克雷布斯没有明确指出）调至柏林和东线参战。克雷布斯又提供了新政府组成的更多详情以及几名政府成员所在处，于是崔可夫问起谁将被授权同苏联和西方盟国进行最后的谈判。克雷布斯回答说，将是戈培尔和鲍曼，他们目前在柏林——崔可夫又问道，其他政府成员会做些什么呢？克雷布斯回答道："他们将执行元首的命令。"军队会承认新政府吗？鉴于元首的遗嘱将在广播中公开，克雷布斯认为军队会接受的——但这件事最好在"另一个政府"宣布成立前尽快完成。崔可夫问克雷布斯："你们真的害怕所谓的另一个政府？"克雷布斯再次提及希姆莱的背叛和他组建一个新政府的可能性。

这场奇怪的会谈兜了个圈子回到原地。崔可夫问克雷布斯，他认为应该如何同德国其他地区取得联系，因为那些地区目前已被隔断。克雷布斯立即做出回答：通过临时性停火，将一切公之于世。崔可夫承认自己对此有些迷惑不解。克雷布斯继续做出解释，强调在苏联方面的协助下，他们可以通过"飞机或其他办法"与其他地区取得联系。崔可夫有力地点出了此举的含义：设立一个新政府，从而召集部队，继续进行这场战争。克雷布斯对此极力否认，因为此举的目的是开始谈判并结束战争。崔可夫提出，为什么不能相反呢，先结束战争，再进行谈判。克雷布斯难以做出答复："回答这个问题的应该是我的政府，而不是我。"

无谓的争执继续着，其间被崔可夫向朱可夫元帅关于更多详情的报告所打断。克雷布斯坚持认为这个新政府——由希特勒的遗嘱批准，再得到俄国人的承认——将结束这场战争，但只能在获得承认后。崔可夫断言：这既不是战争也不是和平。克雷布斯反驳道，他会让那些尚未停火的地段停止战斗，但他首先关注的是防止德国出现一个"新的非法政府"。克雷布斯提出停战；崔可夫再次重申立即投降。莫斯科的指示到来前，崔可夫已没有什么可说或可做的。就在这时，朱可夫元帅要求获知更多情况的指示不断到来，他已派自己的副司令员索科洛夫斯基赶来参加这场会谈。可是，眼前的僵局似乎越来越深。克雷布斯提交了一份附件，这是希特勒遗嘱中指定的新政府组成人员名单，崔可夫立即派人将这份文件呈交给朱可夫，随后他再次向克雷布斯提出问题："您来这里的目的是只跟苏联谈判吗？"克雷布斯说的确如此，只跟苏联谈判。崔可夫问道："为什么不同时跟我们及我们的盟国谈判呢？"克雷布斯对此的回答是，如果授予他的权限得到扩大，那么他也将同其他盟国谈判；他继续解释道，他本人"深信"，如果柏林守军投降，新政府永远无法成立，这就违背了元首的遗愿。因此，全面投降问题不可能在新政府获得承认前解决。

索科洛夫斯基将军的到来缓解了这番枯燥无味的交谈，但没能打破僵局，崔可夫认为这种僵局呈现出了滑稽可笑的一面。索科洛夫斯基没能说服克雷布斯：投降，只有投降才能解决眼前的问题。崔可夫向朱可夫报告，克雷布斯拒绝改变立场，争论的细节在于，没有邓尼茨的允许，德国不可能投降，而目前邓尼茨对这些情况一无所知。与冯·杜夫文简短商议后，克雷布斯再次回到他的主题，指出德国目前的困境，但他强调：希特勒的威望尽管有所降低，可依然存在，这种威望是新政府的基础；新政府拥有更广泛的基础也许是有可能的，不过最令人担心的是英国和法国强行将"资本主义秩序"灌输给德国，那么德国就将大难临头。斯大林并不想消灭德国，但英美肢解德国的计划产生了一种可怕的前景。上午10点15分，这场荒诞、激烈的争论戛然而止，莫斯科终于发来相关指示：德军彻底投降，或柏林守军投降，否则将重新发起全面炮击。杜哈诺夫中将[30]宣布他将下达必要的命令。克雷布斯焦虑地坐在那里，哀叹结局会很血腥，并一再重复柏林不可能投降，没有邓尼茨的允许，戈培尔无法授权投降。

索科洛夫斯基决定结束这毫无意义、含糊其辞的争论。他建议克雷布斯立即投降，并宣布新政府成立；苏军指挥部将在柏林为他们提供一部电台，德国新政府可以同西方盟国取得联系。克雷布斯认为可以把这个建议告知戈培尔，并要求允许他返回元首暗堡。索科洛夫斯基指出这毫无必要，因为根据朱可夫的指示，冯·杜夫文和那名翻译已经返回德军防线以确保克雷布斯本人的安全；等他们回来后，"一切都会弄清楚"，所以克雷布斯没有必要冒上遭遇炮火的危险。冯·杜夫文的这趟行程危险而又徒劳：由于缺乏电线（尽管只差50码），崔可夫的指挥部无法与元首暗堡建立直接联系，而冯·杜夫文到达德军防线后又被党卫队拦住。鲍曼亲自下令才使他获释，他赶至暗堡，见到了戈培尔。

冯·杜夫文的报告并未让戈培尔感到意外，他不动声色，保持着冷静。克雷布斯的任务几乎没有任何成功的机会，俄国人毫不动摇地坚持要求德国无条件投降。戈培尔的冷静消失了，他强烈反对以任何形式接受无条件投降，并命冯·杜夫文回去，立即将克雷布斯带回德军防线。冯·杜夫文再次展开危险之旅，从一个苏军哨所用电话向克雷布斯做了汇报，并再次设法布设电话线，但这条电话线被炮弹炸断了；此时，崔可夫指挥所里的会谈进入到最后一轮，索科洛夫斯基直言不讳地指出：德国已陷入绝境，就连戈培尔与邓尼茨之间的联系也已中断，但柏林投降后，苏军指挥部会为他们提供飞机或汽车，并安排电台联络。随着更多的细节被阐明，克雷布斯提议他去咨询戈培尔的意见，并将投降条款告诉他。通过电话，克雷布斯同指挥部取得联系，开始汇报投降条款——特别是通过广播宣布希特勒的死讯。

戈培尔要求克雷布斯立即返回并当面商谈，于是克雷布斯记录下苏联方面的条款，并大声读了一遍确认：（1）柏林投降；（2）所有投降者必须交出武器；（3）保证所有投降官兵的生命；（4）伤员将获得治疗；（5）为用电台同盟国进行谈判提供方便。崔可夫随后又做出详细解释：

我们将使你们的政府有可能公布希特勒的死讯和希姆莱的背叛，并向苏联、美国和英国三国政府宣布彻底投降。这样，我们便部分地满足了你们的要求。我们是否会帮助你们组建新政府呢？不会！但我们将给你们权利去拟定一个你们不愿被看作战俘人员的名单。投降之后，我们会允许你们向各盟国发表一份声明。你们政府的最终命运将取决于此。

通过电话，索科洛夫斯基将军做出汇报：

祝贺五一节。克雷布斯将军在这里，我一直在处理这件事。克雷布斯请求我们帮助他建立一个新政府。（朱可夫）元帅那里有政府成员名单。我们不会同意这一点。我们要求柏林投降——他们投降后，我们会为他们提供通信手段，向各盟国发出全面投降的公告，并为他们提供一部电台，宣布希姆莱的叛变，目前掌握权力的是一个临时政府。戈培尔不会同意——他希望先建立一个新政府，有点瞻前顾后……但这不会实现的！戈培尔已要求与克雷布斯面谈，克雷布斯正返回戈培尔那里。克雷布斯，我拼一下他的名字——K-R-E-B-S，步兵上将。立即将这个情况报告元帅。莫斯科还没有回复吗？

拿起另一部电话，崔可夫宣读了这场毫无结果的谈判的墓志铭："向这些'浮士德'倾泻炮弹，没有什么谈判了，发起进攻！"

苏军大炮和"喀秋莎"展开齐射，炮弹飞入坚固的政府建筑，飞入帝国总理府和国会大厦；崔可夫的近卫第8集团军争夺着蒂尔加滕的中央地带，而波格丹诺夫的近卫坦克第2集团军在一个波兰步兵师的支援下赶往夏洛滕堡西部边缘，以便与近卫第8集团军在动物园会合。在这场激烈的战斗中，一名党卫队上校16点出现在克雷布斯将军曾使用过的前线过境点，宣布自己是戈培尔派来的军使，有文件交给崔可夫上将；文件中包括德国方面的回复（由克雷布斯和鲍曼签署），拒绝了苏军敦促他们无条件投降的要求，并宣布恢复作战行动。自下午早些时候起，与德军防线之间的电话线一直保持着畅通，该地区的战斗也暂时停止。这名党卫队军官匆匆返回己方阵地，电话线被切断，这片地区的战斗再次打响。

5月1日18点30分，苏军指挥部做出了他们的回复。部署在柏林的所有大炮和"喀秋莎"重新开火，展开了一场震耳欲聋、令人窒息的炮击。遵照发起最后突击的命令，苏军各部队向前冲去，包围圈越来越紧。从北面而来的突击第3集团军在国会大厦南面同近卫第8集团军的部队取得会合；波格丹诺夫的近卫坦克第2集团军也与近卫第8集团军和近卫坦克第1集团军在蒂尔加滕建立起有效连接。雷巴尔科的近卫坦克第3集团军已肃清威尔默斯多夫和哈伦塞（Halensee）地区，而列柳申科的坦克和步兵第350师的步兵也粉碎了德军在万湖岛上的抵抗。国会大厦内，涅乌斯特罗耶夫的突击队进行了试探性谈判，要求被堵在地下室和下层建筑内的德国守军投降；德国人要求苏军派一名上校来谈判，别列斯特中尉（他穿着一件羊皮坎肩，挡住了他的中尉肩章）发现自己突然获得了"晋升"，扮演起这个不可或缺的上校角色。

崔可夫的指挥所里，索科洛夫斯基将军对缓慢的进展抱怨不已："我们可以来个三级跳，只剩下300—400米距离，可我们却像是在爬行。"崔可夫指出，这场战争实际上已经获胜，他的部下不想冒险，谁也不愿在这个时候牺牲在柏林。说着，崔可夫抓紧时间打了会盹，5月2日凌晨1点25分，一份报告将他唤醒，近卫步兵第79师的电台0点40分截获了德军第56装甲军发出的无线电呼叫："喂，喂，这里是第56装甲军。我们请求停火。柏林时间0时50分我们将派军使到波茨坦桥。识别标志是一面白旗。听候你们的回复。"德军的这一通告用俄语重复了五遍。俄国人做出回复："明白，明白。我们立刻把你们的请求转报上级。"德军报务员回答道："俄军电台，听到你们的话了，请你们向上级报告。"这些通讯信号也被近卫步兵第39师和近卫步兵第4军截获。想到要与克雷布斯再进行一轮谈判，崔可夫异常恼火，他躺下来睡了一会儿，但很快意识到一种完全不同的情况正在发生。想到这一点，崔可夫立即派两名参谋去见德军军使，但严格指示他们，除了要求对方无条件投降并立即放下武器外，不进行任何谈判。德军军使将被允许进入近卫步兵第47师的战线。

在波茨坦桥，冯·杜夫文上校在两名少校的陪同下告诉近卫步兵第47师师长谢姆钦科上校，魏德林将军决定率第56装甲军投降。冯·杜夫文呈交了一份魏德林亲自签署的文件。谢姆钦科问冯·杜夫文，他们需要多长时间才能执行这场投降。冯·杜夫文回答说，至少需要3—4个小时，但必须尽快进行，充分利用夜色的掩护，因为戈培尔曾下令射杀每一个企图投降苏军的人。听到这番话，谢姆钦科立即汇报崔可夫，获得集团军司令员的批准后，他派冯·杜夫文立即返回部队，告诉他的上司，苏军接受第56装甲军的投降，并组织全军官兵在早晨7点放下武器，而第56装甲军的军长和参谋长必须在6点跨过战线，首先成为俘虏。陪同冯·杜夫文的两名少校留下来充当人质。

6点整，魏德林将军和他的高级参谋军官向苏军投降，没过一个小时，魏德林就被带到崔可夫面前。可就在魏德林他们跨过战线前，崔可夫接到一份报告，戈培尔派出另一个代表团与他举行会谈。这个代表团的到来冲走了崔可夫的睡意，他下令把他们带至自己的指挥所。戈培尔的副手汉斯·弗里切决定亲自介入此事，他派出一个三人代表团，在一名士兵的陪同下来到苏军指挥所。他们带来一封信和一番解释，但这次的信件是呈交给"尊敬的朱可夫元帅"的：

> 正如克雷布斯将军告知您的那样，原帝国总理希特勒已自杀身亡。戈培尔博士也已不在人世。我，作为幸存者之一，请求您将柏林置于您的保护下。我的名字尽人皆知。
>
> （签名）宣传部副部长，弗里切博士

崔可夫带着一丝惊讶看着他这些访客（其中的一个穿着礼服），随后问道："你们想做什么？"他们回答道："挽救柏林。"读完信件，崔可夫问戈培尔是什么时候自杀的，他被告知是在5月1日晚，他的尸体也已被焚毁。克雷布斯在哪里？没人知道，但好像新任命了一位陆军总参谋长。崔可夫随即询问代表团是否知道苏联方面的条件——德国必须无条件投降。几个德国人对此并未提出异议。这位弗里切是否知道柏林的守军已开始投降呢？不，他和这个代表团都不知道此事。德国军队会听命于弗里切吗？"当然会，"代表团回答道，"因为弗里切的名字在德国，特别是在柏林，无人不知，无人不晓。"通过电话，朱可夫元帅获知了弗里切来信的内容，而崔可夫试图弄清楚克雷布斯和鲍曼的下落；有传言说克雷布斯已自杀，而鲍曼在元首暗堡的一场煤气爆炸中毙命。

5月2日6点45分，同朱可夫元帅商谈后，崔可夫向德国代表团宣布：

朱可夫元帅接受柏林的投降，并下令停止军事行动——这是第一件事。第二，告知所有士兵、军官和平民，一切军用物资、建筑物和有价值的公用设施均应保持现状，不得炸毁！特别是军事设施！第三，请你们带上我们的一名军官去见弗里切先生，带他到电台发表讲话，然后回到这里来。第四，我再次强调，我们将保证士兵、军官、将军的人身安全，并为伤员提供医疗救护。第五，德国方面不得进行任何挑衅行动，如射击或其他破坏活动。

崔可夫随后命令瓦伊加契夫上校护送代表团返回弗里切那里，安排广播讲话，然后将弗里切和他的工作人员带回崔可夫的指挥所。

返回的途中，弗里切的代表团遇到了魏德林将军——这是一场冷淡的相遇。崔可夫立即审问魏德林：

崔可夫：您是柏林守军司令？

魏德林：是的，我是第56装甲军军长。

崔可夫：克雷布斯在哪里？他对您说过什么？

魏德林：昨天我在帝国总理府见过他。我猜想他打算自杀。起初他责备我不该在昨天就开始非正式的投降。今天，投降的命令下达给了所有部队。克雷布斯、戈培尔和鲍曼拒绝投降，但克雷布斯本人很快就弄清了包围圈非常紧密，于是决定违反戈培尔的意见，停止毫无意义的流血。我再重复一遍，我已给我的军下达了投降的命令。

这时，索科洛夫斯基加入到审问中，他问魏德林是否知道希特勒和戈培尔的下落。魏德林回答说，这两人都已自杀——戈培尔和他的家人，希特勒和他的妻子。崔可夫说道："这么说，战争真的结束了。"魏德林同意这一点，他认为继续付出无谓的牺牲纯属犯罪、发疯。被问及军事生涯时，魏德林指出，他从1911年前便投身军旅，此时他感慨万千。崔可夫忙着给朱可夫打电话，索科洛夫斯基也向朱可夫汇报，指出魏德林的权力是"相对的"，突击第3集团军和近卫第8集团军对面之敌投降了，但其他地区的德军还没有放下武器。索科洛夫斯基再次转向魏德林，建议他书写一道要求德军彻底投降的命令。

魏德林解释说，他无法下达让全体德军投降的命令，因为缺乏通信设备；个别部队可能会继续抵抗，许多人还不知道希特勒已死，因为戈培尔严禁泄露他的死讯。而党卫队不在他的指挥下，他们已打算向北突围。索科洛夫斯基坚持自己的意见，敦促魏德林签署一道投降令——"迟做总比不做好"，魏德林终于坐了下来，开始书写命令：

> 元首已于1945年4月30日自杀身亡，从而抛弃了我们这些曾宣誓效忠于他的人。根据元首的命令，我们作为德国的军人，尽管弹药即将耗尽，尽管整体态势正使我们的继续抵抗变得毫无意义，但仍应为坚守柏林而战。
>
> 我的命令是：立即停止抵抗。
>
> （签名）炮兵上将魏德林，原柏林城防司令

除了要求删除魏德林职务前的"原"这个字，索科洛夫斯基和崔可夫对这道命令的内容十分满意。

5月2日的早晨带来浅浅的雾气和冷飕飕的细雨。一群群德军俘虏在破碎的街道和已成废墟的广场上列队。清晨5点左右，遭到苏军又一轮攻击后，国会大厦地下室内的德国守军开始投降；早上，幸存的守军走出国会大厦。城市西部，军用车辆、民用卡车、马拉大车和行人组成的庞大队列赶往通向施潘道的桥梁，伴随着零星的枪声和随机落下的炮弹，人群挣扎着向前涌去。城内的建筑在燃烧，火光照亮了被炸毁的外墙和被粉碎的墙壁锯齿状的边缘。菩提树下大街呈现出一派破败的景象，苏军坦克在街上游荡；烟雾缭绕的蒂尔加滕满

目疮痍，被连根拔起的树木、泥泞、血迹斑斑的战壕和被摧毁的建筑随处可见。帝国总理府被炸得遍地瓦砾，但与其他地方一样，苏军的红旗点缀着这片废墟。步兵第301师（隶属于突击第5集团军）辖下古梅罗夫中校的步兵第150团向上级报告，他们攻克了帝国总理府，并发现了大批纳粹的象征物——巨大的青铜鹰、"阿道夫·希特勒"旗帜、隆美尔元帅的权杖以及大量勋章。在帝国总理府的花园里，苏军军官终于看见了元首暗堡，暗堡散发出强烈的臭气，让人无法对其进行彻底检查，但在西入口的院子里，舍夫佐夫上校将戈培尔和他妻子被烧焦的尸体指给了步兵第301师师长安东诺夫少将看。安东诺夫在整片区域部署了警卫人员，并任命舍夫佐夫[31]为帝国总理府警备长。

5月2日下午3点，苏军大炮停火，柏林笼罩在一片寂静中。红军士兵欢呼着、喊叫着，分发着食物和饮品。沿着希特勒曾用过的阅兵大道，一队队苏军坦克停了下来，仿佛即将接受检阅，车组人员跳出他们的战车，在这场新获得的停火中拥抱所有人。随着卫戍处的成立，柏林的一些地区已经开始了诸如清理废墟这些工作，卫戍处由一名苏军军官领导，并在可能的情况下安排了当地德国管理人员和官员。各种有价值的物品被归类，每一份文件都得到认真检查和收集，当然也有例外——纳粹政府针对各种嫌疑人编制的大批卡片索引被兴奋的苏军士兵胡乱丢弃。苏军反谍报部门，锄奸局（SMERSH），并未忽视其职责和对揭露破坏、颠覆行径的热情。机械化第1军（隶属于近卫坦克第2集团军）军长克里沃申中将经历了一场令人不快的遭遇：锄奸局在一箱照片中发现一张古德里安将军的相片，这位令苏联红军深感畏惧的德军装甲部队指挥官身旁站着一名面带微笑的苏军军官，正是克里沃申。克里沃申被叫去解释这张极为可疑的相片，他发誓说自己从未与古德里安有过任何秘密接触，尽管古德里安曾邀请他去柏林作客——他的确去了，就是现在。这张照片必须追溯至1939年，按照苏德瓜分波兰的秘密协定，他率领独立坦克第29旅冲向布列斯特-立托夫斯克，并与古德里安指挥的德国摩托化部队取得会合。阅兵仪式结束后，双方的指挥官站在一个小小的检阅台上合影留念。在锄奸局的这场审查中，克里沃申没有遇到严重的麻烦；可其他人就没他这么幸运了。

锄奸局还有一些重要任务，最紧迫的是寻找希特勒和其他纳粹领导人的下落。红军进入柏林的不仅仅是坦克和大炮，还有大批身穿军装的专家，其中包括医生、科学家、外交家和历史学家：一群政治人物作为"乌布利希小组"进入柏林，而"米高扬小组"立即投入到拆除德国工厂和工业设施并将其运往苏联的工作中。戈培尔和鲍曼的信中宣布希特勒已自杀身亡，斯大林在第一时间获知了这个消息——实际上，这封信的明确意图是想让苏联承认德国新政府。白俄罗斯第1方面军军事委员会委员捷列金中将已要求莫斯科派一名法医专家来柏林解决"一件非常重要的事情"。上校军医福斯特·什卡拉夫斯基立即接到去柏林的命令，赶往突击第3集团军位于布赫（Buch）的驻地。在佩列韦尔特金的步兵第79军（隶属于突击第3集团军）辖内指挥一个锄奸局单位的伊万·克利缅科中校捷足先登——5月2日下午，他已赶至帝国总理府花园。克利缅科的临时指挥所设在普伦岑湖（Plötzensee）监狱，他在那里审问过一些在帝国总理府附近抓获的德军俘虏，试图掌握希特勒和戈培尔的下落——有人交代了元首自杀的情况，克利缅科带着四名俘虏来到现场。

克利缅科这名突击第3集团军的军官设法闯入了突击第5集团军的辖区，带着他的小组来到帝国总理府花园，一名德军战俘激动地指认了戈培尔和他妻子的尸体，两具残骸随即被运回普伦岑湖监狱，未作任何解释。夜间，克利缅科又进行了几次审讯，设法找到希特勒的尸体，但一个消息打断了他的工作：希特勒的尸体已被发现。海军中将福斯是邓尼茨派驻元首大本营的代表，他帮着确认了戈培尔一家人（俄国人已在暗堡内发现戈培尔几个孩子的尸体），俄国人也向他仔细询问了希特勒的下落，福斯所能交代的只是希特勒的尸体已在花园内焚毁，但这足以让克利缅科迅速返回帝国总理府花园，重新进行搜寻。在一个应急水箱内发现的一具尸体与希特勒惊人地相似，因此福斯认为这就是希特勒的遗体。但经过仔细检查，这具尸体（这是希特勒的替身，是正式替身还是非正式替身不得而知）穿着一双织补过的袜子，他显然不是希特勒。海军中将福斯也说出了他的怀疑。

克利缅科继续审问那些有可能提供帮助的德军俘虏。具有讽刺意味的是，克利缅科的一名部下已经发现了希特勒和爱娃·布劳恩的尸体。列兵丘拉科夫将希特勒的部分残骸拖出一个弹坑，还发现了爱娃·布劳恩的两条腿，但由于众人沉浸在"替身"被发现的激动情绪中，再加上克利缅科相信希特勒的尸体肯定在帝国总理府内，丘拉科夫发现的这些残骸又被草草掩埋。一位曾亲眼见过希特勒的苏联外交官赶至柏林，根据他对元首的记忆，否定了那具替身。当晚，克利缅科思索着丘拉科夫在弹坑中发现的两具尸体——他越来越担心，原先发现的那具"希特勒替身"，在被丢弃后神秘地消失了。5月5日一大早，克利缅科带着小组里的两名士兵返回帝国总理府花园，找到弹坑，挖出两具尸体，他们还在更深处发现了两条狗的尸体。人和动物的四具尸体被毛毯裹上，放入一个木箱，在卫兵的看护下送至帝国总理府的一个房间，夜色降临后，一辆卡车将这些东西运往柏林东北郊突击第3集团军设在布赫的司令部。与此同时，克利缅科还有个意外收获，他在无意间找到了党卫队士兵门格尔绍森，他曾目睹希特勒尸体被火化的过程，并可以指认埋葬残骸的弹坑。丘拉科夫的发现与门格尔绍森的证词在各个方面都吻合。

5月8日，俄国人在柏林布赫军医院的太平间内开始了尸检工作。同时，他们加强了对目击证人的搜寻，首要任务是确认弹坑中发现的两具尸体的确是阿道夫·希特勒和爱娃·布劳恩。突击第3集团军内的锄奸局负责人米罗日尼琴科上校和他的副手瓦西里·戈尔布申负责这个任务，并着手核实苏联军医通过他们可怕的工作提供的医疗证据。结果便是无休止的审讯和不停地寻求确认，在某种程度上出现了奇怪而又矛盾的做法，因为他们既要确定发现的残骸的确属于希特勒，同时又要调查希特勒已逃脱的可能性。俄国人的审讯无情地集中在两个问题上：希特勒逃离柏林了吗？希特勒自杀的真相是什么——他是如何自杀的？

就在锄奸局官员翻寻着这片可怕的废墟时，尽管柏林已停火，但残存的德军仍绝望地设法突出苏军从多个方向封闭的包围圈。5月2日凌晨，位于柏林的突击第3集团军消灭了300名德军士兵向潘科突围的企图；波格丹诺夫的近卫坦克第2集团军击退了另一股规模与之相当的德军战斗群类似的尝试。但在步兵第125军的防区内（该军据守着哈弗尔河西岸），一股强大的德军，约17000人，并配有装甲车辆，为逃出包围圈而孤注一掷。他们从乌勒本地区发起突围，冲向哈弗尔河上的桥梁，战斗一直持续到5月5日，紧追不放的苏军穿过施塔肯（Staaken），一路追击至凯钦。另一股实力几乎两倍于此的德军也于5月2日早晨冲出施潘道，向西撤去，迫使苏军歼击航空兵第265师匆匆撤离他们所在的机场。

残存的德军士兵早已筋疲力尽，但他们发起的这些猛攻令许多苏军部队措手不及。在柏林西南方，列柳申科就有这样一场经历：4月30日临近午夜时，他在坦克集团军位于沙肯斯多夫（Schankensdorf）附近的司令部内打盹，突然被参谋人员的喊叫声惊醒："敌人！看，大批敌人……快让大炮开火！"这股德军从万湖岛成功地逃上陆地，他们突破苏军的防线，成群结队地冲向列柳申科脆弱的指挥部。苏军参谋人员匆匆拿起武器，并紧急呼叫距离最近的一支苏军部队提供支援——近卫摩托车第7团，该团配有10辆坦克、1个炮兵连和200名冲锋枪手。这场战斗尽管很激烈，但无法与击退温克和挡住布塞的激战相提并论，温克从西面、布塞从东面的打击目标都是叶尔马科夫的近卫机械化第5军。

温克的左翼已无法坚持太久，但他决心尽可能支撑下去，以便与布塞的第9集团军或其残部会合。截至5月1日上午10点，这两股德军只相距2000码，竭力隔开他们的是苏军近卫机械化第12旅。依靠仅剩的2辆虎式坦克和从废弃车辆汲取、留到关键时刻使用的燃料，布塞率领着疲惫至极的部下和扛着残余武器的妇女们，以超乎常人的毅力发起最后一次突击，试图与温克取得会合。5月1日早晨，布塞的先头部队听见对面俄国人的身后传来射击声，突然，他们难以置信地发现自己离温克的第12集团军近在咫尺。在他们身后这条阴森森的道路上散落着死者、垂死者、伤员、缺臂少腿的人和再也无力行走的人，另外还有长途跋涉的难民队伍——这就是一个曾经拥有20多万兵力的集团军的残部。

列柳申科竭力困住布塞第9集团军时，北面，罗科索夫斯基的白俄罗斯第2方面军正全速围困冯·曼陀菲尔的第3装甲集团军——同时也同英军展开了攻入吕贝克的赛跑。费久宁斯基的突击第2集团军和巴托夫的第65集团军冲向西北方的波罗的海沿岸，夺取了安克拉姆和格赖夫斯瓦尔德（Greifswald），并赶往施特拉尔松德（Stralsund）；第70和第49集团军向西而去，打垮了德军在瓦伦（Waren）—新施特雷利茨—菲尔斯滕贝格地区的抵抗。5月3日，第70集团军的先头部队在维斯马（Wismar）西南方与英国第2集团军会合，随后，集团军主力沿维斯马至瓦尔内明德（Warnemunde）这一地区逼近波罗的海沿岸，并进入什未林湖（Schweriner-See）东部边缘。接下来的24小时内，第70集团军、第49集团军、机械化第8军和近卫骑兵第3军的部队也前出到与英军的分界线，苏军骑兵到达了易北河。罗曼诺夫斯基的第19集团军和费久宁斯基的突击第2集团军发起数次突击，以肃清沃林（Wollin）岛、乌瑟多姆（Usedom）岛和吕根（Rügen）岛上的德军——第19集团军还派出2个师进攻丹麦的博恩霍尔姆（Bornholm）岛——但截至5月4日—5日，罗科索夫斯基的进攻战役已趋于结束。

攻克柏林、冲向易北河和波罗的海，苏联红军这场庞大的攻势结束后，据苏军统帅部估计，他们歼灭了不下70个德军步兵师、12个装甲师和11个摩步师，俘虏48万名德军官兵，缴获1500辆坦克和突击炮、10000门大炮和迫击炮以及大批飞机。5月2日，在柏林，朱可夫的部队抓获10万名俘虏，科涅夫的部队抓获34000人。柏林城付出的代价是10万名平民伤亡，德军伤亡人数不详；而苏军的3个方面军（白俄罗斯第1、第2方面军和乌克兰第1方面军），在4月16日至5月8日这三个星期内的损失是304887人阵亡、负伤和失踪，2156辆坦克和自行火炮（科涅夫损失800余辆）、1220门大炮和迫击炮、527架作战飞机。按照最保守的计算，柏林战役导致50万人付出了他们的生命、福祉或健全的精神。

"您认为该由谁去夺取布拉格？"4月28日，熟悉的电话铃声响起，斯大林对科涅夫提出这个问题，而此刻，乌克兰第1方面军正积极投入到柏林攻防战中。不需要斯大林做出详细阐述，科涅夫报告说，乌克兰第1方面军可以在最短的时间内执行这项任务，将其攻势从北面转向南面，从德累斯顿以西地区发起对布拉格的进攻。年初，苏军对柏林展开进攻前，希特勒曾认为布拉格肯定是俄国人的首要目标。这是个准确的估计，但元首误判了苏军的时间安排——首先是柏林，然后是布拉格，这才是斯大林命令中的先后顺序，而不是相反。自1945年年初起，红军已从东面攻入捷克斯洛伐克，他们投入了2个方面军（辖3个步兵集团军的乌克兰第4方面军、辖4个步兵集团军和1个坦克集团军的乌克兰第2方面军），共计751000人、8300门大炮和迫击炮、580辆经过维修后拼凑起来的坦克和自行火炮，外加1400架同样经过修理，用于一线作战的飞机。另外，捷克斯洛伐克第1军集结了21000名士兵、168门大炮和迫击炮以及10辆坦克，而罗马尼亚第1和第4集团军也为乌克兰第2方面军增添了81500

名士兵。

3月底，乌克兰第4方面军不佳的表现导致方面军司令员彼得罗夫被解除职务。新任方面军司令员A.I.叶廖缅科恳请斯大林稍微推迟对摩拉瓦俄斯特拉发工业区重新发起的攻势，但斯大林愤怒地拒绝了：行动必须全速进行，无论弹药是否短缺；摩拉瓦俄斯特拉发必须夺取，不得延误。4月3日，最高统帅部刻不容缓地给叶廖缅科和乌克兰第2方面军的马利诺夫斯基下达了进攻令：

> 为歼灭盘踞于摩拉瓦俄斯特拉发南面和东南面高地上的敌军，最高统帅部命令：
>
> 1. 乌克兰第4方面军司令员应以第60、第38集团军和2个突破炮兵师及坦克第31军发起主要突击，冲向奥得河西岸，短期目标是占领（不得迟于1945年4月12日—15日）奥帕瓦和摩拉瓦俄斯特拉发，然后朝奥洛穆茨这个总方向攻击前进，从而与在南面发起进攻的乌克兰第2方面军取得会合。
>
> 2. 按照最高统帅部1945年4月1日下达的NO.11051号命令夺取布尔诺后，乌克兰第2方面军司令员应向北发展攻势，以便与乌克兰第4方面军取得会合，从而封闭奥洛穆茨地区。（科涅夫，《解放捷克斯洛伐克》，第194—195页）

最高统帅部打算将德国"中央"集团军群的主力包围在喀尔巴阡山地区，以防止捷克斯洛伐克境内出现长时间的抵抗——这是个合理的计划，但在执行过程中被证明难度很大，尽管两个乌克兰方面军都获得了援兵，库罗奇金的第60集团军现在脱离科涅夫的乌克兰第1方面军，加入了叶廖缅科乌克兰第4方面军的作战序列中。

进攻发起时间多多少少与苏军对柏林的主攻相一致。4月15日，叶廖缅科投入40个步兵师、6个航空兵师、6000门大炮和迫击炮、300多辆坦克和自行火炮，在435架战机的支援下，沿125英里宽的战线发起进攻；苏军指挥部估计对面之敌为20个师、300辆坦克和280架飞机。率领进攻的第60和第38集团军从奥帕瓦东北面跨过一条7英里长的战线，意图从西北方迂回摩拉瓦俄斯特拉发；近卫第1集团军沿奥得河东岸发起进攻，奉命与第38集团军配合夺取摩拉瓦俄斯特拉发，不得迟于进攻发起的三天后。但德军的顽强抵抗使叶廖缅科的时间安排陷入了混乱。截至4月18日，两个先头集团军已在奥帕瓦河南岸扩大了他们的登陆场，并插入了据守奥帕瓦与摩拉瓦俄斯特拉发的德国军队之间，但苏军不得不竭尽全力突破捷克斯洛伐克陈旧的工事（德国人已对其进行现代化改建），动用最重型的火炮消灭敌人的混凝土堡垒和碉堡，这些坚固的掩体甚至能抗住122毫米榴弹炮在近距离射出的20发炮弹。四天后的4月22日，第60集团军辖下的两个步兵师和坦克第31军的一个旅终于突入奥帕瓦，经过一整天的激烈巷战，该镇被肃清，而第38集团军的左翼部队和格列奇科的近卫第1集团军也逼近了摩拉瓦俄斯特拉发。

为尽快夺取这个重要的工业中心，4月24日，叶廖缅科决定发起一系列向心攻击，从西北面沿一条狭窄的战线投入3个集团军（第60、第38集团军和近卫第1集团军），然后从西面对该城发起进攻。经过两天的准备，3个集团军投入战斗，尽管库罗奇金的第60集团军已于4月25日展开行动，冲向摩拉瓦俄斯特拉发西南面。苏军的铁钳缓慢而又稳定地收紧，4月29日晚，莫斯卡连科的第38集团军已到达该城西郊，而格列奇科的近卫第1集团军正向北郊逼近。4月30日上午10点，苏军对该城发起突击，为尽可能地保存矿山、工厂和工业设施，只进行了10分钟炮火准备。下午1点，莫斯卡连科和格列奇科都报告取得了不错的进展；苏军的空中侦察发现德国人开始撤离，经过最后一场突击，两位集团军司令员4月30日晚报告，摩拉瓦俄斯特拉发已被攻克。

叶廖缅科率部冲向摩拉瓦俄斯特拉发时，马利诺夫斯基的乌克兰第2方面军正赶往布尔诺，并在4月中旬渡过摩拉瓦河。为夺取布尔诺，马利诺夫斯基提出以他的快速部队发起一场双重迂回，并辅以步兵部队的正面突击：第53集团军奉命于4月23日早上发起进攻，为近卫坦克第6集团军（现在已回到乌克兰第2方面军辖下）打开一条通道，然后从东面冲向布尔诺，而坦克集团军从东北面实施迂回。实力已严重受损的近卫坦克第6集团军只能集结起164辆匆匆修复的坦克和自行火炮，但马利诺夫斯基以普利耶夫的近卫"骑兵－机械化"第1集群（拥有132辆坦克和自行火炮）强化突击力量，又从第53集团军抽调了1个步兵军给这个奉命从西南方迂回布尔诺的集群。4月23日上午10点30分，在戈留诺夫空军第5集团军的支援下，I. M. 马纳加罗夫的第53集团军和普利耶夫的"骑兵－机械化"集群发起进攻，马利诺夫斯基亲自监督这场行动。中午，德军的战术防御被打垮，马利诺夫斯基立即命令克拉夫钦科的近卫坦克第6集团军将第一梯队（近卫机械化第2、第9军）的120辆坦克投入战斗。

　　克拉夫钦科的坦克和普利耶夫的快速集群分别冲向北面和南面，而步兵直接攻向布尔诺——他们在这一过程中穿过了著名的奥斯特里茨战场。4月24日，克拉夫钦科投入第二梯队（近卫坦克第5军），冲向布尔诺东郊和东南郊，面对德军的抵抗，他们只损失了30余辆坦克；这支装甲铁拳现在需要获得近卫机械化第9军的增援。近卫步兵第18军辖下博尔德诺夫上校的近卫步兵第109师也成功突破至布尔诺郊区，并到达斯维塔瓦河（Svitava），由于河上的桥梁已被炸毁，他们设立起一个临时渡口；3个苏军步兵师尾随近卫步兵第109师迅速渡过河去。普利耶夫的快速集群切断了德军向西逃窜的道路，而克拉夫钦科的坦克在东北面占据了阻截阵地。4月26日夜间，苏军着手肃清全城，卡姆科夫的近卫骑兵第4军与卡特科夫的近卫机械化第7军在城市西南部战斗，阿富宁的近卫步兵第18军从东面入城，而近卫坦克第5军和近卫机械化第9军在城市东北部作战。

　　解放布尔诺得到了苏军统帅部的高度赞扬，参战部队获得了各种战斗荣誉和表彰。德军在捷克斯洛伐克东部的防御已被打破，苏军的两个方面军转向奥洛穆茨，迫使德国第1装甲集团军仓促后撤，逃离苏军包围圈。叶廖缅科将麾下4个集团军中的3个投入奥洛穆茨方向，马利诺夫斯基也以其右翼部队攻向奥洛穆茨，并同乌克兰第4方面军取得会合。苏军最终取得的胜利无可争议，但代价高昂——38400人阵亡，140000人负伤；而在苏军辖内作战的捷克斯洛伐克第1军阵亡774人，负伤3730人。斯大林也不太满意，尽管莫斯科鸣放了礼炮并慷慨地颁发了许多勋章。为解放捷克斯洛伐克，前面还有更大规模的战斗，不仅要消灭舍尔纳的"中央"集团军群，还要面对从西面冲向捷克斯洛伐克边境的美军师，他们打算率先到达布拉格。斯大林决不允许这种情况发生。

　　此时，布拉格也萦绕在丘吉尔的脑中，尽管他抑郁的想法考虑的是整个欧洲的面貌。西线德军一股股瓦解，盟军迅速推进，北面到达易北河，南面进入奥地利，但苏联红军所到之处，一道道铁幕以令人心寒的唐突在被解放和征服的土地上落下。在4月30日写给杜鲁门总统的信中，丘吉尔坚持认为，由美国军队"解放布拉格和捷克斯洛伐克西部尽可能多的领土"，不仅能让捷克斯洛伐克，也能让"附近各国"的战后形势大为改观，否则，这个国家可能"走上南斯拉夫的道路"。提及南斯拉夫简直就是给波兰这个化脓的创口深深插上一刀。4月18日，丘吉尔首相和杜鲁门总统共同就邀请波兰领导人参加协商组建全国统一临时政府这一紧迫问题对斯大林施加压力，并拒绝采用"南斯拉夫的先例"，但斯大林无情地拒绝了这个要求。他辩称，目前的波兰临时政府应该成为"改组后的、新的全国统一政府的核心，即主要部分"，拒绝"南斯拉夫的先例"，英国和美国人实际上是说，波兰临时政府无法被视为"将来的全国统一政府的基础和核心"。斯大林元帅在4月24日的复电中直言不讳地挑明他的观点：承认南斯拉夫的先例是波兰的榜样，只要做到这一点，我们就能在波兰问题上取得进展。

可是，被一扫而空的不是波兰流亡政府和卢布林政权，而是丘吉尔首相对达成一项友好、民主协议的期望。斯大林不希望波兰新政府超出他的创造，他施展诡计，诱捕了以奥库利茨基将军为首的波兰代表，并把他们交给NKVD关押。在4月29日的一封不同寻常、充满激情、不断恳求但又倍感绝望的电报中，丘吉尔首相打出了他的最后一张牌。电报开头便明确声明没有谁希望成立"一个敌视苏联的波兰政府"。南斯拉夫的先例绝不适用于波兰。尽管雅尔塔会议已达成一致，但磋商的过程被缩短，苏联政府也与贝鲁特政府签订了自己的协议，这使西方国家产生了这样一种感觉——"我们一直被呼来唤去并遭遇到一堵石墙……"，不管怎样，铁托元帅在南斯拉夫打破了"五五分的协定"，立即宣布他将效忠于苏联，并操纵了政治协商，致使南斯拉夫皇家政府只有6名成员进入政府，而他自己提名的人选多达25人。现在针对波兰的提议意味着目前"华沙临时政府"每四名代表中只有一名来自"其他民主派别"——英国政府完全不能接受这种状态：

你们和你们控制的国家，再加上其他许多国家的共产党都聚拢在一边，而那些英语国家和他们的伙伴或自治领集合在另一边，这种前景不会使人感到太大的安慰。很显然，双方的争吵将把世界搞成四分五裂，而我们这些身处任何一方的领导人要是同这些争吵有丝毫瓜葛，都将在历史面前蒙羞。（《往来信件……》，第一卷，第407页）

电报中也许有冒犯之辞——"但是，我的朋友斯大林，请别低估了在某些问题上开始出现的分歧，您或许认为这些问题对于我们是小事，但它们却象征着说英语的民主国家对生活的看法。"

斯大林5月4日的复电生硬、粗鲁、无礼。他写道："我必须坦率地说，这种立场（拒绝考虑将波兰临时政府视为将来全国统一政府的基础）排除了就波兰问题达成一致同意的可能性。"就在斯大林的电报放在他（丘吉尔）的办公桌上时，丘吉尔首相在当日发出的一封电报中向艾登勾勒出一幅噩梦般的前景：苏军穿过德国向易北河推进的过程中无疑发生了"可怕的事情"，美军撤至魁北克会议确定的分界线，只会意味着强大的俄国人沿一条300—400英里的战线向前推进120英里，他们控制欧洲的疆界将从挪威的北角延伸至吕贝克东面的波罗的海，再沿目前商定的占领线进入奥地利，直至伊松佐河——"铁托和俄国将对该河东面的一切地方提出要求"。俄国将得到波罗的海地区、直至分界线的德国领土、捷克斯洛伐克、奥地利的一大部分，以及南斯拉夫、匈牙利、罗马尼亚和保加利亚的全部。中欧的各大首都——柏林、维也纳、布达佩斯、贝尔格莱德、布加勒斯特和索菲亚——将完全处于苏联控制下，"这是欧洲历史上从未有过的事情……"。被苏联红军占领的维也纳已拒绝盟军代表团的视察，尽管已向俄国人发出强烈抗议，并积极提醒他们注意欧洲咨询委员会的规定。吕贝克也许能获得挽救，英国军队可以"赶在俄国朋友之前"到达那里，从而堵住通往斯堪的纳维亚的道路。布拉格，似乎仍在西线盟军所能到达的范围内。

斯大林没有多说废话，也没有浪费时间。5月1日凌晨1点30分，他给朱可夫元帅下达指令，命令白俄罗斯第1方面军接替科涅夫的乌克兰第2方面军位于柏林以及城市南部直至吕本—维滕贝格一线的防区，不得迟于5月4日，而科涅夫接到的明确指令是歼灭被围于卢肯瓦尔德以东地区的德军，不得迟于5月3日，将防区交给朱可夫的部队后，右翼部队赶往穆尔德河（Mulde）。没过几个小时（5月2日19点40分），马利诺夫斯基的乌克兰第2方面军就接到了相对独立但又具有补充性的命令：该方面军将朝西面的布拉格方向部署，从而前出至伏尔塔瓦河一线，并夺取布拉格，不得迟于5月12日—14日，方面军右翼部队继续朝奥洛穆茨攻击前进。德国"中央"集团军群和"奥地利"集团军群[32]的残部（苏军统帅部估计这些敌军共有62个师）拦在苏军通往布拉格的前进路线上，但波茨坦与多瑙河之间，苏军的实力是3个方面军（乌克兰第1、第2和第4方面军），共计18个步兵集团军、3个坦克集团军、3个空军集团军、5个独立坦克军、2个独立机械化军和3个骑兵军，共153个师和7个步兵旅，拥有24500门大炮和迫击炮、2100多辆坦克和自行火炮、4000架作战飞机——外加捷克斯洛伐克第1军、捷克斯洛伐克独立坦克第1旅、波兰第2集团军和罗马尼亚第1、第4集团军。苏军最高统帅部计划对德国"中央"集团军群的两翼发起两场强有力的突击，并朝布拉格方向发起一场总攻，完成对捷克首都以东地区德国军队的包围，并切断敌人向西面和西南面逃生的通道。苏军的主要突击将由乌克兰第1方面军从德累斯顿西北方、乌克兰第2方面军从布尔诺南面发起，而乌克兰第4方面军的主力和乌克兰第2方面军的右翼部队将在奥洛穆茨包围战中越来越紧地挤压德国第1装甲集团军。最高统帅部5月1日—2日下达的命令阐述了布拉格战役的概要（定于5月7日发起进攻），具体作战指令由三位方面军司令员下达。

丘吉尔首相在4月30日发给杜鲁门总统的电报中敦促，参与解放布拉格这一"非常重要的政治上的考虑"应该引起艾森豪威尔将军的注意，尽管任何事情都不应妨碍他对德军的主要作战行动。斯大林迅速下达冲向布拉格的第一批重要指令时，杜鲁门总统向他的军事指挥官咨询了进军布拉格的可行性：巴顿将军的美国第3集团军已跨过捷克斯洛伐克边境，正向东南方推进，另一支部队正向东赶往卡尔斯巴德（Karlsbad）—皮尔森（Pilsen）—布杰约维采（Budejovice）一线。4月底，支持首相意见的英国参谋长委员会敦促联合参谋长委员会，要求艾森豪威尔将军继续向捷克斯洛伐克挺进，只要他能对丹麦和奥地利的德军保持压力。马歇尔将军对仅仅出于"非常重要的政治上的考虑"而深入捷克斯洛伐克不太热衷，他倾向于提醒艾森豪威尔将军，应将所有资源完全用于整个战区，尽管德军的最终失败可能意味着进入捷克斯洛伐克。这就使最终作战决定留给了艾森豪威尔将军本人，在这种情况下，杜鲁门总统5月1日回复丘吉尔首相：由于苏联统帅部正考虑进入伏尔塔瓦河流域的军事行动，艾森豪威尔将军建议首先赶至皮尔森和卡尔斯巴德，但不再采取进一步行动，为了某些政治奖品而冒险，在军事上可能是不明智的。

对于政治奖品，斯大林没有表现出明显的不屑或矜持——这是他从事战争的本质和敦促红军一路向前的热情所在。外喀尔巴阡-鲁塞尼亚省就是这样一个奖品，现已落入他的手中——更准确地说，是在红军炮口的威逼下被纳入了乌克兰辖区。尽管1944年5月8日达成的苏捷协议规定捷克斯洛伐克将被视为一个获得解放的盟国，但1944年底送交贝奈斯博士的各种报告仍共同勾勒出了苏联在鲁塞尼亚省实施高压统治的令人震惊的画面——虽然俄国人已正式批准捷克斯洛伐克政府在乌日霍罗德（Užhorod）设立一个代表团。尽管1944年初秋苏联在斯洛伐克起义问题上玩弄手段引发的严重猜疑似乎已平息下来，但随着越来越多的报告表明苏联"不干涉"捷克斯洛伐克事务纯属厚颜无耻的谎言，这种猜疑带着令人不快的活力卷土重来了。

1945年1月，斯大林采取了从容不迫的措施，试图安抚贝奈斯博士的担心。在1月23日的一封亲笔信中，斯大林向贝奈斯解释道，苏联没有任何"单方面"解决外喀尔巴阡乌克兰问题的想法。当然，苏联不能阻止外喀尔巴阡人"表达自己的意愿"，但这并不意味着苏联有任何破坏苏捷协议的想法。对斯大林表达的善意，贝奈斯博士以同样的友善做出回复，声称没有人怀疑苏联政府在外喀尔巴阡乌克兰问题上采取单方面行动，这个问题将在一切和平会议召开前依靠"与您完整的友谊"得到解决。不过，苏捷关系退化的迹象非常明显：苏联红军已深深进入捷克斯洛伐克东部，对斯洛伐克反对派的强行镇压无法否认，捷克和斯洛伐克共产党领导人时刻准备执行莫斯科下达的指令——尽管这些斯洛伐克共产党人建立一个"斯洛伐克苏维埃共和国"的无意之举被阻止了，因为这不在苏联的计划范围内。

1945年3月11日，贝奈斯离开伦敦，带着"控制事态"这种绝望的希望（正如他向丘吉尔透露的那样）赶赴莫斯科。仿佛是某种悲观的征兆，贝奈斯在临行前突然病倒，尽管康复后得以重新踏上行程，但他的精力已受到严重损害。3月19日，斯大林接待了贝奈斯，两人回顾了军事形势，商讨了建立捷克斯洛伐克军队的事宜，但大部分后续事务交给莫洛托夫处理。主要问题集中在鲁塞尼亚，对此，贝奈斯只得在原则上同意割让，但试图将割让行为推延到他重返布拉格后，而克莱门特·哥特瓦尔德和他的共产党同僚劝贝奈斯立即做出让步。另一个同样让人感到痛苦的问题是苏联红军对捷克斯洛伐克工厂和原材料的态度，俄国人以"没收德国人财产"为借口迅速攫夺了这些设备，尽管这些东西基本上是捷克斯洛伐克的财产。莫洛托夫勉强同意对这个情况加以调查。

不过，一些令人鼓舞的闪烁照亮了此次会晤的阴霾。仿佛是为了重现1943年的那些兴奋之情和苏捷关系真正的温暖，斯大林在送别宴会上发表了讲话，直言不讳但毫无威胁性话语。他提醒贝奈斯，苏联红军犯有"行为放纵"的错误，他们显然不是天使，那些士兵一直被灌输英雄的形象并成了英雄，他希望这些英雄能得到原谅，特别是缺乏教育损害了他们的这种荣誉。"理解这一点，原谅他们。"在第二个重要讲话中，斯大林概述了他的"新斯拉夫主义"观点，这不是象征着沙俄政权残忍野蛮的"沙俄斯拉夫主义"，"我仇恨德国人，"斯大林继续说道，德国人导致斯拉夫人为第一次世界大战和目前这场战争付出了代价，而德国人随后重新建立起"所谓的欧洲力量平衡"，"但这一次，我们将打垮德国人，决不允许斯拉夫人再次遭受攻击"。德国将被分割。至于苏联，居然有人质疑苏联做出的保证和承诺，但苏联无意对其盟国的内部事务做出任何干涉，根本没有出现"苏联霸权"的可能性。

建立捷克斯洛伐克新政府的细节问题仍需要解决，这个临时政府即将返回获得解放的国土。流亡的共产党领导人——哥特瓦尔德、斯兰斯基、什维尔马和科佩克——在早些时候拒绝了贝奈斯在伦敦流亡政府中为他们提供的职位，并要求建立一个明显带有左派色彩的全新内阁；两年后的今天，一个新政府开始在莫斯科形成，由四个流亡政党以及两个斯洛伐克党派的代表组成，表面上的民主被哥特瓦尔德呼吁捷克人和斯洛伐克人建立民族阵线的"方案"迅速淹没。哥特瓦尔德提出的内阁名单将关键部门（除了司法部）留给了捷克和斯洛伐克共产党代表，尽管他们故作慷慨地将总理职务让给"社会民主党人"菲尔林格；扬·马萨里克继续担任外交部长，但副部长由忠实的共产党人克莱门蒂斯出任。1945年4月4日，新政府成立，并出现在斯洛伐克东部的科希策（Košice），随即在"捷克人和斯洛伐克人的民族阵线"这一旗号下继续推行其方案。贝奈斯只能默许，否则将面临爆发激烈内战的可能性。

这个公然亲苏集团在捷克斯洛伐克巩固地位时，一个反苏运动——"弗拉索夫"运动也开始在捷克斯洛伐克疯狂地寻求救赎之道，最近几个月来，他们活在希望和绝望的可怕循环中，就在这座古老的斯拉夫城市，布拉格。6个月前的1944年11月14日，安德烈·弗拉索夫中将与500名代表齐聚赫拉德恰尼城堡的西班牙厅，成立了"俄罗斯人民解放委员会"（KONR）；一支德军仪仗队被带至弗拉索夫所住的阿尔克朗酒店门前，德国总督弗朗克设午宴招待这位俄国将领和其他来宾。"布拉格宣言"成为KONR对抗布尔什维克专政的政治纲领，KONR承诺将来会实施"自由、民主的秩序"。但各种困难令人绝望地堆在弗拉索夫面前，KONR既无法得到希特勒德国的有效支持（特别是希特勒的支持），也无法给西方国家留下任何政治合法性的印象。

布拉格会议后，KONR"政府"返回在柏林的故居，但这里已被盟军的空袭炸毁，于是他们在1945年2月迁至卡尔斯巴德（Karlsbad）。这是个徒有其名的"政府"，"解放运动"越来越依赖于希姆莱，由此产生了可疑、令人沮丧的前景，尽管弗拉索夫将军利用这种阴险的资助组建并装备了两个师——这与弗拉索夫建立一支完全成熟的军队的设想相距甚远，但这就是希姆莱所能提供的全部支持。曾在1942年给铁木辛哥当过参谋的布尼亚琴科少将出任第1师师长[33]，但他拒绝让该师投入对苏军的作战，除非部队获得良好的装备和训练；但为了展现这些俄国士兵的面貌和能力，1945年2月，一支志愿单位投入到奥得河的战斗中，他们的表现值得称赞，足以说服希姆莱。3月初，布尼亚琴科将军接到率部赶往东线、沿斯德丁与柏林之间地区部署的命令，他立即对此提出抗议，坚称他只听命于弗拉索夫将军，而不是德国国防军。弗拉索夫迅速从卡尔斯巴德赶来，正式批准这一调动，于是，第1师开始了120英里的跋涉，艰难地赶往纽伦堡。行军途中，该师从"东方工人"中招募了数千名志愿者，壮大了自己的力量。弗拉索夫视察了该师，却发现该师师长和参谋长都喝得酩酊大醉。弗拉索夫担心这会给德国人留下不佳的印象，这一点可以理解。

3月底，布尼亚琴科的俄罗斯解放军第1师被部署在科特布斯北面，任务是对奥得河畔法兰克福附近的苏军阵地发起一场危险的进攻。这场突击需要获得大量炮火和空中力量的支援，但他们没有得到任何援助。4月14日早上，俄罗斯解放军第1师被打得溃不成军，布尼亚琴科停止了这场无异于自杀的战斗，率领部队后撤，以免在毫无希望的战斗中遭受更大的损失。俄罗斯解放军第1师没有返回德军防线，因为这意味着自寻死路。尽管没有得到弗拉索夫的明确指示，但布尼亚琴科明白他的心思，他同第9集团军司令布塞发生争执，要求批准俄罗斯解放军第1师转身向南，远远离开前线，并沿一条危险的通道南下，苏联红军位于这条通道的左侧，而前方是舍尔纳正四处搜寻作战士兵的"中央"集团军群。

4月16日，弗拉索夫将军抵达布拉格，立即设法给"第三股力量"的构想注入一些新的活力，其中包括非共产党捷克人，他们也许能帮着抗击苏联红军，据守波西米亚，直至美军到达。到目前为止，KONR运动成功吸引了冯·潘维茨和多马诺夫的哥萨克士兵，另外还有罗戈任的"塞尔维亚自卫军"，尽管乌克兰人仍对此态度冷淡。通过俄国流亡者与捷克地下抵抗组织取得联系后，弗拉索夫的一名特使同克莱坎达将军商讨了前景，这位老兵曾在高尔察克麾下参加过俄国内战，现在效力于捷克地下抵抗组织。克莱坎达认为弗拉索夫的事业和部下没有任何希望可言：西方盟国不会为弗拉索夫提供帮助，他们已摒弃了同希特勒[34]开战的一切想法，根本不会出现与苏联发生冲突的可能性。捷克人会张开怀抱欢迎苏联红军，因为贝奈斯会跟随苏军归国；直到后来他们才知道真正等待他们的命运是什么。

与此同时，布尼亚琴科不顾舍尔纳的一再命令（舍尔纳威胁说要枪毙他），以一名将领的出色才华，果断而又狡猾地率领部队向南而去；他们绕过德军部队，或从德军单位中溜过。布尼亚琴科躲避着舍尔纳，带领俄罗斯解放军第1师离开前线，经过一场激烈的强行军，于4月底跨过捷克斯洛伐克边境。突然，舍尔纳元帅亲自出现在第1师师部，询问了他们的战备情况，随后又突然离去，不再理会布尼亚琴科和他的25000名部下。俄罗斯解放军第1师驻扎在布拉格北面时，KONR的另一支部队，俄罗斯解放军第2师，离开德国南部，穿过奥地利赶往布拉格，在城市南面占据了阵地。他们在这里也许能等到美国军队的到来。

刚刚到达布拉格附近，捷克游击队便找到布尼亚琴科将军，向他阐述了他们将在布拉格发动武装起义的计划——他们能指望俄罗斯解放军第1师提供帮助吗？就在布尼亚琴科从这场冒险中看到一些荣誉和一丝希望时，KONR的其他单位也正竭力试图在眼下噩梦般的局势中拯救自己；KONR的"空军"设法与美国人取得联系，并得到了肯尼迪将军的体面对待。其他人（约有数千人）没能得到这种待遇，他们被抛弃了，更糟糕的是被强行移交给俄国人，去面对可怕的报复。弗拉索夫派出自己的使者，设法同美国当局取得联系，他在布拉格附近的临时指挥部等待对方的答复，在此期间，他目睹了自己的部下与德国人之间的关系日趋恶化。弗拉索夫在舍尔纳手中发挥了重要作用，舍尔纳用他来对付布尼亚琴科，布尼亚琴科的第1师现在已转移到布拉格西南面的贝龙（Beroun）。舍尔纳放弃了对俄罗斯解放军第1师名义上的指挥权，德国军方希望KONR的部队至少能做到保持中立，但令弗拉索夫震惊的是，他的部下开始自行其是，并对德军士兵发起攻击，在他看来，这是对值得尊敬的盟友的卑劣背叛。回到自己的指挥部，弗拉索夫面对的是布尼亚琴科下令支持捷克叛乱分子并与德国人公开决裂的局面。布尼亚琴科主张支持捷克人并对德军发起进攻，捷克人对此的回报是在新组建的国家里为KONR人员提供庇护。弗拉索夫做出激烈的争辩，他认为与德国决裂是对那些至少信守了自己承诺的德军士兵的无耻背叛，而支持捷克人得不到什么回报，因为苏联红军很快就将进入布拉格。布尼亚琴科没有理会这个问题，声称德国人咎由自取，而KONR的指挥官现在必须设法挽救自己的部下，这个观点得到第1师其他军官的强烈支持。弗拉索夫已无能为力。

5月4日，就在弗拉索夫与布尼亚琴科发生激烈争执时，科涅夫元帅召集麾下的集团军司令员召开会议。进攻令已于当日凌晨1点10分下达，现在，他要为这场即将发起的战役做一些简要的介绍。他打算发起三个突击：德累斯顿西北方的最右翼，3个步兵集团军（第3、第13集团军和近卫第5集团军）和2个坦克集团军（近卫坦克第3、第4集团军）在2个坦克军和5个炮兵师的加强下，沿易北河西岸和伏尔塔瓦河发起突击，朝特普利采（Teplice）—沙诺夫（Sanow）—布拉格方向攻击前进，从西面和西南面包围捷克首都；第二个突击从格尔利茨西北地区发起，以2个步兵集团军（第28和第52集团军）冲向齐陶（Zittau）—姆拉达–博莱斯拉夫（Mlada Boleslava）—布拉格；第三个突击交给波兰第2集团军，从东南方迂回德累斯顿，而扎多夫的近卫第5集团军负责夺取德累斯顿。科涅夫下达了明确指令，坦克集团军不得陷入争夺德累斯顿的战斗中，这就要求雷巴尔科和列柳申科在进攻发起的最初两天以最快的速度向前推进——杜克拉山口的苦战让科涅夫尝到了山地战的苦涩，因而他希望以最快的速度"跃过"克鲁什内山脉（Krusnehory）。除第28和第52集团军，所有部队必须做好5月6日傍晚前出发的准备。

此时，艾森豪威尔将军也审核了他的计划，终于决定一旦夺取卡尔斯巴德—皮尔森地区，向伏尔塔瓦河推进（然后冲向布拉格）是可行和可取的。盟军最高统帅将这个决定正式通知苏军总参谋长安东诺夫将军，苏联方面反应强烈，"请求"盟军不要向分界线以东地区推进——别忘了，苏联红军难道不是遵照艾森豪威尔将军的具体要求在易北河下游停止了进军步伐吗？5月5日，奥马尔·布莱德雷将军到访乌克兰第1方面军司令部时，科涅夫元帅强调了这一点。回答是否需要美军为布拉格战役提供帮助时，科涅夫坚称不需要，他要求

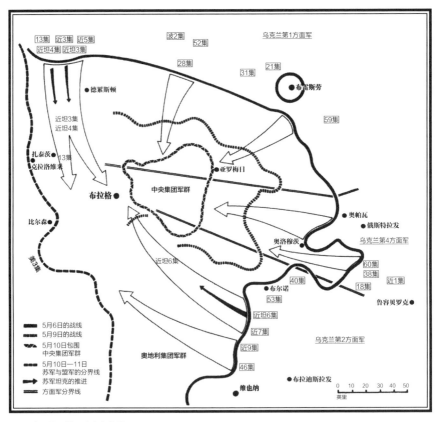

1945年5月，苏军冲向布拉格

684 ·

美国军队坚守分界线，以免"造成混乱"。通往布拉格之路被明确而又刻意地堵住了。

布拉格的市民们并不知道情况的这种深刻变化，美军挺进波西米亚的消息令他们激动不已，5月4日下午，他们自发涌上街头，拆除德语路标，或在上面涂写爱国口号。德国人控制的布拉格电台发出报复的威胁，并下令停止暴乱，但街头示威活动仍在继续。这场大规模示威游行的速度、范围和自发性令起义策划者们措手不及，他们精心制订的武装起义计划陷入了混乱。捷克抵抗运动者算了算自己队伍里的共产党人和民族主义者，以及上级组织补充给他们的人员；尽管起义的原定时间是5月7日，但实际上，这场起义已经开始。5月5日上午（当地时间11点38分），布拉格广播电台发出强烈呼吁，敦促所有捷克警察、所有捷克士兵、所有捷克人去广播电台报到——"我们需要帮助！"人群再次涌上街头，开始设置路障，拆除鹅卵石，推翻有轨电车堵住大大小小的道路。全国委员会匆匆召开会议，投票选出指挥这场起义的人选，尽管英国早些时候答应空投的武器尚未到来——英国飞机已离开巴里的传闻被证明是假消息，就跟巴顿将军的坦克离布拉格只有几英里的报告一样。

到目前为止，这座美丽的城市毫发无损，没有遭到轰炸的破坏，也没有被炮火炸得弹痕累累，但她现在做好了迎接战斗的准备。广播电台继续指挥着这场起义，5月5日傍晚6点15分，广播中宣布了全国委员会的公告：大布拉格已被夺取；捷克斯洛伐克和布拉格电台号召民众沿贝内绍夫（Benesov）通往布拉格的公路布设路障，因为德军坦克已朝布拉格驶来。捷克斯洛伐克和布拉格电台又用英语和俄语呼吁盟军和苏军提供空中支援，阻挡德军装甲部队。

捷克斯洛伐克和布拉格电台的听众已获知起义的指挥工作由全国委员会担任。全国委员会匆匆召集会议，竭力控制混乱的局面，他们选举阿尔贝特·普拉扎克教授为主席，共产党代表约瑟夫·斯米尔科夫斯基担任他的副手。名义上的军事指挥工作交给库特尔瓦瑟将军，但捷克斯洛伐克流亡政府立即派出内汉斯基上尉作为他们提名的军事指挥官，并以空投的方式把他送往布拉格。德国人最初做出的反应很迟缓，几乎有些心不在焉，军队和警察试图驱散示威者，但武装党卫队聚集力量，打算以一贯的凶狠发起反击。5月5日晚上10点，布拉格电台宣布"保护国"和德国管理部门已不复存在，他们中的许多人已被全国委员会逮捕。但6月6日0点53分，这种自信的口气消失了，取而代之的是向美军的疯狂呼叫——"派你们的坦克来！把坦克和飞机派来！帮助我们拯救布拉格！"他们用英语和俄语反复呼叫，一个小时后，广播中宣布布拉格已被德军包围——"布拉格需要救援。看在上帝的份儿上，救救我们！"凌晨2点10分，布拉格电台用俄语向设在基辅的国家安全委员部第四处处长西多罗夫中校发出紧急呼吁：请求派遣空中支援和伞兵，伞兵可以空投在布拉格的奥尔沙尼公墓。整个晚上，更多的呼吁通过电台发送出去，请求提供帮助，并要求对方确认已收到呼叫。BBC电台做出了回复，苏联电台却保持着沉默。

　　3点28分，另一条俄语广播发送出去，但这次针对的是"弗拉索夫军队"，而不是苏联红军。捷克人呼吁弗拉索夫的士兵们"作为俄国人和苏联公民"为布拉格起义提供支援。布尼亚琴科和他的第1师与捷克起义的参谋人员保持着密切联系，知道全国委员会现在为布拉格起义承担政治责任。布尼亚琴科的积极参与——在目前的情况下，俄罗斯解放军第1师是一股重要的军事制衡力量——令德国人深感沮丧，也让捷克人为之困惑。5月6日晚，一家捷克广播电台兴奋地指出，不仅盟军师正赶往布拉格，"弗拉索夫将军的部队也于今日抵达这里"。5月7日午夜后不久，德军指挥部发起反击，通过电台用俄语向弗拉索夫的部队发出呼吁——"（你们是）德国人民英勇抗击布尔什维克主义的盟友"，不要背弃德国的事业。令"弗拉索夫军队"深感沮丧的另一个打击多少有些出乎他们的意料，因为它来自捷克斯洛伐克流亡政府，该政府的一名部长（里普卡博士）在广播中奉劝他的同胞不要接受"叛徒的帮助"，与"弗拉索夫叛徒们"的合作会玷污抗击德国的抵抗运动。布尼亚琴科的部队已经为起义者提供了很大的帮助，他们没有理会德国人的恳求，反而对全国委员会的呼吁做出积极响应。俄罗斯解放军第1师与武装党卫队展开较量，他们冲入城内，占领了机场、电台和其他重要位置；5月7日清晨（5点07分），弗拉索夫与德国人彻底决裂，他要求大布拉格的德国军队无条件投降，否则将消灭他们。这番豪言壮语基本上得到了证实，但当天早上，布尼亚琴科遭受到沉重打击：他认为他在跟国家委员会合作，但约瑟夫·斯米尔科夫斯基告诉他，国家委员会的政治权力并未扩展至KONR，委员会不会同叛徒和雇佣军打交道——另外，委员会里的许多人是共产党员，由于弗拉索夫的人已被宣布为共产主义的敌人，所以也就成了他们的敌人。

可是，像变魔术似的，三辆美国军车到达布拉格郊区，布拉格电台宣布，这是英美军队大规模赶来的序幕。但涓涓细流没能汇聚成一股洪流，遵照苏联方面的要求，所有美军部队已退至皮尔森一线，这个令人震惊的消息促使布尼亚琴科立即考虑迅速撤离，向美国人投降也许能有一线生机。德军指挥部同样感到困惑，他们也打算像弗拉索夫的部下们那样赶紧逃离。城内的战斗已在5月7日夜晚前平息下来，德军部队和KONR人员被捷克人的路障所困，并受到游击队的骚扰。布尼亚琴科的部下和武装党卫队这对难兄难弟再次凑到一起，设法突破捷克人的封锁线，逃离最令他们恐惧的厄运——被苏联红军抓获。

5月7日—8日夜间，全国委员会与德军指挥部为达成协议而举行谈判，5月8日清晨5点04分，布拉格的德国军队宣布无条件投降。布尼亚琴科率领部队撤往贝龙，准备逃向南方。由于不知道布尼亚琴科支援捷克人的具体计划，俄罗斯解放军第2师师部和弗拉索夫的参谋长费奥多尔·特鲁欣已经同美国人展开谈判，并奉命在36小时内赶至美军防线，放下武器投降。这个消息发给布尼亚琴科，但没有收到他的回复。先是博亚尔斯基，然后是特鲁欣被派去寻找布尼亚琴科，但他们在普日布拉姆（Pribram）遇到一支捷克游击队——指挥游击队的是一名红军大尉。博亚尔斯基被当场绞死，特鲁欣被交给苏联红军。派去寻找特鲁欣的布拉戈维申斯基也一头落入了红军的这个死亡陷阱中。他们只是最初的几个受害者，在他们身后，数千人遭到棍棒的毒打，被绞死，被射杀，受到凶残的折磨，被运至苦役营或被迫自杀，这一切都发生在按公平原则"遣返"这个名义下。

但更大的事情已出现在各条战线，并决定了德国各集团军群、各个军、各个师以及海军和空军各部队的命运。接受希特勒的传承后，海军元帅卡尔·邓尼茨发誓要将反对布尔什维克的战争继续下去，哪怕困难重重，哪怕这意味着同英国人和美国人继续战斗——他们（英美）应该站在他这一方，将德国军民从东部的"奴役或毁灭"中解救出来。为此，他带着越来越大的绝望设法避免德军在所有战线全面投降，尽可能将东线的投降拖延一段时间，策略是让个别德军部队向西线盟军指挥官投降。5月3日，派至蒙哥马利元帅总部的德国全权代表仔细阐述了这个计划，要求允许位于罗斯托克与柏林之间、与苏军脱离接触的3个德国集团军向英军投降，蒙哥马利拒绝接受这个要求，并让他们向苏军指挥部投降。纯粹的战术投降可以接受，但艾森豪威尔将军指出，更大范围的投降必须让德国代表去他的总部洽谈。

5月6日，约德尔将军赶至兰斯（Rheims），与海军上将弗里德堡会合。在场的还有苏军联络官索斯洛帕罗夫将军，德国海军上将拿到一份军事投降书的副本；约德尔已获得在所有战线同时投降的授权，但他希望盟军至少能接受这场投降分成两个阶段，先在西线全面投降。艾森豪威尔将军坚持要求德军全面、立即投降，这个立场得到沃尔特·比德尔·史密斯将军的确认，他指出，如果无法达成协议，会谈就将结束，西线的各个角落会被彻底封闭。约德尔向邓尼茨汇报了盟军坚定不移的态度，邓尼茨授权他在降书上签字，条件是在48小时后停止战斗。5月7日凌晨2点41分，约德尔在军事投降书上签字，代表苏军指挥部的索斯洛帕罗夫将军也签上了自己的名字。

没过几个小时，苏联方面愤怒的反应就涌向艾森豪威尔将军。苏军总参谋长安东诺夫将军抱怨说，尽管投降谈判要求德国人在所有战线上投降，可海军元帅邓尼茨却命令东线德军继续战斗——这里给人的印象是德国与西方盟国单独媾和，而不是一场全面投降。另外，军事投降书应该在柏林签署，苏联方面的签字人应当是朱可夫元帅，索斯洛帕罗夫将军未被授权在任何降书上签字。斯大林打电话给柏林的朱可夫，粗暴地表示，是苏联人民，而不是盟国承担了这场战争的主要重担，因此德国人应该在全体反希特勒联盟的最高统帅部面前签署降书，而不能只在西线盟军最高统帅面前签字，他也不同意在一个廉价小镇签署降书，只能在柏林——在兰斯签署的文件只是"投降的一个初步协议"，正式签字将于5月8日在柏林举行，德军最高统帅部代表和西线盟军最高统帅部代表都将出席。维辛斯基会立即飞赴柏林，担任朱可夫的"政治事务助理"。

5月7日晚，布拉格广播电台向德国军事指挥官播报了当天早些时候德国人在兰斯签署的投降书，这份文件据称是美军第1师的一名美国军官交给捷克人的。文件清楚地表明，投降适用于西线和东线。驻布拉格德国军队的无条件投降以一定的速度进行着，双方甚至还达成一项协议，捷克人承诺协助德军尽快撤离。与此同时，科涅夫的坦克已逼近布拉格，苏军的攻势比原计划提前一天发起，最高统帅部决定乌克兰第1方面军和乌克兰第2方面军不必等到重组完成，立即出发。在这个强调速度第一的过程中，最高统帅部5月5日命令乌克兰第3方面军辖下格拉戈列夫的近卫第9集团军转隶马利诺夫斯基，给他下达的具体指令是，将这个额外的集团军投入到近卫第7集团军与第46集团军之间，对皮尔森发起进攻；主要突击由4个步兵集团军、1个坦克集团军（近卫坦克第6集团军）和1个"骑兵-机械化"集群执行，只留下第40集团军和罗马尼亚第4集团军继续沿奥洛穆茨方向展开行动。叶廖缅科的乌克兰第4方面军也将对奥洛穆茨发起进攻，但在德军抵抗迅速崩溃的情况下，叶廖缅科组建起数个"快速集群"，其中包括一个准备用运输机空运至布拉格的步兵营。奥帕瓦北面，第60集团军也组织起自己的"快速集群"，准备发起一场纵深突袭，这一行动被认为至关重要，方面军副司令员G. F. 扎哈罗夫将军亲自监督策划和准备工作。

5月6日早晨，苏军各先遣营发现前方德军没有绵亘的防线，而迈森（Meissen）以西的德国军队已撤向南方。科涅夫没有浪费时间，立即命令上午10点发起主要突击。当天下午，经过32分钟短暂而又猛烈的炮火准备，在行进中发起进攻的科涅夫投入2个坦克集团军，命令坦克跟随步兵部队一同向前推进；让科涅夫松了口气的是，德军指挥部没有发现乌克兰第1方面军最右翼的大批部队——2个坦克集团军（近卫坦克第3、第4集团军）和2个步兵集团军（第13集团军和近卫第3集团军）已集中在德累斯顿西面和西北面。扎多夫的近卫第5集团军的任务是夺取德累斯顿，他需要更多时间实施部署，科涅夫不得不将进攻推迟到晚上，要求扎多夫发起夜袭。普霍夫的第13集团军提供了一些补偿，取得15英里的进展；听到这个消息，科涅夫命令普霍夫全速赶往布拉格，同时告知几位集团军指挥员，他要求步兵的前进速度至少达到每天20英里，坦克部队的速度要达到30—35英里。

5月6日，布雷斯劳投降，这是一个无可争议的胜利。这座要塞坚守了近3个月，平民和士兵都遭受到严重伤亡。当天傍晚18点，尼克霍夫将军终于接受了苏军第6集团军司令员格卢兹多夫斯基将军提出的投降条款，格卢兹多夫斯基曾多次恳求科涅夫批准他对这座城市发起突击。苏军提供的投降条件在纸面上很慷慨，实际上却很恶劣。科涅夫拒绝接见尼克霍夫，并命令给他和其他德军战俘同样的待遇。夜里，科涅夫命令快速部队继续沿易北河西岸前进，尽管大雨给他们的行军造成了很大的困难。天亮后，迈森落入近卫第3集团军手中，而列柳申科和普霍夫朝德国—捷克边境以及穿越克鲁什内山脉的道路全速前进。扎多夫的部队在雷巴尔科坦克力量的支援下继续冲向德累斯顿时，马利诺夫斯基从布拉格东南方发起了进攻，舒米洛夫的近卫第7集团军一马当先，受领的任务是为近卫坦克第6集团军打开一条通道，后者在匈牙利的激战中遭受的严重损失并未得到恢复——近卫机械化第9军目前只能投入21辆坦克。

5月8日，可怜的、战败的德军最高统帅部在卫兵的护送下抵达柏林，在俄国人面前，在俄国选择的地点重新签署了他们的全面投降书，而此刻，列柳申科的坦克和普霍夫搭乘卡车的步兵已越过捷克斯洛伐克边境，扎多夫的部队也逼近了德累斯顿。科涅夫元帅发现目前的态势有些怪异，陆军元帅凯特尔在柏林签署降书时，乌克兰第1方面军仍在与舍尔纳元帅的部队进行战斗。苏联最高统帅部已告知各方面军司令员，德国人5月7日凌晨在兰斯签署了军事投降书，并指示苏军指挥员利用电台和传单把这个消息通知德国军队，命令他们立即放下武器，如若不然，将对他们采取"果断措施"。斯大林并不急于像英美希望的那样尽快宣布德国投降的消息。他在5月7日暗示丘吉尔首相，尚无法确定东线德军会遵从德国最高统帅部的命令并放下武器投降——相反，东线一股"相当实力的德国军队"公开宣称他们不打算服从投降的命令。因此，斯大林建议一切都等到"德国的投降生效后"，并于莫斯科时间5月9日晚7点宣布了德国的投降。但盟军已迫不及待：他们用明码电文将德国投降的消息发给据守在各处的德国军队。各西方国家的首都一片欢腾，但莫斯科只鸣放了一次礼炮——向夺取德累斯顿致敬。

5月8日20点，科涅夫元帅将德国投降的消息用电台告知驻扎在捷克斯洛伐克西部的所有德国军队，并命令他们在3小时内无条件投降。德国人没有做出回应。23点，科涅夫的大炮发起一场大规模炮击，他命令麾下的12个集团军恢复军事行动。列柳申科的坦克迅速前进，5月9日凌晨到达布拉格。凌晨3点，别洛夫的近卫坦克第10军出现在西北郊，紧随其后的是近卫自行火炮第70旅，雷巴尔科的近卫坦克第3集团军当日清晨6点进入布拉格北郊。稍晚些时候，苏军步兵集团军也逼近了这座城市，近卫第3集团军和第13集团军辖下2个军的先头部队在坦克部队身旁占据了阵地。刚过中午，马利诺夫斯基乌克兰第2方面军的先头部队，近卫坦克第22旅（隶属于近卫坦克第6集团军），与科涅夫的部队在布拉格取得会合。

　　苏军的最后一个包围圈砰然关闭。

---

1. 译注：应为"一个步兵师"。

2. 译注：梅列茨科夫自己也不明白斯大林为何会这样称呼自己，莫洛托夫回忆说这是因为斯大林认为雅罗斯拉夫尔这个地方的人都很精明。

3. 译注：这一段的表述很模糊，实际上，华西列夫斯基将第39集团军从主要突击方向撤了下来，以第43集团军替代，这是因为第39集团军先前遭受的失利可能会给他们的攻城战产生"心理影响"。

4. 译注：这个描述有些奇怪，因为班斯卡-比斯特里察和特伦钦都位于北面，应当是第40集团军和罗马尼亚第4集团军的目标，在南面向西推进的普利耶夫近卫"骑兵-机械化"集群和近卫第7集团军不可能突然转身折返东北方。

5. 译注：所谓的"轻率之举"指的是美军轰炸机机组人员在波尔塔瓦设法让一名波兰人穿上美军军装，乘坐美军轰炸机逃离波兰。

6. 译注：应为近卫机械化第4军。

7. 译注：应为扎多夫。

8. 译注：隶属于近卫坦克第10军。

9. 译注：隶属于近卫机械化第6军。

10. 译注："库尔马克"师是以"大德意志"装甲掷弹兵预备旅组建的一个装甲掷弹兵师，实力完全达不到师级，只能称之为旅级战斗群。

11. 译注：应为第18装甲掷弹兵师。

12. 译注："爆炸"和"爆发"在英文中是同一个词。

13. 译注：这个师以"帝国劳工阵线"的人员组建而成，类似于民兵师。

14. 译注：应为近卫坦克第9军。

15. 译注：该军是步兵军，不是近卫步兵军，而近卫步兵第9军在第61集团军辖下。

16. 译注：应为近卫机械化第6军。

17. 译注：第39摩步军在1942年便已改为第39装甲军。

18. 译注：德军没有突击炮团，应为第243突击炮旅。

19. 译注：这是个奇怪的兵力对比，不知道苏军如何以并不占太大优势的兵力包围并歼灭拥有20万兵力、300辆坦克和2000门大炮并"决心拼死突围"的德军重兵集团。科涅夫本人的回忆录也自相矛盾，据他说，第9集团军在柏林城内还有6个师。那么，被困在柏林东南面树林中的第9集团军"右翼"有多少个师？安东尼·毕弗的书中谈到这个问题，他指出，根据美军战后收集的资料，被围德军主要是第9集团军，约4万余人，树林中的德军总数约为8万人。

20. 译注：应为党卫队第5山地军。

21. 译注：这两个师隶属于近卫步兵第3军，此处应为近卫步兵第50师和近卫步兵第96师。

22. 译注：这里指的是近卫坦克第7军和机械化第9军。

23. 译注：应为近卫坦克第10军。

24. 译注：该旅是集团军司令部直属部队。

25. 译注：雷巴尔科麾下无此编制，应为近卫坦克第56旅。

26. 译注：蒙克是党卫队旅队长兼武装党卫队少将，"城堡区"指的是包括帝国总理府和国会大厦在内的柏林政府地区。

27. 译注："霍尔斯特"军就是温克第12集团军辖下的第41装甲军，该军军长为鲁道夫·霍尔斯特中将。

28. 译注：应为步兵第125军。

29. 译注：书中指出这位尼尔兰迪斯是Sonderführer，这个词指的是军队里的专业人士，他们拥有军队所需要的某种专业技能，但由于没有接受过正规军事训练，因而无法被授予正规军衔，这个Sonderführer就是为这些人专门设立的，他们大多在参谋部、后勤、宣传或医疗机构服役。但这位Sonderführer尼尔兰迪斯确实拥有二级突击队中队长的军衔，他是拉脱维亚人，服役于党卫队第15燧发枪手营。

30. 译注：杜哈诺夫是近卫第8集团军副司令员。

31. 译注：舍夫佐夫是步兵第301师副师长。

32. 译注：即原"南方"集团军群，现在更名为Heeresgruppe Ostmark，"奥地利"集团军群是苏军对其的称谓。

33. 译注：布尼亚琴科在红军中的军衔为上校，在德军第600师的军衔为少将，该师即俄罗斯解放军第1师。

34. 译注：应为斯大林。

附录
（一）资料及出处

　　需要对这篇汇编做出一些说明。正如我在前言中解释的那样，这几乎构成了第二部著作，提供了与正文相关的资料和文献，每一组参考资料都与各章节的各小节相关联。主要划分是苏联方面的资料和非苏联方面的资料（另一个分类是东欧的相关资料）。另外，我在必要处另行列出了确认的外交文件和资料。最后是参考书目，这些书籍既可以单独使用，也可以作为相关注释和参考文献的补充。

　　尽管我真诚地希望这种分类和介绍不释自明，但它也许无法详细说明我对德国资料的处理，特别是记录文献集。一般情况下，我把这些资料分成两个部分：首先是《德国国防军最高统帅部作战日志》（*Kriegstagebuch des Oberkommandos der Wehrmacht*，第1—4册，缩写为*KTB/OKW*，再加上册数和页数）已出版的册数；其次是拍摄于美国弗吉尼亚州亚历山德里亚，并保存在美国国家档案馆的微缩胶片——由国家档案与记录服务处（总务管理局）负责管理。微缩胶片记录呈现出自身的复杂性。读者会注意到，我首先在德国军事文件（*GMD*）的总类下确定该文件的来源，然后写下文件的标题或做出简要描述，接下来依次列出其出处——微缩胶片的编号（例如T-78）、卷数（例如R488等）以及同一卷数中的帧数（例如T-78/R499，6487746–788）。

但仍需要做出进一步解释。这里不可避免地存在着缩写词和辨认问题。尽管无法提供一份德国军事缩略语的详尽列表，但我选择了那些最常见、对其进行详述能帮助读者评估文件重要性的短语，特别是表明其出处的高级别指挥部。我已提到OKW（Oberkommando der Wehrmacht，德国国防军最高统帅部），对此，必须添加上OKH（Oberkommando des Heeres，陆军总司令部）。接下来是Hgr.（*Heeresgruppe*，集团军群），并附以特定名称（Süd——南方，Mitte——中央，等等），集团军和集团军司令部的缩写是AOK（Armee Oberkommando，并附以必要的番号，例如AOK 9代表德国第9集团军）；Pz.A.（装甲集团军，并附以相应的番号）以及AK（军，并附以其番号）。

为方便起见，我把我查询的记录文献集列出：

德国武装力量最高统帅部（German Armed Forces High Command）的记录

德国武装力量（German Armed Forces）的记录

德国陆军总司令部（German Army High Command）的记录

德国海军总司令部（German Navy High Command，简称OKM）的记录

德军战地指挥部（集团军群、集团军、师）的记录

党卫队全国领袖兼德国警察总监的档案

帝国东方占领区事务部的记录，1941—1945年

前德国和日本大使馆及领事馆的记录，1890—1945年

纳粹文化和研究机构的记录

最后还有很重要的FHO（Fremde Heere Ost，东线外军处），以及与其相对应的Fremde Heere West（西线外军处）。这个重要情报机构的准确称谓是OKH/GenStdH/Abt FHO，意思是陆军总司令部/陆军总参谋部/东线外军处，我将其缩写为FHO，以避免烦琐的重复。但在许多时候，提及FHO，我必须添加上我所称的"部门标识"，例如FHO（Ia）。这并非卖弄学问，而是标明资料的类型，例如：

FHO（Ia）Führungsabteilung/taktischer Führungsstab（作战行动）

FHO（Ia/Mess）/Karten/Vermessungswesen（地图/调查）

FHO（Ic）Feindnachrichten［情报（以军事历史研究Ic/A.O表示Abwehroffizier）］

FHO（Id）Ausbildungsoffizier（训练）

　　按照德军参谋机构的标准，使用数字（罗马数字）和其他命名方式的情况非常多，尽管我只提到了最突出、最常见的几个；对那些有兴趣深入了解东线外军处的读者，一个涵盖1941年2月8日至1944年12月4日的文件集里详细阐述了其行动及内部事务，可以参阅T–78/R480，6463933–4331。我还参阅了*Lageberichte Ost*集（《东线情况报告》），这是FHO主持编撰的东线每日态势报告，请不要与《德国国防军最高统帅部作战日志》已出版册数中的*Lageberichte OKH*相混淆，后者的态势报告涵盖的是包括东线在内的各条战线的情况。

　　苏联方面的资料不存在这种问题，我相信，简单给出完整的标题或说明，再加上一个缩写（例如军方出版的*Krasnaya Zvezda*，《红星报》，简称*KZ*）已足够。参考书目中同样采用这样的标题和说明。

第一章
"不许投降"：斯大林格勒的结局

简介：包围圈

　　威廉·亚当上校，*Der schwere Entschluss*（《艰难的决定》）（柏林：国家出版社，1965年），参阅"*Finale des Schreckens*"（"可怕的结局"），第277—344页。

　　汉斯·德尔，*Der Feldzug nach Stalingrad, Versuch eines operativen Überblickes*（《进军斯大林格勒：战役企图概要》）（达姆施塔特：米特勒&佐恩出版社，1955年）；俄文译本：*Pokhod na Stalingrad*（《进军斯大林格勒》）（莫斯科，1957年）。

　　A.纪尧姆将军，*La guerre germano-soviétique* (1941-1945)（《苏德战争

1941—1945》）（巴黎：帕约出版社，1949年），第一部分，第33—57页，关于斯大林格勒。

戴维·欧文，*Hitler's War*（《希特勒的战争》）（伦敦：霍德&斯托顿出版社，1977年），第四部分，"全面战争"，第453—470页（斯大林格勒）。这是一部极具价值的著作，准确运用了当时的德国文件。

H. A. 雅各布森和J. 罗韦尔（主编），*Decisive Battles of World War II: The German View*（《第二次世界大战的决定性战役：德方视角》）（伦敦：德意志出版社，1965年；原名*Entscheidungsschlachten des Zweiten Weltkrieges*，法兰克福，1960年），参阅W. 格尔利茨的"斯大林格勒战役，1942—1943"，第219—251页。

M. 克里希，*Stalingrad. Analyse und Dokumentation einer Schlacht*（《斯大林格勒：战役分析和文件汇编》）（斯图加特：德意志出版社，1974年）。这本书以近乎无与伦比的资料、文件及亲身经历者的叙述，对德军进攻和防御阶段的行动做出了最权威、最全面的描述。

埃利希·冯·曼施泰因元帅，*Lost Victories*（《失去的胜利》）（芝加哥：莱格尼里出版社，1958年；原名*Verlorene Siege*，波恩：雅典娜神殿出版社），第十二章，"斯大林格勒的悲剧"，第289—366页。

阿尔弗雷德·菲利皮和费迪南德·海姆，*Der Feldzug gegen Sowjetrussland 1941 bis 1945*（《对苏战争1941—1945》）（斯图加特：科尔哈默出版社，1962年）。参阅第二部分（F. 海姆），Stalingrad und der Verlauf des Feldzuges der Jahre 1943–1945（斯大林格勒和1943至1945年间的战事过程），第179—200页。

海因茨·施勒特尔，*Stalingrad*（《斯大林格勒》）〔伦敦：迈克尔·约瑟夫出版社，1958年；原名*Stalingrad…bis zur letzten Patrone*（《斯大林格勒……战至最后一颗子弹》），伦格里希出版社，1953年〕。

艾伯特·西顿，*The Russo-German War 1941–45*（《苏德战争1941—1945》）（伦敦：阿瑟·巴克出版社，1971年），第二十章，"德军在斯大林格勒的失败"，第306—340页。

瓦尔特·瓦利蒙特，*Inside Hitler's Headquarters*（《希特勒大本营内

幕》）〔伦敦：韦登菲尔德&尼科尔森出版社；纽约：普雷格出版社，1964年；原名*Im Hauptquartier der deutschen Wehrmacht 1939–45*（《德国国防军大本营，1939—1945》），法兰克福，1962年〕，第五部分第二章，"从斯大林格勒到突尼斯"，第282—296页。

亚历山大·沃思，*The Year of Stalingrad*（《斯大林格勒年》）（伦敦：哈米什·汉密尔顿出版社，1946年），第四章，"德军的溃败"，第342页。非常重要的苏联资料。

德国资料

H. 格赖纳和P. E. 施拉姆主编的四卷本（其他卷待出版）*Kriegstagebuch des Oberkommandos der Wehrmacht 1940–1945*（《德国国防军最高统帅部作战日志，1940—1945》）。以下简称*KTB*，加以卷数识别和出版日期。参阅*KTB*，Ⅱ/2，1942，A. 希尔格鲁贝尔主编（法兰克福：伯纳德&格雷费出版社，1963年），第1018—1212页，1942年11月25日—12月31日的情况。

▶德国军事文件（GMD）

FHO（Ⅰ），*Kurze Beurteilung der Feindlage vom 26.8.43–31.12.42*（《1942年12月31日—1943年8月26日的敌情评估》）。微缩胶片号T–78，卷数467，帧数6447108–7653。特别是1942年12月5日"霍利特"集团当面之敌的情况（6447115），1942年11月22日罗马尼亚第3集团军当面之敌的情况（6447117），1942年12月29日的敌情（6447129–31）；审问：近卫第3集团军副司令员克鲁片尼科夫少将。苏军的主要目标是罗斯托夫，1942年12月22日（6447163）。

FHO第1000/45号附件1，*Teil A. Zusammenstellung（1942–1944）*（《1942—1944年汇编，A部分》）。《敌情评估……》T–78/R466，6445899–5939（对应日期为1942年11月—1943年2月）。

FHO（Ⅰ），*Gesamtbeurteilungen bis 3.6.43.* T–78/R466，6446293–6320（《截至1943年6月3日的总体评估》）；图表、地图（苏军的意图）（6446316–6320）。

FHO第5845/42号（Ic–Dienstes/Ost），*Erfahrungen bei dem russischen Angriff im Donbogen u. südlich Stalingrad，26.12.1942*（《1942年12月26日，苏军在斯大林格勒南部及顿河河曲部的进攻经过》），第8页。

FHO第5734/42号（Ic–Dienstes/Ost），*Entwicklung der neuen sowjetischen Angriffsgrundsaetze…，24.11.1942*（《1942年11月24日，苏军进攻新原则的发展》），第15页（斯大林第306号指令所规定的步兵进攻方式）。

FHO（Ⅱ）*Sonderakte Verhalten der Rumänen. T–78/R459，6437425–7470*（《罗马尼亚人的独特行为》）。特别是*Haltung der Rumänen bei der russischen Angriffsoperation beiderseits Stalingrad，26.12.42*（6437465–70）（《1942年12月26日，苏军对斯大林格勒两翼发起进攻时，罗马尼亚人的表现》）；*über den Zusammenbruch der 3. rumänischen Armee，13.1.43*（6437428–34）（《1943年1月13日，关于罗马尼亚第3集团军的崩溃》）。

▶党卫队全国领袖兼德国警察总监的档案

审讯报告：P. 普里瓦洛夫少将（苏军步兵第15军军长）。菲格莱因向希特勒的汇报，以及第24装甲军情报部门1942年12月23日的报告，Ic 1230/42，23.12.42. T–175/R66，2582895–948。

苏联资料及出处

▶官方史

Istoriya Velikoi Otechestvennoi voiny Sovetskovo Soyuza 1941–1945（《苏联伟大卫国战争史，1941—1945年》）（编委会主任P. N. 波斯别洛夫），全六册。以下简称*IVOVSS*，并附以册数及出版日期。参阅第3册（莫斯科：军事出版社，1961年），苏军的包围行动，第32—42页。

Istoriya Vtoroi Mirovoi voiny 1939–1945（《第二次世界大战史，1939—1945年》）（编委会主任苏联元帅A. A. 格列奇科），全十二册。以下简称*IVMV*，并附以册数及出版日期。参阅第6册（莫斯科：军事出版社，1976年），关于苏联的战略计划，第26—31页；集结苏军预备力量，第31—34页；苏德力量对比，第34—38页；苏军的包围行动，第43—61页。

▶ 战时新闻

Soobshcheniya Sovetskovo Informbyuro（《苏联新闻社公告》），1—8册（莫斯科，1944—1945年）。这里采用的是第3册，条目为1942年11月19日—12月31日，第316—427页。（以下简称*Sovinformburo*。）

Itogi 6-nedel'novo nastupleniya nashikh voisk na podstupakh Stalingrada，*Krasnaya Zvezda*，1 Jan. 1943（1943年1月1日，《红星报》，《我们的军队在斯大林格勒郊外发起六周新攻势的战果》），连同地图。（以下简称*KZ*。）

《苏联战时新闻》，苏联驻伦敦大使馆新闻处出版。"在斯大林格勒击败希特勒"，参阅第420—450号（1942年11月24日—12月31日）。（以下简称*SWN*。）

▶ 历史记录、专著和回忆录

关于斯大林格勒战役的苏联出版物，参阅*Istoriya SSSR*（《苏联史》）。*Ukazatel Sovetskoi literatury za* 1917–1967 *gg*（《苏联出版物指南，1917—1967年》），第三册，*SSSR v gody Velikoi Otechestvennoi voiny*（《伟大卫国战争时期的苏联》）（莫斯科：科学出版社，1977年），第228—239页（书目条目号No.2405–2600）。（以下简称*Istoriya SSSR，SSSR v gody VOV 1977*。）

关于战时文学，参阅V. F. 沃罗比约夫中将（主编）的*Sbornik materialov po istorii Sovetskovo voennovo iskusstva v Velikoi Otechestvennoi voine*（《伟大卫国战争时期，苏联军事文学史资料集》，伏龙芝军事学院）（莫斯科：军事出版社，1956年），第137—155页。另参阅N. A. 塔连斯基上校的*Velikoe srazhenie pod Stalingradom*（《斯大林格勒会战》）（莫斯科：国家政治书籍出版社，1943年），第32页；N. M. 扎米亚京上校的*Srazhenie pod Stalingradom*（《斯大林格勒战役》）（莫斯科：军事出版社，1943年），第44页。

A. I. 普什卡什，*Vengriya v gody vtoroi mirovoi voiny*（《第二次世界大战中的匈牙利》）（莫斯科：科学出版社，1966年），第七章，*Razgrom Vengerskoi armii na Donu*（匈牙利军队在顿河的惨败），第299—337页。（这本书使用了大量档案和参考书目，包括苏联和匈牙利方面的档案。）

苏联元帅K. K. 罗科索夫斯基（主编），*Velikaya pobeda na Volge*（《伏

尔加河上的伟大胜利》）（莫斯科：军事出版社，1965年），第二部分，第261—310页，苏军的进攻与合围。这是关于苏军作战行动叙述和分析的权威著作。

A. M. 萨姆索诺夫，*Stalingradskaya bitva*（《斯大林格勒战役》）（莫斯科：科学出版社，1968年第二版），第339—415页，苏军的进攻和合围。这是苏联方面最权威的历史著作；另可参阅附录中的苏军方面军和集团军司令部，第525—566页。

《浴血200天》（莫斯科：进步出版社，1970年），斯大林格勒亲历者的记述，这本书是*Dvesti ognennykh dnei*（《200天大血战》）（莫斯科：军事出版社，1968年）的英译本。参阅下文对华西列夫斯基、沃罗诺夫、叶廖缅科元帅、空军元帅鲁坚科和巴托夫大将资料的引用。

V. 古尔金上校，*Kontrnastuplenie pod Stalingradom v tsifrakh (operatsiya "Uran")*（《数据中的斯大林格勒反击战，"天王星"行动》），*Voenno-istoricheskii Zhurnal*（《军事历史》杂志，以下简称*VIZ*），1968（3），第64—76页。苏军的实力、部署、方面军构成、坦克和火炮密度。

Artilleriiskoe nastuplenie (Tsifry i fakty)（《炮兵攻击（数据与事实）》，*VIZ*，1972（11），第37—39页。

东欧出版物与资料

米克洛什·霍瓦特（主编），*A 2. magyar hadsereg megsemmisülése a Donnál*（《匈牙利第2集团军在顿河的毁灭》）（布达佩斯，1959年）。文件、作战与毁灭，匈牙利第2集团军：1942年4月—1943年3月。

德拉甘·克利亚基奇，*Ustaško-Domobranska Legija pod Stalingradom*（《乌斯塔沙-克罗地亚国防军在斯大林格勒》）（萨格勒布：奥古斯特·塞萨雷克出版社，1979年）。克罗地亚军队在斯大林格勒。

久尔吉·兰基，*A második világháború története*（《二战史》）（布达佩斯：思想出版社，1976年），"斯大林格勒"，第208—224页。匈牙利军队与斯大林格勒。也可参阅上述A.I. 普什卡什的著作。

"火花"（策划）、"土星"、"小土星"、"指环"（第一阶段）

IVOVSS，第三册（莫斯科：军事出版社，1961年），第42—54页。"土星"行动的策划，近卫第2集团军和第51集团军在科捷利尼科沃方向的防御作战，粉碎意大利第8集团军，近卫第2集团军1942年12月底的反击，苏军转入全面进攻。注意第124—133页，"火花"行动（列宁格勒）的策划，没有提及朱可夫的作用。

IVMV，第六册（莫斯科：军事出版社，1976年），第61—73页。科捷利尼科沃方向的行动，"土星"行动的策划，目标是罗斯托夫，西南方面军的进攻方向，近卫第2集团军的行动，西南方面军发起进攻，苏军在科捷利尼科沃方向的反击，歼灭意大利第8集团军以及霍利特集群、罗马尼亚第3集团军残部，斯大林格勒方面军的成就。另注意"火花"行动（列宁格勒）的策划，请求推迟至1943年1月10日—12日，朱可夫的作用，第117—122页。

Operatsiya "Malyi Saturn"（《"小土星"行动》）（顿河畔罗斯托夫：罗斯托夫出版社，1973年）。收集了亲历者对解放罗斯托夫的回忆。

K. K. 罗科索夫斯基（主编），*Velikaya pobeda na Volge*（《伏尔加河上的伟大胜利》），第368—423页。歼灭霍特集群，科捷利尼科沃的作战行动，近卫第2集团军，第51集团军（12月12日—23日），近卫第2集团军主力投入科捷利尼科沃方向，作战行动（12月24日—31日）。

A. M. 萨姆索诺夫，*Stalingradskaya epopeya*（《斯大林格勒的史诗》）（莫斯科：科学出版社，1968年）。这本著作收录了苏军高级指挥员提供的重要资料；参阅以下各独立引用。

A. M. 萨姆索诺夫，*Stalingradskaya bitva*（《斯大林格勒战役》），第438—485页。"土星"行动的策划，击退德军的解围尝试，"小土星"行动的演变。

▶ 记录文献和回忆录

V. M. 巴达诺夫中将在萨姆索诺夫主编的《斯大林格勒的史诗》一书中撰写的*Glubokii tankovyi reid*（《坦克纵深突袭》），第625—640页；另参阅N.

瓦西列夫上校的*Glubokii reid tankistov*（《坦克兵纵深突袭》），*VIZ*，1972（11），第40—46页。

苏联元帅S. S. 比留佐夫，*Surovye gody*（《严酷的年代》）（莫斯科：科学出版社，1966年），第96—132页。比留佐夫时任近卫第2集团军参谋长，科捷利尼科沃的作战行动。更早的版本是*Kogda gremeli pushki*（《火炮轰鸣的时候》）（莫斯科：军事出版社，1962年）。

V. M. 多姆尼科夫中将（主编），*V nastuplenii Gvardiya*（《进攻中的近卫军》）（莫斯科：军事出版社，1971年）。近卫第2集团军战史：参阅第29—46页，首要作战任务；第47—60页，科捷利尼科沃的作战行动。

G. 菲拉托夫，*Razgrom ital'yanskoi ekspeditsionnoi armii na sovetskogo-germanskom fronte*（《意大利远征军在苏德前线的溃败》），*VIZ*，1968（4），第44—54页。歼灭意大利第8集团军。

V. 古尔金上校，*Razgrom nemetsko-fashistskikh voisk na srednem Donu (Operatsiya "Malyi Saturn")*（《纳粹德军在顿河中游的惨败，"小土星"行动》），*VIZ*，1972（5），第21—27页。"小土星"行动的统计数据、力量对比。

苏联元帅F. 戈利科夫，*Ostrogozhsko-Rossoshanskaya operatsiya*（《奥斯特罗戈日斯克—罗索什战役》），*VIZ*，1973（1），第62—67页。

M. I. 卡扎科夫大将在萨姆索诺夫主编的《斯大林格勒的史诗》一书中撰写的*Operatsiya "Saturn"*（《"土星"行动》），第501—516页。

M. I. 卡扎科夫大将，*Nad kartoi bylykh srazhenii*（《回顾以往的战斗》）（莫斯科：军事出版社，1965年），第148—158页，"从'大土星'到'小土星'"。

D. D. 列柳申科大将，*Moskva-Stalingrad-Berlin-Praga. Zapiski komandarma*（《莫斯科—斯大林格勒—柏林—布拉格，集团军司令员札记》）（莫斯科：科学出版社，1970年），第三章，"'小土星'行动"，第134—148页。

M. M. 波波夫大将在萨姆索诺夫主编的《斯大林格勒的史诗》一书中撰写的*Yuzhnee Stalingrada*（《斯大林格勒以南》），第659—668页；还可以在

VIZ，1961（2），第67—98页参阅他的文章（同一标题），突击第5集团军的作战行动。

A. M. 萨姆索诺夫，*Ot Volgi do Baltiki*（《从伏尔加河到波罗的海》）（莫斯科：科学院出版社，1963年首版，这里使用的是科学出版社1973年的第二版），机械化第4军和近卫机械化第3军战史，科捷利尼科沃的作战行动，第64—93页，扎哈罗夫发给沃利斯基的电报在第92页。

苏联元帅A. M. 华西列夫斯基对"土星"计划和科捷利尼科沃作战行动的叙述和回忆，参阅*Delo vsei zhizni*（《毕生的事业》）（莫斯科：政治书籍出版社，1974年首版，这里使用的是1975年的第二版），第249—287页。其中包括一些文件，以及对叶廖缅科关于科捷利尼科沃战役描述的反驳，还有关于赫鲁晓夫对斯大林作为一名军事统帅的批评的公开驳斥（第269页）。关于作战报告、最高统帅部指令、斯大林和华西列夫斯基之间的电话电报，参阅华西列夫斯基的*Nezabyvaemye dni*（《难忘的日子》），*VIZ*，1966（1），第14—25页，以及*VIZ*，1966（3），第24—44页。这是不可或缺的重要资料。

炮兵主帅N. N. 沃罗诺夫，*Na sluzhbe voennoi*（《戎马生涯》）（莫斯科：军事出版社，1963年），"指环"行动，第308—338页。更多的细节和文件（指令、电报、命令、斯大林的指示）参见沃罗诺夫的*Operatsiya "Koltso"*（《"指环"行动》），*VIZ*，1962（5），第71—84页（后续在第6期的第67—76页）。另可参阅V. 古尔金撰写的*Koltso in figures*（《数据中的"指环"行动》），*VIZ*，1973（2），第34—42页；以及F. 沃罗比约夫上校撰写的*Ob operatsii "Koltso"*（《关于"指环"行动》），*VIZ*，1962（11），第52—58页（这篇文章使用了军事档案中更多的文件，是对沃罗诺夫关于"指环"行动的回忆的重要批评）。

苏联元帅A. I. 叶廖缅科，*Stalingrad. Zapiski komanduyushchevo frontom*（《斯大林格勒，方面军司令员笔记》）（莫斯科：军事出版社，1961年），第二部分，第387—426页，歼灭"霍特−曼施泰因集团"。这本书严重夸大叶廖缅科和赫鲁晓夫的作用，受到华西列夫斯基的批评。

A. 热尔托夫上将，*Yugo−Zapadnyi front v kontrnastuplenii pod Stalingradom*（《斯大林格勒反攻期间的西南方面军》），*VIZ*，1967（11），第57—69

页。瓦图京西南方面军的作战行动。

苏联元帅G. K. 朱可夫，*Vospominaniya i razmyshleniya*（《回忆与思考》）（莫斯科：新闻出版社，1969年、1970年、1971年）；以及《朱可夫元帅回忆录》（新闻出版社英译本）（伦敦：乔纳森凯普出版社；纽约：德拉科特出版社，1971年）。这里使用的是莫斯科新闻出版社1975年的两卷本第二版：参见第二册第116—129页，"土星"、"小土星"行动的文件、指令和电报（英文版回忆录参阅第410—422页）。注：朱可夫参与"火花"行动（列宁格勒）的详细记述在*Operatsiya "Iskra"*（《"火花"行动》）（列宁格勒：列宁出版社，1973年）这本回忆录中，第28—36页。

▶空中行动

集体创作，*17–ya Vozdushnaya armiya v boyakh ot Stalingrad do Veny*（《从斯大林格勒到维也纳，战斗中的空军第17集团军》）（莫斯科：军事出版社，1977年），第5—31页，空军第17集团军在斯大林格勒的作战行动。

集体创作，*16–ya vozdushnaya*（《空军第16集团军》）（莫斯科：军事出版社，1973年），第42—57页，空军第16集团军在斯大林格勒的作战行动，"空中封锁"。

高加索地区，南方面军和西南方面军，顿河上游，"指环"行动（最后阶段）

IVOVSS，第三册（莫斯科：军事出版社，1961年），*N. Caucasus operations*（《北高加索地区的作战行动》），第89—91页；苏军在顿河上游的攻势，第99—106页。

IVMV，第六册（莫斯科：军事出版社，1976年），*Final stage Koltso*（《"指环"行动的最后阶段》），第73—80页；南方面军和外高加索方面军的作战行动，第95—101页；奥斯特罗戈日斯克—罗索什战役，第110—117页。

V. P. 莫罗佐夫上校，*Zapadnee Voronezha*（《沃罗涅日以西》）（莫斯科：军事出版社，1956年），第23—89页，奥斯特罗戈日斯克—罗索什战役；

第93—111页，沃罗涅日—卡斯托尔诺耶战役。（这是一部非常详细而又重要的军事著作；另可参阅其附录。）

▶ 记录文献和回忆录

Bitva za Kavkaz（《高加索会战》）（莫斯科：军事出版社，1967年首版，这里使用的是1971年的第二版），第二部分，第253—302页，"山丘"和"大海"行动；参阅苏联翻译并出版（莫斯科：进步出版社，1971年）的英译本*Battle for the Caucasus*（《高加索会战》），第四章，"转折"，第199—238页，向克拉斯诺达尔—季霍列茨克的进攻，"黑海"集群和"北方"集群的任务，斯大林申斥马斯连尼科夫（第208页），克拉斯诺达尔方向，秋列涅夫—彼得罗夫（第219页）；"山丘"行动和格列奇科的第56集团军，最高统帅部1943年1月23日下达给"黑海"集群的指令（第234—235页），第46集团军的作战行动。

Gody voiny 1941–1943（《战争年代，1941—1943年》）（莫斯科：军事出版社，1976年），第二部分，第404—419页，"山丘"和"大海"行动，最高统帅部的计划，"黑海"集群和"北方"集群的作战行动，第56集团军进攻行动遭遇的困难，德军计划撤往塔曼半岛。

M. I. 卡扎科夫大将，*Nad kartoi bylykh srazhenii*（《回顾以往的战斗》），第159—170页，奥斯特罗戈日斯克—罗索什战役，策划沃罗涅日—卡斯托尔诺耶战役。

I. D. 基林，*Chernomorskii flot v bitve za Kavkaz*（《高加索战役中的黑海舰队》）（莫斯科：军事出版社，1958年），第151—165页，1943年1—2月，海军为"黑海"集群提供的支援。

苏联元帅K. S. 莫斯卡连科，*Na Yugo-zapadnom napravlenii. Vospominaniya komandarm*（《在西南方向上，一名指挥员的回忆》）（莫斯科：科学出版社，1969年）。这里使用的是经过全面修订和扩充的版本，*Na Yugo-zapadnom napravlenii 1941–43*（《在西南方向上，1941—1943年》）（莫斯科：科学出版社，1969年），第一册，第372—395页，第40集团军与奥斯特罗戈日斯克—罗索什战役。这个版本收录了许多重要文件和档案。另外还有莫斯卡连科很有用的总结，*Ot Voronezha do Khar'kova*（《从沃罗涅日到哈尔科夫》），*VIZ*，1963（4），第25—29页和第32页。

S. M. 什捷缅科大将，*Generalnyi shtab v gody voiny*（《战争年代的总参谋部》）（莫斯科：军事出版社，1968年）。也可参阅苏联翻译和出版（莫斯科：进步出版社，1970年）的*The Soviet General Staff at War* 1941–1945（《1941—1945年，战争期间的苏军总参谋部》），第70—80页，斯大林给总参谋部下达的指示（1943年1月4日，第72—73页），总参谋部的计划，斯大林申斥马斯连尼科夫（第76页），斯大林指示总参谋部（1943年1月8日，第78页），批准"山丘"计划，最高统帅部给南方面军的指示（1月23日，第80页），协调南方面军和"黑海"集群。

S. M. 什捷缅科大将，*Vtoraya voennaya zima na Yuge*（《南方的第二个战时冬季》），*VIZ*，1967（12），第63—70页：策划切断德国第1装甲集团军，南方面军的目标，策划孤立北高加索地区，斯大林给总参谋部的命令（1月4日，第65页），斯大林申斥马斯连尼科夫（第66页），"山丘"、"大海"行动和斯大林的指示（第66—68页）。

I. V. 秋列涅夫大将，*Cherez tri voiny*（《三次战争经历》）（莫斯科：军事出版社，1960年），第246—252页，"山丘"和"大海"行动，斯大林亲自给彼得罗夫下达指示（第250页），"北方"集群改编为北高加索方面军（1月24日）。

A. M. 华西列夫斯基，*Delo vsei zhizni*（《毕生的事业》，第二版），第294—308页，*Na Verkhnem Donu*（在顿河上游），奥斯特罗戈日斯克—罗索什战役，向斯大林汇报（1月6日，第301页），向斯大林提交沃罗涅日—卡斯托尔诺耶战役计划（1月18日，第307页）。

A. S. 扎维亚洛夫和T. E. 卡利亚金，*Bitva za Kavkaz 1942–1943 gg. Voen. ist. Ocherk*（《1942—1943年，高加索战役，军事历史研究》）（莫斯科：军事出版社，1957年），另参见*Die Schlacht um den Kaukasus*（《高加索战役》）（东柏林：国防部出版社，1959年）。

▶ "指环"行动：最终阶段

I. A. 拉斯金中将，*Na puti k perelomu*（《毁灭之路》）（莫斯科：军事出版社，1977年），第二部分，拉斯金接受冯·保卢斯的投降，第324—341页。

K. K. 罗科索夫斯基，*Velikaya pobeda na Volge*（《伏尔加河上的伟大胜利》），第429—467页，为最后突击进行的准备，顿河方面军的决定和作战计划，1月10日—12日，1月13日—17日并至德军投降。

K. K. 罗科索夫斯基，*Soldatskii dolg*（《军人的天职》）（莫斯科：军事出版社，1968年首版，1972年第二版），也可参阅苏联翻译和出版（莫斯科：进步出版社，1970年）的*A Soldier's Duty*（《军人的天职》），第157—174页的"敌被围集团的末日"。

N. 沃罗诺夫，*Operatsiya "Koltso"*（《"指环"行动》），*VIZ*，1962（6），第67—76页（最后阶段）。

最高统帅部，总参谋部，斯大林的晋升

IVOVSS，第三册（莫斯科：军事出版社，1961年），第210—227页，关于加强苏军部队，勋章和授衔，党的政治工作。

KZ，1943年1月19日，朱可夫晋升为苏联元帅。

KZ，1943年2月16日，肩章的详情（配有图片）。

A. 叶夫谢耶夫少将，*Organizatsiya informatsionnoi raboty v General'nom shtabe, shtabakh frontov i armii*（《总参谋部、方面军和集团军司令部的情报工作》），*VIZ*，1981（3），第10—18页。

I. I. 加格洛夫，*General Antonov*（《安东诺夫将军》）（莫斯科：军事出版社，1973年）。参阅*V General'nom shtabe*（在总参谋部），第64—75页。

A. 赫鲁廖夫大将，*K istorii vvedeniya pogon*（《引入肩章制的历史》），*VIZ*，1963（1），第109—116页：引入肩章制，1943年1月15日，NKO第25号令。

N. 洛莫夫上将，*Ob organizatsii i metodakh raboty General'novo shtaba*（《关于总参谋部的组织和工作方式》），*VIZ*，1981（2），第12—19页，总参谋部的工作方式。

N. 萨尔特科夫少将，*Predstaviteli General'novo shtaba*…（《总参谋部代表》），*VIZ*，1971（9），第54—59页，担任总参谋部代表。

A. M. 华西列夫斯基，*Delo vsei zhizni*（《毕生的事业》，第二版），参阅*V General'nom shtabe*（在总参谋部），第515—551页，在总参谋部，斯大林和指挥程序。

第二章 决战于南方：1943.2–1943.3

苏军的攻势，"星"和"跳跃"行动，哈尔科夫战役

保罗·卡雷尔，*Scorched Earth (Hitler's War on Russia, vol. 2)*（《焦土：希特勒对苏战争第二部》）（伦敦：哈拉普出版社，1970年），第二部分，*Manstein, Third Battle of Kharkov*（曼施泰因，第三次哈尔科夫战役），第173—204页。

杰弗里·朱克斯，*Kursk. The Clash of Armour*（《库尔斯克坦克战》）（伦敦，1968年，珀内尔二战史，第7册），参见*The Salient is formed*（突出部形成），第8—24页，苏军的冬季攻势。

埃利希·冯·曼施泰因，*Lost Victories*（《失去的胜利》），第三部分：1943年1月份下半月的战斗，第393—401页；坚守顿涅茨盆地的计划，第401—404页；希特勒和曼施泰因2月6日的会议，第414—420页；策划"德军的反击"，第420—428页；2月19日—3月2日，顿涅茨河—第聂伯河取得的胜利，第428—433页；哈尔科夫战役，第433—442页。

A. 菲利皮和F. 海姆，*Der Feldzug gegen Sowjetrussland 1941 bis 1945*（《对苏战争1941—1945》），第201—208页，苏军的攻势，德军的反击。

安东尼·里德和戴维·费舍尔，*Operation Lucy*（《露西行动》）（伦敦：霍德&斯托顿出版社，1980年）。参见第十章，*Success and Failure*（成功和失败），来自"超级机密"的情报减少，斯大林坚信德军在后撤，认为包围计划能获得成功，第147—150页。

艾伯特·西顿，*The Russo–German War 1941–45*（《苏德战争1941—

1945》），第341—350页，德军撤入乌克兰。

德国资料

KTB，Ⅲ/1，*entries/Ostfront/1 February–9 March 1943*（《条目/东线/1943
年2月1日—3月9日》），第90—197页。

KTB，Ⅲ/2，*Führung der Operationen, Stalingrad und die Abstützung der
Ostfront von Januar bis März 1943*（《战役指挥，1943年1月至3月，斯大林格勒
和东线的支撑》），第1598—1602页（并参见书目脚注）。

▶GMD

FHO Intelligence assessments/agents' reports（《情报评估/特工人员的报
告》）：

敌情：1943年1月28日，T–78/R466，6445929。

Kräftebild/weitere russ（《兵力部署图/更多苏军》），
Operationsmöglichkeiten/Südbereich/Ostfront（《行动的可能性/南方地区/东
线》），1943年1月19日，R466，6446303–6。

Vermütete Feindabsichten（《对敌意图之估计》）：1943年3月3
日，R466，6446284–6。

Feindlage（《敌情》）：中央，北方，南方，中央1943年3月7日—
12日，R466，6445942–6（至3月15日为5947–8）。

Gesamtbild der Feindlage（《敌情概述》）（"南方"集团军群，
签名：曼施泰因），1943年3月26日（注意苏军第64集团军的调动），R466，
6446277–8。

Feindlagebeurteilung vor deutscher Ostfront（《东线敌情评估》）
（苏军预备力量表）：1943年2月19日，R466，6446293–6。

Beurteilung der Feindabsichten vor der deutschen Ostfront im Grossen
（《对东线敌军意图的总体评估》）：1943年2月22日，R466，6445936–
39。（另参见《概述：特工人员的报告，斯大林的军事会议……》，R466，
6445951–6。）

苏联方面的资料

IVOVSS，第三册（莫斯科：军事出版社，1961年），第二章，*Borba za osvobozhdenie Ukrainy*（解放乌克兰之战）。方面军机构和部队，德军的实力，进攻对准哈尔科夫，西南方面军的作战行动，德军的反击计划，苏军错误判断了德军的动向（第118页），苏军坦克力量耗尽（第118页），第69集团军与坦克第3集团军之间的缺口，德军攻势的发展，第111—123页。

IVMV，第六册（莫斯科：军事出版社，1976年），第五章，*The SW axis*（西南方向），攻入顿巴斯的行动代号为"跳跃"，计划夺取第聂伯河渡口，沃罗涅日方面军的作战行动，德军后撤，哈尔科夫陷落，西南方面军的作战行动（没有第二梯队，预备力量薄弱），第127—134页；德军发起反击，瓦图京拒绝批准波波夫停止进攻（第136页），波波夫只剩下25辆坦克，最高统帅部没有发现德军的威胁（第137页），华西列夫斯基被派至沃罗涅日方面军（该方面军只剩70辆坦克），没有战役预备队，第64集团军离开斯大林格勒的缓慢行动，最高统帅部3月中旬为沃罗涅日方面军调派战略预备队，苏军预备力量因此而削弱，缺乏空中掩护，方面军司令部错误判断了德军的意图和红军的能力，第134—141页。（在追究苏军缺乏预备力量这个问题的责任上，*IVMV*比*IVOVSS*更加谨慎：添加了苏军力量的一些详情，没有直接涉及斯大林。）

▶战时新闻

Sovinformbyuro，Reports/communiqués for period 1.2.43–9.3.43（《苏联新闻社公告，1943年2月1日—3月9日的报告和公告》），第四册，第87—170页。

SWN. No.473: Stalin's Order of the Day, 25.1.43.（1943年1月25日，斯大林的日训令）。

No.497: Stalin's Order of the Day, 23.2.43.（1943年2月23日，斯大林的日训令）。

No.500: G. Alexandrov's Decisive stage of the War, 1.3.43.（1943年3月1日，G. 亚历山德罗夫，"战争的决定性阶段"）。

No.507: Stalin's appointment as Marshal SU, 9.3.43.（1943年3月9日，

斯大林晋升为苏联元帅）。

　　　　No.509: German counter–offensive held, 11.3.43. （1943年3月11日，德军的反击被遏制）。

▶记录文献和回忆录

　　集体创作，*Zarozhdenie narodnykh armii stran–uchastnits Varshavskovo dogovora 1941–1949 gg.* （《1941—1949，华沙条约成员国人民军队的起源》）（莫斯科：科学出版社，1975年），第33—50页，捷克斯洛伐克人民军。

　　S. I. 格拉乔夫（主编），*Rozhdenie Chekhoslovatskoi narodnoi armii*（《捷克斯洛伐克人民军的诞生》）（莫斯科：军事出版社，1959年），第82—133页，捷克部队在苏联的建立和发展。

　　M. I. 卡扎科夫，*Nad kartoi bylykh srazhenii*（《回顾以往的战斗》），参见"'星'行动……"，第172—188页，赶往第聂伯河途中戈利科夫发来的电报，春季的泥泞，第187页。

　　M. I. 卡扎科夫，*Ot verkhnevo Dona k Dnepru*（《从顿河上游到第聂伯河》），*VIZ*，1965（11），第62—70页，沃罗涅日方面军与"星"行动。

　　D. D. 列柳申科，*Moskva–Stalingrad–Berlin–Praga. Zapiski komandarma*（《莫斯科—斯大林格勒—柏林—布拉格，集团军司令员札记》），第157—168页，关于顿巴斯地区的战斗。

　　V. P. 莫罗佐夫，*Zapadnee Voronezha*（《沃罗涅日以西》），第3—5章的各处。（这是关于苏军攻势、沃罗涅日和布良斯克方面军、哈尔科夫战役极为详细、不可或缺的研究资料。）

　　V. P. 莫罗佐夫，*Pochemu ne zavershilos nastuplenie v Donbasse vesnoi 1943 goda*（《顿巴斯盆地战役为何没能在1943年春季完成》），*VIZ*，1963（3），第14—43页。这是一篇分析苏军顿巴斯战役失败原因的重要文章，并附有情报评估（例如：博戈柳博夫，2月21日，第17页；戈利科夫9月份的报告，同上），波波夫—瓦图京（第26—27页），瓦图京2月份发给最高统帅部的报告（第31页），斯大林的决定、总结（第33—34页）。

K. S. 莫斯卡连科, *Na Yugo-zapadnom napravlenii. Vospominaniya komandarm*（《在西南方向上，一名指挥员的回忆》），第一册（第二版），第十四章, *forming south face of the Kursk salient*（构成库尔斯克突出部的南面），第431—449页；重要的作战指令，以及方面军2月16日向斯大林所作的报告，第432—433页。

K. S. 莫斯卡连科, *Ot Voronezha do Khar'kova*（《从沃罗涅日到哈尔科夫》），*VIZ*, 1963（4），第30—33页：哈尔科夫战役的指令，顿巴斯、北高加索、哈尔科夫战役，苏军缺乏预备力量。

卢德维克·斯沃博达将军, *Ot Buzuluka do Pragi*（《从布祖卢克到布拉格》）（莫斯科：军事出版社，1963年首版，这里使用的是1969年的第二版，俄文译本），第110—147页。

东欧资料（在苏联的捷克斯洛伐克军队）

卢德维克·斯沃博达将军, *Z Buzuluku do Prahy*（《从布祖卢克到布拉格》）（布拉格：我们的军队出版社，1967年）。

Za armádu lidu, Sborník dokumentu k bojovým tradicim našeho lidu a vojenske politice KSČ, 1918–1945（《人民军队背后：捷克人民军事传统与捷共军事政策文件集，1918—1945年》）（布拉格，1960年）。

苏军中央地区的行动，"火花"（列宁格勒），西北方向

保罗·卡雷尔, *Scorched Earth*（《焦土》），第三部分，"北翼的战斗"：围困列宁格勒，第205—214页；拉多加湖南岸，第214—219页；杰米扬斯克，第248—266页；勒热夫和"水牛"行动，第266—275页。

利昂·古尔, *The Siege of Leningrad*（《列宁格勒之围》）（牛津大学，斯坦福大学出版社，1962年），第二部分，第九章，"1942年3月—1943年1月，城市堡垒"。（这是一份详细而又明确的记述。）

哈里森·E. 索尔兹伯里, *The Siege of Leningrad*（《列宁格勒之围》）（美国版书名：《900天》）（伦敦：塞克&沃伯格出版社，1969年），第三部分，"封锁中的列宁格勒"，第273—393页；第五部分，"'火花'行

动”，第535—550页。（权威而又生动的记述，但遭到了苏联评论家的激烈抨击。）

KTB/GMD

KTB，Ⅲ/1，*Lageberichte/Ostfront entries 15 February–23 March 1943*（《情况报告/东线条目，1943年2月15日—3月23日》），第127—236页。

FHO（Ⅱa），*Beurteilung der Feindabsichten vor der deutschen Ostfront im grossen*（《对东线敌军意图的总体评估》）：1943年2月22日，T–78/R466，6445936–39。

FHO（Ⅱa），No.574/43 *Beurteilung der Feindabsichten vor der deutschen Ostfront im Grossen (auf Grund der neuesten Abwehrmeldungen)*（《对东线敌军意图的总体评估（根据最新军事情报）》）：1943年3月23日，T–78/R466，6445951–56。

OKH/铁道兵司令部，《苏联的铁路建设：俄国人设法以大量物资补给列宁格勒（报告、航拍照片和地图）》，T–78/R119，6044128ff。

"北方"集团军群，*Feldzug gegen die Sowjetunion der Heeresgruppe Nord. Kriegsjahr 1943*（《1943年的战事，"北方"集团军群对苏作战行动》）：*Entwicklung der Lage 1.1 bis 31.1.43 (Bound volume)*（《1943年1月1日—1月31日的态势发展（合订本）》），T–311/R136，7181737–60。

AOK 9（第9集团军），《关于"水牛"行动的命令与评估：集团军群/军下达的"水牛"行动命令，1943年1月—3月》，T–312/R320，7888896–993。

苏联方面的资料

IVOVSS，第三册（莫斯科：军事出版社，1961年），（ⅰ）第142—149页，苏军在中央和西北地区的攻势：最高统帅部关于西北方面军、加里宁方面军、西方面军、布良斯克方面军和中央方面军的计划，旨在歼灭德国第2集团军并从布良斯克冲向斯摩棱斯克，包围德国"中央"集团军群，西北方面军将歼灭杰米扬斯克的敌军，并将快速部队投入抗击列宁格勒与沃尔霍夫方面军的德军之身后，布良斯克方面军的作战行动，德军的反击，中央方面军2月15日

的作战行动，没能集中起方面军的全部力量，第65集团军和坦克第2集团军的作战行动，中央和布良斯克方面军3月21日构成库尔斯克突出部的北面，加里宁的西方面军解放勒热夫和维亚济马的作战行动（3月3日—12日），西北方面军的进攻发生延误，糟糕的指挥和控制，德国人撤离杰米扬斯克，加里宁方面军在大卢基北面的攻势（突击第3集团军），红军冬季攻势的总结，德军损失（1942年10月—1943年3月）1324000名官兵。（ⅱ）第124—139页，"火花"行动（列宁格勒）：最高统帅部1942年12月8日的指令，苏军的部署，两个突击集群的构成，伏罗希洛夫担任最高统帅部代表，第67集团军和突击第2集团军获得炮兵力量的加强，1月12日—18日的行动，列宁格勒方面军与沃尔霍夫方面军取得会合（1月18日9点30分），苏军的攻势无法向姆加以南地区推进。

　　IVMV，第六册（莫斯科：军事出版社，1976年），（ⅰ）第141—146页，1943年2—3月西方向、西北方向的进攻行动，最高统帅部计划以列宁格勒方面军、沃尔霍夫方面军和西北方面军歼灭德国"北方"集团军群（"北斗星"行动，第141—142页），德国人对苏军攻势的预计，中央方面军的行动至少迫使德国人投入了预备队，西方面军的攻势进展缓慢，西北方面军发起进攻时没能集中全部力量，德军撤离杰米扬斯克，斯大林命令朱可夫加快第27集团军和突击第1集团军的步伐（电报，第145页），西北方向攻势的战果有限。（这个版本提供了"北斗星"行动的更多细节，朱可夫作为最高统帅部协调员在西北战区发挥作用。）（ⅱ）第117—124页，"火花"行动（列宁格勒）：战役计划，列宁格勒方面军1942年11月22日拟定计划（第119页），最高统帅部12月2日予以批准，12月8日的指令，斯大林批准冰情造成的延误（第120页），伏罗希洛夫担任协调员，朱可夫在进攻发起前夕接手指挥，拉多加湖区舰队的作用，列宁格勒与沃尔霍夫方面军1月12日—18日的作战行动，修建连接列宁格勒和沃尔霍夫的铁路线的决定。（在战役策划方面有稍多的细节。）

▶外交资料和战时通信

　　Perepiska Predsedatelya Soveta Ministrov SSSR s Prezidentam SShA i Prem'er–Ministrami Velikobritanii… 1941-1945 gg.（《1941—1945年，苏联部长会议主席同美国总统和英国首相通信集》）（莫斯科：政治书籍出版社，

1976年第二版），第一册和第二册。以下简称*Perepiska…*；参见第一册，
No.114，第114—115页，斯大林1943年2月16日发给丘吉尔的电报。

▶记录文献和回忆录

苏联元帅I. Kh. 巴格拉米扬，*Tak shli my k pobede*（《我们这样走向胜
利》）（莫斯科：军事出版社，1977年），第163—173页，第16集团军的作战
行动、西方面军在1943年2—3月。（另可参阅巴格拉米扬，*KZ*，《1965年2月
21日，关于索科洛夫斯基担任方面军司令员以及由于兵力配置不足导致奥廖
尔—布良斯克战役失利》。）

P. I. 巴托夫大将，*V pokhodakh i boyakh*（《在行军和战斗中》）（莫斯
科：军事出版社，1974年第三版），第276—292页，第65集团军1943年2—3月
在中央方面军辖下的战斗，罗科索夫斯基拒绝将对克留科夫和桑科夫斯基的调
查移交战地军事法庭（第289—290页），马林科夫代表GKO视察军队，中央
方面军构成库尔斯克突出部的北面。（注：军事出版社1966年的巴托夫回忆录
第二版中没有提及马林科夫，只提到一名"GKO代表"。）

A. V. 布罗夫，*Blokada den za dnem*（《每日封锁》）（列宁格勒：列宁
出版社，1973年）。每日记录：参见1943年1月，第291—308页。（注：1943
年1月18日，朱可夫晋升为苏联元帅，当日，列宁格勒的封锁被打破。）

I. I. 费久宁斯基大将，*Podnyatye po trevoge*（《闻警出动》）（莫斯科：
军事出版社，1964年第二版），第128—141页，费久宁斯基被任命为沃尔霍夫
方面军副司令员，亲自确保右翼作战行动的成功，突击第2集团军的行动，苏
军高级指挥员的伤亡。

M. I. 弗罗洛夫，*Artilleristy v boyakh za gorod Lenina*（《列宁格勒保卫战
中的炮兵》）（列宁格勒：列宁出版社，1978年），第149—184页，"火花"
行动中炮兵的计划和作战行动。

I. 伊诺泽姆采夫中校，*Deistviya aviatsii Leningradskovo i Volkhovskovo
frontov v yanvare 1943 goda*（《1943年1月，列宁格勒和沃尔霍夫方面军的空
中行动》），*VIZ*，1973（1），第26—31页：空军第13、第14集团军的作战
行动。

A. V. 卡拉谢耶夫，*Leningradtsy v gody blokady*（《封锁期间的列宁格勒市民》）（莫斯科：科学院出版社，1959年），第271—285页，打破封锁。（这仍是一部非常宝贵的著作。）

坦克兵元帅M. E. 卡图科夫，*Na ostrie glavnovo udara*（《主要突击的矛头》）（莫斯科：军事出版社，1974年第一版，这里使用的是1976年的第二版），第191—197页，（西北方面军）坦克第1集团军的组建（1943年2月），霍津的"特别集群"（坦克第1集团军和第68集团军），坦克集团军脱离建制，奉命赶往莫斯科，然后是库尔斯克。

V. M. 科瓦利丘克，*Leningrad i Bol'shaya Zemlya*（《列宁格勒和伟大的土地》）（列宁格勒：科学出版社，1975年），第290—321页，1942—1943年冬季，拉多加湖公路和铁路系统。（这是一部详细的研究专著。）

A. 米高扬，*V dni blokady*（《在被封锁的日子里》），*VIZ*，1977（2），第45—54页（为被围困的列宁格勒运送补给）。

S. P. 普拉托诺夫中将（主编），*Bitva za Leningrad 1941–1944*（《保卫列宁格勒，1941—1944年》）（莫斯科：军事出版社，1964年），第230—270页，1942年12月的态势，作战计划，最高统帅部12月8日的指令，第67集团军和突击第2集团军的部署与实力，1943年1月12日—18日的作战行动。（详细阐述了作战行动，尽管丝毫没有提及朱可夫发挥的作用。）

K. K. 罗科索夫斯基，*Soldatskii dolg*（《军人的天职》），参阅*A Soldier's Duty*（《军人的天职》）第175—181页，出任中央方面军司令员，后勤工作的困难，第65集团军和坦克第2集团军的作战行动；在策划对敌"奥廖尔集团"实施纵深包围的过程中，最高统帅部发生误判；"严重的失误"在于没有研究地形，进攻在3月中旬戛然而止。

V. Z. 罗曼诺夫斯基上将，*Operatsiya "Iskra"*（《"火花"行动》），第233—248页，*Deistvuyet 2-ya udarnaya*…（突击第2集团军的行动……）。（1943年1月，突击第2集团军司令员罗曼诺夫斯基中将参与了打破列宁格勒包围圈的行动。）

N. D. 舒米洛夫，*V dni blokady*（《在被封锁的日子里》）（莫斯科：思想出版社，1977年），第250—259页，打破封锁。（作者是一名党的宣传人员，后来成为《列宁格勒真理报》主编。）

F. 特卡乔夫少将和N. 科马罗夫上校，*Proryv blokady Leningrada*（《打破对列宁格勒的封锁》），*VIZ*，1973（1），第18—25页（苏军的计划，力量和部署，第67集团军和突击第2集团军的作战行动）。

A. M. 华西列夫斯基，*Delo vsei zhizni*（《毕生的事业》，第二版），第308—317页，向斯大林汇报（2月16日），斯大林转述了写给丘吉尔的信件的内容，出乎意料地被擢升为苏联元帅，奉斯大林的命令协调针对德国"中央"集团军群的攻势，最高统帅部下达给中央方面军的指令（第315页），被召至莫斯科。

F. I. 维索茨基等人，*Gvardeiskaya tankovaya*（《近卫坦克》）（莫斯科：军事出版社，1963年），第10—23页，坦克第2集团军的组建，分配至中央方面军，在谢夫斯克的战斗，1943年3月19日转入防御。

V. M. 亚尔霍诺夫上校，*Cherez Nevu*（《跨过涅瓦河》）（莫斯科：军事出版社，1960年）。第67集团军的作战行动和"火花"行动：作战行动说明，第1—3章。

G. K. 朱可夫，*Operatsiya "Iskra"*（《"火花"行动》），第27—37页中的 *V bor'be za gorod Lenina*（保卫列宁格勒），给斯大林的特别报告（1943年1月11日的文件，刊登在第32—33页），缴获并测试虎式坦克，列宁格勒与沃尔霍夫方面军取得会合。

库尔斯克突出部的集结

威利·A. 伯尔克（主编），*Deutschlands Rüstung im Zweiten Weltkrieg. Hitlers Konferenzen mit Albert Speer 1942–1945*（《二战中的德国军备，希特勒与阿尔贝特·施佩尔的会晤，1942—1945年》）（法兰克福：雅典出版社，1969年），第四部分，*Das Kriegsjahr 1943*（1943年的战事），1943年1—5月的条目，第209—265页。

杰弗里·朱克斯，*Kursk. The Clash of Armour*（《库尔斯克坦克战》），"德军的准备"、"红军的准备"，第32—61页。（详细的叙述，出色地勾勒了人物和指挥官。）

E. 克林克, *Das Gesetz des Handelns "Zitadelle" 1943*（《1943年"堡垒"战役作战令》）（斯图加特：德意志出版社，1966年）。关于"堡垒"作战文件和决策的权威之作，参见各处。

安东尼·里德和戴维·费舍尔，*Operation Lucy*（《露西行动》），第十一章，超级机密，从"漫长的准备期"中获益，指挥部门的分歧，大量迹象，拉多4月8日致电莫斯科（德军推迟进攻），莫斯科获悉德国人的新式坦克，拉多4月29日通知莫斯科进攻日期为6月12日，5月9日莫斯科的"主任"收到120组密码（关于德军的计划），参见第151—153页。〔注：苏联方面的资料没有提及超级机密，*Front bez linii fronta*（《秘密战线》）（莫斯科：新闻出版社，1965年）一书中描述了"齐贝特"这个戏剧性的版本，第134—139页。〕

艾伯特·西顿，《苏德战争1941—1945》，第353—361页，库尔斯克，德军和苏军的计划和准备。

▶书目注释

迈克尔·帕里什，*The U.S.S.R. in World War II. An Annotated Bibliography of Books Published in the Soviet Union 1945-1975 (Addenda 1975-1980)*（《二战中的苏联，苏联1945—1975年出版物的注释书目（补遗1975—1980年）》）（纽约和伦敦：加兰出版社，1981年），第一部分（10），"库尔斯克战役"，第97—102页。

Istoriya SSSR（《苏联史》），第三册，第247—254页，关于库尔斯克的参考书目（1941—1967年的出版物），书目条目号No.2695-2795。

KTB/GMD

KTB，Ⅲ/2，*Operationsbefehl Nr 5*（《第5号作战命令》）：1943年3月13日，第1420—1422页。*Operationsbefehl Nr 6*（堡垒）（《第6号作战命令》）：1943年4月15日，第1425—1427页。

FHO，*Beurteilungen/Feindlage*（《评估/敌情》）：1943年4月7日—5月27日（情报和鉴定，苏联期待英美采取行动，苏联的军工能力不断增长）。

T–78/R466，6445957–978。

FHO（Ⅰ），*Übersicht uber die Verwendung der sowt. –russ. Panzer–u. mech. Korps seit März 1943*（《1943年3月以来苏军坦克和机械化军部署概要》），T–78/R462，6441617–21。

FHO（Ⅱc），*Kriegsgliederungen der Roten Armee*（《苏联红军作战序列：1942年冬季—1943年4月》），T–78/R462，6440637–1465。

"中央"集团军群，*Neugliederung der russ. Mot.–Truppen*（1943年6月、7月）（《苏军摩托化部队的转型》）；也包括步兵和炮兵单位的细节；1943年1月15日，斯大林设立总汽车管理部的038号命令。T–78/R486，6470777–803。

AOK 9（第9集团军），*Anlage zu KTB Nr 8*（《"堡垒"作战的命令和准备（第6号作战命令）》）；也可参阅*Gliederung der feindl. Pz–Abwehr und ihre Bekämpfung*（《敌反坦克防御及作战纲要》），1943年4月18日，T–312/R320，7888473–682（以及7888747–51）。

（来源不明）*Entwicklung der russ. Wehrmacht⋯*（《苏军的发展，德国国防军……》），这是一份人力资源研究，时间跨度为1941年前到1943年8月，T–78/R486，6470898–906。

苏联方面的资料

IVOVSS，第三册，第二部分，第245—253页，苏军对库尔斯克战役的策划，方面军司令部的评估，策划夏秋季行动，策划进攻敌"奥廖尔"集团，苏军援兵和预备力量，防线和防御体系，党的政治工作。（沃罗涅日方面军很有代表性，赫鲁晓夫在该方面军担任军事委员会委员。）苏联百姓的作用，第254—258页。

IVMV，第七册（1976年），第一部分，第114—121页，苏军1943年春季的计划，斯大林4月12日召开的会议，决定在库尔斯克实施防御作战，草原方面军担任战略预备队，苏军在西、西北、南、西南方向以及高加索地区的力量（图表，第120页）；第128—133页，苏军的空中行动（6个空军集团军）；第390—399页，库班空战，苏军对德军交通线的空袭，德军对苏军机

场的空袭。

G. A. 科尔图诺夫上校和B. G. 索洛维约夫上校，*Kurskaya bitva*（《库尔斯克战役》）（莫斯科：军事出版社，1970年）。这仍是苏联方面关于库尔斯克战役的优秀著作。参见苏联军事文学与库尔斯克，第5—12页；苏军策划1943年夏、秋季战役，第27—40页；中央方面军的计划、指挥决策，第48—51页；沃罗涅日方面军的计划、指挥决策，第51—55页；草原方面军的计划、指挥决策，第55—56页；炮兵、坦克兵和航空兵的力量及部署，第64—79页；利用当地居民修建防御工事、采取防御措施，第95—100页。

▶ 记录文献和回忆录

I. Kh. 巴格拉米扬，*Tak shli my k pobede*（《我们这样走向胜利》），第183—191页，参加斯大林举行的会议，变更近卫第11集团军接受的任务。

I. Kh. 巴格拉米扬，*Flangovy udar 11–i gvardeiskoi armii*（《近卫第11集团军的侧翼突击》），*VIZ*，1963（7），第81—90页（作战计划的更改）。

集体创作，*Sovetskie voenno–vozdushnye sily v VOV 1941–1945 gg*（《伟大卫国战争中的苏联空军，1941—1945年》）（莫斯科：军事出版社，1968年），第155—178页，苏军在库班的空中行动，对德军交通线和库尔斯克的空袭。

集体创作，*16–ya vozdushnaya*（《空军第16集团军》），第71—90页，1943年4—5月，空军第16集团军的作战行动。

A. L. 格季曼大将，*Tanki idut na Berlin (1941–1945)*（《坦克冲向柏林》）（莫斯科：科学出版社，1973年），第78—83页，格季曼的坦克第6军分配给坦克第1集团军，转隶沃罗涅日方面军，据守位于普肖尔河的阵地。

I. 戈卢什科中将，*Rabota tyla v vazhneishikh operatsiyakh vtorovo perioda voiny*（《二战最重要战役中的后勤工作》），*VIZ*，1974（11），第35—42页（库尔斯克战役的后勤、运输和准备工作）。

I. 戈卢什科，*Instruktsiya po rekognosstirovke i stroitel'stvu polevykh oboronitelnykh rubezhei (GS instruction 27 April 1943: construction of fortifications, Kursk)*（《根据总参1943年4月27日的指示，在库尔斯克修建防御工事》），

VIZ，1976（6），第66—70页。

M. E. 卡图科夫，*Na ostrie glavnovo udara*（《主要突击的矛头》），第198—207页，坦克第1集团军（631辆坦克）进入库尔斯克突出部，担任最高统帅部预备队，斯大林指示卡图科夫（第204页）集结额外的军，与奇斯佳科夫的近卫第6集团军协同行动。

G. 科尔图诺夫，*Kurskaya bitva v tsifrakh*（《数据中的库尔斯克战役》），*VIZ*，1968（6），第58—68页（防御准备，防御阶段，力量，部署，防御体系的范围）。

苏联元帅I. S. 科涅夫，*Zapiski komanduyushchevo frontom 1943–1944*（《方面军司令员笔记，1943—1944年》）（莫斯科：科学出版社，1972年）。参见第8—11页，最高统帅部下令组建战略预备队，预备队方面军构成草原军区（4月15日）、草原方面军（从7月份起），梅赫利斯担任军事委员会委员，同斯大林和朱可夫的会晤（第9页），最高统帅部的指令（4月23日，第10页），给各部队委派经验丰富的指挥员。

M. N. 科泽夫尼科夫，*Komandovanie i shtab VVS Sovetskoi Armii v VOV 1941–1945 gg*（《1941—1945年，伟大卫国战争中苏联空军的指挥和参谋部门》）（莫斯科：科学出版社，1977年），第119—139页，争夺制空权，在库班对敌空中力量的打击，最高统帅部5月4日下达空袭德军交通线的指令，目标任务（图表，第138页）。（重要、详细、附有文件的研究专著。）

G. A. 库马涅夫，*Na sluzhbe fronta i tyla. Zheleznodorozhnyi transport SSSR… 1938–1945*（《为前线和后方服务：1938—1945年……苏联的铁路运输》）（莫斯科：科学出版社，1976年），第230—238页，苏军在库尔斯克的铁路和防御准备。（非常详细的专著。）

I. I. 马尔金上校，*Kurskaya bitva*（《库尔斯克战役》）（莫斯科：军事出版社，1958年），参见"两个计划，两种策略"，第13—31页。（这是一份较早的记述，现在已被替代。）

I. V. 帕洛特金少将（主编），*Kurskaya bitva*（《库尔斯克战役》）（莫斯科：科学出版社，1970年）。回忆、文件、力量和部署表。英译本名为*The Battle of Kursk*（《库尔斯克战役》）（莫斯科：进步出版社，1974年）。

［注：英译本删除了一些回忆资料、德国军事文件、苏军部署和战术密度的详细表格、附件5-31。参阅附录2-4，第341—343页的译文，朱可夫呈交斯大林的评估（1942年4月8日5点30分）；第344—345页，中央方面军4月10日呈交安东诺夫将军的评估；第346—347页，沃罗涅日方面军4月12日呈交总参谋部的评估。］

V. M. 普洛特尼科夫，*Rol tyla v pobede na Kurskoi duge*（《库尔斯克突出部胜利中后勤的作用》）（哈尔科夫：哈尔科夫大学出版社，1969年）。细致研究了后方、后勤工作以及大规模防御体系的建设。

V. M. 普洛特尼科夫，*Pomoshch naseleniya prifrontovykh raionov sovetskim voiskam nakanune i v period bitvy pod Kurskom*（《库尔斯克战役前夕及过程中，前线地区居民为苏军提供的帮助》），*VIZ*，1968（8），第20—28页。（民众为红军提供的帮助。）

N. K. 波佩利中将，*Tanki povernuli na zapad*（《坦克转向西面》）（莫斯科：军事出版社，1960年），第75—103页，坦克第1集团军在库尔斯克的部署情况。（极具个性的回忆录，因"主观主义"受到批评。）

K. K. 罗科索夫斯基，*A Soldier's Duty*（《军人的天职》），第184—193页，中央方面军的防御准备。

K. K. 罗科索夫斯基在V. S. 洛克欣上校主编的*Na ognennoi duge*（《在弧形地带的战火中》）（莫斯科：军事出版社，1963年）中写的*Bitva, ne imeyushchaya sebe ravnykh*（《无与伦比的战役》），第8—27页，德军与苏军的力量，苏军师的实力（第26页）。

K. K. 罗科索夫斯基在《库尔斯克战役》一书中所写的"在中央方面军……"，第77—86页（苏军的计划、力量和部署）。

空军元帅S. 鲁坚科和空军上将P. 布赖科，*16–ya vozdushnaya armiya v bitve pod Kurskom*（《库尔斯克战役中的空军第16集团军》），*VIZ*，1963（7），第21—26页（策划空中行动，力量与部署：空军第16集团军）。

A. P. 梁赞斯基少将，*V ogne tankovykh srazhenii*（《在坦克战的火海中》）（莫斯科：科学出版社，1975年），第52—64页，近卫机械化第5军分配给近卫坦克第5集团军，隶属于草原方面军。（这是一份详细的部队形成史。）

S. M. 什捷缅科，*Generalnyi shtab v gody voiny*（《战争年代的总参谋部》），第七章，"库尔斯克战役前夕"，第148—167页，进攻、防御的问题，朱可夫的评估（4月8日），中央方面军的决定，空中行动，德军进攻计划和时间的情报，瓦图京提议先发制人，给草原方面军的指示，德军装甲部队部署情况不明。

B. G. 索洛维约夫上校，*Vermakht na puti k gibeli*（《走向毁灭之路的德国国防军》）（莫斯科：科学出版社，1973年），第三章，"两个计划，两种策略"，第63—93页，德军"城堡"作战计划；第93—101页，苏军的计划。（广泛的参考书目。）

A. M. 华西列夫斯基，*Delo vsei zhizni*（《毕生的事业》，第二版），第321—337页。参见*Na Kurskoi duge*（"在库尔斯克弧形地带"），预备力量的加强，至4月1日预备队有9个集团军，建立M. M. 波波夫中将指挥的预备队方面军，进攻或防御的决定，总参谋部支持朱可夫的评估（第332页），斯大林4月12日的会议，苏军的部署和作战序列（第335—336页），斯大林对"库图佐夫"战役的指示（进攻德军"奥廖尔"集团），5月中旬华西列夫斯基被斯大林派往布良斯克方面军和西方面军左翼。

空军主帅K. A. 韦尔希宁，*Chetvertaya vozdushnaya*（《空军第4集团军》）（莫斯科：军事出版社，1975年），第208—233页，空军第4集团军的作战行动，1943年4—5月的库班，最高统帅部发起大规模空中打击的计划，争夺制空权的战斗。（详细阐述了苏军空中行动的指挥和控制。）

苏联元帅I. I. 雅库鲍夫斯基，*Zemlya v ogne*（《大地在燃烧》）（莫斯科：军事出版社，1975年），第114—125页，近卫坦克第3集团军的组建。

苏联元帅M. 扎哈罗夫，*O sovetskom voennom iskusstve r bitve pod Kurskom*（《苏军在库尔斯克战役中的军事艺术》），*VIZ*，1963（6），第15—25页（策划，防御准备）。

G. K. 朱可夫，*Vospominaniya i razmyshleniya*（《回忆与思考》），第二册，第138—163页。4月8日的评估（第139—141页），中央方面军的评估，沃罗涅日方面军的评估，决心实施防御，被斯大林派往格列奇科的第56集团军，策划对克里木的进攻，加强苏军坦克、炮兵和空军力量，方面军遵照斯大林的要求实施侦察和准备（中央方面军5月8日的报告，第00219号，第155页），反对瓦图京先发制人的建议，5月22日向斯大林汇报中央方面军的状况（第158—160页），苏军的部署将草原方面军包括在内。（参见《朱可夫元帅回忆录》英译版，第427—451页，除上述文字外，还包括命令和指示。）

G. K. 朱可夫，*Na Kurskoi duge*（《在库尔斯克弧形地带》），*VIZ*，1967（8），第69—83页。

组织、生产和军事装备

让·亚历山大，*Russian Aircraft since 1940*（《自1940年以来的俄国飞机》）（伦敦：普特南出版社，1975年）。

威廉·格林和戈登·斯旺伯勒，*Soviet Air Force Fighters*（《苏联空军战斗机》，第一部和第二部）（伦敦：麦克唐纳&简氏出版社，1977—1978年）。

约翰·米尔森，*Russian Tanks 1900–1970*（《俄国坦克，1900—1970年》）（伦敦：武器和装甲出版社，1970年）。（并不完全准确，参见战时FHO文件。）

迈克尔·诺曼少校，*AFV*，No.17，*Russian KV and IS*（AFV杂志第17期，俄国KV和IS坦克），另可参阅第47期，俄国T–34/76B。

关于苏联战时经济、生产和武器（选择项目）的GMD资料

FHO发给OKW/Feldwirtschaftsamt（国防军最高统帅部/战地经济办公室），文件：《苏联1943年的战时经济和军工生产，也至1944年》，T–78/R478，6461656–816。

FHO（Ⅱd），文件集：《阐述苏联生产坦克和自行火炮的地点、数量的图表、表格和地图，以及1941、1942、1943年的损失》。这段时期的总损失为56780辆坦克和自行火炮。T–78/R479，6462293–300至335。

FHO（Ⅱd），《文件集：苏联飞机的生产和损失、租借法案的交货量、飞机厂的月产量》，T–78/R479，6462305–311；《大炮的生产：1941、

1942、1943年的图表》，T–78/R479，6462447–450。

FHO（Ⅱd），综合文件集：《关于苏军后勤、食物供应、服装、坦克维修、缴获装备，以及战俘交代的补给与口粮情况，1941—1942年，1943—1944年》，T–78/R481，6465470–6023。

FHO（Ⅱd），文件：《关于苏联的坦克、照片、工程图纸和评估》。这是一份非常重要的文件，涵盖1942—1943年以及1944年。T–78/R478，6461818–2116。

FHO（Ⅱd），发给Chef der Heeresrüstung（陆军军械局长）的关于苏军坦克、自行火炮和其他武器的文件，T–78/R478，6461092–1518。

OKW/Feldwirtschaftsamt（国防军最高统帅部/战地经济办公室），"南方"集团军群，文件：《苏军坦克、自行火炮、大炮（152毫米）的数据、生产率、照片和评估》，T–78/R477，6460740–1092（为1943年4月汇编）。

Obkdo. der Heeresgruppe Mitte（"中央"集团军群司令部），*Mech. Verbände der Roten Armee*（《红军的机械化部队》），1943年1月29日；另，Pz AOK3（第3装甲集团军），*Entwicklung und Gliederung der russischen Panzerwaffe*（《苏军坦克和机械化部队的结构和发展》）。T–78/R486，6470843–47/804–808。

文件：*Wehrkraft, Rüstungsumfang und Wehrmacht der Sowjetunion im Frühjahr 1943*（《苏联军队1943年春季的军事实力和坦克力量》），盖伦将军1943年4月16日的这份报告阐述了苏联的战时经济、潜力和能力，T–78/R478，6462126–164。

苏联资料，战时经济、后勤、野战部队的组织与结构

I. 阿纳涅夫上校，*Sozdanie tankovykh armii i sovershenstvovanie ikh organizatsionnoi struktury*（《组建坦克集团军并改善其组织结构》），*VIZ*，1972（10），第38—47页。（关于坦克集团军的重要文章：《1943年1月28日，GKO第2791号命令，关于"单一性的"坦克集团军》。）

V. V. 巴希列夫和I. I. 基里洛夫，*Konstruktor V. A. Degtyarev, Za strokami biografii*（《设计师V. A. 杰格佳廖夫传记》）（莫斯科：军事出版社，1970

年）。参见*Dyla fronta, dlya pobedy*（为了前线，为了胜利），反坦克武器和武器开发，第149—171页。

F. 博科夫中将，*Soveshchanie v Stavke or reorganizatsii tankovykh armii*（《最高统帅部组建坦克集团军的会议》），*VIZ*，1979（3），第38—41页。（1943年1月，斯大林召开组建坦克集团军的会议。）

G. D. 科姆科夫等，*Akademiya Nauk SSSR, Kratkii istoricheskii ocherk*（《苏联科学院简史》）（莫斯科：科学出版社，1974年），第341—388页，苏联科学家和战时努力。

S. K. 库尔科特金大将，*Tyl Sovetskikh vooruzhennykh sil v VOV 1941–1945 gg*（《1941—1945年，伟大卫国战争期间，苏联武装力量的后方》）（莫斯科：军事出版社，1977年），第105—128页，1942—1943年的后勤与运输。

A. N. 拉图欣（主编），*Bog voiny*（《战争之神》）（莫斯科：青年近卫军出版社，1979年），第71—158页。这是一部深受欢迎的著作，清晰阐述了苏军炮兵的发展。

B. V. 列夫申，*Akademiya Nauk SSSR v gody VOV*（《伟大卫国战争中的苏联科学院》）（莫斯科：科学出版社，1966年）。苏联科学家和苏联的战时努力。

坦克兵元帅O. A. 洛西克（主编），*Stroitel'stvo i boevoe primenenie sovetskikh tankovykh voisk v VOV*（《伟大卫国战争中苏军坦克部队的建设和作战使用》）（莫斯科：军事出版社，1979年）。参见第59—78页，苏军坦克部队1943—1945年的组织结构。（这是一本重要、详细的著作）

K. 马里宁上校，*Razvitie organizatsionnykh form Sukhoputnykh voisk v VOV*（《伟大卫国战争中苏军地面部队组织形式的发展》），*VIZ*，1967（8），第28—39页（红军结构的战时变化）。

I. F. 奥布拉兹佐夫（主编），*Razvitie aviatsionnoi nauki i tekhniki v SSSR*（《苏联航空科学和装备的发展》）（莫斯科：科学出版社，1980年）。战时飞机生产，第52—60页；航空发动机，第180—184页；航空军械，第437—439页。（这是一部权威的技术专著。）

Yu. P. 彼得罗夫，*Partiinoe stroitel'stvo v Sovetskoi Armii i Flote (1918–1961* gg.）（《1918—1961年，苏联陆海军中的党组织建设》）（莫斯科：军事出版社，1964年），第三部分，第337页的注释，V. N. 戈尔多夫就军事委员会的问题写信给斯大林和朱可夫，还提出将政治部门纳入参谋部。（关于军事委员会的职能和组织，1943年被俘的马扎诺夫中将的审讯报告提供了一些详情。）

N. P. 波斯彼洛夫（主编），*Sovetskii tyl v VOV*（《伟大卫国战争中的苏联后方》）（莫斯科：思想出版社，1974年），第1—2册。这是对战时工业努力的研究集刊，也包括后勤和运输；坦克和武器的生产参见第二册第107—127页。

E. I. 斯米尔诺夫，*Voina i voennaya meditsina 1939–1945 gody*（《1939–1945年，战争与军事医学》）（莫斯科：医学出版社，1979年第二版），第三部分，第267页，红军的医疗服务。

I. M. 苏霍姆林上校，《关于苏军坦克集团军"混合"和"单一性"的结构，也包括坦克集团军行动表》，*VIZ*，1973（9），第121—127页。（不可或缺的资料。）

苏联战时核研究项目

关于库尔恰托夫（和弗廖罗夫），可参阅P. T. 阿斯塔申科夫的*Akademik I. V. Kurchatov*（《I. V. 库尔恰托夫院士》）（莫斯科：军事出版社，1971年）以及I. N. 戈洛温的*I. V. Kurchatov*（《I. V. 库尔恰托夫》）（莫斯科：原子出版社，1978年第三版）。还可以参阅1980年7月27日《国际先驱论坛报》的报道，戴维·霍洛维关于苏联决定制造一颗原子弹的研究。

第三章 打破均衡：库尔斯克战役及其后果

库尔斯克：前奏

鲁本·艾因斯坦，*Jewish Resistance in Nazi–Occupied Eastern Europe*（《犹太人在纳粹占领的东欧实施的抵抗》）（伦敦：保罗·埃莱克图书，1974年）。参阅第五章，"犹太人游击队"，第279—388页。（关于犹太人在游击运动、行动中发挥的作用非常重要的专著。）

约翰·A.阿姆斯特朗（主编），*Soviet Partisans in World War Ⅱ*（《二战中的苏联游击队》）（麦迪逊：威斯康辛大学出版社，1964年）。参阅第Ⅰ、Ⅲ部分的组织（第89—139页）以及第Ⅳ部分的心理战和民众态度，第197—337页。（这是一部庞大的文献，是一份不可或缺的研究资料；还可参阅第Ⅱ部分"案例研究"以及附录部分的苏联资料来源。）

温斯顿·S.丘吉尔，《第二次世界大战》，第四卷，《命运的关键》，下部第十八章，"俄国与西方盟国"（包括苏波关系破裂）。

亚历山大·达林，*German Rule in Russia 1941–1945*（《1941—1945年，德国在俄国的统治》）（伦敦：麦克米伦出版社，1957年；修订后的再版，伦敦：麦克米伦，巨石出版社，1981年），各处。（这是一部杰出、具有开拓性的研究著作，极具重要性，我从中获益匪浅。）

亚历山大·费舍尔，*Sowjetische Deutschlandpolitik im Zweiten Weltkrieg 1941–45*（《苏联在二战中的对德政策，1941—1945年》）（斯图加特，德意志出版社，1975年）。参阅第二章，*Alternativen zur Anti–Hitler Koalition 42/43*（1942—1943年，反希特勒联盟的替代品）——和平的触角，苏德"单独媾和"的探索，第39—45页；以及*Die Bewegung "Freies Deutschland"*（"自由德国"运动），第53—59页。（这是关于苏德战时接触、苏联"对德政策"演变的一份详细的学术研究。）

乔治·费舍尔，*Soviet Opposition to Stalin. A case study in World War Ⅱ*（《对二战期间苏联人反斯大林运动的个案研究》）（剑桥：哈佛大学出版社，1952年），第58—63页的"斯摩棱斯克宣言"。

埃利希·黑塞，*Der sowjetrussische Partisanenkrieg 1941 bis 1944*（《1941—1944年，苏联的游击战》）（哥廷根：穆斯特斯施密特出版社，1969年），各处。

迈克尔·霍华德，*Grand Strategy (vol. Ⅳ, History of the Second World War)*（《第二次世界大战史（第四卷，大战略）》）（伦敦：英国皇家出版局，1972年）。参阅第四部分，第十七章，"1943年1—4月的俄国盟友"，第325—334页。

埃德加·M. 豪威尔，*The Soviet Partisan Movement 1941–1944*（《1941—1944年间的苏联游击运动》）（美国陆军部，第20—244号手册，1956年），"游击队与'堡垒'作战"，第157页。

彼得·克莱斯特，*Zwischen Hitler und Stalin*（《在希特勒与斯大林之间》）（波恩：雅典娜神殿出版社，1950年）。附录文件（Ⅳ），*Wlassow-Bewegung*（弗拉索夫运动）：1943年3月3日弗拉索夫中将的公开信（第318—323页）；1943年4月12日的*erste antibolschewistische Tagung… Smolensk*（第一次反布尔什维克会议……斯摩棱斯克），第323—326页。

L. P. 洛克纳（主编），*The Goebbels Diaries*（《戈培尔日记》）（伦敦：哈米什汉密尔顿出版社，1948年），参阅第276页，1943年5月8日的条目。

海军中将B. B. 斯科菲尔德，*The Russian Convoys*（《北极护航队》）（伦敦：巴茨福德出版社，1964年）。

罗伯特·E. 舍伍德，*Roosevelt and Hopkins. An Intimate History*（《罗斯福与霍普金斯，一段亲密的历史》）（纽约：格罗塞特&邓洛普出版社，1950年），第四部分，"1943，第二战场"，第二十八章，"政界"，戴维斯赶赴莫斯科，第733—734页。

斯文·斯滕贝格，*Vlasov*（《弗拉索夫》）［纽约：克诺夫出版社，1970年；德文原版为*Wlassow, Verräter oder Patriot?*（《弗拉索夫，叛徒还是爱国者？》，1968年）］，第68—91页，出访斯摩棱斯克（以及1943年出访普斯科夫）。

W. 斯特里克–斯特里克费尔特，*Against Stalin and Hitler*（《反抗斯大林和希特勒》）（伦敦：麦克米伦出版社，1970年）。参阅第七章，"斯摩棱斯克宣言"，第103—111页。

亚历山大·沃思，*Russia at War 1941–1945*（《1941—1945年，战争中的俄国》）（伦敦：巴里&罗克利夫出版社，1964年）。参阅第六部分，第六章，"建立一个新波兰"，第七章，"共产国际的解散和另一些奇怪的事情……"，第635—678页。

战时新闻：SWN

1943年4月21日，No.544，《北极船队的英勇事迹》（麦斯基为皇家海军、商船队人员颁发苏联勋章）。

1943年4月28日，No.547，《苏联对希特勒波兰帮凶的答复》（关于卡廷事件）。

1943年4月29日，No.548，《波兰帝国主义者的背叛》（与波兰流亡政府的外交关系破裂）。

外交往来、文件和研究

Perepiska…（第二版），第一册，No.163（丘吉尔6月19日致斯大林），第160—163页；No.165（斯大林6月24日致丘吉尔），第164—167页；No.166（斯大林6月26日致丘吉尔），第167—168页；No.167（丘吉尔6月27日致斯大林），第168—169页；No.174（斯大林8月22日致丘吉尔），第178—179页（关于意大利投降）。第二册，No.83（罗斯福5月5日致斯大林），第62—63页；No.88（斯大林5月26日致罗斯福），第65—66页。

Documents on Soviet-Polish Relations 1939-1945（《1939—1945年，苏波关系文件》），西科尔斯基将军历史研究所编撰，第二册（伦敦：海涅曼出版社，1967年）。参见No.1，艾登关于苏波关系中"不幸的困难"（回复卡廷事件），第1页；No.2，斯大林与丘吉尔的交流，5月4日，第2—3页；No.7，维辛斯基谈苏波关系，5月6日，第7—10页；No.12，波兰政府谈波兰爱国者联盟，5月12日，第14—17页；No.20，切哈努夫斯基谈共产国际的解散，5月27日，第23—24页。

Sovetsko-frantsuzskie otnosheniya v vremya VOV 1941-1945 gg（《1941—1945年，伟大卫国战争期间的苏法关系》）（莫斯科：国家政治书籍出版社，1959年），文件和资料，苏法战时关系。

V. L. 伊斯拉埃良，*Antigitlerovskaya koalitsiya*（《反希特勒联盟》）（莫斯科：国际关系学院出版社，1964年），第二部分，第十一章，关于第二战场的争议，第222—251页。

I. D. 昆尤巴，*Sovetsko-polskie otnosheniya (1939-1945 gg.)*（《1939—

1945年的苏波关系》）（基辅：基辅大学出版社，1963年），第35—80页，苏联、波兰游击队的行动。

爱德华·J.罗泽克，*Allied Wartime Diplomacy. A Pattern in Poland*（《盟国战时外交，波兰模式》）（纽约：约翰·威利出版社，1958年），第115—131页，"不断增加的压力和卡廷事件"，库基耶尔将军对卡廷事件的声明，苏联断绝与波兰流亡政府的关系。

卢埃林·伍德沃德爵士，*British Foreign Policy in the Second World War (vol. 2, History of the Second World War)*（《第二次世界大战史（第二卷，英国在二战中的外交政策）》）（伦敦：英国皇家出版局，1972年），参阅第三十四章，1943年的英苏关系（俄国要求在法国开辟第二战场，俄国北方的护航队…），第546—564页，另参见第564—570页。

GMD，德国方面的文件资料

Reichsministerium für die besetzten Ostgebiete（帝国东方占领区事务部），关于人口的报告，"农业法规……"，1942—1943年的游击队。T-454/R98，48–380。

OKH/Gen. Stab (Fremde Heere West)（陆军总司令部/总参谋部，西线外军处），绝密：《太平洋战事报告》，德国施压日本，要求开辟对苏作战的"第二战线"，对日本可用兵力的估测（1943年7月），T-82/R93, 0250062–90。（希特勒1943年的外交照会可参阅T-82/R90，246898–7214。）

OKH/Gen Std H（陆军总司令部/陆军总参谋部），《东线情况（1943年5—6月，报告、地图、图表、统计数据、游击队活动）》，T-78/R489，6475171–229。

OKH/General der Osttruppen（陆军总司令部/东方部队总监），《反弗拉索夫宣传第8号》（包括苏联反弗拉索夫传单和材料，原文和译件；对卡普斯金的审讯，苏联计划除掉弗拉索夫），T-78/R491，6477761–889。

AOK 9（第9集团军），*Anlage zu KTB Nr 8*（《第8号作战日志附件》）：冯·克鲁格写给陆军总参谋长的信件，与弗拉索夫合作以及*Plan für die Einsetzung eines National–Komitees im Bereich der Heeresgruppe*

Mitte（在"中央"集团军群防区内建立民族委员会的计划），T-312/R320，7888682-710。

FHO Nachrichten über Bandenkrieg Nr 7（《FHO第7号游击战报告》），*Geschichte des Polk "Grischin"*（"格里申"游击队的发展史），T-78/R491，6478224-235。

FHO（Ⅱa）：Nr 668/43，主题：远东（远东地区的苏军调至欧洲战区，苏军作战序列/远东），1943年4月1日，T-78/R486，6470809-842。〔注：苏军从远东地区调至苏德战线的资料可参阅*VIZ*，1979（8），第73—77页，第74页的图表。〕

Die Behandlung des russischen Problems während der Zeit des ns. Regimes in Deutschland（《在当今德国纳粹政权下解决俄国问题》），参见B部分，*Die Aktion des Generals Wlassow*（弗拉索夫将军的作用）（关于弗拉索夫的手稿、报告，私人收藏）。

苏联资料（游击运动）

Z. I. 贝卢加等人，*Prestupleniya nemetsko-fashistskikh okkupantov v Belorussii 1941-1944*（《1941—1944年，纳粹占领者在白俄罗斯的罪行》）（明斯克，白俄罗斯出版社，1965年），德国人在白俄罗斯的暴行。

L. N. 贝奇科夫，*Partizanskoe dvizhenie v gody VOV*（《伟大卫国战争期间的游击运动》）（莫斯科：思想出版社，1965年），参见第三章，1943年的游击运动。

P. 加里宁上校，*Uchastie sovetskikh voinov v partizanskom dvizhenii Belorussii*（《白俄罗斯游击运动中苏军士兵的参与》），*VIZ*，1962（10），第34—37页，关于吉尔-罗季奥诺夫。

M. A. 卡萨特金，*V tyly nemetsko-fashistskikh armii "Tsentr"*（《在德国法西斯"中央"集团军群的后方》）（莫斯科：思想出版社，1980年），"中央"集团军群防区内的游击运动。

A. F. 卡齐科维奇，R. R. 克留奇科，*Stanovlenie partizanskovo dvizheniya v Belorussii i druzhba narodov SSSR*（《白俄罗斯游击运动的形成和苏联人民之

间的友谊》）（明斯克：科学与技术出版社，1980年），白俄罗斯游击队与其他运动的配合。

N. N. 鲁坚科，*Slovo pravdy v bor'be s fashizmom*（《反法西斯斗争中的真理》）（基辅：科学思想出版社，1980年）。这是关于苏联对德国军队开展宣传工作的详细专著/论文（胶印，只发行了800本）。

V. A. 斯米尔诺瓦（主编），*Partizany Bryanshchiny*（《布良斯克游击队》）（图拉：波利奥克斯克图书出版社，1970年第二版），布良斯克游击队，报告（文档号147—174，1943年1—3月），第270—324页。

威利·沃尔夫，*Na storone Krasnoi Armii*（《站在红军一方》）（莫斯科：军事出版社，1976年）。这是*An der Seite der Roten Armee*（《站在红军一方》）（柏林：军事出版社）的俄文译本，"自由德国"。

A. I. 扎列斯基，*V partizanskikh krayakh i zonakh*（《游击队占领区》）（莫斯科：社会经济书籍出版社，1962年）。游击运动，大量使用了党的档案资料。

关于波兰军事，苏联的东欧资料

wojny wyzwolenczej narodu polskiego 1939–1945（《波兰民族解放战争，1939—1945年》）（华沙：MON出版社，1973年）。关于在苏联组建的波兰军队，条目编号4854—4958，第429—437页。

斯坦尼斯拉夫·波普拉夫斯基大将，*Towarzysze frontowych dróg*（《同志们面前的道路》）（华沙：MON出版社，1965年），第四章，*Kosciuszkowcy*（"科希丘什科"师），在苏联的波兰军队，第59—68页。［也可参阅莫斯科军事出版社1963年出版的*Tovarishchi v bor'be*（《战友》）。］

A. 普日贡斯基，*Z zagadnien strategii frontu narodowego PPR 1942–1945*（《1942—1945年，波兰工人党民族阵线的策略问题》）（华沙：书籍和知识出版社，1976年），第116—128页，在苏联的波兰政治组织和波兰军队。

T. 罗斯基，Z. 施塔波尔，J. 扎莫伊斯基，*Wojna wyzwoleńcza narodu polskiego w latach 1939–1945*（《波兰民族解放战争，1939—1945年》）（华沙：MON出版社，1966年），第四部分，第403—416页，在苏联组建的波兰

军队的组织机构。

Z zagadnień rozwoju Ludowego Wojska Polskiego（《波兰人民军的发展问题》）（华沙：MON出版社，1964年）。"科希丘什科"师的组建，机构和装备的细节，第160—222页。

库尔斯克：第一阶段，7月5—11日、12日

杰弗里·朱克斯，*Kursk. The Clash of Armour*（《库尔斯克坦克战》），"德军的进攻"，第80—103页。

E. 克林克，*Das Gesetz des Handelns "Zitadelle" 1943*（《1943年"堡垒"战役作战令》），第339—347页，德军对苏军作战序列的情报评估。

埃利希·冯·曼施泰因元帅，*Lost Victories*（《失去的胜利》），第十四章，"堡垒"作战，第443—448页。

安东尼·里德和戴维·费舍尔，*Operation Lucy*（《露西行动》），第162—164页，"露西"将"堡垒"作战的情报发给莫斯科，苏联方面咨询"露西"，"维特"关于德军的作战意图、实力和主攻方向。

艾伯特·西顿，*The Russo-German War 1941-45*（《苏德战争1941—1945》），第354—365页，德军的准备工作，苏军的实力，开始阶段。

德国方面的文件

KTB/OKW，1940–1945，Ⅲ/2，*Lagebericht WFSt*···（《国防军指挥参谋部情况汇报》），1943年7月5日，*Am 5.7 früh hat bei der Armeeabt. Kempf, der 4 Pz—und der 9 Armee das Unternehmen "Zitadelle" planmässig begonnen*（7月5日清晨，"肯普夫"集团军级支队、第4装甲集团军和第9集团军已按计划开始实施"堡垒"作战）——7月12日的条目，第748—772页。

FHO（Ⅰ），《苏军力量表》，1943年7月11日（第3页）。

苏联方面的资料

▶战时新闻

Sovinformbyuro，参见第五册（莫斯科，1944年），1943年7—12月，

Operativnaya svodka（作战总结），7月7—10日，第1—24页。

SWN，No.600—609，1943年7月1—12日：库尔斯克。7月8日，"德军进攻的实情"；7月10日，"抗击虎式坦克的勇士"。

▶官方史

IVOVSS，第三册，第258—272页，库尔斯克，*Oboronitel'noe srazhenie*（防御战），防御阶段，苏军炮兵的反准备，中央方面军7月5日5点30分的行动，对波内里的突击，鲁克苏耶夫反坦克炮兵第3旅的覆没（第263页），德国第9集团军的惨重损失，德军停止进攻；瓦图京在南面掩护奥博扬方向，近卫第6集团军的激战，坦克第1集团军将坦克半埋入地下作为固定防御阵地（第269页），德军冲向普罗霍罗夫卡。

IVMV，第七册，第144—154页，库尔斯克战役的防御阶段，俘虏确认了德军进攻发起时间（7月5日3点），组织反准备炮火，敌人对第13集团军以及第48、第70集团军侧翼的进攻，敌人7月5日对沃罗涅日方面军的主要突击，奇斯佳科夫近卫第6集团军遭受的压力，瓦图京投入坦克第1集团军，最高统帅部调动近卫坦克第5集团军，德军冲向普罗霍罗夫卡。

▶军事行动分析和个人记述

N. A. 安季片科中将，*Na glavnom napravlenii*（《在主要方向上》）（莫斯科：科学出版社，1971年第二版），第91—108页。参见*Na Kurskoi duge*（《在库尔斯克弧形地带》），库尔斯克战役中的后勤工作，铁路补给的运作和安全，空中运输和补给（运离21000名伤员）鲜为人知的作用，弹药的消耗和补充。

坦克兵元帅A. Kh. 巴巴贾尼扬、N. K. 波佩利中将等人，*Lyuki otkryli v Berline. Boevoi put 1–i gvardeiskoi tankovoi armii*（《在柏林打开舱盖：近卫坦克第1集团军战史》）（莫斯科：军事出版社，1973年），第7—54页，关于坦克第1集团军在库尔斯克的组织、力量、部署及防御行动的详细叙述。

A. Kh. 巴巴贾尼扬，*1–ya tankovaya armiya v oboronitel'nom srazhenii*（《防御战中的坦克第1集团军》），*VIZ*，1973（7），第41—50页。简洁但却详细

地阐述、分析了坦克第1集团军（沃罗涅日方面军）的防御行动。

炮兵少将G. 比留科夫，*Artilleriya v oborone 13-i armii*（《第13集团军防御作战中的炮兵》），*VIZ*，1973（8），第41—48页。这是对第13集团军（中央方面军）防御作战中的炮兵部队所做的详细研究。

集体创作，*16-ya vozdushnaya*（《空军第16集团军》），第90—106页，库尔斯克战役防御阶段，为红军提供的空中支援。

I. M. 达尼舍夫斯基（主编），*Proval operatsii "Tsitadel"*（《"堡垒"作战的失败》）（莫斯科：政治书籍出版社，1967年第二版）。在这本合集中，参见M. 延申（步兵第307师师长）的*Trista sed'maya-v boyakh za Ponyri*（《在波内里作战的第307师》），第50—70页；S. 鲁坚科和P. 布赖科（空军第16集团军的司令员和参谋长）的*Tak zavoevyvalos gospodstvo v vozdukhe*（《就这样夺取制空权》），第85—95页（空中行动）；G. 罗金（乌拉尔志愿者坦克军军长）的*Ural'skii dobrovol'cheskii…*（《乌拉尔志愿者》），第120—133页。

A. L. 格季曼，*Tanki idut na Berlin (1941-1945)*（《坦克冲向柏林》），第三章，*Na Oboyan'skom napravlenii*（在奥博扬方向），第84—108页，坦克第6军（与坦克第1集团军和第69集团军）作为沃罗涅日方面军第二梯队的作战行动，从奥博扬出发，经过5天激战损失惨重，7月10日只剩下50辆坦克和3个反坦克炮兵连，援兵也被削弱。

S. 伊万诺夫大将，*Oboronitel'naya operatsiya Voronezhskovo fronta'*（《沃罗涅日方面军的防御作战》），*VIZ*，1973（8），第11—22页。这是伊万诺夫将军对沃罗涅日方面军防御作战所做的重要而又详细的研究，这篇文章还出色地描绘了方面军司令员瓦图京。

M. E. 卡图科夫，*Na ostrie glavnovo udara*（《主要突击的矛头》，第二版），第202—236页，卡图科夫时任坦克第1集团军司令员，部署于库尔斯克，防御战的强度，坦克集团军的损失。

炮兵元帅K. P. 卡扎科夫，*Vsegda s pekhotoi, vsegda s tankami*（《永远同步兵和坦克在一起》）（莫斯科：军事出版社，1969年），第129—162页，库尔斯克战役中的苏军炮兵，中央方面军和沃罗涅日方面军的炮兵力量、部署和密度：防御阶段消耗了2424600发炮弹和地雷，射出1132800发反坦克枪子弹，1861辆德军坦克、突击炮被击毁或击伤（中央方面军的战果为800辆，沃罗涅日方面军1049辆）（另可参阅第136—137页，中央方面军反坦克部署示意图）。

G. A. 科尔图诺夫和B. G. 索洛维约夫，*Kurskaya bitva*（《库尔斯克战役》）（莫斯科：军事出版社，1970年）。这是一本极为详细的出色著作，可参阅第101—134页，突出部北面的防御作战（炮兵反准备，在主防御体系的战斗，中央方面军发起反击，奋战于波内里和奥利霍瓦特卡，防御阶段的战果统计）；第135—166页，突出部南面的防御作战（炮兵反准备，在主防御体系的战斗，7月6日的作战行动，7月7—9日在第二防御地带的战斗，普罗霍罗夫卡方向的作战行动）。

G. A. 科尔图诺夫，*Ognennaya duga*（《弧形地带的战火》）（莫斯科：军事出版社，1973年），第48—102页，描述了苏军的防御作战，中央和沃罗涅日方面军7月5—11日和12日的作战行动。另外还附有苏军部署模式和防御体系类型的图表。

I. S. 科涅夫，*Zapiski komanduyushchevo frontom*（《方面军司令员笔记，1943—1944年》），第9—17页。担任最高统帅部预备队的草原方面军，朱可夫和斯大林对科涅夫的指示，最高统帅部指令（第10页），最高统帅部7月10日给草原方面军的指令（第11页），苏军炮兵反准备，德军渗透沃罗涅日方面军的防御，冲向普罗霍罗夫卡，最高统帅部抽调近卫坦克第5集团军和近卫第5集团军给沃罗涅日方面军，第27集团军部署在别尔哥罗德—库尔斯克方向。

I. I. 马尔金上校，*Kurskaya bitva*（《库尔斯克战役》）（莫斯科：军事出版社，1958年）。这是一本很有帮助的著作。别尔哥罗德—库尔斯克方向的防御行动，第50—102页；以及奥廖尔—库尔斯克方向，第103—129页。

K. S. 莫斯卡连科，*Na Yugo-zapadnom napravlenii. Vospominaniya komandarm*（《在西南方向上，一名指挥员的回忆》），第二册，第47—59页。最高统帅部7月2日下达的警示令（德军将于7月3—6日发起进攻），瓦图京7月4日召开的军事会议，准备发起炮火反准备，第40集团军7月3日的情报汇总（第49—50页），德军对苏军近卫第6集团军的进攻，华西列夫斯基与瓦图京决心在普罗霍罗夫卡和奥博扬堵住敌人的推进，战略预备队的部署。

K. S. 莫斯卡连科（主编），*Bitva na Kurskoi duge*（《在库尔斯克弧形地带的战斗》）（莫斯科：科学出版社，1975年）。这是一份非常详细、信息量非常丰富的概述，尽管很少有人对这本著作做出评论。参见E. E. 马尔采夫大将对方面军军事委员会的介绍，第37—47页；S. P. 伊万诺夫大将对沃罗涅日方面军司令部的描述，第58—64页；炮兵中将M. D. 西多罗夫描述防御阶段集结炮兵和反坦克炮兵预备队的调动，第96—104页；G. A. 科尔图诺夫上校阐述苏军在库尔斯克实施防御作战的特点，第112—121页。

I. V. 帕洛特金少将（主编），*Kurskaya bitva*（《库尔斯克战役》）（莫斯科：科学出版社，1970年）。参见英译本*The Battle of Kursk*（《库尔斯克战役》）（莫斯科：进步出版社，1974年）中的回忆记述：朱可夫，第33—47页（防御作战）；华西列夫斯基阐述战略策划，第59—74页；罗科索夫斯基（中央方面军），第77—90页；福明上将对炮兵的介绍，第196—205页；安季片科中将对后勤工作的回忆，第236—248页（防御作战中的弹药消耗，第245页）。

通信兵元帅I. 佩列瑟普金，*Organizatsiya svyazi*（《通信组织》），*VIZ*，1973（7），第51—61页。库尔斯克战役中的信号通信系统，总参谋部和方面军司令部、集团军司令部以及独立坦克、机械化部队。

P. 罗特米斯特罗夫，*Bronetankovye i mekhanizirovannye voiska v bitve pod Kurskom*（《库尔斯克战役中的坦克和机械化部队》），*VIZ*，1970（1），第12—22页。对库尔斯克战役期间苏军坦克和机械化部队的部署做出的批评。

空军元帅S. I. 鲁坚科，*Krylya pobedy*（《胜利之翼》）（莫斯科：军事出版社，1976年），第156—180页。空军第16集团军支援中央方面军的作战行动，争夺制空权，朱可夫7月7日建议派歼击机加强空军第16集团军，策划苏军的反击。

A. P. 梁赞斯基少将，*V ogne tankovykh srazhenii*（《在坦克战的火海中》）（莫斯科：科学出版社，1975年），第60—84页，库尔斯克防御战中近卫机械化第5军与近卫坦克第5集团军的作战行动。这是一份关于近卫机械化第5军训练、部署和作战的详细记述。

B. G. 索洛维约夫，*Vermakht na puti k gibeli*（《走向毁灭之路的德国国防军》），第103—125页，苏军7月5—12日在库尔斯克实施的防御作战，与脚注的方式相配合，描述并分析了德国方面（和其他国家）的说法。

F. 楚尔卡诺夫上校，*Manevr silami i sredstvami Voronezhskovo fronta v oboronitel'noi operatsii pod Kurskom*（《沃罗涅日方面军在库尔斯克附近防御作战中的机动力量和手段》），*VIZ*，1963（6），第35—42页。这是一份对沃罗涅日方面军再部署和调动的细致研究，并配有表格和图表。

A. M. 华西列夫斯基，*Delo vsei zhizni*（《毕生的事业》，第二版），第340—344页，斯大林5月26日对预计中的德军攻势感到不安，瓦图京继续敦促苏军采取进攻行动，斯大林建议瓦图京在7月份第一周前做好进攻准备，7月2日晚总参谋部接到德军将于7月6日前发动进攻的情报，最高统帅部拟定给各方面军司令部的指示，华西列夫斯基赶赴沃罗涅日方面军，德军实施侦察，进攻开始，苏军的防御阶段。

F. I. 维索茨基等人，*Gvardeiskaya tankovaya*（《近卫坦克》），第25—40页，坦克第2集团军，担任中央方面军的预备力量，以坦克第3军提供支援，策划坦克集团军的反击，7月6日的作战行动，罗科索夫斯基命令坦克第2集团军实施防御。

G. K. 朱可夫，*Vospominaniya i razmyshleniya*（《回忆与思考》），第二册，第163—178页，库尔斯克的防御作战（参阅英译本中的"库尔斯克战役"）。

库尔斯克、普罗霍罗夫卡和苏军的反击

德国方面的文件

KTB/OKW，Ⅲ/2，*Lagebericht WFSt*（《国防军指挥参谋部情况汇报》），1943年7月11—19日的条目：7月19日，*Offensive erscheint die weitere Durchführung von "Zitadelle" nicht mehr möglich*⋯（继续执行"堡垒"行动的

进攻似乎不再可能），第769—804页。

苏联方面的资料

IVOVSS，第三册，（ⅰ）第272—275页，德军未能突破至奥博扬，沿狭窄正面朝普罗霍罗夫卡的推进，沃罗涅日方面军的计划获得斯大林的批准——以坦克第1集团军、近卫第6和近卫第7集团军、近卫坦克第5集团军、近卫第5集团军于7月12日发起一场强有力的反击，这个计划由于德军插入苏军部队之间而受挫，苏军对党卫队第2装甲军实施轰炸，普罗霍罗夫卡坦克战，T-34在近距离内战斗，德军损失350辆坦克和10000名官兵，普罗霍罗夫卡南面与"肯普夫"集团军级支队的激战，苏军第69集团军转入防御，近卫第6集团军与坦克第1集团军沿奥博扬—别尔哥罗德公路向南发起进攻，最高统帅部7月18日命令草原方面军辖下的第53、第47集团军和近卫第4集团军投入战斗，德军误以为苏军部队需要更多时间才能得到恢复。（ⅱ）第276—281页，对奥廖尔的进攻：近卫第11集团军，最高统帅部计划攻向奥廖尔和别尔哥罗德—哈尔科夫，布良斯克方面军和西方面军左翼部队7月12日投入进攻，对奥廖尔发起四次攻击，近卫第11集团军组织突击群，配属250辆坦克，7个工兵营肃清雷区（排除了42000枚地雷），截至7月19日近卫第11集团军达成70公里的渗透，坦克第4集团军、第11集团军（费久宁斯基）和近卫骑兵第2军投入战斗，第11集团军由于后勤问题进展甚微，坦克第4集团军对博尔霍夫的进攻戛然而止。

IVMV，第七册，（ⅰ）第152—156页，7月9日午夜草原军区改为草原方面军，科涅夫将近卫第4集团军、第27和第53集团军派往别尔哥罗德—哈尔科夫，近卫第5集团军和近卫坦克第5集团军调拨给沃罗涅日方面军，普罗霍罗夫卡坦克战，德军开始后撤，库尔斯克防御战战果统计——中央方面军遭到猛烈进攻，但其已得到一个炮兵军的加强，相比之下沃罗涅日方面军的火炮数量较少，只有2740门大炮和迫击炮，苏军投入战略预备队（在普罗霍罗夫卡）阻止了德军的进攻，但削弱了苏军随后发起追击行动的力量。（ⅱ）第159—162页，苏军投入近卫第11集团军和第61集团军（别洛夫）于7月12日对奥廖尔发起进攻，空军第1集团军（M. M. 格罗莫夫）提供支援，为进攻奥廖尔苏军集结起西方面军左翼部队、布良斯克方面军和中央方面军，共1286000人、2400

辆坦克、21000门大炮和迫击炮、3000架飞机；由于德军顽强抵抗，布良斯克方面军攻势放缓，中央方面军的右翼部队7月15日投入进攻，尽管这些部队（第48、第13、第70集团军和坦克第2集团军）已在库尔斯克突出北面的防御战中被严重削弱；最高统帅部7月18日投入巴达诺夫的坦克第4集团军和近卫骑兵第2军，尽管为时太晚且战略预备力量的投入较为困难。

I. Kh. 巴格拉米扬，*Tak shli my k pobede*（《我们这样走向胜利》），第196—237页，强化侦察行动（7月9—10日），战略轰炸机部队7月11夜间的空袭，苏军7月11日对德国第2装甲集团军发起突袭，第50集团军的攻势受阻（7月13日），与斯大林的通话（7月14日晚），他答应提供预备力量，对德国第2装甲集团军、第9集团军侧翼及后方的威胁，与方面军司令员索科洛夫斯基争论投入坦克第4集团军的问题，近卫第11集团军转隶布良斯克方面军（7月29日）。

I. Kh. 巴格拉米扬，*Flangovyi udar 11-i gvardeiskoi armii*（《近卫第11集团军的侧翼突击》），*VIZ*，1963（7），第83—95页。

集体创作，*Sovetskie tankovye voiska 1941-1945*（《1941—1945年间的苏军坦克部队》）（莫斯科：军事出版社，1973年），第131—143页，坦克集团军在苏军反击期间发挥的作用，开始于奥廖尔战役（7月12日—8月8日）。〔注：关于苏军坦克作战最全面、最不可或缺的著作是A. I. 拉济耶夫斯基大将的*Tankovyi udar*（《坦克突击》）（莫斯科：军事出版社，1977年），共271页，配有地图、表格和图表。〕

《指挥员们的回忆……》，库尔斯克，I. M. 奇斯佳科夫（近卫第6集团军），M. S. 舒米洛夫（近卫第7集团军），N. P. 普霍夫（第13集团军），K. S. 莫斯卡连科（第40集团军），P. A. 罗特米斯特罗夫（近卫坦克第5集团军），A. S. 扎多夫（近卫第5集团军），*VIZ*，1963（7），第62—82页。

G. A. 科尔图诺夫和B. G. 索洛维约夫，*Kurskaya bitva*（《库尔斯克战役》），第四章，*Boevye deistviya na prokhorovskom napravlenii*（普罗霍罗夫卡方向上的作战行动），德军对普罗霍罗夫卡的进攻，未能取得彻底突破（第162—166页）；普罗霍罗夫卡坦克战，近卫坦克第5集团军和近卫第5集团军奉命发起反击，罗特米斯特罗夫沿一条15公里的战线冲向普罗霍罗夫卡西面和西南面，第一梯队是坦克第18、第29军和近卫坦克第2军，1500辆战车（苏军和德军）卷入这场战斗（参见第174页的注释）；德军7月13—14日最后一次试图达成突破，华西列夫斯基亲自向斯大林汇报（第176页）；瓦图京7月16日命令部队转入防御，需要建立弹药储备，德军在强有力的后卫部队的掩护下开始后撤（第166—177页）。

I. S. 科涅夫，*Zapiski komanduyushchevo frontom*（《方面军司令员笔记》），第16—20页，调出近卫坦克第5集团军和近卫第5集团军，普罗霍罗夫卡坦克战，科涅夫没能说服最高统帅部将作为一支战略力量的草原方面军投入战斗，7月30日报告朱可夫由于将部队调拨给沃罗涅日方面军，草原方面军的实力遭到削弱（第19—20页），科涅夫认为整体投入草原方面军会更好些，这样可以逮住后撤中的德军。

P. A. 罗特米斯特罗夫，*Tankovoe srazhenie pod Prokhorovkoi*（《普罗霍罗夫卡坦克战》）（莫斯科：军事出版社，1960年），第107页，7月11—12日的庞大坦克战，罗特米斯特罗夫指挥近卫坦克第5集团军。

P. A. 罗特米斯特罗夫在V. S. 洛克欣主编的*Na ognennoi duge*（《在弧形地带的战火中》）（莫斯科：军事出版社，1963年）中写的*Tankovoe srazhenie 12 iyulya*（《7月12日的坦克战》），第40—59页（普罗霍罗夫卡坦克战）。

L. 桑达洛夫上将，*Bryanskii front v Orlovskoi operatsii*（《奥廖尔战役中的布良斯克方面军》），*VIZ*，1963（8），第62—72页。布良斯克方面军与奥廖尔战役，斯大林7月18日指示投入近卫坦克第3集团军（第70页），斯大林对坦克集团军没能取得成功而不满（第71页）。

A. M. 华西列夫斯基，*Delo vsei zhizni*（《毕生的事业》），第344—345页。亲自向斯大林汇报（文件标注的日期为7月14日）普罗霍罗夫卡坦克战的情况：罗特米斯特罗夫近卫坦克第5集团军辖下的坦克第29军损失了60%的坦克，坦克第18军损失了30%的坦克，机械化第5军的损失很轻微。

空军少将A. V. 沃罗热伊金，*Nad Kurskoi dugoi*（《在库尔斯克弧形地带》）（莫斯科：军事出版社，1962年），歼击机飞行员的回忆，库尔斯克空战（当时他是歼击航空兵第728团的中队长）。

苏军的秋季攻势，冲向第聂伯河

约翰·A. 阿姆斯特朗，*Ukrainian Nationalism*（《乌克兰的民族主义》）（哥伦比亚大学出版社，1963年第二版），第130—165页，乌克兰人的抵抗与游击运动。

阿尔弗雷德·菲利皮和费迪南德·海姆，*Der Feldzug gegen Sowjetrussland 1941 bis 1945*（《对苏战争1941—1945》），第二部分（F. 海姆），*Stalingrad und der Verlauf des Feldzuges der Jahre 1943-1945*（斯大林格勒和1943—1945年间的战事过程），第三章，*Die sowjetische Sommeroffensive im südlichen und mittleren Abschnitt⋯*（苏军在南方和中央地区发起的夏季攻势），第212—223页。

艾伯特·西顿，*The Russo-German War 1941-45*（《苏德战争1941—1945》），第二十三章，"苏军1943年的秋季攻势"，第369—391页。（这是一部做出全面叙述和分析的出色著作，涵盖了苏军对攻势的策划以及德军做出应对的全过程。）

德国方面的文件

Gen Std H（陆军总参谋部）：*Kräftegegenüberstellung*（《力量对比》），1943年7月20日。

德军力量：东线

   151个步兵师

   22个装甲师

   3064000人

   2088辆坦克

   8063门大炮

苏军力量：

战地	预备力量	合计
365个步兵师	107个步兵师	506个步兵师
150个坦克和机械化师	92个坦克和机械化师	275个坦克和机械化师
4067000人	1275000人	5755000人

4348辆坦克	2951辆坦克	7855辆坦克
15310门大炮	4380门大炮	21050门大炮

▶FHO情报评估

A部分，*Beurteilungen der Feindlage vor deutscher Ostfront im Grossen*（《对东线敌情的整体评估》）。7月份报告（第11、12、27和28），8月份报告（第2、18、28），9月份报告（第8、19、21、25、27、30），另外还有10月11日；9月19日对苏军战场兵力与部署的报告，9月25日关于苏军策划冬季攻势的报告。T–78/R466，6445988–6025。

FHO（Ⅰ），以及Wirtschaftsstab Ost（东方经济部）。*Bandenlage im Osten (1943)*（《1943年东线匪情》），包括"犯罪团伙统计"、地图、图表：苏联游击运动。T–78/R489，6475168–213。

▶党卫队全国领袖

对鲍里斯·鲁萨诺夫上尉的审讯，"总参谋部军官"、苏联游击队；斯特罗卡奇上将（乌克兰游击运动司令）领导的乌克兰游击运动。T–175/R38，1548473–487。

苏联方面的资料

IVOVSS，第三册，第二部分，第五章（第五节），苏军的反击，进攻奥廖尔，第276—285页；第五章（第六节），进攻别尔哥罗德、哈尔科夫，第286—293页；第六章，苏军冲向第聂伯河，第305—313页；第六章（第二节），顿巴斯的解放，第314—322页。

IVMV，第七册，（i）第157—178页，苏军在库尔斯克的反击，进攻奥廖尔（1286000人、21000门大炮、2400辆坦克和3000架飞机），别尔哥罗德、哈尔科夫战役，沃罗涅日方面军迂回哈尔科夫，草原方面军8月17日逼近哈尔科夫，哈尔科夫8月23日获得解放；第193—210页，顿巴斯战役（1053000人、21000门大炮、1257辆坦克和1400架飞机），华西列夫斯基协调南方面军和西南方面军的作战行动，德军在米乌斯河防线的失败，中央方面军的攻势进入

北乌克兰（第60集团军），发起第聂伯河战役，最高统帅部9月6日命令沃罗涅日方面军进攻基辅（以近卫坦克第3集团军加强），草原方面军进攻波尔塔瓦和克列缅丘格（以近卫第5集团军和西南方面军抽调的第46集团军加强），策划进攻基辅（第200页），德军撤向"东墙"，苏军遵照斯大林的命令发起追击，以便沿一个宽大的正面突破至第聂伯河，普霍夫第13集团军9月22日率先渡过第聂伯河。（ii）第238—248页，斯摩棱斯克、布良斯克—戈梅利战役（代号"苏沃洛夫I"），西方面军和加里宁方面军，这场进攻旨在深深地渗透至白俄罗斯（注：斯大林8月初视察了"斯摩棱斯克方向"，第241页），由于缺乏伪装和欺骗手段，苏军的意图被德军发现，进展缓慢，布良斯克9月17日获得解放，德军撤离杰斯纳河。

苏联元帅S. S. 比留佐夫，*Surovye gody*（《严酷的年代》），第175—204页，顿巴斯的解放，比留佐夫时任托尔布欣的参谋长，南方面军的作战行动。

L. N. 贝奇科夫，*Partizanskoe dvizhenie v gody VOV*（《伟大卫国战争中的游击运动》），第303—326页，游击队在库尔斯克战役期间的行动，斯摩棱斯克地区和乌克兰。

苏联元帅V. I. 崔可夫，*Ot Stalingrada do Berlina*（《从斯大林格勒到柏林》）（莫斯科：军事出版社，1980年），第二部分（第一章），"扎波罗热……"，第360—383页，近卫第8集团军（斯大林格勒战役中的第62集团军）在西南方面军辖下的作战行动（朱可夫要求将近卫第8集团军调给科涅夫的草原方面军，遭到马利诺夫斯基的抵制），扎波罗热的陷落，冲向尼科波尔。［这个最新版本是"崔可夫回忆录"多个回忆录版本的综合，例如1972年的*Gvardeitsy Stalingrada idut na zapad*（《斯大林格勒近卫军西进》）和1972年基辅出版的*V boyakh za Ukrainu*（《在解放乌克兰的战斗中》）。］

V. M. 多姆尼科夫中将（主编），*V nastuplenii Gvardiya*（《进攻中的近卫军》）（莫斯科：军事出版社，1971年），第105—143页，*Krushenie Mius-Fronta*（米乌斯河防线的崩溃），近卫第2集团军和南方面军的作战行动，解放顿巴斯。

I. I. 费久宁斯基，*Podnyatye po trevoge*（《闻警出动》，第二版），第148—152页，费久宁斯基指挥第11集团军（7月14日），向方面军司令员（及最高统帅部）解释进展缓慢的原因。

V. P. 伊斯托明上校，*Smolenskaya nastupel'naya operatsiya*（《1943年的斯摩棱斯克进攻战役》）（莫斯科：军事出版社，1975年），各处。这部关于"斯摩棱斯克战役"（8月7日—10月2日）的极为详细的专著是一个不可或缺的资料来源，主要基于苏联军事档案写作，并对苏军的表现做出了客观评价。

V. P. 伊斯托明，*Smolenskaya nastupel'naya operatsiya 1943 goda*（《1943年的斯摩棱斯克进攻战役》），*VIZ*，1973（10），第11—23页。（这是一个简要的版本。）

伊万·克洛斯，*Rel'sovaya voina v Poles'e*（《波兰铁路线之战》）（莫斯科：军事出版社，1962年）。这是一部描述游击队破坏铁路线的热门著作。

I. S. 科涅夫，*Zapiski komanduyushchevo frontom*（《方面军司令员笔记，1943—1944年》），第22—46页，别尔哥罗德—哈尔科夫战役，进攻计划提交给斯大林（第23—25页），部署第53集团军和机械化第1军，夺取哈尔科夫的指令，第53和第57集团军从西面和西南面逼近哈尔科夫，科涅夫8月22日下令对哈尔科夫发起夜袭，斯大林等待着哈尔科夫解放的消息；第51—80页，冲向第聂伯河。

I. S. 科涅夫，*Na Kharkovskom napravlenii*（《在哈尔科夫方向上》），*VIZ*，1963（8），第49—61页。科涅夫对突击哈尔科夫的记述（带有对N. 赫鲁晓夫的过度赞扬，1972年出版的回忆录明智地将其删除了）。

G. A. 科尔图诺夫和B. G. 索洛维约夫，*Kurskaya bitva*（《库尔斯克战役》），第二部分，第185—272页，奥廖尔战役（1943年7月12日—8月18日），近卫第11集团军和第50集团军的作战行动，中央方面军的攻势，苏军在奥廖尔西南方的行动，夺取博尔霍夫，解放奥廖尔，冲向布良斯克；第275—352页，别尔哥罗德—哈尔科夫战役（1943年8月3日—23日），解放别尔哥罗德，草原方面军赶往哈尔科夫方向，沃罗涅日方面军的行动，哈尔科夫接近地的战斗，沃罗涅日方面军右翼的行动，击退德军向阿赫特尔卡的反击（8月17日—23日），哈尔科夫的解放。（每日、每时作战行动的详细叙述，广泛使用了苏联军事档案。）

苏联元帅N. I. 克雷洛夫等人，*Navstrechu pobede. Boevoi put 5-i armii*（《走向胜利：第5集团军的战斗之路》）（莫斯科：科学出版社，1970年），第146—171页，斯摩棱斯克战役中的第5集团军（司令员为波列诺夫中将），也可参见V. P. 伊斯托明的著作。

A. T. 库兹明（主编），*Vsenarodnoe partizanskoe dvizhenie v Belorussi*（《白俄罗斯全国范围的游击运动》）（明斯克：白俄罗斯出版社，1978年），两卷本第二册。关于白俄罗斯游击队重要的文件资料，1943年7月—12月。

P. G. 库兹涅佐夫中将，*Marshal Tolbukhin*（《托尔布欣元帅》）（莫斯科：军事出版社，1966年），第79—97页，*Na Yuzhnom Fronte*（在南方面军），托尔布欣被擢升为上将（1943年4月），担任方面军司令员（比留佐夫任参谋长），托尔布欣对7月攻势感到失望，但斯大林对此很满意，托尔布欣和比留佐夫8月11日在莫斯科，策划顿巴斯战役，夺取塔甘罗格，与西南方面军的9月攻势，托尔布欣被擢升为大将。

I. M. 马纳加罗夫大将，*V srazhenii za Kbar'kov*（《在哈尔科夫战役中》）（哈尔科夫：旗帜出版社，1978年第二版），第54—90页，第53集团军7月9日清晨4点接到警报，防御性部署，为苏军向别尔哥罗德—哈尔科夫方向的反击（代号"鲁缅采夫"）进行准备，朱可夫7月27日的检查，朱可夫为计划中的进攻下达的指示和进一步视察，没见到朱可夫（他不太高兴），向哈尔科夫推进，8月23日从西面突入哈尔科夫，解放哈尔科夫。（书中对朱可夫和科涅夫的风格做出的评述颇具启发性。）

O. V. 莫伊谢耶夫，*Velikaya bitva za Dnepre*（《第聂伯河会战》）（基辅：科学院出版社，1963年），第44—132页，*Forsirovanie Dnepra*（强渡第聂伯河），建立布克林登陆场、克列缅丘格和扎波罗热登陆场，游击队的贡献。

（坦克兵）中将N. K. 波佩利，*Tanki povernuli na zapad*（《坦克转向西面》）（莫斯科：军事出版社，1960年），第184—186页，苏军反击中的坦克第1集团军，与库利克的近卫第4集团军相配合；库利克这位昔日的苏联元帅，在1941年因为损失了一个集团军而被贬，1943年重新获得中将军衔，但受到一场严厉的斥责后，他被朱可夫撤职。

L. M. 桑达洛夫上将，*Na moskovskom napravlenii*（《在莫斯科方向上》）（莫斯科：科学出版社，1970年），第五章，对奥廖尔的攻势，布良斯克方面军的作战行动。（桑达洛夫时任布良斯克方面军参谋长。）

坦克兵上将 M. D. 索洛马京，*Krasnogradtsy*（《克拉斯诺格勒人》）（莫斯科：军事出版社，1963年），第51—69页，机械化第1军和草原方面军的作战行动，担任第53集团军的"快速集群"，为7月23日—8月2日的攻势进行准备，科涅夫8月3日命令机械化第1军协助突破德军防御（从而削弱了该军的"突击力"），突破德军防御进展缓慢，解放别尔哥罗德，与第53集团军的第一梯队共同行动，解放哈尔科夫。

A. M. 华西列夫斯基，*Delo vsei zhizni*（《毕生的事业》，第二版），第347—374页，*Osvobozhdenie Donbassa*（解放顿巴斯），朱可夫和华西列夫斯基协调对哈尔科夫的进攻，与马利诺夫斯基商谈，西南方面军为解放顿巴斯发挥的作用，向最高统帅部汇报与托尔布欣及南方面军商讨的计划，最高统帅部8月10日批准西南方面军和南方面军的作战计划，南方面军对米乌斯河的攻势定于8月18日发起，朱可夫和华西列夫斯基8月12日收到最高统帅部下达给沃罗涅日方面军、草原方面军和西南方面军的作战指令，库利克近卫第4集团军奉命加强沃罗涅日方面军（华西列夫斯基极其厌恶库利克这位前苏联元帅），西南方面军强渡北顿涅茨河的攻势遭到猛烈抵抗，由于没有及时向最高统帅部做出汇报，斯大林8月17日威胁要解除华西列夫斯基的职务（电报，第356页），最高统帅部就哈尔科夫战役问题致电朱可夫（8月22日晚），华西列夫斯基8月26日向斯大林汇报，斯大林9月2日加强南方面军以扩大战果，德军撤向第聂伯河，孤立克里木德军的行动，9月28日与斯大林通话，以审核沃罗涅日方面军、草原方面军和西南方面军的进一步行动，最高统帅部给马利诺夫斯基（西南方面军）下达新指令，各方面军更改名称。

A. M. 华西列夫斯基，*Osvobozhdenie Donbassa i levoberezhnoi Ukrainy. Bor'ba za Dnepr*（《解放顿巴斯和左岸乌克兰，第聂伯河之战》），*Istoriya SSSR*（《苏联历史》），1970年第3期，第3—45页。这是一份非常重要的文件集，包括作战指令、向斯大林的报告、给西南方面军和南方面军的作战指令：这篇文章是对华西列夫斯基元帅回忆录不可或缺的补充。

N. N. 沃罗诺夫，*Na sluzhbe voennoi*（《戎马生涯》），第381—399页，在西方面军担任最高统帅部代表，斯摩棱斯克战役。

苏联元帅I. I. 雅库鲍夫斯基，*Zemlya v ogne*（《大地在燃烧》）（莫斯科：军事出版社，1975年），第二章，*Ot Kursha k Dnepru*（从库尔斯克到第聂伯河），第124—151页，近卫坦克第3集团军在布良斯克方面军辖下的作战行动，7月17日的部署（40000人、731辆坦克和自行火炮、700门大炮和迫击炮），方面军司令员M. M. 波波夫分配任务，但最高统帅部7月18日对这些任务做出修改，近卫坦克第3集团军7月底转隶中央方面军，配合罗曼年科第48集团军，夺取奥廖尔，雅库鲍夫斯基对坦克作战的评述。（尽管是一本回忆录，但雅库鲍夫斯基的著作是对近卫坦克第3集团军军史的一个重要贡献——他当时指挥着独立坦克第91旅——也是对苏军指挥员的一幅出色素描，另外还对苏军坦克集团军的组织和战场部署做出了评述。）

苏联元帅A. I. 叶廖缅科，*Gody vozmezdiya* 1943–1945（《惩罚的年代，1943—1945年》）（莫斯科：科学出版社，1969年），叶廖缅科的加里宁方面军与西方面军相配合，斯摩棱斯克战役，加里宁方面军的实力和部署，第37—44页；8月份的作战行动，A. I. 济金中将（第39集团军）被撤职，未取得战果，第45—61页。

G. K. 朱可夫，*Vospominaniya i razmyshleniya*（《回忆与思考》），第二册，第195—201页，收复乌克兰之战，总参谋部认为德军已无力发起进一步攻势，斯大林对此表示赞同，但要求立即对德军发起正面打击，朱可夫不赞成这种打法，斯大林（8月25日）要求迅速夺取第聂伯河和莫洛奇纳亚河，朱可夫要求提供的增援被斯大林大幅削减——"剩下的，等两个方面军到达第聂伯河时再拨给"——以近卫坦克第3集团军加强沃罗涅日方面军，9月底，苏军沿750公里的战线跨过第聂伯河。

▶苏军冲向第聂伯河

（中央方面军、沃罗涅日方面军、草原方面军、西南方面军和南方面军）

参见G. 乌特金的综合研究，*Shturm "Vostochnovo vala". Osvobozhdenie levoberezhnoi Ukrainy i forsirovanie Dnepra*（《突击"东墙"：解放左岸乌克兰

和强渡第聂伯河》）（莫斯科：军事出版社，1967年）。中央方面军的作战行动，强渡第聂伯河，切尔尼戈夫斯克—普里皮亚特河战役的完成，第27—76页；沃罗涅日方面军的攻势，在基辅以南强渡第聂伯河，基辅以北的渡河行动，第84—175页；草原方面军的作战行动，在克列缅丘格西南方建立登陆场，第37集团军在克列缅丘格东南方的作战行动，对基洛沃格勒和克里沃罗格的进攻，第197—233页；西南方面军和南方面军的作战行动，解放顿巴斯，第242—270页；西南方面军的作战行动，扎波罗热，争夺第聂伯罗彼得罗夫斯克，第278—310页；南方面军的作战行动，解放梅利托波尔，德军被歼灭，第320—348页。（这是一部极为详细的著作，带有每日作战叙述，主要基于苏联军事档案。）

▶空降行动：卡涅夫，1943年9月—10月

　　I. I. 利索夫中将：*Desantniki (Vozdushnye desanty)*（《伞兵突击》）（莫斯科：军事出版社，1968年），第六章，*Na pravom beregu Dnepra*（在第聂伯河右岸），第153—178页，空降突击的组织和策划，空投，地面作战行动。

　　G. P. 索夫龙诺夫，*Vozdushnye desanty vo vtoroi mirovoi voine*（《第二次世界大战中的伞兵突击》）（莫斯科：军事出版社，1962年），第27—36页。

　　（苏军空降兵司令）D. S. 苏霍鲁科夫等人，*Sovetskie vozdushno-desantnye*（《苏军空降兵》）（莫斯科：军事出版社，1980年），第194—209页，空降兵与第聂伯河战役。

外交的复杂性和纠纷

　　亚历山大·费舍尔，*Sowjetische Deutschlandpolitik im Zweiten Weltkrieg 1941-45*（《苏联在二战中的对德政策》），第二章（c），*Die Bewegung "Freies Deutschland"*（"自由德国"运动），第53—59页（带有大量注释和参考文献，第186—190页）。另可参阅：

　　Zur Geschichte der deutschen antifaschistischen Widerstandsbewegung 1933 bis 1945（《1933—1945年，德国反法西斯抵抗运动史》）。资料：*Berichte und Dokumente*（《报告和文件》）（东柏林：国防部出版社，1957年）。参见*Nationalkomitee "Freies Deutschland"*（"自由德国"全国委员会），第213—276页；以及影印件*Das Freie Wort (10.7.43)*（言论自由，1943年7月10日），第257页；*Freies Deutschland*（自由德国），1943年11月24日，12月27日——*1944. Beginn einer neuen Epoche*（社论）（1944，一个新时代的开始）；另外还有*Manifest des Nationalkomitees "Freies Deutschland" an die Wehrmacht und an das deutsche Volk*（"自由德国"全国委员会向武装部队和德国人民发表的宣言），第233—236页；*Gründung des "Bundes deutscher Offiziere"*（1943年9月）（"德国军官同盟"的建立），第245页。〔苏联对德国反法西斯运动（包括BDO）的评价参见M. 布尔采夫少将的文章，*VIZ*，1969（10），第41—49页。〕

戴维·欧文，*Hitler's War*（《希特勒的战争》），第565—577页，希特勒的战略思想，"伸向斯大林的触角"，希特勒对未来的信心，意识到盟军的困难，"我们的敌人，内部会发生崩溃"，以及斯大林的领导地位（希特勒倾向于同他打交道）。〔有记录证明当时的一个传言，柏林方面1943年间曾考虑过用斯大林的儿子（一名红军少校，1941年被德军俘虏）交换冯·保卢斯元帅。〕

亚历山大·沃思，*Russia at War 1941–1945*（《1941—1945年，战争中的俄国》），第十二章，*The "Free German Committee"*（"自由德国"委员会），第732—737页，该委员会（以及BDO）被证明"没什么实际意义"，但亚历山大·沃思认为它是苏联的一种"保险"形式。

德国方面的资料

▶ OKW/WFSt: V0 Ag. Ausland（德国国防军最高统帅部/国防军指挥参谋部：国外档案）

德国和日本的往来电文：*Geheime Reichssache*（绝密），希特勒和里宾特洛甫的游说，1943年10月，德国对日本允许远东地区的苏军调至欧洲战场提出批评，德国对日本施压，要求他们保持对苏联的"军事威胁"；以及1943年11月2日，WFSt/Ic关于远东地区苏军调动的报告，日本的报告（1943年10月

30日）准确指出，1943年西调的苏军部队并不多。T–82/R90，246961–966，970，971–973。

▶FHO情报评估

A部分：*Zusammenstellung*…（汇编，FHO，Nr 1000/45g Kdos）。1943年10月17日的No.80/43号报告，对比了苏德双方的实力；1943年11月9日的No.87/43号报告，对苏军作战序列和意图的评估（红军部署了360个步兵师，83个旅级坦克部队；预备力量拥有159个步兵师和192个旅级坦克部队）；1943年12月4日的No.3102/43号报告是关于Feindliche Kräftelage（敌军作战序列）的。这些文件分别为T–78/R466，6446031–045，6052–58和6060–65。

FHO（Ⅱa）：1943年4月1日，远东。关于苏军远东部队、远东部队调至欧洲战区、苏军远东部队指挥/作战序列的报告，T–78/R486，6470809–842。关于苏联方面战时抽调远东部队的完整资料可参阅S. 伊萨耶夫的*Vklad voisk Dalnevo Vostoka v razgrom nemetsko–fashistskikh zakhvatchikov*（《远东部队为打败纳粹侵略者做出的贡献》），*VIZ*，1979（8），第73—77页：1941—1945年，共39个远东师调至欧洲战区（1941年6月21日—1942年11月18日期间最多，为30个师），另外还有21个炮兵旅（1942年11月19日—1943年12月31日期间最多，为14个炮兵旅）。

外交文件、外交回忆录、资料

A. A. 葛罗米柯（主编），*Moskovskaya konferentsiya ministrov inostrannykh del SSSR, SShA i Velikobritanii (19–30 obtyabrya 1943 g.). Sbornik dokumentov*（《1943年10月19日—30日，苏联、美国和英国举行的莫斯科外长会议，文件集》）（莫斯科：政治书籍出版社，1978年）。苏联的协议和莫斯科会议速记，第二和第三部分；议程，第三部分，第57号文件，第273—274页（另见第386—387页的注释35，苏联计划中的议程）。

战时新闻

SWN，No.691，1943年10月18日，"莫斯科会议"（《消息报》）——

"果断缩短战争时间的问题……与在西欧开辟第二战场的问题密不可分"。No.709，1943年11月8日，J. V. 斯大林所作的报告。以及为斯大林元帅颁发苏沃洛夫勋章（11月6日）。

亚芬伯爵安东尼·艾登，*The Eden Memoirs*（《艾登回忆录》），第二卷，*The Reckoning*（《清算》）（伦敦，卡塞尔出版社，1965年），第三部，"在俄国的两周"（莫斯科会议），第407—421页。

卢埃林·伍德沃德爵士，*British Foreign Policy in the Second World War*（《英国在二战中的外交政策》），第581—593页，莫斯科外长会议（1943年10月19—30日），外交部提出的议程建议和苏联方面的建议（9月29日），苏联关心"缩短战争的办法"，英国和美国"在1943年采取紧急措施"确保进攻欧洲，再加上红军的攻势，将导致德国的崩溃，战时内阁商讨议程，莫斯科会议为德黑兰会议扫清道路，解答苏联提出的军事问题（10月20日），解释组织跨海峡进攻的困难（船只和美国的援兵），伊斯梅尔将军谈及德国空军战斗机力量，艾登无法回答跨海峡进攻有可能延迟的问题，土耳其参战的可能性，俄国要求获得意大利的舰队，艾登建议欧洲咨询委员会原则上接受这个要求，苏联对意大利停战问题的处理持保留态度，处理德国的问题。

V. L. 伊斯拉埃良和L. N. 库塔科夫，*Diplomatiya agressorov*（《外交进攻》）（莫斯科：科学出版社，1967年），第八章，"法西斯阵营的危机"，第262—291页，德军在东线的失败对军事与外交的影响，意大利投降。

V. L. 伊斯拉埃良，*Antigitlerovskaya koalitsiya*（《反希特勒联盟》）（莫斯科：国际关系学院出版社，1964年），第十四章，第301—321页，战后重建问题和莫斯科会议。［另可参阅*Diplomaticheskaya istoriya VoV 1941–1945 gg*（《伟大卫国战争期间的外交史》）（莫斯科：国际关系学院出版社，1959年），第三章（11），莫斯科会议，第176—184页。］

V. M. 库利什，*Raskrytaya taina. Predystoriya vtorovo fronta v Evrope*（《被公开的秘密，欧洲第二战场的背景》）（莫斯科：科学出版社，1965年），第379—389页，莫斯科会议和第二战场的问题。

V. S. 斯特列尔尼科夫和N. M. 切列帕诺夫，*Voina bez riska*（《没有风险的战争》）（莫斯科：军事出版社，1965年），第57—76页，盟军在西西里登陆；第89—96页，意大利投降。（苏联对地中海战役的观点。）

俄国北方护航队/苏联海军的作战行动

J. 迈斯特，*Soviet Warships of the Second World War*（《二战中的苏联军舰》）（伦敦：麦克唐纳&简氏出版社，1977年）。这是一本关于苏军舰艇类型和作战任务的很有价值的参考书。

J. 迈斯特，*Der Seekriege in osteuropäischen Gewässern*（《东部海域的海战》）（慕尼黑，1958年），各处。

唐纳德·W. 米切尔，*A History of Russian and Soviet Sea Power*（《俄国和苏联海上力量史》）（伦敦：德意志出版社，1974年），第422—434页，二战期间的北极和太平洋海域，北方舰队和白海区舰队的作战行动。

海军中将弗雷德里希·鲁格，*The Soviets as Naval Opponents 1941–1945*（《1941—1945年，作为海上对手的苏联海军》）（安纳波利斯：海军学院出版社，1979年）。参见"北方战区"，第135—172页（苏军水面部队、潜艇单位、海军航空兵和鱼雷艇的作战行动）。《作为海上对手的苏联海军：对二战期间德国和苏联海军作战行动的分析》（四卷本，塔姆巴赫收藏出版）。海军中将鲁格是编撰这套书籍的德国专家组负责人。

海军中将B. B. 斯科菲尔德，*The Russian Convoys*（《北极护航队》）。附录I确定了驶往俄国北方的40支护航队（1941—1945年），共811艘船只（98艘沉没）。

卢埃林·伍德沃德爵士，*British Foreign Policy in the Second World War*（《英国在二战中的外交政策》），第二册，第564—574页，"俄国北方护航船队的问题"。

V. I. 阿奇卡索夫和N. B. 帕夫洛维奇，*Sovetskoe voenno-morskoe iskusstvo v VOV*（《伟大卫国战争中苏联海军的作战艺术》）（莫斯科：军事出版社，1973年）。关于苏联海军的技能：参见第八章，海军作战行动和海上交通，第216—324页。

A. V. 巴索夫，*Flot v Velikoi Otechestvennoi voine 1941–1945. Opyt operativno-strategicheskovo primeneniya*（《1941—1945年，伟大卫国战争期间

的舰队，战略作战的经历》）（莫斯科：科学出版社，1980年）。（这本专著为苏联海上力量的重要作用做出了辩护，阐述苏联海军在"战略作战"的背景下开展的海上行动；关于海上交通线和北方护航船队，第193—200页。）

海军上将A. G. 戈洛夫科，*Vmeste s flotom*（《与舰队同在》）（莫斯科：军事出版社，1979年；第二版有格里沙诺夫海军上将所写的序言），第174—176页，戈洛夫科与斯大林商谈护航船队的问题，北方舰队在喀拉海的作战行动。也可参阅*With the Red Fleet. The War Memoirs of Admiral Arseni Golovko*（《与舰队同在：海军上将阿尔谢尼·戈洛夫科战时回忆录》）（伦敦：普特南出版社，1965年，这是俄文首版的英译版），第159—164页。

海军少将I. 克雷什金，*Submarines in Arctic Waters*（《潜艇在北极海域》）（莫斯科：进步出版社，1966年）（苏联出版的英译本）。

I. A. 科兹洛夫和V. S. 什洛明，*Severnyi flot*（《北方舰队》）（莫斯科：军事出版社，1966年）。第二版更名为*Krasnoznamennyi Severnyi flot*（《红旗北方舰队》），1977年。这是关于北方舰队的并不太可靠的历史。

B. A. 魏纳，*Severnyi flot v VOV*（《伟大卫国战争中的北方舰队》）（莫斯科：军事出版社，1964年），第307—319页，掩护北极船队。

▶ 关于英国情报的补充说明，东线和"堡垒"作战的前奏，1943年

参见F. H. 辛斯利等人撰写的*British Intelligence in the Second World War*（《二战中的英国情报工作》）（伦敦：英国皇家出版局，1981年），第二册，第623—627页：3月份第三周，白厅通过德国空军的恩尼格玛密码机得到关于德军实施准备的第一份情报，4月16日向丘吉尔报告德军有可能在库尔斯克突出部北面发起进攻（尚不清楚是地面行动还是空中行动），4月底将冯·魏克斯对苏军作战能力的评估解密后交给莫斯科，并发出德军即将发起进攻的警告，5月3日破译的电文表明德国第2装甲集团军位于奥廖尔地区，第4装甲集团军位于哈尔科夫，6月份德国空军的恩尼格玛密码机透露战机从俄国调离，有消息表明希特勒将决定性攻势推迟至1944年，空军情报指出德国空军中断了轰炸库尔斯克地区的准备工作，其他方面的情报"也没有表明德军即将发起已严重推延的攻势"，白厅获得的情报仅限于德国空军的恩尼格玛密码机和

英国军事代表团的报告，直到7月10日才通过德国空军的恩尼格玛密码机确认"堡垒"作战已付诸实施。

第四章
冲向西部边境：1943.10–1944.3

60年代，出现了大批内容翔实、深具权威性的苏联军事专著（主要涉及1944—1945年这段时期的战事）。本章采用的资料，特别是苏军在乌克兰西部的作战行动，我从这些著作中获益匪浅，最好的例子可能是A. N. 格雷廖夫上校（现在已是少将）的著作，他对乌克兰战役的研究成果首次出现在1953年，但被他的 *Za Dneprom*（《争夺第聂伯河》）（莫斯科：军事出版社，1963年，共228页）和稍后出版的 *Dnepr Karpaty Krim. Osvobozhdenie Pravoberezhnoi Ukrainy i Kryma v 1944 goda*（《第聂伯河、喀尔巴阡山、克里木，1944年右岸乌克兰和克里木的解放》）（莫斯科：科学出版社，1970年，共352页）所取代。这两部著作非常详细地阐述了作战行动，主要基于苏联军事档案（格雷廖夫将军的总参军史部主任职务为他提供了便捷）。它们可能没什么可读性，但非常珍贵，就如同G. M. 乌特金的 *Shturm "Vostochnovo vala"*（《突击"东墙"》）。承认这些高标准著作的并非我一个。〔同样，我应该指出东线外军处（FHO）资料的全面性，FHO在1944年似乎表现得越来越敏锐了。〕

W. E. D. 艾伦和保罗·穆拉托夫，*The Russian Campaigns of 1944–45*（《1944—1945年的俄国战事》）（哈蒙兹沃思：企鹅出版社，1946年），第22—69页，俄国人的第三次冬季战役。（尽管有些贬低甚至是直接忽略，但这本著作出色地使用了苏联战时公报。）

奥托·海德肯佩尔，*Witebsk. Kampf und Untergang der 3. Panzerarmee*（《维捷布斯克，第3装甲集团军的奋战和毁灭》）（海德堡：K. 福温克尔出版社，1954年），第十一章，*Vermutete Feindabsichten*…（对敌军意图的

估测），第62—64页；第十二章，*Die erste Winterabwehrschlacht um Witebsk*（围绕维捷布斯克的第一场冬季防御战），第65—94页以及第94-101页；*Abwehrkämpfe nordwestlich Witebsk*（维捷布斯克西北部的防御战），第117—120页；第十六章，*Auflockerung der 3. Panzerarmee*（第3装甲集团军的解体），第124—127页。

吉塔·约内斯库，*Communism in Rumania 1944-1962*（《1944—1962年，罗马尼亚的共产主义》）（伦敦：牛津大学出版社，1964年）。参见第二章，从德黑兰会议到1944年的政变，第71—81页谈及罗马尼亚试图脱离战争，这份出色的记述采用了大量相关资料。

埃利希·冯·曼施泰因，*Lost Victories*（《失去的胜利》）。参见第十五章，"1943—1944年的防御战"，基辅争夺战（第486页），第聂伯河河曲部的第二次战役（希特勒拒绝支持德军南翼后撤，德军计划集结于罗夫诺），第490—508页；德军对苏军在乌曼方向达成的突破发起反击，第508—509页；希特勒同意放弃第聂伯河河曲部以东地区的阵地和尼科波尔，第512—517页；切尔卡瑟包围圈，第4装甲集团军的防线和罗夫诺的丢失，第518—519页；1944年春季苏德军力对比，第520—522页。（这是一份不可或缺的分析和作战叙述，我对德军作战行动的描述很大程度上来源于此。）

阿尔弗雷德·菲利皮和费迪南德·海姆，*Der Feldzug gegen Sowjetrussland 1941 bis 1945*（《对苏战争1941—1945》），第二部分，*Stalingrad und der Verlauf des Feldzuges der Jahre 1943-1945*（斯大林格勒和1943—1945年间的战事过程），第一章，*Fortgang der sowjetischen Winteroffensive…*（苏军冬季攻势的发展），第聂伯河防线丢失，苏军的进攻（列宁格勒），"中央"集团军群的防御作战，*die höchst kritische Lage der Ostfront Ende Februar 1944*（1944年2月末，东线最严重的态势），德军普里皮亚特河以南防线的崩溃，德军在加利西亚和罗马尼亚边境设置新防线，第230—245页。

艾伯特·西顿，*The Russo-German War 1941-45*（《苏德战争1941—1945》），第二十五章，德军在列宁格勒和乌克兰的失败：苏军的进攻及列宁格勒，第408—412页；苏军攻入乌克兰西部，第412—431页（包括苏军对克里木的进攻）。这是一份关于1944年4月前战事的非常详尽的叙述。

亚历山大·沃思，*Russia at War 1941–1945*（《1941—1945年，战争中的俄国》），参阅第七部分第二章，乌克兰的缩影，沃思目睹了科尔孙战场，他的叙述极为生动，第771—812页；另外还有第三章，敖德萨和罗马尼亚占领的影响，第813—826页。（协助编辑亚历山大·沃思《战争中的俄国》手稿期间，我得以深入钻研这份当代报告和记录文集。）

▶南方面军和西南方面军，基辅，白俄罗斯，苏军的实力和计划

IVMV，第七册，第229—238页，消灭塔曼半岛的德军，肃清北高加索地区，进攻克里木的准备工作，策划刻赤登陆战，铁木辛哥元帅担任最高统帅部协调员（第234页），1943年11月20日北高加索方面军改编为独立滨海集团军（第237页的注释），为夺回克里木而投入刻赤东北面的登陆场，但战线稳定在这里，直至1944年4月。

IVMV，第七册，第257—271页，基辅的解放，强渡第聂伯河和锡瓦什潟湖。

S. 阿尔费罗夫上校，*Peregruppirovka 3–i gvardeiskoi tankovoi armii v bitve za Dnepr (oktyabr 1943)*（《1943年10月，第聂伯河战役期间近卫坦克第3集团军的再部署》），*VIZ*，1980（3），第16—24页（近卫坦克第3集团军重新部署）。

I. Kh. 巴格拉米扬，*Tak shli my k pobede*（《我们这样走向胜利》），第261—285页，1943年11月18日，斯大林擢升巴格拉米扬为大将，并委任他为方面军司令员（波罗的海沿岸第1方面军），方面军的攻势对准戈罗多克和维捷布斯克，12月24日解放戈罗多克，最高统帅部的计划只得到部分履行。

集体创作，*Na vechnye vremena. Na věčne časy*（《永远，永远》）（莫斯科：军事出版社，1975年），第96—104页，捷克斯洛伐克独立第1旅，基辅战役。（另可参见*SWN*，No.717，18.11.43，扬·克拉托赫维尔少将，《捷克人在基辅》。）

A. N. 格雷廖夫，*Za Dneprom*（《争夺第聂伯河》），第44—53页，基洛沃格勒战役（乌克兰第2方面军）。另外还有他的*Dnepr Karpaty Krim.*

Osvobozhdenie Pravoberezhnoi Ukrainy i Kryma v 1944 goda（《第聂伯河、喀尔巴阡山、克里木，1944年右岸乌克兰和克里木的解放》），第47—55页。

A. 戈尔巴托夫大将，*Nastuplenie 3-i armii severnee Gomelya*（《第3集团军攻向戈梅利北面》），*VIZ*，1962（8），第30—43页。（第3集团军，戈梅利战役，对罗科索夫斯基元帅交给第3集团军的任务的抱怨。）

A. A. 格列奇科，*Gody voiny 1941-1943*（《战争年代，1941—1943年》），第二部分，*Taman svobodna*（塔曼的解放），第540—558页。

A. A. 格列奇科，*V boyakh za stolitsu Ukrainy*（《在争夺乌克兰首府的战斗中》），*VIZ*，1963（11），第3—17页：基辅的解放（1943年11月）。

I. S. 科涅夫，*Zapiski komanduyushchevo frontom*（《方面军司令员笔记，1943—1944年》），第82—93页，基洛沃格勒战役。

I. S. 科涅夫，*Kirovogradskaya operatsiya*（《基洛沃格勒战役》），*VIZ*，1969（5），第66—74页：乌克兰第2方面军的作战行动（科涅夫是方面军司令员），基洛沃格勒，1944年1月。

K. 克赖纽科夫中将，*Osvobozhdenie Kieva*（《解放基辅》），*VIZ*，1963（10），第67—79页。（解放基辅，这篇文章吹捧了赫鲁晓夫。）

Ya. 克列伊泽尔大将，*Sivash-Sevastopol*（《锡瓦什—塞瓦斯托波尔》），*VIZ*，1969（5），第75—77页，开辟锡瓦什陆登陆场的开始阶段（步兵第10军、第51集团军），托尔布欣为后续攻势拟定的作战计划，伏罗希洛夫担任最高统帅部协调员。

苏联元帅R. Ya. 马利诺夫斯基，*V bol'shom nastuplenii*（《在大规模进攻中》）一书中的*V boyakh za osvobozhdenie Sovetskoi Ukrainy*（《在解放乌克兰的战斗中》）（莫斯科：军事出版社，1964年），第22—38页。以及G. M. 乌特金的*Shturm "Vostochnovo vala"*（《突击"东墙"》），第五章，扎波罗热战役（第288—300页），以及"第聂伯罗彼得罗夫斯克"（第300—310页）。

K. 莫斯卡连科，*Kievskaya operatsiya*（《基辅战役》），*VIZ*，1973（12），第51—58页。

G. M. 乌特金，*Shturm "Vostochnovo vala"*（《突击"东墙"》），第

365—402页，解放基辅。

G. I. 瓦涅耶夫，*Chernomortsy v Velikoi Otechestvennoi voine*（《伟大卫国战争中的黑海舰队》）（莫斯科：军事出版社，1978年），第270—295页，刻赤两栖登陆战，策划，第18和第56集团军突击部队的登陆，登陆场的作战行动。

▶游击运动和重组

IVMV，第八册，第156—183页，1944年1月13日的国防委员会命令（第160页），撤销游击运动中央司令部，加强游击行动和民众中的"政治工作"。

▶1944年1月苏军的力量

IVOVSS，第四册，图表第20页：苏军总兵力为6736000人（包括331000名海军、266000名空军和571000名预备队人员；预备队人员的数字中包括75000名空降兵和最高统帅部预备队）。

▶苏军为1944年冬季攻势所作的策划与指令

IVOVSS，第四册，第18—26页。另参见S. M. 什捷缅科大将，*Generalnyi shtab v gody voiny*（《战争年代的总参谋部》），第199—202页（英译本第198—201页）。

德黑兰会议（1943年）

外交史和外交文件：*The Conferences of Cairo and Teheran*（开罗和德黑兰会议）（美国国务院，华盛顿，1961年）提供了不可或缺的资料，另外就是温斯顿·S. 丘吉尔《第二次世界大战》的第五卷，《紧缩包围圈》。这些资料得到了广泛的使用和分析，但我在这里的目的是强调苏联方面的资料和解释。

约翰·W. 惠勒–贝内特爵士和安东尼·尼科尔斯，*The Semblance of Peace*（《和平的表面》）（伦敦：麦克米伦出版社，1972和1974年）。参见第

143—167页，德黑兰和重返开罗。（这可能是对德黑兰会议最尖刻的看法，基于一个极为广泛的资料来源。）

卢埃林·伍德沃德爵士，*British Foreign Policy in the Second World War*（《英国在二战中的外交政策》），第二册，第三十四章（第六节），德黑兰会议，第599—603页；另参见第三十五章，英国和1943年底的苏波关系，第635—650页，以及德黑兰会议上的波兰问题，第650—651页。

苏联文件与分析

A. A. 葛罗米柯（主编），*Tegeranskaya konferentsiya rukovoditelei trekh soyuznikh derzhav—SSSR, SShA i Velikobritanii, Sbornik dokumentov*（《苏联、美国和英国三盟国首脑召开的德黑兰会议，文件集》）（莫斯科：政治书籍出版社，1978年）。这部文件集的目的是给出定论，并与美国出版物和英国档案局的资料相参照；正因为如此，它替代了刊登在*journal Mezh. Zhizn*（《国际事务》杂志，1961年）上的版本，并修订了德黑兰、雅尔雅、波茨坦这一综合卷（1967、1970和1971年的版本）。在导言（第6—40页）后，第一部分包含三巨头的信件往来（第43—86页），第二部分是他们之间的交谈（第89—170页，注意关于斯大林与罗斯福交谈内容的苏联档案出版物，12月1日15点20分，第168—170页），第三部分涵盖了公报和声明。

IVMV，第八册，德黑兰会议，第30—39页；第二次开罗会议，第39—42页。注：关于德国人计划在德黑兰刺杀三巨头（据说行动代号为"远跳"）一事，我从未见过与之相关的苏联文件。这里有两个"纪实小说"的例子——维克托·叶戈罗夫的*Zagovor protiv Evriki*（《针对"尤里卡"的阴谋》）（莫斯科：苏维埃出版社，1968年）和A. 卢金刊登在*Front bez linii fronta*（《无形的战线》）（莫斯科：莫斯科工人出版社，1970年）第328—349页的*Zagovor ne sostoyalsya*（《失败的阴谋》）。

V. M. 别列日科夫，*Tegeran, 1943 god*（《德黑兰，1943年》），*Novaya i noveishaya istoriya*（《近现代史》），1967（6），第87—99页。

V. L. 伊斯拉埃良，*Antigitlerovskaya koalitsiya*（《反希特勒联盟》），第十五章，关于德黑兰会议，一个真正的"联盟策略"的出现，基于美苏就1944

年军事行动达成的协议（优先考虑"霸王"行动），第322—349页。

波兰政府（伦敦）：文件

Documents on Soviet–Polish Relations 1939–1945（《1939-1945年，苏波关系文件》），第二册（1943—1945年），西科尔斯基将军历史研究所主编。参见第55号文件，米科拉伊奇克（11月22日）关于即将召开的德黑兰会议和波兰问题（第90—93页）；德黑兰会议与波兰，第58—60号文件（第96—100页）；另参见第65号文件，1943年12月16日波兰政府（伦敦）关于波兰态势和红军提前进入波兰的备忘录（第106—112页）。

波兰方面的资料

W. T. 科瓦尔斯基，*Wielka koalicja 1941–1945*（《大联盟，1941—1945年》），第一册，1941—1943年（华沙：MON出版社，1973年），第八章，*Kair–Teheran–Kair*（开罗，德黑兰，开罗），德黑兰会议，第639—715页。（这是一份非常全面、生动的分析，许多地方不无讽刺意味。）

关于波兰的Krajowa Rada Narodowa（KRN，全国委员会），参见A. 普日贡斯基，*Z zagadnien strategii frontu narodowego PPR 1942–1945*（《1942—1945年，波兰工人党民族阵线的策略问题》），第五章，KRN的建立，在德黑兰会议前、甚至在莫斯科会议前起草KRN宣言的争执，第195—212页（特别注意第209—210页）。

"日托米尔攻势"，尼科波尔和克里沃罗格（1944年1月）

GMD

FHO, *Beurteilung der Feindlage…Anlagenband zur Zusammenstellung*（《敌情评估……及附件汇编》）（1942年4月—1944年12月），情报报告，苏军战俘交代的情况：参见Nr 3102/43（1943年12月4日），关于苏军8个坦克集团军位置的报告（坦克第7集团军在远东，坦克第6和第8集团军正在组建），以及1944年3月30日的报告。T–78/R498，6485801–828。另参阅预计中苏军攻势的示意图（各个方面军，至1944年3月29日），以及苏德力量对比统计表（1943年12月—1944年2月）：R497，6485587—602。

FHO，*Feindkräfteberechnung*（《敌军力评估》）。苏联军队所处位置的每日统计表（德军防线、高加索、伊朗和远东），1944年1月—3月。T-78/R483，6468469—8587。

苏联方面的资料

A. 巴巴贾尼扬和I. 克拉夫钦科，*1-ya tankovaya armiya v Zhitomirsko-Berdichevskoi operatsii*（《日托米尔—别尔季切夫战役中的坦克第1集团军》），*VIZ*，1972（9），第21—31页，1943年12月至1944年1月，坦克第1集团军的作战行动。

I. M. 贝尔金上校，*13-ya Armiya v Lutsko-Rovenskoi operatsii 1944 g.*（《1944年卢茨克—罗夫诺战役中的第13集团军》）（莫斯科：军事出版社，1960年）。（这是一部关于1944年1—2月，卢茨克—罗夫诺战役中第13集团军作战行动的详细专著。）［另可参阅格雷廖夫的*Za Dneprom*（《争夺第聂伯河》），第79—89页。］指挥第13集团军的是普霍夫。

S. S. 比留佐夫，*Surovye gody*（《严酷的年代》），第236—240页，霍缅科将军和他的炮兵司令员S. A. 博布科夫将军的命运。博布科夫被德军炮火当场炸死，霍缅科伤重不治（这两位将领迷了路）。德国人把他们的尸体放在一个武器包装箱里，红军最终找到了遗体，运回梅利托波尔举行了军事葬礼。

A. N. 格雷廖夫，*Za Dneprom*（《争夺第聂伯河》），第34—44页，日托米尔—别尔季切夫战役（乌克兰第1方面军），以及*Dnepr Karpaty Krim. Osvobozhdenie Pravoberezhnoi Ukrainy i Kryma v 1944 goda*（《第聂伯河、喀尔巴阡山、克里木，1944年右岸乌克兰和克里木的解放》），第36—47页。

A. N. 格雷廖夫，*Za Dneprom*（《争夺第聂伯河》），第89—102页，尼科波尔—克里沃罗格战役（乌克兰第3、第4方面军），以及*Dnepr Karpaty Krim. Osvobozhdenie Pravoberezhnoi Ukrainy i Kryma v 1944 goda*（《第聂伯河、喀尔巴阡山、克里木，1944年右岸乌克兰和克里木的解放》），第102—

122页。

G. 科尔图诺夫上校，*Udar voisk 1-vo Ukrainskovo fronta na zhitomirskom napravlenii zimoi 1943/44 goda*（《1943—1944年冬季，乌克兰第1方面军日托米尔方向上的突击部队》），*VIZ*，1967（2），第12—23页。

A. M. 华西列夫斯基，*Osvobozhdenie Pravoberezhnoi Ukrainy*（《解放右岸乌克兰》），*VIZ*，1971（1），第59—73页：作为最高统帅部代表监督乌克兰第3、第4方面军冲入乌克兰西部的行动，华西列夫斯基简洁地叙述了作战行动，并附以最高统帅部指令、给斯大林的个人报告和方面军指令。华西列夫斯基向斯大林的报告（1943年12月29日），第61—63页；斯大林给华西列夫斯基下达的指示（1943年12月30日），第63页；下达给乌克兰第3、第4方面军的作战令，朱可夫和瓦图京提交的作战计划，第63—64页；最高统帅部给朱可夫下达的指令（1944年1月12日），第64—65页；科尔孙包围圈，最高统帅部1944年2月12日给朱可夫下达的指令，第66页；冲向尼科波尔，华西列夫斯基1944年2月6日向斯大林的报告，第68页；斯大林1944年2月7日给华西列夫斯基、马利诺夫斯基（乌克兰第3方面军）下达的220019号指令，第69页；华西列夫斯基1944年2月8日给乌克兰第4方面军（以及乌克兰第3方面军）下达的作战令，第71页；尼科波尔—克里沃罗格战役的胜利。（《毕生的事业》，第380—396页，是一份基本性叙述，但删除了出现在VIZ杂志中的详细作战文件资料。）

G. K. 朱可夫，*Vospominaniya i razmyshleniya*（《回忆与思考》），第二册，第202—235页。收复乌克兰的战斗，解放基辅，GHQ会议（1943年12月），斯大林对德黑兰会议的评论（第211页），斯大林的工作和生活方式，同意实施合围行动（第213页），准备日托米尔—别尔季切夫战役（乌克兰第1方面军）并前出至南布格河，科涅夫与基洛沃格勒战役，包围敌"科尔孙—舍甫琴柯夫斯基"集团，朱可夫2月9日向斯大林报告（第224—225页），斯大林2月12日指挥合围行动的指令（第229页），向科尔孙战役胜利的致敬中忽略了乌克兰第1方面军，最高统帅部策划乌克兰第1、第2、第3方面军的行动，瓦图京阵亡，朱可夫出任乌克兰第1方面军司令员（第233页），试图包围德国第1装甲集团军，但苏军的兵力、大炮和弹药不足。（也可参阅英译本《朱可夫元帅回忆录》，第十六章。）

苏军的攻势，列宁格勒，西南战区

德国方面的资料

OKH/Gen Std H（陆军总司令部/陆军总参谋部），Op.Abt./IN，"北方"集团军群：希特勒的电报（1944年2月6日），*"Ich sehe bei der H. Gr. Nord im Augenblick die grösste Gefahr bei Narwa"*（"我认为'北方'集团军群目前最大的危险在纳尔瓦附近"），"北方"集团军群，*Beurteilung der Lage*（态势评估）（Ia报告，Nr 38/44，1944年3月1日），邓尼茨关于海军的任务，波罗的海。T–78/R337，6292849–947（希特勒的电报，6292905–910）。

FHO（Ⅰ/N），*Beurteilung der Feindlage vor den finnischen Fronten* …（《1943年12月15日至1944年3月20日，芬兰前线敌情评估》）（Nr 935/44 g.Kdos），1944年3月22日，T–78/R466，6446414–423。

FHO，No.500/44号报告之附件，芬兰陆海空军的组织和实力，以及战时经济：1943年12月—1944年2月。T–78/R483，6468104–214。

OKH/Allgemeines Heeresamt（陆军总司令部/陆军总务局）：Abwicklungsstab（部队损失事务处）。第9空军野战师在1944年1—2月苏军从奥拉宁堡包围圈发起的行动中覆灭的报告。T–78/R139，6068273–282。

苏联方面的资料

IVOVSS，第四册，第一部分，第29—53页，苏军的攻势，列宁格勒与诺夫哥罗德（1944年1—2月）。

IVMV，第八册，第112—120页，苏军在西北和西战区的攻势，削弱了"北方"集团军群的阵地，但敌人的防御阵地异常强大，列宁格勒和沃尔霍夫方面军从北面和东北面攻向卢加，包围德国第18集团军，苏军的实力为716000人、12165门大炮和迫击炮、1132辆坦克和自行火炮；第121—127页，苏军1月14—15日的攻势，突击第2集团军1月14日发起进攻，第42集团军（马斯连尼科夫）1月15日发起进攻，1月20日夺取诺夫哥罗德，列宁格勒和沃尔霍夫方面军1月30日逼近德军位于卢加的防线，德国第18集团军撤向西面和西南面，以避免被合围。

I. I. 费久宁斯基，*Podnyatye po trevoge*（《闻警出动》），第二版，第八章，*Snova pod Leningradom*（重返列宁格勒），1944年1月突击第2集团军在列宁格勒的作战行动，1月底冲向卢加河，奉命逼近纳尔瓦，第166—184页。

I. 伊诺泽姆采夫中校，*Deistviya aviatsii po razgromu gruppy armii "Sever"*（《击败"北方"集团军群的空中行动》），*VIZ*，1974（1），第37—43页。（1944年1—2月，苏军对"北方"集团军群的空中打击。）

M. 卡扎科夫大将，*Velikaya pobeda pod Leningradom*（《列宁格勒的伟大胜利》），*VIZ*，1964（1），第3—15页。

I. T. 科罗夫尼科夫上将，*Novgorodsko–Luzhskaya operatsiya. Nastuplenie voisk 59-i armii…*（《诺夫哥罗德—卢加战役，第59集团军的进攻行动》）（莫斯科：军事出版社，1960年）。这是一部详细的专著，描述了1944年1—2月第59集团军的作战行动。

Yu. R. 彼得罗夫，*Partizanskoe dvizhenie Leningradskoi oblasti 1941–1944*（《1941—1944年，列宁格勒地区的游击运动》），第338—432页，游击队在列宁格勒地区发起的进攻。（这是一份详细的分析，使用了苏联和非苏联方面的资料。）

S. P. 普拉托诺夫（主编），*Bitva za Leningrad 1941–1944*（《保卫列宁格勒，1941—1944年》），第331—380页，打破封锁，肃清列宁格勒地区：苏军发起进攻（1月14日），突击第2集团军的行动，沃尔霍夫方面军在诺夫哥罗德—卢加方向的作战行动（1月14—20日），第8和第54集团军的作战行动，1944年1月底苏军攻势的发展。（这份作战叙述广泛使用了苏联军事记录。）

A. 拉基茨基上校，*Udar pod Leningradom*（《列宁格勒发起的打击》），*VIZ*，1974（1），第26—36页（突击第2集团军1944年1月的作战行动，书中对突击第2集团军由于长时间防御导致突击能力下降提出了批评）。

42-ya Armiya v boyakh za Leningrad（《列宁格勒战斗中的第42集团军》），*Istoricheskii Arkiv*（《历史档案》），1959年，第2期，第68—88页。（第42集团军作战日志：参见1944年1月的进攻行动，马斯连尼科夫分析步兵第109师和第86师损失惨重、没能取得胜利的原因。）

"科尔孙—舍甫琴柯夫斯基"突出部

IVOVSS，第四册，第一部分，第58—69页，苏军在"科尔孙—舍甫琴柯夫斯基"地区的包围行动。

A. N. 格雷廖夫，*Za Dneprom*（《争夺第聂伯河》），第53—79页，"科尔孙—舍甫琴柯夫斯基"包围圈。另参见*Dnepr Karpaty Krim. Osvobozhdenie Pravoberezhnoi Ukrainy i Kryma v 1944 goda*（《第聂伯河、喀尔巴阡山、克里木，1944年右岸乌克兰和克里木的解放》），第55—91页，科尔孙战役（参见苏德力量表，第61页，以及第67页的脚注，乌克兰第1方面军的对外包围圈）。

I. S. 科涅夫，*Korsun–Shevchenkovskaya operatsiya*（《"科尔孙—舍甫琴柯夫斯基"战役》），*VIZ*，1969（2），第49—65页。（科尔孙包围圈，科涅夫和罗特米斯特罗夫获得晋升。）

I. S. 科涅夫，*Zapiski komanduyushchevo frontom*（《方面军司令员笔记，1943—1944年》），第94—143页，科尔孙包围圈：基本上就是刊登在*VIZ*上的文章，但更加详细，斯大林对德军的突围感到不安（2月12日）并打电话给科涅夫（第120页），科涅夫向斯大林保证包围圈牢不可破，拒绝接手指挥包围圈上的所有苏军部队（包括第27集团军），斯大林2月12日批评朱可夫没有执行命令（第121—122页），斯大林任命（2月12日）科涅夫担任总指挥（第122页），阻止德军突围，发现施特默尔曼将军的尸体，斯大林给科涅夫的日训令（第136页），科涅夫和罗特米斯特罗夫晋升为元帅。

K. V. 克赖纽科夫中将，*Oruzhie osobovo roda*（《特种武器》）（莫斯科：军事出版社，1977年），第二部分，在乌克兰西部的作战行动，参见克赖纽科夫关于瓦图京之死的记述，第156—160页。（较早的版本刊登在《火花》杂志上。）

G. V. 苏霍韦尔什科（主编），*Geroi–osvoboditeli Cherkasshchiny*（《切尔卡瑟的英勇解放者》）（第聂伯罗彼得罗夫斯克：普罗明出版社，1980年第二版），参见*Podvigi Korsun–Shevchenkovskoi bitvy*（"科尔孙—舍甫琴柯夫斯基"战役的功勋），第232—278页。

（坦克兵）少将G. T. 扎维季昂和P. A. 科尔纽申上校，*I na Tikhom*

Okeane…（《在太平洋岸边》）（莫斯科：军事出版社，1967年），第13—29页，"科尔孙—舍甫琴柯夫斯基"战役中的坦克第6集团军。

从第聂伯河到德涅斯特河

德国方面的资料

KTB/OKW，Ⅳ/1，第3节，*Der Fall "Margarethe" (Besetzung Ungarns)*（占领匈牙利的"玛格丽特"行动）；Ⅰ，A/B部分，第180—210页，以及Ⅱ，"玛格丽特"行动的实施，第210—237页［以及…*weitere Behandlung der ungar*（对匈牙利的进一步处理），国防军，第240—243页］；第6节，*Der südöstliche Kriegsschauplatz*（东南战区），Ⅱ部分，附件（3）罗马尼亚，第758—775页，"玛格丽特Ⅱ"，占领罗马尼亚的行动计划［以及*Briefwechsel Hitler-Antonescu*（希特勒与安东内斯库的往来函电），第769—774页］。另参见*KTB/OKW*，Ⅳ/2，第9节，（1）*Der Finnische Kriegsschauplatz*（芬兰战区）和（2）*Finnlands Verhandlungen mit der Sowjet-Union…*（芬兰与苏联的谈判），第1917—1921页。

OKH/GenStdH（陆军总司令部/陆军总参谋部），"匈牙利（绝密），1944年3月21日—4月6日"和"匈牙利（绝密），1944年3月29日—4月2日"。蒂萨河以东地区的防御，匈牙利军队实施动员，以便进行防御。（作战处资料）T–78/R333，6290844–1120。

OKH/GenStdH（陆军总司令部/陆军总参谋部），作战处，绝密：保加利亚的政策和行动，苏联与保加利亚的关系，1943年2月—1944年5月。T–78/R333，6290413–480。

FHO，*Zusammenstellung…Beurteilungen der Feindlage*（《敌情汇编，1942—1944》），A部分：这是关于苏军实力、部署的重要而又详细的报告（以及1943年12月19日报告的1号附件），苏军步兵和坦克力量的图表和统计（1944年1月15日），1944年2月10日关于苏军行动意图的No.103/44号报告（10页），1944年3月4日关于苏军意图的情报数据，1944年3月30日盖伦对整体战术和战略态势的评估。T–78/R466，6446070–6135。

苏联方面的资料

IVMV，第八册，第133—137页，苏军的作战行动，西部战区，苏军计划冲向维捷布斯克，波罗的海沿岸第1方面军1月13日的攻势，没能从东南面迂回维捷布斯克，波罗的海沿岸第1方面军与西方面军的协同作战，对维捷布斯克的纵深迂回，威胁到德国第3装甲集团军；波罗的海沿岸第1方面军、西方面军和白俄罗斯第1方面军的行动并未获得完全成功（这些方面军只得到19%的援兵、4.2%的坦克和自行火炮），国防委员会（GKO）对这场失败进行调查，将其归咎于糟糕的指挥和协同。

A. N. 格雷廖夫，*Za Dneprom*（《争夺第聂伯河》），第110—117页，乌克兰西部的情况，1944年3月起。另参见*Dnepr Karpaty Krim. Osvobozhdenie Pravoberezhnoi Ukrainy i Kryma v 1944 goda*（《第聂伯河、喀尔巴阡山、克里木，1944年右岸乌克兰和克里木的解放》），第123—130页。

A. N. 格雷廖夫，*Za Dneprom*（《争夺第聂伯河》），第117—151页，普鲁斯库罗夫—切尔诺夫策战役（1944年3月4日—4月17日）。另参见*Dnepr Karpaty Krim. Osvobozhdenie Pravoberezhnoi Ukrainy i Kryma v 1944 goda*（《第聂伯河、喀尔巴阡山、克里木，1944年右岸乌克兰和克里木的解放》），第130—160页。

A. N. 格雷廖夫，*Za Dneprom*（《争夺第聂伯河》），第151—166页，乌曼战役（乌克兰第2方面军）。

A. N. 格雷廖夫，*Za Dneprom*（《争夺第聂伯河》），第166—175页，别列兹涅戈瓦托耶—斯尼吉廖夫卡战役（乌克兰第3方面军，1944年3月6—18日）。另参见*Dnepr Karpaty Krim. Osvobozhdenie Pravoberezhnoi Ukrainy i Kryma v 1944 goda*（《第聂伯河、喀尔巴阡山、克里木，1944年右岸乌克兰和克里木的解放》），第178—187页。

A. N. 格雷廖夫，*Za Dneprom*（《争夺第聂伯河》），第175—182页，敖德萨战役（1944年3月28日—4月14日）。另参见*Dnepr Karpaty Krim. Osvobozhdenie Pravoberezhnoi Ukrainy i Kryma v 1944 goda*（《第聂伯河、喀尔巴阡山、克里木，1944年右岸乌克兰和克里木的解放》），第187—200页。

A. N. 格雷廖夫，*Dnepr Karpaty Krim. Osvobozhdenie Pravoberezhnoi Ukrainy i Kryma v 1944 goda*（《第聂伯河、喀尔巴阡山、克里木，1944年右岸乌克兰和克里木的解放》），第219—242页，策划对克里木的突击（乌克兰第4方面军），突破至塞瓦斯托波尔。

V. L. 伊斯拉埃良，*Diplomaticheskaya istoriya VOV*（《伟大卫国战争期间的外交史》），第四章（2），*"Mirnyi" zondazh satellitov gitlerovskoi Germanii vesnoi 1944 goda*（1944年春季，纳粹仆从国的和平触角），第198—205页。

N. 斯韦特利申上校，*O nekotorykh osobennostyakh zimnei kampanii 1944 goda*（《1944年冬季战役中的一些特点》），*VIZ*，1969（2），第15—30页，苏军1944年冬季战役的战术特点（参见第29页附表）。

I. I. 雅库鲍夫斯基，*Na proskurovsko-chernovitskom naprevlenii*（《普罗斯库罗夫—切尔诺夫策战役》），*VIZ*，1969（4），第18—29页，乌克兰第1方面军的作战行动，普罗斯库罗夫战役，1944年3月。

苏联元帅M. 扎哈罗夫，*Umanskaya nastupatel'naya operatsiya 2-vo ukrainskovo fronta*（《乌克兰第2方面军的乌曼进攻战役》），*VIZ*，1962（4），第12—32页，乌曼进攻战役，1944年3月，乌克兰第2方面军。

苏联和德国的战略评估

GMD

FHO，*Beurteilung im Grossen…*（《总体评估》），盖伦将军1944年3月30日的Nr 112/44号评估（12页），以及发给总军需长瓦格纳的要求绝对保密、限制传播的信件，T-78/R497，6485544-556。注：FHO的1428/44号报告（1944年5月3日）是关于斯大林3月24日至3月30日期间召开的会议，在这场审核军事计划的会议上，斯大林决定采用2号计划的两个变体——打开进入巴尔干地区的通道，将德军逼退至桑河—维斯瓦河一线；由于英美军队在西线的威胁，再加上波兰发动起义造成的危险（因此，苏军统帅部得以忽略德军从加利西亚向第聂伯河发起反击并进入苏军侧翼的威胁），德军预备力量将处于高度紧张状态。T–78/R498，6485829–832。

FHO（Ⅱc），*Führerstellenbesetzung der Roten Armee* (1943–1944)（《红军指挥人员指南》）：苏军高级指挥员字母排序表（低至中校），担任的职务，指挥的部队，各方面军、集团军、军、师、旅指挥员及参谋长。T–78/R463，6442178–3155。

FHO（Ⅱc），*Unterlagen für grosse Kräftegegenüberstellung*（《力量对比》）。苏德军队实力对比，1943年秋季至1944年夏季。T–78/R463，6441975–2002。

苏联方面的资料

IVOVSS，第四册，第二部分，第123—128页，苏联的战略计划，国防委员会（GKO）4月12日对西方面军的调查，斯大林4月17—19日命令各方面军（除乌克兰第2、第3方面军）转入防御，主要作战计划大纲。

G. K. 朱可夫，*Vospominaniya i razmyshleniya*（《回忆与思考》），第二册，第237—242页，4月22日被召至莫斯科，同斯大林讨论夏、秋季战役计划，决定先打击"中央"集团军群（白俄罗斯）的正确性，斯大林宣布"第二战场"将于6月份开辟，朱可夫强调敌"白俄罗斯集团"的重要性，斯大林建议乌克兰第1方面军率先发起进攻，从而实现对"中央"集团军群的深远包围（并吸引敌预备队），安东诺夫将军认为先从北面发起，然后对白俄罗斯发动进攻更好些，两三天后斯大林同意了这个建议（也可参阅朱可夫回忆录英译本，第515—520页）。

第五章
打断德国国防军的脊梁：1944.4–1944.8

对于"巴格拉季昂"战役这场红军针对德国"中央"集团军群的攻势，我依靠的是苏联方面的大批回忆录，因而一再提及*Voennoistoricheskii Zhurnal*（《军事历史》杂志），以及A. M. 萨姆索诺夫教授主编的*Osvobozhdenie*

Belorussii（《解放白俄罗斯》）（莫斯科：科学出版社，1974年第二版，共799页），同时辅以我同苏军指挥员交谈时所做的笔记。另外还有GMD两份涉及数场战役的资料集：（ⅰ）OKH的Kriegsgeschichtliche Abteilung（战史处）标注的地图，每日更新，T–78/R136；（ⅱ）OKH的Allgemeines Heeresamt. Abwicklungsstab（陆军总务局，部队损失事务处），被歼灭德军师的幸存者战后提交的报告，T–78/R139，各处。

收复克里木，最高统帅部的计划

W. E. D. 艾伦和保罗·穆拉托夫，*The Russian Campaigns of 1944–45*（《1944—1945年的俄国战事》），第三章，"夺回克里木"，第69—86页，特别是对萨蓬高地的冲锋，这座高地的山脊通入一道山谷，1854年，英军轻骑兵旅在这里发起冲锋，第84—85页。

约翰·R. 迪恩，*The Strange Alliance*（《奇怪的联盟》）（伦敦：约翰·默里出版社，1947年），第九章，*Coordinating the European Land Battle*（协调欧洲地面战），"卫士"欺骗计划，1944年1月J. H. 贝朗上校和W. H. 鲍默中校到访莫斯科，与F. F. 库兹涅佐夫上将（苏军总参谋部）的会晤。

A. 希尔格鲁贝尔，*Die Räumung der Krim 1944*（《1944年，克里木的疏散》）（柏林和法兰福：E. S. 米特勒出版社，1959年）。

阿尔弗雷德·菲利皮和费迪南德·海姆，*Der Feldzug gegen Sowjetrussland 1941 bis 1945*（《对苏战争1941—1945》），第二部分，*Die Katastrophe auf der Krim*（克里木的灾难），第242—245页。

艾伯特·西顿，*The Russo–German War 1941–45*（《苏德战争1941—1945》），第二十五章，苏军收复克里木，*the final in the succession of German defeats in the Ukraine…probably the greatest*（德军在乌克兰遭到接二连三的失败，最后一次可能最为惨重），第427—431页；第二十六章，"巴格拉季昂"战役的策划和准备，第432—437页。

亚历山大·沃思，*Russia at War 1941–1945*（《1941—1945年，战争中的俄国》），第七部分第四章，"希特勒的克里木灾难"，第827—840页。

苏联方面的资料

B. 巴达宁上校，*Na perepravakh cherez Sivash*（《跨过锡瓦什湖渡口》），*VIZ*，1964（4），第32—38页（工兵的支援，锡瓦什湖渡口）。

S. S. 比留佐夫，*Surovye gody*（《严酷的年代》），第一部分，第254—282页，克里木战役的策划和执行，塞瓦斯托波尔的陷落。（这是一部出色的著作，书中提供了大量信息。）

V. M. 多姆尼科夫中将，*V nastuplenii Gvardiya*（《进攻中的近卫军》），近卫第2集团军的作战行动，彼列科普，冲向塞瓦斯托波尔——*Daesh Krym!*（夺取克里木），第186—214页。

A. N. 格雷廖夫，*Dnepr Karpaty Krim. Osvobozhdenie Pravoberezhnoi Ukrainy i Kryma v 1944 goda*（《第聂伯河、喀尔巴阡山、克里木，1944年右岸乌克兰和克里木的解放》），第四章，收复克里木，战役策划和准备，第219—227页；突破德军防御，冲向塞瓦斯托波尔，第227—242页；突击塞瓦斯托波尔，第242—253页。（极为详细的作战记述。）

G. 科尔图诺夫和S. 伊萨耶夫，*Krymskaya operatsiya v tsifrakh*（《数据中的克里木战役》），*VIZ*，1974（5），第35—41页。（克里木战役中苏联作战力量图表，包括空中力量和游击队。）

I. S. 科罗特科夫和G. A. 科尔图诺夫，*Osvobozhdenie Kryma*（《解放克里木》）（莫斯科：军事出版社，1959年）。参见苏军的攻势，第51集团军（锡瓦什湖），近卫第2集团军（彼列科普），追击进入克里木北部，第29—64页；突击塞瓦斯托波尔，第65—82页。

苏联元帅P. 科舍沃伊，*Na Sivashe*（《在锡瓦什湖》），*VIZ*，1976（3），第57—65页。（P. 科舍沃伊指挥的是步兵第63军，隶属于克列伊泽尔的第51集团军；文章中谈及锡瓦什湖渡口的策划，托尔布欣夺取锡瓦什湖的计划。沿宽大的正面进攻彼列科普。）

Ya. 克列伊泽尔大将，*Sivash-Sevastopol*（《锡瓦什—塞瓦斯托波尔》），*VIZ*，1969（5），第75—92页。（克列伊泽尔第51集团军的作战行动。）

P. G. 库兹涅佐夫，*Marshal Tolbukhin*（《托尔布欣元帅》）。参见*V*

Krymu（在克里木），托尔布欣对克里木战役的策划，第51集团军和近卫第2集团军的进攻计划，行动情况，第117—134页。

A. 卢钦斯基大将，*V boyakh pod Sevastopolem*（《在塞瓦斯托波尔的战斗中》），*VIZ*，1964（5），第17—30页。（独立滨海集团军在克里木的作战行动。）

I. 沙夫罗夫大将，*19-a tankovyi korpus v boyakh za Krym*（《克里木战役中的坦克第19军》），*VIZ*，1974（4），第62—72页。（坦克第19军在克里木的作战行动。）

S. M. 什捷缅科，*Pered udarom v Belorussi*（《白俄罗斯战役前夕》），*VIZ*，1965（9），第44—59页。（与其回忆录不同的是，什捷缅科的这篇文章以详细的文件资料阐述了"巴格拉季昂"战役第一阶段的策划工作。）到目前为止，白俄罗斯的作战行动没有达到预期效果，苏军统帅部为此对先前的失败进行广泛分析；S. K. 铁木辛哥元帅证实，波罗的海沿岸第1和第2方面军无法凭自己的力量发起主要突击，总参谋部对苏德战场的整体态势做出分析，建议暂时转入防御（最高统帅部5月7日的No.202947号指令），各方面军司令员提交计划，GKO决定分拆西方面军，欺骗行动的重要性，5月14日完成计划草案，旨在歼灭"中央"集团军群主力（对其侧翼发起打击的重要性），5月22—23日审查总参谋部的作战计划，进攻定于6月15—20日发起（暂定），白俄罗斯第3方面军提交计划，列宁格勒方面军和乌克兰第1方面军进攻行动的计划。

G. I. 瓦涅耶夫，*Deistviya Chernomorskovo flota na kommunikatsiyakh protivnika v Krymskoi operatsii*（《黑海舰队在克里木战役中打击敌海上交通线的行动》），*VIZ*，1974（5），第28—34页。（黑海舰队在克里木的作战行动。）

A. M. 华西列夫斯基，*Osvobozhdenie Kryma ot nemetsko-fashistskikh zakhvatchikov v 1944 godu*（《1944年，从纳粹侵略者手中解放克里木》），*VIZ*，1971（5），第71—85页，以及（6），第57—73页。与华西列夫斯基的回忆录相比，这两篇关于克里木战役的文章附有大量作战文件以及发给斯大林和最高统帅部的详细报告；特别是*VIZ*，1971（6），第57页，最高统帅部下达给黑海舰队的指令（4月11日），华西列夫斯基4月12日发给斯大林的报告（第58—59页），最高统帅部4月16日给独立滨海集团军下达的指令，叶廖缅科的重新任命（第61页），华西列夫斯基4月18日发给斯大林的报告（第64页），华西列夫斯基4月23日发给斯大林的报告（第65页），斯大林坚持要求迅速发起行动，托尔布欣4月29日的作战指令（第66—67页），华西列夫斯基5月5日发给斯大林的报告（第68页）以及突击塞瓦斯托波尔的报告（第69—70页）。

A. M. 华西列夫斯基，*Belorusskaya strategicheskaya operatsiya*（《白俄罗斯的战略行动》），*VIZ*，1969（9），第47—58页。白俄罗斯战役策划协调工作的第一阶段，包括第聂伯河区舰队在内的4个方面军投入行动，游击队的行动，GKO决定分拆西方面军，安东诺夫5月20日向斯大林呈交总参谋部拟定的白俄罗斯战役计划，斯大林5月30日予以批准，增派援兵的决定，6月14日呈交斯大林的报告（第55页），向斯大林呈交关于进攻准备工作的最终报告。

A. I. 叶廖缅科，*Gody vozmezdiya 1943-1945*（《惩罚的年代，1943—1945年》），第180—205页，独立滨海集团军的作战行动，刻赤半岛，独立滨海集团军4月16日转隶乌克兰第4方面军，德军撤往塞瓦斯托波尔，叶廖缅科被召回莫斯科，K. S. 梅利尼克中将接替他的职务；第145—150页，"霸王"行动发起时间被修改的消息传至苏联最高统帅部，苏联怀疑德黑兰会议上确定的5月份这个时间是西方国家针对苏联的欺骗计划的一部分。

第二战场，卡累利阿攻势，"巴格拉季昂"行动的策划和准备

外交函件

Perepiska…，第一册，丘吉尔1944年6月5日致斯大林的信件，No.271，第265—266页；丘吉尔1944年6月6日致斯大林的信件，No.273，第268页；斯大林6月6日致斯大林的信件，No.274，第267页；斯大林6月9日致斯大林的信件，No.276，第269页。

GMD

FHO（Ⅰ），*Feindliches Kräftebild vor der Finnland–Front*（《1944年4月24日，芬兰前线敌兵力部署图》），T-78/R466，6446408。

FHO（Ⅰ），*Beurteitlung im Grossen*（《1944年3月30日，总体评估》）。参见地图，对苏军在芬兰前线发起行动的预计，以及详细的地图*Wichtige Abwehrmeldungen über sow. –russ. Operationsabsichten*（《关于苏军作战意图的重要报告》），T-78/R497，6485597-98（无地图部分为6485573-602）。

Hgr.Nord（北方集团军群），*Tätigkeitsbericht*（《进展报告》），Ic/AO，第一部分，*Feindlage. 1 Ausfertigung vom 16.5-20.6.44*（1944年5月16日—6月20日敌情报告），北方集团军群情报，第16、第18集团军和"纳尔瓦"集团军级集群的每日报告，T-311/R90，7117702-8070。

FHO（Ⅰ），*Anlagenband zur Zusammenstellung…abgefassten Beurteilungen*（《1942年4月—1944年12月，敌情评估……及附件汇编》）。*Wichtige Abwehrmeldungen…*（重要报告），斯大林的作战会议（波兰抵抗运动领导人列席会议），商讨了两个进攻方案（进攻发起日期定于1944年5月3日），T-78/R498，6485829-35。

FHO（Ⅰ），1944年4月28日，苏军针对"中央"集团军群和"北乌克兰"集团军群部署的营。针对"北乌克兰"集团军群：500公里正面，苏军部署了420个营。针对"中央"集团军群：1200公里正面，苏军部署了448个营。T-78/T466，6446403。

FHO（Ⅱc），*Panzerlage vor deutscher Ostfront*（《1944年6月1日，东线德军面对的敌坦克力量》）。苏军部署的坦克和机械化部队：共38个军，外加106个独立旅，8073辆坦克。T-78/R493，6480814。

FHO（Ⅱc），手册：*Truppen–Übersicht und Kriegsgliederungen der Roten Armee*（《1944年8月，苏军部队概况及作战序列》）。出现在苏德战场的各苏军师、团的来源地及目前的部署。T-78/R459，6437543-38066。

苏军卡累利阿攻势的计划和准备

IVOVSS，第四册，第二部分，第133—145页，苏军卡累利阿地峡攻势的策划和执行。

IVMV，第九册，第一部分，第26—32页，苏军进攻卡累利阿地峡，夺取维堡，准备冲向彼得罗扎沃茨克。

I. G. 伊诺泽姆采夫，*Pod krylom–Leningrad*（《机翼下是列宁格勒》），第208—226页，空军第13集团军的作战行动，苏军进攻卡累利阿地峡，夺取维堡。

N. 米罗诺夫中将，*Proryv ukreplennovo raiona na Karel'skom peresheike*（《突破卡累利阿地峡筑垒地域》），*VIZ*，1974（6），第10—17页。第21集团军在卡累利阿的作战行动。苏军投入维堡战役的总兵力为：260000人、7500门大炮和迫击炮（包括海军舰炮）、628辆坦克和自行火炮、1000架飞机（220架来自波罗的海舰队海军航空兵）。

S. P. 普拉托诺夫，*Bitva za Leningrad 1941–1944*（《保卫列宁格勒，1941—1944年》），第二部分，第七章，*Razgrom vraga na Karel'skom peresheike*（敌人在卡累利阿地峡的失败），1944年，第418—474页，1944年5月3日戈沃罗夫（列宁格勒方面军）的作战指令，以第21、第23集团军和空军第13集团军对卡累利阿地峡发起进攻，波罗的海舰队的作战计划，5月23日的火力支援令，组织炮兵、工兵、空军的支援，苏军6月10—12日发起进攻，D. N. 古谢夫第21集团军的作战行动，6月14—17日突破芬兰人的主防区，第21和第23集团军的作战行动，冲向维堡，6月18—20日夺取维堡，最高统帅部6月21日命令苏军继续推进，戈沃罗夫采取两阶段行动的计划。（这部著作广泛使用了苏联军事档案。）

S. M. 什捷缅科，*Na severnom flange sovetsko–germanskovo fronta letom i osenyu 1944 goda*（《1944年夏季和秋季，苏德战场的北翼》），*VIZ*，1972（6），第59—66页。策划北翼攻势，斯大林关注的是首先打击哪股敌人（德国人还是芬兰人），详细策划卡累利阿攻势，斯大林指示不要浪费苏军资源，以留下足够的兵力对付北方的德军部队。

P. V. 捷列霍夫，*Boevye deistviya tankov na severo–zapade v 1944 g*

（《1944年坦克部队在西北方向上的作战行动》）（莫斯科：军事出版社，1965年），第10—74页，策划对卡累利阿的攻势，进攻维堡的过程中使用坦克，坦克和自行火炮配合第21集团军的作战行动，进攻第一阶段投入379辆坦克和164辆自行火炮，第二阶段增加至464辆坦克和182辆自行火炮，坦克为第23集团军的作战行动提供支援，6月17日逼近敌人的第三道防线，各步兵军军长将搭载着步兵的坦克和自行火炮部署为"先遣支队"。（这是一部极为详细的专著。）

海军上将V. F. 特里布茨，*Baltiitsy nastupayut*（《波罗的海舰队在作战》）（加里宁格勒，加里宁：加里宁出版社，1968年），第77—99页。特里布茨被召至最高统帅部，海军（波罗的海舰队和拉多加湖区舰队）的支援计划，波罗的海舰队为第21集团军沿海侧翼提供支援，芬兰湾大规模布设水雷造成的问题，拉多加湖区舰队掩护第23集团军的侧翼，海军与地面部队的协同指挥（舰炮指挥员的炮火定位），击沉U–250潜艇，引用特里布茨的日记（6月12—19日，第99—102页）。

V. 祖巴科夫，*21–ya armiya v Vyborgskoi nastupatel'noi operatsii (10–20 iyunya 1944 g.)*（《1944年6月10—20日，维堡进攻战役中的第21集团军》），*VIZ*，1971（6），第23—33页。第21集团军的进攻，夺取维堡。

"巴格拉季昂"的策划和准备

赫尔曼·加斯肯霍尔茨在*Decisive Battles of World War II: The German View*（《第二次世界大战的决定性战役：德方视角》）（伦敦：德意志出版社，1965年）一书中撰写的"1944年，德国'中央'集团军群的崩溃"，第361页，OKH（陆军总司令部）6月14日的会议，"中央"集团军群发出警告，但德军统帅部坚信苏军会对加利西亚发动攻势，对"中央"集团军群的进攻仅仅是次要行动。

▶苏联方面的资料

IVMV，第九册，第一部分，第40—47页，苏军白俄罗斯攻势的策划和准备。

IVOVSS，第四册，第二部分，第152—168页，"巴格拉季昂"战役的策划和准备。

I. Kh. 巴格拉米扬，*Tak shli my k pobede*（《我们这样走向胜利》），第287—306页，策划"巴格拉季昂"战役〔注意他的评论，斯大林对罗科索夫斯基抱有特殊的好感，常拿罗科索夫斯基与捷尔任斯基相比——*osobaya simpatiya*（特殊的好感），第300—301页〕，巴格拉米扬对战役初步计划提出的修改意见被采纳，作战任务分配给各方面军。

V. 切尔尼亚耶夫，*Operativnaya maskirovka voisk v Belorusskoi operatsii*（《白俄罗斯战役中部队的伪装行动》），*VIZ*，1974（8），第11—21页。苏军在"巴格拉季昂"战役中的伪装和欺骗措施；摘录了关于伪装行动的指令。

F. 帕蒂卡上校，*Tylovoe obespechenie frontov v operatsii "Bagration"*（《"巴格拉季昂"战役中的后勤战线》），*VIZ*，1974（8），第22—29页。运输和补给问题，铁路运输，吨位，燃料和弹药的补充，医疗服务，后勤组织。

K. K. 罗科索夫斯基，*Dva glavnykh udara*（《两个主要突击》），*VIZ*，1964（6），第13—18页。罗科索夫斯基的自述，他坚持从他的右翼发起"两个主要突击"（朱可夫对这种说法持很大的异议），马林科夫和莫洛托夫试图说服他接受斯大林的观点，计划第三次呈交上去后，斯大林终于接受了。

S. M. 什捷缅科，*Pered udarom v Belorussi*（《白俄罗斯战役前夕》），*VIZ*，1965（9），第43—59页。最高统帅部和总参谋部的计划，后勤问题，斯大林拒绝考虑全线部队暂时转入防御——"*podumaem eshchě*"（"再想想"），4月17—19日西南和西方向获准转入防御，5月11日提交的意见，斯大林亲自提出"巴格拉季昂"这个代号，最高统帅部5月22—23日与各方面军及各兵种司令员召开全体会议（切尔尼亚霍夫斯基因病缺席，彼得罗夫也未列席），巴格拉米扬修改波罗的海沿岸第1方面军作战计划的提议被接受，最高统帅部直到5月1—7日才下达指令批准其他战线逐步转入防御，总参谋部拟定的第一份计划4月底呈交最高统帅部，欺骗和伪装行动的重要性，"巴格拉季昂"计划和任务分配，白俄罗斯第1方面军将于6月15—20日发起进攻，切尔尼亚霍夫斯基终于抵达莫斯科，近卫坦克第5集团军和重型火炮的分配，列宁格勒方面军和乌克兰第1方面军作战行动的进一步计划。

S. M. 什捷缅科，*Pered udarom v Belorussi*（《白俄罗斯战役前夕》），*VIZ*，1966（2），第58—71页。梅赫利斯批评彼得罗夫不适合担任白俄罗斯第2方面军司令员，斯大林派G. F. 扎哈罗夫接替彼得罗夫，什捷缅科被派去帮助扎哈罗夫，后者试图改变最高统帅部的计划，最高统帅部代表和方面军司令部的工作，华西列夫斯基向最高统帅部报告波罗的海沿岸第1方面军和白俄罗斯第3方面军的作战计划，近卫坦克第5集团军目前直属最高统帅部，朱可夫6月10日要求空军指挥员亲自确定空中任务，开始对德军阵地实施侦察，指挥、控制系统的组织和程序，铁路运输的严重耽搁，斯大林给卡冈诺维奇下达的明确指示。注：工作计划表、派朱可夫和华西列夫斯基担任最高统帅部代表的分配（1944年6月4日—24日），参见*VIZ*，1966（2），第72—82页（跟在什捷缅科的文章后）。

A. M. 华西列夫斯基，*Belorusskaya strategicheskaya operatsiya*（《白俄罗斯的战略行动》），*VIZ*，1969（9），第47—58页。策划"巴格拉季昂"战役，最高统帅部对方面军的分配（波罗的海沿岸第1方面军，白俄罗斯第1、第2、第3方面军），与安东诺夫（副总参谋长）的关系，6月初作为最高统帅部代表视察方面军和集团军司令部，6月9日向斯大林汇报计划工作，铁路运输的严重耽搁，斯大林6月14日将战役发起日期推迟至6月23日，安东诺夫6月17日与斯大林讨论列宁格勒方面军的作战行动，华西列夫斯基6月21日向斯大林汇报最后的准备工作。

A. M. 华西列夫斯基，*Delo vsei zhizni*（《毕生的事业》），第432—455页，"白俄罗斯战役前夕"，最高统帅部策划"巴格拉季昂"战役，战役思想，朱可夫、华西列夫斯基与斯大林协商，总参谋部的计划5月20日呈交斯大林，最高统帅部5月30日批准最终的作战计划，斯大林派朱可夫和华西列夫斯基去方面军司令部担任最高统帅部代表（5月30日），方面军的决定，华西列夫斯基6月9日报告斯大林，波罗的海沿岸第1方面军已完成作战准备，斯大林下令推迟进攻，6月16日向斯大林汇报，返回莫斯科并审核列宁格勒方面军的作战行动，部署远程航空兵，总结斯大林在"巴格拉季昂"战役准备阶段的作用。

A. M. 华西列夫斯基在萨姆索诺夫 *Osvobozhdenie Belorussii*（《解放白俄罗斯》）一书中撰写的 *Vospominaniya o Belorusskoi operatsii*（对白俄罗斯战役的回忆），第40—65页。"巴格拉季昂"计划和整个夏季攻势的起源，与安东诺夫的磋商，与白俄罗斯第3方面军进行的详细策划，与波罗的海沿岸第1方面军（巴格拉米扬）进行的策划，6月17日与斯大林和安东诺夫的会晤，朱可夫要求推迟进攻。

G. K. 朱可夫，*Vospominaniya i razmyshleniya*（《回忆与思考》），第二册，第238—252页。将乌克兰第1方面军的指挥权交给科涅夫，斯大林指示安东诺夫准备夏季攻势计划（4月底），5月中旬与华西列夫斯基在莫斯科，5月20日与斯大林审核进攻计划，华西列夫斯基和安东诺夫负责协调白俄罗斯第1、第2方面军，驳斥罗科索夫斯基以白俄罗斯第1方面军发起"两个主要突击"的说法毫无根据，方面军的任务，后勤和补给问题，白俄罗斯第1方面军的重要作用，朱可夫对白俄罗斯第1方面军策划和准备工作的监督，策划空中行动。

"巴格拉季昂"，白俄罗斯战役

W. E. D. 艾伦和保罗·穆拉托夫，*The Russian Campaigns of 1944–45*（《1944—1945年的俄国战事》），第五章，"俄国人的夏季攻势"，6月23日—8月底，第104—163页。（主要源于苏联战事公告——战役叙述，特别提到地形特点。）

约翰·A. 阿姆斯特朗（主编），*Soviet Partisans in World War II*（《二战中的苏联游击队》），第九章，"波洛茨克低地"，第544—546页：卡明斯基旅的作战行动，苏联方面下达给乌沙奇地区各游击旅的命令，德军的"新年"和"雷雨"行动，估计7000多名游击队员被击毙，游击队发起大规模爆破行动，瘫痪德国人的铁路系统。

保罗·卡雷尔，*Scorched Earth*（《焦土》），第八部分，"中央集团军群的坎尼"——部署（德国人认为加利西亚会遭到进攻），进攻（博布鲁伊斯克，维捷布斯克），突破（庞大的包围圈），第479—510页。

赫尔曼·加斯肯霍尔茨，《1944年，德国"中央"集团军群的崩溃》。参见"白俄罗斯战役"一段，游击队的大举行动拉开帷幕，苏军在德国第4、第9集团军和第3装甲集团军对面的部署，苏军新战术出乎德军指挥部的意料，苏军坦克部队编成旅级部队；"德军防线的崩溃"，维捷布斯克被突破，布施拒绝批准撤至第聂伯河，6月24日在明斯克"中央"集团军群司令部召开的会议，总参谋长蔡茨勒列席，商讨第3装甲集团军面临的危险，6月24日是"通过更改作战指令挽救中央集团军群的最后机会"（第368页），蔡茨勒没能说服希特勒批准后撤，"维捷布斯克要塞"成为困住第3装甲集团军的陷阱，希特勒拒绝批准第4集团军撤至第聂伯河防线，白俄罗斯第1方面军6月24日对德国第9集团军的进攻，"中央"集团军群司令部6月25日报告OKH，要求放弃维捷布斯克并撤至第聂伯河，希特勒再次拒绝，希特勒要求坚守维捷布斯克，6月26日"中央"集团军群遭遇双重包围的危险，布施亲自去见希特勒，"中央"集团军群仍受到现有命令的限制，6月27日第9集团军的绝望态势，希特勒的第8号作战令没有更改现有的命令，也没有对态势做出正确评估；"俄国人的纵深推进"，苏军计划对明斯克的胜利加以利用，第9集团军主力被围于博布鲁伊斯克，与"北方"集团军群的联系被切断，莫德尔接手指挥"中央"集团军群，希特勒批准了莫德尔采取的所有措施（6月28—29日），第364—376页。

奥托·海德肯佩尔，*Witebsk.Kampf und Untergang der 3.Panzerarmee*（《维捷布斯克，第3装甲集团军的奋战和毁灭》），第二十一章，苏军1944年的夏季攻势，苏军对第3装甲集团军的进攻，维捷布斯克西南方最初的战斗，突围，后撤行动，第144—62页。

埃利希·黑塞，*Der sowjetrussische Partisanenkrieg 1941 bis 1944*（《1941—1944年，苏联的游击战》），第十三章，*Säuberungsunternehmen der Heeresgruppe Mitte im Jahre 1944*（"中央"集团军群1944年的清剿战），"雷雨"和"古兰经"反游击行动，第242—244页。

艾伯特·西顿，*The Russo-German War 1941-45*（《苏德战争1941—1945》），第二十六章，"白俄罗斯和波兰东部"，第432—442页：苏军的战略和部署，"巴格拉季昂"的准备工作，苏军发起进攻，维捷布斯克包围圈，德军试图突围，德军第53军覆灭，博布鲁伊斯克包围圈，德军改组指挥体系，莫德尔接替布施（但莫德尔仍负责指挥"北乌克兰"集团军群），德军绝望地投入小股预备力量，近卫坦克第5集团军渡过别列津纳河，冲向明斯克。

GMD

RSHA（*Reichssicherheitsamt*，帝国中央保安总局），Amt Ⅳ. Funkspiele[1]：德国的欺骗性情报，德国间谍与"中央"（莫斯科）的往来电报，"中央"要求查询德军作战序列和部队的调动，1944年5—6月的电报，T–78/R488，6473443–66。

FHO（Ⅱc），*Feindkräfteberechnung*（《敌军力评估》）：苏德战线苏军实力的每日评估和图表，另外包括苏军预备力量、高加索地区、芬兰和远东，1944年1月2日—8月23日，T–78/R483，6468345–580。

FHO（Ⅰ），*Teil A. Zusammenstellung der in der zeit von April 1942–Dezember 1944… abgefassten Beurteilungen…*（《1942年4月—1944年12月，敌情评估……及附件汇编，A部分》），No.1794/44，*Kurze Beurteilung der Feindlage der Heeresgruppe, Mitte vom 2.6.44*（《1944年6月2日"中央"集团军群敌情简要评估》），T–78/R466，6446155；No.1931/44：*Feindlage vor deutscher Ostfront und vermutete Feindabsichten im grossen*（《东线敌情及敌人的大体意图》）。参见对芬兰前线的说明，T–78/R466，6446158–167；另参见1944年6月14日的敌情评估（No.1951/44），6446168–69。

FHO（Ⅰ），*Teil A. Zusammenstellung… abgefassten Beurteilung der Feindlage*（《敌情评估……汇编，A部分》）。6月27日的No.2096/44号报告：苏军突破行动的初步成功出乎德军指挥部和苏军指挥部的预料。7月2日的No.2163/44号报告：罗特米斯特罗夫的近卫坦克第5集团军很可能调至白俄罗斯方面军，但"南乌克兰"集团军群对面的苏军仍有足够的坦克力量执行攻入罗马尼亚的行动，T–78/R466，6446170–174。

OKH/Allgemeines Heeresamt（陆军总司令部/陆军总务局），

Abwicklungsstab（部队损失事务处）：关于1944年苏军夏季攻势中被歼灭的德军单位的报告："中央"集团军群的单位，第4和第9集团军，T–78/R139，从6068417到6068999。

OKH/Kriegsgeschichtliche Abteilung（陆军总司令部/战史处），地图汇编：*Der grosse Durchbruch bei Hgr. Mitte*（《1944年6月21日—8月10日，"中央"集团军群防线上的大缺口》）。苏军在"中央"集团军群防线上达成的突破，T–78/R136，6065394–5436。

苏联方面的资料

▶战时新闻

Sovinformbyuro，参见第七册（1944年6月—12月）：莫斯科，1945年。《公报》（*operativnaya svodka*，战役总结），6月23日—30日，第1—21页；7月1日—15日，第22—47页。

SWN（日期/编号）

斯大林：日训令

致巴格拉米扬、切尔尼亚霍夫斯基，6月28日，No.895

致罗科索夫斯基，6月28日，No.905

致扎哈罗夫（白俄罗斯第2方面军）、罗科索夫斯基，6月30日，No.897

致梅列茨科夫（卡累利阿方面军）、罗科索夫斯基，7月1日，No.898

致切尔尼亚霍夫斯基，7月3日，No.899

致切尔尼亚霍夫斯基和罗科索夫斯基（切断莫斯科—维尔诺—利达的德军联系），7月4日，No.900

致切尔尼亚霍夫斯基和罗科索夫斯基，7月5日，No.901

致巴格拉米扬，7月6日，No.902

致切尔尼亚霍夫斯基，7月7日，No.903

致罗科索夫斯基（夺取科韦利），7月8日，No.904

（参见SWN，1944年7月21日，No.915，德军第41装甲军军长E. 霍夫迈斯特中将的说法）

IVOVSS，第四册，第二部分，第168—186页，包围维捷布斯克、博布鲁伊斯克的德军，德国第4集团军遭到威胁和包围。

IVMV，第九册，第一部分，第48—55页，歼灭德国"中央"集团军群。基于苏联军事档案所作的简要作战阐述。

Belorusskaya operatsiya v tsifrakh（《数据中的白俄罗斯战役》），*VIZ*，1964（6），第74—86页，"巴格拉季昂"战役的作战力量表和方面军、集团军司令员名单。

▶白俄罗斯战役的回忆文集

（1）*Osvobozhdenie Belorussii*（《解放白俄罗斯》）（萨姆索诺夫主编）

参见：

I. Kh. 巴格拉米扬，*Voiny–pribaltiitsy v srazheniyakh za Belorussiyu*（《白俄罗斯战役中，波罗的海地区的战斗》），第109—137页。

A. P. 波克罗夫斯基，*3–i Belorusskii Front v operatsii "Bagration"*（《"巴格拉季昂"战役中的白俄罗斯第3方面军》），第184—218页。（波克罗夫斯基时任白俄罗斯第3方面军参谋长。）

N. I. 克雷洛夫，*Na glavnom napravlenii*（《在主要方向上》），第276—310页。（克雷洛夫时任第5集团军司令员。）

A. P. 别洛鲍罗多夫，*Vitebskii "Kotel"*（《维捷布斯克"大锅"》），第311—340页。

P. A. 罗特米斯特罗夫，*Udar nebyvaloi sily*（《前所未见的突击力量》），第404—427页。（近卫坦克第5集团军司令员，被派至白俄罗斯第3方面军作战区域，直接接受最高统帅部的命令。）

I. A. 普利耶夫，*Na ostrie udara*（《在猛烈的突击中》），第425—445页。（"骑兵–机械化"集群司令员。）

K. N. 加利茨基，*Gvardeitsy 11–i v boyakh za Belorussiyu*（《白俄罗斯战役中的近卫第11集团军》），第446—493页。

另参见附录1，完整的苏军作战序列，6月23日，第741—747页。

（2）K. A. 马拉宁上校（主编），*Polki idut na zapad*（《战线西移》）（莫斯科：军事出版社，1964年）。（关于苏军白俄罗斯攻势的回忆资料。）

特别参阅K. K. 罗科索夫斯基的*Ot Gomelya do Bresta*（《从戈梅利到布列斯特》），第21—47页。

I. Kh. 巴格拉米扬，*Skvoz v'yugu ognevu*（《穿越奥格涅夫的暴风雪》），第48—71页。

A. P. 别洛鲍罗多夫，*V raione Vitebska*（《在维捷布斯克地区》），第99—116页。

M. F. 帕诺夫，*Tanki vkhodyat v proryv*（《突破中的坦克推进》），第117—128页。（独立近卫"顿河"坦克军军长。）

（3）*Velikaya pobeda v Belorussii*（《白俄罗斯的伟大胜利》），*VIZ*，1964（6），第3—35页。个人记述文集，巴格拉米扬、罗科索夫斯基、波克罗夫斯基、罗特米斯特罗夫、韦尔希宁（空军第4集团军）、安季片科（后勤）。

N. A. 安季片科中将，*Na glavnom napravlenii*（《在主要方向上》）（莫斯科：科学出版社，1971年第二版），朱可夫元帅作序。参见*Osvobozhdenie Belorussii*（解放白俄罗斯），他担任白俄罗斯第1方面军后勤主任，补给、运输、医疗单位和维修机构的组织和行动，第127—159页。

P. A. 巴托夫，*65-ya armiya v boyakh za Belorussiyu*（《白俄罗斯战役中的第65集团军》），*VIZ*，1970（9），第65—72页，第65集团军司令员的记述，苏军第一阶段攻势。

L. N. 贝奇科夫，*Partizanskoe dvizhenie v gody VOV*（《伟大卫国战争中的游击运动》），第349—361页，白俄罗斯游击队的行动，配合红军夏季攻势，德军反游击行动的影响，游击队实力的增长。

E. P. 叶利谢耶夫，*Na Belostokskom napravlenii*（《在比亚韦斯托克方向上》）（莫斯科：科学出版社，1971年），各处。这是一部阐述白俄罗斯第2方面军作战行动的非常详细的专著，扎哈罗夫指挥该方面军执行比亚韦斯托克战役，但遭受到极为严重的伤亡，无法实施进一步作战行动，扎哈罗夫随后被降为集团军司令员。白俄罗斯第2方面军的指挥职位表，以及一份综合索引。〔关于扎哈罗夫担任方面军司令员的更多情况，可参见S. M. 什捷缅科大将的*The Soviet General Staff at War 1941–1945*（《1941—1945年，战争期间的苏军总参谋部》），第244—246页，什捷缅科陪同扎哈罗夫对部队进行首次视察，并召开第一次军事会议。扎哈罗夫没有考察地形便对最高统帅部的指令提出质疑，并在军事会议上直截了当地指出"这个会议上由我来讲……"，最后试图强迫面对白俄罗斯复杂地形的各级指挥员沿用他在克里木采用的战术——使用这种战术，没人能"冲入敌人的堑壕"。〕

S. P. 基留欣，*43-ya Armiya v Vitebskoi operatsii*（《维捷布斯克战役中的第43集团军》）（莫斯科：军事出版社，1961年），各处。这是一部阐述维捷布斯克战役中第43集团军（波罗的海沿岸第1方面军）作战行动的详细专著。

N. I. 克雷洛夫，N. I. 阿列克谢耶夫，I. G. 德拉甘，*Navstrechu pobede. Boevoi put 5-i armii*（《走向胜利：第5集团军的战斗之路》）（莫斯科：科学出版社，1970年），第八章，*Za svobodnuyu Belorussiyu*（关于白俄罗斯的解放），第205—235页，第5集团军（白俄罗斯第3方面军）的作战行动。

P. G. 库兹涅佐夫中将，*General Chernyakhovskii*（《切尔尼亚霍夫斯基大将》）（莫斯科：军事出版社，1969年）。传记：参见*Komanduyushchii frontom*（"方面军司令员"），第143—186页，1944年6月，切尔尼亚霍夫斯基作为白俄罗斯第3方面军司令员从事的工作。

I. I. 柳德尼科夫上将，*Pod Vitebskom*（《在维捷布斯克城下》）（莫斯科：军事出版社，1962年），各处。柳德尼科夫将军对维捷布斯克战役中第39集团军（白俄罗斯第3方面军）作战行动的分析。

M. 马利宁大将，*O deistriyakh voisk 1-go Belorusskovo fronta v Belorusskoi nastupatel'noi operatsii*（《白俄罗斯第1方面军在白俄罗斯进攻战役中的部署》），*VIZ*，1959（7），第18—32页。

B. 帕诺夫少将，*Okruzhenie i unichtozhenie krupnykh gruppirovok protivnika v Belorusskoi operatsii*（《白俄罗斯战役中对敌重兵集团的合围和歼灭》），*VIZ*，1974（6），第18—26页。分析苏军在白俄罗斯的合围行动。

空军元帅S. 鲁坚科，*Osobennosti boevykh deistvii aviatsii v Belorusskoi operatsii*（《白俄罗斯战役中空中作战的特点》），*VIZ*，1971（2），第22—31页。白俄罗斯战役中的空中行动，空军集团军的飞行架次列表，第30页。

A. 希曼斯基上校，*Organizatsiya operativno-strategicheskovo vzaimodeistviya v Belorusskoi operatsii 1944 goda*（《1944年白俄罗斯战役中的战略战术协同组织》），*VIZ*，1973（6），第13—22页。这是一份关于1944年6—7月"巴格拉季昂"战役中，四个方面军以及航空兵、防空兵、游击队和第聂伯河区舰队策划并实施"统一协调"行动的重要而又详细的分析。

A. M. 华西列夫斯基，*Belorusskaya strategicheskaya operatsiya*（《白俄罗斯的战略行动》），*VIZ*，1969（10），第63—71页。6月24日向斯大林汇报白俄罗斯第3方面军的情况，并提出近卫坦克第5集团军投入战斗的时机问题，6月26日向斯大林汇报波罗的海沿岸第1方面军的作战行动（第65—66页），6月27日13点关于白俄罗斯第3方面军和波罗的海沿岸第1方面军作战行动的综合报告（第67—68页），歼灭被围于维捷布斯克的敌军，切尔尼亚霍夫斯基6月26—27日夜间迁回奥尔沙，审问被俘德军将领。

A. M. 华西列夫斯基，*Delo vsei zhizni*（《毕生的事业》，第二版）。参阅*Za zemlyu Belorusskuyu*（在白俄罗斯的土地上），第456—464页：进一步阐述"巴格拉季昂"战役，不包括汇报斯大林的作战报告，投入近卫坦克第5集团军的问题，罗特米斯特罗夫对分配给白俄罗斯第3方面军缺乏热情，近卫坦克第5集团军的表现不如以往出色，斯大林的不安和不满，6月28日要求近卫坦克第5集团军采取果断行动，经华西列夫斯基推荐，切尔尼亚霍夫斯基被擢升为大将，铁路运输和补给的问题，6月27日致电斯大林要求改善铁路交通，继续关注近卫坦克第5集团军前进速度缓慢的问题，命令罗特米斯特罗夫逼近明斯克，考虑苏军攻势的下一步发展。

更多的情况参见A. M. 华西列夫斯基在萨姆索诺夫主编的*Osvobozhdenie Belorussii*（《解放白俄罗斯》）一书中撰写的*Vospominaniya o Belorusskoi operatsii*（对白俄罗斯战役的回忆），第69—83页。这份记述中包括华西列夫斯基就白俄罗斯第3方面军的作战行动发给斯大林的每日报告，6月24日的报告（第69—70页），6月25日的报告（第73—75页），6月26日的报告（第75—76

页），6月27日的报告（第78—79页），6月27日关于铁路交通的电报（第80—81页），对近卫坦克第5集团军进展缓慢感到不安，斯大林6月28日下达给白俄罗斯第3方面军的进一步指示（No.220124），并要求近卫坦克第5集团军采取果断措施。

M. M. 扎戈鲁利科和A. F. 尤坚科夫，*Krakh plana "Ol'denburg"*（《"奥尔登堡"计划的破灭》）（莫斯科：经济出版社，1980年），第六章，*Rel'sovaya voina*（"铁路战"），第252—265页，苏联游击队对德军铁路交通采取的行动，行动类型（爆破）和区域的详细列表，大量使用了档案资料。（这是一部关于破坏德国经济掠夺计划的专著，也涉及军事方面的一些问题。）

"自由德国"："7·20"炸弹阴谋

戴维·欧文，*Hitler's War*（《希特勒的战争》），第657—677页，参见"您能听出我的声音吗？"，关于炸弹阴谋和暗杀希特勒的尝试及其后果。

苏联战时新闻，塔斯社报道：《反抗希特勒》，1944年7月24日，No.917（关于炸弹阴谋）。

关于"自由德国"运动，参见*Zur Gesch. der deutschen Antifaschistischen Widerstandsbewegung*（《1933—1945年，德国反法西斯抵抗运动史》）的文件和影印件，关于1944年夏季的保卢斯，参见威利·沃尔夫的*An der Seite der Roten Armee*（《站在红军一方》），或俄文译本*Na storone Krasnoi Armii*（《站在红军一方》），第128—138页。

苏联方面对德国人反抗希特勒行动的评价，可参见V. L. 伊斯拉埃良的*Diplomaticheskaya istoriya VoV 1941–1945 gg*（《伟大卫国战争期间的外交史》），第四章（5），*Razlozhenie germanskovo tyla*（德国后方的瓦解），第215—219页；也可参阅*Sovinformbyuro*，第七册，第151页，1944年9月9日，从第28军缴获的德国秘密文件（8月4日的No.40/44号文件）解释了"7·20"事件和对德国军官团极大的不信任，以及纳粹党的新作用——并附有"阅后即焚"的指示。

利沃夫—桑多梅日战役：罗科索夫斯基左翼的推进

艾伯特·西顿，*The Russo-German War 1941-45*（《苏德战争1941—1945》），第444—454页，科涅夫乌克兰第1方面军的攻势，苏军冲向维斯瓦河并逼近华沙。

GMD

FHO（Ⅰ），*Stellungnahme zur Beurteilung der Lage der Hgr. Nordukraine v.17.6.44.*（《1944年6月17日，对"北乌克兰"集团军群敌情评估的意见》），T-78/R466，6446349。

Obkdo. Heeresgr. Nordukraine, Ia, Nr 0823/44 g. Kdos. chefs. 8.6.44 Feindbeurteilung.（《"北乌克兰"集团军群司令部，参谋长，绝密，1944年6月8日敌情评估，第0823/44号》）。对苏军意图的估测，另参见苏德军力和部署，地图和图表，T-78/R466，6446386-89。

Obkdo. Heeresgr. Nordukraine Abt. Ic/AO（《"北乌克兰"集团军群司令部情报处情报官，1944年6月30日关于"近卫坦克军"的第21282/44号报告》），苏军作战序列——近卫坦克和机械化军、骑兵、炮兵、反坦克旅、高射炮师，1944年6月20日的构成和部署，T-78/ R486，6470724-766。

苏联方面的资料

IVMV，第九册，第一部分，第81—92页，包围布罗德地区的德军，苏军进入波兰东南部。〔注：近卫坦克第1集团军8月14日的实力（第92页）为184辆坦克和自行火炮；而7月12日战役开始时的力量为416辆坦克和自行火炮。〕

IVOVSS，第四册，第二部分，第210—213页，包围布罗德，解放利沃夫，冲向维斯瓦河，桑多梅日登陆场，冲向德罗戈贝奇。（另参见第224页，对"资产阶级民族主义团体"的武装镇压，NKVD的1个骑兵团和2个摩托车团被调来负责后方保卫工作，消灭了36个团体，4315人。）

A. Kh. 巴巴贾尼扬等人，*Lyuki otkryli v Berline*（《在柏林打开舱盖：近卫坦克第1集团军战史》）。7月13日—7月28日，乌克兰第1方面军辖下的近卫坦克第1集团军"从布格河到桑河"的作战行动，第185—197页。

P. I. 巴托夫大将，*V pokhodakh i boyakh*（《在行军和战斗中》）（莫斯科：军事出版社，1974年第三版），第276—292页。参见*K granitsam Pol'shi*（冲向波兰边境），第65集团军冲向西布格河，与朱可夫的紧张关系（第420页），第416—432页。

集体创作，*V srazheniyakh za pobedu. Boevoi put 38-i armii…*（《为胜利而战，第38集团军的战斗之路》）（莫斯科：科学出版社，1974年），第368—399页，对利沃夫战役中第38集团军作战行动的叙述。

苏联元帅V. I. 崔可夫，*Ot Stalingrada do Berlina*（《从斯大林格勒到柏林》）（莫斯科：军事出版社，1980年）（这是崔可夫以往回忆录的汇编版，有许多重复之处），第三部分，第455—477页，近卫第8集团军分配给白俄罗斯第1方面军，冲向别列津纳河，进攻卢布林，解放马伊达内克集中营。

K. N. 加利茨基大将，*Gody surovykh ispytanii 1941–1944. Zapiski komandarma*（《1941—1944年，严峻考验的年代，司令员笔记》）（莫斯科：科学出版社，1973年）。第十六章，*Razgrom gruppy armii "Tsentr"*（"中央"集团军群的覆灭），近卫第11集团军的作战行动，白俄罗斯攻势，冲向奥尔沙，赶往别列津纳河、鲍里索夫—明斯克，向莫洛杰奇诺推进，前出至明斯克以西至莫洛杰奇诺一线，第512—545页；第十七章，冲向涅曼河，白俄罗斯第3方面军7月3日的指令要求进抵维尔诺、利达，近卫第11集团军在阿利图斯地区强渡涅曼河，近卫步兵第16军7月13日拂晓抵达河岸，第546—553页。

A. L. 格季曼，*Tanki idut na Berlin (1941–1945)*（《坦克冲向柏林》），第202—227页，近卫坦克第11军（近卫坦克第1集团军）的作战行动，1944年7月该军并不满编——只有38%的T–34和60—70%的自行火炮，7月17日进入新出发线，以两个梯队发起进攻，强渡西布格河，7月17—19日争夺登陆场，近卫坦克第1集团军奉命向西赶往桑河，7月24日近卫坦克第11军加深桑河登陆场，7月25日前全军过河，冲向普热梅希尔，7月27日将其夺取。

M. E. 卡图科夫，*Na ostrie glavnovo udara*（《主要突击的矛头》），第314—322页，乌克兰第1方面军的作战行动（843000人、19300门大炮和迫击炮、2200辆坦克和自行火炮、3000架飞机）：近卫坦克第1集团军接到的命令——战役发起的第二天进入近卫第3集团军与第13集团军的结合部打开的突破口，赶往西布格河，在第四天夺取俄罗斯拉瓦；德军7月19日被包围在布罗德，7月22日被歼灭，近卫坦克第1集团军冲向桑河，进入波兰领土，威胁德军后方，科涅夫7月24日命令近卫坦克第1集团军协助近卫坦克第3集团军突击普热梅希尔，卡图科夫派出古萨科夫斯基的近卫坦克第11军[2]。

炮兵元帅K. P. 卡扎科夫，*Vsegda s pekhotoi, vsegda s tankami*（《永远同步兵和坦克在一起》）（莫斯科：军事出版社，1969年），第五章，苏军炮兵的作战行动，白俄罗斯第1方面军左翼部队的卢布林—布列斯特攻势。

I. S. 科涅夫，*Zavershenie osvobozhdeniya sovetskoi Ukrainy i vykhod na Vislu*（《完成对乌克兰的解放，进军维斯瓦河》），*VIZ*，1964（7），第3—21页（科涅夫早期的个人记述）。与各集团军司令员、师长的商讨，6月初被召至最高统帅部，科涅夫决定发起两个主要突击（俄罗斯拉瓦和利沃夫），科涅夫和克赖纽科夫在莫斯科同斯大林会面，斯大林反对科涅夫的计划，科涅夫在这篇文章中对赫鲁晓夫和他的帮助做出过度赞扬，阐述了对利沃夫战役的看法，无法在行进中夺取利沃夫，命令雷巴尔科（近卫坦克第3集团军）停止毫无结果的利沃夫战役，科涅夫7月底请求最高统帅部为进军喀尔巴阡山的部队设立一个单独指挥机构，这个任务交给率领近卫第1集团军和第18集团军的彼得罗夫，1944年8月5日乌克兰第4方面军成立。

I. S. 科涅夫，*Zapiski komanduyushchevo frontom*（《方面军司令员笔记，1943—1944年》），第六章，"利沃夫—桑多梅日战役"，第223—264页：最高统帅部将7月中旬定为乌克兰第1方面军的进攻日期，方面军、集团军司令部的准备工作，对方面军以往作战的评估，科涅夫与指挥员们（到师一级）的讨论，莫斯卡连科保留着这番谈话的记录（第227—229页），6月初同斯大林的交谈，战役的目的是歼灭德国"北乌克兰"集团军群，沿两个方向发起两个突击的初步计划，突击集团的构成，6月中旬同斯大林的会谈，斯大林反对两个突击并引用其他方面军的经验，斯大林最终同意科涅夫的计划，但告诉科涅夫他必须为执行这一计划负责；7月7日方面军作战计划完成并呈交最高统帅部，事实证明这个计划是正确的，各集团军的部署分成两个梯队，方面军投入7个坦克军、3个机械化军、4个独立坦克旅、18个坦克团、24个自行火炮团，90%

的坦克和自行火炮用于主要突击（利沃夫和俄罗斯拉瓦），空军第2集团军的空中支援，德军情报部门获知了苏军的进攻方向及部署，科涅夫亲自监督雷巴尔科的近卫坦克第3集团军的准备工作，7月12日所有部队准备完毕；乌克兰第1方面军的作战行动——7月12—13日开始，近卫第3集团军和第13集团军投入俄罗斯拉瓦方向，强渡西布格河并于7月17日进入波兰领土，对利沃夫的进攻更加困难些，近卫坦克第3集团军7月16日投入战斗，将8个德军师包围在布罗德，科涅夫的右翼部队继续推进，卡图科夫的近卫第1坦克集团军奉命转向西南方，强渡桑河并切断德军西窜的道路，科涅夫7月18日晚的特别指令命令近卫坦克第3集团军和坦克第4集团军迂回并夺取利沃夫（第255页），雷巴尔科进入沼泽地，无法以一个坦克集团军在行进中夺取利沃夫，7月24—26日争夺利沃夫的激战，7月27日利沃夫终于获得解放。德国"北乌克兰"集团军群被切为两段，最高统帅部命令与白俄罗斯第1方面军密切协同，夺取华沙南面的登陆场。

K. V. 克赖纽科夫上将，*Oruzhie osobovo roda*（《特种武器》）（莫斯科：军事出版社，1977年），参见第三部分，"在最高统帅部"，第214—223页：最高统帅部6月初给乌克兰第1方面军下达进攻指示，方面军草拟了作战计划，先由方面军军事委员会审核，再呈交最高统帅部，6月23日受到斯大林召见，他对两个突击提出质疑，声称科涅夫顽固地坚持这个计划，但他认为这是个"不错的主意"，克赖纽科夫坚称斯大林"专注而又耐心地"听取了前线指挥员的观点，总参谋部提醒，计划中步兵部队的前进速度"不现实"，斯大林向两人展示了莫斯科鸣放的"胜利致敬"——"不仅仅是一场礼炮"，而且是向英雄行为的致敬。克赖纽科夫拜访总政治部主任谢尔巴科夫。

空军元帅S. 克拉索夫斯基，*2-ya vozdushnaya armiya v Lvovsko-Sandomirskoi operatsii*（《利沃夫—桑多梅日战役中的空军第2集团军》），*VIZ*，1964（7），第31—41页，空军第2集团军（乌克兰第1方面军）的作战行动。

P. 库罗奇金大将，*Proryv oborony protivnika na L'vovskom napravlenii*（《在利沃夫方向突破敌人的防御》），*VIZ*，1964（7），第22—30页。第60集团军的构成（4个军），与近卫坦克第3集团军协同行动，突破行动的特点，左翼友邻部队（第38集团军）的困难态势造成的危险，7月17日早上近卫坦克第3集团军投入战斗，坦克第4集团军尾随其后，"科尔托夫走廊"的战斗，坦克部队实施纵深渗透后赶往利沃夫，布罗德包围圈的结局。

K. S. 莫斯卡连科, *Na Yugo-zapadnom napravlenii. Vospominaniya komandarm*（《在西南方向上，一名指挥员的回忆》），第二册，第十二章，利沃夫—桑多梅日战役，第392—414页：第38集团军的3个军（10个师）投入战斗，与坦克第4集团军和第60集团军相配合，歼灭利沃夫之敌，进攻定于7月13日21点发起，炮火准备和空袭的缺点，与坦克部队（坦克第4集团军）相配合，A. A. 叶皮谢夫少将（第38集团军军事委员会委员）7月22日负伤，夺取利沃夫的作战行动，坦克第4集团军、近卫坦克第3集团军、第38集团军和第60集团军的向心攻击。

B. 帕诺夫上校和S. 阿诺夫中校, *K voprosu o proryve na rava-russkom napravlenii*（《在俄罗斯拉瓦方向突破的问题》），*VIZ*，1970（2），第94—99页，详细分析了俄罗斯拉瓦（乌克兰第1方面军）的突破行动。这篇文章使用了保存在总参谋部的缴获的德国文件（特别是德国第4装甲集团军的记录）。

M. 波卢什金上校, *Lvovsko-Sandomirskaya nastupatel'naya operatsiya 1-vo Ukrainskovo fronta v tseifrakh (13.7–29.8.1944 g.)*（《数据中的乌克兰第1方面军利沃夫—桑多梅日进攻战役，1944年7月13日—8月29日》），*VIZ*，1969（8），第54—67页，利沃夫—桑多梅日战役，统计，指挥员名单（至军级）。

M. 波卢什金, *Na sandomirskom napravlenii Lvovsko-Sandomirskaya operatsiya (iyul–avgust 1944 g.)*（《利沃夫—桑多梅日战役中的桑多梅日方向，1944年7月—8月》）（莫斯科：军事出版社，1969年）。这是一部详细描述乌克兰第1方面军作战行动的专著。第二章，方面军的策划和作战决定，科涅夫的双路突击计划（第17—22页），步兵集团军的分配（第22—25页），坦克和机械化部队的作用（第25—31页），空中支援（第35—39页）；第三章，作战叙述，第一阶段的行动（7月13—27日），突破行动（第55—66页），方面军快速部队（坦克第4集团军和近卫坦克第3集团军）投入，近卫坦克第3集团军获得空军第2集团军的支援（第66—72页），布罗德包围圈，向利沃夫推进（第72—80页），右翼的进攻行动，向西布格河前进，7月24日确保登陆场（第80—87页），对利沃夫的突击（第87—104页）。

A. 拉基茨基上校，*Nastupatel'naya operatsiya 3-i gvardeiskoi armii (iyul 1944 g.)*（《1944年7月，近卫第3集团军的进攻行动》），*VIZ*，1978（9），第70—78页，近卫第3集团军（乌克兰第1方面军）的详细作战记述，这是"鲜为人知的作战行动"系列中的一篇。

F. I. 维索茨基等人，*Gvardeiskaya tankovaya*（《近卫坦克》），第113—128页，卢布林—布列斯特战役中的坦克第2集团军，作为白俄罗斯第1方面军左翼部队的快速集群投入卢布林—华沙方向的战斗，强渡西布格河（7月21日），7月24日夺取卢布林，冲向维斯瓦河；第128—134页，7月27日坦克第2集团军的第一梯队赶往华沙郊区（普拉加），7月31日逼近普拉加，但遭遇到5个德军师，坦克第2集团军已损失500辆坦克，决定不对普拉加发起进攻。

I. I. 尤舒克少将，*Odinnadtsatyi tankovyi korpus v boyakh za Rodinu*（《卫国战争中的坦克第11军》）（莫斯科：军事出版社，1962年），第四部分，第64—92页，从科韦利到维斯瓦河，坦克第11军在白俄罗斯第1方面军辖下的作战行动，作为"快速集群"配合近卫第8集团军的行动（全军拥有233辆坦克和自行火炮），冲向西布格河，7月19日全军投入战斗，7月20日强渡西布格河，坦克补充燃料和弹药，赶往谢德尔采，武装党卫队装甲部队发起反击，7月31日进攻谢德尔采，坦克第11军跨过西布格河后平均每天前进57公里。

G. K. 朱可夫，*Vospominaniya i razmyshleniya*（《回忆与思考》），第二册，第259—271页，斯大林7月7日的召唤，斯大林极具幽默感，莫洛托夫参加会谈，商谈希特勒的前景，认为他很可能试图同英国和美国单独达成协议，斯大林坚信丘吉尔和罗斯福不会同希特勒打交道，斯大林还认为德国人会在东普鲁士抵抗到底，因而需要先解放利沃夫和波兰东部，朱可夫会见贝鲁特，布尔加宁作为苏联代表被派至波兰人那里，7月11日朱可夫赶至乌克兰第1方面军，朱可夫指出白俄罗斯战役和沿"柏林方向"取得的胜利意味着红军应该毫不停顿地对东普鲁士发起进攻，以3个白俄罗斯方面军攻向东普鲁士和但泽湾的维斯瓦河（或至少切断东普鲁士与德国腹地的联系），朱可夫拟定了"东普鲁士进攻计划"（参见第264—266页的文本）并于7月19日呈交最高统帅部，尽管有足够的预备力量，但斯大林没有批准这个计划，朱可夫认为"这是最高统帅的严重错误"，后来不得不进行极为困难、代价高昂的东普鲁士战役（参见第266页），讨论乌克兰第1方面军的作战行动，朱可夫对糟糕的策划、缺乏侦察、炮兵和空中支援不力提出批评，朱可夫不理解这些错误为何从未被历史学家们提及，7月22日与科涅夫的会谈，斯大林坚持要求先夺取利沃夫再冲向维斯瓦河——赫鲁晓夫同意斯大林的观点，"这条河是跑不掉的"，夺取利沃夫，冲向桑多梅日。（注：朱可夫的"东普鲁士进攻计划"，第316号，7月19日，并未刊登在他的单卷本回忆录中，也没有出现在英文版朱可夫元帅回忆录里。）

波兰方面的资料

博莱斯瓦夫·多拉塔，*Wyzwolenie Polski 1944–1945*（《1944—1945年，波兰解放》）（华沙：MON出版社，1971年），第二章，*Dzialania wojsk 1 frontu Bialoruskiego i oddzialów ludowego Wojska Polskiego*…（《白俄罗斯第1方面军和波兰第1集团军的作战行动》）（包括波兰第1集团军的作战行动），第32—53页。关于波兰第1集团军1944年7月的作战行动，也可参见*Boevye deistviya narodnovo voiska pol'skovo 1943–1945 gg*（《1943—1945年波兰军队的作战行动》）［波兰文原版是*Wybrane operacje i walki Ludowego Wojska Polskiego*（《波兰人民军的重要行动和战斗》）］，第81—103页。

"波兰问题"：外交、政治和起义

很显然的一点是，"波兰问题"的相关资料非常多，特别是关于华沙起义这一令人痛苦的事件。不过，我在很大程度上将自己限制于文件集、外交记录以及苏联方面对波兰和华沙起义的政策阐述这个有限范围内。我曾与罗科索夫斯基元帅讨论过后一方面的问题，与其他苏军指挥员一样，他强烈否认红军故意并作为一项特定计划的组成部分而放弃了华沙的波兰人——不单纯是辩解，还以作战地图、表格、后勤运输记录和往来电报做出了详细解释。另外，重点在于苏军（白俄罗斯第1方面军和乌克兰第1方面军）8月一

9月的战斗伤亡——阵亡和负伤的数字分别为166808人和122578人，合计289386人。我被告知，无论何种解释都必须参照相应的证据，这些数字绝对准确，无法人为编造。

艾伦·克拉克在《巴巴罗萨：苏德战争1941—1945年》（伦敦：哈钦森出版社，1965年）一书中也倾向于认为，与其说这是一种故意的决定，不如说这一举动（或缺乏行动）主要是意外情况所致。

我必须为有机会同罗泽克教授探讨波兰方面的记录和资料表示深深的谢意，他的人物访谈使这篇文档的写作得到了帮助。

外交函件、外交文书文件：斯大林，罗斯福，丘吉尔

Perepiska…，第一册，斯大林与丘吉尔：No.235，2月1日，丘吉尔致斯大林，英国敦促解决波兰问题，第230—234页；No.236，2月4日，斯大林致丘吉尔，强调前线问题，第234—236页；No.243，2月27日，丘吉尔致斯大林，波兰政府放弃里加线，波兰政府的构成，第240—244页；No.249，3月3日，斯大林致丘吉尔，谴责波兰流亡政府，第247页；No.250，3月7日，丘吉尔致斯大林，波兰问题破裂的危险，第247—248页；No.257，3月23日，斯大林致丘吉尔，主张德黑兰会议同意的寇松线，第253—255页；No.299，7月20日，丘吉尔致斯大林，建议米科拉伊奇克出访莫斯科，第286页；No.301，7月23日，斯大林致丘吉尔，设立波兰民族委员会实施管理的计划，第287—288页；No.305—306，7月27—28日，米科拉伊奇克出访莫斯科，第292—293页。

Perepiska…，第二册，斯大林与罗斯福：No.159，2月11日，罗斯福致斯大林，关于波兰问题，第124—125页；No.171，2月28日，罗斯福致斯大林，初步解决问题的轮廓，第133页；No.172，3月3日，斯大林致罗斯福，波兰政府拒绝接受寇松线，第133页；No.203，6月19日，罗斯福致斯大林，对米科拉伊奇克到访华盛顿的印象，第153—155页；No.206，6月24日，斯大林致罗斯福，波兰流亡政府必须"改组"，第155—156页。

Documents on Soviet-Polish Relations 1939-1945（《1939—1945年，苏波关系文件》），西科尔斯基将军历史研究所编撰，第二册（伦敦：海涅曼出

版社，1967年），1943—1945年。No.68，1943年12月30日的波兰备忘录，关于苏波合作的条件，第121—122页；No.69，欧文·奥马利爵士致米科拉伊奇克，1944年1月3日，第122—123页；No.71，罗默尔和艾登谈波兰地下军配合苏军作战的问题，1月6日，第125—127页；No.72，米科拉伊奇克向波兰发表广播讲话，1月6日，第127—128页；No.73，米科拉伊奇克与贝奈斯会谈，1月10日，第129—132页；No.74，苏联关于苏波边境问题的声明，1月11日，第132—134页（建议波兰对此做出回复，第134—136页，艾登、米科拉伊奇克），波兰的回复，1月14日，第138—139页；No.79，拉钦斯基伯爵对英国外交部谈及波兰的情况，苏军的进入，1月16日，第140—142页；No.83，丘吉尔、米科拉伊奇克、艾登，修改里加条约的可能性，1月20日，第144—149页；No.85，拉钦斯基伯爵对艾登谈及英国保证波兰独立的四个问题，1月23日，第150—151页；No.87，米科拉伊奇克关于英国对波兰新边境线即寇松线的建议，1月25—26日，第153—155页；No.93，丘吉尔致斯大林，边境线问题，2月1日，第160—162页；斯大林致丘吉尔，2月4日，第163—164页；No.96，丘吉尔和米科拉伊奇克的会谈，波兰最终拒绝苏联的条款，2月6日，第166—171页；No.97，罗斯福致斯大林，2月7日，第171-172页；No.99，电报稿，丘吉尔告诉斯大林，波兰政府的改组，2月12日，第173—176页；No.103，丘吉尔和米科拉伊奇克对苏联要求所做的答复，2月16日，第180—187页；No.107，丘吉尔致斯大林，关于边境线问题，2月20日，第191—193页；No.113，丘吉尔致斯大林，3月7日，第199—200页；No.117，米科拉伊奇克至罗斯福，3月18日，第207—211页；No.118—119，丘吉尔致斯大林，3月21日，斯大林致丘吉尔，3月23日，第212—214页；No.123，拉钦斯基伯爵、艾登，"沃里尼亚师"协议，4月7日，第218—220页；No.124，米科拉伊奇克、丘吉尔和斯退丁纽斯、怀南特：苏军的行为，4月9日，第220—224页；No.130，罗默尔、斯退丁纽斯，需要美国的合作，4月30日，第229—233页；No.132，斯大林、兰格教授、莫洛托夫，波兰的领土和未来，5月17日，第235—240页；No.136，丘吉尔、米科拉伊奇克、艾登、罗默尔，改组波兰政府，5月31日，第243—246页；No.143，切哈努夫斯基对米科拉伊奇克、兰格教授会谈的记录，6月13日，第258—263页；No.144，OSS策划组为国家军提供武器的谈判，6月13日，第263—266页；No.145，米科拉伊奇克结束与罗斯福的会晤，6月14日，第266—268页；No.152，米科拉伊奇克、拉奇凯维奇、索斯恩科夫斯基的会议，"暴风雨"行动期间给国家军下达的指令，7月6日，第274—276页；No.155，罗默尔、艾登谈米科拉伊奇克出访莫斯科，7月11日，第279—280页；No.161，米科拉伊奇克、丘吉尔，要求英国向波兰派出代表团，7月18日，第288—290页；No.171，丘吉尔致斯大林，建议允许米科拉伊奇克出访莫斯科，7月27日，第301—302页。

外交历史

V. L. 伊斯拉埃良，*Diplomaticheskaya istoriya VOV*（《伟大卫国战争期间的外交史》），第四章（6），*Polski vopros v 1944 godu…*（1944年间的波兰问题），这是一份总体性概述，重申了苏联的立场，也强调指出波兰流亡政府的反动态度和政策，第215—224页。

爱德华·J. 罗泽克，*Allied Wartime Diplomacy. A Pattern in Poland*（《盟国战时外交，波兰模式》），第六章，"苏联政府将卢布林委员会转变为波兰临时政府……"，以大量文件（加上人物访谈）详细讨论了1944年1月—7月21日的波兰问题，第183—235页。

卢埃林·伍德沃德爵士，*British Foreign Policy in the Second World War*（《英国在二战中的外交政策》）（伦敦：英国皇家出版局，1962年单卷本），第十二章，苏波边境线问题，苏联对波兰流亡政府和波兰地下抵抗运动的态度，英国试图说服波兰流亡政府接受苏联方面的要求（至1943年12月），第249—255页；第十四章，至1944年9月的英苏关系，英国进一步试图解决苏波边境线争端，丘吉尔1月28日和2月21日致电斯大林，苏联对波兰地下抵抗运动的指责，第278—285页；斯大林拒绝接受调解，米科拉伊奇克出访美国，苏联与波兰在伦敦的秘密会谈，苏联政府提高了要求（至1944年6月），第285—290页。

卢埃林·伍德沃德爵士，*British Foreign Policy in the Second World War*（《英国在二战中的外交政策》）（伦敦：英国皇家出版局，1971年，多卷本）。参见第二册（1971年），第三十五章（6），英国试图让苏联和波兰达成谅解，1943年12月30日波兰的备忘录，第652—657页。另参见第657—662的附记，"寇松线"。第三册（1971年），第三十四章：（ⅰ），1944年1月，波兰和苏联的声明，第154—160页；（ⅱ）英国试图争取和解，丘吉尔1944年1月28日致电斯大林，斯大林2月2日的回复，1944年2月6—20日同波兰部长们的会谈，第161—174页；（ⅲ）丘吉尔2月21日致电斯大林，斯大林拒绝了他的提议，斯大林3月23日的信件，第174—183页；（ⅳ）拟定给斯大林的回复，战时内阁决定推迟回复，讨论更换索斯恩科夫斯基将军的问题，苏联在苏联境内组建波兰军队的进展，格拉布斯基和列别杰夫在伦敦的会晤，米科拉伊奇克赶至华盛顿，第174—191页；（ⅴ）苏波伦敦会谈失败，建议米科拉伊奇克访问莫斯科，外交部认为罗斯福的含糊和乐观很危险，丘吉尔强调波兰人必须放弃维尔诺和利沃夫，同斯大林的进一步交流，波兰部长们赶赴莫斯科，1944年6—8月，第191—202页。

波兰方面的资料

W. 尤尔格列维奇，*Organizacja Ludowego Wojska Polskiego (22.7.1944-9.5.1945)*（《1944年7月22日—1945年5月9日，波兰人民军的组织结构》）（华沙：MON出版社，1968年），第一部分，第二章，政治环境和波兰军队（在苏联）的建立，与人民军合并，第41—61页。

J. 马尔古莱斯（主编），*Z. zagadnień rozwoju Ludowego Wojska Polskiego*（《关于波兰人民军的发展问题》）（华沙：MON出版社，1964年）。参见 F. 兹比涅维奇的*Z zagadnień politycznych Armii Polskiej w ZSRR*（《关于在苏联组建波兰军队的政治问题》），"全国委员会"授权在苏联组建波兰军队，并建议与人民军合并，资料源自档案文件和当时的新闻报刊（例如"自由波兰"），第7—32页。

A. 普日贡斯基，*Z zagadnien strategii frontu narodowego PPR 1942-1945*（《1942—1945年，波兰工人党民族阵线的策略问题》），第278—296页，"全国委员会"代表团5月16日赶赴莫斯科，在乌克兰视察波兰军队，建立临时政府，同斯大林交换意见，接受寇松线为苏波边境线，建立Polski Komitet Wyzwolenia Narodowego（民族解放委员会）。（普日贡斯基大量采用了党的档案以及许多未发表的资料。）

T. 罗斯基等人，*Wojna wyzwoleńcza narodu polskiego w latach 1939–1945*（《波兰民族解放战争，1939—1945年》）（华沙：MON出版社，1966年），第四部分，第555—565页，波兰军队在苏联的地位，"全国委员会"建议波兰军队与人民军合并；组织和指挥人员的任命。

M. 沃耶武兹基，*Akcja V–1, V–2*（《V–1、V–2行动》）（华沙：PAX出版社，1972年第二版）。波兰地下抵抗运动和情报，发现V–1、V–2武器，德国"飞弹"、弹道导弹。

华沙起义和苏联红军

温斯顿·S. 丘吉尔，《第二次世界大战》，第六卷，《胜利与悲剧》，参见第九章，"华沙的殉难"，大量文件记录，不可或缺，第116—129页。

理查德·C. 卢卡斯，*Eagles East. The Army Air Forces and the Soviet Union, 1941–1943*（《东方之鹰：1941—1943年，美国陆航队与苏联》）（塔拉哈西：佛罗里达州立大学出版社，1970年），第十三章（B），"美国陆航队与华沙起义"，试图为华沙运送物资，美国和英国施加外交压力，苏联方面的阻挠，第201—207页。

杰拉德·赖特林格，*The SS. Alibi of a Nation 1922–1945*（《党卫队，一个国家的托词，1922—1945年》）（伦敦：海涅曼出版社，1956年），第十三章（3），关于冯·德姆·巴赫–策勒维斯基、"迪尔勒旺格"惩戒旅、党卫队"卡明斯基"旅，希姆莱在波森的讲话（8月3日）赞扬了迪尔勒旺格和卡明斯基，菲格莱因报告卡明斯基的暴行，卡明斯基之死，第372—377页。

外交历史和外交文件

卢埃林·伍德沃德爵士，*British Foreign Policy in the Second World War*（《英国在二战中的外交政策》）（伦敦：英国皇家出版局，1962年单卷本），第301—306页，苏联拒绝帮助波兰人，米科拉伊奇克向斯大林发出请求，丘吉尔致电斯大林（8月4日），斯大林认为波兰人"夸大其词"，米科拉伊奇克恳求斯大林（8月9日），斯大林的承诺，但援助并未到来，英国和美国施加的压力，空投物资的问题，苏联最终做出"让步"，但对"华沙的冒险"提出谴责。

卢埃林·伍德沃德爵士，*British Foreign Policy in the Second World War*（《英国在二战中的外交政策》），第三册，第三十九章（6），华沙起义，这场起义并非意外爆发，英国参谋长委员会强调需要俄国人的承诺和合作，莫斯科7月29日在广播中呼吁华沙发起"直接、积极的斗争"，斯大林认为这场起义发动得过早（第202—204页）；斯大林与丘吉尔8月5日的交流，国家军缺乏武器，德国人阻挡住苏军向华沙的推进（德国方面8月6日的主张），艾登缺乏关于华沙起义的消息，斯大林答应米科拉伊奇克，苏联会提供帮助（8月9日），卡卢金的消息传递给斯大林（8月5日），波兰向丘吉尔和罗斯福发出呼吁，苏联做出回应的可能性很小，克拉克·克尔和哈里曼会见维辛斯基，维辛斯基谴责这场起义，克拉克·克尔和哈里曼会见莫洛托夫（8月17日），斯大林致电丘吉尔（8月17日），将苏军统帅部与"华沙冒险"撇清干系，艾登与古谢夫会谈，古谢夫也拒不承认苏联方面负有责任（8月18日），丘吉尔、罗斯福联合发电报给斯大林（8月20日），斯大林在回电（8月22日）中再次谴责华沙起义，为波兰提供空投和苏联基地的问题（第204—212页）；空投的困难，无法派遣远征军，米科拉伊奇克修改重组波兰政府的计划，边境线问题（第212—215页）；"闯入"苏军机场的可能性，米科拉伊奇克威胁要辞职，索斯恩科夫斯基断言苏联不会提供帮助，只能从西方国家获得一些微不足道的救助（第215—217页）。第四十章，苏联做出"让步"（9月9日），同意为华沙空投补给，讨论飞机的"穿梭飞行"，贝尔林将军的波兰集团军强渡维斯瓦河但又被迫撤回，艾登暗示必须解除索斯恩科夫斯基的职务，由博尔–科莫罗夫斯基将军接替，华沙的绝望态势，苏联拒绝美国采取进一步空中行动，华沙的波兰人投降（10月4日清晨5点），米科拉伊奇克再次被邀请去莫斯科（第218—223页）。

Documents on Soviet–Polish Relations 1939–1945（《1939—1945年，苏波关系文件》），第二册，关于华沙起义：No.173，奥姆·萨金特爵士告诉拉钦斯基，不可能将伞兵旅或战斗机中队派至波兰，7月28日，第303—304页；No.175，斯大林致丘吉尔，波兰流亡政府与民主趋势渐行渐远，7月28日，第

305页；No.177，米科拉伊奇克、莫洛托夫，苏联要求波兰政府与波兰民族解放委员会达成协议，7月31日，第306—308页；No.180，米科拉伊奇克、斯大林，关于波兰的边境线和未来，8月3日，第309—322页；No.182，丘吉尔致斯大林，呼吁为华沙提供援助，8月4日，第323页；No.183，斯大林致丘吉尔，贬低华沙起义，8月5日，第324页；No.186，米科拉伊奇克、贝鲁特、莫洛托夫，设法与波兰民族解放委员会达成协议，8月8日，第325—333页；No.187，斯大林致丘吉尔，谈及米科拉伊奇克的情况，8月8日，第333页；No.188，克鲁斯西埃尔将军致电罗科索夫斯基，请求他提供援助，卡卢金大尉也在华沙城内，8月8日，第334页；No.189，斯大林、米科拉伊奇克，再次试图打破僵局，8月9日，第334—339页；No.192，塔斯社谈及"伦敦的波兰人"对起义应负的责任，第340—341页；No.193，丘吉尔致斯大林，紧急呼吁苏联提供援助，8月12日，第341页；No.194，米科拉伊奇克、斯大林，请求提供空中支援，空投物资，8月13日，第342页；No.198，斯大林、米科拉伊奇克，起义是"一场鲁莽的冒险"，苏联无法为"华沙事件"承担责任，8月16日，第336—347页；No.201，米科拉伊奇克、斯大林，请求允许美军飞机使用苏联基地，8月18日，第351—352页；No.203，丘吉尔和罗斯福致电斯大林，呼吁为华沙提供援助，8月20日，第353页；No.204，米科拉伊奇克、艾登等人，英国和美国的干预没有取得效果，8月21日，第354—356页；No.205，斯大林的电报，提及苏军将发起新的大规模攻势，8月22日，第356页；No.232，丘吉尔、米科拉伊奇克等人，华沙的情况发展，解除索斯恩科夫斯基的总司令职务，9月29日，第395—398页；No.234，丘吉尔、米科拉伊奇克，空投行动将终止，除非苏联提供机场，10月7日，第399页。

苏联方面的资料

IVOVSS，第四册，第八章，（1）关于"全国委员会"的政治纲领，策划"暴风雨"行动，博尔–科莫罗夫斯基将军的评估，秘密军，国家军抗击波兰领土上的苏联红军的秘密计划（第228—237页）；（2）国家军7月24日做出起义的决定，意图抢在苏联红军到达前建立起波兰"政治和行政机构"，米科拉伊奇克在莫斯科为波兰流亡政府在未来组建的政府中要求80%的席位并主张

1935年的"法西斯主义宪法",起义糟糕的策划和准备——只有16门大口径迫击炮、47挺机枪、2629支步枪和44000颗手榴弹,弹药仅够使用2—3天——起义开始时只有40%的国家军投入战斗,由于缺乏经验和武器支援,起义者损失惨重,苏联对这场"冒险"提出谴责,苏联军队被挡在华沙门前,急需将苏军战机重新部署至前进基地,坦克第2集团军的严重损失(500辆坦克),苏军的进攻行动(白俄罗斯第1方面军辖下的第47集团军)夺取了普拉加,波兰第3步兵师强渡维斯瓦河,9月16—19日,波兰第3和第2步兵师的6个营投入战斗,9月23日退回维斯瓦河东岸,苏军的空投(第246页),蒙特(即克鲁斯西埃尔将军,华沙地区国家军指挥官)拒绝商讨国家军与红军协同作战事宜,苏军指挥部建议国家军在苏军炮火的掩护下突围至维斯瓦河,这个建议被拒绝,波兰人最终向德军投降(第242—246页)。

IVMV,第九册,第70—72页,华沙起义,计划没有透露给苏军或波兰军队指挥部,博尔–科莫罗夫斯基指望的是红军的逼近给德国人造成恐慌,起义者糟糕的武器装备,斯大林指示朱可夫以贝尔林的波兰军队强渡维斯瓦河,波兰军队被击退,苏联为华沙空投物资。

集体创作,*16-ya vozdushnaya*(《空军第16集团军》)。参见第204—237页,援助华沙,为苏军登陆场提供空中掩护,华沙上空的空战,与波兰第1航空师协同作战,后勤问题,国家军的两名使者赶至苏军指挥部(9月17日),苏军实施空投(补给物资的数量,第223页),空军第16集团军9月份共投入13034个架次,为苏军地面作战提供空中掩护。

A. I. 拉济耶夫斯基大将,*Na puti k Varshave*(《通往华沙之路》),*VIZ*,1971(10),第68—77页。坦克第2集团军的作战行动,布列斯特—卢布林,1944年7月:拉济耶夫斯基是坦克第2集团军参谋长,波格丹诺夫负伤后,由他指挥该集团军。

K. K. 罗科索夫斯基,*A Soldier's Duty*(《军人的天职》),第254—263页。参见"华沙"一章,没有获得起义的消息,第48和第65集团军仍在华沙东面和东南面100公里处,坦克第2集团军停滞不前,未能同国家军起义者取得联系,起义者内部对苏军指挥部的呼吁发生争执,"空中堡垒"实施的空投未能取得太大成果,国家军没有设法夺取维斯瓦河上的桥梁,苏军攻向纳雷夫河,德军试图消灭维斯瓦河和纳雷夫河上的苏军登陆场，苏军夺取普拉加（此时华沙城内发动了起义），向斯大林汇报时，罗科索夫斯基强调无法发起进攻，苏军实施空投（4821个架次，2535个架次投下补给物资），波兰第1集团军强渡维斯瓦河（9月16日），撤回（9月23日）。

S. M. 什捷缅科大将，*Generalnyi shtab v gody voiny*（《战争年代的总参谋部》）（莫斯科：军事出版社，1973年第二版），第78—104页，关于华沙方向，苏联方面起初乐观地认为会在华沙附近获得胜利，罗科索夫斯基和朱可夫担心德军会对白俄罗斯第1方面军左翼发起强有力的打击，苏军指挥部和苏联政府都没有获知华沙起义的消息，罗科索夫斯基发给博尔-科莫罗夫斯基的电报没有收到回复，丘吉尔致电斯大林，斯大林给朱可夫下达命令，罗科索夫斯基和总参谋部的报告（8月6日，部分文字，无法从行进中发起进攻，第87页），起草作战计划（第88—89页）——8月25日前不可能发起全面进攻，斯大林与米科拉伊奇克的交流，斯大林致电丘吉尔拒绝承担责任，第47集团军9月10日发起进攻，波兰第1集团军尾随其后，进攻普拉加，波兰集团军强渡维斯瓦河，总参谋部与博尔-科莫罗夫斯基建立起通信联系，安排空投补给，9月20日7名国家军军官与红军取得联系，其中一名军官报告，博尔-科莫罗夫斯基下达密令，"严格控制"那些与卢布林委员会有关系的起义者，波兰军队的登陆场形势严峻，斯大林同意波兰军队在维斯瓦河东岸转入防御。（这是一份极具个性的记述，强调了苏军减缓华沙压力的计划，一些资料出自罗科索夫斯基的回忆录。）

波兰方面的资料

T. 博尔-科莫罗夫斯基，*The Secret Army*（《秘密军》）（伦敦：戈兰茨出版社，1950年），共407页，各处。关于波兰国家军、地下抵抗运动和华沙起义。

J. 加尔林斯基，*Poland, SOE and the Allies*（《波兰、英国特别行动处和盟国》）（伦敦：艾伦&昂温出版社，1969年），第四部分，"深渊"，第167—206页，决定发动起义，波兰努力争取西方国家的救援，苏联的态度，空投问题，苏联方面迟到的协议。（发挥重要作用的是波兰的整体计划，特别是索斯恩科夫斯基将军，而不是当时的政治形势。）

▶参考书目

Polski czyn zbrojny w II wojnie światowej. Bibliografia wojny wyzwoleń czej narodu polskiego 1939–1945（《二战中的波兰武装行动，波兰民族解放战争参考文献，1939—1945年》）（华沙：MON出版社，1973年），第六册，第五部分，*Ruch oporu*（抵抗运动），第八节，*Powstanie warszawskie*（华沙起义），以7个小节阐述了总体情况、起义行动、盟军的援助和空投、起义者的武器装备和条件、德国人的暴行（第646—679页）。［另参阅第五部分第二节，*Armia Krajowa*（国家军），包括"暴风雨行动"，第509—551页。］

L. M. 巴特尔斯基，*Mokotów 1944*（《莫克托夫区，1944》）（华沙：MON出版社，1972年）（英文摘要，第701—702页）。

A. 卡尔平斯基，*Pod Dęblinem, Pulawy i Warka*（《在登布林、普瓦维和瓦尔卡》）（华沙：MON出版社，1967年），1944年7月18日—9月12日，波兰第1集团军在登布林、普瓦维和马格努谢夫地区的作战行动。参见第二章，"华沙方向"的态势，7月18日—9月15日（第18—56页）；以及第三章，波兰第1集团军在登布林和普瓦维地区的作战行动，7月28日—8月4日（第60—80页），强渡维斯瓦河（第80—121页），马格努谢夫地区的作战行动（坦克第1旅），强渡维斯瓦河（第199—232页）。

W. T. 科瓦尔斯基，*Wielka koalicja 1941–1945*（《大联盟，1941—1945年》），第二册，1944年。参见第四章，*"Bagration" and the Polish question*（"巴格拉季昂"和波兰问题），苏军攻势的进程，红军与国家军的关系，拟定"暴风雨"行动和一位"将军、哲学家"的幻觉——*Plan "Burza" i majaczenia general–filozofa*（第252—254页），英国特别行动处与波兰，米科拉伊奇克在莫斯科，救援华沙起义的努力，普拉加战役，斯大林的评价，丘吉尔的策略，第219—324页。

J. 马尔古莱斯，*Boje 1 Armii WP w obszarze Warszawy (sierpień–wrzesień 1944)*（《波兰第1集团军在华沙，1944年8月—9月》）（华沙：MON出版社，1967年），各处。这是一部宏大的专著，描述了波兰第1集团军在华沙起义背景下采取的军事行动，配有关于军事行动的5个附录（第315—327页）和3个文件附录（波兰：波兰第1集团军文件和国家军文件；苏联方面的文件和德国方面的文件；第331—522页）：关于卡卢金大尉的神秘面纱，参见第238—239页，根据普日贡斯基的说法，卡卢金并非"苏联白俄罗斯第1方面军的代表"，而是一名加入弗拉索夫军队的苏联战俘；苏联方面的资料对卡卢金的身份保持沉默。蒙特试图派使者赶往苏军指挥部，第239—241页。

T. 罗斯基等人，*Wojna wyzwoleńcza narodu polskiego w latach 1939-1945*（《波兰民族解放战争，1939—1945年》），第五部分，第三十章，Powstanie warszawskie（华沙起义），起义的决定，波兰人的计划，德国人的计划，起义力量，第一阶段，西区的防御战，德国人的反扑，沿维斯瓦河河岸的进攻，投降，第566—592页。〔叙述和分析基于存放在WIH（军事历史研究所）的回忆资料，还援引了H. v. 克兰哈尔斯的*Der Warschauer Aufstand 1944*（《1944，华沙起义》）中的档案。〕

J. 谢克–马莱茨基，*Armia Ludowa w powstaniu warszawskim. Wspomnienia*（《华沙起义中的人民军，回忆》）（华沙：火花出版社，1962年）。在*Powstanie*（"起义"）一章中，参见第100页关于卡卢金大尉的脚注，参照了理夏德·纳扎雷维克斯上尉的文章（刊登在1946年第217号《共和国报》上），卡卢金自1943年12月起便一直在波兰，实际上，他是弗拉索夫军队（ROA）里的一名军官。

杜克拉—喀尔巴阡山战役和斯洛伐克起义

E. 塔博尔斯基，*Beneš and Stalin—Moscow, 1943 and 1945*（《贝奈斯与斯大林——莫斯科，1943和1945年》），《中欧事务》杂志，总第13期，1953年7月第2期，第169—170页，关于红军进入捷克斯洛伐克领土。斯洛伐克傀儡军队总司令卡特洛斯将军建议与斯大林达成秘密协议，"以符合俄国利益的方式解决斯洛伐克政治问题"，对此持反对态度的贝奈斯将这个情况悄悄告知皮卡上校。

苏联方面的资料

IVOVSS，第四册，第二部分，第313—332页，斯洛伐克发动起义，苏军进入喀尔巴阡山东部，斯洛伐克起义的进程和游击队的行动（1944年10月—11月）。

IVMV，第九册，第一部分，第154—170页，斯洛伐克起义，苏军在喀尔巴阡山东部的作战行动。

集体创作（苏联和捷克斯洛伐克共同创作），*Na vechnye vremena. Na věčne časy*（《永远，永远》）（莫斯科：军事出版社，1975年），第135—156页，关于斯洛伐克起义（主要使用了胡萨克的记述、文件集和一些档案资料——来自军事历史档案馆）。

S. I. 格拉乔夫（主编），*Rozhdenie Chekhoslovatskoi narodnoi armii*（《捷克斯洛伐克人民军的诞生》）。参见O. 亚纳塞克的*Sozdanie naterritorii SSSR 1-o chekhoslovatskovo armeiskovo korpusa*（捷克斯洛伐克第1军在苏联领土上的组建）（以及"捷克斯洛伐克流亡政府"在斯洛伐克组建"资产阶级军队"的"反动计划"），第198—241页；以及*frustration of plans of Czechoslovaké migré government to wind up 1st Czechoslovak Army Corps*（捷克斯洛伐克流亡政府吞并捷克斯洛伐克第1军计划的破产），第242—273页。（另参见什捷缅科对斯洛伐克起义的记述。）

苏联元帅A. A. 格列奇科，*Cherez Karpaty*（《越过喀尔巴阡山》）（莫斯科：军事出版社，1970年），第78—239页。这是一部结合了回忆录的专著（格列奇科时任近卫第1集团军司令员），苏军在喀尔巴阡山的作战行动：近卫第1集团军、第18集团军（乌克兰第4方面军）的作战行动；第38集团军（乌克兰第1方面军）的作战行动，1944年9月—10月。广泛采用了苏联军事档案。

A. N. 格雷廖夫和I. 维罗多夫上校，*Vernost internatsional' nomu dolgu*（《忠诚国际主义者的责任》），*VIZ*，1968（10），第44—57页。苏军协助斯洛伐克游击队，为斯洛伐克起义提供援助（主要基于苏联档案材料）。

I. S. 科涅夫（主编），*Za osvobozhdenie Chekboslovakii*（《解放捷克斯洛伐克》）（莫斯科：军事出版社，1965年），这是一部合集，收录了苏军高级指挥员的文章与评述——M. V. 扎哈罗夫、莫斯卡连科、列柳申科、桑达洛夫、A. N. 阿斯莫洛夫和其他人。参见第104—109页，援助斯洛伐克起义，进入斯洛伐克东部：斯洛伐克发动起义，戈利安同伦敦达成的协议，游击队组织，德国占领的威胁，乌克兰游击运动司令部将A. N. 阿斯莫洛夫上校派至斯洛伐克，德军对斯洛伐克起义者发起进攻，夺取班斯卡-比斯特里察，维耶斯特放弃进一步抵抗，戈利安和维耶斯特被俘，最终被枪毙，苏军战役的结果。

注：这部著作一个奇怪的特点是对苏军伤亡的记录。例如乌克兰第1、第4方面军21000人阵亡，89000人负伤（乌克兰第1方面军阵亡11550人，负伤47200人）；捷克斯洛伐克第1军844人阵亡，4068人负伤（第108页）；*IVOVSS*，第四册，第324页给出捷克斯洛伐克第1军的总伤亡人数为6500人，而刊登在*VIZ*，1968（10），第52页（第42条注释）的详细文章重复了《解放捷克斯洛伐克》一书中的数字。

K. 莫斯卡连科，*O Karpatsko-Duklinskoi operatsii*（《喀尔巴阡山—杜克拉战役》），*VIZ*，1965（7），第16—23页。为证明这是一场方面军级战役，而不是仅投入第38集团军的集团军级战役。

K. S. 莫斯卡连科，*Na Yugo-zapadnom napravlenii. Vospominaniya komandarm*（《在西南方向上，一名指挥员的回忆》），第二册，第十三章，*V glub Karpat*（在喀尔巴阡山深处），科涅夫9月2日命令第38集团军投入喀尔巴阡山战役，协助斯洛伐克起义者，乌克兰第4方面军的组建（近卫第1集团军、第18集团军和空军第8集团军），科涅夫向斯大林汇报，斯大林要求迅速突破至起义者身边（第432—433页），第38集团军的准备和部署，德军进入斯洛伐克，试图在南喀尔巴阡山设置新防线，东斯洛伐克军的悲剧，斯沃博达获得晋升，第38集团军作战行动中遭遇的困难，第428—462页。第十四章，穿过杜克拉山口，第38集团军详细的作战行动，第463—490页。

A. I. 内多罗夫，*Natsiona'no-osvobodite'noe dvizhenie v Chekhoslovakii 1938-1945*（《1938—1945年，捷克斯洛伐克全国解放运动》）（莫斯科：社会经济书籍出版社，1961年）。参见第254—292页，关于1944年的斯洛伐克起义，游击队组织和苏联的援助，德国的军事行动，苏军进入喀尔巴阡山，起义的政治方面问题。（基于共产党领导人的回忆录、记述，广泛采用了捷克斯洛伐克的军事档案。）

D. M. 普罗埃克托尔，*Cherez duklinskii pereval*（《穿过杜克拉山口》）
（莫斯科：军事出版社，1960年）。这是一部关于1944年9月—11月喀尔巴阡
山—杜克拉战役的专著，参见第二章，苏军攻势的策划，第38集团军的准备
工作，第39—78页；第三章，9月8日—14日的作战行动，第80—115页；第四
章，9月15日—25日，第二阶段，第116—151页。

S. M. 什捷缅科，*Generalnyi shtab v gody voiny*（《战争年代的总参谋
部》），第二版，第318—346页，什捷缅科和A. A. 格雷兹洛夫将军按照斯大
林的命令制订支援斯洛伐克起义的计划，空投2个苏军师这一构想的难处（只
有170架运输机，这就意味着需要运送5—6次），安东诺夫接受了将斯洛伐克
变为主要游击作战区的想法，53个从事游击战的苏联"有组织团体"潜入斯洛
伐克，关于卡特洛斯和戈利安（第327—329页），不现实的起义计划，斯大林
与科涅夫商谈（9月1—2日）起义和红军作战行动，拟定下达给科涅夫（乌克
兰第1方面军）的指令，斯洛伐克军队被德国人缴械，第38集团军遭遇到激烈
抵抗，巴拉诺夫的近卫骑兵第1军被切断（9月14日），捷克斯洛伐克部队10月
6日突击杜克拉山口，捷克斯洛伐克流亡政府建议合并捷克斯洛伐克第1军，斯
大林要求科涅夫加强捷克斯洛伐克第1军，斯沃博达为补充第1军寻找志愿者。
（关于苏军策划工作的一些有趣的资料，但未附相关文件。）

V. 科日纳尔中校（主编），*Dukla v dokumentech*（《杜克拉战役文
件》）（布拉格：我们的军队出版社，1970年）。这是一部杜克拉战役作战指
令、资料、奖励影印文件集，共246页。

卢德维克·斯沃博达将军，*Z Buzuluku do Prahy*（《从布祖卢克到布拉
格》）（布拉格：我们的军队出版社，1967年）。俄文译本，第二版（莫斯
科：军事出版社，1969年）。参见*Korpus*（军），第3节，斯洛伐克起义，第
267—275页；第4节，科涅夫元帅介绍的情况，与第38集团军相配合，第275—
278页；第6节，9月8日发起杜克拉—喀尔巴阡山战役，第281—295页。

苏军在波罗的海诸国的作战行动

OKH Kriegsgesch. Abt（陆军总司令部/战史处），地图：*Die Einkesselung
der Hgr. Nord*（1944年7月10日—8月14日，"北方"集团军群的包围圈）；

Schlacht um Tuckum（8月15日—8月27日，图库姆斯战役）；*Schlacht um Estland u. Absetzen Hgr. Nord*（1944年8月14日—9月28日，爱沙尼亚战役和"北方"集团军群的后撤）。T-78/R136，6065135-73，6065175-86和6065187-206。

IVOVSS，第四册，第二部分，第348—353页，苏军向里加推进，围困战的最后阶段（9月14日），波罗的海沿岸第1方面军右翼"突击集群"取得的成功，对"北方"集团军群的威胁，德军的反击（9月16日—22日），波罗的海沿岸第3方面军的作战行动，波罗的海沿岸第2方面军冲向里加，列宁格勒方面军攻入爱沙尼亚，爱沙尼亚第8步兵军的作战行动（参见L. A. 佩恩的著作），由于波罗的海沿岸第2、第3方面军最初的进攻缺乏力度，未能彻底孤立"北方"集团军群，德军集结于里加地区，苏军修改计划以便发起新的攻势。

IVMV，第九册，第一部分，第139—148页，苏军的作战行动，波罗的海诸国，在塔林和里加方向的突破，切断"北方"集团军群与东普鲁士的交通连接。

P. K. 阿尔图霍夫等人，*Nezabyvaemye dorogi. Boevoi put 10-i gvardeiskoi armii*（《难忘的道路，近卫第10集团军的战斗之路》）（莫斯科：军事出版社，1974年）。参见第156—196页，近卫第10集团军以及冲向里加的行动。

苏联元帅I. Kh. 巴格拉米扬，*Shaulyaisko-Mitavskaya operatsiya voisk 1-vo Pribaltiiskovo fronta*（《波罗的海沿岸第1方面军的希奥利艾—叶尔加瓦战役》），VIZ，1962（10），第3—23页。巴格拉米扬极具个性化的记述，希奥利艾战役。

I. Kh. 巴格拉米扬，*Tak shli my k pobede*（《我们这样走向胜利》），第339—418页，7月初考虑进一步作战行动（冲向里加—希奥利艾），解放波洛茨克（7月4日），华西列夫斯基建议冲向考纳斯和希奥利艾，从而切断"北方"集团军群逃往东普鲁士东南边境的道路，考纳斯被定为主要目标，7月11日下达给方面军各集团军的命令，与叶廖缅科波罗的海沿岸第2方面军的协同问题，解放希奥利艾和陶格夫匹尔斯——"通向大海的道路敞开了！"——华西列夫斯基确定作战方向，德军集中在里加地区，最高统帅部计划以4个方面军（波罗的海沿岸第1、第2、第3方面军和列宁格勒方面军）歼灭德国"北方"集团军群。

集体创作，*Bor'ba za Sovetskuyu Pribaltiku v Velikoi Otechest. voine 1941–1945*（《1941—1945年，伟大卫国战争期间苏军在波罗的海诸国的战斗》）（里加：列斯马出版社，1967年），第二册（全套三册），第二章，作战行动说明，白俄罗斯第3方面军的攻势，维尔纽斯—考纳斯，7月5日—31日，第39—60页（注释中提及苏军的严重伤亡，第60页，近卫第11集团军的各个营只剩下2个连的兵力，在一些团里，有的营只剩下1个连）；波罗的海沿岸第1方面军的攻势，作战行动说明，7月5日—31日，突破至里加湾，切断"北方"集团军群与东普鲁士的交通连接，第60—73页。

集体创作，*Rizhskie Gvardeiskie. Sbornik voenno–istoricheskikh ocherkov*（《里加近卫军，军事历史文集》）（里加：列斯马出版社，1972年）。这是一本详细的回忆录专著，包括近卫步兵第52、第30、第85、第43、第22、第65师（"里加"师）和"里加"歼击航空兵第315师。

M. 卡扎科夫大将，*V boyakh za sovetskuyu Pribaltiku*（《在波罗的海诸国的战役中》），*VIZ*，1967（2），第62—75页：苏军对里加的进攻，最高统帅部的计划，波罗的海沿岸第2方面军的作战行动，戈沃罗夫担任"协调员"。

V. I. 克拉斯诺夫等人，*Gimn ratnym podvigam*（《英雄颂歌》）（莫斯科：莫斯科工人出版社，1966年），参见*Vyshli na granitsu*（到达边境），第128—134页，扎卡布鲁克的步兵班到达东普鲁士边境，第56号界碑；扎卡布鲁克获得"苏联英雄"称号，但三天后在战斗中牺牲。

L. A. 佩恩中将，*V vikhre voennykh let*（《在战争岁月的旋风中》）（塔林：爱沙尼亚图书出版社，1976年），第172—210页，爱沙尼亚步兵军（与突击第2集团军）的作战行动，1944年9月。

S. I. 波尔特诺夫（主编），*V srazheniyakh za Sovetskuyu Latviyu*（《在拉脱维亚的战斗中》）（里加：列斯马出版社，1975年），第29—120页，1944年7月—8月，苏军在拉脱维亚的作战行动。这是一份极为详细的作战叙述，几乎完全依赖于苏联军事档案。另请注意，书中的一位撰稿人是海军元帅S. G.

戈尔什科夫。

L. 桑达洛夫上将，*Osvobozhdenie Sovetskoi Pribaltiki*（《解放波罗的海诸国》），*VIZ*，1969（10），第14—26页。作为波罗的海沿岸第2方面军参谋长，桑达洛夫详细阐述了冲向里加、塔林的作战行动。

A. M. 华西列夫斯基，*Delo vsei zhizni*（《毕生的事业》，第二版），第471—484页。参见*Bor'ba za Pribaltiku*（争夺波罗的海沿岸之战），最高统帅部的"协调"令（7月29日）以及给波罗的海沿岸第1、第2方面军和白俄罗斯第3方面军的作战指令（第475页），最高统帅部命令解决指挥、控制方面的缺陷（通信中断、糟糕的调动控制），最高统帅部批评波罗的海沿岸第2方面军7月6日的作战指令（第479页），最高统帅部对其他方面军司令部的批评（摘选：乌克兰第1方面军，列宁格勒方面军，乌克兰第4方面军；进一步的电报发给诸白俄罗斯方面军和乌克兰第1方面军，1944年12月又发给乌克兰第2方面军——华西列夫斯基承认引用1944年秋冬季的材料是"走前了一些"，第480—483页），波罗的海攻势涉及4个方面军的作战行动，华西列夫斯基的注意力主要放在波罗的海沿岸第1方面军，苏军的总攻定于9月14日发起，波罗的海沿岸第1方面军的各集团军被赋予具体作战方向，并组建起"坦克和机械化"铁拳——"里加特别快车"。

苏联元帅A. I. 叶廖缅科，*Gody vozmezdiya 1943–1945*（《惩罚的年代，1943—1945年》）（莫斯科：科学出版社，1969年），第九章，叶廖缅科的波罗的海沿岸第2方面军7月21日发起进攻，列日察—陶格夫匹尔斯，第341—390页；第十章，方面军7月29日的指令（第394—396页），卢班斯—马多纳—古尔贝内三角地带的激战，夺取克鲁斯特皮尔斯（8月8日），进入卢班斯平原，跨过艾维埃克斯泰河，使方面军进入逼近里加的位置上，第393—436页。

芬兰脱离战争

艾伯特·西顿，*The Russo-German War 1941–45*（《苏德战争1941—1945》），第460—466页，关于芬兰脱离战争的军事和政治分析——这是一份出色、深刻、全面的叙述，使用了：《曼纳海姆元帅回忆录》；W. 爱尔福特，*Der finnische Krieg 1941–1944*（《芬兰战争1941—1944》）（威斯巴登，

1950年）；L. 伦杜利克，*Gekämpft, Gesiegt, Geschlagen*（《战斗，胜利，失败》）（慕尼黑，1957年）；以及苏联方面的资料。

奥利弗·沃纳，*Marshal Mannerheim and the Finns*（《曼纳海姆元帅和芬兰人》）（伦敦：韦登费尔德出版社，1967年），第195—204页，继续战争，约德尔、曼纳海姆元帅，1943年10月，柯伦泰夫人的消息，德国人的回击，芬兰代表1944年3月赶至莫斯科，苏联的条件，凯特尔、海因里克斯，苏军6月10日的攻势——"我们战争史上的黑暗一天"（曼纳海姆）——凯特尔拜访曼纳海姆（8月17日），芬兰议会批准进行停战谈判。

▶ GMD/KTB

OKH/GenStdH/Op. Abt. I/N（陆军总司令部/陆军总参谋部/作战一处，北方），第二册，芬兰。参见440092/44、117/44、133/44、211/44、213/44号电报：芬兰争取和平的活动，苏芬关系，苏联的条件。T–78/R337，6293167–177。

KTB/OKW，第四册，*KTB 1944*，第9节，*Der nördliche Kriegsschauplatz…*（北方战区，芬兰），A部分第二章，*Der Abfall Finnlands*（8月31日—9月15日，芬兰人的背弃），第893—900页。

IVOVSS，第四册，第二部分，第143—151页，苏军在卡累利阿以南的攻势，推进至边境线，芬兰脱离战争。

IVMV，第九册，第一部分，第34—38页，芬兰脱离战争的举动，苏芬停战，设立日丹诺夫主导的苏联管控委员会。

苏联元帅K. A. 梅列茨科夫，*Na sluzbe narodu*（《为人民服役》）（莫斯科：政治书籍出版社，1969年），第376—391页。参见"卡累利阿方面军"，5月30日被召至莫斯科，斯大林讥讽梅列茨科夫的地形模型（第377页），准备以第7集团军强渡斯维里河，6月9日在克里姆林宫，计划歼灭盘踞在"斯维里河—彼得罗扎沃茨克"地区的敌军，与斯大林、华西列夫斯基、朱可夫、安东诺夫的讨论，要求增派援兵，朱可夫和华西列夫斯基反对，斯大林低声答应调拨给他一个军（第379页），到达边境线，苏芬停战谈判。

A. M. 诺斯科夫，*Skandinavskii platsdarm vo vtoroi mirovoi voine*（《第二

次世界大战中的斯堪的纳维亚登陆场》）（莫斯科：科学出版社，1977年），第202—215页，德国与芬兰的紧张关系，芬兰设法脱离战争。（这是一部专业著作，使用了苏联和非苏联的档案资料，也广泛援引了非苏联出版物。）

第六章
苏联的解放和征服：1944.8–1944.12

中欧、东欧和东南欧的战时事件极为复杂，德国的军事和政治活动、多场内战、领土收复论、种族战争以及"三巨头"之间的竞争加剧了这种复杂性，而大批苏联军队1944年进入这些地区导致了进一步的动荡。

融合了苏联军事、政治发展观点的著作为数不多，其中之一是M. M. 米纳相的 *Osvobozhdenie narodov Yugo-vostochnoi Evropy*（《东南欧人民的解放》）（莫斯科，1967年）。米纳相少将显然是在战后不久，被分配到伏龙芝军事学院苏联军事艺术史部期间开始撰写这部著作的。我不得不在很大程度上依靠这部著作，并通过同苏联军事历史学家们探讨苏军这些军事行动而获得的见解进行补充。至于错综复杂的外交问题，我无法找到其他著作替代卢埃林·伍德沃德爵士在英国战时外交史中清晰、冷静的阐述。在这片广阔的"黑暗"中，许多著作值得一提，但不可或缺的一份指南是休·西顿-沃森教授的 *The East European Revolution*（《东欧革命》）（伦敦：梅休因出版社，纽约：普雷格出版社，1950年）第二部，这部著作阐述了轴心卫星国的战时历史、抵抗运动和"大盟国和小盟国"（第83—166页）。我在此的目的是评述苏联的政策和苏联的举动，军事行动的进程是一个重要组成部分。

巴尔干地区的动荡

伊丽莎白·巴克，*Truce in the Balkans*（《巴尔干地区的停战》）（伦敦：帕西瓦尔元帅出版社，1948年），第八章，关于罗马尼亚的政治局势，第129—140页；第十章，关于希腊的抵抗和政治运动，第171—180页。（出色、生动地描绘了一个个政治人物。）

约翰·坎贝尔和菲利普·谢拉德，*Modern Greece*（《现代希腊》）（伦敦：本恩出版社，1969年），第二部分（6），第173—180页，关于希腊游击队和抵抗运动，民族解放阵线和人民解放军试图在政治上控制希腊山区，关于萨拉菲斯（第176页），"全国组织协议"，黎巴嫩会议，苏联军事代表团与波波夫上校在希腊，1944年7月——指示希腊共产党避免公开反对。

温斯顿·S. 丘吉尔，《第二次世界大战》，第六卷，《胜利与悲剧》。参见第五章，"巴尔干的动乱"，第72—79页，丘吉尔5月4日致艾登——"……我们是否打算默认巴尔干半岛……共产主义化？"（第72页），苏联提出"均分"希腊和罗马尼亚，丘吉尔致电罗斯福（第73页），美国的回应（6月11日—13日），丘吉尔7月11日致电斯大林，斯大林7月15日回复丘吉尔，坚持要获得美国的赞同，苏联向ELAS派驻代表团，英国的怀疑。第七章，第101—105页，关于希腊问题：EAM拒不接受黎巴嫩协定，丘吉尔咨询伍德豪斯上校，丘吉尔8月6日致电艾登，调集英军进入希腊的计划，丘吉尔8月17日致电罗斯福，会见帕潘德里欧，希腊国王的地位。

F. W. D. 迪金，*The Embattled Mountain*（《战火纷飞之山》）（伦敦：牛津大学出版社，1971年）。参见第二部分，第123—227页，关于英国的政策，SOE（英国特别行动处）发挥的作用，铁托与英国代表团的接触，支持铁托，中东司令部对游击运动重要性的看法。

吉塔·约内斯库，*Communism in Rumania 1944–1962*（《1944—1962年，罗马尼亚的共产主义》）。参见第一部分，第73—80页，苏联征服罗马尼亚的计划，开始外交接触（纳诺在斯德哥尔摩），在开罗进行的接触（斯蒂尔贝伊的任务），希特勒、安东内斯库，苏联提出对比萨拉比亚和北布科维纳的要求，马纽将维绍亚努派至开罗（5月27日），罗马尼亚共产党内部的分裂，在苏联境内组建的"图多尔·弗拉迪米雷斯库"师，波德纳拉希被NKVD派回罗马尼亚；第81—83页，盟国与罗马尼亚反对派之间的谈判破裂，罗斯福反对形成任何"势力范围"，苏联试图让罗马尼亚直接投降，柯伦泰夫人提出一份投降条款（6月2日），罗马尼亚决定推翻安东内斯库。

菲茨罗伊·麦克莱恩，*Disputed Barricade. The Life and Times of Josip Broz–Tito*（《有争议的分歧：约瑟普·布罗兹·铁托传》）（伦敦：海角出

版社，1957年）。参见第二部分，"在森林中"，第131—289页，塞尔维亚起义，游击运动，与英国人和俄国人的关系（特别是第十章"到巴比伦有多远？"）。

鲁道夫·基塞林，*Die Kroaten*（《克罗地亚人》）（格拉茨、科隆：伯劳出版社，1956年）。参见*Das unabhängige Kroatien 1941–1945*（1941—1945年，独立的克罗地亚），第179—194页，游击战。参见*KTB/OKW*，第四册第一部分，第6节（d），*Aufbau der kroatischen Wehrmacht—1944*（1944年，克罗地亚武装力量的组织结构），党卫队师（武装党卫队第14穆斯林师），乌斯塔沙–克罗地亚国防军，警察、保安部队和宪兵，第742—747页。

外交函件与外交史

▶ 外交信函

Perepiska…，第一册，No.294，丘吉尔致斯大林，关于俄国人在罗马尼亚得到"主导权"，而英国在希腊同样获得这一权利的"工作安排"，罗斯福已同意试行三个月，7月12日，第280—281页；No.297，斯大林致丘吉尔，要求美国做出回复，并由美国政府解决"一些疑问"，7月15日，第283页。

卢埃林·伍德沃德爵士，*British Foreign Policy in the Second World War*（《英国在二战中的外交政策》），单卷本，参见第十七章，英国对南斯拉夫的政策，第332—348页；以及第十八章，关于希腊，卡塞塔协议和ELAS的叛乱，第350—358页。

卢埃林·伍德沃德爵士，*British Foreign Policy in the Second World War*（《英国在二战中的外交政策》），第三册。（1）英国对南斯拉夫的政策，参见第四十一章（3—6节），第296—335页，麦克莱恩准将关于游击队的报告，英国撤销对米哈伊洛维奇的支持，丘吉尔和铁托的通信往来（1943年12月—1944年3月），铁托拒绝与彼得国王合作，普里奇政府解散，任命舒巴希奇，铁托和舒巴希奇，铁托对彼得国王的态度。另参见第四十二章（1—2节），第336—350页，麦克莱恩准将建议铁托将游击运动扩展至塞尔维亚，丘吉尔反对"向铁托卑躬屈膝"，丘吉尔会见铁托（8月12日），英国方面关于英国观点的备忘录（第340—341页），铁托与舒巴希奇会晤，丘吉尔会见铁托和舒巴希奇（8月13日），英国关心塞族人的利益并防止发生内战，铁托"消失"（8月18日—19日），借道赶赴莫斯科，莫洛托夫谈及苏联对南斯拉夫问题的观点（第348—349页），红军即将进入南斯拉夫领土，莫斯科会议和巴尔干诸国。（2）英国政策与希腊。参见第四十三章（1—2节），第383—402页，EAM和ELAS，希腊游击队组织，希腊共产党的作用，反共的EDES、EKKA和普萨罗斯上校，关于英国政策问题，SOE行动的作用和重要性，华莱士少校的报告强调指出国王不受欢迎，希腊重新爆发内战，用于解放希腊的英国军队，EAM和ELAS计划在德国人撤离后夺取控制权，罗斯福不支持英国处置国王的建议，国王最终同意在归国问题上做出妥协。另参见3—4节，第410—411页，梅列科沃会议将游击力量统一起来（1944年2月），伍德豪斯上校和美军少校温出席会议，扩大希腊政府的计划，但国王拒绝接受摄政的构想，希腊军队在亚历山大港召开会议（4月3日），EAM和黎巴嫩会议，丘吉尔与帕潘德里欧在意大利会晤，卡塞塔协议，EAM和ELAS在雅典的叛乱，ELAS拒不接受旨在防止内战的卡塞塔协议，1944年10月14日英军进入希腊。

KTB/GMD

KTB/OKW，第四册（1），第6节，*Der südöstliche Kriegsschauplatz*（东南战区），第二部分，关于南斯拉夫和希腊的游击队、抵抗运动，第632—712页。另可参见*Anhänge, "Kroatien"*（附件，"克罗地亚"），第732—757页；*Rumänien*（罗马尼亚）（1944年1—8月），安东内斯库和希特勒，盟军对罗马尼油田的空袭，1944年5月的谈判，第757—797页。

OKH/GenStdH/Op.Abt. II, Tagesmeldungen Ob.Südost（《陆军总司令部/陆军总参谋部/作战二处，东南战区总司令部的每日报告》）（1944年1月1日—7月24日），T-78/R330，6288099-6289114。巴尔干、希腊、克里特岛：南斯拉夫的局势，米哈伊洛维奇和切特尼克，帕韦利奇和克罗地亚人，1943年，T-78/R332，6289729-845。以及东南战区总司令部的局势评估，游击队的活动，铁托，米哈伊洛维奇，希腊游击队（1943年），6289845-6290105。

▶简报

Forschungsdienst Ost. Politische Informationen（东方研究机构政治情报），
1944—1945年1月的简报，包括各种各样的主题：东部地区的著名人物、政
治和组织。参见*Allslavismus in Rahmen der bolschew. Aussenpolitik*（布尔什
维克框架下的泛斯拉夫主义，对外政策），第145—162页，以及*Die Tito-
Bewegung und ihr Ziel*（铁托运动及其目标），第277—290页，T–78/R493，
6480045。

苏联方面的资料

苏联元帅S. S. 比留佐夫（主编），*Sovetskie vooruzhennye sily v bor'be
za osvobozhdenie narodov Yugoslavii*（《为解放南斯拉夫人民而战的苏联红
军》）（莫斯科：军事出版社，1960年）。参见第一部分，第47—53页，
苏联给予南斯拉夫游击运动的援助（1944年交付物资的表格，第52页）；第
二部分，第201—205页，N. V. 科尔涅耶夫中将，*Voennaya missiya SSSR v
Yugoslavii*（苏联军事代表团在南斯拉夫），1944年1月17日苏联派出军事代表
团，鼓励铁托前往莫斯科（第205页）。这是一部简洁的著作，极为谨慎地阐
述了苏联军事代表团的任务。

G. K. 基里亚季迪斯，*Gretsiya no vtoroi mirovoi voine*（《希腊与第二次
世界大战》）（莫斯科：科学出版社，1967年）。这是一部详细阐述EAM和
ELAS的专著，针对EAM的"反动进攻"（大量采用了希腊共产党、EAM、
ELAS、EPON和PEEA的文件和资料）。

G. K. 基里亚季迪斯，*Dvizhenie soprotivleniya v Gretsii (1940–1944)*
（《1940—1944年，希腊抵抗运动》）。参见*Sovetskii Soyuz i bor'ba
narodov Tsentral'noi i Yugo–Vostochnoi Evropy za svobodu i nezavisimost,
1941–1945 gg.*（《苏联与中欧及东南欧人民争取自由和独立的斗争，
1941—1945年》）（莫斯科：科学出版社，1978年），第384—439页。（详
细阐述了EAM和ELAS，大量使用了希腊的资料、苏联的文件以及西方的一
些回忆录。）

南斯拉夫资料

文件：审判米哈伊洛维奇。

Dokumenti o izdajstvu Draže Mihajlovicá（《关于德拉查·米哈伊洛维奇叛变的文件》），第一册（塞尔维亚语）（贝尔格莱德，1945年9月）。*Državna komisija*…（国家委员会），第735页。（文件的文本及影印件。）

▶参考书目

弗拉基米尔·德迪耶尔，*Tito Speaks. His Self-Portrait and Struggle with Stalin*（《铁托言论集，他的自述和与斯大林的斗争》）（伦敦：韦登费尔德出版社，1955年）。第三部分，"解放战争"，参见第十一章，第169—180页，游击队对米哈伊洛维奇的仇恨宣传，斯大林的不满，缺乏苏联的援助，斯大林与彼得国王的政府；第十三章，第201—214页，斯大林对亚伊采决议的不满，英国停止援助米哈伊洛维奇，吉拉斯代表团赶赴莫斯科，苏联为游击队提供物资；第十四章，第215—230页，铁托与舒巴希奇会晤，铁托与丘吉尔的两次会晤。

米洛凡·吉拉斯，*Conversations with Stalin*（《同斯大林的谈话》）（纽约：哈考特·布雷斯出版社，1952年；伦敦：鲁珀特·哈特-戴维斯出版社，1962年；企鹅出版社，1963年）。关于吉拉斯第一次出访莫斯科，参见"迷恋"，这一章和全书普遍而又理所当然地被视为迄今为止对斯大林政治肖像最出色的描绘之一。（关于麦西奇，参见下方克利亚基奇的注解。）

艾哈迈德·琼拉吉奇等人，*Yugoslavia in the Second World War*（《第二次世界大战中的南斯拉夫》）（英文版，贝尔格莱德，1967年）。参见第一次和第二次南斯拉夫反法西斯委员会会议，第101—141页；关于德黑兰会议，第145—150页；铁托和舒巴希奇的协议，第162—167页；南斯拉夫反法西斯委员会民族解放委员会与苏联政府之间的协议，第173—177页。

德拉甘·克利亚基奇，*Ustaško-Domobranska Legija pod Stalingradom*（《乌斯塔沙-克罗地亚国防军在斯大林格勒》），参见第193—194页的注释，关于炮兵上校马尔科·麦西奇和在苏联组建的南斯拉夫军队，麦西奇担任指挥官，普利斯林任参谋长，1943年这支部队更名为"在苏联组建的游击支队"。

B. 帕约维奇和M. 拉德维奇，*Bibliografija o ratu i revoluciji u Jugoslaviji, Posebna izdanja 1945–1965*（《1945—1965年，关于南斯拉夫战争与革命的参考书目》）（贝尔格莱德，1969年），参见第一部分，*Dokumenti, Nauka Publicistika*（文件和信件出版物），第25—303页。

V. 泰尔齐奇上校（主编），*Oslobodilački rat naroda Jugoslavije 1941–1945*（《1941—1945年，南斯拉夫人民的解放战争》）（贝尔格莱德，1958年），第二册。参见第一部分，第1—8章，*Od drugog zasedanja AVNOJ-a do oslobodjenja Beograda*（从第二次南斯拉夫反法西斯委员会会议到解放贝尔格莱德），第7—344页，作战行动阐述，以及第8章，关于*Sporazum Tito-Šubašić…*（铁托—舒巴希奇协议）。

策划雅西—基什尼奥夫战役（乌克兰第2、第3方面军）

IVOVSS，第四册，第二部分，第254—267页，雅西—基什尼奥夫战役的策划和准备：罗马尼亚共产党为建立反法西斯阵线发挥的作用，反动派和资产阶级支持安东内斯库，苏联的军事计划是在沿"华沙—柏林"方向发起突击前歼灭位于侧翼的德国军队，德军在罗马尼亚的防御及实力，其他德军部队（保安力量和党卫队），苏军乌克兰第2、第3方面军的实力共计90个师，最高统帅部7月份的会议，方面军司令员们的决定，坦克第6集团军的调配，坦克第18军、近卫机械化第4军和机械化第7军的分配，空军第5和第17集团军的空中支援，后勤问题及解决方案（第263页），苏军的欺骗措施获得成功，德军认为苏军发动主要突击的可能性很小，直到很晚的时候仍错误地判断了乌克兰第3方面军的任务。

IVMV，第九册，第一部分，第97—104页，策划雅西—基什尼奥夫战役：最高统帅部指令，方面军的计划，力量对比表（第104页）。

A. V. 安托夏克上校，*V boyakh za svobodu Rumynii*（《在解放罗马尼亚的战斗中》）（莫斯科：军事出版社，1974年），第二章，苏联的胜利，罗马尼亚反法西斯运动的影响（第32—49页），在苏联组建"罗马尼亚第1志愿者师"（1943年10月）——"图多尔·弗拉迪米雷斯库"师（第49—56页），苏军进入罗马尼亚领土，击退德军的反击，5月30日—6月5日苏军（第52、第27

集团军，坦克第2、第6集团军）损失14871人（2800人阵亡）、96辆坦克和自行火炮、132架飞机（第60页）。

苏联元帅S. S. 比留佐夫，*Surovye gody*（《严酷的年代》）（莫斯科：科学出版社，1966年），第二部分，第313—352页，安东诺夫7月15日下达进攻准备令，托尔布欣7月16日召集军事委员会会议，讨论"基茨坎登陆场"，最高统帅部8月2日的指令（第344—346页），马利诺夫斯基与托尔布欣的会晤，戈尔什科夫和两栖作战的策划。（书中对许多苏军指挥员做出了描绘。）

S. S. 比留佐夫，*Poiski pravil'novo resheniya*（《寻找正确的解决方案》），*VIZ*，1963（5），第59—77页。详细而又生动地阐述了乌克兰第2、第3方面军对作战行动的策划，专门提及托尔布欣"基茨坎登陆场"的决定。

I. 库普沙上校等人，*Vklad Rumynii v razgrom fashistskoi Gennanii*（《罗马尼亚为击败纳粹德国做出的贡献》）（莫斯科：军事出版社，1959年）（这是俄文版，原书为罗马尼亚文，*Contributia Romîniel la războiul antihitlerist*，《罗马尼亚为反法西斯战争做出的贡献》，布加勒斯特1958年出版）。第一部分，第42—47页，策划一场全国性起义，共产党的计划，第45页的注释提及两个行动——对德军发起进攻，或与红军会合后再对德国人采取行动。

P. G. 库兹涅佐夫，*Marshal Tolbukhin*（《托尔布欣元帅》），第137—159页。参见*Udar s Dnestra*（跨过德涅斯特河），策划雅西—基什尼奥夫战役，"基茨坎登陆场"的决定，最高统帅部的命令、指令，给方面军辖内各集团军分配的任务。

苏联元帅R. Ya. 马利诺夫斯基，*Yassko–Kishinevskie Kanny*（《雅西—基什尼奥夫战役》）（莫斯科：科学出版社，1964年，这是一部集体创作的著作，马林夫斯基署名），第48—52页，战役策划，被误导的德军统帅部认为乌克兰第2方面军实力虚弱（苏军最高统帅部5—6月间严禁该方面军发起猛烈反击，以误导德军统帅部），德军的力量和防御，1944年7月最高统帅部指示准备发动进攻，托尔布欣和"基茨坎登陆场"，最高统帅部会议，托尔布欣得到更多坦克（机械化第7军），方面军8月2日接受任务，进攻暂定于8月20日，方面军的策划、下达命令，托尔布欣联络黑海舰队司令员F. S. 奥科佳布里斯基，多瑙河区舰队的任务。（我广泛使用这本著作，在很大程度上是因为它的描述非常详细；我曾有幸同本书的作者之一详细探讨过此书。）

V. A. 马楚连科上校，*Udar s dnestrovskovo platsdarma*（《从德涅斯特河登陆场发起打击》）（莫斯科：军事出版社，1961年），乌克兰第3方面军第37集团军的作战行动。第二章，第23—86页，指挥决策，第37集团军的作战策划。（这是一部非常详细的专著，大量使用了苏联军事档案。）

M. M. 米纳相，*Osvobozhdenie narodov Yugo-vostochnoi Evropy*（《东南欧人民的解放》），第108—128页，雅西—基什尼奥夫战役的策划和准备，德军的实力及部署，苏军的力量（87个步兵师、1个坦克集团军和2个空军集团军），最高统帅部7月31日的会议，政治目的是让罗马尼亚脱离战争，斯大林要求实现一场快速突破，方面军的计划——军事措施，方面军的计划——使用新解放区征募的新兵的政治问题（两个方面军征募了40万新兵）。

S. M. 什捷缅科，*Generalnyi shtab v gody voiny*（《战争年代的总参谋部》），第二册，第118—128页，最初给乌克兰第2、第3方面军下达的指令是1944年5月发起进攻，职务变更（马利诺夫斯基调至乌克兰第2方面军），旨在歼灭德国"南乌克兰"集团军群，7月初完成再部署，托尔布欣主张"基茨坎登陆场"，最高统帅部7月3日的会议，铁木辛哥出席，斯大林强调军事和政治两方面的问题，最高统帅部8月2日23点签发的指令。

苏联元帅M. V. 扎哈罗夫（主编），*Osvozhdenie Yugo-vostochnoi i Tsentral'noi Evropy voiskami 2-vo i 3-vo Ukrainskikh frontov*（《乌克兰第2、第3方面军解放中欧和东南欧》）（莫斯科：科学出版社，1970年）。参见第二章，*Zamysli i plany*（战役目的及策划），第47—97页，德军的计划和意图，苏军对雅西—基什尼奥夫战役的策划。这是一部关于苏军策划和准备工作的非常详细的著作，强调了苏军的欺骗措施和苏军计划所冒的风险——如果德军识破苏军的计划，突击部队的侧翼将暴露，特别是乌克兰第3方面军位于"基茨坎登陆场"的突击力量（第93页），德军8月15的评估认为红军只会发起有限行动。（这是一部"集体创作"的著作，这本极为重要的专著借鉴了苏联军事档案和指挥员的回忆，也使用了一些缴获的德国文件。）

G. T. 扎维季昂和P. A. 科尔纽申，*I na Tikhom Okeane…*（《在太平洋岸

边》）（莫斯科：军事出版社，1967年），第60—66页，坦克第6集团军的强化训练，集团军司令员克拉夫钦科和乌克兰第2方面军坦克兵司令员A. V. 库尔金监督训练工作，7月底训练结束，坦克第6集团军配有398辆中型坦克和153辆自行火炮，8月16日赶往集结区，集团军的任务是迅速利用突破口。

雅西—基什尼奥夫战役，攻入罗马尼亚

W. E. D. 艾伦和保罗·穆拉托夫，*The Russian Campaigns of 1944–45*（《1944—1945年的俄国战事》），第六章，"在罗马尼亚的灾难"，第163—176页。（强调了托尔布欣从"基茨坎登陆场"发起突击的重要性，尽管这涉及跨过一条宽阔的河面，最初的部署显然处在不利的地形上。）

吉塔·约内斯库，*Communism in Rumania 1944–1962*（《1944—1962年，罗马尼亚的共产主义》），第一部分，第83—93页，8月23日的政变，停战，瑟讷泰斯库政府，合作和抵抗。

阿尔弗雷德·菲利皮和费迪南德·海姆，*Der Feldzug gegen Sowjetrussland 1941 bis 1945*（《对苏战争1941—1945》），第二部分，第257—260页，苏军的攻势，罗马尼亚和匈牙利："南乌克兰"集团军群的位置，罗马尼亚叛变后的德国军队。

艾伯特·西顿，*The Russo–German War 1941–45*（《苏德战争1941—1945》），第二十八章，罗马尼亚：强调了进攻发起前苏联与罗马尼亚的密谋（调离那些坚持效忠旧盟友而不愿效忠新盟友的指挥官，第474页，8月21日起，国王的心腹阿尔代亚一直在同马利诺夫斯基进行接触；也可参见希尔格鲁贝尔的"希特勒、卡罗尔国王和安东内斯库元帅"），苏联方面的记述过度夸大了欺骗策略的成功，弗里斯纳并未认为托尔布欣的进攻仅仅是为了"将轴心国军队牵制在德涅斯特河下游"，第467—468页。另可参阅H. 弗里斯纳的*Verratene Schlachten*（《被出卖的战斗》）（汉堡，1965年），俄文译本为*Proigrannye srazheniy*a（《败仗》）（莫斯科：军事出版社，1966年）；H. 基塞尔，*Die Katastrophe in Rumänien 1944*（《1944年，罗马尼亚的灾难》）（达姆施塔特：*Wehr u. Wiss*出版社，1964年）；A. 雷姆，*Jassy*（《雅西》）（内卡尔格明德：福温克尔出版社，1959年）。

GMD

OKH/Kriegsgesch. Abt（陆军总司令部/战史处），"南乌克兰"集团军群地图：*Schlacht um Rumänien u. den Beskiden v. 20.8–29.9.44*（《1944年8月20日—9月29日，罗马尼亚和贝斯基德山战役》），T–78/R136，6065352–392。

FHO（Ⅰ），*Teil A: Zusammenstellung…*，*Assessment Nr 2494/44*（《敌情汇编，A部分》）：1944年7月30日，*Kurze Beurteilung… Hgr. Südukraine*（"南乌克兰"集团军群……简要评估），苏军集结乌克兰第2、第3方面军。1944年8月15日空军侦察Nr 2683/44号报告表明敌人集结于蒂拉斯波尔南面和雅西北面。1944年8月17日的Nr 2713/44号敌情评估认为苏军会在雅西地区的特尔古弗鲁莫斯发动进攻。1944年8月31日的Nr 2896/44号敌情评估，认为苏军的行动难以预测——有可能对准保加利亚，也有可能向西突贯，或冲向特兰西瓦尼亚的"铁门"峡谷。T–78/R466，6446183–191。

苏联方面的资料

Sovinformbyuro，*Itogi Yassko-Kishinevskoi operatsii*（《雅西—基什尼奥夫战役结果》），第三册，1945年，第157—158页：德军损失清单（106600人被俘，包括2名军长和11名师长）。

N. 叶罗宁上校和I. 申卡廖夫上校，*Razgrom nemetsko-fashistskikh voisk v Rumynii (mart-oktyabr. 1944 goda)*（《纳粹军队在罗马尼亚的失败，1944年3月—10月》），*VIZ*，1967（9），第51—63页。（评述了苏军进攻罗马尼亚的战役，文中罗列了大量数据和统计。）

I. I. 洛克季奥诺夫，*Dunaiskaya flotiliya v Velik. Otech. Voine (1941–1943 gg.)*（《1941—1943年，伟大卫国战争中的多瑙河区舰队》）（莫斯科：军事出版社，1962年），第63—114页，多瑙河区舰队的作战行动（8—9月），策划雅西—基什尼奥夫战役，黑海舰队和多瑙河区舰队的任务，8月21日—23日舰队与第46集团军的配合与协同，多瑙河下游。（指挥多瑙河区舰队的是戈尔什科夫海军少将，他现在是苏联海军总司令。）

R. Ya. 马利诺夫斯基，*Yassko-Kishinevskie Kanny*（《雅西—基什尼奥夫

战役》），第三章，第106—167页，苏军的攻势，第27和第52集团军的作战行动，第37集团军（乌克兰第3方面军）的作战行动，最高统帅部8月21日的指示（第134页），8月22日第一阶段行动完成，包围罗马尼亚第3集团军，坦克第6集团军和坦克第18军在瓦斯卢伊和胡希，德拉戈米尔致电瑟讷泰斯库（第148页），8月24日包围敌人的18个师；第四章，第168—206页，第二阶段攻势，第52集团军后方的战斗，坦克第18军军长阵亡，乌克兰第2方面军后方的激战，急需投入预备队，总参谋部负有很大责任（第172页），德军试图向普鲁特河突围，歼灭被围的德军师，瑟讷泰斯库恳求坦克第6集团军（以及第46集团军）司令员停止前进，但遭到乌克兰第2方面军司令部的拒绝（第195页），计划进入布加勒斯特，马利诺夫斯基在争夺胡希的战斗中负伤（第201页）。

V. A. 马楚连科，*Udar s dnestrovskovo platsdarma*（《从德涅斯特河登陆场发起打击》），第三章，第87—159页，第37集团军的作战行动，突破和追击；第四章，"战役战术"的教训。

V. A. 马楚连科上校和V. D. 普切尔金上校，*Proryv oborony protivnika voiskami 35-vo Gvardeiskovo strelkovo korpusa 27-i Armii 2-vo Ukrainskovo fronta v Yassko-Kishinevskoi operatsii*（《雅西—基什尼奥夫战役中，乌克兰第2方面军第27集团军辖下近卫步兵第35军突破敌军防御》）。参见*Proryv podgotovlennoi oborony strelkovymi soedineniyami*（《突破步兵部队的既设防御》）（伏龙芝军事学院文集，莫斯科：军事出版社，1957年），第165—193页（文字），第350—358页（步兵第35军作战文件）。这是一本技术性很强的重要著作，阐述了乌克兰第2方面军特罗菲缅科的第27集团军辖下步兵第35军的作战行动。

V. A. 马楚连科，*Nekotorye osobennosti voennovo iskusstva v Yassko-Kishinevskoi operatsii*（《雅西—基什尼奥夫战役中军事艺术的一些特点》），*VIZ*，1969（8），第12—30页。（对战役特点的分析）。

M. M. 米纳相，*Osvobozhdenie narodov Yugo-vostochnoi Evropy*（《东南欧人民的解放》），第128—163页，雅西—基什尼奥夫战役，罗马尼亚政变：乌克兰第2、第3方面军的作战行动［也采用了KTB/OKW"南乌克兰"集团军群的资料，以及苏联缴获的德国文件：德国人的损失（根据被缴获的文件记录）为5个军部，18个师（第161页的注释）〕。

M. 沙罗欣上将，*37-ya armiya v Yassko–Kishinevskoi operatsii*（《雅西—基什尼奥夫战役中的第37集团军》），*VIZ*，1969（8），第100—108页。沙罗欣时任第37集团军司令员。

V. F. 托卢布科大将和N. I. 巴雷舍夫，*Na yuzbnom flange*（《在南翼》）（莫斯科：科学出版社，1973年）。近卫机械化第4军战史，1942—1945年。参见第五章，第186—210页，这是近卫机械化第4军（乌克兰第3方面军）作战行动的极为详细的记录，雅西—基什尼奥夫战役，着重强调了下级部队的表现。

V. F. 托卢布科，*Artilleriya 3–vo Ukrainskovo Fronta v Yassko–Kishinevskoi operatsii*（《雅西—基什尼奥夫战役中乌克兰第3方面军的炮兵》），*VIZ*，1979（8），第37—42页。（雅西—基什尼奥夫战役中的炮兵。）

M. V. 扎哈罗夫（主编），*Osvozhdenie Yugo–vostochnoi i Tsentral'noi Evropy voiskami 2–vo i 3–vo Ukrainskikh frontov*（《乌克兰第2、第3方面军解放中欧和东南欧》），参见第三章，"雅西—基什尼奥夫"包围圈，第98—147页；第四章，"从基什尼奥夫到布加勒斯特"，第148—194页。（详细的作战阐述不如冠以马利诺夫斯基名义的研究专著生动，许多地方与米纳相的著作交叉引用，但关于最高统帅部的指令和修改后的指令，其签发日期我主要依靠的是扎哈罗夫主编的这本书。）

G. T. 扎维季昂和P. A. 科尔纽申，*I na Tikhom Okeane*…（《在太平洋岸边》），第64—87页，坦克第6集团军的作战行动，投入第27集团军的突破区——这是整个战争期间整个坦克集团军在进攻第一天投入突破口唯一的例子——8月21日机械化第5军在开阔地，夺取瓦斯卢伊，集团军每天推进40—50公里，坦克第5军军长阵亡，克拉夫钦科命令冲向福克沙尼，8月26日机械化第5军转向西南方赶往布加勒斯特，8月29日一个军夺取普洛耶什蒂，3个军位于布加勒斯特北面，8月31日5点30分，机械化第5军进入布加勒斯特，坦克第18军从东面进入城市，8月29日坦克第5军肃清普洛耶什蒂。

IVMV，第九册，第一部分，第104—119页，雅西—基什尼奥夫战役，解放罗马尼亚东部的摩尔达维亚，罗马尼亚发起全国性起义，苏军的进一步

行动。

IVOVSS，第四册，第二部分，第267—282页，苏军的攻势，最高统帅部8月21日的指令（第269页），包围轴心国军队，最高统帅部8月24日命令铁木辛哥继续沿对外正面展开行动（第271页），普鲁特河以东地区停止抵抗，"罗马尼亚人民8月份的反法西斯起义"（第275—280页），最高统帅部8月29日给乌克兰第2、第3方面军下达的指示（第281页），罗马尼亚军队投向苏军一方。

罗马尼亚资料

P. 伊利耶中校和Gh. 斯托埃安中校，*România in rāzboiul antihitlerist. Contributii bibliografice*（《反法西斯战争中的罗马尼亚，书目贡献》）（布加勒斯特：军事出版社，1971年），参见第四章下的索引，罗马尼亚军队的作战行动，以及第三章下的索引，8月23日政变的相关资料。

G. 罗曼内斯库上校和L. 洛金上校，*Cronica particip ā rii Armatei Romāne la rāzboiul antihitlerist*（《罗马尼亚军队参加反法西斯战争的编年史》）（布加勒斯特：军事出版社，1971年）。罗马尼亚军队作战行动记录年表，在苏军指挥下的过渡，附有罗马尼亚军队武器装备、作战日志、指挥和战场组织的详细附表。

罗马尼亚停战，保加利亚倒戈

吉塔·约内斯库，*Communism in Rumania 1944-1962*（《1944—1962年，罗马尼亚的共产主义》），第一部分，第87—99页，停战条件，罗马尼亚——90%，瑟讷泰斯库政府。

戴维·欧文，*Hitler's War*（《希特勒的战争》），第五部分，第731—732页，希特勒期望俄国与盟国发生冲突，英国允许德国军队撤至匈牙利南部，苏军的动向预示着他们将冲向达达尼尔海峡（东色雷斯），英国准备保护其切身利益。

菲茨罗伊·麦克莱恩，*Disputed Barricade. The Life and Times of Josip Broz-Tito*（《有争议的分歧：约瑟普·布罗兹·铁托传》），第279—289

页，铁托出访莫斯科，准备解放贝尔格莱德。

尼桑·奥伦，*Revolution Administered: Agrarianism and Communism in Bulgaria*（《实施革命：保加利亚的均田主义和共产主义》）（巴尔的摩/伦敦：约翰霍普金斯大学出版社，1973年），参见第三章，战时岁月，第62—78页，第四章，苏军进入，保加利亚共产党，第79—86页。本书大量使用了保加利亚的资料来源，另可参阅尼桑·奥伦的*Bulgarian Communism: The Road to Power, 1934–1944*（《保加利亚共产主义：权力之路，1934—1944年》）（纽约，1971年）。

比卡姆·斯威特–艾斯科特，*Baker Street Irregular*（《贝克街小分队》）（伦敦：梅休因出版社，1965年），第七章，"地中海漩涡"，详细阐述了罗马尼亚和保加利亚的停战谈判以及SOE的关注。

瓦尔特·瓦利蒙特，*Inside Hitler's Headquarters*（《希特勒大本营内幕》），第六部分，第470—471页，各条战线和盟友的崩溃，保加利亚倒戈，希特勒的反应，全面后撤的延误。

KTB/GMD

KTB/OKW，第四册（1），第六部分，关于保加利亚，第809—810页；以及*Die grosse Absetzbewegung im Südosten*…（东南战区的全面后撤），第816页。（另参见上述瓦利蒙特的著作。）

OKH/GenStdH/Op. Abt.（陆军总司令部/总参谋部/作战处），文件：保加利亚（1943—1944年），德国的政策，土耳其参战的问题，苏联和保加利亚的关系，T–78/R333，6290413–480。

FHO，*Anlagenband: Beurteilung d. Feindlage*（《敌情评估》），1944年9月2日No.2937/44号报告，*Wichtige Meldungen über Bulgarien*（《关于保加利亚的重要情报》）（该国对德宣战的预计）；1944年10月7日No.3508/44号报告，*Wichtige Frontaufklärungsmeldungen*（《前线侦察的重要情报》）（对苏军进攻塞尔维亚和贝尔格莱德的预计）。T–78/R498，6485847–48和6485849–53。

苏联方面的资料

IVOVSS，第四册，第二部分，第302—311页，苏军进入保加利亚，"九月起义"的胜利，保加利亚加入"反法西斯斗争"。

IVMV，第九册，第一部分，第119—132页，苏军进入保加利亚，保加利亚人民起义的胜利。

P. G. 库兹涅佐夫，*Marshal Tolbukhin*（《托尔布欣元帅》）。参见*Na Balkanakh*（在巴尔干地区），乌克兰第3方面军进入保加利亚，托尔布欣的决定，第172—183页；准备贝尔格莱德战役，第183—196页。

G. K. 朱可夫，*Vospominaniya i razmyshleniya*（《回忆与思考》），第二册，第275—277页，朱可夫赶赴乌克兰第3方面军，与季米特洛夫的会谈，策划苏军的行动，兵不血刃地进入，斯大林命令不要解除保加利亚人的武装。

S. S. 比留佐夫，*Surovye gody*（《严酷的年代》），第十三章，第424—454页，苏军在保加利亚的行动，苏联、保加利亚、南斯拉夫合作的准备。

M. M. 米纳相，*Osvobozhdenie narodov Yugo-vostochnoi Evropy*（《东南欧人民的解放》），参见第二章（7），实现罗马尼亚停战（乌克兰第2方面军军事委员会的报告，第191页）第187—207页；以及第三章（1—3），乌克兰第3方面军在保加利亚的行动，"九月起义"及其后果，第208—243页。

A. 热尔托夫上将，*Osvobozhdenie Bolgarii*（《解放保加利亚》），*VIZ*，1969（9），第59—69页。苏军在保加利亚的行动；相关部队列表（至师一级），第66—69页。

S. M. 什捷缅科，*Generalnyi shtab v gody voiny*（《战争年代的总参谋部》），第二册，第五章，第157—194页，苏军在保加利亚的行动，给朱可夫的指示，比留佐夫的任务，英美"干涉"，外交策略；第六章，第195—220页，铁托到访莫斯科，军事协议和军事合作，贝尔格莱德战役的策划和准备。

V. F. 托卢布科和N. I. 巴雷舍夫，*Na yuzbnom flange*（《在南翼》），第211—231页，近卫机械第4军进入保加利亚。

▶关于苏军在罗马尼亚战役中的伤亡

苏军在1944年4—10月的损失数字（46783人阵亡）来自叶罗宁上校，

VIZ，1967（9），第63页。另一些资料来源，例如米纳相的著作，第204页，或*IVOVSS*第四册，第291页，对苏军8月20日—9月20日作战行动给出的伤亡数字为76000人，包括两个方面军（乌克兰第2和第3方面军）。但《雅西—基什尼奥夫战役》一书中提及苏军在雅西—基什尼奥夫战役中"损失相对较小"，第251页给出的数字是两个方面军12500人（大概是阵亡总数）。总之，1944年4—10月，苏军在罗马尼亚的损失为220000人（阵亡和负伤）。（*IVOVSS*第四册第291页还提及罗马尼亚8月23日—10月30日的损失"超过75000人"。）

M. V. 扎哈罗夫（主编），*Osvozhdenie Yugo-vostochnoi i Tsentral'noi Evropy voiskami 2-vo i 3-vo Ukrainskikh frontov*（《乌克兰第2、第3方面军解放中欧和东南欧》），第六章，*Na zemle Bolgarii*（在保加利亚的国土上），苏军进入保加利亚，第215—239页。

保加利亚资料

Spasitelniyam za B'lgariya Otechestven Front. Stati i rechi, spomeni（《挽救保加利亚祖国阵线，文章、言论和回忆》）（索菲亚：祖国阵线出版社，1975年）。季米特洛夫、日夫科夫、特莱科夫等人的讲话、文章和回忆录，祖国阵线的军事、政治活动。

尼基福罗夫·戈尔嫩斯基，*V'or'zhenata borba 1941-1944*（《1941—1944年的武装斗争》）（索菲亚：保加利亚共产党出版社，1971年第二版）。参见第五和第六章，关于游击运动、雅西—基什尼奥夫战役和保加利亚政治局势。

斯拉夫科·特伦斯基大将，*From the Tactics of Partisan Warfare in Bulgaria*（《来自保加利亚的游击战术》）（索菲亚出版社，1970年）英文版。参见第三章，保加利亚的游击战，第36—191页（也可参见《祖国阵线》，第75—81页）。

南斯拉夫资料

弗拉基米尔·德迪耶尔，*Tito Speaks. His Self-Portrait and Struggle with*

Stalin（《铁托言论集，他的自述和与斯大林的斗争》），第231—237页，铁托出访莫斯科，与保加利亚人在克拉约瓦举行会谈，同斯大林的交流（铁托自己的记述），斯大林训斥马利诺夫斯基（第235页），贝尔格莱德的解放。

贝尔格莱德—布达佩斯

W. E. D. 艾伦和保罗·穆拉托夫，*The Russian Campaigns of 1944–45*（《1944—1945年的俄国战事》），第七章，多瑙河—喀尔巴阡山战役（1944年9—11月），第176—206页。

杰拉德·赖特林格，*The SS. Alibi of a Nation 1922–1945*（《党卫队，一个国家的托词，1922—1945年》），参见第十三章，"东欧的叛变"，第358—365页，关于匈牙利，拉卡托什替代斯托亚伊，法拉戈代表团赶往莫斯科，抓捕霍尔蒂儿子的阴谋，海军上将霍尔蒂退位，绍洛希政府，斯科尔兹内的任务和"铁拳行动"，重新发起对犹太人的驱逐。

艾伯特·西顿，*The Russo–German War 1941–45*（《苏德战争1941—1945》），第487—498页，德国与匈牙利的关系，德国掌握着匈牙利，苏军逼近布达佩斯郊区，乌克兰第3方面军的作战行动，希特勒决心死守布达佩斯。

卢埃林·伍德沃德爵士，*British Foreign Policy in the Second World War*（《英国在二战中的外交政策》），第三册，第三十八章（5），第141—146页，匈牙利的和平试探，英国外交部对匈牙利事态发展之可能性的看法，韦赖什在伊斯坦布尔的接触（1943年8月），苏联的反应，1944年纳道伊将军出访意大利，莫洛托夫提议在莫斯科举行会谈，匈牙利接受苏联的条款，但德国人发动政变，停战谈判告终。

KTB/GMD

KTB/OKW，第四册（1），第七部分，*Die Ereignisse in Ungarn von Anfang April bis zum Ende der Schlacht um Budapest…*（《从4月初至布达佩斯被包围，匈牙利发生的事件》），第828—851页。1944年3月—9月以及10月份的事件。

OKH/GenStdH/Op.Abt.（陆军总司令部/总参谋部/作战处），文件：匈牙利Ⅲ（1943—1944年），匈牙利的作战行动，匈牙利军队，德国与匈牙利的关系；续Ⅲ和Ⅳ，军事、政治发展，以及匈牙利（绝密），匈牙利的防御，匈牙利部队的再动员（4/44）。T-78/R333，6290687—6291120。

苏联方面的资料

IVOVSS，第四册，第二部分，第379—393页，苏军在匈牙利东部的作战行动，最高统帅部的计划（第381—382页），苏军在德布勒森和塞格德的胜利，匈牙利的和平建议；乌克兰第2方面军的作战行动和夺取布达佩斯的尝试，乌克兰第3方面军的作战行动（主要是作战叙述）。以及第424—430页，贝尔格莱德的解放。

IVMV，第九册，第一部分，第163—202页，东喀尔巴阡山战役，解放贝尔格莱德，德布勒森战役，进军布达佩斯。（这是混合的一个章节，与*IVOVSS*的阐述不同，这里对作战行动的叙述主要使用了苏联军事档案。）

S. S. 比留佐夫，*Surovye gody*（《严酷的年代》），第十三章，苏军在保加利亚的行动，第424—454页；第十四章，苏联和南斯拉夫（以及保加利亚）的行动，解放贝尔格莱德，第455—480页。

苏联元帅S. S. 比留佐夫（主编），*Sovetskie vooruzhennye sily v bor'be za osvobozhdenie narodov Yugoslavii*（《为解放南斯拉夫人民而战的苏联红军》）。第一部分，第三章，贝尔格莱德战役，第54—63页。以及第二部分，涅杰林（炮兵），第115—121页；戈尔什科夫（多瑙河区舰队），第131—135页；沙罗欣（第57集团军），第153—157页；日丹诺夫（近卫机械化第4军），第177—182页；科尔涅耶夫（苏联军事代表团团长），第210—205页；"把铁托拐走"，第205页。

V. F. 奇日上将，*Ot Vidina do Belgrada*（《从维丁到贝尔格莱德》）（莫斯科：科学出版社，1968年），近卫机械化第4军的作战行动。这是一部详细的"回忆专著"，主要使用了军事记录（例如乌克兰第3方面军的作战指令）；罗列了苏军和南斯拉夫参战军队及其指挥人员（包括人名索引）。

I. S. 科涅夫（主编），*Za osvobozhdenie Chekboslovakii*（《解放捷克斯洛伐克》）。参见第二章（2），第89—110页，东喀尔巴阡山战役，乌克兰第1方面军和乌克兰第4方面军（第38集团军、近卫第1集团军、第18集团军和近卫步兵第17军）的作战行动，解放穆卡切沃，德军在斯洛伐克的反击，苏军的战果。

I. 库普沙上校，*Vklad Rumynii v razgrom fashistskoi Gennanii*（《罗马尼亚为击败纳粹德国做出的贡献》），第三部分，北特兰西瓦尼亚战役中的罗马尼亚军队，第162—189页；第四部分，德布勒森战役中的罗马尼亚军队，第195—218页；布达佩斯战役的第一阶段，第219—233页。［也可参见*Cronica participārii Armatei Romӑne la rӑzboiul antihitlerist*（《罗马尼亚军队参加反法西斯战争的编年史》）。］

I. I. 洛克季奥诺夫，*Dunaiskaya flotiliya v Velik. Otech. Voine* (1941–1943 gg.)（《1941—1943年，伟大卫国战争中的多瑙河区舰队》），第126—158页，贝尔格莱德战役中的多瑙河区舰队（指挥多瑙河区舰队的是戈尔什科夫海军少将）。

M. M. 马拉霍夫上校，*Osvobozhdenie Vengrii i vostochnoi Avstrii*（《匈牙利和奥地利东部的解放》）（莫斯科：军事出版社，1965年），第19—90页，德布勒森战役，发起布达佩斯战役，包围圈。（简洁、极为紧凑的战役时间表和描述。）

苏联元帅R. Ya. 马利诺夫斯基（主编），*Budapest Vena Praga*（《布达佩斯，维也纳，布拉格》）（莫斯科：科学出版社，1965年），第二章，乌克兰第2方面军，特兰西瓦尼亚战役，第37—76页；第三章，冲向布达佩斯（参见第81—82页，斯大林要求夺取布达佩斯）；什捷缅科受到梅赫利斯过于乐观的报告的影响，第77—97页。（这是一份快速而又详细的作战阐述。）

M. M. 米纳相，*Osvobozhdenie narodov Yugo–vostochnoi Evropy*（《东南欧人民的解放》），第五章（1—2），苏军和南斯拉夫军队的作战行动，保加利亚军队的任务，贝尔格莱德的解放，第414—438页；以及第四章（1—3），苏军在匈牙利东部的作战行动，第255—297页；苏联对匈牙利的政策，被占领领土上的军事政权，第297—308页。

A. I. 普什卡什，*Vengriya v gody vtoroi mirovoi voiny*（《第二次世界大战中的匈牙利》），第421—473页，苏军在匈牙利的作战行动，霍尔蒂垮台，苏军进入匈牙利东部，匈牙利共产党，民族独立阵线的形成。

S. M. 什捷缅科，*Generalnyi shtab v gody voiny*（《战争年代的总参谋部》），第二册，第227—258页，最高统帅部给彼得罗夫（乌克兰第4方面军）的指示，评论匈牙利所发生事件的性质，策划德布勒森战役，与匈牙利人的谈判（公开和秘密），与匈牙利第1集团军的谈判，10月24日"将匈牙利人视为敌人"的指令（第248页），发起德布勒森战役，梅赫利斯向斯大林提交了关于匈牙利军队士气低落过于乐观的报告，这使斯大林下令尽快夺取布达佩斯，11月24日铁木辛哥发给最高统帅部的个人报告（第256—257页），11月26日最高统帅部修改布达佩斯战役指令（第258页）。

V. F. 托卢布科和N. I. 巴雷舍夫，*Na yuzbnom flange*（《在南翼》），第241—331页，贝尔格莱德战役中的近卫机械化第4军。（这是一份详细的作战描述，更多地侧重于下级单位的作战表现。）

G. T. 扎维季昂和P. A. 科尔纽申，*I na Tikhom Okeane…*（《在太平洋岸边》），第94—125页，坦克第6集团军的作战行动，从布加勒斯特到布达佩斯，解放第一片南斯拉夫领土，在乌克兰第2方面军右翼作战，北特兰西瓦尼亚，苏军坦克的严重耗损，从布加勒斯特冲向奥拉迪亚玛，策划布达佩斯战役，坦克第6集团军投入326辆坦克和自行火炮（第116页），打击德国第4装甲军。

V. 祖巴科夫上校和M. 马拉霍夫上校，*Belgradskaya operatsiya*（《贝尔格莱德战役》），*VIZ*，1964（10），第52—61页（作战叙述）。

南斯拉夫资料

Oslobodilaćki rat naroda Jugoslavije 1941–1945（《1941—1945年，南斯拉夫人民的解放战争》），第二册。参见第七章，*Beogradska operacija*（贝尔格莱德战役），南斯拉夫第1集团军级集群和苏军近卫机械化第4军，解放伊伏丁那，第314—330页。

艾哈迈德·琼拉吉奇等人，*Yugoslavia in the Second World War*（《第二次世界大战中的南斯拉夫》），第177—182页，解放贝尔格莱德。

苏联、南斯拉夫共同创作，*Beogradska operacija*（《贝尔格莱德战役》）

（贝尔格莱德：军事历史协会，1964年），第83—266页，贝尔格莱德战役的准备和实施。

匈牙利资料

The Confidential Papers of Admiral Horthy（《海军上将霍尔蒂的机密文件》）（布达佩斯：科维纳出版社，1965年）。参见第62—65号文件（1944年6—7月），霍尔蒂致电希特勒，建议解散斯托亚伊政府，第300—319页（另参见"结束语"，强烈的反霍尔蒂情绪，第320—322页）。

Vengriya i vtoraya mirovaya voina（《匈牙利与第二次世界大战》）（莫斯科，1962年），这是苏联翻译出版的匈牙利秘密外交文件，原书为*Magyarország és a második világyháború*（《匈牙利与第二次世界大战》）（布达佩斯，1959年），第九部分，德国占领匈牙利，第312—342页。

苏联的战时努力（1944年）

苏联的战时努力和战时社会

"苏联战争时期的努力"是个庞大的框架，相关资料汗牛充栋，而且仍在增加。目前，据我所知，没有哪本全面研究苏联战时社会的非苏联出版物使用了这些浩如烟海、极其丰富的资料。我在这里的目的很简单，就是想提供一份题材和来源的基本资料，尽管我在参考书目中试图扩大这份汇编。

詹姆斯·F. 邓尼根（主编），*The Russian Front. Germany's War in the East 1941–45*（《俄国战线：1941—1945年，德国的东线战争》）（伦敦/墨尔本：AAP出版社，1978年）。第四章，关于苏联军队的组织机构（J. 邓尼根），第87—106页（文字和组织结构表）。

乔治·费舍尔，*Soviet Opposition to Stalin. A case study in World War II*（《对二战期间苏联人反斯大林运动的个案研究》）。参见第二部分，第六章，弗拉索夫运动中的"希姆莱登场"，1944年希姆莱会见弗拉索夫，第72—83页；第七章，KONR（俄罗斯人民解放委员会），布拉格集会，KONR机构，第84—93页。

詹姆斯·R. 米勒，*Financing the Soviet Effort in World War II*（《苏联战时努力的资金来源》）（苏联研究，格拉斯哥大学），第32期（1），1980年1月，第106—123页。（这是一份非常重要的研究论文。）

鲍里斯·I. 尼古拉耶夫斯基（珍妮特·D. 扎戈里亚编辑），*Power and the Soviet Elite*（《权力与苏联精英》）（伦敦：蓓尔美尔出版社，纽约：普雷格出版社，1965年）。参见第五章，N. A. 布尔加宁的传记文章，斯大林的病情（1944年），第238页。

杰拉德·赖特林格，*The SS. Alibi of a Nation 1922-1945*（《党卫队，一个国家的托词，1922—1945年》），参见第十四章，"军头希姆莱"，希姆莱出任补充军司令，希姆莱与弗拉索夫，第381—391页。

T. E. 里格比，*Communist Party Membership in the USSR 1917-1967*（《1917—1967年，苏联的共产党员》）（普林斯顿大学出版社，1968年）。参见第七章，战时的军队和党（人数、党员的成分），第250—272页。

斯文·斯滕贝格，Vlasov（《弗拉索夫》），第143—164页，希姆莱与弗拉索夫的会晤，KONR宣言（第158—160页），布拉格会议，弗拉索夫与乌克兰运动。

W. 斯特里克–斯特里克费尔特，*Against Stalin and Hitler*（《反抗斯大林和希特勒》）。参见第206—221页，1944年希姆莱与弗拉索夫的会晤（作者的目击记述），KONR，布拉格宣言，布拉格会议。

尼古拉·托尔斯泰，*Victims of Yalta*（《雅尔塔的受害者》）（伦敦：霍德&斯托顿出版社，1977年）。第三章，"托尔斯泰"会议，艾登在莫斯科（1944），关于遣返苏联战俘，第62—76页。另可参见《斯大林的秘密战争》（伦敦：海角出版社，1981年），各处。（以及镇压和流放、古拉格系统、民族驱逐。）

亚历山大·沃思，*Russia at War 1941-1945*（《1941—1945年，战争中的俄国》），第十三章，"不同的政策和意识形态……"，第932—948页。（这是一份出色的分析，关于苏联思想倾向及政策的改变，包括思想和党的收紧；书中也采用了许多苏联战时新闻资料。）

关于弗拉索夫，还可参阅*Die Behandlungen des russischen Problems*

während der Zeit des ns. Regimes in Deutschland（《纳粹政权时期对俄国问题的处理》）（未出版的手稿），B部分，*Die Aktion des Generals Wlassow*（弗拉索夫将军的活动）；第八章，*Die Lage 1944… eine neue Wlassow–Aktion*（1944年的局势……弗拉索夫的新活动），希姆莱与弗拉索夫的会晤；第九章，*Weiterentwicklung der Aktion*（活动的发展），KONR成立，宣言，非俄罗斯民族问题，乌克兰问题，第171—245页。

▶参考书目

迈克尔·帕里什，*The U.S.S.R. in World War II. An Annotated Bibliography of Books Published in the Soviet Union 1945–1975 (Addenda 1975–1980)*（《二战中的苏联，苏联1945—1975年出版物的注释书目（补遗1975—1980年）》）（纽约和伦敦：加兰出版社，1981年），第二册。参见第五章，经济方面——农业、经济、能源、劳动力、运输，第685—785页。（苏联出版的书籍。）

GMD

缴获的德国军事档案中包含大批关于苏联红军组织机构、武器装备、战时经济和社会状况的资料；我在这里设法勾勒并确定其中一些"主要汇编"，大多出自东线外军处（FHO）。

OKW/Feldwirtschaftsamt（国防军最高统帅部/战地经济办公室），*Feldpostbriefe*…（军邮），来自苏联许多地区（缴获的邮件），涉及配给和食物供应，1944年2—12月。T–78/R477，6460649–740。

FHO（II），文件：*Kriegsgliederungen der Roten Armee*…（《红军作战序列》），关于红军师和各单位（坦克部队、步兵、海军步兵和空军突击力量）的组织及装备表——来自对战俘的审讯以及缴获的文件（1943—1944年），T–78/R460，6438639–39110。

FHO，发给OKW/Feldwirtschaftsamt（国防军最高统帅部/战地经济办公室）的报告，关于苏联军工业和战时经济的资料，T–78/R478，6461656–

1816。

FHO（Ⅱd），发给Chef der Heeresrüstung（陆军装备部部长）的报告，关于苏联的坦克、自行火炮和轻武器（带有照片和技术图纸，1942年起），T-78/R478，64641092-1522。

FHO（Ⅱd），文件：苏军坦克研究，出色的照片、技术图纸、情报评估和报告。T-78/R478，6461818-2119。

FHO（Ⅰ），文件：*Beute und Verluste*⋯（缴获和损失），统计报告，苏军人员、装备的损失，1942年—1944年7月的每日报告，T-78/R489，6474667-7580。

FHO（Ⅱd），文件：*Gefangene erbeutete u. vernichtete Panzer*⋯（抓获的俘虏和摧毁的坦克），统计资料，苏军人员和武器的损失列表，1942年1月起，T-78/R481，6464699-950。

FHO，文件：关于苏军坦克维修、苏军后勤、口粮、红军在非苏联国家的补给⋯⋯（各种资料，1941年起），以及缴获的苏军指令，T-78/R481，6465470-6023。

OKW/Feldwirtschaftsamt（国防军最高统帅部/战地经济办公室），"南方"集团军群。文件：关于苏军坦克研发，自行火炮，产量表，生产中心的地图和照片，1943年11月起。T-78/R477，6460740-1092。

▶参考书目

Narodnoe khozyaistvo SSSR v gody VOV（《伟大卫国战争中的国民经济》）（莫斯科：科学出版社，1971年）。关于战时经济的苏联出版物，1941—1968年的著作。

SSSR v gody VOV, Ukazatel' sov. literatury 1941–67（《伟大卫国战争中的苏联，1941—1967年苏联出版物目录》）（莫斯科：科学出版社，1977年）。参见第五章，支援前线，第463—521页；第六章，贸易和工会、共青团和志愿者组织，第523—552页；第七章，战时经济，第553—586页，参见第585—586页的财政收入；第八章，国家结构和国家机器，第588—592页。

苏联方面的资料

IVOVSS，第四册（关于1944年），第四部分，第19—20章：工业生产、苏联1944年的经济、农业、交通、粮食和福利，恢复和重建，第580—627页；党组织，思想工作，"教育工作"中的文学和艺术，第628—655页。

IVMV，第九册（关于1944年）。参见第三部分，第十四章，关于党政工作，第359—383页；第十五章，工业生产，恢复与重建，第384—406页；第十九章，苏联武装力量和"军事艺术"，第499—516页。

▶综合

M. P. 季姆（主编），*Sovetskaya kultura v gody VOV*（《伟大卫国战争期间的苏联文化》）（莫斯科：科学出版社，1976年）。（包括24篇文章，关于苏联战时科学、教育、宣传、电影、前线拍摄、冬宫与封锁、西伯利亚、乌克兰和白俄罗斯的文化生活……）

I. M. 达尼舍夫斯基（主编），*Voina Narod Pobeda 1941–1945*（《1941—1945年，战争、人民、胜利》）（莫斯科：政治书籍出版社，1976年），1—3卷。（报告、文章、短回忆录的合集。）

I. A. 格拉德科夫，*Sovetskaya ekonomika v period VOV 1941–1945 gg*（《伟大卫国战争期间的苏联经济》）（莫斯科：科学出版社，1970年），共503页。（这是一部全面的专著，包括关于财政的一段，第415—443页。）

▶党组织和党政工作

K. V. 克赖纽科夫（主编），*Partiino-politicheskaya rabota v Sovetskikh voor. silakh v gody VOV 1941–1945*（《伟大卫国战争期间，苏联武装力量中的党政工作》）（莫斯科：军事出版社，1968年），共583页。

Kommunisticheskaya partiya v VOV 1941–1945. Dokumenty i materialy（《1941—1945年，伟大卫国战争中的共产党，文件和资料》）（莫斯科：军事出版社，1970年），共494页。

Yu. P. 彼得罗夫，*Partiinoe stroitel'stvo v Sovetskoi Armii i Flote (1918–1961 gg.)*（《1918—1961年，苏联陆海军中的党组织建设》）。参见第三部分

（6），关于战时武装力量中的党员和成分，第387—397页；关于共青团员，第420页；关于1944年加强党员中的"政治工作"，第431—436页。（彼得罗夫提出牺牲在前线的党员超过150万。）

N. A. 基尔萨诺夫，*Partiinye mobilizatsii na front v gody VOV*（《伟大卫国战争期间党组织为前线所作的动员》）（莫斯科：莫斯科大学出版社，1972年）。（中央和地方党组织、共青团的战时动员；这是一份详细的研究，附有许多图表。）

S. I. 朱可夫，*Frontovaya pechat' v gody VOV*（《伟大卫国战争中的前线出版物》）（莫斯科：莫斯科大学出版社，1968年）。（这是对前线报纸所做的广泛、有用的研究——参见1944年的编目，第7—11页。）

▶后勤，苏联的后方

S. K. 库尔科特金大将，*Tyl Sovetskikh vooruzhennykh sil v VOV 1941–1945 gg*（《1941—1945年，伟大卫国战争期间，苏联武装力量的后方》）（莫斯科：军事出版社，1977年），共559页。（详细、全面地阐述了苏联的战时后勤。）

P. N. 波斯彼洛夫（主编），*Sovetskii tyl v VOV*（《伟大卫国战争中的苏联后方》），第一册，*Obsche problemy*（《总体问题》），第二册，*Trudovoi podvig naroda*（《人民的劳动成果》）（莫斯科：思想出版社，1974年）。（这是一份文章和论文集，是关于战时努力极具价值的参考和资料来源。）

▶运输和铁路线

I. V. 科瓦廖夫，*Transport v VOV (1941–1945 gg.)*（《1941—1945年，伟大卫国战争中的运输战线》）（莫斯科：科学出版社，1981年），共480页。（科瓦廖夫中将详细阐述、分析了苏联战时运输——主要是铁路线。他在战时担任军事交通局局长、国防委员会和交通委员会委员。）

G. A. 库马涅夫，*Na sluzhbe fronta i tyla. Zheleznodorozhnyi transport SSSR… 1938–1945*（《为前线和后方服务：1938—1945年……苏联的铁路运

输》）（莫斯科：科学出版社，1976年），共456页。（详细研究了苏联铁路运输工作的组织和运作，战前和战时，包括1938—1945年整个时期；详细的参考书目、图表和索引。）

▶工业劳动力和工会的作用

I. 别洛诺索夫（主编），*Sovetskie profsoyuzy v VOV 1941–1945*（《1941—1945年，伟大卫国战争中的苏联工会》）（莫斯科：工会出版社，1975年）。（14篇关于苏联战时工会的回忆文章。）

E. S. 科特利亚尔，*Gosudarstvennye trudovye rezervy SSSR v gody VOV*（《伟大卫国战争中的苏联国家劳动力储备》）（莫斯科：您的学校出版社，1975年），共240页。（关于工业劳动力重要而又翔实的专著。）

▶食物供应与农业

Yu. V. 阿鲁秋尼扬，*Sovetskoe krestyanstvo v gody VOV*（《伟大卫国战争中的苏联农民》）（莫斯科：科学出版社，第一版和第二版，1963年和1970年）。（这本备受争议、引起广泛探讨的开拓性著作叙述的是战时苏联农业和苏联农民。）

U. G. 切尔尼亚夫斯基，*Voina i prodovol'stvie snabzhenie gorodskovo naseleniya v VOV 1941–1945 gg*（《1941—1945年，伟大卫国战争期间，战争与城市居民的食物供应》）（莫斯科：科学出版社，1964年），共208页。（苏联的配给制、食物供应，营养。）

I. E. 泽列宁，*Sovkhozy SSSR (1941–1950)*（《苏联国营农场，1941—1950年》）（莫斯科：科学出版社，1969年）。参见第一章，战时的国营农场，第19—130页。（这是一部专业著作，主要使用的是档案资料。）

▶医疗与军事卫勤

军医上将E. I. 斯米尔诺夫，*Voina i voennaya meditsina 1939–1945 gody*（《1939—1945年，战争与军事医学》）（莫斯科：医学出版社，1979年），共528页。（参见第2—3部分，斯米尔诺夫将军的著作中包括他本人担任红军医疗服务负责人时的报告，并对主要军事行动中的医疗机构进行了细致研究。）

F. I. 伊万诺夫，*Reaktivnye psikhozy v voennoe vremya*（《战时反应性精神病》）（列宁格勒：医学出版社，1970年），参见第4—5章。

军医上将A. A. 维什涅夫斯基，*Dnevnik khiruga. VOV 1941–1945 gg*（《1941—1945年，伟大卫国战争期间一名外科医生的日记》）（莫斯科：医学出版社，1970年第二版）。朱可夫元帅撰写前言。（战时日记，一名外科医生的日记，以及军事卫勤的许多资料。）

▶战争期间的苏联妇女

V. 穆尔曼谢瓦少校，*Sovetskie zhenshchiny v VOV 1941–1945 godov*（《1941—1945年，伟大卫国战争中的苏联妇女》），*VIZ*，1968（2），第47—54页。（服役的苏联妇女。）

莫斯科会议（1944年10月）

阿瑟·布莱恩特，*Triumph in the West 1943–1946*（《1943—1946年，西线的胜利，陆军元帅艾伦·布鲁克子爵的战时日记》）（伦敦：柯林斯出版社，1959年），第234—245页，莫斯科会议，与安东诺夫的会晤（10月14日），远东局势简报，苏联集结起"足够的力量"，斯大林对政治方面的强调，斯大林在接下来的会议中解释了后勤和铁路运输问题——艾伦布鲁克对此印象深刻——关于波兰的政治讨论"悬而未决"。（关于远东问题的讨论，参见S. M. 什捷缅科。）

温斯顿·S. 丘吉尔，《第二次世界大战》，第六卷，第179—206页，访问莫斯科的序幕（1944年10月），斯大林的盛情邀请；"苏联在罗马尼亚占90%的优势"，第194—195页；丘吉尔致电罗斯福，丘吉尔就巴尔干地区的共同政策给斯大林的备忘录，第198—199页；会见"卢布林波兰人"，策划苏联对日本作战事宜，波兰问题，对这场成功访问的印象。

莫兰勋爵，*Winston Churchill: Struggle for Survival*（《温斯顿·丘吉尔：为生存而战》），第三部分，第215—228页，关于出访莫斯科和莫斯科会议，首相与艾登的讨论（10月9日），首相与米科拉伊奇克，丘吉尔与斯大林。

约翰·W. 惠勒–贝内特和安东尼·尼科尔斯，*The Semblance of Peace*（《和平的表面》）。关于1944年10月的莫斯科会议，参见第十章，第195—200页。（尽管很简短，但我发现这是一份最敏锐的记述，而且非常公正。）

卢埃林·伍德沃德爵士，*British Foreign Policy in the Second World War*（《英国在二战中的外交政策》），单卷本，第306—311页，莫斯科会议，丘吉尔对巴尔干地区的疑虑，希望说服斯大林与英国真诚合作，首先讨论保加利亚和罗马尼亚，波兰问题，斯大林坚持寇松线。

卢埃林·伍德沃德爵士，*British Foreign Policy in the Second World War*（《英国在二战中的外交政策》），第三册，第三十八章（第四、第六节），艾登8月9日的备忘录（关于苏联在巴尔干以外的欧洲地区的政策），英苏在对匈牙利政策方面发生冲突的一些风险，波兰问题发生破裂的危险，第123—131页；莫斯科会议，苏联与西方国家全面合作的程度问题，丘吉尔对巴尔干可能会危害英苏未来合作的疑虑，美国对苏联政策的疑虑（第147页脚注），对"巴尔干百分比"的讨价还价，第146—152页；第四十章（第2节），莫斯科会议中的波兰问题，丘吉尔与斯大林的会谈，艾登、斯大林、莫洛托夫（10月15日）起草宣言，斯大林对利沃夫的坚持，删除提及"米科拉伊奇克总理"处，苏联领导层中只有斯大林和莫洛托夫愿意"温和"对待米科拉伊奇克，第224—231页。

外交函件与外交文件

Perepiska…，第一册，No.326，丘吉尔致斯大林，提及斯大林身体欠佳，可能出访莫斯科，9月27日，第305—306页；No.328，斯大林致丘吉尔，盛情邀请丘吉尔访问莫斯科，9月30日，第307页；No.331，斯大林和丘吉尔致电罗斯福，莫斯科会议的日程安排，哈里曼将出席，10月4日，第308页；No.332，丘吉尔致斯大林，安排10月14日关于"军事问题"的会谈，10月12日，第310—311页；No.336，丘吉尔致斯大林，与米科拉伊奇克的进一步会谈，他希望单独会见斯大林，10月17日，第312—313页。

Perepiska…，第二册，No.230，罗斯福致斯大林，哈里曼会出席会议，

但不能代表美国政府承担义务，10月5日，第171—172页；No.231，斯大林致罗斯福，否认知道"莫斯科会议上将讨论哪些问题"，10月8日，第172页；No.234，斯大林致罗斯福，会谈结果"很有帮助"，为解决波兰问题打开了"更为有利的前景"，1944年11月会面的可能性，10月19日，第173—174页。

罗伯特·E. 舍伍德，*Roosevelt and Hopkins. An Intimate History*（《罗斯福与霍普金斯，一段亲密的历史》），第832—834页，罗斯福总统草拟了发给斯大林的电报（10月3日），暗示丘吉尔也许会代表美国和英国讲话，霍普金斯予以制止，将电文修改为莫斯科会议仅仅是"我们三人会晤的预备会议"，哈里曼是总统的私人观察员。

Documents on Soviet-Polish Relations 1939-1945（《1939—1945年，苏波关系文件》），第二册，No.237，莫斯科会议/会议记录，波兰事务，莫斯科，10月13日（下午5点—7点30分），速记，第405—415页；No.238，观察结果，米科拉伊奇克—哈里曼（发送日期，1944年10月18日），记录日期为10月14日，第415—416页；No.239，米科拉伊奇克、丘吉尔，10月14日的会谈（上午11点30分—下午2点），关于领土问题和改组波兰政府，第416—421页；No.241，米科拉伊奇克、丘吉尔，关于寇松线，波兰代表团列席，莫斯科，10月14日，第423—424页；No.243，莫洛托夫、格拉布斯基，关于波兰放弃利沃夫的问题，10月15日，第425—427页；No.246，米科拉伊奇克对斯大林的道别拜访，会谈，未来波兰存在的条件，斯大林的意见和要求，10月18日，第430—433页；No.250，米科拉伊奇克、丘吉尔等人在伦敦的商谈，面对苏联的要求，波兰的立场，10月26日，第439—441页。

苏联方面的资料

IVOVSS，第四册，第四部分，第二十一章（2—4节），关于EAC（欧洲咨询委员会），莫斯科会议，敦巴顿橡树园会议（按此顺序）：莫斯科会议，第665—669页；魁北克会议和策划参加太平洋战争，美国"官方"试图将苏联"过早地"拖入对日作战，威胁取消租借法案，丘吉尔"巴尔干战略"的破产，波兰问题和波兰边境线，关于巴尔干地区的总协定，讨论德国的未来。

V. L. 伊斯拉埃良，*Diplomaticheskaya istoriya VOV*（《伟大卫国战争期间

的外交史》），第248—264页，敦巴顿橡树园会议（第248—253页），莫斯科会议，讨论德国的未来，"巴尔干—苏联"政策以不干涉其他国家的内政为基础，因而拒绝接受"势力范围"（第260页），波兰问题，英国和苏联关于未来波兰边境线的"笼统"协议，关于战略形势的军事报告，莫斯科会议确定了大国之间战后合作的理念，民意对此的支持。

V. L. 伊斯拉埃良，*Antigitlerovskaya koalitsiya*（《反希特勒联盟》），第三部分，第十九章，敦巴顿橡树园会议，魁北克会议，莫斯科会议，特别是第462—472页的莫斯科会议，对波兰问题更为详细的讨论。另可参阅*Sovetskii Soyuz na mezhdunarodnykh konferentsiyakh*…（《国际会议中的苏联》），第三册，*Konferentsiya*… *v Dumbarton-Okse. Sbornik dokumentov*（《敦巴顿橡树园会议，文件集》）（莫斯科：政治书籍出版社，1978年）。

S. M. 什捷缅科，*The Soviet General Staff at War 1941-1945*（《1941—1945年，战争期间的苏军总参谋部》）。参见第十四章，1942年设立副总参谋长职务（负责远东），洛莫夫与舍甫琴科对调，西方盟国施加压力，想把苏联拉入对日作战，斯大林命令对远东集结兵力和后勤需要做出估算，斯大林在莫斯科会议上使用了这些数据（参见《艾伦布鲁克元帅》），第322—324页。（俄文版，*Generalnyi shtab v gody voiny*，第一册，1968年，第十四章，第332—334页。）

波罗的海战役：里加—梅梅尔—库尔兰

W. E. D. 艾伦和保罗·穆拉托夫，*The Russian Campaigns of 1944-45*（《1944—1945年的俄国战事》），第206—216页，波罗的海地区的秋季战役，东普鲁士边境。

阿尔弗雷德·菲利皮和费迪南德·海姆，*Der Feldzug gegen Sowjetrussland 1941 bis 1945*（《对苏战争1941—1945》），第二部分，第265—268页，苏军在波罗的海的秋季攻势，爱沙尼亚的丢失，冲向梅梅尔。

艾伯特·西顿，*The Russo-German War 1941-45*（《苏德战争1941—1945》），第522—526页，苏军的攻势进入波罗的海诸国（波罗的海沿岸第

1、第2、第3方面军），苏军改变计划进攻梅梅尔，巴格拉米扬从右翼至左翼的重新部署，里加陷落，库尔兰登陆场，白俄罗斯第3方面军攻入东普鲁士。（对德军和苏军作战行动极具价值的阐述。）

GMD

OKH/Kriegsgesch. Abt（陆军总司令部/战史处），地图：*1 u 2 Schlacht um Kurland, Durchbruch auf Memel*（第1、第2次库尔兰战役，梅梅尔被突破）；*1 Schlacht um Ostpreussen*（第1次东普鲁士战役，戈乌达普——贡宾嫩），1944年10月5日——11月7日，T–78/R136，6065208–262。（非常清晰，极具戏剧化的地图。）

苏联方面的资料

IVOVSS，第四册，第二部分，第354—363页，苏军的进攻战役，梅梅尔—里加；波罗的海沿岸第2、第3方面军夺取里加的战役，沃利斯基的近卫坦克第5集团军冲向梅梅尔，斯大林希望歼灭德国"库尔兰集团"，由于东普鲁士和波兰西部的战役，无法提供援兵，对梅梅尔的突击不可避免地被推延。（按时间顺序出色地阐述了最高统帅部的决策。）

I. Kh. 巴格拉米扬，*Tak shli my k pobede*（《我们这样走向胜利》），第419—480页，从"里加方向"转至"梅梅尔方向"，冲向东普鲁士。（非常详细、资料翔实的阐述，带有许多分析和评论。）

Bor'ba za Sovetskuyu Pribaltiku…（《伟大卫国战争期间苏军在波罗的海诸国的战斗》），第二册，第127—133页，1944年9月的态势，冲向里加，列宁格勒方面军进入爱沙尼亚，在"锡古尔达"防线上的战斗，波罗的海沿岸第1和第3方面军争夺梅梅尔的作战行动，解放里加。（这是一份简洁的作战行动阐述，完全采用了苏联军事档案。）

S. I. 波尔特诺夫（主编），*V srazheniyakh za Sovetskuyu Latviyu*（《在拉脱维亚的战斗中》），第148—176页，拉脱维亚中央地区的作战行动，解放里加。（非常详细的作战行动阐述。）

S. M. 什捷缅科，*The Soviet General Staff at War 1941–1945*（《1941—

1945年，战争期间的苏军总参谋部》），第289—293页，诸波罗的海沿岸方面军，9月14日的果断行动，为突击梅梅尔而重新部署，巴格拉米扬"独特的统帅才干"，夺取里加，困住德国"库尔兰"集团。

A. M. 华西列夫斯基，*Delo vsei zhizni*（《毕生的事业》，第二版），第294—308页。关于1944年秋季波罗的海的战略行动，第483—487页。（概述了主要作战决策，包括"梅梅尔攻势"。）

A. I. 叶廖缅科，*Gody vozmezdiya 1943-1945*（《惩罚的年代，1943—1945年》），第十一章，第437—488页，冲向里加，对桑达洛夫批评叶廖缅科的指挥能力加以反驳，错失了给予德国"北方"集团军群致命打击的机会。

1944年底的"资产负债表"：苏联的战略计划

W. E. D. 艾伦和保罗·穆拉托夫，*The Russian Campaigns of 1944-45*（《1944—1945年的俄国战事》），第221—229页，总体态势，最后一场冬季战役的前夕（1944年12月）。

戴维·欧文，*Hitler's War*（《希特勒的战争》），第733—736页，希特勒为阿登反击战所做的准备，除了匈牙利，东线保持着平静，希特勒离开东普鲁士，推迟阿登攻势，期盼盟军的联合发生崩溃——"这完全是人为设置的共同战线"。

GMD

FHO（处长），报告：*Wichtigste Feindfeststellungen (Nov.–Dec.44)*（《敌军重要动向，1944年11—12月》），前线的动向，评估，T–78/R466，6445345–407。

FHO（Ⅰ），A部分，*Zusammenstellung… abgefassten Beurteilungen der Feindlage (1942-1944)*（《敌情评估汇编，1942—1944年》）。情报评估：参见No.3508/44，1944年10月7日，*Feindbeurteilung*（敌情评估），苏军调集预备力量，斯大林需要消灭东线德军，抢在英美军队到达前迅速建立苏维埃政权；No.3697/44，1944年10月19日，关于保加利亚和保加利亚军队的

情况报告；No.4012/44，1944年11月10日，*Beurteilung*（评估），对苏军作战计划和意图的估测，另参见附件1，关于乌克兰第3方面军，白俄罗斯第1、第2方面军的作战行动；No.4142/44，1944年11月11日，*Kurze Beurteilung*（简要评估），"南方"集团军群，匈牙利；No.4404/44，1944年12月5日，*Zusammenfassende Auswertung*…（评估总结），根据对战俘的审问以及"秘密情报"对苏军计划做出的评估，这是一份对苏军计划和意图极为准确的估测，详细阐述了各方面军的计划和任务；No.4640/44，1944年12月22日，调整了先前对苏军作战计划和意图的评估。（这些敌情评估非常了不起，紧密遵循着苏军作战策划进程，并根据苏军主要作战计划做出了调整。）T–78/R466，6446197–230。

FHO（Ⅱa），*Frontaufklärungmeldungen*…（《前线侦察情报》），每日情报总结，战术作战情报，1944年11月—12月。T–78/R466，6445718–871。

FHO（Ⅱc），图表：*Gliederung des sow. russ. Feldheeres*（《苏军野战部队的结构》），红军作战序列表：方面军构成，诸坦克集团军，独立坦克军、机械化军和骑兵军（1944年10月—12月）。T–78/R493，6480686–710。

苏联方面的资料

IVOVSS，第四册，第二部分，第499—504页，对苏军夏秋季攻势战果的总结。

K. K. 罗科索夫斯基，*A Soldier's Duty*（《军人的天职》），参见"在德国境内"，罗科索夫斯基11月12日被斯大林任命为白俄罗斯第2方面军司令员，接替G. F. 扎哈罗夫，赶赴最高统帅部并听取斯大林介绍情况，进攻方向是西北方，但不必担心敌"东普鲁士集团"，该集团由白俄罗斯第3方面军对付，强调与朱可夫的白俄罗斯第1方面军密切配合，斯大林坚持认为白俄罗斯第2方面军不是位于次要方向，白俄罗斯第2方面军获得了突击第2集团军、格里申的第49集团军和沃利斯基的近卫坦克第5集团军，第265—269页。

S. M. 什捷缅科，*The Soviet General Staff at War 1941–1945*（《1941—1945年，战争期间的苏军总参谋部》），第296—306页，关于苏军1944年底的计划，对夏秋季攻势战果的评估，苏联红军的损失，敌人在库尔兰的防御异常坚固，东普鲁士德军的处境不太有利，华沙、波兹南、西里西亚方向估计会遭遇敌人的顽强抵抗，夺取布达佩斯并冲向维也纳预计能取得较大的胜利——苏军必须重新部署并选择"最有利的进军路线"，11月初最高统帅部对白俄罗斯第2、第1方面军和乌克兰第1方面军的态势加以研究，苏军并不具备必要的优势，决定转入防御（安东诺夫坚持这个观点），最高统帅部11月4日的指令，苏军的最后一场攻势将分为两个阶段，10月份的计划仅仅是一个初步轮廓，11月初进行具体策划，安东诺夫、什捷缅科、格雷兹洛夫和洛莫夫对此的商讨，计划对东普鲁士和匈牙利施加压力，进一步吸引敌军，从而使"柏林方向"暴露出来，总参谋部决定"突破"虚弱的中央地区冲向柏林，分配各方面军任务的问题，没有专门召开方面军司令员会议，而是在11月初分别召见各方面军司令员，进攻发起日期暂定于1945年1月20日，斯大林决定委任朱可夫指挥夺取柏林的部队，斯大林亲自协调投入"柏林方向"的四个方面军，因而华西列夫斯基只负责波罗的海沿岸第1、第2方面军，总参谋部对乌克兰第1方面军作战行动的看法，从东北面和北面迂回西里西亚，以保护西里西亚工业资源，11月27日朱可夫赶至莫斯科，建议对罗兹和波兹南发起进攻，斯大林批准了这个修改后的计划，科涅夫的主要突击方向为布雷斯劳，而不再是卡利什，主要作战计划在11月底完成，到12月底才获得批准。（俄文原著参见*Generalnyi shtab v gody voiny*，第303—316页。）

　　G. K. 朱可夫，*Vospominaniya i razmyshleniya*（《回忆与思考》），第二册，第二十一章，《从维斯瓦河到奥得河》，第284—288页：关于德军的实力、西线英美军队的力量、苏联红军的实力（600万人、14000辆坦克和自行火炮、14500架飞机），最高统帅部计划以"华沙—柏林"方向作为主要突击路线，朱可夫认为根据盟军的协议，"攻占柏林是苏联军队的任务"，谴责丘吉尔的"秘密企图"，这种企图"当然会使"苏联方面"提高警惕"（第286页），10月底至11月初朱可夫奉命研究进攻计划，以便在维也纳方向开辟南方战线，东普鲁士的严重问题（他回忆起夏季攻势期间自己提交的计划），11月1或2日同斯大林在一起，安东诺夫呈交了经朱可夫审核过的计划，斯大林再次拒绝给白俄罗斯第2方面军增派援兵以粉碎敌"东普鲁士"集团，进一步拟定计划，11月15日朱可夫赶至卢布林，11月16日被任命为白俄罗斯第1方面军司令员，11月18日接掌方面军指挥权，最高统帅部11月底批准了进攻计划，进攻发起日期暂定于1945年15日—20日。

第七章
攻入纳粹德国：1945.1-1945.3

布达佩斯，（ⅰ）1944年12月—1945年1月，（ⅱ）1945年1月11日—2月13日

　　W. E. D. 艾伦和保罗·穆拉托夫，*The Russian Campaigns of 1944–45*（《1944—1945年的俄国战事》），第230—253页，布达佩斯战役（1944年11月—1945年2月13日）。

　　戴维·欧文，*Hitler's War*（《希特勒的战争》），参见"最后的战斗"，"孤注一掷"，关于希特勒和阿登攻势，第748页附有重要的注释——古德里安直到1945年1月14日才要求希特勒将主要进攻转移到东线，而不是古德里安自己声称的1944年12月。鉴于欧文先生对文件记录的关注，再加上一丝不苟、严谨的检查，这个修正是站得住脚的；另可参阅希特勒与古德里安1945年1月9日的交流，希特勒拒绝批准根据现有情报从维斯瓦河防线后撤的计划，同时，希特勒只调拨了2个师，第752—753页。

　　艾伯特·西顿，*The Russo–German War 1941–45*（《苏德战争1941—1945》），第29章，苏军和德军的作战行动，匈牙利和布达佩斯，第497—501页。

　　瓦尔特·瓦利蒙特，*Inside Hitler's Headquarters*（《希特勒大本营内幕》），第六部分，第495—499页，12月29日—30日希特勒与托马勒将军的会谈，古德里安试图将重点转至东线，希特勒拒绝接受盖伦将军的情报报告，约德尔的观点依然是加强西线的各个师。

KTB/GMD

KTB/OKW，参见第四册（第二部分），第一章，来自*Lagebuch/WFStab*（《国防军指挥参谋部情况汇报》）：*Lagebuch 1–31.1*（1月1日—31日的情况汇报），*Lagebuch 1–28.2*（2月1日—28日的情况汇报），第976—1134页。（各条战线的情况报告。）

OKH/Kriegsgesch. Abt（陆军总司令部/战史处），地图：匈牙利，第一部分，1944年11月。（布达佩斯战役完整的地图展示，至1945年3月）T–78/R136，6065497–624。

OKH/GenStdH/Op. Abt（陆军总司令部/陆军总参谋部/作战处），参见作战处作战日志中的绝密评估。希特勒对"南方"集团军群作战行动下达的指示，古德里安修订后的草案，武装党卫队的重新部署，以及情报报告，1945年2月18日的评估及地图（集结预备力量和对苏军作战行动的进一步推测），T–78/R305，6255785–8667（1月—2月）。注：另可参阅H. 古德里安的*Panzer Leader*（《装甲部队指挥官》）（伦敦：迈克尔·约瑟夫出版社，1952年）。

OKH/GenStdH/Op. Abt（陆军总司令部/陆军总参谋部/作战处），作战日志中的评估：希特勒的批示和指令，匈牙利的作战行动，布达佩斯的陷落；参见作战处Nr 2786/45号报告，1945年2月17日，*Abschlussmeldung Budapest*（布达佩斯的最后报告），以及1944年12月—1945年2月德军的损失报告——1111名军官和32997名士兵。T–78/R304，6255440–612（1945年2月）。

注：苏军占领敌方地区后的行为，1944—1945年。参见FHO（IIb），资料集：缴获并翻译的苏军指令，对苏军战俘的审讯，苏军后方被占领地区的无序、无纪律现象（科涅夫、克赖纽科夫的命令），苏军惩戒营的详情，对待德国平民及财物的军事指令（1944年6月—1945年3、4月）。T–78/R488，6474390–648。

▶FHO

盖伦的情报报告，No.4404/44（1944年12月5日），No.4640/44（1944年12月22日），T–78/R466，6446222–230。

Nr 81/45, *Beurteilung der Feindlage…*（《敌情评估》），1945年1月5日（基于上述报告的数据），以及地图，*…vermutliche Operationsrichtungen des Gegners 4.1.45*（1945年1月4日，对敌作战方向的估测），*…Meldungen des geheim. Meldedienstes…*（1944年12月2日—1945年1月2日，来自秘密情报的报告），T-78/R503，没有帧数。

Nr 26/45, *Gedanken zur Feindbeurteilung*（《对敌情评估的想法》），1945年2月2日，三份副本，附有地图。T-78/R496，6484222-230。

Nr 1161/45, *Beurteilung…*（《评估》），1945年2月25日，基于1月份的数据。以及对苏军计划和行动的评估。T-78/R501，6489736-744。

FHO（Ⅱa），*Sowjetruss. Wehrkraft*（《苏军军事力量》），1945年2月1日的数据：共计484个步兵师（397个师已投入部署），38个坦克和机械化军（33个投入部署、担任预备队），155个独立坦克部队（79个投入部署、担任预备队），7个骑兵军。T-78/R489，6475305。

FHO（Ⅰ/W），*Lageberichte Ost*（《东线态势报告》）：每日态势报告，1945年1—2月，参见T-78/R472，6453856-6454660和R473，6454250-661。

苏联方面的资料

N. 比留科夫中将，*Na podstupakh k Budapeshtu*（《在布达佩斯郊外》），*VIZ*，1965（3），第87—94页。（近卫步兵第20军的作战行动，1944年12月，布达佩斯。）

集体创作，*Ot Volgi do Pragi*（《从伏尔加河到布拉格》）（莫斯科：军事出版社，1966年），近卫第7集团军作战记录。在布达佩斯的作战行动（包括步兵第30军），第193—214页。

I. S. 科涅夫（主编），*Za osvobozhdenie Chekboslovakii*（《解放捷克斯洛伐克》），第139—176页，1945年1—2月，乌克兰第4和第2方面军在喀尔巴阡山西部的作战行动，斯洛伐克中部的解放（1945年1月），敌人的顽强抵抗，第53集团军和"骑兵-机械化"第1集群的严重损失（1945年1月底只剩14辆坦克，第155页），2月中旬苏军守卫赫龙河，沉重的压力（各个师只剩下半数兵力，各个连队只有25—30人，机械化第4军只剩20辆坦克，第172页）。苏军损失的注释：1—2月，乌克兰第4和第2方面军在喀尔巴阡山西部的作战行动中阵亡16000人，负伤50000人；捷克斯洛伐克第1军阵亡209人，负伤777人（参见第173—174页）。

P. G. 库兹涅佐夫，*Marshal Tolbukhin*（《托尔布欣元帅》），第207—222页，关于布达佩斯战役，托尔布欣的突击方向和决策，1944年12月—1945年2月。

M. M. 马拉霍夫，*Osvobozhdenie Vengrii i vostochnoi Avstrii*（《匈牙利和奥地利东部的解放》），第91—158页，布达佩斯战役，击退德军的反击（1月2日—7日），乌克兰第2方面军攻向科尔马诺（1月6日—10日），德军的第二次进攻（1月7日—13日），击退德军第三次反击（1月18日—27日），粉碎德军向多瑙河的突围（1月27日—2月16日）。（几乎是一份逐日作战叙述。）

R. Ya. 马利诺夫斯基（主编），*Budapest Vena Praga*（《布达佩斯，维也纳，布拉格》），第97—172页，布达佩斯战役，组织"布达佩斯战斗群"，阿富宁负伤后，该战斗群由马纳加罗夫指挥，2月5日发起最后的突击。1944年12月—1945年2月。

I. M. 马纳加罗夫，*V srazhenii za Kbar'kov*（《在哈尔科夫战役中》），第231—234页，马纳加罗夫与第53集团军，布达佩斯，1945年1月21日指挥"布达佩斯战斗群"。

A. I. 普什卡什，*Vengriya v gody vtoroi mirovoi voiny*（《第二次世界大战中的匈牙利》）。参见第十一章，第421—473页，在塞格德-德布勒森召开政治集会，各党派参加，筹划临时国民议会和临时政府，第476—478页；另参见M. M. 米纳相，*Osvobozhdenie narodov Yugo-vostochnoi Evropy*（《东南欧人民的解放》），第370—375页。

M. M. 米纳相，*Osvobozhdenie narodov Yugo-vostochnoi Evropy*（《东南欧人民的解放》），第四章（第5节），布达佩斯战役，1944年12月—1945年2月，第343—370页；另参见苏军1944年12月的实力（39个步兵师，14个罗马尼亚师，苏军师的实力从3500—4500人不等，11个师拥有5000—5500人，只有2个师达到6000人，参见第345页）；另参见总参谋部对布达作战行动的批评，第368页。

A. M. 萨姆索诺夫（主编），*Osvobozhdenie Vengrii ot fashizma*（《从法西斯手中解放匈牙利》）（莫斯科：科学出版社，1965年），这是一部回忆文章汇编。参见马利诺夫斯基，第19—24页（布达佩斯）；M. V. 扎哈罗夫，第29—39页（布达佩斯）；V. A. 苏杰茨，空军第17集团军的作战行动，第54—90页；I. T. 什列明，第46集团军的作战行动，第102—115页；红军派奥斯塔片科上尉与敌人谈判，第193—195页。

S. P. 塔拉索夫，*Boi u ozera Balaton*（《巴拉顿湖战役》）（莫斯科：军事出版社，1959年）。

V. F. 托卢布科和 N. I. 巴雷舍夫，*Na yuzbnom flange*（《在南翼》），第361—376页，近卫机械化第4军在乌克兰第2方面军右翼的作战行动（1944年12月—1945年2月），1945年1月初，该军的实力下降到5200人、14辆坦克、96门大炮和迫击炮（第368页）。

P. 瓦拉基上校，*Nekotorye voprosy boevovo primeneniya 6-i gvardeiskoi tankovoi armii v Budapeshtskoi operatsii*（《在布达佩斯战役中使用近卫坦克第6集团军的一些问题》），*VIZ*，1973（12），第64—69页。（对近卫坦克第6集团军作战行动的分析，布达佩斯，1944年12月。）

T. F. 沃龙佐夫等人，*Ot volzhskikh stepei do avstriiskikh Alp.*（《从伏尔加河草原到奥地利阿尔卑斯山》）（莫斯科：军事出版社，1971年），近卫第4集团军的作战记录。参见近卫第4集团军、布达佩斯战役，投入对外包围圈，第136—182页。（注：近卫第4集团军司令员是 G. F. 扎哈罗夫。）

M. V. 扎哈罗夫（主编），*Osvozhdenie Yugo-vostochnoi i Tsentral'noi Evropy voiskami 2-vo i 3-vo Ukrainskikh frontov*（《乌克兰第2、第3方面军解放中欧和东南欧》），参见第335—399页，1944年12月—1945年2月的布达佩斯战役。

A. 热尔托夫上将，*Osvobozhdenie Vengrii*（《解放匈牙利》），*VIZ*，1974（10），第43—50页。（综合评述，苏军在匈牙利的作战行动。）

G. T. 扎维季昂和 P. A. 科尔纽申，*I na Tikhom Okeane…*（《在太平洋岸边》）。参见第六章，近卫坦克第6集团军在科尔马诺的作战行动，1月26日转入预备队，2月21日坦克和自行火炮的数量达到224辆，第125—150页，〔另参见*VIZ*，1973（12），同上。]

维斯瓦河—奥得河战役的策划与准备

外交函件

Perepiska⋯，第一册，No.383，丘吉尔致斯大林，1945年1月6日，询问苏军在东线发动攻势的可能性，第348—349页；No.384，斯大林致丘吉尔，1月7日，苏军的攻势不迟于1月份下半月发起，第349页；No.385；丘吉尔致斯大林，1月9日，对此表示感谢，第350页。

苏联方面的资料

IVOVSS，第五册，第一部分，第32—36页，战略规划，苏联的意图是沿整条战线、沿四个方向（波罗的海沿岸、柏林、布拉格、维也纳）发起进攻，各方面军为1945年1月的攻势接受任务（涉及33个步兵集团军、5个坦克集团军和7个空军集团军，10个坦克、机械化和骑兵军，波罗的海舰队的单位），坦克集团军的突破深度将达到400—450公里，苏联方面对德军实力及部署的估测，苏军在既定地区的优势，同盟军作战行动相配合，德军阿登攻势的影响。注意第27页，关于苏军1945年1月的力量：在苏德战场上拥有55个步兵集团军、6个坦克集团军和13个空军集团军，共500个步兵师。总兵力：7109000人（最高统帅部预备队577000人）、488个师（包括投入的空降师）、34个坦克和机械化军、155个航空师、115100门大炮和迫击炮、15100辆坦克和自行火炮、15815架飞机。另可参阅"1945年的苏联武装力量"，第39—46页。

IVMV，第十册，第一部分，第37—45页，1945年1月的苏军和德军力量（苏军部署的力量：10个方面军司令部、2个舰队、3个区舰队、51个步兵集团军、6个坦克集团军、10个空军集团军、2个防空和方面军防空司令部——473个师，21个坦克军和12个机械化军。担任最高统帅部预备队的2个方面军司令部、4个步兵和2个空军集团军、4个坦克和机械化军、20个步兵师，第37页），苏联武装力量72%的兵力、74%的大炮、77%的坦克和自行火炮、65%

的空中力量部署在苏德战线；对德军部署的分析，盟军在西北欧和意大利的作战行动；1944年11月苏军开始策划作战行动，1944年11月25日—12月3日最高统帅部下达东普鲁士和"华沙—柏林"作战行动的指令，苏军的意图是将德军吸引至两翼，实施有力的欺骗措施隐瞒中央地区的进攻意图，苏军调集援兵和补充兵（1944年11月—12月，共483000人和6100辆坦克），战略预备队的仔细分配（11个步兵集团军和4个坦克集团军）。

S. I. 布利诺夫上校，*Ot Visly do Odera*（《从维斯瓦河到奥得河》）（莫斯科：军事出版社，1962年），第18—57页（两个集团军的作战行动），作战策划和准备工作，集团军司令员库罗奇金分配给各部队的任务，作战部署，重组，后勤准备。

V. I. 崔可夫，崔可夫元帅就近卫第8集团军1944—1945年的征程和进军柏林写过数个不同版本的著作，因而很难从刻意的观点中理清事实真相。最初是出现在《十月》杂志（1964年）上的*Konets tret'evo reikha*（《第三帝国的末日》），接着便是第一个版本（1965年），在几乎所有重要处都对朱可夫做出了指责；第一个版本有英译本，名为*The End of the Third Reich*（《第三帝国的末日》）（伦敦：MK出版社，1967年），然后是第二个版本，这个少了些争执的版本出版于1973年（莫斯科：苏维埃出版社），也出版了白俄罗斯语和乌克兰语版本（基辅：乌克兰政治出版社，1975年）。现在我们又见到了*Ot Stalingrada do Berlina*（《从斯大林格勒到柏林》）（1980年），对朱可夫的恨意被删除，也没有批评糟糕的后勤运输［参见后面关于苏军后勤的注释；安季片科在*Na glavnom napravlenii*（《在主要方向上》）一书中驳斥了崔可夫的指责］。参见*Ot Stalingrada do Berlina*，第502—507页，关于维斯瓦河—奥得河战役的准备工作。

K. N. 加利茨基，*V boyakh za Vostochnuyu Prussiyu*（《在东普鲁士战役中》）（莫斯科：科学出版社，1970年），近卫第11集团军的作战行动。第五章，最高统帅部对东普鲁士战役的构想，1944年12月3日的指令，切尔尼亚霍夫斯基的作战决策，方面军的重组和再部署（第196—197页），近卫第11集团军的计划，各个军的任务，第197—217页。（加利茨基强调指出，战争后期，斯大林给予了方面军司令员更大的自由度，以制订方面军的计划和作战决策。）

A. D. 哈里东诺夫上校，*Gumbinnenskii proryv*（《突破贡宾嫩》）（莫斯科：军事出版社，1960年），贡宾嫩战役中的第28集团军。第二章，白俄罗斯第3方面军司令员的决策，第28集团军司令部的决定，各军军长的决定，后勤，通信，重组，第15—57页。

M. M. 基里扬上校，*S Sandomirskovo platsdarma*（《在桑多梅日登陆场》）（莫斯科：军事出版社，1960年），近卫第5集团军的作战行动。第二章，扎多夫上将的作战计划和决策，计划使用坦克力量，后勤，通信，重组，第26—94页。

I. S. 科涅夫，*Sorok pyatyi*（《1945年》）（莫斯科：军事出版社，1966年和1970年的版本）。参见莫斯科进步出版社的英译本，*Year of Victory*（《胜利之年》），"从维斯瓦河到奥得河"，计划，斯大林1944年11月对科涅夫计划的审核，强调保护西里西亚工业区这一"宝地"，安东诺夫关于变更行动发起时间的电报（1945年1月9日），伪装和欺骗措施，第5—16页。

P. G. 库兹涅佐夫中将，*General Chernyakhovskii*（《切尔尼亚霍夫斯基大将》），第208—214页。策划东普鲁士战役，总参谋部的观点，切尔尼亚霍夫斯基的计划（参见地图、白俄罗斯第3方面军的作战构想、蒂尔西特—因斯特堡战役，第212页），方面军各集团军的任务。

K. K. 罗科索夫斯基，*A Soldier's Duty*（《军人的天职》）（莫斯科，1970年），第268—275页。白俄罗斯第2方面军的计划与准备，接掌G. F. 扎哈罗夫的指挥权，方面军力量构成，方面军的协调问题（以及罗科索夫斯基右翼的问题），方面军以左翼部队发起进攻的计划，只有最高统帅部预备队调来的部队齐装满员，分配给各集团军的任务，炮火准备计划。

S. M. 什捷缅科，*Kak planirovalas poslednyaya kampaniya po razgromu gitlerovskoi Germanii*（《击败纳粹德国的最后一战是如何策划的》），*VIZ*，1965（5），第56—64页，对苏军一月攻势的战略战术计划的评论。

G. K. 朱可夫，*Vospominaniya i razmyshleniya*（《回忆与思考》），第二册，第二十章，第284—292页，从维斯瓦河到奥得河，主要战略计划，东普鲁士问题，获得足够战术情报的困难，1月4日进行沙盘推演，以便让两个登陆场建立起更密切的协同，白俄罗斯第1方面军的战略目标，最初命名为"华沙—波兹南"战役，从马格努谢夫登陆场发起主要突击的详细作战计划。

关于1945年1月的苏军后勤工作。1945年1月10日，在马格努谢夫登陆场，弹药储备量达到2479800发（颗）炮弹、地雷（2132节车皮运送），普瓦维登陆场囤积的炮弹、地雷达1311900发（颗）；白俄罗斯第1方面军拥有55989吨燃料，乌克兰第1方面军（科涅夫）囤积了114336吨弹药、57215吨燃料和润滑油、47805吨食物，参见*IVOVSS*，第五册，第64页。

小波兰、东普鲁士和进军奥得河

W. E. D. 艾伦和保罗·穆拉托夫，*The Russian Campaigns of 1944–45*（《1944—1945年的俄国战事》），第253—288页，小波兰和东普鲁士战役。

阿尔弗雷德·菲利皮和费迪南德·海姆，*Der Feldzug gegen Sowjetrussland 1941 bis 1945*（《对苏战争1941—1945》），*Feldzug d. Jahres 1945*（"1945年的战役"），苏军的冬季攻势，苏军攻入西里西亚，东普鲁士的德国军队被隔断，第274—277页。

特奥多尔·席德尔（主编），*Dokumentation der Vertreibung der Deutschen aus Ost–Mitteleuropa*（《德国人被驱逐出中欧东部的文件汇编》），两卷本，第一册，联邦移民和难民事务局。

艾伯特·西顿，*The Russo–German War 1941–45*（《苏德战争1941—1945》），第530—539页，从维斯瓦河到奥得河，德军的计划、部署和期望，红军发起的攻势是"战争期间最大的战略行动之一"，战役发起时间之谜（1月12日—14日，第534页），乌克兰第1方面军的突破，朱可夫从马格努谢夫登陆场发起进攻，希特勒对华沙的丢失深感愤怒，苏军攻入东普鲁士，坦能堡的陷落，德国重新命名其集团军群，希姆莱担任集团军群司令。另可参阅K. 迪克特和H. 格罗斯曼合著的*Der Kampf um Ostpreussen*（《东普鲁士之战》）（慕尼黑：格拉夫&翁泽尔出版社，1960年）；K. 基塞尔，*Der deutsche Volkssturm*（《人民冲锋队》）（法兰克福：米德尔出版社，1962年）。

KTB/GMD

KTB/OKW，第四册，第二部分。参见第1节，1月份情况汇报，1945年1月12日，第1008页；国防军指挥参谋部作战日志，情况总结，1月份下半月（迈尔-德特林上校，1月29日19点），第1052—1056页；以及1945年1月24日的情况汇报，*Die neugebildete Heeresgr. Weichsel, zu deren OB der Reichsführer SS ernannt worden ist, übernimmt den Abschnitt von Glogau bis Elbing…*（党卫队全国领袖被任命为新组建的"维斯瓦河"集团军群司令，接管格洛高至埃尔宾一段），第1035页。

OKH/GenStdH/Op. Abt（陆军总司令部/总参谋部/作战处），作战日志附件：苏军进攻维斯瓦河—奥得河的电文和指令，涌向波森和格洛高要塞，朱可夫的日训令（译件：我们将为一切做出残酷的报复，帧数6255627），T-78/R304，6255440ff。另参见T-78/R477，关于苏军纪律和行为的文件。

苏联方面的资料

IVOVSS，第五册，第一部分，第二章（3），1945年1月苏军在波兰的作战行动：叙述乌克兰第1方面军和白俄罗斯第1方面军的作战行动，解放华沙，1月17日最高统帅部修改后的指令（第80页），乌克兰第1方面军在上西里西亚的作战行动，冲向奥得河，第69—82页。第三章（2—3），东普鲁士战役，各方面军之间糟糕的协同（第99页），白俄罗斯第2、第3方面军司令部的决策，增援罗科索夫斯基的问题，第97—104页；1月13日—14日发起进攻，德军的抵抗，1月19日—26日分割德国守军并孤立东普鲁士，苏军的行动（第113页），最高统帅部1月21日命令白俄罗斯第2方面军攻向德意志艾劳—马林堡，季亚琴科冲向埃尔宾（第115页），突破至大海和维斯瓦河，白俄罗斯第3方面军歼灭德国"因斯特堡集团"，逼近柯尼斯堡，德军1月27日对白俄罗斯第2方面军的第48集团军发起反击，苏军缺乏补给，第97—122页。

IVMV，第十册，第一部分，第二章（3），维斯瓦河—奥得河战役，作战叙述，歼灭35个德军师，俘虏147000人，第70—88页；第三章（2），东普鲁士战役，第99—111页。（与*IVOVSS*第五册相比，这里的叙述更加简洁，更加低调。）

Vislo–Oderskaya operatsiya v tsifrakh（《数据中的维斯瓦河—奥得河战役》），*VIZ*，1965（1），第71—81页。［维斯瓦河—奥得河战役，统计资料、表格，力量、部署，指挥部（至军一级）。］

A. Kh. 巴巴贾尼扬等人，*Lyuki otkryli v Berline*（《在柏林打开舱盖：近卫坦克第1集团军战史》），第231—249页，维斯瓦河—奥得河战役，冲向波兹南，一个旅交给封锁部队，冲向德国边境。（基于苏联军事档案的作战叙述。）另可参阅坦克兵元帅A. 巴巴贾尼扬的*Dorogi pobedy*（《胜利之路》）（莫斯科：青年近卫军出版社，1975年第二版），第212—236页，维斯瓦河—奥得河战役。（这是一份生动、极具个性的描述，巴巴贾尼扬时任军长。）

S. I. 布利诺夫，*Ot Visly do Odera*（《从维斯瓦河到奥得河》），第58—125页，第60集团军的作战行动，冲向克拉科夫。（极为详细的作战叙述。）

K. N. 加利茨基，*V boyakh za Vostochnuyu Prussiyu*（《在东普鲁士战役中》），第218—225页，近卫第11集团军的作战行动，1月13日不成功的开端，第5集团军的作战行动，投入第39集团军与第5集团军的结合部，冲往韦劳，赶往因斯特堡。（近卫第11集团军司令员极为详细的作战叙述，坦率而又全面地透露了缺点，与战后德军记录、缴获的文件以及德国第3装甲集团军的资料进行的"交叉对比"非常有用，深具启发性。）

S. 格拉德什上校，*2-ya udarnaya armiya v Vostochno–Prusskoi operatsii*（《东普鲁士战役中的突击第2集团军》），*VIZ*，1975（2），第20—28页。（详细的作战叙述与分析，突击第2集团军和东普鲁士，1945年1月。）

A. D. 哈里东诺夫，*Gumbinnenskii proryv*（《突破贡宾嫩》），第60—95页，苏军的突破，贡宾嫩陷落，开始向西推进。

M. M. 基里扬，*S Sandomirskovo platsdarma*（《在桑多梅日登陆场》），第95—158页，突破和追击，近卫第5集团军，"琴斯托霍瓦方向"。（极为详细的阐述。）

I. S. 科涅夫，*Year of Victory*（《胜利之年》），第17—45页，乌克兰第1方面军的突破，迅速冲向克拉科夫，夺取西里西亚工业区的问题，以坦克部队加大包围，迫使德军突出包围圈进入开阔地，雷巴尔科（近卫坦克第3集团军）和列柳申科（坦克第4集团军）的成功，关闭西里西亚的陷阱，与白俄罗斯第1方面军会合，奥得河登陆场。

I. T. 科罗夫尼科夫上将，*Udar na Krakov*（《进攻克拉科夫》），*VIZ*，1975（1），第51—56页。（第59集团军的作战行动，克拉科夫。）

V. 马楚连科，*Operativnaya maskirovka voisk v Vislo–Oderskoi operatsii*（《维斯瓦河—奥得河战役中的伪装行动》），*VIZ*，1975（1），第10—21页。（维斯瓦河—奥得河战役中的欺骗与伪装。）

S. 普拉托诺夫中将，*Kratkii obzor veonnykh deistvii*（《苏军在国外作战的简要综述》），*VIZ*，1964（2），第14—24页。（苏军在波兰的作战行动；另可参阅帕夫连科少将的《苏联军事艺术》，第25—36页。）

A. I. 拉济耶夫斯基大将，*Stremitel'nye deistviya tankovykh armii*（《坦克集团军的快速行动》），*VIZ*，1965（1），第8—15页。（维斯瓦河—奥得河战役中坦克集团军的作战行动。）

K. K. 罗科索夫斯基，*A Soldier's Duty*（《军人的天职》）。一月攻势的第一阶段，气候妨碍到空中支援，1月16日有所改善，从沃姆扎突破至纳雷夫河河口，冲向维斯瓦河，第276—280页。"在两个战场"，1月20日转向北面和东北面、进入东普鲁士的命令，"完全出乎意料"并从根本上改变了根据1944年11月28日指令所做的计划，策划东普鲁士战役中的许多误判，滞后于朱可夫的问题，第50集团军没能发现德军的后撤，攻克马林堡，对埃尔宾的突击未能成功，德军1月26日的反击，第48集团军面临的危险，抽调沃利斯基的坦克部队和奥斯利科夫斯基的骑兵部队实施救援，关于苏军士兵的举止，要求执行"最严格的纪律"，第281—289页。

K. K. 罗科索夫斯基，*Na berlinskom i vostochno–prusskom napravleniyakh*（《在柏林和东普鲁士地区》），*VIZ*，1965（2），第25—28页。（访谈，关于东普鲁士战役，关于苏军士兵的举止——"对规定的违反"。）

F. I. 维索茨基等人，*Gvardeiskaya tankovaya*（《近卫坦克》），第147—156页，维斯瓦河—奥得河战役中的近卫坦克第2集团军。

G. K. 朱可夫，*Vospominaniya i razmyshleniya*（《回忆与思考》），第二册，第294—298页，成功的突破，德军撤离华沙，最高统帅部1月17日的指令，朱可夫与斯大林1月25日的交谈，朱可夫要求不要停止攻势，包围波兹南，为防止有可能来自东波美拉尼亚的威胁实施再部署。

波兰资料

博莱斯瓦夫·多拉塔，*Wyzwolenie Polski 1944–1945*（《1944—1945年，波兰解放》），第二部分，第95—233页，白俄罗斯第2、第3方面军的作战行动，白俄罗斯第1方面军，波兰军队，华沙的解放，乌克兰第1方面军在西里西亚的作战行动。（极为详细的作战叙述，另附有大量详尽的附录——作战行动时序表、公报、苏波军队及指挥员。）

斯坦尼斯拉夫·波普拉夫斯基大将，*1-ya armiya Voiska Pol'skovo v boyakh za Varshavu*（《华沙战役中的波兰第1集团军》），*VIZ*，1965（1），第47—53页，1945年1月，波兰第1集团军，华沙；另参见*Towarzysze frontowych dróg*（《同志们面前的道路》）（华沙：MON出版社，1965年），第十一章，华沙的解放，第172页。

R. 斯瓦韦基，*Manewr który ocalil Kraków*（《为解放克拉科夫实施的机动》）（克拉科夫：文艺出版社，1971年第二版）。这是一部回忆文章集（包括苏军将领的回忆），乌克兰第1方面军（第60集团军）解放克拉科夫。

K. 索布查克，*Wyzwolenie pólnocnych i zachodnich ziem polskich w roku 1945*（《1945年解放波兰北部和西部》）（波兹南：波兹南出版社，1971年）。参见第2—4章，1945年1月苏军与波兰军队的作战行动。（对政治和军事行动的描述，使用了各种档案资料。）

"柏林方向"

注：对于"柏林之战"，我有幸同苏军高级指挥员讨论、探讨了它的策划和执行，并得以使用相关的苏联文件（最高统帅部指令、作战命令、作战日志等）。这些谈话和交流被我及时记录下来，并保存在我的"莫斯科笔记本"中，而文件无须做出更多说明。一个例子也许已足够：科涅夫元帅最初的作战计划涉及向柏林推进，1月28日呈交总参谋部，受到长时间的审核，问题在于它与最高统帅部的规定有出入，最高统帅部要求乌克兰第1方面军只把右翼部队投入柏林战役，而科涅夫元帅内心的想法是投入方面军主力（并制订、下达

了相关命令）。科涅夫元帅明确认为"主力"就是他的坦克集团军（雷巴尔科的近卫坦克第3集团军和列柳申科的近卫坦克第4集团军），坦克部队按照长期考虑、精心策划的作战计划投入行动，因此，科涅夫元帅批评了我关于他把他的集团军转至相反方向的暗示。他充分策划了"一月计划"，为这种调动做好准备，尽管没能实际解决，但减小了一个明显的矛盾，他将他的主力稳步调至右翼，从而使"右翼部队"实际上等同于他的主力。我个人的印象是，科涅夫元帅1月下旬将柏林定为"他的"目标，并据此进行策划。出于同样的原因，了解罗科索夫斯基元帅本人的评论以及他对自己的指挥决策和评估所做的说明非常重要——对大批苏军指挥员来说亦是如此。

KTB/GMD

OKH/GenStdH/Op. Abt（陆军总司令部/总参谋部/作战处），作战日志附件：电报/报告，格洛高和波森要塞（兵力和武器的详情），1945年2月。T–78/R304，6255440–785。

FHO（I），"库尔兰"集团军群的通信；"北方"集团军群、但泽与柯尼斯堡要塞司令、"泽姆兰"集团军级支队的电报。T–78/R477，6459238–837。

苏联方面的资料

I. Kh. 巴格拉米扬，*Tak shli my k pobede*（《我们这样走向胜利》），第511—517页，泽姆兰战役，封锁德国军队，德军继续实施顽强抵抗的前景，切尔尼亚霍夫斯基说斯大林担心伦杜利克（"北方"集团军群司令）也许会实施有序后撤，因而命令歼灭德国第4集团军，对近卫第11集团军司令员（加利茨基）的描述，苏军力量被削弱的问题，缺乏坦克，切尔尼亚霍夫斯基牺牲。

V. I. 崔可夫，*The End of the Third Reich*（《第三帝国的末日》英译本），第七章，关于误判问题，崔可夫著名（或恶名昭著）的断言——当年2月对柏林发起一场突击是完全可行的：最高统帅部表现得"过于谨慎"，特别是对来自波美拉尼亚的威胁；朱可夫的白俄罗斯第1方面军有足够的兵力（5个集团军，外加乌克兰第1方面军的3—4个集团军）对柏林发起突击，担心白俄罗斯第1方面军的右翼"毫无根据"（第117页）；朱可夫的"方向"实际上是"迷失了方向"（尽管崔可夫在这个版本的回忆录中也指出后勤补给严重不足）。崔可夫在书中还回忆起与朱可夫召开的一次军事会议（2月6日），会议被斯大林打来的电话打断，朱可夫突然"推迟了"对柏林的进攻。另参见V. I.崔可夫的*Kapitulyatsiya gitlerovskii Germanii*（《纳粹德国的投降》），刊登于*Novaya i noveishaya istoriya*（《现代和近代史》杂志）1965年第二期，第6页，文中提及这次会议在2月4日召开，也提到会议被斯大林的电话打断（朱可夫以辛辣的方式予以否认）。现在，崔可夫在他的*Ot Stalingrada do Berlina*（《从斯大林格勒到柏林》）一书中又提出一个彻底修改后的说法，第563—569页，引用了朱可夫1月26日的命令和指示，以及2月4日的指令（新加入了佛朗哥和霍尔的会谈）。大体上说，这本新作符合"来自波美拉尼亚的威胁"、"白俄罗斯第1方面军必须重新部署"这个结论。

K. N.加利茨基，*V boyakh za Vostochnuyu Prussiyu*（《在东普鲁士战役中》），第306—328页，近卫第11集团军，弗里施潟湖，德军对近卫第11集团军左翼发起反击，德军（第3装甲集团军）遭受严重损失，但近卫第11集团军的伤亡也很大（2月12日，各个师只剩下3500—4500人，各个连队只剩20—35人，第327页），方面军司令员已于2月9日下令转入防御，对柯尼斯堡发起全面突击的准备工作，近卫第11集团军实施重组。

I. S.科涅夫，*Year of Victory*（《胜利之年》），第50—51页，从奥得河到尼斯河，1945年1月底策划下西里西亚战役，1月28日提交初步计划——包围布雷斯劳，以"方面军主力"冲向柏林——完成对布雷斯劳和格洛高的包围，"下西里西亚战役"的执行无法达到预定纵深。

F. D.沃罗比约夫、I. V.帕洛特金和A. N.希曼斯基，*Poslednii shturm (Berlinskaya operatsiya 1945 g.)*（《最后的突击，1945年的柏林战役》）（莫斯科：军事出版社，1975年第二版）。参见第39—42页，关于最高统帅部的战略计划和评估，方面军级别的决策：1945年1月底的分析使苏军指挥部相信对柏林发起一场快速突击是可行的（第40页），总参谋部的作战地图1月19日正式将柏林标注为目标，这座城市将由白俄罗斯第1方面军夺取，但出于谨慎，最高统帅部没有做出最后决定，而是要求各方面军司令员待苏军前出至布龙贝格—波兹南—布雷斯劳一线后提交报告，朱可夫和科涅夫提交了他们的作战建议（分别在1月26日和28日），最高统帅部在1月27日和1月29日予以批准；2月初，来自波美拉尼亚的威胁越来越令人担心，白俄罗斯第1方面军侧翼和后方面临的危险，33个德军师位于东波美拉尼亚（"柏林方向"上只有13个师），白俄罗斯第1方面军的部队被迫转向北面，朱可夫只剩下3.5个集团军位于"柏林方向"上，另外，白俄罗斯第1方面军和乌克兰第1方面军都损失严重（各个师的兵力只剩下4000—5000人），后勤补给困难，特别是弹药不足。（这显然是苏联方面关于柏林战役的一部标准著作；书中肯定了朱可夫的做法，大概也是为了彻底消除崔可夫"2月份有可能对柏林发起突击"的说法。）

G. K. 朱可夫，*Vospominaniya i razmyshleniya*（《回忆与思考》），第二册，第297—301页，1月25日与斯大林的交谈——朱可夫建议继续冲向奥得河，斯大林指出白俄罗斯第1方面军与乌克兰第1方面军之间的缺口达到150公里，需要等等乌克兰第1方面军，朱可夫要求批准他继续前进，特别是渗透至缅济热奇一线，斯大林没有立即做出答复——白俄罗斯第1方面军辖下的集团军向北部署，但在波美拉尼亚的威胁出现前，他们有足够的时间到达奥得河，1月31日发电报给斯大林，汇报白俄罗斯第1方面军右翼的情况，要求敦促第70集团军（隶属罗科索夫斯基的白俄罗斯第2方面军）迅速推进（第302页），对崔可夫"毫不停顿地"冲向柏林的说法加以批驳和谴责（第303—304页），1月26日向最高统帅部提交作战计划（科涅夫也提交了类似的报告），最高统帅部1月27—29日予以批准，白俄罗斯第1方面军的"作战意图"（文字见第304—305页），来自东波美拉尼亚的危险进一步驳斥了崔可夫"有足够的兵力突击柏林"的说法，实际上只有4个不满员的集团军可用（而不是8个步兵集团军和2个坦克集团军），根本没有崔可夫所说的3—4个坦克集团军可用，各个师实力严重受损的影响，各坦克旅只剩15—20辆坦克（第308页），后勤补给问题，空军力量需要重新部署，2月4日并未像崔可夫所说的那样召开会议，斯大林也没有打来电话（第309页），朱可夫给突击第5集团军下达的指示。

注，关于苏军的后勤：补给体系的压力，特别是汽运，已变得几乎无法忍受；尽管战役发起前的15天内货车交付了165900吨物资，战役发起后的15天内又运送了320101吨，但糟糕的路况使汽车运输的每日行程从计划中的200公里下降到140公里，最低为100公里。随着白俄罗斯第1方面军向西疾进，从基地到前线再返回基地，来回一趟需要10—12天；方面军司令部因而决定使用500辆火炮拖车运送补给物资，但这导致重型火炮步履维艰。战地医院前移，将战利品后送都需要更多的卡车。将燃料送往前线的过程中，卡车自身消耗了许多燃料——从来没少于四分之一。每辆卡车每天平均能运送2吨物资，但方面军司令部要求优先运输弹药，并为超额完成任务的司机提供现金奖励；有些司机在1个月内得到的奖金超过500卢布。参见N. A. 安季片科，*Na glavnom napravlenii*（《在主要方向上》）（莫斯科：科学出版社，1971年第二版），第220—225页。安季片科时任白俄罗斯第1方面军后勤主任。

波兰资料

K. 戈尔泽夫斯基，*Wyzwolenie Pomorza Zachodniego w roku 1945*（《1945年，解放西波美拉尼亚》）（波兹南：波兹南出版社，1971年），西波美拉尼亚战役。

R. 马耶夫斯基和T. 索赞斯卡，*Bitwa o Wroclaw*（《弗罗茨瓦夫战役》）（弗罗茨瓦夫/华沙：奥索利纽姆出版社，1972年），布雷斯劳和弗罗茨瓦夫，围困、突击。

R. 马耶夫斯基（主编），*Wroclawska epopeja*（《弗罗茨瓦夫的史诗》）（弗罗茨瓦夫/华沙：奥索利纽姆出版社，1975年）。弗罗茨瓦夫、布雷斯劳。

S. 奥肯茨基，*Wyzwolenie Poznania 1945*（《1945年，解放波兹南》）（华沙：MON出版社，1975年），第9—82页，1945年1—2月，波兹南战役。（广泛使用了波兰和苏联的军事档案以及缴获的德国文件，其中包括FHO的态势报告。）

保罗·佩克特，*"Festung Breslau" in den Berichten eines Pfarrers, 22 Januar bis 6 Mai 1945*（《一位牧师眼中的"布雷斯劳要塞"，1945年1月22日—5月6日》）（弗罗茨瓦夫/华沙：奥索利纽姆出版社，1966年）。（日记、报纸的

报道、命令、传单——布雷斯劳。）

Z. 斯塔普尔，*Bitwa o Berlin. Dzialania 1 Armii WP kwieceń–maj 1945*
（《柏林战役，波兰第1集团军的战斗，1945年5月》）（华沙：MON出版
社，1973年），第45—59页，波兰第1集团军的部署和作战任务，白俄罗斯第1
方面军的右翼实施重组（1945年1月29日—2月20日）。（波兰第1集团军的作
战任务，苏军作战计划的更改，重新部署。）

雅尔塔会议

迄今为止出现的各种文件和回忆录已对雅尔塔会议做出详尽的阐述，但
对其影响的争议仍在持续——有时被认为是西方彻头彻尾的投降和苏联权欲的
膨胀。在参与者所作的记述中，我从下述书籍中获益匪浅，阿瑟·布莱恩特的
Triumph in the West 1943-1946（《1943—1946年，西线的胜利，陆军元帅艾
伦·布鲁克子爵的战时日记》），第十二章，雅尔塔，布鲁克出席参谋长会
议，他对安东诺夫将军的评论；温斯顿·S. 丘吉尔，《第二次世界大战》，
第六卷，"胜利与悲剧"，第二部分，第20—23章（为新会议所做的准备，
雅尔塔和为世界和平所做的规划，波兰问题和苏联方面对此的承诺，雅尔塔
会议结束）；亚芬伯爵安东尼·艾登，*The Reckoning*（《清算》）（伦敦，
波士顿，1965年）以及我与艾登爵士就斯大林和他的做事方式进行的交谈；
莫兰勋爵，*Winston Churchill: Struggle for Survival*（《温斯顿·丘吉尔：为生
存而战》），第三部分，第二十四章，"雅尔塔日记"；罗伯特·舍伍德，
Roosevelt and Hopkins. An Intimate History（《罗斯福与霍普金斯，一段亲密
的历史》）；爱德华·R. 斯退丁纽斯，*Roosevelt and the Russians: the Yalta
Conference*（《罗斯福与俄国人：雅尔塔会议》）（纽约：双日出版社，1949
年）。尽管不是外交史学家，但我还是从以下著作中受惠了：黛安·谢弗·克
莱门斯，*Yalta*（《雅尔塔》）（纽约：牛津大学出版社，1970年），这是
一份全面、恰如其分的记述，特别是其中"作为历史的雅尔塔"，第274—
279页，"作为谈判经验的雅尔塔"，第279页；戴维·达林，*The Big Three*
（《三巨头》）（伦敦：艾伦&昂温出版社，1946年）；赫伯特·费斯，
Churchill, Roosevelt and Stalin, and The China Tangle（《丘吉尔、罗斯福和斯大

林，以及中国的混乱状态》）（普林斯顿：普林斯顿大学出版社，1957年）；威廉·哈迪·麦克尼尔，*America, Britain and Russia: Their Co-operation and Conflict, 1941–1946*（《美国、英国和俄国：他们的合作与冲突》）（纽约：牛津大学出版社，1953年）；爱德华·J. 罗泽克，*Allied Wartime Diplomacy. A Pattern in Poland*（《盟国战时外交，波兰模式》），特别是第七章，雅尔塔和斯大林在波兰问题上的"手法"，第338—356页；约翰·L. 斯内尔（主编），*The Meaning of Yalta*（《雅尔塔的意义》）（巴吞鲁日：路易斯安那州立大学出版社，1956年）；邹谠，*America's Failure in China, 1941–1950*（《美国在中国的失败，1941—1950年》）（芝加哥/伦敦：芝加哥大学出版社，1963年），特别参见第七章，第237—252页，雅尔塔协定，美国的计划和苏联的"两条路线"，雅尔塔协议保密的影响——苏联的意图是让日本产生"通过苏联的调停同盟国达成和平协议"的幻想，这一点缺乏确凿的证据；约翰·W. 惠勒–贝内特爵士和安东尼·尼科尔斯，*The Semblance of Peace*（《和平的表面》），第一部分，第11章，雅尔塔会议，第214—250页，以及第16章，苏联加入太平洋战争的问题，第348—352页。在这里还要指出，我使用了苏联方面关于雅尔塔会议的记录和副本，这些记录描绘了斯大林的做法和谈判模式，更不必说他的"手法"了。

文件

（1）*US Department of State. Foreign Relations of the United States: The Conferences at Malta and Yalta, 1945*（《美国国务院，美国的外交关系：马耳他和雅尔塔会议，1945年》）（华盛顿特区：美国政府印刷局，1955年）。参见一份苏联的评述，I. 尼古拉耶夫，*Eshchë odna popytka falsifikatsii istorii. K opublikovaniyu Gosdepartamentom SShA "dokumentov" Krymskoi konferentsii*（《美国国务院出版的克里木会议"文件"又一次企图伪造历史》），《国际事务》杂志，1955年第5期，第35—47页。

（2）苏联文件：雅尔塔（克里木会议）。*Krymskaya konferentsiya rukovoditelei trekh soyuznykh derzhav—SSSR, SShA i Velikobritanii (4–11 fevralya 1945)*（《苏联、美国和英国，三大盟国领导人的克里木会议，

1945年2月4日—11日》），文件集，是*Sovetskii Soyuz na mezhdunarodnykh konferentsiyakh perioda VOV 1941–1945 gg.*（《伟大卫国战争期间苏联参加的国际会议》）（莫斯科：政治书籍出版社，1979年）系列丛书中的第四册，共326页。

第一部分，谈话记录：莫洛托夫与哈里曼，莫洛托夫与艾登，2月4日，第45—48页；斯大林与丘吉尔，2月4日，第48—9页；斯大林与罗斯福，2月4日，第49—53页；三国首脑的会谈，2月4日—5日，第53—83页；外交部长们的会谈，2月6日，第84—87页；三国首脑的会谈，2月6日，第87—103页（附录：美国对安理会投票程序的立场，第104—107页）；外交部长们的会谈，2月7日，第107—114页（附录：关于法国在德国的占领区，以及收取德国战争赔款的问题，第114—115页）；三国首脑的会谈，2月7日，第116—127页（附录：决定，外交部长们关于肢解德国的会议，罗斯福2月6日就波兰问题致信斯大林，苏联拟定的波兰边境线及波兰政府草案，第127—131页）；外交部长们的会谈，2月8日，第131—137页；斯大林与罗斯福的会谈，2月8日，关于苏联对日作战问题，第139—143页；给斯大林的备忘录，2月7日，关于为美军战机提供布达佩斯附近的机场、加油设施，第144页，以及罗斯福就轰炸调查问题给斯大林的备忘录，第145页；罗斯福给斯大林的备忘录，2月5日，关于穿越太平洋直至西伯利亚东部的补给线，美军飞机驻扎共青城的问题，第145页；三国首脑的会谈，2月8日，第146—157页；外交部长们的报告，2月8日，关于2个（或3个）苏联加盟共和国加入国际组织的问题……第157—158页；美国代表团对波兰问题的草案（2月8日被接受），第158—159页；对波兰边境和波兰政府修订后的提案，第159—160页；外交部长们的会议，会谈记录，2月9日，第160—167页（附录：关于世界安全组织，允许2个苏联加盟共和国加入的协议，斯退丁纽斯对波兰政府问题的提案，2月9日，关于德国支付赔偿的问题，关于安理会及其投票程序，关于波斯的协议草案，英国代表团对铁托—舒巴希奇协议的修正案，英国对波兰政府问题的替代方案，第166—173页）；三国首脑的会谈记录，2月9日，第173—184页（附录：各国外长就波兰问题举行会谈后向全体会议所作的报告，赔偿问题，敦巴顿橡树园会议，伊朗，南斯拉夫，被解放的欧洲的宣言，对草案的修订，丘吉尔致信斯大林，2月9日，关于对德作战事宜以及希腊的情况，第184—189页）；外长会议的会谈记录，2月10日，第194—197页（附录：修订文本和波兰问题，德国的赔偿，关于位于奥地利与南斯拉夫边境的威尼斯朱利亚的注释，罗马尼亚的石油设施及赔偿，希腊要求保加利亚做出赔偿，关于盟国和苏联在保加利亚的管制委员会，第198—207页）；斯大林、丘吉尔、艾登，会谈记录，2月10日，第207—212页（丘吉尔询问斯大林被红军俘虏的德军将领的作用）；三国首脑的会谈记录，2月10日，第212—218页（附录：关于波兰问题的声明草案，英国根据苏联和美国的考虑拟定的南斯拉夫草案，英国草拟的波兰边境声明，第218—220页）；三国首脑的会谈记录，2月11日，第220—223页（附录：克里木会议成果的新闻公报草案，斯退丁纽斯拟定的公报草案，第223—238页）；外长会议，会谈记录，2月11日，审议公报草案，会议各项决定的草案，拟定三国首脑发给戴高乐的电文，第238—255页；艾登致莫洛托夫的信件，2月11日，关于未尽事宜，第255—256页（附录：奥地利与南斯拉夫边境问题，英国关于救济组织的备忘录，苏联代表团赴伦敦参加对德管控委员会的筹备工作，第256—259页）；罗斯福致斯大林的信件，2月10日—11日，关于将美国在国际组织中的投票权提高到3票的问题，第259—260页。

第二部分，关于远东问题的文件与协议，会议议程的协定，关于被解放的战俘和流离失所的平民，第282—300页。［“雅尔塔会议记录”一个较早的版本刊登在《国际事务》杂志上，1965年，6—10期，标题为*Dokumenty: Krymskaya i Potdamskaya konferentsii rukovoditelei trekh velikikh derzhav*（《文件集：三大国的克里木和波茨坦会议》）。但这些文章现在已被上述《克里木会议》第四册这一综合卷（带有附件和文档）彻底取代。］

（3）波兰文件：雅尔塔。*Documents on Soviet-Polish Relations 1939–1945*（《1939—1945年，苏波关系文件》），第二册：1943—1945年。No.305，罗斯福致斯大林，2月6日，建议把卢布林政权的代表和伦敦的流亡者请至雅尔塔，第517—518页；No.306，莫洛托夫的建议，2月7日，关于波兰边境和波兰新政府，第518—519页；No.307，美国关于波兰政府实施改组的备忘录（提出一个“总统委员会”），第519页；No.308，克里木会议的决议，2月11

日，关于波兰，第520—521页；No.309，伦敦波兰流亡政府对克里木会议决议的抗议，2月13日，第521—522页；No.311，罗斯福就波兰问题的决议致电阿尔奇谢夫斯基（及回电），2月16日—17日，第522—523页；No.312，塔尔诺夫斯基就波兰问题决议致电欧文·奥马利爵士，2月18日，第523—527页；No.314，拉钦斯基与艾登的会谈，2月20日，关于波兰对克里木会议决议以及波兰新政府任命的抗议，第528—532页。（艾登拒绝承认雅尔塔协议是苏联取得的胜利并牺牲了波兰的彻底独立。）

外交官方史

卢埃林·伍德沃德爵士，*British Foreign Policy in the Second World War*（《英国在二战中的外交政策》），单卷本，第二十八章，雅尔塔会议，第484—501页，外交部长们没有召开预备会议，美国与苏联在远东问题上的交易，关于被解放的欧洲的宣言；商讨对德国的肢解，赔偿问题，苏联对安理会投票程序做出的妥协，英国与苏联对德国赔偿金额的争议，雅尔塔会议上的波兰问题。

卢埃林·伍德沃德爵士，*British Foreign Policy in the Second World War*（《英国在二战中的外交政策》），第三册，第四十章（v），雅尔塔会议上的波兰问题，第252—273页。以及第五册（英国皇家出版局，1976年），与M. E. 兰伯特的合作，第六十五章，讨论世界安全组织和对德国的处理，雅尔塔会议；三大国举行会议的建议，苏联与美国就远东问题达成的协议，被解放的欧洲的宣言及相关讨论；肢解德国以及法国在德国拥有占领区的问题，德国的赔偿；关于世界组织的讨论，安理会及投票程序，乌克兰和白俄罗斯作为单独成员加入，丘吉尔首相向战时内阁汇报会议情况，第261—300页。

IVOVSS，第五册，第一部分，第124—138页，克里木会议。（这份记述强调了战时协作的效果和克里木会议的积极作用。）

IVMV，第十册，第一部分，第127—138页，会议前的政治和军事态势，最终击败德国和日本的计划，战后世界的政策。（联盟的"友好"克服了达成协议的尖锐分歧。）

V. L. 伊斯拉埃良，*Diplomaticheskaya istoriya VOV*（《伟大卫国战争期间

的外交史》），第279—299页，克里木会议。

V. L. 伊斯拉埃良，*Antigitlerovskaya koalitsiya*（《反希特勒联盟》），第三部分，第473—512页，克里木会议。

亨里克·巴托夫斯基，*Wojna a diplomacja 1945*（《1945年的战事和外交》）（波兹南：波兹南出版社，1972年），第四章，*Konferencja krymska*（克里木会议），第59—85页。（使用了西方和苏联的资料。）

巴拉顿湖战役，匈牙利的结局

W. E. D. 艾伦和保罗·穆拉托夫，*The Russian Campaigns of 1944–45*（《1944—1945年的俄国战事》），第十二章，"多瑙河—喀尔巴阡山"战役的结局，巴拉顿湖战役，苏军的防御和反击，第294—302页。（尽管特别强调了地形因素，但这份叙述在日期和苏军部署方面很不准确。）

艾伯特·西顿，*The Russo-German War 1941–45*（《苏德战争1941—1945》），第554—557页，德军的进攻，巴拉顿湖，苏军与德军的力量，德国E集团军群跨过德拉瓦河，第2装甲集团军从巴拉顿湖南面发起进攻，涅杰林炮兵预备队（乌克兰第3方面军）的作用，德军在匈牙利抵抗的结束，拉包河临时防线的崩溃。（尽管简短，但这是一份非常公正的评述。）

亚历山大·沃思，*Russia at War 1941–1945*（《1941—1945年，战争中的俄国》）。参见第八部分，第一章，"进入德国"，苏联人在德国的行为与苏联的宣传——称之为"微妙的话题"太过轻描淡写；我在莫斯科很难找到相关资料，尽管这里有许多证明文件（战地军事法庭、军事法庭的报告），但控制得很严。苏联的看法是，部分德国人在苏联实施强奸是征服俄国的计划中的组成部分，但苏联军队没有这样做，尽管后续部队的行为不太好。在一支庞大的军队中，例如苏联红军，难免会"出现一些问题，但我们采取了措施"。（查阅军事法庭的资料时，我注意到一名士兵以失去家人和家庭被毁为由提出减刑申请，但未被接受。例如，一名高级军士喝得大醉，闯入一户人家，发现衣柜里摆放着乌克兰服装，于是他开枪打死了返回的屋主。这名军士已失去他的父亲和兄弟，两个姐姐也被驱逐到德国；而这个德国家庭中有三名成员在乌克兰服役，被打死的屋主是一名纳粹党员。但这些情况并不构成减轻处罚的理由，这名苏军军士被判刑——他的部下齐声抗议，他们认为这种处罚毫无理由。）
与亚历山大·沃思一样，我阅读了战时新闻和爱伦堡的文章，《红星报》2月9
日的文章对过度仇德情绪提出告诫，而《真理报》4月14日的文章正式否定了
爱伦堡的"仇恨宣传"和他对盟国的含沙射影；参见沃思的著作，第963—969
页，也可参阅下述GMD资料。

注：关于爱伦堡本人对这件事的看法以及G. F. 亚历山德罗夫（《真理
报》刊登了他的文章）的作用，可参阅他的回忆录*Lyudi, gody, zhizn*（《人，
岁月，生活》）（新世界出版社，1963年），第130—131页，这是一部冗
长、顽固不化的著作。在*The Russians and Berlin 1945*（《1945年，俄国人与
柏林》）（伦敦：海涅曼出版社，1968年）一书中，埃利希·库贝提及（第
262页）他与爱伦堡的讨论，爱伦堡承认，斯大林很可能希望抢在盟军之前以
他精心策划的对德国及德国人的政策征服德国，因而从较高级别上突然出现
了否定爱伦堡的广泛宣传。德国不是"一个庞大的匪帮"，实际上这违背了
斯大林1942年说过的一句名言："希特勒分子来而复去，但德国人民仍在这
里……"尽管如此，爱伦堡还是认为他成了毫无必要的替罪羊。亚历山德罗
夫没有回复他的解释信；苏军士兵仍对爱伦堡赞誉有加，他们在被视作从俄
国放出来的屠夫时，与那些希特勒"不明真相而又被奴役的帮凶们"同样感
到困惑不解。

GMD

GenStdH/Abt. FHO（陆军总参谋部/东线外军处）。文件夹，两部分，
75c和75d：第一部分包括"自由德国全国委员会"的资料（1945年1—3
月）；第二部分是苏联新闻的译稿，包括爱伦堡的资料。T-78/R483，
6467342-7674。

外交函件

Perepiska…，第二册，No.288，斯大林致罗斯福，关于马歇尔将军对德
军意图（2月）的情报，不正确的情报，没能估计到德军在巴拉顿湖地区发
起进攻，并附上安东诺夫将军给约翰·R. 迪恩将军的信件。安东诺夫告诉迪

恩，马歇尔将军提供的情报"并不符合战事的真实进程"，1945年4月7日，第223—225页。

苏联方面的资料

IVOVSS，第五册，第一部分，第124—138页，巴拉顿湖防御作战，乌克兰第2、第3方面军的力量与部署，计划募集4个匈牙利师配合红军作战，德国"南方"集团军群的实力，最高统帅部2月17日的指令规定3月15日向布尔诺—维也纳发起新攻势，铁木辛哥担任最高统帅部协调员，德军计划对巴拉顿湖地区发起反击，807辆德军坦克执行主要突击，2月中旬最高统帅部和各方面军司令部没有掌握德军计划的确切信息，突如其来的打击落向舒米洛夫的近卫第7集团军（赫龙河登陆场），安东诺夫与马歇尔的通信，赫龙河登陆场丢失后苏军指挥部才确认了德军打击乌克兰第3方面军的计划，乌克兰第3方面军的实力为407000人、6890门大炮和迫击炮、407辆坦克和自行火炮、965架飞机（第195页），托尔布欣的防御措施，苏军援助保加利亚第1集团军，涅杰林对炮兵（乌克兰第3方面军）的使用，高射炮最终投入打击敌坦克的战斗，托尔布欣的预备力量几乎耗尽，但最高统帅部拒绝批准投入近卫第9集团军，因为德军的进攻已呈颓势，最高统帅部3月9日的指令重新确定了乌克兰第2、第3方面军冲向维也纳的任务，与南斯拉夫军队相配合，3月16日苏军以近卫第9和近卫第4集团军发起反击，3月19日近卫坦克第6集团军投入战斗，没能彻底包围党卫队第6装甲集团军（主要问题是缺乏弹药、苏军突击部队进展缓慢、缺乏支援步兵的坦克、近卫坦克第6集团军投入得太晚）。

IVMV，第十册，第一部分，第176—193页，最高统帅部2月17日下达布拉迪斯拉发—布尔诺和维也纳战役的指令，英美不可靠的情报，德军2月17日对近卫第7集团军发起进攻——据*IVMV*称，这是个错误，因为这让德国人丧失了出其不意性，并暴露出他们在匈牙利的作战意图，尽管采取了另一些伪装和欺骗措施（第178页）——苏军的防御计划和措施，托尔布欣的部署以及燃料和弹药的补给困难，3月14日德军以第6装甲师这支最后的预备队发起最后的突击，3月15日转入防御，苏军预备力量的灵活性和机动性的优势得到充分证实，大规模使用雷区（德军为此损失了130辆坦克和突击炮），苏军的反击和

追击，最高统帅部3月9日的指令，托尔布欣的突击力量拥有18个步兵师、3900门大炮、197辆坦克和自行火炮，党卫队第6装甲集团军遭到包围但未被歼灭，匈牙利领土最终得以肃清（苏军的伤亡：在整个匈牙利战役过程中，红军阵亡140000名官兵）。（与*IVOVSS*第五册相比，这里提供的信息较少，没有对苏军的表现特别是巴拉顿湖战役的开始和结尾阶段进行详述和批评。）

S. 伊万诺夫大将，*Sryv kontrnastupleniya nemetsko-fashistskikh voisk u ozera Balaton*（《粉碎纳粹军队在巴拉顿湖发动的反击》），*VIZ*，1969（3），第14—29页。对战役所做的阐述和分析，伊万诺夫将军时任乌克兰第3方面军参谋长：苏军总参谋部最初对乌克兰第3方面军"德军装甲部队赶往巴拉顿湖"的情报感到怀疑——这些装甲部队为何不守卫柏林？党卫队第6装甲集团军的动向被确认，最高统帅部2月17日的指令，乌克兰第3方面军的实力（包括400辆坦克），托尔布欣2月20日的防御决定，各集团军的任务，3月3日前的准备工作，斯大林的疑虑，他向托尔布欣征询撤至多瑙河东岸的意见，托尔布欣坚决防御的建议被斯大林接受，德军的进攻和苏军的防御，最高统帅部拒绝托尔布欣将近卫第19集团军[3]调出预备队的要求，炮兵和航空兵在击退德军进攻的过程中发挥的重要作用。（注：这篇极具权威性的文章削弱了什捷缅科《战争年代的总参谋部》第二册的重要性，尽管不能说对后者做出了驳斥。）

P. G. 库兹涅佐夫，*Marshal Tolbukhin*（《托尔布欣元帅》）。参见"维也纳方向"，巴拉顿湖防御作战，第224—235页。

M. M. 马拉霍夫上校，*Osvobozhdenie Vengrii i vostochnoi Avstrii*（《匈牙利和奥地利东部的解放》），第二章，巴拉顿湖防御作战，乌克兰第3方面军的作战行动，2月20日—3月16日，第175—218页；另参见"战役特点总结"，第225—233页；第三章，苏军计划冲向维也纳，苏军在巴拉顿湖的反击，第234—262页。（详细的作战叙述，分阶段分析了苏军的反击。）

R. Ya. 马利诺夫斯基（主编），*Budapest Vena Praga*（《布达佩斯，维也纳，布拉格》），第四章，巴拉顿湖战役，第173—224页。（混合了分析和回忆资料，也提到了英美"阴险的"交易，他们让意大利北部的德军投降，阻止苏联红军进入奥地利。）

M. M. 米纳相，*Osvobozhdenie narodov Yugo-vostochnoi Evropy*（《东南欧人民的解放》），第380—402页，巴拉顿湖战役（苏军在匈牙利作战行动的第三阶段），最高统帅部2月17日给乌克兰第2、第3方面军下达冲向维也纳的指令，进攻将于3月15日发起，分析德军将党卫队第6装甲集团军调入匈牙利并加强整个南翼的决定，德军对苏军近卫第7集团军据守的赫龙河登陆场发起的进攻完全出乎苏军意料，2月17日—24日近卫第7集团军损失8800人，被迫撤至赫龙河东岸（第385页），参见对苏军预备队问题的分析——各集团军和军的部署缺乏深度，预备力量不足（第385页），马歇尔发给安东诺夫的电报，斯大林认为这可能是一份蓄意的假情报（参见*Perepiska*第二册），苏军为巴拉顿湖防御战所做的准备，德军的作战计划，最高统帅部给托尔布欣下达的指示（第388页），托尔布欣的部署，乌克兰第3方面军辖内各集团军的实力偏弱（近卫第4集团军各个师的兵力下降到5100人，第26集团军各个师的兵力只有4250人，第27集团军各个师的兵力只有4100人——坦克第18、第23军、近卫机械化第1军只剩166辆坦克，各坦克和自行火炮团只剩2—8辆坦克和自行火炮，参见第389页），德军3月6日的进攻，最高统帅部拒绝批准近卫第9集团军投入防御作战——3月9日的电报（第391页），空军第17集团军（6000个架次）和戈留诺夫空军第5集团军作战行动的重要性，德拉瓦河战线的作战行动，3月16日苏军沿"布达佩斯—维也纳"方向发起进攻，最高统帅部3月9日的指令体现出作战理念的改变，主要突击将由乌克兰第3方面军执行，托尔布欣的反击计划，3月16日近卫坦克第6集团军调拨给乌克兰第3方面军，近卫第9集团军齐装满员（辖9个师，每个师的兵力多达11000人，并拥有大量火炮）但缺乏作战经验，没有支援步兵的坦克，76毫米自行火炮太多（第396—397页），3月16日—23日、25日德军在多瑙河与巴拉顿湖之间的严重损失，匈牙利国土最终被肃清，最高统帅部4月1日的指令要求乌克兰第2、第3方面军对维也纳发起联合攻势。（这是一份非常详细的分析，应被视为苏联方面最优秀、最可靠的记述。）

M. N. 沙罗欣上将和V. S. 彼得鲁欣上校，*Put' k Balatonu*（《通向巴拉顿湖之路》）（莫斯科：军事出版社，1966年），共143页。（融合了回忆资料和作战阐述，沙罗欣时任第57集团军司令员。巴拉顿湖战役，德军进攻的情报，第90页，协同问题，第95页，以及炮兵的特别部署，"风暴"计划，第88—89页。）

S. M. 什捷缅科，*Generalnyi shtab v gody voiny*（《战争年代的总参谋部》），第二册。参见第269—276页，关于巴拉顿湖战役，德军对舒米洛夫的近卫第7集团军发起打击，托尔布欣就近卫第9集团军与斯大林交换意见，托尔布欣建议将方面军司令部转移至多瑙河东岸，斯大林对此做出批评："托尔布欣同志，如果您想把这场战争多拖延五六个月，那就撤过多瑙河吧……"（*IVMV*第十册严重依赖于什捷缅科的文字以及苏联情报对德军计划及意图的解释，但M. M. 米纳相提供了更加可靠、可信的分析。）

T. F. 沃龙佐夫等人，*Ot volzhskikh stepei do avstriiskikh Alp.*（《从伏尔加河草原到奥地利阿尔卑斯山》）。参见*Na Venu*（在维也纳），近卫第4集团军，巴拉顿湖防御作战，对塞克什白堡的突击，第186—198页。

M. V. 扎哈罗夫（主编），*Osvozhdenie Yugo-vostochnoi i Tsentral'noi Evropy voiskami 2-vo i 3-vo Ukrainskikh frontov*（《乌克兰第2、第3方面军解放中欧和东南欧》），第409—451页，巴拉顿湖战役，乌克兰第2、第3方面军的位置，2月20日马歇尔将军关于德军有可能发起反击的电报（第413页），遗憾的是没有提及党卫队第6装甲集团军的调动（英国发出了类似的情报），德军的力量和作战计划，乌克兰第3方面军的不利处境，托尔布欣实施防御作战的决定（第419—420页），3月6日的作战行动，乌克兰第3方面军中央位置的态势恶化，最高统帅部断然拒绝批准托尔布欣将近卫第9集团军投入防御作战（第441页），近卫坦克第6集团军集结于布达佩斯西南地区，3月14日—15日德军最后的推进，杜勒斯与沃尔夫在瑞士进行谈判（第448—449页），德军最终遭到失败，损失45000人、500辆坦克和280门大炮。

G. T. 扎维季昂和P. A. 科尔纽申，*I na Tikhom Okeane…*（《在太平洋岸边》），第152—170页，巴拉顿湖战役中的近卫坦克第6集团军，德军对赫龙河登陆场的近卫第7集团军（乌克兰第2方面军）发起进攻，托尔布欣的防御措施，近卫坦克第6集团军接受再装备（1944—1945年冬季，战地维修部门将修复的663辆坦克送回前线），近卫坦克第6集团军和近卫第9集团军担任预备队，近卫坦克第6集团军最初的任务是配合乌克兰第2方面军辖下第46集团军的作战行动，3月16日转隶乌克兰第3方面军，以配合近卫第4和近卫第9集团军的作战行动，这两个集团军只有200辆坦克（近卫坦克第6集团军当时拥有406辆坦克和自行火炮），坦克集团军的重新部署，托尔布欣交给他们的任务是同近卫第9集团军3月19日早晨发起进攻，包围德军装甲部队的任务交给近卫坦克第5军，近卫机械化第9军负责构成对外包围圈，冲向"维也纳方向"。

侧翼：东波美拉尼亚和西里西亚，1945年2月—3月

W. E. D. 艾伦和保罗·穆拉托夫，*The Russian Campaigns of 1944–45*（《1944—1945年的俄国战事》），第306—315页，东普鲁士，但泽和斯德丁：东普鲁士的防御资源，争夺泽姆兰半岛，进攻柯尼斯堡的准备工作，夺取海利根拜尔，突破至波美拉尼亚海岸，冲向科尔贝格，逼近但泽，突击格丁尼亚和但泽，进攻阿尔特达姆。（根据苏联方面的公报。）

戴维·欧文，*Hitler's War*（《希特勒的战争》），第六部分，"等待一封电报"，第772—776页，声称自1月中旬以来已摧毁6000—8000辆苏军坦克，尽管存在"维斯瓦河"集团军群（希姆莱）构成的威胁，但德军总参谋部相信苏军即将对柏林发起进攻，冯·豪恩席尔德将军被任命为柏林军区司令，2月27日朱可夫在波美拉尼亚的大举突破，苏军冲向克斯林和波罗的海沿岸，希特勒答应立即为希姆莱提供增援，但泽"走廊"必须不惜一切代价坚守，欺骗措施传递出奥得河与柏林之间的防御极为强大的信息，希姆莱的反击没有获得成功，东、西普鲁士不可避免的丢失，3月8日态势的恶化，希特勒失去了对希姆莱的信心，劳斯大将赶至柏林解释波美拉尼亚的失败，曼陀菲尔替代了劳斯，古德里安3月8日预测，苏军将在一周内对柏林发起主要突击，目前对红军北翼的威胁已不复存在。

注：关于斯大林被俘的儿子，参见戴维·欧文在*Hitler's War*（《希特勒的战争》）第285页的注释：斯大林的儿子自1941年便被德军俘虏，由于他"粗鲁的行为"，一些英国战俘"让他的日子过得难以忍受"，他在1943年自杀身亡。

苏联方面的资料

IVOVSS，第五册，第一部分，第138—153页，东波美拉尼亚和上西里西亚战役，最高统帅部2月8日给白俄罗斯第2方面军下达的指令，白俄罗斯第1方面军起初并未全力投入东波美拉尼亚战役，2月15日朱可夫获准加入白俄罗斯第2方面军的作战行动，进攻日期修改为2月24日和3月1日，白俄罗斯第1方面军在5天内突破德军防御并分割了德国第3装甲集团军，进一步的任务是肃清维斯瓦河与奥得河之间的波罗的海沿岸，近卫坦克第1集团军转隶白俄罗斯第2方面军，希姆莱的指挥权由海因里希接掌，苏军冲向但泽和格丁尼亚，德国第2集团军最终被歼灭，波罗的海舰队只能发挥有限的作用，白俄罗斯第1方面军改善屈斯特林登陆场的行动，科涅夫的上西里西亚战役，4个德军师被包围在奥珀伦西南地区，列柳申科坦克第4集团军发挥的重要作用（3月17日被授予"近卫军"称号）。

IVMV，第十册，第一部分，第五章（1—2），东波美拉尼亚和西里西亚：（1）第139—149页，最高统帅部2月初决定继续对柏林和德累斯顿的进攻行动加以准备，但必须对敌"东波美拉尼亚"集团发起打击并前出至维斯瓦河下游，这是2月8日下达给白俄罗斯第2方面军的指令的基础，该指令要求白俄罗斯第2方面军对东波美拉尼亚发起进攻，德军对朱可夫右翼构成的沉重压力，罗科索夫斯基2月15日的报告，要求加强他的左翼力量，次日（2月16日）朱可夫以右翼部队投入东波美拉尼亚战役的计划，最高统帅部计划以白俄罗斯第2方面军攻向克斯林，白俄罗斯第1方面军冲向科尔贝格，分割德军，朱可夫白俄罗斯第1方面军辖下的2个坦克集团军（955辆坦克和自行火炮）被用于这场战役（各坦克和机械化军还有560辆可用的坦克，包括支援步兵部的坦克），白俄罗斯第2方面军2月24日重新发起进攻，白俄罗斯第1方面军3月1日发起进攻，近卫坦克第2集团军在第61集团军作战地区的进展比较缓慢，但近卫坦克第1集团军迅速推进至波罗的海，武装党卫队第10军和一个"军级集群"被包围（波兰第1集团军将其歼灭），3月5日德国第3装甲集团军被打残，德军损失103000人，188辆坦克被缴获，最高统帅部3月5日给白俄罗斯第2方面军下达进一步任务，并将近卫坦克第1集团军转隶罗科索夫斯基，3月13日—21日德军的顽强抵抗和苏军的缓慢进展，但泽和格丁尼亚的陷

落，德国第2集团军的覆灭。（2）第149—159页，下西里西亚战役的结局，最高统帅部担心德军有可能重新夺回西里西亚并对"拉蒂博尔方向"发起侧翼打击，2月28日乌克兰第1方面军向最高统帅部提交以左翼部队进攻上西里西亚的计划，最高统帅部命令乌克兰第4方面军3月10日攻向奥洛穆茨，牵制德军预备队的调动，科涅夫的两个突击集团拥有31个步兵师、5640门大炮、988辆坦克和自行火炮，但一些步兵师的兵力只剩3000人（第155页），战役结束时5个德军师被包围，德军在西里西亚的损失是：28个师被击溃，5个师被歼灭。［这份记述主要集中于策划和指挥决策方面。对东波美拉尼亚战役的评价是：苏军得以腾出11个集团军（包括2个坦克集团军）投入"柏林方向"的战斗；与西里西亚战役相配合，消除了对苏军侧翼的明显威胁，而西里西亚战役防止了德军进入匈牙利（或向北），并削弱了试图阻止西里西亚灾难的德国"中央"集团军群。］

海军上校V. I. 阿奇卡索夫，*Krasnoznamennyi Baltiiskii flot 1944–1945 gg.*（《1944—1945年间的红旗波罗的海舰队》）（莫斯科：科学出版社，1976年）。参见第165—171页，波罗的海舰队对德军海上交通线的打击，苏军潜艇对德国船队采取的行动，波罗的海舰队1月7日和24日的指令，苏军L–3号潜艇击沉德国"戈雅"号运输船（船上的7000余人，只有195人生还），英国皇家空军的海上布雷行动深入波罗的海舰队作战区域，影响到苏军潜艇的行动，苏军鱼雷艇以大股编队（6—12艘鱼雷艇为一组）的方式打击德军船运，水雷造成的问题以及扫雷艇的短缺，波罗的海舰队航空兵投入鱼雷轰炸机和攻击轰炸机。

苏联元帅V. I. 崔可夫，*Ot Stalingrada do Berlina*（《从斯大林格勒到柏林》），第三部分，突击屈斯特林城堡，第569—575页。（另可参阅《第三帝国的末日》，第八章，2月23日波兹南的陷落，第123—129页，以及第九章，屈斯特林，第130—136页。）

M. E. 卡图科夫，*Na ostrie glavnovo udara*（《主要突击的矛头》，第二版），第374—386页，东波美拉尼亚战役，向西推进受阻，转向北面，朱可夫对情况的简介（第377页），迅速冲向波罗的海，3月8日12点转隶白俄罗斯第2方面军，罗科索夫斯基简要介绍情况，命令集团军冲向斯托尔普，与第19

集团军对格丁尼亚的联合进攻。

I. S. 科涅夫，*Year of Victory*（《胜利之年》），第67—78页。参见"所谓的间歇"，关于上西里西亚战役，斯大林提醒科涅夫德国人企图重新夺回西里西亚的可能性——"您最好多加留意……"（第68页），德军在奥珀伦地区实施加强，科涅夫以南、北两个突击集团实施合围的计划，古谢夫节约炮弹的错误尝试，苏军坦克部队的严重损失，莫斯卡连科在乌克兰第4方面军辖内发起的进攻，第60集团军夺取雷布尼克并跨过奥得河，拉蒂博尔陷落。

V. K. 皮亚特科夫等人，*Tret'ya udarnaya*（《突击第3集团军》），第四章，突击第3集团军在东波美拉尼亚的作战行动，第141—169页。（详细的作战阐述，主要基于军事档案。）

K. K. 罗科索夫斯基，*A Soldier's Duty*（《军人的天职》），第293—312页。参见"东波美拉尼亚"，由华西列夫斯基告知朱可夫的东波美拉尼亚计划，罗科索夫斯基建议以他的左翼部队发起突击，两个方面军（白俄罗斯第1、第2方面军）的联合进攻，进攻日期定于2月24日，为了获得第19集团军和近卫坦克第3军不得不延迟行动，但战斗实际开始于2月22日，白俄罗斯第2方面军可用的坦克数量很少，敌人对第19集团军暴露的左翼发起进攻，斯大林询问"朱可夫在搞什么名堂？"（第300页），德军对侧翼的进攻，夺取克斯林，近卫坦克第3军到达波罗的海，将德军切为两段，近卫坦克第1集团军转隶白俄罗斯第2方面军，朱可夫要求近卫坦克第1集团军必须"完整"归建，逼近但泽，肃清索波特和奥利瓦，争夺格丁尼亚，突击但泽。

海军上将 V. F. 特里布茨，*Baltiitsy nastupayut*（《波罗的海舰队在作战》）（加里宁格勒：加里宁出版社，1968年），第327—347页，波罗的海舰队采取行动支援白俄罗斯第2、第3方面军的作战行动，打击德军海上交通线。

A. M. 华西列夫斯基，*Vostochno-Prusskaya operatsiya*（《东普鲁士战役》），*VIZ*，1969（3），第34—55页。2月17日向斯大林报告东普鲁士的情况，迅速结束这里的战斗意味着"柏林方向"可以获得加强，并腾出调往远东的部队（华西列夫斯基本人将去远东指挥作战，第5和第39集团军近期已撤出东普鲁士战役调往远东），要求解除自己苏军总参谋长的职务，切尔尼亚霍夫斯基牺牲的消息（2月18日），斯大林立即召见他，任命他指挥白俄罗斯第

3方面军，并正式吸纳他为最高统帅部成员（第43—44页），从而修改了GKO（国防委员会）1941年7月10日的规定，在此之前朱可夫是唯一一个成为最高统帅部成员的方面军司令员，2月24日决定撤销巴格拉米扬的波罗的海沿岸第1方面军（并入泽姆兰集群），巴格拉米扬担任集群司令和白俄罗斯第3方面军副司令员，消灭敌"海尔斯贝格集团"的问题，2月22日—3月12日为进攻所做的准备；3月16日华西列夫斯基向斯大林提交进攻柯尼斯堡的计划（第215/k号文件，3月16日，华西列夫斯基、马卡罗夫、波克罗夫尼斯基会签，文件参见第46—50页），3月17日计划被批准，进攻发起日期不得迟于3月28日，当晚（3月17日）华西列夫斯基要求推延行动，斯大林同意了。（这是一份比他的回忆录《毕生的事业》第496—504页更详细、更精准的记述。不过，华西列夫斯基不厌其烦地驳斥了对东普鲁士战役的策划和执行的批评——这里针对的是罗科索夫斯基。）

F. I. 维索茨基等人，*Gvardeiskaya tankovaya*（《近卫坦克》），第169—181页，东波美拉尼亚战役，冲向阿尔特达姆的尝试遭到失败，近卫坦克第2集团军重新部署至南面。

V. 雅库博夫上校，*Vostochno-Pomeranskaya operatsiya*（《东波美拉尼亚战役》），*VIZ*，1975（3），第11—18页。东波美拉尼亚战役：原本只涉及白俄罗斯第2方面军一个方面军的行动，德军2月16日以10个师对白俄罗斯第1方面军的右翼发动反击，德军酝酿更有力的打击，最高统帅部2月17日下达给白俄罗斯第1、第2方面军的作战指令，最高统帅部下达的任务，两个方面军发起向心攻击，最高统帅部关注白俄罗斯第2方面军对瓦尔登贝格（克斯林方向）的主要突击，第19集团军调离最高统帅部预备队加入白俄罗斯第2方面军，白俄罗斯第2方面军2月24日发起进攻，科兹洛夫的第19集团军为近卫坦克第3军肃清道路，白俄罗斯第1方面军3月1日8点45分发起进攻，朱可夫于当日下午投入坦克集团军，最高统帅部3月5日修订后的指令，德军被彻底分割，3月底对但泽和格丁尼亚的突击。

A. S. 扎维亚洛夫和 T. E. 卡利亚金，*Vostochno-Pomeranskaya nastupatel'naya operatsiya sovetskikh voisk*（《苏军东波美拉尼亚进攻战役》）（莫斯科：军事出版社，1960年）。第一章，1945年2月10日方面军右翼的态

势，第13—16页；第二章，最高统帅部与指挥决策，第20—44页；第三章，白俄罗斯第2方面军的作战行动，进攻埃尔宾，2月10日—18日白俄罗斯第1方面军右翼部队的作战行动，第59—86页；第三章，分割德国军队，最高统帅部给白俄罗斯第1、第2方面军下达的指令，第94—96页；白俄罗斯第1、第2方面军司令部的决策，2月24日—3月5日白俄罗斯第1方面军右翼部队的作战行动，第94—155页。（这是一部关于东波美拉尼亚战役策划与执行的详细专著，主要使用了苏联军事档案。）

G. K. 朱可夫，*Vospominaniya i razmyshleniya*（《回忆与思考》），第二册，第315—317页。3月7日—8日，在莫斯科会见斯大林，斯大林的状态不太好，朱可夫问及斯大林的儿子雅科夫，斯大林谈及雅尔塔会议，在德国设立"管控机构"的问题，没有同波兰政府达成一致意见，朱可夫审核柏林战役计划。

波兰资料

博莱斯瓦夫·多拉塔，*Wyzwolenie Polski 1944-1945*（《1944—1945年，波兰解放》），第二部分，第三章，波美拉尼亚战役（白俄罗斯第2方面军和波兰第1装甲旅），克斯林战役，解放格丁尼亚和格但斯克，什切青，白俄罗斯第1方面军和波兰第1集团军的作战行动，施塔尔加德，波兰军队冲向波罗的海，争夺科尔贝格，第246—284页；第四章，西里西亚战役（2—3月），下西里西亚战役，上西里西亚，拉蒂博尔战役，第285—327页。

E. 亚季奇克，*Wyzwolenie Pomorza. Dzialania 1 Armii WP w operacji pomorskiej Armii Radzieckiej (6 Ⅲ–7 Ⅳ, 1945)*（《解放波美拉尼亚，波兰第1集团军在苏军波美拉尼亚战役中的作战行动，1945年3月6日—4月7日》）。（这是波兰总参学院主持进行的一项极为详细的研究，关于波兰第1集团军在东波美拉尼亚的作战行动。）

"令人遗憾的不安和不信任"

温斯顿·S. 丘吉尔，《第二次世界大战》，第六卷，第二十五章，关于波兰纠纷和雅尔塔会议的余波；第二十六章，苏联对凯塞林部队投降谈判的猜疑；第二十七章，"西线战略分歧"，艾森豪威尔就盟军军事意图致电斯大林，此事的影响，对此举的批评。

约翰·R. 迪恩，*The Strange Alliance*（《奇怪的联盟》），第157—158页，关于艾森豪威尔致电斯大林和斯大林的回应。

约翰·埃尔曼，*Grand Strategy*（《大战略》），第六册（伦敦：英国皇家出版局，1956年），第132页，艾森豪威尔致斯大林的电报文本。

德怀特·D. 艾森豪威尔将军，*Crusade in Europe*（《远征欧陆》）（纽约：双日出版社，1948年）。关于攻向德累斯顿而非柏林的决定，困难（以及苏联红军所处的位置）使冲向柏林"极不明智，简直是愚蠢"，第396页。

外交函件

Perepiska…，第二册，No.280，罗斯福致斯大林，3月25日，关于莫洛托夫不出席旧金山会议，第210页；No.281，罗斯福致斯大林，3月25日，关于对德军在意大利投降的误解，第211—212页；No.282，斯大林致罗斯福，3月27日，葛罗米柯替代莫洛托夫出席旧金山会议，第213页；No.283，斯大林致罗斯福，3月29日，关于德军在意大利的投降，其情形"造成了不信任"，第213—215页；No.284，罗斯福致斯大林，4月1日，关于雅尔塔协定和波兰问题，第215—218页；No.285，罗斯福致斯大林，4月1日，德军在意大利投降的会谈引发了"令人遗憾的不安和不信任"，但没有进行任何谈判，第218—220页；No.286，斯大林致罗斯福，4月3日，德军在意大利投降的"谈判"正在发生，第220—221页。

另参见第一册，No.416，丘吉尔致斯大林，4月1日，在莫斯科就波兰问题的讨论没有保持"雅尔塔精神"，丘吉尔对苏联事业的支持，第365—367页；No.417，丘吉尔致斯大林，4月5日，没有就意大利德军投降问题进行谈判，第368—370页。

外交历史

卢埃林·伍德沃德爵士，*British Foreign Policy in the Second World War*（《英国在二战中的外交政策》），第三册。参见第四十五章，第490—519

页，莫斯科委员会，莫洛托夫的态度和拒绝接受英美对雅尔塔公报的看法，丘吉尔建议给斯大林发电报；与莫洛托夫的沟通，3月19日；丘吉尔和罗斯福发给斯大林的电报，第490—519页。以及第五册，第六十七章（ⅲ），第374—387页，意大利德军投降的尝试，苏联方面的误解，英美与斯大林的交流。

苏联方面的资料

F. D. 沃罗比约夫等人，*Poslednii shturm (Berlinskaya operatsiya 1945g.)*（《最后的突击，1945年的柏林战役》），第43—45页，3月底总参谋部完成对进攻柏林计划的修改，朱可夫3月28日呈交了A计划和B计划（A计划是从屈斯特林登陆场发起进攻，B计划是在施韦特以南夺取新的登陆场并扩大法兰克福登陆场），3月31日总参谋部与朱可夫和科涅夫召开会议，白俄罗斯第1方面军与乌克兰第1方面军的分界线问题，4月1日的最高统帅部会议，斯大林要求在最短时间内夺取柏林——4月16日发起进攻，持续12—15天。

G. K. 朱可夫，*Vospominaniya i razmyshleniya*（《回忆与思考》），第二册，第二十一章，"柏林战役"，第318—325页：英国隐瞒抢先夺取柏林的想法（尽管根据雅尔塔会议决议，苏联占领区应在柏林以西），艾森豪威尔4月7日暗示夺取莱比锡后仍有可能攻取柏林，艾森豪威尔3月底告知斯大林他的计划是"在柏林方向前出至商定的分界线"，斯大林认为纳粹企图在西线安排单独媾和并在西线停火从而让英美军队进入柏林，斯大林对艾森豪威尔和他的计划的赞许，3月29日朱可夫带着白俄罗斯第1方面军的柏林战役计划来到莫斯科，斯大林与朱可夫的会谈，斯大林察看德军在柏林方向部署的力量，白俄罗斯第1方面军可以在2周内发起进攻，白俄罗斯第2方面军（罗科索夫斯基）无法及时加入白俄罗斯第1方面军和乌克兰第1方面军发动的攻势，斯大林对丘吉尔的怀疑，纳粹分子和"英国政府当局"秘密勾结的"证明"，3月31日科涅夫在最高统帅部，4月1日安东诺夫向最高统帅部汇报柏林战役计划，斯大林更改了白俄罗斯第1方面军与乌克兰第1方面军的分界线——只到吕本，决定4月16日发起进攻，白俄罗斯第2方面军将于4月20日投入攻势。

第八章
最后的战斗：1945.4–1945.5

关于第三帝国末日和庞大的柏林战役的相关文献汗牛充栋，更不必说关于西线盟军止步于易北河一线的重要决定了——"我们不去柏林，锡德"（辛普森将军告诉美军第2装甲师师长）。我必须承认，这些出版物（下面会正式列出）令我获益匪浅，需要特别指出的是，我获准使用已故的科尼利厄斯·瑞恩收集的资料，而我对苏军作战行动的叙述在很大程度上源于我采访红军指挥员和士兵——其中包括数位苏联元帅——时所做的记录。另外，我还采用了苏联军事档案中的资料，特别是最高统帅部的指令（1945年4月2日—23日）以及下达给各方面军和集团军的命令；俄国人的规定是，我可以充分、不受限制地使用这些文件，但不得复印，出于这个原因，我把这些文件抄录在我的"莫斯科笔记本"中，并在日后加以翻译。因此，可以看出（本书的叙述）与"崔可夫—克雷布斯"会谈后来的"官方译文"之间的差别，但呈现在书中的版本来自原始日记（及原日记作者）。最后，在划分苏联方面关于进攻柏林的相关资料［*Poslednii shturm*（《最后的突击》）］时，我决定按照各方面军（白俄罗斯第1方面军、乌克兰第1方面军和白俄罗斯第2方面军）以及参加战役的具体部队（例如4个坦克集团军）的情况来呈现，然后是参加柏林战役最后阶段战斗以及突击国会大厦的各个部队。

（i）加尔·阿尔佩罗维茨，*Atomic Diplomacy: Hiroshima and Potsdam*（《原子外交：广岛和波茨坦》）（纽约：古典书局，1967年，特别是第二章，"延迟摊牌的策略"）；列夫·别济缅斯基，*The Death of Adolf Hitler*（《希特勒之死》）（来自苏联档案的不明文档；伦敦：迈克尔·约瑟夫出版社，1968年，译自德文版，原苏联资料）；威利·A. 伯尔克（主编），*Deutschlands Rüstung im Zweiten Weltkrieg. Hitlers Konferenzen mit Albert Speer 1942–1945*（《二战中的德国军备，希特勒与阿尔贝特·施佩尔的会晤，1942—1945年》）；特奥多尔·布塞将军，*Die letzte Schlacht der 9 Armee*（《第9集团军的最后一战》），《国防科学评论》杂志，1955

年第4期；苏联元帅V. I. 崔可夫，*The End of the Third Reich*（《第三帝国的末日》），第13—17章，进攻柏林；温斯顿·S. 丘吉尔，《第二次世界大战》，第六卷，"胜利与悲剧"，第28—32章，罗斯福逝世，与俄国的摩擦不断增长，最后的进军，德国投降；美国陆军部，*German Defense Tactics against Russian Break-Throughs*（《德军应对苏军突破的防御战术》），No.20—233号手册，1951年10月（《历史研究》）；海军元帅卡尔·邓尼茨，《回忆录》（克利夫兰：世界出版公司，1958年）；迪特尔·德雷茨、汉斯·霍恩，*Die Zerstörung Berlins war von der Wehrmachtführung einkalkuliert*（《国防军领导层对柏林遭受破坏的考虑，文件集》），《军事史》杂志（东柏林，1965年），第2期（参见第177—194页及地图）；希特勒，文件：*Hitlers letzte Lagebesprechung*（《希特勒最后的形势研讨会》），参见《明镜周刊》，1966年1月10日，第30—46页；戴维·欧文，*Hitler's War*（《希特勒的战争》），第六部分，"最后的战斗"；保罗·克奇克梅提，*Strategic Surrender. The Politics of Victory and Defeat*（《战略投降：胜利和失败的政治》）（斯坦福大学出版社，1958年；参见第二部分第五章）；埃利希·库贝，*The Russians and Berlin 1945*（《1945年，俄国人与柏林》）（阿诺德·J. 波梅兰兹翻译；伦敦：海涅曼出版社，1968年）；弗朗茨·库罗夫斯基，*Armee Wenck. Die 12 Armee zwischen Elbe und Oder*（《温克集团军，易北河与奥得河之间的第12集团军》）（内卡尔格明德：1967年）；沃伊泰克·马斯特尼，*Russia's Road to the Cold War: Diplomacy, Warfare and the Politics of Communism 1941–1945*（《俄国通往冷战之路：共产主义的外交、战争和政治，1941—1945》）（纽约：哥伦比亚大学出版社，1979年；这是一部分析、全面评述苏联战略和战术的重要著作）；陆军元帅伯纳德·蒙哥马利爵士，*Normandy to the Baltic*（《从诺曼底到波罗的海》）（英国莱茵集团军印务局，1946年；伦敦哈钦森出版社）以及《蒙哥马利元帅回忆录》（伦敦：柯林斯出版社，1958年）；塞缪尔·艾略特·莫里森，*Strategy and Compromise*（《战略和妥协》）（波士顿：小布朗出版社，1958年）；P. U. 奥唐纳，*Die Katakombe (April 1945)*（《暗堡，1945年4月》）（斯图加特：德意志出版社，1975年）；弗雷斯特·C. 波格，参见*Command Decisions*

（《指挥决策》）（肯特·R. 格林菲尔德主编；华盛顿：美国政府印刷局，1960年）一书中的*Decision to halt on the Elbe*（"止步易北河的决定"）；爱德华·J. 罗泽克，*Allied Wartime Diplomacy. A Pattern in Poland*（《盟国战时外交，波兰模式》）（第七章，3—4节，试图落实雅尔塔决议，波兰政府的清算）；科尼利厄斯·瑞恩，*The Last Battle*（《最后一战》）（伦敦：科林斯出版社，1966年），我在这本书中与瑞恩先生密切合作，并从他收集的大量柏林战役资料中获益匪浅；艾伯特·西顿，*The Russo-German War 1941-45*（《苏德战争1941—1945》），第34章，"突击柏林"；V. 谢夫鲁勒（主编），*How Wars End. Eye-Witness Accounts of the Fall of Berlin*（《战争是如何结束的：柏林陷落亲历记》）（莫斯科：进步出版社，1969年），科涅夫元帅谈柏林战役，V. 维什涅夫斯基谈柏林的投降，罗曼·卡门"电话中的戈培尔博士"；S. M. 什捷缅科大将，*The Last Six Months. Russia's Final Battles…*（《最后6个月，苏军的最后之战》）（盖伊·丹尼尔斯翻译；伦敦：威廉·金伯出版社，1978年），这是一部很有用的译作，但一些地方不太准确，这就要求使用时多加留意；让·爱德华·史密斯，*The Defense of Berlin*（《守卫柏林》）（约翰·霍普金斯大学出版社，1963年），特别参见第三章，止步易北河的军事决策；阿尔贝特·施佩尔，*Inside the Third Reich*（《第三帝国内幕》）［纽约：麦克米伦出版社，1970年；原版为德文，*Erinnerungen*（《回忆录》），1969年］，第三十二章"毁灭"；约翰·斯特劳森将军，*The Battle for Berlin*（《柏林之战》）（纽约：斯克里布纳出版社，1974年）；汉斯·格奥尔格·施图德尼茨，*Als Berlin brannte*（《柏林在燃烧》）（斯图加特，1963年）；约翰·托兰，*The Last 100 Days*（《最后一百天》）（纽约：兰登书屋，1966年）；尼古拉·托尔斯泰，*Victims of Yalta*（《雅尔塔的受害者》），特别参见第四章，英国和美国在雅尔塔达成的协议，关于战俘的协议，英国的观点（没有提及不愿被遣返或强制遣返的苏联公民）——还可以参阅弗拉索夫和弗拉索夫运动进一步的命运，这是个对基本权利表现出惰性、无能、麻木的骇人听闻的故事，相关责任以一种可耻的方式落在英国外交官和管理人员头上，包括一些显赫人物；H. R. 特雷弗-罗珀（主编），*Hitler's War Directives*（《希特勒的战争指令》）

（伦敦：西奇威克&杰克逊出版社，1964年），参见"1945年"；H. R. 特雷弗–罗珀，*The Last Days of Hitler*（《希特勒的末日》）（伦敦：麦克米伦出版社，1947年，及其后续版本）；瓦尔特·瓦利蒙特，*Inside Hitler's Headquarters*（《希特勒大本营内幕，1939—1945年》），参见第六部"最后阶段"；H. 魏德林将军，*Der Endkampf in Berlin*（《柏林的最后之战》），《国防科学评论》杂志，1962年，第1—3期。

（ii）德国作战日志/GMD

KTB/OKW，第四册（ii），第4节（D），*Dokumente, Befehle, Kapitulationsurkunden usw*…（文件、命令、投降文件等），第1659—1684页；附件，*Aufzeichnungen über Hitler*…（关于希特勒的记录），第1684—1740页。另参见第1节，4月1日—19日的态势，第1215—1251页，以及附件v，*Die letzten Wehrmachtberichte*…（最后的德国国防军报告），第1253—1282页（以及最后的报告）；第3节（B），KTB，*geführt von Major I. G. Joachim Schultz*（总参少校约阿希姆·舒尔茨负责撰写的日志），4月20日—5月16日，第1451—1498页。

Oberkommando der Kriegsmarine，德国海军总司令部，OKM/4，海军上将迈泽尔的作战日志：授予邓尼茨北部地区指挥权（帧数17—41）。OKM/40，海军总司令部最后的作战日志，邓尼茨（帧数42—112），1945年4月20日—5月15日，T–608/Roll 1。

OKW/OKM，OKW/24文件夹：邓尼茨文件，希特勒之死及继承者。OKW/1898：希特勒要求邓尼茨保卫北部地区的命令（4月20日）。OKW/2132：施佩尔的文件，关于邓尼茨为继承人的电报与通信，取代戈林……T–77/R775，5500501ff，5501186ff。

OKW北部/弗伦斯堡，OKW/2：文件夹，投降文件，凯特尔与苏军将领马利宁和谢洛夫的往来电文（1945年5月），T–77/R858，5604775ff。

OKW北部/弗伦斯堡，OKW/4.2：文件集，*Politische Angelegenheiten*（政治事务，提交给德国的"白皮书"），对投降的记述，相关文件，证词（包括一篇文章，"苏联人与欧洲人"），T–77/R859，5605319–5705。

GenStdH/Org. Abt.（陆军总参谋部/组织处），"日蚀行动"计划概要（日期为1945年1月），德文注释，T–78/R434，6405864–6085。（另参见OKW/2029，关于"日蚀行动"：T–77/R873，5620228ff。）

FHO（Ⅰ），情况报告：*Lageberichte Ost*（东线情况报告），1945年3月（每日报告）；*Lageberichte Ost*（东线情况报告），1945年4月（4月1日—25日）；以及*Lagebericht ab* 23. 4，东线情况报告No.1414号（4月29日）；东线情况报告，4月23日—28日。T–78/R473，6454661–5161。

（弗拉索夫运动），文件夹：从*Za rodinu*（为了祖国，1945年2月）译为德文，弗拉索夫指挥第600和第650步兵师，弗拉索夫和克斯特林的讲话，T–78/R501，6489663–730。

（iii）苏联材料/文件，访谈，新闻，回忆资料集

（a）来自苏联军事档案的资料。策划/作战文件，柏林：最高统帅部指令（4月2日—23日），从No.11059号指令（4月2日）到No.11074号指令（4月23日0点35分签发）；方面军作战指令，白俄罗斯第1方面军，乌克兰第1方面军和白俄罗斯第2方面军，从乌克兰第1方面军参谋部下达的No.00211/op号作战令开始，1945年4月8日……以及各个军的作战指令，情报和敌作战序列报告；档案记录、投降过程、审讯——*Opisanie peregovorov s nachal'nikom Generalnovo shtaba Sukhoputnykh voisk Germanskoi Armii generalom pekhoty Gansom Krebsom i komanduyushchym oborony goroda Berlin generatom artillerii Veidlingom o kapitulyatsii nemelskikh voisk v Berline*（与德国陆军总参谋长步兵上将汉斯·克雷布斯进行的谈判以及柏林城防司令炮兵上将魏德林关于柏林守军的投降）（近卫第8集团军情报处长格拉德基中校的报告）。注：关于崔可夫与克雷布斯的会谈记录，我使用的是现场谈话记录原件的手抄副本，逐字记录。另参见：记录，对帝国元帅赫尔曼·戈林的审问（1945年6月17日）；记录，特鲁索夫少将对魏德林将军的审问（未记录确切日期）。

（b）采访/红军官兵。其中包括苏联元帅索科洛夫斯基、科涅夫、罗科索夫斯基、崔可夫，从军长（例如坦克第11军军长尤舒克）到下级军官（例

如涅乌斯特罗耶夫上校，柏林战役期间他还是一名大尉）。

（c）新闻。当时的新闻报道，以及"胜利20周年"的新闻报道（1965年）：《真理报》、《消息报》、《东方真理报》（乌兹别克斯坦）、《哈萨克斯坦真理报》、《土库曼火花报》、《塔吉克斯坦共产党人报》以及相当重要的《红星报》。

（d）回忆录和文件资料。参见V. S. 维西罗夫（主编）的*Shturm Berlina. Vospominaniya, pisma, dnevniki*…（《突击柏林：回忆、信件、日记……》）（莫斯科：军事出版社，1948年），共488页。（我发现这是一部很有用的原始资料汇编，特别是对下级部队作战表现的描述。）但这部著作现在已被A. M. 萨姆索诺夫主编的*9 maya 1945 goda*（《1945年5月9日》）（莫斯科：科学出版社，1970年，共760页）取代（或增进）；尽管这部回忆资料集中的一些内容以前曾出现过，但萨姆索诺夫的编撰工作确保了此书的真实性和可靠性：参见朱可夫、科涅夫、罗科索夫斯基、M. Z. 扎哈罗夫（至布拉格）、叶廖缅科（布拉格）、巴格拉米扬、莫斯卡连科、列柳申科、普利耶夫、拉济耶夫斯基和桑达洛夫的文章。我已将这部著作引用为"1945年5月9日"。

▶ 关于苏军实力和柏林战役的注解

尽管约定俗成的说法是苏军在柏林战役中总共投入了6250辆坦克，但具体的作战序列和坦克力量是4个坦克集团军、2个机械化军、11个坦克军、29个坦克团（3个方面军），共3594辆坦克。许多坦克部队只剩下50%—60%的力量，还有些坦克旅、团被用于支援步兵。自行火炮和突击炮的实力为3个旅、61个团和25个连，共2519辆自行火炮。另可参阅*Berlinskaya operatsiya v tsefrakh*（《数据中的柏林战役》），*VIZ*，1965（4），第79—86页（图表、实力、部署和方面军指挥人员名单）。

（iv）波兰资料

Z. 杜申斯基，*Dzialania 1 warszawskiej diwizji piechoty im. T. Kościuszki w Berlinie*（《华沙第1"科希丘什科"步兵师在柏林的作战行动》）（华沙：MON出版社，1952年）。

S. 加克, *Udzial 2 armii Wojska Polskiego w operacji Praskiej*（《布拉格战役中的波兰第2集团军》）（华沙：MON出版社，1962年）。

G. 柯兹明斯基, *Lotnictwo polskie w operacji berlińskiej*（《柏林战役中的波兰空军》）（华沙：MON出版社，1970年）。

Z. 斯塔波尔, *Bitwa o Berlin, Dzialania 1 Armii WP kwiecień–maj 1945*（《柏林战役，1945年4—5月波兰第1集团军的作战行动》）（华沙：MON出版社，1973年）。

柏林：苏军的计划

外交函件

Perepiska…，参见第二册：No.283，斯大林致罗斯福，3月29日，抱怨"伯尔尼谈判"，第213—215页；No.284，罗斯福致斯大林，4月1日，关于波兰问题，第215—218页；No.286，斯大林致罗斯福，4月3日，质疑罗斯福总统对"伯尔尼会谈"的看法，第220—221页；No.287，罗斯福致斯大林，4月5日，关于斯大林情报人员的"恶意曲解"，第221—222页；No.288，斯大林致罗斯福，4月7日，关于德军在西线投降，而他们却在东线所有地点进行毫无必要的疯狂抵抗，第223—224页；No.289，斯大林致罗斯福，4月7日，关于波兰问题，第226—228页。

第一册：No.417，丘吉尔致斯大林，4月5日，关于"伯尔尼会谈"，第368—370页；No.418，斯大林致丘吉尔，4月7日，关于波兰问题（内附斯大林致罗斯福的信件），第370—374页；No.419，斯大林致丘吉尔，4月7日，否认有"抹黑"任何人的想法，第374—375页。

外交历史

卢埃林·伍德沃德爵士, *British Foreign Policy in the Second World War*（《英国在二战中的外交政策》），第三册，第四十五章，大英帝国与苏波关系，参见第500—506页，英国和美国就苏联政府的态度交换意见；第519—523页，委员会会议，4月2日，斯大林给罗斯福和丘吉尔的回复（4月10日）；第540—544页，苏联决定与波兰临时政府缔结条约，3月27日—28日的会议后15

名波兰领导人失踪，丘吉尔反对以南斯拉夫"模式"解决波兰问题。（南斯拉夫政府中"新"、"旧"政治代表之间人为的数字游戏使铁托元帅的追随者获得了28个席位中的23个，剩下的5个，2个分配给了游击队，这使铁托共获得25个席位，只有3个席位留给王国政府的支持者。）

Documents on Soviet–Polish Relations 1939-1945 （《1939—1945年，苏波关系文件》），第二册，1943—1945年，No.323，邀请波兰领导人与"白俄罗斯第1方面军司令部的代表"举行会晤……华沙，3月11日，第543—544页；No.331，拉钦斯基和艾登，关于波兰政治领导人被逮捕一事，4月1日，第553—555页。

▶ 亚格金斯基的使命

参见爱德华·J. 罗泽克的Allied Wartime Diplomacy. A Pattern in Poland （《盟国战时外交，波兰模式》），第365页，引用卷（第十卷），第17页，米科拉伊奇克文件。我必须再次对罗泽克教授在这个方面提供的帮助表达谢意。

苏联方面的资料

（ⅰ）最高统帅部指令

No.11059，4月2日签发，下达给白俄罗斯第1方面军（4月1日—2日这个签发日期的出入可能是像通常提及的那样，斯大林4月1日签署了指令，但该指令于4月2日生效）；No.11060，签发于4月3日21点，下达给乌克兰第1方面军（科涅夫）；No.11062，4月6日签发，下达给白俄罗斯第2方面军（罗科索夫斯基）。

（ⅱ）IVOVSS，第五册，第一部分，第246—263页，柏林战役的策划和准备：关于英美的计划，以柏林为目标，艾森豪威尔的决定和英国的反对意见，德国人准备守卫柏林，德军的实力（100万人、10400门大炮、1500辆坦克、300万具"铁拳"、3300架作战飞机），4月1日—3日的苏联军事会议，最高统帅部关于三个方面军的作战计划，南翼（乌克兰第4、第3、第2方面军）阻止德军统帅部机动自由的作战行动，斯大林回复艾森豪威尔，告知他苏联打算以部分兵力夺取柏林，各方面军的作战计划和指令，空中支援计划，突击舟桥和战斗工兵的支援，苏军的欺骗措施（白俄罗斯第2方面军将突击第2集团军沿斯德丁方向的"虚假"部署，白俄罗斯第1方面军建议从两翼而不是中央地区发起进攻）。

IVMV，第十册，第一部分，第310—325页，4月中旬的军事政治态势，进攻柏林的策划与准备：德军守卫柏林的准备，最高统帅部计划发起一场快速行动，斯大林回复艾森豪威尔（告知艾森豪威尔苏军的进攻日期），最高统帅部指令概要，各方面军司令部的决策，朱可夫计划使用2个坦克集团军，试图组建强有力的"突击集团"和高战术密度的重型火炮集结（以及朱可夫对探照灯的使用），空中支援计划，工兵支援，时间不足以及需要重新部署造成的问题，欺骗和伪装措施——科涅夫在左翼布设假坦克并保持无线电通信，隐蔽右翼部队的重新部署，在渡河点和作战地区大规模施放烟雾。

（ⅲ）A. Kh. 巴巴贾尼扬等人，*Lyuki otkryli v Berline. Boevoi put 1–i gvardeiskoi tankovoi armii*（《在柏林打开舱盖：近卫坦克第1集团军战史》）。参见"最后一战"，第289—299页，近卫坦克第1集团军重新回到白俄罗斯第1方面军辖下，柏林战役的准备工作，组建"突击群"——每个机械化旅组建3个，每个坦克旅组建2个，4月5日在比恩鲍姆举行沙盘推演，朱可夫元帅发表讲话，地图演习（以数字标明各个目标），马利宁（方面军参谋长）介绍德军作战序列和柏林防御工事的特点，朱可夫对作战任务的最后简介，下达给近卫坦克第1集团军的详细任务，与近卫第8集团军相配合，坦克第11军、近卫坦克第11军和近卫机械化第8军的计划，近卫坦克第1集团军获得加强——290辆坦克和自行火炮。

P. I. 巴托夫大将，*Operatsiya "Oder"*（《奥得河战役》）（莫斯科：军事出版社，1965年），第65集团军的作战行动，1945年4—5月。参阅第13—26页，白俄罗斯第2方面军的重组，第49和第70集团军率先调动，随后是第65集团军。（这是一部详细的专著，使用了苏联军事档案。）

M. E. 卡图科夫，*Na ostrie glavnovo udara*（《主要突击的矛头》，第二版），第388—392页，近卫坦克第1集团军正式从白俄罗斯第2方面军调回白俄罗斯第1方面军，补充和加强（尤舒克的坦克第11军划拨给近卫坦克第1集团军，这使集团军的坦克和自行火炮达到854辆），特制的柏林地图提供给方面军司令部的地图部门，方面军司令部4月5日举行的沙盘推演，研究德军的实力和作战序列，4月12日方面军下达给近卫坦克第1集团军的指令，坦克集团军将在近卫第8集团军身后投入战斗，随后赶往西南方，从南面迂回柏林城，每日前进速度定为35—37公里——朱可夫将2个坦克集团军投向未被压制的敌军防御的决定正确吗？

I. S. 科涅夫，*Year of Victory*（《胜利之年》）。参见"柏林战役"，第79—91页，4月1日的最高统帅部会议，什捷缅科报告英美统帅部夺取柏林的计划，盟军的主要突击将从鲁尔以北地区发起，斯大林——"好吧，那么谁将攻占柏林呢"，科涅夫需要重新部署，4月3日向最高统帅部汇报作战计划，斯大林提供第28和第31集团军作为增援，乌克兰第1方面军的作战计划（和指令），斯大林划出白俄罗斯第1方面军与乌克兰第1方面军的分界线，分界线到吕本戛然而止，最高统帅部4月3日的指令，科涅夫的计划给近卫坦克第3集团军下达了具体指令——"牢记以一个加强坦克军从南面进攻柏林的可能性"，坦克集团军的部署计划，空中支援和从空中施放大规模烟幕的任务。

K. K. 罗科索夫斯基，*A Soldier's Duty*（《军人的天职》）。参见"从奥得河到易北河"，第314—318页，白俄罗斯第2方面军沿斯德丁—罗斯托克方向重新部署的问题，4月4日—5日开始调动，行军计划，最高统帅部简要介绍白俄罗斯第2方面军在柏林战役中的任务，罗科索夫斯基的进攻推迟4天（定于4月20日），不利的地形条件（东、西奥得河），4月13日部队进入阵地。

S. M. 什捷缅科，*Na poslednikh rubezhakh v Evrope*（《在欧洲最后的战线上》），*VIZ*，1971（4），第63—67页。（强调指出德国人企图与英美单独媾和，以及苏联对"阿尔卑斯山堡垒"报告的关心——纳粹政府正向英美军队靠拢，而这些单独媾和的传言的目的是挑拨离间。斯大林4月17日指示朱可夫，不要理会希特勒围绕柏林设置的"蜘蛛网"，这张网将被苏军夺取柏林所打破："我们可以做到这一点，我们必须做到。"）什捷缅科的说法是苏联的策略防止了盟军内部发生严重纠纷，斯大林的解决办法是以苏联红军迅速夺取柏林。

F. D. 沃罗比约夫等人，*Poslednii shturm (Berlinskaya operatsiya 1945 g.)*（《最后的突击，1945年的柏林战役》），第二章，4月1日—2日的计划会议，最高统帅部的决策（以及4月2日—3日的指令），确定进攻主轴线，最高统帅部决定了火炮密度，为白俄罗斯第1方面军提供加强，乌克兰第1方面军和白俄罗斯第2方面军的任务，第44—49页；各方面军司令部的决策和下达给各集团军的任务，第49—66页（注意第50页的观点，为朱可夫将近卫坦克第1集团军投入南面实施迂回而不是在北面与近卫坦克第2集团军共同行动的决定做出辩护，这是斯大林亲自批准的决定；这份记述拒绝接受某些苏联专家对朱可夫的批评——近卫坦克第1集团军的重新部署并未明显削弱分配给北翼实施迂回的力量，事实证明，没有近卫坦克第1集团军，北翼的力量也已足够）。值得一提的是，这种观点（甚至连措辞也相同）是 V. 波兹尼亚克中将在 *Zavershayushchie udary po vragu*〔《对敌人的最后打击》，*VIZ*，1965（5），第29页〕一文中提出的。

G. K. 朱可夫，*Vospominaniya i razmyshleniya*（《回忆与思考》），第二册，第323—330页，柏林战役，斯大林对丘吉尔的评价，最高统帅部给白俄罗斯第1方面军下达的作战指令，白俄罗斯第2方面军推迟进攻日期产生的问题（这使朱可夫的右翼暴露出来），北面的白俄罗斯第2方面军要到4月23日—24日才能对敌人发起打击，4月5日—7日白俄罗斯第1方面军司令部举行的演习，使用探照灯的计划，决定将近卫坦克第1集团军部署在近卫第8集团军身后，斯大林建议："您认为需要怎样做就怎样做，您在现场看得更清楚些。"

（iv）部队调至远东

参阅《结局》〔英文版，莫斯科：进步出版社，1972年；译自 *Final. Istoriko—memuarnyi ocherk*…（《结局，历史回忆文集……》），苏联元帅 M. V. 扎哈罗夫主编，莫斯科：科学出版社，1969年〕，第69—70页，策划阶段，最高统帅部1945年3月份决定为远东和外贝加尔军区每个坦克旅的一个营提供新型T-34坦克，旧坦克留给旅长们充当预备力量，坦克第61和第111师的坦克第1团也获得了新式坦克——670辆T-34派至远东战区，并考虑部署更多的部队，确保迅速击败关东军。

另参见S. M. 什捷缅科大将的 *The Soviet General Staff at War 1941–1945*（《1941—1945年，战争期间的苏军总参谋部》）（莫斯科：进步出版社，1970年），第324—327页，1944年10月初完成远东地区集结兵力以及部队保障的相关计算，雅尔塔协议关于苏联对日作战的条款，1945年4月5日苏联废除与日本的中立条约，日本人"对这一严重警告置若罔闻"，最高统帅部决定不打乱远东现有的指挥体系，原卡累利阿方面军司令部调至远东，由梅列茨科夫指挥，斯大林称他为"狡猾的雅罗斯拉夫尔人"，想起梅列茨科夫在突破森林地区和筑垒地域的作战经验。

关于雅尔塔协议和苏联对日作战，特别是斯大林对于将此事告诉蒋介石的态度，可参见下述的外交信函/外交史，《赫尔利与斯大林的会谈，1945年4月15日》，第552—568页的注释。

柯尼斯堡—俄斯特拉发—维也纳

（i）柯尼斯堡，泽姆兰

I. Kh. 巴格拉米扬，*Tak shli my k pobede*（《我们这样走向胜利》）。参见第十章"泽姆兰战役"，第509—588页。（这是一本详细的回忆录，对进攻柯尼斯堡的组织和执行做出了详尽的分析。）

I. Kh. 巴格拉米扬，*Shturm Kenigsberg*（《突击柯尼斯堡》），*VIZ*，1976（8），第56—64页，以及第9期，第47—57页。

集体创作，*Shturm Kenigsberga*（《突击柯尼斯堡》）（加里宁格勒：加里宁格勒出版社，1966年），共254页。这是一部回忆文章集，参见：巴格拉米扬的《泽姆兰》，第65—74页；赫留金，第74—82页；以及柳德尼科夫，第55—65页。

集体创作，*Shturm Kenigsberga*（《突击柯尼斯堡》）（加里宁格勒，1973年），共384页。参见：华西列夫斯基、巴格拉米扬和赫列布尼科夫（炮兵）的记述，第53—116页；以及加利茨基（近卫第11集团军），第121—129页。

K. N. 加利茨基，*V boyakh za Vostochnuyu Prussiyu*（《在东普鲁士战役中》），第九章，近卫第11集团军为突击柯尼斯堡所做的准备，集团军和军的决策，具体作战部署，第343—366页；第十一章，近卫第11集团军突击柯尼斯堡，4月11日晚转入方面军预备队，第385—436页；第十二章，歼灭敌"泽姆兰集团"，夺取皮劳，第437—455页。（这是一份非常详细的逐日作战记述。）

I. I. 柳德尼科夫上将，*Doroga dlinoyu v zhizn*（《生活的道路是漫长的》）（莫斯科：军事出版社，1969年）。参见"突击柯尼斯堡"，第155—164页（第39集团军对柯尼斯堡的进攻）。

空军主帅A. 诺维科夫，*Sovetskaya aviatsiya v boyakh za Kenigsberg*（《柯尼斯堡战役中的苏联空军》），*VIZ*，1968（9），第71—81页。（苏联空军的作战行动；需要掌握对大型城市实施饱和轰炸的技术。）

炮兵中将S. E. 波波夫，*Na ognevykh rubezhakh*（《在射击线上》）（莫斯科：军事出版社，1971年），近卫突破炮兵第3师和最高统帅部预备队。参阅"突击"，炮兵对柯尼斯堡的打击，第152—167页。

A. M. 华西列夫斯基，*Delo vsei zhizni*（《毕生的事业》，第二版）。突击柯尼斯堡，进攻德军"泽姆兰集团"，第503—510页。

A. M. 华西列夫斯基，*Vostochno–Prusskaya operatsiya*（《东普鲁士战役》），*VIZ*，1969（3），第46—55页。夺取柯尼斯堡的策划文件，德军拒绝投降，苏军最后的突击。

（ii）俄斯特拉发—布拉格

集体创作，*V srazheniyakh za pobedu. Boevoi put 38-i armii…*（《为胜利而战，第38集团军的战斗之路》），第38集团军战史。参见第十四章，"俄斯特拉发—布拉格"，第511—517页，3月中旬的攻势进展不大，计划从北面迂回摩拉瓦俄斯特拉发，3月24日发起新的进攻，第38集团军位于奥得河登陆场，德军加强抵抗，叶廖缅科4月5日下令转入防御，以便为新的进攻做好准备。

A. A. 格列奇科，*Cherez Karpaty*（《越过喀尔巴阡山》）。参见第348—368页，摩拉瓦俄斯特拉发战役，2—3月进攻行动的失败（第38集团军各个师的兵力下降到2800—3100人），近卫第1集团军在三月攻势中的缓慢进展，3月17日苏军取消进攻，最高统帅部批评乌克兰第4方面军司令部糟糕的战役策划和执行，德军知道苏军发起进攻的时间和地点，恶劣的气候条件，方面军司令员彼得罗夫被解除职务——但格列奇科（第360页）没有受到批评，指出三月攻势遭受失败的真正原因是兵力和弹药短缺，第38集团军和近卫第1集团军的进展依然缓慢，最高统帅部4月3日给乌克兰第4方面军下达了修改后的指令，第60集团军调入乌克兰第4方面军。（这是基于苏联军事档案的一份详细叙述，强调了德军精心设置的防御和在建筑物地区作战造成的困难。）

I. S. 科涅夫（主编），*Za osvobozhdenie Chekboslovakii*（《解放捷克斯洛伐克》），第185—194页，俄斯特拉发战役，前出至布拉迪斯拉发和布尔诺（乌克兰第4和第2方面军）：乌克兰第4方面军3月10日在若雷以南发起进攻，恶劣天气的阻挠，主要重担由步兵承受，进展缓慢，3月17日取消行动，最高统帅部对乌克兰第4方面军司令部的批评，彼得罗夫被调离，叶廖缅科取而代之（3月26日），在拉蒂博尔从事战斗的第60集团军（乌克兰第1方面军）与乌克兰第4方面军取得会合，3月24日乌克兰第4方面军重新发起进攻，第38集团军的5个步兵军担任主攻，捷克斯洛伐克坦克旅投入战斗，近卫第1集团军将攻向弗里施塔特，第18集团军将在瓦赫河谷突破敌人的防御，3月下旬向摩拉瓦俄斯特拉发东北面的奥得河的缓慢进展，12天的激战只前进了20英里，4月初德军发起猛烈反击，乌克兰第2方面军的行动更加顺利些，班斯卡-比斯特里察3月25日陷落，3月底先头部队距离布拉迪斯拉发只剩下20英里，4月1日最高统帅部给乌克兰第2方面军下达了修订后的指令，冲向多瑙河以北地区，夺取布拉迪斯拉发，不得迟于4月5日—6日，4月3日最高统帅部给乌克兰第2方面军下达了修订后的指令（第194页），苏军计划将德国"中央"集团军群的主力包围在喀尔巴阡山。

K. S. 莫斯卡连科，*Na Yugo-zapadnom napravlenii. Vospominaniya komandarm*（《在西南方向上，一名指挥员的回忆》），第二册（这是一部重要的著作，第38集团军司令员详细而又客观地阐述了三月攻势的失利）。参见第十七章，关于摩拉瓦俄斯特拉发战役，第568—577页，德军的顽强抵抗以及苏军糟糕的计划，莫斯卡连科被召至方面军司令部，与彼得罗夫和梅赫利斯商讨情况，彼得罗夫在这场"非正式"会议上试图找出失利的原因，莫斯卡连科指出主攻方向选择错误，梅赫利斯在这场"非正式"会议上不停地记录，将材料发给莫斯科，3月16日莫斯卡连科接到安东诺夫从莫斯科打来的电话，安东诺夫根据斯大林的指示询问莫斯卡连科对战役失利的看法，安东诺夫非常清楚他与彼得罗夫、梅赫利斯召开的"非正式"会议，确定有利的进攻发起线的问题，不久后彼得罗夫打电话给莫斯卡连科，接受了从若雷地区发动进攻的建议，进一步加强第38集团军，最高统帅部发给彼得罗夫和梅赫利斯亲启的电文（1945年3月17日）——批评彼得罗夫并列举了梅赫利斯提交的关于"策划工作糟糕"的证据（第570页），叶廖缅科到达并接受了从北面迂回摩拉瓦俄斯特拉发的建议，对方面军司令部的工作加以改进，制订新作战计划。

萨姆索诺夫主编的《1945年5月9日》一书中，L. M. 桑达洛夫上将撰写的 *Cherez Karpaty v Pragu*（穿越喀尔巴阡山赶往布拉格），第704—717页。从波罗的海沿岸第2方面军被召至莫斯科，总参谋长安东诺夫告诉他，由他担任乌克兰第4方面军参谋长，叶廖缅科担任方面军司令员，安东诺夫对乌克兰第4方面军在三月攻势中失利的看法，与叶廖缅科视察方面军辖下的各集团军，向总参谋部汇报，率领捷克斯洛伐克军的斯沃博达被任命为捷克斯洛伐克共和国国防部长，第60集团军调离乌克兰第1方面军并加入乌克兰第4方面军。

A. I. 叶廖缅科，*Gody vozmezdiya 1943-1945*（《惩罚的年代，1943—1945年》）。参见第510—536页，摩拉瓦俄斯特拉发战役，三月攻势的失利，缓慢的进展，叶廖缅科出任乌克兰第4方面军司令员，策划强有力的攻势，视察第38集团军（莫斯卡连科），3月27日视察近卫第1集团军，视察捷克斯洛伐克第1军，斯大林要求尽快夺取摩拉瓦俄斯特拉发工业区，不得延误，由于弹药不足，叶廖缅科请求推延进攻，但遭到断然拒绝。

另可参见：

奥塔·赫鲁伯，*Československé tanky a tankisté*（《捷克斯洛伐克的坦克和坦克兵》）（布拉格：我们的军队出版社，1980年），各处，关于捷克斯洛伐克的坦克和坦克部队。

布勒提斯拉夫·特瓦鲁热克，*Operační cíl Ostrava*（《俄斯特拉发战役》）（俄斯特拉发：普罗菲尔出版社，1973年），共229页。俄斯特拉发战役，根据捷克斯洛伐克和苏联的资料做出的叙述和分析。

（iii）维也纳—布拉迪斯拉发

S. 伊万诺夫大将，*Na venskom napravlenii*（《在维也纳方向上》），*VIZ*，1969（6），第23—38页。对维也纳战役清晰、详尽的总结，先是对态势的综述，铁木辛哥（最高统帅部协调员）同意以乌克兰第3方面军发起主攻，而不是按照原订计划使用乌克兰第2方面军，斯大林批准了这一部署，最高统帅部3月9日的指令，托尔布欣的作战计划，突破敌军防御并朝维也纳冲去，请求最高统帅部将近卫坦克第6集团军调拨给乌克兰第3方面军，斯大林予以批准（近卫坦克第6集团军当时拥有286辆坦克和自行火炮），最高统帅部4月1日的指令要求夺取维也纳并到达规定的战线，不得迟于4月12日—15日，乌克兰第2方面军向前推进以切断德军通向西北方的交通线，为加快对维也纳的最后突击，参谋人员被派至各部队，负责方面军作战策划的A. P. 塔拉索夫中将和方面军情报负责人A. S. 罗戈夫少将发挥的重要作用。

P. G. 库兹涅佐夫中将，*Marshal Tolbukhin*（《托尔布欣元帅》）。参见*Na venskom napravlenii*（《在维也纳方向上》），维也纳战役，第235—249页：托尔布欣的作战计划（使用近卫第9和近卫第4集团军），没能完成对党卫队第6装甲集团军的包围，引起最高统帅部的关注，逼近维也纳，实施侧翼迂回切断德军逃生通道，托尔布欣命令日夜不停地发起进攻，4月13日维也纳被肃清，朝格拉茨方向的进一步推进。

M. M. 马拉霍夫，*Osvobozhdenie Vengrii i vostochnoi Avstrii*（《匈牙利和奥地利东部的解放》），第234—280页，苏军策划维也纳战役，准备工作，乌克兰第2和第3方面军冲向维也纳，4月5日—13日对维也纳的进攻。（非常详细的作战叙述。）

R. Ya. 马利诺夫斯基（主编），*Budapest Vena Praga*（《布达佩斯，维也纳，布拉格》），第五章，维也纳战役，第229—288页：3月中旬乌克兰第2和第3方面军朝两个方向而去（维也纳和布拉迪斯拉发），维也纳战役在巴拉顿湖防御战之后发起，一小群精心挑选的参谋人员2月中旬（攻克布达佩斯的三天后）开始策划进攻维也纳的计划，第46集团军获得大力加强（共12个师、165辆坦克和自行火炮），近卫第7集团军将在赫龙河突破敌人的防御，第53集团军随后向布拉迪斯拉发推进，托尔布欣决定使用近卫第9和近卫第4集团军，炮兵支援的详细计划，3月16日—25日战役的第一阶段，3月26日—4月4日战役的第二阶段，与斯大林商量后，近卫坦克第6集团军突然调拨给乌克兰第3方面军，在多瑙河与巴拉顿湖之间突破德军防御，第46集团军（乌克兰第2方面军）与乌克兰第3方面军右翼部队追击德军，3月29日乌克兰第3方面军左翼部队发起进攻，最高统帅部计划以乌克兰第3方面军的右翼部队夺取维也纳并以近卫第7集团军进攻布尔诺，4月5日在维也纳接近地的战斗，4月6日7点发起突击，4月8日的巷战，第46集团军在布拉迪斯拉发地区渡过多瑙河（4月2日），4月13日中午肃清维也纳，乌克兰第3方面军冲向格拉茨，最高统帅部4月13日给乌克兰第3方面军下达了修订后的指令。

G. T. 扎维季昂和P. A. 科尔纽申，*I na Tikhom Okeane*…（《在太平洋岸边》）。参见第七章，维也纳战役，第172—183页：最高统帅部的指令，近卫坦克第6集团军重新部署，党卫队装甲师在奥地利接近地实施的抵抗，近卫坦克第5军冲向维也纳新城，近卫机械化第9军逼近莱塔河，近卫坦克第6集团军的某些坦克旅只剩下7—10辆坦克，冲向维也纳，在奥地利首都接近地的激战，克拉夫钦科决定实施迂回，从西面和西南面发起进攻，铁木辛哥予以批准，坦克力量短缺（近卫坦克第46旅只剩13辆坦克，自行火炮团只剩4—5辆自行火炮），德军与西面和西北面的连接被切断，巷战持续至4月13日，4月13日14点维也纳被肃清。

T. F. 沃龙佐夫等人，*Ot volzhskikh stepei do avstriiskikh Alp.*（《从伏尔加河草原到奥地利阿尔卑斯山》），近卫第4集团军的作战行动。参见*Na Venu!*（《在维也纳！》），对维也纳的突击，第204—222页。

▶空中行动

17–ya Vozdushnaya armiya v boyakh ot Stalingrad do Veny（《从斯大林格勒到维也纳，战斗中的空军第17集团军》）。第六章，空军第17集团军与维也纳战役，第236—241页：24100个架次，148场空战，击落155架敌机，朝铁路连接投下5023吨炸弹，发射7276发火箭弹，机炮和机枪射出200万发炮弹和子弹。

攻入柏林，4月16日—23日

温斯顿·S. 丘吉尔，《第二次世界大战》，第六卷，"胜利与悲剧"，第二部分，第三十章，"最后的进军"（特别是丘吉尔4月19日发给艾登的电报，英美军队"目前并不处于能够杀入柏林的位置上"），各处。

戴维·欧文，*Hitler's War*（《希特勒的战争》）。参见"最后的战斗，希特勒转入地下"，第786—787页：欧文先生强调了希特勒1945年3月30日的命令，元首要求"维斯瓦河"集团军群（和海因里希）实施坚决抵抗，并下令在现有防线2—4英里后设置一道主防线，一旦苏军发起进攻，海因里希便撤至这道主防线。另参见第794页重要的脚注，尽管有第二道主防线，但海因里希已决定，如果奥得河防线发生崩溃，他不会率部保卫柏林（此时他已试图将自己的司令部迁至柏林后方，但希特勒制止了这个举动）。

在《第三帝国内幕》一书中，施佩尔记录下了4月15日他与雷曼、海因里希的会谈；海因里希设法撤销了一些炸毁城内桥梁的命令，并在私下里告诉施佩尔"不会有什么保卫柏林的战役"，柏林会在"没有激烈抵抗"的情况下被夺取（参见第三部，第三十一章，"末日临头"）。

埃利希·库贝，*The Russians and Berlin 1945*（《1945年，俄国人与柏林》），各处。

科尼利厄斯·瑞恩，*The Last Battle*（《最后一战》），第六章，"决定"，参阅第261页（"我们不去柏林，锡德……"辛普森将军告诉海因兹准将）。

艾伯特·西顿，*Stalin as Warlord*（《军事统帅斯大林》）（伦敦：巴茨福德出版社，1976年），参见第十一章，关于1945年，特别是第245—255页，斯大林对欧洲战争最后阶段的掌控。

让·爱德华·史密斯，*The Defense of Berlin*（《守卫柏林》）。参见第三章，"止步易北河的军事决策"，第34—53页。（详尽的资料为这份详细的分析提供了支持。）

H. R. 特雷弗-罗珀（主编），*Hitler's War Directives*（《希特勒的战争指令》）（伦敦：西奇威克&杰克逊出版社，1964年）。原书为W. 胡巴奇主编的*Hitlers Weisungen für die Kriegsführung*…（《希特勒的战争指令》），参见"1945年"，希特勒下达给东线官兵的日训令（4月15日）。

外交函件与外交史

Perepiska…，第二册，No.291，斯大林致杜鲁门，4月13日，对罗斯福总统的逝世表达哀悼，第229页；No.293，杜鲁门（和丘吉尔）致斯大林，4月18日，关于波兰问题和华沙政府，第230—232页；No.295，杜鲁门致斯大林，关于盟军与苏联红军会师的问题，4月21日，第232—233页。

Perepiska…，第一册，No.436，丘吉尔致斯大林，4月22日，关于米科拉伊奇克的声明和对寇松线的接受，第380页；No.439，斯大林致丘吉尔，4月24日，苏联对英美4月18日的联名电报中提及的波兰问题做出的回应，第390—392页。

W·艾夫里尔·哈里曼和伊利·艾贝尔，*Special Envoy to Churchill and Stalin 1941-46*（《特使：与丘吉尔、斯大林周旋记》）（伦敦：哈钦森出版社，1976年），第445—446页，4月15日的会谈（斯大林、莫洛托夫、哈里曼和赫尔利），斯大林指责美国空军与波兰反共地下组织串通一气的阴谋，哈里曼驳斥这些指控，斯大林同意莫洛托夫去美国。

1945年4月15日，赫尔利与斯大林的会谈：雅尔塔协定和"中华民国"。赫尔利将军第一次出访莫斯科是在1942年11月，当时他觉得斯大林说话直截了当，对各种情况都很适应。1944年8月，赫尔利再次来到莫斯科，想弄清楚苏联对中国的态度，莫洛托夫否认苏联在中国共产党身上寄托了任何不可告人的利益。4月15日晚，在艾夫里尔·哈里曼和莫洛托夫的陪同下，赫尔利与斯大林举行会谈，斯大林谈及将雅尔塔协议细节透露给蒋介石一事；斯大林认为在远东集结部队需要2—3个月时间，但他会给赫尔利留下向重庆透露详情的时间。双方就此达成一致，赫尔利将等待斯大林发出信号。（不过，随着苏联废除与日本的中立条约，莫斯科已发出明确的信号。）

最大的争议集中在赫尔利解释斯大林对"美国对华政策"态度的问题上，赫尔利本人显然接受了斯大林说法的表面意义，强调斯大林支持中国军队统一，支持蒋介石领导的国民政府——这恰恰是美国对华政策的概要。但包括哈里曼大使在内的其他人并未被说服。

参见赫伯特·费斯，*Churchill, Roosevelt and Stalin, and The China Tangle*（《丘吉尔、罗斯福和斯大林，以及中国的混乱状态》）（普林斯顿：普林斯顿大学出版社，1957年），第二十六章，"苏联一方"，第284—286页；邹谠，*America's Failure in China, 1941–1950*（《美国在中国的失败，1941—1950年》），第七章（D），第251—255页，雅尔塔协议，苏联的意图，赫尔利报告的大意是斯大林将与美国合作，从而在中国实现军事统一，斯大林"无条件"同意美国对华政策，赫尔利观点的正确性是斯大林的确寻求在中国实现军政统一，但赫尔利没有意识到斯大林与蒋介石合作的政策不过是一种策略而已。

否定赫尔利对苏联政策看法的著作可参见乔治·F.凯南的《回忆录，1925—1950年》（波士顿：小布朗出版社，1967年），第236—239页，雅尔塔的影响，赫尔利提及莫洛托夫对中国的看法（"所谓的中国共产党并不是真正的共产党人……"），赫尔利与斯大林的会谈，赫尔利报告是对苏联政策的"严重误判"，凯南和哈里曼关于苏联对华政策的电报（以及对赫尔利观点的纠正，第238页）。

苏联方面的资料

▶官方史、综合汇编、回忆资料集

IVOVSS，第五册，第一部分，第255—280页，苏军进攻柏林的准备工作，在奥得河和尼斯河达成的突破，包围柏林。

IVMV，第十册，第一部分，第314—325页，苏军进攻柏林的准备工作。

F. D. 沃罗比约夫等人，*Poslednii shturm (Berlinskaya operatsiya 1945 g.)*

（《最后的突击，1945年的柏林战役》），第二版（这不能不说是苏联关于柏林战役的"标准著作"，非常详细）。参见第三章，战役准备工作——炮兵、防空兵、空军、战斗工兵、第聂伯河区舰队的准备工作，指挥与控制，后勤与补给，"政治方面的准备工作"，第67—110页；第四章，突破德军的防御，白俄罗斯第1方面军4月16日—21日，乌克兰第1方面军4月16日—18日，第127—184页；第五章，包围并分割柏林的德国守军，乌克兰第1方面军4月19日—25日的作战行动，4月19日—25日的德累斯顿方向，4月22日—25日白俄罗斯第1方面军包围柏林和"法兰克福-古本"集团的作战行动，第185—246页；第七章，歼灭敌"法兰克福-古本"集团，第271—303页；第八章，突击柏林，柏林防御体系的特点，4月26日的态势，强攻国会大厦，柏林陷落，德国第3装甲集团军的覆灭，第304—389页。

A. M. 萨姆索诺夫（主编），《1945年5月9日》，这是一部重要的回忆资料集，特别参阅G. K. 朱可夫（柏林战役），第66—121页；K. K. 罗科索夫斯基（白俄罗斯第2方面军的作战行动），第161—182页；A. A. 诺维科夫（柯尼斯堡和柏林战役中的苏联空军），第273—325页；A. I. 拉济耶夫斯基（近卫坦克第2集团军的作战行动），第685—702页；N. A. 安季片科（柏林战役中的运输和后勤工作），第722—750页。

▶白俄罗斯第1方面军（朱可夫）

G. K. 朱可夫，*Vospominaniya i razmyshleniya*（《回忆与思考》），第二册，第二十一章，"柏林战役"，第338—347页：朱可夫在崔可夫的司令部（近卫第8集团军），清晨5点发起炮火准备，打开140部探照灯，德军在塞洛高地的顽强抵抗，德军的防御"基本完好"，15点打电话给斯大林，斯大林说科涅夫取得了不错的进展，当晚再次电话给斯大林，斯大林批评朱可夫将近卫坦克第1集团军投入近卫第8集团军的作战地域，朱可夫保证4月17日突破塞洛高地的防御，斯大林提出以科涅夫的坦克集团军从南面攻向柏林，最高统帅部4月18日下达给科涅夫和罗科索夫斯基的指令，朱可夫为最初的失利承担责任，但他认为各集团军司令员和他们的炮火准备工作也应承担相应责任，朱可夫在日后思考柏林战役时认为可以采用不同的方式来实施（第344—345页），但斯大林要求沿一个宽大正面发起突击，科涅夫在措森遭遇到顽强抵抗并电令雷巴尔科（近卫坦克第3集团军）加快速度（电文参见第345—346页），4月21日突破至柏林郊区，第61集团军和波兰第1集团军向易北河推进，4月23日—24日白俄罗斯第1方面军的各集团军攻入柏林市中心，而近卫坦克第3集团军（乌克兰第1方面军）仍在柏林南郊战斗。

注意朱可夫对探照灯的大规模使用：日俄战争期间表现拙劣的库罗帕特金将军，1916年指挥一个掷弹兵军，并建议在夜袭中使用探照灯，造成灾难性后果，俄军士兵的轮廓暴露在他们自己的光束下，该军在当晚损失了8000人。

另请注意对朱可夫投入近卫坦克第1集团军的决定的批评（当时的批评声来自斯大林）：*IVOVSS*，第五册，第258页，书中认为朱可夫的决定削弱了白俄罗斯第1方面军在北面发起的进攻：如果给左翼提供加强，白俄罗斯第1方面军很可能独自夺取柏林，但对于这种说法，朱可夫提及斯大林的决定是"沿一个宽大正面发起突击"。可以说，朱可夫并不打算给科涅夫留下一条敞开的"南部路线"，但这场冒险没有获得彻底成功。已故的巴巴贾尼扬元帅在*Dorogi pobedy*（《胜利之路》）一书中间接批评了朱可夫对近卫坦克第1集团军的使用（第70页），卡图科夫在*Na ostrie glavnovo udara*（《主要突击的矛头》）一书中尽管也做出温和的批评，但他的结论是：朱可夫当时的决定不无道理。

▶近卫坦克第1集团军（白俄罗斯第1方面军）

A. Kh. 巴巴贾尼扬等人，*Lyuki otkryli v Berline*（《在柏林打开舱盖：近卫坦克第1集团军战史》）。参见*Poslednie srazheniya*（"最后一战"），第301—317页：柏林战役，近卫坦克第1集团军的实力为45000人、709辆坦克和自行火炮、700门大炮、44部多管火箭炮，4月16日凌晨3点先遣旅在奥得河，步兵集团军在塞洛高地没能打开可供坦克部队利用的有利局面，尤舒克坦克第11军4月17日取得的成功，夺取塞洛高地——距离柏林只有50公里，4月18日与近卫第8集团军重新发起进攻，修订后的指令下达给近卫坦克第1集团军，迂回明谢贝格，4月20日21点50分发给近卫坦克第1集团军的电报（完整的电文参见第312页），要求集团军突入柏林，以便向斯大林和新闻媒体宣布这个消息，强渡施普雷河的命令，卡图科夫4月24日的命令，德军在施普雷河的抵抗。（这份简洁的作战行动叙述颇具作战日志风格，主要使用了苏联军事档案。）

M. E. 卡图科夫，*Na ostrie glavnovo udara*（《主要突击的矛头》），第二版，第十八章，"柏林战役"，第393—409页：近卫坦克第1集团军拥有854辆坦克和自行火炮（以及坦克第11军），4月12日接到作战命令，在近卫第8集团军作战地域投入战斗，地形限制了坦克部队主力的展开，4月17日突破敌人的第二道防线，4月17日—18日的进展不超过4公里，坦克部队为步兵提供支援，朱可夫4月20日的电报（电文参见第401页），近卫坦克第1集团军必须不惜一切代价突入柏林，不得迟于4月21日凌晨4点，2个旅（近卫坦克第1和近卫坦克第44旅）被选中，4月24日近卫坦克第1集团军和近卫第8集团军渡过施普雷河，巷战开始。

▶ 近卫坦克第11军/近卫坦克第1集团军（白俄罗斯第1方面军）

A. Kh. 巴巴贾尼扬，*Dorogi pobedy*（《胜利之路》），第二版，第八章，柏林战役，第268—273页；近卫坦克第11军、近卫坦克第1集团军对柏林的突击，怀疑德军设有第二道主防线（方面军司令部忽略了这一点），塞洛高地上的混乱，捷列金（方面军军事委员会委员）召开的紧急会议上对坦克部队的批评，古萨科夫斯基的近卫坦克第44旅和费多洛维奇的近卫机械化第27旅到达柏林环城公路，方面军4月20日发给近卫坦克第1集团军的电报，命令集团军在4月21日前突入柏林——注意这份电报文本（第271页）与卡图科夫列出的电文有所不同，后者增添了发给斯大林的报告和新闻公告的部分片段。

A. L. 格季曼，*Tanki idut na Berlin* (1941–1945)（《坦克冲向柏林》），近卫坦克第11军，第十二章，"柏林战役"，第327—342页：柏林战役开始时，全军实力为148辆坦克和58辆自行火炮，塞洛高地之战，4月21日清晨朱可夫下达了新的命令（近卫坦克第1集团军将率先攻入柏林），各个旅将与坦克军脱离从而攻入柏林，近卫坦克第44旅向前推进，进入柏林的第一批苏军坦克，4月22日8点升起红旗，此时近卫坦克第11军的主力位于柏林东郊。

▶坦克第11军/近卫坦克第1集团军（白俄罗斯第1方面军）

I. I. 尤舒克，*Odinnadtsatyi tankovyi korpus v boyakh za Rodinu*（《卫国战争中的坦克第11军》），第六章，"柏林战役"，第147—162页：坦克第11军获得近卫强击航空兵第3师的支援，4月14日下达的作战指令，近卫第8集团军和坦克第11军的初步进攻没有获得成功，4月17日修订后的命令，与近卫步兵第35师的作战行动，实现自由机动的困难，4月21日坦克第11军的两股部队在埃格尔斯多夫取得会合，共同冲向柏林，4月22日位于柏林东郊，当天按照朱可夫的命令归属别尔扎林的突击第5集团军，激烈的巷战。

▶近卫坦克第2集团军（白俄罗斯第1方面军）

F. I. 维索茨基等人，*Gvardeiskaya tankovaya*（《近卫坦克》），近卫坦克第2集团军，第七章，"柏林战役"，第187—197页：苏军发起进攻，第一梯队坦克军（近卫坦克第2集团军）投入贝尔瑙方向，与第47集团军和突击第3集团军协同行动，进攻德军第二道防线，4月17日克里沃申的机械化第1军强渡旧奥得河，在敌人第三道防区的战斗，4月21日20点近卫坦克第12军在柏林郊区的法尔肯贝格作战，对柏林守军的左翼实施迂回。

▶突击第3集团军（白俄罗斯第1方面军）

V. K. 皮亚特科夫等人，*Tret'ya udarnaya*（《突击第3集团军》），第五章，"柏林战役"，第185—205页：4月16日夜间的进攻以20部探照灯使敌人目眩眼花，坦克第9军利用佩列韦尔特金步兵第79军取得的成功投入战斗，相邻的第47集团军也对这一战果加以利用，4月18日以坦克第9军和机械化第1军（近卫坦克第2集团军）的部分部队重新发起进攻，对库讷斯多夫的突击，达成突破并对普列泽尔以东地区的敌人实施机动迂回的可能性，4月18日晚朱可夫的新命令，4月21日晚突击第3集团军已在柏林东北郊作战，朱可夫命令突击第3集团军更改方向，直接攻入市中心（而不是从北面迂回柏林），集团军司令员V. I. 库兹涅佐夫下令组建突击队进行巷战，4月22日—23日突击第3集团军突破柏林内环防线。（这部著作详细阐述了下级部队的作战行动，大量使用了苏联军事档案。）

▶近卫第8集团军（白俄罗斯第1方面军）

　　V. I. 崔可夫，*Ot Stalingrada do Berlina*（《从斯大林格勒到柏林》），第四部分，"突击柏林"，第576—598页：近卫第8集团军与塞洛高地之战，4月20日的态势更加有利，4月21日近卫第8集团军突破至柏林环城公路，穿过东郊，近卫坦克第1集团军陷入巷战，强渡施普雷河，4月24日近卫第8集团军在柏林与乌克兰第1方面军取得会合。

▶波兰第1集团军（白俄罗斯第1方面军）

　　Z. 斯塔波尔，*Bitwa o Berlin, Dzialania 1 Armii WP kwiecień–maj 1945*（《柏林战役，1945年4—5月波兰第1集团军的作战行动》）（华沙：MON出版社，1973年）。（对柏林战役中波兰第1集团军作战行动的详细研究。）

▶步兵第301师/突击第5集团军（白俄罗斯第1方面军）

　　V. S. 安东诺夫少将，*Put' k Berlinu*（《通往柏林之路》）（莫斯科：科学出版社，1975年），步兵第301师和突击第5集团军，第五章，"柏林战役"，第272—307页：进攻塞洛高地，4月16日的激战，歼灭党卫队第16师，突击第5集团军的步兵师在近卫坦克第2集团军的支援下突破德军第三道防区，4月20日的德军顽强抵抗，朱可夫改变突击第5集团军的前进方向，突击第3集团军对北郊发起进攻，近卫第8集团军进攻柏林南部，步兵第301师在卡尔绍斯特地区战斗，准备发起全面突击。

▶乌克兰第1方面军（科涅夫）

　　I. S. 科涅夫，*Year of Victory*（《胜利之年》）。参见"柏林战役"，第79—132页：斯大林召开的会议（"谁将去攻占柏林呢……？"），方面军分界线问题，科涅夫与普霍夫的第13集团军，德军对尼斯河的防御，坦克集团军（近卫坦克第3和第4集团军）跨过尼斯河，德国第4装甲集团军被分割、孤立，对敌军防御达成纵深突破，到达施普雷河，雷巴尔科的坦克渡过施普雷河，与斯大林通话时科涅夫拒绝接受派朱可夫的部队穿过乌克兰第1方面军打开的缺口的想法，4月17日科涅夫下达的方面军指令（第107—108页），4月18日—20日的作战行动，解决"科特布斯集团"，下达给扎多夫近卫第5集团军的新命令，4月20日投入卢钦斯基的第28集团军，近卫第5集团军肃清敌"施普伦贝格集团"，攻入措森，4月22日作战行动的重要性，4月23日6点最高统帅部划定白俄罗斯第1方面军与乌克兰第1方面军的新分界线。

▶近卫坦克第4集团军（乌克兰第1方面军）

D. D. 列柳申科，*Moskva-Stalingrad-Berlin-Praga. Zapiski komandarma*，（《莫斯科—斯大林格勒—柏林—布拉格，集团军司令员札记》），第八章，柏林战役，乌克兰第1方面军，第311—330页：4月攻势发起前指挥员的损失得到补充，科涅夫对作战决策极为关注，与雷巴尔科（近卫坦克第3集团军）的密切合作和长期友谊，毫不拖延地将坦克投入敌防线上的缺口（"这是关键"），近卫第5集团军缺乏"步兵支援坦克"的问题，一旦尼斯河上修筑起60吨的桥梁，近卫坦克第4集团军获得加强的先遣队便向前推进，彼得罗夫对这个"违反常规"的方案感到震惊并建议待近卫第5集团军的步兵强渡尼斯河和施普雷河后再投入坦克部队，4月16日13点尼斯河上架设起60吨的桥梁，两个先遣旅（近卫坦克第62旅和第29摩步旅）渡河，4月18日强渡施普雷河并达成突破，4月20日科涅夫下达给近卫坦克第4、第3集团军的命令——"在夜间突入柏林"——4月21日朱可夫位于柏林东郊，近卫坦克第4集团军位于西南郊，4月23日早上强渡泰尔托运河，近卫坦克第3集团军当晚在柏林南郊作战。

D. D. 列柳申科，*Pered nam Berlin!*（《柏林就在我们前方！》），*VIZ*，1970（6），第65—71页。（这是一份简洁的作战叙述，4月16日—24日近卫坦克第4集团军作战行动的日期和时间安排。）

▶近卫机械化第5军/近卫坦克第4集团军（乌克兰第1方面军）

A. P. 梁赞斯基少将，*V ogne tankovykh srazhenii*（《在坦克战的火海中》）（莫斯科：科学出版社，1975年），第六章，"柏林战役"，第162—

182页：近卫机械化第5军、近卫坦克第4集团军（乌克兰第1方面军），4月14日6点集结，获得1000名士兵、30辆T-34、11辆SU-122自行火炮和15辆SU-76自行火炮的补充，这使近卫机械化第5军的实力达到12135人、64辆T-34、51辆装甲运兵车、35辆装甲车、22辆SU-122自行火炮、30辆SU-76自行火炮、32门76毫米火炮、27门57毫米火炮、51门120毫米迫击炮、43挺重机枪、126挺轻机枪、8765支步枪和冲锋枪（第165页）；近卫机械化第5军担任近卫坦克第4集团军的第二梯队，在尼斯河上使用烟幕，4月16日20点近卫机械化第5军渡过尼斯河，两个坦克集团军（近卫坦克第3和第4集团军）遵照斯大林的命令转向西北方，近卫机械化第5军强渡施普雷河，掩护列柳申科的左翼并阻止敌人朝柏林方向突围。（这是一份非常详细的逐日作战记述，无疑是苏军坦克和机械化部队最出色的历史著作之一。）

▶近卫第5集团军（乌克兰第1方面军）

A. S. 扎多夫大将，*Chetyre goda voiny*（《四年的战争》）（莫斯科：军事出版社，1978年），第255—280页，乌克兰第1方面军辖下的近卫第5集团军，在第一梯队担任主要突击，位于左翼的波兰第2集团军冲向"德累斯顿方向"，近卫第5集团军迅速实施重组，尼斯河防线的特点，近卫第5集团军以3个步兵军（近卫步兵第32、第33、第34军）和1个坦克军（近卫坦克第4军）投入战斗，坦克和自行火炮的实力为110辆，策划强渡尼斯河，科涅夫亲自担任前线指挥员，对方面军参谋长彼得罗夫（最近被解除乌克兰第4方面军司令员的职务）的称赞，科涅夫同意对彼得罗夫的任命，近卫第5集团军成功强渡尼斯河，4月17日以波卢博亚罗夫的近卫坦克第4军强渡施普雷河，斯大林4月18日决定利用第13集团军的成功扩大战果，但这意味着必须消灭施普伦贝格的德军，科涅夫4月19日命令近卫第5集团军对敌"施普伦贝格集团"发起全面进攻，4月20日—22日近卫第5集团军进攻敌"施普伦贝格集团"，4月22日近卫第5集团军接到赶往托尔高地区易北河河段的命令，先遣部队4月23日到达易北河，但他们报告没有发现美军。（尽管这是军事出版社的"军事回忆录"系列，但也是一份严肃、详细的作战行动阐述，颇具个人风格地描绘了一些苏军指挥员。）

▶第28集团军（乌克兰第1方面军）

A. 卢钦斯基，*Na Berlin!*（《在柏林》），*VIZ*，1965（5），第81—91页。（第28集团军在柏林的作战行动。）

▶白俄罗斯第2方面军（罗科索夫斯基）

K. K. 罗科索夫斯基，*A Soldier's Duty*（《军人的天职》）。参见"从奥得河到易北河"，第314—331页：4月17日完成再部署，快速部队和韦尔希宁空军第4集团军加入，敌人在奥得河的防御，德国第3装甲集团军的阵地，敌人集结在罗科索夫斯基意图发起突击的地区，4月19日向斯大林报告白俄罗斯第2方面军已作好进攻准备，4月20日三个集团军强渡西奥得河，巴托夫所在地域（第65集团军）取得的成功，严重关切第49集团军的作战行动，河谷地区的洪水造成的问题，4月25日敌人的防御发生崩溃，着手包围德国第3装甲集团军主力。

K. K. 罗科索夫斯基，*Severnee Berlina*（《柏林以北》），*VIZ*，1965（5），第36—41页。（白俄罗斯第2方面军的作战行动。）

▶第65集团军（白俄罗斯第2方面军）

P. I. 巴托夫，*Operatsiya "Oder"*（《奥得河战役》）（莫斯科：军事出版社，1965年），第三章，第28—78页，1945年4月，奥得河战役的准备工作；第四章，第79—104页，西奥得河战役的第一阶段，4月20日发起进攻，空军第4集团军提供支援，西奥得河登陆场，第70和第49集团军糟糕的侦察工作，过早向最高统帅部报告取得了成功（第91页），4月23日4点30分近卫坦克第1军渡过西奥得河，第70集团军取得了更大的成功，但第49集团军依然停滞不前，突破敌军防御，苏军突入"战役纵深"，4月25日罗科索夫斯基命令第65和第70集团军迅速攻向柏林高速公路。（这是一份详细的逐日作战记述，使用了苏联军事档案。）

▶空军的作战行动

集体创作，*16-ya vozdushnaya*（《空军第16集团军》），第五章，"柏林战役"，第321—362页：最高统帅部加强空军第16集团军，实力达到28个航空兵师和7个独立航空兵团、3033架飞机（包括需要修理和修复的飞机）、2738个有作战经验的机组，这是伟大卫国战争期间集结起来的最强大的航空兵力量，诺维科夫亲自协调空军第4集团军（白俄罗斯第2方面军）、空军第2集团军（乌克兰第1方面军）、800架远程航空兵（空军第18集团军）的飞机和300架波兰战机的作战行动——共计7500架飞机，策划为地面作战提供空中支援，进攻塞洛高地期间的出动率，德国空军的抵抗和出动率，4月19日空军第16集团军出动4398个架次（236次侦察飞行），4月20日出动4054个架次，4月22日空军第16集团军奉命为左翼集团军提供支援并协助奥德河畔法兰克福的包围行动，小股强击航空兵部队为城内的战斗提供支援。（这是一份详细的叙述，涉及空军第16集团军辖内的各个师。）

S. I. 鲁坚科，*Krylya pobedy*（《胜利之翼》）。参见*Smerch nad logovom*（兽穴上空的旋风），第325—351页，柏林战役的空中行动：策划空中支援，空中力量的部署、屈斯特林、4个空军集团军的协同，遭遇盟军战机的问题（远程雷达观察、监视着盟军战机），无线电通信的管控，歼击机作战行动的组织控制，波兰空军部队的作用，诺维科夫下达最后的指令，4月16日6点07分743架轰炸机对德军阵地展开42分钟的轰炸，截至13点共出动2192个架次，空战中苏军损失87架飞机，德军损失165架战机，截至21点空军第16集团军共出动5424个架次（计划是8300个架次），空军第18集团军766个架次，空军第4集团军440个架次，共投下1500吨炸弹（第342页），4月18日—19日为支援地面进攻投入最大努力，为柏林巷战提供空中支援的组织工作。

切斯拉夫·克热明斯基，*Lotnictwo polskie w operacji Berlińskiej*（《柏林战役中的波兰空军》）（华沙：MON出版社，1970年），波兰空军在柏林战役中的作战行动。

▶ 后勤和运输

N. A. 安季片科，*Na glavnom napravlenii*（《在主要方向上》），第二版。参见*Tyl v Berlinskoi operatsii*（柏林战役的后方），第220—248页：奥得河上的25座道路桥（1671188辆卡车驶过，600000人步行而过——许多是归国的俄国人和波兰人），为白俄罗斯第1方面军铺设的铁路线，炮兵弹药的巨大需求（白俄罗斯第1方面军拥有14000门大炮和迫击炮），战役第一天计划消耗1147659发炮弹和49490发火箭弹，共需要2382节车皮运送，只能满足燃料和食物的需要而不是对弹药的需求，4月16日后6000节车皮的弹药交付给白俄罗斯第1方面军和乌克兰第1方面军，苏军的损失——300000人阵亡和负伤，损失21000匹马，发射200000吨弹药，消耗150000吨燃料、300000吨食物和饲料，突击第5集团军和近卫第8集团军损失了25%的作战兵力，其他集团军的伤员人数平均为2000—3000人，缴获大批德军武器装备（第247页的表格）。

城内的战斗

注：除了官方作战叙述和苏联方面的回忆资料，我还通过采访掌握了许多细节，这些访谈包括索科洛夫斯基元帅、崔可夫元帅、科涅夫元帅、罗科索夫斯基元帅、尤舒克大将（坦克第11军）、K. Ya.萨姆索诺夫上校（1945年时他是一名中尉，是步兵第171师步兵第380团第1营营长，与步兵第150师涅乌斯特罗耶夫和达维多夫指挥的步兵营共同参加了争夺国会大厦的战斗），另外还有许多亲身经历者的记述。

Hitlers letzte Lagebesprechung（《希特勒最后的形势研讨会，1945年4月23日、25日、27日举行的形势研讨会》），参见《明镜周刊》，1966年1月10日，第32—46页。

戴维·欧文，*Hitler's War*（《希特勒的战争》）。参见"最后的战斗"，第807—808页：欧文提出令人钦佩的解释和证明文件——希特勒计划将苏军诱入一个庞大的陷阱，洛伦茨对4月23日凌晨3点希特勒举行的军事会议所作的记录，希特勒对第56装甲军（魏德林）的消失怒不可遏，宣布"元首在柏林……"，计划以温克的第12集团军与布塞的第9集团军取得会合（将德军调离与美军对峙的易北河和穆尔德河防线），在柏林南面取得会合后攻向北面的波茨坦和柏林；温克的目标是费希（波茨坦附近）的高速公路，而第41装甲军（霍尔斯特）将撤过易北河并对施潘道与奥拉宁堡之间发起进攻——武装党卫队将领施泰纳将把2个师（第25装甲掷弹兵师和第7装甲师）交给霍尔斯特。

埃利希·库贝，*The Russians and Berlin 1945*（《1945年，俄国人与柏林》）。参见第九章，"结局，1945年4月20日—30日"，第92—161页。

KTB/GMD

KTB/OKW，第四册（2），参见*KTB des Führungsstabs Nord (A) … 1. KTB, geführt von Major I. G. Joachim Schultz (20 April bis 16. Mai)*（《北部（A）国防军统帅部日志……总参少校约阿希姆·舒尔茨负责撰写的日志，4月20日—5月16日》）；特别是4月29日23点的条目，约德尔23点30分向希特勒汇报第12集团军的情况，该集团军的侧翼和后方受到美军的威胁，无法向柏林攻击前进，第1465—1466页。

FHO（I），*Wesentliche Merkmale des Feinbildes Ostfront 1945'*（《1945年东线敌军态势的基本特点》），T-78/R492，6479415-552。

FHO（I），*Lagebericht Ost*（《东线情况报告》）：参见No.1414（1945年4月29日）—No.1408（1945年4月23日），倒叙。T-78/R473，6455134-157。

苏联方面的资料

▶官方史/魏德林文件

F. D. 沃罗比约夫等人，*Poslednii shturm (Berlinskaya operatsiya 1945 g.*（《最后的突击，1945年的柏林战役》），第二版。参见第五章，包围柏林城内的德国守军，4月19日—25日：乌克兰第1方面军包围柏林守军和敌"法兰克福-古本"集团的作战行动，第185—220页；以及"德累斯顿方向"的作战行动，第221—222页；第七章，歼灭敌"法兰克福-古本"集团（4月26日—5月1日），"格尔利茨方向"的作战行动，第278—302页；以及第八章，突击柏林，4月26日的作战情况，市中心的战斗，准备强攻国会大厦，第318—345页。

魏德林将军，参见*Agoniya fashistskoi kliki v Berline. (Iz vospominaniya generala Veidlinga)*（《法西斯匪徒在柏林的垂死挣扎（魏德林将军的回忆）》），*VIZ*，1960（10），第88—90页，以及（11），第83—92页。〔柏

林保卫战最后阶段的魏德林将军；另可参阅*Der Endkampf in Berlin*（《柏林的最后之战》），《国防科学评论》杂志，1962年，第1—3期。〕

▶作战叙述与回忆资料

V. S. 安东诺夫，*Put' k Berlinu*（《通往柏林之路》），步兵第301师和突击第5集团军。参见*Shturm zdaniya gestapo*（突击盖世太保大楼），第327—331页。

A. Kh. 巴巴贾尼扬等人，*Lyuki otkryli v Berline*（《在柏林打开舱盖：近卫坦克第1集团军战史》）。参见*Shturm Berlina*（突击柏林），第317—324页，4月24日的态势，坦克集团军从事巷战的困难，以步兵、坦克连（4—6辆坦克）、自行火炮连（2—4辆）、76毫米火炮连、机枪手、工兵和反坦克班组成突击群，4月25日45分钟的炮击，强渡泰尔托运河，随着作战地域缩小，苏军航空兵无法发起大规模空袭，4月28日在市中心的战斗，缺乏消灭盘踞在建筑物和公寓楼内小股敌军的步兵，4月29日近卫坦克第1集团军奉命配合近卫第8集团军肃清蒂尔加滕，并与在北面和西北面战斗的突击第3集团军和近卫坦克第2集团军取得会合。

F. 博科夫中将，*Pyataya udarnaya armiya v boyakh za Berlin*（《柏林战役中的突击第5集团军》），*VIZ*，1970（6），第54—64页。

M. 邦达尔上校，*K reikhstagu!*（《冲向国会大厦》），*VIZ*，1966（1），第57—61页。（邦达尔是步兵第79军军长的副官；准备强攻国会大厦。）

I. S. 科涅夫，*Year of Victory*（《胜利之年》），第132—190页，强渡泰尔托运河，从西南方迂回柏林的列柳申科近卫坦克第4集团军冲向波茨坦，卢钦斯基的第28集团军攻向柏林，需要尽快赶往巴鲁特，3个军到达易北河，德军以"格尔利茨集团"发起反击，"德累斯顿方向"的不利态势，第52集团军的第48军和波兰第2集团军遭受到沉重压力，德军向施普伦贝格的推进被挡住，V. I. 科斯特列夫（乌克兰第1方面军作战部长）的任务，德军准备从西面发起进攻（温克的第12集团军），需要确定在易北河同美军会师的细节问题，彼得罗夫对文书工作不太熟悉，强渡泰尔托运河，德军对雷巴尔科（近卫坦克第3集团军）发动反击，4月24日温克的第一批坦克投入进攻，没有批准格卢兹多夫斯基对布雷斯劳采取积极行动的要求，科涅夫决定不对布雷斯劳发起突击，柏林南部的作战行动，由于苏联空军的大举空袭，4月25日对温克来说是"心理发生转变的一天"（注：在俄文版中，科涅夫描述温克的进攻时用了这样一句话："nastupali prosto dlya otvoda glaz."这句话字面上的意思是"骗人的进攻行动"或"蒙蔽他人"），德军切断乌克兰第1方面军的企图落空，与白俄罗斯第1方面军的新分界线，重新部署雷巴尔科的部队，4月25日13点30分在易北河的施特雷拉与美军第69步兵师取得联系，在托尔高也取得会合，解决柏林城内工事暗堡的困难，苏军在城内的战斗中损失800辆坦克和自行火炮（第177页），温克的战斗不过是"执行命令"，而布塞的第9集团军"打得英勇、坚决、拼死战斗"，斯大林及最高统帅部打来电话——"您怎么想，谁去拿下布拉格？"（第187页），科涅夫回答显然应该由乌克兰第1方面军执行这个任务，乌克兰第1方面军与白俄罗斯第1方面军的新分界线4月28日24点生效（这就要求已越过分界线的近卫坦克第3集团军和第28集团军的部队后撤），争夺万湖岛的战斗，4月30日柏林守军的态势"已然无望"。

D. D. 列柳申科，*Pered nam Berlin!*（《柏林就在我们前方！》），*VIZ*，1970（6），第68—72页（近卫坦克第4集团军的作战行动）。另可参阅*Moskva–Stalingrad–Berlin–Praga. Zapiski komandarma*（《莫斯科—斯大林格勒—柏林—布拉格，集团军司令员札记》），第八章。

A. 卢钦斯基大将，*Na Berlin!*（《在柏林》），*VIZ*，1965（5），第81—91页。（第28集团军在柏林的作战行动，卢钦斯基是该集团军司令员。）

S. A. 涅乌斯特罗耶夫，*Shturm Reikhstaga*（《突击国会大厦》），*VIZ*，1960（5），第42—51页。（进攻国会大厦的准备工作，步兵第150和第171师的作战行动。）

S. A. 涅乌斯特罗耶夫中校，*Put' k Reikhstagu*（《通往国会大厦之路》）（莫斯科：军事出版社，1961年）。参见"竞争"，4月26日下达给步兵第150师的新命令——强渡运河，将5号红旗插上国会大厦，津琴科上校的决定，涅乌斯特罗耶夫的营冲向莫阿比特监狱，命令是沿施普雷河前进，第52—56页；另参见"强渡施普雷河"，军长提供的增援，涅乌斯特罗耶夫的营只剩500

人，涅乌斯特罗耶夫下令强渡施普雷河，扩大登陆场的战斗，消灭敌人在"希姆莱大楼"的抵抗，第57—63页。

V. K. 皮亚特科夫等人，*Tret'ya udarnaya*（《突击第3集团军》），第五章，*Reshayushchii shturm*（决定性突击），第212—221页：4月26日发起柏林战役的第三阶段，计划分割柏林守军，在空中力量的支援下苏军重新发起进攻，突击第3集团军冲向东南方的蒂尔加滕并与近卫第8集团军取得会合，步兵第79军肃清莫阿比特并冲向施普雷河，4月29日发起争夺国会大厦的战斗，这个任务交给步兵第79军，萨姆索诺夫（步兵第171师步兵第380团）和涅乌斯特罗耶夫（步兵第150师步兵第756团第1营）逼近国会大厦。

K. K. 罗科索夫斯基，*Severnee Berlina*（《柏林以北》），*VIZ*，1965（5），第36—41页。（白俄罗斯第2方面军的作战行动：成功完成将第3装甲集团军与柏林守军隔开的任务。）

A. P. 梁赞斯基少将，*V ogne tankovykh srazhenii*（《在坦克战的火海中》），近卫机械化第5军，第182—193页，对温克所造成威胁的估计，德军计划与被包围在巴鲁特东北方的第9集团军取得会合，苏军的防御措施，争夺特罗伊恩布里岑，4月25日温克第12集团军的3个师发起进攻，德军朝贝利茨方向发起的新攻势，列柳申科下令阻止德国第9集团军向西突围。

V. M. 沙季洛夫上将，*Znamya nad Reikhstagom*（《国会大厦上的旗帜》）（莫斯科：军事出版社，1970年第二版）。参见*Shturm reikhstaga*（突击国会大厦），第291—304页：步兵第150师师长沙季洛夫，夺取"希姆莱大楼"，施普雷河渡口，津琴科汇报涅乌斯特罗耶夫的部署，最后的预备队投入争夺"希姆莱大楼"的战斗，连里的兵力只剩30—40人，强攻国会大厦的最后准备。

A. 苏尔钦科少将，*Na poslednem NP marshala K. K. Rokossovskovo*（《最后战斗中的罗科索夫斯基元帅》），*VIZ*，1972（5），第61—65页（白俄罗斯第2方面军的作战行动，苏尔钦科是方面军负责作战行动的副参谋长。）

A. S. 扎多夫，*Chetyre goda voiny*（《四年的战争》），近卫第5集团军，第279—293页：4月23日先遣部队到达易北河，4月25日13点30分在施特雷拉（里萨西北方）与美军取得联系——近卫步兵第58师/近卫步兵第173

团与美军第69步兵师侦察队会师，一个小时后，苏军与美军在托尔高取得联系，4月26日11点正式会合，这一点在斯大林第346号日训令中获得承认，扎多夫与霍奇斯将军交流，感谢美国的道奇和史蒂倍克卡车以及美制吉普，苏军为美国军官授勋，威廉·D.罗宾逊中尉获得"亚历山大·涅夫斯基"勋章，第279—293页。

F.津琴科上校，*Znamya Pobedy nad Reikhstagom*（《国会大厦上胜利的红旗》），*VIZ*，1980（4），第53—59页，和（5），第58—64页。（突击国会大厦：步兵第150师步兵第756团。）

终局：柏林投降

本书的这一部分主要基于同V. I.崔可夫元帅（时任近卫第8集团军司令员）、V. D.索科洛夫斯基元帅（时任白俄罗斯第1方面军副司令员）的广泛交流。特别是索科洛夫斯基元帅补充了在近卫第8集团军司令部举行会谈的一些细节，尤其是他对克雷布斯和魏德林的印象。战前克雷布斯曾在莫斯科担任过德国武官，精通俄语；据索科洛夫斯基元帅说，克雷布斯1944年便酗酒严重，但在整个谈判期间他处于完全清醒的状态。索科洛夫斯基对魏德林的印象是：这是个有理性的人，认为继续抵抗毫无意义，但他不得不奉命继续战斗。

对崔可夫、索科洛夫斯基、克雷布斯会谈的描述出自我在莫斯科抄录的速记；其他版本［例如弗谢沃洛德·维什涅夫斯基的*Sobranie sochinenii. Dnevniki voennykh let 1943–1945*（《文集：1943—1945年的战时日记》），第四册（莫斯科：文学艺术家出版社），第869—905页］也许更加详细，但使用"原始文本"必然会造成晦涩。最后我要指出，崔可夫元帅对这些交流的意见和评论，最重要的是他的个人印象和反应，都使我获益匪浅。

官方史

IVOVSS，第五册。参见第一部分，第七章（3—4），包围和攻克柏林，第263—290页。另可参阅第九章（1），德国单独媾和的企图遭到失败，第332页。

IVMV，第十册。参见第一部分，第十一章（2—3）：歼灭敌"柏林集

团"，攻克柏林，第314—347页；另参见第十二章（1），挫败德国单独媾和的计划，第356—364页。对后一个问题，可参阅G. L. 罗扎诺夫近期出版的 *Uzhe ne sekretno*（《这不是秘密》）（莫斯科：政治书籍出版社，1981年），共224页，书中概述了纳粹政府在战争最后阶段为分裂盟国的联合而采取的行动，以及这些阴谋在西方"反苏、反共"圈子里引发的反应。

F. D. 沃罗比约夫等人，*Poslednii shturm (Berlinskaya operatsiya 1945 g.)*（《最后的突击，1945年的柏林战役》，第二版），第八章，"突击国会大厦"，第340—351页。另可参阅：

（i）柏林的陷落，第351—371页，歼灭德军的作战行动，第47集团军在波茨坦西南面的战斗，突击第5集团军4月29日向西推进，近卫第8集团军跨过兰德维尔运河到达蒂尔加滕南面，德军实施有限突围的计划，近卫坦克第2集团军在蒂尔加滕西部的激战，4月30日据守柏林东北部的德军与守卫蒂尔加滕的部队之间的联系被切断，近卫坦克第3集团军与第28集团军继续向西北方推进，近卫坦克第10军争夺万湖岛，4月30日德军被分割成四个孤立的集团，4月30日23点30分冯·塞弗特来到苏军防线，5月1日3点30分克雷布斯来见崔可夫，苏联方面的投降条件，5月2日0点40分德国第56装甲军呼叫苏军近卫步兵第79师，要求停火并在0时50分派军使到波茨坦桥会面，白俄罗斯第1方面军司令部要求魏德林从5月2日7点起放下武器，5月2日6点魏德林本人投降，大批德军投降（白俄罗斯第1方面军抓获100700名俘虏，乌克兰第1方面军抓获34000人），剩余的德军试图突出包围圈，拦截德军跨过哈弗尔湖突围的行动一直持续到5月5日，30000名德军试图从施潘道突围。

（ii）消灭德国第3装甲集团军（白俄罗斯第2方面军），第379—388页，突击第2集团军的目标是安克拉姆—施特拉尔松德，第65集团军的目标是帕瑟瓦尔克和代明，第70和第49集团军在西北和西方向上战斗，赶往维斯马和什未林湖——与英国第2集团军会合，德国第3装甲集团军的计划是尽可能将苏军挡在东面，4月27日德军在奥得河西岸的防御被突破，苏军在普伦茨劳达成的突破威胁到德国第3装甲集团军的后方，4月27日后苏军发起全面追击，5月3日第70集团军的先遣部队在维斯马以东与英国第2集团军的先头部队取得联系，5月4日第70集团军主力到达分界线，夺取吕根岛的最后战斗（步兵第108军）。

文件出版物

Iz istorii kapitulyatsii vooruzhennykh sil fashistskoi Germanii（《法西斯德国军队投降的故事》），*VIZ*，1959（5），第78—95页（文件）。（ⅰ）克雷布斯将军、魏德林将军的谈话记录，关于柏林守军投降事宜（签名：近卫第8集团军情报处长格拉德基中校），第81—89页。（ⅱ）特鲁索夫少将对魏德林将军的审问，第89—95页。

注：尽管克雷布斯和魏德林的谈话记录中提到（第58页）与德军防线之间布设了一条电话线，但索科洛夫斯基元帅坚称根本没有布设电话线，*VIZ*的说法不正确——用这位元帅的话来说是"纯属杜撰"。

记录：1945年6月17日审问帝国元帅H. 戈林。（问：希特勒是否真有替身？答：是啊，传言很多。如果您想知道我的意见，那我告诉您，如果希特勒有个替身，我丝毫不会感到惊讶。找个跟他相像的人一点也不难。可如果我想找个替身，那就要难得多。）

Pomoshch Sovetskovo pravitel'stva i komandovaniya sovetskikh voisk nasileniyu Berlina v 1945（《1945年苏联政府和苏军指挥部为柏林居民提供的帮助》），*VIZ*，1959（8），第76—99页（文件）。（设立军管，突击第5集团军司令员别尔扎林上将被任命为柏林卫戍司令员；别尔扎林不久后死于一场交通事故，尽管有传言说他遭到德国人的伏击。）

回忆资料集

V. S. 维西罗夫（主编）的*Shturm Berlina. Vospominaniya, pisma, dnevniki*⋯（《突击柏林：回忆、信件、日记⋯⋯》）（莫斯科：军事出版社，1948年），共488页。各种资料，亲历者的记述，日记摘录：特别参见S. 佩列韦尔特金（步兵第79军军长）关于突击国会大厦的记述，第393—397页。

V. I. 崔可夫，*Ot Stalingrada do Berlina*（《从斯大林格勒到柏林》），第四部分，"突击柏林"，崔可夫与克雷布斯的会谈，第631—647页；崔可夫与克雷布斯的进一步会谈参见第631—658页，以及德国人在最后阶段破坏盟国团结的伎俩，但这一切都被苏联要求对方无条件投降的坚定态度所挫败。崔可夫—克雷布斯会谈记录的节译版刊登在《第三帝国的末日》一书中，第十七章，"克雷布斯来到我的指挥部"，第213—230页。

S. 克里沃申，*Ratnaya byl'*（《这就是战争》）（莫斯科：青年近卫军出版社，1962年），第222—235页，锄奸局在柏林调查克里沃申，在缴获的照片中发现一名苏军旅长与古德里安1939年在布列斯特−立托夫斯克会师时的合影，这名旅长被认出是克里沃申（在柏林战役期间担任近卫机械化第1军军长），克里沃申对此的解释。

S. A. 涅乌斯特罗耶夫，*Put' k Reikhstagu*（《通往国会大厦之路》）。参见*Znamya nad reikhstagom*（国会大厦上的红旗），在国会大厦升起红旗，楼内的战斗，第65—74页。（涅乌斯特罗耶夫营的作战行动。）

V. 谢夫鲁克（主编），*How Wars End. Eye-Witness Accounts of the Fall of Berlin*（《战争是如何结束的，柏林陷落亲历记》）（莫斯科：进步出版社，1969年）。特别参见口译员叶莲娜·勒热夫斯卡娅在对希特勒和爱娃·布劳恩之死所做调查中发挥的作用，第195—272页。［另可参阅叶莲娜·勒热夫斯卡娅的《柏林，1945年5月》（莫斯科：苏联作家出版社，1970年）一书，共302页。］

V. M. 沙季洛夫，*Znamya nad Reikhstagom*（《国会大厦上的旗帜》）。参见*Shturm reikhstaga*（突击国会大厦），第291—341页。（步兵第150师师长的回忆，突击国会大厦的详情。）

G. K. 朱可夫，*Vospominaniya i razmyshleniya*（《回忆与思考》），第二册，第二十一章，"柏林战役"，第357—361页：4月28日的No.0025号命令，步兵第79军接受夺取国会大厦的任务，4月30日21点50分升起红旗，到5月1日只有蒂尔加滕和政府建筑区仍在德国人手中。第二十二章，"无条件投降……"，第362—368页：5月1日3点50分克雷布斯到达近卫第8集团军司令部，崔可夫4点向朱可夫报告希特勒自杀的消息，朱可夫命令索科洛夫斯基去近卫第8集团军司令部并打电话给斯大林，斯大林被唤醒后获知了希特勒自杀的消息（斯大林说了句 *"Doigralsya, podlets!"* ——这句话在德拉科特出版社出版的《朱可夫元帅回忆录》中被译为"这就是这个混蛋的下场！"，第622页），斯大林要求德国人无条件投降，索科洛夫斯基5点打电话给朱可夫，说德国人"在耍滑头"，朱可夫要求德国人10点前投降，否则苏军将发起最猛烈的突击，10点40分苏军大炮对柏林市中心敌特别防御地区的残余地点展开齐射，18点索科洛夫斯基报告，戈培尔和鲍曼拒绝接受无条件投降，18点30分苏军以"空前的力量"对帝国总理府重新发起进攻，20辆德军坦克突出包围圈逃向西北方，5月2日这些坦克被摧毁，但残骸内没有发现纳粹头目，魏德林投降，弗里切发表广播讲话，朱可夫亲自审问弗里切，随后将他送往莫斯科接受更详细的审讯，搜寻希特勒的尸体，发现戈培尔夫妇和他们的孩子们的尸体。

希特勒的尸体和尸检

列夫·别济缅斯基，*The Death of Adolf Hitler*（《希特勒之死》）［来自苏联档案的不明文档；伦敦：迈克尔·约瑟夫出版社，1968年，译自德文版 *Der Tod des Adolf Hitler*（《阿道夫·希特勒之死》）（汉堡：C. 韦格纳出版社，1968年）］。特别参见附录，"发现戈培尔家庭……报告"，第79—84页，以及验尸报告［戈培尔家庭、克雷布斯将军、"身份不明的女人（可能是希特勒的妻子）"］，以及第12号和第13号文件——对一具被焚毁的男性尸体的法医鉴定（希特勒的尸体），第44—51页，结论是氰化物中毒致死。但戴维·欧文在《希特勒的战争》一书中坚称（第902页）希特勒是在咬碎氰化物胶囊的同时开枪自杀的。至于验尸结果和法医报告迟迟没有公布一事，列夫·别济缅斯基指出（第66页）这是为了"留一手"，以免某些冒名顶替者声称"元首奇迹般地生还下来"（俄国历史上假冒德米特里的阴影），同时进行进一步调查，排除错误和骗局。（另一方面，最迟到6月初，苏联领导人和军事部门已接受了医检结果，我被告知——列夫·别济缅斯基予以确认——所有尸体被运至柏林郊区的一座兵营，进行完最后的识别后，这些尸体被彻底焚毁，骨灰被随意抛洒。）我从一位在场的苏联高级官员处了解到，菲格莱因的尸体首先被发现[4]，接着发现的是希特勒的"替身"（我有一张这具替身尸体的照片，其面部与希特勒有着惊人的相似，尽管织补过的袜子排除了他是元首的可能性）。可我还是对戈培尔的尸体迟迟才被发现感到迷惑不解，但目击者们解释说，他们第一次进入元首暗堡时，松散的电线低垂下来，表明这里布设了诡雷（与措森的情形相同），他们迅速撤离，随后才进行原始场景的"重建"。V. S. 安东诺夫也在*Put' k Berlinu*（《通往柏林之路》）一书中提出一些疑问（特别是在346页）——克利缅科如何能如此神奇地通过舍夫佐夫上校布设的岗哨？舍夫佐夫上校如何识别出戈培尔和他妻子的尸体？我所能确定的是，锄奸局当时尚未出现在现场。

参见埃利希·库贝，*The Russians and Berlin 1945*（《1945年，俄国人与柏林》），第十章，"希特勒之死"，列夫·别济缅斯基参考了其中的一些细节；至于"没人敢把希特勒的死讯告诉斯大林"的说法，其实朱可夫立即将希特勒自杀的消息告知了斯大林，斯大林懊恼的是没能活捉这位元首。没人相信希特勒的尸体封存在铅制棺材中或作为一种精神象征被保存起来的说法——最后，1945年6月初，一场集体火葬处置了希特勒的遗骸。另外，S. M. 什捷缅科在*Generalnyi shtab v gody voiny*（《战争年代的总参谋部》）第二册第十二章第437—440页的说法也值得一提：希特勒自杀的消息最初是从崔可夫和克雷布斯5月1日的会谈中传出的，但很难确定这一点，因为没有找到希特勒的尸体，5月4日传来"发现疑似希特勒的尸体"的消息，5月4日晚朱可夫和捷列金发来电报，称找到了戈培尔的尸体，但没有发现希特勒的尸体——"朱可夫同志也对希特勒之死心存怀疑……我们不得不检查一切"（斯大林），NKGB（国家安全人民委员部）派出调查组赶赴柏林，两具尸体（希特勒和爱娃·布劳恩）被发现，确认是"氰化物中毒"致死。

白俄罗斯第2方面军的作战行动

P. I. 巴托夫，*Operatsiya "Oder"*（《奥得河战役》），第四章，"战役的第二阶段"，第113—129页：4月26日第65集团军重新发起进攻，对德军发起全面追击，跨过兰多河，突破德军第二道防线并夺取斯德丁，德国第3装甲集团军在小股后卫部队的掩护下后撤（据俘虏交代，该集团军已彻底丧失斗志），罗斯托克陷落，第65集团军到达波罗的海沿岸，以有限的兵力对吕根岛发起进攻——步兵第105军军长用缴获的机动驳船运送志愿者组成的小股部队，一轮火箭炮齐射后，德军举起白旗投降（2000人），没有遭遇进一步的抵抗，第65集团军就此结束征战生涯。

K. K. 罗科索夫斯基，*A Soldier's Duty*（《军人的天职》）。参见"从奥

得河到易北河”，第330—335页，4月25日第65集团军的3个军、第70集团军的2个军（第三个军留作预备队）跨过奥得河，突破德军防御并到达兰多河，包围德国第3装甲集团军的作战行动（既要防止第3装甲集团军协助柏林守军，又要阻止该集团军向西逃窜），第65集团军（与近卫坦克第1军）攻向西北方，以困住斯德丁—新勃兰登堡—罗斯托克东北面的敌人，突击第2集团军将朝安克拉姆—施特拉尔松德推进，第70集团军将冲向维斯马，4月26日第65集团军对斯德丁发起突击，白俄罗斯第2方面军司令部迁至斯德丁，4月27日对德军发起全面追击，5月3日与英国第2集团军取得联系（位于最前方的是近卫坦克第3军），5月4日第70和第49集团军到达分界线，第19集团军和突击第2集团军对乌瑟多姆岛和吕根岛实施“扫荡”，博恩霍尔姆岛上的德军拒绝接受苏军的最后通牒，第19集团军以2个师登陆，12000名德军被俘。

L. 科兹洛夫上校，*Osvobozhdenie ostrova Bornkholm*（《解放博恩霍尔姆岛》），*VIZ*，1975（5），第126—128页（第19集团军步兵第132师：博恩霍尔姆岛战役）。

最后的战斗，最终投降

温斯顿·S. 丘吉尔，《第二次世界大战》，第六卷，《胜利与悲剧》，第二部分，第32章，“德国投降”，各处。

埃瓦尔德·奥泽斯，*The Liberation of Prague: Fact and Fiction*（《布拉格的解放：事实与虚构》），相关调查，1970年夏季，第99—111页。（专门参考了捷克、德国和苏联的电台广播，这些资料收集在英国广播公司监听部的档案中。）

爱德华·塔博尔斯基，*Benes and Stalin–Moscow, 1943 and 1945*（《贝奈斯与斯大林——莫斯科，1943和1945年》），《中欧事务》杂志，第13期，1953年7月，第154—181页。（注：斯大林发表“新斯拉夫主义”演说的说法来自一名宴会参加者，塔博尔斯基博士引用的是贝奈斯博士的文件，第178—80页。）

外交函件与外交史

Perepiska…，第一册，No.444，斯大林致丘吉尔，关于希姆莱意图在西线投降的问题，4月25日，第396页；No.449，丘吉尔致斯大林，德国需要做的是宣布战败并无条件投降，4月28日，第400页；No.450，丘吉尔致斯大林，关于波兰问题，4月28日，第406—407页；No.452，斯大林致丘吉尔，对No.449号电文的回复，不反对发表德国战败的声明，4月29日，第407页；No.454，斯大林致丘吉尔，苏联红军与盟军会师时的相关指示，5月2日，第409页；No.456，斯大林致丘吉尔，关于波兰问题和逮捕奥库利茨基将军——这种立场（拒绝考虑将波兰临时政府视为将来全国统一政府的基础）"排除了就波兰问题达成一致的可能性"，5月4日，第410—412页；No.461，丘吉尔致斯大林，5月8日将被视为欧洲胜利日，5月7日，第414—415页；No.462，斯大林致丘吉尔，苏联希望等德国投降正式生效后再发表胜利公告，5月7日，第415页；No.463，丘吉尔致斯大林，公告无法推延24小时，议会需要获知在兰斯签字的情况，5月8日，第416页。

卢埃林·伍德沃德爵士，*British Foreign Policy in the Second World War*（《英国在二战中的外交政策》）。参见第五册，第六十七章（v），第390—400页，德国的无条件投降，德国投降最后阶段的快速性，丘吉尔致电斯大林，提出在亚历山大元帅的司令部举行投降签字仪式，艾森豪威尔拒绝接受德国投降以西线部队先投降为基础，约德尔签署降书，苏联对此感到不满并建议在柏林举行投降签字仪式，苏联要求等到东线的投降实际生效后再发表胜利公告，因而需要等到莫斯科时间5月9日晚7点，丘吉尔宣布他已迫不及待，但不想被斯大林责备。

官方史

IVOVSS，第五册，第一部分，第八章（3），捷克人和斯洛伐克人建立"民族阵线"，布拉格起义，第309—317页；第九章（2），德国签署降书，第349—359页。

IVMV，第十册，第十一章（4），布拉格战役，捷克斯洛伐克的最终解放，第347—355页；第十二章（2），德国签署无条件投降书，第364—368页。

布拉格战役

A. A. 格列奇科，*Cherez Karpaty*（《越过喀尔巴阡山》），第391—401页，布拉迪斯拉发—布尔诺和俄斯特拉发战役的胜利结束为进军布拉格打下基础，德国"中央"集团军群以3个集团军（第4和第1装甲集团军以及第17集团军）抗击着乌克兰第1和第4方面军，布拉格5月5日起义的影响，最高统帅部下达给乌克兰第1方面军的指令，乌克兰第2方面军（马利诺夫斯基）的作战决策，乌克兰第4方面军集中兵力夺取奥洛穆茨，第60集团军（乌克兰第4方面军）组建起快速集群，并由方面军副司令员G. F. 扎哈罗夫将军亲自监督，第38集团军也设立了快速集群，近卫第1集团军组建起自己的小规模快速集群（自行火炮团、机动机枪营、反坦克团），乌克兰第4方面军投入争夺奥洛穆茨的战斗，5月8日解放奥洛穆茨，5月8日苏军向布拉格推进了80—120公里，苏军要求德国守军投降，乌克兰第1方面军的坦克部队5月9日清晨到达布拉格，乌克兰第1方面军与乌克兰第2方面军在布拉格取得会合，切断了德军向西和西南方逃窜的道路，5月10日—11日德军放下武器，德军俘虏被运离。（这份作战叙述广泛采用了苏联军事档案。）

I. S. 科涅夫（主编），*Za osvobozhdenie Chekboslovakii*（《解放捷克斯洛伐克》），第209—276页，歼灭盘踞在捷克斯洛伐克的德军，解放布拉格：1945年5月初德军的态势，德军在西线投降但在东线继续战斗的秘密指令，德国人计划坚守捷克斯洛伐克西部地区，艾森豪威尔4月30日关于分界线的电报，苏联拒绝接受调整分界线的提议，安东诺夫5月5日的电报重申了苏联方面的立场，苏军进入捷克斯洛伐克并消灭德军的紧迫性，布拉格起义的准备工作，德国人的应对，捷克的皮克将军5月6日15点请求苏军提供帮助，苏军布拉格战役的作战计划（乌克兰第1、第4和第2方面军），这使战线从波茨坦延伸至多瑙河并涉及18个诸兵种合成集团军、3个坦克集团军、3个空军集团军、7个机动和机械化军、3个骑兵军——共153个步兵师、24500门大炮和迫击炮、2100辆坦克和4000架飞机——还包括捷克、波兰、罗马尼亚军队，德军的实力为62个师（包括16个装甲或摩托化师），最强大的力量用于对付乌克兰第1方面军，共计90万人、2200辆坦克和1000架飞机，4月28日斯大林试探科涅夫对布拉格战役的看法，5月1日1点30分最高统帅部命令白俄罗斯第1方面军接管乌克兰第1方面军在柏林南部的防区，不得迟于5月4日，5月2日19点40分给乌克兰第2方面军（马利诺夫斯基）下达指令，5月4日1点10分下达给科涅夫的作战指令中规定了三路突击，马利诺夫斯基命令5月7日发起进攻，最高统帅部对乌克兰第2方面军的作战计划不太满意，该计划无法确保战役迅速进行，因而将近卫第9集团军调拨给乌克兰第2方面军（最高统帅部5月5日2点的指令），乌克兰第1方面军实施重组，5月5日布拉格发动起义的消息，乌克兰第1方面军5月6日发起进攻，上午10点科涅夫决定将主力投入右翼，布雷斯劳守军投降，5月7日乌克兰第2方面军发动进攻并冲向奥洛穆茨，5月7日2点41分德国投降，丘吉尔致电艾森豪威尔，敦促他向布拉格进军，德累斯顿的陷落，德国已投降，但舍尔纳的"中央"集团军群继续顽抗，5月8日18点德军开始撤离布拉格，近卫坦克第10军（近卫坦克第4集团军）逼近布拉格，5月9日13点近卫坦克第62旅到达东南郊，近卫坦克第3集团军也于5月9日凌晨到达布拉格，近卫第3集团军和第13集团军的步兵部队进入布拉格，乌克兰第1、第2方面军会合，5月10日V. N. 戈尔多夫（近卫第3集团军司令员）被任命为布拉格卫戍区司令员，5月10日最高统帅部设立了新的分界线并命令俘虏被包围在布拉格东北面的德军，乌克兰第2方面军继续向西推进，苏军在分界线处与英美军队会合，苏军抓获859400名俘虏（其中包括60名将军），在布雷斯劳俘虏41000人，苏军在布拉格战役中的损失为8000人阵亡、28000人负伤（乌克兰第1、第2和第4方面军）。（这是一份详细而又权威的叙述，大量使用了苏联军事档案。）

I. S. 科涅夫，*Year of Victory*（《胜利之年》），第193—231页，纳粹坚信舍尔纳能支撑三周，邓尼茨希望撤往西南方向美国人投降，"邓尼茨政府"迁往布拉格的想法，艾森豪威尔指出盟军准备进入捷克斯洛伐克（5月4日），科涅夫与布莱德雷的交流，科涅夫要求美军不要"把事情搞乱套"，计划中的布拉格战役需要突破克鲁什内山脉，突击部队（3个诸兵种合成集团军、2个坦克集团军、2个坦克军、5个炮兵师）集结于德累斯顿西北方乌克兰第1方面军的右翼，旨在从西面和西南面包围布拉格，辅助突击从格尔利茨发起并歼灭德累斯顿的德国守军（这个任务交给近卫第5集团军），机动和机械化部队将从行进中发起夺取布拉格的突击（10个军——共投入1600辆坦克），为此提供了

1.5倍常规燃料补给，空军第2集团军为主要突击提供1900架飞机，355架用于支援辅助突击，波兰第2集团军也投入到布拉格战役中，最高统帅部命令5月6日发起进攻（而不是5月7日），5月5日布拉格爆发起义，5月6日18点布雷斯劳守军向格卢兹多夫斯基的第6集团军投降（40000名守军放下武器），科涅夫拒绝接见尼克霍夫将军——他不会得到任何特殊待遇，5月7日乌克兰第2和第4方面军恢复攻势并朝布拉格推进，叶尔马科夫的近卫机械化第5军消灭了舍尔纳"中央"集团军群设在扎泰茨的司令部，5月8日20点科涅夫要求德军无条件投降，如果23点前不做出答复，苏军将继续发起进攻，夺取德累斯顿，5月9日3点苏军突入布拉格，乌克兰第4方面军的快速集群也冲入布拉格，抓获弗拉索夫，弗拉索夫被送至科涅夫设在德累斯顿的司令部——抓获弗拉索夫的是坦克第162旅摩托化步兵营营长M. I. 亚库舍夫大尉。

D. D. 列柳申科，*Moskva–Stalingrad–Berlin–Praga. Zapiski komandarma*（《莫斯科—斯大林格勒—柏林—布拉格，集团军司令员札记》）。参见第九章，"布拉格战役"，第344—365页：近卫坦克第4集团军，乌克兰第1方面军5月1日的作战指令，要求在6天战役时间内夺取布拉格，策划了三个突击，近卫坦克第4集团军与第13集团军协同作战（近卫坦克第3集团军与近卫第3集团军协同），空军第2集团军提供支援，准备于5月6日发起进攻，全速推进（尤其是战役发起的前两天）的严格指令，特别命令近卫机械化第10旅（近卫机械化第5军）攻向试图逃往皮尔森的"中央"集团军群司令部，舍尔纳的电报中记录下苏军坦克部队的推进完全出乎他的意料，逼近布拉格西南郊，5月9日3点近卫坦克第4集团军的部队进入布拉格市中心并在总参谋部大楼地区战斗，近卫坦克第4集团军的主力4点进入布拉格，以10个坦克军[5]占领市中心；近卫坦克第3集团军与步兵部队也将在山区地带突破德军防御后从北面发起进攻，他们将携带备用燃料在夜间行动，5月6日8点30分各先遣营发起进攻，10点30分列柳申科请求科涅夫批准他投入自己的主力，布拉格起义的消息，乌克兰第4方面军从东面、乌克兰第2方面军从东南面发起进攻，近卫坦克第4集团军的先头部队已进入捷克斯洛伐克，5月7日坦克部队身后的第13集团军位于布拉格西北面150—160公里处——但第一支攻入布拉格的苏军部队是近卫坦克第4集团军辖下的近卫坦克第63旅。

D. D. 列柳申科，*Tanki speshat na pomoshch Prage*（《坦克部队迅速救援布拉格》），*VIZ*，1965（5），第92—98页。（近卫坦克第4集团军在布拉格的作战行动。）

R. Ya. 马利诺夫斯基（主编），*Budapest Vena Praga*（《布达佩斯，维也纳，布拉格》），第六章，"布拉格战役"，第356—368页：布拉格起义的准备工作，5月5日起义军取得的初步胜利，最高统帅部5月2日下达给乌克兰第2方面军的指令，乌克兰第2方面军司令部决定从布尔诺以南以近卫第7集团军和近卫第6集团军[6]冲向布拉格，乌克兰第3方面军辖下的格拉戈列夫近卫第9集团军转隶乌克兰第2集团军，乌克兰第1方面军5月6日发起进攻，乌克兰第2方面军5月7日投入进攻，近卫步兵第24军和近卫坦克第6集团军到达布拉格的时间不得迟于5月10日（为执行这场快速推进，近卫步兵第24军获得1200辆卡车），乌克兰第4方面军以第60集团军夺取奥洛穆茨，5月8日苏军的攻势跨过600公里的战线，从西北面和东南面迂回"中央"集团军群，德军向西后撤，乌克兰第1方面军的坦克部队进入布拉格，近卫坦克第6集团军的先遣部队从布尔诺冲出，5月9日11点至18点间乌克兰第4方面军的先头部队进入布拉格东部地区，5月10日早上第38集团军的快速部队进入城内。

K. S. 莫斯卡连科，*Prazhskaya operatsiya*（《布拉格战役》），*VIZ*，1975（5），第103—110页。（布拉格战役的作战叙述。）

K. S. 莫斯卡连科，*Na Yugo-zapadnom napravlenii. Vospominaniya komandarm*（《在西南方向上，一名指挥员的回忆》），第二册。参见第十八章，第38集团军与布拉格战役，第591—607页：近卫第1集团军和第18集团军肃清俄斯特拉发，第60和第38集团军向南推进，对德国第1装甲集团军构成包围的威胁，通向奥洛穆茨和布拉格的路线，最高统帅部指示为布拉格起义者提供帮助，5月6日发起战役，乌克兰第4方面军没有伞兵可用，但叶廖缅科命令莫斯卡连科组建一支快速部队冲向布拉格，下达给步兵第101军的命令，这支快速部队脱离夺取奥洛穆茨的战斗，德国在兰斯签署降书的电报，电文发送给德军并命令对方投降，5月8日早晨三个方面军对布拉格发起进攻，快速部队向布拉格迅速推进，5月9日第38集团军的快速部队逼近布拉格，与近卫坦克第4集团军取得联系，德国"中央"集团军群被包围。

A. I. 涅多列佐夫，*Natsional'no-osvoboditel'noe dvizhenie v Chekhoslovakii 1938-1945*（《1938—1945年，捷克斯洛伐克的民族解放运动》）（莫斯科：社会经济书籍出版社，1961年），第五章，第307—365页，1945年春季捷克斯洛伐克的抵抗运动，民族阵线政府的建立及其方案，布拉格起义。

A. P. 梁赞斯基少将，*V ogne tankovykh srazhenii*（《在坦克战的火海中》），第七章，布拉格战役，第205—216页：德军实力为90万人、2200辆坦克、约1000架飞机，3个苏军方面军拥有100万兵力、23000门大炮和迫击炮、1800辆坦克和自行火炮、4000架飞机；近卫坦克第4集团军在第13集团军作战地域投入行动，战役发起的第六天从西面和西南面攻向布拉格，近卫坦克第3集团军与近卫第3集团军协同行动，从北面和东北面冲向布拉格，5月5日布拉格起义的消息，5月6日5点30分近卫坦克第4集团军与第13集团军的先遣营投入进攻，消灭德国"中央"集团军群司令部，舍尔纳逃脱，5月9日2点30分近卫坦克第10军的先头部队进入布拉格，近卫坦克第4集团军的主力4点进入城内，近卫坦克第3集团军、近卫第3集团军和第13集团军也逼近了布拉格，乌克兰第1、第2方面军的部队取得会合，从而完成对德军的包围。

S. M. 什捷缅科，*Generalnyi shtab v gody voiny*（《战争年代的总参谋部》），第二册。参见第十二章，布拉格战役，德国投降，第413—430页：纳粹为防止其东线部队彻底失败所耍的花招，4月份纳粹织起更大的"政治网"，4月30日希特勒自杀，斯大林指示对布拉格发起进攻，4月30日晚给乌克兰第2方面军和铁木辛哥元帅（最高统帅部代表）下达最高统帅部指令，鉴于舍尔纳"中央"集团军群的实力，战役将持续两周，5月1日命令乌克兰第1方面军重新部署，5月4日13点10分最高统帅部下达布拉格战役指令，科涅夫与布莱德雷的会晤，5月5日中午布拉格爆发起义，捷克人通过广播呼吁为他们提供帮助，按照斯大林的明确指令，科涅夫将于5月6日发起进攻。在兰斯进行的谈判，第430—434页：约德尔只获得缔结停战协议的授权，5月6日的会谈中约德尔拒绝让东线德军投降，艾森豪威尔邀请了索斯洛帕罗夫将军（苏联军事代表团团长），艾森豪威尔笑着说道，约德尔同意向英美军队投降，但东线德军将继续战斗下去——"什么，将军，那您是怎么说的？"——但艾森豪威尔坚持要求德军彻底投降，投降文书将发送至莫斯科，停火时间定于5月9日零点（莫斯科时间），索斯洛帕罗夫没有接到相关指示，他决定在德国的降书上签字，但他指出这并不妨碍签署另一份更加完整的文件，1945年5月7日2点41分签署文件，索斯洛帕罗夫向莫斯科发送报告，莫斯科的指示姗姗来迟——"不要签署任何文件"。斯大林的反应，第440—444页：兰斯的协议不会被废除，但不会得到承认，斯大林命令朱可夫在柏林找个地方签署德国无条件投降书，兰斯协议将被视为"投降的一个初步协议"，朱可夫将代表苏联签字，维辛斯基担任他的政治助手，斯大林亲自打电话告知朱可夫这项安排，关于投降程序的指令随后下达给各方面军（指令文本参见第442—443页）并于5月7日22点35分签发，在卡尔斯霍斯特举行投降仪式的准备工作，朱可夫采取相关措施，维辛斯基告诉索斯洛帕罗夫，斯大林并未对他在兰斯签字的行为产生不满。

A. I. 叶廖缅科，*Gody vozmezdiya 1943–1945*（《惩罚的年代，1943—1945年》），第十四章，布拉格战役，第566—576页：德军在捷克斯洛伐克的实力（62个师），布拉格起义，乌克兰第4方面军从东面冲向布拉格，组建方面军快速集群（一个步兵师和一个坦克旅，以及配备10架飞机的一个步兵营），第38、第60集团军和近卫第1集团军也组织起快速集群，方面军快速集群集结在奥帕瓦，第一个任务是攻克奥洛穆茨，抓获弗拉索夫军队里的特鲁欣将军，叶廖缅科证实了他的身份，因为特鲁欣1938年在总参学院担任过教员（第572页），莫斯科发来关于兰斯投降的电报，一些德军指挥官拒不接受最后通牒，第60和第38集团军继续向西推进，5月10日晚最高统帅部划定乌克兰第1、第4方面军的新分界线。

G. T. 扎维季昂和 P. A. 科尔纽申，*I na Tikhom Okeane*…（《在太平洋岸边》），第七章，*Na Pragu*（在布拉格），第185—196页：布拉格战役，4月26日夺取布尔诺，布拉格战役发起时近卫坦克第6集团军只有151辆坦克和自行火炮（近卫机械化第9军只剩下21辆坦克），最高统帅部计划对德国"中央"集团军群的两翼发起两个强有力的突击，然后对被包围在布拉格以东的德军发起向心突击，逼近布拉格，切断敌人向西和西南方逃生的通道，乌克兰第2、第4方面军的进攻日期定于5月7日，5点30分近卫坦克第6集团军投入近卫第7集团军在德军防线上打开的突破口，5月9日13点近卫坦克第5军的先遣部队从东南面到达布拉格，并与乌克兰第1方面军近卫坦克第3集团军取得会合，近卫机械化第9军也从南面逼近，近卫第7集团军和第53集团军跟在近卫坦克第6集团军身后，近卫坦克第3、第4集团军的会合完成了对德国"中央"集团军群主力的合围，逃向美国人一方的通道被切断，近卫机械化第9军的先遣部队在布拉格西南方40公里处同美军取得联系。

波兰资料

斯坦尼斯拉夫·加克，*Udzial 2 Armii Wojska Polskiego w operacji praskiej*（《布拉格战役中的波兰第2集团军》）（华沙：MON出版社，1962年），共176页。

弗拉索夫和弗拉索夫运动：KONR

Die Behandlung des russischen Problems während der Zeit des ns. Regimes in Deutschland（《在当今德国纳粹政权下解决俄国问题》），参见B部分，*Die Aktion des Generals Wlassow*（弗拉索夫将军的作用）（手稿）。俄罗斯解放军第1师在奥得河前线，弗拉索夫的计划和意图，舍尔纳与布尼亚琴科的冲突，最后的日子，第278—283页。

斯文·斯滕贝格，*Vlasov*（《弗拉索夫》），第五章，"太少，太晚"：4月8日弗拉索夫在奥得河前线，4月16日赶至布拉格，弗拉索夫与克莱坎达的会面，布尼亚琴科率部向南，舍尔纳与布尼亚琴科的冲突，第183—194页。第六章，"走向毁灭"：弗拉索夫部队与布拉格起义，弗拉索夫赶往美军防区，弗拉索夫被苏军抓获，第195—211页。

维尔弗里德·斯特里克-斯特里克费尔特，*Against Stalin and Hitler*（《反抗斯大林和希特勒》），第十九章，"与弗拉索夫的最后一次会面"，打算逃至美国人（或英国人）一方，斯特里克-斯特里克费尔特为弗拉索夫提供的证件上写的是"韦廖夫金上校"，第222—230页。第二十章，"结局"：曼海姆战俘营，与被俘的德国高级军官谈论俄国、俄国战役和弗拉索夫运动，弗拉索夫将军在捷克斯洛伐克境内被俘，第231—245页。

尼古拉·托尔斯泰，*Victims of Yalta*（《雅尔塔的受害者》）。参见第十二章，"弗拉索夫将军的结局"，第278—303页：对弗拉索夫和俄罗斯人民解放委员会最终情况最细致的研究，"移交"的怪事，对苏联1973年一篇关于审判弗拉索夫的文章所作的注释。

---

1. 译注：这里指的是中央保安总局四处辖下，控制被抓获的间谍继续与其上级部门保持无线电联系的部门。

2. 译注：古萨科夫斯基当时指挥的是近卫坦克第44旅，而近卫坦克第11军军长是格季曼。

3. 译注：应为近卫第9集团军。

4. 译注：尽管埃里克森这部著作完成于1982年，但这是一个惊人的说法，因为西方普遍的看法是：菲格莱因的尸体从未被发现。

5. 译注：原文如此。

6. 译注：应为近卫坦克第6集团军。

附录
（二）参考书目

苏德战争（1941—1945年）相关资料及出处的注释

汇集关于苏德战争（或者用苏联方面的说法，"伟大卫国战争"）的记述，不亚于攀登一座雄伟的"资料山"，特别是缴获的德国军事文件（GMD）构成的令人望而生畏的"峭壁"以及迄今为止多达15000册苏联出版物形成的庞大"山岩"。这种情况必然要求做出综合评判并提交自负（甚至是荒唐）的清单，尽管出于同样原因必须制定并采用一些方法来阐述这些资料的差异和内部复杂性。为此，我把这些资料分成四个部分，首先是苏联方面的资料，然后是德国军事文件、东欧资料以及非苏联出版物，这一切都是为了让读者了解撰写本书及前作（《通往斯大林格勒之路》）的过程中使用的主要资料及其出处。

苏联资料的整理和分类被证明不是一项简单的任务。大量不同之处，再加上政治紧急事件促成对苏联战时历史做出的数次修订，致使某种区分方式成为必然，对此，我在初审过程中添加了数份与战争相关的苏联出版物书目（包括战时资料）。战时审查和为鼓舞士气所作的宣传（对内和对外）成为战时出版物的明显特点，但哪一个身处战争中的国家不是这样呢？尽管如此，还是不能低估战时发行的《红星报》、出自 *Soobshcheniya Sovetskovo Informbyuro*（《苏联新闻社公告》，简称 *Sovinformburo*）的重要公告（这部重要的资料集近3000页）以及苏联战时新闻（苏联驻伦敦大使馆新闻处出版）；最贴切的战时军事论文和爱国主义宣传册的最佳汇编之一（其中包括塔连斯基、扎米亚京、福金、西多罗夫和塔尔列这些颇具代表性的名字）可参见A.格雷廖夫少将的文章 *Sovetskaya voennaya istoriografiya v gody Velikoi Otechestvennoi voiny i poslevoennyi period*（《伟大卫国战争期间及战后时期的苏联军事史学》）［*VIZ*，1968（1），第90—100页］。熟练地使用这些当代资料可以完成些什么，这一点体现在一部两卷本著作中，这部著作至今仍有极大的价值，这就是W. E. D.艾伦和保罗·穆拉托夫撰写的 *The Russian Campaigns of 1941–1943/1944–1945*（《1941—1943年、1944—1945年的俄国战事》），企鹅出版社1944—1946年间出版发行。还有许多资料出自斯大林元帅的日训令（*Prikazy Verkhovnovo Glavnokomanduyushchevo*），1975年，战时慷慨激昂的击鼓声重新出现在苏联。

显然，党必须占据一席之地，我已将其与战争"官方史"的苏联版本结合在一起，严格地说，"官方史"这个词并不恰当，但很容易明白，主要是较早的六卷本战争史和近期出版的二战史，目前已完成十二卷。各种战役史、作战行动记述和军史一目了然，但"回忆录"由于其多样性而带来了一些问题：尽管"Voennye Memuary"（"军事回忆录"）形成了一个鲜明的系列，但我一直用出色的 *O voine, o tovarishchakh, o sebe*（《关于战争、战友和自己》）（军事出版社，1977年）这本手册来确定哪些书籍构成了"voenno-memuarnaya literatura"（"军事回忆录"），哪些书籍应被归入"回忆录"标题下。"Vtoraya mirovaya voina v issledovaniyakh, vospominaniyakh, dokumentakh"（"二战研究、回忆录和文件"）系列的扩充加大了困难，这个系列由科学院主导出版，是对作者们在"Voennye Memuary"（"军事回忆录"）系列中方兴未艾的"主观主义"的一个重要纠正。另外，对另一个类别加以考虑很有必要，那就是 *"Istoriko-memuarnyi ocherk"*（"历史回忆文章"），这是文献研究与个人回忆及回忆资料的结合，因此我以一种个人化的方式对回忆录做出细分，"Voennye Memuary"（"针对其历史相关性做出选择"），最后是集体创作的回忆录。

在所有著作中，*Voenno-istoricheskii Zhurnal*（《军事历史》杂志）占有突出地位，这本重要的杂志在1959年恢复出版，到现在已有23个年头。杂志中最重要的是回忆资料，通常比随后出现在"Voennye Memuary"（"军事回忆录"）系列中的著作更加专业、更加可靠；列举所引用的文件也使这些文章占有突出的重要性，一个广为传播的显著例子是华西列夫斯基元帅在他的文章中大量引用了作战指令、记录副本和电报。苏联元帅华西列夫斯基是一名被严重低估的军人，在苏联历史学界，他的身影犹如蜻蜓点水，但作为一名身经百战的指挥员，他极为熟练地操控着整个苏联的战争机器。仅出于这个原因（华西列夫斯基元帅的重要作用），《军事历史》杂志就将引起每一位历史学家的关注，但还有另一方面的原因，这就是对苏军作战决策、作战表现和指挥系统极其严格的分析——70年代中期，随着战时经验被越来越充分地整合进当代军事研究，特别是现在所说的"指挥与控制"，这个特点变得愈发明显。出于这个原因，当然也有其他原因，杂志中提供的军事统计资料同样具有重要的相关性。

提及苏联"军事统计资料"，便把我们带到了缴获的德国军事文件这座"大山"。我应当立即指出，源自现存资料的"原始数据"（作战指令、兵力、部署、武器性能、意图评估）这个类别中的德国和苏联方面的资料并没有明显的差异。事后诸葛亮是另一回事，但我在这里试图从成千上万份德国文件中拼凑出一份可以代表苏联和德国资料来源"相似性"的汇编——因此：（ⅰ）集团军群、集团军一级的主要指挥决策和相关文件，绝密和作战计划文件，（ⅱ）东线外军处收集的情报资料的宝贵汇编，对这些资料的最佳描述也许是"评估与评价"，（ⅲ）"文件集"，包括研究、汇编、分析、统计数据、地图文件、审讯和截获的电文等多个子集（每个子集都附有大量信息），从而进入帝国东方占领区事务部疯狂、恐怖的记录，另外还有党卫队全国领袖更加令人心寒的文件，这些文件阐述了游击战无所顾忌的恐怖，与苏联游击队的战斗以及与弗拉索夫将军进行的阴险交易。这些文件集还提供了大量技术方面的情报，其范围从苏军坦克部队的后勤保障到OKH/铁道兵司令部有限但却透露真相的数据［这些资料可以与G. A. 库马涅夫撰写的*Na sluzhbe fronta i tyla.*

Zheleznodorozhnyi transport SSSR…1938-1945（《为前线和后方服务：1938—1945年……苏联的铁路运输》）（莫斯科：科学出版社，1976年）一书中对苏联铁路运行情况所作的分析进行对比〕。通过这些（和另外一些）资料，我得以拼凑出德军缴获的苏联原始档案、文件和命令的"子档案"，一个典型的例子是FHO（Ⅱb）提交的文件（T-78/R488）——关于苏联军队在德国领土上的行为，其中包括苏军的原始命令和指示，以及对战俘的审讯和苏军内部机构的详情，包括苏军惩戒营的组织机构。

东欧方面的资料来源（与苏联的资料截然不同）显然需要单独鉴别，大批波兰资料值得注意。我已在前面的主要参考文献中列举过这些资料集，例如南斯拉夫卷*Bibliografija o ratu i revoluciji u Jugoslaviji, Posebna izdanja 1945-1965*（《1945—1965年，关于南斯拉夫战争与革命的参考书目》），目的是涵盖更加广泛的出版物范畴。尽管这些著作似乎鲜为人知，但在其中能发现重要的内容，例如1944年后罗马尼亚军队站在苏军一方从事战斗所遭受的严重损失。

非苏联方面对苏德战争的研究和文献出版物也很多，而且越来越多，尽管这些著作再次从战时出版物中获得了帮助，例如亚历山大·沃思的杰作，*The Year of Stalingrad*（《斯大林格勒年》），或是库尔齐奥·马拉帕尔特痛苦而又睿智的著作，*The Volga Rises in Europe*（《伏尔加河源自欧洲》），书中评论道，"苏联最重要的产业创造是她的军队"，并以可怕的战场证明了这一论点：

> 仔细看看这些死者，这些死去的鞑靼人，这些丧生的俄国人。他们刚死不久……他们刚刚离开五年计划的大工厂。看，他们的眼睛多么明亮。看看他们低低的额头，看看他们厚厚的嘴唇。他们是农民？工人？没错，他们是工人——专家、突击队……他们代表着一场新的竞赛，一场艰难的竞赛，这些工人死于一场工业事故，这就是他们的尸体。

马拉帕尔特还对那些预料（很多人这样认为）苏联体制即将崩溃的人说了些刻薄的话。实际上，苏联的指责之一是某些西方国家与德国相勾结，共同策划对苏联发动进攻，或至少在面对德国处心积虑的谋划时持消极态度，因此，非苏联回忆录（和官方文件）在描述与苏联结为战时同盟的情况方面非常重要。另外，关于租借法案和盟国为苏联提供的战时援助，谈及这番巨大的努力时必须使用非苏联资料来源。

德国的回忆资料、出版的文献和军事分析必然会罗列大量重要参考资料。德国高级将领（古德里安、冯·曼施泰因和他们的同僚）的回忆录不可或缺，而"Die Wehrmacht im Kampf"（"战斗中的德国国防军"）系列提供了回忆录与军事记录的有机结合；正式的战役史并不缺乏，可以参阅阿尔弗雷德·菲利皮和费迪南德·海姆撰写的*Der Feldzug gegen Sowjetrussland 1941 bis 1945*（《对苏战争1941—1945》）以及"Studien und Dokumente zur Geschichte des Zweiten Weltkrieges"（"二战史研究和文件"）系列中的出版物。另外还有与海因茨·施勒特尔的*Stalingrad*（《斯大林格勒》，基于他的战时汇编）相类似的"历史回忆录"，以及延伸至战术评估方面的著作，例如米德尔多夫将军的*Taktik im Russlandfeldzug*（《对苏作战的战术》）。简而言之，德国历史学本身就是一门科目，有其专业性和特殊能力的要求；我试图呈现在这里的显然仅仅是一座庞大、令人敬畏的冰山的一角。证明这些出版物的相关性和严谨度最贴切的证据也许是苏联军事专家和历史学家们对此付出的密切关注［另外还有东德《军事历史》杂志，*Militär Geschichte*（《军事史》）］。

这一切仅仅是为了加强我最初的观点——声称资料及来源全面（更不必说"详尽"了）的说法纯属愚昧。也许所能做到的最佳结果是提出这些主要资料，这些资料直接说明了指挥决策、作战行动记述和支持战争的活动（这些活动使强大的军队得以在战场上度过一个个艰难的日子）。如此庞大的一场战争不断留下大量记录、回忆、分析、自我辩解、自负的夸耀、徒劳的抱怨、沉浸在痛苦中的追忆，在某些罕见的情况下甚至是悔恨，这毫不令人惊异。

参考书目目录

I. 苏联方面的资料

  1. 参考书目

  2. 党和政府的"官方史"

  3. 战区、战役和作战行动

  4. 部队战史

  5. 作战艺术和战术

  6. 苏联海军和空军

  7. 回忆录

    （a）个人回忆录

    （b）"军事回忆录"系列

    （c）回忆文集

  8. 战时经济，后勤

  9. 加盟共和国、区和市

  10. 游击战、情报工作和抵抗运动

  11. 外交历史

  12. 苏联、盟国和敌人

  13. 挑选的文章

  14. 战时新闻、报告文学和文学作品

  15. 译作

  16. 访谈

II. 德国军事文件

  1. 作战日志（KTB）

  2. 情报报告和评估

  3. 地图集

III. 东欧国家的回忆录和专著

    （a）波兰

（b）捷克斯洛伐克

（c）罗马尼亚

（d）南斯拉夫

（e）阿尔巴尼亚

（f）匈牙利

（g）保加利亚

Ⅳ. 非苏联资料

I. 苏联方面的资料

1. 参考书目（按年代顺序排列）

A. I. 托尔斯季希纳亚（主编），*Velikaya Otechestvennaya voina Sovetskovo naroda*（《苏联人民的伟大卫国战争》）（莫斯科：参考文献出版社，1942年）。第一份书目汇编。

I. M. 考夫曼等人，*Velikaya Otechestvennaya voina. Ukazatel. literatury.*（《伟大卫国战争，参考书目索引》），第1—10册，（莫斯科：列宁图书馆，1943—1946年）。

G. A. 库马涅夫，*Velikaya Otechestvennaya voina Sovetskovo Soyuza (1941–1945)*（《苏联的伟大卫国战争，1941—1945年》）（莫斯科：科学院出版社，1960年）。1946—1959年出版的著作。

Istoriya Velikoi Otechestvennoi voiny Sovetskovo Soyuza 1941–1945（《苏联伟大卫国战争史，1941—1945年》）（莫斯科：军事出版社，1965年），第六册。参见第403—604页，苏联和非苏联出版物的参考书目及出处。

Velikaya Otechestvennaya voina Sovetskovo Soyuza (1941–1945 gg.) Rekomendatelnyi ukazatel literatury（《1941—1945年，苏联的伟大卫国战争，推荐书目索引》）（莫斯科：图书出版社，1965年）。

A. 格雷廖夫，*Sovetskaya voennaya istoriografiya v gody Velikoi*

Otechestvennoi voiny i poslevoennyi period（《伟大卫国战争期间及战后时期的苏联军事史学》），*VIZ*，1968（1），第90—100页，以及（3），第77—89页。［这篇文章的这两部分都很重要，特别是1968（1），是战时出版物的重要参考。］

Geroi Velikoi Otechestvennoi Voiny. Stranitsy biografii. Rekomendatelnyi ukazatel…（《伟大卫国战争，参考书目页，推荐书目索引……》）（莫斯科：图书出版社，1970年）。

（列宁图书馆）*Velikii Podvig. Rekomendatelnyi ukazatel*…（《伟大的壮举，推荐书目索引……》）（莫斯科：图书出版社，1970年）。

N. A. 阿克肖诺瓦和M. V. 瓦西列瓦，*Soldaty Dzerzhinskovo Soyuz beregut. Rekom. ukazatel… o chekistakh*（《捷尔任斯基的战士保卫苏联，契卡人员……参考书籍索引》）（莫斯科：图书出版社，1972年）。

G. A. 多库恰耶夫，*Sibir v Velikoi Otechestvennoi voiny*（《伟大卫国战争中的西伯利亚》）（新西伯利亚：科学院出版社，1972年）。1941—1971年出版的书籍；这本书目索引只发行了600本照相胶印版。

K 30–letiyu velikoi pobedy. Ukazatel osnovnoi literatury 1973–1975（《伟大卫国战争胜利30周年纪念，1973—1975年主要出版物索引》）（莫斯科：科学院出版社，1975年）。条目和索引，本书发行了1000册，照相胶印版。

Tula i oblast v Velikoi Otechestvennoi voine. Bibliograficheskii ukazatel…（《伟大卫国战争中的图拉和图拉州，书目索引……》）（图拉：图拉州K–Ka出版社，1975年）。

（列宁图书馆）*Velikaya Pobeda. Rekomendatelnyi ukazatel*…（《伟大的胜利，推荐书目索引……》）（莫斯科：图书出版社，1975年）。

Amurtsy v gody Velikoi Otechestvennoi voiny. Rekomendatelnyi ukazatel…（《伟大卫国战争中的阿穆尔人，推荐书目索引……》）（布拉戈维申斯克：阿穆尔州图书馆，1975年）。

Bashkiriya v gody Velikoi Otechestvennoi voiny (1941–1945 gg.) Bibliograficheskii ukazatel（《1941—1945年，伟大卫国战争中的巴什基尔，书目索引》）（乌法：巴什基尔图书馆，1975年）。

Sibir v gody Velikoi Otechestvennoi voiny (iyun 1941–sentyabr 1945).
Bibliograficheskii ukazatel（《1941年6月—1945年9月，伟大卫国战争中的西伯利亚，书目索引》）（新西伯利亚：科学院出版社，1976年）。

Problems of the Contemporary World (38)（《当代世界问题》）（莫斯科：科学院出版社，1976年），苏联对第二次世界大战的研究，英文版。

Yu. I. 久热夫，*Velikaya Otechestvennaya voina na severe v sovetskoi literature*（《伟大卫国战争北方地区的苏联出版物》）（彼得罗扎沃茨克：卡累利阿出版社，1976年）。1941—1972年出版的资料。

M. 戈尔达斯，*Tarybine Armija–Tarybu lietuvos isvaduotoja*（《苏联红军，立陶宛的解放者》）（维尔纽斯：立陶宛公众图书馆，1976年）。

O. 普切、T. 斯马托瓦和I. 瓦尔德马内，*Latviesu tautas cina lielaja tevijas kara 1941–1945*（《1941—1945年伟大卫国战争期间，拉脱维亚人民的斗争》）（里加：国家图书馆，1976年）。

集体创作，*O voine, o tovarishchakh, o sebe. Annotirovannyi ukazatel' voennomemuarnoi literatory (1941–1977 gg.)*（《关于战争、战友和自己，1941—1977年军事回忆录文学注释索引》）（莫斯科：军事出版社，1977年）。这是一本重要的、非常有用的回忆资料汇编，另外还有对文章和书籍的评述。（1982年第二版）

（列宁图书馆：军事部）*Vooruzhennye sily SSSR na strazhe Rodiny*（《保卫祖国的苏联武装力量》）（莫斯科：图书出版社，1977年），参见第45—100页。

集体创作，*Istoriya SSSR. Ukazatel' Sovetskoi literatury za 1917–1967 gg.*（《苏联史，1917—1967年苏联出版物目录》），第三册，第四部分，*SSSR v gody Velikoi Otechestvennoi voiny (iyun 1941–sentyabr 1945 g.). Ukazatel Sovetskoi literatury za 1941–1967 gg.*（《伟大卫国战争中的苏联（1941年6月—1945年9月），1941—1967年的苏联出版物目录》）（莫斯科：科学出版社，1977年），及附录（主题和作者索引）。

作为"关于伟大卫国战争的苏联著作"指南，这份近8000个条目的书目占有最重要的地位，书中的作者索引也加强了它的作用。关于军事行动的主要部分按照伟大卫国战争的时期划分编排（1941年6月—1942年11月，1942年11月—1943年，1944年—1945年5月），苏联的远东战役单独汇编（1945年8月—9月）。第三册的两个部分涵盖了伟大卫国战争期间的出版物和战记（参见第318—378页，条目号3617—4420）。

通过放大和核实，FHO（Ⅲd）东线情报资料中提供的书目也可以利用，这是德军缴获苏联出版物的目录。资料中的很大一部分可以追溯至1941年以前，但它提供了某种连续性：参见*GMD*（德国军事资料），*Russisches Militdrschrifttum: Bücherverzeichnis*（《俄国军事出版物：书目》）（附有单独的编号）。

值得注意的还有，这本最新的苏联书目中两次提及斯大林，他的*O Velikoi Otechestvennoi voine Sovetskovo Soyuza*（《论苏联伟大卫国战争》）的五个版本（1942年版、1943年的两个版本、1944年版和1945年版）以及他同盟国领导人的战时通信。勃列日涅夫的著作至少占了八个条目，包括"遵循列宁主义的方针"第一部分、党和国家文件、党和政府领导人的声明。

2. 党和政府的"官方史"（按年代顺序排列）

J. V. 斯大林，*O Velikoi Otechestvennoi voine Sovetskovo Soyuza*（《论苏联伟大卫国战争》）（莫斯科：国家政治书籍出版社，1942年，共51页），1943年的第二、第三版，1944年的第四版，1951年的第五版（共208页）。

S. 戈利科夫，*Vydayushchiesya pobedy Sovetskoi Armii v Velikoi Otechestvennoi voine*（《苏联红军在伟大卫国战争中的杰出胜利》）（莫斯科：国家政治书籍出版社，1954年第二版）。这是伟大卫国战争"官方"的、典型的、斯大林主义的版本。

S.P. 普拉托诺夫（主编），*Vtoraya mirovaya voina 1939–1945 gg.*（《第二次世界大战，1939—1945年》）（莫斯科：军事出版社，1958年）（"图书馆管理员"系列；附有许多地图）。这是一部重要的、非常有用的历史著作，当之无愧地被使用了许多年。

B. S. 捷利普霍夫斯基，*Velikaya Otechestvennaya voina Sovetskovo Soyuza 1941–1945, Kratkii ocherk*（《1941—1945年，苏联伟大卫国战争简

史》）（莫斯科：国家政治书籍出版社，1959年）。本书具有倾向性，准确性较差。

F. D. 沃罗比约夫和V. M. 克拉夫佐夫，*Velikaya Otechestvennaya voina Sovetskovo Soyuza 1941–1945 gg.*（《1941—1945年，苏联伟大卫国战争》）（莫斯科：军事出版社，1961年）。写的是苏联军队中的"将领和指挥员"，它依然是一部清晰、有用的著作。

Istoriya Velikoi Otechestvennoi voiny Sovetskovo Soyuza 1941–1945（《苏联伟大卫国战争史，1941—1945年》）六卷本（编委会主任P. N. 波斯别洛夫）。第一册，1960年出版；第二册，1961年出版；第三册，1961年出版；第四册，1962年出版；第五册，1963年出版；第六册，1965年出版。（1968年再版了第一册的增补修订版，但不能被称作真正的第二版；这两个版本都严重倾向于扩大赫鲁晓夫以及他的同伴在战争期间发挥的作用。不过，相关数据没有被篡改，这部历史著作仍有一定的价值。）第一至六册（莫斯科：马列主义协会出版社/军事出版社，1960—1965年；以及第一册的修订版，1963— ）。

Velikaya Otechestvennaya voina Sovetskovo Soyuza 1941–1945, Kratkaya istoriya（《1941—1945年，苏联伟大卫国战争简史》）（编委会主任P. N. 波斯别洛夫）（莫斯科：军事出版社，1965年）。另可参阅第二版（军事出版社，1970年）和英文版，*Great Patriotic War of the Soviet Union*（《苏联的伟大卫国战争》）（莫斯科：进步出版社，有删节）。

P. A. 日林（主编），*Velikaya Otechestvennaya voina, Kratkii nauch.–popul. Ocherk*（《伟大卫国战争，科普简史》）（莫斯科：政治书籍出版社，1970年）。这是军事历史研究所的主持下推出的著作。

苏联国防部军事历史研究所，*Velikaya Otechestvennaya Voina 1941–1945, Kratkii nauchno–populyarnyi ocherk*（《伟大卫国战争，1941—1945年，科普简史》）（莫斯科：政治书籍出版社，1970年）。

苏联国防部军事历史研究所，*Velikaya Otechestvennaya Voina 1941–1945*（《伟大卫国战争，1941—1945年》）（莫斯科：政治书籍出版社，1973年）。

苏联科学院，*Velikaya Pobeda Sovetskogo Naroda 1941–1945*（《1941—1945年苏联人民的伟大胜利》）（莫斯科：科学出版社，1976年）。

Istoriya vtoroi mirovoi voiny 1939–1945（《第二次世界大战史，1939—1945年》）。1973年，这套十二卷新二战史的第一册出版发行，这部全面、系统性的著作显然是为了取代赫鲁晓夫时期出版的六卷本伟大卫国战争史。军事历史研究所、马列主义研究所、苏联科学院综合历史研究所和苏联科学院历史研究所这四个重要机构参与其中。1976年去世前，苏联元帅A. A. 格列奇科一直担任编委会负责人；他去世后，苏联元帅D. F. 乌斯季诺夫（现任苏联国防部长）接替了他的工作。全套十二册都已由军事出版社出版发行。第一册，1973年；第二册，1974年；第三册，1973年；第四册，1975年；第五册，1975年；第六册，1976年；第七册，1976年；第八册，1977年；第九册，1978年；第十册，1979年；第十一册，1980年；第十二册，1982年。对苏德战争的描述开始于第四册。

A. M. 萨姆索诺夫（主编），*Sovetskii Soyuz v gody Velikoi Otechestvennoi voiny 1941–1945*（《1941—1945年，伟大卫国战争中的苏联》），苏联科学院，（莫斯科：科学出版社，1976年）。

Ideologicheskaya rabota KPSS na fronte (1941–1945 gg.)（《1941—1945年，苏联共产党在前线的思想政治工作》）（莫斯科：军事出版社，1960年）。

Kommunisticheskaya Partiya v period Velikoi Otechestvennoi voiny, 1941–1945, Dokumenty i Materialy（《1941—1945年，伟大卫国战争中的共产党，文件和资料》）（莫斯科：国家政治书籍出版社，1961年），共704页。

Partiino–politicheskaya rabota v Sovetskikh vooruzhennykh silakh v gody Velikoi Otechestvennoi voiny（《伟大卫国战争期间党在苏联军队中开展的政治工作》）（莫斯科：军事出版社，1963年）。

Yu. P. 彼得罗夫，*Partiinoe stroitel'stvo v Sovetskoi Armii i Flote (1918–1961 gg.)*（《1918—1961年，苏联陆海军中的党组织建设》）（莫斯科：军事出版社，1964年）。参见第341—440页，党、共青团、二战。

G. D. 科姆科夫，*Ideino–politcheskaya rabota KPSS v 1944–1945 gg.*

（《1944—1945年，苏联共产党的思想政治工作》）（莫斯科：科学出版社，1965年）。

Sbornik Dokumentov i Materialov po istorii SSSR Sovetskogo Perioda (1917–1956gg.)（《1917—1956年，苏联时期的苏联史文件和资料集》）（莫斯科：莫斯科大学出版社，1966年）。

Partiino–Politicheskaya rabota v Sovetskikh Vooruzhennykh silakh v gody Velikoi Otechestvennoi voiny, 1941–1945（《1941—1945年，伟大卫国战争期间党在苏联军队中开展的政治工作》），简史，苏联国防部，（莫斯科：军事出版社，1968年）。

Kommunisticheskaya Partiya v Velikoi Otechestvennoi voine, 1941–1945, Dokumenty i Materialy（《1941—1945年，伟大卫国战争中的共产党，文件和资料》）（莫斯科：军事出版社，1970年）。

N. A. 基尔萨诺夫，*Partiinye mobilizatsii na front v gody Velikoi Otechestvennoi voiny*（《伟大卫国战争期间党组织为前线所作的动员》）（莫斯科：莫斯科大学出版社，1972年）。

SSSR v Velikoi Otechestvennoi voine 1941–1945 (Kratkaya khronika)（《1941—1945年，伟大卫国战争中的苏联，简史》），苏联科学院历史研究所（莫斯科：军事出版社，1964年）。

SSSR v Velikoi Otechestvennoi voine 1941–1945gg. Kratkaya khronika（《1941—1945年，伟大卫国战争中的苏联，简史》）（莫斯科：莫斯科大学出版社，1970年，修订增补的第二版）。

3. 战区、战役和作战行动

V. A. 安菲洛夫，*Nachalo Velikoi Otechestvennoi voiny (22 iyunya– seredina iyulya 1941 goda)*（《伟大卫国战争爆发，1941年6月22日—7月中旬》）（莫斯科：军事出版社，1962年）。

V. A. 安菲洛夫，*Bessmertnyi podvig. Issledovanie kanuna i pervovo etapa VOV*（《不朽的功绩，伟大卫国战争前夕和初期研究》）（莫斯科：科学出版社，1971年）。

V. A. 安菲洛夫，*Proval "blitskriga"*（《"闪电战"的失败》）（莫斯科：科学出版社，1974年）。安菲洛夫这三本书是研究德军突然袭击和苏德战争初期阶段的重要著作。

A. V. 安托夏克，*V boyakh za svobodu Rumynii*（《在解放罗马尼亚的战斗中》）（莫斯科：军事出版社，1974年）。苏军在罗马尼亚的作战行动。

I. Kh. 巴格拉米扬，*Gorod–voin na Dnepre*（《第聂伯河上的军人城》）（莫斯科：政治书籍出版社，1965年）。1941年基辅的失陷。

I. P. 巴尔巴欣和A. D. 哈里东诺夫，*Boevye deistviya Sovetskoi Armii pod Tikhvinom v 1941 godu*（《1941年，苏军在季赫温的战斗》）（莫斯科：军事出版社，1958年）。

P. I. 巴托夫，*Operatsiya "Oder"*（《奥得河战役》）（莫斯科：军事出版社，1965年）。柏林战役中的第65集团军。

I. M. 贝尔金，*13-ya Armiya v Lutsko-Rovenskoi operatsii 1944 g.*（《1944年卢茨克—罗夫诺战役中的第13集团军》）（莫斯科：军事出版社，1960年）。第13集团军，1944年1—2月。

S. S. 比留佐夫（主编），*Sovetskie vooruzhennye sily v bor'be za osvobozhdenie narodov Yugoslavii*（《为解放南斯拉夫人民而战的苏联红军》）（莫斯科：军事出版社，1960年）。苏军在南斯拉夫的作战行动。

S. I. 布利诺夫，*Ot Visly do Odera*（《从维斯瓦河到奥得河》）（莫斯科：军事出版社，1962年）。1945年1月，第60集团军的作战行动。

Bor'ba za Sovetskuyu Baltiku v Velikoi Otechestvennoi voine 1941–1945（《1941—1945年，伟大卫国战争期间苏军在波罗的海诸国的战斗》）（里加：列斯马出版社，1966–1967年），第一册和第二册。另可参阅第三册。

V. I. 崔可夫，*Gvardeitsy Stalingrada idut na zapad*（《斯大林格勒近卫军西进》）（莫斯科：苏维埃出版社，1972年）。以及*V boyakh za Ukrainu*（《在解放乌克兰的战斗中》）（基辅，1972年）。

V. I. 崔可夫，*Konets Tret'evo Reikha*（《第三帝国的末日》）（莫斯科：苏维埃出版社，1973年）。也可参阅乌克兰文版本，*Kinets Tretovo Reikhu*（《第三帝国的末日》）（基辅，1975年）。

V. I. 崔可夫，*Srazhenie veka*（《本世纪之战》）（莫斯科：苏维埃出版社，1975年）。斯大林格勒，苏军冲入乌克兰；柏林，1945年。

E. P. 叶利谢耶夫，*Na Belostokskom napravlenii*（《在比亚韦斯托克方向上》）（莫斯科：科学出版社，1971年）。白俄罗斯第2方面军，1944年7月。

V. N. 叶夫斯季格涅耶夫（主编），*Velikaya bitva pod Moskvoi*（《莫斯科会战》）（莫斯科：军事出版社，1961年）。

K. N. 加利茨基，*V boyakh za Vostochnuyu Prussiyu*（《在东普鲁士战役中》）（莫斯科：科学出版社，1970年）。近卫第11集团军，1944—1945年。

A. A. 格列奇科，*Bitva za Kavkaz*（《高加索会战》）（莫斯科：科学出版社，1967年，1971年第二版）。

A. A. 格列奇科，*Cherez Karpaty*（《越过喀尔巴阡山》）（莫斯科：军事出版社，1972年第二版）。越过喀尔巴阡山，苏军在捷克斯洛伐克的作战行动。

A. N. 格雷廖夫，*Za Dneprom*（《争夺第聂伯河》）（莫斯科：军事出版社，1963年）。乌克兰战役，1944年1—4月。

A. N. 格雷廖夫，*Dnepr Karpaty Krim. Osvobozhdenie Pravoberezhnoi Ukrainy i Kryma v 1944 goda*（《第聂伯河、喀尔巴阡山、克里木，1944年右岸乌克兰和克里木的解放》）（莫斯科：科学出版社，1970年）。

V. P. 伊斯托明，*Smolenskaya nastupatel'naya operatsiya (1943 g.)*（《1943年的斯摩棱斯克进攻战役》）（莫斯科：军事出版社，1975年）。

A. D. 哈里东诺夫，*Gumbinnenskii proryv*（《突破贡宾嫩》）（莫斯科：军事出版社，1960年）。贡宾嫩战役中的第28集团军。

M. M. 基里扬，*S Sandomirskovo platsdarma*（《在桑多梅日登陆场》）（莫斯科：军事出版社，1961年）。近卫第5集团军，1945年1月。

S. P. 基留欣，*43-ya Armiya v Vitebskoi operatsii*（《维捷布斯克战役中的第43集团军》）（莫斯科：军事出版社，1961年）。

I. D. 克利莫夫，*Geroicheskaya oborona Tuly*（《图拉的英勇防御》）（莫斯科：军事出版社，1961年）。1941年10—12月，第50集团军守卫图拉。

G. A. 科尔图诺夫和B. G. 索洛维约夫，*Kurskaya bitva*（《库尔斯克战役》）（莫斯科：军事出版社，1970年）。这是苏联方面关于库尔斯克战役的优秀著作。

G. A. 科尔图诺夫，*Ognennaya duga*（《弧形地带的战火》）（莫斯科：军事出版社，1973年）。库尔斯克，1943年。

I. S. 科涅夫（主编），*Za osvobozhdenie Chekboslovakii*（《解放捷克斯洛伐克》）（莫斯科：军事出版社，1965年）。苏军在捷克斯洛伐克的作战行动；这是一份重要的战役研究，书中提供了宝贵的数据和资料。

I. T. 克罗夫尼科夫，*Novgorodsko–Luzhskaya operatsiya*（《诺夫哥罗德—卢加战役》）（莫斯科：军事出版社，1960年）。第59集团军的进攻行动，1944年1—2月。

I. I. 柳德尼科夫，*Pod Vitebskom*（《在维捷布斯克城下》）（莫斯科：军事出版社，1962年）。1944年6月，维捷布斯克，第39集团军的作战行动。

R. Ya. 马利诺夫斯基（主编），*Yassko–Kishinevskie Kanny*（《雅西—基什尼奥夫战役》）（莫斯科：科学出版社，1964年）。

I. I. 马尔金，*Kurskaya bitva*（《库尔斯克战役》）（莫斯科：军事出版社，1958年）。

V. A. 马楚连科，*Udar s dnestrovskovo platsdarma*（《从德涅斯特河登陆场发起打击》）（莫斯科：军事出版社，1961年）。1944年8月，第37集团军的作战行动。

M. M. 米纳相，*Osvobozhdenie narodov Yugo-vostochnoi Evropy*（《东南欧人民的解放》）（莫斯科：军事出版社，1967年）。书中配有地图。

V. P. 莫罗佐夫，*Zapadnee Voronezha*（《沃罗涅日以西》）（莫斯科：军事出版社，1956年）。1943年1—2月，苏军的进攻；这是一部出色的苏联军事专著，也是一个宝贵的资料来源。

D. Z. 穆利耶夫，*Proval Operatsii "Taifun"*（《"台风"行动的失败》）（莫斯科：军事出版社，1972年）。

Na Severo-zapadnom fronte, 1941–1943（《1941—1943年，在西北战线上》）（莫斯科：科学出版社，1969年）。

A. M. 涅克利希，*1941 22 iyunya*（《1941年6月22日》）（莫斯科：科学出版社，1965年）。

A. K. 奥列什金，*Oboronitel'naya operatsiya 9-i Armii*（《第9集团军的防御作战》）（莫斯科：军事出版社，1960年）。1941年10—11月，第9集团军，罗斯托夫。

S. P. 普拉托诺夫（主编），*Bitva za Leningrad 1941–1944*（《保卫列宁格勒，1941—1944年》）（莫斯科：军事出版社，1964年），附有地图。这是描述苏军作战行动的一部重要著作。

S. N. 波克罗夫斯基，*Kazakhstanskie soyedineniya v bitve na Kurskoi duge*（《哈萨克斯坦与库尔斯克突出部战役的联系》）（阿拉木图：科学出版社，1973年）。

M. 波卢什金，*Na sandomirskom napravlenii Lvovsko-Sandomirskaya operatsiya (iyul–avgust 1944 g.)*（《1944年7—8月，利沃夫—桑多梅日战役中的桑多梅日方向》）（莫斯科：军事出版社，1969年）。

D. M. 普罗埃克托尔，*Cherez duklinskii pereval*（《穿过杜克拉山口》）（莫斯科：军事出版社，1960年）。

K. K. 罗科索夫斯基（主编），*Velikaya pobeda na Volge*（《伏尔加河上的伟大胜利》）（莫斯科：军事出版社，1965年，配有地图）。

P. A. 罗特米斯特罗夫，*Tankovoe srazhenie pod Prokhorovkoi*（《普罗霍罗夫卡坦克战》）（莫斯科：军事出版社，1960年）。

N. M. 鲁缅采夫，*Pobeda Sovetskoi Armii v Zapolyar'e*（《苏军在北极地区获得的胜利》）（莫斯科：军事出版社，1955年）。1944年的作战行动。

N. M. 鲁缅采夫，*Razgrom vraga v Zapolyar'e (1941–1944 gg.)*（《1941—1944年，敌人在北极地区的失败》）（莫斯科：军事出版社，1963年）。

A. M. 萨姆索诺夫，*Stalingradskaya bitva*（《斯大林格勒战役》）（莫斯科：科学院出版社，1960年第一版；莫斯科：科学出版社，1968年第二版）。第二版必须被视为描述苏军在斯大林格勒地区作战行动的权威著作；这本书使用了大量原始资料。

L. M. 桑达洛夫, *Pogorelo–Gorodishchenskaya operatsiya*（《"波格列洛耶—戈罗季谢"战役》）（莫斯科：军事出版社，1960年）。1942年8月，西方面军，第20集团军。

M. N. 沙罗欣和V. S. 彼得鲁欣, *Put' k Balatonu*（《通向巴拉顿湖之路》）（莫斯科：军事出版社，1966年）。1944—1945年，匈牙利，巴拉顿湖，第57集团军的作战行动。

Shturm Kenigsberga（《突击柯尼斯堡》），回忆文集，（加里宁格勒：图书出版社，1973年第三版）。

G. P. 索夫龙诺夫, *Vozdushnye desanty vo vtoroi mirovoi voine*（《第二次世界大战中的伞兵突击》）（莫斯科：军事出版社，1962年）。苏军的空降作战；第二章，1942年1—2月，1943年9—10月，卡涅夫。

V. D. 索科洛夫斯基（主编）, *Razgrom nemetsko–fashistskikh voisk pod Moskvoi*（《德国法西斯军队在莫斯科城下遭受的失败》）（莫斯科：军事出版社，1964年，附有地图）。

B. G. 索洛维约夫, *Vermakht na puti k gibeli*（《走向毁灭之路的德国国防军》）（莫斯科：科学出版社，1973年）。库尔斯克战役及其余波。

V. P. 斯维里多夫等人, *Bitva za Leningrad 1941–1944*（《1941—1944年，列宁格勒战役》）（列宁格勒：列宁出版社，1973年）。

P. V. 捷列霍夫, *Boevye deistviya tankov na severo–zapade v 1944 g*（《1944年坦克部队在西北方向上的作战行动》）（莫斯科：军事出版社，1965年）。苏军坦克的作战行动，卡累利阿，1944年。

V. F. 托卢布科和N. I. 巴雷舍夫, *Ot Vidina do Belgrada*（《从维丁到贝尔格莱德》）（莫斯科：科学出版社，1968年）。苏军坦克部队，贝尔格莱德战役，1944年。

G. M. 乌特金, *Shturm "Vostochnovo vala"*（《突击"东墙"》）（莫斯科：军事出版社，1967年）。乌克兰/第聂伯河作战行动，1943年。

G. I. 万涅夫等人, *Geroicheskaya oborona Sevastopolya 1941–1942*（《1941—1942年，塞瓦斯托波尔的英勇防御》）（莫斯科：军事出版社，1969年）。

L. N. 弗诺琴科，*Pobeda na Dal'nem Vostoke*（《远东的胜利》）（莫斯科：军事出版社，1971年第二版）。关于1945年8—9月苏军远东战役准备与执行的权威著作。

F. D. 沃罗比约夫等人，*Poslednii shturm (Berlinskaya operatsiya 1945 g.)*（《最后的突击，1945年的柏林战役》）（莫斯科：军事出版社，1970年首版，1975年第二版；配有地图）。

V. M. 雅库诺夫，*Cherez Nevu*（《跨过涅瓦河》）（莫斯科：军事出版社，1960年）。第67集团军，1943年1月，列宁格勒。

A. I. 叶廖缅科，*Na zapadnom napravlenii*（《在西方向上》）（莫斯科：军事出版社，1958年）。突击第4集团军的作战行动，1941年。

M. V. 扎哈罗夫（主编），*Proval gitlerovskovo nastupleniya na Moskvu*（《希特勒德军进攻莫斯科的失败》）（莫斯科：科学出版社，1966年）。

M. V. 扎哈罗夫，*Osvozhdenie Yugo-vostochnoi i Tsentral'noi Evropy voiskami 2-vo i 3-vo Ukrainskikh frontov 1944–1945*（《1944—1945年，乌克兰第2、第3方面军解放中欧和东南欧》）（莫斯科：科学出版社，1970年）。

A. S. 扎维亚洛夫和T. E. 卡利亚金，*Vostochno-Pomeranskaya nastupatel'naya operatsiya sovetskikh voisk*（《苏军东波美拉尼亚进攻战役》）（莫斯科：军事出版社，1960年）。1945年2—3月，东波美拉尼亚。

4. 部队战史

P. K. 阿尔图霍夫等人，*Nezabyvaemye dorogi*（《难忘的道路》）（莫斯科：军事出版社，1974年）。近卫第10集团军。

A. Kh. 巴巴贾尼扬等人，*Lyuki otkryli v Berline*（《在柏林打开舱盖》）（莫斯科：军事出版社，1973年）。近卫坦克第1集团军战史。

集体创作，*V srazheniyakh za pobedu*（《为胜利而战》）（莫斯科：科学出版社，1974年）。第38集团军，1941—1945年。

V. M. 多姆尼科夫中将（主编），*V nastuplenii Gvardiya*（《进攻中的近卫军》）（莫斯科：军事出版社，1971年）。近卫第2集团军。

D. A. 德拉贡斯基（主编），*Ot Volgi do Pragi*（《从伏尔加河到布拉格》）（莫斯科：军事出版社，1966年）。近卫第7集团军。

I. T. 科罗夫尼科夫等人，*Na trëkh frontakh*（《在三条战线上》）（莫斯科：军事出版社，1974年）。第59集团军。

N. I. 克雷洛夫等人，*Navstrechu pobede*（《走向胜利》）（莫斯科：科学出版社，1970年）。第5集团军。

V. K. 皮亚特科夫等人，*Tret'ya udarnaya*（《突击第3集团军》）（莫斯科：军事出版社，1976年）。突击第3集团军。

T. F. 沃龙佐夫等人，*Ot volzhskikh stepei do avstriiskikh Alp.*（《从伏尔加河草原到奥地利阿尔卑斯山》）（莫斯科：军事出版社，1971年）。1943年前为第24集团军，后为近卫第4集团军。

F. I. 维索茨基等人，*Gvardeiskaya tankovaya*（《近卫坦克》）（莫斯科：军事出版社，1963年）。近卫坦克第2集团军。

G. T. 扎维季昂和P. A. 科尔纽申，*I na Tikhom Okeane…*（《在太平洋岸边》）（莫斯科：军事出版社，1967年）。近卫坦克第6集团军。

G. N. 阿布罗西莫夫等人，*Gvardeiskii Nikolaevsko–Budapeshtskii*（《近卫尼古拉耶夫–布达佩斯机械化军》）（莫斯科：军事出版社，1976年）。近卫机械化第2军，该军由近卫步兵第22和第363师组建而成。

A. V. 库兹明和I. I. 克拉斯诺夫，*Kantemirovtsy*（《坎捷米罗夫卡人》）（莫斯科：军事出版社，1971年）。近卫坦克第4军。

A. P. 梁赞斯基，*V ogne tankovykh srazhenii*（《在坦克战的火海中》）（莫斯科：科学出版社，1975年）。近卫机械化第5军。

A. M. 萨姆索诺夫，*Ot Volgi do Baltiki*（《从伏尔加河到波罗的海》）（莫斯科：科学院出版社，1973年第二版）。近卫机械化第3军，1942—1945年。

M. D. 索洛马京，*Krasnogradtsy*（《克拉斯诺格勒人》）（莫斯科：军事出版社，1963年）。机械化第1军。

V. F. 托卢布科和N. I. 巴雷舍夫，*Na yuzbnom flange*（《在南翼》）（莫斯科：科学出版社，1973年）。近卫机械化第4军，1942—1945年。

I. I. 尤舒克，*Odinnadtsatyi tankovyi korpus v boyakh za Rodinu*（《卫国战

争中的坦克第11军》）（莫斯科：军事出版社，1962年）。坦克第11军。

A. A. 安德烈耶夫，*Po voennym dorogam*（《沿着军用道路前进》）（莫斯科：军事出版社，1971年）。步兵第69师。

I. F. 阿夫拉莫夫，*82-ya Yartsevskaya*（《"雅罗斯拉夫尔"步兵第82师》）（莫斯科：军事出版社，1973年）。步兵第82师。

I. S. 别祖格雷等人，*Dvazhdy Krasnoznammenaya*（《两次获得红旗勋章》）（莫斯科：莫斯科工人出版社，1977年）。"莫斯科"步兵第5师和步兵第158师。

Gvardeiskaya Chernigovskaya（《近卫"切尔尼戈夫"步兵师》）（莫斯科：军事出版社，1976年）。近卫步兵第76师。

V. I. 克拉皮温，*313-ya Petrozavodskaya*（《"彼得罗扎沃茨克"步兵第313师》）（彼得罗扎沃茨克：卡累利阿出版社，1971年）。步兵第313师。

P. G. 库兹涅佐夫，*Gvardeitsy-Moskvichi*（《近卫军士兵——莫斯科人》）（莫斯科：军事出版社，1962年）。莫斯科无产阶级步兵师；近卫"莫斯科-明斯克"第1步兵师。

D. K. 马尔科夫，*Skvoz dym i plamya*（《穿过房屋和火焰》）（莫斯科：军事出版社，1966年）。近卫步兵第12师。

F. M. 纳帕尔科夫等人，*Ot Tyumen do Kirkenesa*（《从秋明到希尔克内斯》）（斯维尔德洛夫斯克：中乌拉尔图书出版社，1976年）。步兵第368师。

A. N. 尼古拉耶夫和A. G. 杜德尼科夫，*139-ya Roslavlskaya Krasnoznammenaya*（《红旗"罗斯拉夫尔"步兵第139师》）（切博克萨雷：图书出版社，1975年）。步兵第139师。

Ordena Lenina Strelkovaya（《列宁勋章步兵师》）（彼尔姆：彼尔姆图书出版社，1967年）。步兵第359师。

Rizhskie Gvardeiskie. Sbornik voenno-istoricheskikh ocherkoy（《里加近卫部队军事历史文集》）（里加：列斯马出版社，1972年）。关于拉脱维亚部队：近卫步兵第52师、近卫步兵第30师、近卫步兵第85师、近卫步兵第43师、近卫步兵第22师、近卫步兵第65师、歼击航空兵第315师。

I. A. 萨姆楚克，*Trinadtsataya Gvardeiskaya*（《近卫步兵第13师》）（莫斯科：军事出版社，1962年，1971年第二版）。近卫步兵第13师。

I. A. 萨姆楚克，*Gvardeiskaya Poltavskaya*（《近卫"波尔塔瓦"步兵师》）（莫斯科：军事出版社，1965年）。近卫步兵第97师。

I. F. 萨佐诺夫，*Pervaya Gvardeiskaya*（《近卫步兵第1师》）（莫斯科：军事出版社，1961年）。步兵第100师；近卫步兵第1师。

I. N. 舍甫琴科和P. N. 加里诺夫斯基，*Devyataya plastunskaya*（《"普拉斯通"步兵第9师》）（莫斯科：军事出版社，1970年）。步兵第9师，关于二战的是第102—188页。

M. P. 斯马科金，*Ot Dona do Berlina*（《从顿河到柏林》）（莫斯科：军事出版社，1962年）。步兵第153师和近卫步兵第57师。

123-ya shla vperëd（《前进中的步兵第123师》）（列宁格勒：列宁出版社，1971年）。步兵第123师。

A. F. 捷列霍夫等人，*Gvardeiskaya Tamanskaya*（《近卫"塔曼"步兵师》）（莫斯科：军事出版社，1972年）。步兵第127师；近卫"塔曼"步兵师。

A. V. 图佐夫，*V ogne voiny*（《在战斗的火焰中》）（莫斯科：军事出版社，1970年）。近卫步兵第50师。

S. I. 瓦西列夫和A. P. 迪坎，*Gvardeitsyi pyatnatsatoi*（《近卫步兵第15师》）（莫斯科：军事出版社，1960年）。近卫步兵第15师。

R. E. 泽伊纳罗夫和L. S. 博罗杰斯基，*416 Taganrogskaya*（《"塔甘罗格"步兵第416师》）（巴库：阿塞拜疆国家政治书籍出版社，1969年）。

I. G. 德拉甘，*Vilenskaya Krasnoznamennaya*（《红旗"维尔纽斯"步兵师》）（莫斯科：军事出版社，1977年）。步兵第144师。

P. S. 别兰等人，*Frontovye dorogi*（《前线之路》）（阿拉木图：哈萨克斯坦出版社，1978年）。步兵第391师。

N. K. 扎库伦科夫，*32-ya Gvardeiskaya*（《近卫步兵第32师》）（莫斯科：军事出版社，1978年）。步兵第32师；近卫"塔曼"步兵第32师。

集体创作，*S boyami do El'by*（《战斗至易北河》）（莫斯科：莫斯科工人出版社，1979年）。民兵第1师；步兵第60师。

V. V. 戈卢金和A. E. 伊瓦什琴科，*5-ya Gvardeiskaya Kalinkovskaya*（《近卫"卡利诺夫斯科耶"迫击炮第5师》）（莫斯科：军事出版社，1979年）。近卫迫击炮第5师；多管火箭炮师。

B. S. 文科夫和P. P. 杜迪诺夫，*Gvardeiskaya doblest*（《英勇的近卫军》）（莫斯科：军事出版社，1979年）。近卫步兵第70师。

A. T. 博加特廖夫，*Ognevoi val.*（《火炮齐射》）（基辅：乌克兰政治读物出版社，1977年）。突破炮兵第5师。

S. E. 波波夫，*Na ognevykh rubezhakh*（《在射击线上》）（莫斯科：军事出版社，1971年）。近卫突破炮兵第3师。

N. G. 涅尔谢相，*Fastovskaya Gvardeiskaya*（《近卫"法斯托夫"坦克旅》）（莫斯科：军事出版社，1964年）。近卫坦克第53旅。

I. N. 维诺格拉多夫，*Oborona-shturm-pobeda*（《防御，突击，胜利》）（莫斯科：科学出版社，1968年）。第159筑垒地域。

A. I. 格林柯（主编），*Voronezhskii dobrovol'cheskii*（《沃罗涅日志愿兵》）（沃罗涅日：中央黑土地图书出版社，1972年）。近卫"沃罗涅日"步兵第4团。

5. 作战艺术和战术

V. I. 阿奇卡索夫和N. B. 帕夫洛维奇，*Sovetskoe voenno-morskoe iskusstvo v VOV*（《伟大卫国战争期间苏联海军的作战艺术》）（莫斯科：军事出版社，1973年）。

N. G. 安德罗尼科夫等人，*Bronetankovye i mekhanizirovannye voiska Sovetskoi Armii*（《苏军坦克和机械化部队》）（莫斯科：军事出版社，1958年）。坦克集团军；坦克的作战行动。

P. F. 巴蒂茨基（主编），*Voiska protivovozdushnoi oborony strany. Istoricheskii ocherk*（《防空部队历史回顾》）（莫斯科：军事出版社，1958年）。防空部队，参见第二章，第67—334页。

伏龙芝军事学院，*Proryv podgotovlennoi oborony strelkovymi*

soyedineniyami. Sbornik statei（《突破步兵部队的既设防御，文集》）（莫斯科：军事出版社，1957年）。

伏龙芝军事学院，*Razvitie taktiki Sovetskoi armii v gody Velikoi Otechestvennoi voiny (1941–1945 gg.)*（《1941—1945年，伟大卫国战争期间苏军战术的发展》）（莫斯科：军事出版社，1958年）。

伏龙芝军事学院，*Sbornik materialov Sovetskovo voennovo iskusstva v Velikoi Otechestvennoi voine 1941–1945 gg.*（《1941—1945年，伟大卫国战争中的苏联军事艺术资料集》）（莫斯科：军事出版社，1956年）。

Inzhenernye voiska Sovetskoi Armii v vazhneishikh operatsiyakh Velikoi Otechestvennoi voiny（《伟大卫国战争期间，重大战役中的苏军工兵部队》）（莫斯科：军事出版社，1958年）。二战中的苏军战斗工兵。

P. A. 库罗奇金（主编），*Obshchevoiskovaya armiya v nastuplenii*（《进攻中的诸兵种合成集团军》）（莫斯科：军事出版社，1966年）。

I. T. 佩列瑟普金，*Svyaz'v Velikoi Otechestvennoi voine*（《伟大卫国战争中的通信联络》）（莫斯科：科学出版社，1973年）。苏军通信部队。

N. N. 波佩利，*Upravlenie voiskami v gody Velikoi Otechestvennoi voiny*（《伟大卫国战争中的指挥与控制》）（莫斯科：军事出版社，1974年）。

A. I. 拉济耶夫斯基，*Tankovyi udar*（《坦克突击》）（莫斯科：军事出版社，1977年）。进攻行动中的苏军坦克集团军。

K. V. 瑟乔夫和M. M. 马拉霍夫（主编），*Nastuplenie strelkovo korpusa (Sbornik takt008icheskikh primerov···)*（《步兵军进攻（战术范例集）》）（莫斯科：军事出版社，1958年）。配有地图。

Taktika v boevykh primerakh（《作战战术范例》）（莫斯科：军事出版社，1974—1976年），第五册：师、团、营、连和排。另可参阅*Armeiskie operatsii*（《集团军作战行动》）（莫斯科：军事出版社，1977年），集团军的作战行动。

K. P. 捷廖欣等人，*Voiny stal'nykh magistralei*（《铁路战》）（莫斯科：军事出版社，1969年）。二战中的苏军铁道部队。

I. V. 季莫霍维奇，*Operativnoe iskusstvo Sovetskikh VVS v Velikoi*

Otechestvennoi voine（《伟大卫国战争期间苏联空军的作战艺术》）（莫斯科：军事出版社，1976年）。

伏罗希洛夫大学院（总参军事学院），*bornik materialov po istorii voennovo iskusstva v Velikoi Otechestvennoi voine*（《伟大卫国战争中的军事艺术史资料集》）（莫斯科：军事出版社，1955年），第1—4册，附有地图。

P. A. 日林（主编），*Vazhneishie operatsii Velikoi Otechestvennoi voiny 1941–1945 gg.*（《1941—1945年，伟大卫国战争中的重大战役》）（莫斯科：军事出版社，1956年）。

6. 苏联海军和空军

苏联海军

V. I. 阿奇卡索夫（主编），*Krasnoznammennyi Baltiiskii flot v bitve za Leningrad 1941–1944 gg.*（《1941—1944年，列宁格勒战役中的红旗波罗的海舰队》）（莫斯科：科学出版社，1973年）。

V. I. 阿奇卡索夫（主编），*Krasnoznammennyi Baltiiskii flot 1944–1945 gg.*（《1944—1945年间的红旗波罗的海舰队》）（莫斯科：科学出版社，1975年）。

集体创作，*Kursami doblesti i slavy*（《英勇、荣耀的航迹》）（莫斯科：军事出版社，1975年）。苏军鱼雷艇的作战行动。

V. I. 德米特里耶夫，*Atakuyut podvodniki*（《潜艇攻击》）（莫斯科：军事出版社，1964年）。

S. F. 埃德林斯基，*Baltiiskii transportnyi flot v Velikoi Otecbestvennoi voine 1941–1945 gg.*（《1941—1945年，伟大卫国战争中的波罗的海运输船队》）（莫斯科：铁路运输部出版社，1957年）。

Kh. Kh. 卡马洛夫，*Morskaya pekhota v boyakh za Rodinu*（《卫国战争中的海军步兵》）（莫斯科：军事出版社，1966年）。海军步兵。

I. D. 基林，*Chernomorskii flot v bitve za Kavkaz*（《高加索战役中的黑海舰队》）（莫斯科：军事出版社，1958年）。

I. A. 科兹洛夫和V. S. 什洛明，*Krasnoznamennyi Baltiiskii Flot v geroicheskoi oborone Leningrada*（《列宁格勒英勇防御中的红旗波罗的海舰队》）（列宁格勒：列宁出版社，1976年）。

I. A. 科兹洛夫和V. S. 什洛明，*Krasnoznamennyi Severnyi flot*（《红旗北方舰队》）（莫斯科：军事出版社，1977年第二版）。第5—7章为二战期间的作战行动。

I. I. 洛克季奥诺夫，*Dunaiskaya Flotiliya v Velikoi Otechestvennoi voine, 1941–1945*（《1941—1945年，伟大卫国战争中的多瑙河区舰队》）（莫斯科：军事出版社，1962年）。

A. N. 穆什尼科夫，*V boyakh za Vyborg i Petrozavodsk*（《在维堡和彼得罗扎沃茨克的战斗中》）（莫斯科：军事出版社，1957年）。

Z. A. 沙什科夫，*Rechniki v boyakh za Rodinu*（《卫国战争中的内河运输》）（莫斯科：知识出版社，1975年）。船队/内河运输，战时作用。

A. G. 索洛维约夫（主编），*V nebe—letchiki Baltiki*（《在空中，波罗的海舰队飞行员》）（塔林：爱沙尼亚图书出版社，1974年）。回忆和记述，波罗的海舰队海军航空兵。

V. F. 特里布茨，*Podvodniki Baltiki atakuyut*（《潜艇在波罗的海的攻击》）（列宁格勒：列宁出版社，1963年）。

V. F. 特里布茨，*Baltiitsy nastupayut*（《战斗中的波罗的海舰队》）（加里宁格勒：加里宁出版社，1968年）。另可参阅*Baltiitsy vstupayut v boi*（《波罗的海舰队投入战斗》）（加里宁格勒，1972年），第25—368页，二战期间的作战行动。

B. A. 魏纳，*Severnyi Flot v Velikoi Otechestvennoi voine*（《伟大卫国战争中的北方舰队》）（莫斯科：军事出版社，1964年）。

N. P. 维尤年科，*Chernomorskii flot v Velikoi Otechestvennoi voine*（《伟大卫国战争中的黑海舰队》）（莫斯科：军事出版社，1957年）。黑海舰队。

N. P. 维尤年科和R. N. 莫尔德维诺夫，*Voennye flotilii v Velikoi Otechestvennoi voine*（《伟大卫国战争中的海军舰队》）（莫斯科：军事出版社，1957年）。舰队的作战行动。

苏联空军

集体创作，*Sovetskie Voenno-vozdushnye sily v Velikoi Otechestvennoi voine 1941–1945*（《1941—1945年，伟大卫国战争中的苏联空军》）（莫斯科：军事出版社，1968年）。这是最没有信息量的苏联空军"官方史"。

集体创作，*16-ya vozdushnaya*（《空军第16集团军》）（莫斯科：军事出版社，1973年）。

集体创作，*17-ya Vozdushnaya armiya v boyakh ot Stalingrad do Veny*（《从斯大林格勒到维也纳，战斗中的空军第17集团军》）（莫斯科：军事出版社，1977年）。空军第17集团军的作战行动。

A. G. 费多罗夫，*Aviatsiya v bitve pod Moskvoi*（《莫斯科战役中的空军力量》）（莫斯科：科学出版社，1971年）。这是一部重要的军事专著。

I. G. 伊诺泽姆采夫，*Pod krylom–Leningrad*（《机翼下是列宁格勒》）（莫斯科：军事出版社，1978年）。列宁格勒方面军与空军第13集团军。

M. N. 科泽夫尼科夫，*Komandovanie i shtab VVS Sovetskoi Armii v Velikoi Otechestvennoi voine 1941–1945 gg.*（《1941—1945年，伟大卫国战争期间苏联空军的指挥与参谋部门》）（莫斯科：科学出版社，1977年）。这是一部关于指挥和参谋部的重要著作。

空军主帅A. A. 诺维科夫，*V nebe Leningrada. Zapiski Komanduyushchego Aviatsiei*（《在列宁格勒的天空，空军司令员札记》）（莫斯科：科学出版社，1970年）。

N. A. 斯韦特利申，*Voiska PVO strany v Velikoi Otechestvennoi voine. Voprosy operativno–strategicheskovo primeneniya*（《伟大卫国战争中的防空部队，战术和战略使用问题》）（莫斯科：科学出版社，1979年）。这是一部关于苏联防空部队重要的技术性专著，使用了许多档案资料。

I. V. 季莫霍维奇，*Operativnoe iskusstvo Sovetskikh VVS v Velikoi Otechestvennoi voine*（《伟大卫国战争期间苏联空军的作战艺术》）（莫斯科：军事出版社，1976年）。这是一部关于苏联空军作战行动的重要著作，附有许多统计数据、作战行动分析、出动率、任务和地空协同的资料。

7. 回忆录

（a）个人回忆录

N. A. 安季片科，*Na glavnom napravlenii*（《在主要方向上》）（莫斯科：科学出版社，1971年第二版）。后勤指挥部，方面军级的行动。

V. S. 安东诺夫，*Put' k Berlinu*（《通往柏林之路》）（莫斯科：科学出版社，1975年）。

A. 巴巴贾尼扬，*Dorogi pobedy*（《胜利之路》）（莫斯科：青年近卫军出版社，1975年第二版）。

S. S. 比留佐夫，*Surovye gody*（《严酷的年代》）（莫斯科：科学出版社，1966年）。参见下述的"军事回忆录"。

S. N. 博尔谢夫，*Ot Nevy do Elby*（《从涅瓦河到易北河》）（列宁格勒：列宁出版社，1973年第二版）。

A. 丘亚诺夫，*Stalingradskii Dnevnik 1941–1943*（《斯大林格勒日记，1941—1943年》）（伏尔加格勒：伏尔加格勒真理报出版社，1968年）。

K. N. 加利茨基，*Gody surovykh ispytanii 1941–1944. Zapiski komandarma*（《1941—1944年，严峻考验的年代，司令员笔记》）（莫斯科：科学出版社，1973年）。

A. L. 格季曼，*Tanki idut na Berlin (1941–1945)*（《1941—1945年，坦克冲向柏林》）（莫斯科：科学出版社，1973年）。

A. A. 格列奇科，*Gody voiny 1941–1943*（《战争年代，1941—1943年》）（莫斯科：军事出版社，1976年）。

F. I. 戈利科夫，*V Moskovskoi bitve. Zapiski komandarma*（《在莫斯科会战中，一位指挥员的札记》）（莫斯科：科学出版社，1967年）。

A. V. 卡扎良，*Chetvert'veka na tankakh*（《四分之一世纪的坦克战》）（耶烈万：艾阿斯坦出版社，1972年）。

I. S. 科涅夫，*Zapiski komanduyushchevo frontom 1943–1944*（《方面军司令员笔记，1943—1944年》）（莫斯科：科学出版社，1972年）。

I. I. 柳德尼科夫，*Skovz' grozy*（《穿过大风暴》）（顿涅茨克：顿巴斯出版社，1973年）。

R. Ya. 马利诺夫斯基（主编），*Budapesht–Vena–Praga. Istoriko-memuarnyi trud*（《布达佩斯，维也纳，布拉格，历史回忆录》）（莫斯科：科学出版社，1965年）。

I. M. 马纳加罗夫，*V srazhenii za Khar'kov*（《在哈尔科夫战役中》）（哈尔科夫：旗帜出版社，1978年第二版）。

K. A. 梅列茨科夫，*Na sluzbe narodu*（《为人民服役》）（莫斯科：政治书籍出版社，1970年第二版）。尽管这部著作并非梅列茨科夫元帅亲笔撰写，但还是提供了某些有用的信息。

I. K. 莫罗佐夫，*Ot Stalingrada do Pragi*（《从斯大林格勒到布拉格》）（伏尔加格勒：伏尔加河下游图书出版社，1976年）。近卫步兵第81师步兵第422团团长回忆录。

K. S. 莫斯卡连科，*Na Yugo–zapadnom napravlenii. Vospominaniya komandarm*（《在西南方向上，一名指挥员的回忆》）（莫斯科：科学出版社，1969年），第1—2册。重要的是，1941年战争爆发，1942年哈尔科夫、斯大林格勒，库尔斯克，喀尔巴阡山，捷克斯洛伐克。

I. 帕杰林，*Na glavnom napravlenii. Zapiski ofitsera.*（《在主要方向上，一名指挥员的回忆》）（新西伯利亚：西西伯利亚图书出版社，1970年）。

D. V. 巴甫洛夫，*Leningrad v blokade*（《被封锁的列宁格勒》）（莫斯科：苏维埃出版社，1969年）。

I. T. 佩列瑟普金，*Svyaz serdets boevykh*（《作战核心的通信联络》）（顿涅茨克：顿巴斯出版社，1974年）。佩列瑟普金是苏军通信部队负责人。

L. A. 佩恩，*V vikhre voennykh let. Vospominaniya*（《在战争岁月的旋风中，回忆录》）（塔林：爱沙尼亚图书出版社，1976年）。佩恩是爱沙尼亚步兵军军长。

I. A. 普利耶夫，*Pod gvardeiskim znamenem*（《在近卫军的红旗下》）（奥尔忠尼启则：IR出版社，1976年）。

N. K. 波佩利，*Geroi Kurskoi bitvy*（《库尔斯克战役的英雄》）（莫斯科：教育出版社，1971年）。波佩利时任近卫坦克第1集团军军事委员会委员。

N. P. 普霍夫，*Gody ispytanii*（《考验的年代》）（莫斯科：军事出版社，1959年）。普霍夫时任第13集团军司令员。

K. F. 捷列金，*Ne otdali Moskvy!*（《莫斯科决不投降！》）（莫斯科：苏维埃出版社，1975年第二版）。

A. M. 华西列夫斯基，*Delo vsei zhizni*（《毕生的事业》）（莫斯科：政治书籍出版社，1974年；1975年的第二版添加了关于总参谋部的另一些资料）。

A. I. 叶廖缅科，*Stalingrad. Zapiski komanduyushchevo frontom*（《斯大林格勒，方面军司令员笔记》）（莫斯科：军事出版社，1961年，附有地图）。这部回忆录并不完全可靠，并称赞赫鲁晓夫"策划了"斯大林格勒反击战。

A. I. 叶廖缅科，*V nachale voiny*（《战争初期》）（莫斯科：科学出版社，1964年）。这部著作受到苏联专家的猛烈批评，相应的解释无法令人信服。

A. I. 叶廖缅科，*Gody vozmezdiya. 1943–1945*（《惩罚的年代，1943—1945年》）（莫斯科：科学出版社，1969年）。

A. I. 叶廖缅科，*Pomni voinu*（《莫忘这场战争》）（顿涅茨克：顿巴斯出版社，1971年）。军事生涯和战时指挥工作。

M. V. 扎哈罗夫（主编），*Final. Istoriko–memuarnyi ocherk o razgrome imperialisticheskoi Yaponii v 1945 gody*（《结局，关于1945年击败日本帝国的历史回忆文集……》）（莫斯科：科学出版社，1969年第二版）。

G. K. 朱可夫，*Vospominaniya i razmyshleniya*（《回忆与思考》）（莫斯科：新闻出版社，1970年）。另可参阅新闻出版社1975年推出的修订增补版（两卷本），书名相同。

（b）"军事回忆录"系列

到目前为止，这个系列已出版了数百本著作，质量良莠不齐。出于这个原因，我把目前这份书目限制在那些实实在在（和有据可查）的叙述和做出具体贡献的著作上。由于这些书籍都由莫斯科军事出版社出版发行，因此只需标明其出版年份即可。[1]

V. P. 阿加福诺夫，*Neman! Neman! Ya–Dunai!*（《涅曼河！涅曼河！这里是多瑙河！》）（1967年）。通信部队。

I. I. 阿扎罗夫[2]，*Osazhdennaya Odessa*（《被围困的敖德萨》）（1966年第二版）。

I. Kh. 巴格拉米扬，*Tak nachinalas' voina*（《战争是这样开始的》）（1971年）。注意，这本书还有另一个版本，基辅的第聂伯河出版社出版于1975年。巴格拉米扬元帅的另一部回忆录是*Tak shli my k pobede*（《我们这样走向胜利》），这两部出色而又重要的著作分别阐述了1941年西南方面军的作战行动和1943—1945年苏军的作战行动。

N. E. 巴西斯特[3]，*More i bereg*（《海洋与海岸》）（1970年）。黑海舰队司令员。

P. I. 巴托夫，*V pokhodakh i boyakh*（《在行军和战斗中》）（1962年，1966年第二版）。

P. A. 别洛夫，*Za nami Moskva*（《为了我们的莫斯科》）（1963年）。杰出的骑兵指挥员，书中提供了1941—1942年苏军作战行动的许多重要情况。

V. A. 别利亚夫斯基[4]，*Strely skrestilis' na Shpree*（《箭头跨过施普雷河》）（1973年）。

S. S. 比留佐夫，*Kogda gremeli pushki*（《火炮轰鸣的时候》）（1962年）和*Sovetskii Soldat na Balkanakh*（《苏联士兵在巴尔干崇山峻岭》）（1963年）。这两部著作也被合并为单卷本回忆录*Surovye gody*（《严酷的年代》）（莫斯科：科学出版社，1966年）。

A. K. 布拉热伊[5]，*V armeiskom shtabe*（《在集团军司令部》）（1967年）。

I. V. 博尔京，*Stranitsy zhizni*（《生命的篇章》）（1961年）。这是第50集团军司令员所作的坦率而又翔实的记述，对1941年的战事非常重要。

B. V. 贝切夫斯基[6]，*Gorod–Front*（《城市战场》）（1963年）。保卫列宁格勒。

V. I. 崔可夫，*Nachalo puti*（《初上征途》）（1959年）。这是一部经典著作，崔可夫本人对保卫斯大林格勒的叙述无疑是最佳版本。

G. E. 杰格佳廖夫[7]，*Taran i shchit*（《冲锤与护盾》）（1966年）。

D. A. 德拉贡斯基[8]，*Gody v brone*（《坦克中的岁月》）（1973年）。

A. N. 叶菲莫夫，*Nad polem boya*（《在战场上空》）（1976年）。空军元帅叶菲莫夫，战时歼击机飞行员。

A. V. 叶戈罗夫[9]，*S veroi v pobedu*（《怀着胜利的信念》）（1974年）。

V. N. 叶罗申科，*Lider "Tashkent"*（《"塔什干"号驱逐舰舰长》）（1966年）。苏联"塔什干"号驱逐领舰建造于意大利，"被错误地当作快速运输船使用"（参见J. 迈斯特的《苏联军舰》，第49页）。

V. G. 费德洛夫[10]，*V poiskakh oruzhiya*（《在对轻武器的探寻中》）（1964年）。

I. I. 费久宁斯基，*Podnyatye po trevoge*（《闻警出动》）（1964年）。突击集团军司令员。

F. I. 加尔金[11]，*Tanki vozvrashchayutsya v boi*（《坦克重返战场》）（1964年）。技术支援和坦克作战行动。

V. F. 格拉德科夫，*Desant na El'tigen*（《在埃利季根登陆》）（1972年）[12]。

A. G. 戈洛夫科，*Vmeste s flotom*（《与舰队同在》）（1960年）。

I. M. 戈卢什科，*Tanki ozhivali vnov*（《坦克重新投入使用》）（1974年）。列宁格勒的军工生产。

A. V. 戈尔巴托夫，*Gody i voiny*（《岁月与战争》）（1965年）。这是一名高级指挥员令人大开眼界（甚至让人意志消沉）的记述[13]，戈尔巴托夫是昔日"大清洗"的受害者，但获得了"平反"。

P. A. 戈尔恰科夫，*Vremya trevog i pobed*（《焦虑和胜利的时刻》）（1977年）。党的政治工作[14]。

K. S. 格鲁舍沃伊[15]，*Togda, v sorok pervom…*（《那是1941年……》）（1974年）。

V. G. 古利耶夫[16]，*Chelovek v brone*（《坦克兵》）（1964年）。关于坦克部队作战行动、对坦克部队的技术支援和政治工作最翔实的记述。

P. A. 卡巴诺夫，*Stal'nye peregony*（《钢铁路线》）（1973年）。铁道兵[17]。

P. Z. 加里宁，*Partizanskaya Respublika*（《游击共和国》）（1964年）。这是一部关于游击运动的重要而又出色的著作。

M. E. 卡图科夫，*Na ostrie glavnovo udara*（《主要突击的矛头》）（1974年，1976年第二版）。卡图科夫元帅描述他的指挥，近卫坦克第1集团军。

M. I. 卡扎科夫，*Nad kartoi bylykh srazhenii*（《回顾以往的战斗》）（1965年）。这是一部重要、深具洞察力的著作，描述了1942—1943年苏军作战策划和作战行动的许多细节。

V. I. 卡扎科夫，*Na perelome*（《转折时期》）（1962年）。炮兵司令员，莫斯科，斯大林格勒的作战行动。

V. K. 哈尔琴科[18]，…*Spetsial'novo Naznacheniya*（《特别任务》）（1973年）。

G. I. 赫塔古罗夫[19]，*Ispolnenie dolga*（《履行义务》）（1977年）。

N. M. 赫列布尼科夫[20]，*Pod grokhot soten batarei*（《在数百个炮兵连的轰鸣下》）（1974年）。

Kh. A. 胡达洛夫[21]，*U kromki kontinenta*（《在欧洲大陆的边缘》）（1974年）。

I. A. 基利什金，*V glubinakh polyarnykh morei*（《在北冰洋深处》）（1964年）。潜艇的作战行动。

Z. I. 孔德拉捷夫，*Dorogi voiny*（《战争之路》）（1968年）。公路汽运。

I. S. 科涅夫，*Sorok pyatyi*（《1945年》）（1970年第二版）。科涅夫元帅，柏林—布拉格战役，1945年。

P. K. 科舍沃伊，*V gody voennye*（《战时岁月》）（1978年）。科舍沃伊元帅，列宁格勒和斯大林格勒战役。

A. L. 科泽夫尼科夫[22]，*Startuet muzhestvo*（《勇气勃发》）（1966年）。

K. V. 克赖纽科夫，*Ot Dnepra do Visly*（《从第聂伯河到维斯瓦河》）（1971年）以及*Oruzhie osobovo roda*（《特种武器》）（1977年）。克赖纽科夫是乌克兰第1方面军军事委员会委员。

S. A. 克拉索夫斯基，*Zhizn v aviatsii*（《空军生涯》）（1968年第二版）。苏联空军的指挥与作战。

A. I. 克雷洛夫，*Po prikazu Stavki*（《奉最高统帅部之令》）（1977年）。

N. I. 克雷洛夫，*Ne pomerknet nikogda*（《绝不退缩》）（1969年）。

P. M. 库罗奇金，*Pozyvnye fronta*（《前线通信》）（1969年）。通信部队。

N. G. 库兹涅佐夫[23]，*Nakanune*（《前夜》）（1966年）。1941年6月前的情况，第229—343页：德军发起进攻。

P. G. 库兹涅佐夫[24]，*Dni boevye*（《战斗的日子》）（1964年）。

P. N. 拉先科[25]，*Iz boya-v boi*（《连续作战》）（1972年）。

P. P. 列别坚科，*V izluchine Dona*（《在顿河河曲部》）（1965年）。1942年7—8月，坦克第1集团军的作战行动。

A. A. 洛巴切夫[26]，*Trudnymi dorogami*（《艰辛的道路》）（1960年）。"军事回忆录"系列中的最佳著作之一，特别是对1941年保卫莫斯科的记述。

M. M. 洛巴诺夫，*My—voennye inzhenery*（《我们是军事工程师》）（1977年）。这是一部关于苏联雷达发展的出色著作。

I. I. 柳德尼科夫，*Doroga dlinoyu v zhizn*（《生活的道路是漫长的》）（1969年）。集团军司令员，从斯大林格勒到柯尼斯堡的进攻与突破行动。

G. S. 纳德舍夫[27]，*Na sluzhbe shtabnoi*（《在司令部工作》）（1976年第二版）。参谋人员和参谋工作的作用。

S. A. 涅乌斯特罗耶夫，*Put' k Reikhstagu*（《通往国会大厦之路》）（1961年）。进攻国会大厦的亲身经历者。

Yu. A. 潘捷列耶夫，*Morskoi Front*（《海上战线》）（1965年）。波罗的海舰队，指挥与作战行动。

Yu. A. 潘捷列耶夫，*Polveka na flote*（《海军生涯五十年》）（1974年）。波罗的海舰队参谋长。

A. I. 波克雷什金[28]，*Nebo voiny*（《战争的天空》）（1970年）。

N. K. 波佩利，*V tyazhkuyu poru*（《艰难岁月》）（1959年）和 *Tanki povernuli na zapad*（《坦克转向西面》）（1960年）。尽管苏联媒体对这两部著作提出了诸多批评，但对于了解1943年（库尔斯克）和1944年春季苏军坦克部队的作战行动，这两部著作仍有宝贵的价值。

S. G. 波普拉夫斯基，*Tovarishchi v bor'be*（《战友》）（1974年第二版）。波兰第1集团军司令员。

K. K. 罗科索夫斯基，*Soldatskii dolg*（《军人的天职》）（1972年）。

S. I. 鲁坚科，*Krylya pobedy*（《胜利之翼》）（1976年）。

A. N. 萨布罗夫，*Sily neischislimye*（《无数游击力量》）（1967年）和 *Otvoevannaya vesna*（《重新迎来春天》）（1968年两卷本）。游击队的作战、策划、指挥。

L. M. 桑达洛夫，*Trudnye rubezhi*（《艰难的前线》）（1965年）。波罗的海沿岸第2方面军1944年的作战行动。

L. M. 桑达洛夫，*Perezhitoe*（《往事》）（1966年）。非常重要、翔实的记述，关于1936年—1941年6月的苏联红军，以及德军的进攻。

P. V. 谢瓦斯季亚诺夫，*Neman–Volga–Dunai*（《涅曼河—伏尔加河—多瑙河》）（1961年）。关于1941年德军发起进攻很有用的信息。

V. M. 沙季洛夫，*Znamya nad Reikhstagom*（《国会大厦上的旗帜》）（1970年第二版）。

G. I. 谢德林，*Na bortu "S–56"*（《在C–56号潜艇上》）（1963年）。潜艇的作战行动。

A. L. 舍佩廖夫[29]，*V nebe i na zemle*（《在空中和地面》）（1974年）。为苏联空军提供技术支援。

S. M. 什捷缅科，*Generalnyi shtab v gody voiny*（《战争年代的总参谋部》），第一册（1968年第一版，1975年第二版），第二册（1973年）。战时苏军总参谋部；这是一部很有用的著作，但什捷缅科大将的多处记述过于夸大。

V. K. 索洛维约夫，*Pod Naro–Fominskom*（《在纳罗福明斯克城下》）（1960年）。

I. G. 斯塔里诺夫，*Miny zhdut svoevo chasa*（《等待爆炸的地雷》）（1964年）。红军的战斗工兵和军事工程学。

I. S. 斯特列利比茨基，*Shturm*（《突击》）（1962年）。

A. T. 斯图琴科[30]，*Zavidnaya nasha sud'ba*（《我们的命运令人羡慕》）（1964年）。

I. V. 特拉夫金，*Vsem smertyam nazlo*（《纵有千人倒下》）（1964年）。

I. V. 秋列涅夫，*Cherez tri voiny*（《三次战争经历》）（1960年）。

U Chernomorskikh tverdyn. Otdel'naya Primorskaya Armiya v oborone Odessy i Sevastopolya. Vospominaniya（《在黑海要塞中：独立滨海集团军保卫敖德萨和塞瓦斯托波尔，回忆文集》）（1967年）。保卫敖德萨和塞瓦斯托波尔：独立滨海集团军的作战行动。

P. P. 韦尔希戈拉，*Reid na San i Visly*（《突袭桑河和维斯瓦河》）（1960年）。游击队，红军的渗透和突袭。

K. A. 韦尔希宁，*Chetvertaya vozdushnaya*（《空军第4集团军》）（1975年）。空军主帅韦尔希宁，空军第4集团军的作战行动。

N. N. 沃罗诺夫，*Na sluzhbe voennoi*（《戎马生涯》）（1963年）。这本书可以说是这个系列中最重要的著作，也是了解炮兵主帅沃罗诺夫指挥职责和能力的一个重要来源。

A. V. 沃罗热伊金，*Nad Kurskoi dugoi*（《在库尔斯克弧形地带》）（1962年）。1943年库尔斯克战役中的空中作战。

I. I. 雅库鲍夫斯基，*Zemlya v ogne*（《大地在燃烧》）（莫斯科：军事出版社，1975年）。雅库鲍夫斯基元帅在这部描述坦克作战行动的著作中使用了军事档案和回忆资料。

D. A. 茹拉夫廖夫[31]，*Ognevoi shchit Moskvy*（《莫斯科的火网》）（1972年）。莫斯科的高炮防御。

（c）回忆文集

M. V. 贝尔宾斯基等人（主编），*God 1941. Yugo-zapadnyi front. Vospominaniya. Ocherki. Dokumenty*（《1941年，西南方面军，回忆资料、文章和文件》）（利沃夫：采石出版社，1975年第二版）。

Bitva za Stalingrad（《斯大林格勒战役》）（伏尔加格勒：伏尔加河下游图书出版社，1969年）。

S. M. 博伊佐夫和S. N. 博尔谢夫（主编），*Operatsiya "Iskra"*（《"火花"战役》）（列宁格勒：列宁出版社，1973年）。1943年1月，打破德军对列宁格勒的封锁。

I. M. 达尼舍夫斯基（主编），*Proval operatsii "Tsitadel"*（《"堡垒"作战的失败》）（莫斯科：政治书籍出版社，1967年）。

Dorogoi Bor'by i Slavy（《斗争和荣耀之路》）（莫斯科：国家政治书籍出版社，1961年）。

B. V. 德鲁日宁，*Dvesti ognennykh dnei*（《浴血200天》）（莫斯科：军事出版社，1968年）。斯大林格勒。

Gody frontovye（《前线岁月》）（莫斯科：DOSAAF[32]出版社，1964年）。

V. A. 格列科夫等人（主编），*Bug v ogne*（《火海中的布格河》）（明斯克：白俄罗斯出版社，1977年）。

K. K. 格里辛斯基（主编），*Gangut 1941. Sbornik vospominanii…*（《1941年的汉科半岛，回忆文集……》）（列宁格勒：列宁出版社，1974年）。1941年，汉科半岛。

V. S. 洛克欣（主编），*V bol'shom nastuplenii. Vospominaniya, ocherkii…*（《在一场庞大的攻势中，回忆资料和文章……》）（莫斯科：军事出版社，1964年）。1943—1944年，解放乌克兰。

K. A. 马拉宁（主编），*Polki idut na zapad*（《部队向西而去》）（莫斯科：军事出版社，1964年）。回忆资料：苏军攻势，白俄罗斯1944年。

K. S. 莫斯卡连科（主编），*Bitva na Kurskoi duge*（《在库尔斯克弧形地带的战斗》）（莫斯科：科学出版社，1975年）。

Parol—"Pobeda"（《口令——"胜利"》）（列宁格勒：列宁出版社，1969年）。保卫列宁格勒，打破敌人的封锁，进攻行动。

I. V. 帕洛特金（主编），*Kurskaya bitva*（《库尔斯克战役》）（莫斯科：科学出版社，1970年）。

Radi zhizni na Zemle. Ocherki o geroizme nashikh zemlyakov v gody Otechestvennoi voiny（《为了全人类，伟大卫国战争期间我国人民的英勇事迹》）（沃罗涅日：中央黑土地图书出版社，1970年）。

A. M. 萨姆索诺夫（主编），*9 maya 1945 goda*（《1945年5月9日》）（莫斯科：科学出版社，1970年）。

A. M. 萨姆索诺夫（主编），*Osvobozhdenie Belorussii*（《解放白俄罗斯》）（莫斯科：科学出版社，1974年）。这是一部重要的回忆资料集。

A. M. 萨姆索诺夫（主编），*Stalingradskaya epopeya*（《斯大林格勒的史诗》）（莫斯科：科学出版社，1968年）。苏军高级将领对斯大林格勒战役的记述。

A. M. 萨姆索诺夫（主编），*Osvobozhdenie Vengrii ot fashizma*（《从法西斯手中解放匈牙利》）（莫斯科：科学出版社，1965年）。

Shturm Berlina. Vospominaniya, pisma, dnevnik uchastnikov…（《突击柏林：回忆、信件、日记……》）（莫斯科：军事出版社，1968年）。

Stalingrad: Uroki istorii. Svidetel'stvyut uchastniki bitvy na Volge（《斯大林格勒：历史的教训，伏尔加河战役亲历者的记述》）（莫斯科：进步出版社，1976年）。

Tikhvin, god 1941-i（《季赫温，1941年》）（列宁格勒：列宁出版社，1974年）。

M. V. 韦尔宾斯基和B. V. 萨马林（主编），*Brodovskii kotel'. Vospominaniya, ocherki*…（《布罗德"大锅"，回忆资料，文章……》）（利沃夫：采石出版社，1974年）。解放乌克兰。

Za Moskvu, za frontu（《为了莫斯科，为了前线》）（莫斯科：莫斯科工人出版社，1964年）。保卫莫斯科。

S. G. 茹宁（主编），*Ot Dnepra do Buga. Memuary*（《从第聂伯河到布格河，回忆资料》）（明斯克：白俄罗斯出版社，1974年）。

8. 战时经济，后勤

E. V. 巴扎诺瓦（主编），*Narodnoe khozyaistvo SSSR v gody Velikoi Otechestvennoi voiny (iyun 1941-mai 1945 gg.). Bibliograficheskii ukazatel'*（《1941年6月—1945年5月，伟大卫国战争中的苏联国民经济，书目索引》）（莫斯科：科学出版社，1971年）。这是关于1941—1945年苏联经济的出版物书目指南，涵盖1941—1968年的出版物，其中包括作者和地理名称索引。这本书发行了3200册，是一份宝贵的参考资料指南。

Yu. V. 阿鲁秋尼扬，*Sovetskoe krest'yanstvo v gody Velikoi Otechestvennoi voiny*（《伟大卫国战争中的苏联农民》）（莫斯科：科学出版社，1963年，1970年第二版）。

F. 布达诺夫和N. 杜布洛文，*Tyl pravovo flanga*（《右翼的后方》）（摩尔曼斯克：摩尔曼斯克图书出版社，1976年）。北方舰队的后勤和运输。

Ya. E. 恰达耶夫，*Ekonomika SSSR v period Velikoi Otechestvennoi voiny (1941–1945)*（《1941—1945年，伟大卫国战争期间的苏联经济》）（莫斯科：军事出版社，1965年）。

U. G. 切尔尼亚夫斯基，*Voina i prodovol'stvie snabzhenie gorodskovo naseleniya v VOV 1941–1945 gg*（《1941—1945年，伟大卫国战争期间战争与城市居民的食物供应》）（莫斯科：科学出版社，1964年）。苏联的配给制和食物供应。

G. A. 多库恰耶夫，*Sibirskii tyl v Velikoi Otechestvennoi voine*（《伟大卫国战争中的西伯利亚后方》）（新西伯利亚：科学出版社，1968年）。这是一部关于西伯利亚"大后方"的重要著作。

Eshelony idut na vostok. Sbornik statei i vospominaniya（《火车向东驶去，文章和回忆资料集》）（莫斯科：科学出版社，1966年）。1941—1942年的工业疏散。

I. A. 格拉德科夫，*Sovetskaya ekonomika v period VOV 1941–1945 gg*（《1941—1945年，伟大卫国战争期间的苏联经济》）（莫斯科：科学出版社，1970年）。

F. I. 伊万诺夫，*Reaktivnye psikhozy v voennoe vremya*（《战时反应性精神病》）（列宁格勒：医学出版社，1970年）。战争期间的神经、精神疾病。

E. S. 科特利亚尔，*Gosudarstvennye trudovye rezervy SSSR v gody VOV*（《伟大卫国战争中的苏联国家劳动力储备》）（莫斯科：您的学校出版社，1975年）。关于受过技术教育、熟练的劳动力。

M. 科济巴耶夫，*Kazakhstan–arsenal fronta*（《哈萨克斯坦军工生产战线》）（阿拉木图：哈萨克斯坦出版社，1970年）。

G. S. 克拉夫钦科，*Voennaya ekonomika SSSR 1941–1945*（《苏联战时经

济，1941—1945年》）（莫斯科：军事出版社，1963年）。

G. A. 库马涅夫，*Sovetskie zheleznodorozhniki v gody Velikoi Otechestvennoi Voiny (1941–1945)*（《1941—1945年，伟大卫国战争中的苏联铁路》）（莫斯科：科学出版社，1963年）。

G. A. 库马涅夫，*Na sluzhbe fronta i tyla*（《为前线和后方服务》）（莫斯科：科学出版社，1976年）。1938—1945年的苏联铁路。

S. K. 库尔科特金，*Tyl Sovetskikh vooruzhennykh sil v Velikoi Otechestvennoi voine 1941–1945 gg.*（《1941—1945年，伟大卫国战争期间，苏联武装力量的后方》）（莫斯科：军事出版社，1977年）。这是一部关于苏联后勤和运输重要而又全面的研究著作。

D. D. 库夫申斯基和A. S. 格奥尔基耶夫斯基，*Ocherkii istorii Sovetskoi voennoi meditsiny*（《苏联军事医学史研究》）（列宁格勒：医学出版社，1968年）。

M. K. 库兹明，*Mediki–Geroi Sovetskovo Soyuza*（《苏联医学英雄》）（莫斯科：医学出版社，1970年）。获得"苏联英雄"称号的医务人员。

B. V. 列夫申，*Akademiya Nauk SSSR v gody Velikoi Otechestvennoi voiny*（《伟大卫国战争中的苏联科学院》）（莫斯科：科学出版社，1966年）。

V. N. 马林和A. V. 科罗博夫（主编），*Direktivy KPSS i Sovetskovo pravitel'stva po khozyaistvennym voprosam. Sbornik dokumentov*（《苏联共产党和苏联政府关于经济问题的指示，文件集》）（莫斯科：国家政治书籍出版社，1957年）。

P. N. 波斯彼洛夫（主编），*Sovetskii Tyl v Velikoi Otechestvennoi voine*（《伟大卫国战争中的苏联后方》）（莫斯科：思想出版社，1974年），两卷本。这部文章和论文集非常有用，涵盖了各种主题；另可参阅第一册，第223—294页，提供了一份极为重要的参考书目。

G. I. 希加林，*Narodnoe khozyaistvo SSSR v period Velikoi Otechestvennoi voiny*（《伟大卫国战争期间的苏联国民经济》）（莫斯科：社会经济书籍出版社，1960年）。

V. I. 斯米尔诺夫，*Podvig Sovetskovo krest'yanstva*（《苏联农民的壮

举》）（莫斯科：莫斯科工人出版社，1976年）。加里宁州的农民。

Sovetskie profsoyuzy v Velikoi Otechestvennoi voine 1941–1945（《1941—1945年，伟大卫国战争中的苏联工会》）（莫斯科：工会出版社，1975年）。战争期间的工会组织。

Sovetskii Tyl v Velikoi Otechestvennoi voine（《伟大卫国战争中的苏联后方》）（莫斯科：思想出版社，1974年）。第一册，*Obsche problemy*（《总体问题》）；第二册，*Trudovoi podvig naroda*（《人民的劳动成果》）。

B. L. 乌格留莫夫，*Zapiski infektsionista*（《传染病记录》）（莫斯科：医学出版社，1973年）。

V groznye gody. Trudy nauchnoi konferentsii "Sibiryaki–frontu"（《艰难岁月，"西伯利亚战线"科学大会论文集》）（鄂木斯克：教育机构出版社，1973年）。

A. A. 维什涅夫斯基，*Dnevnik khirurga. Velikaya Otechestvennaya voina 1941–1945 gg.*（《1941—1945年，伟大卫国战争期间一名外科医生的日记》）（莫斯科：医学出版社，1970年第二版）。军医上将维什涅夫斯基的战时日记。

B. N. 沃尔科夫（主编），*Sibir' v Velikoi Otechestvennoi voine*（《伟大卫国战争中的西伯利亚》）（新西伯利亚：科学出版社，1977年）。关于战时西伯利亚、党组织工作、工业动员和红军中的西伯利亚部队的论文集。

N. A. 沃兹涅先斯基，*Voennaya ekonomika SSSR v period Velikoi Otechestvennoi voiny*（《伟大卫国战争期间的苏联战时经济》）（莫斯科：国家政治书籍出版社，1947年）。这是关于苏联战时经济最早的著作之一，由战时经济负责人撰写——他后来被斯大林枪毙。

I. E. 泽列宁，*Sovkhozy SSSR (1941–1950)*（《苏联国营农场，1941—1950年》）（莫斯科：科学出版社，1969年）。

苏联的核研究

P. T. 阿斯塔申科夫，*Akademik I. V. Kurchatov*（《I. V. 库尔恰托夫院士》）（莫斯科：军事出版社，1971年）。

9. 加盟共和国、区和市

M. R. 阿库洛夫等人，*Podvig zemli bogatyrskoi*（《英雄土地的壮举》）（莫斯科：思想出版社，1970年）。战时西伯利亚，1941—1945年。

N. M. 阿廖申科等人，*Moskovskoe opolchenie*（《莫斯科民兵》）（莫斯科：军事出版社，1969年）。

集体创作，*Azerbaidzhanskaya SSSR v period Velikoi Otechestvennoi voiny (1941–1945 gg). Sbornik dokumentov i materialov*（《1941—1945年，伟大卫国战争中的阿塞拜疆，文件和资料集》）（巴库：阿塞拜疆国家政治书籍出版社，1976年第一册，1977年第二册）。

P. S. 别兰，*Kazakhstantsy v boyakh za Leningrad*（《列宁格勒保卫战中的哈萨克斯坦人》）（阿拉木图：科学出版社，1973年）。

S. 别利亚耶夫和P. 库兹涅佐夫，*Narodnoe opolchenie Leningrada*（《列宁格勒民兵》）（列宁格勒：列宁出版社，1959年）。

Buryatiya v gody Velikoi Otechestvennoi voiny 1941–1945 gg. Sbornik Dokumentov（《1941—1945年，伟大卫国战争中的布里亚特，文件集》）（乌兰乌德：布里亚特图书出版社，1975年）。

Chuvashskaya ASSR v Period Velikoi Otechestvennoi voiny (Iyun' 1941–1945 gg.) Sbornik Dokumentov i Materialov（《1941年6月—1945年，伟大卫国战争中的楚瓦什苏维埃社会主义自治共和国，文件和资料集》）（切博克萨雷：楚瓦什图书出版社，1975年）。

G. A. 多克沙罗夫，*Rabochii klass Sibiri i Dal'nevo Vostoka v gody Velikoi Otechestvennoi voiny*（《伟大卫国战争中西伯利亚和远东的工人阶级》）（莫斯科：科学出版社，1973年）。关于西伯利亚和远东的重要专著。

A. A. 德里祖尔等人，*Bor'ba Latyshskovo naroda v gody Velikoi Otechestvennoi voiny 1941–1945*（《1941—1945年，伟大卫国战争中拉脱维亚人民的战斗》）（里加：科学出版社，1970年）。

集体创作，*Estonskii narod v Velikoi Otechestvennoi voine Sovetskovo Soyuza 1941–1945*（《1941—1945年，苏联伟大卫国战争中的爱沙尼亚人民》）（塔林：爱沙尼亚图书出版社，1973年），两卷本。

Gor'kovchane v Velikoi Otechestvennoi Voine, 1941–1945（《1941–1945年，伟大卫国战争中的高尔基》）（高尔基：军事出版社，1970年）。

G. Sh. 凯马拉佐夫等人，*Dagestan v gody Velikoi Otechestvennoi voiny 1941–1945 gg.*（《1941—1945年，伟大卫国战争中的达吉斯坦》）（马哈奇卡拉：达吉斯坦图书出版社，1963年）。

Kh. Kh. 卡马洛夫（主编），*900 geroicheskikh dnei*（《900个英勇的日子》）（莫斯科/列宁格勒：科学出版社，1966年）。

A. V. 卡拉谢耶夫，*Leningradtsy v gody blokady*（《封锁期间的列宁格勒市民》）（莫斯科：科学院出版社，1959年）。这是一部研究列宁格勒的早期著作，但仍是最佳著作之一。

Kareliya v gody Velikoi Otechestvennoi voiny 1941–1945. Dokumenty i Materialy（《1941—1945年，伟大卫国战争中的卡累利阿，文件和资料》）（彼得罗扎沃茨克：卡累利阿出版社，1975年）。

Kazakhstan v period Velikoi Otechestvennoi voiny Sovetskovo Soyuza 1941–1945. Sbornik dokumentov i materialov（《1941—1945年，苏联伟大卫国战争期间的哈萨克斯坦，文件和资料集》）（阿拉木图：科学出版社，1967年第一册，1974年第二册）。

Kerch geroicheskaya. Vospominaniya, ocherki, dokumenty（《英勇的刻赤，回忆资料、文章和文件》）（辛菲罗波尔：塔夫利亚出版社，1974年）。

Khersonskaya Oblast' v gody Velikoi Otechestvennoi voiny (1941–1945 gg.) Sbornik dokumentov i materialov（《1941—1945年，伟大卫国战争中的赫尔松州，文件和资料集》）（敖德萨：灯塔出版社，1968年）。

A. D. 科列斯尼克，*Narodnoe opolchenie gorodov-geroev*（《英雄城市的民兵》）（莫斯科：科学出版社，1974年）。列宁格勒、莫斯科、基辅、敖德萨、塞瓦斯托波尔、斯大林格勒的民兵部队。

I. A. 孔道罗夫，*Ratnyi podvig kommunistov Prikam'ya (1941–1945)*（《1941—1945年，彼尔姆州共产党的功勋》）（彼尔姆：图书出版社，1970年）。彼尔姆州为战争努力做出的军事和经济贡献。

V. M. 科瓦利丘克，*Leningrad i Bol'shaya Zemlya*（《列宁格勒与伟大的土

地》）（列宁格勒：科学出版社，1975年）。这是关于1941—1943年列宁格勒被围困期间拉多加湖"冰上通道"的重要著作。

Krym v period Velikoi Otechestvennoi voiny 1941–1945. Sbornik dokurnentov…（《1941—1945年，伟大卫国战争期间的克里木，文件集》）（辛菲罗波尔：塔伏利亚出版社，1973年）。

I. I. 库兹涅佐夫，*Vostochnaya Sibir' v gody Velikoi Otechestvennoi voiny 1941–1945*（《1941—1945年，伟大卫国战争中的东西伯利亚》）（伊尔库茨克：东西伯利亚图书出版社，1974年）。

Mariiskaya ASSR v gody Velikoi Otechestvennoi voiny. Sbornik i Materialov（《伟大卫国战争中的马里埃尔苏维埃社会主义自治共和国，资料和文集》）（约什卡尔奥拉：马里埃尔图书出版社，1967年）。

Moldavskaya SSSR v Velikoi Otechestvennoi voine Sovetskogo Soyuza 1941–1945.（《1941—1945年，苏联伟大卫国战争中的摩尔达维亚苏维埃社会主义共和国》）。第一册，*Na Frontakh Voiny i v Sovetskom Tylu*（《在前线和在苏联后方》）（基什尼奥夫：科学出版社，1975年）；第二册，*V Tylu Vraga*（《在敌人后方》），1976年。

Narodnoe opolchenie Moskvy（《莫斯科民兵》）（莫斯科：马列主义历史研究所出版社，1961年）。

Nikolaevshchina v gody Velikoi Otechestvennoi voiny 1941–1945 gg. Dokumenty i materialy（《1941—1945年，伟大卫国战争中的尼古拉耶夫州，资料和文件集》）（敖德萨：灯塔出版社，1964年）。

Ocherki istorii Leningrada（《列宁格勒历史文集》），第五册，*Period Velikoi Otechestvennoi voiny…*（《伟大卫国战争时期》）（列宁格勒：科学出版社，1967年）。

S. P. 舍佩廖夫（主编），*Kostroma–frontu*（《科斯特罗马州前线》）（雅罗斯拉夫尔：伏尔加河上游图书出版社，1975年）。

N. D. 舒米洛夫，*V Dni blokady*（《在被围困的日子里》）（莫斯科：思想出版社，1977年第二版）。

T. L. 索博洛夫，*Uchenye Leningrada v gody Velikoi Otechestvennoi voiny*

（《伟大卫国战争中的列宁格勒科学家》）（莫斯科/列宁格勒：科学出版社，1966年）。列宁格勒科学家的战时工作和作用。

Sovetskaya Armeniya v gody Velikoi Otechestvennoi voiny (1941–1945). Sbornik Dokumentov i Materialov（《1941—1945年，伟大卫国战争中的亚美尼亚苏维埃社会主义共和国，文件和资料集》）（埃里温：科学出版社，1975年）。

Stavropol'e v Velikoi Otechestvennoi voine 1941–1945 gg. Sbornik dokumentov…（《1941—1945年，伟大卫国战争中的塞瓦斯托波尔，文件集》）（塞瓦斯托波尔：图书出版社，1962年）。

K. 斯基蒂什维利，*Na Frontakh Velikoi Otechestvennoi*（《在伟大卫国战争前线上》）（第比利斯：格鲁吉亚图书出版社，1975年）。

K. V. 斯基蒂什维利，*Zakavkaz'e v gody Velikoi Otechestvennoi voiny 1941–1945 gg.*（《1941—1945年，伟大卫国战争中的南高加索地区》）（第比利斯：格鲁吉亚共产党中央委员会出版社，1969年）。

Ukrainskaya SSSR v Velikoi Otechestvennoi voine Sovetskovo Soyuza 1941–1945 gg.（《1941—1945年，苏联伟大卫国战争中的乌克兰苏维埃社会主义共和国》）（基辅：乌克兰政治书籍出版社），三卷本。

Ul'yanovskaya Oblast' v gody Velikoi Otechestvennoi voiny (1941–1945). Dokumenty i Materialy（《1941—1945年，伟大卫国战争中的乌里扬诺夫斯克州》）（萨拉托夫：普里沃尔日斯基图书出版社，1974年）。

V gody Velikoi Otechestvennoi. Vospominaniya（《在伟大卫国战争中，回忆资料》）（伊尔库茨克：东西伯利亚图书出版社，1975年）。

B. N. 沃尔科夫（主编），*Sibir' v Velikoi Otechestvennoi voine.*（《伟大卫国战争中的西伯利亚》）（新西伯利亚：科学出版社，1977年）。战时西伯利亚论文集。

M. V. 扎哈罗夫（主编），*Oborona Leningrada 1941–1944*（《保卫列宁格勒，1941—1944年》）（列宁格勒：科学出版社，1968年）。

10. 游击战、情报工作和抵抗运动

V. N. 安德里亚诺夫等人，*Voina v tylu vraga*（《敌后战争》）（莫斯科：政治书籍出版社，1974年首版）。游击运动"官方史"的开山之作。

A. N. 阿斯莫洛夫，*Front v tylu Vermakhta*（《敌后战线》）（莫斯科：政治书籍出版社，1977年）。俄罗斯西北部、乌克兰西南部的游击行动。

V. P. 邦达连科和P. I. 热日诺瓦（主编），*Antifashistskoe dvizhenie soprotivleniya v strankah Evropy v gody vtoroi mirovoi voiny*（《第二次世界大战期间，欧洲反法西斯抵抗运动》）（莫斯科：社会经济书籍出版社，1962年）。

E. A. 布罗德斯基，*Vo imya pobedy nad Fashizmom. Antifashistskaya bor'ba Sovetskikh lyudei v Gitlerovskoi Germanii (1941–1945)*（《以战胜法西斯主义的名义，苏联人民在希特勒德国的反法西斯斗争，1941—1945年》）（莫斯科：科学出版社，1970年）。

L. N. 布奇科夫，*Partizanskoe dvizhenie v gody Velikoi Otechestvennoi voiny 1941–1945*（《1941—1945年，伟大卫国战争中的游击运动》）（莫斯科：思想出版社，1965年）。

T. D. 朱拉耶夫，*Uzbekistantsyi—uchastniki partizanskoi voiny*（《乌兹别克人——游击战的参与者》）（塔什干：乌兹别克斯坦出版社，1975年）。

V. 叶戈罗夫，*Zagovor protiv Evriki*（《针对"尤里卡"的阴谋》）（莫斯科：苏维埃出版社，1968年）。1943年，挫败德国针对德黑兰会议的阴谋。

Front bez linii fronta（《无形的战线》）（莫斯科：新闻出版社，1965年）和*Front bez linii fronta*（《无形的战线》）（莫斯科：莫斯科工人出版社，1970年）。这两本著作书名相同，讲述的都是苏联战时情报工作，但内容完全不同。

V. M. 格里德涅夫，*Bor'ba krestyanstva okkupirovannykh oblastei RSFSR protiv nemetskofashistskoi okkupatsionnoi politiki 1941–1944*（《1941—1944年，俄罗斯苏维埃联邦社会主义共和国被占领地区的农民反抗德国法西斯占领政策的斗争》）（莫斯科：科学出版社，1976年）。

D. 格里戈罗维奇等人，*Kommunisticheskoe podpol'e na Ukraine v gody Velikoi Otechestvennoi voiny*（《伟大卫国战争中，共产党领导的乌克兰抵抗运动》）（基辅：乌克兰政治书籍出版社，1976年）。

P. Z. 加里宁，*Partizanskaya Respublika*（《游击共和国》）（明斯克：白俄罗斯出版社，1968年）。

Iz istorii partizanskovo dvizheniya v Belorussii (1941–1944 gg.) Sbornik vospominanii（《白俄罗斯游击运动史，1941—1944年，回忆资料集》）（明斯克：国家出版社，1961年）。

S. M. 科利亚茨金（主编），*V tylu vraga. Listovki partiinykh organizatsii i partizan…*（《在敌后，党组织和游击队的传单……》）（莫斯科：国家政治书籍出版社，1962年）。重印版，传单，游击运动。

M. 科列斯尼科夫，*Takim byl Rikhard Zorge*（《这就是理查德·佐尔格》）（莫斯科：军事出版社，1965年）。

G. N. 库普利亚诺夫，*Za liniei Karel'skovo fronta*（《卡累利阿战线后方》）（彼得罗扎沃茨克：卡累利阿出版社，1975年）。

T. A. 洛古诺夫，*Partiinoe podpol'e i partizanskoe dvizhenie v tsentral'nykh oblastyakh RSFSR (1941–1943)*（《俄罗斯苏维埃联邦社会主义共和国中央地区的地下力量和游击运动，1941—1943年》）（莫斯科：莫斯科大学出版社，1973年）。使用了档案资料的学术论文。

N. 马卡罗夫，*Nepokorennaya zemlya Rossiiskaya*（《无法征服的俄罗斯土地》）（莫斯科：政治书籍出版社，1976年）。游击运动史。

A. I. 内多罗夫，*Natsiona'no-osvobodite'noe dvizhenie v Chekhoslovakii 1938–1945*（《1938—1945年，捷克斯洛伐克全国解放运动》）（莫斯科：社会经济书籍出版社，1961年）。

Nepokorennaya zemlya Pskovskaya 1941–1944. Dokumenty i materialy（《无法征服的普斯科夫土地，1941—1944年，文件和资料》）（普斯科夫：普斯科夫真理报出版社，1964年）。来自普斯科夫州党委的档案资料。

O chem ne govorilos v svodkakh（《报告中没有提及的内容》）（莫斯科：军事出版社，1962年）。欧洲抵抗运动中的苏军战俘。

Partiya vo glave narodnoi bor'by v Tyle Vraga 1941–1944（《1941—1944年，党领导的敌后人民斗争》）（莫斯科：思想出版社，1976年）。

Partizanyi Bryanshchiny. Sbornik dok. i mat.（《布良斯克游击队，文件和资料集》）（布良斯克：布良斯克工人出版社，1962年）。

Yu. P. 彼得罗夫，*Partizanskoe dvizhenie Leningradskoi oblasti 1941–1944*（《1941—1944年，列宁格勒地区的游击运动》）（列宁格勒：列宁出版社，1973年）。

Z. A. 彼得罗瓦（主编），*Partizany Bryanshchiny*（《布良斯克游击队》）（乌拉：普里奥克斯基图书出版社，1970年）。

Podpol'nye Komsomol'skie organy Belorussii v gody Velikoi Otechestvennoi voiny (1941–1944)（《1941—1944年，伟大卫国战争中的白俄罗斯地下抵抗组织》）（明斯克：白俄罗斯出版社，1976年）。

Podpol'nye Partiinye organy Kompartii Belorussii v gody Velikoi Otechestvennoi voiny (1941–1944)（《1941—1944年，伟大卫国战争中白俄罗斯共产党领导的地下抵抗组织》）（明斯克：白俄罗斯出版社，1975年）。

I. I. 什梅廖夫，*Soldaty nevidimykh srazhenii*（《无形战线上的战士》）（莫斯科：军事出版社，1968年）。二战中的苏联情报工作，参见第131—269页。

I. I. 斯利尼科，*Pidpilya i partizanskii rakh na Ukraini*（《乌克兰的地下组织和游击队》）（基辅：科学思想出版社，1970年）。乌克兰文。

Sovetskie partizany（《苏联游击队》）（莫斯科：国家政治书籍出版社，1963年第二版）。

K. V. 斯基蒂什维利，*Zakavkaz'e v gody Velikoi Otechestvennoi voiny 1941–1945 gg.*（《1941—1945年，伟大卫国战争中的南高加索地区》）（第比利斯：格鲁吉亚共产党中央委员会出版社，1969年）。

Vsenarodnoe Partizanskoe dvizhenie v Belorussiya v gody Velikoi Otechestvennoi voiny (Iyun' 1941–iyul' 1944). Dokumenty i Materialy v trekh tomakh（《1941年6月—1944年7月，伟大卫国战争中白俄罗斯全国范围的游击运动，文件资料集，三卷本》）（明斯克，白俄罗斯出版社，1967年第一册，

1973年第二册，1982年第三册）。

A. I. 扎列斯基，*V partizanskikh krayakh i zonakb*（《游击队控制区》）（莫斯科：社会经济书籍出版社，1962年）。

11. 外交文件/外交历史

Perepiska predsedatelya Soveta ministrov SSSR vo vremya Velikoi Otechestvennoi voiny 1941–1945 gg.（《1941—1945年，苏联部长会议主席同美国总统和英国首相通信集》）（莫斯科：政治书籍出版社，1958年），第一册和第二册。也可参阅1976年的第二版（莫斯科：政治书籍出版社），第一册和第二册。单卷英译本参见*Stalin's Correspondence with Churchill, Attlee, Roosevelt and Truman 1941–45*（《1941—1945年，斯大林与丘吉尔、艾德礼、罗斯福和杜鲁门的通信》）（伦敦：劳伦斯&威沙特出版社，1958年）。

会议文件

参阅苏联外交部主持出版的六卷本*Sovetskii Soyuz na mezhdunarodnykh konferentsiyakh perioda Velikoi Otechestvennoi voiny 1941–1945 gg.*（《1941—1945年，伟大卫国战争期间苏联参加的国际会议》）（莫斯科：政治书籍出版社，1978—1980年）（集体创作，A. A. 葛罗米柯主编）。第一册，1943年10月19日—30日的莫斯科外长会议（1978年出版）；第二册，1943年11月28日—12月1日的德黑兰会议（1978年出版）；第三册，1944年8月21日—9月28日的敦巴顿橡树园会议（1978年出版）；第四册，1945年2月4日—11日的克里木（雅尔塔）会议（1979年出版）；第五册，1945年4月25日—6月26日在旧金山召开的联合国会议（1980年出版）；第六册，1945年7月17日—8月2日的柏林（波茨坦）会议（分为两册，1980年出版），

Tegeran–Yalta–Potsdam. Sbornik dokumentov（《德黑兰—雅尔塔—波茨坦，文件集》）（莫斯科：国际关系出版社，1967年）。苏联方面关于德黑兰、雅尔塔会议的记录。

Tegeranskaya konferentsiya rukovoditelei trekh velikikh derzhav (1943 g.)（《1943年，三大国首脑召开的德黑兰会议》），刊登于*Mezhdunarodnaya* *zhizn*（《国际事务》）杂志，1961（7），第176—190页，以及（8），第144—158页。苏联方面关于德黑兰会议的记录。

Krymskaya i Potsdamskaya konferentsii trekh rukovoditelei trekh velikikh derzhav（《三大国首脑召开的克里木和波茨坦会议》），刊登于*Mezhdunarodnaya zhizn*（《国际事务》）杂志，1965（6），第142—160页；（7），第153—160页；（8），第153—160页；（9），第185—192页；（10），第151—160页；（12），第139—151页；1966（1），第153—160页；（3），第150—160页；（5），第152—160页；（6），第155—160页；（7），第140—157页；（8），第154—160页；（9），第177—192页。苏联方面关于雅尔塔会议的记录。

Sovetsko–frantsuzskie otnosheniya vo vremya Velikoi Otechestvennoi voiny 1941–1945 gg. Dokumenty i Materialy（《1941—1945年伟大卫国战争期间的苏法关系，文件和资料》）（莫斯科：国家政治书籍出版社，1959年）。

SSSR v bor'be za mir nakanune Vtoroi Mirovoi voiny (Sentyabr 1938–August 1939)（《1938年9月—1939年8月，第二次世界大战爆发前夕苏联为和平所作的努力》）（莫斯科：政治书籍出版社，1971年）。

SSSR v bor'be protiv Fashistskoi agressii 1933–1945（《1933—1945年，苏联对法西斯侵略所作的斗争》）（莫斯科：科学出版社，1976年）。

V. 别列日科夫，*S diplomaticheskoi missiei v Berlin 1940–1941*（《1940—1941年，在柏林执行外交使命》）（莫斯科：新闻出版社，1966年）。

V. L. 伊斯拉埃良，*Diplomaticheskaya istoriya Velikoi Otechestvennoi Voiny, 1941–1945*（《1941—1945年，伟大卫国战争期间的外交史》）（莫斯科：国际关系学院出版社，1959年）。

V. L. 伊斯拉埃良，*Antigitlerovskaya Koalitsiya (Diplomatichestoe Sotrudinchestvo SSSR, SSHA i Anglii v gody Vtoroi Mirovoi voiny)*（《反希特勒联盟，第二次世界大战中苏联、美国和英国的外交合作》）（莫斯科：国际关系学院出版社，1964年）。

V. L. 伊斯拉埃良和L. N. 库塔科夫，*Diplomatiya agressorov*（《外交进攻》）（莫斯科：科学出版社，1967年）。

V. S. 科瓦尔，*SSHA vo vtoroi mirovoi voine: nekotorye problemy vneshnei politiki*（《第二次世界大战中的美国，一些外交政策问题》）（基辅：科学思想出版社，1976年）。第二次世界大战中的美国外交政策。

I. D. 昆尤巴，*Sovetsko-polskie otnosheniya (1939–1945 gg.)*（《1939—1945年的苏波关系》）（基辅：基辅大学出版社，1963年）。

L. N. 库塔科夫，*Istoriya Sovetsko-Yaponskikh diplomaticheskikh otnoshenii*（《苏日外交关系史》）（莫斯科：国际关系学院出版社，1962年）。

I. M. 麦斯基，*Vospominaniya Sovetskovo posla*（《苏联大使回忆录》）（莫斯科：科学出版社，1964年），两卷本。

A. M. 涅克利希，*Vneshnyaya politika Anglii v gody Vtoroi Mirovoi voine*（《英国在第二次世界大战中的外交政策》）（莫斯科：科学院出版社，1963年）。

A. M. 诺斯科夫，*Skandinavskii platsdarm vo vtoroi mirovoi voine*（《第二次世界大战中的斯堪的纳维亚登陆场》）（莫斯科：科学出版社，1977年）。

V. G. 特鲁哈诺夫斯基，*Uinston Cherchill'*（《温斯顿·丘吉尔》）（莫斯科：思想出版社，1968年）。温斯顿·丘吉尔的"政治传记"。

12. 苏联、盟国和敌人

集体创作，*Protiv falsifikatsii istorii*（《反对歪曲历史》）（莫斯科：社会经济书籍出版社，1959年）。

V. I. 达希切夫，*Bankrotstvo Strategii Germanskovo Fashizma, Istoricheskie Ocherki, Dokumenty i Materialy*（《德国法西斯战略的破产，历史文章、文件和资料》）。第一册，*Podgotovka i razvertyvanie natsistskoi Agressii v Evrope 1933–1941*（《1933—1941年，纳粹侵略欧洲的准备和部署》）（莫斯科：科学出版社，1973年）；第二册，*Agressiya Protiv SSSR. Padenie "Tret" ei Imperii' 1941–1945 gg.*（《1941—1945年，入侵苏联，"第三帝国"的败亡》）。

V. I. 达希切夫（主编），*Sovershenno Sekretno! Tol'ko dlya komandovaniya! Strategiya fashistskoi Germanii v voine protiv SSSR*（《绝密！仅供统帅部阅！纳粹德国侵苏战争的战略》）（莫斯科：科学出版社，1967年）。

G. A. 德波林和B. S. 捷尔普霍夫斯基，*Itogi i uroki Velikoi Otechestvennoi voiny*（《伟大卫国战争的结果和教训》）（莫斯科：思想出版社，1975年第二版）。

P. M. 杰列维扬科和A. A. 古罗夫，*Protiv falsifikatorov istorii Vtoroi Mirovoi voiny*（《反对歪曲二战历史》）（莫斯科：军事出版社，1959年）。

A. A. 格列奇科（主编），*Osvoboditel'naya missiya Sovetskikh vooruzhennykh sil vo Vtoroi Mirovoi voine*（《苏联武装力量在第二次世界大战中的解放使命》）（莫斯科：政治书籍出版社，1971年）。

G. K. 基里亚季迪斯，*Gretsiya v vtoroi mirovoi voine*（《第二次世界大战中的希腊》）（莫斯科：科学出版社，1967年）。

S. V. 克柳切夫，*Mify i Pravda. Kritika burzhuaznykh izmyshlenii o prichinakh ekonomicheskoi pobedy SSSR v Velikoi Otechestvennoi voine*（《谎言与真相，批驳资产阶级关于苏联在伟大卫国战争中取得胜利的经济原因的谎言》）（列宁格勒：列宁出版社，1969年）。

V. M. 库利什，*Istoriya vtorovo fronta*（《第二战场的来龙去脉》）（莫斯科：科学出版社，1971年）。对"第二战场"的研究，政治和军事方面。

V. M. 库利什，*Vtoroi front*（《第二战场》）（莫斯科：军事出版社，1960年）。附有地图。

V. M. 库利什，*Raskrytaya taina. Predystoriya vtorovo fronta v Evrope*（《被公开的秘密，欧洲第二战场的背景》）（莫斯科：科学出版社，1965年）。

A. M. 涅克利希，*Protiv falsifikatsii istorii Vtoroi Mirovoi voiny*（《反对歪曲二战历史》）（莫斯科：科学出版社，1964年）。

A. M. 涅克利希，*1941 22 iyunya*（《1941年6月22日》）（莫斯科：科学

出版社，1965年）。

D. M. 普罗埃克托尔，*Agressiya i Katastrofa. Vysshee voennoe rukovodstvo fashistskoi Germanii vo vtoroi mirovoi voine 1939–1945*（《侵略与惨败，第二次世界大战中法西斯德国的高级军事将领，1939—1945年》）（莫斯科：科学出版社，1968年）。

G. N. 列乌托夫，*Pravda i vymysel o Vtoroi Mirovoi voine*（《关于第二次世界大战的谎言与真相》）（莫斯科：国际关系学院出版社，1970年第二版）。

V. G. 萨波日尼科夫，*Kitaiskii front vo Vtoroi Mirovoi voine*（《第二次世界大战中的中国战场》）（莫斯科：科学出版社，1971年）。

V. A. 谢基斯托夫，*Voina i politika*（《战争与政治》）（莫斯科：军事出版社，1970年）。西欧/地中海的作战行动，1939—1945年。

V. A. 谢基斯托夫（主编），*Bol'shaya lozh' o voine*（《关于战争的大谎言》）（莫斯科：军事出版社，1971年）。

G. N. 谢沃斯季亚诺夫，*Podgotovka voiny na Tikhom Okeane 1939–1941*（《1939—1941年，太平洋战争的准备工作》）（莫斯科：科学院出版社，1962年）。

V. S. 斯特列尔尼科夫和N. M. 切列帕诺夫，*Voina bez riska*（《没有风险的战争》）（莫斯科：军事出版社，1965年）。意大利战役。

A. A. 斯特罗科夫，*Uroki istorii neoproverzhimy*（《无可否认的历史教训》）（莫斯科：军事出版社，1964年）。关于苏联在二战期间为击败纳粹德国所发挥的作用。

P. A. 日林（主编），*Vtoraya mirovaya voina i sovremennost'*（《第二次世界大战与当今世界》）（莫斯科：科学出版社，1972年）。二战文集。

13. 挑选的文章

VI	*Voprosy Istorii*（《历史问题》杂志）
Ist. SSSR	*Istoriya SSSR*（《苏联历史》杂志）
Ist. Arkhiv	*Istoricheskii Arkhiv*（《历史档案》杂志）

VIZ   *Voenno–istoricheskii Zhurnal*（《军事历史》杂志）

VVI   *Vestnik voennoi istorii*（《军事历史》期刊）

A. 安托夏克，*Rumyniya vo vtoroi mirovoi voine*（《二战中的罗马尼亚》），*VVI*，1971（2），第154—176页。

S. V. 巴拉诺夫，*Rost tekhnicheskoi osnashchennosti Sovetskikh vooruzhennykh sil v gody Velikoi Otechestvennoi voiny*（《伟大卫国战争中苏联武装部队技术装备的发展》），*VI*，1975（5），第22—35页。

42-ya Armiya v boyakh za Leningrad（《列宁格勒战役中的第42集团军》），*1st. Arkhiv*，1959（2），第68—88页。第42集团军的作战日志。

I. 爱伦堡，*Lyudi, gody, zhizn*（《人，岁月，生活》），新世界出版社，1963年，1—3册。

K 20–letiyu bitvy na Volge. Postanovleniya Gorodskovo komiteta oborony. Okt. 1941–iyul. 1942 gg.（《伏尔加河战役20周年纪念，城防委员会决议，1941年10月—1942年7月》），*1st. Arkhiv*，1962（3），第3—56页。斯大林格勒城防委员会文件。

A. Ya. 卡利亚金，*Sredstva inzhenernovo vooruzheniya v Velikoi Otechestvennoi voine*（《伟大卫国战争中的工兵装备》），*VI*，1976（7），第101—112页。工兵的工作、装备和用品。

N. Ya. 科马罗夫和A. S. 奥尔洛夫，*"Sekretnoe oruzhie"; Fyurera i protivovozdushnaya oborona gorodov SSSR v 1944–1945 godakh*（《"秘密武器"，1944—1945年，元首与苏联城市防空》），*1st. SSSR*，1975（1），第121—128页。针对德国V–1、V–2 "秘密武器"的防御措施。

D. M. 库金，*Partiinoe i gosudarstvennoe rukovodstvo ekonomikii v gody Velikoi Otechestvennoi voiny*（《伟大卫国战争期间党和政府对经济的管理》），*VI*，1971（8），第27—42页。

V. P. 莫罗佐夫，*Nekotorye voprosy organizatsii strategicheskovo rukovodstva v Velikoi Otechestvennoi voine*（《伟大卫国战争期间战略指挥机构的一些问题》），*1st. SSSR*，1975（3），第12—29页。最高指挥机构，指

挥任务。

Yu. P. 彼得罗夫，*Sostoyanie i zadachi razrabotki istorii partizanskovo dvizhenie v gody Velikoi Otechestvennoi voiny*（《伟大卫国战争中，游击运动的情况和发展史》），*VI*，1971（5），第11—33页。

A. I. 沙库林，*Aviatsionnaya promyshlennost'v gody Velikoi Otechestvennoi voiny*（《伟大卫国战争中的航空工业》），*VI*，1975（3），第134—154页，以及（4），第91—105页。航空工业人民委员的回忆。

I. 申卡廖夫，*Bolgariya vo vtoroi mirovoi voine*（《二战中的保加利亚》），*VVI*，1970（1），第200—222页。

V. K. 索洛维约夫，*Faktor strategicheskoi vnezapnosti v bitve pod Kurskom*（《库尔斯克战役中的战略突然性因素》），*VVI*，1970（1），第144—163页。

B. L. 万尼科夫，*Oboronnaya promyshlennost' SSSR nakanune voiny*（《战争前夕苏联的国防工业》），*VI*，1969（1），第122—135页。

A. M. 华西列夫斯基，*K voprosy o rukovodstve vooruzhennoi bor'boi v Velikoi Otechestvennoi voine*（《关于伟大卫国战争中武装斗争的领导问题》），*VI*，1970（5），第49—71页。战略指挥和控制。

A. M. 华西列夫斯基，*Osvobozhdenie Donbassa levoberezhnoi Ukrainy. Bor'ba za Dnepr*（《解放左岸乌克兰的顿巴斯，奔向第聂伯河》），*1st. SSSR*，1970（3），第3—45页。华西列夫斯基元帅的重要文章。

I. I. 沃尔科特鲁边科，*Boepripasy i artsnabzhenie v Velikoi Otechestvennoi voiny*（《伟大卫国战争中的弹药和火炮供应》），*VI*，1972（11），第82—91页。弹药生产。

1959—1980年，刊登在VIZ上的文章（按时间顺序排列）

Iz istorii kapitulyatsii vooruzhennykh sil fashistskoi Germanii（《法西斯德国军队投降的故事》），文件，1959（5），第79—95页。对魏德林将军的审问。

S. 克拉西利尼科夫，*O strategicheskom rukovodstve v Velikoi*

Otechestvennoi voine（《关于伟大卫国战争中的战略指挥》），1960（6），
第3—13页。

V. 索科洛夫斯基，*O sovetskom voennom iskusstve v bitve pod Moskvoi*
（《关于苏军在莫斯科会战中的军事艺术》），1961（11），第15—28页。

M. V. 扎哈罗夫，*Umanskaya nastupatel'naya operatsiya 2-vo ukrainskovo
fronta*（《乌克兰第2方面军的乌曼进攻战役》），1962（4），第12—32页。

I. 阿纳尼耶夫，*Tankovye armii v nastupatel'nykh operatsiyakh Velikoi
Otechestvennoi voine*（《伟大卫国战争进攻战役中的坦克集团军》），1962
（5），第10—24页。

M. 洛巴诺夫，*K voprosy vozniknoveniya i razvitiya otechestvennoi
radiolokatsii*（《关于国家雷达系统起源和发展的问题》），1962（8），第
13—29页。苏联的雷达项目。

F. 乌坚科夫，*Nekotorye voprosy oboronitel'novo srazheniya na dal'nykh
podstupakh k Stalingradu*（《在斯大林格勒远端接近地实施防御作战的一些问
题》），1962（9），第34—48页。

I. Kh. 巴格拉米扬，*Shaulyaisko–Mitavskaya operatsiya voisk 1–vo
Pribaltiiskovo fronta*（《波罗的海沿岸第1方面军的希奥利艾—叶尔加瓦战
役》），1962（10），第3—23页。

A. 尼基京，*Perestroika raboty voennoi promyshlennosti SSSR v pervoi
periode Velikoi Otechestvennoi voiny*（《伟大卫国战争初期，苏联军事工业的
重建工作》），1963（2），第11—20页。军工生产。

V. P. 莫罗佐夫，*Pochemu ne zavershilos nastuplenie v Donbasse vesnoi 1943
goda*（《顿巴斯战役为何没能在1943年春季完成》），1963（3），第14—43
页。这是一份对苏军1943年战役的重要分析。

I. 克拉夫钦科，*Vstrechnye boi tankovykh i mekhanizirovannykh korpusov
v Velikoi Otechestvennoi voine*（《伟大卫国战争中坦克和机械化军的反击
战》），1963（5），第24—35页。

M. 扎哈罗夫，*O sovetskom voennom iskusstve r bitve pod Kurskom*（《苏
军在库尔斯克战役中的军事艺术》），1963（6），第15—25页，（7），第

15—20页。

I. S. 科涅夫，*Na Kharkovskom napravlenii*（《在哈尔科夫方向》），1963年（8），第49—61页。回忆文章。

L. 桑达洛夫，*Bryanskii front v Orlovskoi operatsii*（《奥廖尔战役中的布良斯克方面军》），1963（8），第62—72页。回忆文章。

N. 舍霍夫佐夫，*Razvitie strategicheskovo nastupleniya letom i osenyu 1943 goda*（《1943年夏秋季战略攻势的发展》），1963（9），第12—29页。1943年的战略规划。

M. 卡扎科夫，*Velikaya pobeda pod Leningradom*（《列宁格勒的伟大胜利》），1964（1），第3—15页。

S. 普拉托诺夫和N. 帕夫连科，*Strategicheskoe nastuplenie Sovetskoi armii na territorii Polshi*（《苏联红军在波兰领土上的战略攻势》），1964（2），第14—36页。

M. 多罗费耶夫，*O nekotorykh prichinakh neudachnyk deistvii mekhanizirovannykh korpusov v nachalnom periode Velikoi Otechestvennoi voiny*（《伟大卫国战争初期机械化军失利的部分原因》），1964（3），第32—44页。重要的分析。

Velikaya pobeda v Belorussi（《在白俄罗斯的伟大胜利》），1964（6），第3—51页，第74—86页。1944年，白俄罗斯进攻战役：苏军实力和部署的统计资料。

M. V. 扎哈罗夫，*Molnienosnaya operatsiya*（《快速行动》），1964（8），第15—28页。1944年的雅西—基什尼奥夫战役。

Pravda o gibeli generala M. P. Kirponosa（《M. P. 基尔波诺斯将军阵亡真相》），1964（9），第61—69页。关于基尔波诺斯将军1941年阵亡的报告。

M. 卡扎科夫，*Na voronezhskom napravlenii letom 1942 goda*（《1942年夏季，在沃罗涅日方向上》），1964（10），第27—44页。回忆与分析。

A. 阿尔希特斯，*Dostizhenie vnezapnosti v nastupatel'nykh operatsiyakh Velikoi Otechestvennoi voiny*（《在伟大卫国战争的进攻战役中达成突然性》），1964（11），第10—21页。苏军战役的突然性。

V. 热拉诺夫，*Iz opyta pervoi operatsii na okruzhenie*（《第一次包围战的经验教训》），1964（12），第20—34页。对1941—1942年苏军冬季战役的重要分析。

K. 梅列茨科夫，*Na volkhovskikh rubezhakh*（《在沃尔霍夫接近地》），1965（1），第54—70页。1942年，沃尔霍夫，弗拉索夫与突击第2集团军。

Vislo-Oderskaya operatsiya v tsifrakh（《数据中的维斯瓦河—奥得河战役》），1965（1），第71—81页。维斯瓦河、奥得河，1945年，统计数据。

Vostochno-Prusskaya operatsiya v tsifrakh（《数据中的东普鲁士战役》），1965（2），第80—90页。东普鲁士，苏联空军统计数据。

G. 克拉夫琴科，*Ekonomicheskaya pobeda sovetskovo naroda v Velikoi Otechestvennoi voine*（《伟大卫国战争中苏联人民取得的经济胜利》），1965（4），第37—47页。战时经济。

G. 朱可夫，*Na berlinskom napravlenii*（《在柏林方向上》），1965年（6），第12—22页。回忆文章。

V. 阿奇卡索夫，*Voenno-Morskoi Flot v khode Velikoi Otechestvennoi voiny*（《伟大卫国战争中的海军舰队》），1965（7），第24—34页。综合调查，苏联海军。

A. 华西列夫斯基，*Nekotorye voprosy rukovodstva vooruzhennoi bor'boi letom 1942 goda*（《1942年夏季战役中的一些指挥问题》），1965（8），第3—10页。对苏军1942年作战行动的重要阐述。

A. 华西列夫斯基，*Nezabyvaemye dni*（《难忘的日子》），1965（10），第13—25页。对1942年斯大林格勒战役的基本阐述。

P. 科尔科季诺夫，*Fakty i mysli o nachal['nom periode Velikoi Otechestvennoi voiny*（《伟大卫国战争初期的事实和想法》），1965年（10），第26—34页。

F. 舍斯捷林，*Bor'ba za gospodstvo v vozdukhe*（《争夺制空权之战》），1965（11），第15—27页。

S. 洛托茨基，*Iz opyta vedeniya armeiskikh nastupatel'nykh operatsii*（《实施进攻战役的经验教训》），1965（12），第3—14页。

华西列夫斯基，*Nezabyvaemye dni*（《难忘的日子》），1966（1），第13—25页。1942年，斯大林格勒。

M. 霍津，*Ob odnoi maloissledovannoi operatsii*（《关于一场不为人知的战役》），1966（2），第35—46页。列宁格勒、沃尔霍夫方面军，1941—1942年。

S. M. 什捷缅科，*Pered udarom v Belorussi*（《白俄罗斯战役前夕》），1966（2），第58—77页。最高统帅部代表的工作，图表。

N. 帕夫连科，*Kharakternye cherty strategicheskovo nastupleniya Sovetskikh vooruzhennykh sil v Velikoi Otechestvennoi voine*（《伟大卫国战争中，苏军战略攻势的显著特点》），1966（3），第9—23页。

A. 华西列夫斯基，*Nezabyvaemye dni*（《难忘的日子》），1966（3），第24—44页（续）。

M. 阿布萨利亚莫夫和V. 安德里亚诺夫，*Organizatsiya partizanskikh sil i formy rukovodstva ikh boevoi deyatelnostyu v Otechestvennoi voine*（《伟大卫国战争期间，游击力量的组织结构和作战指挥方式》），1966（9），第18—26页。

K. 多莫拉德，*Tak li dolzhny pisatsya voennye memuary?*（《一定要撰写军事回忆录吗？》），1966（11），第82—92页。对军事回忆录的批评。

Moskovskaya bitva v tsifrakh（《数据中的莫斯科战役》），1967（1），第89—101页。莫斯科反击战的军事统计数据。另可参阅1967（2），第69—79页（防御阶段）。

G. 科尔图诺夫，*Udar voisk 1-vo Ukrainskovo fronta na zhitomirskom napravlenii zimoi 1943/44 goda*（《1943—1944年冬季，乌克兰第1方面军在日托米尔方向上的突击部队》），1967（2），第12—23页。重要的分析。

N. 斯柳宁和B. 巴达宁，*Razvitie voenno–inzhenernovo iskusstva*（《军事工程学的发展》），1967（6），第16—28页。工兵和军事工程。

K. 马里宁，*Razvitie organizatsionnykh form sukhoputnykh voisk v Velikoi Otechestvennoi voine*（《伟大卫国战争中苏军地面部队组织形式的发展》），1967（8），第28—39页。苏联红军的组织结构，1941—1945年。

V. 马楚连科，*Razvitie operativnovo iskusstva v nastupatelnykh operatsiyakh*（《作战艺术在进攻战役中的发展》），1967（10），第39—53页。作战艺术和进攻战役。

M. 阿布萨利亚莫夫和V. 安德里亚诺夫，*Taktika sovetskikh partizan*（《苏联游击队的战术》），1968（1），第42—55页。游击战术。

V. 穆尔曼谢瓦，*Sovetskie zhenshchiny v VOV 1941–1945 godov*（《1941—1945年，伟大卫国战争中的苏联妇女》），1968（2），第47—54页。

V. 古尔金，*Kontrnastuplenie pod Stalingradom v tsifrakh*（《数据中的斯大林格勒反击战》），1968（3），第64—76页。斯大林格勒反击战的统计数据。

G. 菲拉托夫，*Razgrom ital'yanskoi ekspeditsionnoi armii na sovetskogo-germanskom fronte*（《意大利远征军在苏德前线的溃败》），1968（4），第44—54页。

G. 科尔图诺夫，*Kurskaya bitva v tsifrakh*（《数据中的库尔斯克战役》），1968（6），第58—68页，以及（7），第77—92页。

N. 舍霍夫佐夫，*Nastuplenie voisk Stepnovo fronta na krivorozhskom napravlenii v oktyabre 1943 goda*（《1943年10月，草原方面军在克里沃罗格方向上的突击部队》），1968（10），第28—43页。

N. 奥克霍尼科夫，*Strelkovoe vooruzhenie Sovetskoi Armii v Velikoi Otechestvennoi voine*（《伟大卫国战争中，苏联红军的轻武器》），1969（1），第29—38页。

N. 斯韦特利申，*O nekotorykh osobennostyakh zimnei kampanii 1944 goda*（《关于1944年冬季战役的一些特点》），1969（2），第15—30页。重要的分析。

S. 伊万诺夫，*Sryv kontrnastupleniya nemetsko-fashistskikh voisk u ozera Balaton*（《粉碎纳粹军队在巴拉顿湖发动的反击》），1969（3），第14—29页。

A. 华西列夫斯基，*Vostochno-Prusskaya operatsiya*（《东普鲁士战

役》），1969（3），第35—45页。关于东普鲁士战役的重要回忆。

N. 捷列先科，*Korsun–Shevchenkovskaya operatsiya v tsifrakh*（《数据中的科尔孙—舍甫琴柯夫斯基战役》），1969（7），第45—52页。1944年科尔孙—舍甫琴柯夫斯基战役的统计数据。

M. 波卢什金，*Lvovsko–Sandomirskaya nastupatel'naya operatsiya 1–vo Ukrainskovo fronta v tseifrakh*（《数据中的乌克兰第1方面军利沃夫—桑多梅日进攻战役》），1969（8），第54—67页。利沃夫—桑多梅日战役的统计数据。

A. M. 华西列夫斯基，*Belorusskaya strategicheskaya operatsiya*（《白俄罗斯的战略行动》），1969（9），第47—58页，以及（10），第63—76页。1944年的白俄罗斯攻势。

M. 科泽夫尼科夫，*Razvitie operativnovo iskusstva VVS*（《苏联空军作战艺术的发展》），1969（11），第15—25页。苏联空军的作战艺术。

S. 切佩柳科，*Razvitie taktiki shturmovoi aviatsii v Velikoi Otechestvennoi voina*（《伟大卫国战争中空军攻击战术的发展》），1970（1），第23—33页。

N. 舍霍夫斯托夫，*Kharakternye cherty kampanii 1945 goda v Evrope*（《1945年欧洲战役的显著特点》），1970（2），第15—26页。对最后攻势的重要分析。

M. V. 扎哈罗夫，*Strategicheskoe rukovodstvo vooruzhennymi silami*（《对武装力量的战略领导》），1970（5），第23—34页。战略指挥与控制。

Voenachal'niki vspominayut…（《将领们的回忆》），朱可夫、华西列夫斯基、科涅夫、诺维科夫、库兹涅佐夫、马里亚希姆、克赖纽科夫，1970（5），第52—101页。

A. 希曼斯基，*Narashchivanie usilii v khode strategicheskovo nastupleniya*（《战略进攻中不断加强力量》），1970（5），第52—101页。梯队和增援。

K. 卡扎科夫，*Sovershenstvovanie artilleriiskovo nastupleniya*（《炮兵攻势的完善》），1970（11），第33—39页。

A. M. 华西列夫斯基，*Osvobozhdenie Pravoberezhnoi Ukrainy*（《解放右岸乌克兰》），1971（1），第59—73页，以及（2），第62—77页。重要的回忆和文件。

I. 佩列瑟普金，*Svyaz General'novo shtaba*（《总参谋部的通信联络》），1971（4），第19—25页。总参谋部通信网。

A. M. 华西列夫斯基，*Osvobozhdenie Kryma ot nemetsko—fashistskikh zakhvatchikov v 1944 godu*（《1944年从纳粹侵略者手中解放克里木》），1971（5），第71—85页，以及（6），第57—72页。重要的回忆和文件。

M. 科泽夫尼科夫，*Sovershenstvovanie aviatsionnovo nastupleniya*（《空中攻势的完善》），1971（5），第14—21页。苏军的空中攻势。

N. 萨尔特科夫，*Predstaviteli General'novo shtaba…*（《总参谋部代表》），1971（9），第54—59页。关于总参谋部作用的重要阐述。

V. 泽姆斯科夫，*Nekotorye voprosy sozdaniya i ispolzovaniya strategicheskikh rezervov*（《组建和使用战略预备队的一些问题》），1971（10），第12—19页。

I. 季莫霍维奇，*Nekotorye voprosy operativnovo iskusstva VVS*（《空军作战艺术的一些问题》），1971（11），第12—21页。关于苏联空军作战行动的重要阐述。

P. 马斯拉夫，*Formirovanie i podgotovka tankovykh rezervov*（《坦克预备队的组建和训练》），1972（1），第21—27页。

A. 诺维科夫和M. 科泽夫尼科夫，*Bor'ba za strategicheskoe gospodstvo v vozdukhe*（《争夺战略制空权》），1972（1），第21—27页。

K. 克赖纽科夫和Ya. 库兹涅佐夫，*Deyatel'nost voennykh sovetov v operatsiyakh Sovetskoi Armii za rubezhom*（《苏军境外作战期间，军事委员会的工作》），1972（4），第31—39页。

M. 卡扎科夫，*Ispol'zovanie strategicheskikh rezervov*（《战略预备队的使用》），1972（5），第28—35页。

M. 波瓦利，*Upravlenie voiskami vo frontovykh nastupatel'nykh operatsiyakh*（《进攻战役中的指挥与控制》），1972（7），第34—42页。

A. 茨韦特科夫，*Boevye deistviya vozdushnykh i morskikh desantov v tylu protivnika*（《在敌防线后方实施空降和海上登陆作战》），1972（8），第20—25页。

A. 巴巴贾尼扬和I. 克拉夫钦科，*1-ya tankovaya armiya v Zhitomirsko-Berdichevskoi operatsii*（《日托米尔—别尔季切夫战役中的坦克第1集团军》），1972（9），第21—31页。

I. 阿纳涅夫上校，*Sozdanie tankovykh armii i sovershenstvovanie ikh organizatsionnoi struktury*（《组建坦克集团军并改善其组织结构》），1972（10），第38—47页。

K 30—letiyu Stalingradskoi bitvy（《斯大林格勒战役30周年纪念》），1972（11），第20—77页。另可参阅1973（2），第34—66页。

V. 斯米尔诺夫，*Vstrechnye srazheniya*（《反击战》），1973（4），第20—28页。

V. 马拉姆津，*O metodakh raboty komanduyushchevo armiei po prinyatiyu resheniya na nastupatel'nuyu operatsiyu*（《集团军在进攻战役中制订作战决策的工作方式》），1973（5），第10—16页。指挥部，参谋工作。

V. 米亚赫科夫，*Razvitie taktiki istrebitel'noi aviatsii*（《歼击机战术的发展》），1973（6），第23—31页。

K 30—letiyu Kurskoi bitvy（《库尔斯克战役30周年纪念》），1973（7），第9—76页，以及（8），第11—72页。

K 30—letiyu bitvy za Dnepr（《第聂伯河战役30周年纪念》），1973（9），第10—53页。1943年的第聂伯河战役及统计数据。

A. 波克罗夫斯基和V. 伊斯托明，*Smolenskaya nastupatel'naya operatsiya 1943 goda*（《1943年的斯摩棱斯克进攻战役》），1973（10），第11—23页。

M. 基里扬，*Razvitie sposoba planirovaniya armeiskikh nastupatel'nykh operatsii*（《进攻战役策划方式的发展》），1973（11），第12—19页。苏军的进攻战役和策划组织。

K. 库兹涅佐夫，*O strategicheskikh peregruppirovakh*（《关于战略再部

署》），1973（12），第12—19页。关于战略再部署的重要阐述。

Direktivnoe pismo Stavki Verkhovnovo Glavnokomandovaniya ot 10 yanvarya 1942 goda（《1942年1月10日的最高统帅部指令》），1974（1），第70—74页。关于战术方面的指令。

M. 科泽夫尼科夫，*Koordinatsiya deistvii VVS predstavitelyami Stavki VGK po aviatsii*（《最高统帅部代表对空军作战行动的协调》），1974（2），第31—38页。

V. 米亚赫科夫，*Razvitie taktiki bombardirovochnoi aviatsii*（《轰炸机战术的发展》），1974年（3），第35—44页。轰炸机战术。

A. 拉济耶夫斯基，*Dostizhenie vnezapnosti v nastupatel'nykh operatsiyakh*（《在进攻战役中达成突然性》），1974（4），第12—21页。

Navstrechu 30—letiyu Pobedy（《迎接胜利30周年纪念》），1974（5），第10—34页；（6），第10—35页；（7），第10—37页。作战艺术。

G. 科尔图诺夫和S. 伊萨耶夫，*Krymskaya operatsiya v tsifrakh*（《数据中的克里木战役》），1974（5），第35—42页。

V. 切尔尼亚耶夫，*Operativnaya maskirovka voisk v Belorusskoi operatsii*（《白俄罗斯战役中部队的伪装行动》），1974（8），第11—21页。1944年白俄罗斯攻势中的伪装和欺骗措施。

N. 梅德韦杰夫，*Osvobozhdenie Pribaltiki*（《解放波罗的海诸国》），1974年（9），第11—22页。

N. 索科莫洛霍夫，*Operativnoe iskusstvo VVS v nastupatel'nykh operatsiyakh tret'evo perioda Velikoi Otechestvennoi voiny*（《伟大卫国战争第三阶段，进攻战役中的空军作战艺术》），1974（9），第32—42页。

Prikaz NKO No. 306 ot 8 oktyabr 1942（《1942年10月8日，国防人民委员会第306号令》），1974（9），第62—66页。文件。

Prikaz NKO No. 525 ot 16 oktyabr 1942 g（《1942年10月16日，国防人民委员会第525号令》），1974（10），第68—73页。文件。

G. 比留科夫和S. 托特罗夫，*Nekotorye voprosy primeneniya artillerii vo frontovykh operatsiyakh*（《在前线作战行动中使用炮兵的一些问题》），1974

（11），第11—17页。

I. 维亚赞金，*Forsirovanie rek s khody*（《在行进中强渡河流》），1975（2），第10—19页。

Polozhenie i instruktsiya po rabote korpusa ofitserov-predstavitelei General'novo shtaba Krasnoi Armii（《代表红军总参谋部的军官团的规章制度》），1975（2），第62—66页。总参谋部的工作，文件。

Ukazaniya po podgotovke artillerii 2-vo Belorusskovo fronta k Vostochno-Prusskoi operatsii（《白俄罗斯第2方面军发起东普鲁士战役炮火准备的指令》），1975（3），第52—56页。炮兵的计划，文件。

30—letie Velikoi Pobedy（《伟大胜利30周年纪念》），1975（5），第3—80页。对战争时期的回忆和分析。

V. 库利科夫，*Strategicheskoe rukovodstvo vooruzhennymi silami*（《对武装力量的战略领导》），1975（6），第12—24页。关于最高统帅部和战略方向的重要阐述。

V. 安德里亚诺夫，*Partizanskaya voina i voennaya strategiya*（《游击战与军事战略》），1975（7），第29—38页。

O zadachakh partizanskovo dvizheniya: Prikaz NKO 5 sentyabrya 1942（《1942年9月5日国防人民委员会指令，关于游击运动的任务》），1975（8），第61—65页。

N. 雅科夫列夫，*Operativnye peregruppirovki voisk pri podgotovke Belorusskoi operatsii*（《白俄罗斯战役准备期间，作战部队的重新部署》），1975（9），第91—97页。

Instruktsiya po organizatsii i provedeniya dvoinovo ognevovo vala（《关于组织和执行两道火力网的指令》），1975（11），第52—59页。1944年下达给炮兵的指令，文件。

A. 齐金，*Taktika aviatsii dal'nevo deistviya vo vtorom periode voiny*（《远程航空兵在战争第二阶段的战术》），1976（1），第19—25页。

A. 拉济耶夫斯基，*Vvod tankovykh armii v proryv*（《坦克集团军投入突破》），1976（2），第19—26页。对坦克集团军部署的重要研究。

A. 拉济耶夫斯基，*Podderzhanie i vosstanovlenie boesposobnosti tankovykh armii v nastupatel'nykh operatsiyakh*（《在进攻战役中维持和恢复坦克集团军的战斗力》），1976（3），第13—21页。这是关于坦克集团军持续作战能力的重要研究。

Prikazy NKO SSSR o primenenii shturmovoi i istrebitel'noi aviatsii na pole v kachestve dnevnykh bombardirovshchikov（《苏联国防人民委员会关于将强击机和歼击机在战场上作为白昼轰炸机使用的指令》），1976（3），第73—74页。1942年6月的文件。

A. 西兰特耶夫，*Upravlenie aviatsiei v nastupatel'nykh deistviyakh voisk*（《部队在进攻战役中对战机的控制》），1976（4），第29—38页。进攻行动中的空中支援。

V. 切尔尼亚耶夫，*Razvitie taktiki oboronitel'novo boya*（《防御战术的发展》），1976（6），第20—36页。苏军的防御战术。

A. 米高扬，*Ob obrazovanii Rezervnovo fronta v 1943 godu*（《关于1943年组建的预备队方面军》），1976（6），第61—69页。回忆文章。

P. 托夫斯图哈和V. 萨韦廖夫，*Nekotorye voprosy upravleniya voiskami v nastupatel'nom boyu*（《进攻战役中指挥和控制方面的一些问题》），1976（7），第11—19页。

I. S. 科涅夫，*Operatsii na okruzhenie*（《合围战》），1976（7），第70—80页。科涅夫未发表过的回忆文章，关于合围行动。

F. 乌坚科夫，*Dokumenty sovetskovo komandovaniya po bor'be s tankami protivnika*（《苏军指挥部关于打击敌坦克的文件》），1976年（8），第65—68页。反坦克防御的指示。

V. 库利科夫，*Ofitsery–predstaviteli General'novo shtaba v oboronitel'nom srazhenii pod Kurskom*（《库尔斯克防御战中的总参谋部军官/代表》），1976（8），第79—84页。

Prikazy i direktivy NKO i Stavki VGK o sovetskoi gvardii i upravlenii voiskami（《国防人民委员会和最高统帅部关于近卫军及指挥控制的指示和命令》），1976（9），第58—60页。近卫军称号，部队的指挥与控制：文件。

M. 科泽夫尼科夫，*Sozdanie i ispol'zovanie aviatsionnykh rezervov Stavki VGK*（《最高统帅部空军预备队的组建和使用》），1976（10），第28—35页。

Direktivy Stavki VGK o sovershenstvovanii operativnovo rukovodstva flotami i flotiliyami（《最高统帅部关于加强舰队和区舰队指挥控制的指令》），1976（11），第66—69页。对海军力量的指挥与控制：文件。

G. 谢苗诺夫，*Iz opyta organizatsii i vedeniya nastupatel'noi operatsii 3—i udarnoi armiei zimoi 1942 goda*（《1942年冬季，突击第3集团军组织、执行进攻战役经验谈》），1977（1），第85—92页。

N. 波波夫，*Razvitie samokhodnoi artillerii*（《自行火炮的发展》），1977（1），第27—31页。

V. 戈卢博维奇，*Sozdanie strategicheskikh rezervov*（《组建战略预备队》），1977（4），第12—19页。关于战略预备力量的重要数据。

A. 帕利，*Radioelektronnaya bor'ba v khode voiny*（《战争期间的无线电通信战》），1977（5），第10—19页。关于苏联通信情报方面罕见的阐述。

M. 马拉霍夫，*Iz opyta sozdaniya i ispolzovaniya operativnykh grupp v khode voiny*（《战争期间组建和使用战斗群的经验》），1977（6），第23—29页。

Yu. 卡扎诺夫斯基，*Sozdanie i ispolzovanie udarnykh armii*（《突击集团军的组建和使用》），1977（8），第86—91页。

B. 弗罗洛夫，*Vstrechnye srazheniya tankovykh armii v nastupatel'nykh operatsiyakh*（《坦克集团军在进攻战役中的遭遇战》），1977（9），第24—33页。

V. 沃罗比约夫，*Korablestroenie v gody voiny*（《战争期间的军舰建造》），1977（12），第35—42页。

G. 米哈伊洛夫斯基和I. 维罗多夫，*Vysshie organy rukovodstva voiny*（《战时最高统帅机构》），1978（4），第16—26页。最高统帅部的组织结构。

D. 里亚贝舍夫，*Ob uchastii 8—vo mekhanizirovannovo korpusa v*

kontrudare Yugozapadnovo fronta（《1941年6月，机械化第8军参加西南方面军发起的反击》），1978（6），第67—74页。这是关于1941年6月坦克作战极为罕见的记述。

S. 克罗克特舍夫，*Operativnoe primenenie tankovykh voisk Vermakhta*（《德国军队对坦克部队的使用》），1978（7），第80—86页。

V. 瑟罗皮亚托夫，*Razvitie tankotekhnicheskovo obespecheniya v gody voiny*（《战争期间坦克维护技术的发展》），1978（9），第39—47页。

O. 库德里亚索夫，*O povyshenii i podderzhanii boesposobnosti voisk*（《部队战斗力的维持和加强》），1978（11），第26—31页。

Prikaz Stavki VGK ot 28 noyabrya 1941 goda（《最高统帅部1941年11月28日的指令》），1978（12），第39—40页。关于战地工程支援，文件。

F. 博科夫，*Soveshchanie v Stavke or reorganizatsii tankovykh armii'*（《最高统帅部组建坦克集团军的会议》），1979（3），第38—41页。最高统帅部商讨重建坦克集团军的事宜。

M. 卢金[33]，*V Smolenskom srazhenii*（《在斯摩棱斯克战役中》），1979（7），第42—54页。这是第16集团军司令员对斯摩棱斯克战役（1941年）重要而又罕见的记述，卢金在维亚济马被德军俘虏，当时他担任第20集团军司令员；华西列夫斯基为这篇文章撰写前言。卢金将军的回忆录即将出版发行。

N. M. 拉玛尼切夫，*Iz opyta peregruppirovki armii pri podgotovke Berlinskoi operatsii*（《柏林战役准备期间，集团军重新部署的经验》），1979（8），第9—16页。

I. 克鲁普琴科，*Kharakternye cherty razvitiya i primeneniya tankovykh voisk*（《坦克部队部署和使用的显著特点》），1979（9），第25—32页。

A. 佩尔沃夫，*O faktorakh, vliyayushchikh na manevr aviasoedineniyami RVGK*（《影响最高统帅部空军预备力量调动的因素》），1979（9），第39—44页。

Ya. 萨莫伊连科，*Iz opyta upravleniya vozdushnymi desantami v gody voiny*（《战争期间指挥空降部队的经验》），1979（12），第15—21页。这是一篇

出色、很有用的文章，讲述的是苏军空降行动的策划、指挥和控制。

A. 佩尔沃夫，*Podgotovka i vospolnenie poter aviatsionnykh korpusov RVGK*（《最高统帅部预备队航空军的准备工作和损失补充》），1980（2），第10—15页。

S. 阿尔费罗夫，*Peregruppirovka 3-i gvardeiskoi tankovoi armii v bitve za Dnepr (oktyabr 1943)*（《1943年10月，第聂伯河战役期间近卫坦克第3集团军的再部署》），1980（3），第16—24页。

14. 战时新闻、报告文学和文学作品

报纸、战时公报和战事报道

Krasnaya Zvezda（《红星报》）（战时出版的期号），1941年1—10月；1942年2月；1943年1—12月。胡佛研究所收藏。

Soobshcheniya Sovetskovo Informbyuro（《苏联新闻社公告》），作战行动、战役概要，以及配图，1941年6月22日—1945年5月15日，1—8册。胡佛研究所收藏。

Soviet War News（《苏联战时新闻》），苏联驻伦敦大使馆新闻处出版，1941—1945年。

Stalingrad（《斯大林格勒》）（莫斯科：外语出版社，1943年），公报和新闻报道。

系列：*Vsesoyuznaya Khnizhnaya Palata*（《全苏联图书机构》）（莫斯科），战时出版物。

I. S. 彼得鲁欣（主编），*Marksizm-Leninizm o voinakh i zashchite sotsialisticheskovo otechestva. Ukazatel' lit*（《关于战争和保卫社会主义祖国中的马列主义，书目索引》）（莫斯科：1942年）。

A. P. 普力马科夫斯基（主编），*Osobennosti i kharakter Velikoi Otechestvennoi voiny. Ukazatel' lit*（《伟大卫国战争的性质和特点，书目索引》）（莫斯科：1942年）。

B. A. 斯米尔诺瓦（主编），*Geroicheskii Leningrad. Kratkii annot. spisok lit*（《英勇的列宁格勒，简注，书目索引》）（列宁格勒：列宁图书馆，1943年）。

A. S. 季莫费耶夫（主编），*Voenno—morskoi flot. Ukazatel' lit*（《海军，书目索引》）（莫斯科，1943年）。

A. S. 季莫费耶夫（主编），*Voiska svyazi. Ukazatel' lit.*（《通信部队，书目索引》）（莫斯科，1943年）。

N. T. 托尔卡切夫（主编），*Izuchai vraga. Ukazatel' lit.*（《对敌人的研究，书目索引》）（莫斯科，1942年）。

N. T. 托尔卡切夫（主编），*Voennoe iskusstvo. Ukazatel' lit.*（《军事艺术，书目索引》）（莫斯科，1943年）。

N. T. 托尔卡切夫（主编），*Voenno—inzhenernoe delo. Ukazatel' lit.*（《军事工程工作，书目索引》）（莫斯科，1943年）。

N. T. 托尔卡切夫（主编），*Pekhota. Istoriya organizatsiya, vooruzhenie i taktika. Ukazatel' lit.*（《步兵的组织结构、武器和战术史，书目索引》）（莫斯科，1942年）。

Geroi i podvigi. Sovetskie listovki Velikoi Otechestvennoi voiny 1941–1945 gg.（《英雄与壮举，伟大卫国战争中的苏联传单，1941—1945年》）（莫斯科：国家政治书籍出版社，1943年）。重印本。

Voennaya publitsistika i frontovye ocherki（《军事新闻与前线文章》）（莫斯科：艺术书籍出版社，1966年）。

Voina. Narod. Pobeda 1941–1945. Stati, ocherki, vospominaniya（《战争，人民，1941—1945年的胜利。文章、随笔和回忆》）（莫斯科：政治书籍出版社，1976年），1—2册，重新刊印的文章和回忆资料。

M. P. 季姆等人（主编），*Sovetskaya kultura v gody Velikoi Otechestvennoi voiny*（《伟大卫国战争期间的苏联文化》）（莫斯科：科学出版社，1976年）。

S. I. 茹科夫，*Frontovaya pechat' v gody VOV*（《伟大卫国战争中的前线出版物》）（莫斯科：莫斯科大学出版社，1968年）。

Frontovye ocherki o Velikoi Otechestvennoi voine（《关于伟大卫国战争的

前线文章》）（莫斯科：军事出版社，1958年），三卷本。

A. 巴甫洛夫斯基，*Russkaya sovetskaya poeziya v gody Velikoi Otechestvennoi voiny*（《伟大卫国战争中的苏联诗歌》）（列宁格勒：科学出版社，1967年）。

Velikaya Otechestvennaya（《伟大卫国战争》），第一册，*Stikhotvoreniya i Poemy, Izd. Vtoroe, dopolnennoe*（《短诗和叙事诗》，修订后的第二版）（莫斯科：艺术书籍出版社，1975年）；第二册，*Stikhotvoreniya i Poemy, Izd. Vtoroe, dopolnennoe*（《短诗和叙事诗》，修订后的第二版）（莫斯科：艺术书籍出版社，1975年）。

集体创作，*Vo imya otchizny. Kazanskii universitet v gody Velikoi Otechestvennoi voiny*（《以祖国的名义，伟大卫国战争中的喀山大学》）（喀山：喀山大学出版社，1975年）。大学教员和学生为战争努力做出的贡献。

N. N. 杰尼索夫，*1418 dnei frontovo korrespondenta*（《战地记者的1418天》）（莫斯科：军事出版社，1969年）。《红星报》战地特派记者。

V. A. 孔德拉特耶夫和Z. N. 波利托夫，*Govoryat pogibshie geroi*（《牺牲的英雄的遗言》）（莫斯科：政治书籍出版社，1973年第五版）。战时信件。

E. V. 莫茹霍夫斯卡亚，*Na ognevykh rubezhakh. Moskovskie khudozhniki frontovoi pechati 1941–1945*（《在前线，莫斯科艺术家的前线绘画，1941—1945年》）（列宁格勒：俄罗斯苏维埃社会主义联邦共和国艺术家出版社，1972年）。海报和绘画。

V. 奥韦奇金，*S frontovym privetom. Povest', ocherki i frontovye gazetnye publikatsii*（《来自前线的问候，故事、文章和前线出版的报纸》）（莫斯科：军事出版社，1973年）。

I. P. 谢利谢夫和V. F. 舒卡诺夫，*O voine, o tovarishchakh, o sebe*（《关于战争、战友和自己》）（莫斯科：政治书籍出版社，1969年）。重印的信件和战时笔记。

V. 沃罗比约夫，*Tovarishchi s Zapadnovo fronta*（《来自西线的同志》）（莫斯科：军事出版社，1972年）。《真理报》战地记者：笔记，战时报道。

Reportazh s frontov voiny（《来自前线的报道》）（莫斯科：政治书籍出版社，1970年）。重印的苏联战时新闻报道。

战争小说

G. 巴克拉诺夫，*Iyul' 41 goda.*（《1941年7月》）（莫斯科：苏联作家出版社，1965年）。

G. 巴克拉诺夫，*Voennye povesti*（《战争故事》）（莫斯科：苏联作家出版社，1967年）。

A. 贝克，*Volokolamskoe shosse*（《沃洛科拉姆斯克大道》）（莫斯科：军事出版社，1959年）。

V. 格罗斯曼，*Za pravoe delo*（《为了正义的事业》）（莫斯科：军事出版社，1959年）。

I. 梅列日，*Minskoe napravlenie*（《明斯克方向》）（明斯克：白俄罗斯苏维埃社会主义共和国政治书籍出版社，1956年）。

K. 西蒙诺夫，*Dni i Nochi*（《日日夜夜》）（莫斯科：军事出版社，1955年）。

K. 西蒙诺夫，Front. Ocherki i rasskazy 1941–1945（《前线，文章和故事，1941—1945年》）（莫斯科：军事出版社，1960年）。

K. 西蒙诺夫，*Zhivye i Mertvye*（《生者与死者》）（莫斯科：军事出版社，1961年）。

Vs. 维什涅夫斯基，*Dnevniki voennykh let*（《战时日记，1943年，1945年》）（莫斯科：苏维埃出版社，1974年）。

Yu. 茹科夫，*Lyudi 40–kh godov. Zapiski voennovo korrespondenta*（《四十年代的人民，一名战地记者的笔记》）（莫斯科：苏维埃出版社，1969年）。

Yu. 茹科夫，*Lyudi sorokovykh godov 1941–1945. Zapiski voennovo korrespondenta*（《四十年代的人民，1941—1945年，一名战地记者的笔记》）（莫斯科：苏维埃出版社，1975年）。

15. 译作

V. I. 崔可夫，*The Beginning of the Road*（《初上征途》）（伦敦：麦克吉本&基出版社，1973年）。

V. I. 崔可夫，*The End of the Third Reich*（《第三帝国的末日》）（伦敦：麦克吉本&基出版社，1967年）。

G. 德波林，*Thirty Years of Victory*（《胜利30年》）（莫斯科：进步出版社，1975年）。

G. 德尔，*Pokhod na Stalingrad*（《斯大林格勒战役》）（莫斯科：军事出版社，1957年）。

F. 哈尔德，*Voennyi Dnevnik*（《战时日记》），第1、第2、第3册（1—2部），（莫斯科：军事出版社，1968—1971年）。原书为F. 哈尔德的*Kriegstagebuch*（《战时日记》）。

H. 霍特，*Tankovye operatsii*（《坦克战》）（莫斯科：军事出版社，1961年），译自霍特的*Panzer Operationen*（《坦克战》）。

A. 格列奇科，*Battle for the Caucasus*（《高加索会战》）（莫斯科：进步出版社，1971年）。

V. 谢夫鲁克（主编），*How Wars End. Eye-Witness Accounts of the Fall of Berlin*（《战争是如何结束的，柏林陷落亲历记》）（莫斯科：进步出版社，1969年）。

U. 卡瓦列沃，*Zapiski o Voine. Dnevnik Nachal'nika Ital'yanskogo General'novo Shtaba.*（《战争笔记，意大利总参谋长的战时日记》）（莫斯科：军事出版社，1968年）。

T. 服部，*Yaponiya v voine 1941-1945*（《战争中的日本，1941—1945年》）。译自T. 服部的日文版原著[34]。

N. 克雷洛夫，*Glory Eternal: Defence of Odessa 1941*（《永远的荣耀，1941年敖德萨保卫战》）（莫斯科：进步出版社，1972年）。

I. 克雷什金，*Submarines in Arctic Waters*（《潜艇在北极海域》）（莫斯科：进步出版社，1966年）。

I. S. 科涅夫，*Year of Victory*（《胜利之年》）（莫斯科：进步出版社，

1969年）。

I. S. 科涅夫等人，*The Great March of Liberation*（《解放的伟大征程》）（莫斯科：进步出版社，1972年）。

奥布里・曼瑟爵士（编撰），*With the Red Fleet: The War Memoirs of the late Admiral A. G. Golovko*（《与舰队同在，已故海军上将阿尔谢尼・戈洛夫科战时回忆录》）（伦敦：普特南出版社，1965年）。

F. 梅伦津，*Tankovye srazheniya 1939–1945 gg.*（《1939—1945年的坦克战》）（莫斯科：外国文学出版社，1957年）。

I. 明茨，*The Army of the Soviet Union*（《苏联陆军》）（莫斯科：外语出版社，1942年）。

K. K. 罗科索夫斯基，*A Soldier's Duty*（《军人的天职》）（莫斯科：进步出版社，1970年）。

S. M. 什捷缅科，*The Soviet General Staff at War 1941–1945*（《1941—1945年，战争期间的苏军总参谋部》）（莫斯科：进步出版社，1970年）。

S. M. 什捷缅科，*The Last Six Months. Russia's Final Battles*⋯（《最后6个月，苏军的最后之战》）（伦敦：威廉・金伯出版社，1978年）。

Soviet Peace Efforts on the Eve of World War II（《苏联在二战前夕的和平努力》）（莫斯科：进步出版社，1973年）。

J. V. 斯大林，*On the Great Patriotic War of the Soviet Union*（《关于苏联的伟大卫国战争》）（莫斯科：1944年；伦敦：1945年）。

Strategy and Tactics of the Soviet–German War, by officers of the Red Army（《苏德战争的战略和战术，由红军指挥员们撰写》）（伦敦：n. d. 出版社）。

The Battle of Kursk（《库尔斯克战役》）（莫斯科：进步出版社，1974年）。

Two Hundred Days of Fire. Accounts by participants and witnesses of the battle of Stalingrad（《浴血200天，斯大林格勒战役参与者和目击者的记述》）（莫斯科：进步出版社，1970年）。

P. A. 日林，*They Sealed their own Doom*（《他们自取灭亡》）（莫斯科：

进步出版社，1970年）。

The Memoirs of Marshal Zhukov（《朱可夫元帅回忆录》）（伦敦：乔纳森凯普出版社，1971年）。

16. 访谈

苏联元帅V. D. 索科洛夫斯基

苏联元帅K. K. 罗科索夫斯基

苏联元帅V. I. 崔可夫

苏联元帅I. S. 科涅夫

其他采访资料来自：苏联元帅A. I. 叶廖缅科；炮兵主帅N. 沃罗诺夫；S. P. 普拉托诺夫将军；N. G. 帕夫连科将军；P. I. 巴托夫将军；A. E. 博尔京将军；I. I. 尤舒克将军；B. S. 捷尔普霍夫斯基将军；B. 波列沃伊上校；K. Ya. 萨姆索诺夫上校；S. A. 涅乌斯特罗耶夫中校；伊莲娜·尼古拉耶芙娜·列夫琴科。

我保存了这些访谈的完整记录，并在书中广泛使用。另外，我还大量使用了苏联最高统帅部的原始指令和相关作战命令。为了对这些宝贵的资料进行补充，我还将注意力转向我所得到的个人日记和个人资料，故而这些官方资料中的记录与我从当代个人记述中发现的内容可能存在一些差异——在这种情况下，我几乎完全依赖于当代个人记述，并未探寻其解释和说明。

II. 德国军事文件（GMD）

对于这份参考书目，德国方面的资料分组如下：

1. 综合/绝密文件/作战日志（KTB）

（a）集团军群

（b）集团军/军

2. 情报报告/对苏军的评估（组织、指挥、武器、战术）

3. 地图集

这份汇编并不充分，也不够全面；其目的仅仅是确定本书使用资料的类型，例如Chefsachen（绝密文件）或相关的集团军/军记录。在第2条下，我试图拼凑出一份关于重要情报报告和评估的简介。

1. 综合/绝密文件/作战日志（KTB）

Aufmarsch Barbarossa 1941（绝密，1941年部署"巴巴罗萨"方案）。参见*Aufmarschanweisung "Barbarossa"*（绝密，"巴巴罗萨"方案部署指令），1941年1月，1941年4—9月，OKH/*GenStdH*/*Op. Abt.*（陆军总司令部/陆军总参谋部/作战处），T–78/R335，6291208–1819；*Barbarossa Bd. 3*（"巴巴罗萨"第3部分），作战处三组（绝密），1941年9月—1942年2月，T–78/R335，6291819–958。

…*über dem Umbau des Heeres nach Abschluss Barbarossa*（绝密，关于"巴巴罗萨"行动后陆军的再部署），1941年7月（作战处准备的会议记录），T—78/R338，6292343—433。

Barbarossa Bd. 4（"巴巴罗萨"第4部分），作战处三组（绝密），"蓝色"行动：1942年3—7月的作战资料，T–78/R336, 6291960–2175。

Barbarossa Bd. 5（"巴巴罗萨"第5部分），作战处三组（绝密），延续第4部分，1942年6—10月，T–78/R336，6292175–334。

"Kaukasus"（高加索）："高加索"行动策划文件，作战处二组，1940—1942年，T–78/R336, 6292583–726。

1942年对苏作战的计划和部署，陆军总参谋部、组织处，评估苏军的实力，德军的部署（1942年）。特别参见*Weisung für die Aufgaben des Ostheeres im Winter 1941/42*（关于东线部队1941、1942年冬季任务的指令）（6402283–）以及*Auffrischung and Umbildung des Ostheeres im Frühjahr 1942*（1942年春季东线部队的改组和重建）（6402374–），T–78/R430，6402397–2694。

作战日志，陆军总司令部/陆军总参谋部/作战处，*KTB*（1945年）。日期为1945年4月2日—24日，包括敌情和作战资料，T–78/R304，6254545–5440。（另可参阅*KTB*附录，占领布达佩斯，苏军1945年1月的攻势，要塞……日期为1945年2月1日—28日，6255440—785。）

War Diary: Chefsachen Anlagen zum KTB/OKH/GenStdH/Op. Abt. Ia.（作战日志：陆军总司令部/陆军总参谋部/作战处日志的绝密附件）。希特勒的指令，古德里安的文件，东线的再部署（1945年1—3月），T–78/R305，6255787–6059。

Chefsachen ab 1.1.45. FHO (Chef): OKH/GenSt/Op. Abt.（绝密，1945年1月1日来自东线外军处处长：陆军总司令部/陆军总参谋部/作战处），作战命令，日期为1945年1月11日—4月13日，T–78/R496，6484110–286。［参见*Vermutliche Weiterführung der sowj. russ. Operationen*（预计苏军会继续其作战行动）地图：1945年2月2日的态势。］（这是一份重要的汇编。）

战后报告/生还者/解散或已无法使用的单位：东线1944—1945年。OKH/Allgemeines Heeresamt/Abwicklungsstab（陆军总司令部/陆军总务局/部队损失事务处）：

报告，在东线遭受重创后的残存单位：1945年1—3月

报告，残部，克里木，1944年4—5月

报告，生还者，罗马尼亚，1944年8月

空军第9野战师，奥拉宁堡包围圈，1944年2月

被苏军攻势打垮后，"中央"集团军群各部队的命运，1944年6—7月，9月

第4集团军被歼灭的部队，1944年6—7月

其他文件，"中央"集团军群1944年6—7月被歼灭的部队，T–78/R139，6067660–6069008。

罗马尼亚：*Deutsche Heeresmission in Rumänien*（派驻罗马尼亚的德国陆军代表团）。文件夹：1941年6—7月，文件，报告，罗马尼亚—苏联的情况，T–501/R280，1093–1190。文件夹：*Deutsche Heeresmission in Rumänien*（派驻罗马尼亚的德国陆军代表团），会议，安东内斯库和军事问题，A、B集团军群（1942年）防区内的军事行动，T–501/R281，619–1175。

Sonderakte Verhalten der Rumänen（罗马尼亚人的独特行为），FHO（Ⅱ）。罗马尼亚第3集团军的崩溃，罗马尼亚人在斯大林格勒西北方的抵抗，1942年11月—1943年3月，T–78/R459，6437425–501。

匈牙利（绝密），1944年3月29日—4月2日，陆军总司令部（陆军总参谋部）。守卫匈牙利领土，动员匈牙利军队。T–78/R333，6291114–122。

匈牙利，第3部分，1944年3月5日—3月21日（绝密），陆军总司令部/陆军总参谋部/作战处二组，在匈牙利的作战行动，匈牙利军队的表现（1942年2月—1944年3月的文件），T–78/R333，6290687–844。

1943年2月4日—1944年5月16日的保加利亚（绝密），陆军总司令部/陆军总参谋部/作战处二组，在保加利亚的作战行动，计划，土耳其可能采取的政策，T–78/R333，6290413–482。

（a）集团军群

"北方"集团军群，为"巴巴罗萨"行动实施战术集结，第16和第18集团军、第3和第4装甲集群的作战报告，包围列宁格勒，列宁格勒—沃尔霍夫的作战行动：1941年3月—1942年1月。T–311/R51，7063699–7066741。

作战日志（*KTB*）：沃尔霍夫—涅瓦河—伊尔门湖—季赫温（1941年11月）；旧鲁萨—霍尔姆（1942年1月）；沃尔霍夫—芬兰战线（1942年4月）。T–311/R54，7066372–7067843。

作战日志（*KTB*）：沃尔霍夫包围圈，"北方"集团军群防区（1942年6月）；沃尔霍夫战役（1942年7月）；苏军和德军的作战行动，沃尔霍夫，旧鲁萨。T–311/R55，7067846–8670。

Spanische Division（西班牙师）。西班牙军团，在列宁格勒附近的作战行动，被德国军队接替（1941年10月—1942年8月）。T–311/R72，7093678–920。

Operation "Nordlicht"（旨在夺取列宁格勒的"北极光"行动）。作战指令、地图、通信（1942年8—10月）。T–311/R75，7098019–8290。

"北方"集团军群，陆军总司令部/陆军总参谋部/作战处I/N，"北极光"行动（攻克列宁格勒），计划和作战命令（1942年6-9月）。T–78/R337，6293179–336。

取消"北极光"行动，"北方"集团军群1942—1943年冬季作战计划。T–78/ R337，6293336–587。

Chefsachen/Heeresgruppe Nord/AOK 11 and 16（绝密/"北方"集团军群/第11和第16集团军），作战文件，1942年10月—1943年12月，T–78/R337，6293587–885。

Signals troops/signals traffic, signals intelligence（通信部队/信号通信，通信情报）。每日报告，"巴巴罗萨"的准备工作（1941—1943年）：苏军行动的通信情报。T–311/R82，7106792–7108200。

Feindbeurteilung（敌情评估）。对苏联的情况、能力、部队、作战行动和游击队活动的评估（1943年）。T–311/R98，7128953—7130455。

Der Feldzug gegen die Sowjet–Union（对苏战争），1941年的战事；*Der Feldzug gegen die Sowjet–Union*（对苏战争），1942年的战事；*Der Feldzug gegen die Sowjet–Union*（对苏战争），1943年的战事。"北方"集团军群指挥部编订的合订本；附有大量作战地图和航拍照片。T–311/R136，7181449–2041。

"中央"集团军群，文件：*Sommerschlacht um den Orelbogen vom 5 Juli bis 18 August 1943*（1943年7月5日至8月18日，夏季战役中的奥廖尔突出部）。苏军部署图，苏军的攻势，德军后撤。T–78/R352，6312119–134。

"维斯瓦河"集团军群，1945年1月24日起，希姆莱指挥下的作战行动，负责但泽、波兹南、东普鲁士的防御；1945年3月，海因里希大将接替希姆莱。T–311/R167–171，各处。

作战日志（*KTB*/附件），希特勒与希姆莱的商谈，集团军群组建，态势报告（1945年1月）。T–311/R167，7218514–805。

作战日志（*KTB*/附件），德军的作战行动，波兰/东普鲁士，人民冲锋队，希姆莱与菲格莱因的交谈（至1945年3月14日）。T–311/R169，7220309–879。

作战日志（*KTB*/附件），波美拉尼亚和勃兰登堡地区的作战行动，关于第9集团军和第3装甲集团军的资料（至1945年4月19日）。T–311/R169，7221389–2005。

作战日志（*KTB*/附件），柏林地区的作战行动，通信，情报，海因里希的命令，平民问题（1945年4月20—29日）。T–311/R170，7222005–519。

电报：*Unterrichtungen/Tagesmeldungen Heeresgruppe Kurland*（"库尔兰"集团军群的简报/每日报告），1945年3月21日—4月9日。"北方"集团军群，要塞司令（但泽、柯尼斯堡），第2集团军，第4集团军，"泽姆兰"集团军级支队：但泽、柯尼斯堡结束抵抗。T-78/R477，6459238-837。

电报：*Tagesmeldungen Heeresgruppe Mitte/Kurland*（"中央"/"库尔兰"集团军群的每日报告），1945年4月15日—30日的态势报告。T-78/R477，6459837-950。

（b）集团军/军

▶ AOK 4（第4集团军）（微缩胶片T-312）

R145 Ia（作战），*Anlagen zum KTB Nv. 9*（第9号作战日志附件），作战行动，作战指令，1941年9—10月。

R150 Ia（作战），*Operationsbefehle. Anlagen zum KTB*（作战指令，作战日志附件），1941年9—12月（在俄国中央地区的作战行动——莫斯科）。

R159 Ia（作战），*Anlagen zum KTB Nv. 8*（第8号作战日志附件），作战行动，作战指令，1941年6—7月。

R178 Ia（作战），*KREML and WIRBELWIND*（"克里姆林宫"和"旋风"行动），1942年5—7月。

R189 Ia（作战），*Anlagen zum KTB Nr 14*（第14号作战日志附件），作战行动，作战指令；勒热夫，苏军的进攻方试，德军坦克的严重损失，1942年9月。

▶ AOK 6（第6集团军）（微缩胶片T-312）

R1426 Ia（作战），*Erkundungen der Luftwaffe*（德国空军的侦察），对苏联的空中侦察，1940年10月—1941年1月。

R1408 Ic（情报），*Tagesmeldungen*（每日报告，苏军作战序列），1941年8月。

R1409 Ic（情报），*Tagesmeldungen Kiev–Romny*（基辅—罗姆内地区的每日报告）。

R1413 Ic（情报），*Tagesmeldungen: Voroshilovgrad–Taganrog–Simferopol*（伏罗希洛夫格勒—塔甘罗格—辛菲罗波尔地区的每日报告），1941年10月。

R1416 Ic（情报），*Tagesmeldungen: Soviet units facing First Panzer Army*（每日报告：第1装甲集团军当面之敌），1941年12月3日—12日。

R1424 Ic（情报），*Unterlagen zum Feindnachrichten—Blatt; Feindnachrichtenblätter fremder Kdo. –Stellen.*（敌通信情报；截获的敌通信情报），情报资料和报告，1941年10—11月。

R1452，*Anlage zum KTB Armee/Abt. Hollidt Befehle u. sonst. Anlagen*（"霍利特"集团军级支队作战日志附件及其他附件），关于罗马尼亚第3集团军，1942年11—12月，罗斯托夫东北方；以及*Tägliche Meldungen*（每日报告）。另可参阅*A/Abt. Hollidt*（"霍利特"集团军级支队），1942年11月博古恰尔东南方的态势，草图；以及*Anlage zum KTB A/Abt. Hollidt*（"霍利特"集团军级支队作战日志附件）：顿河—奇尔河战线态势图，1942年12月。

R1467，*Die Juli Abwehrschlacht der 6 Armee am Mius*（第6集团军7月份在米乌斯河的防御作战），1943年7—8月。

R1469，*Die Winterschlachten der 6 Armee im grossen Dnjepr–Bogen…*（第6集团军在第聂伯河河曲部的冬季作战），1944年1—2月。另可参阅*Die zweite Winterschlacht der 6 Armee Zwischen Dnjepr, Ingulez und Bug*（第6集团军在第聂伯河、因古列茨河和布格河之间的第二次冬季作战），1944年3月3日—23日。

▶ AOK 9（第9集团军）（微缩胶片T–312）

R273，*Anlagen zum KTB. Vorbereitung der Operation BARBAROSSA.*（作战日志附件，"巴巴罗萨"行动的准备工作），报告、指令、会议记录，1941年4—6月。

R320 Ia（作战），*Anlage zum KTB Nr 8*（第8号作战日志附件），绝密命令/报告：堡垒作战，1943年3—8月。

R320 Ia（作战），*Anlage zum KTB Nr 8*（第8号作战日志附件），克鲁格的信件（关于同弗拉索夫合作），*Plan für die Einsetzung eines National-Komitees im Bereich der Heeresgruppe Mitte*（在"中央"集团军群防区内建立民族委员会的计划），1943年3—8月。

R320，*Anlage zum KTB Nr 7*（第7号作战日志附件），*Büffel' Sonderanlage*（"水牛"行动特别附件），1943年1—3月。

R320，*Operationskarten. Anlage zum KTB Nr 8*（第8号作战日志附件，作战地图），1943年3—8月。

R350 Ia（作战），*Die Kessel-schlacht sw. Rschew*（勒热夫西南方的包围战）；*Die Winter—Schlacht von Rschew*（勒热夫的冬季战役），1942年1—2月。

▶ AOK 16（第16集团军）（微缩胶片T–312）

R588，*Aufmarschanweisung: BARBAROSSA (Studie); Chefsache*［部署指令：巴巴罗萨（草案）；绝密］："巴巴罗萨"，1941年5—6月。

R542 Ia（作战），*Anlage zum KTB Nr 5*（第5号作战日志附件），如果俄国拒绝"新秩序"，德军的作战计划。1941年2月的德累斯顿会议，关于波罗地地区的作战行动。

R543，*Aufmarschanweisung BARBAROSSA (Studie)*［部署指令：巴巴罗萨（草案）］，1941年2—4月，5—7月。

R583 Ia（作战），*Anlagenband O zum KTB Nr 5*（第5号作战日志附件集O），地图/作战行动：伊尔门湖区的"普斯塔"和"希尔伯尔施特赖芬"行动，1942年10—12月。

R584 Ia（作战），*Anlagenband WII zum KTB Nr 5*（第5号作战日志附件集WⅡ），苏联游击队/组织/部署，1942年9月—1943年3月。

R584，*Anlagenband WIII zum KTB Nr 5*（第5号作战日志附件集WⅢ），*Partisanen Sonderakten*（游击队特别文件），1942年10月—1943年3月。

R585 Ia（作战），*Anlagenband WXIV zum KTB Nr 5*（第5号作战日志附件集WXIV），苏联游击队/德军的审问，1942年6—12月。

▶ AOK 17（第17集团军）（微缩胶片T–312）

R674，*Anlagen zum KTB Nr 1*（第1号作战日志附件），1941年7—9月。［附件9：*Lagekarten und Sondervorgänge zum Dnjepr. —Übergang u. zur Brückenkopfbildung*（"第聂伯河的地图和特别行动"，"渡河并建立登陆场"），1941年8—9月。］

R713，*Anlage 2 zum KTB Nr 5*（第5号作战日志附件2），重新夺回戈滕登陆场/图阿普谢，1942年12月—1943年1月。

R732，*Beilage 1 zum KTB Nr 7: Anlage Ic/Lagekarten*（第7号作战日志插件1：Ic附件/地图），1943年7月。*Tätigkeitsberichte (Anlage)*（作战报告，附件），*Lagekarten/Hochaufklärung*（地图/侦察），1943年7—10月。

R733，*Führungsabteilung Ic. Beilage 1 zum KTB Nr 7*（第7号作战日志插件1，作训处Ic），*Tätigkeitsberichte*（作战报告），1943年7—10月。

▶ I Armeekorps（第1军）（微缩胶片T–314）

R52，*Wolchow–Kessel: Anlagen zum KTB*（作战日志附件：沃尔霍夫包围圈），1942年4—9月。

R57，*Denkschrift des I AK in der Schlacht am Wolchow*（第1军关于沃尔霍夫战役的纪要），1942年1—6月。

R56 Ic（情报），*Tätigkeitsbericht zum KTB*（作战日志中的作战报告），姆加战线：苏军企图突围，1942年10—12月。

▶ II Armeekorps（第2军）（微缩胶片T–314）

R108，为"巴巴罗萨"进行的战术准备（图上战术作业，模拟苏军对维斯瓦河边境的防御），1941年6月。

R117，*Handakte zur Studie BARBAROSSA*（"巴巴罗萨"草案卷宗），德军在考纳斯附近的登陆场，各个师的集结，1941年4—6月。

R125，*Unterlagen Ostfeldzug. Bd. 24, Meldungen*（东线战役文件，第24部分，报告），1942年1月；*Rzhev, Bd. 38*（勒热夫，第38部分），1942年3—4月。

R140，*Feindnachrichten*（敌情），苏军的组织、战术，1942年2—3月。

R233 Ia（作战），*KTB 1/Bd. 1*（第1号作战日志，第1部分），准备工作，从罗斯托夫赶至托尔莫辛，1942年12月23—31日。

R197 Ia（作战），*Anlagen zum KTB VⅢ*（第8号作战日志附件），哈尔科夫—别尔哥罗德地区："鲨鱼"作战行动计划，1943年4—6月。

R197，作战日志第9部分，"堡垒"作战1号指令，1943年6—7月。

R237 Ia（作战），*Anlagenband 3 zum KTB 13*（第13号作战日志附件集3），斯大林格勒，拉克季诺地区态势图，1942年11月—1943年1月。

R124，F草案，德军撤至洛瓦季河以西地区，1943年1—2月。

R200，*Korpsintendant*（军需长）：全军从捷列克河撤至顿河的困难，严重的补给情况，1943年1—7月。

▶Ⅲ Panzerkorps（第3装甲军）（微缩胶片T–314）

R182，总参谋部训练处草案，*Anlage zum KTB Nr 5 Ⅲ Panzer Korps*（第3装甲军5号作战日志附件），在东线发动进攻的计划，1941年1月。

R182 Ia（作战），*Anlagen. Führungsabt*（附件集，作训处）：文件/组织/图表，1941年5—6月。

R183 Ia（作战），*Anlage B (KTB), Lagenkarten*（作战日志附件B，地图）：基辅地区，1941年6—7月。

R183，罗夫诺—克列巴尼地区的战斗，1941年7月1日—12日。

R194 Ia（作战），*Anlagen zum KTB*（作战日志附件），1942年的作战行动：顿涅茨河的战斗，捷列克河，撤至马尔卡基瓦。

R194 Ia（作战），*Textheft für das KTB 3 Bd. 1*（第3号作战日志，第1部分，文本），马尔卡—皮亚季戈尔斯克—切尔卡斯克的作战行动，1943年1—4月。

2. 情报报告/对苏军的评估

Die Rote Armee und Marine und sonstige geheime russische Angelegenheiten（苏联陆海军及俄国的其他秘密事务），机密文件。OKW/国内情报处，关于

苏联，至1939年，T-77/R794，5523278-4035。

Feindbeurteilung（敌情评估）：1941年5月20日。对苏军作战序列及意图的估计，1941年5月，T-78/R479，6462469-76。

Operationskalender（作战日志），德军对苏战争作战行动记录，1941年6月—1943年8月；"中央"集团军群，作战行动总结。T-78/R477，6460261-291。

An die Front zugeführte, neu russ, Verbände（投入前线的苏军新部队）。德国各集团军群前方的苏联军队。T-78/R486，6470347-363。

Russischer Kräfteeinsatz（俄国人投入的部队），1942年2月25日，FHO（东线外军处）。苏军作战序列与增援，1942年1月。T-78/R486，6470366-371。

Angriff-Charkow Chi-Abwehrmeldung（进攻哈尔科夫，谍报信息），FHO（Ⅱ）。德国的情报/情报来源/对苏军意图的分析，1942年4—5月。T-78/R496，6483905-4110。

Beurteilung der Feindlage vor deutscher Ostfront⋯Anlagenband（东线敌情评估，汇编），1942年4月—1944年12月，FHO，情报报告/苏军的意图，作战序列。T-78/R498，6485725-856。

Teil A. Zusammenstellung der in der Zeit vom April 1942–Dezember 1944 in der Abt. FHO abgefassten Beurteilung der feindlage vor deutscher Ostfront im grossen（东线外军处对东线敌军态势的整体评估，1942年4月—1944年12月，汇编，A部分），附录/地图，FHO；苏军作战序列/意图，地图，情报评估（至1945年1月）。T-78/R466，6445876-6236。

Kurze Beurteilungen der Feindlage（敌情简要评估），FHO。每日报告，苏军的部署，1942年4—9月。T-78/R467，6446516-7108。

Kurze Feindbeurteilung der Feindlage vom 26.8.1942–31.12.42（1942年8月26日—12月31日，敌情简要评估），FHO（Ⅰ）。每日报告，苏军的部署，情报资料，斯大林格勒态势的发展（没能发现苏军的反击）；这是一份非常重要的资料集。T-78/R467，6447108-653。

Einzelnachrichten des Ic-Dienstes Ost（东线情报机构的特别情报），第5

号，*Erfahrungen bei dem russischen Angriff im Donbogen und südlich Stalingrad*（从俄国人在顿河河曲部和斯大林格勒以南发起进攻中获得的经验教训）。分析，苏军的作战表现，1942年12月26日。T–78/R491，6478308–315。

Kurze Beurteilung der Feindlage vom 26.8.1942–31.12.1942（1942年8月26日—12月31日，敌情简要评估），FHO。重要的情报评估/评价，FHO每日报告，地图。T–78/R467，6447108–655。

对普里瓦洛夫少将（苏军步兵第15军军长）的审讯，1942年12月22日（党卫队全国领袖文件），T–175/R66，2582895–948。

Feindkräfteberechnungen/Unterlagen（敌兵力/文件集），FHO（IIc）。苏军部队，部署，预备队，战略预备队，1942年3月—1945年4月。T–78/R462，6441660–1880。

Zahlenmässige Zusammenstellung der bekannten Verbände…（已知苏军部队的兵力），1943年7月11日，FHO（I），苏军的实力/库尔斯克，T–78/R483，6468341–343。另可参见*Kräftegegenüberstellung*（力量对比），1943年7月20日（陆军总参谋部/组织处），苏德力量对比（图表），T–78/R343，6406539–540。

远东的苏军部队，FHO（IIa），1943年4月1日，以及自1941年6月份以来调至欧洲的红军部队。T–78/R486，6470809–842.

Beurteilung der Feindabsichten vor der deutschen Ostfront im grossen…（对东线敌情的整体评估），FHO（IIa），1943年2月。情报资料/分析，苏军的意图。T–78/R488，6474351–365。

Gesamtbeurteilungen bis 3.6.43.（至1943年6月3日的总体态势评估），FHO（I），情报分析/报告，1942年8月29日—1943年5月8日；1943年2月，斯大林格勒地区，苏军预备队，"中央"集团军群地图。T–78/R466，6446239–340。

Unterlagen für grosse Kräftegegenüberstellg（关于整体实力对比的文件集），FHO（IIc）。苏军/德军实力对比（1943年7月—1944年10月）：兵力、坦克、大炮（重要的数据）。T–78/R463，6441974–2027。

Beurteilung der Feindlage vor deutscher Ostfront（东线敌情评估），1944年

10月7日，FHO（Ⅰa）。T–78/R497，6485604–611。

Wichtigste Feindfeststellungen 30.7.44–19.2.45（1944年7月30日—1945年2月19日，敌军重要动向），FHO（处长），每日评价/评估，德国各集团军群当面之敌的意图。T–78/R466，6445290–509。

Beurteilung im Grossen 30.3.1944（1944年3月30日的总体评估），FHO（处长），根据东线态势发展所作的分析，苏军作战序列/部署/预备队/意图/地图和图表。T–78/R497，6485491–602。

Beurteilung der Feindlage vor deutscher Ostfront（东线敌情评估），FHO（Ⅰ），1944年10月7日，T–78/R497，6485605–610。

Vertragsnotizen（文件说明），FHO（Ⅰ）。苏军的意图，作战序列，"北乌克兰"集团军群的重要地图，1944年3—9月。T–78/R466，6446341–423。

Vertragsnotizen Gruppe I…（第1组文件说明），FHO，苏军的实力/意图，1944年发起夏季攻势，苏军与德军力量/坦克力量的重要对比（1944—1945年）。T–78/R466，6446425–514。

Feindkräfteberechnungen（敌人的兵力），FHO（Ⅱc），图表，每日估算，苏军的部署，预备力量，远东，未知地点，1944年1—8月，T–78/R483，6468345–589；另可参阅T–78/R484，6468589–9842，1944年8月—1945年1月、1943年6月—12月、1942年7月—1943年5月、1941年7月—1942年6月的每日估算。

Personelle Ersatzzuführung vor Heeresgruppe Weichsel（"维斯瓦河"集团军群当面之敌的人员补充），1945年2月，FHO（Ⅱa），"维斯瓦河"集团军群对面的苏军获得的援兵；注意*Führer–Lagevortrag v. 27.2.45*（1945年2月27的元首军事形势会议）。T–78/R479，6463292–98。

Feindkräfteberechnungen（敌人的兵力），FHO（Ⅱc），日常事务，苏军部队的识别，1945年2月19日—4月15日。T–78/R496，6484286–349。

Beurteilung…（评估），FHO，1945年2月19日，对态势的评估，苏军的意图/兵力/坦克力量/预备队。T–78/R494，6480847–861。

Ersatzeinheiten und Offiziersschulen der R.A.（红军的补充单位和军官学校），FHO（Ⅱc），1945年2月，被歼灭或解散的苏军坦克师附表，1941年。

T–78/R494，6481666–688。

Anzeichen für sowjetrussische Durchbruchsangriffe··· 25.2.45. （1945年2月25日，苏军发起突破进攻的迹象），FHO，T–78/R501，6489647–658。

Gliederung des sow. russ. Feldheeres（苏军野战部队的组织结构），1945年2月25日，详细的图表，配以注释：步兵，坦克旅，*"Operative Panzertruppe u. Kavallerie"*（坦克和骑兵部队的运作）。T–78/R479，6462166–176。

Gliederung des sow. russ. Feldheeres（苏军野战部队的组织结构），1945年3月25日，FHO（Ⅱc），作战序列图表，重要的资料。T–78/R486，6470721–768。

Anti–Wlassow Propaganda Nr 8.（第8号反弗拉索夫宣传），FHO，苏联反弗拉索夫的传单，刺杀、抓获弗拉索夫的计划，1943年4—10月。T–78/R491，6477761–889。

Führerstellenbesetzung der Roten Armee (August 1943–December 1944)（苏联红军的指挥人员，1943年8月—1944年12月），FHO（Ⅱc），T–78/R46，6442178–3155。（按字母顺序排列，红军高级指挥员的履历和资料：双月、每月简报。）

Truppen–Übersicht und Kriegsgliederungen der Roten Armee（苏军部队概况及作战序列），1944年8月，FHO（Ⅱc），T–78/R459，6437543–最后。（手册，苏联红军师和团，组织与部署，组织结构图；上一期在1943年12月推出。）

Grosses Orientierungsheft, Russland（大型指南手册，俄国），1939年2月1日和3月1日：*Gliederung, Dislokation und Stärke der Roten Armee*（红军的组织结构、部署和实力）。T–78/R496，6483772–903（以及T–77/R794）。

Der sowjetische Soldat（苏军士兵），手册：党卫队全国领袖。T–78/R498，6486044–095。

Rangliste des Oberkommandos der Roten Armee···（红军最高指挥部名册），1940年5月20日，克斯特林将军的报告，德国大使馆，莫斯科。T–78/R464，6443403–443。

Die Wehrwirtschaft der UdSSR: Teil Ⅱ（苏联的战时经济，第2部

分），1941年3月。（OKW刊印）苏联的军工；OKW研究。T-78/R479，6462177-292。

Orientierungsheft über die Deutscher Wehrmacht（关于德国国防军的指南手册），FHO（Ⅲc）。部分得到翻译，苏联情报文件/对德国国防军的评估，1943年。T-78/R479，6462892-3024。

红军的武器/装备，文件夹/无标题：图表，剪影。T-78/R502，6490073-260。

Die politische Erziehung in der Roten Armee（红军中的政治教育）。手册：党卫队全国领袖，无日期。关于苏联红军中的政治教育/管理。T-78/R493，6479967-80042。

Gutachten russ. Kriegsgefangenen: Luftgaukommando Ⅱ（苏军战俘报告：德国空军第二战区司令部）。对苏联空军人员的审讯和心理测试，1941年11—12月。T-78/R489，6474650-665。

Russisches Militärschrifttum. B ü cherverzeichnis Nr 2/4（俄国军事出版物：书目2/4）：1942—1944年，FHO（Ⅲd）。缴获的苏联书籍、手册、出版物清单；这是一份宝贵的书目。T-78/R479，6463098-256。

Gefangene-erbeutete u. vernichtete Panzer-Geschütze-Waffen（抓获的战俘和摧毁的装甲、炮兵武器），1942年1月—1945年3月，FHO（Ⅱd）。战俘、苏军损失的武器/装备图表，T-78/R481，6464699-953。以及：*Beute und Verluste*…（战利品和损失），每日报告，战俘、苏军损失的武器，1941年6月，1942年，1944年6月。T-78/R489，6474667-5088。

Kommandobehörden der Roten Armee (Feldheer)（红军野战部队的指挥机构），1944年10月，FHO（Ⅰ/BD）。手册：苏军作战序列，各方面军、集团军、军目前的部署；组织结构图。T-78/R493，6480508-667。

Soviet tank maintenance/replacement/Red Army logistics (November 1941-April 1945)（苏军坦克的维修/补充/红军的后勤，1941年11月—1945年4月），FHO（Ⅱd），文件夹：情报报告，对苏军后勤的评估，苏军指令原件。T-78/R481，6465470-6023。

Soviet tanks/SP guns（苏军的坦克和自行火炮），文件夹：OKW/

Feldwirtschaftsamt（国防军最高统帅部/战地经济办公室）。苏联坦克的生产/研发，地图，图表，照片，1943年11月—1945年4月。T–78/R477，6460740–1092。

Soviet tanks/SP guns（苏军的坦克和自行火炮），技术图纸，技术鉴定，照片，1942年3月—1945年4月。文件夹：发给陆军军械局长的报告，FHO（Ⅱd）。T–78/R478，6461092–1520。

Materialsammlung Gliederungen（组织结构资料集），第1部分，FHO。文件夹：对战俘的审讯，翻译的苏军指令，关于苏联红军的组织结构/装备，1943年8月—1945年3月。T–78/R460，6438302–637。

Forschungsdienst Ost（东方研究机构），通报（1944年10月—-1945年1月）。政治/军事情报，关于SMERSH/NKGB（锄奸局和国家安全人民委员部），以及红军中的政治管理。T–78/R493，6480045–396。

Übersicht über höhere Führer der Roten Armee（红军高级指挥员概况），1944年8月，FHO（Ⅱc）。苏军高级指挥员名单、职务、照片、履历。T–78/R490，6476395–557。

Truppen–Übersicht und Kriegsgliederungen der Roten Armee（苏军部队概况及作战序列），1944年8月，FHO（？）。苏军部队列表，识别，过去的历史。T–78/R496，6483278–560。

Kriegsgliederungen der Roten Armee（苏联红军作战序列），1944年，FHO（Ⅱc）。红军的组织结构/战时力量。T–78/R496，6483560–608。

Soviet tanks/SP guns（苏军的坦克和自行火炮），文件夹：331116，第4部分，1944年5月16日—10月31日，FHO（Ⅱd）。战地情报报告/苏联的坦克、自行火炮生产，工厂和厂房。T–78/R495，6482278–546。

苏联军火工业：33 Ⅲ d Band 1: 1.1.42–30.11.44（文件夹标题），FHO。苏联的军火工业，工厂的位置/类型，火炮生产（1929—1944年的数据）：1942—1944年。T–78/R491，6477156–334。

Generalleutnante (1942)（中将，1942年），FHO。苏军指挥员，晋升，履历，数据。T–78/R464，6443157–444。

Sonderinformationen（特别情报），FHO（Ⅱ）。对苏军战俘的审讯，关

于苏军中的特别单位（惩戒营等）。T–78/R463，6442029–086。

Gliederung von Stäben（指挥部概况），FHO（Ⅱ）。列宁格勒军区，集团军/军/师指挥部的结构（1942年和1944年）。T–78/R483，6468025–104。

Gefechtsvorschrift für die Infanteria der Roten Armee（红军步兵的作战规定）：第1、第2部分。T–78/R498，6485856–6042和6486530–730。

Kriegsgliederungen der Roten Armee (Materialsammlung)（苏联红军作战序列，资料集），1942年11月—1945年3月。红军部队以及特别部队（化学、NKVD等）的组织结构/战时力量。T–78/R461，6439568–40167；以及6440169–0637。

Meldungen über die sowjetische Rüstungsindustrie（关于苏联军工业的报告），FHO。关于苏联军工业的报告，1944年，坦克/武器的生产。T–78/R479，6462341–450。

Vertragsnotiz über Instandsetzung abgeschossener Panzerkampfwagen···（关于被击毁战车获得修复的说明），1943年10月1日，FHO（Ⅱd）。苏军坦克的损失/补充：*Panzerverluste Ost/1943*（东线坦克损失/1943年），德国–苏联。T–78/ R478，6461202–220。

Feldpostbriefe Presseauszüge（军邮摘录），OKW/*Feldwirtschaftsamt*（国防军最高统帅部/战地经济办公室）。来自从苏联各地缴获的邮件：食物，食物配给和士气。T–78/R477，6460649–738。

General der Eisenbahntruppen files（铁道兵司令文件），OKH（陆军总司令部）。苏联的铁路建设，试图为列宁格勒提供补给，T–78/R119，6044128–636。以及3 K 10, *fremdländische Eisenbahnen, Russland*（俄国，独特的铁路），1943—1944年。二战期间苏联铁路的运行：缴获的苏联文件，对战俘的审讯。T–78/R119，6042527–998。

Führungsstäbe der Roten Armee（苏联红军的指挥机构），FHO（Ⅲ/Ⅱ），1944年10月。文字/图表，方面军/集团军/军的战地管理。T–78/R463，6442161–176。

···*Handbuch der Partisanen (July 1944)*（游击队手册，1944年7月），FHO（Bd）。苏联游击队手册，译件。T–78/R479，6463026–096。

Bandenlage im Osten/Anlagen（东线匪情/评估），FHO（I Bd）。游击战/反游击战。T–78/R489, 6475170–228（附有游击队手册的节译）。

Nachrichten über Bandenkrieg（剿匪战消息），FHO（I Bd）。关于游击战/反游击战，1943年5月—1944年6月的通告。T–78/R493，6480398–508。

Politische Angelegenheiten（政治事务），德国关于战争的"白皮书"：1945年。关于缴获的盟军指令的详情："日蚀"计划。T–77/R859，5605315–705。

3. 地图集

地图集（1）：*Übersichtskarten*…（地图），T–78/R500–501，6488356–，标明了苏军作战序列，1941—1942年，以及*Operationskarten Osten*（东线作战地图），1941—1942年。

地图集（1）：1944年的作战行动（东普鲁士/维也纳，1945年），T–78/R136，6065135–5626。

"北方"集团军群的包围圈，1944年7/8月

图库姆斯/里加以西，1944年8月

爱沙尼亚/"北方"集团军群，1944年9月

库尔兰，梅梅尔被突破：东普鲁士，1944年10/11月—1945年3月

"南乌克兰"集团军群被突破，1944年8月

第1装甲集团军向匈牙利突围，1944年3/4月

布格河和德涅斯特河，1944年3/4月

罗马尼亚的崩溃，1944年8/9月

"中央"集团军群被突破，1944年6/8月

华沙，纳雷夫河，布格河，1944年8/9月

克里木战役，1944年4/5月

布达佩斯—维也纳（第1、第2部分），1944年10/11月—1945年4月

III. 东欧国家的回忆录和专著

（a）波兰

Polski czyn zbrojny w II wojnie światowej. Bibliografia wojny wyzwolenczej narodu polskiego 1939–1945（《二战中的波兰武装行动，波兰民族解放战争参考文献，1939—1945年》）（华沙：MON出版社，1973年）。

I. 布拉戈维斯热扎涅斯基，*Dzieje 1 Armii Polskiej W ZSRR Maj–Lipiec 1944 R*（《1944年5—7月，波兰第1集团军在苏联的作战行动》）（华沙：MON出版社，1972年）。

B. 多拉塔，*Wyzwolenie Polski 1944–1945*（《1944—1945年，波兰解放》）（华沙：MON出版社，1974年）。苏军和波兰军队的作战行动。

S. 加克，*7 Dywizja Piechoty*（《第7步兵师》）（华沙：MON出版社，1971年）。

S. 加克，*Udzial 2 Armii Wojska Polskiego w operacji praskiej*（《布拉格战役中的波兰第2集团军》）（华沙：MON出版社，1962年）。

K. 戈尔泽夫斯基，*Wyzwolenie Pomorza Zachodniego w roku 1945*（《1945年，解放西波美拉尼亚》）（波兹南：波兹南出版社，1971年）。

W. 尤尔格列维奇，*Organizacja Ludowego Wojska Polskiego (22.7. 1944-9.5.1945)*（《1944年7月22日—1945年5月9日，波兰人民军的组织结构》）（华沙：MON出版社，1968年）。

A. 卡尔平斯基，*Pod Dęlinem, Pulawami i Warka*（《在登布林、普瓦维和瓦尔卡》）（华沙：MON出版社，1967年）。

A. 卡尔平斯基，*Dowodzenie w Armii Radzieckiej podczas II Wojny Światowej*（《二战中苏军的指挥》）（华沙：MON出版社，1973年）。二战期间苏联红军的战术指挥。

G. 柯兹明斯基，*Lotnictwo polskie w operacji berli ń skiej*（《柏林战役中的波兰空军》）（华沙：MON出版社，1970年）。

R. 马耶夫斯基和T. 索赞斯卡，*Bitwa o Wroclaw, Styczen–maj 1945g.*（《弗罗茨瓦夫战役，1945年1月—5月》）（弗罗茨瓦夫：奥索利纽姆出版社，1972年）。

J. 马尔古莱斯，*Boje 1 Armii WP w obszarze Warszawy (sierpień–wrzesień 1944)*（《波兰第1集团军在华沙，1944年8月—9月》）（华沙：MON出版社，1967年）。

S. 奥肯茨基，*Wyzwolenie Poznania 1945*（《1945年，解放波兹南》）（华沙：MON出版社，1975年）。

S. 波普拉夫斯基，*Towarzysze frontowych dróg*（《同志们面前的道路》）（华沙：MON出版社，1965年）。

A. 普日贡斯基，*Udzial PPR i AL w powstaniu Warszawskim*（《华沙起义中波兰工人党和人民军的参与》）（华沙：书籍和知识出版社，1970年）。

T. 罗斯基等人，*Wojna wyzwoleńcza narodu polskiego w latach 1939–1945*（《波兰民族解放战争，1939—1945年》）（华沙：MON出版社，1966年）。

S. 热普斯基，*8 Dywizja Piechoty*（《第8步兵师》）（华沙：MON出版社，1970年）。

J. 谢克–马莱茨基，*Armia Ludowa w powstaniu warszawskim. Wspomnienia*（《华沙起义中的人民军，回忆》）（华沙：火花出版社，1962年）。

R. 斯瓦韦基，*Manewr który ocalil Kraków*（《为解放克拉科夫实施的机动》）（克拉科夫：文艺出版社，1971年第二版）。

Z. 斯塔波尔，*Bitwa o Berlin, Dzialania 1 Armii WP kwiecień–maj 1945*（《柏林战役，1945年4—5月波兰第1集团军的作战行动》）（华沙：MON出版社，1973年）。

Warszawa–Lewa Podmiejska 1942–1945（《华沙，左岸郊区，1942—1945年》）（华沙：MON出版社，1971年）。

P. A. 日林（主编），*Boevoe sodruzhestvo Sovetskovo i Pol'skovo narodov*（《苏联与波兰人民的战友情谊》）（莫斯科：思想出版社，1973年）。尽管是一本俄文著作，但这部苏波合作推出的书籍中收录了许多资料翔实的文章。

（b）捷克斯洛伐克

Druhá světova válka. Výběrová bibliografie české a slovenské knižní a časopisecké literatury (1958–1963)（《第二次世界大战，捷克和斯洛伐克的书籍及期刊文献的精选目录，1958—1963年》）。*Historie a vojenstvi*（《历史与军事》杂志），1963年，第4期。

L. 斯沃博达，*Z Buzuluke do Prahy*（《从布祖卢克到布拉格》）（布拉格：我们的军队出版社，1967年）。

Dukla v dokumentech（《杜克拉战役文件》）（布拉格：我们的军队出版社，1970年）。影印文件集：杜克拉战役的作战文件。

B. 特瓦鲁热克，*Operační cíl Ostrava*（《俄斯特拉发战役》）（俄斯特拉发：普罗菲尔出版社，1973年）。

（c）罗马尼亚

集体创作，*Contributia Rominiel la rázboiul antihitlerist*（《罗马尼亚为反法西斯战争做出的贡献》）（布加勒斯特：1958年）；俄文版为*Vklad Rumynii v razgrom fashistskoi Gennanii*（《罗马尼亚为击败纳粹德国做出的贡献》）（莫斯科：军事出版社，1959年）。

P. 伊利中校和G. 斯托恩中校，*Romania in razboiul antihitlerist. Contributii bibliografice*（《反法西斯战争中的罗马尼亚，文稿书目》）（布加勒斯特：军事出版社，1971年）。

G. 罗曼内斯库和L. 洛金，*Cronica participării Armatei Romǎne la rāzboiul antihitlerist*（《罗马尼亚军队参加反法西斯战争的编年史》）（布加勒斯特：军事出版社，1971年）。这是一份详细、内容翔实的资料汇编。

（d）南斯拉夫

苏联、南斯拉夫共同创作，*Beogradska operacija 20 oktobar 1944*（《1944年10月20日，贝尔格莱德战役》）（贝尔格莱德：军事历史协会，1964年）。

F. 库利诺维奇，*Slom stare Jugoslavije*（《旧南斯拉夫的崩溃》）（萨格勒布：学校图书出版社，1958年）。

A. 琼拉吉奇，*Yugoslavia in the Second World War*（《第二次世界大战中的南斯拉夫》）（贝尔格莱德：国际出版社，1967年）。

D. 克利亚基奇，*Ustaško–Domobranska Legija pod Stalingradom*（《乌斯塔沙–克罗地亚国防军在斯大林格勒》）（萨格勒布：奥古斯特·塞萨雷克出版社，1979年）。"乌斯塔沙"军团在斯大林格勒的毁灭。

Oslobodilački rat naroda Jugoslavije 1941–1945（《1941—1945年，南斯拉夫人民的解放战争》）（贝尔格莱德：军事历史协会，1958年），第二册，*Od drugog zasedanja AVNOJ–a do konačne pobede*（《从第二次南斯拉夫反法西斯委员会会议到最后的胜利》）。

B. 帕约维奇和M. 拉德维奇，*Bibliografija o ratu i revoluciji u Jugoslaviji, Posebna izdanja 1945–1965*（《1945—1965年，关于南斯拉夫战争与革命的参考书目》）（贝尔格莱德，1969年）。

（e）阿尔巴尼亚

Conférence Nationale des Etudes sur la Lutte AntiFasciste de Libération Nationale du Peuple Albanais（《阿尔巴尼亚人民的反法西斯民族解放会议》）（地拉那：1975年11月8日）。

（f）匈牙利

Magyarország felszabadítása（《匈牙利的解放》）（布达佩斯：科苏特出版社，1975年）。1944—1945年，苏军在匈牙利境内的作战行动。

H. 米克洛什，*A 2. magyar hadsereg megsemmisülése a Donná l*（《匈牙利第2集团军在顿河的毁灭》）（布达佩斯，1959年）。

I. 厄尔韦迪，*A budai vár és a debreceni csata. Horthyék katasztrófapolitikája 1944 öszén*（《布达城堡和德布勒森战役，1944年秋季霍尔蒂的边缘政策》）（布达佩斯：兹里尼军事出版社，1974年第二版），1944年秋季霍尔蒂政权的崩溃。

G. 兰基，*A második világháború története*（《二战史》）（布达佩斯：思想出版社，1976年）。

（g）保加利亚

N. 戈尔嫩斯基，*V'or'zhenata borba 1941–1944*（《1941—1944年的武装斗争》）（索菲亚：保加利亚共产党出版社，1971年第二版）。

Spasitelniyam za B'lgariya Otechestven Front. Stati i rechi, spomeni（《挽救保加利亚祖国阵线，文章、言论和回忆》）（索菲亚：祖国阵线出版社，1975年）。

S. 特伦斯基，*From the Tactics of Partisan Warfare in Bulgaria*（《来自保加利亚的游击战术》）（索菲亚：索菲亚出版社，1970年），官方英文译本。

Voini antifashist（《反法西斯战争》）（索菲亚：国家军事出版社，1974年）。

IV. 非苏联资料

R. 艾因斯坦，*Jewish Resistance in Nazi–Occupied Eastern Europe*（《犹太人在纳粹占领的东欧实施的抵抗》）（伦敦：保罗·埃莱克图书，1974年）。参阅第五章，"犹太人游击队"。

R. 艾因斯坦，*The Soviet Russian War Novel since Stalin's Death*（《斯大林去世后的苏联战争小说》），《二十世纪》杂志，1960年4月，第328—338页。这是一份翔实、深具洞察力的分析。

J. 亚历山大，*Russian Aircraft since 1940*（《自1940年以来的俄国飞机》）（伦敦：普特南出版社，1975年）。

W. E. D. 艾伦和P. 穆拉托夫，*The Russian Campaigns of 1944–45*（《1944—1945年的俄国战事》）（哈蒙兹沃思：企鹅出版社，1944和1946年）。尽管时隔这么多年，这部两卷本著作依然是个了不起的成就，尤其是第二卷，读起来不无裨益，特别是对地形因素的阐述。

J. A. 阿姆斯特朗，*Ukrainian Nationalism*（《乌克兰的民族主义》）（纽约：哥伦比亚大学出版社，1955年）。

J. A. 阿姆斯特朗（主编），*Soviet Partisans in World War II*（《二战中的苏

联游击队》）（麦迪逊：威斯康辛大学出版社，1964年）。这是关于苏联游击队组织结构和作战行动的重要著作，并综合使用了德国军事记录。

J. A. 阿姆斯特朗，*Recent Soviet Publications on World War II*（《苏联近期关于第二次世界大战的出版物》），*Slavic Review*（《斯拉夫评论》季刊），XXI（3），1962年9月，第508—519页。

H. J. 伯曼和M. 克纳，*Soviet Military Law and Administration*（《苏联的军法和管理》）（剑桥，马萨诸塞州：哈佛大学出版社，1955年）。这是一本重要的著作，其中包括克纳本人在红军中的战时经历。

S. 比亚勒，*Stalin and his Generals. Soviet Military Memoirs of World War II*（《斯大林和他的将领，苏联的二战军事回忆录》）（纽约：珀加索斯出版社，1969年）。

T. 博尔–科莫罗夫斯基，*The Secret Army*（《秘密军》）（伦敦：戈兰茨出版社，1950年）。

P. 卡雷尔，*Hitler's War on Russia*（《东进》）和*Scorched Earth*（《焦土》）（伦敦：哈拉普出版社，1964和1970年）。

W. S. 丘吉尔，*The Second World War*（《第二次世界大战》），第1—6册（伦敦：卡塞尔出版社，1948—1954年）。

A. 克拉克，*Barbarossa. The Russo–German Conflict 1941–1945*（《巴巴罗萨：苏德战争1941—1945》）（伦敦：哈钦森出版社，1965年）。

D. A. 克莱门斯，*Yalta*（《雅尔塔》）（纽约：牛津大学出版社，1970年）。

E. H. 库克里奇，*Gehlen: Spy of the Century*（《世纪间谍盖伦》）（伦敦：霍德&斯托顿出版社，1971年）。参阅第4—8章，关于盖伦和FHO（东线外军处）。

W. 克雷格，*Enemy at the Gates. The Battle for Stalingrad*（《兵临城下：斯大林格勒战役》）（纽约：读者文摘出版社，1973年）。

M. 范克雷费尔德，*The German attack on the USSR: the Destruction of a Legend*（《德国入侵苏联：一段传奇的毁灭》），*European Studies Review*（《欧洲研究评论》），第二册（1），1972年1月，第69—86页。

A. 达林，*German Rule in Russia 1941–1945*（《1941—1945年，德国在俄国的统治》）（伦敦：麦克米伦出版社，1957年，1981年第二版；以及科罗拉多州博尔德：西景出版社，1981年）。

J. R. 迪恩，*The Strange Alliance*（《奇怪的联盟》）（伦敦：约翰·默里出版社，1947年）。

V. 德迪耶尔，*Tito Speaks*（《铁托言论集》）（伦敦：韦登菲尔德&尼科尔森出版社，1953年）。

M. 吉拉斯，*Conversations with Stalin*（《同斯大林的谈话》）（伦敦：鲁珀特·哈特–戴维斯出版社，1962年）。

Documents on Soviet–Polish Relations 1939–1945（《1939—1945年，苏波关系文件》），西科尔斯基将军历史研究所编撰。第一册：1939—1943年；第二册：1943—1945年（伦敦：海涅曼出版社，1961和1967年）。

J. 道格拉斯，*Stalin in the Second World War*（《第二次世界大战中的斯大林》），《调查》杂志，第17期，1971年（4），第179—187页。

A. 艾登（亚芬伯爵），*The Reckoning*（《清算》）（伦敦，卡塞尔出版社，1965年）。

H. 费斯，*Churchill, Roosevelt, Stalin, The War They Waged and the Peace They Sought*（《丘吉尔、罗斯福和斯大林，他们从事的战争和他们寻求的和平》）（普林斯顿：普林斯顿大学出版社，1957年）。

G. 费舍尔，*Soviet Opposition to Stalin. A case study in World War II*（《对二战期间苏联人反斯大林运动的个案研究》）（剑桥：哈佛大学出版社，1952年）。

A. 富特，*Handbook for Spies*（《间谍手册》）（伦敦：博物馆出版社，1956年）。富特曾为苏联情报机构担任过间谍。

马修·P. 加拉格尔，*The Soviet History of World War II. Myths, Memories and Realities*（《苏联二战史，谎言、回忆和真相》）（纽约/伦敦：普雷格出版社）。这是对苏联战争史中的政治问题所做的重要而又深入的研究。

J. 加尔林斯基，*Poland, SOE and the Allies*（《波兰、英国特别行动处和盟国》）（伦敦：艾伦&昂温出版社，1969年）。

L. 古尔，*The Siege of Leningrad*（《列宁格勒之围》）（斯坦福：斯坦福大学出版社，1962年）。这是一部重要的著作，极为出色的研究。

威廉·格林和戈登·斯旺伯勒，*Soviet Air Force Fighters*（《苏联空军战斗机》，第一部和第二部）（伦敦：麦克唐纳&简氏出版社，1977—1978年）。

L. 哈根，*The Secret War for Europe, a Dossier of Espionage*（《欧洲秘密战，间谍档案》）（伦敦：麦克唐纳出版社，1968年）。

W·艾夫里尔·哈里曼和伊利·艾贝尔，*Special Envoy to Churchill and Stalin 1941–46*（《特使：与丘吉尔、斯大林周旋记》）（伦敦：哈钦森出版社，1976年）。

T. 希金斯，*Hitler and Russia. The Third Reich in a Two–Front War (1937-1943)*（《希特勒与俄国，两线作战的第三帝国，1937—1943年》）（纽约：科利尔–麦克米伦出版社，1966年）。

Admiral Horthy's Papers. The confidential papers of Admiral Horthy（《海军上将霍尔蒂文件，海军上将霍尔蒂的机密文件》）（布达佩斯：大学出版社，1965年）。

E. M. 豪威尔，*The Soviet Partisan Movement 1941–1944*（《1941—1944年间的苏联游击运动》）（美国陆军部，第20—244号手册，1956年8月）。

D. 欧文，*Hitler's War*（《希特勒的战争》）（伦敦：霍德&斯托顿出版社，1977年）。

H. A. 雅各布森和J. 罗韦尔（主编），*Decisive Battles of World War II: The German View*（《第二次世界大战的决定性战役：德方视角》）（伦敦：德意志出版社，1965年）。

G. 朱克斯，*Kursk. The Clash of Armour*（《库尔斯克坦克战》）（伦敦：麦克唐纳&简氏出版社，1965年）。

E. 库贝，*The Russians and Berlin 1945*（《1945年，俄国人与柏林》）（伦敦：海涅曼出版社，1968年）。

B. A. 利奇，*German Strategy against Russia 1939–1941*（《1939—1941年，德国对苏策略》）（牛津：克拉伦登出版社，1973年）。

R. C. 卢卡斯，*Eagles East. The Army Air Forces and the Soviet Union, 1941–1943*（《东方之鹰：1941—1943年，美国陆航队与苏联》）（塔拉哈西：佛罗里达州立大学出版社，1970年）。

C. 马拉帕尔特，*The Volga Rises in Europe*（《伏尔加河源自欧洲》）（伦敦：阿尔文·雷德曼出版社，1957年），译自意大利文。

埃利希·冯·曼施泰因，*Lost Victories*（《失去的胜利》）（芝加哥：莱格尼里出版社，1958年；德文版原名：*Verlorene Siege*）。

J. 迈斯特，*Soviet Warships of the Second World War*（《二战中的苏联军舰》）（伦敦：麦克唐纳&简氏出版社，1977年）。

J. 米尔森，*Russian Tanks 1900–1970*（《俄国坦克，1900—1970年》）（伦敦：武器和装甲出版社，1970年）。

莫兰勋爵，*Winston Churchill: The Struggle for Survival 1940–1965*（《温斯顿·丘吉尔：为生存而战，1940—1965年》）（伦敦：巡警出版社，1966年）。

Nazi–Soviet Relations 1939–1941 (German Foreign Office documents)（《1939—1941年，纳粹与苏联的关系，德国外交部文件》）（华盛顿：美国国务院，1948年）。

G. 佩罗，*The Red Orchestra*（《红色乐队》）（伦敦：阿瑟·巴克出版社，1968年；法文版原名：*L'Orchestre Rouge*）。

E. J. 罗泽克，*Allied Wartime Diplomacy. A Pattern in Poland*（《盟国战时外交，波兰模式》）（纽约：约翰·威利出版社，1958年）。

C. 瑞恩，*The Last Battle*（《最后一战》）（伦敦：科林斯出版社，1966年）。

G. 萨耶尔，*The Forgotten Soldier*（《被遗忘的士兵》）（伦敦：1971年），译自法文版 *Le Soldat Oublié*。

H. E. 索尔兹伯里，*The Siege of Leningrad*（《列宁格勒之围》）（伦敦：塞克&沃伯格出版社，1969年）。

H. 施勒特尔，*Stalingrad*（《斯大林格勒》）（伦敦：迈克尔·约瑟夫出版社，1958年），由康斯坦丁·菲茨吉本翻译。

B. B. 斯科菲尔德，*The Russian Convoys*（《北极护航队》）（伦敦：巴茨福德出版社，1964年）。

A. 西顿，*The Russo-German War 1941–45*（《苏德战争1941—1945》）（伦敦：阿瑟·巴克出版社，1971年）。

A. 西顿，*Stalin as Warlord*（《军事统帅斯大林》）（伦敦：巴茨福德出版社，1976年）。

A. 塞拉，*"Barbarossa": Surprise Attack and Communication*（《"巴巴罗萨"，突然袭击与通信》），*Journal of Contemporary History*（《当代史》期刊），1978年第13期，第555—583页。

H. 西顿–沃森，*The East European Revolution*（《东欧革命》）（伦敦：梅休因出版社，1950年）。参见第二册，"战争"。

R. E. 舍伍德，*Roosevelt and Hopkins. An Intimate History*（《罗斯福与霍普金斯，一段亲密的历史》）（纽约：格罗塞特&邓洛普出版社，1950年）。

S. 斯滕贝格，*Vlasov*（《弗拉索夫》）（纽约：克诺夫出版社，1970年）。

W. 斯特里克–斯特里克费尔特，*Against Stalin and Hitler*（《反抗斯大林和希特勒》）（伦敦：麦克米伦出版社，1970年）。

N. 托尔斯泰，*Victims of Yalta*（《雅尔塔的受害者》）（伦敦：霍德&斯托顿出版社，1977年）。这部著作全面而又令人震惊地讲述了对俄国人（包括弗拉索夫的人）的强行遣返；书中使用了许多新资料，引自1945—1946年的文件档案。

A. 特尼，*Disaster at Moscow: Von Bock's Campaigns, 1941–1942*（《莫斯科城下的灾难：冯·博克的战役，1941—1942年》）（伦敦：卡塞尔出版社，1971年）。

R. 瓦格纳（主编），*The Soviet Air Force in World War II*（《第二次世界大战中的苏联空军》）。官方史，最初由苏联国防部出版，利兰·费策尔翻译。

A. 沃思，*The Year of Stalingrad*（《斯大林格勒年》）（伦敦：哈米什·汉密尔顿出版社，1946年）。这是一份关于战时苏联的重要编年史，使用了许多苏联资料。

A. 沃思，*Russia at War 1941–1945*（《1941—1945年，战争中的俄国》）

（伦敦：巴里&罗克利夫出版社，1964年）。

B. 惠利，*Codeword BARBAROSSA*（《代号"巴巴罗萨"》）（马萨诸塞州，剑桥：麻省理工学院出版社，1973年）。这是一部独到、重要的著作。

Who's Who of Prominent Germans in the USSR（《德军出色的东线将领名录》），官方手册（伦敦：1944年9月）。

L. 伍德沃德爵士，*British Foreign Policy in the Second World War*（《英国在二战中的外交政策》）（伦敦：英国皇家出版局，1962年的单卷本）。以及第一册（伦敦：英国皇家出版局，1970年）；第二册（伦敦：英国皇家出版局，1971年）；第三册（伦敦：英国皇家出版局，1971年）。

G. K. 朱可夫（H. E. 索尔兹伯里编辑），*Marshal Zhukov's Greatest Battles*（《朱可夫元帅最伟大的战役》）（伦敦：麦克唐纳出版社，1969年）。

E. 齐姆科，*Stalingrad to Berlin. The German Campaign in Russia, 1942–1945*（《从斯大林格勒到柏林：德国的东线战役，1942—1945年》）（华盛顿特区：1968年）。

非苏联资料：德国

Kriegstagebuch des Oberkommandos der Wehrmacht 1940–1945（《德国国防军最高统帅部作战日志，1940—1945年》），P. E. 施拉姆主编，第1—4册（法兰克福：伯纳德&格雷费出版社，1961—1964年）。

F. 哈尔德，*Kriegstagebuch*（《战时日记》）（H-A. 雅各布森编辑），第2和第3册（斯图加特：科尔哈默出版社，1963和1964年）。

Der deutsche Imperialismus und der zweite Weltkrieg（《德国帝国主义与第二次世界大战》）。第一册，*Hauptreferate und Dokumente der Konferenz*（"主要文件与会议文件"）（柏林：吕滕&洛宁出版社，1959年）。

W. 亚当，*Der schwere Entschluss*（《艰难的决定》）（柏林：国家出版社，1965年）。德国第6集团军首席副官，斯大林格勒。

C. 贝克尔，*Angriffshöne 4000*（《攻击高度4000米》）（汉堡：格哈德·施塔林出版社，1964年），英译本为*The Luftwaffe War Diaries*（《德国空军战时日志》）（伦敦：1966年）。

H. 德尔，*Der Feldzug nach Stalingrad, Versuch eines operativen Überblickes*（《进军斯大林格勒：战役企图概要》）（达姆施塔特：米特勒&佐恩出版社，1955年）。

P. W. 法布里，*Der Hitler-Stalin Pakt*（《希特勒与斯大林的协定》）（达姆施塔特：财富出版社，1962年）。

A. 费舍尔，*Sowjetische Deutschlandpolitik im Zweiten Weltkrieg 1941-45*（《苏联在二战中的对德政策，1941—1945年》）（斯图加特，德意志出版社，1975年）。

J. 福斯特尔，*Stalingrad. Risse im Bündnis 1942-1943*（《斯大林格勒，联盟的裂痕，1942—1943年》）（弗莱堡：罗姆巴赫出版社，1975年）。

P. 戈斯托尼，*Hitlers Fremde Heere. Das Schicksal der nichtdeutschen Armeen im Ostfeldzug*（《希特勒的外国军队：非德国军队在东线的命运》）（杜塞尔多夫-维也纳：经济出版社，1976年）。

O. 海德肯佩尔，*Witebsk. Kampf und Untergang der 3. Panzerarmee*（《维捷布斯克，第3装甲集团军的奋战和毁灭》）（海德堡：K. 福温克尔出版社，1954年）。

E. 黑尔姆达赫，*Überfall? Der sowjetisch-deutsche Aufmarsch 1941*（《偷袭？1941年苏联和德国的部署》）（内卡尔格明德：福温克尔出版社，1976年第三版）。

E. 黑塞，*Der sowjetrussische Partisanenkrieg 1941 bis 1944*（《1941—1944年，苏联的游击战》）（哥廷根：穆斯特斯施密特出版社，1969年）。

F. 霍斯巴赫，*Infanterie im Ostfeldzug 1941-1942*（《东线战役中的步兵，1941—1942年》）（奥斯特罗德：吉贝尔/厄尔施拉格尔出版社，1951年）。

M. 克里希，*Stalingrad. Analyse und Dokumentation einer Schlacht*（《斯大林格勒：战役分析和文件汇编》）（斯图加特：德意志出版社，1974年）。这本书以近乎无与伦比的资料文件及亲身经历者的叙述，对德军进攻和防御阶段的行动做出了最权威、最全面的描述。

P. 克莱斯特，*Zwischen Hitler und Stalin*（《在希特勒与斯大林之间》）（波恩：雅典娜神殿出版社，1950年）。这是一部重要的著作，是关于"弗拉索夫运动"不可或缺的资料；参阅附录的文件。

E. 克林克，*Das Gesetz des Handelns "Zitadelle" 1943*（《1943年"堡垒"战役作战令》）（斯图加特：德意志出版社，1966年）。

J. 马德尔等人，*Dr Sorge Funkt aus Tokyo*（《佐尔格博士从东京发报》）（柏林：德意志军事出版社，1966年）。

E. 米德尔多夫，*Taktik im Russlandfeldzug. Erfahrungen und Folgerungen*（《对苏作战的战术，经验和总结》）（达姆施塔特：E. S. 米特勒出版社，1956年）。

A. 菲利皮和F. 海姆，*Der Feldzug gegen Sowjetrussland 1941 bis 1945*（《对苏战争1941—1945》）（斯图加特：科尔哈默出版社，1962年）。

E. 斯腾泽尔，*Die Entwicklung der sowjetischen Artillerie bis zum Ende des zweiten Weltkrieges*（《第二次世界大战结束前苏军炮兵的发展》），*Militärgeschichte*（《军事历史》杂志），1977年（4），第475—490页。

L. 特雷佩尔，*Die Wahrheit. Ich war der Chef der Rote Kapelle*（《真相，我是红色乐队的负责人》）（金德勒：1975年）。"红色乐队"负责人的个人记述。

W. 瓦利蒙特，*Im Hauptquartier der deutschen Wehrmacht 1939–45*（《德国国防军大本营，1939—1945年》）（法兰克福，伯纳德&格雷费出版社，1962年）。

H–H. 威廉，*Die Prognosen der Abteilung Fremde Heere Ost 1942–1945*（《东线外军处的预测，1942—1945年》）（斯图加特，德意志出版社，1974年）。

法国

A. 德罗什，*La Campagne de Russie d'Adolf Hitler (Juin 1941–Mai 1945)*（《阿道夫·希特勒的侵苏战争，1941年6月—1945年5月》）（巴黎：G. P. 梅桑纳芙和拉罗斯出版社，1964年）。

A. 纪尧姆，*La guerre germano-soviétique*（《苏德战争1941—1945》）（巴黎：帕约出版社，1949年）。

意大利

La campagna di Rossia（《对苏战争》），两卷本（罗马：1950—1951年）。

西班牙

G. A. 阿尔比奥尔和G. G. 桑切斯，*De Leningrado a Odesa*（《从列宁格勒到敖德萨》）（巴塞罗那：AHR社论出版社，1958年）。

书目补遗

V. 马斯特尼，*Russia's Road to the Cold War: Diplomacy, Warfare and the Politics of Communism 1941–1945*（《俄国通往冷战之路：共产主义的外交、战争和政治，1941—1945年》）（纽约：哥伦比亚大学出版社，1979年）。

J. R. 米勒，*Financing the Soviet Effort in World WarⅡ*（《苏联战时努力的资金来源》）（苏联研究，格拉斯哥大学），第32期（1），1980年1月，第106—123页。这是一份对苏联战时经济最重要的分析。

▶苏联方面的资料

集体创作，*Istoriografiya Velikoi Otechestvennoi voiny Sbornik statei*（《伟大卫国战争历史研究文集》）（莫斯科：科学出版社，1980年）。

院士M. P. 季姆（主编），*Istoriografiya Velikoi Otechestvennoi voiny. Sbornik statei*（《伟大卫国战争历史研究文集》）（莫斯科：科学出版社，1980年）。《历史研究文集》：党的作用，军事行动，"后方"。

A. S. 克莱明中将（主编），*Eshelon za eshelonom*（《一列列火车》）（莫斯科：军事出版社，1981年）。关于VOSO（军事交通）的详细研究：军事交通、交通的组织和控制，铁道部队，以及涉及河流、水道的行动。

I. V. 科瓦廖夫，*Transport v VOV (1941–1945 gg.)*（《1941—1945年，伟大卫国战争中的运输战线》）（莫斯科：科学出版社，1981年）。

G. A. 库马涅夫（主编），*Narodnyi podvig v bitve za Kavkaz. Sbornik statei*（《高加索战役中人民的壮举，文集》）（莫斯科：科学出版社，1981年）。

坦克兵元帅O. A. 洛西克（主编），*Stroitel'stvo i boevoe primenenie Sovetskikh tankovykh voisk v gody Velikoi Otechestvennoi voiny*（《伟大卫国战争中苏军坦克部队的建设和作战使用》）（莫斯科：军事出版社，1979年）。

炮兵元帅G. Ye. 佩列杰利斯基等人，*Artilleriya v boyu i operatsii*（《战斗和战役中的炮兵》）（莫斯科：军事出版社，1980年）。苏军炮兵；战时部署；统计资料、表格、部署图。

N. P. 波波夫和N. A. 戈罗霍夫，*Sovetskaya voennaya pechat' v gody Velikoi Otechestvennoi voiny 1941–1945*（《1941—1945年，伟大卫国战争中的苏联军事新闻》）（莫斯科：军事出版社，1981年）。关于苏联战时军事新闻的专著。

A. I. 拉济耶夫斯基，*Proryv (Po opytu Velikoi Otechestvennoi voiny 1941–1945 gg.)*（《突破，伟大卫国战争的经验》）（莫斯科：军事出版社，1979年）。

A. M. 萨姆索诺夫（主编），*Krasnoznamennyi Flot v Velikoi Otechestvennoi voine 1941–1945. Stat'i i ocherki*（《1941—1945年，伟大卫国战争中的红旗舰队，文章和论文》）（莫斯科：科学出版社，1981年）。波罗的海舰队，关于技术问题的部分：反水雷战、军舰建造、现代化。

A. M. 萨姆索诺夫，*Krakh fashistskoi agressii 1939–1945. Istoricheskii ocherk*（《1939—1945年，法西斯侵略的失败，历史回顾》）（莫斯科：科学出版社，1980年第二版）。

S. M. 什捷缅科大将，*General'nyi shtab v gody voiny*（《战争年代的总参谋部》）（莫斯科：军事出版社，1981年），1—2册。（两卷本的《军事回忆录》重新刊印了过去发行的独立卷。）

N. N. 舒什金和S. D. 乌利金，*Soyuz rabochikh i krest'yan v Velikoi Otechestvennoi voine*（《伟大卫国战争中的工农联合》）（列宁格勒：列宁格勒大学出版社，1977年）。党的政治工作，苏联西北部地区。

E. I. 斯米尔诺夫，*Voina i voennaya meditsina 1939–1945 gody*（《1939—1945年，战争与军事医学》）（莫斯科：医学出版社，1979年第二版）。

N. A. 斯韦特利申，*Voiska PVO strany v Velikoi Otechestvennoi voine.*

Voprosy operativno-strategicheskovo primeneniya（《伟大卫国战争中的防空部队，战术和战略使用问题》）（莫斯科：科学出版社，1979年）。

B. A. 特卡琴科, *Istoriya razmagnichivaniya korablei Sovetskovo Voenno-morskovo flota*（《苏联海军舰艇消磁史》）（列宁格勒：科学出版社，1981年）。苏联海军舰艇消磁、反磁性水雷的历史。

A. M. 兹瓦尔采夫上将（主编），*3-ya gvardeiskaya tankovaya. Boevoi put' 3-i gvardeiskoi tankovoi armii*（《近卫坦克第3集团军的征途》）（莫斯科：军事出版社，1982年）。近卫坦克第3集团军战史。

A. F. 瓦西列夫, *Promyshlennost' Urals v gody, VOV 1941–1945*（《1941—1945年，伟大卫国战争中的乌拉尔工业区》）（莫斯科：科学出版社，1982年）。

A. I. 巴宾（主编），*Na volkhovskom fronte 1941–1944 gg.*（《1941—1944年的沃尔霍夫方面军》）（莫斯科：科学出版社，1982年）。沃尔霍夫方面军的作战行动。

读者们还可以参阅参谋长联席会议的记录（微缩胶片，美国大学出版物），第1部分，1942—1945年（苏联）。我阅读了这份独特的资料，但并未将其直接纳入这部著作。这份资料集的第二卷包括布莱德雷的使命、派往远东的轰炸机（1943年）、红军为促成"霸王"行动而采取的行动（1944年4月3日）、美英苏的军事协调（1944年）、战区指挥官的联络和"俄国军队"（1944年）、1942—1943年冬季苏联军队的实力、美国为苏联提供的援助（1943年）以及苏联的粮食状况（1942年）。

1. 译注：这里的"军事回忆录"指的是莫斯科军事出版社推出的"Voennye Memuary"系列，简称VM。

2. 译注：阿扎罗夫在1941年8—10月的敖德萨防御战期间担任敖德萨筑垒地域旅级政治委员。

3. 译注：巴西斯特是1948—1951年的黑海舰队司令。

4. 译注：别利亚夫斯基是近卫第8集团军司令部作战部长，1944年夏季起担任该集团军参谋长。

5. 译注：布拉热伊时任第37集团军参谋长。

6. 译注：1941年间，贝切夫斯基任列宁格勒方面军工兵主任。

7. 译注：杰格佳廖夫曾担任沃尔霍夫方面军炮兵司令员，1944—1945年间担任卡累利阿方面军和远东第1方面军炮兵司令员。

8. 译注：德拉贡斯基战时在雷巴尔科麾下担任近卫坦克第55旅旅长，1970年成为坦克兵上将。

9. 译注：叶戈罗夫战时担任过坦克第18军军长和近卫机械化第1军军长。

10. 译注：费德洛夫是苏联著名的轻武器设计师。

11. 译注：加尔金长期同坦克部队打交道，曾担任北高加索军区坦克部队副司令员，参加过普罗斯库罗夫和白俄罗斯战役，后出任近卫坦克第5集团军副司令员。

12. 译注：这里指的是1943年10—12月的刻赤—埃利季根登陆战役，格拉德科夫时任山地步兵第318师师长。

13. 译注：这是苏军高级将领中唯一一部描述了"大清洗"的回忆录，因而令人"大开眼界"。

14. 译注：戈尔恰科夫在军队中长期从事政治工作，担任过团政委、师政委，并亲身参加过多次战斗，战争期间的最后职务是乌克兰第4方面军步兵第276师政治部主任。

15. 译注：格鲁舍沃伊曾担任第24集团军、第58集团军、沃尔霍夫方面军、卡累利阿方面军和远东第1方面军军事委员会委员。

16. 译注：1943年6月—1945年3月，古利耶夫担任坦克第4集团军军事委员会委员。

17. 译注：卡巴诺夫在战争期间负责铁路、公路和桥梁的修建和维护工作，1945被擢升为苏军铁道兵司令员。

18. 译注：战争期间，哈尔琴科一直担任工兵旅参谋长、旅长；战后逐渐成为苏军工兵司令员，并获得了工兵元帅军衔。

19. 译注：赫塔古罗夫在战争期间担任过近卫第3集团军参谋长、近卫第1集团军参谋长、近卫步兵第82师师长、步兵第59军军长等职务。

20. 译注：赫列布尼科夫在战争期间曾担任第27集团军、突击第4集团军、加里宁方面军、波罗的海沿岸第1方面军炮兵司令员等职务。1944年晋升为炮兵上将。

21. 译注：战争期间胡达洛夫曾担任过步兵第58团团长、步兵第14师师长、近卫步兵第10师师长等职务，1955年晋升为中将。

22. 译注：科泽夫尼科夫在战争期间担任近卫歼击航空兵第212团副团长，参加过62场空战，击落25架敌机，战后晋升为中将。

23. 译注：N. G. 库兹涅佐夫指的是尼古拉·格拉西莫维奇·库兹涅佐夫，他在二战期间担任苏联海军总司令，1955年晋升为苏联海军元帅。

24. 译注：P. G. 库兹涅佐夫指的是帕维尔·格里戈里耶维奇·库兹涅佐夫，战争期间担任步兵第26步兵师师长、步兵第82军军长。

25. 译注：拉先科在战争期间担任过第60集团军副参谋长、步兵第332师师长，战后晋升为大将并出任陆军第一副总司令。

26. 译注：洛巴切夫在战争期间曾担任过第16集团军、第20集团军和波罗的海沿岸第3方面军军事委员会委员。

27. 译注：纳德舍夫曾担任基辅特别军区炮兵司令员、斯大林格勒方面军炮兵司令员。

28. 译注：波克雷什金是苏联空军王牌飞行员，拥有59个击落战果，1972年晋升为空军元帅。

29. 译注：战争期间舍佩廖夫曾担任列宁格勒方面军空军部队机械师主任、轰炸航空兵第1军和空军第17集团军机械师主任。

30. 译注：斯图琴科在战争期间担任过骑兵第58团团长、骑兵第45师师长、骑兵第20师师长、近卫骑兵第4师师长、步兵第108师师长等职务，战争末期出任近卫步兵第19军军长，1964年晋升为大将。

31. 译注：茹拉夫廖夫1942年间负责指挥莫斯科地区的防空部队。

32. 译注：DOSAAF指的是与陆海空军合作的志愿者协会。

33. 译注：卢金因为身负重伤、昏迷不醒而被俘，一条腿被截肢；1945年获救后，经过NKVD的严密审查，他重新回到苏联军队服役。他去世于1970年，斯摩棱斯克市议会1988年授予他"斯摩棱斯克英雄城市荣誉市民"称号。早在1966年，铁木辛哥、科涅夫、罗科索夫斯基、叶廖缅科等高级将领就联名写信给勃列日涅夫，要求授予卢金"苏联英雄"称号，但直到1991年，已去世多年的卢金才获得这一称号。

34. 译注：可能是服部卓四郎的《大东亚战争全史》。